U0888528

职业能力建设法规与政策

（修订版）

人力资源和社会保障部职业能力建设司　编

中国劳动社会保障出版社

图书在版编目(CIP)数据

职业能力建设法规与政策/人力资源和社会保障部职业能力建设司编. —修订本. —北京：中国劳动社会保障出版社，2014

ISBN 978-7-5167-1460-7

Ⅰ.①职… Ⅱ.①人… Ⅲ.①劳动政策-研究-中国 Ⅳ.①F249.20

中国版本图书馆 CIP 数据核字(2014)第 238842 号

中国劳动社会保障出版社出版发行

（北京市惠新东街 1 号　邮政编码：100029）

*

北京市艺辉印刷有限公司印刷装订　新华书店经销

787 毫米×1092 毫米　16 开本　51.75 印张　1076 千字

2014 年 10 月第 1 版　2014 年 10 月第 1 次印刷

定价：98.00 元

读者服务部电话：(010) 64929211/64921644/84643933

发行部电话：(010) 64961894

出版社网址：http://www.class.com.cn

版权专有　侵权必究

如有印装差错，请与本社联系调换：(010) 80497374

我社将与版权执法机关配合，大力打击盗印、销售和使用盗版图书活动，敬请广大读者协助举报，经查实将给予举报者奖励。

举报电话：(010) 64954652

目　录

一、法律法规

中华人民共和国劳动法

（1994 年 7 月 5 日第八届全国人民代表大会常务委员会第八次会议通过
1994 年 7 月 5 日中华人民共和国主席令第 28 号公布）

目　　录

第一章　总　　则

第一条　为了保护劳动者的合法权益，调整劳动关系，建立和维护适应社会主义市场经济的劳动制度，促进经济发展和社会进步，根据宪法，制定本法。

第二条　在中华人民共和国境内的企业、个体经济组织（以下统称用人单位）和与之形成劳动关系的劳动者，适用本法。

国家机关、事业组织、社会团体和与之建立劳动合同关系的劳动者，依照本法执行。

第三条 劳动者享有平等就业和选择职业的权利、取得劳动报酬的权利、休息休假的权利、获得劳动安全卫生保护的权利、接受职业技能培训的权利、享受社会保险和福利的权利、提请劳动争议处理的权利以及法律规定的其他劳动权利。

劳动者应当完成劳动任务，提高职业技能，执行劳动安全卫生规程，遵守劳动纪律和职业道德。

第四条 用人单位应当依法建立和完善规章制度，保障劳动者享有劳动权利和履行劳动义务。

第五条 国家采取各种措施，促进劳动就业，发展职业教育，制定劳动标准，调节社会收入，完善社会保险，协调劳动关系，逐步提高劳动者的生活水平。

第六条 国家提倡劳动者参加社会义务劳动，开展劳动竞赛和合理化建议活动，鼓励和保护劳动者进行科学研究、技术革新和发明创造，表彰和奖励劳动模范和先进工作者。

第七条 劳动者有权依法参加和组织工会。

工会代表和维护劳动者的合法权益，依法独立自主地开展活动。

第八条 劳动者依照法律规定，通过职工大会、职工代表大会或者其他形式，参与民主管理或者就保护劳动者合法权益与用人单位进行平等协商。

第九条 国务院劳动行政部门主管全国劳动工作。

县级以上地方人民政府劳动行政部门主管本行政区域内的劳动工作。

第二章　促进就业

第十条 国家通过促进经济和社会发展，创造就业条件，扩大就业机会。

国家鼓励企业、事业组织、社会团体在法律、行政法规规定的范围内兴办产业或者拓展经营，增加就业。

国家支持劳动者自愿组织起来就业和从事个体经营实现就业。

第十一条 地方各级人民政府应当采取措施，发展多种类型的职业介绍机构，提供就业服务。

第十二条 劳动者就业，不因民族、种族、性别、宗教信仰不同而受歧视。

第十三条 妇女享有与男子平等的就业权利。在录用职工时，除国家规定的不适合妇女的工种或者岗位外，不得以性别为由拒绝录用妇女或者提高对妇女的录用标准。

第十四条 残疾人、少数民族人员、退出现役的军人的就业，法律、法规有特别规定的，从其规定。

第十五条 禁止用人单位招用未满十六周岁的未成年人。

文艺、体育和特种工艺单位招用未满十六周岁的未成年人，必须依照国家有关规定，履行审批手续，并保障其接受义务教育的权利。

第三章 劳动合同和集体合同

第十六条 劳动合同是劳动者与用人单位确立劳动关系、明确双方权利和义务的协议。

建立劳动关系应当订立劳动合同。

第十七条 订立和变更劳动合同，应当遵循平等自愿、协商一致的原则，不得违反法律、行政法规的规定。

劳动合同依法订立即具有法律约束力，当事人必须履行劳动合同规定的义务。

第十八条 下列劳动合同无效：

（一）违反法律、行政法规的劳动合同；

（二）采取欺诈、威胁等手段订立的劳动合同。

无效的劳动合同，从订立的时候起，就没有法律约束力。确认劳动合同部分无效的，如果不影响其余部分的效力，其余部分仍然有效。

劳动合同的无效，由劳动争议仲裁委员会或者人民法院确认。

第十九条 劳动合同应当以书面形式订立，并具备以下条款：

（一）劳动合同期限；

（二）工作内容；

（三）劳动保护和劳动条件；

（四）劳动报酬；

（五）劳动纪律；

（六）劳动合同终止的条件；

（七）违反劳动合同的责任。

劳动合同除前款规定的必备条款外，当事人可以协商约定其他内容。

第二十条 劳动合同的期限分为有固定期限、无固定期限和以完成一定的工作为期限。

劳动者在同一用人单位连续工作满十年以上，当事人双方同意续延劳动合同的，如果劳动者提出订立无固定期限的劳动合同，应当订立无固定期限的劳动合同。

第二十一条 劳动合同可以约定试用期。试用期最长不得超过六个月。

第二十二条 劳动合同当事人可以在劳动合同中约定保守用人单位商业秘密的有关事项。

第二十三条 劳动合同期满或者当事人约定的劳动合同终止条件出现，劳动合同即行终止。

第二十四条 经劳动合同当事人协商一致，劳动合同可以解除。

第二十五条 劳动者有下列情形之一的，用人单位可以解除劳动合同：

（一）在试用期间被证明不符合录用条件的；

（二）严重违反劳动纪律或者用人单位规章制度的；

（三）严重失职，营私舞弊，对用人单位利益造成重大损害的；

（四）被依法追究刑事责任的。

第二十六条 有下列情形之一的，用人单位可以解除劳动合同，但是应当提前三十日以书面形式通知劳动者本人：

（一）劳动者患病或者非因工负伤，医疗期满后，不能从事原工作也不能从事由用人单位另行安排的工作的；

（二）劳动者不能胜任工作，经过培训或者调整工作岗位，仍不能胜任工作的；

（三）劳动合同订立时所依据的客观情况发生重大变化，致使原劳动合同无法履行，经当事人协商不能就变更劳动合同达成协议的。

第二十七条 用人单位濒临破产进行法定整顿期间或者生产经营状况发生严重困难，确需裁减人员的，应当提前三十日向工会或者全体职工说明情况，听取工会或者职工的意见，经向劳动行政部门报告后，可以裁减人员。

用人单位依据本条规定裁减人员，在六个月内录用人员的，应当优先录用被裁减的人员。

第二十八条 用人单位依据本法第二十四条、第二十六条、第二十七条的规定解除劳动合同的，应当依照国家有关规定给予经济补偿。

第二十九条 劳动者有下列情形之一的，用人单位不得依据本法第二十六条、第二十七条的规定解除劳动合同：

（一）患职业病或者因工负伤并被确认丧失或者部分丧失劳动能力的；

（二）患病或者负伤，在规定的医疗期内的；

（三）女职工在孕期、产期、哺乳期内的；

（四）法律、行政法规规定的其他情形。

第三十条 用人单位解除劳动合同，工会认为不适当的，有权提出意见。如果用人单位违反法律、法规或者劳动合同，工会有权要求重新处理；劳动者申请仲裁或者提起诉讼的，工会应当依法给予支持和帮助。

第三十一条 劳动者解除劳动合同，应当提前三十日以书面形式通知用人单位。

第三十二条 有下列情形之一的，劳动者可以随时通知用人单位解除劳动合同：

（一）在试用期内的；

（二）用人单位以暴力、威胁或者非法限制人身自由的手段强迫劳动的；

（三）用人单位未按照劳动合同约定支付劳动报酬或者提供劳动条件的。

第三十三条 企业职工一方与企业可以就劳动报酬、工作时间、休息休假、劳动安全卫生、保险福利等事项，签订集体合同。集体合同草案应当提交职工代表大会或者全体职工讨论通过。

集体合同由工会代表职工与企业签订；没有建立工会的企业，由职工推举的代表与企业签订。

第三十四条 集体合同签订后应当报送劳动行政部门；劳动行政部门自收到集体合同文本之日起十五日内未提出异议的，集体合同即行生效。

第三十五条 依法签订的集体合同对企业和企业全体职工具有约束力。职工个人与企业订立的劳动合同中劳动条件和劳动报酬等标准不得低于集体合同的规定。

第四章 工作时间和休息休假

第三十六条 国家实行劳动者每日工作时间不超过八小时，平均每周工作时间不超过四十四小时的工时制度。

第三十七条 对实行计件工作的劳动者，用人单位应当根据本法第三十六条规定的工时制度合理确定其劳动定额和计件报酬标准。

第三十八条 用人单位应当保证劳动者每周至少休息一日。

第三十九条 企业因生产特点不能实行本法第三十六条、第三十八条规定的，经劳动行政部门批准，可以实行其他工作和休息办法。

第四十条 用人单位在下列节日期间应当依法安排劳动者休假：

（一）元旦；

（二）春节；

（三）国际劳动节；

（四）国庆节；

（五）法律、法规规定的其他休假节日。

第四十一条 用人单位由于生产经营需要，经与工会和劳动者协商后可以延长工作时间，一般每日不得超过一小时；因特殊原因需要延长工作时间的，在保障劳动者身体健康的条件下延长工作时间每日不得超过三小时，但是每月不得超过三十六小时。

第四十二条 有下列情形之一的，延长工作时间不受本法第四十一条规定的限制：

（一）发生自然灾害、事故或者因其他原因，威胁劳动者生命健康和财产安全，需要紧急处理的；

（二）生产设备、交通运输线路、公共设施发生故障，影响生产和公众利益，必须及时抢修的；

（三）法律、行政法规规定的其他情形。

第四十三条 用人单位不得违反本法规定延长劳动者的工作时间。

第四十四条 有下列情形之一的，用人单位应当按照下列标准支付高于劳动者正常工作时间工资的工资报酬：

（一）安排劳动者延长工作时间的，支付不低于工资的百分之一百五十的工资报酬；

（二）休息日安排劳动者工作又不能安排补休的，支付不低于工资的百分之二百的工资报酬；

（三）法定休假日安排劳动者工作的，支付不低于工资的百分之三百的工资报酬。

第四十五条 国家实行带薪年休假制度。

劳动者连续工作一年以上的，享受带薪年休假。具体办法由国务院规定。

第五章 工 资

第四十六条 工资分配应当遵循按劳分配原则，实行同工同酬。

工资水平在经济发展的基础上逐步提高。国家对工资总量实行宏观调控。

第四十七条 用人单位根据本单位的生产经营特点和经济效益，依法自主确定本单位的工资分配方式和工资水平。

第四十八条 国家实行最低工资保障制度。最低工资的具体标准由省、自治区、直辖市人民政府规定，报国务院备案。

用人单位支付劳动者的工资不得低于当地最低工资标准。

第四十九条 确定和调整最低工资标准应当综合参考下列因素：

（一）劳动者本人及平均赡养人口的最低生活费用；

（二）社会平均工资水平；

（三）劳动生产率；

（四）就业状况；

（五）地区之间经济发展水平的差异。

第五十条 工资应当以货币形式按月支付给劳动者本人。不得克扣或者无故拖欠劳动者的工资。

第五十一条 劳动者在法定休假日和婚丧假期间以及依法参加社会活动期间，用人单位应当依法支付工资。

第六章 劳动安全卫生

第五十二条 用人单位必须建立、健全劳动安全卫生制度，严格执行国家劳动安全卫生规程和标准，对劳动者进行劳动安全卫生教育，防止劳动过程中的事故，减少职业危害。

第五十三条 劳动安全卫生设施必须符合国家规定的标准。

新建、改建、扩建工程的劳动安全卫生设施必须与主体工程同时设计、同时施工、同时投入生产和使用。

第五十四条 用人单位必须为劳动者提供符合国家规定的劳动安全卫生条件和必要的劳动防护用品，对从事有职业危害作业的劳动者应当定期进行健康检查。

第五十五条 从事特种作业的劳动者必须经过专门培训并取得特种作业资格。

第五十六条 劳动者在劳动过程中必须严格遵守安全操作规程。

劳动者对用人单位管理人员违章指挥、强令冒险作业，有权拒绝执行；对危害生命安全和身体健康的行为，有权提出批评、检举和控告。

第五十七条 国家建立伤亡事故和职业病统计报告和处理制度。县级以上各级人民政府劳动行政部门、有关部门和用人单位应当依法对劳动者在劳动过程中发生的伤亡事故和劳动者的职业病状况，进行统计、报告和处理。

第七章 女职工和未成年工特殊保护

第五十八条 国家对女职工和未成年工实行特殊劳动保护。

未成年工是指年满十六周岁未满十八周岁的劳动者。

第五十九条 禁止安排女职工从事矿山井下、国家规定的第四级体力劳动强度的劳动和其他禁忌从事的劳动。

第六十条 不得安排女职工在经期从事高处、低温、冷水作业和国家规定的第三级体力劳动强度的劳动。

第六十一条 不得安排女职工在怀孕期间从事国家规定的第三级体力劳动强度的劳动和孕期禁忌从事的劳动。对怀孕七个月以上的女职工，不得安排其延长工作时间和夜班劳动。

第六十二条 女职工生育享受不少于九十天的产假。

第六十三条 不得安排女职工在哺乳未满一周岁的婴儿期间从事国家规定的第三级体力劳动强度的劳动和哺乳期禁忌从事的其他劳动，不得安排其延长工作时间和夜班劳动。

第六十四条 不得安排未成年工从事矿山井下、有毒有害、国家规定的第四级体力劳动强度的劳动和其他禁忌从事的劳动。

第六十五条 用人单位应当对未成年工定期进行健康检查。

第八章 职 业 培 训

第六十六条 国家通过各种途径，采取各种措施，发展职业培训事业，开发劳动者的职业技能，提高劳动者素质，增强劳动者的就业能力和工作能力。

第六十七条 各级人民政府应当把发展职业培训纳入社会经济发展的规划，鼓励和支持有条件的企业、事业组织、社会团体和个人进行各种形式的职业培训。

第六十八条 用人单位应当建立职业培训制度，按照国家规定提取和使用职业培训经费，根据本单位实际，有计划地对劳动者进行职业培训。

从事技术工种的劳动者，上岗前必须经过培训。

第六十九条 国家确定职业分类，对规定的职业制定职业技能标准，实行职业资格证书制度，由经过政府批准的考核鉴定机构负责对劳动者实施职业技能考核鉴定。

第九章 社会保险和福利

第七十条 国家发展社会保险事业，建立社会保险制度，设立社会保险基金，使劳动者在年老、患病、工伤、失业、生育等情况下获得帮助和补偿。

第七十一条 社会保险水平应当与社会经济发展水平和社会承受能力相适应。

第七十二条 社会保险基金按照保险类型确定资金来源，逐步实行社会统筹。用人单位和劳动者必须依法参加社会保险，缴纳社会保险费。

第七十三条 劳动者在下列情形下，依法享受社会保险待遇：

（一）退休；

（二）患病、负伤；

（三）因工伤残或者患职业病；

（四）失业；

（五）生育。

劳动者死亡后，其遗属依法享受遗属津贴。

劳动者享受社会保险待遇的条件和标准由法律、法规规定。

劳动者享受的社会保险金必须按时足额支付。

第七十四条 社会保险基金经办机构依照法律规定收支、管理和运营社会保险基金，并负有使社会保险基金保值增值的责任。

社会保险基金监督机构依照法律规定，对社会保险基金的收支、管理和运营实施监督。

社会保险基金经办机构和社会保险基金监督机构的设立和职能由法律规定。

任何组织和个人不得挪用社会保险基金。

第七十五条 国家鼓励用人单位根据本单位实际情况为劳动者建立补充保险。

国家提倡劳动者个人进行储蓄性保险。

第七十六条 国家发展社会福利事业，兴建公共福利设施，为劳动者休息、休养和疗养提供条件。

用人单位应当创造条件，改善集体福利，提高劳动者的福利待遇。

第十章 劳动争议

第七十七条 用人单位与劳动者发生劳动争议，当事人可以依法申请调解、仲裁、提起诉讼，也可以协商解决。

调解原则适用于仲裁和诉讼程序。

第七十八条 解决劳动争议，应当根据合法、公正、及时处理的原则，依法维护劳动争议当事人的合法权益。

第七十九条 劳动争议发生后，当事人可以向本单位劳动争议调解委员会申请调解；调解不成，当事人一方要求仲裁的，可以向劳动争议仲裁委员会申请仲裁。当事人一方也可以直接向劳动争议仲裁委员会申请仲裁。对仲裁裁决不服的，可以向人民法院提起诉讼。

第八十条 在用人单位内，可以设立劳动争议调解委员会。劳动争议调解委员会由职工代表、用人单位代表和工会代表组成。劳动争议调解委员会主任由工会代表担任。

劳动争议调解达成协议的，当事人应当履行。

第八十一条 劳动争议仲裁委员会由劳动行政部门代表、同级工会代表、用人单位方面的代表组成。劳动争议仲裁委员会主任由劳动行政部门代表担任。

第八十二条 提出仲裁要求的一方应当自劳动争议发生之日起六十日内向劳动争议仲裁委员会提出书面申请。仲裁裁决一般应在收到仲裁申请的六十日内作出。对仲裁裁决无异议的，当事人必须履行。

第八十三条 劳动争议当事人对仲裁裁决不服的，可以自收到仲裁裁决书之日起十五日内向人民法院提起诉讼。一方当事人在法定期限内不起诉又不履行仲裁裁决的，另一方当事人可以申请人民法院强制执行。

第八十四条 因签订集体合同发生争议，当事人协商解决不成的，当地人民政府劳动行政部门可以组织有关各方协调处理。

因履行集体合同发生争议，当事人协商解决不成的，可以向劳动争议仲裁委员会申请仲裁；对仲裁裁决不服的，可以自收到仲裁裁决书之日起十五日内向人民法院提起诉讼。

第十一章 监督检查

第八十五条 县级以上各级人民政府劳动行政部门依法对用人单位遵守劳动法律、法规的情况进行监督检查，对违反劳动法律、法规的行为有权制止，并责令改正。

第八十六条 县级以上各级人民政府劳动行政部门监督检查人员执行公务，有权进入用人单位了解执行劳动法律、法规的情况，查阅必要的资料，并对劳动场所进行检查。

县级以上各级人民政府劳动行政部门监督检查人员执行公务，必须出示证件，秉公执法并遵守有关规定。

第八十七条 县级以上各级人民政府有关部门在各自职责范围内，对用人单位遵守劳动法律、法规的情况进行监督。

第八十八条 各级工会依法维护劳动者的合法权益，对用人单位遵守劳动法律、法规的情况进行监督。

任何组织和个人对于违反劳动法律、法规的行为有权检举和控告。

第十二章　法律责任

第八十九条　用人单位制定的劳动规章制度违反法律、法规规定的，由劳动行政部门给予警告，责令改正；对劳动者造成损害的，应当承担赔偿责任。

第九十条　用人单位违反本法规定，延长劳动者工作时间的，由劳动行政部门给予警告，责令改正，并可以处以罚款。

第九十一条　用人单位有下列侵害劳动者合法权益情形之一的，由劳动行政部门责令支付劳动者的工资报酬、经济补偿，并可以责令支付赔偿金：

（一）克扣或者无故拖欠劳动者工资的；

（二）拒不支付劳动者延长工作时间工资报酬的；

（三）低于当地最低工资标准支付劳动者工资的；

（四）解除劳动合同后，未依照本法规定给予劳动者经济补偿的。

第九十二条　用人单位的劳动安全设施和劳动卫生条件不符合国家规定或者未向劳动者提供必要的劳动防护用品和劳动保护设施的，由劳动行政部门或者有关部门责令改正，可以处以罚款；情节严重的，提请县级以上人民政府决定责令停产整顿；对事故隐患不采取措施，致使发生重大事故，造成劳动者生命和财产损失的，对责任人员比照刑法第一百八十七条的规定追究刑事责任。

第九十三条　用人单位强令劳动者违章冒险作业，发生重大伤亡事故，造成严重后果的，对责任人员依法追究刑事责任。

第九十四条　用人单位非法招用未满十六周岁的未成年人的，由劳动行政部门责令改正，处以罚款；情节严重的，由工商行政管理部门吊销营业执照。

第九十五条　用人单位违反本法对女职工和未成年工的保护规定，侵害其合法权益的，由劳动行政部门责令改正，处以罚款；对女职工或者未成年工造成损害的，应当承担赔偿责任。

第九十六条　用人单位有下列行为之一，由公安机关对责任人员处以十五日以下拘留、罚款或者警告；构成犯罪的，对责任人员依法追究刑事责任：

（一）以暴力、威胁或者非法限制人身自由的手段强迫劳动的；

（二）侮辱、体罚、殴打、非法搜查和拘禁劳动者的。

第九十七条　由于用人单位的原因订立的无效合同，对劳动者造成损害的，应当承担赔偿责任。

第九十八条　用人单位违反本法规定的条件解除劳动合同或者故意拖延不订立劳动合同的，由劳动行政部门责令改正；对劳动者造成损害的，应当承担赔偿责任。

第九十九条　用人单位招用尚未解除劳动合同的劳动者，对原用人单位造成经济损失的，该用人单位应当依法承担连带赔偿责任。

第一百条　用人单位无故不缴纳社会保险费的，由劳动行政部门责令其限期缴纳；

CLSSPH

逾期不缴的，可以加收滞纳金。

第一百零一条 用人单位无理阻挠劳动行政部门、有关部门及其工作人员行使监督检查权，打击报复举报人员的，由劳动行政部门或者有关部门处以罚款；构成犯罪的，对责任人员依法追究刑事责任。

第一百零二条 劳动者违反本法规定的条件解除劳动合同或者违反劳动合同约定的保密事项，对用人单位造成经济损失的，应当依法承担赔偿责任。

第一百零三条 劳动行政部门或者有关部门的工作人员滥用职权、玩忽职守、徇私舞弊，构成犯罪的，依法追究刑事责任；不构成犯罪的，给予行政处分。

第一百零四条 国家工作人员和社会保险基金经办机构的工作人员挪用社会保险基金，构成犯罪的，依法追究刑事责任。

第一百零五条 违反本法规定侵害劳动者合法权益，其他法律、行政法规已规定处罚的，依照该法律、行政法规的规定处罚。

第十三章 附 则

第一百零六条 省、自治区、直辖市人民政府根据本法和本地区的实际情况，规定劳动合同制度的实施步骤，报国务院备案。

第一百零七条 本法自 1995 年 1 月 1 日起施行。

中华人民共和国职业教育法

（1996 年 5 月 15 日第八届全国人民代表大会常务委员会第十九次会议通过 1996 年 5 月 15 日中华人民共和国主席令第 69 号公布）

目 录

第一章 总 则

第一条 为了实施科教兴国战略，发展职业教育，提高劳动者素质，促进社会主义现代化建设，根据教育法和劳动法，制定本法。

第二条 本法适用于各级各类职业学校教育和各种形式的职业培训。国家机关实施的对国家机关工作人员的专门培训由法律、行政法规另行规定。

第三条 职业教育是国家教育事业的重要组成部分，是促进经济、社会发展和劳动就业的重要途径。

国家发展职业教育，推进职业教育改革，提高职业教育质量，建立、健全适应社会主义市场经济和社会进步需要的职业教育制度。

第四条 实施职业教育必须贯彻国家教育方针，对受教育者进行思想政治教育和职业道德教育，传授职业知识，培养职业技能，进行职业指导，全面提高受教育者的素质。

第五条 公民有依法接受职业教育的权利。

第六条 各级人民政府应当将发展职业教育纳入国民经济和社会发展规划。

行业组织和企业、事业组织应当依法履行实施职业教育的义务。

第七条 国家采取措施，发展农村职业教育，扶持少数民族地区、边远贫困地区职业教育的发展。

国家采取措施，帮助妇女接受职业教育，组织失业人员接受各种形式的职业教育，扶持残疾人职业教育的发展。

第八条 实施职业教育应当根据实际需要，同国家制定的职业分类和职业等级标准相适应，实行学历证书、培训证书和职业资格证书制度。

国家实行劳动者在就业前或者上岗前接受必要的职业教育的制度。

第九条 国家鼓励并组织职业教育的科学研究。

第十条 国家对在职业教育中作出显著成绩的单位和个人给予奖励。

第十一条 国务院教育行政部门负责职业教育工作的统筹规划、综合协调、宏观管理。

国务院教育行政部门、劳动行政部门和其他有关部门在国务院规定的职责范围内，分别负责有关的职业教育工作。

县级以上地方各级人民政府应当加强对本行政区域内职业教育工作的领导、统筹协调和督导评估。

第二章 职业教育体系

第十二条 国家根据不同地区的经济发展水平和教育普及程度，实施以初中后为重点的不同阶段的教育分流，建立、健全职业学校教育与职业培训并举，并与其他教育相互沟通、协调发展的职业教育体系。

第十三条 职业学校教育分为初等、中等、高等职业学校教育。

初等、中等职业学校教育分别由初等、中等职业学校实施；高等职业学校教育根据需要和条件由高等职业学校实施，或者由普通高等学校实施。其他学校按照教育行政部门的统筹规划，可以实施同层次的职业学校教育。

第十四条 职业培训包括从业前培训、转业培训、学徒培训、在岗培训、转岗培训及其他职业性培训，可以根据实际情况分为初级、中级、高级职业培训。

职业培训分别由相应的职业培训机构、职业学校实施。

其他学校或者教育机构可以根据办学能力，开展面向社会的、多种形式的职业培训。

第十五条 残疾人职业教育除由残疾人教育机构实施外，各级各类职业学校和职业培训机构及其他教育机构应当按照国家有关规定接纳残疾学生。

第十六条 普通中学可以因地制宜地开设职业教育的课程，或者根据实际需要适当增加职业教育的教学内容。

第三章 职业教育的实施

第十七条 县级以上地方各级人民政府应当举办发挥骨干和示范作用的职业学校、职业培训机构，对农村、企业、事业组织、社会团体、其他社会组织及公民个人依法举办的职业学校和职业培训机构给予指导和扶持。

第十八条 县级人民政府应当适应农村经济、科学技术、教育统筹发展的需要，举办多种形式的职业教育，开展实用技术的培训，促进农村职业教育的发展。

第十九条 政府主管部门、行业组织应当举办或者联合举办职业学校、职业培训机构，组织、协调、指导本行业的企业、事业组织举办职业学校、职业培训机构。

国家鼓励运用现代化教学手段，发展职业教育。

第二十条 企业应当根据本单位的实际，有计划地对本单位的职工和准备录用的人员实施职业教育。

企业可以单独举办或者联合举办职业学校、职业培训机构，也可以委托学校、职业培训机构对本单位的职工和准备录用的人员实施职业教育。

从事技术工种的职工，上岗前必须经过培训；从事特种作业的职工必须经过培训，并取得特种作业资格。

第二十一条 国家鼓励事业组织、社会团体、其他社会组织及公民个人按照国家有关规定举办职业学校、职业培训机构。

境外的组织和个人在中国境内举办职业学校、职业培训机构的办法，由国务院规定。

第二十二条 联合举办职业学校、职业培训机构，举办者应当签订联合办学合同。

政府主管部门、行业组织、企业、事业组织委托学校、职业培训机构实施职业教育的，应当签订委托合同。

第二十三条 职业学校、职业培训机构实施职业教育应当实行产教结合，为本地区经济建设服务，与企业密切联系，培养实用人才和熟练劳动者。

职业学校、职业培训机构可以举办与职业教育有关的企业或者实习场所。

第二十四条 职业学校的设立，必须符合下列基本条件：

（一）有组织机构和章程；

（二）有合格的教师；

（三）有符合规定标准的教学场所、与职业教育相适应的设施、设备；

（四）有必备的办学资金和稳定的经费来源。

职业培训机构的设立，必须符合下列基本条件：

（一）有组织机构和管理制度；

（二）有与培训任务相适应的教师和管理人员；

（三）有与进行培训相适应的场所、设施、设备；

（四）有相应的经费。

职业学校和职业培训机构的设立、变更和终止，应当按照国家有关规定执行。

第二十五条 接受职业学校教育的学生，经学校考核合格，按照国家有关规定，发给学历证书。接受职业培训的学生，经培训的职业学校或者职业培训机构考核合格，按照国家有关规定，发给培训证书。

学历证书、培训证书按照国家有关规定，作为职业学校、职业培训机构的毕业生、结业生从业的凭证。

第四章 职业教育的保障条件

第二十六条 国家鼓励通过多种渠道依法筹集发展职业教育的资金。

第二十七条 省、自治区、直辖市人民政府应当制定本地区职业学校学生人数平均经费标准；国务院有关部门应当会同国务院财政部门制定本部门职业学校学生人数平均经费标准。职业学校举办者应当按照学生人数平均经费标准足额拨付职业教育经费。

各级人民政府、国务院有关部门用于举办职业学校和职业培训机构的财政性经费应当逐步增长。

任何组织和个人不得挪用、克扣职业教育的经费。

第二十八条 企业应当承担对本单位的职工和准备录用的人员进行职业教育的费用，具体办法由国务院有关部门会同国务院财政部门或者由省、自治区、直辖市人民政府依法规定。

第二十九条 企业未按本法第二十条的规定实施职业教育的，县级以上地方人民政府应当责令改正；拒不改正的，可以收取企业应当承担的职业教育经费，用于本地区的职业教育。

第三十条 省、自治区、直辖市人民政府按照教育法的有关规定决定开征的用于教育的地方附加费，可以专项或者安排一定比例用于职业教育。

第三十一条 各级人民政府可以将农村科学技术开发、技术推广的经费，适当用于农村职业培训。

第三十二条 职业学校、职业培训机构可以对接受中等、高等职业学校教育和职业培训的学生适当收取学费，对经济困难的学生和残疾学生应当酌情减免。收费办法由省、自治区、直辖市人民政府规定。

国家支持企业、事业组织、社会团体、其他社会组织及公民个人按照国家有关规定设立职业教育奖学金、贷学金，奖励学习成绩优秀的学生或者资助经济困难的学生。

第三十三条 职业学校、职业培训机构举办企业和从事社会服务的收入应当主要用于发展职业教育。

第三十四条 国家鼓励金融机构运用信贷手段，扶持发展职业教育。

第三十五条 国家鼓励企业、事业组织、社会团体、其他社会组织及公民个人对职业教育捐资助学，鼓励境外的组织和个人对职业教育提供资助和捐赠。提供的资助和捐赠，必须用于职业教育。

第三十六条 县级以上各级人民政府和有关部门应当将职业教育教师的培养和培训工作纳入教师队伍建设规划，保证职业教育教师队伍适应职业教育发展的需要。

职业学校和职业培训机构可以聘请专业技术人员、有特殊技能的人员和其他教育机构的教师担任兼职教师。有关部门和单位应当提供方便。

第三十七条 国务院有关部门、县级以上地方各级人民政府以及举办职业学校、职业培训机构的组织、公民个人，应当加强职业教育生产实习基地的建设。

企业、事业组织应当接纳职业学校和职业培训机构的学生和教师实习；对上岗实习的，应当给予适当的劳动报酬。

第三十八条 县级以上各级人民政府和有关部门应当建立、健全职业教育服务体系，加强职业教育教材的编辑、出版和发行工作。

第五章 附 则

第三十九条 在职业教育活动中违反教育法规定的，应当依照教育法的有关规定给予处罚。

第四十条 本法自 1996 年 9 月 1 日起施行。

中华人民共和国教育法

（1995年3月18日第八届全国人民代表大会常务委员会第三次会议通过
1995年3月18日中华人民共和国主席令第45号公布）

第一章　总　　则

第一条　为了发展教育事业，提高全民族的素质，促进社会主义物质文明和精神文明建设，根据宪法，制定本法。

第二条　在中华人民共和国境内的各级各类教育，适用本法。

第三条　国家坚持以马克思列宁主义、毛泽东思想和建设有中国特色社会主义理论为指导，遵循宪法确定的基本原则，发展社会主义的教育事业。

第四条　教育是社会主义现代化建设的基础，国家保障教育事业优先发展。全社会应当关心和支持教育事业的发展。全社会应当尊重教师。

第五条　教育必须为社会主义现代化建设服务，必须与生产劳动相结合，培养德、智、体等方面全面发展的社会主义事业的建设者和接班人。

第六条　国家在受教育者中进行爱国主义、集体主义、社会主义的教育，进行理想、道德、纪律、法制、国防和民族团结的教育。

第七条　教育应当继承和弘扬中华民族优秀的历史文化传统，吸收人类文明发展的一切优秀成果。

第八条　教育活动必须符合国家和社会公共利益。国家实行教育与宗教相分离。任何组织和个人不得利用宗教进行妨碍国家教育制度的活动。

第九条　中华人民共和国公民有受教育的权利和义务。公民不分民族、种族、性别、职业、财产状况、宗教信仰等，依法享有平等的受教育机会。

第十条　国家根据各少数民族的特点和需要，帮助各少数民族地区发展教育事业。国家扶持边远贫困地区发展教育事业。国家扶持和发展残疾人教育事业。

第十一条　国家适应社会主义市场经济发展和社会进步的需要，推进教育改革，促进各级各类教育协调发展，建立和完善终身教育体系。

国家支持、鼓励和组织教育科学研究，推广教育科学研究成果，促进教育质量提高。

第十二条　汉语言文字为学校及其他教育机构的基本教学语言文字。少数民族学生为主的学校及其他教育机构，可以使用本民族或者当地民族通用的语言文字进行教学。学校及其他教育机构进行教学，应当推广使用全国通用的普通话和规范字。

第十三条 国家对发展教育事业作出突出贡献的组织和个人，给予奖励。

第十四条 国务院和地方各级人民政府根据分级管理、分工负责的原则，领导和管理教育工作。中等及中等以下教育在国务院领导下，由地方人民政府管理。高等教育由国务院和省、自治区、直辖市人民政府管理。

第十五条 国务院教育行政部门主管全国教育工作，统筹规划、协调管理全国的教育事业。县级以上地方各级人民政府教育行政部门主管本行政区域内的教育工作。县级以上各级人民政府其他有关部门在各自的职责范围内，负责有关的教育工作。

第十六条 国务院和县级以上地方各级人民政府应当向本级人民代表大会或者其常务委员会报告教育工作和教育经费预算、决算情况，接受监督。

第二章 教育基本制度

第十七条 国家实行学前教育、初等教育、中等教育、高等教育的学校教育制度。国家建立科学的学制系统。学制系统内的学校和其他教育机构的设置、教育形式、修业年限、招生对象、培养目标等，由国务院或者由国务院授权教育行政部门规定。

第十八条 国家实行九年制义务教育制度。各级人民政府采取各种措施保障适龄儿童、少年就学。适龄儿童、少年的父母或者其他监护人以及有关社会组织和个人有义务使适龄儿童、少年接受并完成规定年限的义务教育。

第十九条 国家实行职业教育制度和成人教育制度。各级人民政府、有关行政部门以及企业事业组织应当采取措施，发展并保障公民接受职业学校教育或者各种形式的职业培训。国家鼓励发展多种形式的成人教育，使公民接受适当形式的政治、经济、文化、科学、技术、业务教育和终身教育。

第二十条 国家实行国家教育考试制度。国家教育考试由国务院教育行政部门确定种类，并由国家批准的实施教育考试的机构承办。

第二十一条 国家实行学业证书制度。经国家批准设立或者认可的学校及其他教育机构按照国家有关规定，颁发学历证书或者其他学业证书。

第二十二条 国家实行学位制度。学位授予单位依法对达到一定学术水平或者专业技术水平的人员授予相应的学位，颁发学位证书。

第二十三条 各级人民政府、基层群众性自治组织和企业事业组织应当采取各种措施，开展扫除文盲的教育工作。按照国家规定具有接受扫除文盲教育能力的公民，应当接受扫除文盲的教育。

第二十四条 国家实行教育督导制度和学校及其他教育机构教育评估制度。

第三章 学校及其他教育机构

第二十五条 国家制定教育发展规划，并举办学校及其他教育机构。国家鼓励企业事业组织、社会团体、其他社会组织及公民个人依法举办学校及其他教育机构。任何组织和个人不得以营利为目的举办学校及其他教育机构。

第二十六条　设立学校及其他教育机构，必须具备下列基本条件：

（一）有组织机构和章程；

（二）有合格的教师；

（三）有符合规定标准的教学场所及设施、设备等；

（四）有必备的办学资金和稳定的经费来源。

第二十七条　学校及其他教育机构的设立、变更和终止，应当按照国家有关规定办理审核、批准、注册或者备案手续。

第二十八条　学校及其他教育机构行使下列权利：

（一）按照章程自主管理；

（二）组织实施教育教学活动；

（三）招收学生或者其他受教育者；

（四）对受教育者进行学籍管理，实施奖励或者处分；

（五）对受教育者颁发相应的学业证书；

（六）聘任教师及其他职工，实施奖励或者处分；

（七）管理、使用本单位的设施和经费；

（八）拒绝任何组织和个人对教育教学活动的非法干涉；

（九）法律、法规规定的其他权利。

国家保护学校及其他教育机构的合法权益不受侵犯。

第二十九条　学校及其他教育机构应当履行下列义务：

（一）遵守法律、法规；

（二）贯彻国家的教育方针，执行国家教育教学标准，保证教育教学质量；

（三）维护受教育者、教师及其他职工的合法权益；

（四）以适当方式为受教育者及其监护人了解受教育者的学业成绩及其他有关情况提供便利；

（五）遵照国家有关规定收取费用并公开收费项目；

（六）依法接受监督。

第三十条　学校及其他教育机构的举办者按照国家有关规定，确定其所举办的学校或者其他教育机构的管理体制。学校及其他教育机构的校长或者主要行政负责人必须由具有中华人民共和国国籍、在中国境内定居、并具备国家规定任职条件的公民担任，其任免按照国家有关规定办理。学校的教学及其他行政管理，由校长负责。学校及其他教育机构应当按照国家有关规定，通过以教师为主体的教职工代表大会等组织形式，保障教职工参与民主管理和监督。

第三十一条　学校及其他教育机构具备法人条件的，自批准设立或者登记注册之日起取得法人资格。学校及其他教育机构在民事活动中依法享有民事权利，承担民事责任学校及其他教育机构中的国有资产属于国家所有。学校及其他教育机构兴办的校办产业独立承担民事责任。

第四章　教师和其他教育工作者

第三十二条　教师享有法律规定的权利，履行法律规定的义务，忠诚于人民的教育事业。

第三十三条　国家保护教师的合法权益，改善教师的工作条件和生活条件，提高教师的社会地位。教师的工资报酬、福利待遇，依照法律、法规的规定办理。

第三十四条　国家实行教师资格、职务、聘任制度，通过考核、奖励、培养和培训，提高教师素质，加强教师队伍建设。

第三十五条　学校及其他教育机构中的管理人员，实行教育职员制度。学校及其他教育机构中的教学辅助人员和其他专业技术人员，实行专业技术职务聘任制度。

第五章　受 教 育 者

第三十六条　受教育者在入学、升学、就业等方面依法享有平等权利。学校和有关行政部门应当按照国家有关规定，保障女子在入学、升学、就业、授予学位、派出留学等方面享有同男子平等的权利。

第三十七条　国家、社会对符合入学条件、家庭经济困难的儿童、少年、青年，提供各种形式的资助。

第三十八条　国家、社会、学校及其他教育机构应当根据残疾人身心特性和需要实施教育，并为其提供帮助和便利。

第三十九条　国家、社会、家庭、学校及其他教育机构应当为有违法犯罪行为的未成年人接受教育创造条件。

第四十条　从业人员有依法接受职业培训和继续教育的权利和义务。国家机关、企业事业组织和其他社会组织，应当为本单位职工的学习和培训提供条件和便利。

第四十一条　国家鼓励学校及其他教育机构、社会组织采取措施，为公民接受终身教育创造条件。

第四十二条　受教育者享有下列权利：

（一）参加教育教学计划安排的各种活动，使用教育教学设施、设备、图书资料；

（二）按照国家有关规定获得奖学金、贷学金、助学金；

（三）在学业成绩和品行上获得公正评价，完成规定的学业后获得相应的学业证书、学位证书；

（四）对学校给予的处分不服向有关部门提出申诉，对学校、教师侵犯其人身权、财产权等合法权益，提出申诉或者依法提起诉讼；

（五）法律、法规规定的其他权利。

第四十三条 受教育者应当履行下列义务：

（一）遵守法律、法规；

（二）遵守学生行为规范，尊敬师长，养成良好的思想品德和行为习惯；

（三）努力学习，完成规定的学习任务；

（四）遵守所在学校或者其他教育机构的管理制度。

第四十四条 教育、体育、卫生行政部门和学校及其他教育机构应当完善体育、卫生保健设施，保护学生的身心健康。

第六章 教育与社会

第四十五条 国家机关、军队、企业事业组织、社会团体及其他社会组织和个人，应当依法为儿童、少年、青年学生的身心健康成长创造良好的社会环境。

第四十六条 国家鼓励企业事业组织、社会团体及其他社会组织同高等学校、中等职业学校在教学、科研、技术开发和推广等方面进行多种形式的合作。企业事业组织、社会团体及其他社会组织和个人，可以通过适当形式，支持学校的建设，参与学校管理。

第四十七条 国家机关、军队、企业事业组织及其他社会组织应当为学校组织的学生实习、社会实践活动提供帮助和便利。

第四十八条 学校及其他教育机构在不影响正常教育教学活动的前提下，应当积极参加当地的社会公益活动。

第四十九条 未成年人的父母或者其他监护人应当为其未成年子女或者其他被监护人受教育提供必要条件。未成年人的父母或者其他监护人应当配合学校及其他教育机构，对其未成年子女或者其他被监护人进行教育。学校、教师可以对学生家长提供家庭教育指导。

第五十条 图书馆、博物馆、科技馆、文化馆、美术馆、体育馆（场）等社会公共文化体育设施，以及历史文化古迹和革命纪念馆（地），应当对教师、学生实行优待，为受教育者接受教育提供便利。广播、电视台（站）应当开设教育节目，促进受教育者思想品德、文化和科学技术素质的提高。

第五十一条 国家、社会建立和发展对未成年人进行校外教育的设施。学校及其他教育机构应当同基层群众性自治组织、企业事业组织、社会团体相互配合，加强对未成年人的校外教育工作。

第五十二条 国家鼓励社会团体、社会文化机构及其他社会组织和个人开展有益于受教育者身心健康的社会文化教育活动。

第七章 教育投入与条件保障

第五十三条 国家建立以财政拨款为主、其他多种渠道筹措教育经费为辅的体制，逐步增加对教育的投入，保证国家举办的学校教育经费的稳定来源。企业事业组织、社会团体及其他社会组织和个人依法举办的学校及其他教育机构，办学经费由举办者负责筹措，各级人民政府可以给予适当支持。

第五十四条 国家财政性教育经费支出占国民生产总值的比例应当随着国民经济的发展和财政收入的增长逐步提高。具体比例和实施步骤由国务院规定。全国各级财政支出总额中教育经费所占比例应当随着国民经济的发展逐步提高。

第五十五条 各级人民政府的教育经费支出，按照事权和财权相统一的原则，在财政预算中单独列项。各级人民政府教育财政拨款的增长应当高于财政经常性收入的增长，并使按在校学生人数平均的教育费用逐步增长，保证教师工资和学生人均公用经费逐步增长。

第五十六条 国务院及县级以上地方各级人民政府应当设立教育专项资金，重点扶持边远贫困地区、少数民族地区实施义务教育。

第五十七条 税务机关依法足额征收教育费附加，由教育行政部门统筹管理，主要用于实施义务教育。省、自治区、直辖市人民政府根据国务院的有关规定，可以决定开征用于教育的地方附加费，专款专用。农村乡统筹中的教育费附加，由乡人民政府组织收取，由县级人民政府教育行政部门代为管理或者由乡人民政府管理，用于本乡范围内乡、村两级教育事业。农村教育费附加在乡统筹中所占具体比例和具体管理办法，由省、自治区、直辖市人民政府规定。

第五十八条 国家采取优惠措施，鼓励和扶持学校在不影响正常教育教学的前提下开展勤工俭学和社会服务，兴办校办产业。

第五十九条 经县级人民政府批准，乡、民族乡、镇的人民政府根据自愿、量力的原则，可以在本行政区域内集资办学，用于实施义务教育学校的危房改造和修缮、新建校舍，不得挪作他用。

第六十条 国家鼓励境内、境外社会组织和个人捐资助学。

第六十一条 国家财政性教育经费、社会组织和个人对教育的捐赠，必须用于教育，不得挪用、克扣。

第六十二条 国家鼓励运用金融、信贷手段，支持教育事业的发展。

第六十三条 各级人民政府及其教育行政部门应当加强对学校及其他教育机构教育经费的监督管理，提高教育投资效益。

第六十四条 地方各级人民政府及其有关行政部门必须把学校的基本建设纳入城乡建设规划，统筹安排学校的基本建设用地及所需物资，按照国家有关规定实行优先、优惠政策。

第六十五条 各级人民政府对教科书及教学用图书资料的出版发行，对教学仪器、设备的生产和供应，对用于学校教育教学和科学研究的图书资料、教学仪器、设备的进口，按照国家有关规定实行优先、优惠政策。

第六十六条 县级以上人民政府应当发展卫星电视教育和其他现代化教学手段，有关行政部门应当优先安排，给予扶持。国家鼓励学校及其他教育机构推广运用现代化教学手段。

第八章 教育对外交流与合作

第六十七条 国家鼓励开展教育对外交流与合作。教育对外交流与合作坚持独立自主、平等互利、相互尊重的原则，不得违反中国法律，不得损害国家主权、安全和社会公共利益。

第六十八条 中国境内公民出国留学、研究、进行学术交流或者任教，依照国家有关规定办理。

第六十九条 中国境外个人符合国家规定的条件并办理有关手续后，可以进入中国境内学校及其他教育机构学习、研究、进行学术交流或者任教，其合法权益受国家保护。

第七十条 中国对境外教育机构颁发的学位证书、学历证书及其他学业证书的承认，依照中华人民共和国缔结或者加入的国际条约办理，或者按照国家有关规定办理。

第九章 法律责任

第七十一条 违反国家有关规定，不按照预算核拨教育经费的，由同级人民政府限期核拨；情节严重的，对直接负责的主管人员和其他直接责任人员，依法给予行政处分。违反国家财政制度、财务制度，挪用、克扣教育经费的，由上级机关责令限期归还被挪用、克扣的经费，并对直接负责的主管人员和其他直接责任人员，依法给予行政处分；构成犯罪的，依法追究刑事责任。

第七十二条 结伙斗殴，寻衅滋事，扰乱学校及其他教育机构教育教学秩序或者破坏校舍、场地及其他财产的，由公安机关给予治安管理处罚；构成犯罪的，依法追究刑事责任。侵占学校及其他教育机构的校舍、场地及其他财产的，依法承担民事责任。

第七十三条 明知校舍或者教育教学设施有危险，而不采取措施，造成人员伤亡或者重大财产损失的，对直接负责的主管人员和其他直接责任人员，依法追究刑事责任。

第七十四条 违反国家有关规定，向学校或者其他教育机构收取费用的，由政府责令退还所收费用；对直接负责的主管人员和其他直接责任人员，依法给予行政处分。

第七十五条 违反国家有关规定，举办学校或者其他教育机构的，由教育行政部门予以撤销；有违法所得的，没收违法所得；对直接负责的主管人员和其他直接责任人员，依法给予行政处分。

第七十六条 违反国家有关规定招收学员的，由教育行政部门责令退回招收的学员，退还所收费用；对直接负责的主管人员和其他直接责任人员，依法给予行政处分。

第七十七条 在招收学生工作中徇私舞弊的，由教育行政部门责令退回招收的人员；对直接负责的主管人员和其他直接责任人员，依法给予行政处分；构成犯罪的，依法追究刑事责任。

第七十八条 学校及其他教育机构违反国家有关规定向受教育者收取费用的，由教育行政部门责令退还所收费用；对直接负责的主管人员和其他直接责任人员，依法给予行政处分。

第七十九条 在国家教育考试中作弊的，由教育行政部门宣布考试无效，对直接负责的主管人员和其他直接责任人员，依法给予行政处分。

非法举办国家教育考试的，由教育行政部门宣布考试无效；有违法所得的，没收违法所得；对直接负责的主管人员和其他直接责任人员，依法给予行政处分。

第八十条 违反本法规定，颁发学位证书、学历证书或者其他学业证书的，由教育行政部门宣布证书无效，责令收回或者予以没收；有违法所得的，没收违法所得；情节严重的，取消其颁发证书的资格。

第八十一条 违反本法规定，侵犯教师、受教育者、学校或者其他教育机构的合法权益，造成损失、损害的，应当依法承担民事责任。

第十章 附 则

第八十二条 军事学校教育由中央军事委员会根据本法的原则规定。宗教学校教育由国务院另行规定。

第八十三条 境外的组织和个人在中国境内办学和合作办学的办法，由国务院规定。

第八十四条 本法自 1995 年 9 月 1 日起施行。

中华人民共和国教师法

（1993 年 10 月 31 日第八届全国人民代表大会常务委员会第四次会议通过
1993 年 10 月 31 日中华人民共和国主席令第 15 号公布）

第一章 总 则

第一条 为了保障教师的合法权益，建设具有良好思想品德修养和业务素质的教师队伍，促进社会主义教育事业的发展，制定本法。

第二条 本法适用于在各级各类学校和其他教育机构中专门从事教育教学工作的教师。

第三条 教师是履行教育教学职责的专业人员，承担教书育人，培养社会主义事业建设者和接班人、提高民族素质的使命。教师应当忠诚于人民的教育事业。

第四条 各级人民政府应当采取措施，加强教师的思想政治教育和业务培训，改善教师的工作条件和生活条件，保障教师的合法权益，提高教师的社会地位。全社会都应当尊重教师。

第五条 国务院教育行政部门主管全国的教师工作。

国务院有关部门在各自职权范围内负责有关的教师工作。

学校和其他教育机构根据国家规定，自主进行教师管理工作。

第六条 每年 9 月 10 日为教师节。

第二章 权利和义务

第七条 教师享有下列权利：

（一）进行教育教学活动，开展教育教学改革和实验；

（二）从事科学研究、学术交流，参加专业的学术团体，在学术活动中充分发表意见；

（三）指导学生的学习和发展，评定学生的品行和学业成绩；

（四）按时获取工资报酬，享受国家规定的福利待遇以及寒暑假期的带薪休假；

（五）对学校教育教学、管理工作和教育行政部门的工作提出意见和建议，通过教职工代表大会或者其他形式，参与学校的民主管理；

（六）参加进修或者其他方式的培训。

第八条 教师应当履行下列义务：

（一）遵守宪法、法律和职业道德，为人师表；

（二）贯彻国家的教育方针，遵守规章制度，执行学校的教学计划，履行教师聘约，完成教育教学工作任务；

（三）对学生进行宪法所确定的基本原则的教育和爱国主义、民族团结的教育，法制教育以及思想品德、文化、科学技术教育，组织、带领学生开展有益的社会活动；

（四）关心、爱护全体学生，尊重学生人格，促进学生在品德、智力、体质等方面全面发展；

（五）制止有害于学生的行为或者其他侵犯学生合法权益的行为，批评和抵制有害于学生健康成长的现象；

（六）不断提高思想政治觉悟和教育教学业务水平。

第九条 为保障教师完成教育教学任务，各级人民政府、教育行政部门、有关部门、学校和其他教育机构应当履行下列职责：

（一）提供符合国家安全标准的教育教学设施和设备；

（二）提供必需的图书、资料及其他教育教学用品；

（三）对教师在教育教学、科学研究中的创造性工作给以鼓励和帮助；

（四）支持教师制止有害于学生的行为或者其他侵犯学生合法权益的行为。

第三章 资格和任用

第十条 国家实行教师资格制度。

中国公民凡遵守宪法和法律，热爱教育事业，具有良好的思想品德，具备本法规定的学历或者经国家教师资格考试合格，有教育教学能力，经认定合格的，可以取得教师资格。

第十一条 取得教师资格应当具备的相应学历是：

（一）取得幼儿园教师资格，应当具备幼儿师范学校毕业及其以上学历。

（二）取得小学教师资格，应当具备中等师范学校毕业及其以上学历。

（三）取得初级中学教师、初级职业学校文化、专业课教师资格，应当具备高等师范专科学校或者其他大学专科毕业及其以上学历。

（四）取得高级中学教师资格和中等专业学校、技工学校、职业高中文化课、专业课教师资格，应当具备高等师范院校本科或者其他大学本科毕业及其以上学历；取得中等专业学校、技工学校和职业高中学生实习指导教师资格应当具备的学历，由国务院教育行政部门规定。

（五）取得高等学校教师资格，应当具备研究生或者大学本科毕业学历。

（六）取得成人教育教师资格，应当按照成人教育的层次、类别，分别具备高等、中等学校毕业及其以上学历。不具备本法规定的教师资格学历的公民，申请获取教师资格，必须通过国家教师资格考试。国家教师资格考试制度由国务院规定。

第十二条 本法实施前已经在学校或者其他教育机构中任教的教师，未具备本法规定学历的，由国务院教育行政部门规定教师资格过渡办法。

第十三条 中小学教师资格由县级以上地方人民政府教育行政部门认定。中等专业学校、技工学校的教师资格由县级以上地方人民政府教育行政部门组织有关主管部门认定。普通高等学校的教师资格由国务院或者省、自治区、直辖市教育行政部门或者由其委托的学校认定。具备本法规定的学历或者经国家教师资格考试合格的公民，要求有关部门认定其教师资格的，有关部门应当依照本法规定的条件予以认定。取得教师资格的人员首次任教时，应当有试用期。

第十四条 受到剥夺政治权利或者故意犯罪受到有期徒刑以上刑事处罚的，不能取得教师资格；已经取得教师资格的，丧失教师资格。

第十五条 各级师范学校毕业生，应当按照国家有关规定从事教育教学工作。国家鼓励非师范高等学校毕业生到中小学或者职业学校任教。

第十六条 国家实行教师职务制度，具体办法由国务院规定。

第十七条 学校和其他教育机构应当逐步实行教师聘任制。教师的聘任应当遵循双方地位平等的原则，由学校和教师签订聘任合同，明确规定双方的权利、义务和责任。实施教师聘任制的步骤、办法由国务院教育行政部门规定。

第四章 培养和培训

第十八条 各级人民政府和有关部门应当办好师范教育，并采取措施，鼓励优秀青年进入各级师范学校学习。各级教师进修学校承担培训中小学教师的任务。非师范学校应当承担培养和培训中小学教师的任务。各级师范学校学生享受专业奖学金。

第十九条 各级人民政府教育行政部门、学校主管部门和学校应当制定教师培训规划，对教师进行多种形式的思想政治、业务培训。

第二十条 国家机关、企业事业单位和其他社会组织应当为教师的社会调查和社会实践提供方便，给予协助。

第二十一条 各级人民政府应当采取措施，为少数民族地区和边远贫困地区培养、培训教师。

第五章 考 核

第二十二条 学校或者其他教育机构应当对教师的政治思想、业务水平、工作态度和工作成绩进行考核。教育行政部门对教师的考核工作进行指导、监督。

第二十三条 考核应当客观、公正、准确，充分听取教师本人、其他教师以及学生的意见。

第二十四条 教师考核结果是受聘任教、晋升工资、实施奖惩的依据。

第六章 待　遇

第二十五条 教师的平均工资水平应当不低于或者高于国家公务员的平均工资水平，并逐步提高。建立正常晋级增薪制度，具体办法由国务院规定。

第二十六条 中小学教师和职业学校教师享受教龄津贴和其他津贴，具体办法由国务院教育行政部门会同有关部门制定。

第二十七条 地方各级人民政府对教师以及具有中专以上学历的毕业生到少数民族地区和边远贫困地区从事教育教学工作的，应当予以补贴。

第二十八条 地方各级人民政府和国务院有关部门，对城市教师住房的建设、租赁、出售实行优先、优惠。县、乡两级人民政府应当为农村中小学教师解决住房提供方便。

第二十九条 教师的医疗同当地国家公务员享受同等的待遇；定期对教师进行身体健康检查，并因地制宜安排教师进行休养。医疗机构应当对当地教师的医疗提供方便。

第三十条 教师退休或者退职后，享受国家规定的退休或者退职待遇。县级以上地方人民政府可以适当提高长期从事教育教学工作的中小学退休教师的退休金比例。

第三十一条 各级人民政府应当采取措施，改善国家补助、集体支付工资的中小学教师的待遇，逐步做到在工资收入上与国家支付工资的教师同工同酬，具体办法由地方各级人民政府根据本地区的实际情况规定。

第三十二条 社会力量所办学校的教师的待遇，由举办者自行确定并予以保障。

第七章 奖　励

第三十三条 教师在教育教学、培养人才、科学研究、教学改革、学校建设、社会服务、勤工俭学等方面成绩优异的，由所在学校予以表彰、奖励。国务院和地方各级人民政府及其有关部门对有突出贡献的教师，应当予以表彰、奖励。对有重大贡献的教师，依照国家有关规定授予荣誉称号。

第三十四条 国家支持和鼓励社会组织或者个人向依法成立的奖励教师的基金组织捐助资金，对教师进行奖励。

第八章 法律责任

第三十五条 侮辱、殴打教师的，根据不同情况，分别给予行政处分或者行政处罚；造成损害的，责令赔偿损失；情节严重，构成犯罪的，依法追究刑事责任。

第三十六条 对依法提出申诉、控告、检举的教师进行打击报复的，由其所在单位或者上级机关责令改正；情节严重的，可以根据具体情况给予行政处分。国家工作人员对教师打击报复构成犯罪的，依照刑法第一百四十六条的规定追究刑事责任。

第三十七条 教师有下列情形之一的，由所在学校、其他教育机构或者教育行政部门给予行政处分或者解聘：

（一）故意不完成教育教学任务给教育教学工作造成损失的；

（二）体罚学生，经教育不改的；

（三）品行不良、侮辱学生，影响恶劣的。

教师有前款第（二）项、第（三）项所列情形之一，情节严重，构成犯罪的，依法追究刑事责任。

第三十八条 地方人民政府对违反本法规定，拖欠教师工资或者侵犯教师其他合法权益的，应当责令其限期改正。违反国家财政制度、财务制度，挪用国家财政用于教育的经费，严重妨碍教育教学工作，拖欠教师工资，损害教师合法权益的，由上级机关责令限期归还被挪用的经费，并对直接责任人员给予行政处分；情节严重，构成犯罪的，依法追究刑事责任。

第三十九条 教师对学校或者其他教育机构侵犯其合法权益的，或者对学校或者其他教育机构作出的处理不服的，可以向教育行政部门提出申诉，教育行政部门应当在接到申诉的三十日内，作出处理。教师认为当地人民政府有关行政部门侵犯其根据本法规定享有的权利的，可以向同级人民政府或者上一级人民政府有关部门提出申诉，同级人民政府或者上一级人民政府有关部门应当作出处理。

第九章 附 则

第四十条 本法下列用语的含义是：

（一）各级各类学校，是指实施学前教育、普通初等教育、普通中等教育、职业教育、普通高等教育以及特殊教育、成人教育的学校；

（二）其他教育机构，是指少年宫以及地方教研室、电化教育机构等；

（三）中小学教师，是指幼儿园、特殊教育机构、普通中小学、成人初等中等教育机构、职业中学以及其他教育机构的教师。

第四十一条 学校和其他教育机构中的教育教学辅助人员，其他类型的学校的教师和教育教学辅助人员，可以根据实际情况参照本法的有关规定执行。军队所属院校的教师和教育教学辅助人员，由中央军事委员会依照本法制定有关规定。

第四十二条 外籍教师的聘任办法由国务院教育行政部门规定。

第四十三条 本法自 1994 年 1 月 1 日起施行。

中华人民共和国民办教育促进法

(2002年12月28日第九届全国人民代表大会常务委员会第三十一次会议通过　2002年12月28日中华人民共和国主席令第80号公布)

第一章　总　　则

第一条　为实施科教兴国战略，促进民办教育事业的健康发展，维护民办学校和受教育者的合法权益，根据宪法和教育法制定本法。

第二条　国家机构以外的社会组织或者个人，利用非国家财政性经费，面向社会举办学校及其他教育机构的活动，适用本法。本法未作规定的，依照教育法和其他有关教育法律执行。

第三条　民办教育事业属于公益性事业，是社会主义教育事业的组成部分。

国家对民办教育实行积极鼓励、大力支持、正确引导、依法管理的方针。

各级人民政府应当将民办教育事业纳入国民经济和社会发展规划。

第四条　民办学校应当遵守法律、法规，贯彻国家的教育方针，保证教育质量，致力于培养社会主义建设事业的各类人才。

民办学校应当贯彻教育与宗教相分离的原则。任何组织和个人不得利用宗教进行妨碍国家教育制度的活动。

第五条　民办学校与公办学校具有同等的法律地位，国家保障民办学校的办学自主权。

国家保障民办学校举办者、校长、教职工和受教育者的合法权益。

第六条　国家鼓励捐资办学。

国家对为发展民办教育事业作出突出贡献的组织和个人，给予奖励和表彰。

第七条　国务院教育行政部门负责全国民办教育工作的统筹规划、综合协调和宏观管理。

国务院劳动和社会保障行政部门及其他有关部门在国务院规定的职责范围内分别负责有关的民办教育工作。

第八条　县级以上地方各级人民政府教育行政部门主管本行政区域内的民办教育工作。

县级以上地方各级人民政府劳动和社会保障行政部门及其他有关部门在各自的职责范围内，分别负责有关的民办教育工作。

第二章　设　　立

第九条　举办民办学校的社会组织，应当具有法人资格。

举办民办学校的个人，应当具有政治权利和完全民事行为能力。

民办学校应当具备法人条件。

第十条　设立民办学校应当符合当地教育发展的需求，具备教育法和其他有关法律、法规规定的条件。

民办学校的设置标准参照同级同类公办学校的设置标准执行。

第十一条　举办实施学历教育、学前教育、自学考试助学及其他文化教育的民办学校，由县级以上人民政府教育行政部门按照国家规定的权限审批；举办实施以职业技能为主的职业资格培训、职业技能培训的民办学校，由县级以上人民政府劳动和社会保障行政部门按照国家规定的权限审批，并抄送同级教育行政部门备案。

第十二条　申请筹设民办学校，举办者应当向审批机关提交下列材料：

（一）申办报告，内容应当主要包括：举办者、培养目标、办学规模、办学层次、办学形式、办学条件、内部管理体制、经费筹措与管理使用等；

（二）举办者的姓名、住址或者名称、地址；

（三）资产来源、资金数额及有效证明文件，并载明产权；

（四）属捐赠性质的校产须提交捐赠协议，载明捐赠人的姓名、所捐资产的数额、用途和管理方法及相关有效证明文件。

第十三条　审批机关应当自受理筹设民办学校的申请之日起三十日内以书面形式作出是否同意的决定。

同意筹设的，发给筹设批准书。不同意筹设的，应当说明理由。

筹设期不得超过三年。超过三年的，举办者应当重新申报。

第十四条　申请正式设立民办学校的，举办者应当向审批机关提交下列材料：

（一）筹设批准书；

（二）筹设情况报告；

（三）学校章程、首届学校理事会、董事会或者其他决策机构组成人员名单；

（四）学校资产的有效证明文件；

（五）校长、教师、财会人员的资格证明文件。

第十五条　具备办学条件，达到设置标准的，可以直接申请正式设立，并应当提交本法第十二条和第十四条（三）、（四）、（五）项规定的材料。

第十六条　申请正式设立民办学校的，审批机关应当自受理之日起三个月内以书面形式作出是否批准的决定，并送达申请人；其中申请正式设立民办高等学校的，审批机关也可以自受理之日起六个月内以书面形式作出是否批准的决定，并送达申请人。

第十七条　审批机关对批准正式设立的民办学校发给办学许可证。

审批机关对不批准正式设立的，应当说明理由。

第十八条 民办学校取得办学许可证，并依照有关的法律、行政法规进行登记，登记机关应当按照有关规定即时予以办理。

第三章 学校的组织与活动

第十九条 民办学校应当设立学校理事会、董事会或者其他形式的决策机构。

第二十条 学校理事会或者董事会由举办者或者其代表、校长、教职工代表等人员组成。其中三分之一以上的理事或者董事应当具有五年以上教育教学经验。

学校理事会或者董事会由五人以上组成，设理事长或者董事长一人。理事长、理事或者董事长、董事名单报审批机关备案。

第二十一条 学校理事会或者董事会行使下列职权：

（一）聘任和解聘校长；

（二）修改学校章程和制定学校的规章制度；

（三）制订发展规划，批准年度工作计划；

（四）筹集办学经费，审核预算、决算；

（五）决定教职工的编制定额和工资标准；

（六）决定学校的分立、合并、终止；

（七）决定其他重大事项。

其他形式决策机构的职权参照本条规定执行。

第二十二条 民办学校的法定代表人由理事长、董事长或者校长担任。

第二十三条 民办学校参照同级同类公办学校校长任职的条件聘任校长，年龄可以适当放宽，并报审批机关核准。

第二十四条 民办学校校长负责学校的教育教学和行政管理工作，行使下列职权：

（一）执行学校理事会、董事会或者其他形式决策机构的决定；

（二）实施发展规划，拟订年度工作计划、财务预算和学校规章制度；

（三）聘任和解聘学校工作人员，实施奖惩；

（四）组织教育教学、科学研究活动，保证教育教学质量；

（五）负责学校日常管理工作；

（六）学校理事会、董事会或者其他形式决策机构的其他授权。

第二十五条 民办学校对招收的学生，根据其类别、修业年限、学业成绩，可以根据国家有关规定发给学历证书、结业证书或者培训合格证书。

对接受职业技能培训的学生，经政府批准的职业技能鉴定机构鉴定合格的，可以发给国家职业资格证书。

第二十六条 民办学校依法通过以教师为主体的教职工代表大会等形式，保障教职工参与民主管理和监督。

民办学校的教师和其他工作人员，有权依照工会法，建立工会组织，维护其合法权益。

第四章 教师与受教育者

第二十七条 民办学校的教师、受教育者与公办学校的教师、受教育者具有同等的法律地位。

第二十八条 民办学校聘任的教师，应当具有国家规定的任教资格。

第二十九条 民办学校应当对教师进行思想品德教育和业务培训。

第三十条 民办学校应当依法保障教职工的工资、福利待遇，并为教职工缴纳社会保险费。

第三十一条 民办学校教职工在业务培训、职务聘任、教龄和工龄计算、表彰奖励、社会活动等方面依法享有与公办学校教职工同等权利。

第三十二条 民办学校依法保障受教育者的合法权益。

民办学校按照国家规定建立学籍管理制度，对受教育者实施奖励或者处分。

第三十三条 民办学校的受教育者在升学、就业、社会优待以及参加先进评选等方面享有与同级同类公办学校的受教育者同等权利。

第五章 学校资产与财务管理

第三十四条 民办学校应当依法建立财务、会计制度和资产管理制度，并按照国家有关规定设置会计账簿。

第三十五条 民办学校对举办者投入民办学校的资产、国有资产、受赠的财产以及办学积累，享有法人财产权。

第三十六条 民办学校存续期间，所有资产由民办学校依法管理和使用，任何组织和个人不得侵占。

任何组织和个人都不得违反法律、法规向民办教育机构收取任何费用。

第三十七条 民办学校对接受学历教育的受教育者收取费用的项目和标准由学校制定，报有关部门批准并公示；对其他受教育者收取费用的项目和标准由学校制定，报有关部门备案并公示。

民办学校收取的费用应当主要用于教育教学活动和改善办学条件。

第三十八条 民办学校资产的使用和财务管理受审批机关和其他有关部门的监督。

民办学校应当在每个会计年度结束时制作财务会计报告，委托会计师事务所依法进行审计，并公布审计结果。

第六章　管理与监督

第三十九条　教育行政部门及有关部门应当对民办学校的教育教学工作、教师培训工作进行指导。

第四十条　教育行政部门及有关部门依法对民办学校实行督导，促进提高办学质量；组织或者委托社会中介组织评估办学水平和教育质量，并将评估结果向社会公布。

第四十一条　民办学校的招生简章和广告，应当报审批机关备案。

第四十二条　民办学校侵犯受教育者的合法权益，受教育者及其亲属有权向教育行政部门和其他有关部门申诉，有关部门应当及时予以处理。

第四十三条　国家支持和鼓励社会中介组织为民办学校提供服务。

第七章　扶持与奖励

第四十四条　县级以上各级人民政府可以设立专项资金，用于资助民办学校的发展，奖励和表彰有突出贡献的集体和个人。

第四十五条　县级以上各级人民政府可以采取经费资助，出租、转让闲置的国有资产等措施对民办学校予以扶持。

第四十六条　民办学校享受国家规定的税收优惠政策。

第四十七条　民办学校依照国家有关法律、法规，可以接受公民、法人或者其他组织的捐赠。

国家对向民办学校捐赠财产的公民、法人或者其他组织按照有关规定给予税收优惠，并予以表彰。

第四十八条　国家鼓励金融机构运用信贷手段，支持民办教育事业的发展。

第四十九条　人民政府委托民办学校承担义务教育任务，应当按照委托协议拨付相应的教育经费。

第五十条　新建、扩建民办学校，人民政府应当按照公益事业用地及建设的有关规定给予优惠。教育用地不得用于其他用途。

第五十一条　民办学校在扣除办学成本、预留发展基金以及按照国家有关规定提取其他的必需的费用后，出资人可以从办学结余中取得合理回报。取得合理回报的具体办法由国务院规定。

第五十二条　国家采取措施，支持和鼓励社会组织和个人到少数民族地区、边远贫困地区举办民办学校，发展教育事业。

第八章　变更与终止

第五十三条　民办学校的分立、合并，在进行财务清算后，由学校理事会或者董事会报审批机关批准。

申请分立、合并民办学校的，审批机关应当自受理之日起三个月内以书面形式答复；其中申请分立、合并民办高等学校的，审批机关也可以自受理之日起六个月内以书面形式答复。

第五十四条　民办学校举办者的变更，须由举办者提出，在进行财务清算后，经学校理事会或者董事会同意，报审批机关核准。

第五十五条　民办学校名称、层次、类别的变更，由学校理事会或者董事会报审批机关批准。

申请变更为其他民办学校，审批机关应当自受理之日起三个月内以书面形式答复；其中申请变更为民办高等学校的，审批机关也可以自受理之日起六个月内以书面形式答复。

第五十六条　民办学校有下列情形之一的，应当终止：

（一）根据学校章程规定要求终止，并经审批机关批准的；

（二）被吊销办学许可证的；

（三）因资不抵债无法继续办学的。

第五十七条　民办学校终止时，应当妥善安置在校学生。实施义务教育的民办学校终止时，审批机关应当协助学校安排学生继续就学。

第五十八条　民办学校终止时，应当依法进行财务清算。

民办学校自己要求终止的，由民办学校组织清算；被审批机关依法撤销的，由审批机关组织清算；因资不抵债无法继续办学而被终止的，由人民法院组织清算。

第五十九条　对民办学校的财产按照下列顺序清偿：

（一）应退受教育者学费、杂费和其他费用；

（二）应发教职工的工资及应缴纳的社会保险费用；

（三）偿还其他债务。

民办学校清偿上述债务后的剩余财产，按照有关法律、行政法规的规定处理。

第六十条　终止的民办学校，由审批机关收回办学许可证和销毁印章，并注销登记。

第九章　法 律 责 任

第六十一条　民办学校在教育活动中违反教育法、教师法规定的，依照教育法、教师法的有关规定给予处罚。

第六十二条 民办学校有下列行为之一的，由审批机关或者其他有关部门责令限期改正，并予以警告；有违法所得的，退还所收费用后没收违法所得；情节严重的，责令停止招生、吊销办学许可证；构成犯罪的，依法追究刑事责任：

（一）擅自分立、合并民办学校的；

（二）擅自改变民办学校名称、层次、类别和举办者的；

（三）发布虚假招生简章或者广告，骗取钱财的；

（四）非法颁发或者伪造学历证书、结业证书、培训证书、职业资格证书的；

（五）管理混乱严重影响教育教学，产生恶劣社会影响的；

（六）提交虚假证明文件或者采取其他欺诈手段隐瞒重要事实骗取办学许可证的；

（七）伪造、变造、买卖、出租、出借办学许可证的；

（八）恶意终止办学、抽逃资金或者挪用办学经费的。

第六十三条 审批机关和有关部门有下列行为之一的，由上级机关责令其改正；情节严重的，对直接负责的主管人员和其他直接责任人员，依法给予行政处分；造成经济损失的，依法承担赔偿责任；构成犯罪的，依法追究刑事责任：

（一）已受理设立申请，逾期不予答复的；

（二）批准不符合本法规定条件申请的；

（三）疏于管理，造成严重后果的；

（四）违反国家有关规定收取费用的；

（五）侵犯民办学校合法权益的；

（六）其他滥用职权、徇私舞弊的。

第六十四条 社会组织和个人擅自举办民办学校的，由县级以上人民政府的有关行政部门责令限期改正，符合本法及有关法律规定的民办学校条件的，可以补办审批手续；逾期仍达不到办学条件的，责令停止办学，造成经济损失的，依法承担赔偿责任。

第十章 附 则

第六十五条 本法所称的民办学校包括依法举办的其他民办教育机构。

本法所称的校长包括其他民办教育机构的主要行政负责人。

第六十六条 在工商行政管理部门登记注册的经营性的民办培训机构的管理办法，由国务院另行规定。

第六十七条 境外的组织和个人在中国境内合作办学的办法，由国务院规定。

第六十八条 本法自2003年9月1日起施行。1997年7月31日国务院颁布的《社会力量办学条例》同时废止。

中华人民共和国行政许可法

（2003年8月27日第十届全国人民代表大会常务委员会第四次会议通过
2003年8月27日中华人民共和国主席令第7号公布）

目　录

第一章　总　　则

第一条　为了规范行政许可的设定和实施，保护公民、法人和其他组织的合法权益，维护公共利益和社会秩序，保障和监督行政机关有效实施行政管理，根据宪法，制定本法。

第二条　本法所称行政许可，是指行政机关根据公民、法人或者其他组织的申请，经依法审查，准予其从事特定活动的行为。

第三条　行政许可的设定和实施，适用本法。

有关行政机关对其他机关或者对其直接管理的事业单位的人事、财务、外事等事项的审批，不适用本法。

第四条　设定和实施行政许可，应当依照法定的权限、范围、条件和程序。

第五条 设定和实施行政许可，应当遵循公开、公平、公正的原则。

有关行政许可的规定应当公布；未经公布的，不得作为实施行政许可的依据。行政许可的实施和结果，除涉及国家秘密、商业秘密或者个人隐私的外，应当公开。

符合法定条件、标准的，申请人有依法取得行政许可的平等权利，行政机关不得歧视。

第六条 实施行政许可，应当遵循便民的原则，提高办事效率，提供优质服务。

第七条 公民、法人或者其他组织对行政机关实施行政许可，享有陈述权、申辩权；有权依法申请行政复议或者提起行政诉讼；其合法权益因行政机关违法实施行政许可受到损害的，有权依法要求赔偿。

第八条 公民、法人或者其他组织依法取得的行政许可受法律保护，行政机关不得擅自改变已经生效的行政许可。

行政许可所依据的法律、法规、规章修改或者废止，或者准予行政许可所依据的客观情况发生重大变化的，为了公共利益的需要，行政机关可以依法变更或者撤回已经生效的行政许可。由此给公民、法人或者其他组织造成财产损失的，行政机关应当依法给予补偿。

第九条 依法取得的行政许可，除法律、法规规定依照法定条件和程序可以转让的外，不得转让。

第十条 县级以上人民政府应当建立健全对行政机关实施行政许可的监督制度，加强对行政机关实施行政许可的监督检查。

行政机关应当对公民、法人或者其他组织从事行政许可事项的活动实施有效监督。

第二章 行政许可的设定

第十一条 设定行政许可，应当遵循经济和社会发展规律，有利于发挥公民、法人或者其他组织的积极性、主动性，维护公共利益和社会秩序，促进经济、社会和生态环境协调发展。

第十二条 下列事项可以设定行政许可：

（一）直接涉及国家安全、公共安全、经济宏观调控、生态环境保护以及直接关系人身健康、生命财产安全等特定活动，需要按照法定条件予以批准的事项；

（二）有限自然资源开发利用、公共资源配置以及直接关系公共利益的特定行业的市场准入等，需要赋予特定权利的事项；

（三）提供公众服务并且直接关系公共利益的职业、行业，需要确定具备特殊信誉、特殊条件或者特殊技能等资格、资质的事项；

（四）直接关系公共安全、人身健康、生命财产安全的重要设备、设施、产品、物品，需要按照技术标准、技术规范，通过检验、检测、检疫等方式进行审定的事项；

（五）企业或者其他组织的设立等，需要确定主体资格的事项；

（六）法律、行政法规规定可以设定行政许可的其他事项。

第十三条 本法第十二条所列事项，通过下列方式能够予以规范的，可以不设行政许可：

（一）公民、法人或者其他组织能够自主决定的；

（二）市场竞争机制能够有效调节的；

（三）行业组织或者中介机构能够自律管理的；

（四）行政机关采用事后监督等其他行政管理方式能够解决的。

第十四条 本法第十二条所列事项，法律可以设定行政许可。尚未制定法律的，行政法规可以设定行政许可。

必要时，国务院可以采用发布决定的方式设定行政许可。实施后，除临时性行政许可事项外，国务院应当及时提请全国人民代表大会及其常务委员会制定法律，或者自行制定行政法规。

第十五条 本法第十二条所列事项，尚未制定法律、行政法规的，地方性法规可以设定行政许可；尚未制定法律、行政法规和地方性法规的，因行政管理的需要，确需立即实施行政许可的，省、自治区、直辖市人民政府规章可以设定临时性的行政许可。临时性的行政许可实施满一年需要继续实施的，应当提请本级人民代表大会及其常务委员会制定地方性法规。

地方性法规和省、自治区、直辖市人民政府规章，不得设定应当由国家统一确定的公民、法人或者其他组织的资格、资质的行政许可；不得设定企业或者其他组织的设立登记及其前置性行政许可。其设定的行政许可，不得限制其他地区的个人或者企业到本地区从事生产经营和提供服务，不得限制其他地区的商品进入本地区市场。

第十六条 行政法规可以在法律设定的行政许可事项范围内，对实施该行政许可作出具体规定。

地方性法规可以在法律、行政法规设定的行政许可事项范围内，对实施该行政许可作出具体规定。

规章可以在上位法设定的行政许可事项范围内，对实施该行政许可作出具体规定。

法规、规章对实施上位法设定的行政许可作出的具体规定，不得增设行政许可；对行政许可条件作出的具体规定，不得增设违反上位法的其他条件。

第十七条 除本法第十四条、第十五条规定的外，其他规范性文件一律不得设定行政许可。

第十八条 设定行政许可，应当规定行政许可的实施机关、条件、程序、期限。

第十九条 起草法律草案、法规草案和省、自治区、直辖市人民政府规章草案，拟设定行政许可的，起草单位应当采取听证会、论证会等形式听取意见，并向制定机关说明设定该行政许可的必要性、对经济和社会可能产生的影响以及听取和采纳意见的情况。

第二十条 行政许可的设定机关应当定期对其设定的行政许可进行评价；对已设定的行政许可，认为通过本法第十三条所列方式能够解决的，应当对设定该行政许可的规定及时予以修改或者废止。

行政许可的实施机关可以对已设定的行政许可的实施情况及存在的必要性适时进行评价，并将意见报告该行政许可的设定机关。

公民、法人或者其他组织可以向行政许可的设定机关和实施机关就行政许可的设定和实施提出意见和建议。

第二十一条 省、自治区、直辖市人民政府对行政法规设定的有关经济事务的行政许可，根据本行政区域经济和社会发展情况，认为通过本法第十三条所列方式能够解决的，报国务院批准后，可以在本行政区域内停止实施该行政许可。

第三章 行政许可的实施机关

第二十二条 行政许可由具有行政许可权的行政机关在其法定职权范围内实施。

第二十三条 法律、法规授权的具有管理公共事务职能的组织，在法定授权范围内，以自己的名义实施行政许可。被授权的组织适用本法有关行政机关的规定。

第二十四条 行政机关在其法定职权范围内，依照法律、法规、规章的规定，可以委托其他行政机关实施行政许可。委托机关应当将受委托行政机关和受委托实施行政许可的内容予以公告。

委托行政机关对受委托行政机关实施行政许可的行为应当负责监督，并对该行为的后果承担法律责任。

受委托行政机关在委托范围内，以委托行政机关名义实施行政许可；不得再委托其他组织或者个人实施行政许可。

第二十五条 经国务院批准，省、自治区、直辖市人民政府根据精简、统一、效能的原则，可以决定一个行政机关行使有关行政机关的行政许可权。

第二十六条 行政许可需要行政机关内设的多个机构办理的，该行政机关应当确定一个机构统一受理行政许可申请，统一送达行政许可决定。

行政许可依法由地方人民政府两个以上部门分别实施的，本级人民政府可以确定一个部门受理行政许可申请并转告有关部门分别提出意见后统一办理，或者组织有关部门联合办理、集中办理。

第二十七条 行政机关实施行政许可，不得向申请人提出购买指定商品、接受有偿服务等不正当要求。

行政机关工作人员办理行政许可，不得索取或者收受申请人的财物，不得谋取其他利益。

第二十八条 对直接关系公共安全、人身健康、生命财产安全的设备、设施、产品、物品的检验、检测、检疫，除法律、行政法规规定由行政机关实施的外，应当逐步由符合法定条件的专业技术组织实施。专业技术组织及其有关人员对所实施的检验、检测、检疫结论承担法律责任。

第四章　行政许可的实施程序

第一节　申请与受理

第二十九条　公民、法人或者其他组织从事特定活动，依法需要取得行政许可的，应当向行政机关提出申请。申请书需要采用格式文本的，行政机关应当向申请人提供行政许可申请书格式文本。申请书格式文本中不得包含与申请行政许可事项没有直接关系的内容。

申请人可以委托代理人提出行政许可申请。但是，依法应当由申请人到行政机关办公场所提出行政许可申请的除外。

行政许可申请可以通过信函、电报、电传、传真、电子数据交换和电子邮件等方式提出。

第三十条　行政机关应当将法律、法规、规章规定的有关行政许可的事项、依据、条件、数量、程序、期限以及需要提交的全部材料的目录和申请书示范文本等在办公场所公示。

申请人要求行政机关对公示内容予以说明、解释的，行政机关应当说明、解释，提供准确、可靠的信息。

第三十一条　申请人申请行政许可，应当如实向行政机关提交有关材料和反映真实情况，并对其申请材料实质内容的真实性负责。行政机关不得要求申请人提交与其申请的行政许可事项无关的技术资料和其他材料。

第三十二条　行政机关对申请人提出的行政许可申请，应当根据下列情况分别作出处理：

（一）申请事项依法不需要取得行政许可的，应当即时告知申请人不受理；

（二）申请事项依法不属于本行政机关职权范围的，应当即时作出不予受理的决定，并告知申请人向有关行政机关申请；

（三）申请材料存在可以当场更正的错误的，应当允许申请人当场更正；

（四）申请材料不齐全或者不符合法定形式的，应当当场或者在五日内一次告知申请人需要补正的全部内容，逾期不告知的，自收到申请材料之日起即为受理；

（五）申请事项属于本行政机关职权范围，申请材料齐全、符合法定形式，或者申请人按照本行政机关的要求提交全部补正申请材料的，应当受理行政许可申请。

行政机关受理或者不予受理行政许可申请，应当出具加盖本行政机关专用印章和注明日期的书面凭证。

第三十三条　行政机关应当建立和完善有关制度，推行电子政务，在行政机关的网站上公布行政许可事项，方便申请人采取数据电文等方式提出行政许可申请；应当与其他行政机关共享有关行政许可信息，提高办事效率。

第二节　审查与决定

第三十四条　行政机关应当对申请人提交的申请材料进行审查。

申请人提交的申请材料齐全、符合法定形式，行政机关能够当场作出决定的，应当当场作出书面的行政许可决定。

根据法定条件和程序，需要对申请材料的实质内容进行核实的，行政机关应当指派两名以上工作人员进行核查。

第三十五条　依法应当先经下级行政机关审查后报上级行政机关决定的行政许可，下级行政机关应当在法定期限内将初步审查意见和全部申请材料直接报送上级行政机关。上级行政机关不得要求申请人重复提供申请材料。

第三十六条　行政机关对行政许可申请进行审查时，发现行政许可事项直接关系他人重大利益的，应当告知该利害关系人。申请人、利害关系人有权进行陈述和申辩。行政机关应当听取申请人、利害关系人的意见。

第三十七条　行政机关对行政许可申请进行审查后，除当场作出行政许可决定的外，应当在法定期限内按照规定程序作出行政许可决定。

第三十八条　申请人的申请符合法定条件、标准的，行政机关应当依法作出准予行政许可的书面决定。

行政机关依法作出不予行政许可的书面决定的，应当说明理由，并告知申请人享有依法申请行政复议或者提起行政诉讼的权利。

第三十九条　行政机关作出准予行政许可的决定，需要颁发行政许可证件的，应当向申请人颁发加盖本行政机关印章的下列行政许可证件：

（一）许可证、执照或者其他许可证书；

（二）资格证、资质证或者其他合格证书；

（三）行政机关的批准文件或者证明文件；

（四）法律、法规规定的其他行政许可证件。

行政机关实施检验、检测、检疫的，可以在检验、检测、检疫合格的设备、设施、产品、物品上加贴标签或者加盖检验、检测、检疫印章。

第四十条　行政机关作出的准予行政许可决定，应当予以公开，公众有权查阅。

第四十一条　法律、行政法规设定的行政许可，其适用范围没有地域限制的，申请人取得的行政许可在全国范围内有效。

第三节　期　　限

第四十二条　除可以当场作出行政许可决定的外，行政机关应当自受理行政许可申请之日起二十日内作出行政许可决定。二十日内不能作出决定的，经本行政机关负责人批准，可以延长十日，并应当将延长期限的理由告知申请人。但是，法律、法规另有规定的，依照其规定。

依照本法第二十六条的规定，行政许可采取统一办理或者联合办理、集中办理的，办理的时间不得超过四十五日；四十五日内不能办结的，经本级人民政府负责人批准，可以延长十五日，并应当将延长期限的理由告知申请人。

第四十三条 依法应当先经下级行政机关审查后报上级行政机关决定的行政许可，下级行政机关应当自其受理行政许可申请之日起二十日内审查完毕。但是，法律、法规另有规定的，依照其规定。

第四十四条 行政机关作出准予行政许可的决定，应当自作出决定之日起十日内向申请人颁发、送达行政许可证件，或者加贴标签、加盖检验、检测、检疫印章。

第四十五条 行政机关作出行政许可决定，依法需要听证、招标、拍卖、检验、检测、检疫、鉴定和专家评审的，所需时间不计算在本节规定的期限内。行政机关应当将所需时间书面告知申请人。

第四节 听 证

第四十六条 法律、法规、规章规定实施行政许可应当听证的事项，或者行政机关认为需要听证的其他涉及公共利益的重大行政许可事项，行政机关应当向社会公告，并举行听证。

第四十七条 行政许可直接涉及申请人与他人之间重大利益关系的，行政机关在作出行政许可决定前，应当告知申请人、利害关系人享有要求听证的权利；申请人、利害关系人在被告知听证权利之日起五日内提出听证申请的，行政机关应当在二十日内组织听证。

申请人、利害关系人不承担行政机关组织听证的费用。

第四十八条 听证按照下列程序进行：

（一）行政机关应当于举行听证的七日前将举行听证的时间、地点通知申请人、利害关系人，必要时予以公告；

（二）听证应当公开举行；

（三）行政机关应当指定审查该行政许可申请的工作人员以外的人员为听证主持人，申请人、利害关系人认为主持人与该行政许可事项有直接利害关系的，有权申请回避；

（四）举行听证时，审查该行政许可申请的工作人员应当提供审查意见的证据、理由，申请人、利害关系人可以提出证据，并进行申辩和质证；

（五）听证应当制作笔录，听证笔录应当交听证参加人确认无误后签字或者盖章。

行政机关应当根据听证笔录，作出行政许可决定。

第五节 变更与延续

第四十九条 被许可人要求变更行政许可事项的，应当向作出行政许可决定的行政机关提出申请；符合法定条件、标准的，行政机关应当依法办理变更手续。

第五十条 被许可人需要延续依法取得的行政许可的有效期的，应当在该行政许可有效期届满三十日前向作出行政许可决定的行政机关提出申请。但是，法律、法规、规章另有规定的，依照其规定。

行政机关应当根据被许可人的申请，在该行政许可有效期届满前作出是否准予延续的决定；逾期未作决定的，视为准予延续。

第六节　特别规定

第五十一条　实施行政许可的程序，本节有规定的，适用本节规定；本节没有规定的，适用本章其他有关规定。

第五十二条　国务院实施行政许可的程序，适用有关法律、行政法规的规定。

第五十三条　实施本法第十二条第二项所列事项的行政许可的，行政机关应当通过招标、拍卖等公平竞争的方式作出决定。但是，法律、行政法规另有规定的，依照其规定。

行政机关通过招标、拍卖等方式作出行政许可决定的具体程序，依照有关法律、行政法规的规定。

行政机关按照招标、拍卖程序确定中标人、买受人后，应当作出准予行政许可的决定，并依法向中标人、买受人颁发行政许可证件。

行政机关违反本条规定，不采用招标、拍卖方式，或者违反招标、拍卖程序，损害申请人合法权益的，申请人可以依法申请行政复议或者提起行政诉讼。

第五十四条　实施本法第十二条第三项所列事项的行政许可，赋予公民特定资格，依法应当举行国家考试的，行政机关根据考试成绩和其他法定条件作出行政许可决定；赋予法人或者其他组织特定的资格、资质的，行政机关根据申请人的专业人员构成、技术条件、经营业绩和管理水平等的考核结果作出行政许可决定。但是，法律、行政法规另有规定的，依照其规定。

公民特定资格的考试依法由行政机关或者行业组织实施，公开举行。行政机关或者行业组织应当事先公布资格考试的报名条件、报考办法、考试科目以及考试大纲。但是，不得组织强制性的资格考试的考前培训，不得指定教材或者其他助考材料。

第五十五条　实施本法第十二条第四项所列事项的行政许可的，应当按照技术标准、技术规范依法进行检验、检测、检疫，行政机关根据检验、检测、检疫的结果作出行政许可决定。

行政机关实施检验、检测、检疫，应当自受理申请之日起五日内指派两名以上工作人员按照技术标准、技术规范进行检验、检测、检疫。不需要对检验、检测、检疫结果作进一步技术分析即可认定设备、设施、产品、物品是否符合技术标准、技术规范的，行政机关应当当场作出行政许可决定。

行政机关根据检验、检测、检疫结果，作出不予行政许可决定的，应当书面说明不予行政许可所依据的技术标准、技术规范。

第五十六条　实施本法第十二条第五项所列事项的行政许可，申请人提交的申请材料齐全、符合法定形式的，行政机关应当当场予以登记。需要对申请材料的实质内容进行核实的，行政机关依照本法第三十四条第三款的规定办理。

第五十七条 有数量限制的行政许可，两个或者两个以上申请人的申请均符合法定条件、标准的，行政机关应当根据受理行政许可申请的先后顺序作出准予行政许可的决定。但是，法律、行政法规另有规定的，依照其规定。

第五章 行政许可的费用

第五十八条 行政机关实施行政许可和对行政许可事项进行监督检查，不得收取任何费用。但是，法律、行政法规另有规定的，依照其规定。

行政机关提供行政许可申请书格式文本，不得收费。

行政机关实施行政许可所需经费应当列入本行政机关的预算，由本级财政予以保障，按照批准的预算予以核拨。

第五十九条 行政机关实施行政许可，依照法律、行政法规收取费用的，应当按照公布的法定项目和标准收费；所收取的费用必须全部上缴国库，任何机关或者个人不得以任何形式截留、挪用、私分或者变相私分。财政部门不得以任何形式向行政机关返还或者变相返还实施行政许可所收取的费用。

第六章 监督检查

第六十条 上级行政机关应当加强对下级行政机关实施行政许可的监督检查，及时纠正行政许可实施中的违法行为。

第六十一条 行政机关应当建立健全监督制度，通过核查反映被许可人从事行政许可事项活动情况的有关材料，履行监督责任。

行政机关依法对被许可人从事行政许可事项的活动进行监督检查时，应当将监督检查的情况和处理结果予以记录，由监督检查人员签字后归档。公众有权查阅行政机关监督检查记录。

行政机关应当创造条件，实现与被许可人、其他有关行政机关的计算机档案系统互联，核查被许可人从事行政许可事项活动情况。

第六十二条 行政机关可以对被许可人生产经营的产品依法进行抽样检查、检验、检测，对其生产经营场所依法进行实地检查。检查时，行政机关可以依法查阅或者要求被许可人报送有关材料；被许可人应当如实提供有关情况和材料。

行政机关根据法律、行政法规的规定，对直接关系公共安全、人身健康、生命财产安全的重要设备、设施进行定期检验。对检验合格的，行政机关应当发给相应的证明文件。

第六十三条 行政机关实施监督检查，不得妨碍被许可人正常的生产经营活动，不得索取或者收受被许可人的财物，不得谋取其他利益。

第六十四条 被许可人在作出行政许可决定的行政机关管辖区域外违法从事行政许可事项活动的，违法行为发生地的行政机关应当依法将被许可人的违法事实、处理结果抄告作出行政许可决定的行政机关。

第六十五条 个人和组织发现违法从事行政许可事项的活动，有权向行政机关举报，行政机关应当及时核实、处理。

第六十六条 被许可人未依法履行开发利用自然资源义务或者未依法履行利用公共资源义务的，行政机关应当责令限期改正；被许可人在规定期限内不改正的，行政机关应当依照有关法律、行政法规的规定予以处理。

第六十七条 取得直接关系公共利益的特定行业的市场准入行政许可的被许可人，应当按照国家规定的服务标准、资费标准和行政机关依法规定的条件，向用户提供安全、方便、稳定和价格合理的服务，并履行普遍服务的义务；未经作出行政许可决定的行政机关批准，不得擅自停业、歇业。

被许可人不履行前款规定的义务的，行政机关应当责令限期改正，或者依法采取有效措施督促其履行义务。

第六十八条 对直接关系公共安全、人身健康、生命财产安全的重要设备、设施，行政机关应当督促设计、建造、安装和使用单位建立相应的自检制度。

行政机关在监督检查时，发现直接关系公共安全、人身健康、生命财产安全的重要设备、设施存在安全隐患的，应当责令停止建造、安装和使用，并责令设计、建造、安装和使用单位立即改正。

第六十九条 有下列情形之一的，作出行政许可决定的行政机关或者其上级行政机关，根据利害关系人的请求或者依据职权，可以撤销行政许可：

（一）行政机关工作人员滥用职权、玩忽职守作出准予行政许可决定的；

（二）超越法定职权作出准予行政许可决定的；

（三）违反法定程序作出准予行政许可决定的；

（四）对不具备申请资格或者不符合法定条件的申请人准予行政许可的；

（五）依法可以撤销行政许可的其他情形。

被许可人以欺骗、贿赂等不正当手段取得行政许可的，应当予以撤销。

依照前两款的规定撤销行政许可，可能对公共利益造成重大损害的，不予撤销。

依照本条第一款的规定撤销行政许可，被许可人的合法权益受到损害的，行政机关应当依法给予赔偿。依照本条第二款的规定撤销行政许可的，被许可人基于行政许可取得的利益不受保护。

第七十条 有下列情形之一的，行政机关应当依法办理有关行政许可的注销手续：

（一）行政许可有效期届满未延续的；

（二）赋予公民特定资格的行政许可，该公民死亡或者丧失行为能力的；

（三）法人或者其他组织依法终止的；

（四）行政许可依法被撤销、撤回，或者行政许可证件依法被吊销的；

（五）因不可抗力导致行政许可事项无法实施的；

（六）法律、法规规定的应当注销行政许可的其他情形。

第七章　法律责任

第七十一条　违反本法第十七条规定设定的行政许可，有关机关应当责令设定该行政许可的机关改正，或者依法予以撤销。

第七十二条　行政机关及其工作人员违反本法的规定，有下列情形之一的，由其上级行政机关或者监察机关责令改正；情节严重的，对直接负责的主管人员和其他直接责任人员依法给予行政处分：

（一）对符合法定条件的行政许可申请不予受理的；

（二）不在办公场所公示依法应当公示的材料的；

（三）在受理、审查、决定行政许可过程中，未向申请人、利害关系人履行法定告知义务的；

（四）申请人提交的申请材料不齐全、不符合法定形式，不一次告知申请人必须补正的全部内容的；

（五）未依法说明不受理行政许可申请或者不予行政许可的理由的；

（六）依法应当举行听证而不举行听证的。

第七十三条　行政机关工作人员办理行政许可、实施监督检查，索取或者收受他人财物或者谋取其他利益，构成犯罪的，依法追究刑事责任；尚不构成犯罪的，依法给予行政处分。

第七十四条　行政机关实施行政许可，有下列情形之一的，由其上级行政机关或者监察机关责令改正，对直接负责的主管人员和其他直接责任人员依法给予行政处分；构成犯罪的，依法追究刑事责任：

（一）对不符合法定条件的申请人准予行政许可或者超越法定职权作出准予行政许可决定的；

（二）对符合法定条件的申请人不予行政许可或者不在法定期限内作出准予行政许可决定的；

（三）依法应当根据招标、拍卖结果或者考试成绩择优作出准予行政许可决定，未经招标、拍卖或者考试，或者不根据招标、拍卖结果或者考试成绩择优作出准予行政许可决定的。

第七十五条　行政机关实施行政许可，擅自收费或者不按照法定项目和标准收费的，由其上级行政机关或者监察机关责令退还非法收取的费用；对直接负责的主管人员和其他直接责任人员依法给予行政处分。

截留、挪用、私分或者变相私分实施行政许可依法收取的费用的，予以追缴；对直接负责的主管人员和其他直接责任人员依法给予行政处分；构成犯罪的，依法追究刑事责任。

第七十六条 行政机关违法实施行政许可，给当事人的合法权益造成损害的，应当依照国家赔偿法的规定给予赔偿。

第七十七条 行政机关不依法履行监督职责或者监督不力，造成严重后果的，由其上级行政机关或者监察机关责令改正，对直接负责的主管人员和其他直接责任人员依法给予行政处分；构成犯罪的，依法追究刑事责任。

第七十八条 行政许可申请人隐瞒有关情况或者提供虚假材料申请行政许可的，行政机关不予受理或者不予行政许可，并给予警告；行政许可申请属于直接关系公共安全、人身健康、生命财产安全事项的，申请人在一年内不得再次申请该行政许可。

第七十九条 被许可人以欺骗、贿赂等不正当手段取得行政许可的，行政机关应当依法给予行政处罚；取得的行政许可属于直接关系公共安全、人身健康、生命财产安全事项的，申请人在三年内不得再次申请该行政许可；构成犯罪的，依法追究刑事责任。

第八十条 被许可人有下列行为之一的，行政机关应当依法给予行政处罚；构成犯罪的，依法追究刑事责任：

（一）涂改、倒卖、出租、出借行政许可证件，或者以其他形式非法转让行政许可的；

（二）超越行政许可范围进行活动的；

（三）向负责监督检查的行政机关隐瞒有关情况、提供虚假材料或者拒绝提供反映其活动情况的真实材料的；

（四）法律、法规、规章规定的其他违法行为。

第八十一条 公民、法人或者其他组织未经行政许可，擅自从事依法应当取得行政许可的活动的，行政机关应当依法采取措施予以制止，并依法给予行政处罚；构成犯罪的，依法追究刑事责任。

第八章 附 则

第八十二条 本法规定的行政机关实施行政许可的期限以工作日计算，不含法定节假日。

第八十三条 本法自 2004 年 7 月 1 日起施行。

本法施行前有关行政许可的规定，制定机关应当依照本法规定予以清理；不符合本法规定的，自本法施行之日起停止执行。

中华人民共和国就业促进法

（2007年8月30日第十届全国人民代表大会常务委员会第二十九次会议通过　2007年8月30日中华人民共和国主席令第70号公布）

目　录

第一章　总　则

第一条　为了促进就业，促进经济发展与扩大就业相协调，促进社会和谐稳定，制定本法。

第二条　国家把扩大就业放在经济社会发展的突出位置，实施积极的就业政策，坚持劳动者自主择业、市场调节就业、政府促进就业的方针，多渠道扩大就业。

第三条　劳动者依法享有平等就业和自主择业的权利。

劳动者就业，不因民族、种族、性别、宗教信仰等不同而受歧视。

第四条　县级以上人民政府把扩大就业作为经济和社会发展的重要目标，纳入国民经济和社会发展规划，并制定促进就业的中长期规划和年度工作计划。

第五条　县级以上人民政府通过发展经济和调整产业结构、规范人力资源市场、完善就业服务、加强职业教育和培训、提供就业援助等措施，创造就业条件，扩大就业。

第六条　国务院建立全国促进就业工作协调机制，研究就业工作中的重大问题，协调推动全国的促进就业工作。国务院劳动行政部门具体负责全国的促进就业工作。

省、自治区、直辖市人民政府根据促进就业工作的需要，建立促进就业工作协调机制，协调解决本行政区域就业工作中的重大问题。

县级以上人民政府有关部门按照各自的职责分工，共同做好促进就业工作。

第七条 国家倡导劳动者树立正确的择业观念，提高就业能力和创业能力；鼓励劳动者自主创业、自谋职业。

各级人民政府和有关部门应当简化程序，提高效率，为劳动者自主创业、自谋职业提供便利。

第八条 用人单位依法享有自主用人的权利。

用人单位应当依照本法以及其他法律、法规的规定，保障劳动者的合法权益。

第九条 工会、共产主义青年团、妇女联合会、残疾人联合会以及其他社会组织，协助人民政府开展促进就业工作，依法维护劳动者的劳动权利。

第十条 各级人民政府和有关部门对在促进就业工作中作出显著成绩的单位和个人，给予表彰和奖励。

第二章 政策支持

第十一条 县级以上人民政府应当把扩大就业作为重要职责，统筹协调产业政策与就业政策。

第十二条 国家鼓励各类企业在法律、法规规定的范围内，通过兴办产业或者拓展经营，增加就业岗位。

国家鼓励发展劳动密集型产业、服务业，扶持中小企业，多渠道、多方式增加就业岗位。

国家鼓励、支持、引导非公有制经济发展，扩大就业，增加就业岗位。

第十三条 国家发展国内外贸易和国际经济合作，拓宽就业渠道。

第十四条 县级以上人民政府在安排政府投资和确定重大建设项目时，应当发挥投资和重大建设项目带动就业的作用，增加就业岗位。

第十五条 国家实行有利于促进就业的财政政策，加大资金投入，改善就业环境，扩大就业。

县级以上人民政府应当根据就业状况和就业工作目标，在财政预算中安排就业专项资金用于促进就业工作。

就业专项资金用于职业介绍、职业培训、公益性岗位、职业技能鉴定、特定就业政策和社会保险等的补贴，小额贷款担保基金和微利项目的小额担保贷款贴息，以及扶持公共就业服务等。就业专项资金的使用管理办法由国务院财政部门和劳动行政部门规定。

第十六条 国家建立健全失业保险制度，依法确保失业人员的基本生活，并促进其实现就业。

第十七条 国家鼓励企业增加就业岗位，扶持失业人员和残疾人就业，对下列企业、人员依法给予税收优惠：

（一）吸纳符合国家规定条件的失业人员达到规定要求的企业；

（二）失业人员创办的中小企业；

（三）安置残疾人员达到规定比例或者集中使用残疾人的企业；

（四）从事个体经营的符合国家规定条件的失业人员；

（五）从事个体经营的残疾人；

（六）国务院规定给予税收优惠的其他企业、人员。

第十八条 对本法第十七条第四项、第五项规定的人员，有关部门应当在经营场地等方面给予照顾，免除行政事业性收费。

第十九条 国家实行有利于促进就业的金融政策，增加中小企业的融资渠道；鼓励金融机构改进金融服务，加大对中小企业的信贷支持，并对自主创业人员在一定期限内给予小额信贷等扶持。

第二十条 国家实行城乡统筹的就业政策，建立健全城乡劳动者平等就业的制度，引导农业富余劳动力有序转移就业。

县级以上地方人民政府推进小城镇建设和加快县域经济发展，引导农业富余劳动力就地就近转移就业；在制定小城镇规划时，将本地区农业富余劳动力转移就业作为重要内容。

县级以上地方人民政府引导农业富余劳动力有序向城市异地转移就业；劳动力输出地和输入地人民政府应当互相配合，改善农村劳动者进城就业的环境和条件。

第二十一条 国家支持区域经济发展，鼓励区域协作，统筹协调不同地区就业的均衡增长。

国家支持民族地区发展经济，扩大就业。

第二十二条 各级人民政府统筹做好城镇新增劳动力就业、农业富余劳动力转移就业和失业人员就业工作。

第二十三条 各级人民政府采取措施，逐步完善和实施与非全日制用工等灵活就业相适应的劳动和社会保险政策，为灵活就业人员提供帮助和服务。

第二十四条 地方各级人民政府和有关部门应当加强对失业人员从事个体经营的指导，提供政策咨询、就业培训和开业指导等服务。

第三章 公平就业

第二十五条 各级人民政府创造公平就业的环境，消除就业歧视，制定政策并采取措施对就业困难人员给予扶持和援助。

第二十六条 用人单位招用人员、职业中介机构从事职业中介活动，应当向劳动者提供平等的就业机会和公平的就业条件，不得实施就业歧视。

第二十七条 国家保障妇女享有与男子平等的劳动权利。

用人单位招用人员，除国家规定的不适合妇女的工种或者岗位外，不得以性别为由拒绝录用妇女或者提高对妇女的录用标准。

用人单位录用女职工，不得在劳动合同中规定限制女职工结婚、生育的内容。

第二十八条 各民族劳动者享有平等的劳动权利。

用人单位招用人员，应当依法对少数民族劳动者给予适当照顾。

第二十九条 国家保障残疾人的劳动权利。

各级人民政府应当对残疾人就业统筹规划，为残疾人创造就业条件。

用人单位招用人员，不得歧视残疾人。

第三十条 用人单位招用人员，不得以是传染病病原携带者为由拒绝录用。但是，经医学鉴定传染病病原携带者在治愈前或者排除传染嫌疑前，不得从事法律、行政法规和国务院卫生行政部门规定禁止从事的易使传染病扩散的工作。

第三十一条 农村劳动者进城就业享有与城镇劳动者平等的劳动权利，不得对农村劳动者进城就业设置歧视性限制。

第四章 就业服务和管理

第三十二条 县级以上人民政府培育和完善统一开放、竞争有序的人力资源市场，为劳动者就业提供服务。

第三十三条 县级以上人民政府鼓励社会各方面依法开展就业服务活动，加强对公共就业服务和职业中介服务的指导和监督，逐步完善覆盖城乡的就业服务体系。

第三十四条 县级以上人民政府加强人力资源市场信息网络及相关设施建设，建立健全人力资源市场信息服务体系，完善市场信息发布制度。

第三十五条 县级以上人民政府建立健全公共就业服务体系，设立公共就业服务机构，为劳动者免费提供下列服务：

（一）就业政策法规咨询；

（二）职业供求信息、市场工资指导价位信息和职业培训信息发布；

（三）职业指导和职业介绍；

（四）对就业困难人员实施就业援助；

（五）办理就业登记、失业登记等事务；

（六）其他公共就业服务。

公共就业服务机构应当不断提高服务的质量和效率，不得从事经营性活动。

公共就业服务经费纳入同级财政预算。

第三十六条 县级以上地方人民政府对职业中介机构提供公益性就业服务的，按照规定给予补贴。

国家鼓励社会各界为公益性就业服务提供捐赠、资助。

第三十七条 地方各级人民政府和有关部门不得举办或者与他人联合举办经营性的职业中介机构。

地方各级人民政府和有关部门、公共就业服务机构举办的招聘会，不得向劳动者收取费用。

第三十八条　县级以上人民政府和有关部门加强对职业中介机构的管理，鼓励其提高服务质量，发挥其在促进就业中的作用。

第三十九条　从事职业中介活动，应当遵循合法、诚实信用、公平、公开的原则。

用人单位通过职业中介机构招用人员，应当如实向职业中介机构提供岗位需求信息。禁止任何组织或者个人利用职业中介活动侵害劳动者的合法权益。

第四十条　设立职业中介机构应当具备下列条件：

（一）有明确的章程和管理制度；

（二）有开展业务必备的固定场所、办公设施和一定数额的开办资金；

（三）有一定数量具备相应职业资格的专职工作人员；

（四）法律、法规规定的其他条件。

设立职业中介机构，应当依法办理行政许可。经许可的职业中介机构，应当向工商行政部门办理登记。

未经依法许可和登记的机构，不得从事职业中介活动。

国家对外商投资职业中介机构和向劳动者提供境外就业服务的职业中介机构另有规定的，依照其规定。

第四十一条　职业中介机构不得有下列行为：

（一）提供虚假就业信息；

（二）为无合法证照的用人单位提供职业中介服务；

（三）伪造、涂改、转让职业中介许可证；

（四）扣押劳动者的居民身份证和其他证件，或者向劳动者收取押金；

（五）其他违反法律、法规规定的行为。

第四十二条　县级以上人民政府建立失业预警制度，对可能出现的较大规模的失业，实施预防、调节和控制。

第四十三条　国家建立劳动力调查统计制度和就业登记、失业登记制度，开展劳动力资源和就业、失业状况调查统计，并公布调查统计结果。

统计部门和劳动行政部门进行劳动力调查统计和就业、失业登记时，用人单位和个人应当如实提供调查统计和登记所需要的情况。

第五章　职业教育和培训

第四十四条　国家依法发展职业教育，鼓励开展职业培训，促进劳动者提高职业技能，增强就业能力和创业能力。

第四十五条　县级以上人民政府根据经济社会发展和市场需求，制订并实施职业能力开发计划。

第四十六条 县级以上人民政府加强统筹协调，鼓励和支持各类职业院校、职业技能培训机构和用人单位依法开展就业前培训、在职培训、再就业培训和创业培训；鼓励劳动者参加各种形式的培训。

第四十七条 县级以上地方人民政府和有关部门根据市场需求和产业发展方向，鼓励、指导企业加强职业教育和培训。

职业院校、职业技能培训机构与企业应当密切联系，实行产教结合，为经济建设服务，培养实用人才和熟练劳动者。

企业应当按照国家有关规定提取职工教育经费，对劳动者进行职业技能培训和继续教育培训。

第四十八条 国家采取措施建立健全劳动预备制度，县级以上地方人民政府对有就业要求的初高中毕业生实行一定期限的职业教育和培训，使其取得相应的职业资格或者掌握一定的职业技能。

第四十九条 地方各级人民政府鼓励和支持开展就业培训，帮助失业人员提高职业技能，增强其就业能力和创业能力。失业人员参加就业培训的，按照有关规定享受政府培训补贴。

第五十条 地方各级人民政府采取有效措施，组织和引导进城就业的农村劳动者参加技能培训，鼓励各类培训机构为进城就业的农村劳动者提供技能培训，增强其就业能力和创业能力。

第五十一条 国家对从事涉及公共安全、人身健康、生命财产安全等特殊工种的劳动者，实行职业资格证书制度，具体办法由国务院规定。

第六章 就业援助

第五十二条 各级人民政府建立健全就业援助制度，采取税费减免、贷款贴息、社会保险补贴、岗位补贴等办法，通过公益性岗位安置等途径，对就业困难人员实行优先扶持和重点帮助。

就业困难人员是指因身体状况、技能水平、家庭因素、失去土地等原因难以实现就业，以及连续失业一定时间仍未能实现就业的人员。就业困难人员的具体范围，由省、自治区、直辖市人民政府根据本行政区域的实际情况规定。

第五十三条 政府投资开发的公益性岗位，应当优先安排符合岗位要求的就业困难人员。被安排在公益性岗位工作的，按照国家规定给予岗位补贴。

第五十四条 地方各级人民政府加强基层就业援助服务工作，对就业困难人员实施重点帮助，提供有针对性的就业服务和公益性岗位援助。

地方各级人民政府鼓励和支持社会各方面为就业困难人员提供技能培训、岗位信息等服务。

第五十五条 各级人民政府采取特别扶助措施，促进残疾人就业。

用人单位应当按照国家规定安排残疾人就业，具体办法由国务院规定。

第五十六条 县级以上地方人民政府采取多种就业形式，拓宽公益性岗位范围，开发就业岗位，确保城市有就业需求的家庭至少有一人实现就业。

法定劳动年龄内的家庭人员均处于失业状况的城市居民家庭，可以向住所地街道、社区公共就业服务机构申请就业援助。街道、社区公共就业服务机构经确认属实的，应当为该家庭中至少一人提供适当的就业岗位。

第五十七条 国家鼓励资源开采型城市和独立工矿区发展与市场需求相适应的产业，引导劳动者转移就业。

对因资源枯竭或者经济结构调整等原因造成就业困难人员集中的地区，上级人民政府应当给予必要的扶持和帮助。

第七章 监督检查

第五十八条 各级人民政府和有关部门应当建立促进就业的目标责任制度。县级以上人民政府按照促进就业目标责任制的要求，对所属的有关部门和下一级人民政府进行考核和监督。

第五十九条 审计机关、财政部门应当依法对就业专项资金的管理和使用情况进行监督检查。

第六十条 劳动行政部门应当对本法实施情况进行监督检查，建立举报制度，受理对违反本法行为的举报，并及时予以核实处理。

第八章 法律责任

第六十一条 违反本法规定，劳动行政等有关部门及其工作人员滥用职权、玩忽职守、徇私舞弊的，对直接负责的主管人员和其他直接责任人员依法给予处分。

第六十二条 违反本法规定，实施就业歧视的，劳动者可以向人民法院提起诉讼。

第六十三条 违反本法规定，地方各级人民政府和有关部门、公共就业服务机构举办经营性的职业中介机构，从事经营性职业中介活动，向劳动者收取费用的，由上级主管机关责令限期改正，将违法收取的费用退还劳动者，并对直接负责的主管人员和其他直接责任人员依法给予处分。

第六十四条 违反本法规定，未经许可和登记，擅自从事职业中介活动的，由劳动行政部门或者其他主管部门依法予以关闭；有违法所得的，没收违法所得，并处一万元以上五万元以下的罚款。

第六十五条 违反本法规定，职业中介机构提供虚假就业信息，为无合法证照的用人单位提供职业中介服务，伪造、涂改、转让职业中介许可证的，由劳动行政部门或者其他主管部门责令改正；有违法所得的，没收违法所得，并处一万元以上五万元以下的罚款；情节严重的，吊销职业中介许可证。

第六十六条 违反本法规定，职业中介机构扣押劳动者居民身份证等证件的，由劳动行政部门责令限期退还劳动者，并依照有关法律规定给予处罚。

违反本法规定，职业中介机构向劳动者收取押金的，由劳动行政部门责令限期退还劳动者，并以每人五百元以上二千元以下的标准处以罚款。

第六十七条 违反本法规定，企业未按照国家规定提取职工教育经费，或者挪用职工教育经费的，由劳动行政部门责令改正，并依法给予处罚。

第六十八条 违反本法规定，侵害劳动者合法权益，造成财产损失或者其他损害的，依法承担民事责任；构成犯罪的，依法追究刑事责任。

第九章 附 则

第六十九条 本法自 2008 年 1 月 1 日起施行。

中华人民共和国民办非企业单位登记管理暂行条例

（1998 年 9 月 25 日国务院第 8 次常务会议通过
1998 年 10 月 25 日中华人民共和国国务院令第 251 号公布）

第一章 总 则

第一条 为了规范民办非企业单位的登记管理，保障民办非企业单位的合法权益，促进社会主义物质文明、精神文明建设，制定本条例。

第二条 本条例所称民办非企业单位，是指企业事业单位、社会团体和其他社会力量以及公民个人利用非国有资产举办的，从事非营利性社会服务活动的社会组织。

第三条 成立民办非企业单位，应当经其业务主管单位审查同意，并依照本条例的规定登记。

第四条 民办非企业单位应当遵守宪法、法律、法规和国家政策，不得反对宪法确定的基本原则，不得危害国家的统一、安全和民族的团结，不得损害国家利益、社会公共利益以及其他社会组织和公民的合法权益，不得违背社会道德风尚。民办非企业单位不得从事营利性经营活动。

第五条 国务院民政部门和县级以上地方各级人民政府民政部门是本级人民政府的民办非企业单位登记管理机关（以下简称登记管理机关）。

国务院有关部门和县级以上地方各级人民政府的有关部门、国务院或者县级以上地方各级人民政府授权的组织，是有关行业、业务范围内民办非企业单位的业务主管单位(以下简称业务主管单位)。

法律、行政法规对民办非企业单位的监督管理另有规定的，依照有关法律、行政法规的规定执行。

第二章 管 辖

第六条 登记管理机关负责同级业务主管单位审查同意的民办非企业单位的登记管理。

第七条 登记管理机关、业务主管单位与其管辖的民办非企业单位的住所不在一地的，可以委托民办非企业单位住所地的登记管理机关、业务主管单位负责委托范围内的监督管理工作。

第三章 登 记

第八条 申请登记民办非企业单位，应当具备下列条件：

（一）经业务主管单位审查同意；

（二）有规范的名称、必要的组织机构；

（三）有与其业务活动相适应的从业人员；

（四）有与其业务活动相适应的合法财产；

（五）有必要的场所。民办非企业单位的名称应当符合国务院民政部门的规定，不得冠以“中国”“全国”“中华”等字样。

第九条 申请民办非企业单位登记，举办者应当向登记管理机关提交下列文件：

（一）登记申请书；

（二）业务主管单位的批准文件；

（三）场所使用权证明；

（四）验资报告；

（五）拟任负责人的基本情况、身份证明；

（六）章程草案。

第十条 民办非企业单位的章程应当包括下列事项：

（一）名称、住所；

（二）宗旨和业务范围；

（三）组织管理制度；

（四）法定代表人或者负责人的产生、罢免的程序；

（五）资产管理和使用的原则；

（六）章程的修改程序；

（七）终止程序和终止后资产的处理；

（八）需要由章程规定的其他事项。

第十一条 登记管理机关应当自收到成立登记申请的全部有效文件之日起 60 日内作出准予登记或者不予登记的决定。

有下列情形之一的，登记管理机关不予登记，并向申请人说明理由：

（一）有根据证明申请登记的民办非企业单位的宗旨、业务范围不符合本条例第四条规定的；

（二）在申请成立时弄虚作假的；

（三）在同一行政区域内已有业务范围相同或者相似的民办非企业单位，没有必要成立的；

（四）拟任负责人正在或者曾经受到剥夺政治权利的刑事处罚，或者不具有完全民事行为能力的；

（五）有法律、行政法规禁止的其他情形的。

第十二条 准予登记的民办非企业单位，由登记管理机关登记民办非企业单位的名称、住所、宗旨和业务范围、法定代表人或者负责人、开办资金、业务主管单位，并根据其依法承担民事责任的不同方式，分别发给《民办非企业单位（法人）登记证书》《民办非企业单位（合伙）登记证书》《民办非企业单位（个体）登记证书》。

依照法律、其他行政法规规定，经有关主管部门依法审核或者登记，已经取得相应的执业许可证书的民办非企业单位，登记管理机关应当简化登记手续，凭有关主管部门出具的执业许可证明文件，发给相应的民办非企业单位登记证书。

第十三条 民办非企业单位不得设立分支机构。

第十四条 民办非企业单位凭登记证书申请刻制印章，开立银行账户。民办非企业单位应当将印章式样、银行账号报登记管理机关备案。

第十五条 民办非企业单位的登记事项需要变更的，应当自业务主管单位审查同意之日起 30 日内，向登记管理机关申请变更登记。民办非企业单位修改章程，应当自业务主管单位审查同意之日起 30 日内，报登记管理机关核准。

第十六条 民办非企业单位自行解散的，分立、合并的，或者由于其他原因需要注销登记的，应当向登记管理机关办理注销登记。

民办非企业单位在办理注销登记前，应当在业务主管单位和其他有关机关的指导下，成立清算组织，完成清算工作。清算期间，民办非企业单位不得开展清算以外的活动。

第十七条 民办非企业单位法定代表人或者负责人应当自完成清算之日起 15 日内，向登记管理机关办理注销登记。办理注销登记，须提交注销登记申请书、业务主管单位的审查文件和清算报告。

登记管理机关准予注销登记的，发给注销证明文件，收缴登记证书、印章和财务凭证。

第十八条 民办非企业单位成立、注销以及变更名称、住所、法定代表人或者负责人，由登记管理机关予以公告。

第四章 监督管理

第十九条 登记管理机关履行下列监督管理职责：

（一）负责民办非企业单位的成立、变更、注销登记；

（二）对民办非企业单位实施年度检查；

（三）对民办非企业单位违反本条例的问题进行监督检查，对民办非企业单位违反本条例的行为给予行政处罚。

第二十条 业务主管单位履行下列监督管理职责：

（一）负责民办非企业单位成立、变更、注销登记前的审查；

（二）监督、指导民办非企业单位遵守宪法、法律、法规和国家政策，按照章程开展活动；

（三）负责民办非企业单位年度检查的初审；

（四）协助登记管理机关和其他有关部门查处民办非企业单位的违法行为；

（五）会同有关机关指导民办非企业单位的清算事宜。业务主管单位履行前款规定的职责，不得向民办非企业单位收取费用。

第二十一条 民办非企业单位的资产来源必须合法，任何单位和个人不得侵占、私分或者挪用民办非企业单位的资产。

民办非企业单位开展章程规定的活动，按照国家有关规定取得的合法收入，必须用于章程规定的业务活动。

民办非企业单位接受捐赠、资助，必须符合章程规定的宗旨和业务范围，必须根据与捐赠人、资助人约定的期限、方式和合法用途使用。民办非企业单位应当向业务主管单位报告接受、使用捐赠、资助的有关情况，并应当将有关情况以适当方式向社会公布。

第二十二条 民办非企业单位必须执行国家规定的财务管理制度，接受财政部门的监督；资产来源属于国家资助或者社会捐赠、资助的，还应当接受审计机关的监督。

民办非企业单位变更法定代表人或者负责人，登记管理机关、业务主管单位应当组织对其进行财务审计。

第二十三条 民办非企业单位应当于每年 3 月 31 日前向业务主管单位报送上一年度的工作报告，经业务主管单位初审同意后，于 5 月 31 日前报送登记管理机关，接受年度检查。工作报告内容包括：本民办非企业单位遵守法律法规和国家政策的情况、依照本条例履行登记手续的情况、按照章程开展活动的情况、人员和机构变动的情况以及财务管理的情况。

对于依照本条例第十二条第二款的规定发给登记证书的民办非企业单位，登记管理机关对其应当简化年度检查的内容。

第五章 罚　　则

第二十四条 民办非企业单位在申请登记时弄虚作假，骗取登记的，或者业务主管单位撤销批准的，由登记管理机关予以撤销登记。

第二十五条 民办非企业单位有下列情形之一的，由登记管理机关予以警告，责令改正，可以限期停止活动；情节严重的，予以撤销登记；构成犯罪的，依法追究刑事责任：

（一）涂改、出租、出借民办非企业单位登记证书，或者出租、出借民办非企业单位印章的；

（二）超出其章程规定的宗旨和业务范围进行活动的；

（三）拒不接受或者不按照规定接受监督检查的；

（四）不按照规定办理变更登记的；

（五）设立分支机构的；

（六）从事营利性的经营活动的；

（七）侵占、私分、挪用民办非企业单位的资产或者所接受的捐赠、资助的；

（八）违反国家有关规定收取费用、筹集资金或者接受使用捐赠、资助的。

前款规定的行为有违法经营额或者违法所得的，予以没收，可以并处违法经营额1倍以上3倍以下或者违法所得3倍以上5倍以下的罚款。

第二十六条 民办非企业单位的活动违反其他法律、法规的，由有关国家机关依法处理；有关国家机关认为应当撤销登记的，由登记管理机关撤销登记。

第二十七条 未经登记，擅自以民办非企业单位名义进行活动的，或者被撤销登记的民办非企业单位继续以民办非企业单位名义进行活动的，由登记管理机关予以取缔，没收非法财产；构成犯罪的，依法追究刑事责任；尚不构成犯罪的，依法给予治安管理处罚。

第二十八条 民办非企业单位被限期停止活动的，由登记管理机关封存其登记证书、印章和财务凭证。

民办非企业单位被撤销登记的，由登记管理机关收缴登记证书和印章。

第二十九条 登记管理机关、业务主管单位的工作人员滥用职权、徇私舞弊、玩忽职守构成犯罪的，依法追究刑事责任；尚不构成犯罪的，依法给予行政处分。

第六章 附　　则

第三十条 民办非企业单位登记证书的式样由国务院民政部门制定。

对民办非企业单位进行年度检查不得收取费用。

第三十一条 本条例施行前已经成立的民办非企业单位，应当自本条例实施之日起1年内依照本条例有关规定申请登记。

第三十二条 本条例自发布之日起施行。

中华人民共和国中外合作办学条例

（2003年2月19日国务院第68次常务会议通过
2003年3月1日中华人民共和国国务院令第372号公布）

第一章 总 则

第一条 为了规范中外合作办学活动，加强教育对外交流与合作，促进教育事业的发展，根据《中华人民共和国教育法》《中华人民共和国职业教育法》和《中华人民共和国民办教育促进法》，制定本条例。

第二条 外国教育机构同中国教育机构（以下简称中外合作办学者）在中国境内合作举办以中国公民为主要招生对象的教育机构（以下简称中外合作办学机构）的活动，适用本条例。

第三条 中外合作办学属于公益性事业，是中国教育事业的组成部分。

国家对中外合作办学实行扩大开放、规范办学、依法管理、促进发展的方针。

国家鼓励引进外国优质教育资源的中外合作办学。

国家鼓励在高等教育、职业教育领域开展中外合作办学，鼓励中国高等教育机构与外国知名的高等教育机构合作办学。

第四条 中外合作办学者、中外合作办学机构的合法权益，受中国法律保护。

中外合作办学机构依法享受国家规定的优惠政策，依法自主开展教育教学活动。

第五条 中外合作办学必须遵守中国法律，贯彻中国的教育方针，符合中国的公共道德，不得损害中国的国家主权、安全和社会公共利益。

中外合作办学应当符合中国教育事业发展的需要，保证教育教学质量，致力于培养中国社会主义建设事业的各类人才。

第六条 中外合作办学者可以合作举办各级各类教育机构。但是，不得举办实施义务教育和实施军事、警察、政治等特殊性质教育的机构。

第七条 外国宗教组织、宗教机构、宗教院校和宗教教职人员不得在中国境内从事合作办学活动。

中外合作办学机构不得进行宗教教育和开展宗教活动。

第八条 国务院教育行政部门负责全国中外合作办学工作的统筹规划、综合协调和宏观管理。国务院教育行政部门、劳动行政部门和其他有关行政部门在国务院规定的职责范围内负责有关的中外合作办学工作。

省、自治区、直辖市人民政府教育行政部门负责本行政区域内中外合作办学工作的统筹规划、综合协调和宏观管理。省、自治区、直辖市人民政府教育行政部门、劳动行政部门和其他有关行政部门在其职责范围内负责本行政区域内有关的中外合作办学工作。

第二章 设 立

第九条 申请设立中外合作办学机构的教育机构应当具有法人资格。

第十条 中外合作办学者可以用资金、实物、土地使用权、知识产权以及其他财产作为办学投入。

中外合作办学者的知识产权投入不得超过各自投入的1/3。但是，接受国务院教育行政部门、劳动行政部门或者省、自治区、直辖市人民政府邀请前来中国合作办学的外国教育机构的知识产权投入可以超过其投入的1/3。

第十一条 中外合作办学机构应当具备《中华人民共和国教育法》《中华人民共和国职业教育法》《中华人民共和国高等教育法》等法律和有关行政法规规定的基本条件，并具有法人资格。但是，外国教育机构同中国实施学历教育的高等学校设立的实施高等教育的中外合作办学机构，可以不具有法人资格。

设立中外合作办学机构，参照国家举办的同级同类教育机构的设置标准执行。

第十二条 申请设立实施本科以上高等学历教育的中外合作办学机构，由国务院教育行政部门审批；申请设立实施高等专科教育和非学历高等教育的中外合作办学机构，由拟设立机构所在地的省、自治区、直辖市人民政府审批。

申请设立实施中等学历教育和自学考试助学、文化补习、学前教育等的中外合作办学机构，由拟设立机构所在地的省、自治区、直辖市人民政府教育行政部门审批。

申请设立实施职业技能培训的中外合作办学机构，由拟设立机构所在地的省、自治区、直辖市人民政府劳动行政部门审批。

第十三条 设立中外合作办学机构，分为筹备设立和正式设立两个步骤。但是，具备办学条件，达到设置标准的，可以直接申请正式设立。

第十四条 申请筹备设立中外合作办学机构，应当提交下列文件：

（一）申办报告，内容应当主要包括：中外合作办学者、拟设立中外合作办学机构的名称、培养目标、办学规模、办学层次、办学形式、办学条件、内部管理体制、经费筹措与管理使用等；

（二）合作协议，内容应当包括：合作期限、争议解决办法等；

（三）资产来源、资金数额及有效证明文件，并载明产权；

（四）属捐赠性质的校产须提交捐赠协议，载明捐赠人的姓名、所捐资产的数额、用途和管理办法及相关有效证明文件；

（五）不低于中外合作办学者资金投入15%的启动资金到位证明。

第十五条 申请筹备设立中外合作办学机构的，审批机关应当自受理申请之日起45个工作日内作出是否批准的决定。批准的，发给筹备设立批准书；不批准的，应当书面说明理由。

第十六条 经批准筹备设立中外合作办学机构的，应当自批准之日起3年内提出正式设立申请；超过3年的，中外合作办学者应当重新申报。

筹备设立期内，不得招生。

第十七条 完成筹备设立申请正式设立的，应当提交下列文件：

（一）正式设立申请书；

（二）筹备设立批准书；

（三）筹备设立情况报告；

（四）中外合作办学机构的章程，首届理事会、董事会或者联合管理委员会组成人员名单；

（五）中外合作办学机构资产的有效证明文件；

（六）校长或者主要行政负责人、教师、财会人员的资格证明文件。

直接申请正式设立中外合作办学机构的，应当提交前款第（一）项、第（四）项、第（五）项、第（六）项和第十四条第（二）项、第（三）项、第（四）项所列文件。

第十八条 申请正式设立实施非学历教育的中外合作办学机构的，审批机关应当自受理申请之日起3个月内作出是否批准的决定；申请正式设立实施学历教育的中外合作办学机构的，审批机关应当自受理申请之日起6个月内作出是否批准的决定。批准的，颁发统一格式、统一编号的中外合作办学许可证；不批准的，应当书面说明理由。

中外合作办学许可证由国务院教育行政部门制定式样，由国务院教育行政部门和劳动行政部门按照职责分工分别组织印制；中外合作办学许可证由国务院教育行政部门统一编号，具体办法由国务院教育行政部门会同劳动行政部门确定。

第十九条 申请正式设立实施学历教育的中外合作办学机构的，审批机关受理申请后，应当组织专家委员会评议，由专家委员会提出咨询意见。

第二十条 中外合作办学机构取得中外合作办学许可证后，应当依照有关的法律、行政法规进行登记，登记机关应当依照有关规定即时予以办理。

第三章 组织与管理

第二十一条 具有法人资格的中外合作办学机构应当设立理事会或者董事会，不具有法人资格的中外合作办学机构应当设立联合管理委员会。理事会、董事会或者联合管理委员会的中方组成人员不得少于1/2。

理事会、董事会或者联合管理委员会由5人以上组成，设理事长、副理事长，董事长、副董事长或者主任、副主任各1人。中外合作办学者一方担任理事长、董事长或者主任的，由另一方担任副理事长、副董事长或者副主任。

具有法人资格的中外合作办学机构的法定代表人，由中外合作办学者协商，在理事长、董事长或者校长中确定。

第二十二条 中外合作办学机构的理事会、董事会或者联合管理委员会由中外合作办学者的代表、校长或者主要行政负责人、教职工代表等组成，其中1/3以上组成人员应当具有5年以上教育、教学经验。

中外合作办学机构的理事会、董事会或者联合管理委员会组成人员名单应当报审批机关备案。

第二十三条 中外合作办学机构的理事会、董事会或者联合管理委员会行使下列职权：

（一）改选或者补选理事会、董事会或者联合管理委员会组成人员；

（二）聘任、解聘校长或者主要行政负责人；

（三）修改章程，制定规章制度；

（四）制订发展规划，批准年度工作计划；

（五）筹集办学经费，审核预算、决算；

（六）决定教职工的编制定额和工资标准；

（七）决定中外合作办学机构的分立、合并、终止；

（八）章程规定的其他职权。

第二十四条 中外合作办学机构的理事会、董事会或者联合管理委员会每年至少召开一次会议。经1/3以上组成人员提议，可以召开理事会、董事会或者联合管理委员会临时会议。

中外合作办学机构的理事会、董事会或者联合管理委员会讨论下列重大事项，应当经2/3以上组成人员同意方可通过：

（一）聘任、解聘校长或者主要行政负责人；

（二）修改章程；

（三）制订发展规划；

（四）决定中外合作办学机构的分立、合并、终止；

（五）章程规定的其他重大事项。

第二十五条 中外合作办学机构的校长或者主要行政负责人，应当具有中华人民共和国国籍，在中国境内定居，热爱祖国，品行良好，具有教育、教学经验，并具备相应的专业水平。

中外合作办学机构聘任的校长或者主要行政负责人，应当经审批机关核准。

第二十六条 中外合作办学机构的校长或者主要行政负责人行使下列职权：

（一）执行理事会、董事会或者联合管理委员会的决定；

（二）实施发展规划，拟订年度工作计划、财务预算和规章制度；

（三）聘任和解聘工作人员，实施奖惩；

（四）组织教育教学、科学研究活动，保证教育教学质量；

（五）负责日常管理工作；

（六）章程规定的其他职权。

第二十七条 中外合作办学机构依法对教师、学生进行管理。中外合作办学机构聘任的外籍教师和外籍管理人员，应当具备学士以上学位和相应的职业证书，并具有 2 年以上教育、教学经验。

外方合作办学者应当从本教育机构中选派一定数量的教师到中外合作办学机构任教。

第二十八条 中外合作办学机构应当依法维护教师、学生的合法权益，保障教职工的工资、福利待遇，并为教职工缴纳社会保险费。

中外合作办学机构的教职工依法建立工会等组织，并通过教职工代表大会等形式，参与中外合作办学机构的民主管理。

第二十九条 中外合作办学机构的外籍人员应当遵守外国人在中国就业的有关规定。

第四章 教育教学

第三十条 中外合作办学机构应当按照中国对同级同类教育机构的要求开设关于宪法、法律、公民道德、国情等内容的课程。

国家鼓励中外合作办学机构引进国内急需、在国际上具有先进性的课程和教材。

中外合作办学机构应当将所开设的课程和引进的教材报审批机关备案。

第三十一条 中外合作办学机构根据需要，可以使用外国语言文字教学，但应当以普通话和规范汉字为基本教学语言文字。

第三十二条 实施高等学历教育的中外合作办学机构招收学生，纳入国家高等学校招生计划。实施其他学历教育的中外合作办学机构招收学生，按照省、自治区、直辖市人民政府教育行政部门的规定执行。

中外合作办学机构招收境外学生，按照国家有关规定执行。

第三十三条 中外合作办学机构的招生简章和广告应当报审批机关备案。

中外合作办学机构应当将办学类型和层次、专业设置、课程内容和招生规模等有关情况，定期向社会公布。

第三十四条 中外合作办学机构实施学历教育的，按照国家有关规定颁发学历证书或者其他学业证书；实施非学历教育的，按照国家有关规定颁发培训证书或者结业证书。对于接受职业技能培训的学生，经政府批准的职业技能鉴定机构鉴定合格的，可以按照国家有关规定颁发相应的国家职业资格证书。

中外合作办学机构实施高等学历教育的，可以按照国家有关规定颁发中国相应的学位证书。

中外合作办学机构颁发的外国教育机构的学历、学位证书，应当与该教育机构在其所属国颁发的学历、学位证书相同，并在该国获得承认。

中国对中外合作办学机构颁发的外国教育机构的学历、学位证书的承认，依照中华人民共和国缔结或者加入的国际条约办理，或者按照国家有关规定办理。

第三十五条 国务院教育行政部门或者省、自治区、直辖市人民政府教育行政部门及劳动行政部门等其他有关行政部门应当加强对中外合作办学机构的日常监督，组织或者委托社会中介组织对中外合作办学机构的办学水平和教育质量进行评估，并将评估结果向社会公布。

第五章 资产与财务

第三十六条 中外合作办学机构应当依法建立健全财务、会计制度和资产管理制度，并按照国家有关规定设置会计账簿。

第三十七条 中外合作办学机构存续期间，所有资产由中外合作办学机构依法享有法人财产权，任何组织和个人不得侵占。

第三十八条 中外合作办学机构的收费项目和标准，依照国家有关政府定价的规定确定并公布；未经批准，不得增加项目或者提高标准。

中外合作办学机构应当以人民币计收学费和其他费用，不得以外汇计收学费和其他费用。

第三十九条 中外合作办学机构收取的费用应当主要用于教育教学活动和改善办学条件。

第四十条 中外合作办学机构的外汇收支活动以及开设和使用外汇账户，应当遵守国家外汇管理规定。

第四十一条 中外合作办学机构应当在每个会计年度结束时制作财务会计报告，委托社会审计机构依法进行审计，向社会公布审计结果，并报审批机关备案。

第六章 变更与终止

第四十二条 中外合作办学机构的分立、合并，在进行财务清算后，由该机构理事会、董事会或者联合管理委员会报审批机关批准。

申请分立、合并实施非学历教育的中外合作办学机构的，审批机关应当自受理申请之日起 3 个月内以书面形式答复；申请分立、合并实施学历教育的中外合作办学机构的，审批机关应当自受理申请之日起 6 个月内以书面形式答复。

第四十三条 中外合作办学机构合作办学者的变更，应当由合作办学者提出，在进行财务清算后，经该机构理事会、董事会或者联合管理委员会同意，报审批机关核准，并办理相应的变更手续。

中外合作办学机构住所、法定代表人、校长或者主要行政负责人的变更，应当经审批机关核准，并办理相应的变更手续。

第四十四条 中外合作办学机构名称、层次、类别的变更，由该机构理事会、董事会或者联合管理委员会报审批机关批准。

申请变更为实施非学历教育的中外合作办学机构的，审批机关应当自受理申请之日起 3 个月内以书面形式答复；申请变更为实施学历教育的中外合作办学机构的，审批机关应当自受理申请之日起 6 个月内以书面形式答复。

第四十五条 中外合作办学机构有下列情形之一的，应当终止：

（一）根据章程规定要求终止，并经审批机关批准的；

（二）被吊销中外合作办学许可证的；

（三）因资不抵债无法继续办学，并经审批机关批准的。

中外合作办学机构终止，应当妥善安置在校学生；中外合作办学机构提出终止申请时，应当同时提交妥善安置在校学生的方案。

第四十六条 中外合作办学机构终止时，应当依法进行财务清算。

中外合作办学机构自己要求终止的，由中外合作办学机构组织清算；被审批机关依法撤销的，由审批机关组织清算；因资不抵债无法继续办学而被终止的，依法请求人民法院组织清算。

第四十七条 中外合作办学机构清算时，应当按照下列顺序清偿：

（一）应当退还学生的学费和其他费用；

（二）应当支付给教职工的工资和应当缴纳的社会保险费用；

（三）应当偿还的其他债务。中外合作办学机构清偿上述债务后的剩余财产，依照有关法律、行政法规的规定处理。

第四十八条 中外合作办学机构经批准终止或者被吊销中外合作办学许可证的，应当将中外合作办学许可证和印章交回审批机关，依法办理注销登记。

第七章　法律责任

第四十九条 中外合作办学审批机关及其工作人员，利用职务上的便利收取他人财物或者获取其他利益，滥用职权、玩忽职守，对不符合本条例规定条件者颁发中外合作办学许可证，或者发现违法行为不予以查处，造成严重后果，触犯刑律的，对负有责任的主管人员和其他直接责任人员，依照刑法关于受贿罪、滥用职权罪、玩忽职守罪或者其他罪的规定，依法追究刑事责任；尚不够刑事处罚的，依法给予行政处分。

第五十条 违反本条例的规定，超越职权审批中外合作办学机构的，其批准文件无效，由上级机关责令改正；对负有责任的主管人员和其他直接责任人员，依法给予行政处分；致使公共财产、国家和人民利益遭受重大损失的，依照刑法关于滥用职权罪或者其他罪的规定，依法追究刑事责任。

第五十一条 违反本条例的规定，未经批准擅自设立中外合作办学机构，或者以不正当手段骗取中外合作办学许可证的，由教育行政部门、劳动行政部门按照职责分工予以取缔或者会同公安机关予以取缔，责令退还向学生收取的费用，并处以10万元以下的罚款；触犯刑律的，依照刑法关于诈骗罪或者其他罪的规定，依法追究刑事责任。

第五十二条 违反本条例的规定，在中外合作办学机构筹备设立期间招收学生的，由教育行政部门、劳动行政部门按照职责分工责令停止招生，责令退还向学生收取的费用，并处以10万元以下的罚款；情节严重，拒不停止招生的，由审批机关撤销筹备设立批准书。

第五十三条 中外合作办学者虚假出资或者在中外合作办学机构成立后抽逃出资的，由教育行政部门、劳动行政部门按照职责分工责令限期改正；逾期不改正的，由教育行政部门、劳动行政部门按照职责分工处以虚假出资金额或者抽逃出资金额2倍以下的罚款。

第五十四条 伪造、变造和买卖中外合作办学许可证的，依照刑法关于伪造、变造、买卖国家机关证件罪或者其他罪的规定，依法追究刑事责任。

第五十五条 中外合作办学机构未经批准增加收费项目或者提高收费标准的，由教育行政部门、劳动行政部门按照职责分工责令退还多收的费用，并由价格主管部门依照有关法律、行政法规的规定予以处罚。

第五十六条 中外合作办学机构管理混乱、教育教学质量低下，造成恶劣影响的，由教育行政部门、劳动行政部门按照职责分工责令限期整顿并予以公告；情节严重、逾期不整顿或者经整顿仍达不到要求的，由教育行政部门、劳动行政部门按照职责分工责令停止招生、吊销中外合作办学许可证。

第五十七条 违反本条例的规定，发布虚假招生简章，骗取钱财的，由教育行政部门、劳动行政部门按照职责分工，责令限期改正并予以警告；有违法所得的，退还所收费用后没收违法所得，并可处以10万元以下的罚款；情节严重的，责令停止招生、吊销中外合作办学许可证；构成犯罪的，依照刑法关于诈骗罪或者其他罪的规定，依法追究刑事责任。

中外合作办学机构发布虚假招生广告的，依照《中华人民共和国广告法》的有关规定追究其法律责任。

第五十八条 中外合作办学机构被处以吊销中外合作办学许可证行政处罚的，其理事长或者董事长、校长或者主要行政负责人自中外合作办学许可证被吊销之日起10年内不得担任任何中外合作办学机构的理事长或者董事长、校长或者主要行政负责人。

违反本条例的规定，触犯刑律被依法追究刑事责任的，自刑罚执行期满之日起10年内不得从事中外合作办学活动。

第八章 附 则

第五十九条 香港特别行政区、澳门特别行政区和台湾地区的教育机构与内地教育机构合作办学的，参照本条例的规定执行。

第六十条 在工商行政管理部门登记注册的经营性的中外合作举办的培训机构的管理办法，由国务院另行规定。

第六十一条 外国教育机构同中国教育机构在中国境内合作举办以中国公民为主要招生对象的实施学历教育和自学考试助学、文化补习、学前教育等的合作办学项目的具体审批和管理办法，由国务院教育行政部门制定。

外国教育机构同中国教育机构在中国境内合作举办以中国公民为主要招生对象的实施职业技能培训的合作办学项目的具体审批和管理办法，由国务院劳动行政部门制定。

第六十二条 外国教育机构、其他组织或者个人不得在中国境内单独设立以中国公民为主要招生对象的学校及其他教育机构。

第六十三条 本条例施行前依法设立的中外合作办学机构，应当补办本条例规定的中外合作办学许可证。其中，不完全具备本条例所规定条件的，应当在本条例施行之日起 2 年内达到本条例规定的条件；逾期未达到本条例规定条件的，由审批机关予以撤销。

第六十四条 本条例自 2003 年 9 月 1 日起施行。

中华人民共和国民办教育促进法实施条例

（2004 年 2 月 25 日国务院第 41 次常务会议通过
2004 年 3 月 5 日中华人民共和国国务院令第 399 号公布）

第一章 总 则

第一条 根据《中华人民共和国民办教育促进法》（以下简称民办教育促进法），制定本条例。

第二条 国家机构以外的社会组织或者个人可以利用非国家财政性经费举办各级各类民办学校；但是，不得举办实施军事、警察、政治等特殊性质教育的民办学校。

民办教育促进法和本条例所称国家财政性经费，是指财政拨款、依法取得并应当上缴国库或者财政专户的财政性资金。

第三条 对于捐资举办民办学校表现突出或者为发展民办教育事业作出其他突出贡

献的社会组织或者个人，县级以上人民政府给予奖励和表彰。

第二章 民办学校的举办者

第四条 国家机构以外的社会组织或者个人可以单独或者联合举办民办学校。联合举办民办学校的，应当签订联合办学协议，明确办学宗旨、培养目标以及各方的出资数额、方式和权利、义务等。

第五条 民办学校的举办者可以用资金、实物、土地使用权、知识产权以及其他财产作为办学出资。

国家的资助、向学生收取的费用和民办学校的借款、接受的捐赠财产，不属于民办学校举办者的出资。

第六条 公办学校参与举办民办学校，不得利用国家财政性经费，不得影响公办学校正常的教育教学活动，并应当经主管的教育行政部门或者劳动和社会保障行政部门按照国家规定的条件批准。公办学校参与举办的民办学校应当具有独立的法人资格，具有与公办学校相分离的校园和基本教育教学设施，实行独立的财务会计制度，独立招生，独立颁发学业证书。

参与举办民办学校的公办学校依法享有举办者权益，依法履行国有资产的管理义务，防止国有资产流失。

实施义务教育的公办学校不得转为民办学校。

第七条 举办者以国有资产参与举办民办学校的，应当根据国家有关国有资产监督管理的规定，聘请具有评估资格的中介机构依法进行评估，根据评估结果合理确定出资额，并报对该国有资产负有监管职责的机构备案。

第八条 民办学校的举办者应当按时、足额履行出资义务。民办学校存续期间，举办者不得抽逃出资，不得挪用办学经费。

民办学校的举办者不得向学生、学生家长筹集资金举办民办学校，不得向社会公开募集资金举办民办学校。

第九条 民办学校的举办者应当依照民办教育促进法和本条例的规定制定学校章程，推选民办学校的首届理事会、董事会或者其他形式决策机构的组成人员。

民办学校的举办者参加学校理事会、董事会或者其他形式决策机构的，应当依据学校章程规定的权限与程序，参与学校的办学和管理活动。

第十条 实施国家认可的教育考试、职业资格考试和技术等级考试等考试的机构，不得举办与其所实施的考试相关的民办学校。

第三章 民办学校的设立

第十一条 设立民办学校的审批权限，依照有关法律、法规的规定执行。

第十二条 民办学校的举办者在获得筹设批准书之日起3年内完成筹设的，可以提出正式设立申请。

第十三条 申请正式设立实施学历教育的民办学校的，审批机关受理申请后，应当组织专家委员会评议，由专家委员会提出咨询意见。

第十四条 民办学校的章程应当规定下列主要事项：

（一）学校的名称、地址；

（二）办学宗旨、规模、层次、形式等；

（三）学校资产的数额、来源、性质等；

（四）理事会、董事会或者其他形式决策机构的产生方法、人员构成、任期、议事规则等；

（五）学校的法定代表人；

（六）出资人是否要求取得合理回报；

（七）学校自行终止的事由；

（八）章程修改程序。

第十五条 民办学校只能使用一个名称。

民办学校的名称应当符合有关法律、行政法规的规定，不得损害社会公共利益。

第十六条 申请正式设立民办学校有下列情形之一的，审批机关不予批准，并书面说明理由：

（一）举办民办学校的社会组织或者个人不符合法律、行政法规规定的条件，或者实施义务教育的公办学校转为民办学校的；

（二）向学生、学生家长筹集资金举办民办学校或者向社会公开募集资金举办民办学校的；

（三）不具备相应的办学条件、未达到相应的设置标准的；

（四）学校章程不符合本条例规定要求，经告知仍不修改的；

（五）学校理事会、董事会或者其他形式决策机构的人员构成不符合法定要求，或者学校校长、教师、财会人员不具备法定资格，经告知仍不改正的。

第十七条 对批准正式设立的民办学校，审批机关应当颁发办学许可证，并将批准正式设立的民办学校及其章程向社会公告。

民办学校的办学许可证由国务院教育行政部门制定式样，由国务院教育行政部门、劳动和社会保障行政部门按照职责分工分别组织印制。

第十八条 民办学校依照有关法律、行政法规的规定申请登记时，应当向登记机关提交下列材料：

（一）登记申请书；

（二）办学许可证；

（三）拟任法定代表人的身份证明；

（四）学校章程。

登记机关应当自收到前款规定的申请材料之日起5个工作日内完成登记程序。

第四章　民办学校的组织与活动

第十九条　民办学校理事会、董事会或者其他形式决策机构的负责人应当品行良好，具有政治权利和完全民事行为能力。

国家机关工作人员不得担任民办学校理事会、董事会或者其他形式决策机构的成员。

第二十条　民办学校的理事会、董事会或者其他形式决策机构，每年至少召开一次会议。经1/3以上组成人员提议，可以召开理事会、董事会或者其他形式决策机构临时会议。

民办学校的理事会、董事会或者其他形式决策机构讨论下列重大事项，应当经2/3以上组成人员同意方可通过：

（一）聘任、解聘校长；

（二）修改学校章程；

（三）制订发展规划；

（四）审核预算、决算；

（五）决定学校的分立、合并、终止；

（六）学校章程规定的其他重大事项。

民办学校修改章程应当报审批机关备案，由审批机关向社会公告。

第二十一条　民办学校校长依法独立行使教育教学和行政管理职权。

民办学校内部组织机构的设置方案由校长提出，报理事会、董事会或者其他形式决策机构批准。

第二十二条　实施高等教育和中等职业技术学历教育的民办学校，可以按照办学宗旨和培养目标，自行设置专业、开设课程，自主选用教材。但是，民办学校应当将其所设置的专业、开设的课程、选用的教材报审批机关备案。

实施高级中等教育、义务教育的民办学校，可以自主开展教育教学活动。但是，该民办学校的教育教学活动应当达到国务院教育行政部门制定的课程标准，其所选用的教材应当依法审定。

实施学前教育的民办学校可以自主开展教育教学活动，但是，该民办学校不得违反有关法律、行政法规的规定。

实施以职业技能为主的职业资格培训、职业技能培训的民办学校，可以按照国家职业标准的要求开展培训活动。

第二十三条　民办学校聘任的教师应当具备《中华人民共和国教师法》和有关行政法规规定的教师资格和任职条件。

民办学校应当有一定数量的专职教师；其中，实施学历教育的民办学校聘任的专职教师数量应当不少于其教师总数的1/3。

第二十四条　民办学校自主聘任教师、职员。民办学校聘任教师、职员，应当签订聘任合同，明确双方的权利、义务等。

民办学校招用其他工作人员应当订立劳动合同。

民办学校聘任外籍人员，按照国家有关规定执行。

第二十五条　民办学校应当建立教师培训制度，为受聘教师接受相应的思想政治培训和业务培训提供条件。

第二十六条　民办学校应当按照招生简章或者招生广告的承诺，开设相应课程，开展教育教学活动，保证教育教学质量。

民办学校应当提供符合标准的校舍和教育教学设施、设备。

第二十七条　民办学校享有与同级同类公办学校同等的招生权，可以自主确定招生的范围、标准和方式；但是，招收接受高等学历教育的学生应当遵守国家有关规定。

县级以上地方人民政府教育行政部门、劳动和社会保障行政部门应当为外地的民办学校在本地招生提供平等待遇，不得实行地区封锁，不得滥收费用。

民办学校招收境外学生，按照国家有关规定执行。

第二十八条　民办学校应当依法建立学籍和教学管理制度，并报审批机关备案。

第二十九条　民办学校及其教师、职员、受教育者申请国家设立的有关科研项目、课题等，享有与公办学校及其教师、职员、受教育者同等的权利。

民办学校的受教育者在升学、就业、社会优待、参加先进评选、医疗保险等方面，享有与同级同类公办学校的受教育者同等的权利。

第三十条　实施高等学历教育的民办学校符合学位授予条件的，依照有关法律、行政法规的规定经审批同意后，可以获得相应的学位授予资格。

第三十一条　教育行政部门、劳动和社会保障行政部门和其他有关部门，组织有关的评奖评优、文艺体育活动和课题、项目招标，应当为民办学校及其教师、职员、受教育者提供同等的机会。

第三十二条　教育行政部门、劳动和社会保障行政部门应当加强对民办学校的日常监督，定期组织和委托社会中介组织评估民办学校办学水平和教育质量，并鼓励和支持民办学校开展教育教学研究工作，促进民办学校提高教育教学质量。

教育行政部门、劳动和社会保障行政部门对民办学校进行监督时，应当将监督的情况和处理结果予以记录，由监督人员签字后归档。公众有权查阅教育行政部门、劳动和社会保障行政部门的监督记录。

第三十三条　民办学校终止的，由审批机关收回办学许可证，通知登记机关，并予以公告。

第五章　民办学校的资产与财务管理

第三十四条　民办学校应当依照《中华人民共和国会计法》和国家统一的会计制度进行会计核算，编制财务会计报告。

第三十五条　民办学校对接受学历教育的受教育者收取费用的项目和标准，应当报价格主管部门批准并公示；对其他受教育者收取费用的项目和标准，应当报价格主管部门备案并公示。具体办法由国务院价格主管部门会同教育行政部门、劳动和社会保障行政部门制定。

第三十六条　民办学校资产中的国有资产的监督、管理，按照国家有关规定执行。

民办学校接受的捐赠财产的使用和管理，依照《中华人民共和国公益事业捐赠法》的有关规定执行。

第三十七条　在每个会计年度结束时，捐资举办的民办学校和出资人不要求取得合理回报的民办学校应当从年度净资产增加额中、出资人要求取得合理回报的民办学校应当从年度净收益中，按不低于年度净资产增加额或者净收益的25%的比例提取发展基金，用于学校的建设、维护和教学设备的添置、更新等。

第六章　扶持与奖励

第三十八条　捐资举办的民办学校和出资人不要求取得合理回报的民办学校，依法享受与公办学校同等的税收及其他优惠政策。

出资人要求取得合理回报的民办学校享受的税收优惠政策，由国务院财政部门、税务主管部门会同国务院有关行政部门制定。

民办学校应当依法办理税务登记，并在终止时依法办理注销税务登记手续。

第三十九条　民办学校可以设立基金接受捐赠财产，并依照有关法律、行政法规的规定接受监督。

民办学校可以依法以捐赠者的姓名、名称命名学校的校舍或者其他教育教学设施、生活设施。捐赠者对民办学校发展作出特殊贡献的，实施高等学历教育的民办学校经国务院教育行政部门按照国家规定的条件批准，其他民办学校经省、自治区、直辖市人民政府教育行政部门或者劳动和社会保障行政部门按照国家规定的条件批准，可以以捐赠者的姓名或者名称作为学校校名。

第四十条　在西部地区、边远贫困地区和少数民族地区举办的民办学校申请贷款用于学校自身发展的，享受国家相关的信贷优惠政策。

第四十一条　县级以上人民政府可以根据本行政区域的具体情况，设立民办教育发展专项资金。民办教育发展专项资金由财政部门负责管理，由教育行政部门或者劳动和社会保障行政部门报同级财政部门批准后使用。

第四十二条 县级人民政府根据本行政区域实施义务教育的需要，可以与民办学校签订协议，委托其承担部分义务教育任务。县级人民政府委托民办学校承担义务教育任务的，应当根据接受义务教育学生的数量和当地实施义务教育的公办学校的生均教育经费标准，拨付相应的教育经费。

受委托的民办学校向协议就读的学生收取的费用，不得高于当地同级同类公办学校的收费标准。

第四十三条 教育行政部门应当会同有关行政部门建立、完善有关制度，保证教师在公办学校和民办学校之间的合理流动。

第四十四条 出资人根据民办学校章程的规定要求取得合理回报的，可以在每个会计年度结束时，从民办学校的办学结余中按一定比例取得回报。

民办教育促进法和本条例所称办学结余，是指民办学校扣除办学成本等形成的年度净收益，扣除社会捐助、国家资助的资产，并依照本条例的规定预留发展基金以及按照国家有关规定提取其他必须的费用后的余额。

第四十五条 民办学校应当根据下列因素确定本校出资人从办学结余中取得回报的比例：

（一）收取费用的项目和标准；

（二）用于教育教学活动和改善办学条件的支出占收取费用的比例；

（三）办学水平和教育质量。

与同级同类其他民办学校相比较，收取费用高、用于教育教学活动和改善办学条件的支出占收取费用的比例低，并且办学水平和教育质量低的民办学校，其出资人从办学结余中取得回报的比例不得高于同级同类其他民办学校。

第四十六条 民办学校应当在确定出资人取得回报比例前，向社会公布与其办学水平和教育质量有关的材料和财务状况。

民办学校的理事会、董事会或者其他形式决策机构应当根据本条例第四十四条、第四十五条的规定作出出资人取得回报比例的决定。民办学校应当自该决定作出之日起15日内，将该决定和向社会公布的与其办学水平和教育质量有关的材料、财务状况报审批机关备案。

第四十七条 民办学校有下列情形之一的，出资人不得取得回报：

（一）发布虚假招生简章或者招生广告，骗取钱财的；

（二）擅自增加收取费用的项目、提高收取费用的标准，情节严重的；

（三）非法颁发或者伪造学历证书、职业资格证书的；

（四）骗取办学许可证或者伪造、变造、买卖、出租、出借办学许可证的；

（五）未依照《中华人民共和国会计法》和国家统一的会计制度进行会计核算、编制财务会计报告，财务、资产管理混乱的；

（六）违反国家税收征管法律、行政法规的规定，受到税务机关处罚的；

（七）校舍或者其他教育教学设施、设备存在重大安全隐患，未及时采取措施，致使发生重大伤亡事故的；

（八）教育教学质量低下，产生恶劣社会影响的。

出资人抽逃资金或者挪用办学经费的，不得取得回报。

第四十八条 除民办教育促进法和本条例规定的扶持与奖励措施外，省、自治区、直辖市人民政府还可以根据实际情况，制定本地区促进民办教育发展的扶持与奖励措施。

第七章 法律责任

第四十九条 有下列情形之一的，由审批机关没收出资人取得的回报，责令停止招生；情节严重的，吊销办学许可证；构成犯罪的，依法追究刑事责任：

（一）民办学校的章程未规定出资人要求取得合理回报，出资人擅自取得回报的；

（二）违反本条例第四十七条规定，不得取得回报而取得回报的；

（三）出资人不从办学结余而从民办学校的其他经费中提取回报的；

（四）不依照本条例的规定计算办学结余或者确定取得回报的比例的；

（五）出资人从办学结余中取得回报的比例过高，产生恶劣社会影响的。

第五十条 民办学校未依照本条例的规定将出资人取得回报比例的决定和向社会公布的与其办学水平和教育质量有关的材料、财务状况报审批机关备案，或者向审批机关备案的材料不真实的，由审批机关责令改正，并予以警告；有违法所得的，没收违法所得；情节严重的，责令停止招生、吊销办学许可证。

第五十一条 民办学校管理混乱严重影响教育教学，有下列情形之一的，依照民办教育促进法第六十二条的规定予以处罚：

（一）理事会、董事会或者其他形式决策机构未依法履行职责的；

（二）教学条件明显不能满足教学要求、教育教学质量低下，未及时采取措施的；

（三）校舍或者其他教育教学设施、设备存在重大安全隐患，未及时采取措施的；

（四）未依照《中华人民共和国会计法》和国家统一的会计制度进行会计核算、编制财务会计报告，财务、资产管理混乱的；

（五）侵犯受教育者的合法权益，产生恶劣社会影响的；

（六）违反国家规定聘任、解聘教师的。

第八章 附 则

第五十二条 本条例施行前依法设立的民办学校继续保留，并在本条例施行之日起1年内，由原审批机关换发办学许可证。

第五十三条 本条例规定的扶持与奖励措施适用于中外合作办学机构。

第五十四条 本条例自2004年4月1日起施行。

国务院对确需保留的行政审批项目设定行政许可的决定（节选）

（中华人民共和国国务院令第412号 2004年6月29日）

依照《中华人民共和国行政许可法》和行政审批制度改革的有关规定，国务院对所属各部门的行政审批项目进行了全面清理。由法律、行政法规设定的行政许可项目，依法继续实施；对法律、行政法规以外的规范性文件设定，但确需保留且符合《中华人民共和国行政许可法》第十二条规定事项的行政审批项目，根据《中华人民共和国行政许可法》第十四条第二款的规定，现决定予以保留并设定行政许可，共500项。

为保证本决定设定的行政许可依法、公开、公平、公正实施，国务院有关部门应当对实施本决定所列各项行政许可的条件等作出具体规定，并予以公布。有关实施行政许可的程序和期限依照《中华人民共和国行政许可法》的有关规定执行。

附件：国务院决定对确需保留的行政审批项目设定行政许可的目录（节选）

附件：

国务院决定对确需保留的行政审批项目设定行政许可的目录（节选）

序号	项目名称	实施机关
87	设立技工学校审批	劳动保障部 省级人民政府劳动保障行政主管部门
91	以技能为主的国外职业资格证书及发证机构资格审核和注册	劳动保障部

备注：

1. 鉴于投资体制改革正在进行，涉及固定资产投资项目的行政许可仍按国务院现行规定办理。
2. 按规定应当由国务院决定的事项，按照规定程序办理。
3. 按规定应当由其他部门决定或者应经其他部门审核的事项，按照现行规定办理。

工人考核条例

（1990 年 6 月 23 日国务院批准
1990 年 7 月 12 日中华人民共和国劳动部令第 1 号发布）

第一章 总 则

第一条 为了考察工人的思想政治表现和生产工作成绩，鉴定实际技术业务水平，调动工人生产劳动和学习政治、技术业务的积极性，全面提高工人队伍素质、适应我国社会主义现代化建设的需要，制定本条例。

第二条 本条例适用于全民所有制企业、事业单位和国家机关。

第三条 国家实行工人考核制度。对工人的考核应当与使用相结合，并按照国家有关规定确定其工资待遇。

第四条 工人考核工作应从实际出发，统筹安排，严格标准，保证质量。

第二章 考核种类

第五条 工人考核分为录用考核、转正定级考核、上岗转岗考核、本等级考核、升级考核，以及技师、高级技师（以下统称技师）任职资格的考评。

第六条 企业、事业单位和国家机关从社会招收录用新工人，包括录用技工学校、职业学校、职业高中的毕业生，以及就业训练中心和其他各种就业训练班结业的学生，须经工人考核组织的录用考核，方能择优录用。

第七条 学徒（培训生）学习期满和工人见习、试用期满时，须经转正定级考核。经考核合格发给相应的《技术等级证书》或者《岗位合格证书》或者《特种作业人员操作证》之后，方能上生产工作岗位独立操作，并根据其思想政治表现、生产工作成绩和实际技能按照国家有关规定确定工资等级。考核不合格者准予延期补考。补考仍不合格者应当解除劳动合同或者调换其他工作。学徒、见习、试用期各方面表现优秀的，可以提前进行转正定级考核。

第八条 工人改变工种，调换新的岗位，或者操作新的先进设备时，应经过技术业务培训和上岗转岗考核合格后方能上岗。在精密稀有设备上工作和从事特种作业的工人，离开生产工作岗位一年以上，重新回到原岗位，应有一定的熟悉期，期满经技术业务考核合格后方能上岗，并按考核成绩，重新确定技术等级。

第九条 企业、事业单位和国家机关根据生产经营活动或者工作需要，对本单位的工人定期进行本等级的技术业务考核。考核不合格者允许补考。补考仍不合格者，应降低其技术等级或者调换工作岗位，重新确定技术等级和工资待遇。

第十条 工人经本等级考核合格的，可以申请参加升级考核。升级考核一般二至三年进行一次。有特殊贡献者经班组推荐和工人考核组织批准，可以提前参加升级考核或者越级考核。考核合格者发给相应的《技术等级证书》，作为使用和调整工资的依据。

第十一条 优秀的高级技术工人，可以按照国家有关规定申请参加技师任职资格的考评。有突出贡献的技师，可以按照国家有关规定参加高级技师任职资格的考评。考评合格，分别发给相应的《技师合格证书》，作为应聘职务的凭证。

第三章 考核内容

第十二条 工人考核的内容包括思想政治表现、生产工作成绩和技术业务水平。

第十三条 工人思想政治表现的考核，主要包括遵守宪法、法律和国家政策以及本单位的规章制度，树立良好的职业道德、劳动态度等方面。

第十四条 工人生产工作成绩的考核，主要包括完成生产任务的数量和质量，解决生产工作中技术业务问题的成果，传授技术、经验的成绩以及安全生产的情况等方面。

第十五条 工人技术业务水平的考核，主要是按照现行《工人技术等级标准》或者《岗位规范》进行技术业务理论和实际操作技能的考核。

工人技师任职资格的考评，应当按照国家有关规定进行。

第四章 考核方法

第十六条 工人思想政治表现的考核，在加强班组日常管理的基础上，定期进行。

工人生产工作成绩的考核，在加强班组日常管理的基础上，可以采用定量为主、定性为辅的方法，明确评分标准，定期进行。

第十七条 工人技术业务理论考核以笔试为主，操作技能考核可以结合生产或者作业项目分期分批进行，也可以选择典型工件或作业项目专门组织进行。技术业务水平考核评定采用百分制，六十分为合格。

第十八条 工人思想政治表现、生产工作成绩和技术业务水平三项考核成绩均合格的，即为考核合格。

第五章 考核组织和管理

第十九条 全国工人考核工作由劳动部综合管理，并负责制定有关规定，指导协调工人考核工作。

第二十条 各省、自治区、直辖市及计划单列市劳动行政部门和国务院有关部门的劳动工资机构，制定实施办法，分别负责综合管理本地区、本部门的工人考核工作。

第二十一条 各省、自治区、直辖市及计划单列市劳动行政部门会同本地区有关行业主管部门，国务院有关部门的劳动工资机构会同本部门的有关业务机构，分别成立工人考核委员会，负责组织本地区、本部门的工人考核工作。

第二十二条 企业、事业单位或者企业主管部门应当根据实际情况组成不同专业（工种）的考核组织，负责具体考核工作。各专业工种的考核组织成员中，应当有三分之二以上的专业技术人员、技师、高级技术工人。

第二十三条 《技师合格证书》，地方所属单位由省、自治区、直辖市及计划单列市劳动行政部门核发；国务院各部门所属单位由其主管部门的劳动工资机构核发。

《技术等级证书》的核发办法，地方所属单位由省、自治区、直辖市及计划单列市劳动行政部门规定；国务院各部门所属单位由其主管部门的劳动工资机构规定。

企业内部的《岗位合格证书》的核发办法，由企业自行规定，但企业主管部门有统一规定的，应当按照统一规定办理。

第二十四条 《技师合格证书》由劳动部统一印制。

《技术等级证书》由劳动部统一规定式样。

《岗位合格证书》的式样，企业主管部门有规定的，按规定办；企业主管部门无规定的，由企业自行规定。

《特种作业人员操作证》的式样、印制和核发办法，按照国家有关规定办理。

第六章 罚　　则

第二十五条 企业、事业单位和国家机关违反本条例第六条规定招收录用新工人的，当地劳动部门不予办理招收录用手续。

第二十六条 各级工人考核组织成员，企业、事业单位和国家机关的工作人员在工人考核、评审过程中弄虚作假、徇私舞弊的，应当视情节轻重，由其所在单位或者上级主管部门根据人事管理权限对直接责任人员给予行政处分。

第二十七条 违反《技师合格证书》《技术等级证书》《特种作业人员操作证》的核发办法和规定，滥发上述证书的，除应当宣布其所发证书无效外，还应视情节轻重，由其上级主管部门或者监察机关对有关责任人员给予行政处分；对其中通过滥发证书获取非法收入的，应当没收其非法所得，并可处以非法所得五倍以下的罚款；构成犯罪的，应当依法追究其刑事责任。

第七章 附　　则

第二十八条 集体所有制和私营企业、事业单位的工人考核工作参照本条例执行。

第二十九条 工人考核工作所需经费由财政部会同劳动部另行规定。

第三十条 本条例由劳动部负责解释。

第三十一条 劳动部可以根据本条例制定实施细则。

第三十二条 本条例自发布之日起施行。原劳动人事部 1983 年发布的《工人技术考核暂行条例（试行）》同时废止。

二、中央、国务院文件

中共中央　国务院关于进一步加强人才工作的决定

（中发［2003］16号　2003年12月26日）

为实现党的十六大提出的全面建设小康社会宏伟目标，大力实施人才强国战略，建设宏大的高素质人才队伍，现就进一步加强人才工作作出如下决定。

一、实施人才强国战略是党和国家一项重大而紧迫的任务

1. 人才问题是关系党和国家事业发展的关键问题。当今世界，多极化趋势曲折发展，经济全球化不断深入，科技进步日新月异，人才资源已成为最重要的战略资源，人才在综合国力竞争中越来越具有决定性意义。本世纪头20年是我国全面建设小康社会、开创中国特色社会主义事业新局面的重要战略机遇期。小康大业，人才为本。适应国内外形势的发展变化，完善社会主义市场经济体制，提高党的领导水平和执政水平，牢牢掌握加快发展的主动权，关键在人才。必须把人才工作纳入国家经济和社会发展的总体规划，大力开发人才资源，走人才强国之路。

党和国家历来十分重视人才工作，特别是改革开放以来，培养造就了各个领域的大批优秀人才，为推动社会主义现代化建设事业发挥了重要作用。进入新世纪新阶段，党中央、国务院认真分析国际国内形势，全面贯彻“三个代表”重要思想，提出了人才强国战略，确立了新的历史条件下人才工作的基本思路和宏观布局，人才工作取得了显著成绩。但是，人才的总量、结构和素质还不能适应经济社会发展的需要，特别是现代化建设急需的高层次、高技能和复合型人才短缺；市场配置人才资源的基础性作用发挥不够，人才流动的体制性障碍尚未消除，人尽其才的用人机制有待完善。我国人才工作正处于需要进一步整合力量、全面推进的重要阶段。必须深刻认识人才工作的极端重要性和紧迫性，切实加强和改进党对人才工作的领导，紧紧抓住机遇，积极应对挑战，努力使人才工作迈上新的台阶。

2. 新世纪新阶段人才工作的根本任务是实施人才强国战略。在建设中国特色社会主义伟大事业中，要把人才作为推进事业发展的关键因素，努力造就数以亿计的高素质

劳动者、数以千万计的专门人才和一大批拔尖创新人才，建设规模宏大、结构合理、素质较高的人才队伍，开创人才辈出、人尽其才的新局面，把我国由人口大国转化为人才资源强国，大力提升国家核心竞争力和综合国力，完成全面建设小康社会的历史任务，实现中华民族的伟大复兴。

实施人才强国战略，必须以邓小平理论和“三个代表”重要思想为指导，贯彻落实十六大精神，根据人才资源是第一资源的科学判断，坚持党管人才原则，坚持以人为本，充分开发国内国际两种人才资源，紧紧抓住培养、吸引、用好人才三个环节，大力加强以党政人才、企业经营管理人才和专业技术人才为主体的人才队伍建设，努力把各类优秀人才集聚到党和国家各项事业中来，为全面建设小康社会提供坚强的人才保证和广泛的智力支持。实施人才强国战略的基本要求是：

——用“三个代表”重要思想统领人才工作。“三个代表”重要思想是推进新世纪新阶段人才工作的根本指针。按照发展先进生产力、先进文化和实现最广大人民群众根本利益的要求，坚决贯彻尊重劳动、尊重知识、尊重人才、尊重创造的方针，把“三个代表”重要思想贯穿于人才工作的全过程，努力开创人才工作新局面。

——把促进发展作为人才工作的根本出发点。发展是我们党执政兴国的第一要务。树立全面、协调、可持续的发展观，促进经济社会和人的全面发展。人才工作的目标任务要围绕发展来确立，人才工作的政策措施要根据发展来制定，人才工作的成效要用发展来检验。

——树立科学的人才观。人才存在于人民群众之中。只要具有一定的知识或技能，能够进行创造性劳动，为推进社会主义物质文明、政治文明、精神文明建设，在建设中国特色社会主义伟大事业中作出积极贡献，都是党和国家需要的人才。要坚持德才兼备原则，把品德、知识、能力和业绩作为衡量人才的主要标准，不唯学历、不唯职称、不唯资历、不唯身份，不拘一格选人才。鼓励人人都作贡献，人人都能成才。

——加强人才资源能力建设。坚持把能力建设作为人才资源开发的主题。加大对人才工作的投入，优先发展科学教育事业，努力把人口压力转变为人力资源优势，为各类人才不断涌现和充分发挥作用奠定坚实基础。

——坚持三支人才队伍建设一起抓。党政人才、企业经营管理人才和专业技术人才是我国人才队伍的主体，必须坚持分类指导，整体推进。着重培养造就大批适应改革开放和社会主义现代化建设的高层次和高技能人才，带动整个人才队伍建设。

——推进人才结构调整。按照统筹城乡发展、统筹区域发展、统筹经济社会发展、统筹人与自然和谐发展、统筹国内发展和对外开放的要求，加快人才结构调整，优化人才资源配置，促进人才合理分布，发挥人才队伍的整体功能。

——创新人才工作机制和优化环境。人才的活力取决于机制和环境。遵循人才资源开发规律，坚持市场配置人才资源的改革取向，加强和改善宏观调控，建立充满生机与活力的人才工作机制。着力营造有利于优秀人才大量涌现、健康成长的良好氛围，形成鼓励人才干事业、支持人才干成事业、帮助人才干好事业的社会环境。

二、以能力建设为核心，大力加强人才培养工作

3. 人才资源能力建设是人才培养的核心。树立大教育、大培训观念，在提高全民思想道德素质、科学文化素质和健康素质的基础上，重点培养人的学习能力、实践能力，着力提高人的创新能力。围绕创新能力建设，根据各类人才的特点，研究制定人才资源能力建设标准。改革教育培训的机制、内容和方法，加大教育培训力度。坚持学习与实践相结合、培养与使用相结合，促进人才在实践中不断增长知识，提升能力。加强爱国主义、集体主义、社会主义教育，树立正确的世界观、人生观、价值观，发扬拼搏奉献精神、艰苦创业精神、团结协作精神和诚实守信精神，促进各类人才的全面发展。

4. 加快构建现代国民教育体系，更好地为经济社会全面发展培养人才。教育是培养人才的基础。按照面向现代化、面向世界、面向未来的要求，坚持教育为社会主义现代化建设服务，为人民服务，以社会需求为导向，大力推进教育创新，提高教育质量和管理水平。统筹城乡教育，进一步加强农村教育。全面普及九年义务教育，积极发展高中阶段教育，全面推进素质教育。着眼国家发展和战略需要，深化高等教育体制改革，加强高等教育与经济社会的紧密结合，调整学科和专业结构，创新人才培养模式，建立教育培养与人才需求结构相适应的有效机制。加快建设若干所世界一流大学、一批高水平大学与重点学科。加强高校领导班子和师资队伍建设，充分发挥高校的人才培养重要基地作用。适应走新型工业化道路和优化产业结构的要求，大力推进职业教育的改革和发展。

5. 加快构建终身教育体系，促进学习型社会的形成。在全社会进一步树立全民学习、终身学习理念，鼓励人们通过多种形式和渠道参与终身学习，积极推动学习型组织和学习型社区建设。加强终身教育的规划和协调，优化整合各种教育培训资源，综合运用社会的学习资源、文化资源和教育资源，完善广覆盖、多层次的教育培训网络，构建中国特色的终身教育体系。进一步改革和发展成人教育。加强各类人才的培训和继续教育工作。继续做好选派各类人才出国（境）培训工作。强化用人单位在人才培训中的主体地位，鼓励在职自学，完善带薪学习制度。制定科学规范的质量评估和监督办法，提高教育培训成效。

三、坚持改革创新，努力形成科学的人才评价和使用机制

6. 建立以能力和业绩为导向、科学的社会化的人才评价机制。坚持走群众路线，注重通过实践检验人才。完善人才评价标准，克服人才评价中重学历、资历，轻能力、业绩的倾向。根据德才兼备的要求，从规范职位分类与职业标准入手，建立以业绩为依据，由品德、知识、能力等要素构成的各类人才评价指标体系。改革各类人才评价方式，积极探索主体明确、各具特色的评价方法。完善人才评价手段，大力开发应用现代人才测评技术，努力提高人才评价的科学水平。

党政人才的评价重在群众认可。树立科学的发展观和正确的政绩观，坚持群众公

认、注重实绩的原则。进一步完善民主推荐、民主测评、民主评议制度，把群众的意见作为考核评价党政人才的重要尺度。制定不同层次、不同类型党政人才的岗位职责规范，建立符合科学发展观要求的干部政绩考核体系和考核评价标准。完善定期考核和日常考核制度，改进考核方法。建立健全考核工作责任制。

企业经营管理人才的评价重在市场和出资人认可。发展企业经营管理人才评价机构，探索社会化的职业经理人资质评价制度。完善反映经营业绩的财务指标和反映综合管理能力等非财务指标相结合的企业经营管理人才评价体系，积极开发适应不同类型企业经营管理人才的考核测评技术。改进国有资产出资人对国有企业经营管理者考核评价工作，围绕任期制和任期目标责任制，突出对经营业绩和综合素质的考核。

专业技术人才的评价重在社会和业内认可。以打破专业技术职务终身制为重点，研究制定深化职称制度改革的指导意见。全面推行专业技术职业资格制度，加快执业资格制度建设。积极探索资格考试、考核和同行评议相结合的专业技术人才评价方法。发展和规范人才评价中介组织，在政府宏观指导下，开展以岗位要求为基础、社会化的专业技术人才评价工作。积极推进专业技术人才执业资格国际互认。

7. 建立以公开、平等、竞争、择优为导向，有利于优秀人才脱颖而出、充分施展才能的选人用人机制。

以扩大民主、加强监督为重点，进一步深化党政干部选拔任用制度改革，不断提高科学化、民主化、制度化水平。完善选任制，改进委任制，规范考任制，推行聘任制。改进公开选拔、竞争上岗的办法。加大选拔任用优秀年轻干部的力度，为他们的成长提供“快车道”。逐步推行党政领导干部职务任期制，建立和完善干部正常退出机制，实行优胜劣汰，增强干部队伍活力。

以推进企业经营管理者市场化、职业化为重点，坚持市场配置、组织选拔和依法管理相结合，改革和完善国有企业经营管理人才选拔任用方式。对国有资产出资人代表依法实行派出制或选举制。对经理人推行聘任制，实行契约化管理。按照企业发展战略和市场取向，拓宽选人视野，吸引国际国内一流人才到企业任职。大力扶持能够整合生产要素、利用社会资源和聚集各类人才积极创业的经营管理人才。

以推行聘用制和岗位管理制度为重点，深化事业单位人事制度改革。按照政事职责分开、单位自主用人、个人自主择业、政府依法监管的要求，建立符合各类事业单位特点的用人制度。推行聘用制和岗位管理制度，促进由固定用人向合同用人、由身份管理向岗位管理的转变。研究制定事业单位人事管理条例，规范按需设岗、竞聘上岗、以岗定酬、合同管理等管理环节，逐步做到人员能进能出，职务能上能下，待遇能高能低。

四、建立和完善人才市场体系，促进人才合理流动

8. 建立和完善人才市场体系。根据完善社会主义市场经济体制的要求，全面推进机制健全、运行规范、服务周到、指导监督有力的人才市场体系建设，进一步发挥市场在人才资源配置中的基础性作用。建立和完善人才市场机制。遵循市场规律，进一步发

挥用人单位和人才的市场主体作用，促进企事业单位通过市场自主择人和人才进入市场自主择业。针对人才资源的特殊性，按照人才的市场供求关系，通过实现人才自身价值与满足社会需求相结合，有效解决人才供求矛盾。推进政府部门所属人才服务机构的体制改革，实现管办分离、政事分开。引导国有企事业单位转换用人机制，积极参与市场竞争。努力形成政府部门宏观调控、市场主体公平竞争、行业协会严格自律、中介组织提供服务的运行格局。消除人才市场发展的体制性障碍，使现有各类人才和劳动力市场实现联网贯通，加快建设统一的人才市场。健全专业化、信息化、产业化、国际化的人才市场服务体系。

9. 促进人才合理流动。进一步消除人才流动中的城乡、区域、部门、行业、身份、所有制等限制，疏通三支队伍之间、公有制与非公有制组织之间、不同地区之间的人才流动渠道。发展人事代理业务，改革户籍、人事档案管理制度，放宽户籍准入政策，推广以引进人才为主导的工作居住证制度，探索建立社会化的人才档案公共管理服务系统。鼓励专业技术人才通过兼职、定期服务、技术开发、项目引进、科技咨询等方式进行流动。加强对人才流动的宏观调控，采取有效措施，引导人才向西部地区、基层和艰苦地区等社会最需要的地方流动，鼓励人才安心基层工作。制定人才流动和人才市场管理的法律法规，完善人事争议仲裁制度。加强人才流动中国家秘密和商业秘密的保护，依法维护用人单位和各类人才的合法权益，保证人才流动的开放性和有序性。

五、以鼓励劳动和创造为根本目的，加大对人才的有效激励和保障

10. 完善分配激励机制。完善按劳分配为主体、多种分配方式并存的分配制度，坚持效率优先、兼顾公平，各种生产要素按贡献参与分配。针对各类人才的特点，建立健全与社会主义市场经济体制相适应、与工作业绩紧密联系、鼓励人才创新创造的分配制度和激励机制。加强对收入分配的宏观管理，整顿和规范分配秩序。

结合完善国家公务员制度，逐步建立综合体现工作职责、能力、业绩、年功等因素，职务与职级相结合的公务员工资制度。适当拉开不同职务和职级之间的收入差距，增强职级的激励功能。建立公务员工资与国民经济发展相协调、与社会进步相适应、与企业相当人员平均工资大体持平的工资水平决定机制。完善艰苦边远地区津贴制度，实施中央政府统一调控下分级管理的地区附加津贴制度。对国家机关特殊专门人才，实行特殊的工资、津贴政策。

结合事业单位体制改革和人事制度改革，逐步建立符合各种类型事业单位特点、体现岗位绩效和分级分类管理的事业单位薪酬制度。收入分配政策向关键岗位和优秀人才倾斜。指导事业单位积极探索生产要素按贡献参与分配的实现形式和办法。加大对基础教育、基础研究、战略高技术研究、重要公益研究等事业单位的分配政策扶持力度。制定完善专业技术人员兼职兼薪的管理办法。

结合深化国有资产管理体制改革和建立现代企业制度，逐步建立市场机制调节、企业自主分配、职工民主参与、政府监控指导的企业薪酬制度。坚持按劳分配与按生产要

素分配相结合、短期激励与中长期激励相结合、激励和约束相结合的原则，将经营者薪酬与其责任、风险和经营业绩直接挂钩。不断改善收入结构，逐步建立与市场价格接轨、合理有效的激励机制。在分类指导、分步实施的基础上，进一步完善国有企业经营者年薪制。

建立健全现代产权制度，探索产权激励机制。鼓励有条件的企业对作出突出贡献的经营管理人才、专业技术人才实行期权、股权激励。依法保护知识产权。探索建立人才资本及科研成果有偿转移制度。

11. 建立规范有效的人才奖励制度。坚持精神奖励和物质奖励相结合的原则，建立以政府奖励为导向、用人单位和社会力量奖励为主体的人才奖励体系，充分发挥经济利益和社会荣誉双重激励作用。建立国家功勋奖励制度，对为国家和社会发展作出杰出贡献的各类人才给予崇高荣誉并实行重奖。进一步规范各类人才奖项。坚持奖励与惩戒相结合，做到奖惩分明，实现有效激励。

12. 建立健全人才保障制度。积极探索机关和事业单位社会保障制度改革，进一步完善企业社会保障制度，为推进人才工作深入开展提供保障。根据各类人才的特点和需要，采用多种形式，逐步建立重要人才国家投保制度。完善机关、企业、事业单位人才流动中的社会保险衔接办法。加快福利制度改革，逐步实现福利货币化，不断改善各类人才的生活待遇。

六、突出重点，切实加强高层次人才队伍建设

13. 把高层次人才队伍建设摆上重要位置。中高级领导干部、优秀企业家和各领域高级专家等高层次人才，是人才队伍建设的重点。实施国家高层次人才培养工程，制定符合我国国情和国际化要求的培养规划，针对不同特点，实行分类培养。不断推进制度创新，形成有利于高层次人才成长的机制和环境。

以加强思想政治建设和执政能力建设为核心，培养造就一批忠诚实践“三个代表”重要思想、善于治党治国治军的政治家。强化理论武装和实践锻炼，坚持立党为公、执政为民，着力解决领导干部理想信念、政治方向、政治纪律、宗旨观念等根本问题。大力提高中高级领导干部科学判断形势的能力、驾驭市场经济的能力、应对复杂局面的能力、依法执政的能力和总揽全局的能力。

以提高战略开拓能力和现代化经营管理水平为核心，加快培养造就一批熟悉国际国内市场、具有国际先进水平的优秀企业家。遵循企业家成长规律，培养企业家职业精神，提高企业家职业化水平。建立完善企业家激励约束机制，调动和保护企业家勇于竞争和持续创业的热情。实施“走出去”战略，发展具有国际竞争力的大公司、大企业集团，鼓励企业家在更大范围、更广领域和更高层次上参与国际经济技术合作和竞争。加快建立健全现代企业制度，完善公司法人治理结构，为企业家的成长和创业提供广阔的空间和舞台。

以提高创新能力和弘扬科学精神为核心，加快培养造就一批具有世界前沿水平的高

级专家。坚持自然科学和社会科学并重，基础研究与应用研究并重，依托新世纪百千万人才工程等国家重大人才培养计划、重大科研和建设项目、重点学科和科研基地以及国际学术交流与合作项目，积极推进创新团队建设，加大学科带头人的培养力度。建立开放、流动、竞争、协作的科学研究机制，进一步破除科学研究中的论资排辈和急功近利现象，抓紧培养造就一批中青年高级专家。坚持“双百”方针，形成鼓励创新、鼓励探索的良好氛围。努力改善工作条件，大力营造激发创新活力的工作环境。弘扬爱国主义精神，提高科学道德水平，激励各领域专家奋力攻关，勇攀事业高峰。重视加强国防科技高层次人才队伍建设。注意发挥老专家、老教授的作用。改进和完善院士制度、政府特殊津贴制度、博士后制度以及其他高层次人才培养制度，进一步形成培养选拔高级专家的制度体系。

中央和省部两级要着眼于党和国家各项事业长远发展的需要，建设一支数量充足、素质优良、门类齐全、结构合理的省部级和地厅级后备干部队伍。同时，建立高层次人才库，直接联系一批优秀企业家和各类高级专家。设立和调整高层次人才专项资金，鼓励用人单位和社会各界在工作上、生活上为高层次人才提供保障，激发他们的贡献热情和创造潜能，充分发挥他们在人才队伍建设中的示范带动作用。

14. 加大吸引留学和海外高层次人才工作力度。继续贯彻支持留学、鼓励回国、来去自由的方针，鼓励留学人员以不同方式为祖国服务。按照拓宽留学渠道、吸引人才回国、支持创新创业、鼓励为国服务的要求，制定和实施留学人才回归计划，重点吸引高层次人才和紧缺人才。采取团队引进、核心人才带动引进、高新技术项目开发引进等方式，建立符合留学人员特点的引才机制。建立全国统一的留学人才信息系统和留学人才库，完善留学人才的评价认定制度，提高吸引高层次留学人才工作的针对性和实效性。加大对高层次留学人才的回国资助力度，切实解决留学回国人员的实际困难和问题。制定鼓励和支持留学人员回国创业政策，大力加强留学人员创业基地建设。健全留学人才为国服务的政策措施，鼓励他们以多种形式为国家建设作贡献。

坚持以我为主、按需引进、突出重点、讲求实效的方针，积极引进海外人才和智力。制定和实施国家引进海外人才规划，建立海外人才评价和准入制度。重点引进高新技术、金融、法律、贸易、管理等方面的高级人才以及基础研究方面的紧缺人才。按照国际惯例和市场规则，抓紧制定投资移民法、技术移民法和海外高级人才聘用管理办法。研究制定聘用海外高级人才从事公务工作的办法。对引进的海外高级人才实行在华长期居留或永久居留制度。鼓励和吸引海外华人华侨专家为我国现代化建设服务。建立和完善国际人才市场，发展和规范引进海外人才中介组织，保护应聘海外人才和聘用单位的合法权益。

15. 加强和改进国家重要人才安全工作。高度重视和充分信任国家重要人才。通过立法维护国家重要人才安全，有效防止重要人才流失。制定政策法规，提高重要人才待遇，保障重要人才权益，规范重要人才流动。建立国家重要人才的信息档案，实施动态管理。

七、推进人才资源整体开发，实现人才工作协调发展

16. 坚持人才资源开发与经济社会发展相协调。把人才工作作为制定国民经济和社会发展规划的重要内容，建立健全人才资源开发宏观调控体系。适应经济社会发展对人才总量、结构和素质的需求，有效盘活人才存量，大幅度提高人才增量，不断提升人才素质，调整和优化人才结构。紧密配合国家重大发展战略的实施，开发和配置人才资源。采取有力措施，促进人才在城乡、区域、产业、行业和不同所有制之间的合理分布。推进人才资源整体开发，抓紧培养各类紧缺人才。重视培养妇女人才、少数民族人才和党外人才。注意发挥离退休人才的作用。积极做好在振兴东北地区等老工业基地中的人才工作。不断扩大人才工作覆盖面，实现各类人才队伍建设的协调发展。

17. 进一步做好西部和民族地区人才工作。西部大开发和民族地区建设，人才是关键。要树立正确的用人观念，制定灵活的用人政策，创造良好的用人机制和环境，稳定和用好现有人才，重视开发少数民族人才，积极引进急需人才。大力发展西部教育事业，强化职业教育，加大培养和培训工作力度，壮大人才队伍。逐步提高西部地区各类人才的收入水平，制定鼓励人才到西部地区工作特别是长期工作的优惠政策。坚持产业聚才，项目引才，积极构建吸引各类人才到西部建功立业的事业平台。采取灵活多样的人才柔性流动政策，支持大中城市专业技术人员到西部地区基层提供服务，把引进人才与引进智力结合起来。进一步加强对西部和民族地区人才工作的支持，完善中央国家机关、东中部地区与西部和民族地区干部交流机制，加大县处级以上党政主要领导干部的交流力度。继续做好对口支援西藏、新疆以及其他地区的工作。加强贫困地区人才队伍建设。

18. 重视非公有制经济组织和社会组织人才工作。非公有制经济组织和社会组织中汇集着越来越多的人才，是我国人才队伍的重要组成部分。要把新的社会阶层中的各类人才纳入党和政府的工作范围，努力形成与社会主义初级阶段基本经济制度相适应的人才思想观念和人才创业机制。要消除体制和政策障碍，在政治上对非公有制经济组织和社会组织人才一视同仁，在政府奖励、职称评定等人才政策上统一安排，在面向社会的资助、基金、培训项目、人才信息库等公共资源运用上平等开放，在改善创业环境和工作生活条件上积极提供服务。

19. 加强高技能人才和农村实用人才队伍建设。工人队伍中的高技能人才，是推动技术创新和实现科技成果转化不可缺少的重要力量。实施国家高技能人才培训工程和技能振兴行动，通过学校教育培养、企业岗位培训、个人自学提高等方式，加快高技能人才的培养。充分发挥高等职业院校和高级技工学校、技师学院的培训基地作用，扩大培训规模，提高培训质量。充分发挥企业的主体作用，强化岗位培训，组织技术革新和攻关，改进技能传授方式，促进岗位成才。完善技能人才的职业资格证书制度，推进技师考评制度改革，实行培训、考核、使用和待遇相结合，逐步建立统一标准、自主申报、社会考核、企业聘用的高技能人才成长机制。进一步提高高技能人才的社会地位，优化

高技能人才成长的社会环境。

根据推动农村经济社会发展和城乡协调发展的需要，大力加强农村科技、教育、文化、卫生和经营管理等实用人才队伍建设。继续实施县乡村实用人才工程和农民教育培训工程。充分发挥农村职业学校、成人文化技术学校、农村现代远程教育网络和各种农业技术推广培训机构的作用，加快农业科技示范园区和先进适用技术推广相关基础设施建设，实行农科教相结合，努力提高广大农村劳动者的素质，激励农村实用人才快速成长。高度重视农村富余劳动力资源的开发，加强农村劳动力转移就业培训工作。加强人才和智力扶贫。建立健全农村人才服务体系。

20. 大力抓好青年人才队伍建设。培养造就一大批素质优良、勇于创新的青年人才，是实现人才工作可持续发展的迫切需要。建立和完善各类青年人才工作制度，支持优秀青年人才脱颖而出。加强以爱国主义为核心的民族精神教育，引导青年人才把个人成长与全面建设小康社会的伟大事业紧密结合起来，鼓励他们在艰苦复杂的环境和丰富的社会实践中锻炼成长。在重大科研和工程项目实施中要把培养青年人才作为一项重要任务。高校毕业生是国家十分宝贵的人才资源，是青年人才的重要来源。各级党委和政府要高度重视，坚持以社会需求为导向，建立和完善高校毕业生就业工作机制，切实使用好这一宝贵资源。

八、坚持党管人才原则，努力开创人才工作新局面

21. 大力实施人才强国战略，必须坚持党管人才原则。坚持党管人才原则，是我们党适应全面建设小康社会的新任务，按照完善社会主义市场经济体制的新要求，根据党所处历史方位的新变化，着眼于改革和完善党的领导方式和执政方式、提高党的执政能力作出的重大决策，是人才工作沿着正确方向前进的根本保证。各级党委和政府要把人才工作作为一项重大而紧迫的战略任务，切实抓紧抓好。坚持党总揽全局、协调各方的原则，充分发挥党的思想政治优势、组织优势和密切联系群众的优势，发挥党委领导核心作用，形成党委统一领导，组织部门牵头抓总，有关部门各司其职、密切配合，社会力量广泛参与的人才工作新格局。要把人才工作纳入各级党政领导班子工作目标责任制，定期进行考核。各级党政主要负责同志对于做好人才工作负有重要责任，要树立强烈的人才意识，善于发现人才、培养人才、集聚人才、服务人才，做到知人善任、唯才是举、广纳群贤。

做好人才工作是加强和改进党的建设的重要内容。各级党组织要加强对党员的教育培养，努力使广大党员成为学习的模范、劳动的模范、创新的模范、贡献的模范，在成才的道路上发挥带头作用。要注重从各类优秀人才中发展党员和培养党的各级干部，把更多的优秀人才集聚到党的各级组织中来。

22. 党管人才主要是管宏观，管政策，管协调，管服务。各级党委要按照管好用活的要求，搞好统筹规划，制定人才工作重大方针政策，明确发展目标，推进各类人才队伍建设协调发展；坚持分类指导，针对各类人才的不同特点和成长规律，创新人才工作

理论、体制和方法，使人才各得其所、各尽其能；注重整合力量，建立统分结合、协调高效的工作机制，充分调动一切积极因素，形成人才工作合力；积极提供服务，通过政策支持、精神激励和环境保障，不断改善各类人才的工作与生活条件，以感情和人格的力量，提高对人才的吸引力和感召力；实行依法管理，加快推进人才工作法制化建设，增强工作的规范性和有效性。要用事业造就人才，用环境凝聚人才，用机制激励人才，用法制保障人才，把全社会人才的积极性和创造性引导好、保护好、发挥好。努力把人才优势转化为知识优势、科技优势和产业优势，使一切劳动、知识、技术、管理和资本的活力竞相迸发，一切创造社会财富的源泉充分涌流。

23. 全面贯彻党管人才原则，必须动员和组织全社会力量，加大投入，完善法制，优化环境。牢固树立人才投入是效益最大的投入的观念，不断加大对人才工作的投入力度。健全政府、社会、用人单位和个人多元人才投入机制。中央及地方各级政府要根据人才工作实际需要，在财政预算中安排必要的资金，用于高层次人才培养、紧缺人才引进、西部人才开发、公派留学生等工作。在重大建设和科研项目经费中，要划出一定份额用于人才开发。加强对人才投入资金使用的监督管理，切实提高人才投入效益。加大人才工作立法力度，围绕人才培养、吸引、使用等基本环节，建立健全中国特色人才工作法律法规体系。积极运用现代科技手段，加强人才信息网络建设。充分发挥工会、共青团、妇联等人民团体在人才工作中的重要作用。大力加强舆论宣传，为人人竞相成才和充分施展才能创造良好的社会环境。

时代呼唤人才，人才推进事业。全党和全国各族人民紧密团结在以胡锦涛同志为总书记的党中央周围，在马克思列宁主义、毛泽东思想、邓小平理论和“三个代表”重要思想指引下，全面贯彻十六大精神，大力实施人才强国战略，关心人才工作，研究人才工作，宣传人才工作，做好人才工作，为全面建设小康社会、实现中华民族的伟大复兴而努力奋斗！

国家中长期人才发展规划纲要（2010—2020年）

（中发［2010］6号　2010年5月6日）

目　录

（三）总体部署

二、人才队伍建设主要任务

（一）突出培养造就创新型科技人才

（二）大力开发经济社会发展重点领域急需紧缺专门人才

（三）统筹推进各类人才队伍建设

三、体制机制创新

（一）改进完善人才工作管理体制

（二）创新人才工作机制

四、重大政策

（一）实施促进人才投资优先保证的财税金融政策

（二）实施产学研合作培养创新人才政策

（三）实施引导人才向农村基层和艰苦边远地区流动政策

（四）实施人才创业扶持政策

（五）实施有利于科技人员潜心研究和创新政策

（六）实施推进党政人才、企业经营管理人才、专业技术人才合理流动政策

（七）实施更加开放的人才政策

（八）实施鼓励非公有制经济组织、新社会组织人才发展政策

（九）实施促进人才发展的公共服务政策

（十）实施知识产权保护政策

五、重大人才工程

（一）创新人才推进计划

（二）青年英才开发计划

（三）企业经营管理人才素质提升工程

（四）高素质教育人才培养工程

（五）文化名家工程

（六）全民健康卫生人才保障工程

（七）海外高层次人才引进计划

（八）专业技术人才知识更新工程

（九）国家高技能人才振兴计划

（十）现代农业人才支撑计划

（十一）边远贫困地区、边疆民族地区和革命老区人才支持计划

（十二）高校毕业生基层培养计划

六、组织实施

（一）加强对《人才规划纲要》实施工作的组织领导

（二）建立健全人才发展规划体系

（三）营造实施《人才规划纲要》的良好社会环境

（四）加强人才工作基础性建设

根据党的十七大提出的更好实施人才强国战略的总体要求，着眼于为实现全面建设小康社会奋斗目标提供人才保证，制定《人才规划纲要》。

序　　言

人才是指具有一定的专业知识或专门技能，进行创造性劳动并对社会作出贡献的人，是人力资源中能力和素质较高的劳动者。人才是我国经济社会发展的第一资源。

在人类社会发展进程中，人才是社会文明进步、人民富裕幸福、国家繁荣昌盛的重要推动力量。当今世界正处在大发展大变革大调整时期。世界多极化、经济全球化深入发展，科技进步日新月异，知识经济方兴未艾，加快人才发展是在激烈的国际竞争中赢得主动的重大战略选择。我国正处在改革发展的关键阶段，深入贯彻落实科学发展观，全面推进经济建设、政治建设、文化建设、社会建设以及生态文明建设，推动工业化、信息化、城镇化、市场化、国际化深入发展，全面建设小康社会，实现中华民族伟大复兴，必须大力提高国民素质，在继续发挥我国人力资源优势的同时，加快形成我国人才竞争比较优势，逐步实现由人力资源大国向人才强国的转变。

党和国家历来高度重视人才工作，新中国成立以来特别是改革开放以来，提出了一系列加强人才工作的政策措施，培养造就了各个领域的大批人才。进入新世纪新阶段，党中央、国务院作出了实施人才强国战略的重大决策，人才强国战略已成为我国经济社会发展的一项基本战略，人才发展取得了显著成就。科学人才观逐步确立，以高层次人才、高技能人才为重点的各类人才队伍不断壮大，有利于人才发展的政策体系进一步完善，市场配置人才资源的基础性作用初步发挥，人才效能明显提高，党管人才工作新格局基本形成。同时必须清醒地看到，当前我国人才发展的总体水平同世界先进国家相比仍存在较大差距，与我国经济社会发展需要相比还有许多不适应的地方，主要是：高层次创新型人才匮乏，人才创新创业能力不强，人才结构和布局不尽合理，人才发展体制机制障碍尚未消除，人才资源开发投入不足，等等。

未来十几年，是我国人才事业发展的重要战略机遇期。我们必须进一步增强责任感、使命感和危机感，积极应对日趋激烈的国际人才竞争，主动适应我国经济社会发展需要，坚定不移地走人才强国之路，科学规划，深化改革，重点突破，整体推进，不断开创人才辈出、人尽其才的新局面。

一、指导方针、战略目标和总体部署

（一）指导方针

高举中国特色社会主义伟大旗帜，以邓小平理论和“三个代表”重要思想为指导，深入贯彻落实科学发展观，尊重劳动、尊重知识、尊重人才、尊重创造，更好实施人才强国战略，坚持党管人才原则，遵循社会主义市场经济规律和人才成长规律，加快人才

发展体制机制改革和政策创新，扩大对外开放，开发利用国内国际两种人才资源，以高层次人才、高技能人才为重点统筹推进各类人才队伍建设，为实现全面建设小康社会奋斗目标提供坚强的人才保证和广泛的智力支持。

当前和今后一个时期，我国人才发展的指导方针是：服务发展、人才优先、以用为本、创新机制、高端引领、整体开发。

服务发展。把服务科学发展作为人才工作的根本出发点和落脚点，围绕科学发展目标确定人才队伍建设任务，根据科学发展需要制定人才政策措施，用科学发展成果检验人才工作成效。

人才优先。确立在经济社会发展中人才优先发展的战略布局，充分发挥人才的基础性、战略性作用，做到人才资源优先开发、人才结构优先调整、人才投资优先保证、人才制度优先创新，促进经济发展方式向主要依靠科技进步、劳动者素质提高、管理创新转变。

以用为本。把充分发挥各类人才的作用作为人才工作的根本任务，围绕用好用活人才来培养人才、引进人才，积极为各类人才干事创业和实现价值提供机会和条件，使全社会创新智慧竞相进发。

创新机制。把深化改革作为推动人才发展的根本动力，坚决破除束缚人才发展的思想观念和制度障碍，构建与社会主义市场经济体制相适应、有利于科学发展的人才发展体制机制，最大限度地激发人才的创造活力。

高端引领。培养造就一批善于治国理政的领导人才，一批经营管理水平高、市场开拓能力强的优秀企业家，一批世界水平的科学家、科技领军人才、工程师和高水平的哲学社会科学专家、文学家、艺术家、教育家，一大批技艺精湛的高技能人才，一大批社会主义新农村建设带头人，一大批职业化、专业化的高级社会工作人才，充分发挥高层次人才在经济社会发展和人才队伍建设中的引领作用。

整体开发。加强人才培养，注重理想信念教育和职业道德建设，培育拼搏奉献、艰苦创业、诚实守信、团结协作精神，促进人的全面发展。关心人才成长，鼓励和支持人人都作贡献、人人都能成才、行行出状元。统筹国内国际两个市场，推进城乡、区域、产业、行业和不同所有制人才资源开发，实现各类人才队伍协调发展。

（二）战略目标

到2020年，我国人才发展的总体目标是：培养和造就规模宏大、结构优化、布局合理、素质优良的人才队伍，确立国家人才竞争比较优势，进入世界人才强国行列，为在本世纪中叶基本实现社会主义现代化奠定人才基础。

——人才资源总量稳步增长，队伍规模不断壮大。人才资源总量从现在的1.14亿人增加到1.8亿人，增长58%，人才资源占人力资源总量的比重提高到16%，基本满足经济社会发展需要。

——人才素质大幅度提高，结构进一步优化。主要劳动年龄人口受过高等教育的比例达到20%，每万劳动力中研发人员达到43人年，高技能人才占技能劳动者的比例达到28%。人才的分布和层次、类型、性别等结构趋于合理。

——人才竞争比较优势明显增强，竞争力不断提升。人才规模效益显著提高。在装备制造、信息、生物技术、新材料、航空航天、海洋、金融财会、生态环境保护、新能源、农业科技、宣传思想文化等经济社会发展重点领域，建成一批人才高地。

——人才使用效能明显提高。人才发展体制机制创新取得突破性进展，人才辈出、人尽其才的环境基本形成。人力资本投资占国内生产总值比例达到15%，人力资本对经济增长贡献率达到33%，人才贡献率达到35%。

（三）总体部署

一是实行人才投资优先，健全政府、社会、用人单位和个人多元人才投入机制，加大对人才发展的投入，提高人才投资效益。二是加强人才资源能力建设，创新人才培养模式，注重思想道德建设，突出创新精神和创新能力培养，大幅度提升各类人才的整体素质。三是推动人才结构战略性调整，充分发挥市场配置人才资源的基础性作用，改善宏观调控，促进人才结构与经济社会发展相协调。四是造就宏大的高素质人才队伍，突出培养创新型科技人才，重视培养领军人才和复合型人才，大力开发经济社会发展重点领域急需紧缺专门人才，统筹抓好党政人才、企业经营管理人才、专业技术人才、高技能人才、农村实用人才以及社会工作人才等人才队伍建设，培养造就数以亿计的各类人才，数以千万计的专门人才和一大批拔尖创新人才。五是改革人才发展体制机制，完善人才管理体制，创新人才培养开发、评价发现、选拔任用、流动配置、激励保障机制，营造充满活力、富有效率、更加开放的人才制度环境。六是大力吸引海外高层次人才和急需紧缺专门人才，坚持自主培养开发与引进海外人才并举，积极利用国（境）外教育培训资源培养人才。七是加快人才工作法制建设，建立健全人才法律法规，坚持依法管理，保护人才合法权益。八是加强和改进党对人才工作的领导，完善党管人才格局，创新党管人才方式方法，为人才发展提供坚强的组织保证。

推进人才发展，要统筹兼顾，分步实施。到2015年，重点在制度建设、机制创新上有较大突破。到2020年，全面落实各项任务，确保人才发展战略目标的实现。

二、人才队伍建设主要任务

（一）突出培养造就创新型科技人才

发展目标：围绕提高自主创新能力、建设创新型国家，以高层次创新型科技人才为重点，努力造就一批世界水平的科学家、科技领军人才、工程师和高水平创新团队，注重培养一线创新人才和青年科技人才，建设宏大的创新型科技人才队伍。到2020年，研发人员总量达到380万人年，高层次创新型科技人才总量达到4万人左右。

主要举措：创新人才培养模式，建立学校教育和实践锻炼相结合、国内培养和国际交流合作相衔接的开放式培养体系。探索并推行创新型教育方式方法，突出培养学生的科学精神、创造性思维和创新能力。加强实践培养，依托国家重大科研项目和重大工程、重点学科和重点科研基地、国际学术交流合作项目，建设一批高层次创新型科技人才培养基地。加强领军人才、核心技术研发人才培养和创新团队建设，形成科研人才和科研辅助人才衔接有序、梯次配备的合理结构，提高自主创新能力。深化科技体制改革，完善权责明确、评价科学、创新引导的科技管理制度，健全有利于科技人才创新创业的评价、使用、激励措施，进一步解放和发展科技生产力。制定加强高层次创新型科技人才队伍建设意见。改进完善院士制度，注重院士称号精神激励作用，规范院士学术兼职。加大海外高层次创新创业人才引进力度。组织实施创新人才推进计划、海外高层次人才引进计划，推进“百人计划”“长江学者奖励计划”“国家杰出青年科学基金”等人才项目。注重复合型人才培养，破除论资排辈、求全责备观念，加大对优秀青年科技人才的发现、培养、使用和资助力度。加强产学研合作，重视企业工程技术与管理人才的培养，推动科技人才向企业集聚。发展创新文化，倡导追求真理、勇攀高峰、宽容失败、团结协作的创新精神，营造科学民主、学术自由、严谨求实、开放包容的创新氛围。建立健全科研诚信体系，从严治理学术不端行为。

（二）大力开发经济社会发展重点领域急需紧缺专门人才

发展目标：适应发展现代产业体系和构建社会主义和谐社会的需要，加大重点领域急需紧缺专门人才开发力度。到 2020 年，在装备制造、信息、生物技术、新材料、航空航天、海洋、金融财会、国际商务、生态环境保护、能源资源、现代交通运输、农业科技等经济重点领域培养开发急需紧缺专门人才 500 多万人；在教育、政法、宣传思想文化、医药卫生、防灾减灾等社会发展重点领域培养开发急需紧缺专门人才 800 多万人。经济社会发展重点领域各类专业人才数量充足，整体素质和创新能力显著提升，人才结构趋于合理。

主要举措：加强产业、行业人才发展统筹规划和分类指导，围绕重点领域发展，开展人才需求预测，定期发布急需紧缺人才目录。调整优化高等学校学科专业设置，加大急需研发人才和紧缺技术、管理人才的培养力度。大规模开展重点领域专门人才知识更新培训。建设一批工程创新训练基地，建立和完善与国际接轨的工程师认证认可制度，提高工程技术人才职业化、国际化水平。根据国家规划，制定人才特别是产业领军人才、工程技术人才向重点产业集聚的倾斜政策。继续实施“四个一批”人才培养工程，加强哲学社会科学、新闻、出版、文艺等领域高层次人才队伍建设。注重培养造就一批马克思主义理论家特别是中青年理论家。依托重大哲学社会科学研究项目，大力培养哲学社会科学学术带头人。加强宣传思想文化、医药卫生人才培养。支持重点领域科学家参加国际科研计划、学术交流。完善重点领域科研骨干人才分配激励办法。建立重点领域相关部门人才开发协调机制。

（三）统筹推进各类人才队伍建设

1. 党政人才队伍

发展目标：按照加强党的执政能力建设和先进性建设的要求，以提高领导水平和执政能力为核心，以中高级领导干部为重点，造就一批善于治国理政的领导人才，建设一支政治坚定、勇于创新、勤政廉洁、求真务实、奋发有为、善于推动科学发展的高素质党政人才队伍。到 2020 年，具有大学本科及以上学历的干部占党政干部队伍的 85%，专业化水平明显提高，结构更加合理，总量从严控制。

主要举措：适应科学发展要求和干部成长规律，开展大规模干部教育培训，加强干部自学。实施党政人才素质能力提升工程，构建理论教育、知识教育、党性教育和实践锻炼“四位一体”的干部培养教育体系。坚持德才兼备、以德为先用人标准，坚持民主、公开、竞争、择优改革方针，树立坚定信念、注重品行、科学发展、崇尚实干、重视基层、鼓励创新、群众公认的用人导向。扩大干部工作民主，加大竞争性选拔党政领导干部工作力度，拓宽选人用人渠道，提高干部工作科学化水平，促进优秀人才脱颖而出。实施后备干部队伍建设“百千万工程”。注重从基层和生产一线选拔党政人才。加强女干部、少数民族干部、非中共党员干部培养选拔和教育培训工作。实施促进科学发展的干部综合考核评价办法。建立健全党政干部岗位职责规范及其能力素质评价标准，加强工作业绩考核。完善党政人才分类管理制度。加大领导干部跨地区跨部门交流力度，推进党政机关重要岗位干部定期交流、轮岗。健全权力约束制衡机制，加强干部管理监督。

2. 企业经营管理人才队伍

发展目标：适应产业结构优化升级和实施“走出去”战略的需要，以提高现代经营管理水平和企业国际竞争力为核心，以战略企业家和职业经理人为重点，加快推进企业经营管理人才职业化、市场化、专业化和国际化，培养造就一大批具有全球战略眼光、市场开拓精神、管理创新能力和社会责任感的优秀企业家和一支高水平的企业经营管理人才队伍。到 2015 年，企业经营管理人才总量达到 3 500 万人。到 2020 年，企业经营管理人才总量达到 4 200 万人，培养造就 100 名左右能够引领中国企业跻身世界 500 强的战略企业家；国有及国有控股企业国际化人才总量达到 4 万人左右；国有企业领导人员通过竞争性方式选聘比例达到 50%。

主要举措：依托知名跨国公司、国内外高水平大学和其他培训机构，加强企业经营管理人才培训，提高战略管理和跨文化经营管理能力。采取组织选拔与市场化选聘相结合的方式选拔国有企业领导人员。健全企业经营管理者聘任制、任期制和任期目标责任制，实行契约化管理。完善以市场和出资人认可为核心的企业经营管理人才评价体系，积极发展企业经营管理人才评价机构，建立社会化的职业经理人资质评价制度，加强规范化管理。健全企业经营管理人才经营业绩评价指标体系。完善年度薪酬管理制度、协议工资制度和股权激励等中长期激励制度。建立企业经营管理人才库。培养和引进一批科技创新创业企业家和企业发展急需的战略规划、资本运作、科技管理、项目管理等方面专门人才。实施企业经营管理人才素质提升工程和国家中小企业银河培训工程。

3. 专业技术人才队伍

发展目标：适应社会主义现代化建设的需要，以提高专业水平和创新能力为核心，以高层次人才和紧缺人才为重点，打造一支宏大的高素质专业技术人才队伍。到 2015 年，专业技术人才总量达到 6 800 万人。到 2020 年，专业技术人才总量达到 7 500 万人，占从业人员的10%左右，高级、中级、初级专业技术人才比例为10：40：50。

主要举措：进一步扩大专业技术人才队伍培养规模，提高专业技术人才创新能力。构建分层分类的专业技术人才继续教育体系，加快实施专业技术人才知识更新工程。进一步实施并完善新世纪百千万人才工程。组织实施青年英才开发计划、高素质教育人才培养工程、文化名家工程、全民健康卫生人才保障工程。加大现代物流、电子商务、法律、咨询、会计、工业设计、知识产权、食品安全、旅游等现代服务业人才培养开发力度，重视传统服务业各类技术人才的培养。发挥各类社会组织培养专业技术人才的作用。制定双向挂职、短期工作、项目合作等灵活多样的人才柔性流动政策，引导党政机关、科研院所和高等学校专业技术人才向企业、社会组织和基层一线有序流动，促进专业技术人才合理分布。统筹推进专业技术职称和职业资格制度改革。完善政府特殊津贴制度，强化激励，科学管理。改进专业技术人才收入分配等激励办法。改善基层专业技术人才工作、生活条件，拓展职业发展空间。注重发挥离退休专业技术人才的作用。

4. 高技能人才队伍

发展目标：适应走新型工业化道路和产业结构优化升级的要求，以提升职业素质和职业技能为核心，以技师和高级技师为重点，形成一支门类齐全、技艺精湛的高技能人才队伍。到2015年，高技能人才总量达到3 400万人。到2020年，高技能人才总量达到3 900万人，其中技师、高级技师达到1 000万人左右。

主要举措：完善以企业为主体、职业院校为基础，学校教育与企业培养紧密联系、政府推动与社会支持相结合的高技能人才培养培训体系。加强职业培训，统筹职业教育发展，整合利用现有各类职业教育培训资源，依托大型骨干企业（集团）、重点职业院校和培训机构，建设一批示范性国家级高技能人才培养基地和公共实训基地。改革职业教育办学模式，大力推行校企合作、工学结合和顶岗实习。加强职业教育“双师型”教师队伍建设。在职业教育中推行学历证书和职业资格证书“双证书”制度。逐步实行中等职业教育免费和学生生活补助制度。实施国家高技能人才振兴计划。促进技能人才评价多元化。制定高技能人才与工程技术人才职业发展贯通办法。建立高技能人才绝技绝活代际传承机制。广泛开展各种形式的职业技能竞赛和岗位练兵活动。完善国家高技能人才评选表彰制度，进一步提高高技能人才经济待遇和社会地位。

5. 农村实用人才队伍

发展目标：围绕社会主义新农村建设，以提高科技素质、职业技能和经营能力为核心，以农村实用人才带头人和农村生产经营型人才为重点，着力打造服务农村经济社会发展、数量充足的农村实用人才队伍。到2015年，农村实用人才总量达到1 300万人。到2020年，农村实用人才总量达到1 800万人，平均受教育年限达到10.2年，每个行政村主要特色产业至少有1～2名示范带动能力强的带头人。

主要举措：大规模开展农村实用人才培训，充分发挥农村现代远程教育网络、全国文化信息资源共享工程网络、各类农民教育培训项目、农业技术推广体系、各类职业学校和培训机构的主渠道作用。整合现有培训项目，健全县域职业教育培训网络，推进农村实用人才带头人素质提升计划和新农村实用人才培训工程，重点实施现代农业人才支撑计划。鼓励和支持农村实用人才带头人牵头建立专业合作组织和专业技术协会，加快培养农业产业化发展急需的企业经营管理人员、农民专业合作组织带头人和农村经纪人。积极扶持农村实用人才创业兴业，在创业培训、项目审批、信贷发放、土地使用等方面给予政策支持。因地制宜，建立健全农村实用人才评价制度。加大对农村实用人才的表彰激励和宣传力度，提高农村实用人才社会地位。加大公共财政对农村发展急需的农业技术人员、教师、医生等方面人才培养的支持力度。继续开展城乡人才对口扶持，推进万名医师支援农村卫生、城镇教师支援农村教育、社会工作者服务社会主义新农村建设、科技人才下乡支农等工作。

6. 社会工作人才队伍

发展目标：适应构建社会主义和谐社会的需要，以人才培养和岗位开发为基础，以中高级社会工作人才为重点，培养造就一支职业化、专业化的社会工作人才队伍。到2015年，社会工作人才总量达到200万人。到2020年，社会工作人才总量达到300万人。

主要举措：建立不同学历层次教育协调配套、专业培训和知识普及有机结合的社会工作人才培养体系。加强社会工作学科专业体系建设。建设一批社会工作培训基地。加强社会工作从业人员专业知识培训，制定社会工作培训质量评估指标体系。建立健全社会工作人才评价制度。加强社会工作者队伍职业化管理。加快制定社会工作岗位开发设置政策措施。推进公益服务类事业单位、城乡社区和公益类社会组织建设，完善培育扶持和依法管理社会组织的政策。组织实施社会工作服务组织标准化建设示范工程。研究制定政府购买社会工作服务政策。建立社会工作人才和志愿者队伍联动机制。制定加强社会工作人才队伍建设意见。

三、体制机制创新

（一）改进完善人才工作管理体制

1. 完善党管人才的领导体制

目标要求：坚持党管人才原则，创新党管人才方式方法，完善党委统一领导，组织部门牵头抓总，有关部门各司其职、密切配合，社会力量广泛参与的人才工作格局。发挥党委领导核心作用，统筹经济社会发展和人才发展，切实履行好管宏观、管政策、管协调、管服务的职责，用事业凝聚人才，用实践造就人才，用机制激励人才，用法制保障人才，提高党管人才工作水平。党政主要负责人要树立强烈的人才意识，善于发现人才、培养人才、团结人才、用好人才、服务人才。

主要任务：制定完善党管人才工作格局的意见。健全各级党委人才工作领导机构，建立科学的决策机制、协调机制和督促落实机制，形成统分结合、上下联动、协调高效、整体推进的人才工作运行机制。建立党委、政府人才工作目标责任制，提高各级党政领导班子综合考核指标体系中人才工作专项考核的权重。建立各级党委常委会听取人才工作专项报告制度。完善党委联系专家制度。实行重大决策专家咨询制度。完善党委组织部门牵头抓总职能，发挥政府人力资源管理部门作用，强化各职能部门人才工作职责，充分调动各人民团体、企事业单位、社会组织的积极性，动员和组织全社会力量，形成人才工作整体合力。

2. 改进人才管理方式

目标要求：围绕用好用活人才，完善政府宏观管理、市场有效配置、单位自主用人、人才自主择业的人才管理体制。改进宏观调控，推动政府人才管理职能向创造良好发展环境、提供优质公共服务转变，运行机制和管理方式向规范有序、公开透明、便捷高效转变。健全人才市场体系，发挥市场配置人才资源的基础性作用。遵循放开搞活、分类指导和科学规范的原则，深化国有企业和事业单位人事制度改革，创新管理体制，转换用人机制，扩大和落实单位用人自主权。发挥用人单位在人才培养、吸引和使用中的主体作用。

主要任务：按照政府行政管理体制改革的总体部署，完善人才管理运行机制。规范行政行为，推动人才管理部门进一步简政放权，减少和规范人才评价、流动等环节中的行政审批和收费事项。分类推进事业单位人事制度改革，逐步建立起权责清晰、分类科学、机制灵活、监管有力的事业单位人事管理制度。克服人才管理中存在的行政化、“官本位”倾向，取消科研院所、学校、医院等事业单位实际存在的行政级别和行政化管理模式。在科研、医疗等事业单位探索建立理事会、董事会等形式的法人治理结构。建立与现代科研院所制度、现代大学制度和公共医疗卫生制度相适应的人才管理制度。完善国有企业领导人员管理体制，健全符合现代企业制度要求的企业人事制度。鼓励地方和行业结合自身实际建立与国际人才管理体系接轨的人才管理改革试验区。

3. 加强人才工作法制建设

目标要求：坚持用法制保障人才，推进人才管理工作科学化、制度化、规范化，形成有利于人才发展的法制环境。加强立法工作，建立健全涵盖国家人才安全保障、人才权益保护、人才市场管理和人才培养、吸引、使用等人才资源开发管理各个环节的人才法律法规。

主要任务：研究制定人才开发促进法和终身学习、工资管理、事业单位人事管理、专业技术人才继续教育、职业资格管理、人力资源市场管理、外国专家来华工作等方面的法律法规。完善保护人才和用人主体合法权益的法律法规。

（二）创新人才工作机制

1. 人才培养开发机制

目标要求：坚持以国家发展需要和社会需求为导向，以提高思想道德素质和创新能力为核心，完善现代国民教育和终身教育体系，注重在实践中发现、培养、造就人才，构建人人能够成才、人人得到发展的人才培养开发机制。坚持面向现代化、面向世界、面向未来，充分发挥教育在人才培养中的基础性作用，立足培养全面发展的人才，突出培养创新型人才，注重培养应用型人才，深化教育改革，促进教育公平，提高教育质量。统筹规划继续教育，基本形成学习型社会。

主要任务：把社会主义核心价值体系教育贯穿人才培养开发全过程，不断提高各类人才的思想道德水平。建立人才培养结构与经济社会发展需求相适应的动态调控机制，优化教育学科专业、类型、层次结构和区域布局。创新人才培养模式，全面推进素质教育。坚持因材施教，建立高等学校拔尖学生重点培养制度，实行特殊人才特殊培养。改革高等学校招生考试制度，建立健全多元招生录取机制，提高人才培养质量。建立社会参与的人才培养质量评价机制。完善发展职业教育的保障机制，改革职业教育模式。完善在职人员继续教育制度，分类制定在职人员定期培训办法，倡导干中学。构建网络化、开放式、自主性终身教育体系，大力发展现代远程教育，支持发展各类专业化培训机构。支持建立军民结合、寓军于民的军队人才培养体系。

2. 人才评价发现机制

目标要求：建立以岗位职责要求为基础，以品德、能力和业绩为导向，科学化、社会化的人才评价发现机制。完善人才评价标准，克服唯学历、唯论文倾向，对人才不求全责备，注重靠实践和贡献评价人才。改进人才评价方式，拓宽人才评价渠道。把评价人才和发现人才结合起来，坚持在实践和群众中识别人才、发现人才。

主要任务：健全科学的职业分类体系，建立各类人才能力素质标准。建立以岗位绩效考核为基础的事业单位人员考核评价制度。分行业制定事业单位领导人员考核评价办法。完善重在业内和社会认可的专业技术人才评价机制。加快推进职称制度改革，规范专业技术人才职业准入，依法严格管理；完善专业技术人才职业水平评价办法，提高社会化程度；完善专业技术职务任职评价办法，落实用人单位在专业技术职务（岗位）聘任中的自主权。完善以任期目标为依据、工作业绩为核心的国有企业领导人员考核评价办法。探索技能人才多元评价机制，逐步完善社会化职业技能鉴定、企业技能人才评价、院校职业资格认证和专项职业能力考核办法。健全完善党政领导干部考核评价机制。建立健全公务员职位分类制度。建立在重大科研、工程项目实施和急难险重工作中发现、识别人才的机制。健全举才荐才的社会化机制。

3. 人才选拔任用机制

目标要求：改革各类人才选拔使用方式，科学合理使用人才，促进人岗相适、用当其时、人尽其才，形成有利于各类人才脱颖而出、充分施展才能的选人用人机制。深化党政领导干部选拔任用制度改革，提高选人用人公信度。健全国有企业领导人员选拔制度，加大市场化选聘力度。完善事业单位聘用制度和岗位管理制度，健全事业单位领导人员选拔制度。

主要任务：完善党政领导干部公开选拔、竞争上岗制度，探索公推公选等竞争性选拔干部方式。规范干部选拔任用提名制度。推行和完善地方党委讨论决定任用重要干部票决制。坚持和完善党政领导干部职务任期制。建立聘任制公务员管理制度。建立组织选拔、市场配置和依法管理相结合的国有企业领导人员选拔任用制度，完善国有资产出资人代表派出制和选举制。健全事业单位领导人员委任、聘任、选任等任用方式。全面推行事业单位公开招聘、竞聘上岗和合同管理制度。建立事业单位关键岗位和国家重大项目负责人全球招聘制度。

4. 人才流动配置机制

目标要求：根据完善社会主义市场经济体制的要求，推进人才市场体系建设，完善市场服务功能，畅通人才流动渠道，建立政府部门宏观调控、市场主体公平竞争、中介组织提供服务、人才自主择业的人才流动配置机制。健全人才市场供求、价格、竞争机制，进一步促进人才供求主体到位。大力发展人才服务业。加强政府对人才流动的政策引导和监督，推动产业、区域人才协调发展，促进人才资源有效配置。

主要任务：在建立统一规范、更加开放的人力资源市场基础上，发展专业性、行业性人才市场。健全专业化、信息化、产业化、国际化的人才市场服务体系。积极培育专业化人才服务机构，注重发挥人才服务行业协会作用。进一步破除人才流动的体制性障碍，制定发挥市场配置人才资源基础性作用的政策措施。推进政府所属人才服务机构管理体制改革，实现政事分开、管办分离。逐步建立城乡统一的户口登记制度，调整户口迁移政策，使之有利于引进人才。加快建立社会化的人才档案公共管理服务系统。完善社会保险关系转移接续办法。建立人才需求信息定期发布制度。完善劳动合同、人事争议仲裁、人才竞业避止等制度，维护各类人才和用人单位的合法权益。建立完善与西部大开发、东北地区等老工业基地振兴、中部地区崛起、东部地区率先发展战略相配套的区域人才交流合作机制，加快长江三角洲、珠江三角洲、环渤海等区域人才开发一体化进程。根据国家主体功能区布局，引导各类人才合理分布。

5. 人才激励保障机制

目标要求：完善分配、激励、保障制度，建立健全与工作业绩紧密联系、充分体现人才价值、有利于激发人才活力和维护人才合法权益的激励保障机制。完善各类人才薪酬制度，加强对收入分配的宏观管理，逐步建立秩序规范、激发活力、注重公平、监管有力的工资制度。坚持精神激励和物质奖励相结合，健全以政府奖励为导向、用人单位和社会力量奖励为主体的人才奖励体系。完善以养老保险和医疗保险为重点的社会保障制度，形成国家、社会和单位相结合的人才保障体系。

主要任务：统筹协调党政机关和国有企事业单位收入分配，稳步推进工资制度改革。建立产权激励制度，制定知识、技术、管理、技能等生产要素按贡献参与分配的办法。健全国有企业人才激励机制，推行股权、期权等中长期激励办法，重点向创新创业人才倾斜。逐步提高企业退休人员基本养老金，对在企业退休的高层次专业技术人员给予重点倾斜。建立完善事业单位岗位绩效工资制度。探索高层次人才、高技能人才协议工资制和项目工资制等多种分配形式。建立国家荣誉制度，表彰在经济社会发展中作出杰出贡献的人才。调整规范各类人才奖项设置。研究制定人才补充保险办法，支持用人单位为各类人才建立补充养老、医疗保险。扩大对农村、非公有制经济组织、新社会组织人才的社会保障覆盖面。

四、重大政策

（一）实施促进人才投资优先保证的财税金融政策

各级政府优先保证对人才发展的投入，确保国家教育、科技支出增长幅度高于财政经常性收入增长幅度，卫生投入增长幅度高于财政经常性支出增长幅度。逐步改善经济社会发展的要素投入结构，较大幅度增加人力资本投资比重，提高投资效益。进一步加大人才发展资金投入力度，保障人才发展重大项目的实施。鼓励和支持企业和社会组织建立人才发展基金。在重大建设和科研项目经费中，应安排部分经费用于人才培训。适当调整财政税收政策，提高企业职工培洲经费的提取比例。通过税收、贴息等优惠政策，鼓励和引导社会、用人单位、个人投资人才资源开发。加大对中西部地区财政转移支付力度，引导中西部地区加大人才投入。利用国际金融组织和外国政府贷款投资人才开发项目。

（二）实施产学研合作培养创新人才政策

建立政府指导下以企业为主体、市场为导向、多种形式的产学研战略联盟，通过共建科技创新平台、开展合作教育、共同实施重大项目等方式，培养高层次人才和创新团队。

实施研究生教育创新计划，发展专业学位教育，建立高等学校、科研院所、企业高层次人才双向交流制度，推行产学研联合培养研究生的“双导师制”。改革完善博士后制度，建立多元化的投入渠道，发挥高等学校、科研院所和企业的主体作用，提高博士后培养质量。实行“人才＋项目”的培养模式，依托国家重大人才计划以及重大科研、工程、产业攻关、国际科技合作等项目，重视发挥企业作用，在实践中集聚和培养创新人才。对企业等用人单位接纳高等学校、职业学校学生实习等实行财税优惠政策。

（三）实施引导人才向农村基层和艰苦边远地区流动政策

对在农村基层和艰苦边远地区工作的人才，在工资、职务、职称等方面实行倾斜政策，提高艰苦边远地区津贴标准，改善工作和生活条件。采取政府购买岗位、报考公职人员优先录用等措施，鼓励和引导高校毕业生到农村和中小企业就业。逐步提高省级以上党政机关从基层招录公务员的比例。制定高校毕业生到艰苦边远地区创业就业扶持办法。开发基层社会管理和公共服务岗位。实施公职人员到基层服务和锻炼的派遣和轮调办法。完善科技特派员到农村和企业服务的政策措施。实施东部带西部、城市带农村的人才对口支持政策，引导人才向西部和农村流动。实施高校毕业生基层培养计划，继续做好“三支一扶”、大学生志愿服务西部计划和农村义务教育阶段学校教师特设岗位计划等工作。加强和改进干部援藏援疆、博士服务团、“西部之光”访问学者、少数民族科技骨干和少数民族地区小学“双语”教师特殊培养等工作，为西部地区特别是边疆少数民族地区提供人才和智力支持。实施边远贫困地区、边疆民族地区和革命老区人才支持计划。

（四）实施人才创业扶持政策

促进知识产权质押融资、创业贷款等业务的规范发展，完善支持人才创业的金融政策。完善知识产权、技术等作为资本参股的措施。加大税收优惠、财政贴息力度，扶持创业风险投资基金，支持创办科技型企业，促进科技成果转化和技术转移。加强创业技能培训和创业服务指导，提高创业成功率。继续加大对创业孵化器等基础设施的投入，创建创业服务网络，探索多种组织形式，为人才创业提供服务。制定科研机构、高等学校科技人员创办科技型企业的激励保障办法。

（五）实施有利于科技人员潜心研究和创新政策

在科研院所、高等学校、企业建立符合科技人员和管理人员不同特点的职业发展途径，鼓励和支持科技人员在创新实践中成就事业并享有相应的社会地位和经济待遇。对事业单位管理人员全面推行职员制度。完善科研管理制度，扩大科研机构用人自主权和科研经费使用自主权，健全科研机构内部决策、管理和监督的各项制度。建立以学术和创新绩效为主导的资源配置和学术发展模式。改进科技评价和奖励方式，完善以创新和质量为导向的科研评价办法，克服考核过于频繁、过度量化的倾向。加大对基础研究、前沿技术研究、社会公益类科研机构的投入力度，建立以财政性资金设立的科研机构创新绩效综合评价制度。完善科技经费管理办法和国家科技计划管理办法，对高水平创新团队给予长期稳定支持。健全科研院所分配激励机制，注重向科研关键岗位和优秀拔尖人才倾斜。改善青年科技人才的生活条件，有条件的城市可在国家保障性住房建设中优先解决住房问题。

（六）实施推进党政人才、企业经营管理人才、专业技术人才合理流动政策

完善党政人才、企业经营管理人才、专业技术人才交流和挂职锻炼制度，打破人才身份、单位、部门和所有制限制，营造开放的用人环境。扩大党政机关和国有企事业单位领导人员跨地区跨部门交流任职范围。拓宽党政人才来源渠道，完善从企事业单位和社会组织选拔人才制度。完善党政机关人才向企事业单位流动的社会保险关系转移接续办法。

（七）实施更加开放的人才政策

大力吸引海外高层次人才回国（来华）创新创业，制定完善出入境和长期居留、税收、保险、住房、子女入学、配偶安置，担任领导职务、承担重大科技项目、参与国家标准制定、参加院士评选和政府奖励等方面的特殊政策措施。建立海外高层次人才特聘专家制度。鼓励海外留学人员回国工作、创业或以多种方式为国服务。加强留学人员创业园区建设，提供创业资助和融资服务。建立统一的海外高层次人才信息库和人才需求信息发布平台。完善外国人永久居留权制度，吸引外籍高层次人才来华工作。加大引进国外智力工作力度，探索实行技术移民，制定国外智力资源供给、发现评价、市场准入、使用激励、绩效评估、引智成果共享等办法。扩大国家公派出国留学和来华留学规模。开发国（境）外优质教育培训资源，完善出国（境）培训管理制度和措施。支持高等学校、科研院所与海外高水平教育、科研机构建立联合研发基地。推动我国企业设立海外研发机构。积极支持和推荐优秀人才到国际组织任职。推进专业技术人才职业资格

国际、地区间互认。发展国际人才市场，培育一批国际人才中介服务机构。制定维护国家重要人才安全的政策措施。

（八）实施鼓励非公有制经济组织、新社会组织人才发展政策

对社会主义市场经济体制下各种所有制组织中的人才，坚持一视同仁、平等对待。把非公有制经济组织、新社会组织人才开发纳入各级政府人才发展规划。制定加强非公有制经济组织、新社会组织人才队伍建设意见。政府在人才培养、吸引、评价、使用等方面的各项政策，非公有制经济组织、新社会组织人才平等享受。政府支持人才创新创业的资金、项目、信息等公共资源，向非公有制经济组织、新社会组织人才平等开放。政府开展人才宣传、表彰、奖励等方面活动，非公有制经济组织、新社会组织人才平等参与。

（九）实施促进人才发展的公共服务政策

完善政府人才公共服务体系，建立全国一体化的服务网络。健全人事代理、社会保险代理、企业用工登记、劳动人事争议调解仲裁、人事档案管理、就业服务等公共服务平台，满足人才多样化需求。创新政府提供人才公共服务的与方式，建立政府购买公共服务制度，为各类人才平衡工作和家庭责任创造条件。加强对人才公共服务产品的标准化管理，大力开发公共服务产品。

（十）实施知识产权保护政策

实施国家知识产权战略。制定职务技术成果条例，完善科技成果知识产权归属和利益分享机制，保护科技成果创造者的合法权益。明确职务发明人权益，提高主要发明人受益比例。制定职务发明人流动中的利益共享办法。建立非职务发明评价体系，加强对非职务发明创造的支持和管理。制定国家支持个人和中小企业发明创造的资助办法，鼓励创造知识财产。加强专利技术运用转化平台建设。完善非物质文化遗产传承人知识产权保护相关措施。完善知识产权工作体系，加大知识产权宣传普及和执法保护力度。建立健全有利于知识产权保护的社会信用制度。营造保护知识产权的法制、市场和文化氛围，提升知识产权创造、运用、保护和管理能力，推进国际合作交流。

五、重大人才工程

（一）创新人才推进计划

为积极应对国际科技竞争，提高自主创新能力，着眼于培养造就一批世界水平的科学家，在我国具有相对优势的科研领域设立100个科学家工作室；瞄准世界科技前沿和战略性新兴产业，每年重点支持和培养一批具有发展潜力的中青年科技创新领军人才；着眼于推动企业成为技术创新主体，每年重点扶持1 000名科技创新创业人才；依托一批国家重大科研项目、国家重点工程和重大建设项目，建设若干重点领域创新团队；以高等学校、科研院所和高新技术产业开发区为依托，建设300个创新人才培养示范基地。

（二）青年英才开发计划

着眼于人才基础性培养和战略性开发，提升我国未来人才竞争力，在自然科学、哲学社会科学和文化艺术等重点学科领域，每年重点培养扶持一批青年拔尖人才；在高水平研究型大学和科研院所的优势基础学科建设一批国家青年英才培养基地，按照严入口、小规模、重特色、高水平的原则，每年选拔一批拔尖大学生进行专门培养；为培养造就未来国家所需的高素质、专业化管理人才，每年从应届高中、大学毕业生中筛选若干优秀人才送到国外一流大学深造，进行定向跟踪培养。

（三）企业经营管理人才素质提升工程

着眼于提高我国企业现代化经营管理水平和国际竞争力，到2020年，培养一批具有世界眼光、战略思维、创新精神和经营能力的企业家；培养1万名精通战略规划、资本运作、人力资源管理、财会、法律等专业知识的企业经营管理人才。

（四）高素质教育人才培养工程

为建设一支高素质、创新型教育人才队伍，通过研修培训、学术交流、项目资助等方式，每年重点培养和支持2万名各类学校教育教学骨干、“双师型”教师、学术带头人和校长，在中小学校、职业院校、高等学校培养造就一批教育家、教学名师和学科领军人才。

（五）文化名家工程

为更好地推动宣传思想文化工作，进一步提高国家文化软实力，着眼于培养造就一批造诣高深、成就突出、影响广泛的宣传思想文化领域杰出人才，每年重点扶持、资助一批哲学社会科学、新闻出版、广播影视、文化艺术、文物保护名家承担重大课题、重点项目、重要演出，开展创作研究、展演交流、出版专著等活动。到2020年，由国家资助的宣传思想文化领域文化名家达到2 000名。

（六）全民健康卫生人才保障工程

适应深化医药卫生体制改革、保障全民健康需要，加大对卫生人才培养支持力度。到2020年，培养造就一批医学杰出骨干人才，给予科研专项经费支持；开展住院医师规范化培训工作，支持培养5万名住院医师；加强以全科医师为重点的基层卫生人才队伍建设，通过多种途径培训30万名全科医师，提高基层医疗卫生服务能力。

（七）海外高层次人才引进计划

重点围绕国家发展战略目标，在中央、国家有关部门、地方分层次、有计划引进一批能够突破关键技术、发展高新技术产业、带动新兴学科的战略科学家和创新创业领军人才。其中，中央层面实施“千人计划”，建设一批海外高层次人才创新创业基地，用5～10年时间引进2 000名左右海外高层次人才回国（来华）创新创业。

（八）专业技术人才知识更新工程

围绕我国经济结构调整、高新技术产业发展和自主创新能力的提高，存装备制造、信息、生物技术、新材料、海洋、金融财会、生态环境保护、能源资源、防灾减灾、现代交通运输、农业科技、社会工作等重点领域，开展大规模的知识更新继续教育，每年培训100万名高层次、急需紧缺和骨干专业技术人才，到2020年，累计培训1 000万名左右。依托高等学校、科研院所和大型企业现有施教机构，建设一批国家级继续教育基地。

（九）国家高技能人才振兴计划

适应走新型工业化道路、加快产业结构优化升级的需要，加强职业院校和实训基地建设，培养造就一大批具有精湛技艺的高技能人才。到 2020 年，在全国建成一批技能大师工作室、1 200 个高技能人才培训基地，培养 100 万名高级技师。

（十）现代农业人才支撑计划

适应建设社会主义新农村、加快发展现代农业的需要，加大对现代农业的人才支持力度。到 2020 年，选拔一批农业科研杰出人才，给予科研专项经费支持；支持 1 万名有突出贡献的农业技术推广人才，开展技术交流、学习研修、观摩展示等活动；选拔 3 万名农业产业化龙头企业负责人和专业合作组织负责人、10 万名生产能手和农村经纪人等优秀生产经营人才，给予重点扶持。

（十一）边远贫困地区、边疆民族地区和革命老区人才支持计划

为促进边远贫困地区、边疆民族地区和革命老区加快发展，实现基本公共服务均等化目标，在职务、职称晋升等方面采取倾斜政策，每年引导 10 万名优秀教师、医生、科技人员、社会工作者、文化工作者到边远贫困地区、边疆民族地区和革命老区工作或提供服务。每年重点扶持培养 1 万名边远贫困地区、边疆民族地区和革命老区急需紧缺人才。

（十二）高校毕业生基层培养计划

着眼于解决基层特别是中西部地区基层人才匮乏问题，培养锻炼后备人才，积极引导和鼓励高校毕业生到基层创业就业。实施一村一名大学生计划，用 5 年时间，先期选派 10 万名高校毕业生到村任职，到 2020 年，实现一村一名大学生目标。统筹各类大学生到基层服务创业计划。通过政府购买工作岗位、实施学费和助学贷款代偿、提供创业扶持等方式，引导高校毕业生到农村和社区服务、就业和自主创业。

六、组织实施

（一）加强对《人才规划纲要》实施工作的组织领导

中央人才工作协调小组负责《人才规划纲要》实施的统筹协调和宏观指导。制定各项目标任务的分解落实方案和重大工程实施办法。建立《人才规划纲要》实施情况的监测、评估、考核机制，加强督促检查。

（二）建立健全人才发展规划体系

各省（自治区、直辖市）、中央和国家机关有关部门要以《人才规划纲要》为指导，根据实际，编制地区、行业系统以及重点领域的人才发展规划，形成全国人才发展规划体系。

（三）营造实施《人才规划纲要》的良好社会环境

大力宣传党和国家人才工作的重大战略思想和方针政策，宣传实施《人才规划纲

要》的重大意义和《人才规划纲要》的指导方针、目标任务、重大举措，宣传《人才规划纲要》实施中的典型经验、做法和成效，形成全社会关心、支持人才发展的良好社会氛围。

（四）加强人才工作基础性建设

深入开展人才理论研究，积极探索人才资源开发规律。加强人才学科和研究机构建设。建立健全人才资源统计和定期发布制度。推进人才工作信息化建设，建立人才信息网络和数据库。加强人才工作队伍建设，加大培训力度，提高人才工作队伍的政治素质和业务水平。

中国人民解放军和中国人民武装警察部队人才发展规划，由中央军委另行制定。

国家中长期教育改革和发展规划纲要（2010—2020年）

（中发［2010］12号　2010年7月8日）

目　录

第五章　高中阶段教育
（十一）加快普及高中阶段教育
（十二）全面提高普通高中学生综合素质
（十三）推动普通高中多样化发展
第六章　职业教育
（十四）大力发展职业教育
（十五）调动行业企业的积极性
（十六）加快发展面向农村的职业教育
（十七）增强职业教育吸引力
第七章　高等教育
（十八）全面提高高等教育质量
（十九）提高人才培养质量
（二十）提升科学研究水平
（二十一）增强社会服务能力
（二十二）优化结构办出特色
第八章　继续教育
（二十三）加快发展继续教育
（二十四）建立健全继续教育体制机制
（二十五）构建灵活开放的终身教育体系
第九章　民族教育
（二十六）重视和支持民族教育事业
（二十七）全面提高少数民族和民族地区教育发展水平
第十章　特殊教育
（二十八）关心和支持特殊教育
（二十九）完善特殊教育体系
（三十）健全特殊教育保障机制
第三部分　体制改革
第十一章　人才培养体制改革
（三十一）更新人才培养观念
（三十二）创新人才培养模式
（三十三）改革教育质量评价和人才评价制度
第十二章　考试招生制度改革
（三十四）推进考试招生制度改革
（三十五）完善中等学校考试招生制度
（三十六）完善高等学校考试招生制度
（三十七）加强信息公开和社会监督

第十三章　建设现代学校制度
(三十八)推进政校分开、管办分离
(三十九)落实和扩大学校办学自主权
(四十)完善中国特色现代大学制度
(四十一)完善中小学学校管理制度
第十四章　办学体制改革
(四十二)深化办学体制改革
(四十三)大力支持民办教育
(四十四)依法管理民办教育
第十五章　管理体制改革
(四十五)健全统筹有力、权责明确的教育管理体制
(四十六)加强省级政府教育统筹
(四十七)转变政府教育管理职能
第十六章　扩大教育开放
(四十八)加强国际交流与合作
(四十九)引进优质教育资源
(五十)提高交流合作水平
第四部分　保障措施
第十七章　加强教师队伍建设
(五十一)建设高素质教师队伍
(五十二)加强师德建设
(五十三)提高教师业务水平
(五十四)提高教师地位待遇
(五十五)健全教师管理制度
第十八章　保障经费投入
(五十六)加大教育投入
(五十七)完善投入机制
(五十八)加强经费管理
第十九章　加快教育信息化进程
(五十九)加快教育信息基础设施建设
(六十)加强优质教育资源开发与应用
(六十一)构建国家教育管理信息系统
第二十章　推进依法治教
(六十二)完善教育法律法规
(六十三)全面推进依法行政
(六十四)大力推进依法治校

根据党的十七大关于“优先发展教育，建设人力资源强国”的战略部署，为促进教育事业科学发展，全面提高国民素质，加快社会主义现代化进程，制定本《教育规划纲要》。

序　言

百年大计，教育为本。教育是民族振兴、社会进步的基石，是提高国民素质、促进人的全面发展的根本途径，寄托着亿万家庭对美好生活的期盼。强国必先强教。优先发展教育、提高教育现代化水平，对实现全面建设小康社会奋斗目标、建设富强民主文明和谐的社会主义现代化国家具有决定性意义。

党和国家历来高度重视教育。新中国成立以来，在以毛泽东同志、邓小平同志、江泽民同志为核心的党的三代中央领导集体和以胡锦涛同志为总书记的党中央领导下，全党全社会同心同德，艰苦奋斗，开辟了中国特色社会主义教育发展道路，建成了世界最大规模的教育体系，保障了亿万人民群众受教育的权利。教育投入大幅增长，办学条件显著改善，教育改革逐步深化，办学水平不断提高。进入本世纪以来，城乡免费义务教育全面实现，职业教育快速发展，高等教育进入大众化阶段，农村教育得到加强，教育公平迈出重大步伐。教育的发展极大地提高了全民族素质，推进了科技创新、文化繁荣，为经济发展、社会进步和民生改善作出了不可替代的重大贡献。我国实现了从人口大国向人力资源大国的转变。

当今世界正处在大发展大变革大调整时期。世界多极化、经济全球化深入发展，科技进步日新月异，人才竞争日趋激烈。我国正处在改革发展的关键阶段，经济建设、政治建设、文化建设、社会建设以及生态文明建设全面推进，工业化、信息化、城镇化、市场化、国际化深入发展，人口、资源、环境压力日益加大，经济发展方式加快转变，都凸显了提高国民素质、培养创新人才的重要性和紧迫性。中国未来发展、中华民族伟大复兴，关键靠人才，基础在教育。

面对前所未有的机遇和挑战，必须清醒认识到，我国教育还不完全适应国家经济社会发展和人民群众接受良好教育的要求。教育观念相对落后，内容方法比较陈旧，中小学生课业负担过重，素质教育推进困难；学生适应社会和就业创业能力不强，创新型、实用型、复合型人才紧缺；教育体制机制不完善，学校办学活力不足；教育结构和布局不尽合理，城乡、区域教育发展不平衡，贫困地区、民族地区教育发展滞后；教育投入不足，教育优先发展的战略地位尚未得到完全落实。接受良好教育成为人民群众强烈期盼，深化教育改革成为全社会共同心声。

国运兴衰，系于教育；教育振兴，全民有责。在党和国家工作全局中，必须始终坚持把教育摆在优先发展的位置。按照面向现代化、面向世界、面向未来的要求，适应全面建设小康社会、建设创新型国家的需要，坚持育人为本，以改革创新为动力，以促进公平为重点，以提高质量为核心，全面实施素质教育，推动教育事业在新的历史起点上科学发展，加快从教育大国向教育强国、从人力资源大国向人力资源强国迈进，为中华民族伟大复兴和人类文明进步作出更大贡献。

第一部分　总 体 战 略

第一章　指导思想和工作方针

（一）指导思想。高举中国特色社会主义伟大旗帜，以邓小平理论和“三个代表”重要思想为指导，深入贯彻落实科学发展观，实施科教兴国战略和人才强国战略，优先发展教育，完善中国特色社会主义现代教育体系，办好人民满意的教育，建设人力资源强国。

全面贯彻党的教育方针，坚持教育为社会主义现代化建设服务，为人民服务，与生产劳动和社会实践相结合，培养德智体美全面发展的社会主义建设者和接班人。

全面推进教育事业科学发展，立足社会主义初级阶段基本国情，把握教育发展阶段性特征，坚持以人为本，遵循教育规律，面向社会需求，优化结构布局，提高教育现代化水平。

（二）工作方针。优先发展、育人为本、改革创新、促进公平、提高质量。

把教育摆在优先发展的战略地位。教育优先发展是党和国家提出并长期坚持的一项重大方针。各级党委和政府要把优先发展教育作为贯彻落实科学发展观的一项基本要求，切实保证经济社会发展规划优先安排教育发展，财政资金优先保障教育投入，公共资源优先满足教育和人力资源开发需要。充分调动全社会关心支持教育的积极性，共同担负起培育下一代的责任，为青少年健康成长创造良好环境。完善体制和政策，鼓励社会力量兴办教育，不断扩大社会资源对教育的投入。

把育人为本作为教育工作的根本要求。人力资源是我国经济社会发展的第一资源，教育是开发人力资源的主要途径。要以学生为主体，以教师为主导，充分发挥学生的主动性，把促进学生健康成长作为学校一切工作的出发点和落脚点。关心每个学生，促进每个学生主动地、生动活泼地发展，尊重教育规律和学生身心发展规律，为每个学生提供适合的教育。努力培养造就数以亿计的高素质劳动者、数以千万计的专门人才和一大批拔尖创新人才。

把改革创新作为教育发展的强大动力。教育要发展，根本靠改革。要以体制机制改革为重点，鼓励地方和学校大胆探索和试验，加快重要领域和关键环节改革步伐。创新人才培养体制、办学体制、教育管理体制，改革质量评价和考试招生制度，改革教学内容、方法、手段，建设现代学校制度。加快解决经济社会发展对高质量多样化人才需要与教育培养能力不足的矛盾、人民群众期盼良好教育与资源相对短缺的矛盾、增强教育活力与体制机制约束的矛盾，为教育事业持续健康发展提供强大动力。

把促进公平作为国家基本教育政策。教育公平是社会公平的重要基础。教育公平的关键是机会公平，基本要求是保障公民依法享有受教育的权利，重点是促进义务教育均衡发展和扶持困难群体，根本措施是合理配置教育资源，向农村地区、边远贫困地区和民族地区倾斜，加快缩小教育差距。教育公平的主要责任在政府，全社会要共同促进教育公平。

把提高质量作为教育改革发展的核心任务。树立科学的质量观，把促进人的全面发展、适应社会需要作为衡量教育质量的根本标准。树立以提高质量为核心的教育发展观，注重教育内涵发展，鼓励学校办出特色、办出水平，出名师，育英才。建立以提高教育质量为导向的管理制度和工作机制，把教育资源配置和学校工作重点集中到强化教学环节、提高教育质量上来。制定教育质量国家标准，建立健全教育质量保障体系。加强教师队伍建设，提高教师整体素质。

第二章　战略目标和战略主题

（三）战略目标。到 2020 年，基本实现教育现代化，基本形成学习型社会，进入人力资源强国行列。

实现更高水平的普及教育。基本普及学前教育；巩固提高九年义务教育水平；普及高中阶段教育，毛入学率达到 90%；高等教育大众化水平进一步提高，毛入学率达到 40%；扫除青壮年文盲。新增劳动力平均受教育年限从 12.4 年提高到 13.5 年；主要劳动年龄人口平均受教育年限从 9.5 年提高到 11.2 年，其中受过高等教育的比例达到 20%，具有高等教育文化程度的人数比 2009 年翻一番。

形成惠及全民的公平教育。坚持教育的公益性和普惠性，保障公民依法享有接受良好教育的机会。建成覆盖城乡的基本公共教育服务体系，逐步实现基本公共教育服务均等化，缩小区域差距。努力办好每一所学校，教好每一个学生，不让一个学生因家庭经济困难而失学。切实解决进城务工人员子女平等接受义务教育问题。保障残疾人受教育权利。

提供更加丰富的优质教育。教育质量整体提升，教育现代化水平明显提高。优质教育资源总量不断扩大，更好满足人民群众接受高质量教育的需求。学生思想道德素质、科学文化素质和健康素质明显提高。各类人才服务国家、服务人民和参与国际竞争能力显著增强。

构建体系完备的终身教育。学历教育和非学历教育协调发展，职业教育和普通教育相互沟通，职前教育和职后教育有效衔接。继续教育参与率大幅提升，从业人员继续教育年参与率达到50%。现代国民教育体系更加完善，终身教育体系基本形成，促进全体人民学有所教、学有所成、学有所用。

健全充满活力的教育体制。进一步解放思想，更新观念，深化改革，提高教育开放水平，全面形成与社会主义市场经济体制和全面建设小康社会目标相适应的充满活力、富有效率、更加开放、有利于科学发展的教育体制机制，办出具有中国特色、世界水平的现代教育。

（四）战略主题。坚持以人为本、全面实施素质教育是教育改革发展的战略主题，是贯彻党的教育方针的时代要求，其核心是解决好培养什么人、怎样培养人的重大问题，重点是面向全体学生、促进学生全面发展，着力提高学生服务国家服务人民的社会责任感、勇于探索的创新精神和善于解决问题的实践能力。

坚持德育为先。立德树人，把社会主义核心价值体系融入国民教育全过程。加强马克思主义中国化最新成果教育，引导学生形成正确的世界观、人生观、价值观；加强理想信念教育和道德教育，坚定学生对中国共产党领导、社会主义制度的信念和信心；加强以爱国主义为核心的民族精神和以改革创新为核心的时代精神教育；加强社会主义荣辱观教育，培养学生团结互助、诚实守信、遵纪守法、艰苦奋斗的良好品质。加强公民意识教育，树立社会主义民主法治、自由平等、公平正义理念，培养社会主义合格公民。加强中华民族优秀文化传统教育和革命传统教育。把德育渗透于教育教学的各个环节，贯穿于学校教育、家庭教育和社会教育的各个方面。切实加强和改进未成年人思想道德建设和大学生思想政治教育工作。构建大中小学有效衔接的德育体系，创新德育形式，丰富德育内容，不断提高德育工作的吸引力和感染力，增强德育工作的针对性和实效性。加强辅导员、班主任队伍建设。

坚持能力为重。优化知识结构，丰富社会实践，强化能力培养。着力提高学生的学习能力、实践能力、创新能力，教育学生学会知识技能，学会动手动脑，学会生存生活，学会做人做事，促进学生主动适应社会，开创美好未来。

坚持全面发展。全面加强和改进德育、智育、体育、美育。坚持文化知识学习与思想品德修养的统一、理论学习与社会实践的统一、全面发展与个性发展的统一。加强体育，牢固树立健康第一的思想，确保学生体育课程和课余活动时间，提高体育教学质量，加强心理健康教育，促进学生身心健康、体魄强健、意志坚强；加强美育，培养学生良好的审美情趣和人文素养。加强劳动教育，培养学生热爱劳动、热爱劳动人民的情感。重视安全教育、生命教育、国防教育、可持续发展教育。促进德育、智育、体育、美育有机融合，提高学生综合素质，使学生成为德智体美全面发展的社会主义建设者和接班人。

专栏1　教育事业发展主目标

指标	单位	2009 年	2015 年	2020 年
学前教育				
幼儿在园人数	万人	2 658	3 400	4 000
学前一年毛入园率	%	74.0	85.0	95.0
学前两年毛入园率	%	65.0	70.0	80.0
学前三年毛入园率	%	50.9	60.0	70.0
九年义务教育				
在校生	万人	15 772	16 100	16 500
巩固率	%	90.8	93.0	95.0
高中阶段教育*				
在校生	万人	4 624	4 500	4 700
毛入学率	%	79.2	87.0	90.0
职业教育				
中等职业教育在校生	万人	2 179	2 250	2 350
高等职业教育在校生	万人	1 280	1 390	1 480
高等教育**				
在学总规模	万人	2 979	3 350	3 550
在校生	万人	2 826	3 080	3 300
其中：研究生	万人	140	170	200
毛入学率	%	24.2	36.0	40.0
继续教育				
从业人员继续教育	万人次	16 600	29 000	35 000

注：*含中等职业教育学生数；**含高等职业教育学生数。

专栏2　人力资源开发主要目标

指标	单位	2009 年	2015 年	2020 年
具有高等教育文化程度的人数	万人	9 830	14 500	19 500
主要劳动年龄人口平均受教育年限	年	9.5	10.5	11.2
其中：受过高等教育的比例	%	9.9	15.0	20.0
新增劳动力平均受教育年限	年	12.4	13.3	13.5
其中：受过高中阶段及以上教育的比例	%	67.0	87.0	90.0

第二部分　发 展 任 务

第三章　学前教育

（五）基本普及学前教育。学前教育对幼儿身心健康、习惯养成、智力发展具有重要意义。遵循幼儿身心发展规律，坚持科学保教方法，保障幼儿快乐健康成长。积极发展学前教育，到2020年，普及学前一年教育，基本普及学前两年教育，有条件的地区普及学前三年教育。重视0至3岁婴幼儿教育。

（六）明确政府职责。把发展学前教育纳入城镇、社会主义新农村建设规划。建立政府主导、社会参与、公办民办并举的办园体制。大力发展公办幼儿园，积极扶持民办幼儿园。加大政府投入，完善成本合理分担机制，对家庭经济困难幼儿入园给予补助。加强学前教育管理，规范办园行为。制定学前教育办园标准，建立幼儿园准入制度。完善幼儿园收费管理办法。严格执行幼儿教师资格标准，切实加强幼儿教师培养培训，提高幼儿教师队伍整体素质，依法落实幼儿教师地位和待遇。教育行政部门加强对学前教育的宏观指导和管理，相关部门履行各自职责，充分调动各方面力量发展学前教育。

（七）重点发展农村学前教育。努力提高农村学前教育普及程度。着力保证留守儿童入园。采取多种形式扩大农村学前教育资源，改扩建、新建幼儿园，充分利用中小学布局调整富余的校舍和教师举办幼儿园（班）。发挥乡镇中心幼儿园对村幼儿园的示范指导作用。支持贫困地区发展学前教育。

第四章　义 务 教 育

（八）巩固提高九年义务教育水平。义务教育是国家依法统一实施、所有适龄儿童少年必须接受的教育，具有强制性、免费性和普及性，是教育工作的重中之重。注重品行培养，激发学习兴趣，培育健康体魄，养成良好习惯。到2020年，全面提高普及水平，全面提高教育质量，基本实现区域内均衡发展，确保适龄儿童少年接受良好义务教育。

巩固义务教育普及成果。适应城乡发展需要，合理规划学校布局，办好必要的教学点，方便学生就近入学。坚持以输入地政府管理为主、以全日制公办中小学为主，确保进城务工人员随迁子女平等接受义务教育，研究制定进城务工人员随迁子女接受义务教育后在当地参加升学考试的办法。建立健全政府主导、社会参与的农村留守儿童关爱服务体系和动态监测机制。加快农村寄宿制学校建设，优先满足留守儿童住宿需求。采取必要措施，确保适龄儿童少年不因家庭经济困难、就学困难、学习困难等原因而失学，努力消除辍学现象。

提高义务教育质量。建立国家义务教育质量基本标准和监测制度。严格执行义务教育国家课程标准、教师资格标准。深化课程与教学方法改革，推行小班教学。配齐音乐、体育、美术等学科教师，开足开好规定课程。大力推广普通话教学，使用规范汉字。

增强学生体质。科学安排学习、生活、锻炼，保证学生睡眠时间。大力开展“阳光体育”运动，保证学生每天锻炼一小时，不断提高学生体质健康水平。提倡合理膳食，改善学生营养状况，提高贫困地区农村学生营养水平。保护学生视力。

（九）推进义务教育均衡发展。均衡发展是义务教育的战略性任务。建立健全义务教育均衡发展保障机制。推进义务教育学校标准化建设，均衡配置教师、设备、图书、校舍等资源。

切实缩小校际差距，着力解决择校问题。加快薄弱学校改造，着力提高师资水平。实行县（区）域内教师、校长交流制度。实行优质普通高中和优质中等职业学校招生名额合理分配到区域内初中的办法。义务教育阶段不得设置重点学校和重点班。在保障适龄儿童少年就近进入公办学校的前提下，发展民办教育，提供选择机会。

加快缩小城乡差距。建立城乡一体化义务教育发展机制，在财政拨款、学校建设、教师配置等方面向农村倾斜。率先在县（区）域内实现城乡均衡发展，逐步在更大范围内推进。

努力缩小区域差距。加大对革命老区、民族地区、边疆地区、贫困地区义务教育的转移支付力度。鼓励发达地区支援欠发达地区。

（十）减轻中小学生课业负担。过重的课业负担严重损害儿童少年身心健康。减轻学生课业负担是全社会的共同责任，政府、学校、家庭、社会必须共同努力，标本兼治，综合治理。把减负落实到中小学教育全过程，促进学生生动活泼学习、健康快乐成长。率先实现小学生减负。

各级政府要把减负作为教育工作的重要任务，统筹规划，整体推进。调整教材内容，科学设计课程难度。改革考试评价制度和学校考核办法。规范办学行为，建立学生课业负担监测和公告制度。不得以升学率对地区和学校进行排名，不得下达升学指标。规范各种社会补习机构和教辅市场。加强校外活动场所建设和管理，丰富学生课外及校外活动。

学校要把减负落实到教育教学各个环节，给学生留下了解社会、深入思考、动手实践、健身娱乐的时间。提高教师业务素质，改进教学方法，增强课堂教学效果，减少作业量和考试次数。培养学生学习兴趣和爱好。严格执行课程方案，不得增加课时和提高难度。各种等级考试和竞赛成绩不得作为义务教育阶段入学与升学的依据。

充分发挥家庭教育在儿童少年成长过程中的重要作用。家长要树立正确的教育观念，掌握科学的教育方法，尊重子女的健康情趣，培养子女的良好习惯，加强与学校的沟通配合，共同减轻学生课业负担。

第五章 高中阶段教育

（十一）加快普及高中阶段教育。高中阶段教育是学生个性形成、自主发展的关键时期，对提高国民素质和培养创新人才具有特殊意义。注重培养学生自主学习、自强自立和适应社会的能力，克服应试教育倾向。到 2020 年，普及高中阶段教育，满足初中毕业生接受高中阶段教育需求。

根据经济社会发展需要，合理确定普通高中和中等职业学校招生比例，今后一个时期总体保持普通高中和中等职业学校招生规模大体相当。加大对中西部贫困地区高中阶段教育的扶持力度。

（十二）全面提高普通高中学生综合素质。深入推进课程改革，全面落实课程方案，保证学生全面完成国家规定的文理等各门课程的学习。创造条件开设丰富多彩的选修课，为学生提供更多选择，促进学生全面而有个性的发展。逐步消除大班额现象。积极开展研究性学习、社区服务和社会实践。建立科学的教育质量评价体系，全面实施高中学业水平考试和综合素质评价。建立学生发展指导制度，加强对学生的理想、心理、学业等多方面指导。

（十三）推动普通高中多样化发展。促进办学体制多样化，扩大优质资源。推进培养模式多样化，满足不同潜质学生的发展需要。探索发现和培养创新人才的途径。鼓励普通高中办出特色。鼓励有条件的普通高中根据需要适当增加职业教育的教学内容。探索综合高中发展模式。采取多种方式，为在校生和未升学毕业生提供职业教育。

第六章 职业教育

（十四）大力发展职业教育。发展职业教育是推动经济发展、促进就业、改善民生、解决“三农”问题的重要途径，是缓解劳动力供求结构矛盾的关键环节，必须摆在更加突出的位置。职业教育要面向人人、面向社会，着力培养学生的职业道德、职业技能和就业创业能力。到 2020 年，形成适应经济发展方式转变和产业结构调整要求、体现终身教育理念、中等和高等职业教育协调发展的现代职业教育体系，满足人民群众接受职业教育的需求，满足经济社会对高素质劳动者和技能型人才的需要。

政府切实履行发展职业教育的职责。把职业教育纳入经济社会发展和产业发展规划，促使职业教育规模、专业设置与经济社会发展需求相适应。统筹中等职业教育与高等职业教育发展。健全多渠道投入机制，加大职业教育投入。

把提高质量作为重点。以服务为宗旨，以就业为导向，推进教育教学改革。实行工学结合、校企合作、顶岗实习的人才培养模式。坚持学校教育与职业培训并举，全日制与非全日制并重。制定职业学校基本办学标准。加强“双师型”教师队伍和实训基地建设，提升职业教育基础能力。建立健全技能型人才到职业学校从教的制度。完善符合职业教育特点的教师资格标准和专业技术职务（职称）评聘办法。建立健全职业教育质量保障体系，吸收企业参加教育质量评估。开展职业技能竞赛。

（十五）调动行业企业的积极性。建立健全政府主导、行业指导、企业参与的办学机制，制定促进校企合作办学法规，推进校企合作制度化。鼓励行业组织、企业举办职业学校，鼓励委托职业学校进行职工培训。制定优惠政策，鼓励企业接收学生实习实训和教师实践，鼓励企业加大对职业教育的投入。

（十六）加快发展面向农村的职业教育。把加强职业教育作为服务社会主义新农村建设的重要内容。加强基础教育、职业教育和成人教育统筹，促进农科教结合。强化省、市（地）级政府发展农村职业教育的责任，扩大农村职业教育培训覆盖面，根据需要办好县级职教中心。强化职业教育资源的统筹协调和综合利用，推进城乡、区域合作，增强服务“三农”能力。加强涉农专业建设，加大培养适应农业和农村发展需要的专业人才力度。支持各级各类学校积极参与培养有文化、懂技术、会经营的新型农民，开展进城务工人员、农村劳动力转移培训。逐步实施农村新成长劳动力免费劳动预备制培训。

（十七）增强职业教育吸引力。完善职业教育支持政策。逐步实行中等职业教育免费制度，完善家庭经济困难学生资助政策。改革招生和教学模式。积极推进学历证书和职业资格证书“双证书”制度，推进职业学校专业课程内容和职业标准相衔接。完善就业准入制度，执行“先培训、后就业”、“先培训、后上岗”的规定。制定退役士兵接受职业教育培训的办法。建立健全职业教育课程衔接体系。鼓励毕业生在职继续学习，完善职业学校毕业生直接升学制度，拓宽毕业生继续学习渠道。提高技能型人才的社会地位和待遇。加大对有突出贡献高技能人才的宣传表彰力度，形成行行出状元的良好社会氛围。

第七章　高 等 教 育

（十八）全面提高高等教育质量。高等教育承担着培养高级专门人才、发展科学技术文化、促进社会主义现代化建设的重大任务。提高质量是高等教育发展的核心任务，是建设高等教育强国的基本要求。到 2020 年，高等教育结构更加合理，特色更加鲜明，人才培养、科学研究和社会服务整体水平全面提升，建成一批国际知名、有特色、高水平的高等学校，若干所大学达到或接近世界一流大学水平，高等教育国际竞争力显著增强。

（十九）提高人才培养质量。牢固确立人才培养在高校工作中的中心地位，着力培养信念执着、品德优良、知识丰富、本领过硬的高素质专门人才和拔尖创新人才。加大教学投入。把教学作为教师考核的首要内容，把教授为低年级学生授课作为重要制度。加强实验室、校内外实习基地、课程教材等基本建设。深化教学改革。推进和完善学分制，实行弹性学制，促进文理交融。支持学生参与科学研究，强化实践教学环节。加强就业创业教育和就业指导服务。创立高校与科研院所、行业、企业联合培养人才的新机制。全面实施“高等学校本科教学质量与教学改革工程”。严格教学管理。健全教学质量保障体系，改进高校教学评估。充分调动学生学习积极性和主动性，激励学生刻苦学习，增强诚信意识，养成良好学风。

大力推进研究生培养机制改革。建立以科学与工程技术研究为主导的导师责任制和导师项目资助制，推行产学研联合培养研究生的“双导师制”。实施“研究生教育创新计划”。加强管理，不断提高研究生特别是博士生培养质量。

（二十）提升科学研究水平。充分发挥高校在国家创新体系中的重要作用，鼓励高校在知识创新、技术创新、国防科技创新和区域创新中作出贡献。大力开展自然科学、技术科学、哲学社会科学研究。坚持服务国家目标与鼓励自由探索相结合，加强基础研究；以重大现实问题为主攻方向，加强应用研究。促进高校、科研院所、企业科技教育资源共享，推动高校创新组织模式，培育跨学科、跨领域的科研与教学相结合的团队。促进科研与教学互动、与创新人才培养相结合。充分发挥研究生在科学研究中的作用。加强高校重点科研创新基地与科技创新平台建设。完善以创新和质量为导向的科研评价机制。积极参与马克思主义理论研究和建设工程。深入实施“高等学校哲学社会科学繁荣计划”。

（二十一）增强社会服务能力。高校要牢固树立主动为社会服务的意识，全方位开展服务。推进产学研用结合，加快科技成果转化，规范校办产业发展。为社会成员提供继续教育服务。开展科学普及工作，提高公众科学素质和人文素质。积极推进文化传播，弘扬优秀传统文化，发展先进文化。积极参与决策咨询，主动开展前瞻性、对策性研究，充分发挥智囊团、思想库作用。鼓励师生开展志愿服务。

（二十二）优化结构办出特色。适应国家和区域经济社会发展需要，建立动态调整机制，不断优化高等教育结构。优化学科专业、类型、层次结构，促进多学科交叉和融合。重点扩大应用型、复合型、技能型人才培养规模。加快发展专业学位研究生教育。优化区域布局结构。设立支持地方高等教育专项资金，实施中西部高等教育振兴计划。新增招生计划向中西部高等教育资源短缺地区倾斜，扩大东部高校在中西部地区招生规模，加大东部高校对西部高校对口支援力度。鼓励东部地区高等教育率先发展。建立完善军民结合、寓军于民的军队人才培养体系。

促进高校办出特色。建立高校分类体系，实行分类管理。发挥政策指导和资源配置的作用，引导高校合理定位，克服同质化倾向，形成各自的办学理念和风格，在不同层次、不同领域办出特色，争创一流。

加快建设一流大学和一流学科。以重点学科建设为基础，继续实施“985 工程”和优势学科创新平台建设，继续实施“211 工程”和启动特色重点学科项目。改进管理模式，引入竞争机制，实行绩效评估，进行动态管理。鼓励学校优势学科面向世界，支持参与和设立国际学术合作组织、国际科学计划，支持与境外高水平教育、科研机构建立联合研发基地。加快创建世界一流大学和高水平大学的步伐，培养一批拔尖创新人才，形成一批世界一流学科，产生一批国际领先的原创性成果，为提升我国综合国力贡献力量。

第八章　继续教育

（二十三）加快发展继续教育。继续教育是面向学校教育之后所有社会成员的教育活动，特别是成人教育活动，是终身学习体系的重要组成部分。更新继续教育观念，加大投入力度，以加强人力资源能力建设为核心，大力发展非学历继续教育，稳步发展学历继续教育。重视老年教育。倡导全民阅读。广泛开展城乡社区教育，加快各类学习型组织建设，基本形成全民学习、终身学习的学习型社会。

（二十四）建立健全继续教育体制机制。政府成立跨部门继续教育协调机构，统筹指导继续教育发展。将继续教育纳入区域、行业总体发展规划。行业主管部门或协会负责制定行业继续教育规划和组织实施办法。加快继续教育法制建设。健全继续教育激励机制，推进继续教育与工作考核、岗位聘任（聘用）、职务（职称）评聘、职业注册等人事管理制度的衔接。鼓励个人多种形式接受继续教育，支持用人单位为从业人员接受继续教育提供条件。加强继续教育监管和评估。

（二十五）构建灵活开放的终身教育体系。发展和规范教育培训服务，统筹扩大继续教育资源。鼓励学校、科研院所、企业等相关组织开展继续教育。加强城乡社区教育机构和网络建设，开发社区教育资源。大力发展现代远程教育，建设以卫星、电视和互联网等为载体的远程开放继续教育及公共服务平台，为学习者提供方便、灵活、个性化的学习条件。

搭建终身学习“立交桥”。促进各级各类教育纵向衔接、横向沟通，提供多次选择机会，满足个人多样化的学习和发展需要。健全宽进严出的学习制度，办好开放大学，改革和完善高等教育自学考试制度。建立继续教育学分积累与转换制度，实现不同类型学习成果的互认和衔接。

第九章　民族教育

（二十六）重视和支持民族教育事业。加快民族教育事业发展，对于推动少数民族和民族地区经济社会发展，促进各民族共同团结奋斗、共同繁荣发展，具有重大而深远的意义。要加强对民族教育工作的领导，全面贯彻党的民族政策，切实解决少数民族和民族地区教育事业发展面临的特殊困难和突出问题。

在各级各类学校广泛开展民族团结教育。推动党的民族理论和民族政策、国家法律法规进教材、进课堂、进头脑，引导广大师生牢固树立马克思主义祖国观、民族观、宗教观，不断夯实各民族大团结的基础，增强中华民族自豪感和凝聚力。

（二十七）全面提高少数民族和民族地区教育发展水平。公共教育资源要向民族地区倾斜。中央和地方政府要进一步加大对民族教育支持力度。

促进民族地区各级各类教育协调发展。巩固民族地区义务教育普及成果，确保适龄儿童少年依法接受义务教育，全面提高普及水平，全面提高教育教学质量。支持边境县和民族自治地方贫困县义务教育学校标准化建设，加强民族地区寄宿制学校建设。加快民族地区高中阶段教育发展。支持教育基础薄弱地区改扩建、新建一批高中阶段学校。大力发展民族地区职业教育。加大对民族地区中等职业教育的支持力度。积极发展民族地区高等教育。支持民族院校加强学科和人才队伍建设，提高办学质量和管理水平。进一步办好高校民族预科班。加大对人口较少民族教育事业的扶持力度。

大力推进双语教学。全面开设汉语文课程，全面推广国家通用语言文字。尊重和保障少数民族使用本民族语言文字接受教育的权利。全面加强学前双语教育。国家对双语教学的师资培养培训、教学研究、教材开发和出版给予支持。

加强教育对口支援。认真组织落实内地省市对民族地区教育支援工作。充分利用内地优质教育资源，探索多种形式，吸引更多民族地区少数民族学生到内地接受教育。办好面向民族地区的职业学校。加大对民族地区师资培养培训力度，提高教师的政治素质和业务素质。国家制定优惠政策，鼓励支持高等学校毕业生到民族地区基层任教。支持民族地区发展现代远程教育，扩大优质教育资源覆盖面。

第十章 特殊教育

（二十八）关心和支持特殊教育。特殊教育是促进残疾人全面发展、帮助残疾人更好地融入社会的基本途径。各级政府要加快发展特殊教育，把特殊教育事业纳入当地经济社会发展规划，列入议事日程。全社会要关心支持特殊教育。

提高残疾学生的综合素质。注重潜能开发和缺陷补偿，培养残疾学生积极面对人生、全面融入社会的意识和自尊、自信、自立、自强的精神。加强残疾学生职业技能和就业能力培养。

（二十九）完善特殊教育体系。到2020年，基本实现市（地）和30万人口以上、残疾儿童少年较多的县（市）都有一所特殊教育学校。各级各类学校要积极创造条件接收残疾人入学，不断扩大随班就读和普通学校特教班规模。全面提高残疾儿童少年义务教育普及水平，加快发展残疾人高中阶段教育，大力推进残疾人职业教育，重视发展残疾人高等教育。因地制宜发展残疾儿童学前教育。

（三十）健全特殊教育保障机制。国家制定特殊教育学校基本办学标准，地方政府制定学生人均公用经费标准。加大对特殊教育的投入力度。鼓励和支持接收残疾学生的普通学校为残疾学生创造学习生活条件。加强特殊教育师资队伍建设，采取措施落实特殊教育教师待遇。在优秀教师表彰中提高特殊教育教师比例。加大对家庭经济困难残疾学生的资助力度。逐步实施残疾学生高中阶段免费教育。

第三部分 体制改革

第十一章 人才培养体制改革

（三十一）更新人才培养观念。深化教育体制改革，关键是更新教育观念，核心是改革人才培养体制，目的是提高人才培养水平。树立全面发展观念，努力造就德智体美全面发展的高素质人才。树立人人成才观念，面向全体学生，促进学生成长成才。树立多样化人才观念，尊重个人选择，鼓励个性发展，不拘一格培养人才。树立终身学习观念，为持续发展奠定基础。树立系统培养观念，推进小学、中学、大学有机衔接，教学、科研、实践紧密结合，学校、家庭、社会密切配合，加强学校之间、校企之间、学校与科研机构之间合作以及中外合作等多种联合培养方式，形成体系开放、机制灵活、渠道互通、选择多样的人才培养体制。

（三十二）创新人才培养模式。适应国家和社会发展需要，遵循教育规律和人才成长规律，深化教育教学改革，创新教育教学方法，探索多种培养方式，形成各类人才辈出、拔尖创新人才不断涌现的局面。

注重学思结合。倡导启发式、探究式、讨论式、参与式教学，帮助学生学会学习。激发学生的好奇心，培养学生的兴趣爱好，营造独立思考、自由探索、勇于创新的良好环境。适应经济社会发展和科技进步的要求，推进课程改革，加强教材建设，建立健全教材质量监管制度。深入研究、确定不同教育阶段学生必须掌握的核心内容，形成教学内容更新机制。充分发挥现代信息技术作用，促进优质教学资源共享。

注重知行统一。坚持教育教学与生产劳动、社会实践相结合。开发实践课程和活动课程，增强学生科学实验、生产实习和技能实训的成效。充分利用社会教育资源，开展各种课外及校外活动。加强中小学校外活动场所建设。加强学生社团组织指导，鼓励学生积极参与志愿服务和公益事业。

注重因材施教。关注学生不同特点和个性差异，发展每一个学生的优势潜能。推进分层教学、走班制、学分制、导师制等教学管理制度改革。建立学习困难学生的帮助机制。改进优异学生培养方式，在跳级、转学、转换专业以及选修更高学段课程等方面给予支持和指导。健全公开、平等、竞争、择优的选拔方式，改进中学生升学推荐办法，创新研究生培养方法。探索高中阶段、高等学校拔尖学生培养模式。

（三十三）改革教育质量评价和人才评价制度。改进教育教学评价。根据培养目标和人才理念，建立科学、多样的评价标准。开展由政府、学校、家长及社会各方面参与的教育质量评价活动。做好学生成长记录，完善综合素质评价。探索促进学生发展的多种评价方式，激励学生乐观向上、自主自立、努力成才。

改进人才评价及选用制度，为人才培养创造良好环境。树立科学人才观，建立以岗位职责为基础，以品德、能力和业绩为导向的科学化、社会化人才评价发现机制。强化人才选拔使用中对实践能力的考查，克服社会用人单纯追求学历的倾向。

第十二章 考试招生制度改革

（三十四）推进考试招生制度改革。以考试招生制度改革为突破口，克服一考定终身的弊端，推进素质教育实施和创新人才培养。按照有利于科学选拔人才、促进学生健康发展、维护社会公平的原则，探索招生与考试相对分离的办法，政府宏观管理，专业机构组织实施，学校依法自主招生，学生多次选择，逐步形成分类考试、综合评价、多元录取的考试招生制度。加强考试管理，完善专业考试机构功能，提高服务能力和水平。成立国家教育考试指导委员会，研究制定考试改革方案，指导考试改革试点。

（三十五）完善中等学校考试招生制度。完善初中就近免试入学的具体办法。完善学业水平考试和综合素质评价，为高中阶段学校招生录取提供更加科学的依据。改进高中阶段学校考试招生方式，发挥优质普通高中和优质中等职业学校招生名额合理分配的导向作用。规范优秀特长生录取程序与办法。中等职业学校实行自主招生或注册入学。

（三十六）完善高等学校考试招生制度。深化考试内容和形式改革，着重考查综合素质和能力。以高等学校人才选拔要求和国家课程标准为依据，完善国家考试科目试题库，保证国家考试的科学性、导向性和规范性。探索有的科目一年多次考试的办法，探索实行社会化考试。

逐步实施高等学校分类入学考试。普通高等学校本科入学考试由全国统一组织；高等职业教育入学考试由各省、自治区、直辖市组织。成人高等教育招生办法由各省、自治区、直辖市确定。深入推进研究生入学考试制度改革，加强创新能力考查，发挥和规范导师在选拔录取中的作用。

完善高等学校招生名额分配方式和招生录取办法，建立健全有利于促进入学机会公平、有利于优秀人才选拔的多元录取机制。普通高等学校本科招生以统一入学考试为基本方式，结合学业水平考试和综合素质评价，择优录取。对特长显著、符合学校培养要求的，依据面试或者测试结果自主录取；高中阶段全面发展、表现优异的，推荐录取；符合条件、自愿到国家需要的行业、地区就业的，签订协议实行定向录取；对在实践岗位上作出突出贡献或具有特殊才能的人才，建立专门程序，破格录取。

（三十七）加强信息公开和社会监督。完善考试招生信息发布制度，实现信息公开透明，保障考生权益，加强政府和社会监督。公开高等学校招生名额分配原则和办法，公开招生章程和政策、招生程序和结果，公开自主招生办法、程序和结果。加强考试招生法规建设，规范学校招生录取程序，清理并规范升学加分政策。强化考试安全责任，加强诚信制度建设，坚决防范和严肃查处考试招生舞弊行为。

第十三章　建设现代学校制度

（三十八）推进政校分开、管办分离。适应中国国情和时代要求，建设依法办学、自主管理、民主监督、社会参与的现代学校制度，构建政府、学校、社会之间新型关系。适应国家行政管理体制改革要求，明确政府管理权限和职责，明确各级各类学校办学权利和责任。探索适应不同类型教育和人才成长的学校管理体制与办学模式，避免千校一面。完善学校目标管理和绩效管理机制。健全校务公开制度，接受师生员工和社会的监督。随着国家事业单位分类改革推进，探索建立符合学校特点的管理制度和配套政策，克服行政化倾向，取消实际存在的行政级别和行政化管理模式。

（三十九）落实和扩大学校办学自主权。政府及其部门要树立服务意识，改进管理方式，完善监管机制，减少和规范对学校的行政审批事项，依法保障学校充分行使办学自主权和承担相应责任。高等学校按照国家法律法规和宏观政策，自主开展教学活动、科学研究、技术开发和社会服务，自主设置和调整学科、专业，自主制定学校规划并组织实施，自主设置教学、科研、行政管理机构，自主确定内部收入分配，自主管理和使用人才，自主管理和使用学校财产和经费。扩大普通高中及中等职业学校在办学模式、育人方式、资源配置、人事管理、合作办学、社区服务等方面的自主权。

（四十）完善中国特色现代大学制度。完善治理结构。公办高等学校要坚持和完善党委领导下的校长负责制。健全议事规则与决策程序，依法落实党委、校长职权。完善大学校长选拔任用办法。充分发挥学术委员会在学科建设、学术评价、学术发展中的重要作用。探索教授治学的有效途径，充分发挥教授在教学、学术研究和学校管理中的作用。加强教职工代表大会、学生代表大会建设，发挥群众团体的作用。

加强章程建设。各类高校应依法制定章程，依照章程规定管理学校。尊重学术自由，营造宽松的学术环境。全面实行聘任制度和岗位管理制度。确立科学的考核评价和激励机制。

扩大社会合作。探索建立高等学校理事会或董事会，健全社会支持和监督学校发展的长效机制。探索高等学校与行业、企业密切合作共建的模式，推进高等学校与科研院所、社会团体的资源共享，形成协调合作的有效机制，提高服务经济建设和社会发展的能力。推进高校后勤社会化改革。

推进专业评价。鼓励专门机构和社会中介机构对高等学校学科、专业、课程等水平和质量进行评估。建立科学、规范的评估制度。探索与国际高水平教育评价机构合作，形成中国特色学校评价模式。建立高等学校质量年度报告发布制度。

（四十一）完善中小学学校管理制度。完善普通中小学和中等职业学校校长负责制。完善校长任职条件和任用办法。实行校务会议等管理制度，建立健全教职工代表大会制度，不断完善科学民主决策机制。扩大中等职业学校专业设置自主权。建立中小学家长委员会。引导社区和有关专业人士参与学校管理和监督。发挥企业参与中等职业学校发展的作用。建立中等职业学校与行业、企业合作机制。

第十四章　办学体制改革

（四十二）深化办学体制改革。坚持教育公益性原则，健全政府主导、社会参与、办学主体多元、办学形式多样、充满生机活力的办学体制，形成以政府办学为主体、全社会积极参与、公办教育和民办教育共同发展的格局。调动全社会参与的积极性，进一步激发教育活力，满足人民群众多层次、多样化的教育需求。

深化公办学校办学体制改革，积极鼓励行业、企业等社会力量参与公办学校办学，扶持薄弱学校发展，扩大优质教育资源，增强办学活力，提高办学效益。各地可从实际出发，开展公办学校联合办学、委托管理等试验，探索多种形式，提高办学水平。

改进非义务教育公共服务提供方式，完善优惠政策，鼓励公平竞争，引导社会资金以多种方式进入教育领域。

（四十三）大力支持民办教育。民办教育是教育事业发展的重要增长点和促进教育改革的重要力量。各级政府要把发展民办教育作为重要工作职责，鼓励出资、捐资办学，促进社会力量以独立举办、共同举办等多种形式兴办教育。完善独立学院管理和运行机制。支持民办学校创新体制机制和育人模式，提高质量，办出特色，办好一批高水平民办学校。

依法落实民办学校、学生、教师与公办学校、学生、教师平等的法律地位，保障民办学校办学自主权。清理并纠正对民办学校的各类歧视政策。制定完善促进民办教育发展的优惠政策。对具备学士、硕士和博士学位授予单位条件的民办学校，按规定程序予以审批。建立完善民办学校教师社会保险制度。

健全公共财政对民办教育的扶持政策。政府委托民办学校承担有关教育和培训任务，拨付相应教育经费。县级以上人民政府可以根据本行政区域的具体情况设立专项资金，用于资助民办学校。国家对发展民办教育作出突出贡献的组织、学校和个人给予奖励和表彰。

（四十四）依法管理民办教育。教育行政部门要切实加强民办教育的统筹、规划和管理工作。积极探索营利性和非营利性民办学校分类管理。规范民办学校法人登记。完善民办学校法人治理结构。民办学校依法设立理事会或董事会，保障校长依法行使职权，逐步推进监事制度。积极发挥民办学校党组织的作用。完善民办高等学校督导专员制度。落实民办学校教职工参与民主管理、民主监督的权利。依法明确民办学校变更、退出机制。切实落实民办学校法人财产权。依法建立民办学校财务、会计和资产管理制度。任何组织和个人不得侵占学校资产、抽逃资金或者挪用办学经费。建立民办学校办学风险防范机制和信息公开制度。扩大社会参与民办学校的管理与监督。加强对民办教育的评估。

第十五章　管理体制改革

（四十五）健全统筹有力、权责明确的教育管理体制。以转变政府职能和简政放权为重点，深化教育管理体制改革，提高公共教育服务水平。明确各级政府责任，规范学校办学行为，促进管办评分离，形成政事分开、权责明确、统筹协调、规范有序的教育管理体制。中央政府统一领导和管理国家教育事业，制定发展规划、方针政策和基本标准，优化学科专业、类型、层次结构和区域布局。整体部署教育改革试验，统筹区域协调发展。地方政府负责落实国家方针政策，开展教育改革试验，根据职责分工负责区域内教育改革、发展和稳定。

（四十六）加强省级政府教育统筹。进一步加大省级政府对区域内各级各类教育的统筹。统筹管理义务教育，推进城乡义务教育均衡发展，依法落实发展义务教育的财政责任。促进普通高中和中等职业学校合理分布，加快普及高中阶段教育，重点扶持困难地区高中阶段教育发展。促进省域内职业教育协调发展和资源共享，支持行业、企业发展职业教育。完善以省级政府为主管理高等教育的体制，合理设置和调整高等学校及学科、专业布局，提高管理水平和办学质量。依法审批设立实施专科学历教育的高等学校，审批省级政府管理本科院校学士学位授予单位和已确定为硕士学位授予单位的学位授予点。完善省对省以下财政转移支付体制，加大对经济欠发达地区的支持力度。根据国家标准，结合本地实际，合理确定各级各类学校办学条件、教师编制等实施标准。统筹推进教育综合改革，促进教育区域协作，提高教育服务经济社会发展的水平。支持和督促市（地）、县级政府履行职责，发展管理好当地各类教育。

（四十七）转变政府教育管理职能。各级政府要切实履行统筹规划、政策引导、监督管理和提供公共教育服务的职责，建立健全公共教育服务体系，逐步实现基本公共教育服务均等化，维护教育公平和教育秩序。改变直接管理学校的单一方式，综合应用立法、拨款、规划、信息服务、政策指导和必要的行政措施，减少不必要的行政干预。

提高政府决策的科学性和管理的有效性。规范决策程序，重大教育政策出台前要公开讨论，充分听取群众意见。成立教育咨询委员会，为教育改革和发展提供咨询论证，提高重大教育决策的科学性。建立和完善国家教育基本标准。整合国家教育质量监测评估机构及资源，完善监测评估体系，定期发布监测评估报告。加强教育监督检查，完善教育问责机制。

培育专业教育服务机构。完善教育中介组织的准入、资助、监管和行业自律制度。积极发挥行业协会、专业学会、基金会等各类社会组织在教育公共治理中的作用。

第十六章　扩大教育开放

（四十八）加强国际交流与合作。坚持以开放促改革、促发展。开展多层次、宽领域的教育交流与合作，提高我国教育国际化水平。借鉴国际上先进的教育理念和教育经验，促进我国教育改革发展，提升我国教育的国际地位、影响力和竞争力。适应国家经济社会对外开放的要求，培养大批具有国际视野、通晓国际规则、能够参与国际事务和国际竞争的国际化人才。

（四十九）引进优质教育资源。吸引境外知名学校、教育和科研机构以及企业，合作设立教育教学、实训、研究机构或项目。鼓励各级各类学校开展多种形式的国际交流与合作，办好若干所示范性中外合作学校和一批中外合作办学项目。探索多种方式利用国外优质教育资源。

吸引更多世界一流的专家学者来华从事教学、科研和管理工作，有计划地引进海外高端人才和学术团队。引进境外优秀教材，提高高等学校聘任外籍教师的比例。吸引海外优秀留学人员回国服务。

（五十）提高交流合作水平。扩大政府间学历学位互认。支持中外大学间的教师互派、学生互换、学分互认和学位互授联授。加强与国外高水平大学合作，建立教学科研合作平台，联合推进高水平基础研究和高技术研究。加强中小学、职业学校对外交流与合作。加强国际理解教育，推动跨文化交流，增进学生对不同国家、不同文化的认识和理解。

推动我国高水平教育机构海外办学，加强教育国际交流，广泛开展国际合作和教育服务。支持国际汉语教育。提高孔子学院办学质量和水平。加大教育国际援助力度，为发展中国家培养培训专门人才。拓宽渠道和领域，建立高等学校毕业生海外志愿者服务机制。

创新和完善公派出国留学机制，在全国公开选拔优秀学生进入国外高水平大学和研究机构学习。加强对自费出国留学的政策引导，加大对优秀自费留学生资助和奖励力度。坚持“支持留学、鼓励回国、来去自由”的方针，提高对留学人员的服务和管理水平。

进一步扩大外国留学生规模。增加中国政府奖学金数量，重点资助发展中国家学生，优化来华留学人员结构。实施来华留学预备教育，增加高等学校外语授课的学科专业，不断提高来华留学教育质量。

加强与联合国教科文组织等国际组织的合作，积极参与双边、多边和全球性、区域性教育合作。积极参与和推动国际组织教育政策、规则、标准的研究和制定。搭建高层次国际教育交流合作与政策对话平台，加强教育研究领域和教育创新实践活动的国际交流与合作。

加强内地与港澳台地区的教育交流与合作。扩展交流内容，创新合作模式，促进教育事业共同发展。

第四部分 保 障 措 施

第十七章 加强教师队伍建设

（五十一）建设高素质教师队伍。教育大计，教师为本。有好的教师，才有好的教育。提高教师地位，维护教师权益，改善教师待遇，使教师成为受人尊重的职业。严格教师资质，提升教师素质，努力造就一支师德高尚、业务精湛、结构合理、充满活力的高素质专业化教师队伍。

（五十二）加强师德建设。加强教师职业理想和职业道德教育，增强广大教师教书育人的责任感和使命感。教师要关爱学生，严谨笃学，淡泊名利，自尊自律，以人格魅力和学识魅力教育感染学生，做学生健康成长的指导者和引路人。将师德表现作为教师考核、聘任（聘用）和评价的首要内容。采取综合措施，建立长效机制，形成良好学术道德和学术风气，克服学术浮躁，查处学术不端行为。

（五十三）提高教师业务水平。完善培养培训体系，做好培养培训规划，优化队伍结构，提高教师专业水平和教学能力。通过研修培训、学术交流、项目资助等方式，培养教育教学骨干、“双师型”教师、学术带头人和校长，造就一批教学名师和学科领军人才。

以农村教师为重点，提高中小学教师队伍整体素质。创新农村教师补充机制，完善制度政策，吸引更多优秀人才从教。积极推进师范生免费教育，实施农村义务教育学校教师特设岗位计划，完善代偿机制，鼓励高校毕业生到艰苦边远地区当教师。完善教师培训制度，将教师培训经费列入政府预算，对教师实行每五年一周期的全员培训。加大民族地区双语教师培养培训力度。加强校长培训，重视辅导员和班主任培训。加强教师教育，构建以师范院校为主体、综合大学参与、开放灵活的教师教育体系。深化教师教育改革，创新培养模式，增强实习实践环节，强化师德修养和教学能力训练，提高教师培养质量。

以“双师型”教师为重点，加强职业院校教师队伍建设。加大职业院校教师培养培训力度。依托相关高等学校和大中型企业，共建“双师型”教师培养培训基地。完善教师定期到企业实践制度。完善相关人事制度，聘任（聘用）具有实践经验的专业技术人员和高技能人才担任专兼职教师，提高持有专业技术资格证书和职业资格证书教师比例。

以中青年教师和创新团队为重点，建设高素质的高校教师队伍。大力提高高校教师教学水平、科研创新和社会服务能力。促进跨学科、跨单位合作，形成高水平教学和科研创新团队。创新人事管理和薪酬分配方式，引导教师潜心教学科研，鼓励中青年优秀教师脱颖而出。实施海外高层次人才引进计划、“长江学者奖励计划”和“国家杰出青年科学基金”等人才项目，为高校集聚具有国际影响的学科领军人才。

（五十四）提高教师地位待遇。不断改善教师的工作、学习和生活条件，吸引优秀人才长期从教、终身从教。依法保证教师平均工资水平不低于或者高于国家公务员的平均工资水平，并逐步提高。落实教师绩效工资。对长期在农村基层和艰苦边远地区工作的教师，在工资、职务（职称）等方面实行倾斜政策，完善津贴补贴标准。建设农村艰苦边远地区学校教师周转宿舍。研究制定优惠政策，改善教师工作和生活条件。关心教师身心健康。落实和完善教师医疗养老等社会保障政策。国家对在农村地区长期从教、贡献突出的教师给予奖励。

（五十五）健全教师管理制度。完善并严格实施教师准入制度，严把教师入口关。国家制定教师资格标准，提高教师任职学历标准和品行要求。建立教师资格证书定期登记制度。省级教育行政部门统一组织中小学教师资格考试和资格认定，县级教育行政部门按规定履行中小学教师的招聘录用、职务（职称）评聘、培养培训和考核等管理职能。

逐步实行城乡统一的中小学编制标准，对农村边远地区实行倾斜政策。制定幼儿园教师配备标准。建立统一的中小学教师职务（职称）系列，在中小学设置正高级教师职务（职称）。探索在职业学校设置正高级教师职务（职称）。制定高等学校编制标准。加强学校岗位管理，创新聘用方式，规范用人行为，完善激励机制，激发教师积极性和创造性。建立健全义务教育学校教师和校长流动机制。城镇中小学教师在评聘高级职务（职称）时，原则上要有一年以上在农村学校或薄弱学校任教经历。加强教师管理，完善教师退出机制。制定校长任职资格标准，促进校长专业化，提高校长管理水平。推行校长职级制。

创造有利条件，鼓励教师和校长在实践中大胆探索，创新教育思想、教育模式和教育方法，形成教学特色和办学风格，造就一批教育家，倡导教育家办学。大力表彰和宣传模范教师的先进事迹。国家对作出突出贡献的教师和教育工作者设立荣誉称号。

第十八章　保障经费投入

（五十六）加大教育投入。教育投入是支撑国家长远发展的基础性、战略性投资，是教育事业的物质基础，是公共财政的重要职能。要健全以政府投入为主、多渠道筹集教育经费的体制，大幅度增加教育投入。

各级政府要优化财政支出结构，统筹各项收入，把教育作为财政支出重点领域予以优先保障。严格按照教育法律法规规定，年初预算和预算执行中的超收收入分配都要体现法定增长要求，保证教育财政拨款增长明显高于财政经常性收入增长，并使按在校学生人数平均的教育费用逐步增长，保证教师工资和学生人均公用经费逐步增长。按增值税、营业税、消费税的3%足额征收教育费附加，专项用于教育事业。提高国家财政性教育经费支出占国内生产总值比例，2012年达到4%。

社会投入是教育投入的重要组成部分。充分调动全社会办教育积极性，扩大社会资源进入教育途径，多渠道增加教育投入。完善财政、税收、金融和土地等优惠政策，鼓励和引导社会力量捐资、出资办学。完善非义务教育培养成本分担机制，根据经济发展状况、培养成本和群众承受能力，调整学费标准。完善捐赠教育激励机制，落实个人教育公益性捐赠支出在所得税税前扣除规定。

（五十七）完善投入机制。进一步明确各级政府提供公共教育服务职责，完善各级教育经费投入机制，保障学校办学经费的稳定来源和增长。各地根据国家办学条件基本标准和教育教学基本需要，制定并逐步提高区域内各级学校学生人均经费基本标准和学生人均财政拨款基本标准。

义务教育全面纳入财政保障范围，实行国务院和地方各级人民政府根据职责共同负担，省、自治区、直辖市人民政府负责统筹落实的投入体制。进一步完善中央财政和地方财政分项目、按比例分担的农村义务教育经费保障机制，提高保障水平。尽快化解农村义务教育学校债务。

非义务教育实行以政府投入为主、受教育者合理分担、其他多种渠道筹措经费的投入机制。学前教育建立政府投入、社会举办者投入、家庭合理负担的投入机制。普通高中实行以财政投入为主，其他渠道筹措经费为辅的机制。中等职业教育实行政府、行业、企业及其他社会力量依法筹集经费的机制。高等教育实行以举办者投入为主、受教育者合理分担培养成本、学校设立基金接受社会捐赠等筹措经费的机制。

进一步加大农村、边远贫困地区、民族地区教育投入。中央财政通过加大转移支付，支持农村欠发达地区和民族地区教育事业发展，加强关键领域和薄弱环节，解决突出问题。

健全国家资助政策体系。各地根据学前教育普及程度和发展情况，逐步对农村家庭经济困难和城镇低保家庭子女接受学前教育予以资助。提高农村义务教育家庭经济困难寄宿生生活补助标准，改善中小学生营养状况。建立普通高中家庭经济困难学生国家资助制度。完善普通本科高校、高等职业学校和中等职业学校家庭经济困难学生资助政策体系。完善助学贷款体制机制。推进生源地信用助学贷款。建立健全研究生教育收费制度，完善资助政策，设立研究生国家奖学金。根据经济发展水平和财力状况，建立国家奖助学金标准动态调整机制。

（五十八）加强经费管理。坚持依法理财，严格执行国家财政资金管理法律制度和财经纪律。建立科学化、精细化预算管理机制，科学编制预算，提高预算执行效率。设立高等教育拨款咨询委员会，增强经费分配的科学性。加强学校财务会计制度建设，完善经费使用内部稽核和内部控制制度。完善教育经费监管机构职能，在高等学校试行设立总会计师职务，提升经费使用和资产管理专业化水平。公办高等学校总会计师由政府委派。加强经费使用监督，强化重大项目建设和经费使用全过程审计，确保经费使用规范、安全、有效。建立并不断完善教育经费基础信息库，提升经费管理信息化水平。防范学校财务风险。建立经费使用绩效评价制度，加强重大项目经费使用考评。加强学校国有资产管理，建立健全学校国有资产配置、使用、处置管理制度，防止国有资产流失，提高使用效益。

完善学校收费管理办法，规范学校收费行为和收费资金使用管理。坚持勤俭办学，严禁铺张浪费，建设节约型学校。

第十九章　加快教育信息化进程

（五十九）加快教育信息基础设施建设。信息技术对教育发展具有革命性影响，必须予以高度重视。把教育信息化纳入国家信息化发展整体战略，超前部署教育信息网络。到2020年，基本建成覆盖城乡各级各类学校的教育信息化体系，促进教育内容、教学手段和方法现代化。充分利用优质资源和先进技术，创新运行机制和管理模式，整合现有资源，构建先进、高效、实用的数字化教育基础设施。加快终端设施普及，推进数字化校园建设，实现多种方式接入互联网。重点加强农村学校信息基础建设，缩小城乡数字化差距。加快中国教育和科研计算机网、中国教育卫星宽带传输网升级换代。制定教育信息化基本标准，促进信息系统互联互通。

（六十）加强优质教育资源开发与应用。加强网络教学资源体系建设。引进国际优质数字化教学资源。开发网络学习课程。建立数字图书馆和虚拟实验室。建立开放灵活的教育资源公共服务平台，促进优质教育资源普及共享。创新网络教学模式，开展高质量高水平远程学历教育。继续推进农村中小学远程教育，使农村和边远地区师生能够享受优质教育资源。

强化信息技术应用。提高教师应用信息技术水平，更新教学观念，改进教学方法，提高教学效果。鼓励学生利用信息手段主动学习、自主学习，增强运用信息技术分析解决问题能力。加快全民信息技术普及和应用。

（六十一）构建国家教育管理信息系统。制定学校基础信息管理要求，加快学校管理信息化进程，促进学校管理标准化、规范化。推进政府教育管理信息化，积累基础资料，掌握总体状况，加强动态监测，提高管理效率。整合各级各类教育管理资源，搭建国家教育管理公共服务平台，为宏观决策提供科学依据，为公众提供公共教育信息，不断提高教育管理现代化水平。

第二十章　推进依法治教

（六十二）完善教育法律法规。按照全面实施依法治国基本方略的要求，加快教育法制建设进程，完善中国特色社会主义教育法律法规。根据经济社会发展和教育改革的需要，修订教育法、职业教育法、高等教育法、学位条例、教师法、民办教育促进法，制定有关考试、学校、终身学习、学前教育、家庭教育等法律。加强教育行政法规建设。各地根据当地实际，制定促进本地区教育发展的地方性法规和规章。

（六十三）全面推进依法行政。各级政府要按照建设法治政府的要求，依法履行教育职责。探索教育行政执法体制机制改革，落实教育行政执法责任制，及时查处违反教育法律法规、侵害受教育者权益、扰乱教育秩序等行为，依法维护学校、学生、教师、校长和举办者的权益。完善教育信息公开制度，保障公众对教育的知情权、参与权和监督权。

（六十四）大力推进依法治校。学校要建立完善符合法律规定、体现自身特色的学校章程和制度，依法办学，从严治校，认真履行教育教学和管理职责。尊重教师权利，加强教师管理。保障学生的受教育权，对学生实施的奖励与处分要符合公平、公正原则。健全符合法治原则的教育救济制度。

开展普法教育。促进师生员工提高法律素质和公民意识，自觉知法守法，遵守公共生活秩序，做遵纪守法的楷模。

（六十五）完善督导制度和监督问责机制。制定教育督导条例，进一步健全教育督导制度。探索建立相对独立的教育督导机构，独立行使督导职能。健全国家督学制度，建设专职督导队伍。坚持督政与督学并重、监督与指导并重。加强义务教育督导检查，开展学前教育和高中阶段教育督导检查。强化对政府落实教育法律法规和政策情况的督导检查。建立督导检查结果公告制度和限期整改制度。

严格落实问责制。主动接受和积极配合各级人大及其常委会对教育法律法规执行情况的监督检查以及司法机关的司法监督。建立健全层级监督机制。加强监察、审计等专门监督。强化社会监督。

第二十一章　重大项目和改革试点

（六十六）组织实施重大项目。2010—2012 年，围绕教育改革发展战略目标，着眼于促进教育公平，提高教育质量，增强可持续发展能力，以加强关键领域和薄弱环节为重点，完善机制，组织实施一批重大项目。

义务教育学校标准化建设。完善城乡义务教育经费保障机制，科学规划、统筹安排、均衡配置、合理布局。实施中小学校舍安全工程，集中开展危房改造、抗震加固，实现城乡中小学校舍安全达标；改造小学和初中薄弱学校，尽快使义务教育学校师资、教学仪器设备、图书、体育场地基本达标；改扩建劳务输出大省和特殊困难地区农村学校寄宿设施，改善农村学生特别是留守儿童寄宿条件，基本满足需要。

义务教育教师队伍建设。继续实施农村义务教育学校教师特设岗位计划，吸引高校毕业生到农村从教；加强农村中小学薄弱学科教师队伍建设，重点培养和补充一批边远贫困地区和革命老区急需紧缺教师；对义务教育教师进行全员培训，组织校长研修培训；对专科学历以下小学教师进行学历提高教育，使全国小学教师学历逐步达到专科以上水平。

推进农村学前教育。支持办好现有的乡镇和村幼儿园；重点支持中西部贫困地区充分利用中小学富余校舍和社会资源，改扩建或新建乡镇和村幼儿园；对农村幼儿园园长和骨干教师进行培训。

职业教育基础能力建设。支持建设一批职业教育实训基地，提升职业教育实践教学水平；完成一大批“双师型”教师培训，聘任（聘用）一大批有实践经验和技能的专兼职教师；支持一批中等职业教育改革示范校和优质特色校建设，支持高等职业教育示范校建设；支持一批示范性职业教育集团学校建设，促进优质资源开放共享。

提升高等教育质量。实施中西部高等教育振兴计划，加强中西部地方高校优势学科和师资队伍建设；实施东部高校对口支援西部高校计划；支持建设一批高等学校产学研基地；实施基础学科拔尖学生培养试验计划和卓越工程师、医师等人才教育培养计划；继续实施“985 工程”和优势学科创新平台建设，继续实施“211 工程”和启动特色重点学科项目；继续实施“高等学校本科教学质量与教学改革工程”、“研究生教育创新计划”、“高等学校哲学社会科学繁荣计划”和“高等学校高层次创新人才计划”。

发展民族教育。巩固民族地区普及九年义务教育成果，支持边境县和民族自治地方贫困县实现义务教育学校标准化；重点扶持和培养一批边疆民族地区紧缺教师人才；加强对民族地区中小学和幼儿园双语教师培养培训；加快民族地区高中阶段教育发展，启动内地中职班，支持教育基础薄弱县改扩建、新建一批普通高中和中等职业学校；支持民族院校建设。

发展特殊教育。改扩建和新建一批特殊教育学校，使市（地）和 30 万人口以上、残疾儿童少年较多的县（市）都有一所特殊教育学校；为现有特殊教育学校添置必要的教学、生活和康复训练设施，改善办学条件；对特殊教育教师进行专业培训，提高教育教学水平。

家庭经济困难学生资助。启动民族地区、贫困地区农村小学生营养改善计划；免除中等职业教育家庭经济困难学生和涉农专业学生学费；把普通高中学生和研究生纳入国家助学体系。

教育信息化建设。提高中小学每百名学生拥有计算机台数，为农村中小学班级配备多媒体远程教学设备；建设有效共享、覆盖各级各类教育的国家数字化教学资源库和公共服务平台；基本建成较完备的国家级和省级教育基础信息库以及教育质量、学生流动、资源配置和毕业生就业状况等监测分析系统。

教育国际交流合作。支持一批示范性中外合作办学机构；支持在高校建设一批国际合作联合实验室、研究中心；引进一大批海外高层次人才；开展大中小学校长和骨干教师海外研修培训；支持扩大公派出国留学规模；实施留学中国计划，扩大来华留学生规模；培养各种外语人才；支持孔子学院建设。

（六十七）组织开展改革试点。成立国家教育体制改革领导小组，研究部署、指导实施教育体制改革工作。根据统筹规划、分步实施、试点先行、动态调整的原则，选择部分地区和学校开展重大改革试点。

推进素质教育改革试点。建立减轻中小学生课业负担的有效机制；加强基础教育课程教材建设；开展高中办学模式多样化试验，开发特色课程；探索弹性学制等培养方式；完善教育质量监测评估体系，定期发布测评结果等。

义务教育均衡发展改革试点。建立城乡一体化义务教育发展机制；实行县（区）域内教师、校长交流制度；实行优质普通高中和优质中等职业学校招生名额合理分配到区域内初中的办法；切实解决区域内义务教育阶段择校问题等。

职业教育办学模式改革试点。以推进政府统筹、校企合作、集团化办学为重点，探索部门、行业、企业参与办学的机制；开展委托培养、定向培养、订单式培养试点；开展工学结合、弹性学制、模块化教学等试点；推进职业教育为“三农”服务、培养新型农民的试点。

终身教育体制机制建设试点。建立区域内普通教育、职业教育、继续教育之间的沟通机制；建立终身学习网络和服务平台；统筹开发社会教育资源，积极发展社区教育；建立学习成果认证体系，建立“学分银行”制度等。

拔尖创新人才培养改革试点。探索贯穿各级各类教育的创新人才培养途径；鼓励高等学校联合培养拔尖创新人才；支持有条件的高中与大学、科研院所合作开展创新人才培养研究和试验，建立创新人才培养基地。

考试招生制度改革试点。完善初中和高中学业水平考试和综合素质评价；探索实行高水平大学联考；探索高等职业学校自主考试或根据学业水平考试成绩注册入学；探索自主录取、推荐录取、定向录取、破格录取的具体方式；探索缩小高等学校入学机会区域差距的举措等。

现代大学制度改革试点。研究制定党委领导下的校长负责制实施意见。制定和完善学校章程，探索学校理事会或董事会、学术委员会发挥积极作用的机制；全面实行聘任制度和岗位管理制度；实行新进人员公开招聘制度；探索协议工资制等灵活多样的分配办法；建立多种形式的专职科研队伍，推进管理人员职员制；完善校务公开制度等。

深化办学体制改革试点。探索公办学校联合办学、中外合作办学、委托管理等改革试验；开展对营利性和非营利性民办学校分类管理试点；建立民办学校财务、会计和资产管理制度；探索独立学院管理和发展的有效方式等。

地方教育投入保障机制改革试点。建立多渠道筹措教育经费长效机制；制定各级学校学生人均经费基本标准和学生人均财政拨款基本标准；探索政府收入统筹用于支持教育的办法；建立教育投入分项分担机制；依法制定鼓励教育投入的优惠政策；对长期在农村基层和艰苦边远地区工作的教师实行工资福利倾斜政策等。

省级政府教育统筹综合改革试点。探索政校分开、管办分离实现形式；合理部署区域内学校、学科、专业设置；制定办学条件、教师编制、招生规模等基本标准；推进县（市）教育综合改革试点；加强教育督导制度建设，探索督导机构独立履行职责的机制；探索省际教育协作改革试点，建立跨地区教育协作机制等。

第二十二章　加强组织领导

（六十八）加强和改善对教育工作的领导。各级党委和政府要以邓小平理论和“三个代表”重要思想为指导，深入贯彻落实科学发展观，把推动教育事业优先发展、科学发展作为重要职责，健全领导体制和决策机制，及时研究解决教育改革发展的重大问题和群众关心的热点问题。要把推进教育事业科学发展作为各级党委和政府政绩考核的重要内容，完善考核机制和问责制度。各级政府要定期向同级人民代表大会或其常务委员会报告教育工作情况。建立各级党政领导班子成员定点联系学校制度。有关部门要切实履行职责，支持教育改革和发展。扩大人民群众对教育事业的知情权、参与度。

加强教育宏观政策和发展战略研究，提高教育决策科学化水平。鼓励和支持教育科研人员坚持理论联系实际，深入探索中国特色社会主义教育规律，研究和回答教育改革发展重大理论和现实问题，促进教育事业科学发展。

（六十九）加强和改进教育系统党的建设。把教育系统党组织建设成为学习型党组织。深入学习马克思列宁主义、毛泽东思想、邓小平理论、“三个代表”重要思想以及科学发展观，坚持用发展着的马克思主义武装党员干部、教育广大师生。深入推动中国特色社会主义理论体系进教材、进课堂、进头脑。深入开展社会主义核心价值体系学习教育。

健全各级各类学校党的组织。把全面贯彻党的教育方针、培养社会主义建设者和接班人贯穿学校党组织活动始终，坚持社会主义办学方向，牢牢把握党对学校意识形态工作的主导权。高等学校党组织要充分发挥在学校改革发展中的领导核心作用，中小学党组织要充分发挥在学校工作中的政治核心作用。加强民办学校党的建设，积极探索党组织发挥作用的途径和方法。

加强学校领导班子和领导干部队伍建设，不断提高思想政治素质和办学治校能力。坚持德才兼备、以德为先用人标准，选拔任用学校领导干部。加大学校领导干部培养培训和交流任职力度。

着力扩大党组织的覆盖面，推进工作创新，增强生机活力。充分发挥学校基层党组织战斗堡垒作用和党员先锋模范作用。加强在优秀青年教师、优秀学生中发展党员工作。重视学校共青团、少先队工作。

加强教育系统党风廉政建设和行风建设。大兴密切联系群众之风、求真务实之风、艰苦奋斗之风、批评和自我批评之风。坚持标本兼治、综合治理、惩防并举、注重预防的方针，完善体现教育系统特点的惩治和预防腐败体系。严格执行党风廉政建设责任制，加大教育、监督、改革、制度创新力度，坚决惩治腐败。坚持从严治教、规范管理，积极推行政务公开、校务公开。坚决纠正损害群众利益的各种不正之风。

（七十）切实维护教育系统和谐稳定。加强和改进学校思想政治工作，加强校园文化建设，深入开展平安校园、文明校园、绿色校园、和谐校园创建活动。重视解决好师生员工的实际困难和问题。完善矛盾纠纷排查化解机制，完善学校突发事件应急管理机制，妥善处置各种事端。加强校园网络管理。建立健全安全保卫制度和工作机制，完善人防、物防和技防措施。加强师生安全教育和学校安全管理，提高预防灾害、应急避险和防范违法犯罪活动的能力。加强校园和周边环境治安综合治理，为师生创造安定有序、和谐融洽、充满活力的工作、学习、生活环境。

实　施

《教育规划纲要》是21世纪我国第一个中长期教育规划纲要，涉及面广、时间跨度大、任务重、要求高，必须周密部署、精心组织、认真实施，确保各项任务落到实处。

明确目标任务，落实责任分工。贯彻实施《教育规划纲要》，是各级党委和政府的重要职责。各地区各部门要在中央统一领导下，按照《教育规划纲要》的部署和要求，对目标任务进行分解，明确责任分工。国务院教育行政部门负责《教育规划纲要》的组织协调与实施，各有关部门积极配合，密切协作，共同抓好贯彻落实。

提出实施方案，制定配套政策。各地要围绕《教育规划纲要》确定的战略目标、主要任务、体制改革、重大措施和项目等，提出本地区实施的具体方案和措施，分阶段、分步骤组织实施。各有关部门要抓紧研究制定切实可行、操作性强的配套政策，尽快出台实施。

鼓励探索创新，加强督促检查。充分尊重人民群众的首创精神，鼓励各地积极探索，勇于创新，创造性地实施《教育规划纲要》。对各地在实施《教育规划纲要》中好的做法和有效经验，要及时总结，积极推广。对《教育规划纲要》实施情况进行监测评估和跟踪检查。

广泛宣传动员，营造良好环境。广泛宣传党的教育方针政策，广泛宣传优先发展教育、建设人力资源强国的重要性和紧迫性，广泛宣传《教育规划纲要》的重大意义和主要内容，动员全党全社会进一步关心支持教育事业的改革和发展，为《教育规划纲要》的实施创造良好社会环境和舆论氛围。

中共中央办公厅　国务院办公厅印发《关于进一步加强高技能人才工作的意见》的通知

（中办发〔2006〕15号　2006年4月18日）

各省、自治区、直辖市党委和人民政府，中央和国家机关各部委，解放军各总部、各大单位，各人民团体：

《关于进一步加强高技能人才工作的意见》已经党中央、国务院同意，现印发给你们，请结合实际认真贯彻执行。

关于进一步加强高技能人才工作的意见

为贯彻落实《中共中央、国务院关于进一步加强人才工作的决定》（中发［2003］16号）和《中共中央、国务院关于实施科技规划纲要增强自主创新能力的决定》（中发［2006］4号）精神，加快高技能人才队伍建设，充分发挥高技能人才在国家经济社会发展中的重要作用，现就进一步加强高技能人才工作提出如下意见。

一、加快推进人才强国战略，切实把加强高技能人才工作作为推动经济社会发展的一项重大任务来抓

（一）充分认识做好高技能人才工作的重要性和紧迫性。高技能人才是我国人才队伍的重要组成部分，是各行各业产业大军的优秀代表，是技术工人队伍的核心骨干，在加快产业优化升级、提高企业竞争力、推动技术创新和科技成果转化等方面具有不可替代的重要作用。改革开放以来，我国高技能人才工作取得了显著成绩，人才队伍不断壮大。但是，随着经济全球化趋势深入发展，科技进步日新月异，我国经济结构调整不断加快，人力资源能力建设要求不断提高，高技能人才工作也面临严峻挑战。从总体上看，高技能人才工作基础薄弱，培养体系不完善，评价、激励、保障机制不健全，轻视技能劳动和技能劳动者的传统观念仍然存在。当前，高技能人才的总量、结构和素质还不能适应经济社会发展的需要，特别是在制造、加工、建筑、能源、环保等传统产业和电子信息、航空航天等高新技术产业以及现代服务业领域，高技能人才严重短缺，已成为制约经济社会持续发展和阻碍产业升级的“瓶颈”。

本世纪头20年，是我国全面建设小康社会、开创中国特色社会主义事业新局面的重要战略机遇期。加快推进人才强国战略，大力加强高技能人才工作，培养造就一大批具有高超技艺和精湛技能的高技能人才，稳步提升我国产业工人队伍的整体素质，是增强我国核心竞争力和自主创新能力、建设创新型国家的重要举措，是在新的历史条件下巩固和发展工人阶级先进性、增强党的阶级基础的必然要求，对于促进人的全面发展，营造人才辈出、人尽其才的社会氛围，对于全面贯彻落实科学发展观、构建社会主义和谐社会，具有重大而深远的意义。各级党委和政府要进一步提高认识，坚决贯彻尊重劳动、尊重知识、尊重人才、尊重创造的方针，牢固树立科学的人才观，不断增强做好高技能人才工作的责任感和紧迫感，把高技能人才工作作为加快推进人才强国战略的重要内容，努力开创高技能人才队伍建设的新局面。

（二）高技能人才工作的指导思想和目标任务。高技能人才工作的指导思想是，以邓小平理论和“三个代表”重要思想为指导，全面贯彻落实科学发展观，大力实施人才强国战略，坚持党管人才原则，以职业能力建设为核心，紧紧抓住技能培养、考核评

价、岗位使用、竞赛选拔、技术交流、表彰激励、合理流动、社会保障等环节，进一步更新观念，完善政策，创新机制，充分发挥市场在高技能人才资源开发和配置中的基础性作用，健全和完善企业培养、选拔、使用、激励高技能人才的工作体系，形成有利于高技能人才成长和发挥作用的制度环境和社会氛围，带动技能劳动者队伍整体素质的提高和发展壮大。

当前和今后一个时期，高技能人才工作的目标任务是，加快培养一大批数量充足、结构合理、素质优良的技术技能型、复合技能型和知识技能型高技能人才，建立培养体系完善、评价和使用机制科学、激励和保障措施健全的高技能人才工作新机制，逐步形成与经济社会发展相适应的高、中、初级技能劳动者比例结构基本合理的格局。到“十一五”期末，高级技工水平以上的高技能人才占技能劳动者的比例达到25%以上，其中技师、高级技师占技能劳动者的比例达到5%以上，并带动中、初级技能劳动者队伍梯次发展。力争到2020年，使我国高、中、初级技能劳动者的比例达到中等发达国家水平，形成与经济社会和谐发展的格局。

二、完善高技能人才培养体系，大力加强高技能人才培养工作

（三）动员社会各方面力量开展高技能人才培养工作。针对经济社会发展实际需要，健全和完善以企业行业为主体、职业院校为基础、学校教育与企业培养紧密联系、政府推动与社会支持相互结合的高技能人才培养体系。在国家发展职业教育、实施国家技能型人才培养培训工程中，突出高技能人才培养工作。充分发挥高等职业院校和高级技工学校、技师学院的培训基地作用。大力发展民办职业教育和培训，充分发挥各类社会团体在高技能人才培养中的作用。建立现代企业职工培训制度和高技能人才校企合作培养制度，加快高技能人才培养步伐。结合国家重大工程和重大科技计划项目的实施，以及重大技术和重大装备的引进消化吸收再创新培养高技能人才。结合产业结构调整，加大对包括农民工在内的新产业工人中高技能人才的培养力度。

（四）以企业行业为主体，开辟高技能人才培养的多种途径。行业主管部门和行业组织要结合本行业生产、技术发展趋势以及高技能人才队伍现状，做好需求预测和培养规划，提出本行业高技能人才合理配置标准，指导本行业开展高技能人才培养工作。

增强企业对高技能人才培养工作重要性的认识，充分发挥企业培养高技能人才的主体作用。各类企业特别是大型企业（集团），应结合企业生产发展和技术创新需要制定高技能人才培养规划，并纳入企业发展总体规划。企业应依法建立和完善职工培训制度，加强上岗培训和岗位技能培训，可采取自办培训学校和机构，与职业院校和培训机构联合办学、委托培养等方式，加快培养高技能人才。鼓励企业推行企业培训师制度和名师带徒制度，建立技师研修制度，并通过技术交流等活动促进高技能人才成长。鼓励企业依托车间班组，通过岗位练兵、岗位培训、技术比赛等形式，促进职工在岗位实践中成才。鼓励企业结合技术创新、技术改造和技术项目引进，利用国内、国际两种资源，开展新技术、新工艺、新材料等相关知识和技能培训，并通过研发攻关等活动，促

进高技能人才培养。国有和国有控股企业要将高技能人才培养规划的制定和实施情况作为企业经营管理者业绩考核的内容之一，定期向职工代表大会报告。积极支持、推动和引导非公有制企业开展高技能人才培养工作。

机关事业单位也要结合各自实际，做好本部门本单位的高技能人才培养工作。

（五）建立高技能人才校企合作培养制度。各地要建立高技能人才校企合作培养制度，可由政府及有关部门负责人、企业行业和职业院校代表，以及有关方面专家组成高技能人才校企合作培养协调指导委员会，研究制定校企合作培养高技能人才的发展规划，确定培养方向和目标，指导和协调学校与企业开展合作。

进一步调整教育结构，对承担高技能人才培养任务的各类职业院校，要规范办学方向和培养标准。职业院校应以市场需求为导向，深化教学改革，紧密结合企业技能岗位的要求，对照国家职业标准，确定和调整各专业的培养目标和课程设置，与合作企业共同制定实训方案，采取全日制与非全日制、导师制等多种方式实施培养。对积极运用市场机制开展校企合作、实施产学结合，并在高技能人才培养方面作出突出成绩的职业院校，中央财政在实训基地建设等方面给予支持和奖励。鼓励普通高校毕业生参加职业技能培训。

企业应结合对高技能人才的实际需求，与职业院校联合制定培养计划，提供实习场地，选派实习指导教师，组织学员参与技术攻关。支持企业为职业院校建立学生实习实训基地。实行校企合作的定向培训费用可从企业职工教育经费中列支。对积极开展校企合作承担实习见习任务、培训成效显著的企业，由当地政府给予适当奖励。

（六）支持和鼓励职工参加职业技能培训。鼓励广大职工学习新知识和新技术，钻研岗位技能，积极参与技术革新和攻关项目，不断提高运用新知识解决新问题、运用新技术创造新财富的能力。鼓励并支持企业通过出国培训（研修）和引进国外先进培训资源等方式培养高技能人才。职工经单位同意参加脱产或半脱产培训，用人单位要按国家有关规定制定参加培训人员的薪酬制度和激励办法。对参加当地紧缺职业（工种）高级技能以上培训，获得相应职业资格且被企业聘用的人员，企业可给予一定的培训和鉴定补贴。

（七）加强高技能人才培训基地建设。充分发挥现有教育培训资源的作用，依托大型骨干企业（集团）、重点职业院校和培训机构，建设一批示范性国家级高技能人才培训基地。有条件的城市，可多方筹集资金，根据本地区支柱产业发展的需求，建立布局合理、技能含量高、面向社会提供技能培训和技能鉴定服务的公共实训基地。

三、以能力和业绩为导向，建立和完善高技能人才考核评价、竞赛选拔和技术交流机制

（八）健全和完善高技能人才考核评价制度。大力加强职业技能鉴定工作，积极推行职业资格证书制度，进一步突破年龄、资历、身份和比例限制，加快建立以职业能力为导向、以工作业绩为重点，注重职业道德和职业知识水平的高技能人才评价体系。要

结合生产和服务岗位要求，强化标准，健全程序，坚持公开、公平、公正的原则，进一步完善符合高技能人才特点的业绩考核内容和评价方式，反对和防止高技能人才考评中的不正之风。对在技能岗位工作并掌握高超技能、作出重大贡献的骨干人才，可进一步突破工作年限和职业资格等级的要求，允许他们破格或越级参加技师、高级技师考评。

积极探索高技能人才多元评价机制，逐步完善社会化职业技能鉴定、企业技能人才评价、院校职业资格认证和专项职业能力考核的实施办法。依托具备条件的大型企业，逐步开展高技能人才评价改革试点。试点企业可按规定，结合企业生产和科研活动实际，开展技师、高级技师考核鉴定工作。在职业院校开展职业技能鉴定工作，大力推行职业资格证书制度，努力使学生在获得学历证书的同时，取得相应的职业资格证书。开发与后备高技能人才评价要求相适应的课程标准。选择部分职业院校进行预备技师考核试点，取得预备技师资格的毕业生在相应职业岗位工作满两年后，经单位认可，可申报参加技师考评。推行专项职业能力考核制度，为劳动者提供专项职业能力公共认证服务。

（九）广泛开展职业技能竞赛活动。引导社会各方面力量，开展各种形式的岗位练兵和职业技能竞赛等活动，为发现和选拔高技能人才创造条件。对职业技能竞赛中涌现出来的优秀技能人才，在给予精神和物质奖励的同时，可按有关规定直接晋升职业资格或优先参加技师、高级技师考评。

（十）积极组织高技能人才技术交流活动。依托公共职业介绍机构、人才交流机构或有条件的大型企业（集团）、行业组织、职业院校，或通过科技协会、技师协会、职工技术协会、职业教育培训协会以及高技能人才工作室等，举办各种形式的高技能人才主题活动，为高技能人才参与高新技术开发、同业技术交流以及与科技人才交流、绝招绝技和技能成果展示等创造条件。挖掘和保护具有民族特色的民间传统技艺，实现代际传承，使之发扬光大。鼓励和支持高技能人才参与国际间职业技能交流活动。

四、建立高技能人才岗位使用和表彰激励机制，激发高技能人才的创新创造活力

（十一）健全高技能人才岗位使用机制。进一步推行技师、高级技师聘任制度。充分发挥技师、高级技师在技能岗位的关键作用，以及在解决技术难题、实施精品工程项目和带徒传技等方面的重要作用。鼓励企业根据自身发展需要，探索建立高技能人才带头人制度，在进行重大生产决策、组织重大技术革新和技术攻关项目时，要充分发挥高技能人才带头人的作用，并给予经费等方面的支持。高技能人才配置状况应作为生产经营性企业及实体等参加重大工程项目招投标、评优和资质评估的必要条件。

（十二）进一步完善高技能人才激励机制。引导和鼓励用人单位完善培训、考核、使用与待遇相结合的激励机制。引导和督促企业根据市场需求和经营情况，完善对高技能人才的激励办法，对优秀高技能人才实行特殊奖励政策。允许国有高新技术企业探索实施有利于鼓励优秀高技能人才创新创造的收入分配制度。企业应对高技能人才在聘任、工资、带薪学习、培训、休假、出国进修等方面，制定相应的鼓励办法；对到企业

技能岗位工作的各类职业院校毕业生，应合理确定工资待遇；对参加科技攻关和技术革新，并作出突出贡献的高技能人才，可从成果转化所得收益中，通过奖金等多种形式给予相应奖励。

（十三）表彰和奖励作出突出贡献的高技能人才。以政府奖励为导向，企业奖励为主体，辅以必要的社会奖励，对作出突出贡献的高技能人才进行表彰和奖励。对为国家和社会发展作出杰出贡献的高技能人才给予崇高荣誉并实行重奖。进一步完善国家技能人才评选表彰制度，对中华技能大奖获得者和全国技术能手给予奖励，并通过企业支持、社会赞助等多种方式筹集经费，鼓励他们参加培训深造、带徒传技、同业交流、技术创新等活动。省、自治区、直辖市人民政府应对作出突出贡献的高技能人才进行奖励，并参照高层次人才有关政策确定相应待遇。

五、完善高技能人才合理流动和社会保障机制，提高高技能人才配置和保障水平

（十四）引导高技能人才按需合理流动。坚持以市场为导向，依法维护用人单位和高技能人才的合法权益，保证人才流动的规范性和有序性。建立健全高技能人才柔性流动和区域合作机制，鼓励高技能人才通过兼职、服务、技术攻关、项目引进等多种方式发挥作用。加强对高技能人才流动的宏观调控，采取有效措施，鼓励和引导高技能人才面向西部地区重点建设项目流动。建立健全高技能人才流动服务体系，完善高技能人才信息发布制度，定期发布高技能人才供求信息和工资指导价位信息，引导高技能人才遵循市场规律合理流动。探索引进国内紧缺、企业急需的海外高技能人才。在公共职业介绍机构开设专门窗口，为高技能人才提供职业介绍、职业培训、劳动合同鉴证、社会保险关系办理、代存档案等“一站式”服务。鼓励人才交流和社会各类职业中介机构为高技能人才提供相应服务。

（十五）完善高技能人才社会保障制度。在进一步落实好高技能人才社会保障权益的同时，做好高技能人才在不同所有制单位、不同性质单位、不同行业和跨地区流动中社会保险关系的接续工作，逐步突破部门、行业、地域和所有制限制。高技能人才跨统筹地区流动，基本养老保险个人账户基金按规定转移。具备条件的企业，应积极探索为包括生产、服务一线的高技能人才在内的各类人才建立企业年金制度和补充医疗保险。

六、加大资金投入，做好高技能人才基础工作

（十六）加大资金投入力度，建立政府、企业、社会多渠道筹措的高技能人才投入机制。各级政府要根据高技能人才工作需要，对高技能人才的评选、表彰、师资培训、教材开发等工作经费给予必要的支持。地方各级政府要按规定合理安排城市教育费附加的使用，对高技能人才培养给予支持。要从国家安排的职业教育基础设施建设专项经费中，择优支持高技能人才培养成效显著的职业院校。将高技能人才实训基地建设纳入国家支持职业教育发展的规划。

企业应按规定提取职工教育经费（职工工资总额的1.5%～2.5%），加大高技能人

才培养投入。企业进行技术改造和项目引进，应按相关规定提取职工技术培训经费，重点保证高技能人才培养的需要。对自身没有能力开展职工培训，以及未开展高技能人才培训的企业，县级以上地方人民政府可依法对其职工教育经费实行统筹，由劳动保障等部门统一组织培训服务。机关事业单位要积极探索符合自身特点的高技能人才培养经费投入机制。

鼓励社会各界和海外人士对高技能人才培养提供捐赠和其他培训服务。企业和个人对高技能人才培养进行捐赠，按有关规定享受优惠政策。鼓励金融机构为公共实训基地建设和参与校企合作培养高技能人才的职业院校提供融资服务。各类职业院校可按照高技能人才实际培养成本提出收费标准，经物价部门核定后向学员收取培训费用。

（十七）做好高技能人才基础性工作。加强高技能人才相关理论研究，加快高技能人才法制建设。做好高技能人才调查统计和需求预测工作。完善国家高技能人才信息交流平台，开发高技能人才信息库和技能成果信息库。加强适用于高技能人才的远程培训和现代培训技术的开发和应用。加快编制、修订技师和高级技师国家职业标准，加强职业技能鉴定题库开发，健全职业技能鉴定质量督导制度。组织开发反映企业岗位需求、符合高技能人才培养特点的教材及教学辅助材料。加强高技能人才师资队伍建设，不断提高师资队伍水平。

七、加强领导，营造有利于高技能人才成长的良好氛围

（十八）切实加强对高技能人才工作的领导。各地区、各部门要根据经济社会发展需要制定高技能人才队伍建设规划，并纳入经济社会发展规划和人才队伍建设规划。各级党委和政府要将高技能人才工作作为人才工作的一项重要内容，列入重要议事日程，定期研究解决工作中存在的主要问题。要建立由组织、劳动保障、发展改革、教育、科技、国防科工、财政、人事、国资等部门以及工会、共青团、妇联等人民团体参加的高技能人才工作协调机制，负责对高技能人才工作的宏观指导、政策协调和组织推动。在党委和政府统一领导下，组织部门要加强宏观指导，劳动保障部门要进行统筹协调，有关部门要各司其职、密切配合，并动员社会各方面力量广泛参与，共同做好高技能人才工作。

（十九）加强舆论宣传，营造尊重劳动、崇尚技能、鼓励创造的良好氛围。充分发挥报刊、广播、电视、网络等多种媒体的作用，组织开展形式多样的宣传活动，大力宣传党和国家关于高技能人才工作的方针政策，大力宣传高技能人才在经济建设和社会发展中的重要作用和突出贡献，树立一批高技能人才的先进典型，提高高技能人才的社会地位。动员全社会都来关心高技能人才队伍建设，努力营造有利于高技能人才成长的良好氛围。

国务院关于大力推进职业教育改革与发展的决定

（国发［2002］16号　2002年8月24日）

各省、自治区、直辖市人民政府，国务院各部委、各直属机构：

改革开放以来，我国职业教育事业有了很大发展，各级各类职业学校教育和职业培训取得显著成绩，为社会主义现代化建设培养了大量高素质劳动者和实用人才。但是，职业教育的改革与发展也面临一些问题，一些地方对发展职业教育的重要性缺乏足够的认识；投入不足，基础薄弱，办学条件较差；管理体制、办学体制、教育教学质量不适应经济建设和社会发展的需要；就业准入制度没有得到有效执行，影响了受教育者的积极性；地区之间、城乡之间发展不平衡。为了进一步贯彻落实《中华人民共和国职业教育法》和《中华人民共和国劳动法》，实施科教兴国战略，大力推进职业教育的改革与发展，特作如下决定：

一、深刻认识职业教育在社会主义现代化建设中的重要地位，明确“十五”期间职业教育改革与发展的目标

1. 职业教育为初、高中毕业生和城乡新增劳动者、下岗失业人员、在职人员、农村劳动者及其他社会成员提供多种形式、多种层次的职业学校教育和职业培训，是我国教育体系的重要组成部分，是国民经济和社会发展的重要基础。推进职业教育的改革与发展是实施科教兴国战略、促进经济和社会可持续发展、提高国际竞争力的重要途径，是调整经济结构、提高劳动者素质、加快人力资源开发的必然要求，是拓宽就业渠道、促进劳动就业和再就业的重要举措。在我国加入世界贸易组织和经济全球化迅速发展的新形势下，要狠抓职业教育，抓出成效。

2. 大力推进职业教育的改革与发展，要以邓小平理论和江泽民同志“三个代表”重要思想为指导，坚持体制创新、制度创新和深化教育教学改革，为经济结构调整和技术进步服务，为促进就业和再就业服务，为农业、农村和农民服务，为推进西部大开发服务，力争在“十五”期间初步建立起适应社会主义市场经济体制，与市场需求和劳动就业紧密结合，结构合理、灵活开放、特色鲜明、自主发展的现代职业教育体系。

要以中等职业教育为重点，保持中等职业教育与普通高中教育的比例大体相当，扩大高等职业教育的规模。职业学校和职业培训机构要进一步适应经济和社会发展以及劳动力市场需求，增强自主发展能力，改善办学条件，全面提高教育质量和效益。“十五”期间，职业教育要为社会输送2 200多万名中等职业学校毕业生，800多万名高等职业

学校毕业生。

要广泛开展各级各类职业培训，“十五”期间每年培训城镇职工 5 000 万人次，培训农村劳动力 1.5 亿人次；积极实施国家再就业培训计划，每年为 300 多万名下岗失业人员提供再就业培训。

从实际出发，因地制宜，分区规划，分类指导，把农村和西部地区作为工作重点。“十五”期末，中等职业学校面向农村的年招生规模要达到 350 万人，面向西部地区的年招生规模要达到 120 万人，为农村和西部地区培养留得住、用得上的实用人才。大中城市和经济发达地区要在继续发展中等职业教育和职业培训的同时，积极发展高等职业教育，有条件的市（地）可以举办综合性、社区性的职业技术学院。

二、推进管理体制和办学体制改革，促进职业教育与经济建设、社会发展紧密结合

3. 推进职业教育管理体制改革，建立并逐步完善在国务院领导下，分级管理、地方为主、政府统筹、社会参与的职业教育管理体制。

在国务院领导下，建立职业教育工作部际联席会议制度，研究解决职业教育工作中的重大问题。国务院教育行政部门负责职业教育工作的统筹规划、综合协调、宏观管理，劳动保障部门和其他有关部门在各自职责范围内，负责职业教育的有关工作。

发展职业教育的主要责任在地方。县级以上地方各级人民政府要加强对本行政区域内职业教育工作的领导和统筹协调，结合当地经济建设和社会发展实际，制定促进职业教育发展的政策和措施，研究解决工作中的实际问题；各级教育行政部门会同劳动保障等有关部门管理本行政区域内各有关职业学校的教育业务工作。要依法严格审批程序，规范职业学校和培训机构的办学行为。

4. 强化市（地）级人民政府在统筹职业教育发展方面的责任。市（地）级人民政府要统筹规划，促进本行政区域内职业教育与其他各类教育协调发展，建立多渠道筹措职业教育经费的机制，组织动员社会力量举办职业教育；要整合和充分利用现有各种职业教育资源，打破部门界限和学校类型界限，积极发挥市场机制的作用，提高办学效益，优化职业学校布局结构，防止职业教育资源流失。省（自治区、直辖市）所属中等和高等职业学校可以由省级有关部门与职业学校所在市（地）联合共建、共管，增强其为区域经济服务的功能。

5. 深化职业教育办学体制改革，形成政府主导、依靠企业，充分发挥行业作用、社会力量积极参与的多元办学格局。

县级以上地方各级人民政府要在发展职业教育中发挥主导作用，重点办好起骨干和示范作用的职业学校和职业培训机构，组织、指导并支持企业、行业和社会力量举办职业学校和职业培训机构。要规范中等和高等职业学校的名称，并体现职业特点。实施高中阶段学历教育的各类职业学校统一规范为“××职业技术学校”，高等专科学校和成人高等学校要逐步统一规范为“××职业技术学院”。

要充分依靠企业举办职业教育。企业要根据实际需要举办职业学校和职业培训机

构，强化自主培训功能，加强对职工特别是一线职工、转岗职工的教育和培训，形成职工在岗和轮岗培训的制度，实行培训、考核、使用、待遇相统一的政策。企业要和职业学校加强合作，实行多种形式联合办学，开展“订单”培训，并积极为职业学校提供兼职教师、实习场所和设备，也可在职业学校建立研究开发机构和实验中心。有条件的大型企业可以单独举办或与高等学校联合举办职业技术学院。中小企业应依托职业学校和职业培训机构进行职工培训和后备职工培养。企业举办的职业学校和职业培训机构应积极面向社会开展职业教育和培训。

行业主管部门要对行业职业教育进行协调和业务指导，继续办好职业学校和培训机构。行业组织受政府主管部门委托，开展行业人力资源预测、制定行业职业教育和培训规划、指导行业职业教育、职工培训和职业技能鉴定、参与相关专业的课程教材建设和教师培训等工作，也可以举办职业学校或职业培训机构。

鼓励和支持民办职业教育的发展。非营利性的民办职业学校，享受举办社会公益事业的有关优惠政策。地方人民政府和其他单位，可以采取出租闲置的国有、集体资产等措施，对民办职业学校予以扶持。民办职业学校教师、学生享有与公办职业学校教师、学生同等义务与权利。对举办民办职业教育有突出贡献的单位和个人予以表彰奖励。鼓励公办学校引入民办机制。

积极引进国（境）外优质职业教育资源。鼓励国（境）外组织和个人依照我国法律和办学资格要求，同我国境内职业教育机构和其他社会组织，合作举办高水平的职业学校或职业培训机构。努力拓展职业学校毕业生国（境）外就业市场。

6. 扩大职业学校的办学自主权，增强其自主办学和自主发展的能力。要依法保障职业学校在专业设置、招生规模确定、学籍管理、教师聘用及经费使用等方面享有充分的自主权。有条件的职业学校可以跨区域招生，可以与本地、异地职业学校联合办学。职业学校要建立由企业、行业等社会各界人士参加的咨询委员会或理事会，为学校重大问题提供咨询或参与决策。

三、深化教育教学改革，适应社会和企业需求

7. 认真贯彻党的教育方针，全面实施素质教育。要加强“爱岗敬业、诚实守信、办事公道、服务群众、奉献社会”的职业道德教育，加强文化基础教育、职业能力教育和身心健康教育，注重培养受教育者的专业技能、钻研精神、务实精神、创新精神和创业能力，培养一大批生产、服务第一线的高素质劳动者和实用人才。

8. 职业学校和职业培训机构要适应经济结构调整、技术进步和劳动力市场变化，及时调整专业设置，积极发展面向新兴产业和现代服务业的专业，增强专业适应性，努力办出特色。要大力加强技术工人尤其是高级技术工人和技师的培养和培训。积极推进课程和教材改革，开发和编写反映新知识、新技术、新工艺和新方法、具有职业教育特色的课程和教材。加强职业学校与企业、行业等用人单位的联系，建立职业学校与劳动力市场密切联系的机制。

9. 加强实践教学，提高受教育者的职业能力。职业学校要把教学活动与生产实践、社会服务、技术推广及技术开发紧密结合起来，把职业能力培养与职业道德培养紧密结合起来，保证实践教学时间，严格要求，培养学生的实践能力、专业技能、敬业精神和严谨求实作风。改善教学条件，加强校内外实验实习基地建设。职业学校要加强与相关企事业单位的共建和合作，利用其设施、设备等条件开展实践教学。职业学校相对集中的地区应建设一批可共享的实验和训练基地。加强职业教育信息化建设，推进现代信息技术在教育教学中的应用。积极发展现代远程职业教育，开发职业教育资源库和多媒体教育软件，为职业学校和学生提供优质教育资源。

10. 加强职业教育教师队伍建设。要积极开展以骨干教师为重点的全员培训，提高教师的职业道德、实践能力和教学水平，培养一批高水平的骨干教师和专业带头人。鼓励职业学校教师在职攻读相关专业学位、提高学历层次。要有计划地安排教师到企事业单位进行专业实践和考察，提高教师的专业水平。广泛吸引和鼓励企事业单位工程技术人员、管理人员和有特殊技能的人员到职业学校担任专、兼职教师，提高具有相关专业技术职务资格教师的比例。深化职业学校人事制度改革，在职业学校推行教师全员聘任制和管理人员公开选拔、竞争上岗和职务聘任制度，建立健全激励和约束机制。职业学校教师职务资格评审要突出职业教育特点，改进评审办法。重视职业学校校长培训工作，逐步实行校长持证上岗的制度。加强职业教育师资培养培训基地建设，逐步完善职业教育师资培养培训网络。

11. 坚持学历教育与职业培训并重，实行灵活的办学模式和学习制度。职业学校要实行学历教育与职业培训相结合、全日制与部分时间制相结合、职前教育与职后教育相结合，努力办成面向社会的、开放的、多功能的教育和培训中心。要根据不同专业、不同教育培训项目和学习者的实际需要，实行灵活的学制和学习方式，推行学分制等弹性学习制度，为学生半工半读、工学交替、分阶段完成学业等创造条件。

12. 加强中等职业教育与高等职业教育，职业教育与普通教育、成人教育的衔接与沟通，建立人才成长“立交桥”。扩大中等职业学校毕业生进入高等学校尤其是进入高等职业学校继续学习的比例，适当增加高等职业教育专科毕业生接受本科教育的比例。适度发展初中后五年制高等职业教育；在高中阶段开展职业教育与普通教育相沟通的综合课程教育试验，建立中等职业教育与高等职业教育相衔接的课程体系；高等职业学校可单独组织对口招生考试，优先招收中等职业学校优秀毕业生；注重专业知识、职业技能的考核，对取得相应中级职业资格证书的中等职业学校毕业生，可以免除技能考核。

四、采取切实措施，加快农村和西部地区职业教育发展

13. 农村和西部地区职业教育是今后一段时期职业教育发展的重点。要根据现代农业发展和经济结构调整的需要，继续推进农科教结合和基础教育、职业教育、成人教育的“三教统筹”。农村职业学校要加强与企业、农业科研和科技推广单位的合作，发挥专业优势，实行学校、公司、农户相结合，推动农业产业化发展。推行“绿色证书”教

育，培养一大批科技示范户和致富带头人。国家采取措施，扶持农村地区、西部地区、少数民族地区和贫困地区职业教育的发展，办好一批骨干职业学校。建立县、乡、村三级实用型、开放型的农民文化科技教育培训体系，把职业学校和成人学校办成人力资源开发、技术培训与推广、劳动力转移培训和扶贫开发服务的基地。

14. 加强东部地区和西部地区、大中城市和农村的学校对口支援工作。东部地区和大中城市要为西部地区和农村的职业学校培养培训骨干教师，帮助改善办学条件。推动东部地区与西部地区、大中城市与农村开展合作办学，鼓励东部地区和大中城市职业学校的校长和教师到西部地区和农村职业学校任职和办学。东部地区和中西部地区大中城市要面向西部地区和农村招生，对家庭经济困难学生应适当减免学费。现代远程教育和培训以及自学考试等要积极向广大农村和西部地区延伸。

五、严格实施就业准入制度，加强职业教育与劳动就业的联系

15. 大力推行劳动预备制度，严格执行就业准入制度。用人单位招收、录用职工，属于国家规定实行就业准入控制的职业（工种），必须从取得相应学历证书或职业培训合格证书并获得相应职业资格证书的人员中录用；属于一般职业（工种），必须从取得相应的职业学校学历证书、职业培训合格证书的人员中优先录用。从事个体工商经营的，也必须接受职业教育和培训。劳动保障、人事等部门要加大对就业准入制度执行情况的监察力度，加强监督管理，对违反规定，随意招收未经职业教育或培训人员就业的要责其纠正并给予处罚。

16. 完善学历证书、培训证书和职业资格证书制度。职业学校毕业生申请与所学专业相关的中级以下（含中级）职业技能鉴定时，只进行操作技能考核。部分教学质量高、社会声誉好的中等职业学校和高等职业学校开设的主体专业，经劳动保障和教育行政部门认定，其毕业生在获得学历证书的同时，可视同职业技能鉴定合格，取得相应的职业资格证书。经人事、教育行政和相关行业主管部门认定的职业学校相关专业的毕业生，不受工作年限的限制，可直接申请参加专业技术从业资格考试，并免试部分科目。各地劳动保障、人事或相关部门要统筹规划，注意发挥和利用职业学校的优势，优先在具备条件的职业学校设立职业技能鉴定站（所）或职业资格考试机构。

17. 加强职业指导和就业服务，拓宽毕业生就业渠道。职业学校要加强职业指导工作，引导学生转变就业观念，开展创业教育，鼓励毕业生到中小企业、小城镇、农村就业或自主创业。地方人民政府要利用社会就业服务体系或建立职业学校毕业生就业服务机构，为职业学校毕业生在本地或异地就业提供信息、咨询服务和便利条件。工商、税务部门要研究制定优惠政策，适当减免有关税费，支持职业学校毕业生自主创业或从事个体经营，金融机构要为符合贷款条件的提供贷款。对外经济贸易部门、劳动保障部门、教育行政部门要创造条件，积极协助符合条件的职业学校毕业生到国（境）外就业。

六、多渠道筹集资金，增加职业教育经费投入

18. 各级人民政府要加大对职业教育的经费投入。省级人民政府要制定本地区职业学校生均经费标准，并依法督促各类职业学校举办者足额拨付职业教育经费。县级以上地方各级人民政府和国务院有关部门用于举办职业学校和职业培训机构的财政性经费应当逐步增长，确保公办职业学校教师工资按时足额发放，并监督民办职业教育机构按时足额发放教师工资。城市教育费附加安排用于职业教育的比例不低于15%，已经普及九年义务教育的地区不低于20%，主要用于职业学校实验实习设备的更新和办学条件的改善。各级人民政府在安排使用农村科技开发经费、技术推广经费和扶贫资金时，要安排一部分农村劳动力培训经费；安排农业基础设施建设投资时，要安排一部分农村职业学校和成人学校的建设经费。

中央财政增加职业教育专项经费，重点用于补助农村和中西部地区加强职业教育师资培训、课程教材开发和多媒体教育资源建设以及骨干和示范职业学校建设。地方人民政府也要增加职业教育专项经费。

19. 各类企业要按《中华人民共和国职业教育法》的规定实施职业教育和职工培训，承担相应的费用。一般企业按照职工工资总额的1.5%足额提取教育培训经费，从业人员技术素质要求高、培训任务重、经济效益较好的企业可按2.5%提取，列入成本开支。要保证经费专项用于职工特别是一线职工的教育和培训，严禁挪作他用。企业技术改造和项目引进，都应按规定比例安排资金用于职工技术培训。对不按规定实施职工职业教育和培训，经责令改正而拒不改正的企业，县级以上地方各级人民政府可以收取其应当承担的职业教育经费，用于本地区的职业教育。

20. 利用金融、税收以及社会捐助等手段支持职业教育的发展。县级以上各级人民政府应支持企事业单位、社会团体、其他社会组织及公民个人按照国家有关规定设立职业教育奖学金，奖励学习成绩优秀的学生，资助经济困难的学生。金融机构要为家庭经济困难学生接受职业教育提供助学贷款，优先为符合贷款条件的农村职业学校毕业生开展生产经营提供小额贷款。认真执行国家对教育的税收优惠政策，支持职业学校办好实习基地、发展校办产业和开展社会服务。鼓励社会各界及公民个人对职业教育提供资助和捐赠，企业和个人通过政府部门或社会中介机构对职业教育的资助和捐赠，可在应纳税所得额中全额扣除。

21. 加强职业教育经费管理。省级教育行政部门、劳动保障部门要会同价格主管部门合理确定职业学校和职业培训机构的学费标准，并向社会公布。职业学校按规定收取的学费实行收支两条线管理，地方各级财政部门要确保全额返还职业学校，不得冲抵财政拨款，任何部门不得截留或挪作他用。严禁向职业学校乱收费。要严格执行财务管理和审计制度，提高职业教育经费的使用效益。

七、加强领导，推动职业教育持续健康发展

22. 各级人民政府要加强对职业教育工作的领导，把职业教育工作纳入当地经济和社会发展的总体规划，列入政府重要议事日程，帮助职业学校和职业培训机构解决实际困难和问题。调动和保护社会各个方面兴办职业教育的积极性，充分发挥行业、企业、社会中介组织和人民团体在发展职业教育中的作用。加强职业教育理论研究和政策研究，健全科学研究和教学研究机构，为职业教育宏观决策和职业学校改革与发展服务。

23. 依法治教、依法办学、依法管理。各级人民政府和有关部门要认真贯彻《中华人民共和国职业教育法》和《中华人民共和国劳动法》等有关法律法规，加强职业教育和就业准入的法制建设，完善执法监督机制，加大执法力度，提高依法治教的水平。要加强对职业教育的督导检查，各级人民政府的教育督导部门要把职业教育作为教育督导的重要内容。加强和改进对职业教育的评估，积极探索发挥市场作用和社会参与的职业教育评估方式。

24. 营造有利于职业教育改革与发展的社会氛围。要大力宣传职业教育和高素质劳动者在社会主义现代化建设中的重要作用，在全社会弘扬“三百六十行，行行出状元”的风尚。企业要根据经济效益情况逐步提高生产、服务一线高素质劳动者特别是高级技工和技师的经济收入。要积极开展各种职业技能、技术竞赛活动，表彰职业教育的先进单位和个人，在全社会形成重视、支持职业教育的浓厚氛围。

国务院关于大力发展职业教育的决定

（国发［2005］35 号　2005 年 10 月 28 日）

各省、自治区、直辖市人民政府，国务院各部委、各直属机构：

2002 年全国职业教育工作会议以来，各地区、各部门认真贯彻《国务院关于大力推进职业教育改革与发展的决定》（国发［2002］16 号），加强了对职业教育工作的领导和支持，以就业为导向改革与发展职业教育逐步成为社会共识，职业教育规模进一步扩大，服务经济社会的能力明显增强。但从总体上看，职业教育仍然是我国教育事业的薄弱环节，发展不平衡，投入不足，办学条件比较差，办学机制以及人才培养的规模、结构、质量还不能适应经济社会发展的需要。为了进一步贯彻落实《中华人民共和国职业教育法》和《中华人民共和国劳动法》，适应全面建设小康社会对高素质劳动者和技能型人才的迫切要求，促进社会主义和谐社会建设，现就大力发展职业教育作出如下决定：

一、落实科学发展观，把发展职业教育作为经济社会发展的重要基础和教育工作的战略重点

（一）大力发展职业教育，加快人力资源开发，是落实科教兴国战略和人才强国战略，推进我国走新型工业化道路、解决“三农”问题、促进就业再就业的重大举措；是全面提高国民素质，把我国巨大人口压力转化为人力资源优势，提升我国综合国力、构建和谐社会的重要途径；是贯彻党的教育方针，遵循教育规律，实现教育事业全面协调可持续发展的必然要求。在新形势下，各级人民政府要以邓小平理论和“三个代表”重要思想为指导，落实科学发展观，把加快职业教育、特别是加快中等职业教育发展与繁荣经济、促进就业、消除贫困、维护稳定、建设先进文化紧密结合起来，增强紧迫感和使命感，采取强有力措施，大力推动职业教育快速健康发展。

（二）明确职业教育改革发展的目标。进一步建立和完善适应社会主义市场经济体制，满足人民群众终身学习需要，与市场需求和劳动就业紧密结合，校企合作、工学结合，结构合理、形式多样，灵活开放、自主发展，有中国特色的现代职业教育体系。

“十一五”期间，继续完善“政府主导、依靠企业、充分发挥行业作用、社会力量积极参与，公办与民办共同发展”的多元办学格局和“在国务院领导下，分级管理、地方为主、政府统筹、社会参与”的管理体制。

到2010年，中等职业教育招生规模达到800万人，与普通高中招生规模大体相当；高等职业教育招生规模占高等教育招生规模的一半以上。“十一五”期间，为社会输送2 500多万名中等职业学校毕业生，1 100多万名高等职业院校毕业生。各种形式的职业培训进一步发展，每年培训城乡劳动者上亿人次，使我国劳动者的素质得到明显提高。职业教育办学条件普遍改善，师资队伍建设进一步加强，质量效益明显提高。

二、以服务社会主义现代化建设为宗旨，培养数以亿计的高素质劳动者和数以千万计的高技能专门人才

（三）职业教育要为我国走新型工业化道路，调整经济结构和转变增长方式服务。实施国家技能型人才培养培训工程，加快生产、服务一线急需的技能型人才的培养，特别是现代制造业、现代服务业紧缺的高素质高技能专门人才的培养。各地区、各部门要根据区域经济和行业发展需要，制订地方和行业技能型人才培养规划。

（四）职业教育要为农村劳动力转移服务。实施国家农村劳动力转移培训工程，促进农村劳动力合理有序转移和农民脱贫致富，提高进城农民工的职业技能，帮助他们在城镇稳定就业。

（五）职业教育要为建设社会主义新农村服务。继续强化农村“三教”统筹，促进“农科教”结合。实施农村实用人才培训工程，充分发挥农村各类职业学校、成人文化技术学校以及各种农业技术推广培训机构的作用，大范围培养农村实用型人才和技能型人才，大面积普及农业先进实用技术，大力提高农民思想道德和科学文化素质。

（六）职业教育要为提高劳动者素质特别是职业能力服务。实施以提高职业技能为重点的成人继续教育和再就业培训工程，在企业中建立工学结合的职工教育和培训体系，面向在职职工开展普遍的、持续的文化教育和技术培训，加快培养高级工和技师，建设学习型企业。职业院校和培训机构要为就业再就业服务，面向初高中毕业生、城镇失业人员、农村转移劳动力，开展各种形式的职业技能培训和创业培训，提高他们的就业能力、工作能力、职业转换能力以及创业能力。大力发展社区教育、远程教育，通过自学考试和举办夜校、周末学校等多种形式满足人民群众多样化的学习需求。建立职业教育与其他教育相互沟通和衔接的“立交桥”，使职业教育成为终身教育体系的重要环节，促进学习型社会建立。

三、坚持以就业为导向，深化职业教育教学改革

（七）推进职业教育办学思想的转变。坚持“以服务为宗旨、以就业为导向”的职业教育办学方针，积极推动职业教育从计划培养向市场驱动转变，从政府直接管理向宏观引导转变，从传统的升学导向向就业导向转变。促进职业教育教学与生产实践、技术推广、社会服务紧密结合，积极开展订单培养，加强职业指导和创业教育，建立和完善职业院校毕业生就业和创业服务体系，推动职业院校更好地面向社会、面向市场办学。

（八）进一步深化教育教学改革。根据市场和社会需要，不断更新教学内容，改进教学方法。合理调整专业结构，大力发展面向新兴产业和现代服务业的专业，大力推进精品专业、精品课程和教材建设。加快建立弹性学习制度，逐步推行学分制和选修制。加强职业教育信息化建设，推进现代教育技术在教育教学中的应用。把学生的职业道德、职业能力和就业率作为考核职业院校教育教学工作的重要指标。逐步建立有别于普通教育的，具有职业教育特点的人才培养、选拔与评价的标准和制度。

（九）加强职业院校学生实践能力和职业技能的培养。高度重视实践和实训环节教学，继续实施职业教育实训基地建设计划，在重点专业领域建成 2 000 个专业门类齐全、装备水平较高、优质资源共享的职业教育实训基地。中央财政职业教育专项资金，以奖励等方式支持市场需求大、机制灵活、效益突出的实训基地建设。进一步推进学生获取职业资格证书工作。取得职业院校学历证书的毕业生，参加与所学专业相关的中级职业技能鉴定时，免除理论考核，操作技能考核合格者可获得相应的职业资格证书。到 2010 年，省级以上重点中等职业学校和有条件的高等职业院校都要建立职业技能鉴定机构，开展职业技能鉴定工作，其学生考核合格后，可同时获得学历证书和相应的职业资格证书。

（十）大力推行工学结合、校企合作的培养模式。与企业紧密联系，加强学生的生产实习和社会实践，改革以学校和课堂为中心的传统人才培养模式。中等职业学校在校学生最后一年要到企业等用人单位顶岗实习，高等职业院校学生实习实训时间不少于半年。建立企业接收职业院校学生实习的制度。实习期间，企业要与学校共同组织好学生的相关专业理论教学和技能实训工作，做好学生实习中的劳动保护、安全等工作，为顶岗实习的学生支付合理报酬。逐步建立和完善半工半读制度，在部分职业院校中开展学生通过半工半读实现免费接受职业教育的试点，取得经验后逐步推广。

（十一）积极开展城市对农村、东部对西部职业教育对口支援工作。要把发展职业教育作为城市与农村、东部与西部对口支援工作的重要内容。各地区要加强统筹协调，把职业教育对口支援工作与农村劳动力转移、教育扶贫、促进就业紧密结合起来。要充分利用东部地区和城市优质职业教育资源和就业市场，进一步推进东西部之间、城乡之间职业院校的联合招生、合作办学。实行更加灵活的学制，有条件地方的职业学校可以采取分阶段、分地区的办学模式，学生前1～2年在西部地区和农村学习，其余时间在东部地区和城市学习。鼓励东部和城市对西部和农村的学生跨地区学习减免学费，并提供就业帮助。

（十二）把德育工作放在首位，全面推进素质教育。坚持育人为本，突出以诚信、敬业为重点的职业道德教育。确定一批职业教育德育工作基地，选聘一批劳动模范、技术能手作为德育辅导员。加强职业院校党团组织建设，积极发展学生党团员。要发挥学校教育、家庭教育和社会教育的作用，为学生健康成长创造良好社会环境。

四、加强基础能力建设，努力提高职业院校的办学水平和质量

（十三）建立和完善遍布城乡、灵活开放的职业教育和培训网络。在合理规划布局、整合现有资源的基础上，每个市（地）都要重点建设一所高等职业技术学院和若干所中等职业学校。每个县（市、区）都要重点办好一所起骨干示范作用的职教中心（中等职业学校）。乡镇要依托中小学、农民文化技术学校及其他培训机构开展职业教育和培训。社区要大力开展职业教育和培训服务。企业要建立健全现代企业培训制度。

（十四）加强县级职教中心建设。继续实施县级职教中心专项建设计划，国家重点扶持建设1 000个县级职教中心，使其成为人力资源开发、农村劳动力转移培训、技术培训与推广、扶贫开发和普及高中阶段教育的重要基地。各地区要安排资金改善县级职教中心办学条件。

（十五）加强示范性职业院校建设。实施职业教育示范性院校建设计划，在整合资源、深化改革、创新机制的基础上，重点建设高水平的培养高素质技能型人才的1 000所示范性中等职业学校和100所示范性高等职业院校。大力提升这些学校培养高素质技能型人才的能力，促进他们在深化改革、创新体制和机制中起到示范作用，带动全国职业院校办出特色，提高水平。2010年以前，原则上中等职业学校不升格为高等职业院校或并入高等学校，专科层次的职业院校不升格为本科院校。

（十六）加强师资队伍建设。实施职业院校教师素质提高计划，地方各级财政要继续支持职业教育师资培养培训基地建设和师资培训工作。建立职业教育教师到企业实践制度，专业教师每两年必须有两个月到企业或生产服务一线实践。制定和完善职业教育兼职教师聘用政策，支持职业院校面向社会聘用工程技术人员、高技能人才担任专业课教师或实习指导教师。加强“双师型”教师队伍建设，职业院校中实践性较强的专业教师，可按照相应专业技术职务试行条例的规定，申请评定第二个专业技术资格，也可根据有关规定申请取得相应的职业资格证书。

五、积极推进体制改革与创新，增强职业教育发展活力

（十七）推动公办职业学校办学体制改革与创新。公办职业学校要积极吸纳民间资本和境外资金，探索以公有制为主导、产权明晰、多种所有制并存的办学体制。推动公办职业学校与企业合作办学，形成前校后厂（场）、校企合一的办学实体。推动公办职业学校资源整合和重组，走规模化、集团化、连锁化办学的路子。要发挥公办职业学校在职业教育中的主力军作用。

（十八）深化公办职业学校以人事分配制度改革为重点的内部管理体制改革。进一步落实职业院校的办学自主权。中等职业学校实行校长负责制和聘任制，高等职业院校实行党委领导下的校长负责制和任期制。全面推行教职工全员聘用制和岗位管理制度，建立能够吸引人才、稳定人才、合理流动的制度。深化内部收入分配改革，将教职工收入与学校发展、所聘岗位及个人贡献挂钩，调动教职工积极性。

（十九）大力发展民办职业教育。贯彻落实《中华人民共和国民办教育促进法》及其实施条例，把民办职业教育纳入职业教育发展的总体规划。加大对民办职业教育的支持力度，制定和完善民办学校建设用地、资金筹集的相关政策和措施。在师资队伍建设、招生和学生待遇等方面对民办职业院校与公办学校要一视同仁。依法加强对民办职业院校的管理，规范其办学行为。扩大职业教育对外开放，借鉴国外有益经验，积极引进优质资源，推进职业教育领域中外合作办学，努力开拓职业院校毕业生国（境）外就业市场。

六、依靠行业企业发展职业教育，推动职业院校与企业的密切结合

（二十）企业要强化职工培训，提高职工素质。要继续办好已有职业院校，企业可以联合举办职业院校，也可以与职业院校合作办学。企业有责任接受职业院校学生实习和教师实践。对支付实习学生报酬的企业，给予相应税收优惠。

（二十一）要认真落实“一般企业按照职工工资总额的1.5％足额提取教育培训经费，从业人员技术要求高、培训任务重、经济效益较好的企业，可按2.5％提取”的规定，足额提取教育培训经费，主要用于企业职工特别是一线职工的教育和培训。企业新上项目都要安排员工技术培训经费。

（二十二）行业主管部门和行业协会要在国家教育方针和政策指导下，开展本行业人才需求预测，制订教育培训规划，组织和指导行业职业教育与培训工作；参与制定本行业特有工种职业资格标准、职业技能鉴定和证书颁发工作；参与制定培训机构资质标准和从业人员资格标准；参与国家对职业院校的教育教学评估和相关管理工作。

七、严格实行就业准入制度，完善职业资格证书制度

（二十三）用人单位招录职工必须严格执行“先培训、后就业”“先培训、后上岗”的规定，从取得职业学校学历证书、职业资格证书和职业培训合格证书的人员中优先录用。要进一步完善涉及人民生命财产安全的相关职业的准入办法。劳动保障、人事和工商等部门要加大对就业准入制度执行情况的监察力度。对违反规定、随意招录未经职业教育或培训人员的用人单位给予处罚，并责令其限期对相关人员进行培训。有关部门要抓紧制定完善就业准入的法规和政策。

（二十四）全面推进和规范职业资格证书制度。加强对职业技能鉴定、专业技术人员职业资格评价、职业资格证书颁发工作的指导与管理。要尽快建立能够反映经济发展和劳动力市场需要的职业资格标准体系。

八、多渠道增加经费投入，建立职业教育学生资助制度

（二十五）各级人民政府要加大对职业教育的支持力度，逐步增加公共财政对职业教育的投入。各级财政安排的职业教育专项经费，重点支持技能型紧缺人才专业建设，职业教育师资培养培训，农业和地矿等艰苦行业、中西部农村地区和少数民族地区的职业教育和成人教育发展。省级政府应当制定本地区职业院校学生人数平均经费标准。

（二十六）要进一步落实城市教育费附加用于职业教育的政策。从2006年起，城市教育费附加安排用于职业教育的比例，一般地区不低于20%，已经普及九年义务教育的地区不低于30%。农村科学技术开发、技术推广的经费可适当用于农村职业培训。职业院校和培训机构开展的下岗失业人员再就业培训可按规定享受再就业培训补贴。国家和地方安排的扶贫和移民安置资金要加大对贫困地区农村劳动力培训的投入力度。国家鼓励企事业单位、社会团体和公民个人捐资助学，对通过政府部门或非赢利组织向职业教育的资助和捐赠，按规定享受税收优惠政策。要合理确定职业院校的学费标准，确保学费收入全额用于学校发展。要加强对职业教育经费的使用管理，提高资金的使用效益。

（二十七）建立职业教育贫困家庭学生助学制度。中央和地方财政要安排经费，资助接受中等职业教育的农村贫困家庭和城镇低收入家庭子女。中等职业学校要从学校收入中安排一定比例用于奖、助学金和学费减免，并把组织学生参加勤工俭学和半工半读作为助学的重要途径。金融机构要为贫困家庭学生接受职业教育提供助学贷款，各地区要把接受职业教育的贫困家庭学生纳入国家助学贷款资助范围。要通过助学金、奖学金、贷学金等多种形式，对贫困家庭学生和选学农业及地矿等艰苦行业职业教育的学生实行学费减免和生活费补贴。对高等职业院校学生的资助，按国家有关高等学校学生资助政策执行。

九、切实加强领导，动员全社会关心支持职业教育发展

（二十八）各级人民政府要加强对职业教育发展规划、资源配置、条件保障、政策措施的统筹管理，为职业教育提供强有力的公共服务和良好的发展环境。要从严治教，规范管理，引导职业教育健康协调可持续发展。要充分发挥职业教育工作部际联席会议的作用，统筹协调全国职业教育工作，研究解决重大问题。国务院教育行政部门负责职业教育工作的统筹规划、综合协调、宏观管理，劳动保障部门和其他有关部门在各自职责范围内，负责职业教育的有关工作。县级以上地方政府也要建立职业教育工作部门联席会议制度。

（二十九）各级人民政府要切实加强对职业教育工作的领导，把职业教育工作纳入目标管理，作为对主要领导干部进行政绩考核的重要指标，并接受人大、政协的检查和指导。建立职业教育工作定期巡视检查制度，把职业教育督导作为教育督导的重要内容，加强对职业教育的评估检查。加强职业教育科学研究工作，充分发挥社会团体和中介服务机构的作用，为职业教育宏观管理和职业院校改革与发展服务。

（三十）逐步提高生产服务一线技能人才、特别是高技能人才的社会地位和经济收入，实行优秀技能人才特殊奖励政策和激励办法。定期开展全国性的职业技能竞赛活动，对优胜者给予表彰奖励。大力表彰职业教育工作先进单位与先进个人。广泛宣传职业教育的重要地位和作用，宣传优秀技能人才和高素质劳动者在社会主义现代化建设中的重要贡献，提高全社会对职业教育的认识，形成全社会关心、重视和支持职业教育的良好氛围。

国务院关于建立健全普通本科高校、高等职业学校和中等职业学校家庭经济困难学生资助政策体系的意见

（国发［2007］13号　2007年5月13日）

各省、自治区、直辖市人民政府，国务院各部委、各直属机构：

为贯彻党的十六大和十六届三中、六中全会精神，切实解决家庭经济困难学生的就学问题，国务院决定，建立健全普通本科高校、高等职业学校和中等职业学校家庭经济困难学生资助政策体系（以下简称家庭经济困难学生资助政策体系）。现提出如下意见：

一、充分认识建立健全家庭经济困难学生资助政策体系的重大意义

党中央、国务院高度重视家庭经济困难学生的就学问题。近年来国家采取一系列措

施，对农村义务教育阶段学生全部免除学杂费，并为家庭经济困难学生免费提供教科书、寄宿生补助生活费；对普通高等学校家庭经济困难学生设立国家助学奖学金，实施国家助学贷款政策；对中等职业学校家庭经济困难学生设立国家助学金等，取得了良好成效。

但是，我国家庭经济困难学生资助政策体系还不够完善，尤其是对普通本科高校、高等职业学校和中等职业学校家庭经济困难学生资助面偏窄、资助标准偏低的问题比较突出。建立健全家庭经济困难学生资助政策体系，使家庭经济困难学生能够上得起大学、接受职业教育，是实践“三个代表”重要思想、落实科学发展观、构建社会主义和谐社会的重要举措；是实施科教兴国和人才强国战略，优化教育结构，促进教育公平和社会公正的有效手段；是切实履行公共财政职能，推进基本公共服务均等化的必然要求。这是继全部免除农村义务教育阶段学生学杂费之后，促进教育公平的又一件大事，具有重大意义。

二、建立健全家庭经济困难学生资助政策体系的主要目标与基本原则

（一）建立健全家庭经济困难学生资助政策体系的主要目标是：按照《中共中央关于构建社会主义和谐社会若干重大问题的决定》的有关要求，加大财政投入，落实各项助学政策，扩大受助学生比例，提高资助水平，从制度上基本解决家庭经济困难学生的就学问题。同时，进一步优化教育结构，维护教育公平，促进教育持续健康发展。

（二）建立健全家庭经济困难学生资助政策体系实行“加大财政投入、经费合理分担、政策导向明确、多元混合资助、各方责任清晰”的基本原则。

1. 加大财政投入。按照建立公共财政体制的要求，大幅度增加财政投入，建立以政府为主导的家庭经济困难学生资助政策体系。

2. 经费合理分担。国家励志奖学金和国家助学金由中央与地方按比例分担。中央对中西部地区给予倾斜。

3. 政策导向明确。在努力使家庭经济困难学生公平享有受教育机会的同时，鼓励学生刻苦学习，接受职业教育，学习国家最需要的专业，到艰苦地区基层单位就业；鼓励学校面向经济欠发达地区扩大招生规模。

4. 多元混合资助。统筹政府、社会等不同资助渠道，对家庭经济困难学生采取奖、贷、助、补、减等多种方式进行资助。

5. 各方责任清晰。中央与地方、各相关部门及学校明确分工、各司其职、落实责任、完善制度，操作办法简便易行，并接受社会各界群众监督，确保各项政策措施顺利实施。

三、建立健全家庭经济困难学生资助政策体系的主要内容

（一）完善国家奖学金制度。中央继续设立国家奖学金，用于奖励普通本科高校和高等职业学校全日制本专科在校生中特别优秀的学生，每年奖励 5 万名，奖励标准为每

生每年 8 000 元，所需资金由中央负担。

中央与地方共同设立国家励志奖学金，用于奖励资助普通本科高校和高等职业学校全日制本专科在校生中品学兼优的家庭经济困难学生，资助面平均约占全国高校在校生的 3%，资助标准为每生每年 5 000 元。国家励志奖学金适当向国家最需要的农林水地矿油核等专业的学生倾斜。

中央部门所属高校国家励志奖学金所需资金由中央负担。地方所属高校国家励志奖学金所需资金根据各地财力及生源状况由中央与地方按比例分担。其中，西部地区，不分生源，中央与地方分担比例为 8∶2；中部地区，生源为西部地区的，中央与地方分担比例为 8∶2，生源为其他地区的，中央与地方分担比例为 6∶4；东部地区，生源为西部地区和中部地区的，中央与地方分担比例分别为 8∶2 和 6∶4，生源为东部地区的，中央与地方分担比例根据财力及生源状况等因素分省确定。人口较少民族家庭经济困难学生资助资金全部由中央负担。鼓励各地加大资助力度，超出中央核定总额部分的国家励志奖学金所需资金由中央给予适当补助。省（区、市）以下分担比例由各地根据中央确定的原则自行确定。

（二）完善国家助学金制度。中央与地方共同设立国家助学金，用于资助普通本科高校、高等职业学校全日制本专科在校生中家庭经济困难学生和中等职业学校所有全日制在校农村学生及城市家庭经济困难学生。

普通本科高校和高等职业学校。国家助学金资助面平均约占全国普通本科高校和高等职业学校在校生总数的 20%。财政部、教育部根据生源情况、平均生活费用、院校类别等因素综合确定各省资助面。平均资助标准为每生每年 2 000 元，具体标准由各地根据实际情况在每生每年 1 000～3 000 元范围内确定，可以分为 2～3 档。

中等职业学校。国家助学金资助所有全日制在校农村学生和城市家庭经济困难学生。资助标准为每生每年 1 500 元，国家资助两年，第三年实行学生工学结合、顶岗实习。

国家助学金所需资金由中央与地方按照国家励志奖学金的资金分担办法共同承担。

有条件的地区可以试行运用教育券发放国家助学金的办法。

（三）进一步完善和落实国家助学贷款政策。大力开展生源地信用助学贷款。生源地信用助学贷款是国家助学贷款的重要组成部分，与国家助学贷款享有同等优惠政策。地方政府要高度重视，积极推动和鼓励金融机构开展相关工作。要进一步完善和落实现行国家助学贷款政策，制定与贷款风险和管理成本挂钩的国家助学贷款风险补偿金使用管理办法。相关金融机构要完善内部考核体系，采取更加积极有效措施，调动各级经办机构的积极性，确保应贷尽贷。

对普通本科高校和高等职业学校全日制本专科生，在校期间获得国家助学贷款、毕业后自愿到艰苦地区基层单位从事第一线工作且服务达到一定年限的，国家实行国家助学贷款代偿政策。

（四）从 2007 年起，对教育部直属师范大学新招收的师范生，实行免费教育。

（五）学校要按照国家有关规定从事业收入中足额提取一定比例的经费，用于学费减免、国家助学贷款风险补偿、勤工助学、校内无息借款、校内奖助学金和特殊困难补助等。

要进一步落实、完善鼓励捐资助学的相关优惠政策措施，充分发挥中国教育发展基金会等非营利组织的作用，积极引导和鼓励地方政府、企业和社会团体等面向各级各类学校设立奖学金、助学金。

普通高中以及普通高等学校全日制研究生的资助政策另行制定。

四、建立健全家庭经济困难学生资助政策体系的工作要求

普通本科高校、高等职业学校和中等职业学校家庭经济困难学生资助政策自2007年秋季开学起在全国实施。各地区、各有关部门和各学校要按照国务院的统一部署，周密安排，精心组织，扎扎实实地把这件惠及广大人民群众的大事抓好。

（一）加强组织领导。财政部、教育部等要密切配合，制定相关管理办法，指导、检查和督促地方开展工作。地方政府要建立相应的工作机制，在整合现有资源的基础上，建立健全学生资助管理机构，制定具体的管理办法，切实抓好落实。教育部门要将学校家庭经济困难学生资助工作情况纳入办学水平评估指标体系。各学校要把资助家庭经济困难学生作为工作重点，实行校长负责制，设立专门的助学管理机构，具体负责此项工作。

（二）确保资金落实。中央财政要足额安排、及时拨付应当负担的资金。省级人民政府要制定行政区域内具体的分担办法，完善省对下转移支付制度，确保行政区域内政府应当负担的资金落实到位。要切实加强助学资金管理，确保及时发放、专款专用。要加强监督检查，对于挤占挪用资金、弄虚作假套取资金等违法违规行为，要追究责任、严肃处理。

（三）规范收费管理。除国家另有规定外，今后五年各级各类学校的学费、住宿费标准不得高于2006年秋季相关标准。进一步严格收费立项、标准审批管理工作，规范学校收费行为，坚决制止乱收费。加大对服务性收费和代收费的监督力度，切实减轻学生及家长负担。绝不允许一边加大助学力度，一边擅自提高收费标准、擅自设立收费项目。要对教育收费实行严格的“收支两条线”管理，规范支出管理。

（四）加大宣传力度。各地区、各有关部门和各学校要通过多种形式开展宣传，使这项惠民政策家喻户晓、深入人心，使广大学生知晓受助的权利。

国务院关于做好当前经济形势下就业工作的通知

（国发［2009］4号　2009年2月3日）

各省、自治区、直辖市人民政府，国务院各部委、各直属机构：

当前，国际金融危机的影响进一步蔓延，新增就业难度加大，劳动者失业风险增加。实施更加积极的就业政策，全方位促进就业增长，稳定就业局势，对维护社会稳定，保持经济平稳较快发展，具有十分重要的意义。现就做好当前经济形势下的就业工作通知如下：

一、紧密结合实施扩大内需促进经济增长的措施，千方百计扩大就业

（一）切实把就业工作摆在更加突出的重要位置，努力确保就业形势基本稳定。坚持劳动者自主择业、市场调节就业、政府促进就业的方针，实施更加积极的就业政策，调动企业、劳动者和社会各方面的力量促进就业再就业。加强财政政策、货币政策、产业政策与就业政策的协调配合，在实施宏观经济调控、经济结构调整以及安排主要产业布局和重大项目时，优先考虑对扩大就业的影响。将扩大内需促进经济发展与扩大就业相结合，将帮扶困难企业与稳定就业岗位相结合，着重做好企业职工稳定就业、高校毕业生就业、失业人员再就业、农民工流动就业和复员转业军人安置就业工作。

（二）发挥好政府投资和重大建设项目带动就业的作用。在落实中央扩大内需重大决策，安排政府投资和重大建设项目时，要把就业岗位增加和人力资源配置作为其重要内容。项目实施方案中，要明确扩大就业的具体安排，积极吸纳高校毕业生、失业人员和农民工等群体就业，并按规定落实相关就业扶持政策。项目开工建设时，同步启动对从业人员的职业技能培训。在国家公共基础设施建设中，尽可能吸纳农村劳动者就地就近就业。鼓励农林水利、国土整治、生态环保等工程建设实行以工代赈。

（三）推进产业结构升级与扶持就业创业相协调。在制定发展战略和产业政策时，既要注重发展资本技术和知识密集型产业，又要积极支持发展劳动密集型产业，大力发展第三产业，构建多元化多层次的产业结构体系。完善鼓励发展轻工、纺织、建筑等劳动密集型产业的财税、金融等扶持政策，在加快发展方式转变和结构调整中形成新的经济增长点和竞争优势，创造更多就业机会。

（四）大力发展中小企业，保护和提高中小企业吸纳就业的能力。落实鼓励中小企业发展的各项扶持政策，加强融资和担保服务，建立健全中小企业服务体系，为企业发展提供政策、信息、技术咨询等专项服务，着力帮助企业解决生产经营中的突出问题，

切实发挥中小企业吸纳就业的主体作用。

（五）充分发挥服务业吸纳就业的优势。大力发展具有增长潜力的社会管理、公共服务、生产服务、生活服务、救助服务等服务业新领域和新门路，重点开发养老服务、医护服务、残疾人居家服务、物业服务、廉租房配套服务等社区服务岗位，引导和支持动漫、创意、租赁、家政和农业技术推广、农用生产资料连锁经营等服务业发展。充分利用新建产业开发区、工业园区、产业集群等的配套服务扩大就业。着力突破制约服务业发展的体制障碍，放宽服务业准入，加大政策支持力度，使服务业在扩大就业中发挥更大作用。

（六）最大限度拓展农村劳动力就业渠道。结合社会主义新农村建设，加大农村基础设施建设、农房建设和危房改造力度，大力发展县域经济，调整农业产业结构，扶持农产品精深加工和销售，支持农村中小企业发展，鼓励农民联合创办经济实体，拓展农村劳动力就地就近就业空间。

二、采取积极措施减轻企业负担，鼓励企业稳定就业岗位

（七）各地要根据实际情况制定减轻企业负担稳定就业局势的措施办法，通过缓缴社会保险费，阶段性降低城镇职工基本医疗保险、失业保险、工伤保险、生育保险费率，运用失业保险基金结余引导困难企业不裁员或少裁员等措施，稳定就业岗位。

（八）引导国有企业稳定并增加就业。进一步深化国有企业改革，推动国有企业做强做大，承担相应的社会责任，通过企业发展提供更多就业机会，尽可能不裁员或少裁员。做好已批准企业的主辅分离辅业改制实施工作，落实相关扶持政策。鼓励国有企业通过多种稳妥方式分流安置富余人员。

（九）规范企业裁员行为，切实保障劳动者合法权益。企业需要裁减人员 20 人以上，或者裁减不足 20 人但占企业职工总数 10%以上，需提前 30 日向工会或者全体职工说明情况，听取工会或者职工意见后，向当地人力资源社会保障行政部门报告裁减人员方案。加大劳动监察工作力度，加强对企业的监管，积极防范和严肃查处少数企业主欠薪、拖欠社会保险费后转移资金、关厂逃匿等行为，妥善处理因此类问题引发的职工群体性事件，努力保护劳动者合法权益。

三、进一步加大政策扶持力度，鼓励劳动者多渠道就业

（十）鼓励劳动者自谋职业、自主创业。认真落实《国务院办公厅转发人力资源社会保障部等部门关于促进以创业带动就业工作指导意见的通知》（国办发［2008］111 号），进一步宽松创业和投资环境，完善落实市场准入、场地安排、税费减免、小额担保贷款、免费就业服务和职业培训补贴等扶持政策。延续鼓励下岗失业人员创业的税收扶持政策，对持《再就业优惠证》人员从事个体经营的，按规定在限额内依次减免营业税、城市维护建设税、教育费附加和个人所得税，审批期限延长至 2009 年底。

（十一）鼓励企业吸纳就业。切实落实鼓励企业吸纳就业困难人员的社会保险补贴

政策。延续鼓励企业吸纳下岗失业人员的税收扶持政策，对符合条件的企业在新增加的岗位中，当年新招用持《再就业优惠证》人员，与其签订1年以上期限劳动合同并缴纳社会保险费的，按规定在相应期限内定额依次减免营业税、城市维护建设税、教育费附加和企业所得税，审批期限延长至2009年底。

（十二）帮扶就业困难人员再就业，促进零就业家庭至少一人就业。采取有效手段，进一步开发公益性岗位，落实社会保险补贴政策，并适当提高岗位补贴标准。

（十三）提高灵活就业的稳定性。对2009年享受社会保险补贴政策期满、仍未能实现稳定就业的灵活就业人员，可根据实际情况将其享受社会保险补贴的期限一次性延长，期限最长不超过1年。

四、切实做好重点人群的就业工作，强化公共就业服务

（十四）把大学生就业放在就业工作的首位。认真落实《国务院办公厅关于加强普通高等学校毕业生就业工作的通知》（国办发［2009］3号），积极拓宽就业渠道，完善落实各项扶持政策，鼓励高校毕业生到城乡基层、中西部地区、非公有制企业和中小企业就业，鼓励自主创业，鼓励骨干企业吸纳和稳定高校毕业生就业，鼓励承担国家和地方重大科研项目的单位积极聘用优秀高校毕业生参与研究，延长其学习与科研相结合的时间。组织开展高校毕业生就业服务系列活动，以未就业特别是家庭困难的高校毕业生为重点，强化就业指导，提供就业信息，加强就业服务的针对性、有效性，增加见习机会，维护就业权益。落实对登记失业高校毕业生的相关就业扶持政策。

（十五）强化对就业困难人员的就业援助。采取更有力的措施，特别是组织开展就业援助系列活动，强化对就业困难人员、零就业家庭以及关停企业失业人员的就业援助，集中开展上门服务和“一对一”的援助服务，开发更多的公益性岗位，并把各项扶持政策落到实处。进一步加大对灾区劳动者的就业援助。

（十六）切实做好农民工就业工作。认真落实《国务院办公厅关于切实做好当前农民工工作的通知》（国办发［2008］130号），采取多种措施，促进农民工就业。落实企业减负稳岗措施，稳定一批农民工就业。加强就业服务和职业培训，促进一批农民工在城镇再就业。强化政策扶持和引导，支持一批农民工返乡创业和投身新农村建设。做好农民工社会保障和公共服务工作，切实保障返乡农民工土地承包权益。组织开展“春风行动”系列活动，重点做好对新失去工作的农民工和被征地农民的就业服务和职业培训。加强农村劳动力转移就业服务信息网络建设，做好城市和县乡公共就业服务机构间的信息对接，建立全国联网的用工信息发布制度，及时提供有效岗位信息。大力发展劳务经济，加强劳务协作，引导农民工流动就业。

（十七）积极推进复员转业军人安置就业工作。采取有力措施，拓宽安置渠道，落实自主择业政策，积极鼓励自主创业。加强就业服务和职业培训，鼓励复员转业军人到基层一线和经济社会发展最需要的地方工作。

（十八）健全公共就业服务体系，培育和完善统一开放、竞争有序的人力资源市场。

不断提高县、乡镇（街道）、社区基层公共就业服务能力，发挥公共就业服务的示范、指导作用。鼓励社会资本投资人力资源服务领域，建立人力资源市场监管体系，加强市场监管，维护市场各类主体合法权益，加强区域合作。

五、实施特别职业培训计划，帮助更多的劳动者提高职业技能

（十九）组织实施特别职业培训计划。指导生产经营困难企业组织待岗人员开展技能提升或转业转岗培训，为企业生产发展做准备；支持失去工作的农民工参加实用技能培训和创业培训，帮助其寻找新的就业机会；帮助失业人员参加再就业培训，提升其再就业能力；组织引导退役士兵免费参加相关职业技能培训，培养技能型人才；组织农村应届初高中毕业生参加劳动预备制培训，加强技能劳动者储备。加强农村职业教育和农村劳动力就业能力培训，培育一批掌握一定技能的村镇建筑工匠、基层技术人员和农村基础设施管理、养护、维修人员等专业人才。

（二十）加快技能人才培养。把提高劳动者素质和适应市场竞争能力作为解决推进结构升级与扶持就业创业矛盾的关键环节，通过提升人力资源质量推进产业结构优化。通过校企合作、订单式培训等多种模式，加快培养重大项目实施及企业发展和产业升级中急需的技术工人。

（二十一）落实职业培训补贴政策，强化政府购买培训成果的机制，广泛发动各级各类职业培训机构和职业院校开展多层次、多形式的职业技能培训，引导他们根据就业市场的需求，充实培训内容，采取长短班、送教上门等多种形式和手段，突出培训的针对性、实用性和有效性，提高培训质量和培训后的就业率。采取技工院校等中等职业院校扩招措施，推进特别职业培训计划的实施。

六、强化政府促进就业责任，广泛动员全社会共同做好就业工作

（二十二）强化目标责任制度。各地要在制订国民经济和社会发展规划中，把扩大就业和稳定就业作为重要目标，把新增就业人数和控制失业率作为政府政绩考核的重要内容，完善落实目标责任制度。优化财政支出结构，根据就业工作的需要，继续加大就业资金投入，努力提高就业资金使用效益。认真做好就业与失业调查统计等基础工作，实行就业数据快速调查和报告制度，跟踪掌握就业形势变化，及时制定实施应对措施。

（二十三）统一领导，分工协作。强化就业工作联席会议统筹协调机制，充分发挥部门职能，完善落实政策，及时解决工作中存在的问题，确保工作进展。进一步发挥工会、共青团、妇联、残联以及其他社会组织的积极性，共同做好就业促进工作。支持和动员社会团体开办的就业服务和职业培训机构积极为劳动者提供就业服务，按规定落实好职业介绍补贴、职业培训补贴政策。

（二十四）各地要积极落实就业促进法。实施更加积极的就业政策，提高政策的针对性和扶持力度，运用好现行政策妥善应对金融危机对就业的影响。进一步加强对法律实施和政策落实情况的监督检查，确保取得实效。

（二十五）加强失业调控和失业预警。建立失业动态监测制度。对重点行业、重点企业岗位流失情况实施动态监测，及时制订应对规模失业的工作预案。建立健全企业空岗信息报告制度。加强失业保险金发放工作，对符合条件的失业人员及时足额发放失业保险金，切实保障其基本生活。

（二十六）发挥市场机制对促进就业的积极作用。引导劳动者树立正确的就业观，鼓励支持劳动者不等不靠，通过自身努力，实现就业再就业。坚持正确的舆论导向，及时做好就业形势和就业政策宣传工作，增强信心，团结互助，共同克服暂时的就业困难。

各地区、各有关部门要按照本通知精神，在不涉及税收政策、不影响中央非税收入的前提下，制定完善应对金融危机扩大就业的政策措施和具体实施办法，切实抓好贯彻落实。

国务院关于加强职业培训促进就业的意见

（国发［2010］36号　2010年10月20日）

各省、自治区、直辖市人民政府，国务院各部委、各直属机构：

改革开放以来，我国职业培训工作取得了显著成效，职业培训体系初步建立，政策措施逐步完善，培训规模不断扩大，劳动者职业素质和就业能力得到不断提高，对促进就业和经济社会发展发挥了重要作用。与此同时，职业培训工作仍不适应社会经济发展、产业结构调整和劳动者素质提高的需要，职业培训的制度需要进一步健全、工作力度需要进一步加大、针对性和有效性需要进一步增强。为认真落实《国家中长期人才发展规划纲要（2010—2020年）》《国家中长期教育改革和发展规划纲要（2010—2020年）》要求，全面提高劳动者职业技能水平，加快技能人才队伍建设，现就加强职业培训促进就业提出如下意见：

一、充分认识加强职业培训的重要性和紧迫性

（一）加强职业培训是促进就业和经济发展的重大举措。职业培训是提高劳动者技能水平和就业创业能力的主要途径。大力加强职业培训工作，建立健全面向全体劳动者的职业培训制度，是实施扩大就业的发展战略，解决就业总量矛盾和结构性矛盾，促进就业和稳定就业的根本措施；是贯彻落实人才强国战略，加快技能人才队伍建设，建设人力资源强国的重要任务；是加快经济发展方式转变，促进产业结构调整，提高企业自主创新能力和核心竞争力的必然要求；也是推进城乡统筹发展，加快工业化和城镇化进

程的有效手段。

（二）明确职业培训工作的指导思想和目标任务。职业培训工作的指导思想是：深入贯彻落实科学发展观，以服务就业和经济发展为宗旨，坚持城乡统筹、就业导向、技能为本、终身培训的原则，建立覆盖对象广泛、培训形式多样、管理运作规范、保障措施健全的职业培训工作新机制，健全面向全体劳动者的职业培训制度，加快培养数以亿计的高素质技能劳动者。

当前和今后一个时期，职业培训工作的主要任务是：适应扩大就业规模、提高就业质量和增强企业竞争力的需要，完善制度、创新机制、加大投入，大规模开展就业技能培训、岗位技能提升培训和创业培训，切实提高职业培训的针对性和有效性，努力实现"培训一人、就业一人"和"就业一人、培训一人"的目标，为促进就业和经济社会发展提供强有力的技能人才支持。"十二五"期间，力争使新进入人力资源市场的劳动者都有机会接受相应的职业培训，使企业技能岗位的职工得到至少一次技能提升培训，使每个有培训愿望的创业者都参加一次创业培训，使高技能人才培训满足产业结构优化升级和企业发展需求。

二、大力开展各种形式的职业培训

（三）健全职业培训制度。适应城乡全体劳动者就业需要和职业生涯发展要求，健全职业培训制度。要统筹利用各类职业培训资源，建立以职业院校、企业和各类职业培训机构为载体的职业培训体系，大力开展就业技能培训、岗位技能提升培训和创业培训，贯通技能劳动者从初级工、中级工、高级工到技师、高级技师的成长通道。

（四）大力开展就业技能培训。要面向城乡各类有就业要求和培训愿望的劳动者开展多种形式就业技能培训。坚持以就业为导向，强化实际操作技能训练和职业素质培养，使他们达到上岗要求或掌握初级以上职业技能，着力提高培训后的就业率。对农村转移就业劳动者和城镇登记失业人员，要重点开展初级技能培训，使其掌握就业的一技之长；对城乡未继续升学的应届初高中毕业生等新成长劳动力，鼓励其参加 1～2 个学期的劳动预备制培训，提升技能水平和就业能力；对企业新录用的人员，要结合就业岗位的实际要求，通过师傅带徒弟、集中培训等形式开展岗前培训；对退役士兵要积极开展免费职业技能培训；对职业院校学生要强化职业技能和从业素质培养，使他们掌握中级以上职业技能。鼓励高等院校大力开展职业技能和就业能力培训，加强就业创业教育和就业指导服务，促进高校毕业生就业。

（五）切实加强岗位技能提升培训。适应企业产业升级和技术进步的要求，进一步健全企业职工培训制度，充分发挥企业在职业培训工作中的重要作用。鼓励企业通过多种方式广泛开展在岗职工技能提升培训和高技能人才培训。要结合技术进步和产业升级对职工技能水平的要求，通过在岗培训、脱产培训、业务研修、技能竞赛等多种形式，加快提升企业在岗职工的技能水平。鼓励企业通过建立技能大师工作室和技师研修制度、自办培训机构或与职业院校联合办学等方式，结合企业技术创新、技术改造和技术项目引进，大力培养高技能人才。鼓励有条件的企业积极承担社会培训任务，为参加职业培训人员提供实训实习条件。

（六）积极推进创业培训。依托有资质的教育培训机构，针对创业者特点和创业不同阶段的需求，开展多种形式的创业培训。要扩大创业培训范围，鼓励有创业要求和培训愿望、具备一定创业条件的城乡各类劳动者以及处于创业初期的创业者参加创业培训。要通过规范培训标准、提高师资水平、完善培训模式，不断提高创业培训质量；要结合当地产业发展和创业项目，根据不同培训对象特点，重点开展创业意识教育、创业项目指导和企业经营管理培训，通过案例剖析、考察观摩、企业家现身说法等方式，提高受培训者的创业能力。要强化创业培训与小额担保贷款、税费减免等扶持政策及创业咨询、创业孵化等服务手段的衔接，健全政策扶持、创业培训、创业服务相结合的工作体系，提高创业成功率。

三、切实提高职业培训质量

（七）大力推行就业导向的培训模式。根据就业需要和职业技能标准要求，深化职业培训模式改革，大力推行与就业紧密联系的培训模式，增强培训针对性和有效性。在强化职业技能训练的同时，要加强职业道德、法律意识等职业素质的培养，提高劳动者的技能水平和综合职业素养。全面实行校企合作，改革培训课程，创新培训方法，引导职业院校、企业和职业培训机构大力开展订单式培训、定向培训、定岗培训。面向有就业要求和培训愿望城乡劳动者的初级技能培训和岗前培训，应根据就业市场需求和企业岗位实际要求，开展订单式培训或定岗培训；面向城乡未继续升学的应届初高中毕业生等新成长劳动力的劳动预备制培训，应结合产业发展对后备技能人才需求，开展定向培训。

（八）加强职业技能考核评价和竞赛选拔。各地要切实加强职业技能鉴定工作，按统一要求建立健全技能人才培养评价标准，充分发挥职业技能鉴定在职业培训中的引导作用。各级职业技能鉴定机构要按照国家职业技能鉴定有关规定和要求，为劳动者提供及时、方便、快捷的职业技能鉴定服务。完善企业技能人才评价制度，指导企业结合国家职业标准和企业岗位要求，开展企业内职业技能评价工作。在职业院校中积极推行学历证书与职业资格证书“双证书”制度。充分发挥技能竞赛在技能人才培养中的积极作用，选择技术含量高、通用性广、从业人员多、社会影响大的职业广泛开展多层次的职业技能竞赛，为发现和选拔高技能人才创造条件。

（九）强化职业培训基础能力建设。依托现有各类职业培训机构及培训设施，加大职业培训资源整合力度，加强职业培训体系建设，提高职业培训机构的培训能力。在产业集中度高的区域性中心城市，提升改造一批以高级技能培训为主的职业技能实训基地；在地级城市，提升改造一批以中、高级技能培训为主的职业技能实训基地；在经济较发达的县市，提升改造一批以初、中级技能培训为主的职业技能实训基地，面向社会提供示范性技能训练和鉴定服务。完善职业分类制度，加快国家职业技能标准和鉴定题库的开发与更新，为职业培训和鉴定提供技术支持。加强职业培训师资队伍建设，依托有条件的大中型企业和职业院校，开展师资培训，加快培养既能讲授专业知识又能传授操作技能的教师队伍。实行专兼职教师制度，建立和完善职业培训教师在职培训和到企业实践制度。根据职业培训规律和特点，加强职业培训特别是高技能人才培训的课程体系、培训计划大纲以及培训教材的开发。

（十）切实加强就业服务工作。加强覆盖城乡的公共就业服务体系建设，为各类劳动者提供完善的职业培训政策信息咨询、职业指导和职业介绍等服务，定期公布人力资源市场供求信息，引导各类劳动者根据市场需求，选择适合自身需要的职业培训。基层劳动就业和社会保障公共服务平台要了解、掌握培训需求，收集、发布培训信息，积极动员组织辖区内各类劳动者参加职业培训和职业技能鉴定，及时提供就业信息和就业指导，协助落实相关就业扶持政策，促进其实现就业。

（十一）鼓励社会力量开展职业培训工作。各地要根据国家有关法律法规规定，明确民办职业培训机构的师资、设备、场地等基本条件，鼓励和引导社会力量开展职业培训，在师资培养、技能鉴定、就业信息服务、政府购买培训成果等方面与其他职业培训机构同等对待。同时，要依法加强对各类民办职业培训机构招生、收费、培训等环节的指导与监管，进一步提高民办职业培训机构办学质量，推动民办职业培训健康发展。

（十二）完善政府购买培训成果机制。各地要建立培训项目管理制度，完善政府购买培训成果机制，按照“条件公开、自愿申请、择优认定、社会公示”的原则，制定承担政府补贴培训任务的培训机构的基本条件、认定程序和管理办法，组织专家进行严格评审，对符合条件的向社会公示。要严格执行开班申请、过程检查、结业审核三项制度。鼓励地方探索第三方监督机制，委托有资质的社会中介组织对培训机构的培训质量及资金使用情况进行评估。

四、加大职业培训资金支持力度

（十三）完善职业培训补贴政策。城乡有就业要求和培训愿望的劳动者参加就业技能培训或创业培训，培训合格并通过技能鉴定取得初级以上职业资格证书（未颁布国家职业技能标准的职业应取得专项职业能力证书或培训合格证书），根据其获得职业资格证书或就业情况，按规定给予培训费补贴；企业新录用的符合职业培训补贴条件的劳动者，由企业依托所属培训机构或政府认定培训机构开展岗前培训的，按规定给予企业一定的培训费补贴。对通过初次职业技能鉴定并取得职业资格证书或专项职业能力证书的，按规定给予一次性职业技能鉴定补贴。对城乡未继续升学的应届初高中毕业生参加劳动预备制培训，按规定给予培训费补贴的同时，对其中农村学员和城市家庭经济困难学员给予一定生活费补贴。

（十四）加大职业培训资金投入。各级政府对用于职业培训的各项补贴资金要加大整合力度，具备条件的地区，统一纳入就业专项资金，统筹使用，提高效益。各级财政要加大投入，调整就业专项资金支出结构，逐步提高职业培训支出比重。有条件的地区要安排经费，对职业培训教材开发、师资培训、职业技能竞赛、评选表彰等基础工作给予支持。由失业保险基金支付的各项培训补贴按相关规定执行。

（十五）落实企业职工教育经费。企业要按规定足额提取并合理使用企业职工教育经费，职工教育经费的60%以上应用于一线职工的教育和培训，企业职工在岗技能提升培训和高技能人才培训所需费用从职工教育经费列支。企业应将职工教育经费的提取与使用情况列为厂务公开的内容，定期或不定期进行公开，接受职工代表的质询和全体职工的监督。对自身没有能力开展职工培训，以及未开展高技能人才培训的企业，县级以上地方人民政府可依法对其职工教育经费实行统筹，人力资源社会保障部门会同有关部门统一组织培训服务。

（十六）加强职业培训资金监管。各地人力资源社会保障部门要会同财政部门加强对职业培训补贴资金的管理，明确资金用途、申领拨付程序和监管措施。2012年底前，各省（区、市）地级以上城市要依托公共就业服务信息系统建立统一的职业培训信息管理平台，对承担培训任务的培训机构进行动态管理，对参训人员实行实名制管理，不断提高地区之间信息共享程度。要根据当地产业发展规划、就业状况以及企业用人需要，合理确定并向社会公布政府补贴培训的职业（工种），每人每年只能享受一次职业培训补贴。要按照同一地区、同一工种补贴标准统一的原则，根据难易程度、时间长短和培训成本，以职业资格培训期限为基础，科学合理地确定培训补贴标准。根据培训对象特点和培训组织形式，在现有补贴培训机构方式的基础上，积极推进直补个人、直补企业等职业培训补贴方式，有条件的地区可以探索发放培训券（卡）的方式。要采取切实措施，对补贴对象审核、资金拨付等重点环节实行公开透明的办法，定期向全社会公开资金使用情况，审计部门依法加强对职业培训补贴资金的审计，防止骗取、挪用、以权谋私等问题的发生，确保资金安全，审计结果依法向社会公告。监察部门对重大违纪违规问题的责任人进行责任追究，涉及违法的移交司法机关处理。

五、加强组织领导

（十七）完善工作机制。地方各级人民政府、各有关部门要进一步提高对职业培训工作重要性的认识，进一步增强责任感和紧迫感，从全局和战略的高度，切实加强职业培训工作。要把职业培训工作作为促进就业工作的一项重要内容，列入重要议事日程，定期研究解决工作中存在的问题。要建立在政府统一领导下，人力资源社会保障部门统筹协调，发展改革、教育、科技、财政、住房城乡建设、农业等部门各司其职、密切配合，工会、共青团、妇联等人民团体广泛参与的工作机制，共同推动职业培训工作健康协调可持续发展。

（十八）科学制定培训规划。各地要根据促进就业和稳定就业的要求，在综合考虑当地劳动者职业培训实际需求、社会培训资源和能力的基础上，制定中长期职业培训规划和年度实施计划，并纳入本地区经济社会和人才发展总体规划。各地人力资源社会保障部门要结合本地区产业结构调整和发展状况、企业用工情况，对劳动力资源供求和培训需求信息等进行统计分析，并定期向社会发布。充分发挥行业主管部门和行业组织在职业培训工作中的作用，做好本行业技能人才需求预测，指导本行业企业完善职工培训制度，落实职业培训政策措施。

（十九）加大宣传表彰力度。进一步完善高技能人才评选表彰制度，并对在职业培训工作中作出突出贡献的机构和个人给予表彰。充分运用新闻媒体，广泛开展主题宣传活动，大力宣传各级党委、政府关于加强职业培训工作的方针政策，宣传技能成才和成功创业的典型事迹，宣传优秀职业院校和职业培训机构在职业培训方面的特色做法和显著成效，营造尊重劳动、崇尚技能、鼓励创造的良好氛围。

国务院关于加强教师队伍建设的意见

（国发［2012］41号　2012年8月20日）

各省、自治区、直辖市人民政府，国务院各部委、各直属机构：

教师是教育事业发展的基础，是提高教育质量、办好人民满意教育的关键。党中央、国务院历来高度重视教师队伍建设。改革开放特别是党的十六大以来，各地区各有关部门采取一系列政策措施，大力推进教师队伍建设，取得显著成绩。同时也要看到，当前我国教师队伍整体素质有待提高，队伍结构不尽合理，教师管理体制机制有待完善，农村教师职业吸引力亟待提升。为深入实施科教兴国战略和人才强国战略，进一步加强教师队伍建设，现提出以下意见：

一、加强教师队伍建设的指导思想、总体目标和重点任务

（一）指导思想。高举中国特色社会主义伟大旗帜，以邓小平理论和“三个代表”重要思想为指导，深入贯彻科学发展观，全面贯彻党的教育方针，认真落实教育规划纲要和人才规划纲要，遵循教育规律和教师成长发展规律，把促进学生健康成长作为教师工作的出发点和落脚点，围绕促进教育公平、提高教育质量的要求，加强教师工作薄弱环节，创新教师管理体制机制，以提高师德素养和业务能力为核心，全面加强教师队伍建设，为教育事业改革发展提供有力支撑。

（二）总体目标。到2020年，形成一支师德高尚、业务精湛、结构合理、充满活力的高素质专业化教师队伍。专任教师数量满足各级各类教育发展需要；教师队伍整体素质大幅提高，普遍具有良好的职业道德素养、先进的教育理念、扎实的专业知识基础和较强的教育教学能力；教师队伍的年龄、学历、职务（职称）、学科结构以及学段、城乡分布结构与教育事业发展相协调；教师地位待遇不断提高，农村教师职业吸引力明显增强；教师管理制度科学规范，形成富有效率、更加开放的教师工作体制机制。

（三）重点任务。幼儿园教师队伍建设要以补足配齐为重点，切实加强幼儿园教师培养培训，严格实施幼儿园教师资格制度，依法落实幼儿园教师地位待遇；中小学教师队伍建设要以农村教师为重点，采取倾斜政策，切实增强农村教师职业吸引力，激励更多优秀人才到农村从教；职业学校教师队伍建设要以“双师型”教师为重点，完善“双师型”教师培养培训体系，健全技能型人才到职业学校从教制度；高等学校教师队伍建设要以中青年教师和创新团队为重点，优化中青年教师成长发展、脱颖而出的制度环境，培育跨学科、跨领域的科研与教学相结合的创新团队；民族地区教师队伍建设要以提高政治素质和业务能力为重点，加强中小学和幼儿园双语教师培养培训，加快培养一批边疆民族地区紧缺教师人才；特殊教育教师队伍建设要以提升专业化水平为重点，提高特殊教育教师培养培训质量，健全特殊教育教师管理制度。

二、加强教师思想政治教育和师德建设

（四）全面提高教师思想政治素质。坚持和完善理论学习制度，创新理论学习的方式和载体，加强中国特色社会主义理论体系教育，不断提高教师的理论修养和思想政治素质。推动教师在社会实践活动中进一步了解国情、社情、民情。开辟思想政治教育新阵地，建立教师思想状况定期调查分析制度，坚持解决思想问题与解决实际困难相结合，增强思想政治工作的针对性和实效性。确保教师坚持正确政治方向，践行社会主义核心价值体系，遵守宪法和有关法律法规，坚持学术研究无禁区、课堂讲授有纪律，帮助和引领学生形成正确的世界观、人生观和价值观。

（五）构建师德建设长效机制。建立健全教育、宣传、考核、监督与奖惩相结合的师德建设工作机制。开展各种形式的师德教育，把教师职业理想、职业道德、学术规范以及心理健康教育融入职前培养、准入、职后培训和管理的全过程。加大优秀师德典型宣传力度，促进形成重德养德的良好风气。研究制定科学合理的师德考评方式，完善师德考评制度，将师德建设作为学校工作考核和办学质量评估的重要指标，把师德表现作为教师资格定期注册、业绩考核、职称评审、岗位聘用、评优奖励的首要内容，对教师实行师德表现一票否决制。完善学生、家长和社会参与的师德监督机制。完善高等学校科研学术规范，健全学术不端行为惩治查处机制。对有严重失德行为、影响恶劣者按有关规定予以严肃处理直至撤销教师资格。

三、大力提高教师专业化水平

（六）完善教师专业发展标准体系。根据各级各类教育的特点，出台幼儿园、小学、中学、职业学校、高等学校、特殊教育学校教师专业标准，作为教师培养、准入、培训、考核等工作的重要依据。制定幼儿园园长、普通中小学校长、中等职业学校校长专业标准和任职资格标准，提高校长（园长）专业化水平。制定师范类专业认证标准，开展专业认证和评估，规范师范类专业办学，建立教师培养质量评估制度。

（七）提高教师培养质量。完善师范生招生制度，科学制定招生计划，确保招生培

养与教师岗位需求有效衔接，实行提前批次录取，选拔乐教适教的优秀学生攻读师范类专业。发挥教育部直属师范大学师范生免费教育的示范引领作用，鼓励支持地方结合实际实施师范生免费教育制度。探索建立招收职业学校毕业生和企业技术人员专门培养职业教育师资制度。扩大教育硕士、教育博士招生规模，培养高层次的中小学和职业学校教师。创新教师培养模式，建立高等学校与地方政府、中小学（幼儿园、职业学校）联合培养教师的新机制，发挥好行业企业在培养“双师型”教师中的作用。加强教师养成教育和教育教学能力训练，落实师范生教育实践不少于一学期制度。鼓励综合性大学毕业生从事教师职业。

（八）建立教师学习培训制度。实行五年一周期不少于360学时的教师全员培训制度，推行教师培训学分制度。采取顶岗置换研修、校本研修、远程培训等多种模式，大力开展中小学、幼儿园教师特别是农村教师培训。完善以企业实践为重点的职业学校教师培训制度。推进高等学校中青年教师专业发展，建立高等学校中青年教师国内访学、挂职锻炼、社会实践制度。加大民族地区双语教师和音乐、体育、美术等师资紧缺学科教师培训。加强校长培训，重视辅导员和班主任培训。推动信息技术与教师教育深度融合，建设教师网络研修社区和终身学习支持服务体系，促进教师自主学习，推动教学方式变革。继续实施“幼儿园和中小学教师国家级培训计划”“职业院校教师素质提高计划”。

（九）完善教师培养培训体系。构建以师范院校为主体、综合大学参与、开放灵活的中小学教师教育体系。依托相关高等学校和大中型企业，共建职业学校“双师型”教师培养培训体系。推动高等学校设立教师发展中心。依托现有资源，加强中小学幼儿园教师、职业学校教师、特殊教育教师、民族地区双语教师培养培训基地建设。推动各地结合实际，规范建设县（区）域教师发展平台。

（十）培养造就高端教育人才。实施中小学名师名校长培养工程。制定普通中小学、中等职业学校校长负责制实施细则，探索校长职级制。改进特级教师评选和管理工作，更好发挥特级教师的示范带动作用。坚持培养与引进兼顾，教学与科研并重，加强高等学校高层次创新型人才队伍建设。实施好“千人计划”“长江学者奖励计划”和“创新团队发展计划”等人才项目，造就集聚一批具有国际影响的学科领军人才和高水平的教学科研创新团队。落实和扩大学校办学自主权，支持鼓励教师和校长在实践中大胆探索，创新教育思想、教育模式和教育方法，形成教学特色和办学风格，造就一批教育家，倡导教育家办学。

四、建立健全教师管理制度

（十一）加强教师资源配置管理。逐步实行城乡统一的中小学教职工编制标准，对农村边远地区实行倾斜政策。研究制定高等学校教职工编制标准。完善学校编制管理办法，健全编制动态管理机制，严禁挤占、挪用、截留教师编制。国家出台幼儿园教师配备标准，各地结合实际合理核定公办幼儿园教职工编制。建立县（区）域内义务教育学校教师校长轮岗交流机制，促进教师资源合理配置。大力推进城镇教师支持农村教育，鼓励支持退休的特级教师、高级教师到农村学校支教讲学。

（十二）严格教师资格和准入制度。修订《教师资格条例》，提高教师任职学历标准、品行和教育教学能力要求。全面实施教师资格考试和定期注册制度。完善符合职业教育特点的职业学校教师资格标准。健全新进教师公开招聘制度，探索符合不同学段、专业和岗位特点的教师招聘办法。继续实施并逐步完善农村义务教育阶段学校教师特设岗位计划，探索吸引高校毕业生到村小学、教学点任教的新机制。

（十三）加快推进教师职务（职称）制度改革。分类推进教师职务（职称）制度改革，完善符合各类教师职业特点的职务（职称）评价标准。建立统一的中小学教师职务（职称）系列，探索在职业学校设置正高级教师职务（职称）。研究完善符合村小学和教学点实际的职务（职称）评定标准，职务（职称）晋升向村小学和教学点专任教师倾斜。城镇中小学教师在评聘高级职务（职称）时，要有一年以上在农村学校或薄弱学校任教经历。支持符合条件的职业学校和高等学校兼职教师申报相应系列教师专业技术职务。

（十四）全面推行聘用制度和岗位管理制度。根据分类推进事业单位改革的总体部署，按照按需设岗、竞聘上岗、按岗聘用、合同管理的原则，完善以合同管理为基础的用人制度，实现教师职务（职称）评审与岗位聘用的有机结合，完善教师退出机制。鼓励普通高中聘请高等学校、科研院所和社会团体等机构的专业人才担任兼职教师。完善相关人事政策，鼓励职业学校和高等学校聘请企业管理人员、专业技术人员和高技能人才等担任专兼职教师。探索更加有利于促进协同创新、持续创新的高等学校人事管理办法。完善外籍教师管理办法，吸引更多世界一流的专家学者来华从事教学、科研和管理工作，有计划地引进海外高端人才和学术团队。

（十五）健全教师考核评价制度。完善重师德、重能力、重业绩、重贡献的教师考核评价标准，探索实行学校、学生、教师和社会等多方参与的评价办法，引导教师潜心教书育人。严禁简单用升学率和考试成绩评价中小学教师。根据不同类型教师的岗位职责和工作特点，完善高等学校教师分类管理和评价办法；健全大学教授为本科生上课制度，把承担本科教学任务作为教授考核评价的基本内容。加强教师管理，严禁公办、在职中小学教师从事有偿补课，规范高等学校教师兼职兼薪。

五、切实保障教师合法权益和待遇

（十六）完善教师参与治校治学机制。建立健全教职工代表大会制度，保障教职工参与学校决策的合法权利。完善中小学学校管理制度，发挥好党组织的领导核心和政治核心作用，健全校长负责制，实行校务会议等制度，完善教职工参与的科学民主决策机制。完善中国特色现代大学制度，坚持党委领导下的校长负责制，探索教授治学的有效途径，充分发挥教授在教学、学术研究以及学校管理中的作用。完善教师人事争议处理途径，依法维护教师权益。

（十七）强化教师工资保障机制。依法保证教师平均工资水平不低于或者高于国家公务员的平均工资水平，并逐步提高，保障教师工资按时足额发放。健全符合教师职业特点、体现岗位绩效的工资分配激励约束机制。进一步做好义务教育学校教师绩效工资实施工作，按照“管理以县为主、经费省级统筹、中央适当支持”的原则，确保绩效工资所需资金落实到位。对长期在农村基层和艰苦边远地区工作的教师，实行工资倾斜政策。推进非义务教育教师绩效工资实施工作。

（十八）健全教师社会保障制度。按照事业单位改革的总体部署，推进教师养老保障制度改革，按规定为教师缴纳社会保险费及住房公积金。中央在基建投资中安排资金，支持加快建设农村艰苦边远地区学校教师周转宿舍。鼓励地方政府将符合条件的农村教师住房纳入当地住房保障范围统筹予以解决。

（十九）完善教师表彰奖励制度。探索建立国家级教师荣誉制度。继续做好全国模范教师和全国教育系统先进工作者表彰工作，对在农村地区长期从教、贡献突出的教师加大表彰奖励力度。定期开展教学名师奖评选，重点奖励在教学一线作出突出贡献的优秀教师。研究完善国家级教学成果奖。鼓励各地按照国家有关规定开展教师表彰奖励工作。

（二十）保障民办学校教师权益。建立健全民办学校教师管理相关制度，依法保障和落实民办学校教师在培训、职务（职称）评审、教龄和工龄计算、表彰奖励、社会活动等方面与公办学校教师享有同等权利。民办学校应依法聘用教师，明确双方权利义务，及时兑现教师工资待遇，按规定为教师足额缴纳社会保险费和住房公积金。鼓励民办学校为教师建立补充养老保险、医疗保险。

六、确保教师队伍建设政策措施落到实处

（二十一）加强组织领导。各级人民政府要切实加强对教师工作的组织领导，把教师队伍建设列入重要议事日程抓实抓好。完善部门沟通协调机制，形成责权明确、分工协作、齐抓共管的工作格局，及时研究解决教师队伍建设中的突出矛盾和重大问题。教育行政部门要加强对教师队伍建设的统筹管理、规划和指导，制定相关政策和标准。机构编制、发展改革、财政、人力资源社会保障等有关部门要在各自职责范围内，积极推进教师队伍建设有关工作。鼓励和引导社会力量参与支持教师队伍建设。

（二十二）加强经费保障。各级人民政府要加大对教师队伍建设的投入力度，新增财政教育经费要把教师队伍建设作为投入重点之一，切实保障教师培养培训、工资待遇等方面的经费投入。教师培训经费要列入财政预算。幼儿园、中小学和中等职业学校按照年度公用经费预算总额的5%安排教师培训经费；高等学校按照不同层次和规模情况，统筹安排一定的教师培训经费。切实加强经费监管，确保专款专用，提高经费使用效益。

（二十三）加强考核督导。要把教师队伍建设情况作为各地区各有关部门政绩考核、各级各类学校办学水平评估的重要内容，作为评优评先、表彰奖励的重要依据。建立教师工作定期督导检查制度，把教师队伍建设情况作为教育督导的重要内容，并公告督导结果，推动各项政策措施落实到位。

国务院关于第六批取消和调整行政审批项目的决定

（国发［2012］52号　2012年9月23日）

各省、自治区、直辖市人民政府，国务院各部委、各直属机构：

2011年以来，按照深入推进行政审批制度改革工作电视电话会议的部署和行政审批制度改革的要求，行政审批制度改革工作部际联席会议依据行政许可法等法律法规的规定，对国务院部门的行政审批项目进行了第六轮集中清理。经严格审核论证，国务院决定第六批取消和调整314项行政审批项目。各地区、各部门要加强组织领导，明确工作分工，抓好监督检查，完善规章制度，确保行政审批项目的取消和调整及时落实到位。同时，要强化后续监管，明确监管责任，制定监管措施，做好工作衔接，避免出现监管真空。

深化行政审批制度改革是一项长期任务。各地区、各部门要按照党中央、国务院的部署和要求，在现有工作基础上，积极适应经济社会发展需要，坚定不移地深入推进行政审批制度改革。

一、进一步取消和调整行政审批项目。凡公民、法人或者其他组织能够自主决定，市场竞争机制能够有效调节，行业组织或者中介机构能够自律管理的事项，政府都要退出。凡可以采用事后监管和间接管理方式的事项，一律不设前置审批。以部门规章、文件等形式违反行政许可法规定设定的行政许可，要限期改正。探索建立审批项目动态清理工作机制。

二、积极推进行政审批规范化建设。新设审批项目必须于法有据，并严格按照法定程序进行合法性、必要性、合理性审查论证。没有法律法规依据，任何地方和部门不得以规章、文件等形式设定或变相设定行政审批项目。研究制定非行政许可审批项目设定和管理办法。

三、加快推进事业单位改革和社会组织管理改革。把适合事业单位和社会组织承担的事务性工作和管理服务事项，通过委托、招标、合同外包等方式交给事业单位或社会组织承担。抓紧培育相关行业组织，推动行业组织规范、公开、高效、廉洁办事。

四、进一步健全行政审批服务体系。继续推进政务中心建设，健全省市县乡四级联动的政务服务体系，并逐步向村和社区延伸。加强行政审批绩效管理，推行网上审批、并联审批和服务质量公开承诺等做法，不断提高行政审批服务水平。审批项目较多的部门要建立政务大厅或服务窗口。

五、深入推进行政审批领域防治腐败工作。深化审批公开，推行“阳光审批”。加快推广行政审批电子监察系统。严肃查处利用审批权违纪违法案件。

六、把行政审批制度改革与投资体制、财税金融体制、社会体制和行政管理体制改革紧密结合起来。进一步理顺和规范政府与企业、政府与社会的关系，规范上下级政府的关系。进一步优化政府机构设置和职能配置，提高行政效能和公共管理服务质量。

附件：

1. 国务院决定取消的行政审批项目目录（171 项）

2. 国务院决定调整的行政审批项目目录（143 项）

附件 1：

国务院决定取消的行政审批项目目录（171 项）

序号	项目名称	设定依据	实施机关	备注
1	注册咨询工程师（投资）执业资格认定	《国务院对确需保留的行政审批项目设定行政许可的决定》（国务院令第 412 号）	国家发展改革委	
2	商品粮基地水利工程年度投资计划审批	《国务院办公厅关于保留部分非行政许可审批项目的通知》（国办发〔2004〕62 号）	国家发展改革委、水利部、农业部	
3	高等学校设立、撤销、调整研究生院审批	《国务院关于发布〈高等教育管理职责暂行规定〉的通知》（国发〔1986〕32 号）	教育部	
4	中小学国家课程教材编写核准	《国务院对确需保留的行政审批项目设定行政许可的决定》（国务院令第 412 号）	教育部	
5	举办国际教育展览审批	《国务院对确需保留的行政审批项目设定行政许可的决定》（国务院令第 412 号）	教育部、省级人民政府教育行政部门	实行告知性备案
6	氰化钠生产定点审批	《国务院对确需保留的行政审批项目设定行政许可的决定》（国务院令第 412 号）	工业和信息化部	取消此项审批后，相关事项通过危险化学品相关审批实施管理
7	税控收款机生产企业资质认定	《国务院对确需保留的行政审批项目设定行政许可的决定》（国务院令第 412 号）	工业和信息化部、税务总局	

续表

序号	项目名称	设定依据	实施机关	备注
8	电信设备抗震性能检测合格证核发	《国务院对确需保留的行政审批项目设定行政许可的决定》(国务院令第412号)	工业和信息化部	
9	通信建设项目自行招标机构资质认定	《中华人民共和国招标投标法》	工业和信息化部	
10	经营性互联网信息服务提供者境内上市前置审查	《互联网信息服务管理办法》(国务院令第292号)	工业和信息化部	证监会审批时征求工业和信息化部的意见
11	主导电信企业规划备案	《国务院办公厅关于保留部分非行政许可审批项目的通知》(国办发［2004］62号)	工业和信息化部、省级电信管理机构	
12	通信电子计量校准规范审批	《中华人民共和国计量法》	工业和信息化部	
13	安全技术防范产品销售审批	《国务院对确需保留的行政审批项目设定行政许可的决定》(国务院令第412号)	省级人民政府公安机关	
14	机械防盗锁生产登记批准	《国务院对确需保留的行政审批项目设定行政许可的决定》(国务院令第412号)	省级人民政府公安机关	
15	汽车防盗报警系统生产许可	《国务院对确需保留的行政审批项目设定行政许可的决定》(国务院令第412号)	省级人民政府公安机关	
16	出海船舶边防登记簿核发	《国务院对确需保留的行政审批项目设定行政许可的决定》(国务院令第412号)	沿海县以上公安边防部门	
17	合资船船员登陆证核发	《国务院对确需保留的行政审批项目设定行政许可的决定》(国务院令第412号)	沿海县公安边防部门	
18	航行港澳小型船舶查验簿核发	《国务院对确需保留的行政审批项目设定行政许可的决定》(国务院令第412号)	公安机关出入境边防检查站	
19	中央与地方年终结算事项审批	《中华人民共和国预算法实施条例》(国务院令第186号)	财政部	

续表

序号	项目名称	设定依据	实施机关	备注
20	经国务院批准列入计划的国有企业关闭破产项目费用预案审批	《国务院办公厅关于保留部分非行政许可审批项目的通知》（国办发［2004］62号）	县级以上人民政府财政部门	
21	国债承销团成员资格审批	《国务院对确需保留的行政审批项目设定行政许可的决定》（国务院令第412号）	财政部、人民银行、证监会	
22	省级基本医疗保险乙类药品目录调整审批	《国务院办公厅关于保留部分非行政许可审批项目的通知》（国办发［2004］62号）	人力资源社会保障部	
23	留学回国人员科研经费择优资助项目审批	《国务院办公厅关于保留部分非行政许可审批项目的通知》（国办发［2004］62号）	人力资源社会保障部	
24	因科学研究需要进入环境保护部门管理的地方级自然保护区核心区从事科学研究观测、调查活动审批	《中华人民共和国自然保护区条例》（国务院令第167号）	省级人民政府环境保护部门	
25	外国人进入环境保护部门管理的地方级自然保护区的审批	《中华人民共和国自然保护区条例》（国务院令第167号）	省级人民政府环境保护部门	
26	为保证管线的安全使用需要修剪城市树木审批	《城市绿化条例》（国务院令第100号）	所在城市的市人民政府园林绿化行政部门	
27	城市新建燃气企业审批	《国务院对确需保留的行政审批项目设定行政许可的决定》（国务院令第412号）	所在城市的市人民政府建设行政部门	取消此项审批后，相关事项通过燃气经营许可管理
28	房产测绘单位资格初审	《中华人民共和国测绘法》《房产测绘管理办法》（中华人民共和国建设部令第83号）	住房城乡建设部、省级人民政府房地产行政部门	
29	重要地块城市修建性详细规划审批	《中华人民共和国城乡规划法》	城市、县人民政府或城市、县人民政府城乡规划部门	
30	外国国际道路运输经营者在中国境内设立常驻代表机构审批	《中华人民共和国道路运输条例》（国务院令第406号）	交通运输部	

续表

序号	项目名称	设定依据	实施机关	备注
31	外国船舶检验机构在中国境内设立常驻代表机构审批	《国务院关于发布〈中华人民共和国国务院关于管理外国企业常驻代表机构的暂行规定〉的通知》(国发〔1980〕272号)	交通运输部	
32	国内水运货运代理、船舶代理审批	《中华人民共和国水路运输管理条例》(国务院令第544号)	交通运输部	
33	铁道自轮运转特种设备准入许可	《国务院对确需保留的行政审批项目设定行政许可的决定》(国务院令第412号)	铁道部	取消此项审批后，相关事项通过铁路机车车辆设计生产维修进口许可管理
34	铁路工业产品制造特许证核发	《国务院对确需保留的行政审批项目设定行政许可的决定》(国务院令第412号)	铁道部	
35	铁道计算机联锁设备制造特许证核发	《国务院对确需保留的行政审批项目设定行政许可的决定》(国务院令第412号)	铁道部	取消此项审批后，相关事项通过铁路运输安全设备生产企业认定管理
36	铁路货物装载加固方案审批	《国务院对确需保留的行政审批项目设定行政许可的决定》(国务院令第412号)	铁道部	
37	铁路基建大中型项目工程施工、监理、物资采购评标结果审批	《国务院办公厅关于保留部分非行政许可审批项目的通知》(国办发〔2004〕62号)	铁道部	
38	铁路运输管理信息系统认定	《铁路运输安全保护条例》(国务院令第430号)	铁道部	
39	水利水电建设工程蓄水安全鉴定单位资质认定	《国务院对确需保留的行政审批项目设定行政许可的决定》(国务院令第412号)	水利部	
40	农村人畜饮水工程建设项目年度计划审批	《国务院办公厅关于保留部分非行政许可审批项目的通知》(国办发〔2004〕62号)	水利部	
41	组建公益性水利工程建设项目法人审批	《国务院办公厅关于保留部分非行政许可审批项目的通知》(国办发〔2004〕62号)	县级以上人民政府水行政部门	

续表

序号	项目名称	设定依据	实施机关	备注
42	农村水电电气化县规划审批及验收	《国务院办公厅关于保留部分非行政许可审批项目的通知》(国办发［2004］62号)	水利部	
43	开发建设项目水土保持方案备案	《国务院办公厅关于保留部分非行政许可审批项目的通知》(国办发［2004］62号)	县级以上人民政府水行政部门	按《中华人民共和国水土保持法》有关规定办理
44	学生饮用奶定点生产企业资格认定	《国务院办公厅关于保留部分非行政许可审批项目的通知》(国办发［2004］62号)	省级以下人民政府农业、教育、质量监督行政部门	
45	外国人进入渔业部门管理的地方级自然保护区审批	《中华人民共和国自然保护区条例》(国务院令第167号)	省级人民政府渔业行政部门	
46	因科学研究需要进入渔业部门管理的地方级自然保护区核心区从事科学研究观测、调查活动审批	《中华人民共和国自然保护区条例》(国务院令第167号)	省级人民政府渔业行政部门或其授权的单位	
47	乡村集体企业设立、分立、合并、迁移、停业、终止以及改变名称、经营范围审批	《中华人民共和国乡村集体所有制企业条例》(国务院令第59号)	县级人民政府乡镇企业主管部门	
48	因教学、科研需要在非疫区进行农业部或省、自治区、直辖市规定的植物检疫对象研究审批	《植物检疫条例》(国务院令第98号)	农业部或省级人民政府农业行政部门	禁止在非疫区进行植物检疫对象研究
49	机动渔船底拖网禁渔区线外侧人工鱼礁建造许可	《中华人民共和国渔业法实施细则》(1987年10月14日国务院批准，1987年10月20日农牧渔业部发布)	农业部	
50	部分税号铜、钢材自动进口许可	《中华人民共和国货物进出口管理条例》(国务院令第332号)	商务部	
51	外国、港澳台地区企业承包经营中外合营企业、受托经营管理合营企业审批	《国务院对确需保留的行政审批项目设定行政许可的决定》(国务院令第412号)	商务部	

续表

序号	项目名称	设定依据	实施机关	备注
52	全国缫丝绢纺企业生产经营资格核准	《国务院对确需保留的行政审批项目设定行政许可的决定》（国务院令第412号） 《国务院关于第四批取消和调整行政审批项目的决定》（国发［2007］33号）	省级人民政府商务行政部门	
53	外商投资项目的产品涉及出口配额、许可证的审批	《中华人民共和国外资企业法实施细则》（国务院令第301号） 《指导外商投资方向规定》（国务院令第346号）	商务部或省级人民政府商务行政部门	
54	母婴保健技术服务机构开展新生儿疾病筛查许可	《中华人民共和国母婴保健法实施办法》（国务院令第308号）	县级以上地方人民政府卫生行政部门	
55	水处理材料中的无烟煤、骨炭、二氧化钛、聚丙烯、聚氯乙烯、碘树脂、电解槽、电极产品卫生许可	《国务院对确需保留的行政审批项目设定行政许可的决定》（国务院令第412号）	卫生部、省级人民政府卫生行政部门	
56	化学处理剂中的水解苯丙酰胺、聚二甲基二烯丙基氯化铵、硫酸铝铵（铵明矾）、PH调节剂、灭藻剂、次氯酸钙（漂白粉）、二氯异氰尿酸钠、三氯异氰尿酸产品卫生许可	《国务院对确需保留的行政审批项目设定行政许可的决定》（国务院令第412号）	卫生部、省级人民政府卫生行政部门	
57	水质处理器中的陶瓷净水器，饮用水pH调节器，氧化电位水发生器，除氟、除砷净水器产品卫生许可	《国务院对确需保留的行政审批项目设定行政许可的决定》（国务院令第412号）	卫生部、省级人民政府卫生行政部门	
58	公园、体育场馆、公共交通工具卫生许可	《国务院关于发布〈公共场所卫生管理条例〉的通知》（国发［1987］24号）	县级以上地方人民政府卫生行政部门	
59	设立造血干细胞资料库组织配型实验室审批	《国务院对确需保留的行政审批项目设定行政许可的决定》（国务院令第412号）	省级人民政府卫生行政部门	

续表

序号	项目名称	设定依据	实施机关	备注
60	银行票据、清算凭证印制企业资格审批	《国务院对确需保留的行政审批项目设定行政许可的决定》（国务院令第412号）	人民银行	指定由中国人民银行下属的中国印钞造币总公司组织印制
61	外国在华常驻机构和常驻人员免税进境机动交通工具出售、转让、出租或移作他用审批	《国务院对确需保留的行政审批项目设定行政许可的决定》（国务院令第412号）	海关总署各直属海关	
62	报关员注册登记	《中华人民共和国海关法》	海关总署或各直属海关	
63	进出境运输工具改、兼营境内运输审批	《中华人民共和国海关法》	海关总署或各直属海关	
64	对停业和复业办理税务登记的核准	《中华人民共和国税收征收管理法实施细则》（国务院令第362号）	税务机关	
65	企业集中提取技术开发费审批	《国务院办公厅关于保留部分非行政许可审批项目的通知》（国办发［2004］62号）	税务总局或其授权的省级税务机关 省、自治区、直辖市和计划单列市税务机关	
66	外方以优惠利率贷款给我方取得利息免征预提所得税审批	《国务院办公厅关于保留部分非行政许可审批项目的通知》（国办发［2004］62号）	税务机关	
67	公路货运业代开票纳税人认定	《国务院办公厅关于保留部分非行政许可审批项目的通知》（国办发［2004］62号）	主管地方税务局	
68	经国务院批准成立的企业集团合并缴纳企业所得税审批	《国务院办公厅关于保留部分非行政许可审批项目的通知》（国办发［2004］62号）	税务总局	
69	外国政府、非营利机构等在我国设立代表机构给予免税待遇审批	《国务院办公厅关于保留部分非行政许可审批项目的通知》（国办发［2004］62号） 《国务院关于第四批取消和调整行政审批项目的决定》（国发［2007］33号）	省、自治区、直辖市国家税务局	

续表

序号	项目名称	设定依据	实施机关	备注
70	企业在缴纳所得税税前扣除财产损失审批	《国务院办公厅关于保留部分非行政许可审批项目的通知》(国办发〔2004〕62号)	纳税人所在地主管税务机关的上一级税务机关	
71	国家银行和金融机构在境外发行债券所得利息符合优惠利率标准免征所得税审批	《国务院办公厅关于保留部分非行政许可审批项目的通知》(国办发〔2004〕62号) 《国务院关于第四批取消和调整行政审批项目的决定》(国发〔2007〕33号)	省、自治区、直辖市国家税务局	
72	电焊条生产许可证核发	《中华人民共和国工业产品生产许可证管理条例》(国务院令第440号)	质检总局或省级质量技术监督局	
73	验配眼镜生产许可证核发	《中华人民共和国工业产品生产许可证管理条例》(国务院令第440号)	质检总局或省级质量技术监督局	
74	设立认证培训机构审批	《国务院对确需保留的行政审批项目设定行政许可的决定》(国务院令第412号)	国家认监委	
75	设立认证咨询机构审批	《国务院对确需保留的行政审批项目设定行政许可的决定》(国务院令第412号) 《国务院关于第五批取消和下放管理层级行政审批项目的决定》(国发〔2010〕21号)	省级质量技术监督部门	
76	进口可用作原料的固体废物、进口旧机电产品装运前检验机构指定	《中华人民共和国进出口商品检验法实施条例》(国务院令第447号)	质检总局	
77	认可证书格式和认可标志式样审批	《中华人民共和国认证认可条例》(国务院令第390号)	国家认监委	
78	认证标志备案	《中华人民共和国认证认可条例》(国务院令第390号)	国家认监委	
79	进出口商品检验鉴定机构从业人员资格认定	《中华人民共和国进出口商品检验法实施条例》(国务院令第447号)	质检总局	

续表

序号	项目名称	设定依据	实施机关	备注
80	广播电视新闻采编人员资格认定	《国务院对确需保留的行政审批项目设定行政许可的决定》（国务院令第412号）	广电总局	
81	期刊出版增刊审批	《国务院对确需保留的行政审批项目设定行政许可的决定》（国务院令第412号）	新闻出版总署、省级人民政府出版行政部门	按期刊出版管理有关规定办理
82	被查缴非法光盘生产线处理审批	《国务院关于第三批取消和调整行政审批项目的决定》（国发［2004］16号）	省级人民政府出版行政部门	
83	电子出版物制作单位接受境外委托制作电子出版物审批	《国务院对确需保留的行政审批项目设定行政许可的决定》（国务院令第412号）	省级人民政府出版行政部门	
84	设立专门从事名片印刷的企业审批	《印刷业管理条例》（国务院令第315号）	县级人民政府出版行政部门	
85	第四级安全培训机构资格认可	《国务院对确需保留的行政审批项目设定行政许可的决定》（国务院令第412号）	省级安全生产监管部门	
86	除东北、内蒙古重点国有林区外的地区木材生产限额年度计划审批	《国务院关于第四批取消和调整行政审批项目的决定》（国发［2007］33号）	国家林业局	
87	特殊情况临时增加森林采伐限额和木材生产计划审批	《国务院办公厅关于保留部分非行政许可审批项目的通知》（国办发［2004］62号）	国家林业局	
88	处理非正常来源的国家重点保护陆生野生动物及其产品审批	《中华人民共和国陆生野生动物保护实施条例》（1992年2月12日国务院批准，1992年3月1日林业部发布） 《林业部关于妥善处理非正常来源陆生野生动物及其产品的通知》（林护通字［1992］118号）	省级以上林业部门	
89	三北防护林体系建设四期工程省级规划审批	《国务院办公厅关于保留部分非行政许可审批项目的通知》（国办发［2004］62号）	国家林业局	

续表

序号	项目名称	设定依据	实施机关	备注
90	天然林保护工程省级实施方案审批	《国务院办公厅关于保留部分非行政许可审批项目的通知》(国办发［2004］62号)	国家林业局	
91	国家级森林公园合并审批	《国务院对确需保留的行政审批项目设定行政许可的决定》(国务院令第412号)	国家林业局	
92	外国人来我国从事非国家重点保护陆生野生动物狩猎、采集标本等活动审批	《中华人民共和国野生动物保护法》 《林业部关于实行〈特许猎捕证〉有关问题的通知》(林护发［1989］353号)	省级林业部门	取消此项审批后，相关事项通过狩猎证管理
93	跨省级区域旅游发展规划审批	《国务院办公厅关于保留部分非行政许可审批项目的通知》(国办发［2004］62号) 《旅游发展规划管理办法》(国家旅游局令第12号)	国家旅游局	
94	宗教院校聘用外籍专业人员计划审批	《国务院对确需保留的行政审批项目设定行政许可的决定》(国务院令第412号)	国家宗教局	
95	中央国家机关部分职业技能鉴定：收银员、电梯安装与维修工、计算机文字录入员、半导体原料制备工、美容师、美发师、调酒师、线务员、仪器仪表检验工、水工检验工、植物组织培养工、磨片工、玻璃加工工、金属轧制工、木工（手工木工）、瓦工、热力司炉工（锅炉操作工）、建筑油漆工、印刷机械维修工、铣工、家用电子产品维修工、水质检验工（化学检验工）、物资进货员、眼镜验光员、洗衣师、烫衣师	《国务院办公厅关于保留部分非行政许可审批项目的通知》(国办发［2004］62号)	国管局	

续表

序号	项目名称	设定依据	实施机关	备注
96	人工影响天气作业人员资格认可	《人工影响天气管理条例》(国务院令第 348 号)	省级气象机构	
97	中资银行业金融机构分支机构变更营运资金审批	《中华人民共和国银行业监督管理法》 《中华人民共和国商业银行法》	银监会	
98	中资银行业金融机构分支机构变更营业场所审批	《中华人民共和国银行业监督管理法》 《中华人民共和国商业银行法》	银监会	
99	非银行金融机构分支机构变更营运资金审批	《中华人民共和国银行业监督管理法》 《中华人民共和国商业银行法》	银监会	
100	非银行金融机构分支机构变更营业场所审批	《中华人民共和国银行业监督管理法》 《中华人民共和国商业银行法》	银监会	
101	外资银行营业性机构的分支机构变更营运资金审批	《中华人民共和国外资银行管理条例》(国务院令第 478 号)	银监会	
102	外资银行营业性机构及其分支机构变更营业场所审批	《中华人民共和国外资银行管理条例》(国务院令第 478 号)	银监会	
103	中资商业银行、农村中小金融机构、城市信用社、外国银行分行、外资独资银行、中外合资银行等设立自助银行审批	《中华人民共和国银行业监督管理法》	银监会	
104	保荐代表人注册	《国务院对确需保留的行政审批项目设定行政许可的决定》(国务院令第 412 号)	证监会	
105	证券公司变更境内分支机构营业场所审批	《证券公司监督管理条例》(国务院令第 522 号)	证监会派出机构	
106	证券公司设立集合资产管理计划审批	《证券公司监督管理条例》(国务院令第 522 号)	证监会	

续表

序号	项目名称	设定依据	实施机关	备注
107	要约收购义务豁免核准四种情形之一：在一个上市公司中拥有权益的股份达到或者超过该公司已发行股份的30%的，自上述事实发生之日起一年后，每12个月内增加其在该公司中拥有权益的股份不超过该公司已发行股份的2%	《中华人民共和国证券法》	证监会	
108	要约收购义务豁免核准四种情形之二：在一个上市公司中拥有权益的股份达到或者超过该公司已发行股份的50%，继续增加其在该公司拥有的权益不影响该公司的上市地位	《中华人民共和国证券法》	证监会	
109	要约收购义务豁免核准四种情形之三：因继承导致在一个上市公司中拥有权益的股份超过该公司已发行股份的30%	《中华人民共和国证券法》	证监会	
110	要约收购义务豁免核准四种情形之四：经上市公司股东大会非关联股东批准，收购人取得上市公司向其发行的新股，导致其在该公司拥有权益的股份超过该公司已发行股份的30%，收购人承诺3年内不转让其拥有权益的股份，公司股东大会同意收购人免于发出要约，且该收购人在新股发行前已经拥有该上市公司控制权的	《中华人民共和国证券法》	证监会	
111	上市公司回购股份核准	《股票发行与交易管理暂行条例》（国务院令第112号）	证监会	
112	基金管理公司副总经理选任或者改任审核	《中华人民共和国证券投资基金法》	证监会	

续表

序号	项目名称	设定依据	实施机关	备注
113	金融期货交易所结算会员结算业务资格核准	《期货交易管理条例》(国务院令第489号)	证监会	
114	证券公司为期货公司提供中间介绍业务资格审批	《期货交易管理条例》(国务院令第489号)	证监会	
115	期货公司变更公司形式的审批	《期货交易管理条例》(国务院令第489号)	证监会	
116	期货公司变更注册资本部分事项审批：同比例增减资审批	《期货交易管理条例》(国务院令第489号)	证监会	
117	期货公司变更5%以上股权部分事项审批：不涉及新增持有5%以上股权的股东且控股股东、第一大股东未发生变化的变更的审批	《期货交易管理条例》(国务院令第489号)	证监会	
118	期货公司变更境内分支机构营业场所审批	《期货交易管理条例》(国务院令第489号)	证监会	
119	期货公司变更境内分支机构负责人审批	《期货交易管理条例》(国务院令第489号)	证监会	
120	银行业金融机构从事期货结算业务资格核准	《期货交易管理条例》(国务院令第489号)	证监会、银监会	
121	外国证券类机构驻华代表机构总代表资格核准	《国务院对确需保留的行政审批项目设定行政许可的决定》(国务院令第412号)	证监会	
122	银行业金融机构从事期货保证金存管资格认定	《期货交易管理条例》(国务院令第489号)	证监会、银监会	
123	境内非保险机构在境外设立(投资入股、收购)保险机构(含保险公司分支机构)审批	《国务院对确需保留的行政审批项目设定行政许可的决定》(国务院令第412号)	保监会	
124	境内非保险机构在境外设立的保险机构股份转让审批	《国务院对确需保留的行政审批项目设定行政许可的决定》(国务院令第412号)	保监会	
125	保险公估机构动用营业保证金审批	《国务院对确需保留的行政审批项目设定行政许可的决定》(国务院令第412号)	保监会	

续表

序号	项目名称	设定依据	实施机关	备注
126	保险公司总公司精算部门、财务会计部门、资金运用部门主要负责人任职资格核准	《国务院对确需保留的行政审批项目设定行政许可的决定》(国务院令第412号)	保监会	
127	保险公司解散或撤销时资产协议转让方案审批	《国务院对确需保留的行政审批项目设定行政许可的决定》(国务院令第412号)	保监会	
128	保险公司依法解散或被宣告破产时保险合同转让方案审批	《国务院对确需保留的行政审批项目设定行政许可的决定》(国务院令第412号)	保监会	
129	保险公司法律责任人资格核准	《国务院对确需保留的行政审批项目设定行政许可的决定》(国务院令第412号)	保监会	
130	节能发电调度经济补偿审核	《国务院办公厅关于转发发展改革委等部门节能发电调度办法(试行)的通知》(国办发[2007]53号)	电监会	
131	对集体所有、个人所有以及其他不属于国家所有的对国家和社会具有保存价值的档案向各级国家档案馆以外的任何单位或者个人赠送(赠送外国人除外)的审批	《中华人民共和国档案法实施办法》(1999年5月5日国务院批准，1999年6月7日国家档案局发布)	县级以上人民政府档案行政管理部门	
132	省、自治区、直辖市以及计划单列市、大城市设置专门档案馆备案	《国务院办公厅关于保留部分非行政许可审批项目的通知》(国办发[2004]62号)	国家档案局	
133	不属于国家所有的档案具体范围审批	《中华人民共和国档案法实施办法》(1999年5月5日国务院批准，1999年6月7日国家档案局发布)	国家档案局	
134	烟草企业非烟草专卖品中外合作事项审批	《国务院办公厅关于保留部分非行政许可审批项目的通知》(国办发[2004]62号)	国家烟草局、省级人民政府烟草行政部门	

续表

序号	项目名称	设定依据	实施机关	备注
135	组织派遣团组和人员赴境外培训的机构资格认定	《国务院对确需保留的行政审批项目设定行政许可的决定》(国务院令第412号)	国家外专局	
136	海洋石油勘探开发化学消油剂牌号、成分核准	《中华人民共和国海洋石油勘探开发环境保护管理条例》(1983年12月29日国务院发布)	国家海洋局及其派出机构	取消此项审批后，相关事项通过公布海洋石油勘探开发化学消油剂牌号、成分名录管理
137	设立测绘行业特有工种职业技能鉴定站审批	《国务院对确需保留的行政审批项目设定行政许可的决定》(国务院令第412号)	国家测绘地理信息局	
138	民用机场命名（更名）审批	《国务院关于发布〈地名管理条例〉的通知》（国发［1986］11号）	中国民航局	
139	民用航空器维修管理人员资格认定	《国务院对确需保留的行政审批项目设定行政许可的决定》(国务院令第412号)	中国民航局、民航地区管理局、中国民航局授权的机构	
140	民用航空器适航委任代表和适航委任单位代表认可	《国务院对确需保留的行政审批项目设定行政许可的决定》(国务院令第412号)	中国民航局	
141	航空气象环境探测审批	《国务院对确需保留的行政审批项目设定行政许可的决定》(国务院令第412号)	中国民航局	自2012年12月31日取消
142	民航企业及机场参股审核	《国务院对确需保留的行政审批项目设定行政许可的决定》(国务院令第412号)	中国民航局	
143	机场飞行程序和运行最低标准审批	《中华人民共和国飞行基本规则》(国务院令第509号) 《民用机场管理条例》(国务院令第553号)	民航地区管理局	取消此项审批后，相关事项通过机场使用许可管理

续表

序号	项目名称	设定依据	实施机关	备注
144	飞机一发失效应急程序审批	《中华人民共和国飞行基本规则》(国务院令第509号) 《民用机场管理条例》(国务院令第553号)	民航地区管理局	取消此项审批后，相关事项通过机场使用许可和航空公司运行许可管理
145	民用航空器飞行教员执照核发	《国务院对确需保留的行政审批项目设定行政许可的决定》(国务院令第412号)	中国民航局、民航地区管理局	
146	民用航空器领航员、飞行机械员、飞行通信员教员合格证核发	《国务院对确需保留的行政审批项目设定行政许可的决定》(国务院令第412号)	中国民航局、民航地区管理局	
147	没收、追缴文物中一般文物投入流通审批	《国务院办公厅关于保留部分非行政许可审批项目的通知》(国办发［2004］62号)	国家文物局	没收、追缴文物除交还失主外应移交文物行政部门
148	新药试行标准转正审批	《中华人民共和国药品管理法实施条例》(国务院令第360号)	国家食品药品监管局	已不再受理新的新药试行标准转正审批申请
149	第二类医疗器械临床试用、临床验证审批	《医疗器械监督管理条例》(国务院令第276号)	省级人民政府食品药品监督管理部门	
150	第三类医疗器械中非高风险医疗器械临床试用、临床验证审批	《医疗器械监督管理条例》(国务院令第276号)	国家食品药品监管局	
151	蛋白同化制剂、肽类激素境外委托生产备案	《反兴奋剂条例》(国务院令第398号)	省级人民政府食品药品监督管理部门	
152	化妆品卫生监督检验机构认定	《化妆品卫生监督条例》(1989年9月26日国务院批准，1989年11月13日卫生部发布)	国家食品药品监管局	
153	老中医药专家学术经验继承工作指导老师和继承人资格认定	《中华人民共和国中医药条例》(国务院令第374号)	国家中医药局	

续表

序号	项目名称	设定依据	实施机关	备注
154	信用证、托收、预付货款项下进口付汇核销	《中华人民共和国外汇管理条例》(国务院令第532号)	国家外汇局分支局	
155	保税仓库项下寄售、代销、买断方式项下进口付汇核销	《中华人民共和国外汇管理条例》(国务院令第532号)	国家外汇局分支局	
156	报关单上经营单位与付汇单位不一致项下进口付汇核销	《中华人民共和国外汇管理条例》(国务院令第532号)	国家外汇局分支局	
157	退汇项下进口付汇核销	《中华人民共和国外汇管理条例》(国务院令第532号)	国家外汇局分支局	
158	转口贸易项下进口付汇核销	《中华人民共和国外汇管理条例》(国务院令第532号)	国家外汇局分支局	
159	异地付汇项下进口付汇核销	《中华人民共和国外汇管理条例》(国务院令第532号)	国家外汇局分支局	
160	深加工结转项下进口付汇核销	《中华人民共和国外汇管理条例》(国务院令第532号)	国家外汇局分支局	
161	境外工程使用物资项下进口付汇核销	《中华人民共和国外汇管理条例》(国务院令第532号)	国家外汇局分支局	
162	异地付汇项下进口付汇备案核准	《国务院对确需保留的行政审批项目设定行政许可的决定》(国务院令第412号)	国家外汇局分支局	
163	出口单位领取出口收汇核销单核准	《国务院对确需保留的行政审批项目设定行政许可的决定》(国务院令第412号)	国家外汇局及其分支局	
164	出口单位出口退赔外汇核准	《国务院对确需保留的行政审批项目设定行政许可的决定》(国务院令第412号)	国家外汇局及其分支局	
165	特殊经济区域内机构外汇登记变更、注销核准	《国务院对确需保留的行政审批项目设定行政许可的决定》(国务院令第412号)	国家外汇局分支局	

续表

序号	项目名称	设定依据	实施机关	备注
166	境外投资外汇资金（资产）来源审核	《国务院对确需保留的行政审批项目设定行政许可的决定》（国务院令第 412 号）	国家外汇局及其分支局	
167	企业进口预付货款退汇核准	《中华人民共和国外汇管理条例》（国务院令第 532 号）	国家外汇局及其分支局	
168	减持境外上市公司国有股份所得外汇资金划转全国社保基金备案	《国务院对确需保留的行政审批项目设定行政许可的决定》（国务院令第 412 号）	国家外汇局分支局	
169	外资银行、有外资投资入股的中资银行外汇净利润汇出或者人民币净利润购汇汇出核准	《国务院对确需保留的行政审批项目设定行政许可的决定》（国务院令第 412 号）	国家外汇局分支局	
170	商用密码产品维修指定	《商用密码管理条例》（国务院令第 273 号）	国家密码局	
171	新建民用建筑项目减免防空地下室易地建设费审批	《国务院办公厅关于保留部分非行政许可审批项目的通知》（国办发［2004］62 号）	国家人防办	按照人民防空工作的有关规定办理

附件 2：

国务院决定调整的行政审批项目目录（143 项）

（一）下放管理层级的行政审批项目（117 项）

序号	项目名称	设定依据	实施机关	下放后实施机关	备注
1	乙级价格评估机构资质认定	《国务院对确需保留的行政审批项目设定行政许可的决定》（国务院令第 412 号）	国家发展改革委、省级人民政府发展改革（物价主管）部门	省级人民政府发展改革（物价主管）部门	
2	扩建机场：总投资 10 亿元至 20 亿元的项目核准	《国务院关于投资体制改革的决定》（国发［2004］20 号）	国家发展改革委	国务院相关行业主管部门或省级人民政府投资主管部门	

续表

序号	项目名称	设定依据	实施机关	下放后实施机关	备注
3	在沿海新建年吞吐能力200万吨至500万吨煤炭、铁矿石、原油专用泊位项目核准	《国务院关于投资体制改革的决定》（国发［2004］20号）	国家发展改革委	省级人民政府投资主管部门	
4	自费出国留学中介服务机构资格认定	《国务院对确需保留的行政审批项目设定行政许可的决定》（国务院令第412号）	教育部	省级人民政府教育行政部门	
5	开办外籍人员子女学校审批	《国务院对确需保留的行政审批项目设定行政许可的决定》（国务院令第412号）	教育部	省级人民政府教育行政部门	
6	高等学校副教授评审权审批	《国务院对确需保留的行政审批项目设定行政许可的决定》（国务院令第412号）	教育部	省级人民政府教育行政部门	
7	食盐准运许可	《食盐专营办法》（国务院令第197号）	国务院盐业主管机构或者其授权的省级人民政府盐业主管机构	省级人民政府盐业主管机构	
8	通信建设监理企业乙、丙级资质认证	《国务院对确需保留的行政审批项目设定行政许可的决定》（国务院令第412号）	工业和信息化部	省级通信管理部门	
9	因私出入境中介服务机构资格认定（境外就业、留学除外）	《国务院对确需保留的行政审批项目设定行政许可的决定》（国务院令第412号）	公安部	省级人民政府公安机关	
10	基层法律服务工作者执业核准	《国务院对确需保留的行政审批项目设定行政许可的决定》（国务院令第412号）	省级或其授权的下一级人民政府司法行政部门	设区的市级人民政府司法行政部门	
11	设立技工学校审批	《国务院对确需保留的行政审批项目设定行政许可的决定》（国务院令第412号）	人力资源社会保障部、省级人民政府人力资源社会保障部门	设立普通技工学校、高级技工学校由省级人民政府人力资源社会保障部门审批，设立技师学院由省级人民政府审批	

续表

序号	项目名称	设定依据	实施机关	下放后实施机关	备注
12	台港澳人员在内地就业许可	《国务院对确需保留的行政审批项目设定行政许可的决定》（国务院令第412号）	省级人民政府人力资源社会保障部门及其授权的地（市）级人民政府人力资源社会保障部门	设区的市级人民政府人力资源社会保障部门	
13	市县级人民政府地质矿产主管部门审批的采矿权的转让审批	《探矿权采矿权转让管理办法》（国务院令第242号）	省级人民政府地质矿产主管部门	设区的市级、县级人民政府地质矿产主管部门	
14	矿山闭坑地质报告审批	《中华人民共和国矿产资源法》 《中华人民共和国矿产资源法实施细则》（国务院令第152号）	国土资源部或省级人民政府国土资源部门	省级人民政府国土资源部门	
15	不跨省（区、市）的330千伏、500千伏交流项目环境影响评价文件审批	《中华人民共和国环境影响评价法》	环境保护部	省级人民政府环境保护部门	
16	国内干线传输网（含广播电视网）、国际电信传输电路、国际关口站、专用电信网的国际通信设施及其他涉及信息安全的电信基础设施项目环境影响评价文件审批	《中华人民共和国环境影响评价法》	环境保护部	省级人民政府环境保护部门	
17	国际关口站及其他涉及信息安全的邮政基础设施项目环境影响评价文件审批	《中华人民共和国环境影响评价法》	环境保护部	省级人民政府环境保护部门	
18	卫星电视接收机及关键件等生产项目环境影响评价	《中华人民共和国环境影响评价法》	环境保护部	省级人民政府环境保护部门	
19	环境保护（污染治理）设施运营单位乙级、临时资质认定	《国务院对确需保留的行政审批项目设定行政许可的决定》（国务院令第412号）	环境保护部	省级人民政府环境保护部门	

续表

序号	项目名称	设定依据	实施机关	下放后实施机关	备注
20	商品房预售许可	《中华人民共和国城市房地产管理法》	县级以上地方人民政府房地产管理部门	设区的市级、县级人民政府房地产管理部门	
21	燃气经营者改动市政燃气设施审批	《城镇燃气管理条例》(国务院令第583号)	县级以上地方人民政府燃气管理部门	设区的市级、县级人民政府燃气管理部门	
22	地方人民政府审批或核准的港口设施和航道及其设施建设项目竣工验收	《中华人民共和国港口法》 《中华人民共和国航道管理条例》(国务院令第545号)	交通运输部	地方人民政府交通运输行政部门	
23	长江、珠江干线水路运输经营审批	《中华人民共和国水路运输管理条例》(国务院令第544号)	交通运输部	流域管理机构	
24	在渔业部门管理的国家级自然保护区的实验区开展参观、旅游活动审批	《中华人民共和国自然保护区条例》(国务院令第167号)	农业部	省级人民政府渔业行政部门	
25	农药广告审批	《中华人民共和国广告法》	农业部或省级人民政府农业行政部门	省级人民政府农业行政部门	
26	外国人进入渔业部门管理的国家级自然保护区审批	《中华人民共和国自然保护区条例》(国务院令第167号)	农业部	省级人民政府渔业行政部门	
27	渔业船员二级、三级培训机构资格认定	《中华人民共和国船员条例》(国务院令第494号)	农业部	省级人民政府渔业行政部门	
28	设立典当行及分支机构审批	《国务院对确需保留的行政审批项目设定行政许可的决定》(国务院令第412号)	商务部	省级人民政府商务行政部门	
29	设立旧机动车鉴定评估机构审批	《国务院对确需保留的行政审批项目设定行政许可的决定》(国务院令第412号) 《国务院关于第四批取消和调整行政审批项目的决定》(国发〔2007〕33号)	省级人民政府商务行政部门	设区的市级人民政府商务行政部门	

续表

序号	项目名称	设定依据	实施机关	下放后实施机关	备注
30	外商投资道路旅客运输企业设立及变更审批	《中华人民共和国中外合资经营企业法实施条例》（国务院令第311号） 《中华人民共和国中外合作经营企业法实施细则》（1995年8月7日国务院批准，1995年9月4日对外贸易经济合作部发布） 《中华人民共和国外资企业法实施细则》（国务院令第301号）	商务部	省级人民政府商务行政部门	
31	外商投资城市规划服务企业设立及变更审批	《中华人民共和国中外合资经营企业法实施条例》（国务院令第311号） 《中华人民共和国中外合作经营企业法实施细则》（1995年8月7日国务院批准，1995年9月4日对外贸易经济合作部发布） 《中华人民共和国外资企业法实施细则》（国务院令第301号）	商务部	省级人民政府商务行政部门	
32	外商投资进出口商品检验鉴定机构设立及变更审批	《中华人民共和国中外合资经营企业法实施条例》（国务院令第311号） 《中华人民共和国中外合作经营企业法实施细则》（1995年8月7日国务院批准，1995年9月4日对外贸易经济合作部发布） 《中华人民共和国外资企业法实施细则》（国务院令第301号）	商务部	省级人民政府商务行政部门	
33	外商投资国际船舶运输企业设立及变更审批	《中华人民共和国中外合资经营企业法实施条例》（国务院令第311号） 《中华人民共和国中外合作经营企业法实施细则》（1995年8月7日国务院批准，1995年9月4日对外贸易经济合作部发布） 《中华人民共和国外资企业法实施细则》（国务院令第301号）	商务部	省级人民政府商务行政部门	

续表

序号	项目名称	设定依据	实施机关	下放后实施机关	备注
34	外商投资国际船舶代理企业设立及变更审批	《中华人民共和国中外合资经营企业法实施条例》(国务院令第311号) 《中华人民共和国中外合作经营企业法实施细则》(1995年8月7日国务院批准，1995年9月4日对外贸易经济合作部发布) 《中华人民共和国外资企业法实施细则》(国务院令第301号)	商务部	省级人民政府商务行政部门	
35	外商投资光盘复制生产企业设立及变更审批	《中华人民共和国中外合资经营企业法实施条例》(国务院令第311号) 《中华人民共和国中外合作经营企业法实施细则》(1995年8月7日国务院批准，1995年9月4日对外贸易经济合作部发布) 《中华人民共和国外资企业法实施细则》(国务院令第301号)	商务部	省级人民政府商务行政部门	
36	外商投资认证培训和认证咨询企业设立及变更审批	《中华人民共和国中外合资经营企业法实施条例》(国务院令第311号) 《中华人民共和国中外合作经营企业法实施细则》(1995年8月7日国务院批准，1995年9月4日对外贸易经济合作部发布) 《中华人民共和国外资企业法实施细则》(国务院令第301号)	商务部	省级人民政府商务行政部门	
37	涉及国际快递业务的外商投资国际货物运输代理企业设立及变更审批	《中华人民共和国中外合资经营企业法实施条例》(国务院令第311号) 《中华人民共和国中外合作经营企业法实施细则》(1995年8月7日国务院批准，1995年9月4日对外贸易经济合作部发布) 《中华人民共和国外资企业法实施细则》(国务院令第301号)	商务部	省级人民政府商务行政部门	

续表

序号	项目名称	设定依据	实施机关	下放后实施机关	备注
38	外商投资营业性演出经纪企业设立及变更审批	《中华人民共和国中外合资经营企业法实施条例》（国务院令第311号） 《中华人民共和国中外合作经营企业法实施细则》（1995年8月7日国务院批准，1995年9月4日对外贸易经济合作部发布） 《中华人民共和国外资企业法实施细则》（国务院令第301号）	商务部	省级人民政府商务行政部门	
39	外商投资保险经纪企业设立及变更审批	《中华人民共和国中外合资经营企业法实施条例》（国务院令第311号） 《中华人民共和国中外合作经营企业法实施细则》（1995年8月7日国务院批准，1995年9月4日对外贸易经济合作部发布） 《中华人民共和国外资企业法实施细则》（国务院令第301号）	商务部	省级人民政府商务行政部门	
40	外商投资拍卖企业设立及变更审批	《中华人民共和国中外合资经营企业法实施条例》（国务院令第311号） 《中华人民共和国中外合作经营企业法实施细则》（1995年8月7日国务院批准，1995年9月4日对外贸易经济合作部发布） 《中华人民共和国外资企业法实施细则》（国务院令第301号）	商务部	省级人民政府商务行政部门	
41	外商投资图书、报纸、期刊分销企业设立及变更审批	《中华人民共和国中外合资经营企业法实施条例》（国务院令第311号） 《中华人民共和国中外合作经营企业法实施细则》（1995年8月7日国务院批准，1995年9月4日对外贸易经济合作部发布） 《中华人民共和国外资企业法实施细则》（国务院令第301号）	商务部	省级人民政府商务行政部门	

续表

序号	项目名称	设定依据	实施机关	下放后实施机关	备注
42	专门从事网上销售的外商投资企业设立及变更审批	《中华人民共和国中外合资经营企业法实施条例》(国务院令第311号) 《中华人民共和国中外合作经营企业法实施细则》(1995年8月7日国务院批准，1995年9月4日对外贸易经济合作部发布) 《中华人民共和国外资企业法实施细则》(国务院令第301号)	商务部	省级人民政府商务行政部门	
43	以自动售货机方式销售商品的外商投资企业设立及变更审批	《中华人民共和国中外合资经营企业法实施条例》(国务院令第311号) 《中华人民共和国中外合作经营企业法实施细则》(1995年8月7日国务院批准，1995年9月4日对外贸易经济合作部发布) 《中华人民共和国外资企业法实施细则》(国务院令第301号)	商务部	省级人民政府商务行政部门	
44	中外合资、合作医疗机构设立及变更审批	《中华人民共和国中外合资经营企业法实施条例》(国务院令第311号) 《中华人民共和国中外合作经营企业法实施细则》(1995年8月7日国务院批准，1995年9月4日对外贸易经济合作部发布)	商务部	省级人民政府商务行政部门	
45	中外合作音像制品批发企业设立及变更审批	《中华人民共和国中外合作经营企业法实施细则》(1995年8月7日国务院批准，1995年9月4日对外贸易经济合作部发布)	商务部	省级人民政府商务行政部门	
46	外商独资船务公司设立及变更审批	《中华人民共和国外资企业法实施细则》(国务院令第301号)	商务部	省级人民政府商务行政部门	

续表

序号	项目名称	设定依据	实施机关	下放后实施机关	备注
47	外商投资旅行社（出境游除外）设立审批	《旅行社条例》（国务院令第550号）	商务部	省级人民政府商务行政部门	
48	饮用水供水单位卫生许可	《中华人民共和国传染病防治法》 《国务院对确需保留的行政审批项目设定行政许可的决定》（国务院令第412号）	县级以上地方人民政府卫生行政部门	设区的市级、县级人民政府卫生行政部门	
49	公共场所改、扩建卫生许可	《国务院关于发布〈公共场所卫生管理条例〉的通知》（国发［1987］24号）	县级以上地方人民政府卫生行政部门	设区的市级、县级人民政府卫生行政部门	
50	计划生育技术服务机构设立许可	《计划生育技术服务管理条例》（国务院令第428号）	设区的市级以上地方人民政府人口计生行政部门	县级以上地方人民政府人口计生行政部门	
51	增值税专用发票（增值税税控系统）最高开票限额审批	《国务院对确需保留的行政审批项目设定行政许可的决定》（国务院令第412号）	县以上税务机关	区县级税务机关	
52	烟草广告审批	《国务院对确需保留的行政审批项目设定行政许可的决定》（国务院令第412号）	工商总局、省级人民政府广告监管机关或其授权的省辖市人民政府广告监管机关	省、自治区、直辖市工商行政管理部门或其授权的省辖市工商行政管理部门	
53	固定形式印刷品广告登记	《国务院对确需保留的行政审批项目设定行政许可的决定》（国务院令第412号）	工商总局省、自治区、直辖市及计划单列市人民政府工商行政管理部门	省、自治区、直辖市及计划单列市人民政府工商行政管理部门	
54	外商投资广告企业设立分支机构审批	《国务院对确需保留的行政审批项目设定行政许可的决定》（国务院令第412号）	工商总局及其授权的地方工商行政管理部门	省、自治区、直辖市工商行政管理部门及符合规定的有外商投资企业核准登记权的工商行政管理部门	

续表

序号	项目名称	设定依据	实施机关	下放后实施机关	备注
55	外商投资广告企业项目审批	《国务院对确需保留的行政审批项目设定行政许可的决定》(国务院令第412号)	工商总局及其授权的地方工商行政管理部门	省、自治区、直辖市工商行政管理部门及符合规定的有外商投资企业核准登记权的工商行政管理部门	
56	户外广告登记	《国务院对确需保留的行政审批项目设定行政许可的决定》(国务院令第412号)	县级以上地方人民政府工商行政管理部门	县级工商行政管理部门及地级以上的市工商行政管理部门	
57	设备监理单位乙级资格证书核发	《国务院对确需保留的行政审批项目设定行政许可的决定》(国务院令第412号)	质检总局	省级人民政府质量技术监督部门	待设备监理立法完成后，依照法规对下放到省级质监部门的相应审批权进行规范
58	气瓶检测机构核准	《特种设备安全监察条例》(国务院令第549号)	质检总局	省级人民政府质量技术监督部门	
59	除氧舱维护管理人员、客运索道作业人员、大型游乐设施管理安装人员以外的特种设备作业人员资格许可	《特种设备安全监察条例》(国务院令第549号)	质检总局	省级人民政府质量技术监督部门	
60	电力整流器生产许可证核发	《中华人民共和国工业产品生产许可证管理条例》(国务院令第440号)	质检总局	省级人民政府质量技术监督部门	
61	电力调度通信设备生产许可证核发	《中华人民共和国工业产品生产许可证管理条例》(国务院令第440号)	质检总局	省级人民政府质量技术监督部门	
62	化妆品生产许可证核发	《中华人民共和国工业产品生产许可证管理条例》(国务院令第440号)	质检总局	省级人民政府质量技术监督部门	
63	直接接触食品的材料等食品相关产品生产许可证核发	《中华人民共和国工业产品生产许可证管理条例》(国务院令第440号)	质检总局	省级人民政府质量技术监督部门	

续表

序号	项目名称	设定依据	实施机关	下放后实施机关	备注
64	电影制片单位以外的单位独立从事电影摄制业务审批	《电影管理条例》(国务院令第342号)	广电总局	省级人民政府广播电影电视行政部门	
65	电影放映单位设立、变更业务范围或者兼并、合并、分立审批	《电影管理条例》(国务院令第342号)	县或者设区的市人民政府广播电影电视行政部门	县级人民政府广播电影电视行政部门	
66	小功率的无线广播电视发射设备订购证明核发	《国务院对确需保留的行政审批项目设定行政许可的决定》(国务院令第412号)	广电总局	省级人民政府广播电影电视行政部门	
67	省级行政区域内经营广播电视节目传送业务审批	《国务院对确需保留的行政审批项目设定行政许可的决定》(国务院令第412号)	广电总局	省级人民政府广播电影电视行政部门	
68	建立城市社区有线电视系统审批	《国务院对确需保留的行政审批项目设定行政许可的决定》(国务院令第412号)	地(市)级人民政府广播电视行政部门	县级人民政府广播电视行政部门	
69	设立从事包装装潢印刷品和其他印刷品印刷经营活动的企业审批	《印刷业管理条例》(国务院令第315号)	省级人民政府出版行政部门	设区的市级人民政府出版行政部门	
70	印刷业经营者兼营包装装潢和其他印刷品印刷经营活动审批	《印刷业管理条例》(国务院令第315号)	省级人民政府出版行政部门	设区的市级人民政府出版行政部门	
71	从事包装装潢印刷品和其他印刷品印刷经营活动的企业变更印刷经营活动审批(不含出版物印刷)	《印刷业管理条例》(国务院令第315号)	省级人民政府出版行政部门	设区的市级人民政府出版行政部门	
72	印刷业经营者兼并其他印刷业经营者(不含出版物印刷企业)审批	《印刷业管理条例》(国务院令第315号)	省级人民政府出版行政部门	设区的市级人民政府出版行政部门	

续表

序号	项目名称	设定依据	实施机关	下放后实施机关	备注
73	印刷业经营者因合并、分立而设立新的印刷业经营者（不含出版物印刷企业）审批	《印刷业管理条例》（国务院令第315号）	省级人民政府出版行政部门	设区的市级人民政府出版行政部门	
74	第二级安全培训机构资格认可	《国务院对确需保留的行政审批项目设定行政许可的决定》（国务院令第412号）	安全监管总局	省级安全监管部门	
75	烟花爆竹批发许可	《烟花爆竹安全管理条例》（国务院令第455号）	省级安全监管部门或者其委托的设区的市级安全监管部门	设区的市级安全监管部门	
76	猎捕非国家重点保护陆生野生动物狩猎证核发	《中华人民共和国野生动物保护法》 《中华人民共和国陆生野生动物保护实施条例》（1992年2月12日国务院批准，1992年3月1日林业部发布，根据2011年1月8日《国务院关于废止和修改部分行政法规的决定》修改）	县级以上地方人民政府林业部门或其授权的单位	县级人民政府林业部门或其授权的单位	
77	地方性宗教团体、宗教活动场所接受国（境）外捐赠宗教书刊、音像制品审批	《国务院办公厅关于保留部分非行政许可审批项目的通知》（国办发［2004］62号）	国家宗教局	省级人民政府宗教事务部门	
78	地方性宗教团体、宗教活动场所接受国（境）外捐款审批	《国务院办公厅关于保留部分非行政许可审批项目的通知》（国办发［2004］62号）	省级人民政府	省级人民政府宗教事务部门	
79	升放无人驾驶自由气球或者系留气球活动审批	《通用航空飞行管制条例》（国务院、中央军委令第371号）	设区的市级以上气象主管机构	县级以上气象主管部门	
80	大气环境影响评价使用非气象主管部门提供的气象资料审查	《中华人民共和国气象法》	县级以上气象主管机构	设区的市、县气象主管部门	

续表

序号	项目名称	设定依据	实施机关	下放后实施机关	备注
81	证券公司设立、收购或者撤销分支机构审批	《中华人民共和国证券法》	证监会	证监会派出机构	
82	证券公司变更部分业务范围审批：增加或者减少证券经纪，证券投资咨询，与证券交易、证券投资活动有关的财务顾问，证券自营，证券资产管理，证券承销的审批	《中华人民共和国证券法》	证监会	证监会派出机构	
83	证券公司变更注册资本部分事项审批：非上市证券公司涉及股东、实际控制人资格审核的增资，非上市证券公司涉及证券公司实际控制人、控股股东或者第一大股东发生变化的增资，非上市证券公司减资的审批	《中华人民共和国证券法》	证监会	证监会派出机构	
84	证券公司变更章程重要条款审批	《中华人民共和国证券法》	证监会	证监会派出机构	
85	非上市证券公司变更持有5%以上股权的股东、实际控制人审批	《中华人民共和国证券法》	证监会	证监会派出机构	
86	境外证券经营机构从事境内上市外资股业务核准	《国务院对确需保留的行政审批项目设定行政许可的决定》（国务院令第412号）	证监会	证监会派出机构	
87	基金代销业务资格核准	《中华人民共和国证券投资基金法》	证监会	证监会派出机构	
88	期货投资咨询业务许可	《期货交易管理条例》（国务院令第489号）	证监会	证监会派出机构	

续表

序号	项目名称	设定依据	实施机关	下放后实施机关	备注
89	期货公司变更持有5%以上股权部分情形审批：涉及新增持有5%以上股权的股东但控股股东、第一大股东未发生变化的审批	《期货交易管理条例》（国务院令第489号）	证监会	证监会派出机构	
90	期货公司董事、监事和高级管理人员任职资格核准	《期货交易管理条例》（国务院令第489号）	证监会及其派出机构	证监会派出机构	
91	保险从业人员资格核准	《中华人民共和国保险法》《国务院对确需保留的行政审批项目设定行政许可的决定》（国务院令第412号）	保监会	保监会派出机构	
92	保险公估从业人员资格核准	《国务院对确需保留的行政审批项目设定行政许可的决定》（国务院令第412号）	保监会	保监会派出机构	
93	保险代理从业人员资格核准	《中华人民共和国保险法》《国务院对确需保留的行政审批项目设定行政许可的决定》（国务院令第412号）	保监会	保监会派出机构	
94	保险代理机构动用营业保证金审批	《国务院对确需保留的行政审批项目设定行政许可的决定》（国务院令第412号）	保监会	保监会派出机构	
95	保险经纪从业人员资格核准	《中华人民共和国保险法》《国务院对确需保留的行政审批项目设定行政许可的决定》（国务院令第412号）	保监会	保监会派出机构	
96	保险经纪机构动用营业保证金审批	《国务院对确需保留的行政审批项目设定行政许可的决定》（国务院令第412号）	保监会	保监会派出机构	
97	保险专业代理机构解散退出审批	《中华人民共和国保险法》	保监会	保监会派出机构	
98	保险经纪机构解散退出审批	《中华人民共和国保险法》	保监会	保监会派出机构	

续表

序号	项目名称	设定依据	实施机关	下放后实施机关	备注
99	保险公司分支机构变更营业场所审批	《中华人民共和国保险法》	保监会	保监会派出机构	
100	经营区域仅限于注册所在省（自治区、直辖市）的保险代理机构的设立审批	《中华人民共和国保险法》《国务院对确需保留的行政审批项目设定行政许可的决定》（国务院令第412号）	保监会	保监会派出机构	
101	三级国防计量技术机构设置审批	《国防计量监督管理条例》（国务院、中央军委令第54号）	国防科工局	省级国防科技工业管理部门	
102	专科学校聘请外国专家单位资格认可	《国务院对确需保留的行政审批项目设定行政许可的决定》（国务院令第412号）	国家外专局	省级人民政府外国专家归口管理部门	
103	因科学研究需要进入国家级海洋自然保护区核心区从事科学研究观测、调查活动审批	《中华人民共和国自然保护区条例》（国务院令第167号）	国家海洋局	省级海洋行政部门	
104	测绘计量检定人员资格认定	《中华人民共和国计量法实施细则》（1987年1月19日国务院批准，1987年2月1日国家计量局公布）	国家测绘地理信息局及省级人民政府测绘行政部门	省级人民政府测绘行政部门	
105	通用航空企业经营许可	《中华人民共和国民用航空法》	中国民航局	民航地区管理局	
106	非经营性通用航空活动登记	《中华人民共和国民用航空法》	中国民航局	民航地区管理局	
107	民用航空器地面教员执照核发	《国务院对确需保留的行政审批项目设定行政许可的决定》（国务院令第412号）	中国民航局、民航地区管理局	民航地区管理局	
108	民用航空油料企业安全运营许可	《国务院对确需保留的行政审批项目设定行政许可的决定》（国务院令第412号）	中国民航局	民航地区管理局	
109	境外机构和团体拍摄二级、三级文物审批	《国务院对确需保留的行政审批项目设定行政许可的决定》（国务院令第412号）	国家文物局	省级人民政府文物行政部门	

续表

序号	项目名称	设定依据	实施机关	下放后实施机关	备注
110	为制作出版物、音像制品拍摄馆藏三级文物审批	《中华人民共和国文物保护法实施条例》（国务院令第 377 号）	省级人民政府文物行政部门	设区的市级人民政府文物行政部门	
111	第二、三类医疗器械经营许可	《医疗器械监督管理条例》（国务院令第 276 号）	省级人民政府食品药品监督管理部门	设区的市级人民政府食品药品监督管理部门	
112	药品零售企业经营质量管理规范（GSP）认证	《中华人民共和国药品管理法》 《中华人民共和国药品管理法实施条例》（国务院令第 360 号）	省级人民政府食品药品监督管理部门	设区的市级人民政府食品药品监督管理部门	
113	麻醉药品和第一类精神药品运输证明核发	《麻醉药品和精神药品管理条例》（国务院令第 442 号）	省级人民政府食品药品监督管理部门	设区的市级人民政府食品药品监督管理部门	
114	麻醉药品和精神药品邮寄证明核发	《麻醉药品和精神药品管理条例》（国务院令第 442 号）	省级人民政府食品药品监督管理部门	设区的市级人民政府食品药品监督管理部门	
115	人民防空工程设计乙级以下资质认定	《国务院对确需保留的行政审批项目设定行政许可的决定》（国务院令第 412 号）	国家人防办	省级人防办	
116	人民防空工程监理乙级以下资质认定	《国务院对确需保留的行政审批项目设定行政许可的决定》（国务院令第 412 号）	国家人防办	省级人防办	
117	开办盲人保健按摩机构资格认定	《国务院办公厅关于保留部分非行政许可审批项目的通知》（国办发［2004］62 号）	地方残联	县级残联	

（二）减少审批部门的行政审批项目（9 项）

序号	项目名称	设定依据	原审批部门	调整后审批部门	备注
1	地方粮库划转中央直属粮食储备库（站）审批	《国务院办公厅关于保留部分非行政许可审批项目的通知》（国办发［2004］62 号）	国家发展改革委、国家粮食局、财政部、农业部	国家发展改革委、国家粮食局	国家发展改革委、国家粮食局审批时征求财政部、农业部的意见

续表

序号	项目名称	设定依据	原审批部门	调整后审批部门	备注
2	"百千万人才工程"人选审批	《国务院办公厅关于保留部分非行政许可审批项目的通知》（国办发［2004］62号）	人力资源社会保障部、科技部、教育部、财政部	人力资源社会保障部	人力资源社会保障部审批时征求科技部、教育部、财政部的意见
3	涉及人类遗传资源的国际合作项目审批	《国务院对确需保留的行政审批项目设定行政许可的决定》（国务院令第412号）	科技部、卫生部	科技部	科技部审批时征求卫生部意见
4	国库集中支付代理银行资格认定	《国务院对确需保留的行政审批项目设定行政许可的决定》（国务院令第412号）	人民银行、财政部	人民银行	
5	金融资产管理公司债权转股权方案和协议审核	《金融资产管理公司条例》（国务院令第297号）	财政部、国资委、人民银行	财政部、国资委	
6	保险资产管理公司及其分支机构设立和终止（解散、破产和分支机构撤销）审批	《国务院对确需保留的行政审批项目设定行政许可的决定》（国务院令第412号）	保监会（会同证监会）	保监会	
7	保险资产管理公司重大事项变更审批	《国务院对确需保留的行政审批项目设定行政许可的决定》（国务院令第412号）	保监会（会同证监会）	保监会	
8	电力行业标准审核	《国务院办公厅关于印发国家电力监管委员会职能配置内设机构和人员编制规定的通知》（国办发［2003］7号）	国家发展改革委、电监会	国家能源局	
9	放射性药品经营审批	《放射性药品管理办法》（国务院令第25号）	国家食品药品监管局、国防科工局	国家食品药品监管局	国家食品药品监管局审批时征求国防科工局的意见

（三）合并的行政审批项目（17 项）

序号	项目名称	设定依据	实施机关	合并后项目名称	备注
1	亏损补贴事项审批	《中华人民共和国预算法》	财政部、县级以上地方人民政府财政部门	并入“财政补助、补贴事项审批”	
2	水工程建设项目防洪规划审核	《中华人民共和国防洪法》	流域管理机构、县级以上地方人民政府水行政部门	水工程建设规划同意书审查	
3	水工程建设项目流域综合规划审批	《中华人民共和国水法》	流域管理机构、县级以上地方人民政府水行政部门	水工程建设规划同意书审查	
4	因施工作业需要搬迁、拆除渔业航标审批	《中华人民共和国航标条例》（国务院令第 187 号）	县级以上地方各级渔政渔港监督管理机关	并入“渔业航标设置、撤除、位置移动和其他状况改变审批”	
5	保税区内生产、加工的黄金制品内销审批	《国务院对确需保留的行政审批项目设定行政许可的决定》（国务院令第 412 号）	人民银行	并入“黄金及其制品进出口审批”	
6	在宗教活动场所外建造露天佛像审批	《国务院对确需保留的行政审批项目设定行政许可的决定》（国务院令 412 号）	国家宗教局	并入“在宗教活动场所外修建大型露天宗教造像审批”	
7	进口药品注册证书核发	《中华人民共和国药品管理法》	国家食品药品监管局	进口药品注册	
8	进口药品再注册	《中华人民共和国药品管理法实施条例》（国务院令第 360 号）	国家食品药品监管局	进口药品注册	
9	变更进口药品已获证明文件及附件中载明事项补充申请审批	《中华人民共和国药品管理法实施条例》（国务院令第 360 号）	国家食品药品监管局	进口药品注册	
10	药物临床试验审批	《中华人民共和国药品管理法》	国家食品药品监管局	国产药品注册	
11	新药证书核发	《中华人民共和国药品管理法》	国家食品药品监管局	国产药品注册	

续表

序号	项目名称	设定依据	实施机关	合并后项目名称	备注
12	新药或者已有国家标准的药品生产审批	《中华人民共和国药品管理法》	国家食品药品监管局		
13	国产药品再注册	《中华人民共和国药品管理法实施条例》（国务院令第360号）	国家食品药品监管局	国产药品注册	
14	变更研制新药、生产药品已获证明文件及附件中载明事项补充申请审批	《中华人民共和国药品管理法实施条例》（国务院令第360号）	国家食品药品监管局		
15	港澳台医药产品注册	《中华人民共和国药品管理法实施条例》（国务院令第360号）	国家食品药品监管局		
16	港澳台医药产品再注册	《中华人民共和国药品管理法实施条例》（国务院令第360号）	国家食品药品监管局	港澳台医药产品注册	
17	变更港澳台医药产品已获证明文件及附件中载明事项补充申请审批	《中华人民共和国药品管理法实施条例》（国务院令第360号）	国家食品药品监管局		

国务院关于加快发展现代职业教育的决定

（国发〔2014〕19号　2014年5月2日）

各省、自治区、直辖市人民政府，国务院各部委、各直属机构：

近年来，我国职业教育事业快速发展，体系建设稳步推进，培养培训了大批中高级技能型人才，为提高劳动者素质、推动经济社会发展和促进就业作出了重要贡献。同时也要看到，当前职业教育还不能完全适应经济社会发展的需要，结构不尽合理，质量有待提高，办学条件薄弱，体制机制不畅。加快发展现代职业教育，是党中央、国务院作出的重大战略部署，对于深入实施创新驱动发展战略，创造更大人才红利，加快转方式、调结构、促升级具有十分重要的意义。现就加快发展现代职业教育作出以下决定。

一、总体要求

（一）指导思想。以邓小平理论、“三个代表”重要思想、科学发展观为指导，坚持以立德树人为根本，以服务发展为宗旨，以促进就业为导向，适应技术进步和生产方式变革以及社会公共服务的需要，深化体制机制改革，统筹发挥好政府和市场的作用，加快现代职业教育体系建设，深化产教融合、校企合作，培养数以亿计的高素质劳动者和技术技能人才。

（二）基本原则。

——政府推动、市场引导。发挥好政府保基本、促公平作用，着力营造制度环境、制定发展规划、改善基本办学条件、加强规范管理和监督指导等。充分发挥市场机制作用，引导社会力量参与办学，扩大优质教育资源，激发学校发展活力，促进职业教育与社会需求紧密对接。

——加强统筹、分类指导。牢固确立职业教育在国家人才培养体系中的重要位置，统筹发展各级各类职业教育，坚持学校教育和职业培训并举。强化省级人民政府统筹和部门协调配合，加强行业部门对本部门、本行业职业教育的指导。推动公办与民办职业教育共同发展。

——服务需求、就业导向。服务经济社会发展和人的全面发展，推动专业设置与产业需求对接，课程内容与职业标准对接，教学过程与生产过程对接，毕业证书与职业资格证书对接，职业教育与终身学习对接。重点提高青年就业能力。

——产教融合、特色办学。同步规划职业教育与经济社会发展，协调推进人力资源开发与技术进步，推动教育教学改革与产业转型升级衔接配套。突出职业院校办学特色，强化校企协同育人。

——系统培养、多样成才。推进中等和高等职业教育紧密衔接，发挥中等职业教育在发展现代职业教育中的基础性作用，发挥高等职业教育在优化高等教育结构中的重要作用。加强职业教育与普通教育沟通，为学生多样化选择、多路径成才搭建“立交桥”。

（三）目标任务。到2020年，形成适应发展需求、产教深度融合、中职高职衔接、职业教育与普通教育相互沟通，体现终身教育理念，具有中国特色、世界水平的现代职业教育体系。

——结构规模更加合理。总体保持中等职业学校和普通高中招生规模大体相当，高等职业教育规模占高等教育的一半以上，总体教育结构更加合理。到2020年，中等职业教育在校生达到2 350万人，专科层次职业教育在校生达到1 480万人，接受本科层次职业教育的学生达到一定规模。从业人员继续教育达到3.5亿人次。

——院校布局和专业设置更加适应经济社会需求。调整完善职业院校区域布局，科学合理设置专业，健全专业随产业发展动态调整的机制，重点提升面向现代农业、先进制造业、现代服务业、战略性新兴产业和社会管理、生态文明建设等领域的人才培养能力。

——职业院校办学水平普遍提高。各类专业的人才培养水平大幅提升，办学条件明显改善，实训设备配置水平与技术进步要求更加适应，现代信息技术广泛应用。专兼结合的“双师型”教师队伍建设进展显著。建成一批世界一流的职业院校和骨干专业，形成具有国际竞争力的人才培养高地。

——发展环境更加优化。现代职业教育制度基本建立，政策法规更加健全，相关标准更加科学规范，监管机制更加完善。引导和鼓励社会力量参与的政策更加健全。全社会人才观念显著改善，支持和参与职业教育的氛围更加浓厚。

二、加快构建现代职业教育体系

（四）巩固提高中等职业教育发展水平。各地要统筹做好中等职业学校和普通高中招生工作，落实好职普招生大体相当的要求，加快普及高中阶段教育。鼓励优质学校通过兼并、托管、合作办学等形式，整合办学资源，优化中等职业教育布局结构。推进县级职教中心等中等职业学校与城市院校、科研机构对口合作，实施学历教育、技术推广、扶贫开发、劳动力转移培训和社会生活教育。在保障学生技术技能培养质量的基础上，加强文化基础教育，实现就业有能力、升学有基础。有条件的普通高中要适当增加职业技术教育内容。

（五）创新发展高等职业教育。专科高等职业院校要密切产学研合作，培养服务区域发展的技术技能人才，重点服务企业特别是中小微企业的技术研发和产品升级，加强社区教育和终身学习服务。探索发展本科层次职业教育。建立以职业需求为导向、以实践能力培养为重点、以产学结合为途径的专业学位研究生培养模式。研究建立符合职业教育特点的学位制度。原则上中等职业学校不升格为或并入高等职业院校，专科高等职业院校不升格为或并入本科高等学校，形成定位清晰、科学合理的职业教育层次结构。

（六）引导普通本科高等学校转型发展。采取试点推动、示范引领等方式，引导一批普通本科高等学校向应用技术类型高等学校转型，重点举办本科职业教育。独立学院转设为独立设置高等学校时，鼓励其定位为应用技术类型高等学校。建立高等学校分类体系，实行分类管理，加快建立分类设置、评价、指导、拨款制度。招生、投入等政策措施向应用技术类型高等学校倾斜。

（七）完善职业教育人才多样化成长渠道。健全“文化素质＋职业技能”、单独招生、综合评价招生和技能拔尖人才免试等考试招生办法，为学生接受不同层次高等职业教育提供多种机会。在学前教育、护理、健康服务、社区服务等领域，健全对初中毕业生实行中高职贯通培养的考试招生办法。适度提高专科高等职业院校招收中等职业学校毕业生的比例、本科高等学校招收职业院校毕业生的比例。逐步扩大高等职业院校招收有实践经历人员的比例。建立学分积累与转换制度，推进学习成果互认衔接。

（八）积极发展多种形式的继续教育。建立有利于全体劳动者接受职业教育和培训的灵活学习制度，服务全民学习、终身学习，推进学习型社会建设。面向未升学初高中毕业生、残疾人、失业人员等群体广泛开展职业教育和培训。推进农民继续教育工程，加强涉农专业、课程和教材建设，创新农学结合模式。推动一批县（市、区）在农村职业教育和成人教育改革发展方面发挥示范作用。利用职业院校资源广泛开展职工教育培训。重视培养军地两用人才。退役士兵接受职业教育和培训，按照国家有关规定享受优待。

三、激发职业教育办学活力

（九）引导支持社会力量兴办职业教育。创新民办职业教育办学模式，积极支持各类办学主体通过独资、合资、合作等多种形式举办民办职业教育；探索发展股份制、混合所有制职业院校，允许以资本、知识、技术、管理等要素参与办学并享有相应权利。探索公办和社会力量举办的职业院校相互委托管理和购买服务的机制。引导社会力量参与教学过程，共同开发课程和教材等教育资源。社会力量举办的职业院校与公办职业院校具有同等法律地位，依法享受相关教育、财税、土地、金融等政策。健全政府补贴、购买服务、助学贷款、基金奖励、捐资激励等制度，鼓励社会力量参与职业教育办学、管理和评价。

（十）健全企业参与制度。研究制定促进校企合作办学有关法规和激励政策，深化产教融合，鼓励行业和企业举办或参与举办职业教育，发挥企业重要办学主体作用。规模以上企业要有机构或人员组织实施职工教育培训、对接职业院校，设立学生实习和教师实践岗位。企业因接受实习生所实际发生的与取得收入有关的、合理的支出，按现行税收法律规定在计算应纳税所得额时扣除。多种形式支持企业建设兼具生产与教学功能的公共实训基地。对举办职业院校的企业，其办学符合职业教育发展规划要求的，各地可通过政府购买服务等方式给予支持。对职业院校自办的、以服务学生实习实训为主要目的的企业或经营活动，按照国家有关规定享受税收等优惠。支持企业通过校企合作共同培养培训人才，不断提升企业价值。企业开展职业教育的情况纳入企业社会责任报告。

（十一）加强行业指导、评价和服务。加强行业指导能力建设，分类制定行业指导政策。通过授权委托、购买服务等方式，把适宜行业组织承担的职责交给行业组织，给予政策支持并强化服务监管。行业组织要履行好发布行业人才需求、推进校企合作、参与指导教育教学、开展质量评价等职责，建立行业人力资源需求预测和就业状况定期发布制度。

（十二）完善现代职业学校制度。扩大职业院校在专业设置和调整、人事管理、教师评聘、收入分配等方面的办学自主权。职业院校要依法制定体现职业教育特色的章程和制度，完善治理结构，提升治理能力。建立学校、行业、企业、社区等共同参与的学校理事会或董事会。制定校长任职资格标准，推进校长聘任制改革和公开选拔试点。坚持和完善中等职业学校校长负责制、公办高等职业院校党委领导下的校长负责制。建立企业经营管理和技术人员与学校领导、骨干教师相互兼职制度。完善体现职业院校办学和管理特点的绩效考核内部分配机制。

（十三）鼓励多元主体组建职业教育集团。研究制定院校、行业、企业、科研机构、社会组织等共同组建职业教育集团的支持政策，发挥职业教育集团在促进教育链和产业链有机融合中的重要作用。鼓励中央企业和行业龙头企业牵头组建职业教育集团。探索组建覆盖全产业链的职业教育集团。健全联席会、董事会、理事会等治理结构和决策机制。开展多元投资主体依法共建职业教育集团的改革试点。

（十四）强化职业教育的技术技能积累作用。制定多方参与的支持政策，推动政府、学校、行业、企业联动，促进技术技能的积累与创新。推动职业院校与行业企业共建技术工艺和产品开发中心、实验实训平台、技能大师工作室等，成为国家技术技能积累与创新的重要载体。职业院校教师和学生拥有知识产权的技术开发、产品设计等成果，可依法依规在企业作价入股。

四、提高人才培养质量

（十五）推进人才培养模式创新。坚持校企合作、工学结合，强化教学、学习、实训相融合的教育教学活动。推行项目教学、案例教学、工作过程导向教学等教学模式。加大实习实训在教学中的比重，创新顶岗实习形式，强化以育人为目标的实习实训考核评价。健全学生实习责任保险制度。积极推进学历证书和职业资格证书“双证书”制度。开展校企联合招生、联合培养的现代学徒制试点，完善支持政策，推进校企一体化育人。开展职业技能竞赛。

（十六）建立健全课程衔接体系。适应经济发展、产业升级和技术进步需要，建立专业教学标准和职业标准联动开发机制。推进专业设置、专业课程内容与职业标准相衔接，推进中等和高等职业教育培养目标、专业设置、教学过程等方面的衔接，形成对接紧密、特色鲜明、动态调整的职业教育课程体系。全面实施素质教育，科学合理设置课程，将职业道德、人文素养教育贯穿培养全过程。

（十七）建设“双师型”教师队伍。完善教师资格标准，实施教师专业标准。健全教师专业技术职务（职称）评聘办法，探索在职业学校设置正高级教师职务（职称）。加强校长培训，实行五年一周期的教师全员培训制度。落实教师企业实践制度。政府要支持学校按照有关规定自主聘请兼职教师。完善企业工程技术人员、高技能人才到职业院校担任专兼职教师的相关政策，兼职教师任教情况应作为其业绩考核评价的重要内容。加强职业技术师范院校建设。推进高水平学校和大中型企业共建“双师型”教师培养培训基地。地方政府要比照普通高中和高等学校，根据职业教育特点核定公办职业院校教职工编制。加强职业教育科研教研队伍建设，提高科研能力和教学研究水平。

（十八）提高信息化水平。构建利用信息化手段扩大优质教育资源覆盖面的有效机制，推进职业教育资源跨区域、跨行业共建共享，逐步实现所有专业的优质数字教育资源全覆盖。支持与专业课程配套的虚拟仿真实训系统开发与应用。推广教学过程与生产过程实时互动的远程教学。加快信息化管理平台建设，加强现代信息技术应用能力培训，将现代信息技术应用能力作为教师评聘考核的重要依据。

（十九）加强国际交流与合作。完善中外合作机制，支持职业院校引进国（境）外高水平专家和优质教育资源，鼓励中外职业院校教师互派、学生互换。实施中外职业院校合作办学项目，探索和规范职业院校到国（境）外办学。推动与中国企业和产品“走出去”相配套的职业教育发展模式，注重培养符合中国企业海外生产经营需求的本土化人才。积极参与制定职业教育国际标准，开发与国际先进标准对接的专业标准和课程体系。提升全国职业院校技能大赛国际影响。

五、提升发展保障水平

（二十）完善经费稳定投入机制。各级人民政府要建立与办学规模和培养要求相适应的财政投入制度，地方人民政府要依法制定并落实职业院校生均经费标准或公用经费标准，改善职业院校基本办学条件。地方教育附加费用于职业教育的比例不低于30%。加大地方人民政府经费统筹力度，发挥好企业职工教育培训经费以及就业经费、扶贫和移民安置资金等各类资金在职业培训中的作用，提高资金使用效益。县级以上人民政府要建立职业教育经费绩效评价制度、审计监督公告制度、预决算公开制度。

（二十一）健全社会力量投入的激励政策。鼓励社会力量捐资、出资兴办职业教育，拓宽办学筹资渠道。通过公益性社会团体或者县级以上人民政府及其部门向职业院校进行捐赠的，其捐赠按照现行税收法律规定在税前扣除。完善财政贴息贷款等政策，健全民办职业院校融资机制。企业要依法履行职工教育培训和足额提取教育培训经费的责任，一般企业按照职工工资总额的1.5%足额提取教育培训经费，从业人员技能要求高、实训耗材多、培训任务重、经济效益较好的企业可按2.5%提取，其中用于一线职工教育培训的比例不低于60%。除国务院财政、税务主管部门另有规定外，企业发生的职工教育经费支出，不超过工资薪金总额2.5%的部分，准予扣除；超过部分，准予在以后纳税年度结转扣除。对不按规定提取和使用教育培训经费并拒不改正的企业，由县级以上地方人民政府依法收取企业应当承担的职业教育经费，统筹用于本地区的职业教育。探索利用国（境）外资金发展职业教育的途径和机制。

（二十二）加强基础能力建设。分类制定中等职业学校、高等职业院校办学标准，到2020年实现基本达标。在整合现有项目的基础上实施现代职业教育质量提升计划，推动各地建立完善以促进改革和提高绩效为导向的高等职业院校生均拨款制度，引导高等职业院校深化办学机制和教育教学改革；重点支持中等职业学校改善基本办学条件，开发优质教学资源，提高教师素质；推动建立发达地区和欠发达地区中等职业教育合作办学工作机制。继续实施中等职业教育基础能力建设项目。支持一批本科高等学校转型发展为应用技术类型高等学校。地方人民政府、相关行业部门和大型企业要切实加强所办职业院校基础能力建设，支持一批职业院校争创国际先进水平。

（二十三）完善资助政策体系。进一步健全公平公正、多元投入、规范高效的职业教育国家资助政策。逐步建立职业院校助学金覆盖面和补助标准动态调整机制，加大对农林水地矿油核等专业学生的助学力度。有计划地支持集中连片特殊困难地区内限制开发和禁止开发区初中毕业生到省（区、市）内外经济较发达地区接受职业教育。完善面向农民、农村转移劳动力、在职职工、失业人员、残疾人、退役士兵等接受职业教育和培训的资助补贴政策，积极推行以直补个人为主的支付办法。有关部门和职业院校要切实加强资金管理，严查“双重学籍”“虚假学籍”等问题，确保资助资金有效使用。

（二十四）加大对农村和贫困地区职业教育支持力度。服务国家粮食安全保障体系建设，积极发展现代农业职业教育，建立公益性农民培养培训制度，大力培养新型职业农民。在人口集中和产业发展需要的贫困地区建好一批中等职业学校。国家制定奖补政策，支持东部地区职业院校扩大面向中西部地区的招生规模，深化专业建设、课程开发、资源共享、学校管理等合作。加强民族地区职业教育，改善民族地区职业院校办学条件，继续办好内地西藏、新疆中职班，建设一批民族文化传承创新示范专业点。

（二十五）健全就业和用人的保障政策。认真执行就业准入制度，对从事涉及公共安全、人身健康、生命财产安全等特殊工种的劳动者，必须从取得相应学历证书或职业培训合格证书并获得相应职业资格证书的人员中录用。支持在符合条件的职业院校设立职业技能鉴定所（站），完善职业院校合格毕业生取得相应职业资格证书的办法。各级人民政府要创造平等就业环境，消除城乡、行业、身份、性别等一切影响平等就业的制度障碍和就业歧视；党政机关和企事业单位招用人员不得歧视职业院校毕业生。结合深化收入分配制度改革，促进企业提高技能人才收入水平。鼓励企业建立高技能人才技能职务津贴和特殊岗位津贴制度。

六、加强组织领导

（二十六）落实政府职责。完善分级管理、地方为主、政府统筹、社会参与的管理体制。国务院相关部门要有效运用总体规划、政策引导等手段以及税收金融、财政转移支付等杠杆，加强对职业教育发展的统筹协调和分类指导；地方政府要切实承担主要责任，结合本地实际推进职业教育改革发展，探索解决职业教育发展的难点问题。要加快政府职能转变，减少部门职责交叉和分散，减少对学校教育教学具体事务的干预。充分发挥职业教育工作部门联席会议制度的作用，形成工作合力。

（二十七）强化督导评估。教育督导部门要完善督导评估办法，加强对政府及有关部门履行发展职业教育职责的督导；要落实督导报告公布制度，将督导报告作为对被督导单位及其主要负责人考核奖惩的重要依据。完善职业教育质量评价制度，定期开展职业院校办学水平和专业教学情况评估，实施职业教育质量年度报告制度。注重发挥行业、用人单位作用，积极支持第三方机构开展评估。

（二十八）营造良好环境。推动加快修订职业教育法。按照国家有关规定，研究完善职业教育先进单位和先进个人表彰奖励制度。落实好职业教育科研和教学成果奖励制度，用优秀成果引领职业教育改革创新。研究设立职业教育活动周。大力宣传高素质劳动者和技术技能人才的先进事迹和重要贡献，引导全社会确立尊重劳动、尊重知识、尊重技术、尊重创新的观念，促进形成“崇尚一技之长、不唯学历凭能力”的社会氛围，提高职业教育社会影响力和吸引力。

附件：重点任务分工及进度安排表

附件：

重点任务分工及进度安排表

序号	工作任务	负责单位	时间进度
	一、加快构建现代职业教育体系		
1	各地要统筹做好中等职业学校和普通高中招生工作，加快普及高中阶段教育。整合办学资源，优化中等职业教育布局结构。推进县级职教中心等中等职业学校发展	各省级人民政府	持续实施
2	创新发展高等职业教育，形成定位清晰、科学合理的职业教育层次结构。探索发展本科层次职业教育。建立以职业需求为导向、以实践能力培养为重点、以产学结合为途径的专业学位研究生培养模式。研究建立符合职业教育特点的学位制度	教育部、发展改革委、财政部、人力资源社会保障部和各省级人民政府	2015 年 6 月底前出台具体措施
3	引导一批普通本科高等学校向应用技术类型高等学校转型，重点举办本科职业教育。独立学院转设为独立设置高等学校时，鼓励其定位为应用技术类型高等学校。建立高等学校分类体系，实行分类管理，加快建立分类设置、评价、指导、拨款制度	教育部、发展改革委、财政部、人力资源社会保障部和各省级人民政府	2015 年 6 月底前出台具体措施
4	健全“文化素质＋职业技能”、单独招生、综合评价招生和技能拔尖人才免试等考试招生办法。在学前教育、护理、健康服务、社区服务等领域，健全对初中毕业生实行中高职贯通培养的考试招生办法	教育部牵头	2014 年 12 月底前出台具体措施
5	适度提高专科高等职业院校招收中等职业学校毕业生的比例、本科高等学校招收职业院校毕业生的比例。逐步扩大高等职业院校招收有实践经历人员的比例。建立学分积累与转换制度，推进学习成果互认衔接	教育部会同发展改革委等部门	持续实施
6	积极发展多种形式的继续教育。建立有利于全体劳动者接受职业教育和培训的灵活学习制度	教育部牵头	持续实施
7	面向未升学初高中毕业生、残疾人、失业人员等群体广泛开展职业教育和培训。推进农民继续教育工程。推动一批县（市、区）在农村职业教育和成人教育改革发展方面发挥示范作用。利用职业院校资源广泛开展职工教育培训。重视培养军地两用人才。退役士兵接受职业教育和培训，按照国家有关规定享受优待	教育部、发展改革委、财政部、人力资源社会保障部、农业部、扶贫办、中国残联等	持续实施

续表

序号	工作任务	负责单位	时间进度
二、激发职业教育办学活力			
8	积极支持各类办学主体通过独资、合资、合作等多种形式举办民办职业教育；探索发展股份制、混合所有制职业院校，允许以资本、知识、技术、管理等要素参与办学并享有相应权利。探索公办和社会力量举办的职业院校相互委托管理和购买服务的机制	教育部、发展改革委、财政部、人力资源社会保障部、工商总局等	2015 年 6 月底前出台具体措施
9	社会力量举办的职业院校与公办职业院校具有同等法律地位，依法享受相关教社育、财税、土地、金融等政策。健全政府补贴、购买服务、助学贷款、基金奖励、捐资激励等制度，鼓励社会力量参与职业教育办学、管理和评价	教育部、发展改革委、财政部、人力资源会保障部、法制办、国土资源部、税务总局、人民银行等	2015 年 6 月底前出台具体措施
10	研究制定促进校企合作办学有关法规和激励政策	教育部、人力资源社会保障部、发展改革委、法制办等	2014 年 12 月底前出台具体措施
11	深化产教融合，完善和落实支持企业举办或参与举办职业教育的政策措施，发挥企业重要办学主体作用	发展改革委、教育部会同财政部、人力资源社会保障部、税务总局、国资委等部门和各省级人民政府	持续实施
12	分类制定行业指导政策。建立行业人力资源需求预测和就业状况定期发布制度	教育部、人力资源社会保障部、各行业部门	持续实施
13	完善现代职业学校制度	教育部牵头	持续实施
14	研究制定院校、行业、企业、科研机构、社会组织等共同组建职业教育集团的支持政策。开展多元投资主体依法共建职业教育集团的改革试点	教育部、人力资源社会保障部、国资委等	2014 年 12 月底前出台具体措施
15	制定政府、学校、行业、企业等多方参与技术技能积累与创新的支持政策	教育部、科技部、发展改革委、人力资源社会保障部、工业和信息化部、国资委、知识产权局	持续实施
三、提高人才培养质量			
16	加大实习实训在教学中的比重，创新顶岗实习形式，强化以育人为目标的实习实训考核评价。健全学生实习责任保险制度	教育部、人力资源社会保障部、财政部、保监会	持续实施
17	积极推进学历证书和职业资格证书“双证书”制度。开展现代学徒制试点	教育部、人力资源社会保障部等	持续实施“双证书”制度。2014 年 10 月底前启动现代学徒制试点

续表

序号	工作任务	负责单位	时间进度
18	建立专业教学标准和职业标准联动开发机制。推进专业设置、专业课程内容与职业标准相衔接，推进中等和高等职业教育培养目标、专业设置、教学过程等方面的衔接，形成对接紧密、特色鲜明、动态调整的职业教育课程体系。将职业道德、人文素养教育贯穿培养全过程	教育部、人力资源社会保障部	持续实施
19	完善教师资格标准，实施教师专业标准。健全教师专业技术职务（职称）评聘办法，探索在职业学校设置正高级教师职务（职称）	教育部、人力资源社会保障部	2014 年 12 月底前出台具体措施
20	完善和落实支持教师到企业实践和职业院校面向企业聘请专兼职教师等政策措施，加强“双师型”教师队伍建设	教育部、财政部、人力资源社会保障部、国资委	持续实施
21	提高职业教育信息化水平	教育部、发展改革委、科技部、工业和信息化部、人力资源社会保障部等	持续实施
22	加强职业教育国际交流与合作	教育部、外交部等	持续实施
四、提升发展保障水平			
23	各级人民政府要建立与办学规模和培养要求相适应的财政投入制度，地方人民政府要依法制定并落实职业院校生均经费标准或公用经费标准，改善职业院校基本办学条件	财政部、发展改革委、教育部、人力资源社会保障部等部门和各省级人民政府	2015 年 6 月底前出台具体措施
24	地方教育附加费用于职业教育的比例不低于 30%。加大地方人民政府职业教育和培训经费统筹力度。县级以上人民政府要建立职业教育经费绩效评价制度、审计监督公告制度、预决算公开制度	各省级人民政府	持续实施
25	健全社会力量投入的激励政策。完善财政贴息贷款等政策，健全民办职业院校融资机制。探索利用国（境）外资金发展职业教育的途径和机制	财政部、教育部、人力资源社会保障部、人民银行、法制办等部门和各省级人民政府	持续实施
26	加强职业教育基础能力建设	教育部、发展改革委、财政部、人力资源社会保障部	持续实施
27	完善职业教育资助政策	财政部、教育部、发展改革委、人力资源社会保障部、农业部	持续实施

续表

序号	工作任务	负责单位	时间进度
28	加大对农村和贫困地区职业教育支持力度	教育部、发展改革委、财政部、国家民委、人力资源社会保障部、农业部、文化部、扶贫办等	持续实施
29	健全就业和用人的保障政策，为接受职业教育学生创造公平就业环境。支持在符合条件的职业院校设立职业技能鉴定所（站），完善职业院校合格毕业生取得相应职业资格证书的办法	人力资源社会保障部、教育部	2014 年 12 月底前出台具体措施
五、加强组织领导			
30	落实政府职责，加快政府职能转变，减少部门职责交叉和分散，减少对学校教育教学具体事务的干预	各有关部门和各省级人民政府	持续实施
31	完善职业教育督导评估办法，强化督导评估。积极支持第三方机构开展评估	教育部牵头	2014 年 12 月底前出台具体措施
32	营造职业教育发展良好社会环境。推动加快修订职业教育法。按照国家有关规定，研究完善职业教育先进单位和先进个人表彰奖励制度。落实好职业教育科研和教学成果奖励制度。研究设立职业教育活动周	教育部、人力资源社会保障部、法制办	2014 年 12 月底前出台具体措施

国务院办公厅关于清理规范各类职业资格相关活动的通知

（国办发［2007］73 号　2007 年 12 月 31 日）

各省、自治区、直辖市人民政府，国务院各部委、各直属机构：

职业资格制度是社会主义市场经济条件下科学评价人才的一项重要制度。近年来，我国职业资格制度逐步完善，对提高专业技术人员和技能人员素质、加强人才队伍建设发挥了积极作用。与此同时，这一制度在实施过程中也存在一些突出问题，集中表现为考试太乱、证书太滥：有的部门、地方和机构随意设置职业资格，名目繁多、重复交叉；有些机构和个人以职业资格为名随意举办考试、培训、认证活动，乱收费、滥发证，甚至假冒权威机关名义组织所谓职业资格考试并颁发证书；一些机构擅自承办境外职业资格的考试发证活动，高额收费等，社会对此反应强烈。为有效遏制职业资格设置、考试、发证等活动中的混乱现象，切实维护公共利益和社会秩序，维护专业技术人员和技能人员的合法权益，加强人才队伍建设，确保职业资格证书制度顺利实施，更好地为发展社会主义市场经济和构建社会主义和谐社会服务，经国务院同意，近期对各类职业资格有关活动进行集中清理规范。现将有关事项通知如下：

一、清理规范的原则和范围

（一）清理规范的原则。坚持以科学发展观为统领，以科学人才观为指导；坚持清理规范、依法管理与改革完善、有序发展相结合；坚持统一领导、分工负责，分类清理、分步实施。

（二）清理规范的范围。国务院各部门、各直属机构、各直属事业单位及其下属单位，地方各级人民政府各部门、各直属机构、各直属事业单位及其下属单位，各类行业协会、学会等社会团体设置或组织实施的职业资格及相关考试、发证等活动，各类企业面向社会设置或组织实施的职业资格及相关考试、发证等活动。

二、清理规范的主要内容

（一）清理规范职业资格的设置。职业资格必须在职业分类的基础上统一规划、规范设置。对涉及公共安全、人身健康、人民生命财产安全等特定职业（工种），国家依据有关法律、行政法规或国务院决定设置行政许可类职业资格；对社会通用性强、专业性强、技能要求高的职业（工种），根据经济社会发展需要，由国务院人事、劳动保障部门会同国务院有关主管部门制定职业标准，建立能力水平评价制度（非行政许可类职业资格）；对重复交叉设置的职业资格，逐步进行归并。对涉及在我国境内开展的境外各类职业资格相关活动，由国务院人事、劳动保障部门会同有关部门制定专门管理办法，报国务院批准。

凡是依据有关法律、行政法规或国务院决定设置的行政许可类职业资格，予以保留并向社会公布；除此以外的其他各种行政许可类职业资格予以取消，如确有必要保留，由国务院人事、劳动保障部门会同有关部门统筹研究，按程序通过修改相关法律、行政法规或形成国务院决定予以解决，或调整为非行政许可类职业资格。

凡经国务院人事、劳动保障部门会同有关部门批准设置的非行政许可类职业资格，要在清理规范的基础上确定保留的项目并向社会公布。其他各类非行政许可类职业资格都要分类进行清理：国务院其他部门、各直属机构、各直属事业单位及下属单位自行设置的要及时清理，确有必要的，经国务院人事、劳动保障部门会同有关部门审批后纳入国家统一管理，并向社会公布，其他的一律停止；全国性行业协会、学会等社会团体自行设置的应及时清理，确有必要的，经业务主管单位审核同意，报国务院人事、劳动保障部门会同有关部门审批后纳入国家统一管理，并向社会公布，其他的一律停止或调整为专业培训；地方各级人民政府及有关部门和单位原则上不得设置职业资格，已经设置且确有必要的，经国务院人事、劳动保障部门批准后作为职业资格工作试点，逐步纳入统一的职业资格管理，其他的应立即停止；各类企业不得自行开展冠以职业资格名称的相关活动。

（二）清理规范职业资格考试、鉴定。全面治理职业资格考试、鉴定等活动中的混乱现象。组织实施职业资格考试、鉴定活动应与举办单位（机构）的性质和职能一致，不得使用含义模糊的名称或假借行政机关名义开展考试、鉴定活动。开展职业资格的考试、鉴定要按照公开、公平、公正原则，严格程序、规范实施、严肃考风考纪、切实加强管理。在本次清理规范工作中不予保留的职业资格的相关考试、鉴定活动要立即停止。

（三）清理规范职业资格证书的印制、发放。完善各类职业资格证书印制、发放和管理等工作环节的程序和办法，严格规范证书样式和“中国”“中华人民共和国”“国家”“职业资格”等字样和国徽标志的使用。严厉打击违规违法印制、滥发证书等活动。

（四）清理规范职业资格培训、收费。整治各类职业资格培训秩序，严禁强制开展考前培训以及以考试为名推行培训。举办职业资格考试的单位和机构一律不得组织与考试相关的培训。对超越职能范围或不按办学许可证规定乱办培训的要予以查处，对在培训活动中虚假宣传和忽视培训质量的要予以纠正。

各类职业资格的考试、鉴定等有关收费，必须符合国家和地方有关收费政策。组织实施各类职业资格相关活动，不得以营利为目的。要认真检查与各类职业资格相关的收费活动，严肃查处和纠正各种违规收费行为。

（五）改革完善职业资格证书制度。要在清理规范的基础上，根据社会主义市场经济要求，按照各类人才成长与职业发展的规律，改革完善职业资格证书制度，健全相关法律法规。要根据职称制度改革的总体要求，将专业技术人员职业资格纳入职称制度框架，构建面向全社会、符合各类专业技术人员特点的人才评价体系。要做好技能人员职业资格制度与工人技术等级考核制度的衔接，建立健全面向全体技能劳动者的多元评价机制。国务院人事、劳动保障部门要会同行业和社会组织管理部门，共同研究完善职业资格证书制度，充分发挥行业管理部门和社会组织在组织实施工作中的作用，逐步形成统一规划、规范设置、分类管理、有序实施、严格监管的职业资格管理机制，促进职业资格证书制度健康发展。

三、清理规范的方法步骤

（一）国务院各部门和各省、自治区、直辖市人民政府要按照职责权限和管辖范围，认真组织对本系统和本行政区域内的各类职业资格设置、考试、鉴定、培训、收费和发证等活动进行清理规范。各类行业协会、学会等社会团体设置或组织实施的职业资格及相关考试、发证等活动，由其业务主管单位负责清理规范，民政部门予以配合。

（二）职业资格相关活动的清理规范工作要于 2008 年 4 月 30 日前完成。国务院人事、劳动保障部门要按本通知要求，及时部署清理规范工作。国务院各有关部门和各省、自治区、直辖市人民政府要将清理规范工作情况及时报送国务院人事、劳动保障部门。

（三）国务院人事、劳动保障部门要对国务院有关部门和各省、自治区、直辖市人民政府报送的清理规范工作情况进行汇总，会同有关部门认真处理，分期分批向社会公告批准保留的职业资格的名称、设置依据、类别、实施承办的部门和机构。同时声明，未经批准并公告的不得继续开展与职业资格相关的考试、发证等活动。

四、清理规范的工作要求

（一）加强组织领导。清理规范职业资格相关活动涉及面广，政策性强，情况复杂，各地区、各部门要提高对清理规范工作重要性、必要性的认识，切实加强领导，将清理规范工作与清理行政法规规章、改革行政审批制度和推进行业协会商会改革发展工作结合起来，统筹安排，精心组织，周密部署，确保按时高质量地完成清理规范工作任务。

（二）明确职责分工。职业资格的清理规范工作由国务院人事、劳动保障部门牵头，会同发展改革、公安、监察、教育、民政、财政、工商和行业主管部门组织实施。财政和发展改革部门负责对各类职业资格考试、鉴定、培训、发证等收费活动进行全面清理，查处和纠正各种违规收费行为。工商部门负责查处各类违法广告、虚假宣传、超范围经营行为。公安部门负责依法严厉打击伪造、变造或者买卖公文、证件、证明文件、印章和冒用职业资格之名进行诈骗等各类违法犯罪行为。民政部门和各有关业务主管单位要对社会团体开展的有关活动加强指导和监督。

（三）积极稳妥实施。要正确处理清理规范与改革、发展、稳定的关系，杜绝边清理边继续违规设置职业资格的行为，加强思想政治工作和宣传教育工作，确保清理规范工作有序进行，促进社会的和谐稳定。

国务院办公厅转发人力资源社会保障部等部门关于促进以创业带动就业工作指导意见的通知

（国办发［2008］111号　2008年9月26日）

各省、自治区、直辖市人民政府，国务院各部委、各直属机构：

人力资源社会保障部、发展改革委、教育部、工业和信息化部、财政部、国土资源部、住房城乡建设部、商务部、人民银行、税务总局、工商总局《关于促进以创业带动就业工作的指导意见》已经国务院同意，现转发给你们，请认真贯彻执行。

关于促进以创业带动就业工作的指导意见

人力资源社会保障部　发展改革委　教育部
工业和信息化部　财政部　国土资源部　住房城乡建设部
商务部　人民银行　税务总局　工商总局

为贯彻落实党的十七大提出的“实施扩大就业的发展战略，促进以创业带动就业”的总体部署，全面实施《中华人民共和国就业促进法》的有关规定，现就促进以创业带动就业工作提出以下指导意见：

一、统一思想认识，明确目标任务

（一）统一思想认识。创业是劳动者通过自主创办生产服务项目、企业或从事个体经营实现市场就业的重要形式。劳动者通过创业，在实现自身就业的同时，吸纳带动更多劳动者就业，促进了社会就业的增加。当前及今后一个时期，我国就业形势依然严峻，促进以创业带动就业，有利于发挥创业的就业倍增效应，对缓解就业压力具有重要的现实意义。以创业带动就业工作是实施扩大就业发展战略的重要内容，是新时期实施积极就业政策的重要任务。各地区、各有关部门要高度重视，通过政策支持和服务保障，优化创业环境，鼓励和扶持更多劳动者成为创业者。

（二）明确指导思想。各地区、各有关部门要深入贯彻落实科学发展观，按照构建社会主义和谐社会的总体要求，解放思想，改革创新，着眼于经济社会发展全局，从创业意识、创业能力和创业环境着手，逐步形成以创业带动就业的工作新格局。坚持政府促进、社会支持、市场导向、自主创业的基本原则，强化创业服务和创业培训，改善创业环境，加快形成政策扶持、创业培训、创业服务“三位一体”的工作机制，不断激发劳动者的创业激情，增强创业意识，鼓励更多的城乡劳动者通过自主创业实现就业。

（三）突出工作重点。各地区、各有关部门要紧密结合地方的优势产业、特色经济，确定鼓励创业的产业指导目录，制定扶持政策，鼓励创业者进入国家和地方优先和重点发展的科技型、资源综合利用型、劳动密集型、农副产品加工型、贸易促进型、社区服务型、建筑劳务型和信息服务型等产业或行业。鼓励和支持个体私营等非公有制经济和中小企业发展，扩大创业领域。重点指导和促进高校毕业生、失业人员和返乡农民工创业。积极采取措施促进军队复员转业人员、留学回国人员等创业。力争用3～5年的时间，实现劳动者创业人数和通过创业带动就业人数的大幅增加，基本形成促进以创业带动就业的政策体系，使更多有创业意愿和创业能力的劳动者成功创业。

二、完善扶持政策，改善创业环境

（四）放宽市场准入。加快清理和消除阻碍创业的各种行业性、地区性、经营性壁垒。法律、法规未禁止的行业和领域向各类创业主体开放，国家有限制条件和标准的行业和领域平等对待各类创业主体。在法律、法规规定许可的范围内，对初创企业，可按照行业特点，合理设置资金、人员等准入条件，并允许注册资金分期到位。按照法律、法规规定的条件、程序和合同约定允许创业者将家庭住所、租借房、临时商业用房等作为创业经营场所。扩大政府采购范围，制定促进小企业发展的政府采购优惠政策。各地区、各有关部门可根据实际情况，适当放宽高校毕业生、失业人员以及返乡农民工创业的市场准入条件。

（五）改善行政管理。全面实行收费公示制度和企业交费登记卡制度，禁止任何部门、单位和个人干预创业企业的正常经营，严格制止乱收费、乱摊派、乱罚款、乱检查、乱培训行为。进一步清理和规范涉及创业的行政审批事项，简化立项、审批和办证手续，公布各项行政审批、核准、备案事项和办事指南，推行联合审批、一站式服务、限时办结和承诺服务等，开辟创业“绿色通道”。依法保护创业者的合法私有财产，对严重侵犯创业者或其所创办实体合法权益的违法行为，有关部门要依法查处。对创业者提出的行政复议申请，政府部门要及时受理，公平对待，限时答复。登记失业人员、残疾人、退役士兵，以及毕业 2 年以内的普通高校毕业生从事个体经营的，要按有关规定，自其在工商部门首次注册登记之日起 3 年内，免收管理类、登记类和证照类等有关行政事业性收费。

（六）强化政策扶持。全面落实有利于劳动者创业的税收优惠、小额担保贷款、资金补贴、场地安排等扶持政策，促进中小企业和个体私营等非公有制经济发展，扶持劳动者创业。从实际出发，建立健全促进以创业带动就业的政策措施，细化操作办法。多渠道筹集安排资金，支持以创业带动就业工作的展开。要针对经营成本上升以及政策和市场环境变化的情况，兼顾行业稳定发展和结构调整升级，积极采取有效措施，扶持、保护创业企业的生存和发展，鼓励创业企业扩大就业规模。对农民工返乡创业的，劳务输出地区要积极探索完善相关扶持政策。

（七）拓宽融资渠道。积极推动金融产品和金融服务创新，支持推动以创业带动就业。积极探索抵押担保方式创新，对于符合国家政策规定、有利于促进创业带动就业的项目，鼓励金融机构积极提供融资支持。全面落实小额担保贷款政策，创新管理模式，提高贷款服务的质量和效率，并进一步加大对符合条件的劳动密集型小企业的支持力度。鼓励和支持发展适合农村需求特点的多种所有制金融组织，创新农村贷款担保模式，积极做好对农民工返乡创业的金融服务。建立健全创业投资机制，鼓励利用外资和国内社会资本投资创业企业，有条件的地区可设立各种形式的创业投资引导基金，引导和促进创业投资企业的设立与发展。

三、强化创业培训，提高创业能力

（八）加大培训力度。建立满足城乡各类劳动者创业的创业培训体系，扩大创业培训范围，逐步将所有有创业愿望和培训需求的劳动者纳入创业培训。加强普通高校和职业学校的创业课程设置和师资配备，开展创业培训和创业实训。落实职业培训补贴政策，对参加创业培训的创业者，按有关政策规定，给予职业培训补贴。对领取失业保险金人员参加创业培训的，其按规定享受的职业培训补贴由失业保险基金开支。

（九）提高培训质量。从规范培训标准、提高师资水平、完善培训模式等方面入手，不断提高创业培训的质量。定期组织开展教师培训进修、研讨交流活动，加强师资力量的培养和配备，提高教育水平。采用案例剖析、知识讲座、企业家现身说法等多种方式，增强创业培训的针对性和实用性。根据不同群体的不同需求，开发推广创业培训技术，不断提高创业成功率。

（十）建立孵化基地。地方各级人民政府要统筹安排劳动者创业所需的生产经营场地，搞好基础设施及配套建设，优先保障创业场地。可在土地利用总体规划确定的城镇建设用地范围内，或利用原有经批准的经济技术开发区、工业园区、高新技术园区、大学科技园区、小企业孵化园等建设创业孵化基地，为进入基地的小企业提供有效的培训指导服务和一定期限的政策扶持，增强创业企业的经营管理和市场竞争能力，提高创业稳定率。

四、健全服务体系，提供优质服务

（十一）健全服务组织。依托公共就业服务体系，健全创业指导服务组织，开发创业指导技术，完善创业服务功能，提高创业服务效率，承担创业带动就业工作的组织、服务和实施责任。充分发挥中小企业服务机构、高校毕业生就业指导机构和各类创业咨询服务机构的作用，共同做好创业带动就业工作。推动创业咨询服务工作的开展，建立由企业家、创业成功人士、专家学者及政府工作人员共同组成的创业服务专家队伍，逐步形成创业服务指导专兼职队伍。

（十二）完善服务内容。根据城乡创业者的需求，组织开展项目开发、方案设计、风险评估、开业指导、融资服务、跟踪扶持等“一条龙”创业服务，建立创业信息、政策发布平台，搭建创业者交流互助的有效渠道。建立政府支持并监管、企业与个人开发、市场运作的创业项目评估和推介制度，建立创业项目资源库，形成有效采集和定期发布制度。通过上门服务、集中服务、电话服务等多种形式，为创业者提供个性化、专业化的开业指导和咨询服务。建立创业者信息管理服务系统，设立创业服务热线，接受创业者的咨询和投诉，提供及时有效的后续服务和跟踪指导，注重对创业失败者的指导和服务，帮助他们重树信心，再创新业。

（十三）提供用工服务。为创业者、新创办企业及其所吸纳的员工提供公共就业服务。指导创业企业结合生产经营需要，落实职工教育经费，做好职工的岗前培训和在职培训。组织各类培训机构按照用工需求开展定向、订单培训，为创业企业提供合适人才。对参加职业技能培训的符合条件人员，按规定给予相应的职业培训补贴和职业技能鉴定补贴。推进社会保障制度和户籍制度改革，加强社会诚信体系建设和社会治安综合治理，为创业者及其招聘的劳动者提供社会保障、人事管理、教育培训、职称评定等方面的政策便利，吸引人才去新创办企业工作，扩大创业带动就业的规模。

五、加强组织领导，推动工作开展

（十四）强化政府责任。地方各级人民政府要将促进创业作为一项重要任务，摆上就业工作的重要议事日程，落实扶持政策，改善创业环境，推广经验典型，积极推动创业带动就业工作的全面开展。重点指导推动工作基础较好、条件相对成熟的城市，根据本意见的要求，实施以创业带动就业相关扶持政策，在组织领导、创业培训、创业服务和社会参与等方面积极探索，率先完善创业带动就业的政策体系，建立以创业带动就业的创业型城市。

（十五）完善工作机制。各地区要发挥促进就业工作协调机制的作用，建立人力资源社会保障、发展改革、中小企业管理、教育、建设、国土资源、财政、商务、银行、税务、工商等部门共同参与、分工负责、协调配合的工作小组，共同研究制定和实施促进以创业带动就业的政策措施和工作计划。把优化创业环境、完善落实创业政策以及提高创业培训效果、创业服务质量、创业初始成功率、创业稳定率、创业带动就业率等作为衡量促进以创业带动就业的主要工作指标，列入当地就业工作考核的重要内容。充分发挥工商联、工会、共青团、妇联、残联以及其他社会组织的作用，共同做好创业带动就业工作。

（十六）营造良好氛围。加强创业教育，提高创业意识，建设创业文化，使更多的劳动者乐于创业、敢于创业；发挥社会各方面支持和推动创业工作的积极作用，营造全民创业的社会氛围；加强舆论引导，弘扬创业精神，树立一批创业典型，特别是面对失败不屈不挠成功实现再创业的典型，营造崇尚创业、竞相创业、褒奖成功、宽容失败的和谐创业环境和良好舆论氛围。对在创业带动就业工作中取得显著成绩的单位和个人要给予表彰。

各地区、各有关部门要结合实际，研究制定贯彻本意见的具体办法。

国务院办公厅关于进一步做好农民工培训工作的指导意见

（国办发［2010］11号　2010年1月21日）

各省、自治区、直辖市人民政府，国务院各部委、各直属机构：

近年来，各地区、各部门认真贯彻落实《国务院关于解决农民工问题的若干意见》（国发［2006］5号）和《国务院办公厅转发农业部等部门2003—2010年全国农民工培训规划的通知》（国办发［2003］79号），农民工培训工作取得显著成效，政策措施逐步完善，培训力度不断加大，农民工职业技能明显提高。但也应当看到，农民工培训工作仍然存在着培训项目缺乏统筹规划、资金使用效益和培训质量不高、监督制约机制不够完善等问题。为提高农民工技能水平和就业能力，促进农村劳动力向非农产业和城镇转移，推进城乡经济社会发展一体化进程，经国务院同意，现就进一步做好农民工培训工作提出如下指导意见：

一、基本原则和主要目标

（一）基本原则。

1. 统筹规划，分工负责。把农民工培训工作纳入国民经济和社会发展规划，按照地方政府分级管理，职能部门各负其责，农民工工作协调机制统筹协调的原则，建立相互配合、有序运行的工作机制。

2. 整合资源，提高效益。根据企业和农民工的实际培训需要，整合培训资源，统筹安排、集中使用农民工培训资金。按照同一地区、同一工种补贴标准统一的原则，科学制定培训补贴基本标准，规范培训项目管理，严格监管培训资金使用。

3. 政府支持，市场运作。加大政府培训投入，增强培训能力，加强规范引导。发挥市场机制在资金筹措、培训机构建设、生源组织、过程监管、效果评价等方面的积极作用，鼓励行业、企业、院校和社会力量加强农民工培训。

4. 突出重点，讲求实效。重点发挥企业和院校产学结合的作用，加强农民工职业技能培训、在岗技能提升培训、创业培训和农村实用技术培训。着力提升培训质量，使经过培训的农民工都能掌握一项实用技能，提高培训后的就业率。

（二）主要目标。按照培养合格技能型劳动者的要求，逐步建立统一的农民工培训项目和资金统筹管理体制，使培训总量、培训结构与经济社会发展和农村劳动力转移就业相适应；到2015年，力争使有培训需求的农民工都得到一次以上的技能培训，掌握一项适应就业需要的实用技能。

二、搞好培训工作统筹规划

（三）制订实施新一轮培训规划，抓好培训项目的组织实施。按照我国经济发展、经济结构调整、产业布局和农业农村经济发展人才需求，科学统筹和把握农村劳动力转移就业的力度和节奏，制订新一轮全国农民工培训规划，纳入国民经济和社会发展中长期规划。各省（区、市）以及相关部门要根据国家农民工培训规划并结合实际，编制本地区、本行业的农民工培训规划和年度计划，明确农民工培训的规模和重点，科学规划培训机构的类型、数量和布局，认真抓好组织实施。

（四）明确培训重点，实施分类培训。根据农民工的不同需求，进一步规范培训的形式和内容，提高培训质量和效果。外出就业技能培训主要对拟转移到非农产业务工经商的农村劳动者开展专项技能或初级技能培训。技能提升培训主要对与企业签订一定期限劳动合同的在岗农民工进行提高技能水平的培训。劳动预备制培训主要对农村未能继续升学并准备进入非农产业就业或进城务工的应届初高中毕业生、农村籍退役士兵进行储备性专业技能培训。创业培训主要对有创业意愿并具备一定创业条件的农村劳动者和返乡农民工进行提升创业能力的培训。农村劳动者就地就近转移培训主要面向县域经济发展，重点围绕县域内农产品加工、中小企业以及农村妇女手工编织业等传统手工艺开展培训。

（五）以市场需求为导向，增强培训针对性。建立培训与就业紧密衔接的机制，适应经济结构调整和企业岗位需求，及时调整培训课程和内容。重点加强建筑业、制造业、服务业等吸纳就业能力强、市场容量大的行业的农民工培训。做好水库移民中的农民工培训工作。以实现就业为目标，根据产业发展和企业用工情况，组织开展灵活多样的订单式培训、定向培训，增强培训的针对性和有效性。根据县域经济发展人才需求，开展实用技能培训，促进农村劳动力就地就近转移就业；结合劳务输出开展专项培训，培育和扶持具有本地特色的劳务品牌，促进有组织的劳务输出。

（六）创新农民工培训机制。国务院农民工工作联席会议要组织协调有关部门建立培训项目管理制度，完善政府购买培训成果的机制，保证承担培训任务的院校、具备条件的企业培训机构及其他各类培训机构平等参与招投标，提高培训质量。鼓励有条件的地区探索推行培训券（卡）等有利于农民工灵活选择培训项目、培训方式和培训地点的办法。充分发挥社会各方面参与培训的积极性，建立促进农民工培训的多元投入机制。落实好中等职业教育国家助学金和免学费政策，力争使符合条件的农村劳动力尤其是未能继续升学的初、高中毕业生都能接受中等职业教育。逐步实施农村新成长劳动力免费劳动预备制培训。

三、建立规范的培训资金管理制度

（七）以省级统筹为重点，集中使用培训资金。各省（区、市）要将农民工培训资金列入财政预算，进一步加大农民工培训资金投入，并按照统筹规划、集中使用、提高效益的要求，将中央和省级财政安排的各项农民工培训资金统筹使用，各部门根据职责和任务，做好相关培训工作，改变资金分散安排、分散下达、效益不高的状况。国家有关部门要依据新一轮全国农民工培训规划和年度计划，统筹安排农民工培训资金，对地方予以适当补助。

（八）制定农民工培训补贴基本标准。各省（区、市）要进一步完善农民工培训补贴政策，按照农民工所学技能的难易程度、时间长短和培训成本，以通用型工种为主，科学合理地确定培训补贴基本标准，并根据实际情况定期予以调整，以使农民工能够掌握一门实用技能。各中心城市或县（市）要按照同一工种补贴标准相同的原则，确定具体的补贴标准。优先对未享受过政府培训补贴的农民工进行职业技能培训，避免多部门重复培训。

（九）对培训资金实行全过程监管。各地要加强对农民工培训资金的管理，明确申领程序，严格补贴对象审核、资金拨付和内外部监管。建立健全财务制度，强化财务管理和审计监督。以完善培训补贴资金审批为重点，进一步加强基础工作。建立享受培训补贴政策人员、单位的基础信息数据库，有效甄别培训补贴申请材料的真实性，防止出现冒领行为。财政扶贫培训资金只能用于贫困家庭劳动力的培训补贴。

（十）按照谁审批谁负责的原则，严肃查处违规违纪行为。要按照政府信息公开的有关规定向社会公开培训资金使用管理情况，接受监察、审计部门和社会的监督。健全培训补贴资金与培训成本、培训质量、就业效果挂钩的绩效评估机制，严肃查处套取培训资金的行为。对有虚报、套取、私分、截留、挪用培训补贴资金等行为的单位和个人，要根据有关规定严肃查处，并按照谁审批谁负责的原则，追究相关单位和人员的责任。涉嫌犯罪的，要依法移送司法部门处理。

四、充分发挥企业培训促进就业的作用

（十一）加强产学结合的企业培训。完善企业与院校联合开展培训的政府激励机制，各级政府和有关部门要积极支持企业开展农民工培训，鼓励企业特别是劳动密集的大型企业与院校联合举办产学结合的农民工培训基地，鼓励中小企业依托职业学校、职业培训机构培训在岗农民工，鼓励有条件的企业为职业学校和培训机构提供实习场所和设备，鼓励有一定规模的企业举办农民工业余学校。

（十二）强化企业培训责任。企业要把农民工纳入职工教育培训计划，确保农民工享受和其他在岗职工同等的培训待遇，并根据企业发展和用工情况，重点加强农民工岗前培训、在岗技能提升培训和转岗培训。鼓励企业依托所属培训机构或委托所在地定点培训机构，结合岗位要求和工作需要，组织农民工参加技能提升培训。鼓励企业选送农民工参加脱产、半脱产的技能培训和职业教育，推动技术工人特别是高级技工的技能提升培训。鼓励企业组织农民工参加职业技能竞赛。

（十三）发挥行业的指导作用。行业主管部门要对本行业依托企业开展的农民工培训进行协调和指导，充分发挥行业管理优势，在培训标准、培训内容和专业师资队伍建

设等方面，加强对农民工培训的监督检查。要结合行业特点和企业用工需求，办好职业学校和培训基地。各级行业组织要积极发挥作用，优化培训资源配置，做好行业人力资源预测，为企业提供培训信息等中介服务，重点抓好校企合作，形成一批具有一定规模、富有特色的农民工培训项目。

（十四）落实企业培训资金。积极探索培训资金直补用人单位的办法。对用人单位吸纳农民工并与其签订 6 个月以上期限劳动合同，在劳动合同签订之日起 6 个月内由用人单位组织到职业培训机构进行培训的，按照有关规定对用人单位给予职业培训补贴。企业要按照规定足额提取职工教育经费，在岗农民工教育和培训所需费用从职工教育培训经费中列支。职工教育培训经费要按规定使用，不得挪作他用，使用情况要向职工代表大会或员工大会报告。鼓励行业、企业建立农民工培训奖励基金，扶持农民工参加学习与培训。

五、努力提高培训质量

（十五）加大培训组织工作力度。逐步建立和完善农民工培训的政策法规，通过多种渠道大力宣传有关政策，督促指导行业、企业、基层劳动保障工作站点和培训机构做好各类培训的组织工作，广泛动员农民工参加培训。充分发挥人力资源市场、群团组织以及互联网、新闻媒体的作用，及时发布培训项目、培训机构、教学师资、实训设备等方面的信息，为农民工自主选择培训机构和培训项目提供便利条件。积极引导和规范培训机构组织生源的行为。

（十六）规范培训管理，加强绩效评估。各地区和有关部门要建立农村劳动力培训台账和转移就业台账，对培训对象实行实名制管理。制定农民工培训质量效益评估指标体系，统一培训考核指标、考核程序和考核办法。积极探索第三方监督机制，委托有资质的社会中介组织对培训机构的培训质量及资金使用情况进行评估。规范培训工作管理流程，加强对培训工作全程的监管考评，做到培训信息公开、审核结果公示、培训过程透明、社会参与监管。

（十七）严格培训结业考核和发证制度。对于培训机构承担的财政补贴培训项目，要建立统一规范的结业考核程序，加强对考核过程、考核结果和证书发放的监督检查。农民工参加职业技能培训，按规定程序和要求考核合格后，颁发培训合格证书、职业能力证书或职业资格证书。鼓励农民工参加职业技能鉴定，职业技能鉴定机构要积极支持企业开展培训考核和技能鉴定工作。对经鉴定合格并获得职业资格证书的农民工，要按照规定给予一次性职业技能鉴定补贴。要加强对从事高危行业和特种作业农民工的专门培训，按照有关规定持证上岗。

六、强化培训能力建设

（十八）加强培训基地建设，增强实训能力。要按照农民工培训总体规划和布局，在全国主要劳动力输出和输入地区，依托现有培训资源提升改造农民工培训示范基地。

承担培训任务的机构要有符合规定条件的教学设施和实训设备，保证参加培训的农民工得到足够的实训时间，达到上岗实际操作的要求。充分利用和优化配置现有教育培训资源，共建共享共用，提高培训资源利用效率。依托农村党员干部远程教育网、农村中小学远程教育网等资源，推广农民工网络培训、广播电视教育和电化教育。新增农民工培训资源要符合区域发展规划，重点投向欠发达地区和薄弱环节。

（十九）规范农民工培训机构管理。各地方农民工工作协调机制要组织有关部门制定农民工培训机构资质规范，明确培训机构在资金、师资、设备、场地等方面的必备条件。按照公开、公平、公正的原则，根据规定的条件和程序，通过招投标方式，面向全社会选择农民工培训机构，确定其承担的培训项目和工种，并向社会公开发布。建立培训机构动态管理和退出机制，对不合格的农民工培训机构定期进行清理整顿。承担农民工培训任务的院校、具备条件的企业培训机构和其他各类培训机构要发挥优势，起到农民工培训主阵地的作用，其他农民工培训机构要加强基础建设，提高培训能力和办学水平。

（二十）加强培训基础工作。加强农民工培训专兼职师资队伍建设，鼓励高校毕业生和各类优秀人才到基层农民工培训机构服务。根据农民工培训工作的实际需要，抓好培训教材规划编写和审定工作。有关部门要切实做好农民工培训统计工作，准确统计参加培训项目的实际人数。充分利用和整合现有资源，加强公共就业服务信息网络建设，建立培训资源数据库，提供统一高效、互联互通的农民工培训信息，提高农民工培训教学和管理的信息化水平。发挥基层劳动保障工作平台的作用，及时掌握用人单位和农民工的培训需求，为农民工培训管理和服务提供准确、及时的信息。

七、加强组织领导

（二十一）完善统筹协调机制。国务院农民工工作联席会议负责全国农民工培训的统筹规划、综合协调和考核评估，联席会议成员单位按照相关政策规定和各自职责，根据统一规划和年度计划，指导各地具体组织实施农民工培训工作。各地要进一步完善农民工工作协调机制，充分发挥人力资源社会保障、发展改革、教育、科技、财政、住房城乡建设、农业、扶贫等有关部门和工会、共青团、妇联等组织的作用，相互协作，共同做好农民工培训工作。人力资源社会保障部门主要负责向城市非农产业转移的农村劳动者技能培训的政策制定和组织实施；农业部门主要负责就地就近就业培训的政策制定和组织实施；教育部门主要负责农村初、高中毕业生通过接受中等职业教育实现带技能转移的政策制定和组织实施。

（二十二）强化地方政府责任。做好农民工培训工作的主要责任在地方。地方各级政府要把农民工培训工作列入议事日程，按照分级管理的原则，建立领导责任制和目标考核制，对本地区农民工培训进行统一管理和监督检查，要充实必要的工作力量，努力建设一支高素质的农民工培训工作队伍，对在农民工培训工作中作出突出成绩的单位和个人要给予奖励。

（二十三）开展先进经验交流。要探索农民工培训的客观规律，加强对中长期农民工培训发展规划以及政策的分析研究，及时总结推广农民工培训工作的新鲜经验。要注意学习借鉴国外农村劳动力转移就业培训和移民培训的有益经验，开展农民工培训工作领域的国际合作与交流。

各省（区、市）和国务院有关部门要根据本指导意见制定具体实施办法，确保各项政策措施落到实处，及时将贯彻落实本指导意见的办法和实施情况报告国务院农民工工作联席会议办公室。

国务院办公厅关于转发人力资源社会保障部　财政部　国资委关于加强企业技能人才队伍建设意见的通知

（国办发［2012］34号　2012年6月13日）

各省、自治区、直辖市人民政府，国务院各部委、各直属机构：

人力资源社会保障部、财政部、国资委《关于加强企业技能人才队伍建设的意见》已经国务院同意，现转发给你们，请认真贯彻执行。

关于加强企业技能人才队伍建设的意见

人力资源社会保障部　财政部　国资委

企业技能人才是我国人才队伍的重要组成部分，是推动经济社会发展的重要力量。加强企业技能人才队伍建设，是增强企业核心竞争力、推动产业转型升级和提升企业创新能力的内在要求，是加快经济发展方式转变、促进产业结构调整的有效手段，是深入实施人才强国战略和科教兴国战略、建设人力资源强国的重要内容。为贯彻落实《国家中长期人才发展规划纲要（2010—2020年）》等要求，全面提升企业技能人才队伍的整体素质，现就加强企业技能人才队伍建设提出如下意见。

一、指导思想和主要任务

（一）指导思想。深入贯彻落实科学发展观，全面实施人才强企战略，以服务产业转型升级为主线，以增强企业核心竞争力为目的，坚持服务企业、尊重劳动、提升技能、终身培训的原则，建立健全企业技能人才队伍建设工作机制和政策措施，形成有利于技能人才成长和发挥作用的制度环境和社会氛围，为促进企业发展提供强有力的技能人才支持。

（二）主要任务。当前和今后一个时期，企业技能人才队伍建设的主要任务是：充分发挥企业主体作用，健全企业职工培训制度，完善企业技能人才培养、评价和激励的政策措施，建设技能精湛、素质优良、结构合理的企业技能人才队伍，在企业中初步形成初级、中级、高级技能劳动者队伍梯次发展和比例结构基本合理的格局，使技能人才规模、结构、素质更好地满足产业结构优化升级和企业发展需求。

二、健全企业职工培训制度

（三）创新企业职工培训方式。根据企业技能岗位要求和职工提升技能水平的需要，统筹利用各类教育培训资源，以企业职工培训机构、职业院校为载体，进一步深化企校合作，大力开展岗前培训、在岗技能提升培训和高技能人才培训，探索建立企业新型学徒制度，通过学校教育培养、企业岗位培训、个人自学提高等方式，不断提高企业职工的职业素养、技能水平和创新能力。“十二五”期间，力争使企业所有技能岗位职工都得到至少一次职业培训，为企业发展提供强有力的技能人才支撑。

（四）大力开展岗前培训。企业应结合岗位技能的要求，根据先培训后上岗的原则，对新录用和转岗的职工，通过自主培训或委托培训等方式，开展以基本技能、安全知识、操作规程、规章制度及从业素质为主要内容的岗前培训。鼓励企业加强与以培养后备技术工人为目标的职业院校合作，开展订单式培训和定岗培训，增强培训的针对性和有效性。各地应贯彻落实《国务院关于加强职业培训促进就业的意见》（国发［2010］36号）的要求，完善职业培训补贴直补企业的政策措施，对符合条件的，按规定给予企业相应的培训费补贴。

（五）加强在岗技能提升培训。企业应结合技术进步和产业升级对职工技能水平的要求，通过在岗培训、脱产培训、业务研修、岗位练兵等多种方式，对技能岗位职工开展技能提升培训，加快提升职工的技能水平。各地应探索实行企业在职职工就读职业院校的弹性学制、学分制政策，对于完成规定培训课程和学时的，经考核合格，可以获得职业院校毕业证书。要把岗位练兵作为提升职工技能水平的重要手段，在全国广泛开展企业职工岗位练兵活动，大力营造学技能、比贡献的良好氛围。职工在岗位练兵活动中的表现，可作为晋升职业资格和参评全国技术能手等相关荣誉称号的重要依据。

（六）推动企业高技能人才培训。企业应通过建立高技能人才培养企校合作制度、技师研修制度等方式，大力培养高技能人才。鼓励企业高技能人才参加科研机构的科技攻关和企业技术改造，支持企业建设技能大师工作室，开展关键工艺攻关、技能研习和创新以及技能传承等活动，各级财政部门应给予资金扶持。鼓励各地结合区域经济发展、产业振兴和新兴战略性产业发展的需要，依托大型骨干企业（集团）建设示范性高技能人才培训基地，加强高技能人才培养。对参加技师、高级技师培训并获得相应技能人员职业资格证书的企业在岗职工，按规定给予一定的培训费补贴，补贴资金由地方政府和企业共同负担，政府负担的补贴资金从就业专项资金中列支，中央财政通过就业专项转移支付资金，对地方给予适当补助。

（七）探索建立企业新型学徒制度。选择有条件的企业开展新型学徒试点，采取“企校双制、工学一体”的模式，通过企校合作培养与企业以师带徒相结合的方式，对拟录用或新录用的员工开展学徒培训。企业应与职业院校或职业培训机构签订合作协议，明确学徒培训的形式、内容、期限、双方责任等具体内容，确保学徒在企业工作的同时，有一定时间到学校参加系统的专业知识和技能学习。企业应选派优秀的技能人才担任师傅，与学徒签订培训协议，明确培养目标、培训内容与期限、考核办法、学徒工资和师徒津贴等内容。企业可根据实际情况确定学徒期限，学徒期应不少于1年。各地应制定支持企业建立新型学徒制度的政策措施，对符合企业岗前培训补贴条件的，按规定享受企业岗前培训费补贴政策。企业新型学徒制度试点办法将由人力资源社会保障部会同有关部门另行制定。

三、创新企业技能人才评价机制

（八）完善技能人才多元评价方式。积极推进企业技能人才评价试点，健全以职业能力为导向、以工作业绩为重点、注重职业道德和职业知识水平的企业技能人才评价体系。在国家职业标准的统一框架基础上，企业可根据其生产技术、工艺装备和产品类型等不同要求，采取考核鉴定、考评结合、业绩评审等灵活多样的方式，重点评价企业职工执行操作规程、解决生产问题、完成工作任务的能力，并按有关规定晋升相应职业资格。对于在企业生产一线掌握高超技能、业绩突出的职工，可破格或越级参加技师、高级技师考评。

（九）畅通企业技能人才职业生涯发展通道。逐步建立培训考核与使用相结合、业绩贡献与待遇相联系的企业用人制度。鼓励企业畅通技能人才职业生涯发展通道，拓宽企业职工成才发展空间。制定高技能人才与工程技术人才职业发展贯通办法，选择部分工程技术类专业开展试点，具体办法由人力资源社会保障部会同有关部门另行制定。鼓励企业建立完善技术带头人制度，在关键岗位、核心技术领域探索设立“首席技师”，享受高层次人才的相关待遇。

四、健全企业技能人才激励机制

（十）推动企业开展技能竞赛活动。推动企业广泛开展形式多样的群众性技术比武、技能竞赛活动，激励企业职工学技术、练技能、钻业务。进一步规范全国性职业技能竞赛活动，对企业开展的符合职业技能竞赛组织实施要求的技能竞赛活动，可纳入政府组织的职业技能竞赛计划。对在职业技能竞赛中取得优异成绩的选手，按照规定给予奖励，对符合条件的竞赛获奖者晋升职业资格。做好世界技能大赛组织参赛工作，大力选拔企业优秀青年技能人才参赛，为青年技能人才脱颖而出创造条件。鼓励有条件的企业组织优秀技能人才与国际知名企业开展技术技能交流活动。

（十一）完善企业技能人才激励政策。企业对聘用的高技能人才可实行协议工资、项目工资、年薪制等收入分配方式，引导工资分配向技能人才倾斜。具备条件的企业，应积极探索为包括生产、服务一线的高技能人才在内的各类人才建立企业年金制度和补充医疗保险。鼓励企业建立高技能人才技能职务津贴和特殊岗位津贴制度。企业在与职业院校毕业生协商确定初次就业待遇水平时，对取得高级工以上技能人员职业资格证书的可按不低于大专毕业生待遇水平确定。要重视提高技能人才的社会地位，为技能人才参与企业和社会管理创造条件。要切实落实高技能人才享受政府特殊津贴的政策。各大中城市可根据当地紧缺急需技能人才情况，研究制定高技能人才落户政策，具体办法由各地人民政府制定。

（十二）开展企业技能人才表彰奖励工作。按照国家有关规定，探索建立以政府奖励为导向、企业奖励为主体、社会奖励为补充的高技能人才奖励制度，对企业杰出技能人才给予崇高荣誉并实行重奖。鼓励企业根据市场需求和经营情况，建立并完善对技能人才的奖励办法，对优秀高技能人才实行特殊奖励政策。对于职工个人所取得的、有一定价值的工艺创新和科技发明等，按照国家有关规定给予表彰奖励，对于技能人才的绝技绝活、特殊操作方法，可以其姓名进行命名，支持通过申请专利、采取保密措施等方式获得知识产权保护，激发广大企业职工提升技能、钻研业务的主动性和创造力。

五、切实做好组织实施工作

（十三）加强组织领导。各地区、各有关部门要进一步提高对加强企业技能人才队伍建设重要性的认识，加强组织领导，健全工作机制，完善政策措施。要进一步增强责任感和紧迫感，把企业技能人才培养作为促进产业升级和地区经济发展的一项重要内容，将企业技能人才工作纳入本地区、本部门人才工作规划统一进行部署。各级国有企业主管部门要加强对国有企业技能人才工作的组织领导，充分发挥国有企业特别是中央企业在高技能人才培养中的典型示范作用。企业要建立职工培训档案，记录职工参加职业培训情况，要将技能人才队伍建设情况作为企业经营管理者业绩考核内容，定期向职工代表大会报告。

（十四）发挥行业主管部门和行业组织作用。行业主管部门和行业组织要做好本行业技能人才需求预测，指导本行业企业完善职工培训制度，落实技能人才队伍建设相关政策措施。鼓励相关行业协会通过开展智力援助和提供专家咨询、技术指导、人才培训、劳务输出、对口帮扶等形式的服务，加强不同地域、不同所有制、不同规模企业和行业间的技能交流、信息互通，促进资源薄弱地区、行业、企业职工的技能水平提升。

（十五）落实经费政策。企业要按照财政部等部门《关于印发〈关于企业职工教育经费提取与使用管理的意见〉的通知》（财建［2006］317号）要求，足额提取并合理使用企业职工教育经费，职工教育经费的60%以上应用于一线职工的教育和培训，重点投向职工岗前培训、在岗技能提升培训、高技能人才培训和职业技能鉴定等。对自身没有能力开展职工培训以及尚未开展高技能人才培训的企业，县级以上地方人民政府可依法对其职工教育经费实行统筹，统筹部分纳入本地区就业专项资金，由人力资源社会保障部门会同有关部门，利用当地公共职业培训实训基地或委托指定培训机构，统一组织培训服务。

（十六）加强基础工作。各地区、各有关部门要加强对企业技能人才队伍现状、职工培训进展情况以及企业培训资源等方面的统计、调查。建立企业岗位技能培训的实时监测、统计和报告制度。密切跟踪企业新技术新职业发展需求，促进国家职业标准与企业岗位要求更加紧密结合。加快做好职业标准的补充、修订和完善工作，加快开发符合企业职工培训和技能人才培养需要的教材及教学辅导材料。

（十七）加大宣传力度。要创新宣传方式，充分运用各类新闻媒体，采取群众喜闻乐见的形式，通过集中宣传与日常宣传相结合的方式，深入持久地开展宣传活动。要强化典型示范，突出导向作用，大力宣传各地加强企业职工培训和技能人才队伍建设的政策措施，大力宣传企业职工培训的特色做法和先进工作经验，大力宣传技能人才典型，在全社会树立尊重劳动、崇尚技能、鼓励创造的社会风尚。

三、部门规章和政策文件

（一）高技能人才队伍建设

中华技能大奖和全国技术能手评选表彰管理办法

（中华人民共和国劳动和社会保障部令第7号　2000年8月29日）

第一条　为表彰和宣传各行各业优秀技术工人，促进广大劳动者提高技术技能，规范中华技能大奖（以下简称大奖）和全国技术能手（以下简称能手）评选表彰活动，根据《中华人民共和国劳动法》和国家有关规定，制定本办法。

第二条　大奖和能手评选表彰是国家对全国优秀技术技能人才的奖励制度。劳动和社会保障部设全国技能人才评选表彰办公室，负责大奖和能手评选表彰活动的具体组织管理工作。

大奖和能手评选的职业（工种）范围为国家职业标准中设有高级（国家职业资格三级）以上等级的职业（工种）。

全国范围的评选表彰活动每两年开展一次，每次评选表彰人数由劳动和社会保障部确定。

第三条　凡中华人民共和国公民，具有良好的职业道德和敬业精神，已获得省（行业）级技术能手称号，且具有高级以上职业资格或同等资格，技术技能水平在国内本职业（工种）中有较大影响，并具备下列条件之一的可参加能手的评选：

（一）在本职业（工种）中具备较高技艺，并在培养徒弟，传授技术技能方面作出突出贡献的；

（二）在开展技术革新、技术改造活动中作出重要贡献，取得重大经济效益和社会效益的；

（三）在本企业、同行业中具有领先的技术技能水平，并在某一生产工作领域总结出先进的操作技术方法，取得重大经济效益和社会效益的；

（四）在开发、应用先进科学技术成果转化成现实生产力方面有突出贡献，并取得重大经济效益和社会效益的。

第四条 凡中华人民共和国公民，已获得能手称号，在本职业（工种）中的技术技能水平在国际国内有重要影响，并具备下列条件之一的可参加大奖的评选：

（一）在技术创新、攻克技术难关等方面作出突出贡献，并总结出独特的操作技术方法，产生重大经济效益和社会效益的；

（二）在本职业（工种）中，具备某种绝招绝技，并在带徒传艺方面作出突出贡献，在国际国内产生重要影响的；

（三）在推广应用先进技术等方面作出突出贡献的。

第五条 能手候选人由用人单位申报，省级人民政府劳动保障行政部门和国务院行业主管部门劳动保障工作机构按照分配名额推荐；大奖候选人由省级人民政府劳动保障行政部门和国务院行业主管部门劳动保障工作机构按照当年规定的推荐数额推荐。推荐能手和大奖候选人应提供申报表、事迹材料和经省级人民政府劳动保障行政部门或国务院行业主管部门劳动保障工作机构认定的证明材料。

省级人民政府劳动保障行政部门和国务院行业主管部门劳动保障工作机构推荐大奖和能手候选人时，少数民族和妇女应占一定比例。

第六条 大奖和能手评选实行国家和省（行业）两级评审制。劳动和社会保障部设立全国专家评审委员会，省级人民政府劳动保障行政部门和国务院行业主管部门劳动保障工作机构设立本省（行业）专家评审委员会。评审委员会由有关工程技术人员、专业管理人员等组成，其中，工程技术人员所占比例为三分之二。

第七条 省专家评审委员会负责本地区技术能手的评审工作，本地区向国家推荐大奖和能手候选人的初评审工作。

行业专家评审委员会负责本行业技术能手的评审工作，本行业向国家推荐大奖和能手候选人的初评审及省推荐的同行业大奖候选人的复审工作。

第八条 全国专家评审委员会负责对省（行业）初评审推荐的大奖和能手候选人终评审工作。

大奖和能手候选人由全国专家评审委员会委员评议表决，劳动和社会保障部批准。

第九条 大奖和能手获得者可获得如下表彰和奖励：

（一）由劳动和社会保障部授予大奖获得者和能手荣誉称号，进行表彰并颁发证书、奖章和奖金；

（二）能手称号获得者原具有高级（国家职业资格三级）职业资格，且本职业（工种）设有技师以上资格的，由省级人民政府劳动保障行政部门按照管理权限认定技师资格；大奖获得者原具有技师资格，且本职业（工种）设有高级技师资格的，由省级人民政府劳动保障行政部门按照管理权限认定高级技师资格。

第十条 评选表彰活动所需经费由各级劳动保障行政部门商由同级财政部门予以支持。

第十一条 参加国家级和国际职业技能竞赛活动，获得相应名次者，可按照劳动和社会保障部有关规定直接授予能手称号。

第十二条 省技能人才评选表彰具体办法，由省级人民政府劳动保障行政部门依照本办法制定。

第十三条 本办法自颁布之日起施行。

劳动和社会保障部关于贯彻落实中共中央国务院关于进一步加强人才工作决定做好高技能人才培养和人才保障工作的意见

（劳社部发［2003］37号 2003年12月31日）

各省、自治区、直辖市劳动和社会保障厅（局），国务院有关部门劳动保障工作机构：

为贯彻落实《中共中央、国务院关于进一步加强人才工作的决定》（中发［2003］16号，以下简称《决定》），切实做好高技能人才队伍建设和人才保障工作，现提出如下意见：

一、深入学习领会《决定》精神，抓紧研究制定贯彻落实的工作措施。全国人才工作会议和《决定》明确提出了新世纪新阶段大力实施人才强国战略的指导思想，全面部署了建设宏大的高素质人才队伍的目标任务。各级劳动保障部门要认真学习，深刻领会，充分认识实施人才强国战略，培养高素质劳动者的极端重要性，把做好新形势下的高技能人才队伍建设和人才保障工作作为劳动保障系统落实《决定》的重要任务，精心部署安排，抓好贯彻落实。省级和地市级劳动保障部门要建立由主管领导牵头、各有关机构参加的高技能人才工作办公室，结合实际，制订实施方案，明确任务目标，落实工作责任，形成推动工作的合力。要在各级党委和政府的领导下，将高技能人才队伍建设工作纳入当地人才队伍建设的总体规划，全力组织实施。积极协调有关部门，加大对这项工作的政策支持和经费投入。将加强高技能人才培养与建设终身教育培训体系相结合，与推动职业培训的整体工作相结合，带动职工岗位培训、再就业培训、创业培训、青年就业培训和农民工培训。

二、加快高技能人才培养，实施“三年五十万”新技师培养计划。结合实施技能振兴行动，全面推进国家高技能人才培训工程。从2004年到2006年，在制造业、服务业及有关行业技能含量较高的职业中，实施50万新技师（包括技师、高级技师和其他高等级职业资格人才）培养计划，紧密结合市场需求，加快培养一批企业急需的技术技能型、复合技能型人才，以及高新技术产业发展需要的知识技能型人才，并以此推动技能人才队伍的整体建设，带动各类高、中、初级技能人员梯次发展。

各级劳动保障部门要通过加强政策支持和技术服务，调动社会各方面的积极性，共同做好高技能人才培养工作。推动企业大力开展技能提升培训和岗位培训，完善推广名师带徒措施，指导企业建立高技能人才业务进修和培训制度。依托高级技工学校、技师学院等高技能培训机构，发挥高职院校和社会各类培训基地的作用，实行校企结合，开展订单培训，并注重运用现代培训技术，提高培训水平。有条件的城市，可建立高技能人才实习训练基地，搭建强化实践技能培训的平台。

三、组织开展技能竞赛等多种形式活动，完善高技能人才选拔机制。通过技能竞赛、练兵比武和技术创新等活动，在各行业和职业领域不断发现和选拔具有高超技能的人才。各级劳动保障部门和行业部门要大力组织开展企业职工、职业院校师生和社会各方面人员参加的职业技能竞赛活动，并不断提高竞赛的技术含量和技能水平。2004—2006年，劳动保障部将会同有关部门，组织开展国家级职业技能大赛系列活动。要组织生产一线职工，广泛开展拜师学艺、岗位练兵、技能比武和技术攻关、创新创效、观摩研讨等活动。大力推广一些企业在关键岗位、工序设立首席职位的做法，培育技能领头人并发挥其作用。

四、改进技能人才评价方式，完善国家职业资格证书制度。抓紧修订完善现有国家职业标准，吸纳新知识、新技术、新工艺和新方法，对新兴职业和复合技能岗位，抓紧制定新的国家职业标准。加快建立起以职业能力为导向，以工作业绩为重点，注重职业道德和职业知识水平的技能人才评价新体系。突破比例、年龄、资历和身份界限，促进技能人才更快更好地成长。进一步改革完善社会化的职业技能鉴定工作，大力推广企业生产现场、学校教学过程与国家职业标准相结合的考核方法，不断扩大职业资格证书的覆盖范围。2004—2006年，要实现职业技能鉴定质量规模的双提高，在进一步保证质量的基础上，实现鉴定数量递增20%，其中新技师数量要有较大幅度增长，质量要有切实保证。全面推进技师考评制度改革，从2004年起，有条件的地市可在省级劳动保障部门指导下，直接组织开展技师社会化考核工作。

五、建立高技能人才开发交流机制，促进其发挥更大作用。依托大中城市的高级技工学校、技师学院，以及企业集团、公共职业介绍机构，建立高技能人才开发交流工作站，开发技能人才、技能成果信息库，为技能人才的交流提供平台，并为高新技术开发、技术成果转让，同业技术交流、绝招绝技展示以及创新创业等活动创造条件，充分发挥技师在技术攻关、传授技艺、传播技能等方面的重要作用。劳动保障部将在“中国劳动力市场网”（www.lm.gov.cn）建立高技能人才交流专栏。有条件的地方，也可开设专门网站，并建立相关的信息库，丰富高技能人才开发交流的服务内容和手段。

六、提高高技能人才的待遇水平，引导更多的技能劳动者岗位成才。总结、交流和大力推行企业中推行的“使用与培训考核相结合，待遇与业绩贡献相联系”的做法，加快建立职工凭技能职业资格得到使用提升，凭业绩贡献确定收入分配的使用待遇机制。在企业薪酬中充分考虑发挥技能作出贡献的因素，建立科学合理的高技能人才薪酬制度。大力推广高技能人才与其他相应专业技术人才在工资福利方面享受同等待遇的做法。积极争取地方政府建立津贴制度，提高高技能人才待遇水平。

七、加大对高技能人才的表彰奖励力度，提高他们的社会地位。大力表彰作出突出贡献的技能人才和有关企业、培训机构，并给予精神鼓励和物质奖励。总结技能人才成长规律和企业、培训机构培养技能人才的方式方法，及时组织推广，充分发挥先进典型的示范带头作用。2004—2006年，劳动保障部将组织第七届、第八届全国技能表彰活动，并将“中华技能大奖”和“全国技术能手”的表彰奖励规模扩大一倍，同时授予培养技能人才成绩突出的企业和培训机构“国家技能人才培育突出贡献奖”。各地区、各部门要大力组织开展相应的表彰奖励工作，扩大社会影响，提高技能人才的社会地位。

加强宣传工作，优化技能人才成长的社会环境。各地区每年要定期组织技能人才的专项宣传活动。充分利用广播、电视、报刊、网络等多种新闻媒体，大力宣传高技能人才的重要作用和突出贡献，宣传他们的成才和创业之路，宣传国家的培养和使用政策，在全社会营造崇尚技能、尊重技能人才的良好社会氛围，引导更多的劳动者走技能成才之路。

八、建立健全人才保障机制，为各类人才创造良好的社会环境。进一步完善社会保障制度，将企业各类人才全部纳入社会保障覆盖范围。指导企业做好建立企业年金等补充保险工作，并注意向生产、服务一线的高技能人才倾斜。积极探索机关事业单位社会保障制度改革。重点解决各类人才在不同地区、不同行业、不同单位之间流动的社会保障关系转移和接续问题。要采取有效措施，关心技能人才，切实帮助他们解决生产生活及其他保障福利问题。

劳动和社会保障部关于学习贯彻进一步加强高技能人才工作的意见的通知

（劳社部明电［2006］3号　2006年4月30日）

各省、自治区、直辖市劳动和社会保障厅（局）：

为学习宣传和贯彻落实《中共中央办公厅、国务院办公厅印发〈关于进一步加强高技能人才工作的意见〉的通知》（中办发［2006］15号，以下简称《意见》）精神，进一步做好高技能人才工作，现就有关事项通知如下：

一、充分认识《意见》的重大意义，认真学习领会《意见》的精神实质

高技能人才是我国人才队伍的重要组成部分，是各行各业产业大军的优秀代表，是技术工人队伍的核心骨干。《意见》是今后一个时期指导和推动高技能人才工作的纲领性文件，是在“十一五”开局之际，党中央、国务院对高技能人才工作作出的一项重大决策，意义深远。《意见》充分肯定了高技能人才在我国经济社会发展实践中的重要地

位和作用，从我国全面建设小康社会、建设创新型国家的战略需要出发，明确了当前和今后一个时期高技能人才工作的指导思想和目标任务，提出了一系列加快高技能人才队伍建设的政策措施。各级劳动保障部门要认真学习和深刻领会《意见》精神，充分认识到加强高技能人才工作，是党中央、国务院从党和国家事业发展全局出发作出的一项重大决策，是全面落实科学发展观，加快推进人才强国战略、推动经济社会发展的一项重要举措，对于增强我国核心竞争力和综合国力，巩固和发展我国工人阶级自身先进性，构建社会主义和谐社会具有重要意义。要通过学习，将全系统干部的思想统一到《意见》精神上来，统一到党中央、国务院确定的各项措施和工作要求上来，不断增强做好这项工作的紧迫感、责任感和使命感。

在全面学习的基础上，要重点围绕以下四个方面的内容，领会和把握《意见》精神：一是明确今后高技能人才工作的形势、任务、指导思想和工作重点。二是全面把握以企业行业为主体、职业院校为基础、学校教育与企业培养紧密联系、政府推动与社会支持相互结合的高技能人才培养体系，明确高技能人才培养的多种途径。重点明确建立高技能人才校企合作培养制度的意义和实施办法，以及高级技工学校和技师学院培养高技能人才的职责任务。三是建立完善高技能人才考核评价机制的意义和主要政策措施，坚持公开、公平、公正原则，正确处理好扩大规模与注重质量的关系，重点把握强化标准，健全程序。四是全面掌握岗位使用、竞赛选拔、技术交流、表彰激励、合理流动、社会保障等环节的各项政策和工作措施，并结合当地实际，细化和完善具体政策和操作办法。

二、结合本地区实际，抓紧研究制定贯彻落实《意见》的实施意见

各级劳动保障部门要将贯彻落实《意见》精神，与制订和实施“十一五”经济社会发展规划和人才队伍建设规划紧密结合，抓紧研究制定贯彻实施意见，使政策地方化和具体化。要在地方党委、政府统一领导下，发挥组织部门宏观指导、劳动保障部门统筹协调的职能，充分发挥高技能人才工作协调机制的作用，加强与有关部门合作，共同研究，推动工作。要结合本地实际，创造性地开展工作，制定符合当地实际情况的高技能人才工作的政策措施，细化操作办法，为政策措施的落实奠定基础。为做好《意见》的贯彻落实，我部将在校企合作培养高技能人才、高技能人才评价、预备技师试点、技师学院管理、师资培养和教材建设等方面制定出台指导意见。各省（自治区、直辖市）要在 2006 年 6 月底前制定本地的贯彻实施意见，并报我部。同时，要及时部署推动本地区工作，督促指导各地市制定出台相关政策。我部将对各地制定出台实施意见的进展情况进行调度和通报。

三、广泛开展宣传活动，为政策实施营造良好环境

为进一步推进高技能人才宣传工作，我部将与中宣部、中组部共同制定下发宣传提纲。今年 4—5 月，我部将会同教育部、国防科工委、国资委以及全总、共青团、妇联等部门，联合开展学习十大中国高技能人才楷模先进事迹活动。今年8—9月，我部将结合第八届中华技能大奖和全国技术能手表彰活动，组织开展高技能人才系列宣传活动。各地要按照统一部署，结合本地实际，制订详细的宣传工作方案。要把高技能人才工作的政策直接宣传到群众、企业和基层单位，宣传党和政府对高技能人才的关心和重视，宣传优秀高技能人才的先进典型，为高技能人才的成长创造良好的社会环境。

劳动和社会保障部关于进一步加强高技能人才评价工作的通知

（劳社部发［2006］22号　2006年6月22日）

各省、自治区、直辖市劳动和社会保障厅（局）、国务院有关部门劳动保障工作机构：

为贯彻落实《中共中央办公厅、国务院办公厅印发〈关于进一步加强高技能人才工作的意见〉的通知》（中办发［2006］15号，以下简称15号文件）精神，完善高技能人才评价体系，进一步做好高技能人才评价工作，现就有关事项通知如下：

一、明确新时期高技能人才评价工作的指导思想和目标任务

（一）高技能人才评价是指对具有高级技能水平以上的技能人才的考核和职业资格的评定，它既是职业技能鉴定的重要组成部分，也是高技能人才工作的重要环节。新时期高技能人才评价工作的指导思想是，以邓小平理论和“三个代表”重要思想为指导，全面贯彻落实科学发展观，以职业能力建设为核心，坚持公开、公平、公正原则，进一步完善政策，健全制度，规范程序，强化管理，形成科学的人才评价机制，为高技能人才成长和发挥作用创造条件。

（二）当前和今后一个时期，高技能人才评价工作的目标任务是，全面落实15号文件的政策措施，着力构建制度完善、评价科学、基础健全、质量可靠的高技能人才评价工作新机制和新体系，并带动整体职业技能鉴定工作实现新发展；到“十一五”期末，高技能人才占技能劳动者的比例达到25%以上，其中高级技工数量达到700万，技师和高级技师数量达到190万，并带动中、初级技能劳动者队伍梯次发展。

（三）高技能人才评价要进一步突破年龄、资历、身份和比例限制，以职业能力为导向，以工作业绩为重点，注重对劳动者职业道德和职业知识水平进行考核和评价。对符合国家职业标准规定条件的后备高技能人才，应及时提供技能鉴定服务；对在岗工作多年并具有相应技能水平和实践经验的在职职工，要普遍开展技能评价认定；对在职业技能竞赛中涌现出来的优秀技能人才，可按规定直接晋升职业资格或优先组织参加技师考评；对专业技术人员和生产管理人员等有意愿参加考核鉴定的其他各类人才，要同等

提供评价服务。

二、积极探索多元评价机制，拓宽高技能人才成长通道

（四）逐步完善社会化职业技能鉴定。在全社会大力推进 200 个左右从业人员多、技术要求高的职业（工种）的技师、高级技师评价工作，建立标准题库齐全配套、组织实施规范有序、培养评价使用相互联动的高技能人才评价工作机制。各地要结合公共实训基地建设，加快建立城市中心鉴定平台，开展技师、高级技师示范性鉴定活动，为高技能人才成长提供公共评价服务。

（五）推进企业高技能人才评价改革试点。要依据国家职业标准，确定符合企业生产实际的能力考核和业绩评定内容，结合生产服务过程对企业高技能人才进行评价。对于在企业生产一线掌握高超技能，业绩突出的劳动者，经所在单位认可，可在国家职业标准规定的资历条件基础上，破格或越级参加技师、高级技师考评。对于职业技能鉴定试点企业开展的高技能人才考核评价，要按规定派遣质量督导人员进行现场质量督导。

（六）加强对职业院校学生的职业资格认证工作。开发与后备高技能人才评价要求相适应的课程标准，进一步规范技工院校等职业院校培养目标和办学要求。依托教学质量高、基础条件好的技工院校开展预备技师试点，大力强化校企合作，建立职业院校和企业分阶段培养和考核的工作机制，探索规模化培养企业急需新技师的方法和途径。取得预备技师证明的学员在企业相应职业岗位工作满两年后，经所在单位认可，可申报参加技师考评。

（七）探索高技能人才专项职业能力考核方式。结合劳动力市场需求和产业结构调整，制定并公布一批具有较高技术含量的专项职业能力的考核规范，选择部分地区进行专项职业能力考核试点。大力发掘高技能人才掌握的绝招绝技，探索进行专项能力认证。对现代制造业、服务业中从业人员较多的职业，经我部批准，可依据国家职业标准，完善职业功能模块，分阶段进行专项职业能力考核，为高技能人才参加技能评价创造便利条件。

三、坚持公开、公平、公正的原则，保证高技能人才评价质量

（八）坚持公开、公平、公正的原则，防止高技能人才考评不正之风。要通过报纸、网络等多种方式，公开发布高技能人才评价的申报条件、考评时间及场所、组织实施流程。要公平对待申请参加评价的劳动者，严格执行国家职业标准和有关规定，严肃考场纪律，规范考评行为，杜绝弄虚作假、考场作弊和违规评判等不正之风。要保证高技能人才评价过程和评价结果的公正，认真调查了解群众举报的质量问题，秉公处理。各地、各部门要设立高技能人才评价质量监督专线举报电话，在公共职业介绍机构、职业培训机构、职业技能鉴定中心和鉴定所（站）的显著位置公布，广泛接受社会公众的监督。

（九）加强对鉴定所（站）的管理和监督检查，强化高技能人才评价工作质量管理。

各地、各部门要加强对职业技能鉴定所（站）的管理，重点对高技能人才评价工作进行监督检查。指导督促承担高技能人才评价工作的鉴定所（站）完善内部管理制度，建立质量保证责任制，规范鉴定申报、资格审查和鉴定组织实施、基础档案管理工作流程，分期分批开展职业技能鉴定机构质量管理体系认证工作。要在职业技能鉴定所（站）质量普查的基础上，培育一批管理运行规范的高技能人才评价鉴定所（站）。根据本地区、本部门实际情况，制定相应的高技能人才评价质量督导制度，并抓好落实。

（十）对高技能人才评价主要环节进行重点监控和重点治理。实行技师以上等级鉴定计划上报制度，各地、各部门要制订年度高技能人才评价计划，并报我部备案，我部将选择部分地区和行业进行抽查，对高技能人才评价结果进行评估。要设立重点监控点，强化对技师鉴定现场的督导检查。要抓住高技能人才评价容易产生质量问题的环节进行重点治理，社会化鉴定要重点整治考培不分、考场作弊、考务管理不严等问题，企业职业技能鉴定要重点规范工作程序、加强督导，避免无序操作，院校职业资格认证要重点强化依据国家职业标准进行实际操作技能考核。

四、不断加强高技能人才评价基础建设

（十一）加快编制和修订技师、高级技师国家职业标准。加快国家职业标准开发工作，设置技师、高级技师申报条件，确定理论知识和实际操作能力要求，满足高技能人才评价工作需求。规范国家职业标准制定管理工作，由我部或我部会同有关行业主管部门共同组织制定国家职业标准，并发布实施。

（十二）加强技师考评题库（卷库）开发。与国家职业标准同步，加快开发技师、高级技师考评题库或卷库，进一步扩大国家题库的职业覆盖面。各地、各部门在开展鉴定时，凡国家题库中已有的职业（工种），应从国家题库中抽取试题。建立和完善国家题库命题质量反馈系统，及时修正命题质量问题。

（十三）加强高级考评人员、质量督导人员、技术专家和管理人员四支队伍建设。加强考评人员和质量督导人员队伍专业化建设，建立定期培训、资格管理和诚信档案制度，保证评价质量。建立具备较高素质、专业覆盖面广、结构合理的职业分类和职业技能鉴定专家队伍，加强高技能人才评价基础工作开发。加强依法行政教育和专业培训，提高管理人员队伍素质。加强高技能人才评价的科学研究。

劳动和社会保障部关于推动高级技工学校、技师学院加快培养高技能人才有关问题的意见

（劳社部发［2006］31号　2006年8月14日）

各省、自治区、直辖市劳动和社会保障厅（局）：

为贯彻落实《中共中央办公厅、国务院办公厅印发〈关于进一步加强高技能人才工作的意见〉的通知》（中办发［2006］15号）精神，推动高级技工学校和技师学院（以下简称院校）加快高技能人才培养工作，现就有关事项提出如下意见：

一、制订高技能人才院校培养规划，明确培养目标

（一）制订培养规划。要按照我部新技师培养带动计划确定的目标任务，将院校培养规划纳入高技能人才工作总体部署，结合当地经济社会和企业发展实际需求以及院校培训资源现状，制定院校高技能人才培养目标，细化工作任务，落实工作责任，切实发挥院校高技能人才培训基地作用。各地劳动保障部门要加强教学督导和评估，定期对院校高技能人才培训任务完成情况进行评估，引导其不断提高培养质量。

（二）明确培养目标。院校培养目标主要为：

1. 高级技工。主要招收技工学校等中等职业学校毕业生，或具有中级职业资格的人员。学制教育期限一般为2～3年。鼓励国家重点技工学校在培养初中级技术工人的同时，积极开展高级技工培训。

2. 预备技师。主要招收已取得高级职业资格证书的职业院校毕业生，学习期限不少于2年；部分知识技能型职业，可以招收应届高中毕业生，学习期限不少于4年。

3. 技师或高级技师。招收对象主要是企业在职职工中已取得高级职业资格证书，并在生产服务一线有一定实践经验的人员。

（三）实施预备技师培养考核制度。预备技师培养考核制度是以培养企业急需新技师为目标，以校企合作为纽带，以分阶段培训和考核为特征的新型高技能人才培养制度。从2006年9月开始，各地在读和新招收各类技师专业学制学生，原则上实行预备技师培养考核制度（2005年招收的具有高级职业资格的技师专业学生，按规定经过企业综合评审和业绩考核合格后，可发放技师职业资格证书）。对直接发放技师职业资格证书的部分知识技能型的专业，须由省级劳动保障部门组织专家评审论证后，报我部审核批准。劳动保障部高技能培训联合委员会成员单位应率先开展预备技师培养考核工作。

预备技师考核由各地劳动保障部门依照技师国家职业标准要求，组织毕业生进行理

论知识考试和操作技能考核，对考试合格者，颁发预备技师证书。预备技师证书由劳动保障部统一样式和编号并提供查询服务。

预备技师证书自颁发之日起有效期为 5 年。预备技师在相应职业岗位工作满 2 年后（工作业绩突出的可适当缩短），可申报参加技师综合评审和业绩评定。合格者按规定核发技师国家职业资格（二级）证书。

二、建立高技能人才校企合作培养制度，创新高技能人才院校培养方式

（四）建立高技能人才校企合作培养协调指导委员会。各地劳动保障部门要积极争取当地党委、政府的支持，充分发挥统筹协调职能，在地（市）级以上城市成立由政府主管领导及劳动保障、国资（经贸）等有关部门负责人、企业行业和职业院校代表，以及有关方面专家组成的高技能人才校企合作培养协调指导委员会（以下简称委员会），负责对高技能人才校企合作培养工作的统筹规划和组织协调。委员会下设办公室，负责制定委员会章程、议事规则等项制度，开展日常协调工作。

委员会的职责：一是根据当地产业发展布局和企业实际需求以及培训资源现状，制订本地区高技能人才校企合作培养发展规划，制定激励政策和办法，健全完善鼓励学校与企业合作培养高技能人才的制度环境；二是选择生产设备先进、技术处于同行业领先水平的企业，以及高技能人才培养院校，作为参与高技能人才校企合作培养成员单位，明确双方权利和义务，搭建高技能人才培养院校与企业对接平台；三是结合地区经济发展和产业结构调整对高技能人才的需求，定期发布高技能人才专业、人数、标准等需求信息，引导院校和企业做好高技能人才培养工作。

（五）健全完善高技能人才校企合作培养模式。制订培养计划。院校和企业要依据国家职业标准，按照企业岗位的实际要求，通过设立咨询机构、定期召开咨询会议等形式，联合制订教学计划和教学大纲，编写培训课程和教材，确定培训考核方法。在合作模式上，可以采取共同培养、订单培养、顶岗实习等方式。

共享师资资源。企业可以利用院校师资，开展企业在职职工培训。院校可以聘请具有丰富实践经验的企业高技能人才，担任兼职专业课教师和生产实习指导教师，也可以选派教师到企业跟班生产实习，及时了解企业生产现状。经考核评审合格，企业高技能人才可以转评或转聘为相应的技工院校教师专业技术职务。

实行多元培养方式。院校和企业联合培养学制学生，可以采取全日制与非全日制、弹性学制、学分制，以及导师制、模块式、课题式等多种方式实施培养，允许学员采取工学结合、分阶段完成学业。

强化实训实习。校企合作培养高技能人才的实训实习可以分为技能实训和生产实习两个阶段。基本技能和综合技能实训主要在院校进行，鼓励企业为院校提供实训设施设备。生产实习主要在企业进行，企业要制定实习场地使用、实习指导教师配备、实习安全管理、联合课题攻关等项规定，并提供较为先进的设备设施，通过在生产岗位上的“传、帮、带”，进一步强化技能操作训练，同时注重培养学生职业道德、安全生产、劳

动纪律和团结协作的意识。

三、统筹发展技师学院，明确办学方向

（六）统筹规划技师学院发展。技师学院是高等职业教育的组成部分，是以培养技师和高级技工为主要目标的高技能人才培养基地，同时，承担各类职业教育培训机构师资培训和进修任务。各地要根据本地区产业结构调整和企业生产需要，以及高技能人才培养任务的实际需求，按照适应市场、突出特色、合理布局的方针，主要通过整合、优化和利用现有职业教育培训资源，依托高级技工学校或其他以培养高技能人才为主要目标的职业院校，建设技师学院。

（七）明确技师学院办学方向。技师学院在探索学制教育培养预备技师的同时，要调整办学方向，逐步增加企业在职职工高技能人才培养比例。要积极主动与企业建立合作关系，为企业在职职工开办高技能人才技能提高班、技师班，扩大企业在职职工高技能人才培养规模。企业高技能人才培养方式可采取脱产、半脱产或业余学习。

（八）规范技师学院设立条件。设立技师学院一般应具备以下基本条件：在校生规模达 3 000 人以上，其中，高级技工和预备技师在校生占 40%以上（或达到 1 200 人以上）；培养技师层次的常设专业一般不少于 4 个，所设专业具有两届以上高级技工培养实践；生产实习指导教师具有高级职业资格达到 50%以上，具有技师职业资格达到 20%以上；开展企业在职职工高级工、技师和高级技师提高培训每年至少 500 人次。各省级劳动保障部门负责全省技师学院的统筹规划和管理，可根据以上基本条件制定技师学院设置标准，并报省级人民政府批准后实施。要组织专家根据设置标准对现有技师学院进行评估，对达到条件的，应报请省级人民政府同意，并报我部备案（备案表另行制定下发）。对暂时达不到条件的，可给予一定时间的筹建期后，再进行申报备案。

四、制定激励政策，推动院校培养高技能人才

（九）制定和完善鼓励院校培养高技能人才的政策措施。各地要进一步加大政策支持力度，引导和鼓励技工学校等职业院校密切校企合作，做好高技能人才培养工作。要争取财政部门的支持，落实高技能人才相关工作经费。积极协调物价部门，落实职业院校可按照高技能人才实际培养成本收取培训费用的相关规定。要以高技能人才培养任务完成情况、职业资格证书取得率、毕业生就业率等为重点，制定院校培养高技能人才考评奖励办法。实行校企合作的定向培训费用可从企业职工教育经费中列支。对积极开展校企合作承担实习见习任务、培训成效显著的企业，各地要给予适当奖励，对支付实习学生报酬的企业，按国家规定给予相应税收优惠。实行校企合作的定向培训费用可从企业职工教育经费中列支。

我部将把校企合作开展情况，作为国家重点技工学校和高级技工学校评估、技师学院备案的必要条件。对校企合作培养高技能人才成绩突出的高级技工学校和技师学院，将授予“国家高技能人才培训基地”称号，优先推荐申报中央财政实训基地建设和国家

职业教育基础设施建设支持项目，优先推荐申报我部与国家开发银行联合实施的农民工培训示范基地建设工程项目。

劳动和社会保障部关于做好高技能人才相关基础工作的通知

（劳社部发［2006］33号　2006年8月28日）

各省、自治区、直辖市劳动和社会保障厅（局），国务院有关部门劳动保障工作机构：

为贯彻落实《中共中央办公厅、国务院办公厅印发〈关于进一步加强高技能人才工作的意见〉的通知》（中办发［2006］15号），切实做好高技能人才相关基础工作，现就有关事项通知如下：

一、强化师资队伍建设，实施“高技能人才师资培训项目”

（一）制订实施高技能人才师资培养规划。各地区、各行业要结合经济发展和产业调整对高技能人才培养的实际需求，制订高技能人才师资培养规划，明确目标任务、工作措施和相关要求，建立健全高技能人才师资继续教育制度和企业实践制度，通过多种方式，加快培养一批有创新能力的“一体化”教师，力争到“十一五”期末，基本形成与高技能人才培养任务相适应的高技能人才师资队伍，并以此带动整个技工教育和职业培训教师队伍的梯次发展。

“十一五”期间，我部将建设一批示范性高技能人才师资培训基地，并组织实施若干专业的示范培训项目。2006—2010年5年间拟对2 500名骨干生产实习指导教师和1 500名骨干专业理论教师开展示范性提高培训。对培训合格人员，颁发师资培训合格证书，作为教师岗位职务聘任和职称评定的重要依据。各地也要结合实际，建立一批省级高技能人才师资培训基地，做好师资培训工作。

（二）加强校企合作，多渠道选拔充实高技能人才师资队伍。各地要在强化现有高技能人才师资培训的基础上，通过多种渠道和方式发现和选拔优秀师资，充实高技能人才师资队伍。要面向行业、企业和高校选聘一批具有丰富生产实践经验和技术专长的技师、高级技师以及有关专家担任兼职教师。要组织高级技工学校、技师学院教师定期到其合作企业参加生产实践，参与企业的技术改革，及时了解和掌握企业生产发展最新动态，更新知识技能结构，提升专业技能和实践教学的能力。

（三）健全对高技能人才师资队伍的激励机制。建立高技能人才师资资源库，将高技能人才师资状况作为技工院校参加评优评先活动的重要条件。建立健全高技能人才师资培养、使用并与待遇相结合的激励机制。我部每两年评选表彰一批在职业培训和高技能人才培养方面成绩突出的优秀教师、优秀教育工作者和先进培养机构，并积极创造条件，选派优秀教师参加国内外职业培训交流和研修活动。

二、加大教材开发力度，实施“高技能人才培养教材精品建设项目”

（四）围绕经济和社会发展需求，制订高技能人才培养教材开发计划。重点抓好制造、加工、建筑、能源、环保等传统产业和电子信息、航空航天等高新技术产业以及现代服务业领域高技能人才培养教材的开发。结合高技能人才评价工作改革和国家高技能人才东部地区培训工程，开发高技能人才急需教材；结合新技术、新工艺、新设备、新材料的发展，开发多媒体课件和仿真模拟课件；积极开发高技能人才师资培养教材。力争到“十一五”期末，开发完成800种以上国家级高技能人才培养教材，基本满足高技能人才培养的需求。

（五）建立完善政府推动与社会参与相结合的高技能人才培养教材开发机制。我部统筹规划全国高技能人才培养教材的开发工作，制定教材开发规程，按年度发布教材开发目录和计划，鼓励地区、行业、企业及职业院校积极承担教材开发任务。组织专家对新开发教材进行评审，对评审合格教材，编制教材推荐目录，并向全国公布和推荐。加强教材使用管理和检查评估，规范技工院校教材的使用，提高高技能人才培养的质量和效果。

（六）加强精品教材建设。结合经济社会发展需求和高技能人才培养的特点，加强教材开发的理论研究工作，切实提高教材开发的质量，努力打造一批精品教材和特色教材，保证高技能人才培养教材的先进性、适应性和实用性。我部每两年组织一次高技能人才培养精品教材评优活动。进一步健全全国职业培训教材网，及时发布教材开发和新教材、精品教材相关信息。

三、加强教学研究，实施“促进高技能人才培养创新项目”

（七）加强高技能人才培养教学研究和课程开发。加强高技能人才成长规律研究，重点对校企合作培养模式以及导师制、学分制等培养方式进行研究，为创新高技能人才培养工作提供理论支撑。按照国家职业标准的要求，结合经济社会发展和企业实际需求，推进院校专业设置和课程改革，开发和完善高技能人才培养教学计划和教学大纲。

（八）加强教研信息交流，评选和推广优秀教研成果。各地要大力开展优秀教研成果评选和交流活动，开展教学质量督导，组织精品专业、精品课程评比，组织教师教学教改创新活动。注意总结吸收国内外优秀教学成果，积极推广应用职业活动导向教学法等先进的教学方法。我部定期组织全国优秀教研成果和职业培训软件评选表彰活动。

（九）加强教研组织和队伍建设。各地要切实加强教研组织机构建设，落实教研工作经费，完善教研工作机制，通过进修、内训、交流等方式提升教研队伍的研发能力。充分发挥全国职业培训教学工作指导委员会和各级教研组织的作用，逐步形成部、省、地（市）、技工院校四级教研组织体系，为高技能人才培养教学研究工作提供有力支持。

四、拓宽培养途径，实施“高技能人才远程培训项目”

（十）实施远程培训，建立高技能人才培训资源共享平台。加快我部远程职业培训网建设，大力开展高技能人才和高技能人才师资远程培训，搭建高技能人才培训资源共享平台。力争到“十一五”期末，在传统产业、高新技术产业和现代服务业领域提供100个高技能人才远程培训课程，开辟高技能人才培训的新途径。

（十一）建立高技能人才远程培训组织网络体系。我部负责全国高技能人才远程培训的规划制订和组织管理，制订技能人才远程培训实施方案。各地区、各行业要成立远程培训工作机构，按照合理布局、市场运作的原则，建立健全远程职业培训省（部）级管理中心和远程职业培训学习中心，按照统一的课程教学要求，开展远程教学、面授辅导和实习训练。

（十二）建设高技能人才多媒体培训资源中心。围绕高技能人才远程培训需求，按照社会参与、互利互惠、资源共享的原则，组织开发和建设国家多媒体培训资源中心。依据我部《职业技能培训多媒体课程开发标准》，组织课程的开发和评审，集合国内外优质培训资源，为企业、技工院校提供服务。有条件的地区和行业可建立多媒体资源分中心，结合实际，开发特色远程培训课程，并向国家资源中心推荐。

五、强化技能实训，实施“高技能人才实训装备标准化建设项目”

（十三）加强高技能人才实训设施设备建设。我部将逐步建立和完善主要通用职业（工种）高技能人才实训装备配置和技术标准，并对标准化设备进行评审、认证和推荐。各地要多渠道筹集资金，加强高技能人才实训设施设备建设，加快设备更新和改造，切实提高设备利用率。有条件的地区，要加快建立高技能人才公共实训基地，不断提高高技能人才实训水平。

（十四）研发、推广仿真模拟培训设备和教具。各地区、各行业要充分利用仿真模拟等现代培训技术和手段，支持和引导企业、科研院所、技工院校研发仿真模拟培训设备、相关课件以及教学与实践紧密结合的教具。鼓励高技能人才培养机构采用标准化实训设备、仿真模拟设备及相关教具开展技能教学和实训。

六、加强统筹规划，切实落实高技能人才各项基础工作

（十五）加强组织领导。各地区、各行业要高度重视高技能人才基础工作，将之纳入高技能人才工作和职业培训工作整体规划，切实加强组织领导，做好统筹规划，抓好工作落实。要针对本地区、本行业高技能人才基础工作的薄弱环节，采取有力措施，重点予以推动。

（十六）落实工作经费。各地要加强与财政部门的沟通与协调，落实好中央和地方关于高技能人才基础工作的相关政策措施，对本地高技能人才师资培训、教材开发、教研教改、远程培训和现代培训技术开发和应用、信息平台建设等工作，给予必要的经费

支持。

（十七）做好调查统计和信息发布工作。加强全国高技能人才专项调查统计工作，了解和掌握高技能人才数量、结构、素质以及使用情况、供需状况等。依托全国劳动力市场网络系统，建立完善国家、省、市三级高技能人才信息交流平台，定期发布高技能人才供求信息，开设高技能人才交流专区，建立高技能成果信息库，大力推广和应用高技能人才绝招绝技和技术创新成果。

（十八）加大宣传力度。及时总结和推广开展高技能人才师资培训、教材建设、教学研究等工作中的好经验、好做法；做好优秀教研成果、精品教材、优秀职业培训软件、标准化实训设备的宣传和推广等工作；表彰和奖励一批高技能人才工作中的优秀教师、优秀工作者和先进教研单位。营造鼓励和支持开展高技能人才基础工作的良好环境。

劳动和社会保障部办公厅关于印发高技能人才公共实训基地建设试点工作指导意见的通知

（劳社厅发［2007］1号　2007年1月5日）

各省、自治区、直辖市劳动和社会保障厅（局）：

为贯彻落实《中共中央办公厅、国务院办公厅关于进一步加强高技能人才工作的意见》（中办发［2006］15号），指导各地做好高技能人才公共实训基地建设工作，我们研究制定了《关于开展高技能人才公共实训基地建设试点工作的指导意见》，现印发给你们。请结合本地区实际情况贯彻实施。

关于开展高技能人才公共实训基地建设试点工作的指导意见

为贯彻落实《中共中央办公厅、国务院办公厅关于进一步加强高技能人才工作的意见》（中办发［2006］15号，以下简称15号文件），完善培养、评价体系，加快高技能人才队伍建设，现就开展高技能人才公共实训基地（以下简称公共实训基地）建设试点工作提出如下意见：

一、贯彻落实15号文件精神，明确公共实训基地建设的指导思想和目标任务

（一）充分认识建设公共实训基地的重要意义。在推进高技能人才和职业培训工作改革发展过程中，部分城市劳动保障部门探索建立了高技能人才公共实训基地。实践证明，建设公共实训基地，是提高职业培训和技能人才培养评价水平的有效手段，是新时期加快高技能人才队伍建设的创新举措。加快公共实训基地建设，不仅是解决当前培养、评价服务能力不足，加强高技能人才工作的必然要求，而且是转变政府职能，增强劳动保障部门公共管理和服务水平的迫切需要。

（二）新时期建设公共实训基地的指导思想是，贯彻落实15号文件要求，以科学发展观为指导，培育和发挥劳动保障部门在高技能人才工作中的公共管理和服务职能，通过搭建高层次公共实训平台，解决高技能人才培养评价服务手段不足和水平不高等问题，推动培养、评价、交流工作同步开展，带动高技能人才各项工作，加快本地区技能人才队伍建设。

（三）“十一五”期间，根据经济发展和产业结构调整的需要，立足当地支柱产业、现代服务业和高新技术产业发展，按照“统筹规划、合理布局、技术先进、资源共享”的原则，在全国有条件的地区建设50个面向社会提供实训和技能鉴定服务的公共实训基地（其中东部经济发达地区每个省至少建立2个），初步形成公共培训鉴定服务网络，使之成为劳动保障部门新的公共服务窗口，开展高技能人才培养和评价服务，为实现素质就业探索道路，为经济发展输送合格的技能人才。

分类指导、分步推进公共实训基地建设。通过东部地区率先建设，辐射中西部地区有条件的城市加快工作速度，逐步在全国中心城市建成公共实训基地，并形成互通协作的工作联盟。区域内公共实训基地建设，要进行合理规划和布局，形成公共实训基地与企业、院校高技能人才培训基地功能互补、特色发展的工作格局。

二、着眼于经济发展对高技能人才的需求，明确公共实训基地的功能定位

（四）做好立项前的调查研究。根据本地区经济发展和高技能人才需求状况，按照“市场导向、合理定位、资源共享、功能互补”的原则，对公共实训基地进行科学规划和布局。通过广泛调研论证，摸清区域社会经济发展、产业结构调整和支柱产业发展急需的技能人才类型，了解区域内职业培训资源及分布情况，做好立项论证，确定公共实训基地的服务方向和工作重点，防止无序上马，盲目建设。

（五）突出公共实训和技能鉴定的核心功能。技能实训项目以企业和培训机构无力开展的高新技能实训项目为主，重点突出“高（高端职业和技能）、新（新兴职业和技能）、长（长周期技能开发）、前（前瞻性技能开发）”。技能鉴定服务侧重高端和新兴职业，主要开展示范性鉴定和试验性鉴定。与此同时，做好新职业新技能的研发试验，组织职业技能竞赛和同业交流活动，开展师资培训，推动高技能人才宣传等项工作。

（六）切实发挥公共服务职能。公共实训基地要面向本地区各类职业院校、社会培

训机构和企业开放，突出公共性、公益性和示范性特点。重点开展单个学校和企业无法承担的职业技能培训服务，培养区域劳动力市场急需的高技能人才；原则上不开设企业或培训机构已经开展或有能力开展的实训项目。依托公共实训基地建立城市中心鉴定所，提供高效的组织管理和高水平的技能评价服务，原则上不与社会其他职业技能鉴定机构开展相同职业种类或等级的技能评价服务。

（七）免费开展公共实训鉴定服务。创造条件，结合落实国家就业再就业政策，通过承担政府培训项目等方式，规范合理地获得政府公共职业培训补贴经费的支持。暂不具备条件开展免费服务的公共实训基地，对所提供的服务，可向当地财政、物价部门申请核定收费项目和标准，适当收取培训或鉴定成本费，并实行收支两条线管理，收入上缴财政管理，支出通过预算申请。

三、创新思路，探索多种建设模式

（八）结合实际，因地制宜建设公共实训基地。可依托现有培训资源进行改建升级，组织公共实训基地建设。结合职业教育培训机构资源重组，统一规划公共实训基地建设，发挥现有资源的最大效用。选择培训场地、设施设备和师资条件基础较好的就业训练中心、技工学校或技师学院，按照公共实训基地的性质特点和功能要求，集中投入资金进行改建，提高设施设备配备水平，扩展培训鉴定功能。有条件的地区，可选择新址进行科学规划，建设全新高水平的公共实训基地。

四、积极争取政府公共财政投入，规范资金的使用管理

（九）以政府投入为主，解决公共实训基地建设资金问题。积极争取当地政府的重视，争取财政、发展改革等有关部门的支持，从高技能人才专项工作经费、城市教育费附加、企业职工教育统筹经费以及国家职业教育基础设施建设专项经费等资金中筹措公共实训基地建设资金。将公共实训基地的建设、运行和维护纳入地方财政预算管理，人员工资应争取由当地政府财政全额拨款。同时，积极探索就业再就业资金、失业保险基金在促进就业方面发挥更大的作用。

（十）加强公共实训基地与企业的合作。通过为企业提供服务，获得企业支持。由企业为公共实训基地提供资金支持，提供设施设备并保持技术更新，由实训基地在一定期限内免费为企业提供实训服务或给予企业实训教室（车间）冠名权。鼓励社会或个人依法捐赠，对公共实训基地建设提供资金、实物或其他支持。

（十一）多方争取社会融资。各地公共实训基地建设，根据有关规定经评估合格，可列入我部与国家开发银行联合组织的项目，获得相应贷款支持；还可通过多种渠道，从商业银行等金融机构融资。

（十二）有效使用公共实训基地建设资金。参照我部颁布的有关培训设备标准，根据企业生产设备实际水平，有效使用公共实训基地建设资金，配置先进、适用的实训设施设备。严格执行政府采购、招投标管理的有关规定，使用政府投入的资金。

（十三）加强资金使用监管。根据国家有关规定，建立健全公共实训基地建设资金使用管理规章制度，严格财务管理，加强资金使用过程的内部监控。建立监督检查制度，切实加强资金使用的监管，做到监管责任到人并主动接受审计部门的监督。加强廉政建设，防范资金使用中违规违纪行为。

五、高度重视，加快公共实训基地建设工作

（十四）统一规划和指导全国公共实训基地建设工作。公共实训基地原则上依托中心城市建设，可以集中建在一个地点，也可以根据本地区产业分布和培训资源分布特点进行布局。我部对部分中心城市建立的功能完善、具有良好社会影响的公共实训基地，加挂中国（地名）高技能人才公共实训中心铭牌，形成国家级公共实训基地网络体系，发挥示范带动作用。

（十五）加强公共实训基地组织管理。建立健全组织管理机构，合理配备管理人员，明确岗位职责和任务分工，加强公共实训基地规范管理。充分发挥行业技术专家和职业培训专家的作用，做好公共实训基地立项、建设和运行管理工作。依托行业协会，建立健全专家队伍，确定服务方向和重点。制定实训教学组织管理、指导教师选配、设备运行维护和职业鉴定管理流程等各项规章制度。

（十六）提高公共实训基地服务效能。建立企业、培训机构、劳动力市场和公共实训基地紧密联系机制，提高利用率，扩大服务覆盖面。根据经济发展需要和职业培训发展状况，对公共实训基地实训项目进行动态管理。注意提升技术标准和设备设施先进水平，适时增加经济发展和产业结构调整需要的新项目，及时调整已经由社会培训机构普遍开展的实训项目。

（十七）定期组织绩效评估。建立运行效果评估制度，定期组织内、外部评估，重点评估基地的利用率、服务覆盖面和其他社会效应。定期向社会公布评估结果，接受监督。

中共中央组织部　中共中央宣传部　中共中央统战部　人事部　劳动和社会保障部关于高技能人才享受国务院颁发政府特殊津贴的意见

（国人部发［2008］24号　2008年3月10日）

各省、自治区、直辖市、新疆生产建设兵团以及各副省级市党委组织部、宣传部、统战部、政府人事厅（局）、劳动和社会保障厅（局），中央和国家机关部委、直属机构人事（干部）部门，总政治部干部部，中央管理的企业：

高技能人才是我国人才队伍的重要组成部分，培养造就一大批具有高超技艺和精湛技能的高技能人才，对于稳步提升我国产业工人队伍的整体素质，增强我国核心竞争力和自主创新能力，加快建设创新型国家具有重要意义。为贯彻落实《关于进一步加强高技能人才工作的意见》（中办发［2006］15号），进一步加强高技能人才队伍建设，营造有利于高技能人才成长、发挥作用的良好环境，经国务院批准，自2008年起，将高技能人才纳入享受国务院颁发的政府特殊津贴人员选拔范围。现制定如下意见：

一、高技能人才选拔数量

享受国务院颁发的政府特殊津贴高技能人才，每次选拔不超过400人。

二、高技能人才选拔条件

（一）热爱祖国，遵纪守法，有良好的职业道德和敬业精神，模范履行岗位职责，为社会主义现代化建设事业努力工作。

（二）具有国家一级职业资格（高级技师）或相应高级职业技能水平，长期工作在生产服务岗位第一线，并具备下列条件之一：

1. 获得过中华技能大奖、高技能人才楷模、全国技术能手等荣誉或省（行业）技能人才表彰，业绩突出，影响广泛。

2. 在技术上有重大发明创造，或有重大技术革新，产生显著的经济效益和社会效益。

3. 在本企业、同行业中具有领先的技术技能水平，并在某一生产工作领域总结出先进的操作技术方法，取得重大经济效益和社会效益。

4. 在促进科技成果转化、推广应用等方面作出突出贡献，并取得重大经济效益和社会效益。

5. 在本职业（工种）中具有某种绝招绝技，在国际国内产生重要影响，并在带徒传技方面成效显著。

6. 实践经验丰富，并能解决生产过程中的重点或关键性技术难题，业绩突出。

三、高技能人才选拔办法

（一）享受政府特殊津贴高技能人才的推荐、选拔工作，按照《中共中央办公厅、国务院办公厅转发〈中央组织部、中央宣传部、中央统战部、人事部、财政部关于改革和完善政府特殊津贴制度的意见〉的通知》（中办发［2004］20号）的规定，与享受政府特殊津贴专家的推荐、选拔工作统一组织，同时开展。

（二）人事部会同劳动保障部，根据高技能人才队伍建设的总体状况，向各省、自治区、直辖市及副省级城市，中央、国家机关有关部门，中央直属企事业单位下达享受政府特殊津贴高技能人才人选控制指标数。

（三）各省、自治区、直辖市及副省级城市人事厅（局）会同劳动保障厅（局），中央、国家机关有关部门人事（干部）部门，中央直属企事业单位人事（劳动）部门负责组织实施本地区、部门、单位享受政府特殊津贴高技能人才的选拔工作。基层单位按照隶属关系逐级向上级推荐人选。非公有制单位选拔工作由所属地区统一组织。

（四）高技能人才的推荐人选必须经过专家评议。专家评议由各省、自治区、直辖市及副省级城市人事厅（局）会同劳动保障厅（局），中央、国家机关有关部门人事（干部）部门，中央直属企事业单位人事（劳动）部门负责组织。没有进行专家评议或专家评议没有通过的，不得作为推荐人选。

（五）各省、自治区、直辖市及副省级城市人事厅（局）会同劳动保障厅（局），中央、国家机关有关部门人事（干部）部门，中央直属企事业单位人事（劳动）部门，根据选拔条件和控制指标数，对高技能人才的推荐人选进行初审后，与享受政府特殊津贴专家人选一同，按照文件规定的程序审核、审定、公示后，统一上报人事部。

（六）人事部、劳动保障部会同中组部、中宣部、统战部集中审核人选，并将拟定的名单报国务院审批。

军队系统高技能人才的选拔工作，由军委总政治部结合部队实际情况组织实施。选拔的人选由人事部转报国务院审批。

四、选拔周期、津贴标准和发放办法

高技能人才享受国务院颁发的政府特殊津贴的选拔周期、津贴标准、经费来源和发放办法，与享受政府特殊津贴专家相同。

人力资源和社会保障部关于深入贯彻落实全国人才工作会议精神和《国家中长期人才发展规划纲要（2010—2020年）》的通知

（人社部发［2010］40号 2010年6月4日）

各省、自治区、直辖市人力资源社会保障厅（局），新疆生产建设兵团人事局、劳动保障局，各副省级市人力资源社会保障（人事、劳动保障）局，国务院各部委、各直属机构人事部门，部属各单位，外专局、公务员局：

5月25日—26日，党中央、国务院召开了全国人才工作会议，对更好实施人才强国战略、加快建设人才强国作出了全面部署。会前，党中央、国务院颁发了《国家中长期人才发展规划纲要（2010—2020年）》（中发［2010］6号，以下简称《人才规划纲要》）。为更好地学习贯彻全国人才工作会议精神、实施《人才规划纲要》，现就有关事项通知如下：

一、充分认识学习贯彻全国人才工作会议精神和《人才规划纲要》的重大意义

全国人才工作会议是党中央、国务院在我国改革发展关键阶段召开的一次具有深远意义的重要会议。胡锦涛总书记、温家宝总理、习近平副主席等中央领导同志，着眼于我国科学发展、长远发展大局，深刻阐述了加快建设人才强国的重要性和紧迫性，提出了一系列人才工作的重要思想，对加快建设人才强国进行了全面部署，充分说明我们党对人才工作重要性的认识达到了新的高度，对人才工作在党和国家工作全局中的战略性地位有了新的定位，标志着我国人才工作开启了新的发展篇章。《人才规划纲要》是我国第一个中长期人才发展规划，明确了新时期我国人才工作的指导方针、战略目标和总体部署，提出了加强人才队伍建设、创新体制机制、完善重大人才政策、实施重大人才工程的主要任务，是当前和今后一个时期全国人才工作的行动纲领。《人才规划纲要》的颁布实施是贯彻落实科学发展观、更好实施人才强国战略的重大举措，是在激烈的国际竞争中赢得主动的战略选择，对于加快我国经济发展方式转变、实现全面建设小康社会奋斗目标具有重大意义。

学习贯彻全国人才工作会议精神和《人才规划纲要》是人力资源社会保障部门当前和今后一个时期人才工作的中心任务。5月27日，中央组织部、人力资源社会保障部专门召开了贯彻落实《人才规划纲要》座谈会，李源潮同志对学习贯彻全国人才工作会议精神、实施《人才规划纲要》作了具体部署，强调要“思想落实、任务落实、政策落实、项目落实”。尹蔚民部长要求各级人力资源社会保障部门不断增强做好人才工作的责任感、使命感和紧迫感，“明确任务、明确责任、明确时限、明确要求”，认真落实好各项任务。各级人力资源社会保障部门要深入学习胡锦涛总书记、温家宝总理、习近平副主席和李源潮同志的重要讲话精神，深入学习《人才规划纲要》，充分认识贯彻落实全国人才工作会议精神、实施《人才规划纲要》的重大意义，统一思想，提高认识，自觉把思想和行动统一到中央对人才工作的重大决策和战略部署上来，推动人才工作不断取得新进展。

二、切实抓好全国人才工作会议精神和《人才规划纲要》的组织学习

各级人力资源社会保障部门要按照“四个落实”和“四个明确”的要求，把组织学习全国人才工作会议精神和《人才规划纲要》作为当前的重大任务，紧密结合人力资源社会保障工作实际，切实抓紧抓好。

（一）突出学习重点。要组织干部职工认真学习，全面掌握全国人才工作会议和《人才规划纲要》的精神实质和核心内容。重点组织学习中央领导同志的重要讲话，深刻理解全国人才工作会议和《人才规划纲要》提出的新思想、新理念、新目标、新要

求，深刻理解人才资源是经济社会发展第一资源的重要思想，深刻理解加快建设人才强国的重大意义，深刻理解人才发展的指导方针、战略目标、重点任务和重要举措，全面把握人力资源社会保障部门在贯彻落实人才工作会议和实施《人才规划纲要》中承担的重要职责和任务。

（二）丰富学习形式。要将学习全国人才工作会议精神和《人才规划纲要》纳入人力资源社会保障系统培训、学习计划，通过举办专题培训班、召开主题报告会、邀请专家辅导、开展专题研讨、进行理论征文等各种形式，形成多层次、多形式的学习格局。各级人力资源社会保障部门特别是人才工作部门要发挥表率作用，带头学习、深入学习，主要领导干部要认真抓学习、促学习，采取各种有效措施，在人力资源社会保障系统迅速掀起全国人才工作会议精神和《人才规划纲要》的学习热潮，营造良好的学习氛围。

（三）增强学习效果。要结合学习，认真分析查找人力资源社会保障部门人才工作中存在的问题和薄弱环节，明确今后改进工作的思路和方向；要结合学习，认真梳理人力资源社会保障部门承担的重要任务，明确今后一个时期工作的重点和要求；要结合学习，努力提高人力资源社会保障部门干部队伍的思想认识和能力素质，要学深学精学透，切实做到真学真懂真用，将中央领导同志和《人才规划纲要》提出的目标和要求，自觉转化为推动人才工作的科学理念、工作思路和实际行动。

三、认真贯彻落实全国人才工作会议精神和《人才规划纲要》，着力推进人才工作创新发展

按照《中央人才工作协调小组实施〈国家中长期人才发展规划纲要（2010—2020年）〉任务分工方案》（中组发［2010］10号）要求，在91项任务中，人力资源社会保障部牵头实施32项，参与实施35项。各级人力资源社会保障部门，要充分认识人力资源社会保障系统在贯彻落实全国人才工作会议精神和《人才规划纲要》中肩负的重要职责，按照中央的部署和要求，推动人才工作不断创新发展。

（一）着力加强以高层次人才、高技能人才为重点的人才队伍建设。队伍建设是人才发展的重要基础。《人才规划纲要》从突出培养造就创新型科技人才、大力开发经济社会发展重点领域急需紧缺专门人才、统筹推进各类人才队伍建设三个方面对人才队伍建设作出了部署，任务分解为33项，人力资源社会保障部门牵头实施10项，参与实施13项。各级人力资源社会保障部门要按照《人才规划纲要》的部署和要求，重点抓好专业技术人才和高技能人才队伍建设。

要切实加强专业技术人才队伍建设。以提高专业水平和创新能力为核心，以高层次人才和紧缺人才为重点，大力培养宏大的高素质专业技术人才队伍。进一步实施并完善新世纪百千万人才工程，完善政府特殊津贴制度，改革完善博士后制度。要突出创新型科技人才培养，加大各重点领域紧缺人才和现代服务业人才培养。大力实施海外高层次人才引进计划、留学人员回国创业启动支持计划和海外赤子为国服务行动计划，创新引才机制，健全政策体系，完善服务体系，建立统一的海外高层次人才信息库和人才需求信息发布平台，加强留学人员创业园建设，努力掀起留学人员回国工作、创业和为国服务的热潮。积极构建分层分类的继续教育体系，突出创新精神和创新能力培养，大规模开展重点领域专门人才知识更新，大幅度提升专业技术人才队伍的整体素质。推进国家专家服务基地建设，实施万名专家下基层服务行动。改进专业技术人才收入分配等激励办法。加强基层专业技术人才队伍建设，改善基层专业技术人才工作、生活条件，拓展职业发展空间。注重发挥离退休专业技术人才的作用。

要进一步加大技能人才队伍建设力度。以提升职业素质和职业技能为核心，以技师和高级技师为重点，建设一支门类齐全、技艺精湛的高技能人才队伍。完善以企业为主体、职业院校为基础，学校教育与企业培养紧密联系、政府推动与社会支持相结合的高技能人才培养培训体系。加强职业培训，整合利用现有各类职业教育培训资源，建设一批示范性国家级高技能人才培养基地和公共实训基地。大力推行校企合作，加强职业教育培训“双师型”师资队伍建设，推行学历证书和职业资格证书“双证书”制度。制定高技能人才与工程技术人才职业发展贯通办法。建立高技能人才绝技绝活代际传承机制。完善国家高技能人才评选表彰制度。广泛开展各种形式的职业技能竞赛和岗位练兵活动。

要坚持高端引领，整体开发的指导方针，在突出重点的同时，统筹推进各类人才队伍建设。要加强产业、行业人才发展统筹规划和分类指导，围绕重点领域发展，开展人才需求预测，定期发布急需紧缺人才目录。要创新人才培养模式，加强领军人才、核心技术研发人才培养和创新团队建设，加强复合型人才培养，加大急需研发人才和紧缺技术、管理人才的培养力度。加强农村实用人才队伍建设，开展城乡人才对口扶持，做好“三支一扶”等高校毕业生服务基层项目。建立健全农村实用人才评价制度，加大对农村实用人才的表彰激励和宣传力度。进一步推进公务员队伍建设，大力提高公务员队伍能力素质，加强公务员作风建设。

（二）着力推进人才工作体制机制创新。体制机制创新是人才发展的关键。《人才规划纲要》贯彻以用为本的思想，提出了创新人才体制机制的一系列举措，在涉及人才管理体制改革和创新人才机制的 31 项工作任务中，人力资源社会保障部门牵头落实 18 项，参与实施 7 项。各级人力资源社会保障部门要紧紧围绕《人才规划纲要》提出的目标任务，着力推进人才工作体制机制创新。

要健全科学的职业分类体系，建立各类人才的能力素质标准；在企事业单位建立符合科技人员和管理人员不同特点的职业发展路径，促进科技人员潜心研究和创新。要加快职称制度和职业资格制度改革，完善重在业内和社会认可的专业技术人才评价机制，规范专业技术人才职业准入，完善专业技术人才职业水平评价办法和专业技术职务任职评价办法，积极稳妥推进中小学教师职称制度改革和工程师职称制度改革试点。要探索技能人才多元评价机制，逐步完善社会化职业技能鉴定、企业技能人才评价、院校职业资格认证和专项职业能力考核办法。要建立在重大科研、工程项目实施和急难险重工作中发现、识别人才的机制，健全举才荐才的社会化机制。要统筹协调党政机关和国有企事业单位收入分配，稳步推进工资制度改革，健全国有企业人才激励机制，重点向创新创业人才倾斜；建立完善事业单位岗位绩效工资制度，完善重点领域科研骨干人才分配激励办法，探索高层次人才、高技能人才协议工资制和项目工资制等多种分配形式；建立产权激励制度，制定知识、技术、管理、技能等生产要素按贡献参与分配的制度，研究制定人才补充保险办法。要分类推进事业单位人事制度改革，全面推行事业单位公开招聘、竞聘上岗和合同管理制度，建立以岗位绩效为基础的考核评价制度。要推进政府所属人才服务机构管理体制改革，实现政事分开、管办分离，大力发展专业性、行业性人才市场，健全人才市场服务体系，积极培育专业化的人才服务机构，充分发挥市场机制在人力资源配置中的基础性作用。要建立国家荣誉表彰制度，表彰在经济社会发展中作出杰出贡献的人才。

（三）着力完善重大人才政策。完善人才管理是提高人才工作水平的迫切要求。《人才规划纲要》针对当前人才发展急需解决的突出问题，提出了10项重大人才政策，其中人力资源社会保障部门牵头实施2项。各级人力资源社会保障部门要围绕《人才规划纲要》的政策目标，逐项分析，认真研究，加快建立健全政府宏观管理、市场有效配置、单位自主用人、人才自主择业的人才管理体制，推动政府人才管理职能向创造良好发展环境、提供优质公共服务转变。

要进一步加强人才法制建设，坚持依法规范、促进和保障人才发展，推进人才开发促进法和终身学习、工资管理、事业单位人事管理、专业技术人才继续教育、职业技能培训和鉴定、职业资格管理、人力资源市场管理、外国专家来华工作等方面法律法规的研究制定。要规范行政行为，推动人才管理部门进一步简政放权。要克服人才管理中存在的“行政化”、“官本位”倾向，会同有关部门，研究建立与现代科研院所制度、现代大学制度和公共医疗卫生制度相适应的人才管理制度。要进一步消除人才流动中的城乡、区域、部门、行业、身份和所有制限制，完善社会保险关系转移接续办法；制定双向挂职、短期工作、项目合作等灵活多样的人才柔性流动政策，引导党政机关、科研院所和高等学校专业技术人才向企业、社会组织和基层一线有序流动。要会同有关部门，实施人才创业扶持政策，加强人才创业技能培训和创业服务指导，提高创业成功率。要实施更加开放的人才政策，推进专业技术人才职业资格国际、地区间互认，发展国际人才市场，制定维护国家重要人才安全的政策措施，积极支持和推荐优秀人才到国际组织任职。要完善政府人才公共服务体系，建立全国一体化的服务网络，健全人事代理、社会保险代理、企业用工登记、劳动人事争议调解仲裁、人事档案管理、就业服务等公共服务平台，建立社会化的人才档案公共管理服务系统。要不断创新政府人才公共服务方式，健全政府购买公共服务制度；加强对人才公共服务产品的标准化管理，大力开发公共服务产品，满足人才多样化需要。

（四）着力实施重大人才工程。实施重大人才工程是做好人才工作、打造人才竞争优势的重要抓手。《人才规划纲要》提出了12项重大人才工程，其中人力资源社会保障部门牵头实施 2 项，配合实施 6 项。各级人力资源社会保障部门要大力抓好这些重大人才工程的实施工作。

实施专业技术人才知识更新工程。围绕我国经济结构调整、高新技术产业发展和自主创新的提高，在装备制造业、信息、生物技术等 12 个经济社会发展重点领域，开展大规模的知识更新继续教育，每年培训 100 万名高层次、急需紧缺和骨干专业技术人才。依托高等学校、科研院所和大型企业现有施教机构，建设一批国家级继续教育基地。要抓紧研究制定专业技术人才知识更新工程实施方案。

实施国家高技能人才振兴计划。适应走新型工业化道路、加快产业结构优化升级的需要，从完善培养、评价、使用、激励等环节的政策入手，以高技能人才培养示范基地建设项目、公共实训基地建设项目、技能大师工作室建设项目为重点，率先在一些重点领域取得突破，培养造就一大批具有精湛技艺的高技能人才。

同时，配合有关部门实施好海外高层次人才引进计划、创新人才推进计划、高素质人才培养工程、现代农业人才支撑计划、边远贫困地区边疆民族地区和革命老区人才支持计划、高校毕业生基层培养计划。

四、坚持党管人才原则，努力开创人才工作新局面

人力资源社会保障部门是政府人才工作综合管理部门，在贯彻落实全国人才工作会议精神和《人才规划纲要》中承担着重要任务。胡锦涛总书记指出，政府人力资源和社会保障部门要在人力资源开发、就业、收入分配制度改革、人力资源市场建设、社会保障等方面发挥职能作用，为人才发展提供指导和服务。习近平同志强调，人力资源和社会保障部门是政府人才工作综合管理部门，要在构建人才服务体系，推动人才队伍建设等方面积极发挥职能作用。各级人力资源社会保障部门要在党管人才的工作格局下，充分发挥自身职能作用，积极推动人才工作科学发展，努力开创人才工作新局面。

（一）坚持党管人才原则，加强人才工作的统筹规划和战略研究。坚持党管人才原则是贯彻落实全国人才工作会议精神和《人才规划纲要》的根本保证。各级人力资源社会保障部门要坚持党管人才原则，围绕中心，服务大局，积极争取党委政府的重视、支持和领导，将人才工作纳入党和政府工作全局，统筹考虑。要切实加强与组织部门的密切配合，在制定重要政策、作出重大部署、开展重要工作和实施重大工程时，主动加强与组织部门的沟通协调，积极争取他们的指导和支持。要加强配套规划制定实施工作，制定实施好《国家中长期专业技术人才队伍发展规划》和《国家中长期高技能人才队伍建设发展规划》，积极配合组织部门做好本地区本部门人才发展规划的制定实施工作。

（二）切实加强对政府人才工作的组织领导。要在组织部门的指导下，充分发挥政府人才工作综合管理部门职能作用，切实加强对政府人才工作的组织领导。要按照“四个落实”和“四个明确”的要求，抓紧制定本地区本部门贯彻落实《人才规划纲要》的实施意见和工作方案，对承担的任务进行细化分解，把各项任务落实到具体部门和责任人。对人力资源社会保障部门牵头的工作任务，要切实履行好牵头责任，抓好具体分工

和组织协调。对由其他部门负责的工作，要积极配合，密切协作。要充分调动各方面的积极性，把政府人才工作各有关部门的力量凝聚起来，为贯彻落实全国人才工作会议精神和《人才规划纲要》，提供坚强的组织保障。

（三）加强对《人才规划纲要》实施工作的督促检查。要建立健全抓落实的长效机制，切实加强对《人才规划纲要》贯彻实施工作的督促检查，做到有计划、有部署、有督促、有检查。要深入实际，及时了解贯彻落实工作的进展情况、重点项目方案制定及实施情况，及时掌握、指导解决《人才规划纲要》实施过程中遇到的新情况、新问题，通过加强指导和督促检查，切实推动全国人才工作会议和《人才规划纲要》各项任务按时保质完成。

（四）深入宣传全国人才工作会议精神和《人才规划纲要》。要结合实际，切实加强对全国人才工作会议精神和《人才规划纲要》的宣传，做到宣传工作与贯彻落实工作一起策划、一起部署、一起实施，举办首届中国人才发展论坛，通过新闻发布、专家解读、跟踪报道等多种形式，大力宣传贯彻落实全国人才工作会议精神和实施《人才规划纲要》的重大意义，积极宣传《人才规划纲要》的指导方针、目标任务、重大举措，宣传各级人力资源社会保障部门学习贯彻全国人才工作会议精神和《人才规划纲要》的典型经验、做法和成效，充分发挥人力资源社会保障系统宣传阵地的重要作用，为贯彻落实全国人才工作会议精神和《人才规划纲要》营造良好的舆论氛围。

2010年是贯彻落实全国人才工作会议精神和《人才规划纲要》的开局之年。各级人力资源社会保障部门要站在党和国家工作大局的高度，站在更好实施人才强国战略的高度，站在人力资源社会保障工作全局的高度，精心组织，周密部署，切实抓好会议精神和《人才规划纲要》的贯彻落实，不断开创政府人才工作新局面。

人力资源和社会保障部办公厅　教育部办公厅关于2010年全国职业院校技能大赛获奖选手职业资格证书颁发问题的通知

（人社厅发［2010］85号　2010年9月14日）

各省、自治区、直辖市人力资源社会保障厅（局）、教育厅（教委），国务院有关部门（行业组织）人事劳动保障机构，新疆生产建设兵团劳动保障局、教育局：

为充分展示职业教育改革发展的成果，集中展现职业院校师生的风采，努力营造全社会关心和支持职业教育的良好氛围，推动职业教育更好地服务我国经济建设和社会发展，2010年6月24日至27日，教育部、天津市人民政府、人力资源社会保障部等部门在天津市联合举办了2010年全国职业院校技能大赛。经人力资源社会保障部、教育部研究，现就2010年全国职业院校技能大赛获奖选手颁发职业资格证书有关事宜通知如下：

一、颁发职业资格证书的竞赛项目。根据《关于印发2010年全国职业技能竞赛系列活动工作安排的通知》（人社部函［2010］114号）精神，结合2010年全国职业院校技能大赛实际情况，列入职业资格证书颁发范围的竞赛项目是：电子产品装配与调试（无线电调试工）、制冷与空调设备组装与调试（制冷工）、中餐热菜（中式烹调师）、中餐面点（中式面点师）、车工、装配钳工、工程测量（工程测量员）、农机具修理（农机修理工）、艺术插花（插花员）、汽车维修与故障排除（汽车修理工）。

二、颁发职业资格证书的原则和选手范围。获得2010年全国职业院校技能大赛上述各竞赛项目一等奖的选手，需参加并通过相应理论知识考试，方可取得相应职业高级工职业资格证书。获得二等奖、三等奖的应届毕业生选手，可直接取得相应职业中级工职业资格证书；尚未毕业的在校生选手，需参加并通过相应理论知识考试，方可取得相应职业中级工职业资格证书。上述需参加理论知识考试的选手，其参赛实际得分可作为技能操作考核成绩，对两项成绩均达到60分以上者，由各地、各有关部门颁发相应职业高级工或中级工职业资格证书。

三、颁发职业资格证书的程序和办法。各地、各有关部门要高度重视，加强领导，按照通知精神和要求，精心做好2010年全国职业院校技能大赛获奖选手职业资格证书颁发工作。制冷与空调设备组装与调试（制冷工）、中餐热菜（中式烹调师）、中餐面点（中式面点师）、车工、装配钳工、艺术插花（插花员）、汽车维修与故障排除（汽车修理工）等7个通用职业的理论知识考试、发证程序和办法，由各省级教育行政部门与人力资源社会保障部门具体协商确定。电子产品装配与调试（无线电调试工）、农机具修理（农机修理工）、工程测量（工程测量员）等3个特有职业的理论知识考试、发证程序和办法，由教育部分别与工业信息化部、农业部、国家测绘局具体协商确定。

附件：2010年全国职业院校技能大赛获奖选手名单（略）

人力资源和社会保障部关于表扬第41届世界技能大赛获奖选手和为参赛工作做出贡献的单位及个人的通知

（人社部函［2011］350号　2011年12月15日）

各省、自治区、直辖市人力资源社会保障厅（局），新疆生产建设兵团劳动保障局，国务院有关部门（行业组织、集团公司）人事劳动保障工作机构：

2011年10月4日至9日，第41届世界技能大赛在英国伦敦举行。我国首次派代表团参加了数控车、数控铣、CAD机械设计、美发、网站设计和焊接项目的比赛，并取得1枚银牌、5个优胜奖和参赛选手总平均分在51个参赛代表团中排名第二的良好成绩。根据国家职业技能竞赛规定，经研究，现对第41届世界技能大赛获奖选手和为参赛工作做出贡献的单位及个人表扬如下：

一、授予第41届世界技能大赛焊接项目银牌获得者裴先峰同志“全国技术能手”称号，颁发奖章、奖牌、荣誉证书和奖金人民币7万元（免税），并由所在集团公司晋升其技师职业资格。

二、对第41届世界技能大赛优胜奖获得者盛国栋、王泽民、魏骏杨、祝青山、李骞等5名同志，颁发奖金人民币3万元（免税），并由所在地省级人力资源社会保障部门晋升其技师职业资格。

三、对在第41届世界技能大赛参赛工作中做出贡献的江苏盐城技师学院、广州市工贸技师学院、广州市标榜发型美容职业培训学校、上海信息技术学校和中国冶金科工股份有限公司等5个集训基地，宋放之等30名技术指导专家、袁万宏等6名技术翻译，予以通报表扬。

四、对在第41届世界技能大赛参赛工作中做出贡献的上海市人力资源和社会保障局等8个单位，予以通报表扬。

五、对在第41届世界技能大赛参赛工作中做出贡献的周维泉等26名集训教练，予以通报表扬。

六、对入围第41届世界技能大赛集训的滕超等24名选手，予以通报表扬。

希望受表扬的单位和个人珍惜荣誉、戒骄戒躁、再接再厉、锐意进取，充分发挥示范带头作用。广大企业职工和院校学生要向受表扬的获奖选手学习，勤学苦练，努力提高技能水平，争做国家经济建设需要的高技能人才。企业和院校要进一步深化校企合作，加快技能人才培养。各地、各部门要认真总结经验，切实加强职业培训工作，广泛组织开展职业技能竞赛活动，培养更多更好的高技能人才，为把我国建设成为人才强国做出新的更大贡献。

附件：第41届世界技能大赛获奖选手和为参赛工作做出贡献的单位及个人名单（略）

人力资源和社会保障部关于推荐第十一届中华技能大奖全国技术能手候选人和国家技能人才培育突出贡献奖候选单位和候选个人的通知

（人社部函［2011］362号　2011年12月26日）

各省、自治区、直辖市人力资源社会保障厅（局），新疆生产建设兵团人事局、劳动保障局，国务院有关部门，有关中央企业：

根据《中华技能大奖和全国技术能手评选表彰管理办法》的有关规定，我部决定于2012年组织开展第十一届中华技能大奖、全国技术能手和国家技能人才培育突出贡献奖评选表彰活动。现就有关事项通知如下：

一、本届表彰活动将在全国范围内表彰30名中华技能大奖获得者，300名全国技术能手，100家国家技能人才培育突出贡献奖单位和80名国家技能人才培育突出贡献奖个人。

二、中华技能大奖候选人原则上从历届全国技术能手中推荐。具备以下条件之一者，也可推荐：（1）获得国家科技进步奖或全国劳动模范、五一劳动奖章等奖项，并坚持在企业生产一线工作的高技能人才；（2）在生产实践和工作岗位上贡献特别突出或实现重要发明创造的高技能人才；（3）在国际、国内重大职业技能竞赛活动中取得优异成绩的高技能人才。

全国技术能手候选人仍然从已取得省（行业）技术能手称号的人员中推荐产生。其中，各省（区、市）的人选应从本地省属（及以下）各类所有制企业中推荐，原则上不能推荐中央企业的人员。

国家技能人才培育突出贡献奖获奖单位和个人，从基层企业和技能人才培养院校中推荐产生，主要包括国家级高技能人才培养示范基地、技工院校等职业院校、企业技能人才评价试点企业等。其中，获奖个人应从企业生产一线员工、技能人才培养院校教师、各类培训机构和基层企业从事技能人才培养工作者中推荐。

三、各地区、各部门可推荐1至2名中华技能大奖候选人。全国技术能手候选人在我部分配名额基础上，可再报1～2人作为后备人选。国家技能人才培育突出贡献奖候选单位可推荐1～2个。国家技能人才培育突出贡献奖候选个人原则上每单位可推荐1人。各地区、各部门要严格把关，对推荐的中华技能大奖、全国技术能手候选人和国家技能人才培育突出贡献奖候选单位、候选个人排出优先顺序，并填写推荐表。申报中华技能大奖候选人和国家技能人才培育突出贡献奖候选单位时，须同时上报相关音像资料（具体要求另行下发）。已获奖的个人或单位不再参与推荐申报。各地区、各部门在推荐申报过程中要加强沟通协调避免重复推荐。

四、对各地区、各部门推荐的人选，我部将组织专家评议，网上公示后予以确定。

五、请各地区、各部门按本通知要求，尽快组织落实相关工作，并将负责此项工作的联系人及联系方式于 2012 年 1 月 31 日前报我部全国技能人才评选表彰办公室。中华技能大奖、全国技术能手候选人和国家技能人才培育突出贡献奖候选单位、候选个人的相关材料请于 2012 年 4 月 30 日前函报我部全国技能人才评选表彰办公室，逾期申报无效。在组织开展评选工作中，如有问题，请及时与我部联系，并可通过我部网站（www.mohrss.gov.cn）和中国就业网站（www.lm.gov.cn）查询相关信息。

附件：

1. 全国技术能手名额分配表（略）
2. 中华技能大奖和全国技术能手候选人推荐表（略）
3. 国家技能人才培育突出贡献奖候选单位推荐表（略）
4. 国家技能人才培育突出贡献奖候选个人推荐表（略）

人力资源和社会保障部关于印发 2012 年全国职业技能大赛暨第 42 届世界技能大赛选拔赛计划安排的通知

（人社部函［2012］83 号 2012 年 3 月 12 日）

各省、自治区、直辖市人力资源社会保障厅（局），新疆生产建设兵团人力资源社会保障局，国务院有关部门（行业组织、集团公司）人事劳动保障工作机构：

为贯彻落实《国家中长期人才发展规划纲要（2010—2020 年）》和《国务院关于加强职业培训促进就业的意见》（国发［2010］36 号），完善职业技能竞赛制度，逐步形成国内职业技能竞赛与世界技能大赛相互促进、协调发展的工作格局，充分发挥职业技能竞赛在高技能人才培养、选拔和激励等方面的作用，推动我国高技能人才队伍建设，我部决定组织开展 2012 年全国职业技能大赛暨第 42 届世界技能大赛选拔赛活动。现将计划安排印发你们，并就做好有关工作通知如下：

一、指导思想

2012 年全国职业技能竞赛活动以“对接世界技能大赛，提升国内竞赛质量”为主题，着眼于我国职业技能竞赛工作发展，进一步完善现行职业技能竞赛制度，提升竞赛技术标准，调整竞赛工作规则，逐步形成国内技能竞赛与世界技能大赛相互促进、协调发展的工作格局，充分发挥职业技能竞赛在培养和选拔优秀技能人才中的引领示范作用，营造学习技能人才、尊重技能人才、争当技能人才的良好社会氛围。

二、活动内容

（一）组织开展国家级一类、二类竞赛暨第 42 届世界技能大赛选拔赛 7 项，国家级一类竞赛（非世界技能大赛选拔项目）3 项。

（二）依托行业部门、中央企业组织开展国家级二类竞赛（非世界技能大赛选拔项目）25 项。

（三）各地区可结合本地区高技能人才培养工作实际，组织开展省级职业技能竞赛活动。

三、表彰奖励

（一）国家级一类竞赛。

对各职业（工种）决赛获前 5 名的选手，经我部核准后，授予“全国技术能手”荣誉称号，并直接晋升技师职业资格。已具有技师职业资格的，可晋升高级技师职业资格。

对各职业（工种）决赛获第 6～20 名的选手，可直接晋升高级工职业资格。已具有高级工职业资格的，可晋升技师职业资格。

（二）国家级二类竞赛。

对各职业（工种）决赛获前 3 名的选手，经我部核准后，授予“全国技术能手”荣誉称号，并直接晋升技师职业资格。已具有技师职业资格的，可晋升高级技师职业资格。

对各职业（工种）决赛获第 4～15 名的选手，可直接晋升高级工职业资格。已具有高级工职业资格的，可晋升技师职业资格。

（三）地方、行业部门竞赛。

各地区、各行业部门可结合实际情况，对获奖选手和单位给予相应奖励。

（四）第 42 届世界技能大赛选拔赛。

按照我部世界技能大赛参赛管理有关办法，世界技能大赛选拔赛各项目前 5～10 名（根据项目特点确定）的选手将进入集训，并获得荣誉证书，但不享受国家级竞赛的奖励政策。

四、工作要求

（一）统筹安排竞赛活动。各地区要按照本通知要求，认真组织本地区竞赛活动，并做好与全国竞赛活动的合理衔接，确保今年全国职业技能大赛暨第 42 届世界技能大赛选拔赛各项赛事有序进行。各行业部门、中央企业在广泛开展各类竞赛活动的同时，要适度调控安排竞赛数量和职业（工种）。各地区、各行业部门和中央企业要坚持勤俭节约原则，务求工作实效。同时，要积极参与和支持全国竞赛活动，合理安排竞赛进度，确保竞赛活动按时完成。

（二）做好国内外竞赛合理衔接。各地区、各行业部门和中央企业在中国就业培训技术指导中心的技术指导下组织开展竞赛活动，既要按照国家职业技能竞赛有关规定做好各项实施工作，又要结合竞赛职业（工种）的发展需求，积极探索引进世界技能大赛的相关技术要求、检测手段、安全规则和竞赛现场管理等，引导和带动国内技能竞赛创新发展，使国内技能竞赛与世界技能大赛相互促进、协调发展。考虑到第 42 届世界技能大赛选手集训工作和今年全国高技能人才表彰工作等需要，国家级一类、二类竞赛活动应在今年 9 月底前完成。承担第 42 届世界技能大赛选拔赛的地方和单位，应按照竞赛项目要求，抓紧做好技术工作和组织实施，并在 6 月底前结束选拔赛，遴选出入围集训选手。

（三）精心组织世界技能大赛选拔活动。第 42 届世界技能大赛选拔赛是为我国参加第 42 届世界技能大赛选拔集训选手的重要赛事，时间紧、任务重，各地区、各行业部门和中央企业要从全局出发，高度重视，采取灵活多样的方式组织初选，确保选拔出合格人选参加决赛。各决赛承办地区、行业部门和中央企业要切实负起责任，密切配合技术指导部门和专家小组，制定决赛实施计划，科学安排场地和设备，精心设计竞赛规则，公平公正、保质保量开展选拔，确保集训工作如期开展。

（四）注重国内竞赛活动质量。各地区、各行业部门和中央企业要按照我部今年竞赛活动计划安排和《国家职业技能竞赛组织实施指南》要求，认真制定竞赛组织实施方案，精心部署安排竞赛活动。要健全竞赛质量监督保证制度，严格按照国家职业技能标准高级工（国家职业资格三级）以上技能要求组织竞赛命题，提高竞赛技术工作质量。要组织建立裁判员队伍，加强对竞赛全过程的动态管理，确保竞赛活动的公平、公正和公开。同时，要适时组织技术点评等技术交流活动，总结竞赛获奖选手成长成才规律，分析竞赛作品的技术难点和创新要点，帮助参赛选手提高职业能力和创新能力。

（五）加大竞赛宣传工作。各地区、各行业部门和中央企业要进一步加大开展职业技能竞赛活动的宣传力度，充分利用广播、电视、报刊、网络等新闻媒体，开展形式多样、富有特色的宣传活动，大力宣传党和国家重视技能人才、加强高技能人才工作的政策措施，宣传职业技能竞赛在高技能人才培养、选拔和激励等方面的作用，宣传我国加入世界技能组织和参加世界技能大赛的重要意义，引导广大劳动者立足本职工作，钻研新技术、掌握新技能、争创新业绩，带动更多劳动者走技能成才之路。

附件：2012 年全国职业技能大赛暨第 42 届世界技能大赛选拔赛计划表（略）

人力资源和社会保障部关于举办第四届全国技工院校技能大赛暨第42届世界技能大赛选拔赛的通知

（人社部函［2012］162号 2012年6月1日）

各省、自治区、直辖市及新疆生产建设兵团人力资源社会保障厅（局），国务院有关部门（行业组织、集团公司）人事劳动保障工作机构：

为贯彻落实《国家中长期人才发展规划纲要（2010—2020年）》，促进技工院校提高教育教学质量，加快培养高技能人才后备力量，引导广大师生努力钻研技术，走技能成才之路，并为参加世界技能大赛选拔优秀选手，根据《关于印发2012年全国职业技能大赛暨第42届世界技能大赛选拔赛计划安排的通知》（人社部函［2012］83号），我部决定举办第四届全国技工院校技能大赛暨第42届世界技能大赛选拔赛（以下简称"大赛"）。现将有关事项通知如下：

一、大赛项目（职业）

大赛设世界技能大赛选拔赛项目和非世界技能大赛竞赛职业。

（一）世界技能大赛选拔赛项目（11个）

机电一体化、信息网络布线、移动机器人、车身修理、汽车喷漆、网站设计、电气装置、空调和制冷、模具制造、汽车技术、美发。

（二）非世界技能大赛竞赛职业（3个）

车工、无线电调试工、数控机床装调维修工。

二、参赛对象和大赛分组

（一）世界技能大赛选拔赛

凡1991年1月1日以后出生（机电一体化、信息网络布线项目为1988年1月1日以后出生），思想品德优秀、身心健康，具备相应职业扎实基本功和技能水平，且有较强的学习领悟能力和良好的身体素质、心理素质及应变能力的人员，均可报名参加各地区（行业部门、集团公司）组织的选手初选（赛）。选手报名等工作按照各赛区制定的实施方案要求执行。

（二）非世界技能大赛竞赛

具有技工院校学籍的全日制技工院校在校生及应届毕业生，均可报名参加相应组别和职业的大赛。

车工设高级组（技工院校全日制高级工班在校生及应届毕业生）和中级组（技工院校全日制中级工班在校生及应届毕业生）；无线电调试工、数控机床装调维修工设高级组（技工院校全日制高级工班在校生及应届毕业生）。

三、大赛标准

（一）世界技能大赛选拔赛

世界技能大赛选拔赛项目无理论知识考试，只进行实际操作考试，并以往届世界技能大赛要求的关键内容为基础，结合各项目具体情况，由第 42 届世界技能大赛选拔赛技术工作组组织专家命制试题。

（二）非世界技能大赛竞赛

车工高级组和中级组分别以《车工国家职业技能标准》高级工（国家职业资格三级）和中级工（国家职业资格四级）以上要求为基础；无线电调试工、数控机床调配维修工高级组分别以《无线电调试工国家职业技能标准》《数控机床调配维修工国家职业技能标准》高级工（国家职业资格三级）以上要求为基础。同时，各职业的竞赛将结合技工院校教学计划大纲和学生不同组别特点统一组织命题。

大赛分理论知识考试和实际操作考试两部分，分别占总成绩的 30%和 70%，各职业的竞赛技术文件另行下发。

四、大赛组织机构

大赛由人力资源社会保障部主办，天津市人力资源社会保障局、上海市人力资源社会保障局、江苏省人力资源社会保障厅、广东省人力资源社会保障厅和重庆市人力资源社会保障局承办，并设天津、上海、江苏、广东和重庆 5 个赛区。其中，江苏赛区同时承办世界技能大赛选拔赛活动和非世界技能大赛竞赛活动，由江苏盐城技师学院具体协办。

大赛成立全国组委会，全面负责组织管理工作。组委会下设秘书处，秘书处设在中国就业培训技术指导中心，负责竞赛的日常协调管理及技术指导工作。各赛区成立赛区组委会，具体负责所承办项目的组织管理工作。

其他省级人力资源社会保障厅（局）成立本地区大赛组织机构，负责组织落实本地区竞赛事宜，并在大赛举办全过程中，接受全国组委会的领导。

五、大赛实施

（一）世界技能大赛选拔赛

世界技能大赛选拔赛分为选手初选（赛）和选拔赛两个阶段。

1. 选手初选（赛）阶段。各省（区、市）、各行业部门（集团公司）可通过推荐、考试、竞赛等灵活多样方式，自行组织推荐（选拔）出优秀选手参加选拔赛。

经我部确认的第 42 届世界技能大赛选拔赛决赛技术工作牵头人可代表技术工作组，独立向选拔赛推荐相应项目的参赛选手。

2. 选拔赛阶段。各赛区按照我部统一要求，组织经初选（赛）产生的选手参加选拔赛。

（二）非世界技能大赛竞赛

非世界技能大赛竞赛分为省级竞赛、全国决赛两个阶段。

1. 省级竞赛阶段。2012 年 8 月 15 日前，在全国组委会统一指导下，以各省、自治区、直辖市为单位组织省级竞赛，选拔优秀选手参加全国决赛。

2. 全国决赛阶段。2012 年第四季度将举办全国决赛。全国决赛时间和获奖选手表彰等具体事宜另行通知。

六、表彰奖励

（一）世界技能大赛选拔赛

世界技能大赛选拔赛获各项目前 5 名或前 10 名（根据项目特点确定）的选手将进入集训，并获得荣誉证书，但不享受国家级竞赛的奖励政策。

（二）非世界技能大赛竞赛

1. 对全国决赛中获车工、无线电调试工和数控机床装调维修工高级组前 5 名的选手，经核准后，由其所在地区省级人力资源社会保障部门晋升相应的技师职业资格；对全国决赛中获车工中级组前 5 名的选手，由其所在地区省级人力资源社会保障部门晋升相应的高级工职业资格。同时，大赛全国组委会颁发奖杯和荣誉证书。

2. 对全国决赛中获车工、无线电调试工和数控机床装调维修工高级组第 6～15 名的选手，经核准后，由其所在地区省级人力资源社会保障部门晋升相应的高级工职业资格；对全国决赛中获车工中级组第 6～15 名的选手，由其所在地区省级人力资源社会保障部门晋升相应的中级工职业资格。同时，由大赛全国组委会颁发奖牌和荣誉证书。

3. 对全国决赛中获各竞赛职业前 10 名的选手，由大赛全国组委会颁发“雏鹰奖”，并颁发奖牌和荣誉证书。

4. 全国决赛各组别分别设立一等奖（占本组别参赛选手的 10%）、二等奖（占本组别参赛选手的 20%）和三等奖（占本组别参赛选手的 30%），由大赛全国组委会颁发奖牌和荣誉证书。

5. 对参加全国决赛的其他选手，由大赛全国组委会授予“优秀奖”，并颁发荣誉证书。

6. 对全国决赛中获得团体总分前 10 名的参赛省（区、市），由大赛全国组委会授予“优秀组织奖”，并颁发奖牌和荣誉证书。对其他参加全国决赛的省（区、市），由大赛全国组委会授予“组织奖”。

7. 对全国决赛中获得总平均分前 10 名的参赛院校，由大赛全国组委会授予“优秀教学组织奖”，并颁发奖牌和荣誉证书。

各省级人力资源社会保障部门可参照本通知奖励政策制定本赛区的奖励办法。

希望各地区、有关行业部门（集团公司）提高认识，加强领导，精心筹划竞赛活动，并积极争取地方财政的大力支持。要广泛发动组织技工院校和广大学生、职工积极参与大赛，将大赛与强化技能实习教学、提高教育教学质量有机结合起来，并以此为契机，推动技工院校各项工作的开展，确保大赛活动成功举行。

附件：第四届全国技工院校技能大赛暨第42届世界技能大赛选拔赛全国组委会名单（略）

人力资源和社会保障部　教育部　科学技术部　工业和信息化部　中华全国总工会　中国机械工业联合会关于举办第五届全国数控技能大赛暨第42届世界技能大赛选拔赛的通知

（人社部函［2012］283号　2012年8月28日）

各省、自治区、直辖市及新疆生产建设兵团人力资源社会保障厅（局）、教育厅（教委）、科技厅（委）、工业和信息化部门、总工会、机械行业主管部门：

为贯彻落实《国家中长期人才发展规划纲要（2010—2020年）》，加快数控高技能人才培养，引导企业职工和各类职业院校师生努力学习知识、刻苦钻研技术，走技能成才之路，并为参加世界技能大赛选拔参赛选手，根据《关于印发2012年全国职业技能大赛暨第42届世界技能大赛选拔赛计划安排的通知》（人社部函［2012］83号），人力资源社会保障部、教育部、科技部、工业和信息化部、中华全国总工会、中国机械工业联合会决定共同举办第五届全国数控技能大赛暨第42届世界技能大赛选拔赛（以下简称“大赛”）。现将有关事项通知如下：

一、大赛项目（职业）

大赛设世界技能大赛选拔赛项目和全国数控技能大赛竞赛职业。

（一）世界技能大赛选拔赛项目（3个）

数控车、数控铣、CAD机械设计。

（二）全国数控技能大赛竞赛职业（3个）

数控车工、数控铣工、加工中心操作工（含四轴、五轴）。

二、参赛对象和大赛分组

（一）世界技能大赛选拔赛

凡1991年1月1日以后出生，思想品德优秀、身心健康，具备相应职业扎实基本功和技能水平，且有较强的学习领悟能力和良好的身体素质、心理素质及应变能力的人员，均可报名参加本地区（行业部门、集团公司）组织的选手初选（赛）。选手报名等工作按照各赛区制定的实施方案要求执行。

（二）全国数控技能大赛

设立职工组、教师组和学生组3个竞赛组别。其中，学生组分设高等职业院校（含高职、高专）、中等职业学校（含中专、技校、职高）、高级技校（含技师学院）3个小组。凡从事相关专业或职业的从业人员、职业院校教师和在校的（含应届毕业生）高职、高专、高级技校学生以及中专、技校和职高学生，均可报名参加相应组别和职业的竞赛。

三、大赛标准

（一）世界技能大赛选拔赛

世界技能大赛选拔赛项目无理论知识考试，只进行实际操作考试。试题既包含往届世界技能大赛试题中的关键技术模块，同时也考虑各项目国内的具体情况，由第42届世界技能大赛选拔赛技术工作组组织专家命制。

（二）全国数控技能大赛

全国数控技能大赛职工组和教师组以《数控车工国家职业技能标准》《数控铣工国家职业技能标准》和《加工中心操作工国家职业技能标准》技师（国家职业资格二级）的要求为基础；学生组以《数控车工国家职业技能标准》《数控铣工国家职业技能标准》和《加工中心操作工国家职业技能标准》高级工（国家职业资格三级）的要求为基础。同时，各组别命题在上述标准基础上，适当增加世界技能大赛考试内容和相关新知识、新技术、新设备、新技能等内容，以笔试和实际操作的形式分别进行。竞赛试题由大赛组委会组织有关专家统一命制。

四、大赛组织机构

大赛由人力资源社会保障部会同教育部、科技部、工业和信息化部、中华全国总工会和中国机械工业联合会共同主办；由中国就业培训技术指导中心会同有关单位具体承办；由中国机械工业联合会负责组织实施大赛技术工作，北京市人力资源社会保障局、天津市人力资源社会保障局承办大赛决赛工作，设北京、天津2个赛区。其中，北京赛区同时承办世界技能大赛数控车、数控铣、CAD机械设计3个项目的选拔赛活动和全国数控技能大赛数控车工、数控铣工2个职业的竞赛决赛，由北京市工业技师学院、北京市工贸技师学院具体协办。天津赛区承办全国数控技能大赛加工中心操作工职业的竞赛决赛，由中国（天津）职业技能公共实训中心具体协办。

大赛成立全国组委会，全面负责组织管理工作。组委会下设技术工作委员会和秘书处。技术工作委员会负责大赛相关技术工作（具体成员名单另行下发）。秘书处设在中国就业培训技术指导中心，负责竞赛的日常组织和技术指导与管理工作。各赛区成立赛区组委会，具体负责所承办项目的组织管理工作。

其他省级人力资源社会保障厅（局）成立本地区大赛组织机构，负责组织落实本地区竞赛事宜，并在大赛举办全过程中，接受全国组委会的领导。

五、大赛实施

（一）世界技能大赛选拔赛

世界技能大赛选拔赛分为选手初选（赛）和选拔赛两个阶段。

1. 选手初选（赛）阶段。各省（区、市）、各行业部门（集团公司）可通过推荐、考试、竞赛等灵活多样方式，自行组织推荐（选拔）出优秀选手参加选拔赛。

经人力资源社会保障部确认的第42届世界技能大赛选拔赛决赛技术工作牵头人可代表技术工作组，独立向选拔赛推荐相应项目的参赛选手。

2. 选拔赛阶段。各地、各行业按照《关于举办第五届全国数控技能大赛暨第42届世界技能大赛选拔赛北京赛区选拔赛的预通知》要求，组织经初选（赛）产生的选手参加选拔赛。

（二）全国数控技能大赛

全国数控技能大赛分为省级竞赛、全国决赛两个阶段。

1. 省级竞赛阶段。2012年9月底前，在全国组委会统一指导下，以各省、自治区、直辖市为单位组织省级竞赛，选拔优秀选手参加全国决赛。

2. 全国决赛阶段。2012年第四季度将举办全国决赛。全国决赛时间等具体事宜另行通知。

六、表彰奖励

（一）世界技能大赛选拔赛

世界技能大赛选拔赛获各项目前10名（根据项目特点确定）的选手将进入集训，并获得荣誉证书。其中，数控车、数控铣项目集训队选手，将直接参加全国数控技能大赛决赛，如获优秀名次的，可享受国家级竞赛奖励政策。

（二）全国数控技能大赛

1. 职工组和教师组

（1）对数控车工、数控铣工职工组和教师组获得全国决赛前5名的选手，加工中心操作工职工组获得全国决赛四轴项目前3名的选手、五轴项目第1名参赛队（2人）的选手，加工中心操作工教师组获得全国决赛四轴项目前3名、五轴项目前2名的选手，经人力资源社会保障部核准后，授予“全国技术能手”荣誉称号，颁发奖章、奖牌和荣誉证书，并由选手所属地省级人力资源社会保障部门核准后晋升相应技师职业资格，已具有技师职业资格的晋升为高级技师职业资格。同时，由大赛组委会颁发奖杯、奖金和荣誉证书。

(2) 对数控车工、数控铣工、加工中心操作工（四轴项目）职工组获得全国决赛第1名并符合条件的选手，可按程序申报“全国五一劳动奖章”。

(3) 对数控车工、数控铣工职工组和教师组获得全国决赛第6～20名的选手，加工中心操作工职工组获得全国决赛四轴项目第4～12名的选手、五轴项目第2～4名参赛队的选手，加工中心操作工教师组获得全国决赛四轴项目第4～12名、五轴项目第3～8名的选手，由选手所属地省级人力资源社会保障部门核准后晋升相应高级工职业资格，已具有高级工职业资格的晋升为技师职业资格（最高至技师），并由大赛组委会颁发奖牌、荣誉证书和奖品。

(4) 对职工组和教师组参加全国决赛的其他选手，由大赛组委会分别授予“第五届全国数控技能大赛职工组（教师组）优秀奖”，颁发奖牌和荣誉证书。

(5) 对职工组和教师组获得全国决赛各职业总成绩前10名的选送单位，由大赛组委会授予荣誉称号，并颁发奖牌和荣誉证书。

2. 学生组（高等职业院校小组、中等职业学校小组、高级技校小组）

(1) 对学生组各小组获得数控车工、数控铣工全国决赛前5名的选手，加工中心操作工获得全国决赛四轴项目前3名、五轴项目前2名的选手，由选手所在地区省级人力资源社会保障部门核准后晋升相应职业技师职业资格，并由大赛组委会颁发奖杯、奖金和荣誉证书。

(2) 对学生组各小组获得数控车工、数控铣工全国决赛第6～20名的选手，加工中心操作工获得全国决赛四轴项目第4～12名、五轴项目第3～8名的选手，由选手所在地区省级人力资源社会保障部门核准后晋升相应职业高级工职业资格，并由大赛组委会颁发奖牌、荣誉证书和奖品。

(3) 对学生组各小组参加全国决赛各职业的其他选手，由大赛组委会分别授予“第五届全国数控技能大赛学生组（高等职业院校小组、中等职业学校小组、高级技校小组）优秀奖”并颁发奖牌和荣誉证书。

(4) 对学生组各小组获得各职业总成绩前3名的选送学校，由大赛组委会授予荣誉称号，并颁发奖牌和荣誉证书。

各省级人力资源社会保障部门可参照本通知奖励政策制定本赛区的奖励办法。

希望各地人力资源社会保障部门会同教育、科技、工业和信息化、机械行业等部门，在大赛组委会的统一部署下，认真做好大赛各项组织工作，积极争取地方财政的支持，并紧密结合当地企业生产和职业院校教学工作实际，加强协调和指导工作，确保大赛活动顺利举行，努力提高大赛活动的实效性。

附件：第五届全国数控技能大赛暨第42届世界技能大赛全国组织委员会名单（略）

人力资源和社会保障部办公厅　财政部办公厅关于开展国家级高技能人才培训基地建设项目和国家级技能大师工作室建设项目实施工作检查的通知

（人社厅函［2012］437号　2012年9月14日）

各省、自治区、直辖市及新疆生产建设兵团人力资源社会保障厅（局），财政厅（局）、财务局：

为深入了解有关省（自治区、直辖市）贯彻落实《人力资源社会保障部、财政部关于印发国家高技能人才振兴计划实施方案的通知》（人社部发［2011］109号）情况，以及国家级高技能人才培训基地建设项目和国家级技能大师工作室建设项目2011年实施情况，总结经验、完善制度、推进工作，定于2012年9—10月开展2011年国家级高技能人才培训基地建设项目和国家级技能大师工作室建设项目实施工作的检查。现将有关事项通知如下：

一、检查范围

2011年确定的20个国家级高技能人才培训基地建设项目和50个国家级技能大师工作室建设项目。

二、检查内容

（一）国家级高技能人才培训基地项目

1. 资金使用合规性和安全性。中央补助资金及地方、行业配套资金的使用情况。重点检查资金使用是否符合专款专用原则，资金使用程序是否规范，是否存在挤占挪用资金等情况。

2. 项目实施进展情况。各国家级高技能人才培训基地项目单位支持的3～5个急需、紧缺高技能人才培训专业（职业）的具体建设情况，包括：专业（职业）内容、建设进度、培训能力及培训结果等。重点检查3～5个专业（职业）的高技能人才培训模式、课程设置、教材开发、师资队伍、实训装备、校企合作能力、技能评价等情况。

3. 项目管理制度建设及执行情况。各国家级高技能人才培训基地项目单位的项目实施管理办法、项目经费管理实施细则等规章制度是否健全和完善。重点检查各项目单位是否建立了相关制度，是否严格按照制度的规定执行项目。

4. 项目产出情况。各国家级高技能人才培训基地项目单位项目阶段性目标和项目最终目标的进展情况。重点检查急需、紧缺专业（职业）的高技能人才培训的数量和质量。同时总结通过实施项目形成的高技能人才培养的规律和创新成果。

（二）国家级技能大师工作室项目

1. 资金使用合规性和安全性。中央补助资金及地方、行业配套资金的使用情况。重点检查资金使用是否符合专款专用原则，资金使用程序是否规范，是否存在挤占挪用资金等情况。同时，检查项目单位所在省（自治区、直辖市）、企业和依托单位资金支持和使用情况。

2. 项目实施进展情况。各国家级技能大师工作室工作场所及工作条件是否具备，是否能发挥大师工作室师带徒作用等情况。

3. 项目管理制度建设及执行情况。各国家级技能大师工作室制度建设是否完善，是否严格按照制度的规定执行。

4. 项目产出情况。各国家级技能大师工作室技术总结推广、技艺传承和技能人才培养的数量和质量等情况。

三、检查方式和时间

（一）检查方式：采取自查和抽查相结合的方式。一是由国家级高技能人才培训基地和国家级技能大师工作室项目所在省（自治区、直辖市）人力资源社会保障厅（局）、财政厅（局），组织项目单位开展全面自查，并形成自查报告，上报人力资源社会保障部和财政部。二是由人力资源社会保障部、财政部联合组成1～2个检查组，分赴2～4省（自治区、直辖市）进行重点抽查。抽查采取召开座谈会听取地方相关部门、企业及项目单位意见和建议，以及进行实地检查的方式进行。

（二）时间：自查定于2012年9月中旬开始至10月上旬结束。联合检查组抽查时间定于2012年10月中旬开始至10月底结束。

重点抽查的省（自治区、直辖市）、检查组人员构成及具体抽查时间另行通知。

四、工作要求

（一）高度重视，全面搞好自查工作。有关省（自治区、直辖市）要高度重视此次检查工作。人力资源社会保障部门要做好牵头组织工作，会同财政部门研究制定项目单位自查方案，通过自查认真总结项目实施的经验，发现存在的问题和不足，提出改进工作的意见和建议，最终形成项目自查报告。上述相关材料于2012年10月8日前上报人力资源社会保障部职业能力建设司、财政部社会保障司。

（二）统筹协调，做好重点抽查准备工作。被确定为重点抽查省（自治区、直辖市）的人力资源社会保障部门要统筹安排、全力配合做好有关工作，要加强与相关部门、企业和项目单位的沟通协调，做好重点抽查的联络和服务工作，确保重点抽查工作顺利开展。

有关省（自治区、直辖市）人力资源社会保障部门要指定专人做好此次检查的联络工作，并于9月24日前将联系人及联系方式报人力资源社会保障部职业能力建设司。如有任何问题，请及时沟通反映。

人力资源和社会保障部关于确定第42届世界技能大赛中国集训基地和中国技术指导专家组组长的通知

（人社部函［2012］320号　2012年10月17日）

各省、自治区、直辖市及新疆生产建设兵团人力资源社会保障厅（局），国务院有关部门（行业组织、集团公司）人事劳动保障工作机构：

为做好第42届世界技能大赛参赛各项工作，经研究决定，中国冶金科工股份有限公司等19个单位为第42届世界技能大赛中国集训基地、张友权等22名同志为第42届世界技能大赛中国技术指导专家组组长。

希望各集训基地和技术指导专家组组长认真履行职责，切实做好集训的各项工作，为确保我国选手在第42届世界技能大赛中展示精湛技能，取得优异成绩，为国争光作出应有的贡献。

附件：第42届世界技能大赛中国集训基地和中国技术指导专家组组长名单（略）

人力资源和社会保障部关于表彰第十一届中华技能大奖和全国技术能手的决定

（人社部发［2012］77号　2012年11月29日）

各省、自治区、直辖市及新疆生产建设兵团人力资源社会保障厅（局），国务院有关部门，有关中央企业：

根据《中华技能大奖和全国技术能手评选表彰管理办法》有关规定，经各省、自治区、直辖市人力资源社会保障部门和国务院有关部门、行业协会、中央大型企业推荐，并经第十一届国家技能人才评选表彰专家评审会评审，人力资源社会保障部决定：

授予王曙群等30名同志“中华技能大奖”荣誉称号，颁发中华技能大奖奖章、证书、奖杯和奖金。

授予高黎明等300名同志“全国技术能手”荣誉称号，颁发全国技术能手奖章、证书、奖牌和奖金。

同时，对为国家技能人才培育工作作出突出贡献的北京市地铁运营有限公司等100家单位和杨朝晖等80名同志给予表扬。

希望受表彰的个人以此次获得的荣誉为新起点，发挥模范带头作用，谦虚谨慎，再接再厉，不断学习新知识、掌握新技能、创造新业绩、做出新贡献。希望受表扬的单位继续加大技能人才培育工作力度，培养造就更多具备良好职业素质、掌握精湛技艺的技能人才。希望广大劳动者以中华技能大奖获得者和全国技术能手为榜样，树立劳动光荣、技能成才的观念，立足本职、爱岗敬业，为全面建成小康社会宏伟目标奉献力量。

各级人力资源社会保障部门要深入贯彻落实党的十八大会议精神，全面实施《国家中长期人才发展规划纲要（2010—2020年）》，统筹推进高技能人才队伍建设工作，进一步完善以企业为主体、职业院校为基础、学校教育与企业培养紧密联系、政府推动与社会支持相结合的高技能人才培养体系，形成有利于高技能人才成长和发挥作用的制度环境，开创人人皆可成才、人人尽展其才的生动局面，努力营造尊重劳动、崇尚技能的社会氛围，培养和造就一支规模宏大、素质优良、技能精湛的高技能人才队伍，为推动我国进入人才强国和人力资源强国行列作出更大贡献。

附件：

1. 第十一届中华技能大奖获得者名单（略）
2. 第十一届全国技术能手名单（略）
3. 为国家技能人才培育工作作出突出贡献的单位名单（略）
4. 为国家技能人才培育工作作出突出贡献的个人名单（略）

人力资源和社会保障部办公厅关于印发《第42届世界技能大赛参赛集训工作技术指导意见》的通知

（人社厅函［2012］563号　2012年12月5日）

各省、自治区、直辖市及新疆生产建设兵团人力资源社会保障厅（局），国务院有关部门（行业组织、集团公司）人事劳动保障工作机构：

为进一步做好第42届世界技能大赛参赛集训工作，我部研究制定了《第42届世界技能大赛参赛集训工作技术指导意见》，现印发给你们。

请各有关地区、行业部门（集团公司）按照要求，抓紧成立集训工作组织实施机构，制定科学的集训工作方案和切实可行的工作计划，认真组织实施集训工作。要加强对各集训基地、技术指导专家、教练员和集训选手的管理，提高集训工作管理水平，严格控制集训各关键环节，确保公平公正选拔出最优秀选手代表我国参加2013年在德国莱比锡举办的第42届世界技能大赛。工作中如遇到问题，请及时与我部职业能力建设司、中国就业培训技术指导中心联系。

第42届世界技能大赛参赛集训工作技术指导意见

为更加科学、有效地实施第42届世界技能大赛参赛集训工作，特制定本指导意见。

一、集训主要目标

按照第42届世界技能大赛技术文件要求，科学组织选手集训，提高选手技术技能水平和综合素质，培养选拔出最优秀选手参加世界技能大赛。同时，不断积累经验，在理论和实践上逐步形成一整套行之有效的培训技术方法。

二、集训组织及总体安排

人力资源和社会保障部成立第42届世界技能大赛中国组委会（以下简称组委会）对集训工作实施统一领导。各集训基地及所在地方或行业部门（集团公司）具体组织实施。各项目从集训启动经阶段性考核后，于2013年4月1日前，完成第42届世界技能大赛各项目参赛选手选拔工作。

第42届世界技能大赛中国参赛集训项目确定为22项。

三、集训基本原则

（一）国际标准原则。以历届世界技能大赛技术文件，特别是第42届世界技能大赛各项目技术要求、竞赛试题和评判标准为依据，拟定各项目的集训计划，并据此制定集训工作方案（以下统称为集训方案），高标准、严要求开展集训的相关技术工作。

（二）公平公正原则。技术指导专家、教练员等所有参与集训工作的单位及人员，要站在为国争光的高度，公平、公正对待来自不同地区、行业的集训选手。在集训中，将可利用的人力、物力资源充分用在每位选手身上；在考核阶段，严格按照考核程序，执行考核纪律，确保公平、公正选拔出最优秀的选手。

（三）灵活开放原则。根据项目、选手特点和集训工作实际，采取灵活多样的形式对选手技术技能、语言交流、生理、心理等各方面进行全方位训练。充分利用好对外交流等方式，加强国际交流合作，实现集训工作与世界技能大赛各项目技术发展的动态接轨，与比赛实际的充分结合。

（四）专家主导原则。各项目在组委会的统一领导下，以技术指导专家组为核心制定集训方案，指导、开展具体的集训工作，保证集训工作的科学性。

四、集训技术工作体系

（一）集训工作技术实施机构。各项目成立集训工作技术实施机构，具体包括技术指导专家组（简称专家组）和教练组（简称教练组）两部分。集训技术工作实施机构实行技术指导专家组长（以下简称专家组长）负责制，由专家组长、教练组长、技术指导专家、教练和技术翻译共同组成。

1. 专家组长职责。负责组建专家组；提出集训工作基本思路和集训方案框架；组织技术指导专家与教练组、集训基地等共同商议制定集训方案；与集训基地就集训技术保障等方面进行沟通、协调；参与教练组组建；组织安排专家组成员参与指导选手训练工作；督促、检查教练组工作；与组委会保持联系、及时汇报工作进展。

2. 教练组长职责。组建教练组；组织教练员按照集训工作方案对选手进行日常训练；及时向专家组长反映训练中出现的技术问题，对集训方案提出调整意见和建议；协助集训基地做好选手集训期间的各项安全保障工作。教练组长须由专家组成员担任或由专家组长兼任。

3. 技术指导专家职责。按照专家组长要求参与制定集训方案；根据集训方案的安排和专家组长分配的任务，参与指导选手训练工作；及时发现集训工作中出现的问题，与教练组沟通解决，重大问题向专家组长报告。

4. 教练员职责。根据集训方案和教练组长分工对选手进行日常训练；及时发现集训中存在的技术及后勤保障方面的问题，向教练组长反映并提出解决建议。

5. 技术翻译职责。协助专家组长进行集训的日常对外沟通、交流；翻译与集训相关的各种外文资料，在集训对外交流活动中承担翻译和联络工作。

（二）集训基地。各项目集训基地应按照世界技能大赛技术标准，准备集训所需设施、设备、原材料、消耗品和必要的劳保、工装等，保证集训工作的顺利开展；为集训选手、专家组提供交通、食宿等训练、生活方面的后勤保障；采取各项措施，以保障技术指导专家、教练员、选手等相关人员在集训期间的工作、生活安全。

（三）集训基地主管单位。各集训基地所在行业部门（集团公司）、地方主管部门是集训基地的直接管理机构，按照组委会的统一要求，承担对集训基地的日常管理工作，提供集训必须的人、财、物力支持，为集训基地运行创造良好的外部环境和客观条件。

集训基地主管单位应安排专人作为联络员，负责联系、协调基地与集训工作技术实施机构的工作关系，并承担与组委会的工作沟通、联络任务。

五、集训工作实施

（一）集训方案制定。集训工作主要包括日常训练、阶段性考核和强化集训三部分。

专家组长可据此组织拟定集训计划，确定各部分的目标、时间安排及基本内容，以表格或文字形式报组委会审核，然后细化为各部分的具体方案并据此实施。集训方案应符合以下基本要求。

1. 集训方案应根据第 42 届世界技能大赛各比赛项目公布技术文件及进度安排制定。

2. 各部分的时间安排必须以日为单位，须注明每日的训练的具体时间安排、集训负责人和每日训练的基本目标。另外，各部分内容的比例、安排要相互衔接、协调一致，不能出现矛盾并合理安排起始时间。

3. 根据集训工作的总体目标，科学设定各部分的目标和时间节点。阶段性考核的时间安排首先应在集训计划中明确体现。同时，为保证阶段性考核的公平、公正性，细化后的阶段性考核方案在实施前还须报组委会审定。

4. 技术专家组长是集训方案组织制定与实施的第一责任人。

（二）集训工作实施。集训工作实施以集训方案为依据。同时，根据集训工作实际需要，可对集训方案适当调整。

1. 日常训练。教练组根据集训方案，组织选手进行日常训练。日常训练包括技能训练、综合素质训练和职业安全卫生培训。

——技能训练要对选手进行严格的基本功训练，在此基础上进行综合技能的训练；综合素质训练要对选手进行职业操守、职业规范、心理和身体素质、语言沟通交流、掌握并运用比赛规则能力等方面的训练；职业安全卫生培训要按照世界大赛的相关要求，培养选手养成遵守职业安全卫生规范的习惯。

——在选手日常训练过程中，教练员要结合集训工作方案的总体要求，针对每位选手特点，进行有针对性的训练。在集训中要注意及时纠正选手的操作错误，特别是违反操作规范和安全要求的行为。

——各项目教练组长可根据本项目实际情况，安排教练员撰写训练日志，内容包括日训练基本情况、存在问题、每位选手日训练目标完成情况等，从而实现对日常训练情况的掌握，保证训练工作进度和质量，同时让选手认识自身的不足而不断提高。

——在日常训练过程中，也要根据项目特点安排日常测验，并将成绩记录在案。

2. 阶段性考核。阶段性考核是对集训选手集训情况的检验，也是选拔、确定参赛选手的关键环节。各项目应本着公开、公平、公正的原则实施阶段性考核。

——阶段性考核分为筛选考核和确定参赛选手考核两种。集训选手在 6 人以下（含 6 人）的项目，可安排 1 次筛选考核，考核结束后按成绩排序保留前 2 名选手继续集训，然后进行确定参赛选手的考核；集训选手人数超过 6 人的项目，可安排 2 次筛选考核，第一次考核结束后按成绩保留一半选手继续集训，第二次考核后按成绩保留 2 名选手继续集训，然后进行确定参赛选手考核。

团队比赛项目的考核阶段划分，与 6 人以下个人项目相同。

——考核内容：阶段性考核的内容以技能考核为主，同时将职业安全卫生的相关内容体现在其中。条件允许的项目，也可安排对选手综合素质，特别是身体心理素质、语言沟通能力的考核。

——成绩构成：选手日常训练中的测验成绩与阶段性考核各部分的成绩，共同构成阶段性考核的最终成绩。各项成绩所占比重由专家组长会同专家、教练组商议确定并体现在考核方案中。

——考核方案：专家组长组织制定阶段性考核方案，考核方案包括考核小组构成、考核规则（与竞赛规则同）、技术文件等主要内容。考核方案形成后报组委会征求相关各方，特别是参加考核选手所在单位的意见。专家组长汇总相关意见后，对考核方案组织修改，报组委会审定并公布后组织考核。未经组委会批准，任何人对已确定的考核方案内容不得进行修改。组委会将安排专人监督考核全过程。

——考核试题：结合集训阶段的实际情况，按照第42届世界技能大赛已公布的各竞赛项目最新技术要求，由技术专家组长组织命制试题、制定评判标准。每个考核阶段的试题必须事先命制2套以上，在组委会监督下，按照考核方案规定的程序抽取试题并当场公布抽取结果。

——考核实施：阶段性考核由专家组长组织专家、教练组、基地人员和选手所在单位专业技术人员组成考核小组具体实施。同时，应保证集训选手所在单位均有专业技术人员参与考核小组评判工作。考核小组的任何成员在阶段性考试时无故不到场，视为自动放弃考核工作资格。

阶段性考核可安排在集训基地进行，也可由专家组长提议，经组委会同意后安排在其他地方进行。

——结果公布：各项目筛选考核后成绩无异议的，经全体考核小组成员（或专家组长作为考核小组代表）在成绩单上签字后，在组委会监督下，由专家组长当场向选手宣布考核结果；确定参赛选手的考核，除本次考核成绩外，还应结合选手筛选考核和日常训练成绩，按一定比例形成选手最终成绩，并请全体考核小组成员签字后报组委会审定，按成绩确定参赛选手。

确定参赛选手的考核结束后，要保持2名（队）选手进入冲刺集训，使专家组和教练员发现参赛选手的问题，及时指导改正。

——争议处理：选手或其所在单位代表对考核过程或结果提出异议的，可向考核小组反映。选手对考核小组处理结果不满意的，可向组委会工作人员提出申诉，组委会接到申诉后，须尽快研究并给出处理意见，并告知申诉者。

3. 强化集训。强化集训是指在大赛前一段时间，经过若干阶段性考核，确定参赛选手（或参赛队）后，根据选手自身特点和在前一阶段训练、考核中发现的问题，有针对性地专门制定训练计划，对选手进行的最后训练。各项目强化集训需按以下要求进行。

——强化集训时要求尽可能使用与世界技能大赛完全一致的设施、设备、工具、材料等，最低限度也要保证所使用的设施、设备等与世界技能大赛设施、设备技术性能一致。

——强化集训要充分吸收世界技能大赛最新公布的试题、评判标准，尽可能模拟世界技能大赛的真实环境要求进行。

集训特别是阶段性考核，要尽可能与对外交流相结合，采取走出去、请进来等多种形式进行。组委会也将视情况组织，或协助各项目基地联系、组织，以帮助专家深入了解世界技能大赛相关技术要求和国际经验，促进选手水平提高。

人力资源和社会保障部关于授予2011—2012年度职业技能竞赛优秀选手全国技术能手荣誉称号的决定

（人社部发［2012］80号　2012年12月7日）

各省、自治区、直辖市及新疆生产建设兵团人力资源社会保障厅（局），国务院有关部门（行业组织、集团公司）人事劳动保障工作机构：

为贯彻落实《国务院关于加强职业培训促进就业的意见》（国发［2010］36号），进一步发挥职业技能竞赛在技能人才队伍建设中的作用，加强高技能人才队伍建设，根据我部职业技能竞赛管理有关规定，我部研究决定，授予裴先峰等497名在2011—2012年度国际国内各类职业技能竞赛活动中取得优异成绩的选手“全国技术能手”荣誉称号（名单附后），并颁发奖章、奖牌和证书。

希望受表彰的个人以这次获得的荣誉为新的起点，戒骄戒躁，不断学习新知识、掌握新技能、创造新业绩，积极参与技术革新与项目攻关，主动发挥传帮带的示范引领作用。希望广大劳动者向受表彰的“全国技术能手”学习，立足工作岗位，刻苦钻研技术，努力提高技能水平。希望各地区、各行业部门认真贯彻落实党的十八大精神，以邓小平理论、“三个代表”重要思想、科学发展观为指导，大力实施人才强国战略，加强职业技能培训，广泛开展职业技能竞赛活动，为我国高技能人才队伍建设和全面建设小康社会作出新的更大贡献。

附件：

1. 2011年度职业技能竞赛获全国技术能手荣誉称号人员名单（略）

2. 2012年度职业技能竞赛获全国技术能手荣誉称号人员名单（略）

人力资源和社会保障部关于确定第 42 届世界技能大赛中国技术指导专家技术翻译和教练名单的通知

（人社部函［2013］36 号 2013 年 2 月 22 日）

各省、自治区、直辖市人力资源社会保障厅（局），国务院有关部门（行业组织、集团公司）人事劳动保障工作机构：

为积极备战第 42 届世界技能大赛，经考核研究，确定张友权等 84 名同志为第 42 届世界技能大赛中国技术指导专家，吴素君等 22 名同志为第 42 届世界技能大赛中国技术翻译，周树春等 94 名同志为第 42 届世界技能大赛教练。

希望各技术指导专家、技术翻译、教练认真履行职责，切实做好技术指导和技术翻译工作，为确保我国参赛选手在第 42 届世界技能大赛中展示精湛技能，取得良好成绩，为祖国和人民争光作出应有的贡献。

附件：第 42 届世界技能大赛中国技术指导专家技术翻译和教练名单（略）

人力资源和社会保障部关于做好 2013 年职业技能竞赛工作的通知

（人社部函［2013］70 号 2013 年 4 月 9 日）

各省、自治区、直辖市及新疆生产建设兵团人力资源社会保障厅（局），国务院有关部门（行业组织、集团公司）人事劳动保障工作机构：

为贯彻落实党的十八大精神和《国家中长期人才发展规划纲要（2010—2020 年）》，推动我国高技能人才队伍建设，我部决定组织开展 2013 年全国职业技能竞赛活动和备战、参加第 42 届世界技能大赛，现就做好有关工作通知如下：

一、指导思想

2013 年全国职业技能竞赛活动以备战、参加第 42 届世界技能大赛，争创佳绩为工作重点，进一步完善我国现行竞赛制度，提升竞赛技术标准，调整竞赛工作规则，推动国内技能竞赛工作发展，逐步形成国内技能竞赛与世界技能大赛相互促进、协调发展的工作格局，充分发挥技能竞赛在高技能人才培养、选拔和激励等方面的作用，营造崇尚技能、尊重技能人才的良好社会氛围。

二、活动内容

（一）组织开展国家级一类竞赛 2 项。

（二）依托行业部门、中央企业组织开展国家级二类竞赛 38 项。

（三）组织参加第 42 届世界技能大赛和第 37 届亚洲发型化妆大赛。

（四）各地区可结合本地区高技能人才培养工作实际，组织开展省级竞赛活动。

三、奖励措施

（一）国家级一类竞赛

对各职业（工种）决赛获前 5 名的选手，经我部核准后，授予“全国技术能手”荣誉称号，由所在地人力资源社会保障部门或行业主管部门晋升其技师职业资格。已具有技师职业资格的，可晋升高级技师职业资格。

对各职业（工种）决赛获第 6～20 名的选手，由所在地人力资源社会保障部门或行业主管部门晋升其高级工职业资格。已具有高级工职业资格的，可晋升技师职业资格。

（二）国家级二类竞赛

对各职业（工种）决赛获前 3 名的选手，经我部核准后，授予“全国技术能手”荣誉称号，由所在地人力资源社会保障部门或行业主管部门晋升其技师职业资格。已具有技师职业资格的，可晋升高级技师职业资格。

对各职业（工种）决赛获第 4～15 名的选手，由所在地人力资源社会保障部门或行业主管部门晋升其高级工职业资格。已具有高级工职业资格的，可晋升技师职业资格。

（三）地方、行业部门竞赛

各地区、各行业部门可结合实际情况，对获奖选手和单位给予相应奖励。

（四）第 42 届世界技能大赛

对各项目获得金、银、铜、优胜奖牌的选手，按照我部有关规定，经核准后，授予“全国技术能手”荣誉称号，分别颁发 20 万元、12 万元、8 万元、3 万元奖金，并由所在地人力资源社会保障部门或行业主管部门晋升其技师职业资格证书。已具有技师职业资格的，可晋升高级技师职业资格。

对各项目未获得金、银、铜、优胜奖牌以及入围集训的其他选手，由我部颁发荣誉证书。

（五）第 37 届亚洲发型化妆大赛

对获得综合性项目金牌的选手（学生选手除外），符合我部有关规定并经核准后，授予“全国技术能手”荣誉称号。

四、工作要求

（一）统筹安排竞赛活动。各地区要按照本通知要求，认真组织本地区竞赛活动，并做好与全国竞赛活动的合理衔接，确保今年全国职业技能竞赛和第 42 届世界技能大赛各项赛事有序进行。各行业部门、中央企业在广泛开展各类竞赛活动的同时，要适度调控安排竞赛数量和职业（工种）。各地区、各行业部门和中央企业要坚持勤俭节约原则，务求工作实效。同时，要积极参与和支持全国竞赛活动，合理安排竞赛进度，确保竞赛活动按时完成。

（二）做好国内外竞赛合理衔接。各地区、各行业部门和中央企业应在我部指导下组织开展竞赛活动。既要按照国家职业技能竞赛规定做好各项实施工作，又要结合竞赛职业（工种）的发展需求，积极探索引进世界技能大赛相关技术要求、检测手段、安全规则和竞赛现场管理等，引导和带动国内技能竞赛创新发展，使国内技能竞赛与世界技能大赛相互促进、协调发展。

（三）全力备战第 42 届世界技能大赛。第 42 届世界技能大赛是我国第二次组团参加的世界技能大赛。时间紧、任务重，承担选手集训工作的有关地区、行业部门和企业、院校，要树立为国争光的大局意识，一切以国家利益为重，从国家荣誉出发，密切配合技术指导专家组，精心组织选手集训工作，并从人力、物力、财力等方面给予大力支持，确保选手集训工作顺利完成。

（四）注重国内竞赛活动质量。各地区、各行业部门和中央企业要按照我部今年竞赛活动计划安排和《国家职业技能竞赛组织实施指南》要求，认真制定竞赛组织实施方案，精心部署安排竞赛活动。要健全竞赛质量监督保证制度，严格按照国家职业技能标准高级工（国家职业资格三级）以上技能要求组织竞赛命题，提高竞赛技术工作质量。要组织建立裁判员队伍，加强对竞赛全过程的动态管理，确保竞赛活动的公平、公正和公开。同时，要适时组织技术点评等技术交流活动，总结竞赛获奖选手成长成才规律，分析竞赛作品的技术难点和创新要点，帮助参赛选手提高职业能力和创新能力。

（五）加强竞赛宣传工作。各地区、各行业部门和中央企业要进一步加大宣传力度，充分利用广播、电视、报刊、网络等新闻媒体，开展形式多样、富有特色的宣传活动，大力宣传党和国家重视技能人才、加强高技能人才工作的政策措施，宣传技能竞赛在高技能人才培养、选拔和激励等方面的作用，宣传我国加入世界技能组织和参加世界技能大赛的重要意义，引导广大劳动者立足本职工作，钻研新技术、掌握新技能、争创新业绩，带动更多劳动者走技能成才之路。

附件：2013 年职业技能竞赛计划安排表（略）

人力资源和社会保障部关于印发《世界技能大赛参赛管理暂行办法》的通知

（人社部发［2013］28号 2013年4月12日）

各省、自治区、直辖市及新疆生产建设兵团人力资源社会保障厅（局），国务院有关部门（行业组织、集团公司）人事劳动保障工作机构：

为做好我国参加世界技能大赛组织管理工作，现将《世界技能大赛参赛管理暂行办法》印发给你们，请认真遵照执行。

世界技能大赛参赛管理暂行办法

第一章 总 则

第一条 为做好参加世界技能大赛组织管理工作，制定本办法。

第二条 参加世界技能大赛旨在加强我国与国际技能领域的交流合作，展示我国高技能人才队伍建设成果，学习借鉴国际先进经验，推动国内职业培训和技能人才工作深入发展。

第三条 支持和鼓励青年技能人才参加世界技能大赛，争创优异成绩，为国争光。

第四条 人力资源社会保障部作为我国在世界技能组织的代表，负责统筹管理我国参加世界技能大赛各项工作。

第五条 各地、各部门、各行业协会、学会和企业、院校，要充分发挥各自优势，积极承担参赛相关工作。

第二章 组织机构与职责分工

第六条 人力资源社会保障部设立世界技能大赛中国组委会，对参赛工作进行领导。组委会主任由人力资源社会保障部副部长兼任，副主任由人力资源社会保障部职业能力建设司、国际合作司主要负责同志兼任。组委会成员由人力资源社会保障部办公厅、规划财务司、职业能力建设司、国际合作司、人事司、宣传中心、中国就业培训技术指导中心、国际交流服务中心、中国人力资源和社会保障出版集团负责同志担任。

第七条　组委会设秘书处、对外工作组、技术支持组、保障服务组、新闻宣传组。

秘书处设在职业能力建设司，负责综合管理和统筹协调参赛工作。其主要职责是：制订并实施参赛工作发展规划和年度工作计划；制定参赛项目和参赛选手、技术指导专家、教练、技术翻译遴选条件；制订集训基地日常管理办法；制订表彰奖励政策；提出并执行年度专项经费预算；负责制订中国代表团出国参赛方案和参赛期间综合管理；承办组委会日常工作。

对外工作组设在国际合作司，其主要职责是：统筹协调我国参与世界技能组织活动及与有关国家和地区在技能竞赛领域的交流合作；负责与世界技能组织的联络；筹备参加世界技能组织大会和其他相关国际会议；审核中国代表团出国参赛组团方案并根据参赛方案负责对外联系。

技术支持组设在中国就业培训技术指导中心，其主要职责是：研究提出参赛项目建议；承办参赛项目和参赛选手、技术指导专家、教练的遴选工作；指导开展参赛选手、技术指导专家、教练的培训；承办技术会议和技术交流活动；承担中国代表团出国参赛期间的技术指导工作；负责国际竞赛规则规程、技术标准的引进与推广。

保障服务组设在国际交流服务中心，其主要职责是：组织承办国际技术交流活动；选拔、培训参赛技术翻译，翻译审核相关资料；负责出席国际会议、出国参赛的组团事宜和后勤保障等事务性工作；处理社会赞助事宜。

新闻宣传组设在宣传中心，其主要职责是：负责涉及世界技能组织、世界技能大赛的宣传工作，牵头确定年度新闻宣传计划并组织实施；制定宣传工作方案和宣传口径；组织新闻稿件，联系国内外媒体。

第八条　组委会依托天津职业技术师范大学世界技能大赛中国研究中心开展技术理论研究和技术服务工作。

第三章　会议制度与工作规程

第九条　组委会实行会议制度。组委会会议由组委会主任或由主任委托副主任召集，各成员单位参加。

组委会会议不定期召开。

第十条　组委会会议研究确定以下事项：

（一）参加世界技能组织相关活动和世界技能大赛参赛工作政策规定；

（二）年度工作计划和预算；

（三）参赛工作实施方案；

（四）参赛选手选拔赛组织实施方案、指定设备及赞助方案；

（五）参赛项目、各类参赛人选、集训基地；

（六）参赛表彰奖励办法；

（七）其他相关事项。

第十一条 专项工作和日常事务性工作，需召开专题会议研究的，由各组根据职责分工负责承办。

第十二条 需报请人力资源社会保障部领导批准的事项，均以秘书处名义上报呈批件。其中涉及各组业务的，由各组代拟呈批件送秘书处，由秘书处上报。

外事出（来）访事项按外事管理规定办理。

第十三条 需向部外发文的，由各组按照职责分工代拟文稿，征求组委会其他相关成员意见后送秘书处，由秘书处负责以组委会名义或秘书处名义行文。以组委会名义发文的，须经组委会领导批准。

以下事项以组委会名义行文：

（一）涉及参加世界技能组织相关活动和世界技能大赛参赛工作政策规定；

（二）年度工作计划和参赛方案；

（三）参赛选手选拔赛组织方案的确定；

（四）参赛项目、各类参赛人选、集训基地确定；

（五）参赛表彰奖励办法。

其他事项以秘书处名义行文。

以组委会名义行文的，由人力资源社会保障部代章；以秘书处名义行文的，由人力资源社会保障部职业能力建设司代章。

第四章　参赛项目、集训基地与技术指导专家组

第十四条 我国参赛项目从世界技能组织正式公布的每一届世界技能大赛设置项目中选定。

（一）参赛项目遴选标准。

1. 我国在项目所涉领域具有技术优势、队伍优势和基础条件优势；

2. 覆盖行业较广、从业人员较多，对我国产业升级有引领作用，对技工教育和职业培训有促进作用；

3. 竞赛成果可尽快转化为职业培训成果；

4. 有关单位具有承担集训任务积极性。

（二）参赛项目确定程序。

技术支持组向秘书处提出参赛项目建议，秘书处召开专家论证会进行论证，提交组委会会议研究确定。

第十五条 集训基地指承担世界技能大赛参赛选手集训任务的训练场地。

第十六条 集训基地的确定。

（一）具有以下条件的企业、院校、培训机构，可申请设立世界技能大赛参赛项目集训基地。

1. 具有满足竞赛项目要求的训练场地和生活场所；

2. 具有满足竞赛项目要求的设施、设备和辅助工具；

3. 所在地省级人民政府或所在行业主管部门积极支持，并提供人力、物力、财力支持。

（二）集训基地确定程序。

1. 以秘书处名义发文布置申报工作，省（区、市）人力资源社会保障部门、行业主管部门组织申报并进行初审；

2. 省（区、市）人力资源社会保障部门或行业主管部门向组委会报送申请及相关材料；

3. 秘书处组织专家研究论证，提出集训基地建议名单，经组委会会议讨论确定；

4. 以组委会名义发文公布集训基地名单并授牌。

第十七条 各参赛项目成立技术指导专家组，负责制订并实施集训方案。技术指导专家组一般设 3 名专家、1 名技术翻译和 1 个教练组，其中 1 名技术指导专家任组长。

技术指导专家组下设的教练组，负责按集训方案对选手进行集训。教练组由若干名教练组成，教练一般在集训基地所在地选拔产生，组长须由技术指导专家组长或专家兼任。

技术指导专家组接受组委会领导，日常管理由集训基地负责。

第五章 人员选拔

第十八条 选手选拔。

（一）基本条件。

热爱祖国，遵纪守法，有较高职业素养。心理素质稳定，身体健康，符合世界技能大赛年龄要求。具有参赛项目相关专业技能培训经历，技能水平突出，有一定外语基础。一般应具有参加国际或国内竞赛活动经验。

（二）选拔程序。

1. 参赛集训选手一般采取举办全国性选拔赛的方式选拔。特殊情况下，也可采用其他方式进行选拔。

2. 全国性选拔赛的承办由省（区、市）人力资源社会保障部门或行业主管部门、行业协会、学会向组委会提出申请，经组委会会议研究确定。全国性选拔赛一般应与国内职业技能竞赛合并进行。

3. 全国性选拔赛的技术要求参照世界技能大赛标准。在注重先进性的前提下，可采用国内普遍使用的设备和工具。

4. 技术支持组会同承办单位提出选拔赛实施方案，提交组委会会议确定后组织实施。

5. 选拔赛原则上应根据参赛项目要求选拔出不少于参赛选手数量 3 倍的集训选手。

6. 经选拔产生的集训选手建议名单应与竞赛计分表原始件一起由选拔赛裁判组成员集体签字确认后报技术支持组。技术支持组复核后，报秘书处对建议名单进行初审，提交组委会会议研究确定，以组委会秘书处名义发文公布。

7. 采取严格按集训综合成绩分阶段淘汰的办法确定最终参赛选手建议人选，经组委会会议研究确定参赛选手。

8. 参赛选手所在地省（区、市）人力资源社会保障部门或行业主管部门负责对其进行政治思想品德和综合素质考核。

第十九条 技术指导专家、教练选拔。

（一）基本条件。

1. 热爱祖国，遵纪守法，爱岗敬业。有较强组织协调能力和团队合作精神。具有丰富的带徒经验，具备履行职责所需的外语能力。身体健康。

2. 技术指导专家一般应从事本项目技术工作 15 年以上，有高级技师职业资格或副高级以上专业技术职务，专业技能高超，得到行业普遍认同。

3. 教练一般应从事本项目技术工作 8 年以上，有技师以上职业资格或中级以上专业技术职务，专业技能高超，得到行业普遍认同。教练一般从集训基地所在地选拔产生。

4. 担任技术指导专家组组长的技术指导专家应具有在国际或国家级竞赛中担任专家组长或项目裁判长经历。

5. 获得中华技能大奖、全国技术能手称号的高技能人才在同等条件下优先。

（二）选拔程序。

1. 技术指导专家和教练同时选拔，技术支持组提出选拔工作方案，提交组委会会议讨论通过；

2. 以秘书处名义发文布置申报工作，省（区、市）人力资源社会保障部门、行业主管部门推荐上报候选人员材料；

3. 技术支持组组织专家对候选人员进行考核和面试，提出建议名单，经秘书处审核后，提交组委会会议讨论通过，以组委会名义发文公布并颁发聘书。

第二十条 技术翻译选拔。

（一）基本条件。

热爱祖国，遵纪守法，爱岗敬业，有较强团队合作精神。有外事工作经验，有参赛项目所需的专业背景，有 2 年以上专业技术翻译从业经验，口译能力突出。身体健康。

（二）选拔程序。

1. 保障服务组制订选拔方案提交组委会会议讨论通过；

2. 以秘书处名义发文布置申报工作，省（区、市）人力资源社会保障部门或行业主管部门推荐上报候选人员材料；

3. 保障服务组组织选拔考试，提出建议名单，经秘书处审核后，提交组委会会议讨论通过，以组委会名义发文公布并颁发聘书。

第六章 人员培训

第二十一条 选手培训。

（一）选手培训采取集训形式，时间一般为 12 个月；

（二）集训在集训基地进行，集训工作由集训基地负责，技术指导专家组制定训练计划并组织实施；

（三）集训技术标准严格遵循世界技能大赛相关技术规定，集训所用设备及其他材料采用世界技能大赛公布的相同设备和材料；

（四）集训中按综合成绩分阶段逐步淘汰初选集训选手，确定最终参赛选手；

（五）集训内容以实操技能为重点，同时进行心理、体能、环境适应性、语言和团队协作等训练；

（六）集训可采取强化训练、国内外考察和技术交流等多种方式进行。

第二十二条 技术指导专家、教练、技术翻译培训。

技术指导专家、教练、技术翻译的培训可采取集中培训、国内外考察、参加国际竞赛和技术交流活动等方式进行。

培训内容为世界技能大赛相关规则、评分标准、外语专业词汇、心理素质、职业道德、团队合作方法等。

国外考察培训内容为国际竞赛规则、技术标准和评分标准，与国外技术专家的沟通交流方法等。

第七章 组团与参赛

第二十三条 组团出国参加世界技能大赛应纳入人力资源社会保障部年度外事活动计划，按外事规定进行管理。

第二十四条 组团参赛方案由秘书处根据参赛需要商组委会各成员单位拟定，按外事规定报批。

第二十五条 出国参赛团应按外事规定确定团长、副团长，负责在国外参赛期间的管理工作。

第二十六条 出国参赛团应根据外事规定和世界技能组织相关工作要求确定领队。担任领队工作的人员应政治素质好，有较强的组织能力，熟悉世界技能大赛竞赛规则，有参加国内、国际大赛经验，有较好的英语沟通能力，有为选手服务的强烈意识。

第二十七条 可根据参赛和培训需要，应邀参加区域、国家、地区组织的国际技能竞赛。组团工作依上述规定执行。

第二十八条 世界技能大赛期间，可以学习世界技能大赛技术规程、技术标准、组织方式和备战下一届世界技能大赛需要为目的，组织出国观摩团进行观摩。

观摩团应纳入人力资源社会保障部年度外事活动计划，按外事规定进行管理。

观摩团由保障服务组负责组团，组团方案商组委会各成员单位拟定，按外事规定报批。

观摩团组成人员一般应是世界技能大赛我国参赛项目技术指导专家、教练、研究人员，新闻媒体记者，集训基地负责人和集训基地所在地及行业有关管理人员，从事竞赛管理、技术支持的部门和单位工作人员。

第八章 表彰奖励与宣传

第二十九条 对在世界技能大赛中获得金、银、铜、优胜奖牌的选手，以及为选手获奖提供指导和帮助的技术指导专家、教练、技术翻译，按国家表彰奖励规定，给予精神奖励和物质奖励。

（一）获奖选手由人力资源社会保障部授予“全国技术能手”称号。获得金牌的选手，由相关职业资格认定机构颁发高级技师职业资格证书；获得银、铜、优胜奖牌的选手，由相关职业资格认定机构颁发技师职业资格证书。

（二）获得金、银、铜、优胜奖牌的选手，按有关规定发放不同档次的奖金。上述奖金，符合个人所得税法第四条第一款规定的，予以免税。

（三）本项目选手获得金、银、铜、优胜奖牌，按选手所获奖金额向技术指导专家组集体发放奖金，由技术指导专家、教练、技术翻译按贡献大小公平分配。上述奖金，符合个人所得税法第四条第一款规定的，予以免税。

第三十条 获奖选手参加中华技能大奖评选、享受国务院政府特殊津贴人员选拔时，在同等条件下优先。

第三十一条 集训选手由世界技能大赛中国组委会秘书处颁发荣誉证书，并在现有职业资格等级的基础上晋升一级职业资格，由相关职业资格认定机构颁发职业资格证书。

第三十二条 对为参赛工作做出突出贡献的单位和个人，采取通报表扬和其他方式予以表彰。

地方人民政府、行业主管部门和行业协会、学会可参照国家有关奖励办法，对本地、本行业参赛选手和为参赛工作做出突出贡献的单位和个人予以表彰。

第三十三条 采取多种方式，大力宣传我国参赛选手奋力拼搏、积极进取的精神风貌和精湛高超的职业技能，宣传我国技能人才队伍建设取得的丰硕成果，激发广大劳动者和青年学习技能的自豪感和积极性，进一步在全社会营造尊重劳动、崇尚技能的良好氛围。

第九章　经费与保障

第三十四条　世界技能大赛专项工作经费由秘书处根据预算要求和实际需要编制并执行年度预算，严格按现有财务规定和外事经费管理规定开支。

第三十五条　世界技能大赛年度经费根据财政部批复的预算数核定，实行总额控制，应严格按照预算批复内容和数额执行。

第三十六条　世界技能大赛专项经费按照财政部批复的项目预算内容、范围用于以下开支：

（一）会议费、技术交流活动经费及交通费；

（二）出国观摩、培训、参赛费用，含国际旅费、食宿、参赛缴费、国外城市间交通、参赛工具国际运费、公杂费、个人零用等费用；

（三）邀请外国专家来华参加中外技术交流活动的食宿、城市间交通、礼品、宴请等费用；

（四）选手、技术指导专家、教练、技术翻译选拔竞赛费用；

（五）选手、技术指导专家、教练、技术翻译培训费用和参加培训的交通费用；

（六）集训基地的设备、工具购置费用；

（七）场地租赁、维修维护和设施设备耗材费；

（八）科研课题研究和资料翻译费用；

（九）新闻宣传费用；

（十）获奖选手和技术指导专家组奖金；

（十一）选手、技术指导专家、教练、技术翻译生活补助；

（十二）领队、选手、技术指导专家、教练、技术翻译参赛服装费。

第三十七条　举办会议或技术交流活动，经费预算由承办单位提出，经秘书处审核后并报人力资源社会保障部领导审批。

第三十八条　选手、技术指导专家、教练、技术翻译生活补助标准由集训基地报秘书处审核后发放。

第三十九条　集训场地、设施设备租赁、耗材等费用按实际发生金额直接支付集训基地。

第四十条　集训基地和其他相关单位不得收取参训选手、技术指导专家、教练、技术翻译或其所在单位任何费用。

第四十一条　鼓励社会各界对世界技能大赛参赛工作进行赞助。

社会赞助管理办法，根据相关法规另行制定。

第四十二条　参赛选手、技术指导专家、教练、技术翻译，有正式工作单位的，集训及参赛期间其工资福利待遇由所在单位承担，原待遇不变。没有工作单位或尚未参加工作的，由基地给予生活补贴。

第四十三条 所在地区、行业部门、院校应积极为参赛和参加集训的在校学生选手优先推荐工作。

附件：

1. 第××届世界技能大赛技术指导专家、教练、技术翻译审批表（略）

2. 第××届世界技能大赛参赛选手审批表（略）

人力资源和社会保障部办公厅关于印发《国家级技能大师工作室建设项目实施管理办法（试行）》的通知

（人社厅发［2013］51号 2013年5月13日）

各省、自治区、直辖市及新疆生产建设兵团人力资源社会保障厅（局）：

为贯彻落实《高技能人才队伍建设中长期规划（2010—2020年）》和《国家高技能人才振兴计划实施方案》，进一步加强对国家级技能大师工作室建设项目的规范管理，推动高技能人才队伍建设，我们起草了《国家级技能大师工作室建设项目实施管理办法（试行）》，现印发给你们，请认真贯彻执行。

国家级技能大师工作室建设项目实施管理办法（试行）

第一章 总 则

第一条 为加强和规范国家级技能大师工作室（以下简称“技能大师工作室”）建设项目管理，确保技能大师工作室建设项目顺利实施，提高资金使用效益，推动高技能人才队伍建设，特制定本办法。

第二条 本办法所指技能大师是指某一行业（领域）技能拔尖、技艺精湛并具有较强创新创造能力和社会影响力的高技能人才。

本办法所指技能大师工作室建设项目是依据申报条件要求，经各省（区、市）人力资源社会保障部门、财政部门评审推荐，人力资源社会保障部、财政部复审确定的技能大师工作室建设项目。

本办法所指项目资金包括中央财政支持技能大师工作室建设项目的补助资金、地方政府安排的配套资金及行业企业支持资金、自筹资金等。

第三条 技能大师工作室建设项目要与区域经济发展密切结合，主要围绕十大振兴产业、战略性新兴产业、先进制造业和经济社会发展急需、紧缺行业（领域）组织实施。

第四条 技能大师工作室主要依托中华技能大奖获得者，部分在技能含量较高的行业和大中型企业工作的高技能人才，以及部分掌握传统技能、民间绝技的技能大师建设。可建在企业或公共职业技能实训基地。

第五条 技能大师工作室的主要功能是发挥高技能领军人才在带徒传技、技能攻关、技艺传承、技能推广等方面的重要作用，面向企业、行业职工及相关人员开展培训、研修、攻关、交流等活动，将技术技能革新成果和绝技绝活加以推广。

第二章　项目申报与评审

第六条 技能大师工作室建设项目申报单位应符合以下条件：

（一）技能大师的条件。技能大师应当是某一行业（领域）技能拔尖、技艺精湛并具有较强创新创造能力和社会影响力的高技能人才，在带徒传技方面经验丰富，身体健康，能够承担工作室日常工作。同时，应具备以下条件之一：

1. 获得中华技能大奖称号；

2. 获得全国技术能手称号或具有技师以上技能水平，积极开展技术技能革新，取得有一定影响的发明创造，并产生较大的经济效益；

3. 具有一定的绝技绝活，并在积极挖掘和传承传统工艺上作出较大贡献。

（二）依托企业建立工作室，企业应当具备的条件：

有符合条件的技能大师；技能人才比较密集；高度重视技能人才队伍建设工作，建立了较为完善的技能人才培养、评价、选拔、使用和激励政策制度；企业职工教育经费用于高技能人才培养、交流等方面的费用不低于 50%，能够为技能大师工作室提供相应的资金支持以及包括场所、设备在内的必要工作条件。

（三）依托公共职业技能实训基地建立技能大师工作室，公共职业技能实训基地应当具备的条件：

有符合条件的技能大师；高度重视技能人才队伍建设，制定了一系列加快高技能人才队伍建设的政策措施；能够为技能大师工作室提供相应的资金支持以及包括场所、设备在内的必要的工作条件。

第七条 技能大师工作室建设项目评审按照以下程序进行：

（一）人力资源社会保障部和财政部下发工作通知，明确申报条件、名额及有关要求。

（二）地方评审推荐。各省（区、市）人力资源社会保障部门和财政部门按照公平公正公开原则，严格审核把关，按照名额、条件要求评审确定项目候选单位，并向人力资源社会保障部和财政部报送有关材料，包括：

1. 省（区、市）人力资源社会保障部门和财政部门关于技能大师工作室项目评审结果报告。

2. 项目候选单位提交的相关材料：

(1) 技能大师工作室申报表。

(2) 申报报告。申报技能大师工作室职业（工种）、技能大师工作室成立的必要性和现有优势、技能大师简介、技能大师工作室计划目标等。

(3) 技能大师工作室所依托的企业或公共职业技能实训基地有关情况说明。包括加快高技能人才队伍建设的政策措施，企业职工教育经费用于高技能人才培养、交流等方面的费用不低于50%的证明材料，能够为技能大师工作室提供资金支持以及场所、设备等工作条件的情况说明。

(4) 企业法人营业执照或主管部门批准成立的文件以及组织机构代码证的复印件。

(5) 技能大师候选人的身份证、中华技能大奖或全国技术能手获奖证书及技师以上职业资格证书复印件。

（三）部门组织复审。人力资源社会保障部、财政部对技能大师工作室建设项目候选单位进行复审，确定技能大师工作室项目单位。

第三章　项目资金使用范围

第八条　中央财政补助资金主要用于培训用品购置、技能交流推广等费用。地方政府要安排专项资金用于对技能大师工作室技术技能创新研发等活动给予补助，所需资金从地方政府安排的就业专项资金中列支。行业、企业或公共职业技能实训基地为工作室提供办公场所、实训设备等必要的工作条件，并安排技能大师带徒津贴、研究（攻关）项目补贴以及日常工作经费等。

第九条　技能大师工作室建设项目单位要做好以下项目资金管理工作：

（一）严格实行项目管理，完善项目经费管理制度，做到资金到项目、管理到项目、核算到项目；

（二）技能大师工作室项目单位要专款专用，确保资金安全和效益。

第四章　项目产出与评估

第十条　技能大师工作室应形成以下项目产出：

（一）技能大师工作室具备固定的场所和必要的工作条件，定期开展活动；

（二）建立完善的技能大师工作室制度、办法，规范运作；

（三）通过传、帮、带，使技艺技能得到传承，年均为企业或社会培养8个以上青年技术技能骨干；

（四）将创新成果、绝技绝活、具有特色的生产操作法及时总结推广；

（五）积极开展技术革新并产生一定的经济效益。

第十一条 各省（区、市）人力资源社会保障部门、财政部门要加强对技能大师工作室建设项目单位的日常指导和管理，健全考核、检查和监督制度，定期对技能大师工作室的建设情况和任务完成情况进行考核和评估，对项目运行存在的问题要限期整改，并将有关情况及时报送人力资源社会保障部、财政部。

第十二条 人力资源社会保障部将会同财政部，定期对技能大师工作室运行情况进行检查，并按照项目产出要求，对技能大师工作室建设项目实施情况进行分阶段评估。

第五章 附 则

第十三条 各省（区、市）人力资源社会保障部门和财政部门可根据本办法，结合本地的实际情况，制定具体的项目实施管理办法及细则。

第十四条 技能大师工作室建设项目资金的拨付、使用、管理和监督等，要严格按照财政部项目资金管理办法执行。

第十五条 本办法自下发之日起执行。

第十六条 本办法由人力资源社会保障部负责解释。

人力资源和社会保障部办公厅关于印发《国家级高技能人才培训基地建设项目实施管理办法（试行）》的通知

（人社厅发［2013］52号 2013年5月13日）

各省、自治区、直辖市及新疆生产建设兵团人力资源社会保障厅（局）：

为贯彻落实《高技能人才队伍建设中长期规划（2010—2020年）》和《国家高技能人才振兴计划实施方案》，进一步加强对国家级高技能人才培训基地建设项目的规范管理，推动高技能人才队伍建设，我们起草了《国家级高技能人才培训基地建设项目实施管理办法（试行）》，现印发施行。

国家级高技能人才培训基地建设项目实施管理办法（试行）

第一章 总 则

第一条 为加强和规范国家级高技能人才培训基地（以下简称培训基地）建设项目管理，确保培训基地建设项目顺利实施，提高资金使用效益，推动高技能人才队伍建设，特制定本办法。

第二条 本办法所指高技能人才是具有高超技艺和精湛技能，能够进行创造性劳动，并对社会作出贡献的技能劳动者，主要包括取得高级工、技师和高级技师职业资格的人员。

本办法所指培训基地建设项目是依据申报条件要求，经各省（区、市）人力资源社会保障部门、财政部门评审推荐，人力资源社会保障部、财政部组织专家进行复审确定的培训基地建设项目。

本办法所指项目资金包括中央财政支持培训基地建设项目的补助资金、地方政府安排的配套资金及行业企业支持资金、自筹资金等。

第三条 培训基地建设项目要与当地经济发展密切结合，根据区域经济发展、产业振兴发展规划和新兴战略性产业发展需要，主要围绕十大振兴产业、新兴战略性产业和经济社会发展急需、紧缺行业（领域）开展项目实施。

第四条 培训基地建设项目实施范围原则上是各省（区、市）内以培养中、高级技能人才为主要目标的技工院校、职业培训机构、公共实训基地以及大中型企业技能培训中心。

培训基地建设项目实施期限为期 2 年。

第五条 培训基地的主要功能是面向社会各类在职职工、在校后备技能人才及其他有技能提升愿望的劳动者开展技能研修、技能提升培训活动，使之达到高级工、技师或高级技师水平。同时，培训基地还承担高技能人才考核与评价、职业技能竞赛、高技能培训或研修课程开发、高技能成果交流展示等任务。

第二章 项目申报与评审

第六条 培训基地建设项目申报单位应符合以下条件：

（一）具有较强的管理能力和高效的组织管理体系。单位机构设置合理，部门职能和教职工岗位职责明确；已建立规范的培训管理、财务管理、资产管理、风险管理等制度；遵守国家有关法律法规，未发生违规违纪事件。

（二）培训场所和设施设备符合国家建设和安全标准。能满足年培训 1 000 名以上高技能人才的需要；具有与 3～5 个经济发展急需、紧缺高技能人才培训特色专业（职业、工种）相匹配的实训装备；面向企业、学校和社会开展职业技能培训，年培训规模不少于 3 000 人，其中高级工以上培训占 20%以上。

（三）建立了完善的师资培养机制。有科学合理的师资培养规划和实施方案，重视专业带头人和骨干教师队伍建设；有满足培训需要的稳定的专、兼职教师队伍，师生比为 1∶16～1∶20；高级实习指导教师和具有高级技师职业资格的教师占实训教师总数的 45%以上。

（四）与 5 家以上大、中型企业建立了稳定的校企合作关系。有 5 个以上专业与合作企业共同研究确定专业建设、课程设置、培养计划、师资建设、研发课题和培训实习方案，并与合作企业共建了培训实习基地，聘请企业高级技师、技师和专业技术人员担任指导教师。

第七条 各省（区、市）人力资源社会保障部门和财政部门要按照人力资源社会保障部和财政部下达的培训基地建设项目申报条件和控制数评审并推荐培训基地建设项目候选单位。

第八条 符合培训基地建设项目申报条件并拟申报项目的单位，须按要求填报《国家级高技能人才培训基地建设项目申报书》，制定《国家级高技能人才培训基地建设项目实施方案》、《×××（培训基地建设项目单位名称）国家级高技能人才培训基地建设项目实施管理办法》和《×××（培训基地建设项目单位名称）国家级高技能人才培训基地建设项目经费管理实施细则》等。

第九条 培训基地建设项目评审按照以下程序进行：

（一）地方评审推荐。各省（区、市）人力资源社会保障部门会同财政部门根据申报条件要求，按照公平、公正、公开原则，组织专家开展本地区培训基地建设项目单位评审、遴选工作，确定本地区培训基地建设项目候选单位。在评审和遴选工作中，要严格把握标准、规范操作程序，确保申报项目单位符合条件。评审、遴选后，各省（区、市）人力资源社会保障部门、财政部门将确定的培训基地申报材料按相关要求分别报送人力资源社会保障部和财政部。

（二）部门组织复审。人力资源社会保障部会同财政部组成专家组，对各地推荐的培训基地建设项目候选单位申报材料进行复审，并对培训基地建设项目单位的综合情况和各项指标进行打分，确定培训基地建设项目单位。

对申报材料弄虚作假或存有不实情况的，一经核实，将取消其申报资格。

第三章 项目资金使用范围

第十条 中央财政补助资金主要用于支持 3～5 个急需、紧缺高技能人才培训特色专业（职业、工种）建设所需技能研修实训设备的购置改造与维护、原材料消耗、指导教师聘用、师资培训、培训基础设施完善、课程设置和教材开发、与教学活动有关的科研活动及其他培训成本等方面的支出，不得用于差旅费、劳务费等与培训基地建设项目资金使用范围无关的其他支出。

第十一条 培训基地建设项目单位要做好以下项目资金管理工作：

（一）严格实行项目管理，落实本单位进行项目申报时制定的国家级高技能人才培训基地建设项目经费管理实施细则，做到资金到项目、管理到项目、核算到项目。

（二）培训基地建设项目单位要单独建账，实行专款专用，确保资金安全和效益。

第四章 项目产出与评估

第十二条 培训基地应形成以下项目产出：

（一）构建完备的培训体系。培训基地建设项目实施一年后，围绕3～5个专业（职业、工种），从培训模式、课程设置、教材开发、师资建设、培训装备和能力评价等方面，构建成较为完备、系统的高技能人才培训体系。

（二）形成规模化培训示范效应。通过实施培训基地建设项目，增强规模化、系统化、个性化培训高技能人才的能力。培训基地建设项目实施两年后，高技能人才年培训能力不少于1 500人。

（三）总结技能人才培养规律。通过实施培训基地建设项目，总结高技能人才培训的基本规律和科学方法，提炼高技能人才培训基地建设的经验和做法，为基地建设和规范化、系统化培养高技能人才提供科学依据。

第十三条 各级人力资源社会保障部门、财政部门要加强对培训基地建设项目单位的日常指导和管理，健全考核、检查和监督制度，定期对培训基地的建设情况和任务完成情况进行考核和评估，对项目运行存在的问题要限期整改。

第十四条 人力资源社会保障部将会同财政部，定期对培训基地运行情况进行检查，并按照项目产出要求，对培训基地建设项目实施情况进行分阶段评估。

第五章 附 则

第十五条 各省（区、市）人力资源社会保障部门和财政部门可根据本办法，结合本地的实际情况，制定具体的项目实施管理办法及细则。

第十六条 培训基地建设项目资金的拨付、使用、管理和监督等，要严格按照财政部项目资金管理办法执行。

第十七条 本办法自下发之日起执行。

第十八条 本办法由人力资源社会保障部负责解释。

人力资源和社会保障部关于确定第 42 届世界技能大赛中国参赛选手名单的通知

（人社部函［2013］108 号　2013 年 5 月 20 日）

各省、自治区、直辖市及新疆生产建设兵团人力资源社会保障厅（局），国务院有关部门（行业组织、集团公司）人事劳动保障工作机构：

为积极备战第 42 届世界技能大赛，经严格的集训选拔和考核程序，确定王晨宇等 26 名同志为第 42 届世界技能大赛中国参赛选手。

希望各参赛选手再接再厉，刻苦训练，积极备战，全面提升综合素质和竞技水平，在第 42 届世界技能大赛中勇于拼搏，争创佳绩，为祖国和人民争光。

附件：第 42 届世界技能大赛中国参赛选手名单（略）

人力资源和社会保障部关于授予第五届全国数控技能大赛优秀选手全国技术能手荣誉称号的决定

（人社部发［2013］42 号　2013 年 6 月 3 日）

各省、自治区、直辖市及新疆生产建设兵团人力资源社会保障厅（局）：

为贯彻落实《国家中长期人才发展规划纲要（2010—2020 年）》精神，加快数控高技能人才培养，引导企业职工和各类职业院校师生努力学习知识、刻苦钻研技术，走技能成才之路，人力资源社会保障部、教育部、科技部、工业和信息化部、中华全国总工会、中国机械工业联合会联合举办了第五届全国数控技能大赛暨第 42 届世界技能大赛选拔赛并取得圆满成功。根据《关于举办第五届全国数控技能大赛暨第 42 届世界技能大赛选拔赛的通知》（人社部函［2012］283 号）有关规定，我部决定授予孟庆津等 26 名在第五届全国数控技能大赛中取得优异成绩的选手“全国技术能手”荣誉称号，并颁发奖章、奖牌和证书。

希望受表彰的个人以这次获得的荣誉为新的起点，戒骄戒躁，不断学习新知识、掌握新技能、创造新业绩，积极参与技术革新与项目攻关，主动发挥传帮带的示范引领作用。希望广大劳动者向受表彰的“全国技术能手”学习，立足工作岗位，刻苦钻研技术，努力提高技能水平。希望各地区、各行业部门认真贯彻落实党的十八大精神，以邓小平理论、“三个代表”重要思想、科学发展观为指导，大力实施人才强国战略，加强职业技能培训，广泛开展职业技能竞赛活动，为我国高技能人才队伍建设和全面建成小康社会作出新的更大贡献。

附件：第五届全国数控技能大赛授予全国技术能手荣誉称号人员名单（略）

人力资源和社会保障部关于表扬第42届世界技能大赛获奖选手和为参赛工作做出贡献的单位及个人的决定

（人社部函［2013］173号　2013年8月20日）

各省、自治区、直辖市及新疆生产建设兵团人力资源社会保障厅（局），国务院有关部门（行业组织、集团公司）人事劳动保障工作机构：

2013年7月2日至7日，第42届世界技能大赛在德国莱比锡举行。我国派代表团参加了数控车等22个项目比赛，并取得1枚银牌、3枚铜牌和13个优胜奖的优良成绩。根据《世界技能大赛参赛管理暂行办法》有关规定，人力资源社会保障部决定：

一、对第42届世界技能大赛美发项目银牌获得者胡已雪同志，予以通报表扬，并奖励人民币12万元（免税），由其所在地省级人力资源社会保障部门晋升技师职业资格。同时，对该项目技术指导专家组（含技术指导专家、教练和技术翻译）奖励人民币12万元（免税）。

二、对第42届世界技能大赛数控铣、制冷与空调、印刷媒体技术等3个项目铜牌获得者谢海波、冼星文、王东东等3名同志，予以通报表扬，并各奖励人民币8万元（免税），由其所在地省级人力资源社会保障部门晋升技师职业资格。同时，对3个项目的技术指导专家组（含技术指导专家、教练和技术翻译）各奖励人民币8万元（免税）。

三、对第42届世界技能大赛CAD机械设计等13个项目优胜奖牌获得者林泽生等17名同志，予以通报表扬，并各奖励人民币3万元（免税），由其所在地省级人力资源社会保障部门或所属行业主管部门晋升技师职业资格。同时，对13个项目的技术指导专家组（含技术指导专家、教练和技术翻译）各奖励人民币3万元（免税）。

四、根据有关规定，对第42届世界技能大赛银牌、铜牌和优胜奖牌获得者，将授予“全国技术能手”荣誉称号，其表彰纳入2014年第十二届全国高技能人才表彰活动。

五、对第42届世界技能大赛糖果/糕点制作等5个项目的参赛选手尤香玲等5名同志，予以通报表扬，并颁发荣誉证书，由其所在地省级人力资源社会保障部门或所属行业主管部门在现有职业资格等级基础上晋升一级职业资格。

六、对在第42届世界技能大赛参赛工作中做出突出贡献的中国冶金科工股份有限公司等22个集训基地，宋放之等84名技术指导专家、袁万宏等22名技术翻译、周树春等100名教练，予以通报表扬。

七、对在第42届世界技能大赛参赛工作中做出突出贡献的北京市人力资源和社会保障局等18个单位，予以通报表扬。

八、对第42届世界技能大赛参赛工作中给予赞助支持的广东三向教学仪器制造有限公司，予以通报表扬，并颁发纪念牌匾。

九、对第42届世界技能大赛入围集训选手肖俊等150名同志，予以通报表扬，并颁发荣誉证书，由其所在地省级人力资源社会保障部门或所属行业主管部门在现有职业资格等级基础上晋升一级职业资格。

希望受表扬的单位和个人珍惜荣誉、戒骄戒躁、再接再厉、锐意进取，充分发挥示范带头作用。希望广大企业职工和院校学生向受表彰的获奖选手学习，刻苦钻研技术，努力提高技能水平，争做国家经济建设需要的高技能人才。希望各地、各部门认真总结经验，切实加强职业培训工作，广泛组织开展技能竞赛活动，积极参与世界技能大赛参赛工作，为我国高技能人才队伍建设和全面建成小康社会作出更大贡献。

附件：第42届世界技能大赛获奖选手和为参赛工作做出突出贡献的单位及个人名单（略）

人力资源和社会保障部关于推荐第十二届中华技能大奖全国技术能手候选人和国家技能人才培育突出贡献候选单位候选个人的通知

（人社部发〔2013〕60号　2013年8月21日）

各省、自治区、直辖市及新疆生产建设兵团人力资源社会保障厅（局），国务院有关部门，有关中央企业：

根据《中华技能大奖和全国技术能手评选表彰管理办法》的有关规定，我部决定于2014年组织开展第十二届中华技能大奖、全国技术能手和国家技能人才培育突出贡献单位、个人评选表彰活动。现就有关事项通知如下：

一、本届表彰活动将在全国范围内表彰30名中华技能大奖获得者，300名全国技术能手，表扬100家国家技能人才培育突出贡献单位和80名国家技能人才培育突出贡献个人。

二、中华技能大奖候选人原则上从历届全国技术能手和具有高级技师职业资格人员中推荐。具备以下条件之一者，也可酌情推荐：获得国家科技进步奖或全国劳动模范、五一劳动奖章等奖项，并坚持在企业生产一线工作的高技能人才；在生产实践和工作岗位上贡献特别突出或实现重要发明创造的高技能人才；在国际、国内重大职业技能竞赛活动中取得优异成绩的高技能人才。

全国技术能手候选人从已取得省（行业）技术能手称号的人员中推荐产生。其中，各省（区、市）的人选应从本地省属（及以下）各类所有制企业中推荐，原则上不能推荐中央企业的人员。

国家技能人才培育突出贡献单位和个人，应从基层企业和技能人才培养院校中推荐产生，主要包括国家级高技能人才培养示范基地、技工院校等职业院校、企业技能人才评价试点企业等。其中，个人应从企业生产一线员工、技能人才培养院校教师、各类培训机构和基层企业从事技能人才培养工作者中推荐。

三、各地、各有关部门可推荐1～2名中华技能大奖候选人。全国技术能手候选人在我部分配名额基础上，可再报1人作为后备人选。国家技能人才培育突出贡献候选单位可推荐1～2家。国家技能人才培育突出贡献候选个人原则上每单位可推荐1人。各地、各有关部门要严格把关，对推荐的中华技能大奖、全国技术能手候选人和国家技能人才培育突出贡献候选单位、候选个人排出优先顺序，并填写推荐表。此前已获奖的个人或单位不再参与推荐申报。各地、各有关部门在推荐申报过程中要加强沟通协调，避免重复推荐。

四、对各地、各有关部门推荐的人选，我部将组织专家评议，网上公示后予以确定。

五、请各地、各有关部门按本通知要求，尽快组织落实相关工作，并将负责此项工作的联系人及联系方式填写《联系方式情况表》（见附件5），于2013年9月30日前报我部全国技能人才评选表彰办公室。中华技能大奖、全国技术能手候选人和国家技能人才培育突出贡献候选单位、候选个人的相关材料请于2014年2月28日前函报我部全国技能人才评选表彰办公室，逾期申报无效。在组织开展评选工作中，如有问题，请及时与我部联系，并可通过我部网站（www.mohrss.gov.cn）和中国就业培训技术指导中心官网（www.cettic.gov.cn）查询相关信息。

六、为进一步跟踪了解中华技能大奖和全国技术能手获得者的最新情况，我部决定在今后每次布置推荐评选表彰活动的同时，对中华技能大奖和全国技术能手获得者进行动态摸底。请各地、各有关部门认真填写本地区（部门）历届中华技能大奖、全国技术能手获得者情况表（见附件6），于2013年11月30日前函报我部职业能力建设司（联系地址：北京市东城区和平里中街12号，邮编：100716）。

七、联络方式

联系人：李晓菲　宋晨曦　张达

联系电话：(010) 84661076　84661073　84207444

传真：(010) 84661070

电子邮箱：biaozhang2013@163. com

邮政编码：100101

联系地址：北京市朝阳区育慧路 3 号（人力资源社会保障部全国技能人才评选表彰办公室）

附件：

1. 全国技术能手名额分配表（略）
2. 中华技能大奖和全国技术能手候选人推荐表（略）
3. 国家技能人才培育突出贡献候选单位推荐表（略）
4. 国家技能人才培育突出贡献候选个人推荐表（略）
5. 联系方式情况表（略）
6. 历届中华技能大奖、全国技术能手获得者情况表（略）

人力资源和社会保障部关于确定第 43 届世界技能大赛中国集训基地的通知

（人社部函［2014］31 号　2014 年 2 月 28 日）

各省、自治区、直辖市及新疆生产建设兵团人力资源社会保障厅（局），国务院有关部门（行业组织、集团公司）人事劳动保障工作机构：

为做好第 43 届世界技能大赛参赛各项工作，经研究决定，中国冶金科工股份有限公司等 21 个单位为第 43 届世界技能大赛中国集训基地。

希望各集训基地认真履行职责，切实做好集训各项工作，为确保我国选手在第 43 届世界技能大赛中展示精湛技能，取得优异成绩，为国争光作出应有的贡献。

附件：第 43 届世界技能大赛中国集训基地名单（略）

人力资源和社会保障部关于组织开展2014年中国技能大赛的通知

（人社部函［2014］42号　2014年3月24日）

各省、自治区、直辖市及新疆生产建设兵团人力资源社会保障厅（局），国务院有关部门（行业组织、集团公司）人事劳动保障工作机构：

为深入贯彻党的十八大和十八届三中全会精神，落实《国家中长期人才发展规划纲要（2010—2020年）》，推动我国高技能人才队伍建设，我部决定组织开展2014年中国技能大赛。现就有关工作安排及要求通知如下：

一、总体思路

2014年中国技能大赛以“打造全国职业技能竞赛品牌，全面服务世界技能大赛参赛工作”为主题，进一步完善现有职业技能竞赛制度，提升技能竞赛技术标准和组织管理水平，把当前工作和长远发展结合起来，使2014年职业技能竞赛工作既满足当前产业发展对高技能人才的需求，也满足第43届世界技能大赛参赛准备工作的需要，并以国内技能竞赛和世界技能大赛协调发展为目标，全力抓好第43届世界技能大赛参赛选手选拔工作。今后，每逢双年7月份，我部将组织开展“中国技能大赛——世界技能大赛全国选拔赛”竞赛月活动。通过打造全国技能竞赛品牌和相对固定竞赛时间，扩大职业技能竞赛影响，加大宣传力度，充分发挥职业技能竞赛在培养和选拔高技能人才中的引领示范作用，大力营造技能人才成长发展的良好社会氛围。

二、活动内容

（一）组织开展国家级一类竞赛7项；

（二）依托行业部门、中央企业组织开展国家级二类竞赛37项；

（三）组织参加第38届亚洲发型化妆大赛；

（四）各地区可结合高技能人才培养工作的实际需要，组织开展省级职业技能竞赛活动。

三、组织实施

（一）统筹规划，组织实施好各类竞赛活动。

2014年纳入我部计划并由各行业、企业举办的各类职业技能竞赛统称为“2014年中国技能大赛”。各行业部门（集团公司）举办的国家级一、二类竞赛，应冠以“2014

年中国技能大赛——×××职业技能竞（大）赛”名称，主、承办单位应做好与全国竞赛活动的统筹衔接，在发文、宣传时体现“2014年中国技能大赛”的名称及标识，竞赛组织形式和实施方式保持不变。

各地区组织开展的省级职业技能竞赛活动报人力资源社会保障部备案。备案的省级竞赛活动应冠以“2014年中国技能大赛×××省×××职业技能竞（大）赛”名称。

（二）全力办好“2014年中国技能大赛——第43届世界技能大赛全国选拔赛”。

第43届世界技能大赛将于2015年8月在巴西圣保罗市举办，我国将组团参赛并力争取得好成绩。参赛工作时间紧、任务重，各地区、各行业部门（集团公司）要按照我部统一部署，抓紧组织本地区、本行业部门（集团公司）的选手选拔工作，并积极组织参加“2014年中国技能大赛——第43届世界技能大赛全国选拔赛”（简称“中国技能大赛”）。各有关部门、单位，要牢固树立大局意识，一切从国家荣誉出发，积极争取人力、物力、财力等各方面支持，全面做好“中国技能大赛”相关项目的组织实施工作。

四、奖励措施

（一）国家级一类竞赛

对各职业（工种）决赛获前5名且为职工身份的选手，经我部核准后，授予“全国技术能手”荣誉称号，由所在地人力资源社会保障部门或行业主管部门晋升技师职业资格。已具有技师职业资格的，可晋升高级技师职业资格。

对各职业（工种）决赛获第6～20名的选手，由所在地人力资源社会保障部门或行业主管部门晋升高级工职业资格。已具有高级工职业资格的，可晋升技师职业资格。

根据《世界技能大赛参赛管理暂行办法》相关规定，对于“中国技能大赛”各项目选拔出的集训选手（具体人数根据项目要求确定，一般不少于参赛选手数量的3倍），由组委会秘书处颁发荣誉证书，并在现有职业资格等级基础上晋升一级职业资格，由相关职业资格认定机构颁发职业资格证书。对于“中国技能大赛”相关比赛项目中职工身份的优秀选手，我部将根据项目特点和比赛实际，按照国家级一类竞赛相关规定授予“全国技术能手”荣誉称号。

（二）国家级二类竞赛

对各职业（工种）决赛获前3名且为职工身份的选手，经我部核准后，授予“全国技术能手”荣誉称号，由所在地人力资源社会保障部门或行业主管部门晋升技师职业资格。已具有技师职业资格的，可晋升高级技师职业资格。

对各职业（工种）决赛获第4～15名的选手，由所在地人力资源社会保障部门或行业主管部门晋升高级工职业资格。已具有高级工职业资格的，可晋升技师职业资格。

（三）地方、行业部门（集团公司）竞赛

各地区、各行业部门（集团公司）可根据各地、各行业部门（集团公司）相关规定，结合实际情况，对获奖选手和单位给予相应奖励。

（四）第38届亚洲发型化妆大赛

对获得综合性项目金牌的选手（学生选手除外），符合我部有关规定并经核准后，授予“全国技术能手”荣誉称号。

五、工作要求

（一）务求实效，切实提升竞赛工作质量。

各地、各行业部门（集团公司）应在我部指导下精心组织，认真制定竞赛实施方案，要严格按照国家职业技能标准高级工《国家职业资格三级》以上技能要求命题，保证竞赛技术工作质量；要健全竞赛质量监督保证制度，确保竞赛活动安全有序、公平公正；要在确保当前竞赛工作质量基础上，结合竞赛职业（工种）长远发展需要，积极探索引进世界技能大赛相关技术标准、安全规则、竞赛管理制度等，推动国内竞赛与世界技能大赛相互促进、协调发展；要适时总结竞赛工作，组织竞赛技术交流研讨，分享展示竞赛成果经验，推动竞赛所涉领域技术创新和技能水平提升。各地、各行业部门（集团公司）要坚持勤俭节约原则，避免形式主义和奢侈浪费，务求工作实效，确保竞赛活动按时完成。

（二）大力宣传，积极开展职业技能竞赛月活动。

各地区、各行业部门（集团公司）要加大宣传力度，充分利用广播、电视、报刊、网络等新闻媒体，集中开展全国职业技能竞赛月活动，大力宣传职业技能竞赛在我国高技能人才培养、选拔和激励等方面发挥的重要作用，宣传我国加入世界技能组织和参加世界技能大赛的重要意义，树立技能人才成长成才典型，引领广大劳动者立足本职，钻研新技术、掌握新技能、争创新业绩，带动更多劳动者走技能成才之路。

附件：2014年中国技能大赛计划安排表（略）

人力资源和社会保障部关于举办2014年中国技能大赛——第43届世界技能大赛全国选拔赛的通知

（人社部函［2014］57号　2014年4月21日）

各省、自治区、直辖市及新疆生产建设兵团人力资源社会保障部厅（局），国务院有关部门（行业组织、集团公司）人事劳动保障工作机构：

根据《人力资源社会保障部关于组织开展2014年中国技能大赛的通知》（人社部函［2014］42号），为做好第43届世界技能大赛我国参赛选手选拔、集训工作，全力备战第 43 届世界技能大赛，我部将举办 2014 年中国技能大赛——第 43 届世界技能大赛全国选拔赛（以下简称全国选拔赛）。现将有关事项通知如下：

一、组织工作

人力资源社会保障部统一组织全国选拔赛工作，各地区和行业组织（集团公司）在相对集中的时间内具体组织实施。我部成立全国选拔赛组委会（见附件 1），负责全国选拔赛的组织领导、统筹管理和总体安排，制定《2014 年中国技能大赛——第 43 届世界技能大赛全国选拔赛竞赛技术规则》（以下简称《竞赛技术规则》，见附件 2）。有条件承办全国选拔赛项目比赛任务的地区和行业组织（集团公司）设立赛区，成立赛区组委会，在全国选拔赛组委会领导下，按照《竞赛技术规则》要求，具体组织实施全国选拔赛各项目比赛工作。

（一）全国选拔赛组委会由我部相关部门、承办全国选拔赛项目比赛任务的地方人力资源社会保障部门（以下简称“人社部门”）和行业组织（集团公司）人事劳动保障工作机构组成。全国选拔赛组委会设秘书处、技术工作委员会和监督仲裁委员会。秘书处设在我部职业能力建设司，负责全国选拔赛日常协调和综合管理工作。技术工作委员会设在中国就业培训技术指导中心，负责全国选拔赛技术指导工作。监督仲裁委员会由我部职业能力建设司、中国就业培训技术指导中心、直属机关党委（纪委）、驻部监察局及相关专家组成，负责赴各赛区巡视和监督比赛，对各赛区或代表队上报反映的问题提出处理意见。

（二）赛区组委会由各赛区省级人社部门或行业组织（集团公司）人事劳动保障工作机构牵头成立，在全国选拔赛组委会领导下，负责本赛区全国选拔赛相应项目比赛的组织实施工作，并确保比赛的公平、公正性。各赛区组委会可按照《竞赛技术规则》要求，设置相应实施机构。

二、比赛安排

（一）全国选拔赛各项目比赛将集中在 2014 年 5 月至 8 月举行。比赛时间、比赛地点等安排见《2014 年中国技能大赛——第 43 届世界技能大赛全国选拔赛安排表》（附件 3，具体安排详见各赛区组织工作方案）。

（二）全国选拔赛比赛项目、选手条件、报名方式及要求等见《竞赛技术规则》。各地区、各行业按照《竞赛技术规则》要求审查选手条件，并于正式比赛前 4 周将《2014 年中国技能大赛——第 43 届世界技能大赛全国选拔赛参赛选手报名汇总表》（见附件 4）一式 2 份报送至各赛区组委会审核，同时报送全国选拔赛组委会技术工作委员会备案。

（三）全国选拔赛各项目比赛由各赛区组委会组织实施。比赛期间，全国选拔赛组委会将派工作人员赴各赛区巡视、监督和指导比赛工作。

三、工作要求

（一）各赛区要坚持公开、公平、公正原则组织选拔赛，通过赛区组委会对选拔赛全过程实施控制与管理，确保全国选拔赛比赛过程科学合理、比赛结果公平公正。各赛区应按照我部通知要求，尽快组建工作实施机构，拟定组织工作方案，确定各比赛项目裁判长，上报全国选拔赛组委会秘书处。同时，要抓紧组织有关专家研究制定本赛区各比赛项目技术工作文件，上报全国选拔赛组委会技术工作委员会。我部最迟于正式比赛前4周，在中国就业培训技术指导中心网站（www. cettic. gov. cn）上公布各赛区组织工作方案和各比赛项目技术工作文件。

（二）各参赛代表队要按照我部通知及各赛区组织工作方案、各比赛项目技术工作文件等相关要求，按时完成参赛报名工作。比赛期间，要严格管理参赛队选手及相关人员，遵守比赛各项规定。

（三）各参赛代表队应按照《竞赛技术规则》要求，推荐裁判人员，参加赛前培训，参与技术交流讨论。参加裁判工作的人员须熟悉业务，并公正执裁。

（四）各参赛代表队选手及相关人员参赛往返路费和食宿费自理，各赛区不得以任何名目向参赛代表队收取任何费用。

（五）企业或社会组织自愿赞助全国选拔赛各赛区比赛的，应严格按照赛区所在地（或所属行业组织、集团公司）相关规定和财务制度执行，并由赛区组委会纳入统一管理。

四、奖励政策

根据《世界技能大赛参赛管理暂行办法》相关规定，对于全国选拔赛各项目选拔出的集训选手（具体人数根据项目要求确定，一般为参赛选手数量的3倍），由世界技能组织中国组委会秘书处颁发荣誉证书，并在现有职业资格等级基础上晋升一级职业资格，由相关职业资格认定机构颁发职业资格证书。对于全国选拔赛相关比赛项目中职工身份的优秀获奖选手，我部将根据项目特点和比赛实际，按照国家级一类竞赛相关规定授予“全国技术能手”荣誉称号。

五、联系方式

（一）全国选拔赛组委会秘书处

联系人：刘璐璐、刘新昌

联系电话：（010）84208446、84207446

传真号码：（010）84207446

（二）全国选拔赛组委会技术工作委员会

联系人：张雷、李克、牟军、贾伟一

联系电话：（010）84661074、84661077、84661353、84661071

传真号码：(010) 84661070

电子邮件：worldskills _ cn@163. com

附件：

1. 2014年中国技能大赛——第43届世界技能大赛全国选拔赛组委会名单

2. 2014年中国技能大赛——第43届世界技能大赛全国选拔赛竞赛技术规则

3. 2014年中国技能大赛——第43届世界技能大赛全国选拔赛安排表（略）

4. 2014年中国技能大赛——第43届世界技能大赛全国选拔赛参赛选手报名汇总表（略）

附件1：

2014年中国技能大赛——第43届世界技能大赛全国选拔赛组委会名单

一、组委会主任

王晓初　人力资源社会保障部副部长

二、组委会副主任

张立新　人力资源社会保障部职业能力建设司司长
刘　康　中国就业培训技术指导中心主任

三、组委会委员

刘　丹　人力资源社会保障部职业能力司建设司副司长
袁　芳　中国就业培训技术指导中心副巡视员
陈　付　住房和城乡建设部人事教育司副巡视员
李宏葵　国家新闻出版广电总局人事司副司长
陈　蓓　北京市人力资源社会保障局副局长
于茂东　天津市人力资源社会保障局副局长
赵新喜　河北省人力资源社会保障厅副厅长
张　岚　上海市人力资源社会保障局副局长
刘小群　江苏省人力资源社会保障厅副厅长
仉贻泓　浙江省人力资源社会保障厅副厅长
郑朝阳　广东省人力资源社会保障厅副厅长
吕经建　重庆市人力资源社会保障局副局长

张光伟　四川省人力资源社会保障厅副厅长
周　彬　中国航空工业集团公司人力资源部副部长
吴　涛　中国建筑业协会副会长兼秘书长
曲德森　中国印刷技术协会副会长兼秘书长

四、秘书长

刘　丹（兼）

五、技术工作委员会主任

袁　芳（兼）

六、监督仲裁委员会

主　任：刘　丹（兼）
副主任：孙　剑　人力资源社会保障部直属机关纪委办公室主任
　　　　段元堂　中纪委监察部驻部纪检组监察局办公室副主任

附件 2：

2014 年中国技能大赛——第 43 届世界技能大赛全国选拔赛竞赛技术规则

为举办好 2014 年中国技能大赛——第 43 届世界技能大赛全国选拔赛（以下简称全国选拔赛），选拔优秀选手参加集训，全力备战第 43 届世界技能大赛，我部特制定全国选拔赛竞赛技术规则。

第一部分　总 体 要 求

一、主要目标。参照世界技能大赛技术标准，选拔优秀选手入围国内集训，为最终选出最优秀选手参加第 43 届世界技能大赛奠定基础。同时，通过全国选拔赛，使参赛选手、裁判等相关人员熟悉世界技能大赛技术要求，了解相关职业领域技术技能发展趋势，促进国内技能竞赛和技能人才培养工作科学和可持续发展。

二、竞赛项目。全国选拔赛比赛项目为：数控车、数控铣、CAD 机械设计、焊接、美发、网站设计、机电一体化、制造团队挑战赛、飞机维修、建筑金属构造、汽车技术、车身修理、汽车喷漆、砌筑、瓷砖贴面、信息网络布线、空调制冷、塑料模具工程、印刷媒体技术、电气装置、综合机械/自动化、电子技术、工业控制、平面设计技术、网络系统管理、商务软件解决方案、时装技术、餐厅服务等 28 项。

三、选拔形式。全国选拔赛在各地方和有关行业组织（集团公司）选拔赛基础上，采取集中加分散的形式组织开展，即由我部统一组织领导，在相对集中的时间内，由不同地方和行业组织（集团公司）具体组织实施。

四、基本原则。全国选拔赛遵循以下原则组织实施。

（一）国际标准原则。参照世界技能大赛技术要求，借鉴世界技能大赛有益做法，结合国内竞赛成功经验和实际情况组织实施全国选拔赛。

（二）选拔确定原则。全国选拔赛以比赛方式选拔确定各项目优秀选手入围参加集训。

（三）公平公正原则。承办全国选拔赛各项目比赛任务的地区、行业要按照本竞赛技术规则要求，严控各项目比赛技术关键环节，精心组织实施。其他组队参赛的地区、行业可按规定参与试题确定、评判和监督等工作，确保比赛公平、公正。

（四）技术引领原则。各赛区要充分发挥裁判人员的专业技术优势，使其在比赛过程中按要求独立行使权力，落实各项技术要求，发挥引领作用。

第二部分　组 织 机 构

五、领导机构。我部成立全国选拔赛组委会，负责全国选拔赛的组织领导、统筹管理和总体安排。全国选拔赛组委会由我部相关部门及承办各项目比赛任务的地方人社部门和行业组织（集团公司）人事劳动保障工作机构共同组成，下设秘书处、技术工作委员会和监督仲裁委员会。

秘书处设在我部职业能力建设司，负责全国选拔赛日常协调和综合管理工作。技术工作委员会设在中国就业培训技术指导中心，负责全国选拔赛技术指导工作。监督仲裁委员会由我部职业能力建设司、中国就业培训技术指导中心、直属机关党委（纪委）、驻部监察局及相关专家组成，负责赴各赛区进行巡视、监督和指导比赛，对各赛区或代表队上报反映的问题提出处理意见。

六、实施机构。全国选拔赛组委会在有条件的地方、行业设立赛区，成立赛区组委会。赛区组委会由各赛区人力资源社会保障厅（局）或人力资源社会保障工作机构牵头组成，在全国选拔赛组委会的领导下，负责本赛区比赛的具体组织实施，并确保本赛区比赛公平、公正。赛区组委会设置职责明确、分工协作的实施机构。

（一）办公室。承担赛区组委会各项目比赛的具体组织、日常管理、沟通协调和宣传等工作。办公室应明确负责人，并由若干名成员组成。

（二）裁判组。按比赛项目分别成立裁判组，每个项目裁判组设裁判长 1 名，裁判员若干名。裁判组在裁判长带领下，负责比赛各环节的技术工作。裁判组接受本赛区组委会的组织领导，同时接受全国选拔赛组委会技术工作委员会的业务指导。

需要对比赛结果进行检测评判的项目，各赛区应委托国家有关部门认定的第三方专业检测机构成立检测组，检测并出具独立检测报告。

（三）竞赛保障组。负责本赛区后勤保障和技术保障。

1. 后勤保障组负责为参赛选手和工作人员提供比赛期间的生活、工作出行、健康等方面保障，维护赛场公共秩序并提供赛场服务等，保证比赛安全有序进行。后勤保障组应明确负责人并由若干成员组成。

2. 技术保障组根据比赛的技术要求，负责安排比赛场地、设施设备、材料工具等，为比赛提供相应的技术保障。在比赛过程中，技术保障组尽可能为每个比赛项目都安排专人，保证赛场设施、设备和竞赛所用相关材料的正常运行及使用。技术保障组由熟悉比赛设备、场地情况的专业技术人员组成，并应明确负责人。

（四）赛区监督仲裁工作组。赛区监督仲裁工作组由各赛区组委会安排相关管理人员会同各参赛代表队负责人、各项目裁判长组成。有条件的，可由独立的第三方组成监督仲裁工作组。其职责是，按照利益相关方回避的原则组成仲裁小组，负责处理本赛区违背公平、公正原则的行为，接受本赛区各参赛代表队的书面申诉并进行仲裁，将违规处理及仲裁结果记录在案，报全国选拔赛组委会监督仲裁委员会备案。各赛区监督仲裁工作组应明确负责人，并接受赛区组委会的领导，业务上接受全国选拔赛组委会监督仲裁委员会的指导。由第三方组成的赛区监督仲裁工作组，其名单要在本赛区组织工作方案中公布。

（五）其他机构。各赛区可根据具体情况，分设上述机构，或成立其它保障比赛安全顺利、公平公正实施的机构。

第三部分　裁判人员

七、基本条件。参加全国选拔赛技术工作的裁判人员，应具备以下条件。

（一）思想品德优秀，身体健康。

（二）国内开展过职业技能竞赛的项目，裁判长应具有较强的组织协调能力，处理问题公平、公正。从事本职业（项目）技术工作 15 年以上。具有本职业（项目）高级技师职业资格或副高级及以上专业技术职务，且在本职业（项目）领域具有一定的影响力。参与过省级以上职业技能竞赛相关技术工作，具备国家职业技能竞赛裁判员资格或世界技能大赛执裁经验者优先。

国内开展过职业技能竞赛的项目，裁判员应具有团队合作、秉公执裁等基本素养，具有本职业（项目）技师及以上职业资格或中级及以上专业技术职务。有省级以上职业技能竞赛相关技术工作经历且在省级选拔中担任技术专家的，或具备国家职业技能竞赛裁判员资格者优先。

（三）国内未开展过职业技能竞赛的项目，可参照前述基本条件在相关职业（领域）推荐经验丰富、专业能力强的人员担任裁判长或裁判员。

八、裁判人员产生。裁判长由全国选拔赛组委会商各赛区组委会，依据前述条件，在各行业、各地区推荐的人选中选定。裁判员由每个参赛地区或行业（以下简称各代表队）依据前述条件选派。根据各项目参赛队数量和裁判要求，每项目至少选派 1 名裁判员。

各代表队须填写裁判员推荐表一式 2 份（见附表 1），最迟在各项目比赛前 3 周报赛区组委会，同时报全国选拔赛组委会技术工作委员会备案。

九、工作要求。全国选拔赛期间，各项目裁判人员应按照以下要求开展工作。

（一）各项目裁判长。

1. 按时、认真完成本项目技术工作文件的编制工作。

2. 带头坚持并维护公平公正原则，遵守保密纪律，不得透露影响比赛公平公正的技术信息。

3. 在推荐本项目参赛选手时，应严格把握公平、公正的原则，推荐高素质选手参加比赛。

4. 按照全国选拔赛组委会要求和赛区组委会安排，做好本项目裁判员的赛前培训，主持本项目网上论坛。

5. 组织全体裁判员做好本项目评判和相关技术工作。

（二）各项目全体裁判员。

1. 严格执裁，公平公正，不徇私舞弊。

2. 参加赛前培训和网上论坛，了解掌握比赛各项技术规则、要求，做好设备、设施、场地等方面的检测确认工作。

3. 服从裁判组技术工作安排，认真做好本职工作。

4. 认真参与各项技术工作，对有争议的问题，积极提出客观、公正、合理的意见建议。

5. 坚守岗位，不迟到、早退，合理安排个人工作、生活与比赛执裁时间，保证执裁工作正常进行。

十、裁判人员管理。各赛区组委会根据本规则要求，对裁判人员进行管理。

（一）对各代表队推荐的裁判员进行资格审核。

（二）各赛区组织开展技术工作前，应组织本赛区各项目裁判长签署《2014 年中国技能大赛——第 43 届世界技能大赛全国选拔赛裁判人员工作责任书》（以下简称《责任书》，样例见附表 2）；在比赛前组织培训时，应组织本赛区裁判员签署《责任书》。凡赛前未签署《责任书》的，不得从事执裁工作。该《责任书》由各赛区存档备查。

（三）比赛前，各赛区组委会按要求组织对裁判员进行赛前培训和技术交流。全国选拔赛组委会在中国就业培训技术指导中心网站上开通网上论坛，便于各项目裁判人员技术交流。全国选拔赛组委会技术工作委员会将向各项目裁判长及各代表队推荐的裁判员配发登录论坛的账号和密码。

（四）比赛结束时，各赛区组委会按要求组织裁判长与裁判员填写《2014 年中国技能大赛—第 43 届世界技能大赛全国选拔赛裁判人员评估表》（见附表 3），进行双向工作评估，评估结果交全国选拔赛组委会技术工作委员会，作为此次裁判人员工作表现评价参考。

（五）比赛结束后，各赛区组委会应填写《2014 年中国技能大赛——第 43 届世界技能大赛全国选拔赛裁判人员资格审核汇总表》（见附表 4），报全国选拔赛组委会技术工作委员会备案。全国选拔赛组委会技术工作委员会根据汇总表，通过裁判人员推荐地区、行业，向其颁发由全国选拔赛组委会统一印制的裁判员执裁证明。对未参加赛前培训的、未签署《责任书》的以及比赛期间被投诉并经查实处理的裁判人员不予颁发执裁证明。

第四部分　竞赛前期准备

十一、拟定组织工作方案。由各赛区组委会拟定全国选拔赛各赛区组织工作方案。

（一）组织工作方案具体内容包括：赛区组委会组成及人员名单，选拔赛项目名称，各项目裁判长人选，各项目比赛地点安排，各地区、各行业报名名额分配计划，比赛各项工作总体时间安排，各项目入围集训的选手名额（根据本项目参赛选手数量及集训要求等确定，原则上应在全国选拔赛本项目参赛选手 3 倍以上），第三方监督仲裁工作组人员名单，组委会办公室具体工作联系人及联系方式，比赛相关要求等。

（二）各赛区组委会将拟定的组织工作方案不晚于比赛正式开始前 4 周报全国选拔赛组委会备案并予以公布。

十二、拟定各项目技术工作文件。在各赛区组委会领导下，由各项目裁判长具体牵头，会同竞赛保障组、裁判组等拟定选拔赛项目技术工作文件。

（一）选拔赛项目技术工作文件具体内容。

1. 各项目技术描述。主要包括对本项目考核目的；选手需具备的能力；需完成的基本工作任务的描述；对本项目考核要点的介绍；各项目比赛场地面积、工位安排等方面的技术要求；比赛设备和工具的数量、技术参数、品牌要求；配套设施要求；选手自带工具清单等。

2. 各项目比赛试题。全国选拔赛不单独进行理论考试，各项目在确保公平、公正的前提下，采取以下三种方式之一确定并公布试题。

（1）凡可以提前公布试题的，以第 42 届或第 43 届世界技能大赛试题为基础，结合国内普遍水平和比赛场地、技术设备、工具材料状况等，采取由裁判长组织命制或向各代表队征集试题并审核的方式确定本项目比赛试题和评分标准。试题将随本项目技术描述等文件一并公布。

（2）凡在临赛前需对试题样题的部分内容进行调整的项目，可在公布技术描述时公布试题样题。比赛试题由裁判长结合赛场设备、材料状况，在赛前对已公布的试题样题进行不超过 30%的修改，演变出至少 2 套备选试题，在赛区监督仲裁工作组监督下，临赛前组织本项目全体裁判员投票或采取抽签方式确定最终比赛试题。裁判长应对最终比赛试题签字确认。最终比赛试题应于正式比赛开始时公布实施。

(3) 凡在赛前需要严格保密试题的项目，可采取提前公布样题的方式使选手明确比赛基本思路。同时，可由赛区组织相关项目裁判长，参照本项目世界技能大赛试题命制方法并结合国内保密工作管理要求，制定切实可行的保密工作程序命制试题，做好试题保密工作，确保比赛公平、公正。最终比赛试题应于正式比赛开始时公布实施。

3. 各项目竞赛细则。主要包括各项目的具体比赛工作流程要求（如比赛全过程时间安排、试题的最终确定、裁判人员分工及评判方式、选手工具携带及检查要求等），比赛纪律（包括比赛期间选手、裁判人员应遵循的各项比赛纪律），以及对违反比赛纪律的具体处理规定等。

4. 安全、健康规定。各赛区协调裁判组会同竞赛保障组，依据国家安全生产相关的法律法规，结合每个项目的特点和工作要求，对本项目比赛过程中选手的操作安全规程、选手及相关人员个人防护措施、各赛场安全健康设施的安排，发生问题时的正确处理方法等方面提出明确具体的要求。

（二）各赛区组委会应汇总本赛区各项目技术工作文件并保证不晚于比赛正式开始前4周报全国选拔赛组委会备案，并由全国选拔赛组委会技术工作委员会公布。其中，凡需要通过第三方检测最终确定比赛成绩的项目，应在公布技术文件时一并公布，并明确具体检测内容。

十三、落实比赛场地及设备、设施，材料工具等。各赛区组织裁判长会同保障组，认真沟通，充分协商，还可充分利用网上论坛进行技术交流沟通，尽早确定并落实比赛场地及设备、设施、工具、材料等。有条件的赛场配备电子监控设备，保存比赛音像资料待查。

（一）比赛场地尽可能相对集中，并根据比赛项目需要保证比赛用水、用电、用气等各方面畅通和安全。有条件的赛区，还可根据项目特点，设计安排开放式场地，组织职业院校教师、学生等参观学习，在赛场内设置明显标志，划分比赛区域和参观通道及参观者休息区域。同时应安排服务人员，确保赛场安全及比赛秩序正常。

（二）比赛设施设备的确定应充分考虑目前国内的基本情况和赛区实际，在保证通用性的同时，须满足按照技术文件要求，对选手技术技能要点考查的需要。有条件的，可准备技术条件与世界技能大赛使用设备性能与技术标准相近的设备进行比赛。需要第三方通过专业检测最终确定比赛成绩的竞赛项目，须按照检测的专业要求设定专门检测场地、设备，以满足检测的技术需要。各赛区不得因使用赞助设备、工具、材料等而影响比赛的公平、公正性。

（三）各赛区应准备充足的原材料和比赛耗材，以满足各比赛项目需要。需要各地、各行业参赛选手自备的工具、设备、材料等，要在选手自备工具清单中明确写出标明。凡未在选手自备工具清单中明确写出标明的工具、设备、材料等，选手一律不得带入赛场。

十四、选手报名。参赛选手符合基本条件，采取地方、行业组织报名和专家推荐两种方式报名参赛。

（一）选手条件。凡 1993 年 1 月 1 日以后出生（机电一体化、信息网络布线、飞机维修、制造团队挑战赛等 4 个项目的选手为 1990 年 1 月 1 日以后出生）的人员，思想品德优秀、身心健康，具备相应职业（专业）扎实的基本功和技能水平，且有较强学习领悟能力，良好的身体素质、心理素质及应变能力的人员，均可报名参加。

（二）报名方式及要求。

1. 地区、行业组织报名。各地区、各行业可根据省（行业）选拔赛结果，按照各赛区组织工作方案确定的各项目比赛报名名额报名。第 42 届世界技能大赛参赛选手选派地区或行业，对应该选手参赛项目可增加 1 个名额。承担全国选拔赛比赛任务的各赛区，对应所承担的每个项目可增加 1 个名额。

在 2014 年其他国家级竞赛有关文件中已对参加第 43 届世界技能大赛后备选手选拔有明确要求的，可按文件规定，推荐相应数量选手参加全国选拔赛。

2. 专家推荐。经各赛区组委会确认的各项目裁判长，可按照赛区组织工作方案要求，推荐不超过 2 名（2 队）本项目参赛选手。

（三）报名时间。各地区、各行业按照前述条件及要求对选手审核后，于开赛前 4 周将本地区、行业各参赛项目的选手名单报至各赛区组委会，同时报送全国选拔赛组委会技术工作委员会备案。

第五部分　赛 前 工 作

全国选拔赛各项目裁判人员，各代表队负责人、选手应根据各赛区要求提前到达赛场，做好相应的赛前准备工作，保证比赛顺利进行。

十五、裁判员赛前培训。裁判员在各赛区组委会的统一组织下，在比赛开始前进行培训。培训时间原则上不少于 6 小时，具体由各赛区根据各项目情况确定。培训内容包括全国选拔赛竞赛技术规则，赛区组织实施工作要求，各项目技术工作文件，特别是竞赛细则及评判标准、工作纪律等。

十六、确定比赛试题，检查调试设备。裁判人员对须调整的试题样题进行讨论、投票或抽签，以确定最终竞赛试题。裁判组会同保障组，检查赛场设备、设施准备和工具材料情况，对比赛设备进行调试。

十七、选手赛前准备。

（一）各代表队参赛选手到达后，应将自身携带的工具交由各项目裁判组统一检查，并由技术保障组安排专人妥善存放、保管。经检查合格的选手自带工具不得带出赛场。检查的具体时间和要求依据各赛区组织工作方案和各项目竞赛细则确定。

（二）各项目裁判组根据本项目特点，在比赛前安排全体选手熟悉比赛场地和设备，时间安排和要求依据各项目竞赛细则具体确定。选手熟悉场地、设备时，赛场内应有裁判组及技术保障组提供指导和服务。比赛前，要对选手进行竞赛规则和安全、健康规定培训，使选手了解竞赛规则要求和安全、健康规定。

（三）参赛选手在裁判长组织下，根据本项目特点在比赛前以抽签方式确定比赛顺序和比赛工位，并由裁判长当场宣布抽签结果。抽签的具体时间安排和要求在各项目竞赛细则中确定。各项目竞赛保障组配合做好相应工作。凡需要对比赛结果进行评判的项目，须对选手个人信息采取加密措施，每位选手抽签的顺序号是确定其比赛工位、对其实施评判、成绩登录的唯一依据。

第六部分　竞赛实施

十八、竞赛组织。

（一）各项目裁判员、选手、赛场保障组工作人员等，应严格按照各项目竞赛细则中规定的时间到达赛场，准时检录。选手未按时间检录，按各项目实施细则相关规定处理。

（二）各项目比赛时间（不含赛前工作）一般不超过 2 天，具体时间安排及要求在本项目技术文件中确定。比赛开始和结束时间，以各项目裁判长正式宣布为准。

（三）每一阶段（模块）比赛结束，需参赛选手离场的，各项目裁判组要在裁判长带领下，在技术保障组配合下，对每个工位的设备、设施、比赛工件（成果）、工具、材料等进行全面检查，确认无误后统一安排选手退场。须对计算机等设备进行初始化和参数还原的项目，裁判长要带领裁判员，在技术保障组的配合下，对参赛设备、计算机等进行初始化和参数还原，保证每场比赛前所有设备处于相同的环境和状态，后勤保障组要组织工作人员清空并关闭赛场。赛场关闭后，后勤保障组要安排专人进行看守，直至下一阶段比赛开始前。裁判组在技术保障组配合下，对各工位相关设备、设施再次检查确认无误为止。

（四）比赛过程中，裁判员要按照分工，依据评判标准和相关要求公平、公正评判，并对每位选手各比赛阶段（模块）的评判结果签字确认。无须对选手个人信息加密处理的项目，裁判员须实行回避制度，不得评判来自本代表队的选手。

需要对比赛结果进行检测的项目，由赛区组委会委托的检测组负责检测。检测应由裁判长和赛区监督仲裁组负责人共同确定至少 2 名来自不同代表队的裁判员监督下进行。

（五）在每一阶段（模块）比赛结束后，裁判长安排专人在本赛区监督仲裁组负责人监督下，进行比赛成绩的登录、汇总和统计工作。裁判长和赛区监督仲裁组负责人要对汇总后的成绩进行复核并签字确认。各项目成绩汇总、统计尽可能采用计算机管理手段进行。有条件的可采用 CIS（世界技能大赛竞赛信息系统）进行。

十九、赛场秩序。比赛期间，各赛区应按照以下要求维护赛场秩序，保证比赛顺利进行。

（一）有条件安排观摩的比赛项目，比赛区域内除裁判员、参赛选手外，其他人员一律不准进入。竞赛保障组工作人员、检测人员、监督仲裁巡视人员按各项目比赛相关规定进入比赛区域。比赛开始后，选手不得再与本代表队的任何人员进行交流、沟通，观摩人员不得与比赛区域内的任何人员交谈、沟通。

（二）各项目裁判组在选手报到、检录阶段，要按照本项目竞赛细则要求，对选手携带的工具等进行严格检查，避免选手违规携带物品进入赛场对比赛成绩造成影响。

（三）选手在比赛过程中不得擅自处理比赛设备、设施故障，不得擅自修改设备参数。如遇到相应问题，不论原因如何，应立即向裁判员报告（本代表队裁判员除外）并按照其要求进行处理。

（四）选手在比赛过程中，由于非本人违规操作等原因造成机器设备运转不正常中断比赛的，中断时间不计入选手正式比赛时间。机器设备恢复正常后，可根据故障或问题处理的具体时间，补足比赛时间。因个人原因导致机器设备故障而造成的比赛时间延误，应计入选手比赛时间并不予补偿。

（五）选手在比赛过程中生病或致伤的，应由各赛区组委会责成竞赛保障组妥善处理，并通知选手所在代表队负责人。参赛选手处理伤、病的时间计入其比赛时间。竞赛保障组应尽可能帮助选手尽快恢复比赛。生病或受伤选手处理后仍无法继续比赛的，其比赛成绩为已完成比赛部分的成绩。

二十、违规处理。比赛期间，选手及其代表队的其他人员如有违反比赛规则的行为，将采取以下处理措施。

（一）选手本人在比赛中出现了诸如擅自携带未经允许的工具、材料，未经允许向他人借用比赛工具、材料以及其他竞赛作弊和影响赛场秩序的行为，一经发现，将由裁判员提出警告，并由裁判员报告裁判长，依情节轻重酌情扣减分数直至取消比赛资格。

（二）如选手被发现擅自处理比赛设备，故意修改设备正常参数，为其他选手设置故障等问题，则立即取消该选手的比赛资格。

（三）各代表队的其他人员的违规行为如对其选手比赛成绩产生影响，将由裁判长组织全体裁判员讨论处理意见，根据各项目评判标准及本规则的基本要求，依情节轻重酌情对该队选手予以扣分直至取消比赛资格。

（四）各代表队的其他人员的违规行为无论对其选手比赛成绩是否产生影响，该违规人员均不得再进入赛场。同时，由赛区组委会责成其代表队负责人对其进行批评教育。情节严重的，由赛区组委会在本赛区进行通报批评。

（五）各项目对选手进行的相关违规违纪处理，应由裁判长记入《2014 年中国技能大赛——第 43 届世界技能大赛全国选拔赛选手违规处理登记表》（见附表 5），并及时向赛区监督仲裁组负责人通报。

第七部分　安全、健康

二十一、人员安全、健康要求。各代表队、各赛区要为全体参赛人员的安全健康提供保障，并要求全体参赛人员遵守各项目安全、健康规定。

（一）各代表队根据项目特点，在赛前要为本代表队参赛选手办理人身意外伤害保险。

（二）各赛区组委会应在比赛现场设置急救站（点），并配备相应的专业医务人员，随时处置比赛中出现的人员伤病问题。

（三）赛区组委会应统一为全体参赛人员安排符合食品安全要求的食品和饮料，以确保比赛过程中的饮食安全。任何选手和其他人员不得私自携带食品和饮料进入比赛工位。

（四）根据比赛需要进入比赛区域的各类人员，须根据各项目安全、健康规定的要求，事先采取相应的防护措施。

二十二、安全、健康设施安排。为保证全体参赛人员和观摩比赛人员的安全，各赛区组委会应在以下方面做好安全健康设施保障。

（一）在各比赛场地内，预留安全疏散通道，配备完备的灭火等应急处理设施，张贴安全操作及健康要求方面的明确规定，以及明确的现场紧急疏散指示图。同时，各赛区组委会工作办公室要事先制定应急处理预案，安排专人负责现场紧急疏导工作。

（二）各赛场应具有良好的照明和通风设备。易产生有害气体的特殊项目，应配有完善的排风和处理设施。对于易燃易爆物品、化学腐蚀物品以及有毒有害物品，应按照国家有关规定，在各项目安全、健康规定中明确管理措施，并随各项目竞赛实施细则一并公布。

第八部分　监督仲裁与争议处理

二十三、赛场监督。

（一）全国选拔赛组委会监督仲裁委员会在比赛期间，将安排工作人员赴各赛区对各比赛项目抽签、评判、成绩统计等关键环节进行巡视检查，掌握各赛区比赛公开、公平、公正性情况。

（二）各赛区监督仲裁组须安排人员参与比赛抽签、比赛成绩登录、比赛成绩公布等关键环节，监督各项目裁判人员及赛场工作人员是否秉公执裁或履行职责，并受理各代表队的书面投诉、举报。如遇情节严重的问题，须及时提出处理意见报赛区组委会。特别重大问题由赛区组委会报全国选拔赛组委会监督仲裁委员会。

（三）比赛期间，各代表队人员也可对各赛区比赛全过程的公平、公正性实施监督。如发现问题，可以书面实名方式向赛区监督仲裁组直至向全国选拔赛组委会监督仲裁委员会反映。

二十四、争议处理。

（一）比赛期间，参赛选手及各代表队其他人员如发现裁判长或裁判员有违规行为，可向赛区监督仲裁工作组举报。一经查实，将给予相应处理，并由赛区组委会告知违规裁判人员推荐单位。

（二）比赛评判期间，裁判员或选手发现评判过程中的问题，可及时向裁判长反映并要求对提出的问题重新审查评判。裁判长应尽快组织全体裁判员按照裁判员当时的原始记录资料进行全面复查，确定并答复审查处理的意见。

（三）裁判员或选手认为处理结果不合理的，可通过本代表队负责人，向赛区监督仲裁工作组反映。赛区监督仲裁工作组经调查认为是技术问题的，可依据所反映的具体问题，要求裁判长组织裁判员对成绩复核、确认。如属于违背公平、公正方面的问题，赛区监督仲裁组可直接处理，并填写《2014 年中国技能大赛—第 43 届世界技能大赛全国选拔赛仲裁记录表》（见附表 6）报告赛区组委会和全国选拔赛组委会监督仲裁委员会。

（四）裁判员或选手认为赛区监督仲裁组的处理结果不合理的，可由代表队负责人在比赛结束前，向全国选拔赛组委会举报或投诉，由全国选拔赛组委会做出最终处理。

第九部分 赛后工作

二十五、宣布比赛成绩。各项目如对比赛成绩无争议，最迟于全部比赛内容结束后次日，在赛区组委会统一组织下向全体参赛选手宣布比赛成绩，并组织技术点评。比赛结束后 3 日内，各赛区将裁判员和监督仲裁工作组负责人签字，并由裁判长复核确认的汇总成绩单原件，以及各项目裁判组技术总结、各项目最终比赛试题和评判标准、技术点评要点等相关技术资料和比赛有关多媒体资料报全国选拔赛组委会技术工作委员会。比赛原始评分表原件由各赛区组委会妥善保存以备检查。

二十六、公布选拔结果。全国选拔赛组委会技术工作委员会对报送的选手成绩单及相关材料进行复核、整理，报送全国选拔赛组委会秘书处初审。对符合条件且无违规情况的，根据选手成绩，按相关程序确定并公布选拔入围集训人选结果。

附表：

1. 2014 年中国技能大赛—第 43 届世界技能大赛全国选拔赛裁判员推荐表（略）

2. 2014 年中国技能大赛—第 43 届世界技能大赛全国选拔赛裁判人员工作责任书（样例）（略）

3. 2014 年中国技能大赛—第 43 届世界技能大赛全国选拔赛裁判人员评估表（略）

4. 2014 年中国技能大赛—第 43 届世界技能大赛全国选拔赛裁判人员资格审核汇总表（略）

5. 2014 年中国技能大赛—第 43 届世界技能大赛全国选拔赛选手违规处理登记表（略）

6. 2014 年中国技能大赛—第 43 届世界技能大赛全国选拔赛仲裁记录表（略）

人力资源和社会保障部　教育部　科学技术部 中华全国总工会　中国机械工业联合会关于举办 2014 年中国技能大赛——第六届全国数控技能大赛的通知

（人社部函［2014］106 号　2014 年 6 月 22 日）

各省、自治区、直辖市及新疆生产建设兵团人力资源社会保障厅（局）、教育厅（教委、局）、科技厅（委）、总工会、机械行业主管部门：

为深入贯彻党的十八大和十八届三中全会精神，落实《国家中长期人才发展规划纲要（2010—2020 年）》，加快我国数控高技能人才培养，引导广大企业职工和各类职业院校师生努力学习知识、刻苦钻研技术，走技能成才之路，根据《人力资源社会保障部关于组织开展 2014 年中国技能大赛的通知》（人社部函［2014］42 号）精神，人力资源社会保障部、教育部、科学技术部、中华全国总工会、中国机械工业联合会决定共同举办 2014 年中国技能大赛——第六届全国数控技能大赛（以下简称“大赛”）。现将有关事项通知如下：

一、大赛项目

数控车工、数控铣工、加工中心操作工（四轴）、加工中心操作工（五轴）、数控机床装调维修工。

二、大赛分组和参赛对象

数控车工、数控铣工、加工中心操作工（四轴）项目为单人赛项，分设职工组、教师组和学生组 3 个竞赛组别。其中，学生组分设高等职业院校（含高职、高专）、中等职业学校（含中专、技校、职高）和高级技校（含技师学院）3 个小组。

加工中心操作工（五轴）、数控机床装调维修工项目为双人赛项，分设职工组（职工组合）、院校组（教师/学生组合）2 个竞赛组别。其中，院校组分设高等职业院校（含高职、高专）、中等职业学校（含中专、技校、职高）和高级技校（含技师学院）3 个小组。

凡从事相关专业或职业的从业人员，高等职业院校（含高职、高专）、中等职业学校（含中专、技校、职高）和高级技校（含技师学院）在校教师和学生（含应届毕业生）均可报名参加相应职业和组别的竞赛。已获得“全国五一劳动奖章”、“全国技术能手”荣誉称号的职工和教师不能报名参加大赛。

三、大赛命题标准

大赛各项目职工组和教师组分别以《数控车工国家职业技能标准》、《数控铣工国家职业技能标准》、《加工中心操作工国家职业技能标准》和《数控机床装调维修工国家职业技能标准》技师（国家职业资格二级）的要求为基础；大赛各项目学生组以《数控车工国家职业技能标准》、《数控铣工国家职业技能标准》、《加工中心操作工国家职业技能标准》和《数控机床装调维修工国家职业技能标准》高级工（国家职业资格三级）的要求为基础。同时，各项目命题在上述标准要求基础上，学习借鉴世界技能大赛命题方法和考核内容，适当增加相关新知识、新技术、新设备、新技能等内容，以笔试、软件应用和实际操作形式分别进行考核。竞赛试题由大赛全国组委会组织有关专家统一命制。

四、大赛组织机构

大赛由人力资源社会保障部会同教育部、科学技术部、中华全国总工会和中国机械工业联合会共同主办；由北京市人力资源和社会保障局承办决赛工作，北京市工业技师学院具体协办。

大赛成立全国组委会，全面负责组织管理工作。全国组委会下设技术工作委员会和秘书处。技术工作委员会负责大赛相关技术工作。秘书处设在人力资源社会保障部职业能力建设司，负责大赛政策制定和组织协调等工作。

请各省、自治区、直辖市人力资源社会保障部门牵头成立赛区组委会，负责组织落实本地区竞赛事宜，并在大赛举办全过程中，接受全国组委会的领导。

五、大赛实施

大赛分为省级竞赛、全国决赛两个阶段。

（一）省级竞赛阶段。2014 年 8 月底前，在全国组委会统一指导下，以各省、自治区、直辖市为单位组织省级竞赛，选拔优秀选手参加全国决赛。

（二）全国决赛阶段。2014 年第四季度将举办全国决赛。全国决赛时间等具体事宜另行通知。

六、表彰奖励

（一）职工组和教师组

1. 对获得数控车工、数控铣工项目职工组和教师组全国决赛前 5 名的选手，加工中心操作工（四轴）项目职工组和教师组全国决赛前 3 名的选手，加工中心操作工（五轴）项目职工组全国决赛前 2 名的选手，加工中心操作工（五轴）项目院校组各小组全国决赛前 2 名的教师选手，数控机床装调维修工项目职工组全国决赛前 2 名的选手，数控机床装调维修工项目院校组各小组全国决赛前 2 名的教师选手，经人力资源社会保障部核准后，授予“全国技术能手”荣誉称号，颁发奖章、奖牌和荣誉证书，并由选手所属地省级人力资源社会保障部门核准后晋升相应技师职业资格，已具有技师职业资格的晋升高级技师职业资格。同时，由大赛全国组委会颁发奖杯、奖金和荣誉证书。

2. 对获得数控车工、数控铣工、加工中心操作工（四轴）、加工中心操作工（五轴）、数控机床装调维修工项目职工组全国决赛第1名并符合条件的选手，可按程序申报“全国五一劳动奖章”。

3. 对获得数控车工、数控铣工项目职工组和教师组全国决赛第6至20名的选手，加工中心操作工（四轴）项目职工组和教师组全国决赛第4至第12名的选手，加工中心操作工（五轴）项目职工组全国决赛第3至第8名参赛队的选手，加工中心操作工（五轴）院校组各小组全国决赛第3至第8名参赛队的教师选手，数控机床装调维修工项目职工组全国决赛第3至第8名参赛队的选手，数控机床装调维修工项目院校组各小组全国决赛第3至第8名参赛队的教师选手，由选手所属地省级人力资源社会保障部门核准后晋升相应高级工职业资格，已具有高级工职业资格的晋升技师职业资格（最高至技师），并由大赛全国组委会颁发奖牌和荣誉证书。

4. 对参加各项目全国决赛的其他职工和教师选手，由大赛全国组委会分别授予“2014年中国技能大赛——第六届全国数控技能大赛职工组（教师组）优秀奖”，颁发荣誉证书。

（二）学生组（高等职业院校小组、中等职业学校小组、高级技校小组）

1. 对获得数控车工、数控铣工项目全国决赛前5名，加工中心操作工（四轴）项目全国决赛前3名，加工中心操作工（五轴）项目全国决赛前2名，数控机床装调维修工项目全国决赛前2名的学生选手，由选手所在地省级人力资源社会保障部门核准后晋升相应职业技师职业资格，并由大赛全国组委会颁发奖杯、奖金和荣誉证书。

2. 对获得数控车工、数控铣工项目全国决赛第6至20名，加工中心操作工（四轴）项目全国决赛第4至12名，加工中心操作工（五轴）项目全国决赛第3至8名，数控机床装调维修工项目全国决赛第3至第8名的学生选手，由选手所在地省级人力资源社会保障部门核准后晋升相应职业高级工职业资格，并由大赛全国组委会颁发奖牌和荣誉证书。

3. 对参加各项目全国决赛的其他学生选手，由大赛全国组委会分别授予“2014年中国技能大赛——第六届全国数控技能大赛学生组（高等职业院校小组、中等职业学校小组、高级技校小组）优秀奖”并颁发荣誉证书。

（三）团体、单位

1. 对获得全国决赛总成绩前10名的参赛代表队，由大赛全国组委会颁发奖牌和荣誉证书。

2. 对获得各项目全国决赛第1名的选手所在单位或学校，由大赛全国组委会颁发奖牌和荣誉证书。

各省级人力资源社会保障部门可参照本通知奖励政策制定本赛区奖励办法。

希望各地人力资源社会保障部门会同教育、科技、工会、机械行业等部门，在大赛全国组委会的统一部署下，认真做好大赛各项组织工作，积极争取地方财政支持，并紧密结合当地企业生产和职业院校教学工作实际，加强协调和指导工作，确保大赛活动顺利举行，努力提高大赛活动实效性。

附件：2014 年中国技能大赛——第六届全国数控技能大赛全国组委会名单（略）

人力资源和社会保障部办公厅关于组织开展2014 年中国技能大赛宣传活动的通知

（人社厅函［2014］232 号　2014 年 6 月 30 日）

各省、自治区、直辖市及新疆生产建设兵团人力资源社会保障厅（局），国务院有关部门（行业组织、集团公司）人事劳动保障工作机构：

为深入贯彻党的十八大和十八届三中全会精神，落实《国家中长期人才发展规划纲要（2010—2020 年）》，进一步加强我国技能人才队伍建设，我部决定在全国组织开展 2014 年中国技能大赛宣传活动。现就有关事宜通知如下：

一、活动名称

2014 年中国技能大赛宣传活动。

二、活动时间

2014 年 7 月。

三、活动目的

根据《人力资源社会保障部关于组织开展 2014 年中国技能大赛的通知》（人社部函［2014］42 号）要求，通过组织开展 2014 年中国技能大赛宣传活动，打造全国技能竞赛品牌，扩大技能竞赛社会影响，营造有利于技能人才成长发展的良好社会氛围。

四、宣传内容

以打造全国职业技能竞赛品牌、全面服务世界技能大赛参赛工作为重点，宣传我国加强技能人才队伍建设的政策措施；宣传我国加入世界技能组织、参加世界技能大赛的重要意义和作用，以及我国参加第 41 届、第 42 届世界技能大赛的有关情况；宣传 2014 年中国技能大赛国家级一类、二类竞赛，特别是第 43 届世界技能大赛全国选拔赛情况；宣传各地、各部门以及企业和院校开展职业技能竞赛和踊跃参与世界技能大赛参赛工作的好经验好做法；宣传各类技能大赛涌现出来的高技能人才先进典型。

五、宣传方式

（一）广泛开展媒体宣传。各地区、各部门要广泛动员和充分利用广播、电视、报刊、互联网等媒体，围绕 2014 年中国技能大赛宣传重点开展新闻宣传。要结合实际，采取群众喜闻乐见、易于接受的方式，组织各类职业培训、技能鉴定机构和技工院校、企事业单位通过政策咨询、新闻发布、专题采访、刊播公益广告、在线访谈、开通官方微博和微信、借助公交和地铁媒体等丰富多彩的形式进行宣传。

（二）开展竞赛现场宣传。2014 年中国技能大赛国家级一类、二类竞赛及其他竞赛举办单位要结合实际，在比赛现场内外开展知识竞赛、绝招绝技展示、制作宣传展板、张贴宣传招贴画、发放宣传资料等多种形式的宣传活动。现场发放宣传资料、制作宣传展板和开展其他宣传活动时，应体现“2014 年中国技能大赛”的标识和名称。要广泛动员和组织企业职工、职业院校师生、中小学学生和社会各界人士观摩比赛。要通过现场采访、座谈、专题报告会、技术点评会和设立政策咨询台、技能展示区、技能互动体验区等，宣传普及中国技能大赛和世界技能大赛知识，吸引社会公众参与活动。

（三）其他宣传形式。为配合这次宣传活动，我部将通过中国网图文、视频直播 2014 年中国技能大赛国家级一、二类竞赛特别是第 43 届世界技能大赛全国选拔赛中部分可视性强、特色鲜明项目的比赛实况。各地区、各部门也可根据需要，利用电视、网络等直播本地区、本部门举办的竞赛实况。同时，我部还将印制 2014 年中国技能大赛一式两张宣传招贴画，发放各地、各部门和有关企业和院校张贴宣传。

六、工作要求

各地人力资源社会保障部门、各部门人事劳动保障工作机构要高度重视，切实加强对宣传工作的领导，明确责任分工，给予经费和人员支持。要结合本地区、本部门实际，制定宣传提纲和宣传工作方案，采取有效措施，精心组织，周密部署，做好宣传发动和组织实施工作，高质量完成这次宣传活动。在宣传过程中，要厉行节约，防止浪费，注重实效，切忌走过场，避免流于形式。

宣传活动结束后，各地区、各部门要认真进行总结，并汇总有关情况报我部职业能力建设司。

附件：2014 年中国技能大赛宣传口号（略）

人力资源和社会保障部办公厅关于印发《第 43 届世界技能大赛参赛集训工作技术指导意见》的通知

（人社厅函［2014］371 号　2014 年 9 月 29 日）

各省、自治区、直辖市及新疆生产建设兵团人力资源社会保障厅（局），国务院有关部门（行业组织、集团公司）人事劳动保障工作机构：

为做好第 43 届世界技能大赛参赛集训工作，我部研究制定了《第 43 届世界技能大赛参赛集训工作技术指导意见》，现印发给你们。

请各有关地区、行业部门（集团公司）按照要求，抓紧成立集训工作组织实施机构，制定科学的集训工作方案和切实可行的工作计划，认真组织实施集训工作。要加强对各集训基地、技术指导专家、教练和集训选手的管理，提高集训工作管理水平，严格控制集训各关键环节，确保公平公正选拔出最优秀选手代表我国参加 2015 年 8 月在巴西圣保罗市举办的第 43 届世界技能大赛。集训工作中如遇到问题，请及时与我部职业能力建设司、中国就业培训技术指导中心联系。

联系人及联系方式：

人力资源社会保障部职业能力建设司　刘新昌

（010）84207446（兼传真）

中国就业培训技术指导中心　李克、张雷、姜炜、牟军

（010）84661077、84661074、84661079、84661353

84661070（传镇）

E-mail：worldskills _ cn@163. com

第 43 届世界技能大赛参赛集训工作技术指导意见

为更加科学、有效地实施第 43 届世界技能大赛参赛集训工作，特制定本技术指导意见。

第一部分　总 体 要 求

一、集训工作主要目标。按照第43届世界技能大赛技术文件要求，科学组织选手集训，有针对性培养并提高选手参赛水平，选拔1名最优秀选手参加第43届世界技能大赛，力争取得优秀成绩。同时，不断积累经验，逐步形成一整套科学的集训方法，并以此带动我国技能人才培养工作创新发展。

二、集训工作组织领导。世界技能大赛中国组委会（以下简称组委会，设在人力资源社会保障部）对集训工作实施统一领导。承担集训工作的省（市）人力资源社会保障厅（局）和行业部门（集团公司）人事劳动保障工作机构（以下简称集训基地主管部门）负责具体组织管理工作。各集训基地负责具体组织实施工作。技术指导专家组按照组委会要求，充分发挥技术优势，制定集训方案并落实集训工作。

三、集训工作基本原则。第43届世界技能大赛参赛集训工作遵循以下基本原则：

（一）国际标准原则。以历届世界技能大赛技术文件，特别是第43届世界技能大赛各项目技术描述、竞赛试题、评判标准和竞赛规则等为依据，制定集训方案，高标准、严要求组织开展集训工作。

（二）公平公正原则。技术指导专家组、集训基地及其主管部门等所有参与集训工作的人员和单位，要牢固树立国家利益高于一切的意识，公平、公正开展选手的集训、选拔。在集训工作中，要将可利用的人力、物力资源充分用在每位选手身上；在考核选拔中，要严格按照程序，执行考核纪律，确保公平、公正选拔出最优秀的选手。

（三）协作配合原则。在组委会的统一领导下，集训基地主管部门、集训基地、技术指导专家组、选手及其所在单位等各方面，要发挥各自优势，分工负责，相互配合，确保各项目集训工作协调、高效运转。

（四）科学训练原则。集训过程中，要科学合理安排集训时间、内容和形式。根据世界技能大赛要求，在对选手加强技术技能训练同时，要对选手意志品质、体能、心理素质、语言交流等方面进行全方位训练，特别是要加强选手遵守竞赛规则意识的培养，确保选手既熟悉掌握世界技能大赛技术要求，又严格遵守竞赛规则。同时，根据参赛项目、选手特点和集训工作实际，采取灵活多样的形式进行训练。

（五）强化质量原则。切实转变传统观念，从集训工作开始，技术指导专家组、选手和集训基地及其主管部门等所有参与集训工作的人员和单位，要牢固树立质量高于一切的意识。集训过程中，技术指导专家组评判标准要坚持以质量第一，安全为重，对世界技能大赛各项技术要求翻译、理解要准确到位。

（六）加强交流原则。在集训过程中，要充分利用对外技术交流等方式，加强国际、地区间合作与交流，学习借鉴先进经验，实现集训工作与世界技能大赛各项目技术发展的动态接轨，与比赛实际的充分结合。

四、集训工作时间安排。各项目应在组委会印发本技术指导意见后，尽快启动选手集训工作，并在 2 个月内组织首次选手选拔考核。首次选手选拔考核结束后 50 天内，组织第二次选手选拔考核。各项目最终确定参赛选手的选拔考核时间，不得晚于 2015 年 5 月 10 日。

第二部分　集训工作组织

五、组委会。负责对集训工作实施统一领导。集训工作的统筹协调、组织管理由组委会秘书处负责，组委会秘书处设在人力资源社会保障部职业能力建设司。集训工作的技术指导由组委会技术支持组负责，组委会技术支持组设在中国就业培训技术指导中心。

六、集训基地主管部门。按照组委会的统一要求，承担对集训基地的日常管理工作，提供集训必须的人力、物力、财力等支持，协调和解决集训工作中出现的问题，并为集训基地正常运转创造良好外部环境和条件。

集训基地主管部门应安排专人作为联络员，承担与组委会的工作沟通、联络任务，并负责集训基地与技术指导专家组的沟通、联系和协调等工作。

七、集训基地。负责对所承担项目集训工作的具体组织实施和管理；为集训工作开展提供必需的保障和支持，包括集训设备、技术保障，以及与集训相关的各项安全、后勤保障；对集训工作进行日常管理，向集训基地主管部门及组委会汇报集训工作情况。

八、技术指导专家组。各项目建立技术指导专家组，一般由不超过 3 名技术指导专家、1 名技术翻译和 1 个教练组构成。技术指导专家组长由组委会依据《世界技能大赛参赛管理暂行办法》规定的条件确定并公布，其他技术指导专家、教练以及技术翻译的人选，由技术指导专家组长与集训基地协商，经集训基地主管部门审核后报组委会审定。技术指导专家组按照组委会要求，在组委会技术支持组指导下，在集训基地的日常组织管理下，开展集训技术工作。

（一）技术指导专家组长。负责与集训基地协商组建技术指导专家组；研究世界技能大赛各项技术要求，提出集训工作基本思路；组织技术指导专家组成员制定集训总体方案和具体实施方案；与集训基地沟通、协调集训方案的技术保障方面问题；组织安排集训具体工作；及时与集训基地沟通集训情况、研究解决集训问题，及时向集训基地主管单位和组委会汇报工作进展情况和反映存在问题。

（二）技术指导专家。按照技术指导专家组长要求，参与制定集训方案；根据集训方案和技术指导专家组长安排，负责集训的咨询指导或具体技术指导工作；发现集训工作中出现的问题并及时向技术指导专家组长报告。

（三）教练组。教练组设教练组长 1 人（可由技术指导专家兼任）、教练员若干人。教练组长按照集训方案要求具体组织选手训练；及时向专家组长反映训练中的技术问题，对集训方案提出调整意见和建议；协助集训基地做好选手的各项安全保障工作。教练员根据集训方案和教练组长的安排对选手进行训练；及时发现集训中存在的技术和安全保障方面的问题，向教练组长反映并提出解决建议。

（四）技术翻译。负责协助技术指导专家组长进行集训的日常对外交流工作；翻译与世界技能大赛相关的各种外文资料，在集训对外交流活动中承担翻译和联络工作。根据项目特点和实际需要，可为选手提供日常生活用语和专业用语方面的培训。

九、选手所在单位及主管部门。集训期间，选手所在单位和主管部门通过与技术指导专家组、集训基地协商，可派遣相关人员，按照要求参与相关工作，发挥对集训全过程的监督作用，并尽全力为选手集训提供便利。

第三部分　训 练 工 作

十、训练方案制定。集训的训练环节包括日常训练和强化训练两个阶段。日常训练是指自本项目集训工作启动，到确定最终参赛选手阶段性考核之前的训练阶段；强化训练是指确定参赛选手的阶段性考核之后，到出国参赛之前的训练阶段。

各项目技术指导专家组长在集训启动前，应组织技术指导专家组成员与集训基地协商，先行制定训练总体方案。该方案要明确以下关键点：

（一）训练目标。通过训练，使本项目选手技术技能水平和综合素质全面提高，在世界技能大赛上实现预定参赛目标或取得更加优秀的成绩。

（二）时间和内容基本安排。即具体启动集训时间，集训启动后至各次阶段性考核间的基本训练安排，各次阶段性考核时间安排，以及强化集训阶段时间及训练内容安排。

（三）训练方法基本安排。即日常训练、强化训练阶段的组织形式、在各阶段训练过程中所采取的基本方法等。

训练总体方案报集训基地主管部门审核后，上报组委会技术支持组备案。根据训练总体方案，各项目还应制定详细、具体的训练方案，并以此为依据组织开展各阶段工作。

十一、训练内容及要求。

（一）训练内容。各项目除按照世界技能大赛技术文件和本项目训练工作方案要求进行相应的技能训练外，还应对选手进行心理、体能，以及竞赛规则、操作规范、安全健康等方面的训练，做到技能训练与竞赛规则、综合素质训练并重。组委会将视情况，在集训期间安排心理辅导专业人员，对技术指导专家组和选手开展心理培训，提供心理咨询、心理疏导等服务。

（二）训练要求。各项目技术指导专家组在训练环节要达到以下要求：

1. 结合自身实际确定训练总体目标，并明确体现在训练总体方案中。参加过第 41 届、第 42 届世界技能大赛的项目，应在已有参赛成绩基础上有所提高，并力争更大突破。本届新参赛项目，应努力取得优胜奖或更高奖项。

2. 将总体目标细化、分解到训练环节的各个具体过程中，形成具体的、可操作的目标并予以实现。同时，使选手清晰地了解各阶段的目标要求。

3. 合理安排训练时间节奏，科学安排训练内容和训练形式。

4. 在技术指导专家组长带领下，尽快形成集训工作团队，帮助选手尽快适应集训生活、工作节奏，使其产生团队归属感。

5. 了解掌握每个选手的技能及综合素质特点，针对每位选手的特点和基本素质情况，确定不同的训练目标和方法，使选手朝着适合自己的目标迈进。

6. 教练组长根据本项目实际，安排教练员在每日训练结束时填写选手集训日志，并让选手在日志中填写自己每日训练的基本情况和存在问题，认识不足并改进提高。在训练过程中，也可根据项目特点安排相应测验，并将成绩记录在当日的集训日志中，作为对训练效果的检验但不记入阶段性选拔考核的成绩当中。

7. 在日常训练过程中，教练员要按照本项目世界技能大赛技术标准，以及阶段性训练方案的要求，针对每位选手特点，进行补充性、提高性训练。在训练中，要注意培养选手良好的职业规范和遵守规则意识，及时纠正选手违反竞赛规则、操作规范和安全要求的行为。同时，要听取选手在集训中提出的建议，并及时向教练组长反映。

8. 各项目在强化训练阶段，还要注意做到以下几点：

——充分吸收世界技能大赛最新公布的试题、评判标准，对选手进行有针对性的技能训练。技术指导专家组会同集训基地应尽可能创造条件，使选手尽早熟悉比赛用设备的性能及操作。

——充分了解比赛地气候特点、生活饮食和风俗习惯，以及时差和公共安全等情况，并据此在赛前适当时候组织适应性训练。同时，要注意对选手抗压能力、应变能力以及技能水平稳定性的训练。

——安排技术指导专家组长、技术翻译和选手三者间的团队磨合训练，尽可能创造比赛情境，使比赛团队在参加世界技能大赛期间默契配合。

9. 为保证实现训练目标，技术指导专家组长应有不少于集训工作 1/4 的时间在集训实地指导选手训练，并应根据训练各阶段工作的需要，各有侧重、合理安排。其他技术指导专家应根据技术指导专家组长安排，到集训实地工作。

十二、训练形式。训练可采取集中与分散训练相结合、异地训练等灵活多样的形式组织训练。既可按照训练计划要求，将训练任务安排给每位集训选手，由其在本单位按照要求训练，技术指导专家组定期检查训练结果，也可将集训选手统一安排在集训基地进行集中训练。还可以组织全体选手到集训基地以外的企业或其他地方开展训练，增强选手适应环境变化的能力。

第四部分　阶段性考核

十三、考核阶段划分。初次入围集训选手在 5 人以下（含 5 人）的项目，一般可安排 2 次阶段性考核。首次阶段性考核后，按成绩排序保留 2 名选手继续参加集训。第二次进行确定最终参赛选手的考核。

初次入围集训选手超过 5 人的项目，一般可安排 3 次阶段性考核。首次阶段性考核后，按成绩排序保留一半选手继续参加集训。第二次阶段性考核后，按成绩保留 2 名选手继续参加集训。第三次进行确定最终参赛选手的考核。

团队比赛项目的考核阶段划分，原则上与初次入围 5 人以下个人项目相同。

十四、阶段性考核工作机构。阶段性考核设考核工作组。同时设立相应的支持保障、监督检查机构，以确保考核工作的顺利进行与公平、公正性。

（一）考核工作组。技术指导专家组长组织技术指导专家，会同选手所属省（市）、行业部门（集团公司）的代表共同组成考核工作组。负责制定阶段性考核方案，对考核全过程进行裁判。考核工作组也可由技术指导专家组长组织完全的第三方专家成立考核工作组履行上述职责。第三方专家的人员构成应事先征求各方意见，特别是选手所属省（市）、行业部门（集团公司）及其所在单位意见。

（二）考核保障组。阶段性考核承办单位安排相关技术人员和后勤人员组成考核保障组，为考核工作提供技术支持和后勤保障。

（三）监督仲裁组。由阶段性考核承办地省级人力资源社会保障厅（局）或行业部门（集团公司）人事劳动保障工作机构业务主管和纪检监察部门人员牵头，由选手所属省（市）或行业部门（集团公司）各推举 1 名代表组成，对考核全过程实施监督，对相关争议进行处理。也可由承办地组织完全的第三方监督仲裁组实施监督仲裁工作。

（四）组委会考核巡视组。由组委会秘书处、技术支持组，会同人力资源社会保障部纪检及驻部监察部门相关人员，以及组委会聘请的技术指导专家组成考核巡视组，在阶段性考核时赴考核地进行监督检查。

十五、选拔考核方案。技术指导专家组长组织技术指导专家商考核承办地制定阶段性考核方案。考核方案包括考核工作组人员构成、考核工作流程（拟比赛的日期、地点、设备安排、总时长、试题产生程序、评判工作程序、成绩构成等）、考核规则（按照本项目世界技能大赛竞赛规则要求和《全国选拔赛竞赛技术规则》基本要求制定，应注明考核具体的纪律要求以及违规处理措施）等主要内容。考核方案形成后先征求相关各方，特别是选手所在单位及其主管部门意见。技术指导专家组长汇总相关意见，并组织修改完善考核方案后，报集训基地主管部门审定，在考前 3 周报组委会备案并向各方公布。考核方案一经公布，原则上任何个人和单位不得进行修改。确需修改的，需再次征求各相关单位同意，并将修改后的方案报组委会备案。

十六、选拔考核实施。

（一）考核试题。严格按照第 43 届世界技能大赛各项目已公布的技术文件（考核时尚未公布技术文件的项目，可按照往届世界技能大赛技术文件）和考核方案要求，由技术指导专家组长组织命制试题、制定评判标准。完全可公开的试题，应在不晚于考前 2 周向选手全部公开；部分可公开的试题，应在考前 2 周向选手公开，并在考前进行不超过 30%的内容修改，且于比赛前 1 天，在监督仲裁组和组委会考核巡视组监督下，由技术指导专家组长主持会议，经考核工作组全体投票确定最终考题。不能公开的试题，由技术指导专家组长组织第三方技术人员，严格按照本项目世界技能大赛技术文件命制试题。命题前，应与第三方先行签署保密承诺书。命题工作应严格按照相关保密程序进行。同时，应不晚于考前2周向选手公布考核基本思路，并按本项目世界技能大赛技术文件规定的程序公布试题内容及评判标准。

（二）裁判及成绩评定。本着公平、公正原则，阶段性考核的裁判及成绩评定工作，应在技术指导专家组长带领下由考核工作组实施。在工作过程中，要注意做到以下三点：

1. 为保证比赛公平、公正，技术指导专家组长作为选拔考核裁判长，应严格掌控相关评判标准的尺度。

2. 来自选手所属省（市）或行业部门（集团公司）的裁判，应按照《全国选拔赛竞赛技术规则》和本项目考核方案的相关要求，采取回避原则开展裁判工作。

（三）监督检查。各项目监督仲裁组要对考核的全过程实施监督，接受相关申诉并进行处理。阶段性考核期间，组委会考核巡视组到考核地点巡视。

（四）考核纪律。考核工作组任何成员在阶段性考试时无故不到场，视为自动放弃考核工作资格；如在工作中被发现有营私舞弊行为的，一经查实，将被取消考核工作资格，并向其所在单位通报。如为技术指导专家，则按程序取消其技术指导专家资格。选手及其他相关人员在考核过程中如出现违规问题，按本项目阶段性考核的竞赛规则规定处理。

（五）考核地点。阶段性考核安排在集训基地进行，也可安排在选手派出地进行，但应在考核方案中予以明确。

（六）考核内容及成绩构成。阶段性考核内容以技能考核为主，并体现世界技能大赛竞赛规则及安全健康相关内容。

选手在每次选拔考核中各模块（部分）分数之和构成本次选拔考核最终成绩，并体现在考核方案中。考核成绩如出现并列应进行加试。

（七）成绩公布。各项目阶段性考核成绩无异议的，经考核工作组全体成员（或技术指导专家组长作为考核工作组代表）在第43届世界技能大赛选手集训选拔考核成绩表（见附件）上签字后，在组委会考核巡视组和监督仲裁组监督下，由技术指导专家组长当场向选手宣布考核成绩。

（八）技术点评。每次选拔考核结束后，技术指导专家组长要组织技术指导专家组成员及全体选手（含本次考核后被淘汰选手）进行技术点评和成绩分析。全面分析本次考核工作技术准备、组织实施情况和存在问题，听取技术指导专家组成员和选手意见建议，对下阶段训练工作进行完善。同时，结合本阶段集训方案，分析本次考核过程中选手的技术表现情况和存在问题，并与选手进行互动交流，听取选手就自身问题提出的解决建议。

第五部分　其他相关工作

十七、资料整理。各项目技术指导专家组要在技术指导专家组长带领下，在集训过程中，要注意搜集和整理国内外相关技术资料，特别是近 3 届世界技能大赛以来本项目全套技术文件。技术翻译要在集训初期尽快承担起资料翻译任务。技术指导专家组长须有近 3 届完整的世界技能大赛中文版技术文件，并确保在 2014 年 10 月将第 41 届、第 42 届世界技能大赛中文版技术文件交组委会技术支持组。第 43 届世界技能大赛结束回国后 2 周内，各项目技术指导专家组长应将第 43 届世界技能大赛技术工作文件中文版及各类相关技术资料一并上交至组委会技术支持组。

十八、监督检查与争议处理

（一）集训期间，组委会秘书处、技术支持组将组织工作人员对各项目进行经常性巡视和抽查，了解、解决集训中出现的问题，督导集训工作。选手所在单位及主管部门对集训中出现的违背公平、公正原则的问题，可推选代表以书面形式向技术指导专家组长、集训基地及其主管部门直至组委会反映情况。各方接到书面情况反映后，须尽快调查并给予答复处理。组委会技术支持组设立集训情况反映邮箱：worldskills _ cn@163. com，随时接受集训工作情况反映。

（二）阶段性考核期间，选手及其所在单位或所属主管部门的人员对选拔考核过程或结果提出异议的，可推选代表以书面形式向考核工作组、监督仲裁组直至组委会巡视组提出申诉。申诉应在结果公布前提出。

十九、对外交流。集训特别是选拔考核要尽可能与对外交流相结合，采取走出去、请进来等多种形式进行。组委会鼓励各项目发挥主观能动性，广开渠道开展对外交流。同时，也将视情况组织或协助各项目集训基地联系组织对外交流，以帮助技术指导专家深入了解世界技能大赛相关技术要求和学习借鉴国际经验，促进选手技能水平的提高。

附件：第 43 届世界技能大赛选手集训阶段性考核成绩表（略）

（二）职 业 培 训

劳动和社会保障部关于在职业培训工作中贯彻落实《中共中央、国务院关于深化教育改革全面推进素质教育的决定》的若干意见

（劳社部发［1999］31号　1999年9月29日）

各省、自治区、直辖市劳动（劳动和社会保障）厅（局），国务院有关部门劳动和社会保障工作机构：

现将《关于在职业培训工作中贯彻落实〈中共中央、国务院关于深化教育改革全面推进素质教育的决定〉的若干意见》印发给你们，请贯彻落实。

关于在职业培训工作中贯彻落实《中共中央、国务院关于深化教育改革全面推进素质教育的决定》的若干意见

为贯彻落实《中共中央、国务院关于深化教育改革全面推进素质教育的决定》（中发［1999］9号，以下简称《决定》），进一步深化职业培训改革，加快提高劳动者素质，促进就业，现提出如下意见：

一、指导思想和目标任务

（一）职业培训工作必须全面贯彻落实《决定》精神，坚持职业培训为企业和社会服务、为劳动者服务的方向，把培养劳动者的实践能力、创新和创业能力作为工作重点，注重培养劳动者的职业技能和适应职业变化的能力，激发劳动者的创新意识，重视职业道德的培养和提高，并使之与职业技能培训紧密结合，全面提高劳动者素质。改革技术技能人才培养模式，加强技术技能人才通道与其他人才通道的相互衔接和沟通，为劳动者的全面发展创造条件。

（二）职业培训改革必须坚持社会化、市场化的发展方向，坚持市场引导培训、培

训促进就业的指导思想，立足于对整个职业培训事业的规划和指导，鼓励和支持社会各方面力量开展多层次的职业培训。主要任务是：普遍建立和实行劳动预备制度，加强对新生劳动力的就业前培训，以提高其基本职业素质和就业能力为基础，着眼于提高市场适应能力，努力建设一支符合社会主义市场经济要求的劳动后备军；进一步完善转业培训和在职培训制度，逐步实现经常化、制度化、多样化，当前要把下岗职工再就业培训摆在突出位置，促进下岗职工和长期失业人员尽快实现再就业；进一步加大推行职业资格证书制度的力度，逐步实现职业资格证书与学业证书并重，职业资格证书制度与国家就业制度相衔接；逐步建立起与国家职业资格相对应，从初级、中级、高级直至技师、高级技师的职业资格培训体系，并使之成为劳动者终身学习体系的重要组成部分。

二、加快职业培训改革，为实施素质教育创造条件

（三）全面实施劳动预备制度。把实施劳动预备制度同加强新生劳动力资源管理和推动职业培训改革结合起来，统筹规划本地区新生劳动力的培养和就业工作。技工学校和各类职业培训机构要积极主动承担劳动预备制培训任务，将学校教育与劳动预备制培训工作统筹考虑。沿海和经济发达地区要尽快在农村地区和进城务工的农村青年中开展劳动预备制培训工作。对确定的劳动预备制培训定点单位，要指导其按照市场需要设置专业。对参加劳动预备制培训的学员，要开展积极的就业服务，并为之建立继续升学的渠道。

（四）积极开展再就业培训。要认真组织落实“三年千万再就业培训计划”，做到对下岗职工随进中心随进行职业指导和培训。采取有效措施，提高培训的实用性和有效性。指导职业培训机构和企业再就业服务中心建立合作关系，按照根据市场需求确定培训方向，联合开展再就业培训，并与职业介绍机构相衔接的模式，形成工作合力。有条件的地区可以借鉴政府购买培训成果的模式，由政府等筹集资金，通过招标和购买培训成果，逐步加大政府对再就业培训的资金投入和引导力度。

（五）大力推广创业培训，强化对劳动者创业意识和能力的培养和提高。要总结和推广开展创业培训取得的经验，在培训方法、教材、设施和师资队伍建设方面相应作出改革。要把开展创业培训同促进劳动者，特别是有创业意向的下岗职工和失业人员自谋职业结合起来，通过课堂教学、实地考察、实例分析，以及成功者现身说法等多种形式进行教学。要认真落实有关优惠政策，帮助参加创业培训的下岗职工创办企业，实现再就业。

（六）加快技工学校和就业训练中心的调整。根据产业结构调整和劳动力市场需求，对技工学校、就业训练中心进行必要调整和重组。适度调整“第二产业”的专业设置，扩大和发展“第三产业”以及适合城乡劳动者就业需要的专业设置，增强培训的适应性和覆盖面。进一步优化培训资源配置，鼓励走联合与集团化的道路。劳动保障部门举办的技工学校和就业训练中心，要通过与培训机构、鉴定机构和公共职业介绍机构的联合，建立兼有职业需求预测、职业技能培训、职业技能鉴定、职业指导和职业介绍功能的综合性职业培训基地。从企业分离出来的技工学校，具备一定办学规模的，可指导其逐步成为独立的办学实体；规模较小但有发展潜力的，可通过资产评估，按股份制形式联合办学；不具备独立办学条件的可以指导其改为企业职工培训中心，承担企业职工培训和再就业培训任务。技工学校应坚持办学方向和培养目标，可根据需要更名为技术学校，并可保留原技工学校的牌子。进一步改革技校招生办法，并与劳动预备制培训相结合，对非热门专业，原则上免试入学。积极探索宽进严出的培养方式，根据学生的知识水平和意愿，进行不同层次和等级的培训。

（七）大力发展高级职业培训。高级技工学校是承担我国高级技术技能人才培养的重要基地，也是高等职业教育的重要组成部分。具备条件的技工学校可以创建为高级技工学校，也可以通过联合办学形式组建高级技工学校。高级技工学校可根据需要更名为高级技术学校或技术学院，达到职业技术学院办学标准的，可向当地政府申请，增挂职业技术学院牌子，学校管理体制、经费渠道不变。高级职业培训应当与高等职业教育，以及普通高等教育相衔接。技工学校和其他中等职业培训机构的毕（结）业生可以报考高级技工学校。

（八）动员社会各界力量举办职业培训，逐步形成政府办职业培训为主，公办和民办职业培训共同发展的格局。各地劳动保障部门要加强对社会培训机构的管理、引导和监督，将社会力量办学纳入依法管理的轨道，规范办学行为，严格执行社会培训机构冠名的有关规定。

（九）积极推动企业职工培训工作的开展。企业职工培训应以岗位培训为重点，并加强新技术、新工艺应用的培训。指导企业建立竞争上岗机制，健全培训、考核、使用相结合并与待遇相联系的激励机制。要加强技师和高级技师的培养，改革其资格认定和评聘办法。在试点的基础上，逐步实行由相应的职业技能鉴定机构按照国家统一的标准和要求，对符合申报条件的人员进行考核鉴定的方式，合格者颁发国家统一的技师和高级技师资格证书。技师或高级技师的工资和津贴，由用人单位在现有基础上适当提高。其福利待遇可由用人单位按照技师参照工程师、高级技师参照高级工程师的相关福利待遇确定。

（十）积极推进农村职业培训。要统筹规划农村职业培训工作，制定切实可行的政策措施。要充分运用现有培训力量，开展农村职业培训，有条件的地区要逐步建立县、乡、村三级培训网络。要注重培养农村劳动者中的创业带头人，充分发挥这些人的作用，传授和带动农村劳动者掌握专业技术和市场经验。

三、落实就业准入，推行职业资格证书制度

（十一）严格实行就业准入控制，全面落实先培训后就业，先培训后上岗的制度。要规范用人单位的用工制度，用人单位在招用技术工种劳动者时，应从已取得职业资格证书的人员中择优录用；招用非技术工种的劳动者，也应从经过培训的人员中选择。职业介绍机构在介绍就业时，对未取得相应培训证书和职业资格证书的劳动预备制人员，应要求其参加职业培训，待取得相应的证书后再予以办理求职登记和介绍就业。对用人单位招收不具备相应条件的人员，各级劳动监察机构要依法查处，并责令改正。

（十二）按照《决定》关于“要依法抓紧制定国家职业（技能）标准，明确对各类劳动者的岗位要求”的内容，依据职业活动范围、工作责任、工作质量要求，将职业资格分为初级、中级、高级、技师、高级技师，并使之分别对应为国家职业资格五级、四级、三级、二级和一级。改革现行国家职业标准体系，依据《中华人民共和国职业分类大典》，抓紧建立以职业活动为核心、以职业技能为导向的国家职业标准体系。要加快国家职业标准的制定工作，在2002年前完成主要职业的国家标准制定与颁布。按照分步实施、逐步并轨的原则，用3年左右的时间，将工人技术等级标准和职业技能鉴定规范改造为国家职业标准，并逐步建立起动态和开放的国家职业分类与职业标准体系。

（十三）进一步完善职业技能鉴定社会化管理体制，维护国家职业资格证书的严肃性和权威性。坚持社会效益第一、质量第一的原则，进一步健全职业技能鉴定的组织实施系统，按照统一命题管理、统一考务管理、统一鉴定所站条件、统一考评人员资格和统一证书管理的原则，完善职业技能鉴定的质量保证体系。加强行政监督与技术监督，保证鉴定工作各环节的规范运行。逐步改革职业学校和企业职业技能鉴定方式。各类职业培训机构，应依据职业分类和职业标准的要求，科学、合理地设置和调整专业，使教学工作与职业技能鉴定有机地结合起来。逐步引导企业对职工的技术技能考核向社会化的职业技能鉴定过渡。企业内的职业技能鉴定要密切结合生产实际，提倡在实际工作活动和工作现场实施职业技能鉴定。

四、加强各项基础工作，不断提高培训质量

（十四）加强管理人员和教师队伍建设。建立和完善职业培训机构管理人员岗位培训制度。技工学校和就业训练中心校长（主任）培训分为岗位培训、提高培训、高级研修三个层次，分别由省级劳动保障部门和我部组织实施；对其他培训机构负责人的培训工作由各地劳动保障部门按照相关要求组织实施。继续加大专业技术课和生产实习课一体化教师的培养力度，继续加强教师上岗资格认定工作。各省、自治区、直辖市要依托高级技工学校和国家重点技工学校建立1～2所师资培训基地。有计划地组织教师参加学历教育、技能培训和业务进修。

（十五）加强对各类职业培训机构的督导评估，改革现行的督导制度，完善职业培训机构督导评估标准和实施办法。建立起以受培训者合格率和就业率相结合的评价指标体系，使督导工作走上法制化、规范化轨道。

（十六）组织力量开发全面提高劳动者素质以及新知识、新技术、新工艺和新方法的培训课程、培训教材、技能训练仪器装备和各种教学软件。积极推行模块式、学分制的教学方法，探索开发技工学校教育和职业培训核心专业技能，并运用到教学中。发展远程职业培训，建立国家远程职业培训网络，逐步实现与各类职业培训机构的联网，形成社会化、开放式的远程培训网络体系。

（十七）多渠道筹措和合理使用职业培训经费。除按规定收取培训费外，要积极争取地方财政的经费支持，从教育费附加中提取一定比例用于劳动预备制培训；城镇就业补助费中用于开展就业训练的费用应主要用于劳动预备制培训；对领取失业保险金期间接受职业培训人员的补贴费用可按规定从失业保险基金中列支。同时，要确保技工学校办学经费和校办企业有关减免税政策的连续性。加强培训经费的统筹管理和使用。对培训机构进行补贴，要与其培训对象，特别是劳动预备制人员和下岗失业职工的数量、培训项目、期限、培训合格率和就业率等因素挂钩。

民政部　劳动和社会保障部关于印发职业培训类民办非企业单位登记办法（试行）的通知

（民发［2001］297号　2001年9月29日）

各省、自治区、直辖市民政厅（局）、劳动和社会保障厅（局）：

为贯彻落实《关于加强社会团体和民办非企业单位管理工作的通知》（中办发［1996］22号）、《关于进一步加强民间组织管理工作的通知》（中办发［1999］34号）精神，开展和规范职业培训类民办非企业单位的登记工作，根据《社会力量办学条例》《民办非企业单位登记管理暂行条例》的有关规定，民政部、劳动和社会保障部联合制定了《职业培训类民办非企业单位登记办法（试行）》，现印发给你们，请遵照执行。职业培训机构数量大，情况复杂，各级民政部门和劳动和社会保障行政部门应积极配合，按照本办法的有关规定，制定具体实施办法，试行工作中的经验和问题请及时上报。

职业培训类民办非企业单位登记办法（试行）

第一条　根据《社会力量办学条例》《民办非企业单位登记管理暂行条例》，结合职业培训机构的特点，制定本办法。

第二条　本办法所称的职业培训机构，主要指：经县级以上地方各级人民政府劳动和社会保障行政部门审批设立的，由企业事业单位、社会团体及其他社会组织和公民个人，利用国家非财政性教育经费，面向社会举办实施以职业技能为主的职业资格培训、技术等级培训的教育机构。

第三条 职业培训机构须按《社会力量办学条例》的规定审批设立，由县级以上地方各级人民政府劳动和社会保障行政部门发给《社会力量办学许可证》后，到同级民政部门进行登记。

第四条 按照《社会力量办学条例》的规定，国务院劳动和社会保障行政部门负责职业培训机构的综合管理。县级以上地方各级人民政府劳动和社会保障行政部门根据省、自治区、直辖市人民政府规定的职责，负责有关职业培训机构的管理工作。

各级人民政府民政部门是职业培训机构的登记管理机关（以下简称登记管理机关）。县级以上地方各级人民政府民政部门负责同级劳动和社会保障行政部门审批设立的职业培训机构的登记工作。

第五条 申请登记的职业培训机构应当向登记管理机关提交下列文件和材料：

（一）登记申请书；

（二）章程草案；

（三）拟任法定代表人或负责人的基本情况、身份证明；

（四）办学许可证（副本）；

（五）其他材料。

第六条 登记管理机关对符合登记条件的单位，应当依法简化手续，核准登记。对不符合登记条件的单位，不予登记，并向申请人说明理由。

第七条 职业培训机构变更登记事项，应当向劳动和社会保障行政部门提出书面申请，申请书上应当载明变更事项、原因和方案等。

修改章程的，应当附原章程和新章程草案；变更法定代表人或负责人的，应出具变更后法定代表人或负责人的身份证明及《民办非企业单位登记暂行办法》第六条第六款规定的其他材料；变更资金的，应当提交有关资产变更证明文件等。劳动和社会保障行政部门同意变更后，由登记管理机关核准变更登记，民办非企业单位应当交回民办非企业单位登记证书正副本，由登记管理机关换发新的登记证书。

第八条 职业培训机构申请注销登记，应当向登记管理机关提交下列文件：

（一）法定代表人签署并加盖公章的注销登记申请书，法定代表人因故不能签署的，还应提交不能签署的理由的文件；

（二）劳动和社会保障行政部门审查同意的文件；

（三）清算组织出具的清算报告；

（四）民办非企业单位登记证书（正、副本）；

（五）民办非企业单位的印章和财务凭证；

（六）其他文件。

登记管理机关准予注销登记的，应当发给民办非企业单位注销证明文件。

第九条 劳动和社会保障行政部门作出对职业培训机构吊销《社会力量办学许可证》的行政处罚决定后，应当及时通知登记管理机关，登记管理机关应当及时对该机构撤销登记。

第十条 在本办法下发之前已经取得《社会力量办学许可证》的职业培训机构，须进行民办非企业单位复查登记。

复查登记工作自本办法下发之日开始，至2001年12月31日结束。

对经审查不符合登记条件的，或未按规定的期限办理复查登记手续的单位，登记管理机关不予登记。

第十一条 登记管理机关对依法登记的职业培训机构颁发相应的民办非企业单位登记证书。

第十二条 本办法自发布之日起施行。

劳动和社会保障部关于加强职业培训教师队伍建设的意见

（劳社部函［2002］12号 2002年1月29日）

各省、自治区、直辖市劳动和社会保障厅（局），国务院有关部门劳动保障工作机构：

加强教师队伍建设，提高教师政治和业务素质，是推动职业培训事业蓬勃发展，培养经济发展需要的大批技艺精湛的劳动者的重要保证。“九五”期间，各级劳动保障部门和有关行业主管部门采取积极措施，加快职业培训教师队伍建设，教师队伍素质有了显著提高，教师队伍结构有了明显改善。随着经济结构加快调整和现代科技在生产中日益广泛地应用，社会对高素质、高技能劳动者的需求越来越迫切，但是职业培训师资队伍仍然存在整体素质偏低，生产实习指导教师数量不足，技能不高等问题，难以满足培养大批高素质劳动者的需求。为进一步提高职业培训教学质量，加快职业培训事业发展，现就职业培训教师队伍建设提出如下意见：

一、进一步明确今后一个时期教师队伍建设的指导思想和总体目标

认真贯彻落实《中共中央、国务院关于深化教育改革全面推进素质教育的决定》要求，大力推进教师资格证书制度和职业培训教师上岗资格证书制度，进一步建立和完善教师培训制度，使职业培训教师队伍的整体素质有明显提高，教研、教改能力普遍增强，既能讲授专业理论又能指导生产实习的“一体化”教师不断增多，逐步形成一支数量适当、结构合理、专兼职相结合、具有较高职业道德水平、较强创新意识和实践能力的新型教师队伍。

到2005年，技工学校、就业训练中心和其他职业培训机构教师均要达到国家规定的任职资格。其中，高级技工学校中获硕士学位或具有高级技师职业资格证书的占教师总数的10%。技工学校生产实习指导教师队伍中，具有高级技工学校（高职院校）学

历或具有高级职业资格证书人员占 80%。就业训练中心及民办职业培训机构生产实习指导教师队伍中，具有中等职业学校及其以上学历或中级以上职业资格证书的人员占 80%。

二、建立和完善教师培训制度

要建立科学、规范、有效的继续教育和培训制度，对职业培训教师开展政治理论培训、上岗资格培训和业务提高培训。各技工学校、就业训练中心及其他职业培训机构应结合本校实际，制订相应的教师培训计划，并积极创造条件，鼓励教师参加多种形式的教育与培训。可以采取专题学习、讨论交流等多种方式，督促教师不断加强政治理论修养，提高职业道德水平；可以组织教学观摩、开展教学成果评比和教学方法经验交流，全面提高教师授课能力；也可以有计划地安排教师到企事业单位顶岗工作或实习锻炼，提高广大教师特别是中青年教师的专业技能和实践能力。此外，还应积极鼓励青年教师主动参与或独立承担教改研究课题，多出研究成果，使之成为职业培训事业的中坚力量。技工学校教师参加业务提高培训每两年不得少于 80 学时，就业训练中心及其他职业培训机构教师参加业务提高培训每两年不得少于 50 学时。教师参加培训情况作为技工学校、就业训练中心评估和其他职业培训机构年审的重要检查内容。

三、加强教师培训基地建设

劳动保障部在高等职业技术师范院校和高级技工学校中，选择一批师资队伍素质较高、教学设施比较先进的学校，逐步建立国家级示范性教师培训基地，承担骨干教师的培养培训任务。国家级教师培训基地可面向全国开展教师培养培训活动，并按有关规定颁发相应的学历证书、职业资格证书或岗位培训合格证书。

各省级劳动保障部门要根据职业培训事业发展需求，建立省级教师培训基地，承担省内职业培训教师培训任务。为配合西部大开发对职业培训事业发展的需求，西部地区要设立少数民族职业培训教师培训基地，加快少数民族职业培训教师队伍素质建设。被确定为教师培训基地的学校要增加投入，加强基础设施和培训场所建设，积极开设教师培训课程，研究开发新的培训方法。

四、开辟多元化师资来源渠道

要继续发挥高等职业技术师范院校的作用，为职业培训机构培养“一体化”教师，使高等职业技术师范院校成为职业培训后备师资培养的主要阵地。与此同时，要加强兼职教师队伍建设，通过从社会聘用或与高校、科研机构、大企业联合办学等形式，广泛吸引社会各方面人才尤其是一些高科技领域的急缺专业人才任教，壮大教师队伍，优化教师结构。各地区要积极建立包括社会各行业的技师、高级技师等能工巧匠和专业技术人员的师资人才库，并定期公布有关信息，以利于资源共享、优势互补。

五、建立定期考核、竞争上岗的用人机制

要定期对职业培训教师综合素质进行岗位考核，主要内容包括：一是是否具有高尚的职业道德和高度的责任感；二是是否具有现代教育观念，掌握素质教育理论并能在教学中予以运用；三是是否具有一定的教学科研能力和创新能力；四是是否掌握并能熟练运用现代教育技术和先进教学方法。要建立能上能下、能进能出的用人机制，教师岗位考核结果应作为竞争上岗、实施奖惩的重要依据，"一体化"教师在竞争上岗和享受有关待遇上应优先考虑。要建立优秀教师评选制度，对取得优异成绩和显著成果的教师和教育工作者给予奖励，营造有利于人才脱颖而出的环境。

各级劳动保障部门要切实重视职业培训教师队伍建设工作，结合当地职业培训事业发展需要，制订教师队伍建设规划，并将其纳入劳动保障工作整体规划，加强领导，统一部署合理安排，狠抓落实。各地要建立师资培训专项经费，并通过购买成果等方式，引导培训方向，确保培训质量。同时，要通过组织教学改革成果评比、研讨培训、经验交流等多种方式，充分发挥优秀教师在当地职业培训教改教研活动中的带动和辐射作用。

民政部关于对中外合作办学机构登记有关问题的通知

（民函［2003］263号　2003年12月12日）

各省、自治区、直辖市民政厅（局），计划单列市民政局，新疆生产建设兵团民政局：

国务院颁布的《中华人民共和国中外合作办学条例》（以下简称《条例》）已于今年9月1日起实施。为了规范中外合作办学机构的登记管理，现将有关事项通知如下：

一、中外合作办学机构取得中外合作办学许可证后申请民办非企业单位登记的，根据《条例》第二十条规定，依照《民办非企业单位登记管理暂行条例》第十二条规定，办理民办非企业单位登记。

二、中外合作办学机构申请民办非企业单位登记，由颁发中外合作办学许可证的政府教育行政部门、劳动行政部门的同级政府民政部门办理。省、自治区、直辖市人民政府审批、颁发中外合作办学许可证的，由省、自治区、直辖市人民政府民政部门办理。

三、中外合作办学机构申请民办非企业单位登记，对外方投入的资金、实物、知识产权及其他财产均可界定为非国有资产。开办资金中的非国有资产份额不得低于总资产的三分之二。

四、中外合作办学机构申请民办非企业单位登记，使用《民办非企业单位（法人）

登记证书》；根据《条例》规定，成立不具备法人资格的中外合作办学机构，使用《民办非企业单位（合伙）登记证书》。

五、香港特别行政区、澳门特别行政区和台湾地区的教育机构与内地教育机构合作办学的，参照上述规定执行。

中外合作办学机构申请民办非企业单位登记，政策性强，难度较大，必须切实加强领导。

在工作中遇到新的情况和问题，要及时报部民间组织管理局，以便研究解决。

中华人民共和国中外合作办学条例实施办法

（中华人民共和国教育部令第 20 号　2004 年 6 月 2 日）

目　　录

第一章　总　　则

第一条　为实施《中华人民共和国中外合作办学条例》（以下简称《中外合作办学条例》），制定本办法。

第二条　中外合作办学机构设立、活动及管理中的具体规范，以及依据《中外合作办学条例》举办实施学历教育和自学考试助学、文化补习、学前教育等的中外合作办学项目的审批与管理，适用本办法。

本办法所称中外合作办学项目是指中国教育机构与外国教育机构以不设立教育机构的方式，在学科、专业、课程等方面，合作开展的以中国公民为主要招生对象的教育教学活动。

根据《中外合作办学条例》的规定，举办实施职业技能培训的中外合作办学项目的具体审批和管理办法，由国务院劳动行政部门另行制定。

第三条　国家鼓励中国教育机构与学术水平和教育教学质量得到普遍认可的外国教

育机构合作办学；鼓励在国内新兴和急需的学科专业领域开展合作办学。

国家鼓励在中国西部地区、边远贫困地区开展中外合作办学。

第四条 中外合作办学机构根据《中华人民共和国民办教育促进法实施条例》的规定，享受国家给予民办学校的扶持与奖励措施。

教育行政部门对发展中外合作办学作出突出贡献的社会组织或者个人给予奖励和表彰。

第二章 中外合作办学机构的设立

第五条 中外合作办学者应当在平等协商的基础上签订合作协议。

合作协议应当包括拟设立的中外合作办学机构的名称、住所，中外合作办学者的名称、住所、法定代表人，办学宗旨和培养目标，合作内容和期限，各方投入数额、方式及资金缴纳期限，权利、义务，争议解决办法等内容。

合作协议应当有中文文本；有外文文本的，应当与中文文本的内容一致。

第六条 申请设立中外合作办学机构的中外合作办学者应当具有相应的办学资格和较高的办学质量。

已举办中外合作办学机构的中外合作办学者申请设立新的中外合作办学机构的，其已设立的中外合作办学机构应当通过原审批机关组织或者其委托的社会中介组织进行的评估。

第七条 中外合作办学机构不得设立分支机构，不得举办其他中外合作办学机构。

第八条 经评估，确系引进外国优质教育资源的，中外合作办学者一方可以与其他社会组织或者个人签订协议，引入办学资金。该社会组织或者个人可以作为与其签订协议的中外合作办学者一方的代表，参加拟设立的中外合作办学机构的理事会、董事会或者联合管理委员会，但不得担任理事长、董事长或者主任，不得参与中外合作办学机构的教育教学活动。

第九条 中外合作办学者投入的办学资金，应当与拟设立的中外合作办学机构的层次和规模相适应，并经依法验资。

中外合作办学者应当按照合作协议如期、足额投入办学资金。中外合作办学机构存续期间，中外合作办学者不得抽逃办学资金，不得挪用办学经费。

第十条 中外合作办学者作为办学投入的知识产权，其作价由中外合作办学者双方按照公平合理的原则协商确定或者聘请双方同意的社会中介组织依法进行评估，并依法办理有关手续。

中国教育机构以国有资产作为办学投入举办中外合作办学机构的，应当根据国家有关规定，聘请具有评估资格的社会中介组织依法进行评估，根据评估结果合理确定国有资产的数额，并依法履行国有资产的管理义务。

第十一条 中外合作办学者以知识产权作为办学投入的，应当提交该知识产权的有关资料，包括知识产权证书复印件、有效状况、实用价值、作价的计算根据、双方签订的作价协议等有关文件。

第十二条 根据与外国政府部门签订的协议或者应中国教育机构的请求，国务院教育行政部门和省、自治区、直辖市人民政府可以邀请外国教育机构与中国教育机构合作办学。

被邀请的外国教育机构应当是国际上或者所在国著名的高等教育机构或者职业教育机构。

第十三条 申请设立实施本科以上高等学历教育的中外合作办学机构，由拟设立机构所在地的省、自治区、直辖市人民政府提出意见后，报国务院教育行政部门审批。

申请举办颁发外国教育机构的学历、学位证书的中外合作办学机构的审批权限，参照《中外合作办学条例》第十二条和前款的规定执行。

第十四条 申请筹备设立或者直接申请正式设立中外合作办学机构，应当由中国教育机构提交《中外合作办学条例》规定的文件。其中，申办报告或者正式设立申请书应当按照国务院教育行政部门根据《中外合作办学条例》第十四条第（一）项和第十七条第（一）项，制定的《中外合作办学机构申请表》所规定的内容和格式填写。

第十五条 有下列情形之一的，审批机关不予批准筹备设立中外合作办学机构，并应当书面说明理由：

（一）违背社会公共利益、历史文化传统和教育的公益性质，不符合国家或者地方教育事业发展需要的；

（二）中外合作办学者有一方不符合条件的；

（三）合作协议不符合法定要求，经指出仍不改正的；

（四）申请文件有虚假内容的；

（五）法律、行政法规规定的其他不予批准情形的。

第十六条 中外合作办学机构的章程应当规定以下事项：

（一）中外合作办学机构的名称、住所；

（二）办学宗旨、规模、层次、类别等；

（三）资产数额、来源、性质以及财务制度；

（四）中外合作办学者是否要求取得合理回报；

（五）理事会、董事会或者联合管理委员会的产生方法、人员构成、权限、任期、议事规则等；

（六）法定代表人的产生和罢免程序；

（七）民主管理和监督的形式；

（八）机构终止事由、程序和清算办法；

（九）章程修改程序；

（十）其他需要由章程规定的事项。

第十七条 中外合作办学机构只能使用一个名称，其外文译名应当与中文名称相符。

中外合作办学机构的名称应当反映中外合作办学机构的性质、层次和类型，不得冠以“中国”“中华”“全国”等字样，不得违反中国法律、行政法规，不得损害社会公共利益。

不具有法人资格的中外合作办学机构的名称前应当冠以中国高等学校的名称。

第十八条 完成筹备，申请正式设立或者直接申请正式设立中外合作办学机构，除提交《中外合作办学条例》第十七条规定的相关材料外，还应当依据《中外合作办学条例》有关条款的规定，提交以下材料：

（一）首届理事会、董事会或者联合管理委员会组成人员名单及相关证明文件；

（二）聘任的外籍教师和外籍管理人员的相关资格证明文件。

第十九条 申请设立实施学历教育的中外合作办学机构，应当于每年3月或者9月提出申请，审批机关应当组织专家评议。

专家评议的时间不计算在审批期限内，但审批机关应当将专家评议所需时间书面告知申请人。

第二十条 完成筹备，申请正式设立中外合作办学机构，有下列情形之一的，审批机关应当不予批准，并书面说明理由：

（一）不具备相应办学条件、未达到相应设置标准的；

（二）理事会、董事会或者联合管理委员会的人员及其构成不符合法定要求，校长或者主要行政负责人、教师、财会人员不具备法定资格，经告知仍不改正的；

（三）章程不符合《中外合作办学条例》和本办法规定要求，经告知仍不修改的；

（四）在筹备设立期内有违反法律、法规行为的。

申请直接设立中外合作办学机构的，除前款规定的第（一）、（二）、（三）项外，有本办法第十五条规定情形之一的，审批机关不予批准。

第三章 中外合作办学机构的组织与活动

第二十一条 中外合作办学机构的理事会、董事会或者联合管理委员会的成员应当遵守中国法律、法规，热爱教育事业，品行良好，具有完全民事行为能力。

国家机关工作人员不得担任中外合作办学机构的理事会、董事会或者联合管理委员会的成员。

第二十二条 中外合作办学机构应当聘任专职的校长或者主要行政负责人。

中外合作办学机构的校长或者主要行政负责人依法独立行使教育教学和行政管理职权。

第二十三条 中外合作办学机构内部的组织机构设置方案由校长或者主要行政负责人提出，报理事会、董事会或者联合管理委员会批准。

第二十四条 中外合作办学机构应当建立教师培训制度，为受聘教师接受相应的业务培训提供条件。

第二十五条 中外合作办学机构应当按照招生简章或者招生广告的承诺，开设相应课程，开展教育教学活动，保证教育教学质量。

中外合作办学机构应当提供符合标准的校舍和教育教学设施、设备。

第二十六条 中外合作办学机构可以依法自主确定招生范围、标准和方式；但实施中国学历教育的，应当遵守国家有关规定。

第二十七条 实施高等学历教育的中外合作办学机构符合中国学位授予条件的，可以依照国家有关规定申请相应的学位授予资格。

第二十八条 中外合作办学机构依法自主管理和使用中外合作办学机构的资产，但不得改变按照公益事业获得的土地及校舍的用途。

中外合作办学机构不得从事营利性经营活动。

第二十九条 在每个会计年度结束时，中外合作办学者不要求取得合理回报的中外合作办学机构应当从年度净资产增加额中，中外合作办学者要求取得合理回报的中外合作办学机构应当从年度净收益中，按不低于年度净资产增加额或者净收益的25%的比例提取发展基金，用于中外合作办学机构的建设、维护和教学设备的添置、更新等。

第三十条 中外合作办学机构资产中的国有资产的监督、管理，按照国家有关规定执行。

中外合作办学机构接受的捐赠财产的使用和管理，依照《中华人民共和国公益事业捐赠法》的有关规定执行。

第三十一条 中外合作办学者要求取得合理回报的，应当按照《中华人民共和国民办教育促进法实施条例》的规定执行。

第三十二条 中外合作办学机构有下列情形之一的，中外合作办学者不得取得回报：

（一）发布虚假招生简章或者招生广告，骗取钱财的；

（二）擅自增加收费项目或者提高收费标准，情节严重的；

（三）非法颁发或者伪造学历、学位证书及其他学业证书的；

（四）骗取办学许可证或者伪造、变造、买卖、出租、出借办学许可证的；

（五）未依照《中华人民共和国会计法》和国家统一的会计制度进行会计核算、编制财务会计报告，财务、资产管理混乱的；

（六）违反国家税收征管法律、行政法规的规定，受到税务机关处罚的；

（七）校舍或者其他教育教学设施、设备存在重大安全隐患，未及时采取措施，致使发生重大伤亡事故的；

（八）教育教学质量低下，产生恶劣社会影响的。

中外合作办学者抽逃办学资金或者挪用办学经费的，不得取得回报。

第四章　中外合作办学项目的审批与活动

第三十三条 中外合作办学项目的办学层次和类别，应当与中国教育机构和外国教育机构的办学层次和类别相符合，并一般应当在中国教育机构中已有或者相近专业、课程举办。合作举办新的专业或者课程的，中国教育机构应当基本具备举办该专业或者课程的师资、设备、设施等条件。

第三十四条 中国教育机构可以采取与相应层次和类别的外国教育机构共同制订教育教学计划，颁发中国学历、学位证书或者外国学历、学位证书，在中国境外实施部分教育教学活动的方式，举办中外合作办学项目。

第三十五条 举办中外合作办学项目，中国教育机构和外国教育机构应当参照本办法第五条的规定签订合作协议。

第三十六条 申请举办实施本科以上高等学历教育的中外合作办学项目，由拟举办项目所在地的省、自治区、直辖市人民政府教育行政部门提出意见后，报国务院教育行政部门批准；申请举办实施高等专科教育、非学历高等教育和高级中等教育、自学考试助学、文化补习、学前教育的中外合作办学项目，报拟举办项目所在地的省、自治区、直辖市人民政府教育行政部门批准，并报国务院教育行政部门备案。

申请举办颁发外国教育机构的学历、学位证书以及引进外国教育机构的名称、标志或者教育服务商标的中外合作办学项目的审批，参照前款的规定执行。

第三十七条 申请举办中外合作办学项目，应当由中国教育机构提交下列文件：

（一）《中外合作办学项目申请表》；

（二）合作协议；

（三）中外合作办学者法人资格证明；

（四）验资证明（有资产、资金投入的）；

（五）捐赠资产协议及相关证明（有捐赠的）。

外国教育机构已在中国境内合作举办中外合作办学机构或者中外合作办学项目的，还应当提交原审批机关或者其委托的社会中介组织的评估报告。

第三十八条 申请设立实施学历教育的中外合作办学项目，应当于每年 3 月或者 9 月提出申请，审批机关应当组织专家评议。

专家评议的时间不计算在审批期限内，但审批机关应当将专家评议所需时间书面告知申请人。

第三十九条 申请设立中外合作办学项目的，审批机关应当按照《中华人民共和国行政许可法》规定的时限作出是否批准的决定。批准的，颁发统一格式、统一编号的中外合作办学项目批准书；不批准的，应当书面说明理由。

中外合作办学项目批准书由国务院教育行政部门制定式样并统一编号；编号办法由国务院教育行政部门参照中外合作办学许可证的编号办法确定。

第四十条 中外合作办学项目是中国教育机构教育教学活动的组成部分，应当接受中国教育机构的管理。实施中国学历教育的中外合作办学项目，中国教育机构应当对外国教育机构提供的课程和教育质量进行评估。

第四十一条 中外合作办学项目可以依法自主确定招生范围、标准和方式；但实施中国学历教育的，应当遵守国家有关规定。

第四十二条 举办中外合作办学项目的中国教育机构应当依法对中外合作办学项目的财务进行管理，并在学校财务账户内设立中外合作办学项目专项，统一办理收支业务。

第四十三条 中外合作办学项目收费项目和标准的确定，按照国家有关规定执行，并在招生简章或者招生广告中载明。

中外合作办学项目的办学结余，应当继续用于项目的教育教学活动和改善办学条件。

第五章 管理与监督

第四十四条 中外合作办学机构和举办中外合作办学项目的中国教育机构应当根据国家有关规定，通过合法渠道引进教材。引进的教材应当具有先进性，内容不得与中国宪法和有关法律、法规相抵触。

中外合作办学机构和举办中外合作办学项目的中国教育机构应当对开设课程和引进教材的内容进行审核，并将课程和教材清单及说明及时报审批机关备案。

第四十五条 中外合作办学机构和举办中外合作办学项目的中国教育机构应当依法建立学籍管理制度，并报审批机关备案。

第四十六条 中外合作办学机构和项目教师和管理人员的聘任，应当遵循双方地位平等的原则，由中外合作办学机构和举办中外合作办学项目的中国教育机构与教师和管理人员签订聘任合同，明确规定双方的权利、义务和责任。

第四十七条 中外合作办学机构和项目的招生简章和招生广告的样本应当及时报审批机关备案。

第四十八条 举办颁发外国教育机构的学历、学位证书的中外合作办学机构和项目，中方合作办学者应当是实施相应层次和类别学历教育的中国教育机构。

中外合作办学机构和项目颁发外国教育机构的学历、学位证书的，其课程设置、教学内容应当不低于该外国教育机构在其所属国的标准和要求。

第四十九条 中外合作办学项目颁发的外国教育机构的学历、学位证书，应当与该外国教育机构在其所属国颁发的学历、学位证书相同，并在该国获得承认。

第五十条 实施学历教育的中外合作办学机构和项目应当通过网络、报刊等渠道，将该机构或者项目的办学层次和类别、专业设置、课程内容、招生规模、收费项目和标准等情况，每年向社会公布。

中外合作办学机构应当于每年 4 月 1 日前公布经社会审计机构对其年度财务会计报告的审计结果。

第五十一条 实施学历教育的中外合作办学机构和项目，应当按学年或者学期收费，不得跨学年或者学期预收。

第五十二条 中外合作办学机构和举办中外合作办学项目的中国教育机构应当于每年3月底前向审批机关提交办学报告，内容应当包括中外合作办学机构和项目的招收学生、课程设置、师资配备、教学质量、财务状况等基本情况。

第五十三条 审批机关应当组织或者委托社会中介组织本着公开、公正、公平的原则，对实施学历教育的中外合作办学项目进行办学质量评估，并将评估结果向社会公布。

第五十四条 中外合作办学项目审批机关及其工作人员，利用职务上的便利收取他人财物或者获取其他利益，滥用职权、玩忽职守，对不符合本办法规定条件者颁发中外合作办学项目批准书，或者发现违法行为不予以查处，造成严重后果，构成犯罪的，依法追究刑事责任；尚不构成犯罪的，依法给予行政处分。

第五十五条 违反本办法的规定，超越职权审批中外合作办学项目的，其批准文件无效，由上级机关责令改正；对负有责任的主管人员和其他直接责任人员，依法给予行政处分。

第五十六条 违反本办法的规定，未经批准擅自举办中外合作办学项目的，由教育行政部门责令限期改正，并责令退还向学生收取的费用；对负有责任的主管人员和其他直接责任人员，依法给予行政处分。

第五十七条 中外合作办学项目有下列情形之一的，由审批机关责令限期改正，并视情节轻重，处以警告或者3万元以下的罚款；对负有责任的主管人员和其他直接责任人员，依法给予行政处分：

（一）发布虚假招生简章或者招生广告，骗取钱财的；

（二）擅自增加收费项目或者提高收费标准的；

（三）管理混乱，教育教学质量低下的；

（四）未按照国家有关规定进行财务管理的；

（五）对办学结余进行分配的。

第五十八条 中外合作办学机构和项目违反《中华人民共和国教育法》的规定，颁发学历、学位证书或者其他学业证书的，依照《中华人民共和国教育法》的有关规定进行处罚。

第六章　附　　则

第五十九条 在工商行政管理部门登记注册的经营性的中国培训机构与外国经营性的教育培训公司合作举办教育培训的活动，不适用本办法。

第六十条 中国教育机构没有实质性引进外国教育资源，仅以互认学分的方式与外国教育机构开展学生交流的活动，不适用本办法。

第六十一条 香港特别行政区、澳门特别行政区和台湾地区的教育机构与内地教育机构举办合作办学项目的，参照本办法的规定执行，国家另有规定的除外。

第六十二条 《中外合作办学条例》实施前已经批准的中外合作办学项目，应当参照《中外合作办学条例》第六十三条规定的时限和程序，补办中外合作办学项目批准书。逾期未达到《中外合作办学条例》和本办法规定条件的，审批机关不予换发项目批准书。

第六十三条 本办法自2004年7月1日起施行。原中华人民共和国国家教育委员会1995年1月26日发布的《中外合作办学暂行规定》同时废止。

教育部　劳动和社会保障部关于印发《中外合作办学许可证编号办法（试行）》的通知

（教外综［2004］85号　2004年12月16日）

各省、自治区、直辖市教育厅（教委）、劳动和社会保障厅（局）：

现将《中外合作办学许可证编号办法（试行）》印发给你们，请遵照执行。

附件：中外合作办学许可证编号办法（试行）

附件：

中外合作办学许可证编号办法（试行）

第一条 根据《中华人民共和国中外合作办学条例》（以下简称《中外合作办学条例》），制定本办法。

第二条 各省、自治区、直辖市人民政府及其教育、劳动行政部门向依法批准设立的中外合作办学机构颁发中外合作办学许可证的编号程序和规范，适用本办法。

国务院教育行政部门依法批准设立的中外合作办学机构的中外合作办学许可证编号的规范，适用本办法。

第三条 中外合作办学许可证编号由字母和数字组合的十部分构成，涵盖了中外合作办学机构的审批机关、所在行政区划、外国教育机构所在国家或地区、办学层次和性质、机构属性、顺序号等内容。第一部分（三个字母）为审批机关代码，分别代表国务院教育行政部门、省级人民政府、省级教育行政部门和劳动行政部门；第二部分（两位数字）为行政区划代码；第三部分（两个字母）为外国教育机构所在国别或地区代码；第四部分（一个字母）区分学历教育和非学历教育；第五部分（两位数字）区分中外合作办学机构的办学层次和性质；第六部分（一个字母）区分中外合作办学机构是否具有法人资格；第七部分（两个字母）区分中外合作办学机构的中外合作办学者是否要求取得合理回报；第八部分（四位数字）代表审批年份；第九部分（四位数字）为全国中外合作办学机构顺序号；第十部分（一个字母）区分《中外合作办学条例》施行前后设立的中外合作办学机构。

第四条 依法设立的中外合作办学机构的中外合作办学许可证由国务院教育行政部门统一编号，且编号具有唯一性。

第五条 各省、自治区、直辖市人民政府及其教育行政部门依法批准设立的中外合作办学机构的中外合作办学许可证的编号，由省级教育行政部门向国务院教育行政部门提出申请。

各省、自治区、直辖市人民政府劳动行政部门依法批准设立的中外合作办学机构的中外合作办学许可证的编号，由该劳动行政部门报国务院劳动行政部门，并由国务院劳动行政部门送国务院教育行政部门编号。

国务院教育行政部门应在收到申请后 7 个工作日内完成编号工作。

第六条 各省、自治区、直辖市人民政府教育、劳动行政部门应根据本办法所附行文式样提出申请，同时提交批准设立的中外合作办学机构的《中外合作办学机构申请表》及相应 mdb 电子文档或《中外合作职业培训机构申请表》复印件。

第七条 各省、自治区、直辖市人民政府及其教育、劳动行政部门依据国务院教育行政部门确定的编号，向依法批准设立的中外合作办学机构颁发中外合作办学许可证。

第八条 违反《中外合作办学条例》的有关规定，超越职权审批的中外合作办学机构，国务院教育行政部门不予编号。

各省、自治区、直辖市人民政府及其教育、劳动行政部门批准设立的中外合作办学机构明显违反《中外合作办学条例》有关规定的，暂不予编号，由国务院教育行政部门或劳动行政部门主管司局建议该省级教育或劳动行政部门自行纠正。

第九条 内地教育机构与港澳台地区教育机构设立的合作办学机构的许可证编号，参照本办法执行。

第十条 本办法由国务院教育行政部门和劳动行政部门负责解释，自发布之日起施行。

国家发展改革委　教育部　劳动和社会保障部关于印发《民办教育收费管理暂行办法》的通知

（发改价格［2005］309号　2005年3月2日）

各省、自治区、直辖市发展改革委、物价局，教育厅（局），劳动和社会保障厅（局）：

为促进民办教育的健康发展，规范民办学校的收费行为，保障民办学校和受教育者的合法权益，特制定了《民办教育收费管理暂行办法》，现印发给你们，请遵照执行。

附：民办教育收费管理暂行办法

附件：

民办教育收费管理暂行办法

第一条　为促进民办教育的健康发展，规范民办学校的收费行为，保障民办学校和受教育者的合法权益，根据《中华人民共和国价格法》《中华人民共和国民办教育促进法》和《中华人民共和国民办教育促进法实施条例》制定本办法。

第二条　本办法适用于国家机构以外的社会组织或者个人，利用非国家财政性经费，面向社会举办的各级各类民办教育学校和教育机构（以下简称“民办学校”）。

第三条　民办学校对接受教育者可以收取学费（或培训费，下同），对在校住宿的学生可以收取住宿费。民办学校为学生在校学习期间提供方便而代收代管的费用，应遵循“学生自愿、据实收取、及时结算、定期公布”的原则，不得与学费、住宿费一并统一收取。

第四条　制定或调整民办学校对接受学历教育的受教育者收取的学费、住宿费标准，由民办学校提出书面申请，按学校类别和隶属关系报教育行政部门或劳动和社会保障行政部门审核，由教育行政部门或劳动和社会保障行政部门报价格主管部门批准。

民办学校对非学历教育的其他受教育者收取的学费、住宿费标准，由民办学校自行确定，报价格主管部门备案。

第五条　民办学校申请制定或调整学历教育收费标准应提交下列材料：

（一）申请学校的有关情况，包括学校名称、地址、法定代表人、法人登记证书以及教育行政部门或劳动和社会保障行政部门颁发的办学许可证；

（二）申请制定或调整教育收费标准的具体项目；

（三）现行教育收费标准和申请制定的教育收费标准或拟调整教育收费标准的幅度，以及年度收费额和调整后的收费增减额；

（四）申请制定或调整教育收费标准的依据和理由；

（五）申请制定或调整教育收费标准对学生负担及学校收支的影响；

（六）申请学校近三年的收入和支出状况，包括教职工人数、按规定折合标准的在校生人数、生均教育培养成本，财务决算报表中的固定资产购建和大修理支出情况、教育设备购置情况、工资总额及其福利费用支出等主要指标；

（七）价格主管部门、教育行政部门、劳动和社会保障行政部门要求提供的其他材料。

申请学校提供的材料应当真实有效。

第六条 民办学校学历教育学费标准按照补偿教育成本的原则并适当考虑合理回报的因素制定。

教育成本包括人员经费、公务费、业务费、修缮费、固定资产折旧费等学校教育和管理的正常支出，不包括灾害损失、事故等非正常费用支出和校办产业及经营性费用支出。

民办学校学历教育住宿费标准按实际成本确定。

第七条 民办学校对接受学历教育的受教育者按学期或学年收取学费、住宿费。

第八条 受县级人民政府委托承担义务教育任务的民办学校，向协议就读的学生收取的费用，不得高于当地同级同类公办学校的收费标准。

第九条 民办学校学生退（转）学，学校应当根据实际情况退还学生一定费用。具体办法由省级教育行政部门、劳动和社会保障行政部门制定。

第十条 民办学校应通过设立公示栏、公示牌、公示墙等形式，向社会公示收费项目、收费标准等相关内容。

民办学校招生简章应写明学校性质、办学条件、收费项目和收费标准。民办学校对贫困生有学费减免规定和其他救助办法的，应在招生简章中明示。

第十一条 民办学校要按照有关会计制度的要求，建立健全财务管理和会计核算制度，实行成本核算，科学计算教育培养成本。

民办学校接受价格主管部门的监督检查时，要如实提供监督检查所必需的账簿、财务会计报告以及其他资料。

第十二条 民办学校取得的合法收费收入应主要用于教学活动和改善办学条件，任何单位和部门不得截留、平调。

任何组织和个人都不得违反法律、法规向民办教育机构收取任何费用。

第十三条 各级价格主管部门应加强对民办学校收费的管理和监督检查，引导学校建立健全收费管理制度，自觉执行国家的教育收费政策。对违反国家教育收费法律、法规和政策乱收费的行为，要依据《中华人民共和国价格法》《价格违法行为行政处罚规定》等法律法规严肃查处。

第十四条 各省、自治区、直辖市人民政府价格主管部门、教育行政部门、劳动和社会保障行政部门可根据本办法制定具体实施细则。

第十五条 本办法由国家发展和改革委员会会同教育部、劳动和社会保障部负责解释。

第十六条 本办法自发布后30日施行。

劳动和社会保障部关于印发城镇技能再就业计划和能力促创业计划的通知

（劳社部发［2005］30号 2005年12月9日）

各省、自治区、直辖市劳动和社会保障厅（局）：

为贯彻落实《国务院关于大力发展职业教育的决定》（国发［2005］35号）和《国务院关于进一步加强就业再就业工作的通知》（国发［2005］36号）精神，我部提出实行五项计划和一项行动。现将其中两项计划，即《城镇技能再就业计划》和《能力促创业计划》印发给你们。

请结合本地实际，落实目标任务，抓好组织实施。请各地于2006年1月10日前将实施方案和工作安排报我部培训就业司。

城镇技能再就业计划

为落实国务院关于大力发展职业教育和做好就业再就业工作的要求，强化下岗失业人员技能培训，以培训促进再就业，决定在“十一五”期间，面向城镇下岗失业人员实施城镇技能再就业计划。

一、指导思想

（一）围绕下岗失业人员就业再就业和稳定就业需要，通过开展针对性、实用性强的职业技能培训，提高下岗失业人员转业转岗所需技能水平，并提供相应的技能鉴定和技能岗位对接服务，以增强劳动者技能来促进他们更多更好地实现再就业。

二、目标任务

（二）2006—2010年5年内，对2 000万（每年400万）下岗失业人员开展职业技能培训，培训合格率达到90%，培训后再就业率达到60%。同时，在全国300个城市普遍建立相应机制，实现再就业培训与技能鉴定的紧密衔接，提高技能岗位对接服务成效。

三、主要内容

（三）开展职业技能培训，提高职业技能水平。要结合劳动力市场需求，进一步密切与用人单位的沟通和联系，大力开展订单培训和定向培训，使培训与就业紧密结合。要根据国家职业标准和用人单位岗位规范要求，强化职业技能实训，突出操作训练，提高下岗失业人员的岗位适应能力和职业技能水平。要结合本地实际，开发和选定适合下岗失业人员自谋职业的技能培训项目。要根据下岗失业人员特点和需求，采取日夜校、长短班、送教上门以及远程培训等多种灵活的方式和手段，方便其就地就近参加培训。

（四）实施职业技能鉴定，提供技能水平认证服务。对参加职业技能培训并有鉴定要求的下岗失业人员，各级职业技能鉴定机构要主动提供鉴定服务，对其职业能力进行客观评价；对鉴定合格的，按规定发放相应的职业资格证书。同时，要结合生产服务岗位需求和下岗失业人员特点，开展专项职业能力考核工作。

对持《再就业优惠证》人员通过初次技能鉴定、生活确有困难的，要落实职业技能鉴定补贴政策。

（五）做好就业服务，促进技能岗位对接。公共职业介绍机构要积极帮助前来求职的下岗失业人员参加培训提高技能，通过多种方式，公告定点培训机构和培训项目信息。要广泛开展职业指导，帮助下岗失业人员根据市场需求和自身特点，选择合适的培训项目参加培训。

继续实施“技能岗位对接行动”，面向下岗失业人员开展专项就业服务活动，加强就业信息、职业介绍、劳动保障事务代理、社会保险服务等工作，改进服务方式，切实帮助下岗失业人员尽快实现再就业。

四、保障措施

（六）加大工作力度，明确目标任务。各地要进一步提高对再就业培训工作的重视程度，制订专项工作计划，落实目标任务，逐步建立培训、鉴定和就业服务有机结合，促进下岗失业人员技能再就业的长效机制。要将再就业培训工作纳入目标管理，实行业绩考核，定期进行督促检查。要加强与政府有关部门的沟通与合作，共同推动工作。

（七）广泛发动社会，建立健全社会化的再就业培训网络。动员社会各方面，包括工会、共青团、妇联以及其他社会组织举办的教育培训机构积极承担再就业培训任务。按照“条件公开、平等竞争、合理布局、择优认定、社会公示和公布”原则，确定一批社会信誉佳、专业特色强、培训质量高、就业效果好的教育培训机构作为实施再就业培训的定点机构。引导定点机构根据市场需求调整专业设置和课程内容，实现技能培训与市场需求的有效衔接。有条件的地区可建设公共实训基地，面向社会开展技能操作训练和技能鉴定服务。

（八）完善补贴办法，健全培训效果评价机制。要按照国家有关规定，从各级财政促进再就业资金中落实培训和鉴定补贴经费，根据培训和鉴定的实际成本，合理确定补贴标准，对符合条件的人员给予相应的培训和鉴定补贴。进一步完善经费补贴与培训质量和促进就业效果挂钩的机制和办法。要根据培训合格率、职业资格证书取得率、就业率以及培训计划落实情况等对定点机构定期进行监督检查和业绩考核。

（九）加大宣传力度，营造良好氛围。要充分利用广播电视、报刊杂志、图书图画等多种新闻媒体和介质，广泛宣传各级政府制定的培训就业政策，宣传提高职业技能对促进就业的重要性，宣传培训工作成效显著的教育培训机构的经验做法，宣传下岗失业人员参加培训后成功实现再就业的典型事例，引导更多劳动者参加培训，提高技能，实现技能再就业。

能力促创业计划

为落实国务院关于大力发展职业教育和做好就业再就业工作的要求，推动创业培训，以创业促就业，决定在“十一五”期间实施能力促创业计划。

一、指导思想

（一）围绕国家发展中小企业促进就业和鼓励劳动者自主创业、自谋职业的需要，广泛发动社会，面向下岗失业人员、青年学生、进城务工的农村劳动者以及社会其他群体开展创业培训，增强其创业能力和经营能力。同时，通过提供政策、资金、技术；信息等创业服务，为劳动者成功开业和带动就业创造更好的环境。

二、目标任务

（二）2006—2010 年 5 年内，要对 200 万（每年 40 万）城乡劳动者开展创业培训，力争培训结束后 3 个月内开业成功率达到 30%以上，半年内开业成功率达到 50%，并实现 1 人创业平均带动至少 3 人就业的倍增效应。成功开业的企业中，稳定经营一年以上的比率达到 80%。在全国 300 个城市普遍建立社会化、开放式创业服务体系，实现开业指导、项目开发、融资服务、创业孵化、跟踪扶持等“一条龙”服务。

三、主要内容

（三）实施创业培训，提升劳动者的创业意识和创业的基本能力。要组织具有资质的教育培训机构，针对劳动者自身特点和创业不同阶段的需要，开展多种形式的创业培训。推广“创办和改善你的企业（SIYB）”等行之有效的培训模式。对于有创业意愿但尚未创业的人员，重点开展创业意识教育和创业基本知识培训，帮助他们创新观念，明确创业目标，掌握创业必备的专业知识，提高创业的基本能力。对于已开办企业的人员，重点开展企业管理方面的专业培训，提升其经营管理能力。要广泛采用案例剖析、角色扮演、互动教学、创业者现身说法等方式，提高培训的针对性和灵活性。要积极利用现代培训技术，开发适用于远程教学的多媒体教学课件，丰富培训的内容和手段。

（四）提供开业指导，帮助创业者掌握基本的开业技巧。要聘请一批有创业经验的企业家、经营管理专家以及政府政策部门人员组建创业专家队伍，为创业者提供指导和服务，使其掌握基本的开业技巧，并能运用经营策略和国家有关政策。要通过多种渠道，收集和开发一批投资少、见效快、市场发展前景好的创业项目，建立项目资源库，及时向创业者推荐，指导其制订科学、适用的开业方案，帮助其成功开业。

（五）搞好创业孵化，提高创业者的实际操作能力。要争取政府有关部门支持，依托当地经济技术开发区、工业园区或利用部分关闭破产企业的闲置厂房，建设一批相对集中的创业市场或孵化基地，为缺乏创业经验和经营场地的创业者提供一段时期的孵化，帮助其在场（基地）内完成创业见习，丰富创业体验，提高实际操作能力，为参与市场竞争，做强做稳做大企业奠定基础。

（六）开展融资服务，提高创业者的诚信意识和资金运作能力。要抓紧落实国家有关小额担保贷款的政策，为符合条件的人员及时发放贷款。同时，多渠道筹集资金，为创业者提供多种形式的融资服务。要结合信用社区建设，加强对贷款申请人的诚信教育，跟踪了解资金使用状况。逐步建立创业者诚信档案，提高其诚实守信、按期还贷意识。

（七）加强跟踪扶持，提高创业者的经营能力。要跟踪了解其所办企业运营和发展状况，针对经营过程中出现的问题，提供有针对性的咨询和指导，帮助其不断提高经营能力，改善经营状况。要建立创业指导中心或创业者接待中心，为创业者提供全方位有效服务。要充分利用咨询热线或网站，为创业者答疑解惑。要支持创业学员自发成立创业者联谊会（或协会），加强创业交流，沟通创业信息，开展结对互助活动，实现共同发展。

四、保障措施

（八）加强组织领导，落实目标任务。各地要进一步加大创业培训和创业服务工作力度，切实将其作为促进就业再就业的重要内容，统筹规划，并从各级财政促进就业再就业资金中落实创业培训所需经费。要结合地区实际，分解落实目标任务，强化目标考核和质量监控，以培训合格率、企业开办率、稳定经营率以及带动就业率等为重点，建立健全科学的创业培训绩效考评体系。国家创业示范城市和 SIYB 培训重点联系城市要率先在提高培训质量、扩大培训规模、树立培训品牌、实现能力促创业、创业促就业上作出成绩。

（九）密切部门合作，落实扶持政策。要密切与财政、工商、税务、银行、经贸以及工会、共青团、妇联等部门的合作，加强与企业界和中小企业服务机构的沟通与联系，共同搭建面向创业者提供服务的公共平台，使符合条件的人员及时享受到国家和地方政府出台的培训补贴、小额担保贷款、税费减免等优惠政策，不断改善和优化创业环境。

（十）抓好队伍建设，确保培训质量。要加强创业培训教师队伍建设，逐步形成一支专业化的教师队伍。开展SIYB培训的地区，承担培训任务的教师必须取得劳动保障部和国际劳工组织共同颁发的教师资格证书。要加强创业培训管理人员队伍建设，选派业务能力强的人员负责这项工作，并通过举办专业培训、业务考察交流等活动，不断提高其组织管理能力。

（十一）树立创业典型，引导全民创业。要通过广播电视、报刊杂志、互联网络，以及举办创业大赛、创业论坛、创业成果展示活动、编辑创业明星事迹集锦等多种方式，大力宣传各级政府鼓励劳动者创业和就业的政策措施，宣传在创业培训和创业服务方面作出显著成绩的培训机构和社会中介组织的经验，宣传自强自立、奋发图强、成功创业的典型事迹，树立一批在社会上起导向作用的创业标兵，引导和带动更多劳动者走自主创业、能力创业道路，逐步在全社会形成鼓励创业、支持创业、全民创业的氛围。

中外合作职业技能培训办学管理办法

（中华人民共和国劳动和社会保障部令第27号　2006年7月26日）

目　录

第一章　总　则

第一条　为实施《中华人民共和国中外合作办学条例》（以下简称《中外合作办学条例》），规范中外合作职业技能培训办学活动，制定本办法。

第二条 中国教育机构同外国教育机构（以下简称中外合作办学者，教育机构含职业技能培训机构）合作举办职业技能培训机构和办学项目的设立、活动及管理，适用本办法。

本办法所称中外合作职业技能培训机构，是指中外合作办学者依照《中外合作办学条例》和本办法的规定，在中国境内合作举办的以中国公民为主要招生对象，实施职业技能培训的公益性办学机构。

本办法所称中外合作职业技能培训办学项目，是指中外合作办学者依照《中外合作办学条例》和本办法的规定，不设立新的职业技能培训机构，而是通过与现有中国教育机构合作设置以中国公民为主要招生对象的专业（职业、工种）、课程的方式开展的职业技能培训项目。

第三条 国家鼓励根据经济发展和劳动力市场对技能劳动者的需求及特点，引进体现国外先进技术、先进培训方法的优质职业技能培训资源。

国家鼓励在国内新兴和急需的技能含量高的职业领域开展中外合作办学。

第四条 中外合作职业技能培训机构根据法律法规的规定，享受国家给予民办学校的扶持与奖励政策。

劳动保障行政部门对发展中外合作职业技能培训办学作出突出贡献的社会组织和个人给予奖励和表彰。

第五条 国务院劳动保障行政部门负责全国中外合作职业技能培训办学工作的统筹规划、综合协调和宏观管理。省、自治区、直辖市人民政府劳动保障行政部门负责本行政区域内中外合作职业技能培训办学管理工作。

第二章 中外合作职业技能培训机构的设立

第六条 中外合作办学者应当符合《中外合作办学条例》规定的条件，具备相应的办学资格和较高的办学质量。

第七条 中外合作办学者应当在平等协商的基础上签订合作协议。合作协议应当载明下列内容：

（一）合作各方的名称、住所和法定代表人的姓名、职务、国籍；

（二）拟设立的中外合作职业技能培训机构的名称、住所、培养目标、办学宗旨、合作内容和期限；

（三）合作各方投入资产数额、方式及资金缴纳期限；

（四）解决合作各方争议的方式和程序；

（五）违反合作协议的责任；

（六）合作各方约定的其他事项。

合作协议应当为中文文本。有外文文本的，应当与中文文本的内容一致。

第八条 中外合作办学者投入的办学资金，应当与拟设立的中外合作职业技能培训机构的层次和规模相适应，并必须经法定的验资机构验资且出具证明。

中外合作办学者应当按照合作协议按时、足额投入办学资金。中外合作职业技能培训机构存续期间，中外合作办学者不得抽逃办学资金，不得挪用办学经费。

第九条 中外合作办学者为办学投入的实物、土地使用权、知识产权以及其他财产，其作价由中外合作办学者双方按照公平合理的原则协商确定，或者聘请双方同意的社会中介组织依法进行评估，并依法办理财产权转移有关手续。

中国教育机构以国有资产作为办学投入的，应当根据国家有关国有资产监督管理规定，聘请具有评估资格的社会中介组织依法进行评估，根据评估结果合理确定国有资产的数额，并报对该国有资产负有监管职责的机构备案，依法履行国有资产管理义务。

第十条 根据与外国政府部门签订的协议或者应中国教育机构的请求，国务院劳动保障行政部门或者省、自治区、直辖市人民政府可以邀请外国教育机构与中国教育机构合作办学。

被邀请的外国教育机构应当是国际上或者所在国具有一定影响力的教育机构。

第十一条 设立中外合作职业技能培训机构由拟设立机构所在地的省、自治区、直辖市人民政府劳动保障行政部门审批。

第十二条 设立中外合作职业技能培训机构，分为筹备设立和正式设立两个步骤。具备办学条件，达到设置标准的，可以直接申请正式设立。

第十三条 申请筹备设立中外合作职业技能培训机构，应当由中国教育机构提出申请，提交《中外合作办学条例》规定的文件。其中申办报告应当按照国务院劳动保障行政部门根据《中外合作办学条例》第十四条第（一）项制定的《中外合作职业技能培训机构申请表》所规定的内容和格式填写。

申请筹备设立中外合作职业技能培训机构，还应根据《中外合作办学条例》有关条款的规定，提交中外合作办学者的注册登记证明、法定代表人的有效证明文件，其中外国合作办学者的有关证明文件应当经所在国公证机关证明。

第十四条 有下列情形之一的，审批机关不予批准筹备设立中外合作职业技能培训机构，并书面说明理由：

（一）违背社会公共利益、历史文化传统和职业培训的公益性质，不符合国家或者地方职业培训事业发展需要的；

（二）中外合作办学者有一方不符合条件的；

（三）申请文件不符合《中外合作办学条例》和本办法要求，经告知仍不改正的；

（四）申请文件有虚假内容的；

（五）法律、行政法规规定的其他不予批准情形。

第十五条 申请正式设立中外合作职业技能培训机构，应当由中国教育机构申请，提交《中外合作办学条例》规定的文件。其中直接申请正式设立的，正式设立申请书应当按照国务院劳动保障行政部门制定的《中外合作职业技能培训机构申请表》所规定的内容和格式填写，并提交本办法第十三条第二款规定的资格证明。

第十六条 正式设立中外合作职业技能培训机构，应当具备《中外合作办学条例》第十一条规定的条件。

设立中外合作职业技能培训机构，应达到以下设置标准：

（一）具有同时培训不少于200人的办学规模。

（二）办学场所应符合环境保护、劳动保护、安全、消防、卫生等有关规定及相关职业（工种）安全规程。建筑面积应与其办学规模相适应，一般不少于3 000平方米，其中实习、实验场所一般不少于1 000平方米。租用的场所其租赁期限不少于3年。

（三）实习、实验设施和设备应满足教学和技能训练需要，有充足的实习工位，主要设备应达到国际先进水平。具有不少于5 000册的图书资料和必要的阅览场所，并配备电子阅览设备。

（四）投入的办学资金，应当与办学层次和规模相适应，且固定资产50万元以上，注册资金50万元以上，并具有稳定的经费来源。

（五）校长或主要行政负责人应具有中华人民共和国国籍，在中国境内定居，热爱祖国、品行良好，具备大学本科及以上学历或者高级专业技术职务任职资格、高级以上国家职业资格。

（六）专兼职教师队伍与专业设置、办学规模相适应，专职教师人数一般不少于教师人数的1/3。每个教学班按专业应当分别配备专业理论课教师和生产实习指导教师，其中理论教师应具有与其教学岗位相适应的教师上岗资格条件，实习指导教师应具备高级及以上职业资格或中级及以上相关专业技术职务任职资格，并具有相应的教师上岗资格。但是，聘任的专兼职外籍教师和外籍管理人员，应当具备《中外合作办学条例》第二十七条规定的条件。

设立中外合作技工学校，参照技工学校设置标准执行。

第十七条 设立中外合作职业技能培训机构应当按照《中外合作办学条例》的规定制定机构章程，载明下列事项：

（一）中外合作职业技能培训机构的名称、住所；

（二）办学宗旨、规模、层次、类别等；

（三）资产数额、来源、性质以及财务制度；

（四）中外合作办学者是否要求取得合理回报；

（五）理事会或者董事会的产生方法、人员构成、权限、任期、议事规则等；

（六）法定代表人的产生和罢免程序；

（七）民主管理和监督的形式；

（八）机构终止事由、程序和清算办法；

（九）章程修改程序；

（十）其他需要由章程规定的事项。

第十八条 中外合作职业技能培训机构只能使用一个名称，其外文译名应当与中文名称相符。中外合作职业技能培训机构名称应当按所在行政区划、字号、职业技能培训学校依次确切表示。

名称中不得冠以“中国”“全国”“中华”等字样，不得违反国家规定，不得损害社会公共利益。

第十九条 中外合作职业技能培训机构不得设立分支机构，不得举办其他中外合作办学机构。

第二十条 审批机关受理正式设立中外合作技工学校的，应当组织专家委员会评议，由专家委员会提出咨询意见。

专家委员会对申请人申请材料按照分期分类的原则进行评审，所需时间由审批机关书面告知申请人，不计算在审批期限内。

审批机关认为必要时应当指派 2 名以上工作人员，对申请人提交的申请材料主要内容进行核查。

第二十一条 有下列情形之一的，审批机关不予批准正式设立中外合作职业技能培训机构，并书面说明理由：

（一）不具备办学条件、未达到设置标准的；

（二）理事会、董事会的组成人员及其构成不符合法定要求，校长或者主要行政负责人、教师、财会人员不具备法定资格，经告知仍不改正的；

（三）章程不符合《中外合作办学条例》和本办法要求，经告知仍不修改的；

（四）在筹备设立期内有违反法律、法规行为的。

直接申请正式设立中外合作职业技能培训机构的，除前款规定的第（一）、（二）、（三）项外，有本办法第十四条规定情形之一的，审批机关不予批准。

第二十二条 批准正式设立中外合作职业技能培训机构的，由该审批机关颁发国务院劳动保障行政部门统一印制、国务院教育行政部门统一编号的中外合作办学许可证。

第二十三条 中外合作职业技能培训机构取得中外合作办学许可证后，应当依照有关法律、行政法规规定进行登记。登记后方可开展培训。

第二十四条 中外合作职业技能培训机构遗失中外合作办学许可证的，应立即登报声明，并持声明向审批机关提交补办申请，由审批机关核准后补发。

第三章 中外合作职业技能培训办学项目的举办

第二十五条 举办中外合作职业技能培训办学项目，应当具备下列条件：

（一）中外合作办学者应当具有法人资格；

（二）项目的办学层次和类别与中外合作办学者的办学层次和类别相适应；

（三）中国教育机构应当具备举办所开设专业（职业、工种）培训的师资、设备、设施等条件。

第二十六条 举办中外合作职业技能培训办学项目，中外合作办学者应当签订合作协议，载明下列内容：

（一）合作各方的名称、住所和法定代表人的姓名、职务、国籍；

（二）合作项目名称、合作内容和期限；

（三）合作各方投入资产数额、方式及资金缴纳期限（有资产、资金投入的）；

（四）解决合作各方争议的方式和程序；

（五）违反合作协议的责任；

（六）合作各方约定的其他事项。

合作协议应当为中文文本。有外文文本的，应当与中文文本的内容一致。

第二十七条 申请举办中外合作职业技能培训办学项目，由拟举办项目所在地的省、自治区、直辖市人民政府劳动保障行政部门审批，并报国务院劳动保障行政部门备案。

第二十八条 举办中外合作职业技能培训办学项目，应当由中国教育机构提出申请，提交下列文件：

（一）《中外合作职业技能培训办学项目申请表》；

（二）合作协议；

（三）经公证的中外合作办学者法人资格证明；

（四）验资证明（有资产、资金投入的）；

（五）捐赠资产协议及相关证明（有捐赠的）。

第二十九条 审批机关受理申请后应当在30个工作日内作出是否批准举办中外合作职业技能培训办学项目的决定。有下列情形之一的，审批机关不予批准举办中外合作职业技能培训办学项目，并书面说明理由：

（一）违背社会公共利益、历史文化传统和职业培训的公益性质，不符合国家或者地方职业培训事业发展需要的；

（二）中外合作办学者有一方不符合条件的；

（三）申请文件不符合本办法要求，经告知仍不改正的；

（四）申请文件有虚假内容的；

（五）法律、行政法规规定的其他不予批准情形。

第三十条 批准中外合作职业技能培训办学项目的，由审批机关颁发统一格式、统一编号的中外合作办学项目批准书。

中外合作办学项目批准书由国务院劳动保障行政部门制定式样并统一编号。

第四章 中外合作职业技能培训办学的组织与活动

第三十一条 中外合作职业技能培训机构应当建立学籍和教学管理、教师管理、学生管理、卫生安全管理、设备管理、财务资产管理等项制度。

第三十二条 中外合作职业技能培训机构应当依照《中外合作办学条例》的规定设立理事会、董事会。国家机关工作人员不得担任中外合作职业技能培训机构的理事会或者董事会成员。

第三十三条　中外合作职业技能培训机构应当聘任专职校长或者主要行政负责人。校长或者主要行政负责人依法独立行使教育教学和行政管理职权。

中外合作职业技能培训机构应当配备具有大学本科及以上学历及一定的外语交流能力，并具有中级及以上相关专业技术职务任职资格的专职教学管理人员。

第三十四条　中外合作职业技能培训办学项目是举办该项目的中国教育机构教育教学活动的组成部分，应当接受举办该项目的中国教育机构的管理。

第三十五条　中外合作职业技能培训机构和办学项目按照办学宗旨、培养目标和批准的专业（职业、工种）设置范围，自行设置专业（职业、工种），开展教育培训活动，但不得开展《中外合作办学条例》禁止的办学活动。

中外合作职业技能培训机构和办学项目可以在中国境内实施职业技能培训活动，也可以在中国境外实施部分职业技能培训活动。

第三十六条　中外合作职业技能培训机构和办学项目依法自主确定招生范围、标准和方式。但实施技工学校教育的，应当按照国家有关规定执行。

第三十七条　中外合作职业技能培训机构和办学项目应当按照招生简章或者与受培训者签订的培训协议，开设相应课程，开展职业技能培训，保证培训质量。

中外合作职业技能培训机构和办学项目应当提供与所设专业（职业、工种）相匹配的教育教学设施、设备和其他必要的办学条件。

第三十八条　中外合作职业技能培训机构和办学项目按照国家有关规定颁发培训证书或者结业证书。接受职业技能培训的学生，经政府批准的职业技能鉴定机构鉴定合格，可以按照国家有关规定获得相应的国家职业资格证书。

第三十九条　中外合作职业技能培训机构依法自主管理和使用本机构的资产，但不得改变按照公益事业获得的土地、校舍等资产的用途。

第四十条　举办中外合作职业技能培训办学项目的中国教育机构应当依法对中外合作职业技能培训办学项目的财务进行管理，并在学校财务账户内设立中外合作职业技能培训办学项目专项，统一办理收支业务。

第四十一条　中外合作职业技能培训机构和办学项目不得从事营利性经营活动。

第四十二条　中外合作办学者要求取得合理回报的，应当按照《中华人民共和国民办教育促进法实施条例》的规定执行。

中外合作职业技能培训机构有《中华人民共和国民办教育促进法实施条例》第四十七条列举情形之一的，中外合作办学者不得取得回报。

中外合作职业技能培训机构应当按照《中华人民共和国民办教育促进法实施条例》第三十七条的规定提取、使用发展基金。

第四十三条　中外合作职业技能培训办学项目的收费项目和标准，按照国家有关政府定价的规定确定并公布。

中外合作职业技能培训办学项目的办学结余，应当继续用于项目的教育教学活动和改善办学条件。

第四十四条 有下列情形之一的，中外合作职业技能培训办学项目终止：

（一）根据合作协议要求终止，并经审批机关批准的；

（二）中外合作办学者有一方被依法吊销办学资格的；

（三）被吊销中外合作办学项目批准书的。

中外合作职业技能培训办学项目终止，应当妥善安置在校学生；举办该项目的中国教育机构提出项目终止申请时，应当同时提交妥善安置在校学生的方案。

中外合作职业技能培训办学项目终止的，举办该项目的中国教育机构应当将中外合作办学项目批准书交回审批机关，由审批机关依法注销并向社会公布。

第五章 管理与监督

第四十五条 劳动保障行政部门应当加强对中外合作职业技能培训机构和办学项目的监督，组织或委托社会中介组织对中外合作职业技能培训机构和办学项目的办学水平和教育培训质量，进行定期综合性评估和专项评估，并将评估结果向社会公布。

第四十六条 中外合作职业技能培训机构和举办中外合作职业技能培训办学项目的中国教育机构应当于每年 3 月 31 日前向审批机关提交年度办学报告，内容应当包括中外合作职业技能培训机构和办学项目招收学生、培训专业（职业、工种）、培训期限、师资配备、教学质量、证书发放、财务状况等基本情况。

第四十七条 中外合作职业技能培训机构应当依照《中华人民共和国会计法》和国家统一的会计制度进行会计核算，编制财务会计报告，于会计年度结束之日起 1 个月内向社会公布社会审计机构对其年度财务会计报告的审计结果，并报审批机关备案。

第四十八条 中外合作职业技能培训机构和办学项目应当具有与专业（职业、工种）设置相对应的教学计划、大纲和教材。自编和从境外引进教学计划、大纲和教材应当符合法律法规规定，并报审批机关备案。

第四十九条 中外合作职业技能培训机构和办学项目的招生简章和广告样本应当自发布之日起 5 日内报审批机关备案。招生简章和广告应当依法如实发布机构和项目的名称、培训目标、培训层次、主要课程、培训条件、培训期限、收费项目、收费标准、证书发放和就业去向等。

第六章 法 律 责 任

第五十条 中外合作职业技能培训办学项目审批机关及其工作人员，利用职务上的便利收取他人财物或者获取其他利益，滥用职权、玩忽职守，对不符合本办法规定条件者颁发中外合作办学项目批准书的，对直接负责的主管人员和其他直接责任人员依法给予行政处分；构成犯罪的，依法追究刑事责任。

第五十一条 违反本办法的规定，超越职权审批中外合作职业技能培训办学项目的，其批准文件无效，对直接负责的主管人员和其他直接责任人员，依法给予行政处分；致使公共财产、国家和人民利益遭受重大损失，构成犯罪的，依法追究刑事责任。

第五十二条 中外合作职业技能培训机构违反本办法有关组织与活动的规定，导致管理混乱、教育教学质量低下，造成恶劣影响的，按照《中外合作办学条例》第五十六条规定追究法律责任。

第五十三条 违反本办法的规定，未经批准擅自举办中外合作职业技能培训办学项目，或者以不正当手段骗取中外合作办学项目批准书的，由劳动保障行政部门责令举办该项目的中国教育机构限期改正、退还向学生收取的费用，并处以1万元以下罚款。

第五十四条 中外合作职业技能培训办学项目未经批准增加收费项目或者提高收费标准的，由劳动保障行政部门责令举办该项目的中国教育机构退还多收的费用，并提请价格主管部门依照有关法律、行政法规的规定予以处罚。

第五十五条 中外合作职业技能培训办学项目发布虚假招生简章或者招生广告，骗取钱财的，由劳动保障行政部门责令举办该项目的中国教育机构退还收取的费用后，没收剩余违法所得，并处以违法所得3倍以下且总额3万元以下的罚款。

第五十六条 中外合作职业技能培训办学项目有下列情形之一的，由劳动保障行政部门责令举办该项目的中国教育机构限期改正：

（一）超出审批范围、层次办学的；

（二）管理混乱，教育教学质量低下的；

（三）未按照国家有关规定进行财务管理的；

（四）违反规定对办学结余进行分配的。

第七章 附 则

第五十七条 香港特别行政区、澳门特别行政区和台湾地区的教育机构与内地教育机构合作举办职业技能培训机构或者办学项目的，参照本办法执行，国家另有规定的除外。

第五十八条 在工商行政管理部门登记注册的经营性的中外合作职业技能培训机构的管理办法，按照国务院规定执行。

第五十九条 外国教育机构、其他组织或者个人不得在中国境内单独设立以中国公民为主要招生对象的职业技能培训机构。

第六十条 本办法实施前已经批准举办的中外合作职业技能培训办学项目，应当补办本办法规定的中外合作办学项目批准书。其中，不完全具备本办法规定的中外合作职业技能培训办学项目举办条件的，应当在本办法施行之日起1年内达到本办法规定的条件。逾期未达到本办法规定条件的，审批机关不予补办中外合作办学项目批准书。

第六十一条 本办法自2006年10月1日起施行。

劳动和社会保障部关于贯彻落实《国务院关于解决农民工问题的若干意见》的实施意见

（劳社部发［2006］15号　2006年4月29日）

各省、自治区、直辖市劳动和社会保障厅（局）：

根据《国务院关于解决农民工问题的若干意见》（国发［2006］5号，以下简称国务院5号文件）精神，按照国务院农民工工作联席会议确定的分工方案，结合劳动保障部门的工作职责，制定劳动保障部门的实施意见如下：

一、总体工作部署

（一）建立农民工工资支付保障制度

规范企业工资支付行为，制定完善企业工资支付的法规、政策，对拖欠工资行为明确相应的责任和处罚措施，增加对恶意拖欠工资、造成重大影响的行为进行严肃追究的规定。建立健全企业工资保证金制度，会同有关部门制定工资保证金管理办法，提出开展工作的指导意见，在重点监控的建筑施工企业和曾发生过拖欠工资的企业建立工资保证金。完善工资支付监控制度，结合各地实际情况，在全面监控的基础上，将建筑、加工制造、餐饮服务以及其他行业中曾有拖欠工资行为的企业作为重点监控对象，要求其定期向劳动保障部门报送工资支付情况。进一步完善监控手段，在有条件的地区探索建立企业工资支付信息网络。在建筑行业推行农民工工资按月足额支付的制度。每年“两节”前都要组织全国范围内的农民工工资支付情况检查活动，保证农民工能够按时足额领取工资。

（二）合理确定和逐步提高农民工工资水平

全面落实最低工资标准每两年至少调整一次的规定。在调整最低工资标准时充分考虑经济发展水平、劳动者个人缴纳各项社会保险费、住房公积金等因素，使月最低工资标准逐步达到社会平均工资的40%左右。进一步建立和完善小时最低工资制度，尚未制定小时最低工资标准的地区都要颁布实施（西藏另定）。制定小时最低工资标准要充分考虑农民工灵活就业的特点，维护其劳动报酬权益。

建立农民工工资正常增长机制。大力推行工资集体协商制度，合理确定农民工工资水平和增长幅度。进一步加强劳动保障部门与工会组织、行业协会或企业联合会的沟通协调，指导企业和农民工参照城镇居民消费价格指数、企业经济效益状况等因素开展工资集体协商。进一步完善工资指导线制度，为农民工与企业开展工资集体协商提供参考。指导行业协会或中介组织与工会组织协商，开展劳动定员定额标准的制定、修订工作，促进企业合理确定劳动定员定额，防止和纠正利用不适当提高劳动定额或降低计件单价的手段变相违反最低工资规定的现象，逐步建立起符合社会主义市场经济体制要求的劳动定员定额管理体系。

（三）严格执行劳动合同制度

指导各地劳动保障部门会同建设等行业主管部门，针对不同行业特点，制定相应的劳动合同范本，并通过网络等各种形式向社会公布，通过各种渠道向农民工免费发放。合同条款必须依照现行有关法律法规和政策确定，明确必备条款和禁止性条款，使农民工对自己的劳动保障权利一目了然。结合全面推进劳动合同制度实施三年行动计划，争取在三年之内，基本实现用人单位招用农民工都依法订立书面劳动合同，建立权利义务明确、规范的劳动关系。对各类使用农民工集中的企业，尤其是非公有制企业，进行包括劳动合同内容在内的劳动用工情况大检查。通过多种形式为农民工举报投诉提供便利，依法加大对用人单位违法行为的处罚力度，对有重大违反劳动保障法律、法规或规章行为的用人单位要依法向社会公布，情节严重的，依法追究相应责任。研究建立企业劳动用工登记制度，全面掌握企业与农民工签订劳动合同的情况，以及集体合同的履行情况，使监督检查更加及时和有针对性。

（四）加强劳动保障监察执法，切实保护女工和未成年工权益，严格禁止使用童工

加大劳动保障监察力度，提高监察水平，形成有关部门密切配合、共同维护农民工权益、对违法行为进行综合治理的工作机制。进一步加大日常巡视检查和专项检查力度，畅通投诉举报渠道。与有关部门配合，严厉查处各类企业违反劳动法律法规的行为。

将女职工和未成年人劳动保障权益作为劳动保障执法检查的重要内容。继续开展贯彻《禁止使用童工规定》的专项检查活动，严厉打击非法介绍和使用童工的行为。制定相关政策文件，厘清学生实习与童工的界线，为执法提供明确的依据。建立举报企业使用童工等违法行为的奖励制度，认真开展群众举报和投诉案件查处工作，充分发挥群众监督和社会监督的作用。

（五）逐步实行城乡平等的就业制度

在充分调研的基础上，研究制定《城乡统筹就业试点工作指导意见》。选择部分具备条件的城市，从改革城乡分割的就业管理体制、建立面向城乡劳动者的公共就业服务体系、完善城乡劳动者职业技能培训制度、规范企业招用工行为、探索建立适合农民工的社会保险办法等方面，开展为期两年的城乡统筹就业试点工作，探索建立城乡统筹就业的模式和政策框架。条件成熟后，逐步向全国推广。

（六）进一步做好农民转移就业服务工作

以“春风行动”为品牌，强化公益服务与规范市场服务相结合，推动供求信息的沟通和对接，大力发展适合农民工需要的就业服务。在乡镇机构调整和改革中，加强县乡公共就业服务体系建设，建立健全县乡就业服务网络，重点推动劳务输出任务重的乡镇建立公共就业服务机构，为农民工免费提供政策咨询和相关信息。推广培训、服务、维权“三位一体”的工作模式，做到农民进城求职有门路、上岗有技能、权益有保障。落

实职业介绍补贴政策，推动农民工流入地公共就业服务机构普遍向外地农民工开放，免费为其提供政策咨询、就业信息、职业介绍和职业指导等基本服务。同时，指导农民工流入地降低门槛，简化手续，收集适合农民工的岗位信息，开发适合农民工的服务项目，提高服务质量和效率。鼓励有条件的大中城市建立专门的公共就业服务场所或供求直接见面的零工交易场所，集中为农民工提供免费就业服务。修订《劳动力市场管理规定》，加强劳动力市场管理，规范职业中介、劳务派遣和企业用工行为。加强对劳动力市场的监管，与公安、工商、人事等部门联合对中介机构进行清理整顿，形成常规性制度，严厉打击非法职业中介活动。

（七）加强农民工职业技能培训

落实农民工培训补贴政策，实施“农村劳动者技能就业计划”。以农村新生劳动力、农村富余劳动力和已进城务工农村劳动者为主要对象，相应开展劳动预备制、劳务输出和农民工技能提升等三大类培训，使接受培训的农民工掌握就业技能、实现转移和稳定就业，为经济发展培养新的产业工人大军。配合有关部门共同实施农村劳动力转移培训阳光工程，增强农民转产转岗就业能力。与有关部门共同抓好贫困地区劳动力转移培训的“雨露计划”。在试点的基础上，研究制定并组织实施“技能扶贫工程”。研究制定扶持政策，鼓励农民工参加职业技能鉴定，指导各类鉴定机构积极为农民工提供职业技能鉴定服务，选择就业需求量大、简便易学的就业技能开展专项能力认证服务。会同有关部门开展专项调研，制定强化用人单位培训责任和强制提取培训费的政策措施，落实用人单位对农民工的培训工作。

（八）扩大农民工工伤保险覆盖面

贯彻落实《工伤保险条例》，要求用人单位依法及时为与其建立劳动关系的农民工办理参加工伤保险的手续，逐步将有劳动关系的农民工全部纳入工伤保险覆盖范围。探索建立在注册地与生产经营地工伤保险经办机构之间的参保协查机制，进一步落实已有的农民工参保、工伤认定、劳动能力鉴定、工伤待遇支付等方面的有关政策，方便农民工参保和领取待遇，切实保障农民工工伤保险权益。制定和实施农民工“平安计划”，用三年左右时间，将煤矿、建筑等高风险企业的农民工基本覆盖到工伤保险制度之内。2006 年，实现国有大中型煤矿企业农民工全部参加工伤保险；与有关部门共同制定推进建筑企业参加工伤保险的相关政策措施。2007 年，力争合法小煤矿、非煤矿山和建筑企业半数以上的农民工参加工伤保险。2008 年，基本实现全部合法煤矿、非煤矿山企业农民工和大部分建筑企业农民工参加工伤保险。在煤矿等工伤事故高发的行业，督促用人单位普遍进行农民工安全生产知识、工伤预防知识岗前培训。有效运用行业差别费率和企业浮动费率的机制，促进企业重视和加强安全生产，减少工伤事故的发生。

（九）抓紧解决农民工大病医疗保障问题

按照“低费率、保大病”的原则，将农民工纳入医疗保险范围。与城镇用人单位签订规范劳动合同的农民工，随所在单位参加基本医疗保险；以灵活方式就业的，可按照当地灵活就业人员参保办法参加医疗保险；农民工比较集中的地区，可以采取单独建立大病医疗保险统筹基金的办法，重点解决农民工进城务工期间的住院医疗保障问题。根据农民工特点，探索简便灵活的管理方式，进一步完善医疗保险结算办法，为患大病后自愿回原籍治疗的参保农民工提供医疗费用结算服务。研究农民工参加城镇医疗保险和新型农村合作医疗的衔接办法和政策，确保参保农民工享受相应的医疗保险待遇。

（十）探索适合农民工特点的养老保险办法

按照低费率、广覆盖、可转移，并能与现行城乡养老保险制度相衔接的原则，探索适合农民工特点的养老保险办法。研究制定农民工参加养老保险后跨统筹地区和跨城乡流动的转移办法；总结已有经验，进一步开展调研和测算，形成适合农民工特点的养老保险政策文件，指导地方开展农民工养老保险试点。

（十一）把解决农民工问题纳入中长期规划，加强统计

将城乡统筹就业和促进农村劳动力转移纳入国家"十一五"规划，落实国家"十一五"规划中安排的促进农村劳动力转移就业、社会保险服务等相关重大工程项目。抓紧修改完善劳动和社会保障事业发展第十一个五年规划纲要草案，将有关解决农民工问题的政策措施体现到规划中。配合发展改革委研究提出纳入国民经济和社会发展年度计划中涉及解决农民工问题的计划指标和政策措施。各地劳动保障部门应力争将农村劳动力转移工作纳入本地区的经济和社会发展规划、年度计划和政府目标责任体系，并抓好落实。

会同有关部门组织开展农民工统计指标体系的研究，建立满足劳动保障系统需要的农民工统计台账和数据库，并及时更新和完善，探索利用金保工程收集农民工统计数据。配合统计部门研究建立农民工统计分析系统，提出劳动保障工作中的统计分析需求，及时提供劳动保障部门掌握的农民工相关资料。配合有关部门开展一次较大规模的农民工情况抽样调查，全面了解农民工的劳动保障情况。

（十二）搞好法制宣传教育，引导农民工全面提高自身素质

加大劳动保障法制宣传教育工作力度，通过"五五"普法规划的实施，将引导农民工增强劳动保障法制观念作为主要内容，在全国范围内，特别是农民工输出输入的主要地区，选择农民工流动相对集中的时间，采用多种方式组织开展维护农民工劳动保障权益的普法宣传活动。编写通俗易懂的"维权宣传资料"，并免费发放，努力增强用人单位自觉遵守法律法规和农民工依法维权的意识，营造依法维护农民工合法权益的社会氛围。逐步推广农民外出务工行前法律培训试点，使农民工能够运用法律武器来依法维护自身的权益。

组织协调劳动保障系统的报刊、网站开设专栏，宣传国务院 5 号文件的重大意义、精神实质和主要内容。深入基层采访报道各地贯彻国务院 5 号文件的好做法、好经验。加强农民工问题舆情收集和分析，及时反映社会各界的反响，反映各方面对解决农民工劳动保障问题的意见和建议，反映农民工的感受和心声。针对不同时期的特点，不断充实宣传内容，增强宣传实效。

二、2006年行动计划

2006年劳动保障部门的农民工工作，要紧扣涉及农民工切身利益的突出问题，加大工作力度，力争取得明显成效。同时注重长效机制建设，打好工作基础，为解决农民工问题开好局、起好步。在全面部署和做好各方面工作的同时，重点采取七个方面的专项行动：

（一）全面清理拖欠农民工工资

强化对用人单位工资支付情况的监督检查，通过多种形式向社会公布举报投诉电话，设立举报投诉信箱和劳动者权益告示牌，为农民工举报投诉提供便利。要做到有诉必查，及时处理各类拖欠工资的案件。在全年清理的基础上，从第四季度至明年初，开展专项检查，集中打击拖欠农民工工资的行为。建立解决拖欠农民工工资的四项长效机制：一是继续完善并推动各地区建立工资支付监控制度；二是全面建立工资保证金制度；三是全面建立并严格实施小时最低工资标准；四是进一步指导和推进企业劳动保障守法诚信制度建设。

（二）继续开展“春风行动”

在农民工集中求职期间，动员全国公共就业服务机构开展“春风行动”，集中为农民工提供综合性服务，使进城务工的农村劳动者外出务工前，在县乡免费得到政策咨询和就业信息服务；进城后，在公共职业介绍机构得到免费职业介绍服务；求职期间，在所有公共职业介绍机构和推荐的民办职业中介机构得到诚信服务。同时，会同公安、工商、人事等部门开展清理整顿非法职业介绍活动。促进农村劳动力合理有序流动，开展城乡统筹就业试点工作，年内指导30个城市启动试点。

（三）启动全面推进劳动合同制度实施的三年行动计划

深入开展劳动合同制度实施情况大检查，重点检查劳动合同签订、工资支付、工时休假执行情况。通过检查摸清底数，按照全面推进劳动合同制度实施的三年行动计划，重点在使用农民工比较集中的行业和企业严格实行劳动合同制度。完善适合农民工特点的劳动合同范本并对企业和农民工免费发放。探索将农民工纳入劳动用工登记制度的办法，大力推动和指导农民工开展集体协商。

（四）制订和实施农民工参加工伤保险的“平安计划”

推动农民工集中、工伤风险高的矿山、建筑企业参加工伤保险。2006年实现国有大中型煤矿企业农民工全部参加工伤保险；会同建设部门制定推进建筑企业参加工伤保险的政策措施。着手建立工伤保险经办机构之间的参保协查机制。在各地广泛开展《工伤保险条例》颁布三周年宣传咨询活动。

（五）实施农民工参加基本医疗保险的专项扩面行动

扩大农民工参加医疗保险覆盖面，以非公有制经济组织和农民工比较集中的大、中城市为重点，确定农民工参保扩面专项指标，进行专项统计，争取2006年底农民工参加医疗保险的人数比去年翻两番，达到2 000万人以上。

（六）实施“农村劳动者技能就业计划”

以农村新生劳动力、农村富余劳动力和已进城务工农村劳动者为主要对象，开展劳动预备制、劳务输出和农民工技能提升等三大类培训，2006年培训800万人。

（七）严厉查禁违法使用童工的行为

第三季度集中力量开展贯彻落实《禁止使用童工规定》的专项检查活动，严厉打击非法介绍和使用童工行为。在学校放暑假前，配合教育部门在学校有针对性地开展禁止使用童工的普法宣传。指导各地继续加强日常巡视检查力度，将未成年人劳动保障权益作为重要内容进行检查。

各地劳动保障部门要结合以上七个方面的专项行动和长效机制建设，认真研究制定各项配套法规和政策措施。主要是：积极配合立法部门研究完善《劳动合同法（草案）》，修改并上报《企业工资条例（草案）》，研究起草《全面建立企业劳动用工登记制度的决定》，修订《劳动力市场管理规定》，研究制定《城乡统筹就业试点工作指导意见》，制定《全面推进劳动合同制度实施的三年行动计划》，制定《农民工参加工伤保险的平安计划》，制定《关于建立农民工工资支付保障金制度的指导意见》，会同有关部门制定《关于推进区域性、行业性工资集体协商工作的意见》，协调配合有关部门研究制定投诉举报奖励办法、在校实习管理规定以及文艺、体育单位招用少年儿童管理办法等相关政策文件。

三、工作要求

（一）高度重视，加强领导

做好农民工工作是我国经济社会发展的一项极其紧迫而重要的任务，对于全面落实科学发展观、构建社会主义和谐社会、推进社会主义新农村建设都具有重大的意义。各级劳动保障部门都要充分认识解决农民工问题的重要性、复杂性，以高度的责任心和紧迫感，做到认识到位、组织到位、措施到位和工作到位。主要领导要亲自负责，建立工作机制，明确工作责任，落实具体任务，结合劳动保障各项业务对农民工工作作出全面部署。既要突出抓好当前的重点问题，又要着眼长效机制建设，把解决农民工问题作为劳动保障事业中长期发展的重要组成部分，坚持不懈地抓紧抓好。

（二）协调配合，形成合力

农民工广泛分布在国民经济各领域和各行业，农民工工作涉及政治、经济、社会管理的各个方面，解决农民工问题涉及许多政策规定和政府部门。因此，劳动保障部门在农民工工作中，必须加强协调配合。一是要加强与各有关部门的协调。凡是由劳动保障部门牵头的工作，要主动负责，积极谋划，提出总的工作安排和具体的措施，主动与各有关部门沟通，认真听取意见；属于劳动保障部门配合的工作，也要按照牵头部门的要求，大力协助开展工作。二是要加强劳动保障系统内部的协调配合。农民工工作涉及劳动工资、培训就业、社会保障、监察执法、统计规划等，要对各方面工作进行统筹安排，做到相互支持，形成合力，共同促进农民工工作的开展。

（三）积极稳妥，求真务实

解决农民工问题政策性很强，社会广泛关注。劳动保障部门既要积极主动地把自己负责的工作尽早尽快地抓出实效，让广大农民工切实感受到党中央国务院对他们的关心，感受到政府部门和社会各界对他们的关爱，又要稳妥谨慎地处理工作中的具体问题。无论是制订工作方案还是出台政策措施，都要把握好度，做到切实可行，具有可操作性。不能急于求成。要注意了解农民工的意愿，收集社会有关方面对农民工工作的反映，认真听取他们的意见和建议，实事求是地完善政策措施。

（四）着眼长远，探索创新

农民工工作虽然已经有了一定的基础，但总体上还处于起步阶段，已有的政策措施和经验积累还远远不能满足解决各种农民工问题的迫切需要。随着工作的不断深入，还会有许多新问题不断产生。劳动保障部门要以科学发展观为统领，结合工作实际需要，每年选择若干个课题，组织涉及农民工问题的研究机构和专家学者，进行广泛的调查统计和深入的对比分析，在理论研究成果的基础上，提出新的工作思路和政策建议。同时，要研究如何改进农民工工作，因地制宜地开展各种形式的工作试点，不断总结经验，探索新形势下劳动保障部门做好农民工工作的新方法，不断推进农民工工作的体制创新和机制创新。

劳动和社会保障部关于印发农村劳动力技能就业计划的通知

（劳社部发［2006］18 号　2006 年 5 月 12 日）

各省、自治区、直辖市劳动和社会保障厅（局）：

为贯彻落实《国务院关于大力发展职业教育的决定》（国发［2005］35 号）、《国务院关于进一步加强就业再就业工作的通知》（国发［2005］36 号）和《国务院关于解决农民工问题的若干意见》（国发［2006］5 号）要求，我部提出实施五项计划和一项行动。现将其中一项计划——《农村劳动力技能就业计划》印发给你们。请结合本地实际，落实目标任务，抓好组织实施。请各地于 2006 年 6 月 10 日之前，将实施方案和 2006 年培训计划报我部培训就业司。

农村劳动力技能就业计划

为贯彻落实《国务院关于大力发展职业教育的决定》（国发［2005］35 号）、《国务院关于进一步加强就业再就业工作的通知》（国发［2005］36 号）和《国务院关于解决农民工问题的若干意见》（国发［2006］5 号）有关要求，我部决定实施农村劳动力技能就业计划。

一、指导思想

（一）坚持培训与就业相结合、培训促进就业的方针，紧密结合企业用工需要和劳动力市场需求，综合运用职业培训补贴、职业介绍补贴政策，动员并组织社会各类职业教育培训机构和就业服务机构，为农村劳动者提供有效培训和服务，提高其就业技能，促进其向非农产业转移和在城镇稳定就业，为国民经济持续健康快速发展提供有效的劳动力供给。

二、目标任务

（二）2006—2010 年，对 4 000 万农村劳动者进行非农技能培训，年均培训 800 万人；培训合格率达到 90%以上，就业率达到 80%以上。逐步形成就业导向、政策扶持、社会参与的运行机制，充分发挥政策效应，有效利用社会资源，使向非农产业转移就业的农村劳动者普遍得到培训，技能水平得到明显提高，努力使每一个培训后的农村劳动者都能顺利实现就业。

三、主要内容

（三）实施分类培训，提高培训质量。组织农村初高中毕业未升学人员、农村退役士兵和其他农村新生劳动力参加劳动预备制培训。组织有意愿外出务工的农村富余劳动力参加劳务输出培训。组织在城镇务工的农村劳动者参加技能提升培训。要指导各类培训机构结合劳动力市场需求，进一步加强与用人单位的沟通和联系，大力开展订单式培训和定向培训，提高针对性和有效性。要根据国家职业标准和用人单位岗位规范要求，强化职业技能实训，突出操作训练。培训时间以 3～6 个月为主，使参加培训的农村劳动者至少掌握一项技能，且能够达到用人单位上岗要求。

（四）实施职业技能鉴定，提供技能水平评价服务。对参加培训并有鉴定要求的农村劳动者，各级职业技能鉴定机构要本着方便、快捷的原则，积极提供技能水平评价服务。鉴定合格的，按规定颁发相应的职业资格证书。要针对农村劳动者特点，大力开展专项职业能力考核工作。争取使大多数接受培训的农村劳动者能够获得相应的职业资格证书或专项职业能力证书。

（五）加强和改善就业服务，做实输出输入双向对接工作。各级公共就业服务机构要普遍向农村劳动者开放，免费为其提供政策咨询、就业信息、职业指导和职业介绍服务。要大力发展劳务协作，开发劳务市场，建立信息沟通渠道和政策协调机制。要结合当地人文和经济发展特点，努力打造劳务品牌，以品牌促输出。要发展各类职业介绍机构和劳务经纪人，大力开展诚信服务，提高劳务输出的组织程度。

（六）推行培训、就业、维权三位一体工作模式。要牢固树立培训促进就业、就业引导培训、维权稳定就业的思想，工作中要将培训、就业、维权三者有机结合起来，搞好后续服务工作。要紧紧围绕农村劳动者转移就业过程中提高能力、顺利就业、依法维权的需要，建立健全培训、就业、维权三位一体工作模式，促进农村劳动者的平等就业、素质就业和稳定就业。

四、保障措施

（七）切实加强领导，落实计划任务。各地劳动保障部门要重视农村劳动力培训就业工作，积极争取当地党委、政府的支持，将本计划的组织实施摆上重要位置并纳入政绩考核内容，实行领导负责制。要参考本地需要培训的农村新生劳动力、农村富余劳动力、进城务工农村劳动力（包括外来劳动力）情况，以及培训能力和可用财力等主要因素，合理安排各项培训任务。中西部省份以培训农村新生劳动力和农村富余劳动力为主。东部省份以培训在城镇务工的农村劳动者为主。

（八）形成动员社会各方面力量参与培训的格局。要建立开放式的职业培训体系，充分发挥有关部门、工青妇组织、社会团体的积极性。要按照市场化、社会化的要求，充分运用市场机制，积极引导社会各类培训机构参与农村劳动者技能培训。各地应通过招标或资质认定等办法，从当地符合条件的各类职业教育培训机构中确定一批培训质量高、就业效果好、社会认可的，作为承担相应培训任务的定点机构。同时，要调动用人单位的积极性，使其在农民工培训方面充分发挥作用。

（九）完善补贴办法，健全培训效果评价机制。各地要认真落实有关规定，对农村劳动者培训补贴资金规模作出合理安排。地方财政相应安排的资金，与中央财政补助资金合并使用。要建立经费补贴与培训质量和就业效果挂钩的机制，完善补贴办法。参加劳动预备制培训和劳务输出培训的农村劳动者，经培训合格并实现就业的，培训机构可代其向所在地劳动保障部门申请相应补贴。参加技能提升培训的农村劳动者，经培训获得相应职业资格证书并与用人单位签订一定期限劳动合同的，用人单位可代其向所在地劳动保障部门申请相应补贴。中央财政对东部七省（直辖市）的就业补助资金，主要用于跨省外来农村劳动者的职业技能培训补贴。

（十）完善管理措施，加强舆论宣传。各地应制定各类培训的管理办法和补贴标准，完善任务管理、资金管理、项目管理、机构管理和对象管理。要制定具体指标，定期进行考核、评估、审计和公示。要督促指导培训机构按期完成计划确定的各项培训任务，对未完成任务的应根据实际情况及时调整计划任务指标。各地要大力加强舆论宣传，运用典型事例引导农村劳动者自觉参加职业技能培训，动员社会各类教育培训机构和就业服务组织以及用人单位积极参与到这项计划中来。对为农村劳动者培训和就业作出突出贡献的，要通过适当形式予以褒奖。

附件：农村劳动力技能就业计划2006年度任务安排（略）

财政部 全国总工会 劳动保障部 发展改革委 教育部 科技部 国防科工委 人事部 国资委 国家税务总局 全国工商联关于印发《关于企业职工教育经费提取与使用管理的意见》的通知

（财建［2006］317号 2006年6月19日）

各省、自治区、直辖市财政厅（局）、总工会、劳动和社会保障厅（局）、教育厅（委）、发展改革委、科技厅（局）、人事厅（局）、国防科工委（办）、国资委（经贸委）、国家税务局、地方税务局、工商联：

为深入贯彻全国职业教育工作会议精神，实施科教兴国战略和人才强国战略，落实《国务院关于大力发展职业教育的决定》（国发［2005］35号）和《中共中央办公厅、国务院办公厅印发〈关于进一步加强高技能人才工作的意见〉的通知》（中办发［2006］15号），推动“创建学习型组织，争做知识型职工”活动深入开展，培养和造就一支高素质的职工队伍，更好地为实施“十一五”规划纲要、建设创新型国家、实现全面建设小康社会宏伟目标提供人才保证，有关部门共同制定了《关于企业职工教育经费提取与使用管理的意见》，现印发给你们。请结合工作实际，认真组织落实。

附件：关于企业职工教育经费提取与使用管理的意见

附件：

关于企业职工教育经费提取与使用管理的意见

为认真落实《中华人民共和国劳动法》《中华人民共和国职业教育法》《国务院关于

大力发展职业教育的决定》(国发［2005］35号，以下简称《决定》)、《中共中央办公厅、国务院办公厅印发〈关于进一步加强高技能人才工作的意见〉的通知》(中办发［2006］15号，以下简称《意见》)和全国职业教育工作会议精神，推动“创建学习型组织，争做知识型职工”活动深入持久开展，加速职工队伍的知识化进程，现就企业职工教育培训经费的提取与使用管理，提出以下意见：

一、充分认识企业职工教育培训的重要性

(一)全面提高职工队伍素质，建设一支规模宏大、结构合理、素质较高的职工队伍，是实现“十一五”规划的关键。党的十六届五中全会强调加快推进人才强国战略，加强人力资源能力建设，实施人才培养工程。企业职工教育培训是开发人力资源，提高企业自主创新能力和竞争力的基础工作，是提高职工职业技能和岗位能力，适应经济发展、技术进步不可或缺的重要环节。各类企业要充分认识加强职工教育培训的重要性，承担本企业职工教育培训的组织、实施和管理工作。

(二)企业职工教育培训是我国教育和人才工作的重要组成部分，是实施科教兴国战略、人才强国战略和加强人力资源能力建设的重要途径。加强职工教育培训工作，加快培养创新型人才和专业化高技能人才，带动企业职工整体素质的提高，是企业的重要职责；企业专业技术人员继续教育工作是企业职工教育培训的重要内容，对于提高企业专业技术人员整体素质和创新能力，提高企业的科研技术水平、自主创新能力和核心竞争力，发挥着关键作用。《决定》明确指出大力发展职业教育，加快人力资源开发，是落实科教兴国战略和人才强国战略，推进我国走新型工业化道路、解决“三农”问题、促进就业再就业的重大举措；是全面提高国民素质，把我国巨大人口压力转化为人力资源优势，提升我国综合国力、构建和谐社会的重要途径。各类企业都必须高度重视职工教育培训工作，履行职工教育培训的职责。

(三)提高职工的学习能力、实践能力和创新能力，是落实以人为本的科学发展观，切实维护职工的学习权、发展权的迫切需要。企业要进一步完善各项措施，提供职工参加学习和培训的必要保障，努力造就一支高素质的职工队伍，加速工人阶级知识化进程，为全面建设小康社会提供人才保证和智力支持。

二、进一步明确企业职工教育培训的内容和要求

(一)企业职工教育培训的主要内容有：政治理论、职业道德教育；岗位专业技术和职业技能培训以及适应性培训；企业经营管理人员和专业技术人员继续教育；企业富余职工转岗转业培训；根据需要对职工进行的各类文化教育和技术技能培训。

(二)企业要强化职工教育和培训，突出创新能力和技能培养，加大高技能人才培养力度，鼓励职工岗位自学成才，切实提高职工技能素质，提升职业竞争力。

三、切实保证企业职工教育培训经费足额提取及合理使用

（一）切实执行《国务院关于大力推进职业教育改革与发展的决定》（国发［2002］16号）中关于“一般企业按照职工工资总额的1.5%足额提取教育培训经费，从业人员技术要求高、培训任务重、经济效益较好的企业，可按2.5%提取，列入成本开支”的规定，足额提取职工教育培训经费。要保证经费专项用于职工特别是一线职工的教育和培训，严禁挪作他用。

（二）按照国家统计局《关于工资总额组成的规定》（国家统计局1990年第1号令），工资总额由计时工资、计件工资、奖金、津贴和补贴、加班加点工资、特殊情况下支付的工资等六个部分组成。企业应按规定提取职工教育培训经费，并按照计税工资总额和税法规定提取比例的标准在企业所得税税前扣除。当年结余可结转到下一年度继续使用。

（三）企业的职工教育培训经费提取、列支与使用必须严格遵守国家有关财务会计和税收制度的规定。

（四）职工教育培训经费必须专款专用，面向全体职工开展教育培训，特别是要加强各类高技能人才的培养。

（五）企业职工教育培训经费列支范围包括：

1. 上岗和转岗培训；
2. 各类岗位适应性培训；
3. 岗位培训、职业技术等级培训、高技能人才培训；
4. 专业技术人员继续教育；
5. 特种作业人员培训；
6. 企业组织的职工外送培训的经费支出；
7. 职工参加的职业技能鉴定、职业资格认证等经费支出；
8. 购置教学设备与设施；
9. 职工岗位自学成才奖励费用；
10. 职工教育培训管理费用；
11. 有关职工教育的其他开支。

（六）经单位批准或按国家和省、市规定必须到本单位之外接受培训的职工，与培训有关的费用由职工所在单位按规定承担。

（七）经单位批准参加继续教育以及政府有关部门集中举办的专业技术、岗位培训、职业技术等级培训、高技能人才培训所需经费，可从职工所在企业职工教育培训经费中列支。

（八）为保障企业职工的学习权利和提高他们的基本技能，职工教育培训经费的60%以上应用于企业一线职工的教育和培训。当前和今后一个时期，要将职工教育培训经费的重点投向技能型人才特别是高技能人才的培养以及在岗人员的技术培训和继续

学习。

（九）企业职工参加社会上的学历教育以及个人为取得学位而参加的在职教育，所需费用应由个人承担，不能挤占企业的职工教育培训经费。

（十）对于企业高层管理人员的境外培训和考察，其一次性单项支出较高的费用应从其他管理费用中支出，避免挤占日常的职工教育培训经费开支。

（十一）矿山和建筑企业等聘用外来农民工较多的企业，以及在城市化进程中接受农村转移劳动力较多的企业，对农民工和农村转移劳动力培训所需的费用，可从职工教育培训经费中支出。

四、企业职工教育培训经费的补充

（一）企业新建项目，应充分考虑岗位技术技能要求、设备操作难度等因素，按照国家规定的相关标准，在项目投资中列支技术技能培训费用。

（二）企业进行技术改造和项目引进、研究开发新技术、试制新产品，应按相关规定从项目投入中提取职工技术技能培训经费，重点保证专业技术骨干、高技能人才和急需紧缺人才培养的需要。

（三）企业工会年度内按规定留成的工会经费中，应有一定部分用于职工教育与培训，列入工会预算掌握使用。

五、加强职工教育培训经费的管理

（一）建立健全企业职工教育培训经费提取和使用的规章制度，严格按照规定范围和控制额度开支。企业的经营者应确保本企业职工教育经费的提取与使用。

（二）企业职工教育培训主管部门要根据职工教育与培训计划合理安排职工教育培训经费使用，大型企业集团提取的职工教育培训经费可与二级单位（或二级法人单位）划分一定的比例分别管理与使用。

（三）鼓励各企业建立职工个人学习与培训账户制度，采取单位、个人、工会共同向账户注资方法，支持职工个人学习与培训，并建立学习档案，完整记录职工学习与培训的情况。

（四）对自身没有能力开展职工培训，以及未开展高技能人才培训的企业，应按照《意见》要求，由县级以上地方人民政府对其职工教育培训经费实行统筹，由劳动保障等部门统一组织培训服务。

六、完善经费提取与使用的监督

（一）企业工会应当积极组织开展“创建学习型组织，争做知识型职工”活动，切实维护职工的学习权利，督促企业履行对职工的培训义务，并依据已签订的集体合同中有关职工教育培训的条款参与监督企业职工教育培训经费的提取与使用。

（二）企业职工代表大会或职工大会、企业审计等有关部门要分别履行监督企业提取与使用职工教育培训经费的职责。

（三）企业应将职工教育培训经费的提取与使用情况列为厂务公开的内容，向职工代表大会或职工大会报告，定期或不定期进行公开，接受职工代表的质询和全体职工的监督。

（四）各级劳动保障、审计部门要加强对企业职工教育培训经费提取与使用情况的监督，引导企业落实职工培训特别是高技能人才培训任务。

（五）充分发挥公众舆论依照国家有关法律法规实施监督的作用，促进企业按要求承担职工教育与培训义务。

劳动和社会保障部关于中外合作职业技能培训办学项目备案和项目批准书编号有关事项的通知

（劳社部函［2006］210号　2006年10月10日）

各省、自治区、直辖市劳动和社会保障厅（局）：

根据《中华人民共和国中外合作办学条例》和《中外合作职业技能培训办学管理办法》的有关规定，经各省、自治区、直辖市人民政府劳动保障行政部门批准举办的中外合作职业技能培训办学项目，应当报国务院劳动保障行政部门备案，并对项目批准书统一编号。现就有关事项通知如下：

一、各省、自治区、直辖市人民政府劳动保障行政部门依法批准举办的中外合作职业技能培训办学项目，由该劳动保障行政部门向国务院劳动保障行政部门备案，并提出中外合作办学项目批准书的编号申请。

二、各省、自治区、直辖市人民政府劳动保障行政部门应当根据本通知所附行文式样提出申请，同时提交批准举办的中外合作职业技能培训办学项目的《中外合作职业技能培训办学项目申请表》复印件。

三、国务院劳动保障行政部门在收到申请后7个工作日内进行备案登记，并完成编号工作。

四、中外合作职业技能培训办学项目批准书编号由字母和数字组合的八部分构成，涵盖了中外合作办学机构的审批机关、所在行政区划、办学层次和性质、顺序号等内容。第一部分（三个字母）为审批机关代码，代表省级劳动保障行政部门；第二部分（两位数字）为行政区划代码；第三部分（两个字母）为外国教育培训机构所在国别或地区的代码；第四部分（一个字母）区分办学类别；第五部分（一位数字）代表办学层次；第六部分（四位数字）代表审批年份；第七部分（四位数字）为全国中外合作职业技能培训办学项目顺序号；第八部分（一个字母）区分《中外合作办学条例》和《中外合作职业技能培训办学管理办法》施行前后举办的中外合作办学项目。

五、对于违反《中外合作办学条例》和《中外合作职业技能培训办学管理办法》的有关规定，超越职权审批的中外合作办学项目，国务院劳动保障行政部门不予备案。

六、各省、自治区、直辖市人民政府劳动保障行政部门批准的中外合作办学项目明显违反《中外合作办学条例》和《中外合作职业技能培训办学管理办法》有关规定的，暂不予备案，通知审批机关自行纠正。

七、各省、自治区、直辖市人民政府劳动保障行政部门依据国务院劳动保障行政部门核定的编号，向依法批准举办的中外合作职业技能培训办学项目颁发中外合作办学项目批准书。

八、内地教育培训机构与港澳台地区教育培训机构举办的职业技能培训合作办学项目的备案和批准书编号，参照本通知执行。

附件：

1. 编号申请报告式样（略）
2. 同意编号复函式样（略）
3. 暂不同意编号复函式样（略）

劳动和社会保障部关于启用中外合作办学许可证和中外合作职业技能培训机构申请表等有关事项的通知

（劳社部函［2006］211号　2006年10月10日）

各省、自治区、直辖市劳动和社会保障厅（局）：

根据《中华人民共和国中外合作办学条例》和《中外合作职业技能培训办学管理办法》的有关规定，在中外合作职业技能培训办学申报、审批中启用《中华人民共和国中外合作办学许可证》（以下简称办学许可证）、《中华人民共和国中外合作办学项目批准书》（以下简称项目批准书）和《中外合作职业技能培训机构申请表》（以下简称机构申请表）、《中外合作职业技能培训办学项目申请表》（以下简称项目申请表）。现就有关事项通知如下：

一、经各省、自治区、直辖市人民政府劳动保障行政部门批准设立的中外合作职业技能培训机构，应当颁发由国务院劳动保障行政部门印制，国务院教育行政部门统一编号的办学许可证。具体编号办法按照《教育部、劳动和社会保障部关于印发〈中外合作办学许可证编号办法（试行）〉的通知》（教外综［2004］85号）执行。

经各省、自治区、直辖市人民政府劳动保障行政部门批准举办的中外合作职业技能培训办学项目，应当颁发国务院劳动保障行政部门印制并统一编号的项目批准书。具体编号办法另行规定。

二、办学许可证和项目批准书是中外合作职业技能培训机构和举办中外合作职业技能培训办学项目的中外合作办学者依法开展职业技能培训办学活动的凭证。办学许可证和项目批准书均分为正本和副本。正本应当放置在中外合作职业技能培训机构法定住所和中外合作职业技能培训办学项目法定办学场所的醒目位置。

三、办学许可证和项目批准书各栏目填写要求

（一）办学许可证

1. 中外合作办学机构名称：中外合作办学机构章程规定，且符合法律法规规定的名称。

2. 住所：中外合作办学机构章程规定的中外合作办学机构所在地的详细地址。

3. 法定代表人：申请设立具有法人资格的中外合作职业技能培训机构的中外合作办学者协商确定的中外合作职业技能培训机构的理事长、董事长或者校长。

4. 校长或主要行政负责人：中外合作职业技能培训机构理事会、董事会依法聘任并经审批机关核准的中外合作职业技能培训机构的校长或主要行政负责人。

5. 中外合作办学者：申请设立中外合作职业技能培训机构的中国教育培训机构和外国教育培训机构。

6. 办学层次和类别：审批机关批准的层次（如高级培训、中级培训、初级培训等）和类别（如职业培训、技工教育、学历、非学历等）。

7. 有效期：根据中外合作办学者签订的合作办学协议载明的合作期限确定。

8. 备注：注明中外合作办学者是否要求取得合理回报。

9. 发证机关：审批机关。

10. 发证日期：审批机关的签发日期。

（二）项目批准书

1. 项目名称：中外合作办学者通过签订合作办学协议确定，并经审批机关批准的中外合作职业技能培训办学项目名称。

2. 办学地址：举办中外合作职业技能培训办学项目所在地的详细地址。

3. 中国教育机构法定代表人：中外合作职业技能培训办学项目隶属中国教育培训机构的法定代表人。

4. 中外合作办学者：申请举办中外合作职业技能培训办学项目的中国教育培训机构和外国教育培训机构。

5. 办学层次和类别：审批机关批准的层次（如高级培训、中级培训、初级培训等）和类别（如职业培训、技工教育、学历、非学历等）。

6. 开设专业或课程：经审批机关批准的专业或课程。

7. 有效期：根据中外合作办学者签订的合作办学协议载明的合作期限确定。

8. 发证机关：审批机关。

9. 发证日期：审批机关的签发日期。

四、办学许可证和项目批准书内容如有变更的，审批机关须在副本中注明，加盖“发证机关变更专用章”，并换发办学许可证和项目批准书正本。

五、内地教育培训机构与港澳台地区教育培训机构设立和举办职业技能培训合作办学机构和合作办学项目，启用《内地与港澳台地区合作办学许可证》和《内地与港澳台地区合作办学项目批准书》，其具体规范参照上述要求办理。

六、颁发办学许可证和项目批准书是一项政策性很强的工作，各审批机关要根据《中外合作职业技能培训办学管理办法》要求，切实做好此项工作。

七、依法报请各省、自治区、直辖市人民政府劳动保障行政部门批准设立的中外合作职业技能培训办学机构须填写机构申请表，依法报请各省、自治区、直辖市人民政府劳动保障行政部门批准举办的中外合作职业技能培训办学项目须填写项目申请表。

依法报请各省、自治区、直辖市人民政府劳动保障行政部门批准举办的中外合作职业技能培训办学项目或者内地与港澳台地区合作职业技能培训办学项目，须填写《中外合作职业技能培训办学项目申请表》或者《内地与港澳台地区合作职业技能培训办学项目申请表》。

八、机构申请表和项目申请表是中外合作办学者申办中外合作职业技能培训机构和中外合作职业技能培训办学项目必须提交的文件之一，各地在受理申请时要统一按照本通知启用的表格填写。

附件：

1. 劳动和社会保障部印制的《中外合作办学许可证》（正本样式）（略）

2. 劳动和社会保障部印制的《中外合作办学许可证》（副本样式）（略）

3. 劳动和社会保障部印制的《内地与港澳台地区合作办学许可证》（正本样式）（略）

4. 劳动和社会保障部印制的《内地与港澳台地区合作办学许可证》（副本样式）（略）

5. 劳动和社会保障部印制的《中外合作办学项目批准书》（正本样式）（略）

6. 劳动和社会保障部印制的《中外合作办学项目批准书》（副本样式）（略）

7. 劳动和社会保障部印制的《内地与港澳台地区合作办学项目批准书》（正本样式）（略）

8. 劳动和社会保障部印制的《内地与港澳台地区合作办学项目批准书》（副本样式）（略）

9. 《中外合作职业技能培训机构申请表》（略）

10. 《中外合作职业技能培训办学项目申请表》（略）

11.《内地与港澳台地区合作职业技能培训机构申请表》(略)

12.《内地与港澳台地区合作职业技能培训办学项目申请表》(略)

劳动和社会保障部关于印发《2006—2010 年职业培训教材建设规划》的通知

(劳社部发 [2006] 39 号 2006 年 11 月 6 日)

各省、自治区、直辖市劳动和社会保障厅(局),国务院有关部门劳动保障工作机构:

为贯彻《中共中央办公厅、国务院办公厅关于进一步加强高技能人才工作的意见》(中办发 [2006] 15 号)和《国务院关于大力发展职业教育的决定》(国发 [2005] 35 号)精神,我们研究制定了《2006—2010 年职业培训教材建设规划》,现印发给你们。请结合本地区、本部门的实际情况贯彻实施。

2006—2010 年职业培训教材建设规划

为适应职业培训事业改革和发展的需要,促进技能人才队伍建设,进一步加强职业培训教材建设,使教材更好地发挥在职业培训中的重要支柱作用,2006—2010 年组织实施本规划。

一、抓住重点环节,明确任务目标

(一)贯彻科学发展观,全面实施科教兴国战略和人才强国战略,认真落实《中共中央办公厅、国务院办公厅关于进一步加强高技能人才工作的意见》(中办发 [2006] 15 号)和《国务院关于大力发展职业教育的决定》(国发 [2005] 35 号)精神,按照职业培训工作“5+1”计划行动的整体部署,从教材研究、教材开发、教材使用、教材检查和教材反馈评价五大环节入手,加快推进职业培训教材建设工作,不断提高教材建设水平,为“十一五”期间职业培训工作提供强有力的支持。

(二)2006—2010 年,职业培训教材建设的主要目标是,以高技能人才培训教材建设为重点,加快技工学校教育、职业技能培训、创业培训、职业资格培训鉴定教材开发,加强新兴教学媒体教材建设,力争五年内组织开发 3 000 种国家级职业培训教材。全面提升教材品质,精品教材数量达到国家级教材的 30%。

二、重视教材研究，为教材开发奠定坚实基础

（三）动员行业、企业、学校、科研机构等各方面的力量，结合职业发展、专业设置、课程标准和教学管理等重点问题的研究，广泛深入地研究中长期教材建设的重点方向、教材内容与模式、新兴教学媒体教材，以及教材开发规程、教材评价体系等，为教材开发提供重要支持。

（四）积极开展教材实验工作，不断扩大实验基地的数量，以获得不同学校、不同地区对教材的实践经验，以便及时改进教材，不断提高教材的适应性、针对性、科学性和先进性，满足职业培训的需要。

三、加快教材开发，为职业培训提供有力支撑

（五）围绕高技能人才培训需求，扩大教材规模，构建教材体系。积极探索和创新高技能人才培训教材模式，大力开发符合技术技能型、复合技能型和知识技能型高技能人才培养要求的教材，着力抓好制造、加工、建筑、能源、环保等传统产业和电子信息、航空航天等高新技术产业以及现代服务业职业培训教材的开发，扩大教材规模，构建涵盖高级技校和技师学院教材、高等职业院校教材和企业、行业培训教材的高技能人才培训教材体系。从 2006 年起，劳动保障部职业培训教材工作委员会（简称教材委员会）将每年制订高技能人才培训教材开发计划，统筹指导高技能人才培训教材开发工作。五年内，重点抓好 800 种高技能人才培训教材的开发工作。

（六）以服务就业为导向，改革和创新技校教材。积极开发新专业、新模式教材，形成灵活多样的教材组合，提供多样化的教材选择，以适应不同地区、不同学校对教材的需求。要以国家职业标准和职业活动为依据，以职业能力为核心，以职业技能为重点，创新教材体系、结构与内容。教材内容要及时反映新知识、新技术、新工艺和新方法。五年内，重点开发（修订）技工学校教材 800 种。

（七）以提高劳动者就业能力和创业能力为目标，大力开发职业技能培训教材和创业培训教材。进一步开发以岗位基本技能为核心、适应农民工转移培训和职工再就业培训、岗位培训需要的职业技能培训教材。针对农民工维权、安全生产、城市生活等方面的问题，开发维权教育、安全生产教育和健康生活教育等培训教材。面向下岗失业人员、青年学生、农村转移劳动力以及其他群体，进一步完善 SIYB 创业培训教材，拓展、延伸相关辅导教材。五年内，重点开发（修订）职业技能培训教材和创业培训教材 550 种。

（八）围绕实施国家技能资格导航计划，开发与国家职业标准相衔接的职业资格培训鉴定教材。紧密结合国家职业标准的开发，加快职业资格培训鉴定教材的开发速度。抓好劳动力市场急需、通用性强、技术要求高的职业（工种）和高级工、技师、高级技师的职业资格培训鉴定教材开发工作。为满足专项能力考核工作的需要，及时开发专项职业能力培训考核教材。五年内，重点开发（修订）职业资格培训鉴定教材 500 种。

（九）研发教材配套资源，引进国外优秀职业培训教材。运用现代信息技术手段，开发满足各类职业教育培训需要的多媒体教学课件、音像教学片、电子教案、考试题库软件等立体化配套产品，并积极进行计算机模拟教学、远程教学和网络教学产品的研发，全方位满足职业培训需要，为职业培训教学提供信息技术支持。扩大引进版职业培训教材品种规模，填补国内职业培训教材空白。五年内，开发新兴教学媒体教材、引进优秀教材350种。

四、抓好教材使用、检查和反馈评价，促进教材建设的全面发展

（十）加强教材使用管理，营造使用合格职业培训教材的良好氛围。建立健全行政部门指导下的教材选用制度。劳动保障部编制职业培训规划教材推荐用书目录，将经专家评审合格的教材提供给学校和培训机构选用。大力开展教材教法师资培训，开展形式多样的教材宣传、展示活动，推动合格教材在职业教育培训机构的广泛使用。加强全国职业培训教材网建设，及时发布教材建设信息，实现资源共享，增强其社会服务功能。完善教材发行网络，为职业教育培训机构提供优质服务。

（十一）切实抓好教材检查，保证职业教育培训质量。建立技工学校、高级技校、技师学院和培训机构教材使用检查制度。通过学校和培训机构自查、地区普查、全国抽查和普查相结合的方式，扩大检查的覆盖面，加大检查的通报力度。要将选用国家级规划教材与学校、培训机构教学质量评估、地区整体培训情况评价及培训经费使用管理挂钩，纳入国家和省（部）级重点技工学校评估标准及教学质量检查指标体系。依托新闻出版、公安等部门，加大对质量不合格及盗版教材的查处打击力度，严禁不合格、盗版教材进学校、进课堂。

（十二）认真开展教材反馈评价，不断提高教材质量。建立教材反馈评价体系，系统收集学校、培训机构、行业、企业及社会其他各有关单位对教材质量的意见和建议；定期组织各教材专业委员会委员及有关专家对教材质量进行评价，及时总结经验和不足。以教材专家评价和用户评估为基础，组织开展全国职业培训优秀教材评选活动，以发挥优秀教材在职业培训教材建设中的示范带动作用。

五、加强组织领导，全面保障规划实施

（十三）进一步完善“统筹指导、两级规划、分工实施”的教材开发长效机制和“用户评估、专家评审、向社会推荐”的教材评审推荐制度。国家级教材由我部统一规划和组织开发，包括技工学校、高级技工学校、技师学院公共课教材，跨地区、跨行业使用的专业课教材，以及技术复杂、关系国计民生或涉及面广的重要职业的培训教材。我部定期向社会公布国家级教材开发目录，广泛动员符合条件的单位和个人参与教材的编写工作或提供成熟的讲义。通过项目运作等方式，加快教材开发速度。我部教材委员会组织专家开展教材质量评审，合格教材由我部向社会推荐。各省（区、市）劳动保障部门和行业有关部门可根据区域发展实际和行业自身特点，制订相应的职业培训教材建设规划，开发具有地方、行业特色的职业培训教材，在报我部备案并通过评审后向社会推荐。

（十四）各级劳动保障部门和行业有关部门要充分重视，切实抓好职业培训教材建设。要统一思想，提高认识，将职业培训教材建设工作置于本地区、本行业职业培训工作的全局中予以统筹规划。要积极参与国家级教材开发工作，申报教材开发项目，保障规划的顺利实施。要避免教材重复建设，指导、督促职业教育培训机构使用好合格教材。多渠道筹措资金，为职业培训教材建设提供充足经费。

（十五）切实加强对规划的实施管理。本规划的组织实施、检查评估工作由我部教材委员会办公室负责。每年末对规划的实施情况进行评估总结，每年组织进行专家评价和用户评估，每两年组织开展一次国家级职业培训教材使用情况检查，每三年开展一次优秀职业培训教材评选活动，对优秀教材及教材组织开发单位进行表彰。及时了解各地区、各部门对规划实施的意见和建议，不断提高教材建设工作水平。

劳动和社会保障部关于进一步加强创业培训推进创业促就业工作的通知

（劳社部发［2007］30号　2007年8月6日）

各省、自治区、直辖市劳动和社会保障厅（局）：

创业培训是提高劳动者创业能力的重要手段，是推进创业促就业工作的重要内容。近年来，我部与国际劳工组织联合实施的“创办和改善你的企业”项目取得了显著成果。各地将创业培训与落实就业政策紧密结合，帮助和带动了一批创业者成功开办和经营企业，并产生了积极的就业倍增效应。在总结国际合作项目成功经验基础上，为贯彻落实劳动保障部“能力促创业计划”，进一步加强创业培训，打造中国SYB创业培训品牌，全面推进创业促就业工作，现就有关事项通知如下：

一、提高认识，加强领导。各地要积极争取各级党委和政府的重视，将全面推进创业促就业活动作为当前和今后一个时期做好就业再就业工作的重要措施，纳入就业再就业工作总体目标任务，明确工作要求，统一部署安排。要加快建立面向全体城乡创业者，以创业培训为基础，将创业政策扶持与创业服务有机结合的创业促就业工作体系。要建立目标责任制，把创业培训质量和带动就业效果作为主要指标，纳入就业再就业工作业绩考核内容，定期进行督促检查。

二、健全机构，明确职责。我部成立创业培训工作指导委员会，负责全国创业培训服务工作的总体规划和协调推动。委员会下设办公室，吸收优秀培训师及相关专家参与，开展师资提高、经验交流、新技术开发和推广等组织实施工作。各省级劳动保障部门应整合培训就业资源，集中优质力量，成立或指定专门工作机构并配备专门人员做好本地区创业培训服务工作。各地级市要积极创造条件，建立创业培训服务专门组织，承担示范性培训、培训指导和创业服务等工作。各地要将创业培训服务专门组织纳入公共就业服务体系，建成劳动保障部门就业再就业工作的示范窗口。

三、加强管理，打造品牌。各地要加强对创业培训的管理，按照统一培训标准、统一培训教材、统一教师管理、统一机构认定、统一证书发放的要求组织教学，确保培训质量，打造中国SYB创业培训品牌。各省级劳动保障部门要参照创业培训授权机构有关规定，做好本地区创业培训定点机构的认定和管理工作，并充分发挥已获得授权培训机构的示范作用。对参加培训合格的学员，颁发我部统一式样的创业培训合格证书。要加强教师队伍建设，定期组织教师培训进修、研讨交流等活动，教师培训和认证工作由所在省级劳动保障部门参照教师选择和培训有关要求进行。我部继续组织开展培训师的培训、交流和考评活动，并实行培训师派遣制度。

四、加强协调，搞好合作。各地要加强与财政、工商、税务、银行等有关部门的沟通与合作，共同落实各项创业扶持政策，为创业者打造创业绿色通道。要按照现行政策规定，在就业再就业资金中将创业培训补贴作出专门安排，并进一步完善经费补贴与培训效果挂钩的机制，提高资金的使用效果。要继续发挥工会、共青团和妇联等群团组织的积极作用，并加强与中小企业服务机构的合作，共同做好创业培训服务工作。

五、抓住重点，以点带面。创业促就业工作采取重点城市先行探索，取得经验后再全面推广的方式开展。我部将依托全国100个创业培训重点联系城市开展创业促就业工作。各重点城市要按照创业促就业工作方案的总体要求，进一步细化工作任务，制订详细的实施方案，抓好工作落实。我部在开展师资培训、新技术推广等工作中将对重点城市给予重点扶持。各省也要加强对重点城市的指导和支持，并可同步确定一批省级重点城市开展工作，通过重点城市的示范作用，推动本省和全国创业促就业工作开展。各地可对100个重点联系城市适当调整，调整名单和各城市实施方案请于2007年9月底前报省级劳动保障部门和我部培训就业司。

六、广泛宣传，营造氛围。要充分发挥报刊、广播、电视、网络等媒体的作用，组织开展形式多样的宣传活动，大力宣传各级政府鼓励创业的相关政策，宣传各地区、各部门做好创业培训、开展创业服务的经验与成效，宣传创业带头人的典型事迹，在全社会弘扬创业精神，展示创业风采，形成鼓励创业、支持创业、全民创业的社会氛围。

附件：全国100个重点联系城市创业促就业工作方案

附件：

全国100个重点联系城市创业促就业工作方案

按照党中央、国务院关于做好就业再就业工作的总体要求，为贯彻落实劳动保障部

“能力促创业计划”，进一步加强创业培训，打造中国 SYB 创业培训品牌，全面推进创业促就业工作，特制订以下工作方案。

一、指导思想

围绕当前和今后一段时期就业再就业工作的需要，将推动创业作为促进就业的一项重要工作，面向城乡创业者广泛开展创业培训，不断提升创业者的开业能力和经营能力。同时，健全完善社会化、开放式的创业服务体系，帮助创业者成功地开办和经营企业，逐步形成以创业培训为基础，创业扶持政策和创业服务相结合，全面推进创业促就业工作的新局面。

二、工作目标

每年至少对 1 500 人开展创业能力培训（其中，直辖市培训 3 000 人以上），培训合格率达到 80%以上，经创业服务后半年内开业成功率达到 50%以上，带动就业率达到 1∶5，开业企业中，一年以上稳定经营率达到 80%。进一步完善创业培训、开业指导、项目开发、融资服务、创业孵化、跟踪扶持等“一条龙”服务体系，全面推进创业促就业工作。

三、工作任务

（一）建立创业培训服务专门组织，搭建培训和服务工作平台。在开展示范性培训的同时，提供项目开发、开业指导、融资服务、跟踪扶持等“一条龙”服务。也可受劳动保障行政部门委托，承担全市创业培训服务工作的布局规划、技术指导、组织实施和质量监控。专门组织和工作平台应在公共就业服务体系内设立，也可依托现有就业训练机构改建。

（二）扩大培训对象范围，创新培训模式。在做好下岗失业人员创业培训工作的同时，要结合就业工作新需要，将创业培训向大学生、农村劳动者、复员转业退伍军人、残疾人等各类城乡创业者延伸和拓展。要按照统一的 SYB 培训技术标准组织教学，也可结合实际，自主开发和选用具有地方特色的教辅资料，探索适合不同对象需求的培训模式，采用案例剖析、企业家现身说法以及创业实训等方式，增强培训的针对性和实用性。在做好 SYB 培训的基础上，各地可根据已开业创业者的需求，提供改善和发展企业的培训服务。

（三）加强机构管理，确保培训质量。要根据我部和省劳动保障部门统一要求，吸收社会各类优质资源参与创业培训。要做好创业培训定点机构的日常管理和指导，及时了解定点机构在制订培训计划、规范教学管理、组织实施培训等方面的情况，指导定点机构按照规范的培训技术标准组织教学，确保培训质量。同时，要强化对学员的后续服务和跟踪指导，建立学员档案，及时记录学员开办和经营企业的情况。

（四）加强教师选拔和管理，提高教师能力水平。要扩大创业培训教师选拔的范围，将具备条件，并愿意长期从事创业培训的大学教师和企业成功人士吸收到教师队伍中，改善教师队伍素质结构。要定期组织教师开展研讨交流、观摩教学等活动，提升教师业务素质和能力水平。要建立创业培训教师档案，明确工作职责，实行动态管理。

（五）开发创业项目。要建立本地区创业项目资源库，并完善项目开发、征集、论证、展示和推介的工作机制，为创业者提供创业项目服务。创业项目要紧密结合地方经济发展需要，突出本土化、投资少、见效快、市场前景好等特点，经专家论证可行后，向创业者推荐，帮助创业者根据自身需要，选准创业项目。

（六）建立专家队伍。要聘请具有企业管理专业背景和创业实践经验的企业家、专家教授以及熟悉经济发展和创业政策的政府部门工作人员，组建创业专家队伍，并通过上门服务、集中服务、电话服务、面谈服务等多种形式，为创业者提供个性化和专业化的咨询、指导和服务。各地可结合国家创业咨询师职业资格认证，进一步规范创业服务专家队伍建设工作。要加强对专家服务效果的评估，重点评估服务质量、创业者对专家服务的满意度等。

（七）建立联动机制。要将创业培训作为信用社区建设的重要内容一并规划和实施，建立创业培训、信用社区与小额贷款工作联动机制。依托街道（社区）劳动保障工作平台，做好创业培训的宣传推介、个人信用体系建设、创业追踪服务等工作，鼓励创业者在社区创业，为社区服务。信用社区要为符合条件的创业培训学员申请小额贷款提供反担保，同时要加强对创业者的诚信教育，建立创业者诚信档案。

（八）搞好创业孵化。要积极创造条件，通过争取政府投资、鼓励多方投资等方式，并充分利用城乡各类园区、规模较大的闲置厂房和场地、专业化市场等适合小企业聚集创业的场所，建设小企业创业孵化基地或创业园，为缺乏创业经验和经营场地的创业者提供一段时期的孵化和政策扶持，帮助其顺利发展。

（九）落实扶持政策。依据国家有关规定，协助税务、工商等部门，按照创业者所办企业的类型或自谋职业的实际情况，办理税费减免有关手续。对所办企业吸收下岗失业人员就业的，根据国家有关规定，帮助落实相关税费减免优惠政策。

（十）加强跟踪服务。跟踪了解创业者企业经营情况，提供持续的咨询和服务。定期组织创业交流和考察等活动，引导创业者成立创业联谊会，沟通创业信息，开展结对互助活动。

四、工作要求

各重点城市要积极争取当地党委和政府的重视，成立主管市领导牵头，相关部门参加的创业促就业工作领导小组，负责全市创业促就业工作的统筹规划和政策落实。劳动保障部门要成立由主管局领导牵头，培训、就业等相关部门参加的工作实施机构，负责具体组织实施创业促就业工作，确保组织上有保证，政策上能落实，使培训和服务均得到优化。

各重点城市要建立工作目标责任制，以创业培训的质量、创业服务的满意程度、创业促进政策的落实成效、创业初始成功率、一年后的稳定经营率以及带动就业的倍增效应等作为主要指标，建立创业促就业考核指标体系，对相关部门和个人定期考核检查。

各重点城市要结合本地实际，根据本方案要求，制订具体工作实施方案，确保通知精神落到实处。

劳动和社会保障部办公厅关于印发全国创业培训工作指导委员会工作方案的通知

（劳社厅发［2007］21号　2007年10月19日）

各省、自治区、直辖市劳动和社会保障厅（局）：

为贯彻落实《就业促进法》，加强全国创业培训和创业促就业工作的统筹规划和组织协调，充分发挥国务院相关职能部门和工、青、妇等群众团体在创业培训方面的作用，共同推进创业促就业工作，根据《关于进一步加强创业培训推进创业促就业工作的通知》（劳社部发［2007］30号）要求，我部牵头成立全国创业培训工作指导委员会，国务院有关部门和单位作为成员单位。现将全国创业培训工作指导委员会工作方案印发给你们，请结合本地实际，加强与有关部门和单位的沟通与联系，建立相互协调、密切合作的工作机制，共同推动创业培训和创业促就业工作的开展。

全国创业培训工作指导委员会工作方案

为贯彻落实《就业促进法》和《关于进一步加强创业培训推进创业促就业工作的通知》（劳社部发［2007］30号）要求，加强全国创业培训和创业促就业工作的统筹规划和组织协调，充分发挥国务院相关职能部门和工、青、妇等群众团体在创业培训方面的作用，共同推进创业促就业工作，劳动保障部牵头成立全国创业培训工作指导委员会。

一、委员会由劳动保障部、发展改革委、司法部、中国人民银行、税务总局、工商总局、中国残疾人联合会、全国工商联、全国总工会、共青团中央、全国妇联有关部门和单位组成。劳动保障部副部长张小建任主任，培训就业司司长于法鸣、就业培训技术指导中心主任刘康任副主任，上述各部门和单位一位司（局）级同志任成员。

二、委员会下设办公室，成员由培训就业司、指导中心组成，建立相互合作、定期联系工作机制。办公室日常工作由指导中心承担。

三、委员会一般每年召开一次会议，遇到重大问题可随时召开。委员会会议由主任主持召开，各成员单位负责同志参加，建立定期沟通、相互合作、资源共享、共同推动创业工作的机制。委员会主要任务是：

（一）根据经济社会发展和就业工作需要，制订全国创业培训和创业促就业工作发展规划，明确目标任务和工作要求，建立考核评估指标体系，抓好督促检查。

（二）组织开展创业培训工作调研、小企业创办和经营状况调查，研究工作中面临的政策和操作难题，提出推动创业培训和创业促就业工作的政策措施建议。

（三）制订创业培训教师队伍建设规划，明确教师队伍建设的目标任务和工作要求，督促指导各项任务的落实。

（四）定期组织创业培训和创业促就业工作经验交流或现场考察观摩活动，总结典型做法，并在全国推广。

每次委员会会议结束后，形成《委员会会议纪要》，由委员会主任签发，印发委员会各成员单位和办公室各成员单位。委员会各成员单位应努力完成会议议定事项。

四、委员会办公室一般每季度召开一次碰头会议，遇到重要问题可随时召开。办公室会议由办公室主任主持召开，成员单位有关同志参加，建立及时沟通、相互合作机制和重大事项事先报告制度。办公室对外发文经办公室主任签署后印发。办公室主要任务是：

（一）研究解决创业培训和创业促就业工作中属于工作层面的具体问题。

（二）研究落实委员会确定和交办的有关工作事项。

（三）组织开展示范性的创业培训师资提高培训和交流活动。组织培训师提高培训和技术研讨交流活动。

（四）修改完善培训师管理规程，健全培训师派遣制度，建立培训师动态管理机制，并归档管理。

（五）组织开发创业培训和创业服务新技术，并开展试点。

（六）与欧洲模拟公司中国中心合作，开展创业实训试点和组织推动工作。

（七）根据不同培训群体的需求，在现有 SYB 培训教材（通用版）知识点的基础上，组织开发和修订适应青年学生、农民工、残疾人等不同类别群体的创业培训教材（包括案例教材），形成中国 SYB 创业培训教材体系，以满足社会各类创业者多样化、个性化的需求。

（八）组织开展创业咨询师国家职业标准制定和职业资格培训鉴定工作。

（九）开展创业培训和创业促就业工作舆论宣传。

（十）与国际组织保持联系，了解国外创业培训方面的新发展、新技术，并适时引入中国，丰富和完善中国 SYB 创业培训体系。

（十一）筹备中国就业促进会创业专业委员会，并组织开展相关工作。

（十二）做好创业培训统计报表数据的收集和汇总分析工作。

（十三）管理和维护好 SYB 网站，根据工作需要，进一步完善更新网站功能。

（十四）其他相关的日常工作。

五、委员会办公室下设创业培训专家顾问团，主要由部分在创业培训领域有较深研究、具有较高威信的优秀培训师和有关专家组成，并特邀国际劳工组织北京局专家参与。专家顾问团可根据工作需要吸纳新专家加入，并进行动态管理。主要任务是：

（一）研究提出创业培训新技术、新课题开发的构想。

（二）按照委员会办公室的统一安排，承担相应创业培训技术研发任务。

（三）参与创业咨询师国家职业标准制定工作。

（四）其他相关咨询服务工作。

附件：

1. 全国创业培训工作指导委员会成员名单（略）

2. 创业培训专家顾问团成员名单（略）

人力资源和社会保障部办公厅关于进一步加强民办职业培训学校管理工作的通知

（人社厅发［2008］89号　2008年11月18日）

各省、自治区、直辖市劳动保障厅（局），新疆生产建设兵团劳动保障局：

为进一步促进民办职业培训事业健康发展，根据《中华人民共和国民办教育促进法》和《中华人民共和国民办教育促进法实施条例》等有关规定，现就进一步加强民办职业培训学校管理工作通知如下：

一、充分认识加强民办职业培训学校管理的重要意义

民办职业培训是我国民办职业教育的重要组成部分。自民办教育促进法施行以来，我国民办职业培训事业得到长足发展，涌现了一批办得好、质量高、有特色的民办职业培训学校，对提高劳动者素质、促进就业起到了积极的作用。但是，随着民办职业培训学校的快速发展，也出现了一些办学不规范、培训质量低下、政府监管不到位等不容忽视的问题。

加强民办职业培训学校管理是劳动保障部门依法行政的重要工作内容，对于规范办学行为、强化学校管理、提高培训质量、保护学生合法权益，对于促进民办职业培训事业可持续发展和维护社会稳定大局具有重要意义。各地劳动保障部门要进一步提高认识，认真履行职责，完善扶持政策，坚持“积极鼓励、大力支持、正确引导、依法管理”的方针，继续大力支持民办职业培训学校发展，并切实加强民办职业培训学校的管理。要根据当地经济社会发展和人力资源市场需求，制订民办职业培训发展规划，逐步

形成布局合理、规模适当、管理规范、确保质量的良好局面，推动民办职业培训事业在规范中不断发展。

二、依法履行民办职业培训学校管理职责

（一）严格规范设立审批。民办职业培训学校按照办学所在地属地原则进行审批和管理。具体审批层次和权限由各省、自治区、直辖市劳动保障行政部门确定。为进一步规范民办职业培训学校管理，各地劳动保障部门要建立健全民办职业培训学校专家评审制度。对新申请举办职业培训的学校，可按照当地有关规定，组织专家对其办学资金、设施设备、教学场地、教学计划大纲、师资状况等进行认真论证和实地考察，严格依法进行审批。凡达不到条件和要求的，一律不得颁发办学许可证。

（二）严格规范异地办学。根据《中华人民共和国民办教育促进法实施条例》有关规定，民办职业培训学校只能使用一个名称开展培训。培训质量高、社会信誉好、管理规范的培训学校，可以跨省异地开展职业培训。跨省异地开展职业培训举办者必须重新申请设立培训学校，报举办地劳动保障行政部门审批。举办者除要提供必备的审批材料外，还需出具原所在地审批机关对其最近一年的办学质量评估报告。学校新增培训专业、提高培训层次、改变地址或更名等变更办学内容的，必须到审批机关备案批准，并换发新的办学许可证。各地劳动保障部门要将跨省异地办学纳入当地统筹管理，异地办学新批准设立的培训学校，必须为独立法人机构，必须依法建立独立的财务、会计制度和资产管理制度。严禁以提高班、高级班等名义，将学生转移到其他学校学习。

（三）严格规范招生宣传和收费行为。各地劳动保障部门要督促民办职业培训学校严格执行招生广告备案和收费公示规定。要对招生广告内容中的学校名称、招生专业、培训层次、培训期限、培训条件、收费标准、证书发放等内容进行严格审核。要监督学校依据自身现有办学条件以及办学许可证的批准内容，确定招生规模，并按照审核备案后的招生简章如实开展招生宣传。民办职业培训学校要严格执行国家规定的收费政策，收费项目、收费标准要按照《民办教育收费管理暂行办法》（发改价格［2005］309 号）的规定执行，报当地物价部门备案，并向社会公示。公示后的内容不得擅自变更，未经公示收费的项目不得收费。严禁将教师收入与招生学费收入挂钩。

三、加强民办职业培训学校教育教学管理

（一）进一步完善学生管理制度。各地劳动保障部门要指导民办职业培训学校建立健全学生电子注册和学籍管理制度，建立统一电子档案，完整记录学生在校期间的学习成绩、行为表现以及参加职业技能鉴定等个人信息，并及时将学生相关信息的电子文档报送审批机关备案。要指导学校建立健全学生管理机构和学生会组织，选用懂得教育管理、作风扎实正派的人员负责学生管理工作，强化学校与学生的联系和沟通。同时指导学校加强学生的心理疏导和人格教育，注重校园文化建设，鼓励学生参加健康向上的文体活动，丰富学生业余生活。

（二）加强对校长、教师的管理和培训。各地劳动保障部门要建立民办职业培训学校主要管理人员信息库，并定期对校长进行培训。要严格执行校长任职核准，其任职条件必须符合相关法律、法规规定，并不得在校外兼职。对不合格、不称职的校长，要提出警告并建议学校董事会予以撤换。要监督民办职业培训学校按照有关规定，严格执行教师上岗要求。各民办职业培训学校要不断加强师资队伍的政治思想教育和师风师德建设。对品质恶劣、严重侵犯学生合法权益的教师或管理人员，学校要依法严肃处理。

（三）加强学校教学质量监督。各地劳动保障部门要定期开展民办职业培训学校教学质量检查，并将学员鉴定合格率等情况向全社会公布。同时，可采取聘请社会监督员对学校培训过程进行随时抽查，也可委托具有资质的社会中介组织对学校教学质量进行客观公正评估。对实训设施设备、师资、教材等达不到培训专业和等级要求，或与培训人数不相匹配的，要督促学校及时进行整改。民办职业培训学校每年年初须向审批部门提交当年教学计划大纲和课程安排表，并严格按照教学计划大纲开展相关教学活动。

四、强化民办职业培训学校的监督和服务

（一）切实加强民办职业培训学校监管。各地劳动保障部门要根据有关法律法规规定，按照“谁审批、谁管理、谁负责”的原则，每年对本行政区域内的民办职业培训学校开展一次全面检查评估活动，建立健全民办职业培训学校诚信评估制度。要重点检查评估学校规章制度建设、师资状况、办学条件、依法提留发展基金、教学质量和招生宣传等情况，并客观详细记录信用状况向社会公布。对存在虚假欺骗宣传、教学质量低下、学校管理混乱等严重问题的，由审批机关限期整顿，整改期间不得招收新生和举办新的培训活动。对整改后仍不合格的，要依法吊销其办学许可证。请各省、自治区、直辖市劳动保障部门在每年 3 月底前，将本地区上年度检查结果上报我部职业能力建设司。

（二）制订群体性突发事件处理预案。按照“属地管理、分级负责”的原则，各地劳动保障部门要督促民办职业培训学校制订突发事件紧急处理预案。指导学校建立健全学校内部安全管理责任制度，加大对食堂、礼堂等场所和重要设施设备的安全管理，确保校园安全。各地劳动保障部门要研究制订处理学校群体性突发事件预案和措施，对可能出现的群体性事件进行预防和控制。要开设举报电话和电子信箱，畅通学生反映问题的渠道，接受社会各方面的监督。各地劳动保障部门要建立重大事件上报制度，一旦发生群体性事件、伤亡事件等重大事件，必须在第一时间及时上报并报告我部。

（三）切实做好政策协调和服务。各地劳动保障部门要切实加强与教育、民政、工商、财政、物价和税务等相关部门的沟通协调，明确职责任务，形成协调工作机制，共同将民办职业培训学校发展的各项政策措施落到实处。民办职业培训学校审批、论证、管理等相关工作经费，要纳入部门年度经费预算。要通过改进作风，提高办事效率，加强对民办职业培训学校办学的业务指导，有条件的地方可建立民办职业培训学校信息化管理服务平台和网络，强化服务职能，优化服务手段，促进民办职业培训学校健康发展。

人力资源和社会保障部　发展改革委　财政部关于实施特别职业培训计划的通知

（人社部发〔2009〕8号　2009年1月7日）

各省、自治区、直辖市劳动保障厅（局）、发展改革委、财政厅（局）：

为应对世界金融危机对我国经济的影响，保持就业局势稳定，充分发挥职业培训对于促进全方位就业和服务经济稳定发展的重要基础作用，按照党中央、国务院的总体部署，决定实施特别职业培训计划。现就有关事项通知如下：

一、指导思想和目标任务

实施特别职业培训计划，要深入贯彻落实党的十七届三中全会和中央经济工作会议精神，按照科学发展观的要求，围绕受金融危机影响的各类劳动者的就业需求，依托技工院校和各类职业培训机构，大力开展有针对性的技能培训，扩大培训规模，延长培训期限，加大培训投入，提升培训能力，进一步提高劳动者就业、再就业和创业能力，努力保持就业局势的稳定。

从2009年至2010年，利用2年左右时间，集中对困难企业在职职工开展技能提升培训和转岗转业培训，帮助其实现稳定就业；对失去工作返乡的农民工开展职业技能培训或创业培训，促进其实现转移就业或返乡创业；对失业人员（包括参加失业登记的大学毕业生、留在城里的失业农民工）开展中短期技能培训，帮助其实现再就业；对新成长劳动力开展储备性技能培训，提高其就业能力。

二、积极组织开展四类培训

（一）对困难企业职工开展在岗培训和转岗培训。对符合人力资源社会保障部、财政部、国家税务总局《关于采取积极措施减轻企业负担稳定就业局势有关问题的通知》（人社部发〔2008〕117号，以下简称《通知》）规定的条件，并经当地政府有关部门认定的困难企业，可组织在岗职工开展技能提升、转业转岗、安全生产等方面的职业培训，提升职工的职业技能和职业素养。各地劳动保障部门要充分发挥企业的主体作用，鼓励困难企业通过开展职工在岗培训等方式稳定职工队伍，指导企业制订和完善职工培训计划，依托企业职工培训机构或技工院校组织实施。培训所需资金按规定从企业职工教育培训经费中列支，不足部分可由企业所在地政府从就业专项资金予以适当支持。申请使用就业专项资金对企业职工开展在岗职业技能培训的困难企业，应按国家规定提取职工教育培训经费，并积极开展职工教育培训工作。困难企业如申请在岗培训补贴，就不能同时申请《通知》规定的岗位补贴或社会保险补贴，在岗培训补贴的执行期为2009年之内。困难企业应制订具体的在岗培训计划，培训结束被培训职工取得职业培训合格证书（职业技能资格证书）后，可凭培训人员名单、劳动合同复印件等材料，向当地人力资源社会保障部门提出申请，经人力资源社会保障部门审核、财政部门复核后，由当地财政部门按最高不超过培训费用50%的标准，将补贴资金直接拨入企业在银行开立的基本账户。困难企业在岗职工职业培训补贴具体办法和标准由省级财政、人力资源社会保障部门确定。

（二）对失去工作返乡的农民工开展实用技能培训。对失去工作返回家乡的农民工，根据其转移就业要求和劳务输出意愿，由所在地劳动保障部门组织开展相关培训。要紧密结合当地产业结构调整、企业技术改造和新开工建设项目的需求，重点围绕国家支持的铁路、交通、建设、电力及灾区建设等领域以及劳务输出的订单需求，组织相应的培训项目，提升农民工技能水平。对有技术和资金，并有创业意愿的农民工，组织开展创业培训，加强项目开发、开业指导、小额贷款、后续扶持等“一条龙”服务，帮助其自谋职业和自主创业。农民工参加各类职业培训，按规定由就业专项资金和相关专项资金中给予补贴。

（三）对城镇失业人员开展技能就业培训。对城镇中就业转失业人员（包括在城镇继续找工作的失业农民工），各地劳动保障部门要结合本地实际和失业人员特点，组织其参加3～6个月的再就业培训。要紧密结合当地重点拓展的就业领域、符合产业调整政策的行业和需要发展的职业（工种），重点开发面向城市社区就业的服务类技能培训项目，采取灵活多样的培训形式和手段，突出培训的实用性和适用性。对参加失业登记的大学生，各地劳动保障部门要结合其专业背景，组织其参加相关领域的技能培训，突出操作技能训练，提高其就业能力；对有创业意愿和需求的失业人员，组织参加创业培训，促进其自主创业。对上述人员开展培训所需的资金，按规定由就业专项资金和失业保险基金中给予补贴。

（四）对新成长劳动力开展技能储备培训。对农村应届初、高中毕业生未能继续升学的人员（农村“两后生”），组织其参加6～12个月的劳动预备制培训，提升技能水平和就业能力。各地劳动保障部门要采取措施，扩大技工院校招生规模，加大校企合作力度，通过订单、定向培训等方式，强化职业技能实训，有计划地加快培养一批高素质的后备技能人才。对上述人员开展培训所需资金，按规定由就业专项资金中给予补贴。

三、进一步落实保障措施

（一）提高思想认识，加强组织领导。各地劳动保障部门要按照科学发展观的要求，充分认识职业培训在特定时期对促进就业、稳定就业的重要地位，充分发挥职业培训服务经济发展、维护社会稳定的重要作用，将实施特别职业培训计划作为近期服务企业、服务劳动者的一项重要民生工程，纳入当地促进经济发展的总体部署，抓好工作落实。要在当地政府的指导下，抓紧制订本地特别职业培训计划，报当地政府批准后实施。要落实目标任务，完善政策措施，强化工作考核，大力抓好组织实施。

（二）落实资金政策，强化监督检查。各地劳动保障部门要加强与财政部门的协调，对实施特别培训计划的资金给予保证。要加强对各类资金的监管，杜绝任何机构和个人截留、挤占、挪用、套取、骗取补助资金。要加强对培训过程的监督检查，做到事前、事中、事后全过程监督，发现问题及时处理。要规范职业培训补贴资金的管理和使用，提高补贴资金使用的安全性、有效性。要督促各培训机构建立培训台账，将培训计划、培训人员名单等及时向社会公开。

（三）发挥资源优势，加强服务工作。各地劳动保障部门要依托街道乡镇劳动保障工作平台，了解劳动者培训需求，摸清底数。要广泛动员技工院校和各类职业培训机构，落实好培训师资、教学场地、培训计划等工作。充分发挥工会、妇联、共青团等群团组织的作用，并按规定对其所属符合条件的培训机构落实相关政策。发改委等部门，继续加强中等职业教育基础能力建设，对承担培训任务的技工院校，在改善办学条件方面给予支持，推动培训计划顺利实施。各级职业技能鉴定机构要为劳动者提供公平、公正、便捷的技能鉴定服务，按规定落实就业困难人员、进城务工农村劳动者的职业技能鉴定补贴，并适当减免鉴定费用。公共就业服务机构要根据企业用工和劳动者就业状况，通过多种渠道及时发布用工信息，提供政策咨询、职业指导和职业介绍等就业服务。

（四）加强技术支持，提高培训质量。各地劳动保障部门要充分依托行业、企业做好培训需求预测工作。根据培训需求做好培训项目开发和培训教材、课程的研究开发工作，提高教材适应技术进步和技能人才培养需要的水平。加强技工院校和职业培训机构教师队伍建设，通过聘请企业高技能人才、大学生志愿服务者等多种渠道，扩充师资数量，采取轮训、定期培训、业务进修等方式，切实提高教师专业素质和技能水平。

各地要根据本通知精神，结合地区实际情况，尽快研究制订特别职业培训计划实施方案，并于2009年1月底前报人力资源社会保障部、发展改革委和财政部，具体实施情况请及时上报三部委。

人力资源和社会保障部　财政部关于进一步规范农村劳动者转移就业技能培训工作的通知

（人社部发［2009］48号　2009年5月5日）

各省、自治区、直辖市人力资源社会保障（劳动保障）厅（局），财政厅（局）：

根据《财政部、人力资源社会保障部关于就业专项资金使用管理及有关问题的通知》（财社［2008］269号）和《人力资源社会保障部、国家发展改革委员会、财政部关于实施特别职业培训计划的通知》（人社部发［2009］8号）的要求，针对当前农村劳动者转移就业技能培训工作中存在的培训针对性不强、管理不规范、监管措施不到位、个别地方骗取挪用补贴资金等突出问题，为提高培训质量，确保资金使用安全和使用效益，现就进一步规范人力资源社会保障系统组织实施的农村劳动者转移就业技能培训工作通知如下。

一、实施分类培训，强化培训针对性和有效性

各地要重点面向未能继续升学的农村应届初高中毕业生、进城求职农村劳动者、企业在岗农民工、返乡农民工等人员开展职业技能培训，根据不同群体的特点，分别组织开展实用技能培训、技能提升培训、劳动预备制培训和创业培训，切实提高培训的针对性和有效性。

对进城求职的农村劳动者、返乡农民工，主要依托符合条件的职业培训机构开展1～6个月（不少于120课时）的实用技能培训，重点是根据企业岗位实际需求开展订单培训，结合产业发展振兴的潜在需求开展定向培训。

对用人单位吸纳进城求职的农村劳动者，在劳动合同签订之日起6个月内，由用人单位依托所属培训机构或委托所在地定点培训机构，结合岗位要求和工作需要，组织其参加技能提升培训。

对未能继续升学且有进城求职愿望的农村应届初高中毕业生，主要依托具备相应培训条件的技工院校等职业学校，开展6～12个月（一个学期至两个学期，原则上不少于720课时）的专业技能培训。

对有创业愿望并具备一定创业条件的农村劳动者开展创业培训，提升创业能力，促进其实现自谋职业、自主创业和返乡创业。创业培训主要由符合条件的创业培训机构承担。

在开展相应技能培训的过程中，要突出实际操作技能的训练，并适当增加劳动者权益保护、法律知识、城市生活常识、求职技巧等方面的知识培训。对参加培训合格的，由培训机构颁发相应专业培训合格证书；经职业技能鉴定合格的，由职业技能鉴定机构颁发相应职业资格证书或专项职业能力证书。

二、公开认定定点培训机构，整合优质培训资源

各地必须坚持公开、公平、公正的原则，面向社会各级各类职业院校和职业培训机构，通过招投标方式认定承担各类培训任务的培训单位。各地人力资源社会保障部门要会同同级财政部门，根据《承担农村劳动者转移就业技能培训任务的职业院校、职业培训机构的基本条件》（见附件），组织专家制定和公布本地区承担培训任务的院校和机构的认定标准及认定程序。在招投标过程中，要建立专家评审、纪检监察部门监督、就业联席会议相关成员单位共同参与认定的机制，要对申请承担培训任务的各类培训机构的办学资金、设备设施、教学实训场地、教学计划大纲、师资状况等进行重点考察。各地人力资源社会保障部门要按年度对拟确认承担培训任务的职业培训机构进行公示，公示无异议后，报省级人力资源社会保障部门备案，由省级人力资源社会保障部门将全省定点培训机构的名称、培训专业（工种）及等级、培训期限、收费标准、联系方式等情况统一向社会公布。各地2008年年底前认定的培训机构，要按照新确定的定点培训机构标准重新组织认定。对培训质量低劣，尤其是存在骗取、套取培训资金的定点培训机构，要取消其定点资格。

定点培训机构要与当地人力资源社会保障部门签订培训项目合同，明确双方责任、权利和义务。各定点培训机构应结合就业岗位要求，兼顾学员意愿、特点和文化水平，合理安排培训内容，设置培训课程，要将培训专业、培训期限、培训等级、收费标准公开张贴在培训场所显著位置。

三、规范资金使用管理，提高资金使用效率

各地要加大职业技能培训的资金投入力度，根据培训实际情况，按规定从就业专项资金中安排用于进城求职的农村劳动者培训资金。各省级人力资源社会保障部门要会同财政部门，根据培训专业（工种）的培训成本和培训期限，按照培训的课时数合理确定职业培训补贴标准。开展农村劳动者转移就业技能培训的日常工作经费，应从部门预算中安排，不得占用就业专项资金。培训资金的管理和使用情况必须接受审计部门的检查和监督。各地人力资源社会保障部门要会同财政部门采取切实措施，对补贴对象审核、资金拨付等重点环节必须实行公开透明的办法，切实防范骗取、挪用、以权谋私行为发生，确保资金安全。

各地人力资源社会保障部门要会同财政部门建立与培训质量、就业效果挂钩的培训绩效考评机制，严格按照财社［2008］269号文件规定，根据实际情况，按照个人报销、机构报销、用人单位报销的要求，本着方便个人、机构和用人单位的原则，科学制定培训补贴报销程序和办法。申请培训补贴的定点培训机构除按规定提供相关证明材料之外，还必须提供建立本机构职业培训台账和转移就业台账情况。申请培训补贴的用人单位除按规定提供资金申请材料外，还需提供职业培训台账。职业培训台账应记载受训者基本情况（包括参训人员的姓名、年龄、性别、身份证号、联系方式等）及培训专业、培训时间、考核和收费情况；转移就业台账应记载就业岗位、劳动合同签订或企业用工证明以及企业联系方式等情况。

四、强化培训过程监督，确保培训质量和效果

各地人力资源社会保障部门要加强对定点培训机构的管理、指导和服务。要逐步建立全省（市、区）统一的信息管理系统，对定点培训机构实行动态管理，对参训人员实行实名制管理。要会同财政部门建立培训补贴审核公布制度，将通过审核的享受职业培训补贴的人员名单、机构名单和资金补贴数额等按季度向社会公布。

各地人力资源社会保障部门要加强对定点培训机构培训过程监督，可定期通过现场测评、设立举报电话、网上投票、电话访谈等方式，重点了解培训效果、培训后就业率以及培训对象满意程度。有条件的地区，可委托具有资质的社会中介组织进行评估，开展定期检查和教学督导。

各定点培训机构在每期培训班开班前 10 个工作日，必须以书面形式向当地人力资源社会保障部门提交开班申请报告和培训计划和教学大纲。每期培训班结束 5 日前必须以书面形式向当地人力资源社会保障部门提交结业审核申请。

五、完善保障措施，确保工作实效

各级人力资源社会保障部门要高度重视农村劳动者转移就业技能培训工作，将其纳入就业工作目标考核的重要内容，建立领导责任制和目标考核制，健全工作协调机制，落实工作责任，抓好工作落实。要在综合考虑当地农村劳动者转移就业培训实际需求、社会培训资源和能力的基础上，采取先下后上确定培训人数的办法，先由最基层人力资源社会保障部门逐级上报，后由省级人力资源社会保障部门汇总，并统一下达年度培训计划。

人力资源社会保障系统内的就业、培训、鉴定等部门要形成合力，充分发挥各自职能，共同做好农村劳动者转移就业技能培训工作：培训部门要会同就业部门制订培训规划，组织认定定点培训机构，并对培训机构进行动态管理，对培训过程进行监管；就业部门要会同培训部门制定职业培训补贴标准和报销管理办法；职业技能鉴定机构要根据有关规定，积极为参加培训的人员提供有针对性的职业技能鉴定服务；公共就业服务机构要定期调查并公布劳动者市场供求状况，定期公布不同职业（工种）、不同等级的农民工职业供求和工资价位情况。财政部门要按规定审核、拨付培训补贴资金，并加强资金的监管。

各地要根据本通知精神，对本地农村劳动者转移就业技能培训具体办法进行调整完善，并组织实施农村劳动者转移就业技能培训工作。各地工作中有何问题，可与人力资源社会保障部职业能力建设司和财政部社会保障司联系。

附件：承担农村劳动者转移就业技能培训任务的职业院校、职业培训机构的基本条件

附件：

承担农村劳动者转移就业技能培训任务的职业院校、职业培训机构的基本条件

一、承担技能培训任务的职业院校和培训机构基本条件

（一）具有独立法人资格，取得人力资源社会保障行政部门或教育行政部门颁发的

办学许可证。

（二）遵守国家职业培训法律法规，熟悉国家职业教育方针和就业政策，积极推行国家职业资格证书制度和就业准入制度，热心承担农村劳动者转移培训任务。

（三）具备承担农村劳动者转移就业技能培训相应岗位必备的专业设置、教学设备、训练场所、实训基地和师资力量等基本条件，具备信息化管理条件。

（四）专业和课程设置符合人力资源市场需求，培训方法和形式能满足培训对象需要。

（五）有相对稳定的转移就业信息和渠道，就业指导得力，培训后就业率较高。

（六）熟悉农村劳动者转移就业培训业务，具有较好的培训工作基础和业绩，能够按人力资源社会保障部门审核同意的培训方案组织实施。

（七）规章制度健全，内部管理规范，社会信誉良好，培训收费合理。

（八）近三年来无违反职业培训法律法规被处罚记录。

二、承担劳动预备制培训的职业院校基本条件

（一）具有独立法人资格。

（二）具备承担劳动预备制培训相应的训练场所、教学设施设备、实训基地和师资等基本条件。

（三）学制教育规模达到 1 000 人以上，常设专业不少于 4 个。

（四）学校实行“双证书”制度，学校毕业生毕业率达到 90%以上，90%以上的毕业生能够取得职业资格证书。

（五）有相对稳定的就业渠道，毕业生就业率达到 90%以上。

（六）学校建立由产业界、经济界及有关部门专家组成的学校咨询委员会，指导学校围绕行业企业用工需求，调整学校发展方向和规划，合理确定专业设置和课程安排。

（七）学校建立较为完善的技能人才校企合作培养制度，至少与 5 家企业建立校企合作伙伴关系。

（八）学校管理规范、制度健全、收费合理。

人力资源和社会保障部办公厅关于规范创业培训机构认定等有关工作的通知

（人社厅函［2009］331 号　2009 年 8 月 21 日）

各省、自治区、直辖市人力资源社会保障（劳动保障）厅（局）、新疆生产建设兵团劳动保障局：

为贯彻落实《国务院办公厅转发人力资源社会保障部等部门关于促进以创业带动就业工作指导意见的通知》（国办发〔2008〕111 号）和原劳动保障部《关于进一步加强创业培训推进创业促就业工作的通知》（劳社部发〔2007〕30 号）精神，进一步推进创业培训工作，扩大培训规模，提高培训质量，打造中国“创办你的企业（SYB）”创业培训品牌，现就规范创业培训机构认定、师资队伍建设和证书管理等工作通知如下。

一、关于创业培训定点机构认定

各省级人力资源社会保障部门负责本地区的创业培训定点机构的认定和管理工作。

（一）认定条件

申请成为创业培训定点机构应具备以下基本条件：

1. 机构资质方面。具有独立法人资格，取得人力资源社会保障部门或教育部门批准的办学许可证；以推动和促进微型、中小型企业发展为工作目标；有一年以上开展创业培训或创业服务经历，能提供培训或服务效果的相关证明材料以及服务对象的评价材料；制订开展创业培训和创业服务的年度计划，以及市场宣传推广计划；有专职管理人员负责创业培训和创业服务的组织工作。

2. 创业培训方面。培训机构重视创业培训，承诺按照人力资源社会保障部门制定的创业培训相关技术要求和培训流程，组织开展培训；有 2 名以上获得我部颁发的创业培训师资培训合格证书或创业培训讲师证书的讲师；具有满足创业培训教学要求的标准化场地和设备。

3. 创业服务方面。注重服务效果，建立学员档案，定期评价培训和服务的效果，并定期为培训学员提供创业跟踪指导、项目推介、创业咨询、创业实训等后续服务；具有 5 名以上全职或兼职的创业服务专家（包括企业家、大学经济管理专业教师、取得创业咨询师国家职业资格的人员等）；具有满足创业服务要求的设备设施。

（二）认定程序

各省级人力资源社会保障部门根据我部制定的创业培训定点机构认定参考程序（见附件 1）、《创业培训定点机构调查表（参考）》（见附件 2）、《创业培训定点机构标准和评分基准表（参考）》（见附件 3），制定并公布本地区创业培训定点机构认定的具体办法，定期组织创业培训定点机构认定工作。

（三）认定要求

各省级人力资源社会保障部门要委派本地培训师对申报的创业培训机构开展实地考察、预选及复审工作，对符合条件的定点机构发文公布；将认定创业培训定点机构的公布文件、本地区创业培训定点机构认定条件及《创业培训定点机构调查表》和《创业培训定点机构标准和评分基准表》一并报全国创业培训工作指导委员会办公室（以下简称“创业指导办”）备案。

二、关于创业培训师资队伍建设

创业培训师资分为培训师和讲师。我部负责培训师选评工作，省级人力资源社会保障部门负责本地区讲师选评工作。

（一）培训师选评

1. 培训师选评的基本条件

（1）经省级人力资源社会保障部门推荐，参加我部组织的讲师提高班与选拔活动，通过笔试、试讲、面试考核，并参加培训师培训班，成绩合格。

（2）参加培训师培训班后一年内，能够服从我部统一调度承担师资培训任务，至少参与过 3 期讲师培训班，且结束评估总满意度平均在 4 分以上（满分 5 分）；对培训学员的创业活动提供后续支持服务，并按时向主管部门填报培训及后续服务信息授课任务。

（3）协助所在地人力资源社会保障部门开展创业培训相关技术服务工作。

2. 培训师选评程序

我部根据创业培训工作计划安排，每年开展一次培训师选评工作。各省级人力资源社会保障部门按照培训师选评的基本条件，对本地培训师基本条件和工作情况进行初审，组织符合条件的培训师候选人填写《创业培训（SIYB）培训师选评审核表》（见附件 4），省级人力资源社会保障部门要将审核表及《创业培训（SIYB）培训师选评申请名单汇总表》（见附件 5）于每年 10 月底之前报创业指导办。创业指导办组织专家对上报材料进行复核，对符合条件的培训师由我部颁发《创业培训培训师证书》。

3. 培训师年度审核

为加强对培训师队伍的管理，我部决定从 2009 年起，实行培训师年度审核制度，重点从职业道德、授课效果、年度执行任务情况、提供后续服务情况等方面对培训师进行审核。各省级人力资源社会保障部门应于当年 12 月底之前，上报本地区培训师年度审核资料，经办公室审核后，于次年年初公布通过审核的培训师名单。

（二）讲师选评

1. 讲师选评的基本条件

（1）参加创业培训师资培训班后，获得我部颁发的《创业培训师资培训合格证书》。

（2）参加师资培训班后一年内，有 3 次及以上对学员全程开展创业培训的经历。

（3）按照创业培训技术标准从事教学工作，培训班结束评估总满意度平均在 4 分以上（满分 5 分）。

（4）对培训学员的创业活动提供后续支持服务，并按时向主管部门填报培训及后续服务信息。

2. 讲师选评程序

各省级人力资源社会保障部门应依据讲师选评基本条件和我部制定的创业培训讲师选评参考程序（见附件 6），制定本地区讲师选评标准和选评程序，定期组织讲师选评工作。

各省级人力资源社会保障部门应委派本地培训师对申报的讲师开展初审、复审工作，及时公布通过认证的讲师名单。各省级人力资源社会保障部门应将公布讲师名单的文件、本地区讲师选评条件及《创业培训（SIYB）讲师面试调查表和评分标准》（见附件7）和《创业培训（SIYB）讲师选评审核表》（见附件8）统一报创业指导办备案，并及时向创业指导办申请《创业培训讲师证书》。

三、关于证书发放管理

为加强创业培训师资管理工作，按照统一培训证书的要求，我部对SIYB项目实施期间的相关师资证书进行了修订。新版创业培训师资证书分为培训师证书和讲师证书两种（见附件9、10），由全国创业培训工作指导委员会签发，加盖中国就业培训技术指导中心印章。从2009年起，培训师和讲师证书统一使用新版证书。原《创业培训师资培训合格证书》暂不作修订。

四、工作要求

（一）严格制定相关条件和程序。各地人力资源社会保障部门要高度重视创业培训机构认定和讲师选评工作，将该项工作作为提高培训质量、规范培训程序、加强队伍建设的重要抓手。要按照有关要求，认真制定本地创业培训机构认定和讲师选评的条件和程序，将培训机构和讲师的日常培训活动的质量、数量和学员满意度作为选评的重要指标。选评的讲师应是从事一线教学的人员，对没有从事教学工作或尚未达到选评标准的，不予选评。讲师选评工作要认真听取培训师的评审意见，严格按照选评标准和工作流程开展。

（二）加强机构和讲师的日常管理。各地人力资源社会保障部门要广泛吸收社会各类优质培训资源参与创业培训，按照统一培训标准、统一培训教材、统一师资管理、统一机构认证、统一证书发放的要求开展创业培训工作，确保培训质量，打造中国SYB创业培训品牌。要统筹做好创业培训机构和讲师的管理工作，结合本地区创业培训工作需要，建立健全培训机构和讲师的准入、登记、年审和公示机制。要加强对创业培训工作管理人员的业务培训，定期举办管理人员培训班或业务交流活动。

各地在工作中有何问题，请及时与我部联系。

附件：

1. 创业培训定点机构认定参考程序（略）
2. 创业培训定点机构调查表（参考）（略）
3. 创业培训定点机构标准和评分基准表（参考）（略）
4. 创业培训（SIYB）培训师选评审核表（略）
5. 创业培训（SIYB）培训师选评申请名单汇总表（略）
6. 创业培训讲师选评参考程序（略）

7. 创业培训（SIYB）讲师面试调查表和评分标准（略）
8. 创业培训（SIYB）讲师选评审核表（略）
9. 创业培训培训师证书（样证）（略）
10. 创业培训讲师证书（样证）（略）

农业部办公厅　财政部办公厅
人力资源和社会保障部办公厅　教育部办公厅
科技部办公厅　住房和城乡建设部办公厅
关于做好2009年农村劳动力转移培训
阳光工程实施工作的通知

（农办科［2009］50号　2009年12月25日）

近年来，在党中央、国务院的高度重视和各地、各部门的共同努力下，农村劳动力转移培训阳光工程（以下简称“阳光工程”）取得了明显成效，对提高农民就业技能，加快农民转移就业，促进地方劳务经济发展和农民增收发挥了积极作用。

随着我国经济社会发展进入新阶段，农村劳动力转移培训工作面临新的形势：一是全球性经济危机尚未出现根本性转机，我国沿海发达地区产业结构转型升级速度加快，对农民外出就业择业造成的影响增大。二是广大中西部地区经济社会发展速度加快，吸纳农村劳动力能力增强。三是随着农业组织化、专业化程度的提高，农民从业人员内部职业分化明显，农业和农村社会化服务体系迅速发展，机防、机耕、农村物流、农产品销售、村级动物防疫、乡村旅游休闲、农村建筑和装潢等一大批农村新兴职业不断涌现，迫切需要提高从业人员技能，加强后备人才培养，为现代农业发展和新农村建设提供人力资源支撑。四是随着国家对“三农”工作的日益重视，启动了一大批如农机具购置补贴、农村户用沼气建设、农村危房改造等重大惠农项目，急需大批技能型人才为项目的实施提供支撑。

党的十七届三中全会指出，要引导农民有序外出就业，鼓励农民就近转移就业，扶持农民工返乡创业。要建立新型农业社会化服务体系。支持供销合作社、农民专业合作社、专业服务公司、专业技术协会、农民经纪人、龙头企业等提供多种形式的生产经营服务。为落实中央新要求，适应发展新形势，进一步促进农村劳动力就业结构优化，拓宽农民就业增收渠道，2009年阳光工程主要围绕农业和农村服务业、农产品加工等涉农工业，农村特色二、三产业，农民创业和农村带头人等从业人员开展培训工作；围绕服务当地县域经济社会发展所需的二、三产业从业人员开展培训。在做好上述重点工作的同时，面向有外出就业意愿的农民和返乡农民工，开展多种形式的农村劳动者转移就业技能培训工作。为做好 2009 年阳光工程实施工作，现提出如下意见：

一、指导思想

以邓小平理论和“三个代表”重要思想为指导，贯彻落实科学发展观，围绕党的十七大、十七届三中全会精神，按照“政府推动、学校主办、部门监管、农民受益”的原则，配合国家在农业领域和农村地区实施的重大工程项目，大力开展农村劳动力就地就近转移就业培训、创业培训和农村带头人培训，引导农民转变就业观念，提高农民就地就近就业能力、创业能力和辐射带动能力，促进农业劳动力向农业产业延长链转移，由单纯外出务工向就地就近转移就业转变，由偏重服务城市发展向注重支撑农村经济社会发展转变，推动城乡统筹协调发展和社会主义新农村建设。

二、主要任务

2009 年阳光工程仍以劳动力主要输出地区、贫困地区和革命老区为重点地区，全国安排培训任务 300 万人。主要开展以下工作：

（一）围绕农业农村重大工程项目开展培训。主要是配合农机购置补贴、动物疫病防控、沼气工程、农村危房改造等工程项目的实施，重点培训在农村能源、农机操作与维修、植保、村级动物防疫、村镇建筑等领域从业的职业型农民。

（二）围绕农民合作社发展开展培训。重点培养善经营、会管理、懂技术，有奉献精神，能带领农民合作致富的合作社经营管理人才，以及能当家、善管理的合作社理财能手。

（三）开展农民创业和农村实用人才带头人培训。在全国 16 个省（市）以及黑龙江垦区，以外出务工返乡青年、种养大户、农机大户、合作社高级管理人员和有志于农村创业的大、中专毕业生为重点对象，以创业理念、创业技能、创业政策、经营管理、市场营销、企业发展等为主要内容，加快培养一大批农村创业人才和农业种养大户。以农村两委负责人、大学生村官、优秀农村实用人才为对象，加快培养一大批农村实用人才带头人，提高其支撑当地经济发展、辐射带动群众增收致富能力。

（四）围绕返乡农民工再就业开展培训。面向返乡农民工，围绕城镇就业市场和企业用工需求以及农业农村新兴岗位，以就业技能为重点，大力开展多种形式的就业培训工作，促进农民工多渠道、多形式就业创业。

此外，对有外出就业意愿的农村劳动力，继续以基本法律法规、城市生活常识、权益保护、安全生产、艾滋病防治、防灾减灾等知识为主要内容，广泛开展农村劳动力转移引导性培训，帮助外出就业农民提高适应新的生活环境和工作环境的能力，提高广大农民的综合素质。

三、补助标准和培训时间

中央补助资金对东、中、西部地区实行不同的补助标准。原则上按东部人均 250 元、中部人均 360 元、西部人均 420 元的标准进行补助。各地要进一步落实中央有关文件精神，不断加大农村劳动力就地就近转移培训投入，进一步提高培训补助标准。对不同培训专业的具体补助标准，各省（市、区）必须依据实际培训成本、培训时间实行差别补助。引导各地全面推广培训券制度，进一步规范培训券管理，保证财政资金让农民直接受益。

阳光工程培训时间原则上由各地结合当地实际自主确定，但一般不少于 7 天；农民创业培训不少于 20 天。

四、任务下达与组织实施

2009 年阳光工程培训任务由农业部、财政部等部门在参考过去各省培训工作开展情况的基础上，根据国家重大工程项目实施区域的人才需求情况，直接下达各省（见附表 1）。

各省农业行政主管部门（河北为人力资源社会保障部门，下同）要根据农业部、财政部等部门联合下达本省的任务，结合本省农村劳动力数量、各县工作情况、农民工返乡情况以及省级财政预算资金安排情况，制订本省阳光工程实施方案，经省财政部门审定后，于 10 月 10 日前报农业部、财政部备案；各省要根据各县的实际需求和能力，尽快将任务分解下达到县（农民创业培训工作由省农业行政部门直接组织实施，任务直接分解到培训机构）；各县要根据省里下达的任务，结合当地实际，迅速开展培训机构认定工作，并将培训任务落实到具体机构和专业；具体培训工作由培训机构负责。

各地今年先期已开展的培训任务，按照以往阳光工程资金报账程序，经当地项目主管部门审核无误后，由财政部门拨付培训补助资金。

五、有关要求

（一）加强组织领导。各级农业主管部门要站在统筹城乡经济社会协调发展的高度，加强对阳光工程工作的组织领导。同时，要与人力资源社会保障等相关部门加强沟通协调与合作，做好阳光工程与其他农村劳动力转移培训项目的衔接。各级农业行政主管部门要结合本地实际制订实施计划，明确各有关部门的工作职责，细化政策措施，把任务落到实处。各级经管、种植、农机、兽医、乡企、渔业等部门以及村镇建设行业管理部门要根据本行业发展人才需求，积极配合农业行政主管部门开展阳光工程培训工作。各省要建立职责明确、分级负责的阳光工程管理机制，一级对一级负责，逐级落实责任，加强农民培训工作的督导与检查。

（二）落实项目监管。各地要按照阳光工程项目管理的有关规定，切实加强项目监管。进一步规范培训台账（培训台账见附表 2），并将其作为项目管理和检查验收的重要依据。结合当地实际，继续对培训任务实行动态管理，实现培训任务和资金向培训积极性高、培训能力强、培训质量好的职业学校或培训机构倾斜和集中，保证培训任务的顺利完成。高度重视社会监督和舆论监督，加大违纪违规问题查处力度。对于群众或新闻媒体反映的问题，及时督促相关主管部门进行认真调查核实，对于查实的问题要立即整改，并对相关责任人进行严肃处理。

（三）规范机构管理。各项目县要根据阳光工程新的要求，按照公开、公平、公正的原则，新增加一批培训基地。要规范机构认定程序，适当控制培训机构数量，择优确定培训机构，促进培训任务和资金适度集中。各有关部门要切实加强对所属培训机构的管理，采取措施改善培训机构的培训条件，提高培训机构的培训能力。加强对培训机构日常教学工作的指导和检查抽查，督促培训机构积极加强师资队伍建设和教材建设，切实保证培训质量。将各培训机构承担的培训任务、资金向社会公布，接受社会监督。

（四）加强信息报送。各地要高度重视信息报送工作。农业部将根据今年新的工作要求，对阳光工程监管系统进行改版和升级，加强对培训学员和培训进展的信息管理，并将在全国项目工作启动后层层举办专门培训班。各级农业主管部门要及时通过阳光工程监管系统填报当地培训工作进展。各省须在2009年11月6日前将阳光工程示范性培训任务分解汇总表（见附表3）、培训基地汇总表（见附表4）报农业部科技教育司备案；在2009年10月10日前、2009年12月10日前分两次向农业部科技教育司报送本省（市、区）2009年阳光工程工作进展情况（进展表见附表5）。

附表：

1. 2009年阳光工程示范性培训任务分配表（略）
2. 农村劳动力转移培训阳光工程培训台账（略）
3. ________省（区、市）阳光工程示范性培训任务分解汇总表（略）
4. ________年________省（区、市）农村劳动力转移培训阳光工程培训基地汇总表（略）
5. 农村劳动力转移培训阳光工程进展表（略）

人力资源和社会保障部　国家发展和改革委员会　财政部关于进一步实施特别职业培训计划的通知

（人社部发［2010］13号　2010年2月10日）

各省、自治区、直辖市人力资源社会保障（人事、劳动保障）厅（局）、发展改革委、财政厅（局）：

为应对国际金融危机对我国就业局势的影响，人力资源社会保障部、财政部、国家发展改革委决定于 2009—2010 年联合实施特别职业培训计划。2009 年，各地按照要求，认真落实各项政策措施，取得了积极成效。但是，目前培训工作中也存在着培训针对性不强、资金使用效益不高、监管措施不到位等问题。为贯彻落实《中共中央、国务院关于加大统筹城乡发展力度进一步夯实农业农村发展基础的若干意见》（中发［2010］1号）和《国务院办公厅关于进一步做好农民工培训工作的指导意见》（国办发［2010］11号）精神，进一步提高职业培训的针对性、有效性，充分发挥职业培训促进就业的作用，现就做好 2010 年特别职业培训计划实施工作通知如下：

一、突出培训重点。实施特别职业培训计划，要以促进就业和服务经济发展为出发点，以企业吸纳农民工培训、劳动预备制培训和创业培训为工作重点，进一步加大资金投入力度，适当扩大培训规模，下大力气提高培训质量和效果，努力实现“培训一人、就业一人”和“就业一人、培训一人”的目标。

二、大力开展在岗农民工和困难企业职工技能培训。对企业吸纳的进城求职的农村劳动者和困难企业的在岗职工，要根据企业岗位要求和企业技术改造升级的需要，重点开展岗位培训和技能提升培训。各地人力资源社会保障部门要积极会同行业、企业主管部门，重点开展建筑业、制造业、服务业等行业在岗农民工培训和困难企业职工培训。

企业吸纳进城求职的农村劳动者，并与其签订 6 个月以上期限劳动合同，在劳动合同签订之日起 6 个月内由企业依托所属培训机构或定点培训机构进行职业技能培训的，对企业给予一定的职业培训补贴。企业组织开展培训之前，应向人力资源社会保障部门提交培训计划大纲、录用农村劳动者花名册（应包括姓名、性别、年龄、籍贯、身份证号等基本信息）、劳动合同复印件、身份证复印件。培训结束后，企业凭继续履行劳动合同人员花名册、职业培训合格证书（职业技能资格证书），委托定点培训机构开展培训的还应提供职业培训机构开具的行政事业性收费票据（或税务发票）等，向当地人力资源社会保障部门申请职业培训补贴。人力资源社会保障部门审核、财政部门复核后，由财政部门将职业培训补贴资金直接拨入企业在银行开立的基本账户，同时将资金支付情况抄送人力资源社会保障部门。

对困难企业组织开展的职工在岗或轮岗培训，要按照《人力资源和社会保障部、财政部、国家税务总局关于进一步做好减轻企业负担稳定就业局势有关工作的通知》（人社部发［2009］175号）和《人力资源和社会保障部、发展改革委、财政部关于实施特别职业培训计划的通知》（人社部发［2009］8号）执行。

三、切实加强劳动预备制培训。对未能继续升学的农村初高中毕业生（即“两后生”），鼓励其参加 6～12 个月（1～2 个学期）的劳动预备制培训，提升技能水平和就业能力。各地人力资源社会保障部门要会同有关部门，采取有力措施，指导技工院校扩大劳动预备制招生规模，加大校企合作力度，围绕国家产业振兴规划和当地产业结构调整对后备技能人才的需求，强化定向培训和技能实训。按照中发［2010］1号文件的要求，对参加劳动预备制培训后取得初级以上职业资格证书的农村“两后生”，给予培训费补贴，逐步实施农村新成长劳动力免费劳动预备制培训。

四、积极开展中短期实用技能培训。对登记失业人员、进城求职农村劳动者、登记求职的高校毕业生，要结合企业的实际需要和劳动者就业要求，积极开展中短期（1～6个月）实用技能培训。各地人力资源社会保障部门要结合农村转移劳动者向城市非农产业转移和有组织的劳务输出需求，结合失业人员和高校毕业生特点以及就业需求，充分发挥基层劳动保障工作平台的组织作用，依托定点培训机构开展订单式培训，突出培训的针对性和有效性。

五、全面推进创业培训。重点对有创业愿望并具备一定创业条件的登记失业人员、进城求职农村劳动者及返乡农民工、登记求职的高校毕业生，开展不少于10天的创业培训。要结合当地产业发展和创业项目，根据不同对象的特点，因材施教，增强创业培训的实效性，并注重创业培训与小额担保贷款、税费减免等扶持政策的衔接，着力提高创业成功率和稳定经营率。

六、提高培训资金使用效率。各省（自治区、直辖市）要根据职业培训需求，加大资金投入，提高就业专项资金用于职业培训补贴的比例，切实保障职业培训资金需要；要完善职业培训补贴标准制定办法，根据培训专业（工种）的培训成本和培训期限，按照培训的课时数，合理确定在岗农民工培训、劳动预备制培训、中短期实用技能培训和创业培训等各类职业培训补贴标准。各级人力资源社会保障部门要会同财政部门采取有效措施，对补贴对象审核、资金拨付等重点环节实施公开透明的监督管理办法，确保资金安全。各级人力资源社会保障部门要配合发展改革部门，继续加强中等职业教育基础能力建设，对承担转移培训任务的技工学校，在改善办学条件方面给予重点支持，推动培训计划顺利实施。

七、强化培训机构管理。各级人力资源社会保障部门、财政部门要按照《人力资源社会保障部、财政部关于进一步规范农村劳动者转移就业技能培训工作的通知》（人社部发［2009］48号）规定，坚持面向社会各级各类职业院校和职业培训机构，通过招投标方式认定承担各类培训任务的培训单位。要建立专家评审、纪检监察部门监督、就业联席会议相关成员单位共同参与的培训机构认定机制，要对申请承担培训任务的各类培训机构的设备设施、教学实训场地、师资配备和教材选用等情况进行重点考察。要将承担培训任务的培训机构名称、培训专业（工种）及等级、培训期限、收费标准等情况统一向社会公布。各级人力资源社会保障部门要加强对承担培训任务的各类机构的监督检查，建立开班申请、过程检查、结业审核三项制度，强化培训全过程监管。

八、加强组织领导。各地人力资源社会保障、财政、发展改革部门要高度重视特别职业培训计划的组织实施，要成立主要领导负总责，分管领导牵头，相关单位齐抓共管的工作协调机制，并将特别职业培训计划实施情况作为就业工作目标考核的重要内容。各地要根据就业形势和劳动者就业需求变化情况，以及劳动者培训需求确定培训人数，并由人力资源社会保障部门逐级上报，省级人力资源社会保障部门汇总，报人力资源社会保障部备案。

九、做好基础服务工作。各地人力资源社会保障部门要充分发挥街道（乡镇）劳动保障工作平台的作用，动员符合条件的各类劳动者参加职业培训，动员技工院校和各类职业培训机构承担培训任务。要逐步建立全省（自治区、直辖市）统一的信息管理系统，对定点培训机构实行动态管理，对参训人员实行实名制管理，并与当地公共就业服务信息系统间共享相关信息。职业技能鉴定机构要为劳动者提供公平、公正、便捷的技能鉴定服务，按规定落实就业困难人员、进城务工农村劳动者的职业技能鉴定补贴，并适当减免鉴定费用。公共就业服务机构要根据企业用工和劳动者就业状况，通过多种渠道及时发布用工信息，提供政策咨询、职业指导和职业介绍等就业服务。

十、定期报送工作进展情况。各地要根据本通知精神，结合地区实际情况，尽快研究制订2010年实施特别职业培训计划的方案并组织实施。各地人力资源社会保障部门要确定工作责任人和联系人。各省（自治区、直辖市）的工作方案和工作联系人情况请于2010年2月底之前上报人力资源社会保障部。为更好地了解各地工作进展情况，各省（自治区、直辖市）人力资源社会保障部门要将《2010年特别职业培训计划实施进展情况》（见附件），于每季度结束后10日内报送人力资源社会保障部职业能力建设司。

附件：2010年特别职业培训计划实施进展情况（略）

人力资源和社会保障部办公厅关于深入开展警示教育切实加强就业专项资金监管的通知

（人社厅发［2010］27号　2010年3月18日）

各省、自治区、直辖市人力资源社会保障（人事、劳动保障）厅（局），新疆生产建设兵团人事局、劳动保障局：

为进一步推动就业政策落实，切实提高就业专项资金使用效益，预防资金违规违纪使用问题的发生，现就有关问题通知如下：

一、开展警示教育，筑牢思想防线。各级人力资源社会保障厅（局）就业资金管理机构和相关人员在分配、拨付资金时，必须进行一次警示教育，并重申制度和纪律。结合近年来就业专项资金管理使用中出现的违规违纪典型案例，我部整理了就业专项资金使用管理警示教育材料。各地要结合材料中的案例，深入开展警示教育和廉洁从政教育，使广大干部职工汲取教训，防微杜渐，筑牢遵纪守法、抵御腐蚀的思想基础，认真履行职责，严格依法办事，预防违规违纪问题发生。

二、落实管理制度，规范资金支出。进一步健全和完善资金管理五项制度，即：资金拨付管理制度，资金使用监督制度，资金拨付公示制度，资金支出结果报告制度，资金监督管理质询、问责和跟踪反馈制度。各级人力资源社会保障厅（局）分管就业资金和纪检监察的负责同志要明确提出要求和强化责任，重点抓好制度落实，严格按制度办事，特别要加强对资金分配、审批、拨付等重点环节、重点部位的监管。要引入外部监督机制，特别是在资金使用的各个环节主动接受纪检监察部门的监督。要强化信息公开，畅通监督渠道，自觉接受群众监督和舆论监督，确保就业专项资金使用管理公开、透明。

三、强化监督检查，确保资金安全。要推进监督检查工作制度化、长效化。深入开展就业专项资金管理使用自查工作，定期组织人力资源社会保障系统就业、职业培训、基金监督、纪检监察等部门，对就业政策落实、资金管理使用、工作人员履责和依法办事等情况开展专项检查，有条件的地区要外聘会计事务所、审计事务所等专业机构，核查资金使用情况。及时纠正存在的问题，严肃处理各类违规违纪行为，追究有关人员和领导的责任，避免资金损失。同时，要结合检查中发现的问题，进一步完善管理，堵塞漏洞。

四、加强基础管理，注重工作实效。要进一步规范《再就业优惠证》、《就业失业登记证》等证件管理，明确发放各类证件的对象范围和对应的扶持政策，严格审核发放，提高证件防伪水平，规范证件使用，努力实现证件的全省（区、市）通用。要建立健全各项补贴申请、审批、发放等环节的基础台账，做好就业政策落实和就业专项资金使用的常规统计，准确及时报送统计报表。要推进信息化建设，实现享受政策对象、补贴审批流程的信息化管理，有效甄别政策对象信息的真实性，提高工作效率，确保资金安全，并努力推进公共就业服务信息管理系统与职业培训信息管理系统的对接与共享。

五、抓好政策落实，提高资金效益。要深入贯彻落实积极的就业政策，本着方便政策对象的原则，因地制宜，简化程序，充实和细化政策内容，完善操作方法，确定合理标准，畅通政策落实渠道，全面推进政策落实年活动。要通过推行“首问负责制”、实施“一站式”服务、设立专门窗口、开展政策宣传等方式，提高工作效率，缩短办事时限，帮助政策对象了解并用足、用好政策。要加强与财政部门的沟通协调，实现补贴申请、审核、复核、拨付等各个环节有效对接，加快政策落实进度，通过政策落实带动资金支出，通过资金支出保障政策落实。各地新增资金支出项目，必须根据中央政策的总体要求，并从本地就业工作的实际出发，适应稳定和扩大就业的新的需求。新增支出项目需经省级人民政府批准，并由省级人民政府报财政部和我部备案。

各地贯彻本通知要求，加强资金监管的工作情况，请于6月底向我部报告，我部将在下半年第二批资金下拨前向全国通报。

附件：就业专项资金使用管理警示教育材料（略）

人力资源和社会保障部关于继续做好对地震灾区对口就业援助工作的通知

（人社部发［2010］24号　2010年4月2日）

各省、自治区、直辖市人力资源社会保障（人事、劳动保障）厅（局），新疆生产建设兵团人事局、劳动保障局，深圳市人力资源社会保障局：

根据党中央．国务院关于抗震救灾对口支援工作的总体部署，为切实帮助灾区恢复生产和扩大就业，在国务院的统一组织下，北京等19个省（市）和深圳市与四川、甘肃、陕西3个地震灾区省政府间签订了2008年7月至9月、10月至12月和2009年全年共三期《对地震灾区开展对口就业援助协议》，共同开展了对地震灾区对口就业援助。经过支援地和受援地的共同努力，三期对口就业援助协议目标任务已经全面超额完成。在对口就业援助的推动下，经过全国各地的大力帮助，地震灾区就业局势保持了基本稳定。根据地震灾区就业工作的实际情况，今年的对口就业援助工作将纳入常规工作模式开展，不再续签对口就业援助协议。现就有关事项通知如下：

一、统一思想认识，继续做好对地震灾区对口就业援助

在党中央、国务院的统一领导下，当前地震灾区大批劳动者失业的状况有所缓解，就业局势稳定，人心普遍安定。但由于地震灾区地处西部不发达地区，长期以来在就业和社会保障工作方面的基础较为薄弱，解决好就业问题仍面临一定困难。随着地震灾区恢复重建各项工作全面开展，做好灾区劳动者就业工作依然是地震灾区面临的重大问题。各地要高度重视对地震灾区开展对口就业援助的重要意义，作为深入学习实践科学发展观的重要举措，通过多种途径帮助灾区劳动者实现就业。要认真总结在落实对口就业援助协议过程中好的做法和成功经验，全面落实各项就业政策，促进灾区劳动者实现稳定就业。要继续加强组织领导，统筹安排，支持地震灾区恢复重建，扩大就业，确保对口就业援助工作取得实效。

二、加强对接服务，畅通灾区劳动者异地就业渠道

各地要继续了解当地企业用工需求状况，加强信息对接服务，根据灾区劳动者异地转移就业的实际需求提供及时有效的就业服务。支援地要继续鼓励本地企业招用灾区劳动者，做好灾区劳动者招聘、转移就业和权益维护等工作。受援地要全力协助支援地，在组织应聘、跨地区输送和跟踪服务等方面，为灾区劳动者异地就业提供服务和帮助。

三、支援恢复重建，促进灾区劳动者就地就近就业

各地要继续依托就业工作联席会议制度，加强与当地有关部门的联系沟通，跟踪了解当地支援灾区恢复重建项目和援建工程进展情况，优先吸纳灾区劳动者就业。支援地与受援地之间要继续加强协调和配合，在拓宽就业渠道、开发就业岗位、提供就业培训等方面开展合作，促进灾区劳动者在当地实现就地就近就业。

四、全面落实就业政策，促进灾区劳动者稳定就业

各地要将促进灾区劳动者就业纳入当地就业工作统筹考虑，结合落实应对金融危机扩大就业的各项政策措施，广开就业门路，促进灾区劳动者多渠道就业。灾区省份要继续加大对灾区劳动者的就业援助，对符合条件的就业困难人员要及时纳入就业援助范围，落实好社保补贴和岗位补贴等扶持政策，促进他们实现稳定就业。

五、做好经验总结，营造促进就业的良好氛围

各地要对开展对口就业援助工作进行全面总结，探索建立就业工作应对突发事件的工作机制。在各地开展对口就业援助工作总结的基础上，我部对人力资源社会保障系统开展对口就业援助表现突出的80个部门和单位提出表扬（名单见附件）。各地要充分利用各类媒体，大力宣传本地在对口就业援助工作中的典型经验和做法，继续发扬顾全大局、无私奉献、全心全意为人民服务的精神，营造全社会共同促进就业的良好氛围。

六、继续做好地震灾区就业情况统计报告工作

四川、甘肃、陕西三个灾区省份要继续按月填报《地震灾区就业情况表》，上报时间和填报要求不变。各支援地上报的对口就业援助协议进度情况表停止上报。

附件：汶川地震灾区对口就业援助工作表现突出单位名单（略）

人力资源和社会保障部　教育部　财政部　中国人民银行　国家税务总局　国家工商行政管理总局关于实施2010高校毕业生就业推进行动大力促进高校毕业生就业的通知

（人社部发［2010］25号　2010年4月7日）

各省、自治区、直辖市人民政府：

2009年，在党中央、国务院的高度重视和正确领导下，有关部门、各地区、各高校和社会各界共同努力，克服国际金融危机造成的严重冲击，实现了普通高等学校毕业生（以下简称高校毕业生）就业的基本稳定。2010年，全国高校毕业生将达630万人，就业任务十分繁重。各地区、各部门要高度重视，继续把高校毕业生就业摆在当前就业工作的首位，通过实施“2010高校毕业生就业推进行动”，进一步加强高校毕业生就业工作。经国务院同意，现就有关问题通知如下：

一、“2010高校毕业生就业推进行动”的总体安排和目标任务

（一）总体安排：进一步落实和完善《国务院办公厅关于加强普通高等学校毕业生就业工作的通知》（国办发［2009］3号）所提出的各项政策措施，健全市场机制，广开就业门路，强化就业服务。在2010年工作中，要更加注重拓展高校毕业生到城乡基层、中西部地区、中小企业和自主创业的就业渠道；更加注重开展有针对性、实效性的就业服务；更加注重强化高校毕业生就业能力，转变就业观念；更加注重做好基础工作，逐步建立并完善促进高校毕业生就业的长效机制。

（二）目标任务：努力使应届高校毕业生离校时初次就业率达70％左右，当年底总体就业率达80％以上；有就业意愿的离校未就业高校毕业生都能参与到相关就业准备活动中，得到免费公共就业服务；相关领域制度改革和长效机制建设得到进一步深化。

二、“2010高校毕业生就业推进行动”主要内容

（一）实施“岗位拓展计划”，大力拓展高校毕业生就业渠道

1. 拓展产业就业岗位。结合战略性新兴产业发展，创造更多智力密集型就业机会。结合扩大内需、结构调整和产业调整振兴规划，把推进战略性新兴产业发展和产业升级作为新的就业增长点，不断拓展相关产业的就业规模，开发适合高校毕业生的就业机会。支持鼓励相关行业和产业与高校联合开展专项岗位对接活动，全方位促进高校毕业生就业。

2. 拓展企业就业岗位。大力疏通高校毕业生到各类企业就业的主渠道，特别是拓展到中小企业、非公有制企业的就业空间。进一步清理制度性障碍，做好劳动保障和人事代理服务，切实解决档案管理等问题，认真落实直辖市以外城市对企业招用普通高校专科以上毕业生的落户政策。加强执法监督检查，保障到中小企业、非公有制企业就业的高校毕业生的合法权益。建立多层次服务外包企业与高校毕业生就业对接体系，落实相关优惠政策鼓励服务外包企业积极吸纳高校毕业生就业。

3. 拓展科研项目就业岗位。继续实施和完善鼓励科研项目单位吸纳和稳定高校毕业生就业的有关政策，进一步做好科研项目单位聘用高校毕业生作为研究助理或辅助人员参与重大科研项目研究在户口、档案管理、社会保险等方面的工作，并完善组织管理。鼓励中央大型企业科研项目吸纳高校毕业生作为研究助理或辅助人员。

4. 拓展基层就业岗位。进一步开发适合高校毕业生的基层管理和公共服务岗位。

实施“高校毕业生社区就业计划”，开发社区管理就业岗位和养老服务、社会工作等领域的社区公益就业岗位，力争全国每个社区至少配备1名高校毕业生。鼓励医学类高校毕业生到乡镇卫生院工作，充实农村基层卫生服务队伍。拓宽农科高校毕业生到农村基层就业渠道，积极引导农科毕业生到基层农技推广服务一线工作。按照统一征集岗位、统一发布公告、统一组织考试、统一服务管理的原则，统筹实施2010年“选聘高校毕业生到村任职”、“三支一扶（支教、支农、支医和扶贫）”、“大学生志愿服务西部计划”、“农村义务教育阶段学校教师特设岗位计划”等基层项目，做好各项目之间政策衔接，进一步落实并完善对项目期满人员的就业政策措施。各地要尽快制定实施鼓励地方高校毕业生面向本辖区艰苦边远地区基层单位就业的学费补偿和国家助学贷款代偿办法。

5. 继续做好征集高校毕业生入伍服义务兵役工作。各地要及早启动2010年高校毕业生入伍预征工作，进一步完善相关政策，理顺工作体制，简化工作程序，并认真做好应征入伍服义务兵役毕业生的学费补偿和助学贷款代偿工作。

（二）实施“创业引领计划”，大力推进高校毕业生自主创业，稳定灵活就业

1. 加强创业教育和培训，提高创业意识。各高校要开设相关课程对大学生进行创业教育，加强创业教育师资队伍和教材建设。鼓励和支持大学生参加创业培训，落实创业培训补贴政策。鼓励和支持有条件的地区和高校举办大学生创业大赛等活动，并探索与有关风险投资基金等结合，推进高校毕业生创业。

2. 强化创业服务。将大学生创业工作纳入各地创业带动就业工作总体规划，实行创业培训、项目开发、小额担保贷款等一体化运作和服务。充分利用大学科技园、经济技术开发区、高新技术开发区、工业园区等资源，建设完善创业实习基地以及孵化基地。

3. 完善创业扶持政策。对高校毕业生初创企业，可按照行业特点，合理设置资金、人员等准入条件，并允许注册资金分期到位。允许高校毕业生按照法律法规规定的条件、程序和合同约定将家庭住所、租借房、临时商业用房等作为创业经营场所。对应届及毕业2年以内的高校毕业生从事个体经营的，自其在工商部门首次注册登记之日起3年内，免收登记类和证照类等有关行政事业性收费；登记求职的高校毕业生从事个体经营，自筹资金不足的，可按规定申请小额担保贷款，从事微利项目的，可按规定享受贴息扶持；对合伙经营和组织起来就业的，贷款规模可适当扩大。完善整合就业税收优惠政策，鼓励高校毕业生自主创业。

4. 稳定灵活就业。对灵活就业高校毕业生申报就业的，提供免费劳动保障和人事代理服务，做好社会保险关系等的接续。落实符合就业困难人员条件高校毕业生灵活就业的社会保险补贴政策，逐步实现就业的稳定。

（三）实施“就业服务与援助计划”，为高校毕业生提供免费公共就业服务

1. 加强就业服务与就业指导。要强化对高校毕业生的就业指导，加强思想政治教育，引导高校毕业生树立正确择业观。高校要建立完善就业指导服务机构，开设就业指

导课并作为必修课程，提高高校毕业生求职就业能力。大力发展适合高校毕业生求职特点的互联网就业服务，加强对网络招聘市场的监管。开展公共就业服务进校园活动，为高校毕业生提供“三个一”服务：送一批就业岗位信息进校园；组织专家开展一次就业政策咨询和职业指导活动；提供一本就业手册。人力资源社会保障部门与教育部门、公共就业（人才）服务机构与高校毕业生就业服务机构要加强高校毕业生离校前后管理服务工作的衔接，实现信息资源共享。要以离校未就业高校毕业生为重点，建立“未就业高校毕业生信息库”，确立“一对一”的帮扶工作机制，通过举办高校毕业生就业服务周、就业服务月等专项活动，对凡是需要就业信息服务的，至少提供三次基本符合其条件的就业信息；凡是希望提高职业技能的，至少提供一次职业技能培训机会；凡是符合享受扶持政策的，帮助其落实有关扶持政策。各地、各高校还要针对女大学生特点，强化有针对性的就业服务，促进就业公平。

2. 做实高校毕业生就业见习和职业技能培训，提高就业能力。高校要加强与地方政府、行业协会、企业等的联系与合作，共建以促进就业为目的的实践教学和实习实训基地。高职院校要积极推进“双证书”制度，与行业企业实施多种形式的“订单式”人才培养。加大生产性实训教学安排，确保学生毕业前有一定时间的顶岗实习学习经历，并积极探索建立相关制度。各地要根据全国 2010 年组织 35 万高校毕业生就业见习的工作任务，层层分解落实，建立工作目标责任制。进一步动员一批资质较好的用人单位作为高校毕业生实习见习基地，大力开发见习岗位。进一步健全见习管理制度，提高见习质量，落实见习毕业生的基本生活补助政策，鼓励见习单位积极招用见习毕业生。公共就业（人才）服务机构要开设见习登记窗口，完善见习服务。各地要结合市场需求和个人意愿，组织未就业高校毕业生参加职业技能培训和创业培训，落实相关政策。

3. 强化困难高校毕业生就业援助。各地要将就业困难高校毕业生纳入当地就业援助整体工作中，提供及时的援助。落实困难高校毕业生免费参加各类招聘活动、公务员与国有企事业单位招考免收其报名和体检费用、参加职业技能培训和鉴定等政策。落实基层公共管理和服务岗位就业高校毕业生的社会保险补贴、公益性岗位补贴等政策。对在大城市聚居的长期失业高校毕业生，各地要高度重视，采取有力措施，加强就业服务和援助，保障其合法权益。

4. 做好少数民族高校毕业生就业工作。鼓励少数民族地区的少数民族未就业高校毕业生参加职业技能培训，符合条件的按规定给予职业培训补贴。对少数民族地区结合实际开发的基层医疗卫生服务、农牧业生产指导、生态环境保护等基层公益性岗位，安置少数民族就业困难毕业生的，给予社会保险补贴和公益性岗位补贴。各专门项目招募人员时要向少数民族高校毕业生予以倾斜。少数民族地区招录公务员和招聘事业单位工作人员，以及在少数民族地区的国有大中型企业招用员工，同等条件下优先招录少数民族高校毕业生。

三、"2010高校毕业生就业推进行动"组织实施

（一）加强领导，明确责任。当前和今后一个较长时期，以高校毕业生为主的青年就业成为我国就业的重要矛盾。促进高校毕业生就业，事关人才强国战略和建设创新型国家，事关经济社会和谐发展，事关青年长远发展，需要高度重视。要把高校毕业生就业放在当前就业工作的首位，纳入当地就业工作的总体规划，明确目标，强化责任，加强考核和督查。进一步健全高校毕业生就业工作领导机构和协调机制，各地就业工作联席会议成员单位要把高校毕业生就业作为重要内容，制定具体的工作措施，按季通报工作进展情况，落实工作责任，共同做好高校毕业生就业工作。深入推进国办发［2009］3号文件的全面落实，进一步完善、充实和细化政策项目，有条件的地区可以扩大实施范围，相应提高标准。进一步完善操作方法，畅通政策落实渠道。对政策落实薄弱环节、重点问题进行认真梳理和重点督查，有针对性地提出整改指导意见。

（二）进一步完善高校毕业生就业管理制度和人力资源市场管理制度，促进公平就业。各地要根据《中华人民共和国就业促进法》、《中华人民共和国劳动合同法》，进一步完善就业管理服务，做好就业登记、失业登记等工作，深化与高校毕业生就业相关的报到管理、户籍、干部人事等制度改革，促进人才合理流动。要完善高校毕业生就业统计制度，健全高校毕业生就业统计指标体系和统计工作体制。各级人力资源社会保障部门和教育部门要加强沟通，建立离校前后高校毕业生就业信息统计会商制度，及时掌握高校毕业生就业工作进展情况。要健全人力资源市场管理制度，引导各类中介服务机构诚实守信，规范经营，提高服务水平。加强对各类招聘会的管理，大力开展人力资源市场清理整顿工作，严厉打击各类违法违规行为。各地要认真落实《人力资源社会保障部、教育部、卫生部关于进一步规范入学和就业体检项目，切实维护乙肝表面抗原携带者入学和就业权利的通知》（人社部发［2010］12号）要求，取消就业体检中的乙肝检测项目，维护公平就业权利。

（三）加大对高校毕业生就业工作资金支持力度。各高校要根据就业形势和就业工作任务要求，把高校毕业生就业工作经费纳入学校年度经费支出计划，满足高校毕业生就业工作的实际需要，特别是支持家庭困难毕业生求职就业的需要。各地要按规定对落实高校毕业生就业相关政策和就业服务所需资金给予保障。

（四）深化高等教育改革。教育部门和高校要以社会需求为导向，优化高等教育结构，加大学科和专业结构调整力度，提高人才培养的适应性。要深入开展市场需求调研，加强对各类专业人才需求的规律性研究，对就业状况不佳的专业要客观分析，区别情况采取有力措施予以调整。切实把高校毕业生就业状况作为评价高等学校办学效果的重要指标，省级教育部门要继续深入落实就业状况与高校发展相关工作适度挂钩的制度，切实把毕业生就业工作状况作为学校招生计划安排、质量评估、经费投入、专业设置和班子考核等重要依据。

（五）广泛开展形式多样的宣传活动。各地要大力宣传党和国家对高校毕业生就业

的高度重视，宣传促进高校毕业生就业的政策措施，宣传高校毕业生到基层就业、到中小企业和非公有制企业就业、自主创业的先进典型，宣传各地各部门好的做法和经验，努力营造良好的舆论氛围和社会环境。引导高校毕业生自觉转变就业观念，把自身的发展与社会需要紧密结合，到基层、到西部、到祖国最需要的地方建功立业。

各地要按照本通知要求，结合本地实际，创造性开展工作，制定切实有效的政策措施，大力推进 2010 年高校毕业生就业。

人力资源和社会保障部关于加强就业援助工作的指导意见

（人社部发［2010］29 号　2010 年 4 月 29 日）

各省、自治区、直辖市人力资源社会保障厅（局），新疆生产建设兵团人事局、劳动保障局：

为全面履行就业促进法赋予的就业援助工作职责，切实做好就业困难人员和零就业家庭就业工作，实现就业援助工作精细化、长效化，现提出以下指导意见：

一、明确就业援助工作的目标任务

（一）按照精细化、长效化的要求，确立就业援助工作的目标任务。目前，我国大多数地区已初步形成了就业援助制度，创造了很多切实有效的工作经验，但在工作中还存在着管理方式粗放、服务针对性不强、政策落实不到位等突出问题。面对严峻的就业形势和繁重的就业任务，为更多更好地帮助就业援助对象实现就业，必须按照精细化、长效化的要求，全面加强就业援助工作。各地要将符合条件的人员全部纳入就业援助范围，普遍实行就业援助对象实名制动态管理，精心组织实施专业化和个性化就业援助，全面落实各项扶持政策，建立“出现一人，认定一人，扶助一人，稳定一人”的就业援助工作机制，努力使未就业的援助对象获得更具针对性的重点帮助以及时就业，确保已就业的援助对象切实享受政策扶持以稳定就业。

二、强化登记认定和动态管理工作

（二）明确对象范围条件，确定帮扶政策措施。就业援助对象包括就业困难人员和零就业家庭成员。就业困难人员是指因身体状况、技能水平、家庭因素、失去土地等原因难以实现就业，以及连续失业一定时间仍未能实现就业的人员。就业困难人员的具体范围，由省、自治区、直辖市人民政府根据本行政区域的实际情况规定。零就业家庭成员是指法定劳动年龄内的家庭人员均处于失业状况的城市居民家庭中的登记失业人员。

各地要结合本地区实际，明确援助对象范围条件、申报条件和经办程序，细化援助服务要求标准，确定相关扶持政策具体内容。

（三）完善登记认定办法，强化动态管理。各地要简化登记认定程序，使各类援助对象都能够在社区进行登记。对未进行失业登记的，要首先进行失业登记，并核发就业失业登记证明；对符合援助对象条件的，要按照规定程序及时予以公示认定，核发就业援助卡（就业援助卡管理办法见附件），就业援助卡与就业失业登记证明同时使用。要及时掌握援助对象的就业状态和具体情况，以社区台账和信息系统为载体，做到基本信息登记造册和动态信息及时更新。对无正当理由不接受就业援助服务或已不符合就业援助对象条件的人员，不再作为援助对象对待。

三、按人本服务的要求实现就业援助精细化

（四）实施分类帮扶，落实跟踪服务。各地要根据每一位援助对象的需求和特点，研究制定个性化的援助方案，设计安排专门的服务路径和援助措施，以援助协议的方式实施“一人一策”的重点帮扶。要为已就业的援助对象提供主动的跟踪服务，街道和乡镇、社区和行政村基层平台工作人员要主动上门提供服务，县级以上公共就业服务机构要定期安排人员深入基层，及时了解掌握援助对象享受政策情况，帮助他们解决就业过程中遇到的实际困难。

（五）提供优先服务，提高服务成效。各级公共就业服务机构都要将援助对象作为优先服务的重点群体，按照人本服务要求，对就业援助各个具体工作环节，制定并实施特殊的服务流程和服务标准，明确各项援助工作的内容、时间和效果要求，实行“首问负责制”，将责任落实到具体工作机构和工作人员，使援助对象在各级公共就业服务机构能够优先得到标准化、专业化的重点帮助。

（六）大力开发岗位，全面落实政策。各地要大力开发公益性岗位，结合当地经济社会发展需要拓展岗位范围，扩大岗位规模，及时落实岗位补贴和社保补贴政策，完善公益性岗位开发和管理制度。要引导鼓励企业吸纳援助对象，帮助企业及时享受到相关政策。要积极帮助一批援助对象自主创业，着力做好创业培训、开业指导、小额贷款和跟踪服务等“一条龙”服务工作。要将短期内未就业的援助对象及时组织到职业培训中，并落实职业培训补贴政策。

四、用制度化的安排实现就业援助长效化

（七）健全就业援助工作基本制度。各地要在总结就业援助工作成功经验基础上，形成并完善就业援助各主要工作环节的制度化安排，包括登记认定制度、动态管理制度、分类帮扶制度、跟踪服务制度等，并加强对各项制度落实情况的监督管理，确保各项工作全面、顺利开展，实现就业援助工作常态化、规范化。

（八）完善就业援助工作保障措施。各地要优先保障就业援助工作所需的政策、资金、人员、设备、设施等基本条件，进一步优化落实政策的经办程序，完善政策补贴资金保障机制。要进一步加强街道和乡镇、社区和行政村基层平台基础设施和就业服务能力建设，为基层平台开展就业援助各项基础工作提供有力支持和帮助。要充实基层平台就业工作人员力量，加强人员业务培训，全面推行劳动保障协理人员职业资格培训鉴定工作，不断提高他们的政策和业务水平。

（九）增强信息化对就业援助工作支撑力度。各地要全力推进就业援助工作信息化工作，将各项管理信息和服务信息纳入公共就业服务信息系统统一管理，有计划、分阶段地实现就业援助全程信息化管理，在“十二五”期间，以地级城市或省级地区为单位，全面实现就业援助对象登记认定信息、就业状态信息、援助服务信息、享受政策信息的统一采集、统一使用、统一管理。实行社会保障卡的地区要将就业援助工作基本信息纳入社会保障卡。

（十）实行就业援助工作绩效管理。各地要研究制定就业援助工作绩效考核指标体系和考核办法，根据各级促进就业行政部门、县级以上公共就业服务机构和基层工作平台分别承担的就业援助工作职责和完成任务的具体情况，全面实施就业援助工作专项绩效考核，并建立健全就业援助工作成效与奖励挂钩的激励机制。激励机制要重点向基层平台和基层工作人员倾斜。

五、加强就业援助工作的组织领导和宣传工作

（十一）加强组织领导，完善工作机制。各级人力资源社会保障部门要对本地区就业援助工作进行统一规划部署，明确相关机构的职责任务，形成主管领导亲自抓、行政职能部门政策支持、工作机构和基层平台共同实施的就业援助工作格局。要将就业援助工作列入当地就业工作联席会议重要议程，加强与相关部门的联系协作，重点落实完善就业援助政策、增强基层平台能力和保障补贴资金等工作，为提升就业援助工作水平和实效提供有力保障。各地要进一步加强就业援助工作指导，实施季度调度制度，逐级上报工作进展情况，并按照《就业援助工作情况》（人社统 EP8 号）要求，按季度上报就业援助工作统计报表。

（十二）加大就业援助工作宣传力度。各地要采取贴近群众的宣传形式，做到政策宣讲到人、措施说明到位，帮助就业困难人员了解就业援助具体政策措施。要通过各种媒体广泛宣传政府为就业困难人员和零就业家庭提供帮助的具体政策和工作措施，努力营造全社会关心和支持就业援助工作的良好氛围。

附件：就业援助卡管理办法（略）

人力资源和社会保障部关于实施大学生创业引领计划的通知

（人社部发［2010］31号　2010年5月4日）

各省、自治区、直辖市人力资源社会保障厅（局），新疆生产建设兵团人事局、劳动保障局：

为贯彻落实党中央、国务院“促进以创业带动就业”的战略部署，鼓励、引导和支持大学生自主创业，根据人力资源和社会保障部、教育部、财政部、中国人民银行、国家税务总局、国家工商行政管理总局《关于实施2010高校毕业生就业推进行动大力促进高校毕业生就业的通知》（人社部发［2010］25号）要求，我部决定组织实施“大学生创业引领计划”。现将该计划要点指南印发你们，请结合实际，制定本地实施计划方案，并认真组织实施。

大学生创业引领计划（要点指南）

一、指导思想

贯彻落实党中央、国务院促进以创业带动就业的战略部署，坚持政府促进、社会支持、市场导向、自主创业的基本原则，发挥政府部门、公共服务机构和高等学校的职能作用，调动社会各方面力量，采取一系列鼓励、引导和扶持措施，强化创业意识，提升创业能力，改善创业环境，健全创业服务，引导和带领一大批大学生通过创业实现就业。

二、工作目标

2010—2012年，三年引领45万名大学生实现创业。其中，2010年不少于10万人，2011年不少于15万人，2012年不少于20万人。有创业愿望并具备一定条件的大学生都得到创业培训，准备创业的大学生都得到创业指导服务。市场导向的大学生创业机制初步建立。

三、主要任务

（一）开展大学生创业培训（实训）。按规定认定创业培训（实训）机构，选评一批创业培训师和讲师。探索建立模拟公司、信息化创业实训平台等，组织有创业愿望的大学生参加创业培训（实训）或演练。进行求职登记的毕业生按规定享受培训补贴。积极会同教育等有关部门，邀请创业成功人士为在校大学生传授创业经验，组织开展形式多样的大学生创业竞赛活动，积极开展在校大学生创业培训（实训）服务。

（二）对大学生创业给予政策扶持。大学生创业符合规定条件的，可享受注册资金优惠、小额担保贷款、税费减免等扶持政策。将大学生创业见习纳入就业见习总盘子实行统筹管理。鼓励支持大学毕业生开办网店从事创业实践活动，提供创业辅导和便利条件。积极会同有关部门多渠道建立创业专项扶持资金。多渠道拓展大学生创业融资渠道。

（三）为大学生创业提供指导服务。建立大学生创业项目库，举办创业项目展示和推介引导活动；积极会同教育部门和高等院校，为在校大学生提供创业指导服务，将创业指导与创业教育、创业培训（实训）紧密结合，指导大学生制定创业计划书，为大学生制定创业路线图。建立完善大学生创业导师制度，组织一批有社会责任感的企业家和专业人士成立大学生创业导师团、专家志愿团等；建立创业大学生俱乐部、创业大学生联谊会等多种形式的大学生创业交流平台。发挥创业指导服务中心及公共就业服务机构的作用，提供形式多样的创业服务。

（四）为大学生创业提供孵化服务。积极会同有关部门，充分整合政府、企业、高校、社会团体等多方资源，发挥小企业创业基地、科技企业孵化器等现有园区和孵化基地的优势，建立一批大学生创业园，为创业大学生提供低成本的生产经营场所和企业孵化服务；将创业实训、创业孵化、创业指导相结合，细化、规范服务流程，建立不同阶段大学生创业的全方位、阶梯形的创业孵化服务体系；根据当地实际，会同有关部门完善创业场地、创业设施等硬件建设，制定大学生创业园区房租补贴、经营场地补贴政策。

四、保障措施

（一）加强领导，明确分工。充分发挥就业工作联席会议作用，会同有关部门成立引领大学生创业工作指导小组，统一负责本计划的组织实施。正在开展创业型城市创建工作的地区，本计划的组织实施由创建工作领导小组统筹安排。加强各部门行动之间的协调配合，确保本计划顺利实施。

（二）制定方案，抓好落实。各省、自治区、直辖市要根据本计划制订实施方案，将目标任务和各项措施细化分解并落实。开展工作进展调度通报，开展年度工作总结和绩效考评，将考评结果纳入就业工作绩效考核范围。加强工作调研和业务指导，及时解决问题，确保将本计划的各项任务落到实处。

（三）突出重点，强化推动。建立重点地区和行业（领域）工作推进机制。要指导创业型城市创建城市以及其他高校毕业生数量较多、创业环境较好的地区，将本地区大学生创业引领计划纳入促进创业带动就业和创建工作重要内容，重点推进。要根据当地实际确定一批重点行业（领域）（如信息技术、服装服饰、文化创意、物流、动漫、电子商务等），鼓励指导行业协会、社团组织根据本计划制订引领大学生在本行业（领域）创业的行动计划，报我部备案后在有条件的地方组织实施。

（四）树立典型，宣传引导。开展评选表彰活动，树立一批创业大学生、创业导师、支持创业金融机构、大学生创业基地典型。总结工作经验，推动宣传交流，引导社会舆论，增进全社会对大学生创业的理解和支持，努力培育崇尚创业、褒奖成功、宽容失败的创业文化环境。

请各省、自治区、直辖市人力资源社会保障厅（局）将大学生创业引领计划三年总体计划和分年度实施方案于5月31日之前上报我部。计划实施情况请及时上报。

人力资源和社会保障部关于深入学习贯彻落实全国职业培训工作电视电话会议精神的通知

（人社部函［2011］78号　2011年3月8日）

各省、自治区、直辖市人力资源社会保障厅（局），新疆生产建设兵团劳动保障局：

2010年10月，国务院下发《关于加强职业培训促进就业的意见》（国发［2010］36号，以下简称《意见》），明确了职业培训工作的指导思想、目标任务和政策措施。今年2月22日，国务院召开全国职业培训工作电视电话会议（以下简称会议），对做好今后一个时期职业培训工作进行安排部署，中共中央政治局委员、国务院副总理张德江出席会议并作重要讲话，总结了我国职业培训工作的成绩和经验，提出了大力加强职业培训促进就业的工作要求，为进一步做好职业培训工作指明了方向。尹蔚民部长在会上就抓好贯彻落实工作作了重要发言。为切实做好会议和《意见》精神的贯彻落实工作，现就有关问题通知如下。

一、认真学习领会会议精神，切实抓好《意见》的贯彻落实。

党中央、国务院高度重视职业培训工作，在“十二五”开局之际，国务院下发《关于加强职业培训促进就业的意见》，并召开全国职业培训工作电视电话会议，对职业培训工作进行部署，这在新中国历史上是第一次，具有里程碑意义。加强职业培训工作，是党中央、国务院从促进就业和服务经济发展全局出发作出的一项重大决策，是贯彻落实科学发展观，实施扩大就业的发展战略和人才强国战略，加快经济发展方式，促进产业结构调整，推进城乡统筹发展的重要举措，对于提高劳动者技能水平和就业创业能力，构建社会主义和谐社会具有重要意义。各级人力资源社会保障部门要充分认识会议和《意见》的重要性，组织本部门、行业企业、技工院校、职业培训机构相关人员，认真学习张德江副总理在会议上的重要讲话（国务院办公厅已通过内部情况通报形式，印发给各省、自治区、直辖市人民政府），深刻领会会议和《意见》的精神实质，准确把握会议和《意见》的主要内容和工作要求，进一步统一思想，明确目标，不断增强做好职业培训工作的紧迫感、责任感和使命感，不断提高工作能力和水平，推进职业培训事业取得新发展。

各地在全面学习的基础上，要重点把握以下五个方面内容。一是准确把握今后职业培训工作的形势、任务、指导思想和工作重点。二是准确把握健全面向全体劳动者职业培训制度和建立职业培训体系的意义和要求，大力开展就业技能培训、岗位技能提升培训和创业培训，充分发挥技工院校在职业培训工作中的主力军作用。三是要准确把握提高培训质量与扩大培训规模的关系，在狠抓培训质量的基础上，适度扩大培训规模。四是要准确把握职业培训补贴政策的对象范围和工作要求，完善资金监管措施。五是要准确把握加强职业培训基础工作的相关要求，协调相关部门加大资金投入，强化职业培训基础能力建设，加快职业培训信息管理平台建设。

二、结合本地区实际，抓紧研究制定贯彻落实《意见》的实施意见。

各地要将研究制定《意见》的实施意见作为一项重点工作。要根据《意见》要求，结合本地区实际，在充分调研的基础上，抓紧研究制定本地区贯彻落实《意见》的实施意见，细化操作办法，使政策地方化和具体化，为政策措施的落实奠定基础。要准确把握《意见》精神，对于《意见》明确的政策措施，不得缩小政策范围，妥善处理好原有政策与现有政策的衔接，要将职业培训补贴政策覆盖到所有符合条件的劳动者，要将行政区域内的中央管理企业纳入本地职业培训补贴政策范围。各省（区、市）要在 2011 年 4 月底前制定本地的实施意见，并报我部备案。要加强对地（市）工作的督促指导，确保 6 月底之前普遍出台实施意见及相关配套文件。我部将通过举办政策研修活动、组织经验交流、定期开展工作调度和情况通报、开展调研督查等方式，推动各地贯彻落实。

三、加强组织领导，广泛开展宣传活动。

各地人力资源社会保障部门要在当地政府的统一领导下，承担起统筹协调的牵头职能，重点在研究制定政策、协调解决重大问题、加强基础工作等方面发挥作用。要积极与发展改革、财政、教育等部门沟通，争取政策支持和经费投入，努力形成各司其职、各负其责、密切配合、齐抓共管的工作机制，共同推动职业培训工作健康协调可持续发展。要制定宣传工作方案，充分运用新闻媒体，通过开辟宣传专栏、组织政策宣讲、印发宣传册等灵活多样的形式，广泛开展宣传活动。要将职业培训工作宣传作为今年技工院校招生宣传活动的重要内容。大力宣传各级党委、政府关于加强职业培训工作的方针政策，宣传技能成才和成功创业的典型事迹，宣传优秀职业院校和职业培训机构在职业培训方面的特色做法和显著成效，营造尊重劳动、崇尚技能、鼓励创造的良好氛围。

各地贯彻落实会议和《意见》的有关情况，请及时报送我部职业能力建设司。

财政部　人力资源和社会保障部关于进一步加强就业专项资金管理有关问题的通知

（财社［2011］64号　2011年5月31日）

各省、自治区、直辖市、计划单列市财政厅（局）、人力资源社会保障厅（局），新疆生产建设兵团财务局、人力资源社会保障局：

为了充分发挥就业专项资金的作用，提高资金使用的安全性、规范性和有效性，现就进一步加强就业专项资金管理有关问题通知如下：

一、资金安排。

县级以上人民政府要根据就业状况和就业工作任务，在财政预算中安排就业专项资金用于促进就业工作。中央财政通过专项转移支付的方式，对各地给予适当补助，并对中西部地区和老工业基地给予重点支持。中央财政分配就业专项转移支付资金与各地就业状况、地方财政投入、就业专项资金绩效、就业工作成效等因素挂钩。

二、资金使用。

就业专项资金用于职业介绍补贴、职业培训补贴（含劳动预备制培训生活费补贴）、职业技能鉴定补贴、社会保险补贴、公益性岗位补贴、就业见习补贴、特定就业政策补助、小额贷款担保基金和小额担保贷款贴息，以及扶持公共就业服务等。就业专项资金必须坚持专款专用的原则，严格按照规定的范围、标准和程序使用，不得用于部门或单位人员经费、公用经费、差旅费、会议费等，严禁用于或变相用于房屋建筑物购建、租赁、交通工具购置等各项支出。

三、预算执行。

各级财政、人力资源社会保障部门要加强就业专项资金预算执行管理工作，建立健全预算执行责任制，按规定及时审核和拨付资金，强化预算执行分析，加快预算执行进度，提高预算执行的均衡性。

四、资金申请及支付管理。

（一）职业介绍补贴。在工商行政部门登记注册的职业中介机构，可按经其就业服务后实际就业的登记失业人员人数向当地人力资源社会保障部门申请职业介绍补贴。职业中介机构在申请职业介绍补贴时，按每位符合免费服务条件的人员每年享受一次职业介绍补贴计算，不得重复申请。职业介绍补贴申请材料应附：经职业中介机构就业服务后已实现就业的登记失业人员名单、接受就业服务的本人签名及《居民身份证》（以下简称《身份证》）复印件、《就业失业登记证》（以下简称《登记证》）复印件、劳动合同等就业证明材料复印件、职业中介机构在银行开立的基本账户等凭证材料。申请材料经人力资源社会保障部门审核后，财政部门按规定将补贴资金支付到职业中介机构在银行开立的基本账户。

对已经纳入财政补助范围的公共就业服务机构，地方各级财政部门要按照事业单位财务规则，根据其享受财政补助编制内实有人数，并结合考虑其承担的免费公共就业服务工作量，安排人员经费、工作经费（含设备购置、修缮和大型公共就业服务活动等项目支出），由同级财政在部门预算中统筹安排。对未纳入财政补助范围的公共就业服务机构，可暂按职业中介机构申领职业介绍补贴的规定申请职业介绍补贴，执行期限不超过2011年底。公共就业服务机构是指县及县级以上地方人民政府设立的，依据《中华人民共和国就业促进法》和《人力资源社会保障部　中央机构编制委员会办公室关于进一步加强公共就业服务体系建设的指导意见》（人社部发［2009］116号）规定，为劳动者提供免费就业和创业服务的机构。

（二）职业培训补贴。享受职业培训补贴的人员范围包括：城镇登记失业人员、农村转移就业劳动者、毕业年度高校毕业生、城乡未继续升学的应届初高中毕业生（以下简称四类人员）。四类人员每人每年只能享受一次职业培训补贴，不得重复申请。享受职业培训补贴的培训期限最长不超过12个月。

四类人员参加就业技能培训或创业培训，可向当地人力资源社会保障部门申请职业培训补贴，申请材料经人力资源社会保障部门审核后，财政部门按规定将补贴资金直接拨付给申请者本人。职业培训补贴申请材料应附：培训人员《身份证》复印件、《登记证》复印件、职业资格证书（专项职业能力证书或培训合格证书）复印件、就业或创业证明材料、职业培训机构开具的行政事业性收费票据（或税务发票）等凭证材料。

城乡未继续升学的应届初高中毕业生参加劳动预备制培训，可由职业培训机构代为申请职业培训补贴；对其中农村学员和城市居民最低生活保障家庭的学员，给予一定的生活费补贴。劳动预备制培训补贴申请材料经人力资源社会保障部门审核后，财政部门按规定将补贴资金直接拨入职业培训机构在银行开立的基本账户；生活费补贴申请材料经人力资源社会保障部门审核后，财政部门按月直接拨付学员本人。

对职业培训机构代为申请职业培训补贴的，培训费申请材料除前款所规定的职业培训补贴材料外，还应附初（高）中毕业证书、代为申请协议等。生活费补贴申请材料应附：申请人员《身份证》复印件、《登记证》复印件、初（高）中毕业证、城市居民最低生活保障证复印件等凭证材料。

对四类人员参加就业技能培训或创业培训后，培训合格并通过职业技能鉴定取得初级以上职业资格证书（未颁布国家职业技能标准的职业应取得专项职业能力证书或创业培训合格证书），6个月内实现就业的，按职业培训补贴标准的100%给予补贴。6个月内没有实现就业的，取得初级以上职业资格证书，按职业培训补贴标准的80%给予补贴；取得专项职业能力证书或创业培训合格证书，按职业培训补贴标准的60%给予补贴。

企业新录用的四类人员，与企业签订6个月以上期限劳动合同，在劳动合同签订之日起6个月内由企业依托所属培训机构或政府认定的培训机构开展岗前就业技能培训的，根据培训后继续履行劳动合同情况，按照当地确定的职业培训补贴标准的一定比例，对企业给予定额职业培训补贴。企业开展岗前培训前，需将培训计划大纲、培训人员花名册及《身份证》复印件、劳动合同复印件等材料报当地人力资源社会保障部门备案，培训后根据劳动者继续履行劳动合同情况，向人力资源社会保障部门申请职业培训补贴。申请材料经人力资源社会保障部门审核后，财政部门按规定将补贴资金直接拨入企业在银行开立的基本账户。企业申请职业培训补贴应附：培训人员花名册、培训人员《身份证》复印件、《登记证》复印件、劳动合同复印件、职业培训合格证书等凭证材料。

（三）职业技能鉴定补贴。四类人员通过初次职业技能鉴定并取得职业资格证书或专项职业能力证书的，可向职业技能鉴定所在地人力资源社会保障部门申请一次性职业技能鉴定补贴。职业技能鉴定补贴申请材料应附：申请人《身份证》复印件、《登记证》复印件、职业资格证书复印件、职业技能鉴定机构开具的行政事业性收费票据（或税务发票）等凭证材料，经人力资源社会保障部门审核后，财政部门按规定将补贴资金支付给申请者本人。

（四）社会保险补贴。对就业困难人员的社会保险补贴实行“先缴后补”的办法。就业困难人员是指由省级人民政府依据《中华人民共和国就业促进法》第五十二条确定的人员。社会保险补贴期限，除对距法定退休年龄不足5年的就业困难人员可延长至退休外，其余人员最长不超过3年（以初次核定其享受社会保险补贴时年龄为准，下同）。

1. 企业（单位）吸纳就业困难人员的社会保险补贴。对各类企业（单位）招用就业困难人员，与之签订劳动合同并缴纳社会保险费的；以及在公益性岗位安排就业困难人员，并缴纳社会保险费的，按其为就业困难人员实际缴纳的基本养老保险费、基本医疗保险费和失业保险费给予补贴，不包括就业困难人员个人应缴纳的基本养老保险费、基本医疗保险费和失业保险费，以及企业（单位）和个人应缴纳的其他社会保险费。

企业（单位）按季将符合享受社会保险补贴条件人员的缴费情况单独列出，向当地人力资源社会保障部门申请补贴。社会保险补贴申请材料应附：符合享受社会保险补贴条件的人员名单及《身份证》复印件、《登记证》复印件、劳动合同等就业证明材料复印件、社会保险征缴机构出具的社会保险费明细账（单）、企业（单位）在银行开立的基本账户等凭证材料，经人力资源社会保障部门审核后，财政部门将补贴资金支付到企业（单位）在银行开立的基本账户。

2. 对灵活就业的就业困难人员的社会保险补贴。对就业困难人员灵活就业后缴纳的社会保险费，给予一定数额的社会保险补贴，补贴数额原则上不超过其实际缴费的2/3。

灵活就业的就业困难人员按规定向当地人力资源社会保障部门申请社会保险补贴。社会保险补贴申请材料应附：由灵活就业人员签字、人力资源社会保障部门盖章确认的、注明具体从事灵活就业的岗位、地址等内容的相关证明材料，灵活就业人员《身份证》复印件、《登记证》复印件、社会保险征缴机构出具的社会保险费明细账（单）等凭证材料，经人力资源社会保障部门审核后，财政部门将补贴资金支付给申请者本人。

（五）公益性岗位补贴。对在公益性岗位安排就业困难人员就业的单位，按其实际安排就业困难人员人数给予岗位补贴。公益性岗位补贴期限，除对距法定退休年龄不足5年的就业困难人员可延长至退休外，其余人员最长不超过3年。

在公益性岗位安排就业困难人员就业的单位，可按季向当地人力资源社会保障部门申请公益性岗位补贴。公益性岗位补贴申请材料应附：符合享受公益性岗位补贴条件的人员名单及《身份证》复印件、《登记证》复印件、发放工资明细账（单）、单位在银行开立的基本账户等凭证材料，经人力资源社会保障部门审核后，财政部门将补贴资金支付到单位在银行开立的基本账户。

（六）就业见习补贴。对企业（单位）吸纳离校未就业高校毕业生参加就业见习的，由见习企业（单位）先行垫付见习人员见习期间基本生活补助，企业（单位）可按规定向当地人力资源社会保障部门申请就业见习补贴。就业见习补贴申请材料应附：实际参加就业见习的人员名单、就业见习协议书、见习人员《身份证》、《登记证》复印件和大学毕业证复印件、企业（单位）发放基本生活补助明细账（单）、企业（单位）在银行开立的基本账户等凭证材料，经人力资源社会保障部门审核后，财政部门将资金支付到企业（单位）在银行开立的基本账户。

（七）特定就业政策补助。现行特定就业政策是指经国务院批准，各级人民政府对国有困难企业为其“4050”下岗职工缴纳社会保险费给予补助的政策，政策的执行期限不超过2011年底。地方国有困难企业享受特定就业政策的具体办法由省级财政、人力资源社会保障部门确定。中央困难企业享受特定就业政策的具体办法由财政部、人力资源社会保障部确定。

（八）扶持公共就业服务。县级以上财政可安排扶持公共就业服务资金，用于对下级公共就业服务机构加强其人力资源市场信息网络系统建设（具体包括计算机及网络硬件、软件购置及开发应用支出）给予的补助。扶持公共就业服务资金作为就业专项资金的组成部分，必须单独安排，单独核算，单独管理，不得与其他就业专项资金相互调剂使用。

（九）小额贷款担保基金和小额担保贷款贴息。中央财政对地方小额贷款担保基金和小额担保贷款贴息的专项补助资金按相关规定执行。

（十）其他支出。包括《登记证》工本费以及各地经省级人民政府批准，报财政部、人力资源社会保障部备案的确需新增的项目支出。

各地人力资源社会保障部门负责对上述各项补贴支出申请材料的全面性、真实性进行审核，每次审核后要通过适当方式向社会公示各项补贴资金审核情况（包括享受各项补贴的单位名称、享受补贴的人员名单、具体补助人数、金额和标准等）。财政部门应对人力资源社会保障部门审核后的材料进行抽查，并根据抽查或公示情况按规定拨付资金。

上述各项补贴的具体标准由省级财政、人力资源社会保障部门确定。劳动预备制培训生活费补贴标准可参照中等职业学校国家助学金补助标准确定。就业专项资金的支付管理，按照国家财政国库管理制度的有关规定执行。

五、决算管理。

各地人力资源社会保障部门在年度终了后，要认真做好就业专项资金的清理和对账工作，并按规定向同级财政部门报送就业专项资金年度资金使用情况和说明，就业专项资金使用说明要做到内容完整、数据真实、报送及时。各地财政、人力资源社会保障部门要将审核汇总后的就业专项资金年度决算及时报送上级财政、人力资源社会保障部门。

六、账户管理。

各地财政部门应结合地方实际，按有关规定加强就业专项资金的账户管理，确保就业专项资金使用安全。

七、监督管理。

各地财政、人力资源社会保障部门要定期对就业专项资金管理使用情况进行检查，自觉接受监察、审计等部门的检查和社会的监督；建立健全财务管理规章制度，强化内部财务管理和审计监督；要建立和完善就业专项资金发放台账，进一步加强资金使用管理的基础工作；要加强信息系统建设，有效甄别享受补贴政策人员、单位的真实性，防止出现造假行为。对虚报、套取、私分、挪用各种补贴资金等行为的单位和个人，一经发现按有关规定严肃处理。对审核不严，违规操作的，要按有关规定追究相关部门和单位的责任。

八、各省、自治区、直辖市以及计划单列市财政、人力资源社会保障厅（局）可根据本通知规定，结合本地实际制定具体实施办法，并报财政部、人力资源社会保障部备案。

九、财政部、人力资源社会保障部已经发布的有关就业专项资金管理的相关规定，如与本通知规定不一致的，以本通知为准。

十、本通知自发布之日起执行。

人力资源和社会保障部办公厅关于通报“十一五”职业培训教材建设有关情况的函

（人社厅函［2011］461号　2011年8月19日）

各省、自治区、直辖市人力资源社会保障厅（局），新疆生产建设兵团劳动保障局：

“十一五”期间，各地人力资源社会保障部门、技工院校和教材代理发行站认真贯彻落实《2006—2010年职业培训教材建设规划》，进一步加强职业培训教材建设各项工作，开创了职业培训教材建设新局面。为总结经验、发扬成绩，推动“十二五”职业培训教材建设工作，现将有关情况通报如下。

一、深入开展教材研究，有力地推动了教材建设工作

“十一五”期间，教材建设围绕职业培训和技能人才工作重点，着力于理论和实践研究，不断提高职业培训教材的实用性和针对性。在理论研究上，注重对职业培训、技工教育和技能人才培养规律的研究，不断创新教材开发理念，加大教材建设改革力度。教材的内容和模式突出了职业性、实践性、科学性，实现了从知识教育向能力培养转变、从课堂教学向生产教学转变、从书本教学向实践教学转变。在实践研究上，根据技工教育发展，组织技工院校、行业企业和科研机构，开展了技工院校专业设置研究，制定了《全国技工院校专业目录》，规范了技工院校专业设置、教学活动和教学管理。围绕“一体化”课程教学改革工作，研究开发了一体化课程标准，以及理论与实践相融合、知识学习与技能训练相结合的教材，为推进一体化课程教学改革提供了有力的支撑。同时，大力开展职业技能培训、高技能人才培训、农村劳动力转移培训现状研究，不断总结分析各类培训的特点，编制了各类培训大纲，研发了一批内容实用、特色鲜明、针对性强的职业培训教材。

二、加大了教材开发力度，丰富了职业教育培训教学资源

“十一五”期间，以就业技能培训、岗位技能提升培训、创业培训和技工教育为重点，大力推进职业教育培训教材开发，累计完成了技工教育、高技能人才培训、劳动预备制培训、农村劳动力转移培训、技能就业培训、技能提升培训、创业培训、职业资格鉴定培训等2 600种国家级职业培训规划教材。进一步加强了辅助教学资源开发，开发了一大批教学图册、习题册、教学参考书等纸介质教学素材，以及网络教学课件、音像教学片、教学软件等多媒体教育培训资源。同时，不断满足科技进步、产业升级对技能人才培养的需要，加快教材修订更新步伐，开发出了一批体现新工艺、新技术、新知识、新材料和新方法的职业教育培训教材，极大地丰富了职业教育培训资源。进一步拓宽了教材开发渠道，构建了以国家级教材出版单位为主导，行业企业、技工院校、培训机构积极参与的多元化工作格局，培养和锻炼了一支通晓职业教育培训规律、熟悉职业教育培训一线教学、掌握高新技术发展趋势，综合素质较高的国家级教材编审专家队伍。

三、逐步规范了教材使用，促进了职业教育培训质量提高

“十一五”期间，我部组织制定了26个专业的教学计划与教学大纲、7个公共课课程标准以及57个职业技能培训大纲，为提高职业教育培训质量奠定了基础。加大国家级教材宣传推广力度，先后向社会公布了5批国家级职业培训规划教材，编制了职业教育培训规划教材推荐用书目录，优质的教材提高了国家级教材的使用率。同时，积极开展职业培训教材推广与教学方法师资培训，提高了教师运用教材开展教学的水平。组织开展技工院校教学检查，治理使用盗版行为，不断规范教材使用，防止了质量低下、粗制滥造的盗版教材、教辅材料进入课堂，保证了技工院校和职业培训机构的教学质量。一些省（区、市）人力资源社会保障厅（局）积极推动规范使用教材工作，建立健全了教材征订使用管理制度，认真开展教学质量检查，指导技工院校更好地执行部颁教学计划与教学大纲，推进了技工教育教学质量的提高。各地教材代理发行站不断强化服务意识，创新服务手段，深入技工院校和职业培训机构，巡展推广、配送上门、方便结算，为教材推广提供了有力的服务保障。

四、建立健全了教材评价反馈机制，推动了教材质量建设

“十一五”期间，进一步建立健全了教材评价反馈机制，通过网上评价、问卷调查、走访评价和专家评价等多种形式的评价反馈，收集教材评价意见和建议。组织专家研讨论证教材评价反馈意见，及时修订、更新、丰富教材内容，增强教材的时效性，不断提高国家级教材质量。完善教材评价反馈的技术手段，依托全国职业培训教材网，链接部分省（区、市）教研机构及骨干技工院校网站，初步构建了部教材办公室、省级教研室、技工院校三级评价反馈工作网络，使教材评价意见及时便捷地反馈到部教材办公室。充分鼓励广大技工院校和一线教师参与评价反馈工作，形成了评价反馈与教材更新修订的良性互动。

“十一五”职业培训教材建设成绩的取得，是人力资源社会保障系统共同努力的结果。在教材建设工作中，涌现出一批教材建设成绩突出的单位（名单见附件）。“十二五”期间，希望各级人力资源社会保障部门及广大技工院校、职业培训机构和教材代理发行站以教材建设成绩突出单位为榜样，积极探索，勇于创新，不断开创职业培训教材建设工作的新局面，为推动职业培训事业发展和高技能人才培养工作做出更大的贡献。

附件：教材建设成绩突出单位名单（略）

人力资源和社会保障部 财政部 关于进一步落实就业政策加强就业专项资金管理工作的通知

（人社部发［2011］103号 2011年9月25日）

各省、自治区、直辖市人力资源社会保障厅（局）、财政厅（局），新疆生产建设兵团人事局、劳动保障局、财务局，计划单列市人力资源社会保障（人事、劳动保障）局、财政局：

近年来，各级人力资源社会保障、财政部门认真落实积极的就业政策，不断加大就业资金投入力度，就业工作取得显著成效。但是，目前部分地区仍存在政策落实不到位、资金使用管理不规范，甚至挤占挪用、骗取套取资金等突出问题，严重影响了就业资金的安全和使用效益。为进一步推动就业政策落实，加强就业专项资金管理，现就有关问题通知如下：

一、加大政策落实力度

各地人力资源社会保障、财政部门要按照《财政部、人力资源社会保障部关于进一步加强就业专项资金管理有关问题的通知》（财社［2011］64号）要求，从本地实际出发，细化实施办法，规范操作流程，健全管理制度。要严格按照规定范围、标准和程序使用就业专项资金，确保专款专用。严禁将就业专项资金用于平衡预算；严禁用于基本建设、租赁、交通工具购置和部门或单位人员经费、公用经费、差旅费、会议费等支出。对于地方确需新增促进就业的支出项目，必须在符合上述要求的前提下报省级人民政府批准。要加强政策宣传，借助广播电视、互联网络、平面媒体等多种形式，向社会公开各项就业政策的具体内容、申请办法、受理部门、办理时限等情况，让劳动者和单位了解政策，熟悉办理程序。要加强业务培训，进一步提高就业工作人员的业务能力，确保政策理解到位，执行有力。对开展就业工作所需的工作经费，由同级财政按规定安排。

二、加大审核公示力度

各地人力资源社会保障、财政部门要明确责任，完善各项补贴资金的审核、公示、拨付、监督等制度，杜绝骗取套取补贴资金的行为。各地人力资源社会保障部门要认真执行按月或按季受理补贴申请的规定，及时受理各类单位和个人的申请；受理申请后，要在7个工作日内完成申请材料的审核工作，审核中要充分利用社会保障、就业等信息管理系统，并采取实地核查、电话抽查、专业机构审查等手段，确保申请资料的真实、完整；审核完成后，要在当地人民政府或人力资源社会保障网站上公示申请单位或人员名单、补助项目、拟补助金额等，公示期最短为1周；公示后无异议的，要在5个工作日内出具审核意见报财政部门。各地财政部门在收到人力资源社会保障部门的审核材料、审核意见和拨款申请后，要在10个工作日内进行抽查，并将抽查情况反馈人力资源社会保障部门。各地财政部门要根据抽查情况及时办理拨款手续，并将拨款情况抄送人力资源社会保障部门。

三、加大培训机构管理力度

要建立专家评审、纪检监察部门监督、就业联席会议相关成员单位共同参与的培训机构认定机制。人力资源社会保障部门要将共同认定的承担培训任务的培训机构名称、培训专业（工种）及等级、培训期限、收费标准等向社会公示。要加强对培训机构的动态管理，人力资源社会保障部门要会同就业联席会议相关成员单位，定期对培训机构的培训质量和资金使用情况进行检查评估，对有分解转包培训任务、套取补贴资金行为的，要坚决取消其承担培训任务的资质。2011年年底前，各地人力资源社会保障部门要会同有关部门组织对承担培训任务的培训机构进行专项清理，2012年1月底前，各省级人力资源社会保障部门要将清理情况上报人力资源社会保障部，人力资源社会保障部将会同有关部门进行抽查。

四、加大基础管理工作力度

各地人力资源社会保障、财政部门要依托公共就业服务信息网络平台，加快建立统一规范的就业政策落实和资金使用管理信息系统，将受理、审核、补贴、监督等工作纳入信息化管理。要加强部门之间、部门内部各项业务之间的信息交换和信息共享。要定期进行信息核查，保证信息的即时性、准确性、有效性。要加快规范《就业失业登记证》的印制发放和管理工作，采取有效措施，确保劳动者能及时、免费地领到《就业失业登记证》；要认真核实领证人员的身份信息，及时登记劳动者享受就业政策情况，防止弄虚作假，欺骗冒领。要结合当地实际，对职业培训、公益性岗位、公共就业服务等目前在资金使用管理中容易出现问题的项目，积极主动地开展调查研究，提出前瞻性政策建议，并及时报送人力资源社会保障部、财政部。

五、加大预算执行力度

各地财政、人力资源社会保障部门要根据就业状况和就业工作任务，合理编制就业专项资金预算。中央财政一般在上年9月底、当年6月底前分两次下达就业专项资金，资金分配坚持与绩效挂钩的办法，重点考核各地就业专项资金安排情况、支出进度、支出结构、支出效益等，对在中央有关部门检查中发现有违规问题的地区，将相应扣减补助资金。各省级财政部门也要加快就业专项资金下达和拨付进度，在接到上级预算通知后的30个工作日内，连同本级财政安排的预算指标一并下达到各地市县。各地要按照“及时、均衡、有效、安全”的要求，加快预算执行，提高资金使用效益。

六、加大违纪整改力度

2010年，审计署对北京、天津、山西、辽宁、黑龙江、上海、重庆、成都、深圳等9省市就业专项资金进行了专项审计。9省市要高度重视审计中发现的问题，有针对性地制订整改方案。对违规使用的资金，要在年底前整改归还；对贯彻决策部署不力、弄虚作假、玩忽职守、违规操作等问题，要坚决制止和纠正；对涉嫌违法违纪的行为，要依法追究有关人员责任。同时，要举一反三，进一步完善制度，提高就业专项资金管理水平。整改情况要及时报送审计署，并抄送人力资源社会保障部、财政部。

七、加大日常监督检查力度

各地人力资源社会保障、财政部门要自觉接受人大、审计、纪检、监察等部门的监督检查。从2011年开始，各省级人力资源社会保障、财政部门每年都要组织就业专项资金管理使用情况专项检查。检查可采取自查与互查相结合的方式，有条件的地区可聘请专业机构进行专项审查，并将检查情况向社会公布，接受社会监督。各省级人力资源社会保障、财政部门要在每年年底前向人力资源社会保障部、财政部上报本省就业专项资金检查情况。检查期间，要确保各项就业政策的正常落实。人力资源社会保障部、财政部将不定期组织就业专项资金专项检查。

八、加大部门配合力度

各地人力资源社会保障、财政部门要明确部门分工，加强协调配合，确保工作衔接顺畅、运转高效。人力资源社会保障部门要重点负责就业政策的组织实施、宣传推广、受理审核、监督检查等工作，要采取有力措施，强化内控机制，确保规范管理。财政部门要及时下达拨付就业专项资金，健全相关财务和会计制度，规范资金专户管理，合理安排工作经费，建立绩效考核制度，提高就业专项资金使用效益。

人力资源和社会保障部关于印发2011—2015年全国职业培训教材建设规划的通知

（人社部函［2011］322号 2011年11月21日）

各省、自治区、直辖市人力资源社会保障厅（局），新疆生产建设兵团劳动保障局，国务院有关人力资源工作机构：

为贯彻落实《高技能人才队伍建设中长期规划（2010—2020年）》《国务院关于加强职业培训促进就业的意见》（国发［2010］36号）精神，加快职业培训教材建设工作步伐，我部研究制定了《2011—2015年全国职业培训教材建设规划》，现印发给你们。请结合本地区、本部门的实际情况，组织贯彻实施。

2011—2015年全国职业培训教材建设规划

为满足职业培训事业发展需要，加强技能人才培养，全面、协调、持续推进职业培训教材建设工作，构建职业培训教材建设与职业培训发展良性互动工作格局，特制定本规划。

一、指导思想及发展目标

（一）指导思想

以邓小平理论和“三个代表”重要思想为指导，全面贯彻科学发展观，认真落实《国家中长期人才发展规划纲要（2010—2020年）》《高技能人才队伍建设中长期规划（2010—2020年）》《国务院关于加强职业培训促进就业的意见》（国发［2010］36号），以建立健全面向全体劳动者的职业培训制度为宗旨，以提高劳动者的综合职业素质和技能水平为核心，坚持“服务中心、健全制度、统筹指导、整体推进”，促进“教材研究、教材开发、教材使用、教材检查和评价反馈”五环联动，进一步扩大教材规模，强化教材质量，增强教材的针对性、适用性、先进性、实践性和科学性，完善教材研究机制及实验和评价反馈机制，推进教材使用管理制度建设，加强教材宣传推广，全面提高教材建设工作水平，为职业培训事业发展提供坚实的教材保障。

（二）发展目标

——进一步扩大职业培训教材开发规模，持续提升教材质量。开发国家级教材3 000种，修订国家级教材1 000种，累计开发各级各类国家级教材4 000种，其中示范性精品教材500种；开发具有地方、行业特色的教材1 000种。

——进一步加强国家级教材宣传推广，促进教材开发成果在职业培训中的应用。构建教材信息网络，大力开展教材教法师资培训，进一步增大教材宣传推广覆盖面，推动教材开发新成果、新技术及时、有效应用于职业培训工作中。

——进一步完善教材研究机制，有力支撑教材建设。构建教材办公室统筹指导、各方协同参与的研发工作格局，有效开展重点教材课题项目研究。

——进一步强化教材实验和评价反馈机制，扩大教材实验范围。建立国家级教材实验基地100个，及时反馈教材实验信息。多方收集教材评价意见，不断提高教材实验与评价反馈成效。

——进一步推进教材使用管理制度建设，切实发挥教材在培训中的作用。以强化教材管理为重点，健全技工教育和职业培训国家级教材使用管理制度，进一步提高国家级教材使用率。

专栏1 “十二五”时期主要指标

指标	2011—2015年目标（种）
开发国家级教材	3 000
修订国家级教材	1 000
评选精品教材	500
开发地方、行业特色职业培训教材	1 000

二、主要任务

2011—2015年期间，职业培训教材建设工作要紧紧围绕技工教育和职业培训发展需求，以推进“两级开发”、实施“两个计划”、完善“两个机制”为重点，统筹国家级教材和地方、行业教材开发，加强教材研究和宣传推广，进一步创新工作机制，充分发挥职业培训教材在技能人才培养中的重要作用。

（一）以高技能人才培养、技工教育改革发展和劳动者终身培训为重点，推进国家级教材开发

——围绕高技能人才培养需要，加快配套教材开发。根据我国经济社会发展、产业结构优化和技术升级需要，以国家“十大”振兴产业和新能源、节能环保、新材料和信息产业等战略性新兴产业紧缺型高技能人才培养为重点，扩大高级技工学校、技师学院教材及高技能人才培训教材开发规模，实现教材基本覆盖高技能人才培养急需和紧缺职业（工种）。五年内，组织开发高技能人才培训教材800种。

——以促进技工教育改革发展为目标，不断推进“一体化”课程教学改革教材开发。根据人力资源社会保障部“一体化”课程教学改革总体部署和工作安排，按照“一体化”课程标准，认真总结教材开发和课程试验工作成果，稳步推进相关专业“一体化”课程教材开发。配合技工院校新专业建设，大力加强技工教育教材开发工作，推动技工院校教材改革向深度、广度发展。五年内，组织开发技工院校“一体化”教材、新专业教材及相关配套用书 1 200 种。

——围绕建立健全面向全体劳动者的职业培训制度，扩大相关教材品种。以劳动者达到上岗技能要求或掌握初级以上职业技能为目标，以通俗易懂、实用管用为原则，开发面向失业人员、农村转移就业劳动者的就业技能培训教材以及新成长劳动力劳动预备制培训教材。科学分析企业岗位培训的特点，大力开发与企业培训相适应的模块式培训教材，不断满足不同企业开展岗位技能提升培训的需要。根据不同创业者的特点，运用案例剖析、政策解读等形式，开发企业开办、运营管理、绩效评估等方面分层次、系列化、专业化的创业培训教材，提高培训的针对性和有效性。五年内，组织开发就业技能培训、劳动预备制培训、岗位技能提升培训和创业培训等职业培训教材 1 000 种。

专栏 2　国家级教材开发重点领域

重点领域	2011—2015 年目标（种）
高技能人才培训教材	800
技工院校“一体化”教材	300
技工院校新专业教材	900
就业技能培训教材	200
劳动预备制培训教材	200
岗位技能提升培训教材	400
创业培训教材	200

（二）统筹发展，推进地方、行业教材开发

继续实行“统筹指导、两级规划、分工实施”和“用户评估、专家评审、向社会推荐”的开发工作机制。按照“有序开发、强化质量、突出特色”的原则，充分调动地方、行业开发教材的积极性，开发满足区域经济社会发展和行业自身需求的教材，形成有特色、有规模、与国家级教材相互补充的地方、行业教材体系。五年内，开发、评审并推荐地方、行业教材 1 000 种。

（三）强化教材质量，推进精品教材建设

密切关注企业新材料、新技术、新设备、新工艺发展动向，及时修订教材内容；把握现代教育培训技术发展趋势，不断改进教材呈现形式；紧跟职业发展和岗位变迁，不断完善教材品种。加大与教材相配套的立体化教学资源的开发，发展以数字化内容、数字化生产和网络化传播为主要特征的数字化教材，形成多种形式的数字化教学资源。加强国际合作与交流，积极引进、吸收国外优秀职业培训教材成果，不断提高教材开发水平。实施精品教材建设计划，加快建设一大批质量高、使用范围广、社会效益好、覆盖技工院校骨干专业和劳动者就业的重点职业领域的精品教材。定期组织开展精品教材评选活动，向社会公布、推荐精品教材，使之在技工教育和职业培训中发挥示范作用。五年内，修订国家级教材 1 000 种。在开发和修订的 4 000 种国家级教材中，评选、推荐精品教材 500 种。

专栏 3 精品教材建设计划

主要内容	年度
组织制定《精品教材评选标准》	2011 年
评选、推荐精品教材 200 种	2012 年
评选、推荐精品教材 300 种	2013—2015 年

（四）加强教材宣传推广，指导教材选用

实施国家级教材宣传推广行动计划。建立由教材办公室、地方人力资源和社会保障厅（局）教研室（职业能力建设处）、技工院校（职业培训机构）教材使用管理负责人组成的三级信息网络，及时传递教材建设信息。大力开展教材教法师资培训，举办技工院校公共课、骨干专业及新专业教材教法师资培训班，宣传国家级教材建设成果，讲授先进教学理念、教学方法，提高技工院校一线教师运用国家级教材水平，力争使开设相关专业（课程）技工院校参训面达到 50%以上。在国家重点技工院校和大型职业培训机构设置样书展示架，及时宣传、展示国家级教材，力争 5 年内国家重点技工院校样书展示架覆盖率达到 50%以上。依托各地人力资源社会保障部门、教材代理发行站，每年春、秋两季开展形式多样的国家级教材巡展活动，为技工院校和职业培训机构选用教材提供便利条件。

专栏 4 国家级教材宣传推广行动计划

主要内容	组织单位
建立由教材办公室、地方人力资源和社会保障厅（局）教研室（职业能力建设处）、技工院校（职业培训机构）教材使用管理负责人组成的三级信息网络	教材办公室
开展教材教法师资培训，开设相关专业（课程）技工院校参训面达到 50%以上	教材办公室，各省（区、市）人力资源和社会保障厅（局）
建立国家重点技工院校样书展示架，覆盖率达到 50%以上	教材办公室
进行国家级教材巡展活动，各省（区、市）每年举办一次以上	教材办公室，各省（区、市）人力资源和社会保障厅（局），教材代理发行站

（五）完善教材研究机制，进一步深化教材研究

紧密结合教材建设工作需要，加强对职业技能培训规律、专业与课程设置、教材开发方法、教材运用成效评价等方面的研究，遴选、确立一批关系教材建设全局及对教材开发、应用具有支撑作用的重点课题项目进行集中攻关，为教材建设提供理论支持和方法指导。充分动员地方人力资源社会保障部门教研机构、技工院校及其他科研机构的研究力量，逐步形成教材办公室负责、地方人力资源社会保障部门教研机构协同、技工院校参与的教材研究工作机制，推动研究工作持续、深入开展。

（六）完善教材实验和评价反馈机制，不断提高教材建设水平

吸引更多有条件的技工院校参与教材实验，不断扩大教材实验基地数量和实验教材规模。加强对教材实验工作的指导，全面收集教材实验第一手信息资料，不断提高实验工作的成效。通过网上评价、专家评价等收集评价反馈意见，增强评价反馈的及时性、针对性、有效性。加强对评价意见的分析研究，不断提高教材建设水平。五年内，建立教材实验基地 100 个，组织对重点国家级教材进行实验。通过全国职业培训教材网，对国家级技工教育和职业培训教材持续开展网上评价。

专栏5 教 材 实 验

教材实验的主要任务是通过实验教学和深入的分析研究，对教材体系结构和内容方面的适应性、科学性、实用性、先进性和创新性以及教材的制作质量等进行评价。技工院校按照教材办公室制定的教材实验项目申报条件进行申报，经批准后，确定为教材实验基地。教材实验工作结束后，教材办公室组织有关教学专家、行业专家对实验成果进行验收，评选优秀实验基地和实验成果，并予以表扬。

三、保障措施

2011—2015 年期间，以加强教材建设组织领导、加大经费投入、健全质量保障体系、推进制度和队伍建设为抓手，为教材建设工作的深入开展提供可靠保障。

（一）加强教材建设组织领导

各级人力资源社会保障部门要重视教材建设工作，切实加强组织领导，把职业培训教材建设纳入职业培训工作全局，与其他职业培训工作一起布置、一起实施、一起检查、一起总结，对教材建设成绩突出的单位和个人予以表扬，形成政策措施完备、部署推动有力、衔接协调顺畅的教材建设工作运行机制，推动职业培训教材建设实现更大发展。人力资源社会保障部职业培训教材工作委员会统筹指导，负责做好包括技工学校、高级技工学校、技师学院公共课教材，跨地区、跨行业使用的专业课教材，以及关系国计民生或涉及面广的重要职业的国家级教材建设工作。各地区、行业在协助做好国家级教材建设相关工作的同时，根据所在区域、行业实际，积极开展具有地方、行业特色的

职业培训教材建设。国家级教材与地方、行业特色教材建设协同推进，形成分工明确、领导有力的教材工作格局。

（二）加大教材建设经费投入

多方筹措资金，逐步加大对教材建设工作的经费支持力度，扶持教材基础理论研究，以及高技能人才培训教材开发、数字化教学资源建设等工作。发挥国家级教材出版单位力量，保障教材开发、实验、宣传推广等工作的经费投入。各地区、各行业要通过积极争取财政支持等多种渠道筹措资金，加大经费投入，确保地方、行业教材建设工作经费。

（三）健全教材质量保障体系

严格教材评审工作程序，重点抓好教材开发成果评审，确保教材开发质量。职业培训教材工作委员会抓好国家级技工教育和职业培训教材评审，组织技术专家和编审专家认真开展评审工作，对评审合格的教材，向社会公布。按照人力资源社会保障部教材开发管理有关规定，地方、行业做好本地区、本行业职业培训教材送前的遴选、自评工作，确保推荐地方、行业教材的质量。教材办公室加强对国家级教材和地方、行业教材使用意见的收集和分析，推动教材质量稳步提高。

（四）推进教材使用管理制度建设

坚持国家级技工教育和职业培训教材公布推荐制度，每年公布评审合格的新开发教材目录，汇编制作《人力资源社会保障部技工教育和职业培训推荐用书目录》，指导技工院校和各类职业培训机构选用教材。完善教材规范选用制度，明确各类技工教育和职业培训教材选用要求，将国家级教材使用情况与技工院校、培训机构教学质量评估、地区整体培训情况评价挂钩，纳入国家和省（部）级重点技工学校评估指标体系。建立教学与教材使用检查通报制度，通过技工院校和培训机构自查、地区普查、全国抽查等方式，督促、指导技工院校和培训机构规范使用教材；对教学和教材使用规范的地区、技工院校、培训机构予以通报表扬，对存在的问题提出整改要求。强化盗版国家级教材查处制度，依托新闻出版、公安等部门，加大对盗版教材的查处打击力度，杜绝盗版教材进校园、进课堂。地方各级人力资源社会保障部门结合本地区实际，健全相关管理制度，指导技工院校和各类职业培训机构落实教材使用管理要求，细化教材使用管理责任，及时总结、推广先进经验，不断提高国家级教材的使用率。

（五）推进教材工作队伍建设

充分发挥职业培训教材工作委员会职能，加强技工院校教材专业委员会、职业培训和鉴定教材专业委员会、教材使用指导委员会、教材建设企业专家委员会建设，深入研究相关问题，切实推动教材建设工作。

充分调动技工院校和职业培训机构教师、科研机构研究人员以及企业工程技术人员参与教材建设积极性，打造一支熟悉技能培训教学、了解技术发展趋势、具备扎实文字功底的职业培训教材编审专家队伍，为开发高质量的教材提供人才保证。以国家级教材出版单位发行人员为骨干，以各地代理发行站人员为依托，构建一支敬业奉献、业务能力强的发行人员队伍，及时、高效地把教材送达技工院校和职业培训机构。加强对编审专家队伍、发行人员队伍的业务培训，不断提高工作水平。

四、组织实施

（一）加强对规划实施工作的组织领导

各地区、各行业要将贯彻实施本规划作为促进职业培训事业发展的重要内容进行部署和推动。以本规划为基础，制定支持国家级教材建设和地区、行业教材发展的工作计划，将教材建设纳入地方、行业职业培训事业发展规划，形成上下贯通、紧密衔接的全国职业培训教材建设规划实施体系。

（二）加强对规划任务的落实安排

职业培训教材工作委员会根据技工教育和职业培训事业发展要求，制定年度教材建设工作任务目标。同时，指导各地区、各行业根据实际工作需要确立年度教材建设工作任务，提出具体实施方案，明确各相关工作任务的进度安排，切实推动各项目标任务的落实。

（三）加强对规划实施的监督和评估

各地区、各行业每年年底前向职业培训教材工作委员会上报教材建设年度工作情况，重点反映工作成效、主要措施、存在问题和政策建议。职业培训教材工作委员会根据各地区、各行业上报信息，对规划实施中出现的新情况、新问题进行研究分析，制定对策措施，指导和督促规划任务的完成，促进教材建设又好又快发展。

人力资源和社会保障部关于做好 2012 年高校毕业生就业服务工作的通知

（人社部发［2012］19 号　2012 年 3 月 23 日）

各省、自治区、直辖市及新疆生产建设兵团人力资源社会保障厅（局），福建省公务员局：

2012 年，我国高校毕业生就业压力依然很大，促进高校毕业生就业任务仍很艰巨。做好就业服务工作，是促进高校毕业生就业的重要环节。各地要深入贯彻落实《国务院关于进一步做好普通高等学校毕业生就业工作的通知》（国发［2011］16 号），进一步创新就业服务方式，完善就业服务措施，面向离校前高校毕业生广泛开展公共就业和人才服务进校园活动，面向离校未就业高校毕业生深入推进实名制就业服务，千方百计促进高校毕业生就业。现就做好 2012 年高校毕业生就业服务工作有关事项通知如下：

一、广泛开展公共就业和人才服务进校园活动

离校前是高校毕业生求职的高峰期，也是最需要公共就业和人才服务的关键期。各地人力资源社会保障部门要将公共就业和人才服务提前向校园延伸，加强与当地教育部门和高校的合作，积极主动提供就业指导、岗位信息、培训鉴定等服务，帮助更多高校毕业生在离校前实现就业。

（一）积极开展就业指导进校园。各省和地级以上城市要在深入了解高校实际需求的基础上，主动开展人力资源社会保障厅（局）长校园行活动，向高校毕业生介绍就业形势，宣传就业政策，解答相关问题。组织本地有影响力的企业开展企业人力资源经理校园行活动，向高校毕业生介绍企业文化、岗位需求和职业环境。组织有经验的就业指导人员开展职业指导校园行活动，向高校毕业生介绍职业生涯规划，讲解求职技巧。各地还可结合实际，组织开展就业报告会、职业能力测评、模拟面试等其他就业指导活动，不断丰富就业指导的形式和内容，帮助高校毕业生熟知就业政策，了解就业形势，合理设定就业目标，提升求职能力。

（二）广泛开展送岗位信息进校园。要有针对性地收集适合高校毕业生就业特点的岗位信息，在公共就业和人才服务网上公开发布，同时，通过积极举办网络招聘会、专场招聘会、供求洽谈会等公益性招聘活动，及时向高校毕业生提供真实、有效的岗位信息。继续会同有关部门组织实施民营企业招聘周活动，为高校毕业生求职和民营企业招聘搭建供需对接平台。今年年底前，各地要力争将本地公共就业和人才服务网与高校校园网相互链接，以方便高校毕业生在校园内直接查询用人单位需求信息和相关政策信息，降低高校毕业生求职成本。要积极支持高校组织开展校园招聘活动，为有需求的高校开展专场招聘会。要统筹实施高校毕业生基层服务项目，及时发布基层服务岗位和考试活动信息。要广泛收集整理一批就业见习岗位信息提前送进校园，方便有需求的高校毕业生毕业后参加就业见习。

（三）深入开展创业指导进校园。要积极支持和鼓励高校开展创新创业教育，根据高校的需求，组织创业政策制定专家、创业指导专家、成功创业人士，特别是大学生创业典型进校园，开展创业宣讲活动，广泛宣传国家和本地扶持高校毕业生创业的政策措施，帮助高校毕业生了解创业环境，掌握创业政策，点燃创业激情，坚定创业信心。要积极推荐适合高校毕业生创业的项目，组织开展创业大赛等活动，引导更多高校毕业生走上创业道路。

（四）扎实开展职业培训和技能鉴定进校园。要主动加强与当地高校的联系，及时将职业培训政策、培训信息送进校园，引导高校毕业生根据市场需求和自身专业特点，选择参加适合的培训项目，提高职业技能水平。要积极开展职业资格证书制度和就业准入制度的宣传咨询活动，引导高校毕业生参加职业技能鉴定，对鉴定合格的，按规定颁发相应的职业资格证书或专项职业能力证书。高校毕业生参加职业培训或技能鉴定的，要按规定落实好相应补贴政策。

（五）大力提升高校就业指导人员服务能力。要加强同当地教育部门和高校的合作，为高校就业指导人员开展就业法律法规政策培训，提高其政策水平。对有参加职业指导培训需求的高校就业指导人员，要主动提供职业指导培训服务，经职业技能鉴定合格的，按规定发放职业资格证书。要支持高校丰富和完善就业指导课程内容，提高高校就业指导的实用性。

二、深入推进实名制就业服务

帮助离校未就业高校毕业生就业，是就业工作的难点。各地要将离校未就业高校毕业生作为当前就业工作的重中之重，进一步摸清底数，做好登记，主动服务，加强帮扶，使每一位有就业意愿的未就业高校毕业生尽快实现就业。

（一）摸清未就业高校毕业生实名制信息。对辖区内 2011 届及以往年份未就业高校毕业生，各地要通过社区和乡镇人力资源社会保障基层平台进行全面摸底，建立专门台账，实施动态管理服务。对就业困难毕业生、家庭经济困难和零就业家庭毕业生，要给予重点就业援助，帮助其尽快实现就业。对 2012 届高校毕业生，各地要通过办理就业报到、人事档案托管、与教育部门加强离校前后信息衔接、求职登记、就业失业登记、依托基层人力资源社会保障协理员走访入户等多种渠道，摸清未就业高校毕业生实名制信息，掌握这些人员的底数和就业需求，以便提供有针对性的就业服务。

（二）主动提供多样化的公共就业和人才服务。县级以上公共就业人才服务机构要在服务场所设立专门窗口，为高校毕业生提供就业失业登记、政策咨询、职业指导、岗位信息、职业介绍、职业培训、档案保管、人事劳动保障代理等“一站式”服务。要采取切实措施，力争将公共就业和人才服务覆盖到辖区内每一名有就业创业意愿的未就业高校毕业生。其中，对有就业意愿的高校毕业生，要提供职业指导、各类招聘活动信息以及基本符合其需求的岗位信息；对有创业意愿的高校毕业生，要提供创业指导，推荐参加创业培训；对有培训需求的高校毕业生，要提供参加职业培训和技能鉴定的机会；对有见习需求的高校毕业生，要提供就业见习岗位信息，推荐其参加相应的就业见习；对登记失业的高校毕业生，要提供免费人事档案托管等服务。

（三）组织实施就业服务专项活动。要按照部里统一部署，认真组织实施好高校毕业生就业服务月、高校毕业生就业服务周等就业服务专项活动，积极促进供需对接。要结合市场需求，组织开展有针对性、形式多样的专场招聘活动。要会同地方国有资产监督管理部门开展央（国）企联合招聘活动，设立或开辟专门信息发布平台和栏目，发布央（国）企招聘信息。

（四）大力开展就业见习。要全面完成“三年百万”高校毕业生就业见习计划，深入宣传见习政策，多渠道发布见习岗位信息，搭建高校毕业生和见习单位互选平台，积极组织有见习意愿的未就业高校毕业生参加见习。要进一步完善就业见习制度，落实见习补贴政策，加强对见习单位的指导、监督和评估，规范见习管理，保证见习质量，提高见习后的就业效果，建立就业见习长效机制。

（五）扎实推进创业服务。要深入推动实施“大学生创业引领计划”，为有创业意愿的高校毕业生提供创业培训和创业实训，会同有关部门进一步简化创业手续，落实好小额担保贷款、税费减免和落户等创业扶持政策。各地在推进创业孵化基地建设过程中，要将大学生作为重点群体给予支持，提供政策咨询、信息服务、项目开发、风险评估、开业指导、融资服务、跟踪扶持等“一条龙”创业服务。有条件的地方可设立高校毕业生创业资金，扶持高校毕业生创业。

（六）依法保障高校毕业生就业权益。要加强人力资源市场监管，规范职业中介机构行为。加强劳动保障监察，重点加大对劳动密集型中小企业和非公有制企业执行劳动保障法律法规情况的检查，提高劳动合同签订率和履行质量，扩大社会保险覆盖面，依法维护高校毕业生合法权益。要根据女性高校毕业生、残疾人高校毕业生、少数民族高校毕业生以及大城市高校毕业生低收入聚居群体的特点，会同有关部门开展有针对性的就业服务，落实相关就业扶持政策。要认真落实就业体检中取消乙肝项目检测的规定，维护乙肝表面抗原携带者平等就业权利。

三、切实加大高校毕业生就业服务工作的组织推动力度

（一）加强领导，落实责任。要继续将高校毕业生就业放在就业工作的首位，切实加强组织领导，建立厅（局）领导负责，相关行政处室、公共就业人才服务机构各司其职、分工协作的工作机制。要实行工作目标责任制，结合本地实际抓紧制定具体实施方案，进一步明确年度目标任务、工作措施和时间进度。加强对工作进展情况的督促检查，一级抓一级，层层抓落实。要充分发挥人力资源社会保障部门的整体优势，加强就业政策与社会保险、职称评定、人员流动、劳动关系等政策的衔接与贯通，切实做到信息和资源共享。

（二）密切配合，形成合力。要充分依托就业工作联席会议制度，发挥各部门职能优势，共同推进高校毕业生就业工作。要加强与财政部门协调，落实好经费保障；加强与教育部门、高校协调，共同做好离校前就业服务和离校后高校毕业生的信息衔接；加强与公安部门合作，按规定取消高校毕业生落户限制，简化就业落户流程；加强与国资委、工业信息化等部门和工商联等单位合作，广泛收集、及时发布适合高校毕业生的岗位信息，促进各类企业吸纳高校毕业生就业。

（三）加强宣传，正确引导。要充分利用广播、电视、报刊和互联网等新闻媒体，广泛宣传就业法律法规政策，使广大高校毕业生了解政策、掌握政策、运用政策。要加强高校毕业生就业形势分析，建立健全本地人力资源市场供求信息和高校毕业生分专业就业状况调查发布制度，为高校进行专业调整、学生和家长报考专业提供参考。要通过持续开展主题突出、内容丰富、形式多样的宣传报道活动，重点宣传高校毕业生到基层和中西部地区就业、自主创业的先进典型，引导高校毕业生树立“行行可建功、处处能立业、劳动最光荣”的就业观和成才观，鼓励高校毕业生积极投身基层一线实现自我价值，营造有利于高校毕业生就业的良好舆论环境。

请各省级人力资源社会保障部门于4月底前将本地2012年高校毕业生就业服务工作具体部署及有关工作情况报送部就业促进司。

人力资源和社会保障部 财政部关于加强高校毕业生职业培训促进就业的通知

（人社部发［2012］20号 2012年3月26日）

各省、自治区、直辖市及新疆生产建设兵团人力资源社会保障厅（局）、财政厅（局），福建省公务员局：

根据《国务院关于进一步做好普通高等学校毕业生就业工作的通知》（国发［2011］16号）和《国务院关于加强职业培训促进就业的意见》（国发［2010］36号）要求，现就加强高校毕业生职业培训工作通知如下：

一、积极开展就业技能培训。各地要充分发挥技工院校等职业院校、公共实训基地和各类职业培训机构的作用，面向高校毕业生大力开展就业技能培训，切实提高培训的针对性和有效性。动员鼓励技工院校等职业院校、公共实训基地和各类职业培训机构参加本地区政府定点职业培训机构认定，承担高校毕业生就业技能培训任务。要根据高校毕业生的特点，组织开发培训教学计划大纲，结合国家职业技能标准、高校毕业生本人就业意愿和当地经济社会发展需求，开展就业技能培训。要强化技能操作训练，确保培训质量，切实提高高校毕业生的技能水平。各地人力资源社会保障部门要主动加强与当地高校的联系，共同组织有培训需求的在校毕业生到政府认定的培训机构参加培训。高校毕业生也可自主选择到政府认定的培训机构参加培训。要在高校毕业生离校前后，结合开展就业失业登记，集中组织做好离校后培训需求的征集登记工作，推荐和引导有需求的高校毕业生参加培训。

二、广泛开展岗位技能提升培训。各地要鼓励企业结合岗位要求，按照先培训后上岗的原则，依托所属培训机构或政府认定培训机构，对新录用的高校毕业生开展以岗位基本技能为主要内容的岗前培训，使高校毕业生尽快适应企业岗位需要，实现从学生到员工的转变。企业应结合技术进步和产业升级对职工技能水平的要求，通过在岗培训、脱产培训、业务研修、岗位练兵、网络培训等多种方式，对技能岗位的高校毕业生开展技能提升培训，加快培养一批具有较高技术技能的后备高技能人才。

三、大力开展创业培训。各地人力资源社会保障部门要进一步加强与当地高校的合作，积极推动高校开展创业培训和创业实训。要大力推广成熟的创业培训和创业实训模式，鼓励有创业愿望和培训需求的高校毕业生结合自身创业项目，参加创业培训和创业实训，掌握创业必备的基本知识和技能，切实提升创业能力。要通过举办多种形式的创业讲座和竞赛，激发大学生的创业热情，引导大学生正确认识和对待创业，进行多种形式的创业尝试。要进一步规范创业培训标准，加强师资队伍建设，强化培训管理，完善培训模式，创新培训形式，通过案例剖析、考察观摩、企业家现身说法、创业模拟（演练）等方式，不断提高创业培训和创业实训的效果。

四、加强培训信息引导。各地要结合转变经济发展方式、优化产业结构、发展现代产业体系对人才需求的变化，定期开展中长期职业供求预测和分析，根据人力资源市场需求状况合理确定政府补贴培训的职业（工种）目录。要通过基层就业和社会保障服务平台、地方人力资源社会保障门户网站、公共就业人才服务网站等，及时向社会发布本地区人力资源市场职业供求信息、政府补贴培训职业（工种）目录、政府认定培训机构名单、培训补贴报销的经办主体和办理流程等信息。要将公共就业人才服务网与本地高校校园网链接，及时将培训政策、培训信息、岗位信息等送进校园，引导高校毕业生根据市场需求和自身专业特点，结合就业、参加就业见习以及到基层服务的需要，自主选择参加适合的培训项目。

五、强化创业指导和创业服务。各地要将促进高校毕业生创业作为本地以创业带动就业工作的重要内容，特别是国家级创建创业型城市要发挥示范作用，将高校毕业生纳入当地创业服务体系支持范围，提供有针对性的创业指导和创业服务。要结合地区经济发展和产业调整趋势，开发一批适合大学生创业的项目，并通过多种形式进行推介。要积极组建由政府有关部门负责人、成功企业家和社会专业人士等组成的创业指导专家队伍，为创业大学生提供政策讲解、项目推介、风险评估、开业咨询、融资服务等多种指导和服务。有条件的地方可实行创业导师制度，通过“一带一”“一带多”的方式，为创业大学生提供有针对性的指导和帮扶。要因地制宜地建设一批大学生创业孵化基地，为大学生初创企业提供低成本的经营场地和各项创业孵化服务，努力提高企业存活率和稳定经营率。要全面落实税收优惠、规费减免、小额担保贷款及贴息、落户等方面的扶持政策，优化创业的政策环境，使每一位创业的高校毕业生都能享受到相关政策扶持。

六、提供职业技能鉴定服务。各地要结合经济社会发展的需要，积极面向高校开展职业资格证书制度和就业准入制度的宣传咨询活动，引导高校毕业生积极参加职业技能鉴定，按规定取得相应职业资格证书或专项职业能力证书。要充分发挥职业资格证书制度的引导作用，鼓励高校按照国家职业技能标准和人力资源市场需求，科学确定相关专业的培养目标和教学内容，加快培养一批符合产业发展和市场需求的复合型、技能型、应用型人才。各级职业技能鉴定机构要严格按照国家职业技能鉴定的有关规定和要求开展鉴定工作，强化鉴定质量管理，规范考务程序和证书发放，保证职业技能鉴定客观公正、科学规范。

七、落实职业培训补贴政策。各地要按规定落实好高校毕业生参加职业培训和技能鉴定的相关补贴政策，并规范资金的使用和管理。高校毕业生在毕业年度内（指毕业所在自然年，即 1 月 1 日至 12 月 31 日）参加就业技能培训，培训合格并通过职业技能鉴定取得初级以上职业资格证书（未颁布国家职业技能标准的职业应取得专项职业能力证书或培训合格证书）的，按规定给予培训补贴。企业新招收毕业年度高校毕业生签订6个月以上期限劳动合同，在劳动合同签订之日起6个月内开展岗前培训的，根据培训后继续履行劳动合同情况，按照当地确定的职业培训补贴标准的一定比例，对企业给予定额培训补贴。高校毕业生在毕业年度内参加创业培训和创业实训，取得创业培训合格证书的，按规定给予培训补贴。高校毕业生在毕业年度内通过初次职业技能鉴定并取得职业资格证书或专项职业能力证书的，按规定给予一次性职业技能鉴定补贴。

各地要高度重视高校毕业生职业培训工作，将这项工作纳入当地职业培训规划，切实加强组织领导，制定培训计划，完善政策措施，落实补贴资金，加强资金监管，保证职业培训工作顺利实施。

人力资源和社会保障部　财政部关于进一步规范特定就业政策有关问题的通知

（人社部发［2012］36号　2012年6月13日）

各省、自治区、直辖市、计划单列市人力资源社会保障厅（局）、财政厅（局），新疆生产建设兵团人力资源社会保障局、财政局：

为了妥善解决并轨遗留问题，各级政府通过特定就业政策对国有困难企业为其“4050”下岗职工缴纳社会保险费所需资金给予支持，政策执行期限为2011年年底。为进一步规范特定就业政策内容，加强就业专项资金管理，积极促进就业，经国务院批准，现就政策到期后的有关问题通知如下：

一、做好并轨遗留问题扫尾工作。并轨遗留问题尚未完全解决的地区，对地方国有困难企业为“4050”下岗职工缴纳的社会保险费，可继续给予适当的补助。所需资金从就业专项资金中列支，列支科目由“特定就业政策补助”调整为“社会保险补贴”。具体补贴办法由省级财政、人力资源社会保障部门确定，并报省级人民政府批准后实施。各省级财政、人力资源社会保障部门要按照《财政部、人力资源社会保障部关于进一步加强就业专项资金管理有关问题的通知》（财社［2011］64号）关于特定就业政策补助的规定，严格确定补助范围、补助标准和补助期限，不得随意扩大人员对象范围和补助项目。各地要采取积极有效的措施，加快工作进度，确保政策和工作平稳衔接，原则上要在2015年年底前稳妥彻底地解决并轨遗留问题。并轨遗留问题已经解决的地区，不再实行上述政策。

二、做好下岗职工再就业工作。各地要切实落实各项就业扶持政策，加强就业服务，有针对性地开展职业培训，加大就业援助力度，帮助下岗职工尽快实现再就业。要做好再就业与各项社会保障的衔接工作，切实帮助下岗职工解决实际苦难，消除后顾之忧。各地要按照属地管理原则，切实将行政区域内中央管理企业下岗职工纳入当地就业工作规划，及时发放《就业失业登记证》，落实好各项扶持政策。

三、特定就业政策内容另行制定。2012 年起，特定就业政策的具体内容，将根据就业形势和就业工作任务，由人力资源社会保障部、财政部另行制定，报国务院批准后实施。

四、各省级人力资源社会保障、财政部门要加强组织领导和沟通协调，实事求是，因地制宜，确保政策实施效果，工作中遇到的新情况和新问题，要及时报告人力资源社会保障部、财政部。

人力资源和社会保障部　财政部 中国残疾人联合会关于加强残疾人职业培训促进就业工作的通知

（残联发［2012］15 号　2012 年 6 月 28 日）

各省、自治区、直辖市人力资源社会保障厅（局）、财政厅（局）、残联，新疆生产建设兵团人力资源社会保障局、财务局、残联，黑龙江农垦总局人力资源社会保障局、财务处、残联：

大力开发残疾人人力资源，加强残疾人职业培训，是促进残疾人就业的重要手段。改革开放以来，我国残疾人职业培训工作取得了积极成效，但与残疾人提高自身素质、实现素质就业和稳定就业的要求相比还有一定差距，培训的针对性和有效性有待进一步提高。为贯彻落实《国务院关于加强职业培训促进就业的意见》（国发［2010］36 号）精神，现就加强残疾人职业培训促进就业工作通知如下：

一、加强残疾人职业培训促进就业工作的重要性和必要性

（一）大力开展残疾人职业培训，是国家就业发展的整体要求。《国务院关于加强职业培训促进就业的意见》提出，要不断提升劳动者职业素质和就业能力，适应社会经济发展、产业结构调整和加快技能人才队伍建设的需要，以促进就业和经济社会发展。残疾人是人力资源的组成部分，是就业困难群体中最需要扶持帮助的人群。将残疾人职业培训工作纳入政府就业发展战略，充分发挥职业培训促进就业的基础性作用，确保有就业愿望的残疾人都能接受相应的职业培训，全面提高残疾人职业技能水平，是适应国家整体就业形势发展的根本要求。

（二）大力开展残疾人职业培训，是帮助残疾人适应就业市场变化的根本要求。加

强残疾人职业培训，提高残疾人的就业技能，是解决残疾人就业瓶颈的迫切需要，是解决残疾人就业结构性矛盾的根本途径和方法。我国是世界上人口最多的国家，在相当长的时期内都存在劳动力供求总量矛盾和就业结构矛盾。残疾人技能水平低、竞争能力差的状况，导致其在就业市场中处于劣势。只有大力开展残疾人职业培训，全面提升职业素质和就业能力，才能在供求矛盾十分尖锐的就业市场中实现就业，才能不断提升技能等级，适应就业结构性变化的要求，才能培养一大批能工巧匠，促进社会对残疾人职业能力的再认识，广泛接纳残疾人就业。

（三）大力开展残疾人职业培训，是促进残疾人就业的必然要求。根据就业需求和职业技能标准要求，大力推行与就业紧密联系的职业培训，增强培训的针对性和有效性，是国家深化职业培训改革的总体要求。残疾人群体由于功能障碍、残疾类别差异和职业心理落差等特性，在实现就业的过程中，只有进行适应岗位需求的类别化培训，进行“量体裁衣”式个性化培训，进行职业心理疏导培训，进行科学的职业训练评估培训，才能适应就业市场需求，有效实现就业。

二、加强残疾人职业能力建设，开展各种形式的职业培训

（四）加强残疾人职业能力建设。各地要认真贯彻国务院关于加强职业培训促进就业的要求，针对劳动力市场需要、残疾人特性和类别化培训需求，开展多形式、多层次的职业培训，逐步建立和完善残疾人职业培训机制。特别是要加强残疾人职业能力建设，针对残疾人的需求与特性，开展就业技能培训、岗位技能提升培训和创业培训。

（五）积极开展残疾人就业技能培训。各地要对城镇登记失业残疾人，实施初级技能培训；对城乡未继续升学的应届初高中毕业残疾学生等新生劳动力，协调组织其参加劳动预备制培训；对辖区内残疾人在校大中专学生，要掌握其基本情况，开展就业能力和创业培训；对用人单位新录用的残疾人，开展岗前技能培训。

（六）稳步开展残疾人岗位技能提升培训。各地要掌握辖区内用人单位残疾人就业实际状况，根据岗位与稳定就业的需要，与用人单位共同制定残疾人岗位技能提升计划，通过在岗培训、脱产培训、业务研修、技能竞赛等多种形式，分期分批开展职业培训，加快提升企业在岗残疾职工的技能水平。

（七）着力推进残疾人创业培训。各地要依托有资质的教育和职业培训机构，针对残疾人特点和创业需求，开展创业意识教育、创业能力、创业项目指导和企业经营管理培训。健全政策扶持、资金扶持、培训与服务相结合的工作体系，通过规范标准、提高师资水平、完善培训模式，不断提高创业培训质量和创业成功率。对培训后成功创业的残疾人，进行“创业明星”评选，激励残疾人创业就业。

三、提高残疾人职业培训质量，力求职业培训取得实效

（八）推行就业导向的培训模式。坚持“以培训载体建设为基础、以就业为导向”的工作目标，积极探索残疾人职业技能人才“成长通道”，建立城乡“一体化”等促进

残疾人就业的职业培训新模式。引导职业院校、企业和职业培训机构大力开展订单式培训、定向培训、定岗培训，提高残疾人培训的针对性和有效性。

（九）鼓励残疾人就读职业院校。依托各级各类职业院校，逐步建立起以技能为核心、以就业为目标的职业培训体制。积极宣传引导、鼓励残疾人就读职业院校，并制定相应的扶持优惠政策，积极引导职业院校依据残疾人特点，制定招生计划、教学计划，并对设备设施进行无障碍改造。

（十）大力开展社会化培训。通过购买培训服务，协助培训机构和用人单位开展残疾人类别化培训和针对就业市场需求的专项培训，提高残疾人职业培训数量、扩大覆盖面。鼓励和引导社会力量开展残疾人职业培训，在师资培养、就业信息服务、政府购买培训服务等方面与其他职业培训机构同等对待。对于开展残疾人职业培训的各类社会机构，从师资、设备、场地、招生、收费、培训等环节进行指导与监管，在强化职业技能培训的同时，将职业道德和法律意识等内容纳入培训课程，提高残疾人的综合素质，严把培训质量关。

（十一）加强实名制动态管理。按照“统筹资源、全面铺开、夯实基础、规范服务”的工作思路，在全国范围内普遍推行残疾人就业和职业培训状况实名制统计动态管理。县级以上残联（含县级）要依托残疾人就业和职业培训信息管理系统，建立统一的就业信息服务管理平台，实施残疾人就业和职业培训状况实名制动态监测，并与全国职业培训补贴实名制管理系统共享相关数据，确保残疾人职业培训的真实性和有效性。

四、进一步强化政策扶持，加大资金保障和支持力度

（十二）就业专项资金。各级人力资源社会保障部门要将符合条件的残疾人纳入就业专项资金补贴范围，对残疾人开展职业培训、职业技能鉴定、就业见习、公益性岗位安置等按规定给予补贴。同时，在有关专项就业扶助工程和计划中，要将残疾人纳入重点扶助对象，按照规定标准给予补贴。

（十三）残疾人就业保障金。各级财政部门要认真落实残疾人就业保障金征收使用管理规定，切实加强残疾人就业保障金征收工作，充分发挥残疾人就业保障金的调节作用，促进国家机关、团体、企事业单位接纳安排残疾人就业。严格残疾人就业保障金使用管理，确保专项用于残疾人就业培训和服务工作。进一步创新支持方式，提高资金使用效率。要加强残疾人就业保障金征收使用情况的监督检查，严禁擅自减免以及截留、挤占、挪用残疾人就业保障金。

（十四）社会资金。鼓励企事业单位、社会团体和个人捐资用于残疾人职业培训，对通过政府部门或非营利组织提供的资助和捐赠，按规定享受税收优惠政策。鼓励社会培训机构对残疾人减免培训费用。对于募集的资金，要加强监管，不准挪作他用。

五、加强组织领导，大力开展宣传表彰

（十五）建立组织领导机制。各地要充分发挥政府残工委的协调职能，建立残疾人

职业培训工作领导小组。要切实掌握残疾人基础数据，并根据当地经济发展水平、残疾人职业培训需求、社会培训资源和能力，制定中长期残疾人职业培训规划和年度计划。各级人力资源社会保障部门要将残疾人职业培训纳入培训计划，鼓励和支持各类社会培训机构开展残疾人职业培训，督促和指导各级人力资源市场为残疾人提供免费的就业信息和就业服务。财政部门要做好残疾人就业培训资金的预算安排，通过就业专项资金、残疾人就业保障金等渠道，支持开展残疾人职业培训工作，并对资金的管理使用进行监督。各级残联及残疾人就业服务机构、职业培训机构要把残疾人职业培训工作放在重要位置，建立领导责任制和目标管理责任制，认真落实各项政策措施，强化职业培训工作，为促进残疾人就业提供有力支撑。

（十六）加大宣传力度。各地要通过广播、电视、报刊、网络以及电子屏幕、横幅、标语、橱窗、板报等多种形式，广泛宣传各级政府在加强残疾人职业培训方面的各项法律法规和政策。对在残疾人职业培训工作中做出突出贡献的机构和个人进行表彰，及时总结、宣传和推广残疾人职业培训工作典型经验和做法，力争做到活动宣传到位、政策解释到位、措施说明到位、典型引导到位，努力营造全社会尊重、关心、理解和支持残疾人职业培训工作的良好氛围。

人力资源和社会保障部办公厅关于转发《上海市人民政府办公厅转发市财政局等三部门关于支持和鼓励本市企业组织开展职工职业培训实施意见的通知》的通知

（人社厅函［2012］512号　2012年11月7日）

各省、自治区、直辖市及新疆生产建设兵团人力资源社会保障厅（局）：

2011年1月，上海市人民政府下发了《上海市人民政府关于本市开征地方教育附加的通知》（沪府发［2011］2号），明确“十二五”期间，上海市地方教育附加专项资金将重点用于支持和促进以职工职业培训为主要内容的人力资源建设，同时兼顾市政府确定的教育发展项目。同年6月，上海市人民政府办公厅印发了《上海市人民政府办公厅转发市财政局等三部门关于支持和鼓励本市企业组织开展职工职业培训实施意见的通知》（沪府办发［2011］29号，以下简称沪府办29号文件），进一步明确上海市财政将统筹运用地方教育附加专项资金，对本市内外资各类企业组织开展职工职业培训给予支持。

上海市政府出台的这些政策具有一定的创新性，对于做好全国职业培训工作，特别是企业职工培训具有示范作用。现将沪府办 29 号文件转发给你们，希望各地认真学习借鉴上海市的经验和做法，进一步贯彻落实《国务院关于加强职业培训促进就业的意见》（国发［2010］36 号），加强与同级财政等部门的沟通和协调，积极拓宽资金渠道，完善职业培训政策，推动职业能力建设工作再上新台阶。

上海市人民政府办公厅转发市财政局等三部门关于支持和鼓励本市企业组织开展职工职业培训实施意见的通知

各区、县人民政府，市政府各委、办、局：

市财政局、市人力资源社会保障局、市教委《关于支持和鼓励本市企业组织开展职工职业培训的实施意见》已经市政府同意，现转发给你们，请按照执行。

关于支持和鼓励本市企业组织开展职工职业培训的实施意见

为贯彻落实《国务院关于加强职业培训促进就业的意见》（国发［2010］36 号）及《上海市中长期教育改革和发展规划纲要（2010 年—2020 年）》，全面提高本市企业职工整体素质，加快技能人才队伍建设，现就进一步支持和鼓励本市企业组织开展职工职业培训工作提出如下意见：

一、指导思想和总体目标

（一）指导思想

按照“技能为本、终身培训”的原则，推进终身教育体系建设，建立覆盖对象广泛、培训形式多样、管理运作规范、保障措施健全的本市企业职工职业培训工作机制，全面提高本市企业职工整体素质，增强企业自主创新能力和职工创新创业能力。“十二五”期间市财政将统筹运用地方教育附加专项资金，对本市内外资各类企业组织开展职工职业培训给予支持。

（二）总体目标

1. 通过财政资金支持，引导企业组织开展职工职业培训。按照“企业需求、职工愿望、政府导向”的原则，加快培养一大批与本市经济发展方式转变、产业结构调整相适应的技能人才。

2. 充分调动和激发本市各类企业组织开展职工职业培训的积极性和主动性，按照规定，计提并用足用好企业职工教育经费，争取使企业职工普遍接受培训。

3. 鼓励、扶持实力强、质量好、与产业关联密切、师资队伍齐备、管理运行规范的培训机构（包括本市公共实训基地）等企业加快发展，强化企业职工职业培训基础能力建设，带动本市社会各类培训机构有序健康发展。

二、具体措施

（一）给予培训经费补贴

对符合补贴条件的本市内外资各类企业给予企业职工职业培训补贴。按照“确保重点、全面推进”的原则，重点支持现代服务业、先进制造业、高新技术产业和战略性新兴产业等“十二五”期间本市重点产业领域企业。

企业申请职工职业培训补贴的条件：一是根据本市企业职工职业培训规划，组织开展符合实际需求的职工职业培训；二是按照规定足额提取并使用企业职工教育经费，职工教育经费的60%以上应用于一线职工的职业培训；三是职工职业培训计划和职工教育经费使用情况经职工代表大会审议通过。

（二）鼓励社会各类培训机构参与

1. 支持本市高技能人才培养基地建设。鼓励本市重点发展的先进制造业和现代服务业领域的大型骨干企业（集团）建立面向全社会的高技能人才培养基地。对上下游产业技能人才培养的辐射带动作用强、全面提升相关产业领域劳动者整体技能素质效果好，并面向全社会开放的高技能人才培养基地，经本市人力资源社会保障部门、财政部门及相关行业主管部门认定和考核评价后，对其培训项目开发、实训设备设施和师资队伍建设等给予一定的经费资助。

2. 鼓励社会各类培训机构积极组织开展企业职工职业培训。对经本市教育主管部门、人力资源社会保障部门认定并按照本市企业职工职业培训规划积极开展职工职业培训、规范运作的社会各类培训机构（包括本市公共实训基地、高等院校、中等职业学校、社区院校和各类社会培训机构），经考核评价后，给予一定的经费资助。

3. 加强本市企业职工职业培训的基础能力建设。根据本市产业发展和企业职工职业培训的实际需求，对本市公共实训基地实训项目的开发建设，职业培训技能标准、培训计划大纲、鉴定题库和培训教材的开发建设，以及职业培训师资的进修培训，给予一定的经费资助。

三、工作机制

（一）科学制定培训规划

根据“十二五”期间本市“创新驱动、转型发展”和产业结构调整的要求，在综合考虑本市企业职工职业培训状况和社会培训资源及能力的基础上，由市人力资源社会保障部门牵头制定“十二五”期间本市企业职工职业培训规划和年度实施计划，明确企业职工职业培训的目标任务和具体培训目录。

（二）明确部门职责分工

建立在市政府统一领导下，市人力资源社会保障、教育、财政等部门各司其职、密切配合，工会、共青团、妇联等社会团体广泛参与的工作机制，共同推动本市企业职工职业培训工作协调有序开展。

1. 市人力资源社会保障部门主要负责制定本市企业职工职业培训规划和年度计划，对各类企业和非学历技能类培训机构组织开展职工职业培训提供指导服务和进行督导评估，组织开展本市公共实训基地建设管理和职业培训项目开发。

2. 市教育部门主要负责对各类学历类和非学历类文化教育培训机构的认定、管理和考核评价。

3. 市财政部门主要负责落实和审核拨付企业职工职业培训补贴资金，加强资金管理和绩效考核。

（三）分级实施经费补贴

企业职工职业培训经费补贴，按照现行市与区（县）财税管理体制，由市与区（县）分别实施。其中，市财政部门会同市人力资源社会保障、教育等部门，根据本《实施意见》规定，制定经费补贴具体实施办法；各区（县）政府根据上述具体实施办法，结合辖区内企业职工职业培训实际情况，制定操作办法。

四、补贴资金安排和管理

（一）企业职工职业培训补贴资金的安排

“十二五”期间本市地方教育附加专项资金将重点用于支持和促进以职工职业培训为主要内容的人力资源建设。

（二）企业职工职业培训补贴资金的拨付

1. 对各区（县）税收征管企业的职工职业培训补贴资金，由市级财政纳入市对区（县）的财政转移支付。

各区（县）将补贴资金全部用于对企业的职工职业培训补贴。具体由区（县）财政部门会同区（县）人力资源社会保障等部门审核拨付。

2. 对市级税收征管企业的职工职业培训补贴，由市财政部门会同市人力资源社会保障等部门审核拨付。

3. 对社会各类培训机构职业培训基础能力建设的经费资助，由市财政部门会同市人力资源社会保障、教育等部门在考核评价的基础上拨付，具体实施办法由市财政部门会同市人力资源社会保障、教育等部门另行制定。

（三）企业职工职业培训补贴资金的监督管理

各级财政部门要切实加强对企业职工职业培训补贴资金的管理，定期向社会公开补贴资金的实施办法、使用情况等。审计部门要加强对企业职工职业培训补贴资金的审计，确保规范使用和管理补贴资金。

本实施意见自发布之日起30日后施行，有效期自实施之日起5年。

人力资源和社会保障部关于在百家城市中开展技能振兴专项活动的通知

（人社部发［2013］16号　2013年2月21日）

各省、自治区、直辖市和新疆生产建设兵团人力资源社会保障厅（局）：

为进一步贯彻落实《国务院关于加强职业培训促进就业的意见》（国发［2010］36号）精神，大力加强职业培训和技能人才队伍建设，提升广大劳动者就业创业能力，我部决定在全国百家城市中开展技能振兴专项活动。请你们结合本地实际，指导各相关城市落实目标任务，抓好组织实施。请各地于2013年4月15日前将各相关城市的实施方案和工作安排报我部职业能力建设司。

附件：

1. 全国百家城市技能振兴专项活动实施方案
2. 开展技能振兴专项活动百家城市名单（略）

附件1：

全国百家城市技能振兴专项活动实施方案

为进一步加强职业培训和技能人才队伍建设工作，贯彻落实《国务院关于加强职业培训促进就业的意见》和《国家高技能人才振兴计划》，我部决定在全国百家城市中开展技能振兴专项活动。

一、指导思想

认真贯彻落实党的十八大精神，积极实施就业优先战略和人才强国战略，围绕健全面向全体劳动者的职业培训制度，在全国选择一批工作基础好、推动力度大的城市，开展技能振兴专项活动，进一步完善政策体系、强化工作措施、创新工作机制，通过以点带面的示范效应，全面推动职业培训工作取得新进展，以更高质量的职业培训促进更高质量的就业，以更高水平的技能人才队伍建设服务于经济发展方式转变。

二、目标任务

通过开展技能振兴专项活动，率先在重点城市健全面向全体劳动者的职业培训制度，形成职业培训促进就业和稳定就业的良性互动工作格局；率先在重点城市建立培养体系完善、考核评价科学、激励保障健全的技能人才工作机制，培养大批与经济社会发展相适应的技能人才；率先在重点城市建设全国高水平的职业培训和技能人才队伍建设的综合示范区，为推动全国职业培训和技能人才队伍建设工作提供新经验、探索新路径、创建新模式。

三、主要内容

（一）健全面向全体劳动者的职业培训制度。坚持培训与就业相结合的工作方针，加快健全以就业技能培训、岗位技能提升培训和创业培训为主要内容的职业培训制度。做好以高校毕业生为重点的青年人员、农村转移劳动力、城镇困难人员、退役军人等群体的职业培训工作，进一步扩大政府培训补贴范围，努力实现培训对象的广覆盖。创新培训形式，大规模开展各种形式的职业培训，大力推行与就业紧密结合的定向、定岗、订单式培训，提高培训的针对性和有效性，努力实现培训手段的多形式。根据劳动者职业生涯发展不同阶段对技能水平的需求，建立初级、中级、高级以及技师和高级技师的职业技能等级培训，构建终身职业培训体系，努力实现培训内容的多层次。

（二）完善职业培训和技能人才培养体系。充分依托现有各类职业教育培训机构，加大培训资源整合力度，构建以企业为主体、技工院校为基础、各类培训机构积极参与的职业培训和技能人才培养工作体系。充分发挥企业的主体作用，加强职工培训机构建设，对新录用职工、转岗职工和在岗职工开展岗前培训和技能提升培训。建立新型学徒培训制度，开展关键工艺攻关、技能研习和创新以及技能传承等活动，推动企业高技能人才培训。充分发挥技工院校的基础作用，积极构建以技师学院为龙头、高级技工学校为骨干、普通技工学校为基础的覆盖城乡劳动者的技工教育培训网络。指导技工院校按照国家技能人才培养标准要求，创新技能人才培养模式，积极推进一体化课程教学改革试点工作，建立适应经济社会发展、符合企业生产需要的现代技工教育教学体系。进一步调动各类培训机构的积极性，鼓励和引导社会力量开展职业培训和技能人才培养工作。

（三）完善技能人才多元评价体系。充分发挥职业资格证书制度在引导培训、促进就业和加强技能人才培养等方面的作用，大力加强职业技能鉴定工作，逐步健全以职业能力为导向，以工作业绩为重点，注重职业道德和职业知识水平的技能人才多元评价体系。坚持职业能力与工作业绩相结合、国家职业技能标准与岗位要求相结合、技能鉴定与考核评价相结合的评价模式。在大力推进职业技能鉴定社会化管理的同时，加快企业在职职工和职业院校毕业生技能人才评价方式的改革，进一步突破年龄、资历、身份和比例的限制，对在技能岗位工作并掌握高超技能、作出重大贡献的骨干技能人才，可破格或越级参加职业资格考评。鼓励企业畅通技能人才职业生涯发展通道，构建技能人才与专业技术人员职业发展立交桥，贯通职业技能鉴定与专业职称评定办法，拓宽技能人才职业发展通道。

（四）健全技能人才激励机制。建立健全技能人才竞赛、表彰和激励机制。进一步完善职业技能竞赛制度，广泛开展各种形式的群众性技术比武、技能竞赛活动。指导企业从生产实际出发，将技能竞赛活动与日常生产任务相结合、与提升职工队伍素质相结合、与促进技术技能革新相结合，促进企业职工学习新技术、推广新工艺、使用新方法，确保各类技能竞赛活动取得实效。对企业开展的符合职业技能竞赛组织实施要求的技能竞赛活动，可纳入政府组织的职业技能竞赛计划。注重培养和选拔优秀青年技能人才参加各类职业技能竞赛，为青年技能人才参加世界技能大赛创造条件。对在职业技能竞赛中取得优异成绩的选手，按照规定给予表彰奖励，符合条件的晋升相应职业资格。进一步健全以政府奖励为导向，企业奖励为主体，辅以必要的社会奖励的技能人才表彰和奖励机制。健全和完善培训、考核、使用与待遇相结合的激励机制，引导企业工资分配向技能人才倾斜，鼓励企业建立高技能人才技能职务津贴和特殊岗位津贴制度。

四、保障措施

（一）加强组织保障。各相关城市要成立技能振兴专项活动工作领导小组，建立在政府统一领导下，人力资源社会保障部门统筹协调，有关部门各司其职、密切配合的工作机制，推进技能振兴专项活动。省级人力资源社会保障部门要加大对技能振兴专项活动的人力、物力、财力的投入，确保技能振兴专项活动的顺利实施。

（二）加大政策扶持。各相关城市要按照《国务院关于加强职业培训促进就业的意见》精神要求，出台本地加强职业培训促进就业和加强技能人才队伍建设的意见，进一步完善相关配套政策措施，积极构建有利于支持和促进职业培训事业发展和技能人才队伍建设的政策体系。

（三）加强资金保障。各相关城市要进一步加大就业专项资金的投入，明确公共财政支持职业培训和技能人才队伍建设工作的资金渠道。各级人力资源社会保障部门要积极协调财政、发展改革等部门，统筹高技能人才专项工作经费、教育费附加、企业职工教育统筹经费等资金用于技能振兴专项活动。有条件的城市，可按规定对技能振兴专项活动给予支持。人力资源社会保障部将在国家“高技能人才培训示范基地建设项目”、“技师培训项目”、“技能大师工作室建设项目”以及国家技能人才评选表彰、高技能人才享受国务院政府特贴等方面对各相关城市给予支持和倾斜。

（四）加强舆论宣传。各相关城市要加强技能振兴专项活动的舆论宣传，大力宣传党和国家关于加强职业培训促进就业、技能人才工作的方针政策，大力宣传职业培训促进就业的重要作用以及技能人才在经济建设和社会发展中的突出贡献，提高职业培训工作和技能人才的社会地位，努力营造有利于职业培训事业发展和高技能人才成长的良好氛围。

五、实施步骤

全国百家城市技能振兴专项活动为时两年，实施工作分三个阶段进行：第一阶段

(2013 年 2—4 月)：《印发关于在全国百家城市开展技能振兴专项活动的通知》，启动专项活动相关工作；各相关城市制定具体实施方案和工作安排。第二阶段（2013 年 5 月—2014 年 9 月)：全面推动技能振兴专项活动工作；指导各相关城市做好专项活动相关工作；各相关城市结合本地实际，落实专项活动实施方案，完成专项活动各项工作任务。第三阶段（2014 年 10—12 月)：对各相关城市的专项活动开展工作绩效评估，总结经验。

人力资源和社会保障部办公厅关于实施离校未就业高校毕业生技能就业专项活动的通知

（人社厅函［2013］246 号　2013 年 5 月 30 日）

各省、自治区、直辖市及新疆生产建设兵团人力资源社会保障厅（局)：

按照《国务院办公厅关于做好 2013 年全国普通高等学校毕业生就业工作的通知》（国办发［2013］35 号）提出的实施“离校未就业高校毕业生就业促进计划”的要求，为提高高校毕业生的技能水平和就业创业能力，促进其实现素质就业和稳定就业，我部定于 2013 年实施离校未就业高校毕业生技能就业专项活动。

一、目标任务

在全国范围内组织 1 000 所国家级重点以上的技工院校和培训实力雄厚的职业培训机构，对有培训意愿的离校未就业高校毕业生开展就业技能培训、企业上岗前培训和创业培训，使其掌握就业或创业的专项技能和实际能力，培训合格率力争达到 90%以上，培训后的就业率达到 90%以上，引导其在生产和服务一线实现技能就业、技能成才。

二、主要内容

（一）做好组织动员。各级人力资源社会保障部门要确定一批符合条件的技工院校和职业培训机构，承担离校未就业高校毕业生技能培训和创业培训任务。要指导培训单位加强与公共就业人才服务机构和基层就业服务平台的联系与对接，及时掌握高校毕业生的培训需求，确定社会需求大、就业前景好、高校毕业生认可度高的培训专业。要加强与本地区教育部门和高等院校的协调配合，积极宣传培训政策措施，并通过地方人力资源社会保障门户网站、公共就业人才服务网站、基层就业服务平台等，及时发布面向离校未就业高校毕业生所开设的培训专业目录、承担培训任务的机构名单、培训鉴定补贴报销的经办主体和办理流程等信息，广泛动员有培训愿望的离校未就业高校毕业生自主选择适合的培训项目。

（二）开展技能培训。各级人力资源社会保障部门要指导承担培训任务的技工院校和职业培训机构，对有培训需求的高校毕业生开展有针对性的技能培训。对离校未就业的高校毕业生，重点开展以定向培训为主的就业技能培训。对企业拟录用的高校毕业生，重点开展以定岗培训为主的上岗前培训。要指导技工院校和职业培训机构利用优质教学资源、设施设备和师资力量，制定专门的培训方案，强化技能操作训练，切实提高高校毕业生的技能水平、就业能力和工作能力。

（三）开展创业培训。各级人力资源社会保障部门要指导有创业培训资质的培训机构，对有创业意愿和培训需求的未就业高校毕业生开展创业培训。创业培训机构要规范使用大学生版创业培训教材，制定符合高校毕业生特点的培训方案，组织优秀师资开展创业培训，增强其创业能力。要加强后续支持和服务，结合高校毕业生所学专业和自身特长，指导其在适合高校毕业生创业的行业领域开展创业实践活动，提高创业成功率。

（四）开展职业技能鉴定。对参加就业技能培训和上岗前培训的高校毕业生，各级职业技能鉴定机构要主动提供职业技能鉴定服务，对其职业能力进行客观评价。对职业技能鉴定合格的，按规定发放相应的职业资格证书或专项职业能力证书。

三、保障措施

（一）加强组织领导。各地人力资源社会保障部门成立由培训、就业、鉴定等部门共同参加的工作领导机构，负责工作的协调和组织推动。要将实施离校未就业高校毕业生技能就业专项活动作为职业培训年的重要活动内容，作为促进高校毕业生就业的重要措施。开展技能振兴专项活动的百家城市要发挥示范作用，切实将离校未就业高校毕业生作为重点培训群体。要研究制定具体的工作方案，精心组织实施。要切实提高培训质量，确保培训后的就业率，防止走过场。

（二）落实补贴政策。各地人力资源社会保障部门要积极协调财政部门，对参加培训的离校未就业高校毕业生，按照《国务院办公厅关于做好 2013 年全国普通高等学校毕业生就业工作的通知》（国办发［2013］35 号）和《财政部、人力资源社会保障部关于进一步加强就业专项资金管理有关问题的通知》（财社［2011］64 号）的有关规定，落实职业培训补贴政策和职业技能鉴定补贴政策。

（三）加大宣传力度。各地人力资源社会保障部门要综合利用广播、电视、报纸等传统媒体，以及青年受众使用率较高的微博、微信、手机报等新兴媒体，广泛宣传政府支持高校毕业生参加职业培训的政策措施，深入宣传高校毕业生技能成才、技能就业的先进典型，引导广大高校毕业生牢固树立劳动光荣、创造伟大的观念，到生产和服务一线建功立业。

各地贯彻落实情况请及时报告部职业能力建设司。

人力资源和社会保障部关于实施离校未就业高校毕业生就业促进计划的通知

（人社部发［2013］41号 2013年5月29日）

各省、自治区、直辖市及新疆生产建设兵团人力资源社会保障厅（局）：

按照《国务院办公厅关于做好2013年全国普通高等学校毕业生就业工作的通知》（国办发［2013］35号）要求，为进一步做好离校未就业高校毕业生就业工作，从2013年起实施离校未就业高校毕业生就业促进计划。现就有关工作通知如下：

一、目标任务

将有就业意愿的离校未就业高校毕业生全部纳入公共就业人才服务范围，综合运用各项政策措施和服务手段，力争使每一名有就业意愿的离校未就业高校毕业生在毕业半年内实现就业或参加到就业准备活动中。其中，对有就业意愿的，及时提供职业指导和用人信息；对有创业意愿的，组织其参加创业培训，提供创业服务，落实创业扶持政策；对暂时不能实现就业的，组织参加就业见习和职业培训；对就业困难高校毕业生，提供有针对性的就业援助。

二、工作措施

（一）开展实名登记

地方各级人社部门所属公共就业人才服务机构和基层公共就业服务平台要面向所有离校未就业高校毕业生（包括户籍不在本地的高校毕业生）开放，办理求职登记或失业登记手续，发放《就业失业登记证》，摸清就业服务需求。其中，直辖市为非本地户籍高校毕业生办理失业登记办法按现行规定执行。各地对高校或教育部门提供的有就业意愿的未就业高校毕业生实名制信息，按户籍地进行层层分解，由基层平台主动联系，对回到当地求职的，掌握就业服务需求；对未回当地的，掌握就业状况并宣讲政策。

（二）提供职业指导

对实名登记的所有未就业高校毕业生，各地都要提供更具针对性的职业指导。通过向高校毕业生宣讲就业政策和就业形势，帮助高校毕业生了解当地人力资源市场供求情况，树立正确的求职就业观念；通过开展职业素质测评，帮助高校毕业生了解自身特点、职业能力，合理确定求职方向；通过组织团体指导、应聘模拟训练等活动，帮助高校毕业生提高求职应聘能力。根据高校毕业生的特点和需求，不断改进方式方法，提高职业指导效果。

（三）提供就业信息

对有求职意愿的高校毕业生，各地要及时提供就业信息。广泛收集发布岗位信息，有针对性地开展分行业、分专业专场招聘活动和网络招聘活动。要以地级城市或省（区、市）为单位，建立招聘信息互联共享机制，实现辖区内招聘信息联网共享，使高校毕业生在各级公共就业人才服务机构和基层公共就业服务平台都能看到及时有效的招聘信息。提倡通过短信、微博等方式，为登记求职的离校未就业高校毕业生定制定向发布就业信息。对吸纳离校未就业高校毕业生的企业，及时按规定落实相关扶持政策。

（四）提供创业服务

对有创业意愿的高校毕业生，各地要纳入当地创业服务体系，提供政策咨询、项目开发、创业培训、融资服务、跟踪扶持等“一条龙”创业服务。会同有关部门落实好小额担保贷款及贴息、税费减免、落户等各项创业扶持政策。对实名登记的非本地户籍的自主创业高校毕业生，各地都要给予与本地户籍自主创业高校毕业生同等的政策扶持。积极推进大学生创业孵化园建设，大力支持离校未就业高校毕业生从事网络创业。

（五）开展重点就业帮扶

各地要将零就业家庭、经济困难家庭、残疾等就业困难的未就业高校毕业生列为重点帮扶对象，提供“一对一”个性化就业服务。对残疾高校毕业生，要配合残联向用人单位重点推荐，落实企业按比例吸纳残疾人就业的政策。对接受各项就业创业服务后仍难以实现就业的，可开发临时性就业岗位，保障其基本生活有着落。按规定落实好城乡低保家庭毕业年度内高校毕业生求职补贴政策。

（六）组织就业见习

对有就业见习意愿的高校毕业生，各地要及时纳入就业见习工作对象范围，及时提供见习机会。结合当地产业发展和市场需求，以企业为主体建立并拓展一批见习基地，大力开发就业见习岗位。通过多种途径发布就业见习岗位信息，组织开展见习供需见面活动。规范见习管理，加强见习期间的跟踪指导、考核监督、安全管理，提高见习质量。落实见习期间基本生活费补助政策，积极协调财政部门根据实际情况适当提高补助标准。

（七）组织职业培训

对有培训意愿的离校未就业高校毕业生，各地要结合其专业特点，组织参加职业培训和技能鉴定，按规定落实相关补贴政策。结合当地产业发展和市场需求开发适合高校毕业生的培训项目，及时向社会发布本地区政府补贴培训职业（工种）目录。在全国范围内组织开展“离校未就业高校毕业生技能就业专项活动”，动员 1 000 所国家级重点以上技工院校和职业培训机构开展有针对性的技能培训。

（八）提供人事劳动保障代理服务

地方各级公共就业人才服务机构要为离校未就业高校毕业生免费提供档案托管、人事代理、社会保险办理和接续等一系列服务，简化服务流程，提高服务效率；有条件的地方可对到小微企业就业的离校未就业高校毕业生，提供免费的人事劳动保障代理服务。

（九）加强劳动权益保护

各地要加大人力资源市场监管力度，严厉打击招聘过程中的欺诈行为，及时纠正性别歧视和其他各类就业歧视。加大劳动用工、缴纳社会保险费等方面的劳动保障监察力度，切实维护高校毕业生就业后的合法权益。

三、工作要求

（一）加强组织领导。各地要高度重视，将实施就业促进计划作为一项重要措施组织落实。要提前搞好摸底调查，结合本地实际制定实施方案，明确工作目标、工作措施和工作进度，落实工作责任，抓好组织实施。要加强工作督促和检查，密切关注工作进展情况，研究解决工作推动中出现的新情况、新问题，重大问题要及时上报。

（二）广泛宣传动员。各地要制定宣传方案，明确宣传重点、宣传措施，通过持续开展主题突出、内容丰富、形式多样的宣传报道，力争让每一名离校未就业高校毕业生知晓计划并积极参与。大力宣传就业促进计划的目标和主要内容，扩大社会影响。结合本地实际，制作宣传画、宣传册、公益广告等各类宣传材料，在公共就业人才服务机构、高校、街道社区、各类招聘现场张贴和发放。积极应用微博、移动互联平台等青年人喜爱的形式广泛宣传。

（三）提高服务水平。各级公共就业人才服务机构以及街道社区要设立专门服务窗口，确定专人负责，实行首问负责制。同一城市的公共就业人才服务机构之间要实现业务互通，数据共享，统一服务标准，让高校毕业生享受同等服务。各技工院校和职业培训机构要精心组织开展离校未就业高校毕业生技能培训，切实提高培训质量，突出培训成效。

（四）开展实名登记高校毕业生就业监测。各地要对实名登记的离校未就业高校毕业生开展跟踪回访，及时了解其就业状况、接受就业服务情况、享受就业政策扶持情况，做好记录，并纳入就业监测基础数据库，定期上传。有关操作性、技术性要求另行部署。

人力资源和社会保障部　教育部　财政部
关于做好高校毕业生求职补贴发放工作的通知

（人社部发［2013］43号　2013年6月5日）

各省、自治区、直辖市人力资源社会保障厅（局）、教育厅（教委）、财政厅（局）：

为落实《国务院办公厅关于做好2013年全国普通高等学校毕业生就业工作的通知》

(国办发［2013］35号）要求，从2013年起，对享受城乡居民最低生活保障家庭的毕业年度内高校毕业生给予一次性求职补贴。现就有关问题通知如下：

一、发放对象。在毕业年度内有就业意愿并积极求职的享受城乡居民最低生活保障家庭的高校毕业生。

二、发放原则。坚持自愿申请、公开公正、属地管理、专款专用的原则。

三、申领发放程序。各高校应组织符合条件的高校毕业生在离校前集中申请一次性求职补贴。申请材料应附：高校毕业生所在家庭享受城乡居民最低生活保障的证明、本人身份证件复印件、个人银行账户等。各高校要对申请材料进行初审，并将初审通过的申请补贴人员名单在校园内公示。各高校将公示无异议的申请补贴人员名单及申请材料汇总报送高校所在地人力资源社会保障部门。人力资源社会保障部门应及时对申请材料进行审核，审核通过后将补贴发放人员名单报送高校所在地同级财政部门。财政部门将补贴资金支付到高校毕业生在银行开立的个人账户。

四、补贴标准及列支渠道。补贴标准由省级财政、人力资源社会保障部门会同有关部门根据当地实际制定。2013年，各地发放的一次性求职补贴列入政府收支分类科目第2080799项“其他就业补助支出”科目。2014年起按政府收支分类科目规定的科目列支。

五、工作要求。各有关部门、各高校要高度重视，明确任务分工，加强协调配合，扎实做好补贴发放工作。高校所在地人力资源社会保障部门和高校要设立并公布监督举报电话。对相关举报投诉，人力资源社会保障部门要会同有关部门、高校认真核查，对经查实虚报冒领求职补贴的高校毕业生，责令退回补贴资金，并由高校将不良记录记入本人学籍档案。高校毕业生家庭所在地民政部门、有关高校出具虚假证明，骗取、套取补贴资金的，对有关责任人要依法依纪严肃处理。

人力资源和社会保障部　财政部 国务院港澳办公室　国务院台湾事务办公室关于在内地高校学习的台港澳毕业生享受职业培训补贴政策的通知

（人社部发［2013］45号　2013年6月24日）

各省、自治区、直辖市人力资源社会保障厅（局）、财政厅（局）、外事（港澳事务）办公室、台湾事务办公室：

为进一步促进台湾、香港、澳门居民在内地就业，对在大陆（内地）高校学习的台湾、香港、澳门毕业生在毕业学年内参加创业培训的，比照本地高校毕业生相关规定，给予职业培训补贴。

此项政策从 2014 年 1 月 1 日起实施。

人力资源和社会保障部关于印发《农民工职业技能提升计划——“春潮行动”实施方案》的通知

（人社部发［2014］26 号 2014 年 3 月 31 日）

各省、自治区、直辖市和新疆生产建设兵团人力资源社会保障厅（局）：

为贯彻落实中央经济工作会议和中央城镇化工作会议精神，进一步提高农村转移就业劳动者就业创业能力，根据《国家新型城镇化规划（2013—2020 年）》和《国务院关于加强职业培训促进就业的意见》（国发［2010］36 号），按照国务院要求，今年开始在全国开展农民工职业技能提升计划——“春潮行动”。现将《农民工职业技能提升计划——“春潮行动”实施方案》印发给你们，请结合本地实际，落实目标任务，抓好组织实施，做好相关工作。

农民工职业技能提升计划——“春潮行动”实施方案

为贯彻落实中央经济工作会议和中央城镇化工作会议精神，进一步提高农村转移就业劳动者就业创业能力，加快推动农业转移人口市民化，根据《国家新型城镇化规划（2013—2020 年）》和《国务院关于加强职业培训促进就业的意见》（国发［2010］36 号），特制定农民工职业技能提升计划——“春潮行动”实施方案。

一、指导思想

贯彻落实党的十八大和十八届三中全会精神，适应新型工业化、信息化、城镇化的发展方向，坚持服务就业和经济社会发展，大力开展面向农村转移就业劳动者的职业技能培训，以农村新成长劳动力为重点，以提升劳动者职业素质和就业创业能力为目标，充分发挥政府、行业企业、社会团体、院校和职业培训机构等各方面作用，加快构建劳动者终身职业培训体系，促进农村转移就业劳动者实现就业和稳定就业，为推进国家新型城镇化作出贡献。

二、基本原则

（一）统筹规划，分工负责。开展“春潮行动”是当前及今后一个时期人力资源社会保障工作的重点任务。各地人力资源社会保障部门要科学统筹，制定工作规划，全面部署安排。要加强与相关部门协调配合，建立任务明确、分工负责、政策共享、运转协调的工作机制。

（二）突出重点，分类实施。“春潮行动”实施的重点是农村新成长劳动力。要根据不同类型农村转移就业劳动者的需求，分类组织实施各具特色的职业培训，大力开展就业技能培训、岗位技能提升培训、高技能人才培训和创业培训。

（三）市场引导，政府支持。发挥市场在农村转移就业劳动者培训中的导向作用，适应企业岗位要求和劳动者就业需求，探索培训新模式和新方法，增强培训的针对性和有效性，提升培训后的就业率。发挥政府支持作用，加大政策支持力度，完善公共就业和人才服务。

（四）广泛动员，形成合力。综合运用各类激励政策和措施，充分调动社会各方面的积极性，整合职业培训资源，引导行业企业、社会团体、院校和各类职业培训机构广泛开展农村转移就业劳动者培训。

三、目标任务

适应农村转移就业劳动者实现就业和稳定就业的需要，通过开展培训将农村转移就业劳动者培养成为符合经济社会发展需求的高素质技能劳动者。到2020年，力争使新进入人力资源市场的农村转移就业劳动者都有机会接受一次相应的就业技能培训；力争使企业技能岗位的农村转移就业劳动者得到一次岗位技能提升培训或高技能人才培训；力争使具备一定创业条件或已创业的农村转移就业劳动者有机会接受创业培训。

——就业技能培训。每年面向农村新成长劳动力和拟转移就业劳动者开展政府补贴培训700万人次，培训合格率达到90%以上，就业率达到80%以上。

——岗位技能提升培训。每年面向在岗农民工开展政府补贴培训300万人次，培训合格率达到90%以上。

——创业培训。每年面向有创业意愿的农村转移就业劳动者开展创业培训100万人次，培训合格率达到80%以上，创业成功率达到50%以上。

四、主要内容

（一）就业技能培训。对农村新成长劳动力和拟转移到非农产业务工经商的农村劳动者开展专项技能或初级技能培训。依托技工院校、职业院校、企业培训机构、就业训练中心、民办职业培训机构等教育培训机构，采取政府购买服务培训方式，坚持以就业为导向，强化实际操作技能训练和职业素质培养，使他们达到上岗要求或掌握初级以上职业技能，着力提高培训后的就业率。对少数民族农村转移就业劳动者，可根据其需要在开展职业技能培训的同时，开展国家通用语言培训。对符合条件的，按规定给予职业培训补贴和职业技能鉴定补贴。

劳动预备制培训。对农村未继续升学并准备进入非农产业就业或进城务工的应届初高中毕业生、农业户籍退役士兵开展储备性专业技能培训。依托技工院校，采取政府购买服务培训方式，对其开展1～2个学期的储备性专业技能培训，基本消除农村新成长劳动力无技能从业现象。对符合条件的，按规定给予职业培训补贴、职业技能鉴定补贴和生活费补贴。

（二）岗位技能提升培训。对与企业签订6个月以上期限劳动合同的在岗农民工开展提高技能水平的培训。由企业依托所属培训机构或政府认定的培训机构，根据行业特点和岗位技能需求，结合技术进步和产业升级对职工技能水平的要求，对新录用农村转移就业劳动者开展岗前培训或学徒培训，对已在岗农民工开展岗位技能提升培训。培训经费由企业职工教育经费列支。对符合条件的，按规定给予企业一定比例的职业培训补贴和职业技能鉴定补贴。

高技能人才培训。对具备中级以上职业技能等级的在岗农民工开展高技能人才培训。人力资源社会保障部门根据区域经济社会发展需求和产业发展要求制定高技能人才培养规划，鼓励符合条件的企业在岗农民工参加高技能人才培训，提升其技能水平和职业技能等级。培训经费由企业职工教育经费列支。对符合条件的，按规定给予技师培训补贴。

（三）创业培训。对有创业意愿并具备一定创业条件的农村转移就业劳动者开展提高其创业能力的创业培训。依托创业培训机构，结合当地产业发展和创业项目，根据培训对象特点和需求组织开展创业培训，重点开展创业意识教育、创业项目指导和企业经营管理培训，提高培训对象的创业能力。对符合条件的，按规定给予创业培训补贴。

五、保障措施

（一）加强组织领导。各地要贯彻国务院要求，建立在政府统一领导下，人力资源社会保障部门统筹协调，相关部门各司其职、密切配合，工会、共青团、妇联等人民团体广泛参与的工作机制，共同推动“春潮行动”的实施。各级人力资源社会保障部门要加大工作力度，履行牵头部门职责，确保“春潮行动”的顺利实施。

（二）加大政策落实力度。各地人力资源社会保障部门要按照《国务院关于加强职业培训促进就业的意见》（国发［2010］36号）、《国务院办公厅关于进一步做好农民工培训工作的指导意见》（国办发［2010］11号）和《财政部人力资源社会保障部关于进一步加强就业专项资金管理有关问题的通知》（财社［2011］64号）要求，严格执行职业培训补贴和职业技能鉴定补贴政策，落实补贴资金；加大政府用于职业培训的各项资金的整合力度，具备条件的地区，统一纳入就业专项资金，提高资金使用效益；加大投入，调整就业专项资金支出结构，逐步提高职业培训支出比重；指导企业按照有关法律法规足额提取职工教育经费，增加企业在岗农民工培训经费投入。

（三）加强培训监管和评估考核。各地人力资源社会保障部门要严格按照程序和标准，将优质培训资源公开遴选确定为定点培训机构，承担政府补贴培训任务。执行开班申请、过程检查、结业审核制度，加强培训过程管理。对培训结果如实记录汇总，开展绩效评估，以确保培训质量和效果。建立和完善农村转移就业劳动者培训实名制信息管理系统，对培训过程进行实时监测。会同财政等相关部门开展考核检查，加强资金监管工作，确保项目任务按时完成。

（四）加强就业服务和权益保障。加强公共就业和人才服务体系建设，为农村转移就业劳动者提供职业培训政策信息咨询、职业指导和职业介绍等服务，促进其实现就业和稳定就业。加强对农村转移就业劳动者的创业指导和创业服务，强化创业培训与小额担保贷款、税费减免等扶持政策及创业咨询、创业孵化等服务手段的衔接，提升其创业成功率。指导和督促用人单位与农民工依法签订并履行劳动合同，保障农民工劳动报酬权益，扩大农民工参加社会保险覆盖面，加强农民工职业健康保护，畅通农民工维权通道，加强对农民工的法律援助和法律服务。

（五）加强基础能力建设。结合区域经济发展，围绕农村转移就业劳动者集中的产业行业，选择现有技工院校、职业院校、企业培训机构、就业训练中心、民办职业培训机构等教育培训机构，择优确定承担政府补贴性职业培训任务的定点培训机构。依托定点培训机构建设农村转移就业劳动者职业技能实训基地和创业培训基地。

（六）加强舆论宣传。要创新宣传方式，充分运用各类新闻媒体，采取群众喜闻乐见的形式，通过集中宣传与日常宣传相结合的方式，深入开展宣传活动，扩大“春潮行动”知名度和影响力。要强化典型示范，突出导向作用，大力宣传各地农村转移就业劳动者培训工作的经验做法，大力宣传农村转移劳动者技能就业、技能成才的先进典型，进一步营造全社会关心尊重技能人才、重视支持职业培训工作的良好社会氛围。

人力资源和社会保障部办公厅关于继续实施离校未就业高校毕业生技能就业专项活动的通知

（人社厅函［2014］189号　2014年5月23日）

各省、自治区、直辖市及新疆生产建设兵团人力资源社会保障厅（局）：

按照《国务院办公厅关于做好2014年全国普通高等学校毕业生就业创业工作的通知》（国办发［2014］22号）提出的深入实施“离校未就业高校毕业生就业促进计划”要求，为提高高校毕业生技能水平和就业创业能力，促进其实现技能就业、素质就业和稳定就业，我部定于2014年继续实施离校未就业高校毕业生技能就业专项活动。

一、目标任务

在全国范围内组织一批国家级重点以上的技工院校和培训实力雄厚的职业培训机构，对有就业创业和培训意愿的离校未就业高校毕业生开展就业技能培训、企业上岗前培训和创业培训，使其掌握就业或创业的专项技能和实际能力，培训合格率力争达到90％以上，培训后的就业率达到90％以上，引导其适应人力资源市场需求，促进其在生产和服务一线实现就业创业，为建设技能强国提供人才支撑。

二、主要内容

（一）做好组织动员。各级人力资源社会保障部门要确定一批符合条件的技工院校和职业培训机构，承担离校未就业高校毕业生技能培训和创业培训任务。要指导培训单位加强与公共就业人才服务机构和基层就业服务平台的联系与对接，及时掌握高校毕业生的培训需求，确定社会需求大、就业前景好、高校毕业生认可度高的培训专业，特别是要着力开发对高校毕业生需求比较集中的生产性服务业、生活性服务业、战略性新兴产业、装备制造业等领域的培训项目。要加强与本地区教育部门和高等院校的协调配合，积极宣传培训政策措施，并通过地方人力资源社会保障门户网站、公共就业人才服务网站、基层就业服务平台等，及时发布面向离校未就业高校毕业生所开设的培训专业目录、承担培训任务的机构名单、培训鉴定补贴报销的经办主体和办理流程等信息，广泛动员有就业创业和培训愿望的离校未就业高校毕业生自主选择适合的培训项目。

（二）开展技能培训。各级人力资源社会保障部门要指导承担培训任务的技工院校和职业培训机构，对有培训需求的高校毕业生开展有针对性的技能培训。对离校未就业的高校毕业生，重点开展以定向培训为主的就业技能培训。对企业拟录用的高校毕业生，重点开展以定岗培训为主的上岗前培训。要指导技工院校和职业培训机构利用优质教学资源、设施设备和师资力量，制定专门的培训方案，强化技能操作训练，切实提高高校毕业生的技能水平、就业能力和工作能力。

（三）开展创业培训。各级人力资源社会保障部门要组织研发适合高校毕业生特点的创业培训课程，指导承担创业培训任务的培训机构，对有创业意愿和培训需求的未就业高校毕业生开展创业培训。创业培训机构要制定符合高校毕业生特点的培训方案，重点采用“创办和改善你的企业（SIYB）”培训模式，规范使用大学生版创业培训教材，提升其创业意识和创业能力。鼓励有条件的高校、教育培训机构、创业服务企业、行业协会、群团组织等开发适合大学生的创业培训项目，经评审认定后，纳入专项活动安排和培训补贴范围。

（四）开展职业技能鉴定。对参加就业技能培训和上岗前培训的高校毕业生，各级职业技能鉴定机构要主动提供职业技能鉴定服务，对其职业能力进行客观评价。对职业技能鉴定合格的，按规定发放相应的职业资格证书或专项职业能力证书。对参加创业培训并通过考核的，发放创业培训合格证书，方便其持证求职，实现就业和创业。

三、保障措施

（一）加强组织领导。各地人力资源社会保障部门要高度重视离校未就业高校毕业生技能就业专项活动，要成立由培训、就业、鉴定等部门共同参加的工作领导机构，负责工作的协调和组织推动。要将实施离校未就业高校毕业生技能就业专项活动作为构建劳动者终身职业培训体系的重要内容，作为促进高校毕业生就业、解决就业结构性矛盾的重要措施，作为转变工作作风、强化为民服务、开展群众路线教育实践活动的重要体现。开展技能振兴专项活动的百家城市要发挥示范作用，切实将离校未就业高校毕业生作为重点培训群体。要研究制定具体的工作方案，精心组织实施。要切实提高培训质量，确保培训后的就业率，防止走过场。

（二）落实补贴政策。各地人力资源社会保障部门要积极协调财政部门，对参加培训的离校未就业高校毕业生，按照《国务院办公厅关于做好2014年全国普通高等学校毕业生就业创业工作的通知》（国办发［2014］22号）和《财政部　人力资源社会保障部关于进一步加强就业专项资金管理有关问题的通知》（财社［2011］64号）的有关规定，落实职业培训补贴政策和职业技能鉴定补贴政策。

（三）提高培训质量。各地人力资源社会保障部门要指导培训机构依照相应的国家职业标准、专项职业能力考核要求组织开展培训，突出职业能力培养。在高校毕业生集中的城市，要提升改造一批适应高校毕业生特点的职业技能公共实训基地。要创新培训方式方法，充分运用一体化教学、网络培训、学徒制培训等新模式，提高培训的针对性、有效性。培训过程中尽量将高校毕业生单独组班，并根据其特点开展培训教学活动，切实提高培训后的就业和创业效果。

（四）加大宣传力度。各地人力资源社会保障部门要综合利用广播、电视、报纸等传统媒体，以及青年受众使用率较高的微博、微信、手机客户端等新兴媒体，广泛宣传政府支持高校毕业生参加职业培训的政策措施，深入宣传高校毕业生技能成才、技能就业的先进典型，引导广大高校毕业生牢固树立劳动光荣、创造伟大的观念，到生产和服务一线建功立业，形成“崇尚一技之长、不唯学历凭能力”的社会氛围。

各地贯彻落实情况请及时报告我部职业能力建设司。

电话：010－84208452（含传真）

人力资源和社会保障部关于贯彻落实全国职业教育工作会议精神的通知

（人社部发［2014］49号　2014年7月22日）

各省、自治区、直辖市及新疆生产建设兵团人力资源社会保障厅（局）：

今年6月，国务院召开全国职业教育工作会议，印发了《国务院关于加快发展现代职业教育的决定》。习近平总书记对职业教育工作作出重要批示，李克强总理接见会议代表并发表重要讲话，刘延东副总理、马凯副总理出席会议并作重要讲话。会议对加快发展现代职业教育作出了全面部署。为贯彻落实会议精神，现就有关事项通知如下：

一、深入学习和领会全国职业教育工作会议精神

职业教育是国民教育体系和人力资源开发的重要组成部分，是广大青年打开通往成功成才大门的重要途径，肩负着培养多样化人才、传承技术技能、促进就业创业的重要职责。会议明确了职业教育工作的指导思想、基本原则、目标任务和具体措施，体现了新时期党中央、国务院对职业教育形势的新判断和对职业教育工作的新部署，为推进职业教育改革发展指明了方向，同时也为推进职业培训发展提供了强大动力。加快发展现代职业教育，对于深入实施创新驱动发展战略和人才强国战略，实现经济转型升级，改善民生和促进就业创业，具有十分重要的意义。各级人力资源社会保障部门要认真学习、深刻领会习近平总书记批示、李克强总理讲话和刘延东、马凯副总理讲话精神，按照会议部署要求，进一步统一思想，提高认识，增强做好工作的责任感和使命感。要将贯彻落实会议精神与促进就业创业工作紧密衔接，与推动技能人才队伍建设工作有效对接，要根据会议确定的目标任务，结合人力资源和社会保障工作实际，围绕大力推进技能人才队伍建设、职业培训、技工教育等工作作出全面部署安排，切实抓好贯彻落实。

二、加快推进技能人才队伍建设

各级人力资源社会保障部门要将贯彻会议精神与落实《高技能人才队伍建设中长期规划（2010—2020年）》有机衔接，进一步完善技能人才培养使用、考核评价、竞赛选拔、表彰激励政策体系，坚持面向基层、面向生产服务一线，以服务发展为宗旨，以促进就业为导向，大力加强技能人才队伍建设工作。深入实施国家高技能人才振兴计划，持续推进国家级高技能人才培训基地项目、国家级技能大师工作室项目和技师培训项目，全面提升高技能人才培养能力。加快开发和完善职业标准，健全职业资格证书制度，推进国家技能人才培养标准编制工作，推动技能人才培养的科学化、标准化、规范

化建设，提升技能人才培养质量。要依托人力资源市场供求信息，定期开展技能人才需求分析预测并对外发布。

引导企业加强青年技工培养，健全劳动者岗位成才途径。改革传统的以师带徒的培训方式，探索建立“招工即招生、入厂即入校、企校双师联合培养”为主要内容的企业新型学徒制度。按照政府引导、企业为主、院校支持的原则，制定配套政策，开展企业新型学徒制度试点。健全完善以企业岗位练兵为基础、以国内竞赛为主体、以世界技能大赛为龙头、国内竞赛与国际竞赛相衔接的技能竞赛体系，统筹推进中国技能大赛和第43届世界技能大赛备战工作，为更多优秀技能人才脱颖而出搭建平台。进一步完善技能人才表彰激励制度，加大对高技能人才的奖励力度。推动技术技能按贡献参与分配，促进企业建立技术技能业绩与待遇挂钩制度，进一步提升技能人才的经济待遇和社会地位。

三、加快构建劳动者终身职业培训体系

职业培训是解决就业总量矛盾、缓解就业结构性矛盾最有效的举措，是实现经济转型升级重要的基础，是促进农民工就业创业、实现生活改善现实的途径。坚持职业培训与职业教育并重，促进职业培训与职业教育协同发展，是推动我国由人力资源大国向人力资源强国迈进的重要保障。要按照党的十八届三中全会要求，加快建立健全覆盖城乡全体劳动者，贯穿劳动者从学习到工作的各个阶段，适应劳动者多样化、差异化需求的职业培训体系。

大规模开展职业培训，把高校毕业生等新成长劳动力、失业人员、在职职工、退役士兵、农民工等城乡全体劳动者纳入职业培训范围，实现培训对象广覆盖，基本消除劳动者无技能从业现象。推进培训类型多样化，大力开展就业技能培训、岗位技能提升培训和创业培训，兼顾短期、中期和长期培训，提高培训的针对性和有效性。完善从初、中、高级工到技师、高级技师不同层次的职业技能培训，实现培训等级多层次，畅通技能劳动者职业发展通道。充分发挥市场机制在资源配置中的决定性作用，坚持公办、民办并举，形成以企业为主体、职业院校为基础、社会多方参与的大培训格局，促进各类优质资源向职业培训集聚。完善职业培训管理制度，改进政府购买培训成果机制，加强信息系统建设，加强对培训对象、培训过程、培训质量、资金使用的全方位监管，实现培训管理规范化。

进一步完善培训政策，逐步提高职业培训支出在就业专项资金中的比重，着力做好农村转移劳动者、失业人员、高校毕业生、企业高技能人才等重点人群的培训。依据国家职业标准，制定开发集培养目标、培训要求、课程内容、培训方法、考核评估为一体的职业培训规范，探索“职业培训包”培训模式，规范培训活动，提高培训质量。组织实施好农民工职业技能提升计划——“春潮行动”、百城技能振兴专项行动、离校未就业高校毕业生技能就业专项活动等重点行动计划，推动职业培训工作全面开展。

四、加快推动技工院校改革发展

技工院校是技能人才培养的重要基地，是职业教育的重要组成部分，技工院校改革是职业教育改革发展的重要内容。当前和今后一个时期，技工院校要围绕实施就业优先战略和人才强国战略，以促进高质量就业为目标，以服务经济发展为宗旨，以培养职业精神和职业能力为核心，坚持“校企双制、工学一体、多元办学、内涵发展”的办学理念，适应人力资源市场规律、职业教育规律、技能人才成长规律要求，创新技工教育培养模式，强化培养特色，提高人才培养与经济发展需求的契合度，全面提升面向先进制造业、现代服务业、战略性新兴产业等领域的人才培养能力，基本形成规划布局完善、结构规模合理、专业设置科学、办学水平领先、发展环境优化的现代技工教育体系，为经济社会发展提供技能人才支撑。

大力推进技工院校多元办学，指导技工院校由注重学制教育向多元化技工教育培训转变。完善支持技工院校多元办学的政策措施，建立有利于劳动者接受技工教育和职业培训的灵活学习制度，进一步扩大非全日制学制教育和各类职业培训规模。技工院校要把校企合作作为办学基本制度，在招工招生、专业建设、课程开发、师资培养、教学管理、质量评估、职业培训等方面与企业深层次合作，实现教师所教、学生所学、企业所用紧密对接。推动技工院校以校际资源整合为基础，以校企合作为平台，以专业建设为纽带开展集团化办学。大力推进一体化课程教学改革和创新，扩大试点院校数量和试点专业范围，建设全国一体化教学资源网。

五、进一步完善就业、人事人才和劳动保障等相关政策

人力资源社会保障部门要充分发挥职能作用，进一步健全完善就业、人事人才和劳动保障等政策，为职业教育改革发展提供政策支撑。积极研判人力资源市场供求状况，及时将就业需求信息传导到职业院校，指导职业院校开发适应需求、特色鲜明的专业体系并建立动态调整机制。创造平等就业环境，消除城乡、行业、身份、性别等一切影响平等就业的制度障碍和就业歧视。规范招人用人制度，党政机关和企事业单位招用人员不得歧视技工院校等职业院校毕业生。充分发挥市场机制在人才配置中的决定性作用，促进技能人才合理流动和有效配置。建立以业绩为重点，由品德、知识、能力等要素构成的人才评价指标体系，完善专业技术人才职业水平评价办法和职业院校职业资格认证办法。深化职业院校人事制度改革，加强职业教育教师队伍建设。健全职业院校教师专业技术职务（职称）评聘办法，探索在技工院校等职业院校设置正高级教师职务（职称）。加强教师继续教育工作，不断提高教师专业水平和教学能力。按照国家规定实施岗位绩效工资制度，深化职业院校内部收入分配改革，完善教师分配激励约束机制。创新顶岗实习形式。完善劳动和社会保障政策，解决好校企合作、学徒实训等工作中的责、权、利问题。

各级人力资源社会保障部门要按照全国职业教育工作会议确定的目标、任务、要

求，根据各自实际，抓紧制定实施意见。要加强与教育、财政等有关部门的协调配合，共同推动职业教育培训工作的发展。要加强组织领导，加大资金投入和政策保障力度，着力解决技工教育办学条件、办学资金、毕业生待遇等问题，落实好技工院校享受各项职业教育财政支持政策，提升技能人才培养能力。要利用广播、电视、网络、报刊、杂志等各种媒体，开展多种形式的宣传活动，在全社会营造“崇尚一技之长，不唯学历凭能力”的良好氛围，不断提升技工教育和职业培训的社会影响力和吸引力。

（三）技工院校

教育部　劳动和社会保障部关于调整国务院部门（单位）所属学校管理体制工作中做好技工学校划转工作的通知

（教发［2000］17号　2000年2月23日）

各省、自治区、直辖市人民政府，国务院各部委、各直属机构：

根据《国务院关于进一步调整国务院部门（单位）所属学校管理体制和布局结构的决定》（国发［1999］26号）和《国务院办公厅转发教育部等部门关于调整国务院部门（单位）所属学校管理体制和布局结构调整实施意见的通知》（国办发［2000］11号）要求，国务院部门和单位所属部分学校已划转到地方管理，其中包括国务院有关部门和单位所属技工学校。现就技工学校划转工作通知如下：

一、由国务院部门（单位）下属企事业单位举办的技工学校，其人、财、物和基本建设继续由举办单位负责和管理，教育培训业务按属地原则归口地方政府劳动保障部门管理。

二、各地教育、劳动保障部门要高度重视技工学校的划转工作，按照职责分工，密切配合，通力协作，保证教育部《关于印发划转地方管理的国务院部门（单位）所属中等专业学校和技工学校名单的通知》（教发［2000］15号）中所列193所技工学校顺利划转交接和平稳过渡。

劳动和社会保障部办公厅关于在技校就业训练中心和职业培训机构开展职业指导工作的通知

（劳社厅发［2003］9号　2003年5月15日）

各省、自治区、直辖市劳动和社会保障厅（局）：

为贯彻落实全国职业教育工作会议和全国再就业工作会议精神，实施《加强职业培训提高就业能力计划》，经研究，决定在技工学校、就业训练中心和职业培训机构（以下简称技校和培训机构）普遍开展职业指导工作，现将有关事项通知如下：

一、2003年9月起，职业指导课程列为技校学生和培训机构劳动预备制培训学员（以下简称学生）必修课程。技校和培训机构要根据《职业指导教学训练大纲（试行）》（以下简称《大纲》）要求，组织教学和培训，帮助学生了解就业形势和政策，更新就业观念，掌握求职方法，学会维护自身合法权益，提高求职就业能力。技校要结合学校教学实际，将课程内容分解到各个学期，并在《大纲》中选择适当的教学训练模块，合理安排各学期学时，组织教学活动。培训机构要结合培训内容、期限和学生的实际情况，确定教学训练模块，组织培训。

二、加强职业指导师资培训和技术支持。选用劳动保障部认定的职业指导教师用教学指导书、学生用教材和职业素质测评工具书、多媒体教学软件。选择部分技校和培训机构，作为职业指导实验基地。根据职业指导员国家职业资格标准要求，组织师资培训工作，力争每所技校拥有3名以上、每个培训机构1名以上取得职业指导员职业资格证书的专职教师。

三、提高职业指导的实际效果。技校学生和培训机构要结合实际，探索符合本地和学校、培训机构实际的职业指导形式和方法。调动全体教师、学生及其家长的积极性，共同做好职业指导工作。要在做好团体指导的同时，注重强化个性化训练。要通过基础知识考试和操作实践考核，提高职业指导课程的教学训练效果。考试考核成绩记入学生成绩档案。

四、各级劳动保障部门要加强对技校和培训机构职业指导工作的指导与监督，提高毕（结）业生的就业率。公共职业介绍机构要及时公布劳动力市场需求信息并提供给技校和培训机构。对职业指导工作开展较好并达到一定规模的技校和培训机构，可批准设立就业指导和职业介绍机构，有条件的应与公共职业介绍机构实现信息联网。把职业指导工作的开展情况列入国家和省（部）级重点技校、就业训练中心评估内容，列入民办职业培训机构年检内容，加强监督检查和落实。

各地在工作中遇到的困难和问题，请及时反馈我部培训就业司。

劳动和社会保障部办公厅关于技工学校、就业训练中心以及民办职业培训机构教师上岗资格认定有关问题的通知

（劳社厅发［2003］15号　2003年7月3日）

各省、自治区、直辖市劳动和社会保障厅（局）：

根据国务院《关于取消第二批行政审批项目和改变一批行政审批项目管理方式的决定》（国发［2003］5号）要求，经研究，决定改变技工学校、就业训练中心以及民办职业培训机构教师上岗资格认定工作方式。现将有关事项通知如下：

从2003年7月起，技工学校、就业训练中心以及民办职业培训机构教师上岗资格认定工作采取“条件公开、个人申请、专家认定、行政公示并公布”的方式进行。劳动保障部门可参照技工学校、就业训练中心及民办职业培训机构教师上岗资格条件（见附件），结合本地实际，提出具体条件，并向社会公布。要成立由学校、培训机构、企业等方面专家组成的职业培训教师上岗资格专家认定工作委员会（也可依托技工学校职称评定委员会），定期组织审核认定工作，提出认定意见，由劳动保障部门公示后向社会公布，并颁发相应的职业培训教师上岗资格证书。

对已经取得教育部门颁发的《教师资格证书》的人员，专家认定工作委员会可直接认定其文化技术理论课教师资格，并由劳动保障部门颁发相应的职业培训教师上岗资格证书。对拟任生产实习指导教师的人员，专家认定工作委员会要对照相应的职业培训教师上岗资格条件，提出是否认定的意见。对符合条件的，可由劳动保障部门直接颁发相应的职业培训教师上岗资格证书；对不符合条件的，要说明理由，并推荐其参加相应的技能强化培训，满足条件后，再由劳动保障部门颁发相应的职业培训教师上岗资格证书。

各地要根据本通知要求，调整工作方式，认真做好技工学校、就业训练中心及民办职业培训机构在职教师和新任教师上岗资格认定工作。新任教师必须达到职业培训教师上岗资格条件，在职教师应通过参加进修或培训，到2005年底前逐步达到职业培训教师上岗资格条件。

附件：技工学校、就业训练中心以及民办职业培训机构教师上岗资格条件（试行）

附件：

技工学校、就业训练中心以及民办职业培训机构教师上岗资格条件（试行）

根据《中华人民共和国教师法》《关于加强技工学校及就业训练中心等职业培训机构教师队伍建设的通知》（劳部发［1996］293 号）、《关于做好技工学校和就业训练中心及其他职业培训机构教师上岗资格认定工作的通知》（劳部发［1997］88 号）和《关于加强职业培训教师队伍建设的意见》（劳社部函［2002］12 号）制定。

一、技工学校、高级技工学校教师上岗资格条件

技工学校、高级技工学校文化技术理论课教师（包括文化理论课教师和专业理论课教师），应具备高等职业技术师范学院、普通高等师范学院或者其他高等院校本科或以上学历。

技工学校专业理论课教师应具有本专业某一职业（工种）初级或以上技能水平。生产实习指导教师应具备高级技工学校（高职院校）或以上学历，同时具有高级以上（含高级）技能水平或相应专业高级以上（含高级）专业技术职务，其中，承担初级技能培训的生产实习指导教师应具备中等职业学校或以上学历，同时具有中级以上（含中级）技能水平或相应专业中级以上（含中级）专业技术职务。

高级技工学校中承担高级技能培训或技工学校高级班的专业理论课教师应具有本专业某一职业（工种）中级或以上技能水平。生产实习指导教师应具备高级技工学校（高职院校）或以上学历，同时具有技师以上（含技师）技能水平或相应专业高级以上（含高级）专业技术职务。

二、就业训练中心、民办职业培训机构教师上岗资格条件

承担初级技能培训的文化技术理论课教师，应具有中等职业学校或以上学历，生产实习指导教师应同时具有中级以上（含中级）技能水平或中级以上（含中级）专业技术职务。承担中级技能培训的文化技术理论课教师和生产实习指导教师的上岗资格条件，参照技工学校教师上岗资格条件办理。

承担高级技能培训的文化技术理论课教师和生产实习指导教师的上岗资格条件，参照高级技工学校中担任高级技能培训的教师上岗资格条件办理。

教育部 发展改革委 财政部 人事部 劳动保障部 农业部 国务院扶贫办 关于进一步加强职业教育工作的若干意见

（教职成［2004］12号 2004年9月14日）

各省、自治区、直辖市人民政府，国务院各部委、各直属机构：

为贯彻党的十六大和全国人才工作会议精神，进一步落实《国务院关于大力推进职业教育改革与发展的决定》（国发［2002］16号，以下简称《决定》），认真实施国务院批转的《2003—2007年教育振兴行动计划》，更好地适应全面建设小康社会对高素质劳动者和高技能人才的迫切需要，经国务院同意，现对进一步加强职业教育工作提出如下意见。

一、认真实践“三个代表”重要思想，坚持科学发展观，大力推进职业教育快速持续健康发展

《决定》发布以来，各级政府和有关部门加强了对职业教育工作的领导和支持，以就业为导向改革与发展职业教育逐步成为社会共识，高等职业教育得到快速发展，中等职业教育出现逐步回升的良好势头，职业教育主动服务经济社会的意识明显增强。但总体上看，职业教育仍然是我国教育的薄弱环节，一些地方和部门在统筹人力资源开发中仍存在着忽视技能人才培养和使用的倾向，在统筹各类教育发展中仍存在着忽视职业教育的倾向，推进职业教育改革与发展的措施还不够有力。一方面生产服务一线技能人才特别是高技能人才严重短缺，广大劳动者的职业技能和创业能力与劳动力市场需求有较大差距；另一方面职业教育发展面临诸多困难，办学条件比较差，办学机制不够灵活，人才培养的数量、结构和质量还不能很好满足经济建设和社会发展的需要。当前和今后一个时期是职业教育发展的重要战略机遇期，我国全面建设小康社会，走新型工业化道路，推进城镇化，解决“三农”问题，提高产业竞争力，促进就业和再就业，都对提高劳动者素质、加快技能人才培养提出了迫切要求。尽快改变职业教育发展相对滞后的局面，切实发挥职业教育在经济社会发展中的基础作用，是一项具有战略意义的紧迫任务。

进一步加强职业教育工作，加快技能人才培养，全面提高劳动者素质，关系着我国劳动就业和社会保障事业的发展，关系着我国现代化建设的进程，关系着我国国际竞争力的提高，是贯彻“三个代表”重要思想的具体体现，符合最广大人民群众的根本利

益。各地、各部门要牢固树立科学发展观，认真实施科教兴国和人才强国战略，统筹职业教育与经济建设、劳动就业、人力资源开发协调发展，统筹职业教育与其他各类教育协调发展，统筹职业学校教育与职业培训协调发展，结合本地、本部门的实际，因地制宜，采取有力措施，推进职业教育在新形势下快速持续健康发展。

从现在起到2007年，在高中阶段教育中，要加大结构调整工作力度，进一步扩大中等职业教育招生规模，使中等职业教育与普通高中教育的比例保持大体相当，在有条件的地方职业教育所占比例应该更高一些；在高等教育中，高等职业教育招生规模应占一半以上。要巩固和加强现有职业教育资源，促进职业院校办出特色，提高质量，中等职业学校不再升格为高等职业院校或并入高等学校，专科层次的职业院校不再升格为本科院校，教育部暂不再受理与上述意见相悖的职业院校升格的审批和备案。

二、坚持以就业为导向，增强职业教育主动服务经济社会发展的能力

要积极推动职业教育和培训从计划培养向市场驱动转变，从政府直接管理向宏观引导转变，从专业学科本位向职业岗位和就业为本位转变。职业院校要坚持以服务为宗旨，以就业为导向，面向社会、面向市场办学，深化办学模式和人才培养模式改革，努力提高职业教育的质量和效益。根据社会需求设置专业、开发培训项目，推进精品专业或特色专业、精品课程和精品教材的建设，不断更新教学内容，增强职业教育的针对性和适应性。高等职业教育基本学制逐步以二年制为主，中等职业教育基本学制以三年制为主。积极推行选修制或学分制，逐步建立弹性学习制度。推动产教结合，加强校企合作，积极开展“订单式”培养。坚持以能力为本位，优化教学与训练环节，强化职业能力培养，高等职业教育专业实训时间应不少于半年，中等职业教育应为半年至一年。

职业院校要全面实施素质教育，加强学生思想道德建设。深入开展中华传统美德和革命传统教育，不断培育青少年学生的爱国情感和民族精神。努力把职业道德培养和职业能力培养紧密结合起来，培养学生爱岗敬业、诚实守信、办事公道、服务群众、奉献社会的精神和严谨求实的作风。注重加强德育实践活动，努力提高德育工作的针对性和实效性。加强创业教育和职业指导工作，引导学生转变就业观念，同时也要为学生提供就业服务，把毕业生就业率作为衡量职业院校办学质量和效益的重要指标。

逐步扩大职业院校在办学、招生、专业设置、学籍管理、课程开发与安排、教师聘任、教材选用等方面的自主权，提高其面向市场依法自主办学的活力。要加强人力资源能力建设，更加重视开展在职人员的岗位培训、下岗失业人员再就业培训、农村劳动力培训和各种形式的社会化培训，努力提高广大从业人员的就业能力和创业能力。要积极开展面向残疾人的职业教育和培训。

强化市（地）政府统筹职业教育的作用，整合和充分利用现有各种职业教育资源，打破部门界限和学校类型界限，优化职业院校布局结构。根据区域经济社会发展和教育发展的实际需要，每个县要重点办好一所中等职业技术学校或职业教育中心，并把县级中等职业技术学校或职业教育中心建设放到与普通高中学校建设同等重要的位置；每个市（地）原则上要重点办好一所高等职业技术院校和若干所中等职业技术学校。要充分发挥骨干职业院校的带动作用，探索以骨干职业院校为龙头、带动其他职业学校和培训机构参加的规模化、集团化、连锁式发展模式。

三、切实加快技能人才培养，为新型工业化提供人力资源支持

各地方和行业部门要结合区域、行业发展和劳动力市场的实际需要，制订和实施技能人才培养培训规划。认真实施教育部等六部门推进的“职业院校制造业与现代服务业技能型紧缺人才培养培训计划”，到2007年在数控技术应用、汽车运用与维修、计算机应用与软件技术和护理等四个专业领域共培养毕业生100万人，共提供短期技能提高培训300万人次。认真实施劳动保障部等部门推进的“国家高技能人才培训工程”和“三年五十万新技师培养计划”。

在技能人才的培养培训中，要充分发挥企业、职业院校和各类培训机构的作用，通过职业院校培养、企业岗位培训、名师带徒、个人岗位提高相结合的方式，加快培养企业急需的技术技能型人才、复合技能型人才以及高新技术产业发展需要的知识技能型人才，推动技能人才队伍的整体建设，使技能人才特别是高技能人才的数量和所占比例有较大增加和提高，努力缓解劳动力市场技能人才紧缺状况。

四、大力加强农村职业教育，为解决“三农”问题提供服务

继续推进农科教结合和“三教统筹”。地方政府要加强统筹，促进农业、科技和教育部门发挥各自优势，把农业技术推广、科技开发和教育培训紧密结合起来，积极为农业和农村经济社会发展服务。要统筹农村基础教育、职业教育和成人教育的发展，发挥县级中等职业技术学校或职业教育中心的龙头作用，有效整合并充分利用农村中小学、乡镇成人文化技术学校、农业广播电视学校和农业推广、培训机构资源，大力开展农民实用技术培训。继续组织实施“绿色证书培训工程”和“青年农民科技培训工程”，造就适应农业结构调整和农业产业化经营需要的新型农民和技术骨干，加快农业科技的进村入户。采取有力措施，加强对少数民族地区、革命老区、边疆地区和特困地区贫困人口的实用技术培训，帮助他们摆脱贫困状况。重视农村基层干部的培养培训工作，依托各类高等院校特别是高等职业院校、广播电视大学以及高等教育自学考试等形式，努力实现村村都有一个大学生的目标。在实施“大学生西部志愿者计划”中，要安排一定比例的名额到西部职业学校任教。

开展农村劳动力转移培训是加快农村劳动力转移、促进农民增收和解决“三农”问题的重要措施。要认真实施国务院办公厅批转的农业部等六部门《2003—2010年全国农民工培训规划》、“农村劳动力转移培训阳光工程”和国务院批转的《2003—2007年教育振兴行动计划》提出的“农村劳动力转移培训计划”，努力做好农村劳动力转移培训工作。进一步扩大职业院校面向农村的招生规模，充分发挥城市对农村、东部对西部的带动和辐射作用，继续加强职业教育对口支援和帮扶工作，做好城市与农村、东部与西部合作办学、联合招生工作，并积极帮助农村和西部地区学生在城市和东部地区就业。有关部门要重点联系一批劳动力输出较多的地区，认真总结并推广典型做法和经验。要加大在岗农民工的培训力度，支持和鼓励行业企业建立多种形式的农民工学校，同时充分利用社区内各种教育资源，开展面向农民工的教育培训。

各级政府要扶持农村职业教育和成人教育、农村劳动力转移培训、城乡合作与东西部联合办学，特别是对在相关工作中成绩显著的职业院校、职业培训机构和成人学校给予奖励。西部和农村开发建设项目应安排配套资金用于相关领域的人力资源开发。使用农民工的单位负有培训本单位所用农民工的责任，所需经费从职工教育培训经费中列支。

五、深化办学体制改革，促进多元办学格局的形成

各级政府要在发展职业教育中继续发挥主导作用，努力办好公办职业院校。行业企业要继续办好职业学校和培训机构，鼓励行业企业与职业学校实行合作办学，建立行业职业教育咨询、协调机制。强化企业自主培训的功能，努力加强职工在岗培训和下岗失业人员培训。

民办职业教育应该成为我国职业教育体系的重要组成部分。要加快发展民办职业教育，积极吸引民营资本为发展职业教育服务，充分发挥民办职业教育贴近市场、机制灵活和运行高效的特点，促进职业教育观念、体制和机制的创新，更好地满足经济社会发展和人民群众对职业教育多层次、多样化的需求。认真实施《民办教育促进法》，对民办职业学校应当按照公益事业用地及建设的有关规定给予优惠，并保护民办职业学校教职工和学生的合法权利，要在学校评估、实训基地建设等方面与公办职业学校一视同仁。

要深化公办职业院校体制改革，积极推进公办职业院校运行机制创新，真正形成面向社会、面向市场自主办学的实体。鼓励公办职业院校大胆引进竞争机制，推动公办职业院校重组和整合，探索与企事业单位、社会团体、民办职业学校及个人合作方式，实行多元投资并举的办学体制。在推进职业院校的重组和整合中，要防止公办职业教育资源的流失。

积极推进职业教育领域的中外合作办学，认真贯彻《中外合作办学条例》，学习和借鉴国际上发展职业教育的有益经验和办学理念，引进国际优质职业教育资源，拓展国际招生和就业市场，扩大职业教育领域的国际交流与合作。

六、完善就业准入制度和职业资格证书制度，积极推进职业院校学生职业资格认证工作

认真执行《劳动法》和《职业教育法》，坚持"先培训、后就业""先培训、后上岗"的原则，进一步完善就业准入制度。各级劳动保障等有关部门要加强劳动执法监察，对违法行为进行纠正并给予处罚。进一步完善国家职业资格证书制度，加快开发国家职业标准，并及时进行调整和更新，形成能够反映经济发展和劳动力市场需要的动态国家职业标准体系。建立职业技能鉴定质量监控制度，加强规范化管理。要根据下岗失业人员、进城就业的农民工的实际需要开展鉴定工作，做好相关服务。

要充分发挥职业院校在实施职业资格证书制度中的作用，积极推进职业院校学生职业资格认证工作。按照统筹规划、合理布局、发挥优势的原则，各地要新确定一批具备条件的职业院校建立职业技能鉴定所（站）。劳动保障、人事、教育以及有关部门要在各自职责范围内，对职业院校毕业生取得相关职业资格证书工作加强指导、提供方便。要做好职业资格认证与职业院校专业设置的对接服务，加强专业教育相关课程内容与职业标准的相互沟通与衔接，教学内容能够覆盖国家职业资格标准要求的专业，学生技能鉴定可与学校教学考核结合起来，避免重复考核。国家级重点职业学校以及少数教学质量高、社会声誉好的省级重点中等职业学校和高等职业学校的主体专业，经相关部门认定，其毕业生参加理论和技能操作考核合格并取得职业学校学历证书者，可视同职业技能鉴定合格，取得相应的职业资格证书。有关部门要按照《决定》的要求，抓紧组织对职业学校主体专业的认定工作。要根据中外合资企业、外资企业劳动用工和国际劳务市场的要求，积极引进国内急需、在国际上广泛认可的职业资格证书以及课程体系。

七、加快职业教育实训基地建设，切实提高学生职业技能

加强职业教育实训基地建设是提高职业教育质量、解决技能人才培养“瓶颈”的关键措施。认真落实教育部、财政部关于加强职业教育实训基地建设的意见，切实改善职业院校的实训条件，力争到2007年，分期分批在重点专业领域建成一批条件较好、专业种类齐全、适应技能人才培养需要的实训基地。实训设备的配置要与企业生产技术水平相适应，以通用、实用为原则，重点解决好数量不足、实习工位短缺等问题，为学生提供足够时间的高质量的实际动手训练机会。要不断提高职业教育装备水平和现代教育技术水平，促进职业教育的现代化建设。

职业教育实训基地建设要统筹规划，合理布局，重视发挥现有职业教育资源的作用，与近年来中央财政支持的示范性职业院校建设相结合，使前期投入发挥更大效益，要努力实现区域内中、高等职院校和培训机构对实训基地的共享。实训基地要建立自主发展的新机制，不仅完成教学实训任务，还应主动面向市场开展培训和技术服务。实训基地建设中要注意发挥市场机制的作用，调动社会各方面力量共同参与，多渠道筹集建设经费，实行政府、企业、院校和社会培训机构共建共管。

八、深化职业院校人事制度改革，加强“双师型”教师队伍建设

深化职业院校人事制度改革，积极推进教师及其他专业技术人员、管理人员、工勤人员的聘用（任）制度，促进人才合理流动，优化教师队伍。有关部门要按照国务院办公厅转发中央编办、教育部、财政部《关于制定中小学教职工编制标准的意见》（国办发［2001］74号），抓紧制定和实施职业学校和成人学校教职工编制标准。人事、劳动

保障部门要积极为职业院校招聘人才提供服务，通过实行固定岗位与流动岗位相结合、专职与兼职相结合的设岗和用人办法，指导和支持职业院校，面向社会公开招聘具有丰富实践经验的专业技术人员和高技能人才，担任专业教师和实习指导教师。对于到职业院校担任教师的专业技术人员、高级工和技师可按照相关专业技术职务条例的要求评聘教师职务，实行聘任制度和合同管理，享受合同规定的相关待遇。地方人事、教育、劳动保障等有关部门要按照相关教师职务试行条例的要求，制定符合实际需要的各类职业院校教师职务评聘办法。职业院校中专业实践性较强的专业教师，可按照相应的专业技术职务系列条例的规定，再评聘第二个专业技术资格，也可根据有关规定取得相应的职业资格证书，促进“双师型”教师队伍建设。要深化职业院校教职工分配制度改革，把教职工收入与学校发展、所聘岗位以及个人工作绩效挂钩，调动教职工积极性。

要建立符合职业教育特点的教师继续教育进修和企业实践制度。职业院校专业教师每年脱产接受继续教育的时间应不少于规定的学时数，每两年必须有两个月以上时间到企业或生产服务一线进行实践，并作为教师提职、晋级的必要条件，其他教师和管理人员也应定期到企业或生产服务一线进行实践和调研。要加强职业教育师资培养培训基地建设，扩大专业教师培训和在职攻读硕士和博士学位的规模。各级教育行政部门要会同相关部门制订本地区职业教育师资队伍建设的整体规划和相关配套措施。

九、多渠道增加投入，为职业教育的改革与发展提供坚实的条件保障

认真落实《职业教育法》和《决定》中对增加职业教育经费投入的要求，逐步建立政府、受教育者、用人单位和社会共同分担、多种所有制并存和多渠道增加职业教育经费投入的新机制。各级政府要增加用于发展职业教育的投入，确保公办职业学校教师工资按时足额发放，并鼓励职业院校更新实习设备、改善教学实验设施，特别是加强职业院校共享平台的建设和重点专业的建设。省级政府要制定本地区职业院校学生生均经费标准，并督促职业院校举办者按标准投入经费。金融机构要以信贷方式支持发展职业教育，政府部门根据需要可以为职业院校提供贷款贴息。要进一步落实《决定》中关于按照企业职工工资总额的1.5%～2.5%足额提取教育培训经费的规定，保证经费专项用于职工特别是一线职工的教育和培训。在政府增加职业教育经费投入的同时，受教育者也要承担一定比例的教育费用。职业院校的学费收入要全额用于院校的发展，各有关部门不得用其冲抵正常的拨款，也不得以任何理由进行截留、调拨或划转。要积极探索吸收国（境）外资金和民间资本发展职业教育和培训的途径和机制。

中央财政安排职业教育专项经费，主要通过“以奖代补”等方式引导和支持实训基地建设。国家发展改革委员会根据职业教育发展实际需要，统筹安排资金继续支持职业教育发展，重点支持中西部地区市（地级）、县级中等职业技术学校或职业教育中心的建设。国家和地方安排的扶贫资金都要不断加大对贫困地区农村劳动力培训的投入力度。地方各级财政要增加职业教育专项经费，在安排农村科技开发经费和技术推广经费要安排一部分农村劳动力培训经费。职业教育的专项经费投入，主要采取奖励、直接补助和资助学生等方式。加强对经费使用的管理，提高资金的使用效益。各级政府要通过奖学金、助学金、贷学金和培训费补贴等多种形式，对家庭经济困难群体及其子女接受职业教育和培训提供帮助，鼓励行业企业、社会团体和公民个人捐资助学。

十、加强领导，营造发展职业教育的良好社会氛围

各级政府要进一步加强对职业教育工作的领导，切实承担起发展职业教育的责任，统筹规划，分类指导，依法推进职业教育的改革与发展。国务院批准建立的职业教育工作部际联席会议制度，统筹协调全国职业教育工作，研究解决职业教育工作中的重大问题。县级以上地方人民政府也要建立相应的职业教育部门联席会议制度，形成有关部门分工协作、齐抓共管的工作机制。各级政府要把职业教育工作列入年度教育工作报告的重要内容，向人大、政协报告职业教育工作，并接受检查和指导。要把发展职业教育列入政府业绩考核重要内容，政府教育督导部门要加强对职业教育工作的督导。要加强对职业院校和培训机构的评估检查。

要引导企业和社会各用人单位建立科学的绩效考评和薪酬制度，逐步提高生产服务一线技能人才特别是高技能人才的经济收入。建立优秀技能人才政府津贴制度，将技能人才与科学和工程技术人才同等对待，提高其社会地位和待遇。要定期开展职业技能竞赛活动，对优胜者给予相应的奖励，认定其相应的职业资格。各级政府应对职业教育工作成绩突出的单位和优秀教师，按有关规定进行奖励表彰。大力宣传优秀技能人才和高素质劳动者在社会主义现代化建设中的重要贡献，大力宣传职业教育的先进典型和先进人物，在全社会弘扬“三百六十行，行行出状元”的风尚，营造有利于职业教育发展和技能人才培养与使用的良好环境。

国家发展和改革委员会　教育部　劳动和社会保障部关于组织制订推进职业教育发展专项建设计划的指导意见

（发改社会［2004］2073号　2004年9月28日）

各省、自治区、直辖市，新疆生产建设兵团发展改革委、教育厅（教委）、劳动保障厅（局）：

为加快高素质劳动者和生产服务一线的技能型人才特别是高技能人才培养步伐，更好地为解决“三农”问题服务，进一步推进职业教育的改革和发展，现就组织制订“推进职业教育发展专项建设计划”的指导意见通知如下：

一、指导思想

以服务为宗旨，以就业为导向，以提高职业学校培养和培训能力为核心，紧密围绕培养技能人才和为转移农村劳动力服务两条主线，加强教育基础设施建设和实训设备装备，切实提高职业教育的培养能力和质量。通过加强市、县中等职业学校的建设，加快经济社会发展急需的中等实用人才的培养。加强县城职教中心的建设，推进每个县都要办好一所职教中心的发展步伐，为当地农村劳动力转移培训、人力资源开发、技术培训和扶贫开发服务。通过专项投入，调动各方面发展职业教育的积极性，推动中等职业教育办学体制、管理体制和运行机制改革，将发展中等职业教育与普通高中放到同等重要的地位，带动中等职业教育的全面发展，使之成为我国普及高中阶段教育的重要力量。

二、发展任务和建设目标

针对当前职业教育发展的主要任务，专项建设主要立足于搞好三个服务：一要加快制造业和现代服务业等技能型紧缺人才的培养，为新型工业化服务；二要大力开展农村劳动力转移培训和实用技术推广，为解决好“三农”问题服务；三要培养造就一批适应区域经济结构调整和科技进步需要的实用人才，为振兴东北等老工业基地服务。为此，专项建设将着力解决职业学校办学条件简陋、教学实验设施老化、实训设备的技术配置落后于生产实践的实际问题。

专项建设的目标是，用4年左右时间，经过中央和地方的共同努力，加强1 000所左右市、县级骨干中等职业学校的建设，形成一批设施、设备条件基本满足技能型人才培养要求和基本满足农村劳动力转移培训要求的职教基地。

三、总体原则

坚持“扶优扶强、面向农村，统筹规划、分步实施，中央引导、地方为主”的原则。重点加强市、县骨干中等职业学校或职教中心建设，扶持一批专业设置适应当地产业结构需要和面向农村服务、办学效益突出的职业学校；各地要统筹制订职业教育专项建设规划，结合专项投入和地方财力分步实施；坚持“地方投入为主，中央适当补助”的原则，中央资金主要起引导和推动作用，地方政府要按照国务院要求，努力增加职业教育投入，落实项目建设配套资金，并完善相应政策措施，保障学校运行和贫困生就学。

四、建设方案

（一）建设内容：一是以扩大培养规模为目标，建设教学楼和实验实习场所；二是以提高实际操作能力为目标，装备实用和适用的实训设备。

（二）覆盖范围：主要支持中部（含中央明确要求予以倾斜支持的东北地区）、西部地区。用于市、县中等职业学校建设，包括中等专业学校、技工学校、职业高中（或县级职教中心）。对东部地区经济社会发展相对滞后、确有较大困难的地方，以及面向西部对口招生的学校，适当予以补助。

（三）建设计划：专项建设拟加强 300 个左右城市骨干中等职业学校、700 个左右县级中等职业学校（或职教中心）。分 4 年实施，每年支持建设 250 所左右。

（四）资金安排：建设资金主要由中央专项资金、地方政府配套、学校自有资金、利用银行贷款和社会投资办学等多渠道筹措解决。

2004 年安排中央专项资金 5 亿元。争取连续几年中央安排同等数额的资金支持专项建设。

按照“地方为主”的原则，建设计划要求地方政府筹措安排适当的配套资金。原则上，地方配套与中央资金的比例，西部地区为 1∶2，中部和东北地区为 1∶1，东部地区为 2∶1。国家扶贫工作重点县项目的配套资金由省、市两级政府筹措安排。

项目学校不能与国家发展改革委、财政部和教育部近年支持过的职业学校（或职教中心）重复安排。

五、预期建设效益

专项建设支持约 1 000 所学校，使全国平均每个地市级以上城市加强建设一所骨干职业学校，约 60%的 20 万以上人口大县重点建设一所职教中心。这批学校将辐射和带动周边地区职业教育发展，推动形成城乡互动、协同发展的职业教育服务体系。预计 3 年后，专项建设计划覆盖的学校学历教育在校生规模比现在增加约 80 万～100 万人，各种形式的短期培训增加约 100 万～150 万人次。项目学校的实验、实习设备将得到显著加强，装备水平有较大提高，特别是面向第二产业的专业训练设备将基本符合企业生产实际需要，学生的动手操作能力明显增强。

六、配套措施和要求

（一）深化改革，整合资源，优化配置。地方政府要按照建立“在国务院领导下，分级管理、地方为主、政府统筹、社会参与”管理体制的要求，切实承担起统筹职业教育发展的责任，特别是要加强市（地）级政府的统筹责任，通过规划制订、政策支持和资金引导，切实采取合并、共建、联办等多种形式，对现有职业学校进行布局和专业结构调整，整合资源，推动组建综合性的职业教育实体，推进职业教育管理体制改革。

（二）强化政府责任，多渠道增加投入。地方各级政府要加快建立职业教育经费投入保障机制，强化政府财政资金的补助和引导作用，切实落实专项建设的配套资金。同时，积极利用金融、税收及社会资助等手段支持职业教育发展。专项建设计划支持的职业学校，要深化运行机制改革，面向市场办学，积极探索与企事业单位、其他教育机构、社会团体及个人合作办学，利用市场机制扩大投入来源。

（三）建立健全贫困学生助学资助体系。地方各级政府要将职业学校贫困学生纳入助学资助范围，设立专项助学经费，对家庭经济困难的学生特别是农村学生提供资助；

努力落实国务院确定的“金融机构要为家庭经济困难学生接受职业教育提供助学贷款”的具体措施和办法；要大力倡导社会各界对贫困学生捐资助学。通过社会各界的共同努力，建立一套“奖、贷、助、补、减”的职业学校贫困生助学体系，保障贫困学生顺利完成学业。

七、组织实施和管理

（一）规划制订：专项建设计划由国家发展改革委、教育部、劳动保障部和地方人民政府共同组织实施。国家发展改革委会同教育部和劳动保障部，制定“推进职业教育发展专项建设计划”的指导意见；地方发展改革部门会同教育和劳动保障部门，根据三部委指导意见的原则要求，研究制订本地区职业教育专项建设计划，进一步明确建设目标和任务，落实配套资金和政策措施等，报经三部委审核后，纳入全国“推进职业教育发展专项建设计划”，分年度组织实施。

（二）组织实施：国家发展改革委、教育部和劳动保障部联合组成“推进职业教育发展专项建设计划”工作小组，负责规划审定和建设指导工作。地方组成以分管职业教育工作的省领导为组长的领导小组，发展改革部门会同教育部门和劳动保障部门，负责当地建设计划的组织实施和协调工作。项目学校的主管部门具体负责项目建设工程的实施管理。土建项目必须严格执行基本建设程序，设备采购必须依法进行招投标。

（三）监督检查：在建设计划实施过程中，各省要将年度建设项目安排情况向社会公开，接受社会监督。项目学校主管部门对建设项目进展情况、工程建设质量、设备采购招标、资金到位和使用情况等，要进行经常性检查并落实工作责任。同时，项目单位接受纪检监察、审计、稽查部门的监督。对违反有关规定，在设备采购中出现违纪行为、资金管理不善造成损失和浪费、工程质量出现问题的，一经查实，依法严厉惩处。

八、工作安排

（一）请有关省（自治区、市，下同）按照上述指导意见，从本省职业教育长远发展的总体要求出发，结合本地实际编制总体职业教育专项建设计划及分年度执行方案，于 2004 年 12 月 31 日前由省级发展改革部门、教育部门和劳动保障部门联衔报送国家发展改革委、教育部和劳动保障部。

（二）今年国家发展改革委安排国债资金 5 亿元，启动实施“推进职业教育发展专项建设计划”。各地在编制职业教育专项建设计划的同时，先行按照专项计划的总体考虑选择一批具备条件的项目学校，按照国债资金项目管理程序制订建设计划方案。经各地专项建设计划领导小组审定后，由地方三部门联衔于 2004 年 10 月 30 日前报送国家发展改革委。

劳动和社会保障部办公厅关于加强技工学校生产实习管理工作的通知

（劳社厅函［2005］274号 2005年7月25日）

各省、自治区、直辖市劳动和社会保障厅（局）：

最近，新疆阜康矿难中有8名哈密煤矿技工学校毕业生遇难，在调查了解这一事件中发现，该校在安排学生实习过程中存在着生产实习教学疏于管理，随意调整教学计划，以及煤矿将学生充当劳务的情况。这类情况在一些技工学校也不同程度的存在。为加强技工学校生产实习管理，现就有关问题通知如下：

一、要加大技工学校教学管理工作力度，强化生产实习的组织和管理，杜绝将学生充当劳务的问题发生。一经发现未按标准收取费用，或只收学费不上课、多收学费少上课，将学生充当劳务的情况，要严厉追究学校主要负责人和直接管理者的责任，并停止其招生，情节严重的可撤销其办学资格。

二、严格执行规定的教学计划，规范实习教学内容和学时。新设专业（职业）学校自行制订的教学计划、大纲，须经省级劳动保障部门审核。技工学校不得随意调整理论教学与实习教学的课时比例，如需调整，须经学校主管部门审核同意。

三、统筹安排学生基本技能、综合技能和生产实习教学。基本技能和综合技能训练一般在学校进行，生产性现场实习教学一般安排在最后一个学年，并要在保证学生已经掌握基本技能和综合技能要求的基础上进行。学校要与实习企业共同制定生产实习教学计划，做到定课题、定学时、定岗位、定师傅。同时，学校要加强组织管理和教学，实习带队教师和实习指导教师要深入生产实习现场，随时掌握学生实习训练情况，解决实习中存在的问题。

四、加强生产实习安全管理。学校要配合实习企业完善安全责任制，双方要签订实习安全责任书，对学生生产实习工作条件、劳动保护、安全生产等方面作出明确约定。在企业实习过程中要对学生进行经常性安全教育，提高预防事故隐患的意识，掌握防范和应对安全事故的知识和方法。

五、加强监督检查。各级劳动保障部门要对学校执行教学计划、大纲和实习安全工作进行经常性地监督、检查和指导。要对本地区技工学校实习工作进行分类管理，对不同行业、不同职业工种提出有针对性的实习教学管理方式和程序。今年9月份，各地要对本地区技工学校生产实习情况进行一次大检查。采取普查和重点抽查相结合的方式进行，要将煤炭、冶金、建筑、电力、石化等行业技工学校作为检查的重点，对检查中发现的问题要采取切实可行的措施加以解决，并于10月15日前将检查结果报我部。

劳动和社会保障部办公厅关于技工学校管理体制有关问题的通知

（劳社厅明电［2005］46 号　2005 年 11 月 29 日）

各省、自治区、直辖市劳动和社会保障厅（局）：

近期，个别地方反映，全国职教会后，在当地研究职业教育发展过程中，有关部门再次提及技工学校管理体制问题。我们认为，改变技工学校管理体制，既不符合全国职教会精神，也与国家规定的现行职业教育管理体制相悖。

《国务院关于大力发展职业教育的决定》（国发［2005］35 号）明确要求，劳动保障部门在职责范围内，负责职业教育的有关工作。在全国职业教育工作会议前，国务院再次明确国家对技工学校管理体制维持不变。对此，各级劳动保障行政部门要积极地向当地政府领导汇报技工学校的情况和国家对技工学校管理的要求，争取理解和支持。

各级劳动保障行政部门要在各级党委、政府领导下，认真贯彻《国务院关于大力发展职业教育的决定》和全国职业教育工作会议精神，切实履行对技工学校的管理职责，依托职业教育工作部门联席会议制度平台，加强部门协作联动，推进技工学校改革和发展。充分发挥技工学校综合职业培训基地的作用，继续在高技能人才培养、新生劳动力培养、下岗失业人员再就业培训、农村转移劳动力培训等方面作出更大的贡献。

教育部办公厅　铁道部办公厅　劳动保障部办公厅关于技工学校学生购火车票使用优惠卡的补充通知

（教职成厅［2006］4 号　2006 年 3 月 24 日）

各省、自治区、直辖市教育厅（教委），计划单列市教育局，新疆生产建设兵团教育局，各铁路局：

为进一步规范中等职业学校学生票购售工作，2006 年 1 月 13 日，教育部办公厅、铁道部办公厅印发了《关于中等职业学校学生购火车票使用优惠卡的通知》（教职成厅［2006］2 号，以下简称《通知》），现就技工学校学生购火车票使用优惠卡有关事项补充通知如下：

一、列入使用优惠卡范围的中等职业学校包括经省级劳动保障行政部门备案的技工学校。发放优惠卡对象为在上述学校就读，没有工资收入的学历教育的学生，并同时符合《铁路旅客运输规程》规定条件。

二、各省级劳动保障行政部门要加强对此项工作的领导和管理，指定专人，严格按照《通知》的有关规定统计符合购买优惠卡条件的学校名单和人数，经审查无误后，送当地省级教育行政部门汇总后上报，经铁道部运输局审核同意后，由各省级劳动保障行政部门到《通知》指定单位统一购买。

三、各地劳动保障行政部门要与铁路、教育部门积极配合，确保技工学校学生享受优惠购买火车票政策的落实。在实施过程中如有问题，要与铁路、教育部门积极协调，并及时报告。

国家发展和改革委员会　教育部　劳动和社会保障部关于编制中等职业教育基础能力建设规划的通知

（发改社会［2006］1146号　2006年6月19日）

各省、自治区、直辖市，新疆生产建设兵团发展改革委、教育厅（教委、教育局）、劳动和社会保障厅（局）：

按照《国务院关于大力发展职业教育的决定》要求，现就编制“中等职业教育基础能力建设规划”的有关意见通知如下：

一、指导思想

以邓小平理论和“三个代表”重要思想为指导，全面落实科学发展观，按照《国民经济和社会发展第十一个五年规划纲要》要求，以服务社会主义现代化建设为宗旨，促进中等职业教育与繁荣经济、促进就业、消除贫困、维护稳定和建设先进文化紧密结合，加强职业教育基础能力建设，培养大批高素质劳动者和高技能专门人才，为实现“十一五”经济社会发展目标提供人才保障。

二、目标和任务

中等职业教育基础能力建设规划，由中央和地方政府共同投入和组织实施。中央专项投入重点支持建设1 000所左右县级职教中心（或县级职业学校）和1 000所左右示范性中等职业学校，进一步推动中等职业学校深化改革，改善办学条件，扩大培养规模，提高教育质量，力争实现到2010年中等职业学校年招生达到800万人、与普通高中招生规模大体相当的发展目标。

拟纳入建设规划的县级职教中心和示范性中等职业学校，必须坚持以服务为宗旨：一是加快先进制造业和现代服务业等技能型紧缺人才的培养培训，为走新型工业化道路、推进信息化和建设现代化服务；二是推动农村劳动力转移和农村实用技术培训，提高城乡劳动力的就业和创业能力，为解决好“三农”问题和推进新农村建设服务；三是加快培养适应区域协调发展及其产业结构调整所需的技能型人才，为西部开发、中部崛起和振兴东北等老工业基地服务。

建设内容：一是立足于扩大培养规模，支持教学楼、实验楼（实习车间）等基础设施建设；二是立足于提高实践能力和技能水平，支持实验实训设备的配置和更新；三是立足于推动资源整合和共享、提高设备使用率，支持校际之间开放共用的实验实训设施建设。

三、建设原则

（一）坚持地方投入为主。各级政府要加大对职业教育的支持力度。省级政府要安排专项资金，市、县级政府也要积极安排配套投入，中央专项资金予以支持和引导。

（二）坚持统筹规划。各地要按照2005年全国职业教育工作会议精神要求，在编制本地职业教育发展规划的基础上，结合已经制定的《推进职业教育发展专项建设计划(2004—2007年)》，统筹制订中等职业教育基础能力建设规划。

（三）坚持面向农村。重点支持主要招收农村学生的县级职教中心和中等职业学校。

（四）坚持向中西部倾斜。中央专项资金重点支持中西部地区县级职教中心和中等职业学校建设。对东部经济发展相对滞后地区的职业学校和面向西部开展联合招生合作办学的学校，给予一定支持。

（五）坚持推进改革。对以就业为导向、创新人才培养模式、专业设置对路、推行“订单式”培养、推行工学结合、实行半工半读、体制机制改革有所突破和就业率较高的学校，给予优先支持。

四、项目学校遴选原则

（一）拟纳入建设规划的县级职教中心，除符合改革精神要求，原则上应具备以下条件：

1. 具备基本的办学条件和教学实训场所及设备，但骨干专业教学或实训条件还不能满足办学需要。基本具备“双师型”教师队伍。建立了学生就业指导和就业服务机构。

2. 2004年以来毕业生直接就业率达到85%以上，县域内职业教育需求较大，学历教育招生规模持续增加，每年开展农村劳动力转移培训和农村实用技术培训大约在

2 000 人次以上。

3. 学校已建立家庭贫困学生资助制度，采取多种形式资助家庭贫困学生完成学业。

（二）拟纳入建设规划的示范性中等职业学校，除符合改革精神要求，原则上应具备以下条件：

1. 具有较好的办学基础，骨干专业拥有校内（外）实训场所和设备，具备“双师型”教师队伍。建立了学生就业指导和就业服务机构。

2. 2004 年以来毕业生直接就业率达到 95%以上，招生人数连续两年持续增加，年非学历培训达 5 000 人次以上。

3. 学校已建立家庭贫困学生资助制度，采取多种形式为家庭贫困学生提供资助或减免学费。

对 2000 年以来国债资金、财政专项资金以及国外政府贷款已支持过的中等职业学校，包括中央有关部门组织实施的“实训基地建设计划”项目，原则上不再纳入中央专项资金支持范围，对个别通过资源整合形成共享实习、实验基地的建设项目，可另行研究审核。

五、资金安排

（一）项目学校建设资金由中央专项资金、省级专项资金、市县配套资金和学校自筹资金以及社会力量投入等多渠道投入组成。

（二）中央专项资金投入 60 亿元，除 2005 年已安排 10 亿元外，2006—2010 年每年各安排 10 亿元。

（三）中央专项资金重点支持建设 1 000 所以上县级职教中心（含 2005 年已安排的 275 所）和 1 000 所左右示范性中等职业学校（含 2005 年已安排的 250 所）。

（四）国家发改委等有关部门将根据各地经济发展水平、所辖县数量及人口规模、职业教育资源状况以及有关政策因素，提出中央专项对各地的补助资金框架额度建议数（另行通知），请各省据此并结合地方政府已落实的配套投入，统筹编制中等职业教育基础能力建设规划。为保证规划编制质量和利于项目遴选，各地可按高于中央专项资金框架额度 10%的幅度，提出项目建设规划建议方案。有关部门在对各省规划建议方案进行审核和综合平衡后，形成全国“中等职业教育基础能力建设规划”，并最终确定分省（区、市）建设任务和补助资金额度。

（五）中央专项资金对项目学校采取定额补助的支持方式，原则上西部地区县级职教中心和中等职业学校，每所拟按 300 万～400 万元左右予以支持；对中部地区每所拟支持 300 万元左右；对东部地区每所拟支持 200 万元左右。对各地区内通过资源整合建设的校际间开放共享的实习、实验设施项目，经审核同意可加大专项支持力度。

六、规划制订、实施和管理

（一）规划制订：中等职业教育基础能力建设规划由国家发展改革委、教育部、劳动保障部共同组织编制。地方发展改革部门会同教育和劳动保障部门，根据本指导意见要求，在进一步明确具体建设目标和任务，落实配套资金和政策措施的基础上，研究提出本地区中等职业教育基础能力建设规划及年度实施计划建议方案，联衔上报国家发展改革委、教育部和劳动保障部。三部委依据各地规划，经综合平衡形成全国中等职业教育基础能力建设规划，并按程序审批下达年度计划。

（二）组织实施：国家发展改革委、教育部和劳动保障部联合建立中等职业教育基础能力建设协调工作机制，负责审定各地建设规划并进行工作指导。地方组成以分管职业教育工作的省领导为组长，发展改革、教育和劳动保障部门为成员的领导小组。发展改革部门会同教育部门和劳动保障部门，负责本地建设规划的研究制订、组织实施和协调工作。项目学校的主管部门具体负责项目建设工程的实施管理。项目必须严格执行基本建设程序，土建工程和设备采购必须依法进行招投标。

（三）监督检查：在建设规划的实施过程中，各省（区、市）要将年度建设项目安排情况向社会公开，接受社会监督。项目学校主管部门对建设项目进展情况、工程建设质量、设备采购招标、资金到位和使用情况等，要进行经常性检查并落实工作责任。同时，项目单位接受纪检监察、审计、稽查部门的监督。对违反有关规定，在设备采购中出现违纪行为、资金管理不善造成损失和浪费、工程质量出现问题的，一经查实，依法追究责任。

七、工作安排

（一）关于总体规划编制：请各地按照上述指导意见，提出本地区中等职业教育基础能力建设规划建议方案，并请于 2006 年 9 月 30 日前由省级发展改革部门、教育部门和劳动保障部门联衔报送国家发展改革委、教育部和劳动保障部（项目方案请按照附表 1、2 格式要求填列上报）。

（二）关于 2006 年项目计划方案的编制：今年国家发展改革委将安排专项资金 10 亿元，支持县级职教中心和示范性中等职业学校建设。请各地在本地区“加强职业教育基础能力建设规划”项目框架内，对原定《推进职业教育发展专项建设计划》2006—2007 年项目方案进行必要调整安排，提出 2006 年项目建设方案，请务于 2006 年 6 月 30 日前由省级发展改革、教育和劳动保障部门联衔报送国家发改委，抄报教育部和劳动保障部。所选项目要按照《中央预算内投资补助和贴息管理暂行办法》（发改委 31 号令）要求，随文上报相关批复文件。项目方案请按附表 3、4 要求填列申报。若中央专项资金主要用于采购实训设备，请附设备采购清单。

正文文字部分请按 A4 纸格式打印，附表请用 A3 纸格式、Excel 制作电子版并提供磁盘。电子版文件发送至：shs05@mx. cei. gov. cn。

附表：

1. 2005—2010 年________省（市、自治区）中等职业教育基础能力建设规划项目建议方案汇总表（略）

2. 2005—2010 年________省（市、自治区）中等职业教育基础能力建设规划分年度项目建议方案表（略）

3. 2006 年补助________省（市、自治区）中央预算内专项资金投资计划汇总表（中等职业教育）（略）

4. 2006 年补助________省（市、自治区）中央预算内专项资金投资计划建议方案表（中等职业教育）（略）

财政部　劳动和社会保障部关于做好技工学校国家助学金发放管理工作的通知

（财教［2007］85 号　2007 年 6 月 21 日）

各省、自治区、直辖市财政厅（局）、劳动和社会保障厅（局）：

为贯彻落实《国务院关于建立健全普通本科高校、高等职业学校和中等职业学校家庭经济困难学生资助政策体系的意见》（国发［2007］13 号），根据《中等职业学校国家助学金管理暂行办法》（以下简称《管理办法》），为加强技工学校国家助学金的管理，确保资助工作顺利实施，现就有关事项补充通知如下：

一、技工学校国家助学金发放管理工作原则上按照《管理办法》执行。

二、本通知所指技工学校为劳动保障部门管理的实施中等学历教育的公办和民办技工学校。

国家助学金的资助对象为具有技工学校全日制正式学籍的在校一、二年级所有农村户籍学生和县镇非农户口的学生以及城市家庭经济困难学生。

三、每年年初，各省（自治区、直辖市）根据本省份技工学校上一年度在校学生数及生源状况等，向财政部、劳动保障部提出国家助学金预算申请。财政部、劳动保障部审核后，于每年 5 月底前将技工学校国家助学金分配名额及预算下达省级财政、劳动保障部门，并抄送省级教育部门。每年 8 月底前，省以下各级财政、劳动保障部门负责将上级下达的经费预算和本级财政应分担的经费预算以及国家助学金分配名额下达到各技工学校。

四、技工学校要按照《管理办法》，受理学生申请（申请表见附件 1，申请指南见附件 2），组织初审，并将初审结果在学校内进行不少于 5 个工作日的公示。公示无异议后，学校将《技工学校国家助学金受助学生汇总表》（见附件 3）报同级劳动保障部门初审后，统一送同级教育部门学生资助管理机构汇总，并报同级财政、劳动保障、教育部门审批；同级财政、劳动保障、教育部门要及时向技工学校批复审核意见。技工学校应于学生入学一个月内将国家助学金发放到受助学生手中。

五、技工学校应按实际受助学生名单填报《技工学校国家助学金受助学生汇总表》，经劳动保障部门复核后送同级教育部门学生资助管理机构；同时逐级上报至省级劳动保障部门和学生资助管理机构。省级学生资助管理机构应于12月底前将《中等职业学校国家助学金统计表》（见附件4）上报全国学生资助管理中心，由全国学生资助管理中心汇总，报财政部、劳动保障部、教育部备案，纳入全国学生资助信息系统。

劳动保障部门对其管理的技工学校实行电子注册，其有关学生信息抄送同级财政、教育部门，按有关规定纳入全国学生信息系统。

六、各民办技工学校要按照《管理办法》的规定，从事业收入中足额提取5%的经费，用于家庭经济困难学生的学费减免、校内奖学金、助学金和特殊困难补助等方面的开支。每年9月底前，要将上一学年经费提取和使用情况和受助学生名单报所在地财政、劳动保障部门备案。

七、各级劳动保障部门要严格按照《管理办法》和本通知的要求，实行技工学校国家助学金专项责任人制度，切实加强领导，规范管理。技工学校要做好受助学生的资格审查，严把审核关。对弄虚作假、套取财政专项资金或挤占、挪用、滞留助学金的行为，将追究直接责任人和相关领导的责任。

八、各地劳动保障部门要与财政、教育部门协调配合，确保符合受助条件的技工学校学生享受到国家助学金。各地要结合本地区实际情况制定具体实施办法。

附件：

1. 技工学校国家助学金申请表（略）
2. 中等职业学校国家助学金申请指南（略）
3. 技工学校国家助学金受助学生汇总表（略）
4. ××省（市、区）中等职业学校国家助学金统计表（略）

财政部　教育部　人力资源和社会保障部关于进一步加强中等职业学校国家助学金发放管理工作的通知

（财教［2008］336号　2008年11月6日）

各省、自治区、直辖市、计划单列市财政厅（局）、教育厅（教委、教育局）、劳动保障厅（局），新疆生产建设兵团财务局、教育局、劳动保障局：

自2007年秋季开始，中等职业学校实行以国家助学金政策为主的资助政策体系。这是党中央、国务院为促进教育公平、推动职业教育特别是中等职业教育发展作出的一项重大战略决策和长期制度设计。一年来，各地认真贯彻落实《国务院关于建立健全普通本科高校、高等职业学校和中等职业学校家庭经济困难学生资助政策体系的意见》（国发［2007］13 号，以下简称《意见》）精神，严格按照财政部、教育部制定的《中等职业学校国家助学金管理暂行办法》（财教［2007］84 号，以下简称《办法》）和财政部、原劳动保障部印发的《关于做好技工学校国家助学金发放管理工作的通知》（财教［2007］85 号，以下简称《通知》）要求，扎实推进中职资助工作，取得良好成效。但是，在政策执行过程中，个别地区和学校存在与国家政策不相符，甚至违规等行为，如湖南省永州育才职业技术专业学校、永州科技学校、永州英达技术学校、永州振华职业技术学校、永州财经科技学校，河北省平乡县职业技术教育中心，河南省汝州市职业中等专业学校、鄢陵县职业教育中心套取国家助学金，在学生当中和社会上造成不良影响。为维护国家资助政策的严肃性，财政部、教育部、人力资源社会保障部对上述学校的违规行为进行了严肃查处，并在全国范围内通报（见附件）。各地要引以为戒，严格遵守国家政策规定，及时、足额将国家助学金发放到学生手中。

为确保中职国家助学金政策顺利实施，现就进一步做好中等职业学校国家助学金发放管理工作，提出如下要求：

一、各地要严格按照《意见》精神和《办法》规定，不折不扣地落实中等职业学校国家助学金政策。国务院《意见》和财政部、教育部制定的《办法》对中等职业学校国家助学金经费分担、资助对象、资助标准、资金用向、评审程序、发放方式等作出了明确规定。各地要严格落实国家助学金政策，把符合条件的学生（包括非本地生源的学生）全部纳入资助政策范围，绝不允许以任何理由改变资助对象、缩小资助范围、降低资助标准。鼓励各地根据本地区实际加大投入力度、扩大资助范围、提高资助标准。在确定国家助学金地方财政分担比例时，省级财政要拿大头，加大对财力薄弱市（县）的转移支付力度。同时，省级财政要发挥资金统筹作用，督促省以下各级财政落实地方应承担的资金，确保国家助学金经费不折不扣地落实到位，并及时、足额拨付学校。

二、各地要加强资助机构和管理队伍建设，提高各级学生资助管理人员的业务能力和管理水平。中等职业学校学生资助是一项长期的工作任务，线长面广，情况复杂，工作难度很大，要确保资助政策顺利实施，必须建立学生资助管理机构体系和管理队伍。各地教育部门要严格按照国务院《意见》精神和《财政部、教育部关于要求县级教育行政部门成立学生资助管理中心的紧急通知》（教财［2007］14 号）的要求，加快省、地（市）、县学生资助专门管理机构的建设，配备专职管理干部和资助信息操作人员，并组织开展资助政策和信息管理操作技能等方面的培训，不断提高各级资助管理人员的业务能力和管理水平。地方各级财政要保证资助管理机构必要的工作经费和办公条件。各中等职业学校的资助工作实行校长负责制，各学校也要配备专门的助学管理人员，具体负责全校学生资助工作。各地劳动保障部门要按照《关于统一使用全国技工院校电子注册和统计信息管理系统软件的通知》（劳社就司函［2007］97 号）的要求，建立和完善助学金管理工作体系，做好相应工作。

学生信息管理系统是做好中职学生资助工作的重要基础，各级教育、劳动保障部门要采取必要的措施，管理维护好“全国中等职业学校学生信息管理系统”和“全国技工院校电子注册与统计信息管理系统”，对系统运行中存在的问题，必须责任到人，限期解决，以保证该系统的正常运转。

三、各省（区、市）教育、劳动保障部门要全面清查中等职业学校办学资质。各省（区、市）教育、劳动保障部门要分别按照《中等职业学校设置标准》（教职成［2001］8号）和《技工学校工作条例》及有关文件中对中等职业学校校长和副校长任职条件、在校生规模、专兼职教师配备、学校硬件建设以及办学经费保证等方面的规定，审批中等职业学校，绝不能降低标准审批。同时，各省（区、市）教育、劳动保障部门要对现有中等职业学校，特别是民办学校的办学资质进行一次全面清查，对达不到国家规定标准的学校要出示“黄牌”警告，减少招生任务或停止招生一年，并限期整改，对整改后仍达不到标准的，要出示“红牌”，取消其办学资格。各省（区、市）要将最后审定的中等职业学校名单报送教育部备案，技工学校抄报人力资源社会保障部，同时抄送全国学生资助管理中心。每年招生开始前，地方各级教育、劳动保障部门要分别依据管理职能核准本地区具备中等职业学历教育招生资质的中等职业学校（含技工学校和民办学校）名单，并向社会公布。

四、各级教育、劳动保障部门要加强对中职学历教育学籍的监管工作。一要严格规范中职学籍申报和审核工作。各中等职业学校要通过学生信息管理系统，如实申报本校在校生学籍，不得将未经招生部门注册而自行到校报到，或虽经招生部门注册但未到学校报到的学生纳入学籍注册名单，各级学籍管理部门要依据招生部门提供的招生名单严格审核所辖学校申报的学籍注册名单。二要加强对流失学生学籍的监管。各学校要通过信息系统，实时报告本校中途流失学生信息，学籍主管部门及时审核并注销流失学生学籍。三要坚决杜绝“双重学籍”现象。同时挂有“普通中专”“技工学校”和“职业高中”牌子的学校、要严格界定每位学生的学籍性质，不得为同一学生同时向教育部门和劳动保障部门申报学籍注册；综合型高中要严格界定每位学生的“普通高中”或“职业高中”学籍性质，不得为同一学生申报注册双重学籍。各地教育、劳动保障部门要通力配合，重点加强对“一校两牌”“联合招生”“学籍异动”等情况的管理，避免同一学生重复申报国家助学金的现象。各中等职业学校要严格按照国家和有关部门的规定和要求提供学生学籍信息，确保国家助学金所需学籍信息的完整性、真实性和及时性。

五、各级学生资助管理机构要加强对助学金等信息的审核和统一监管。各级学生资助管理机构和劳动保障部门要充分利用学生信息管理系统，按照规定的时限和要求，组织学校和下级学生资助管理机构、劳动保障部门做好国家助学金等信息的填报、审核与汇总工作。各级资助机构和劳动保障部门要重点审核各校上报的受助学生人数及生源分布情况；受助学生是否符合资助条件；各类中等职业学校是否存在重复申报助学金现象；综合型高中是否存在利用普通高中学生套取国家助学金的现象。为便于对国家助学金发放信息的审核和统一监管，地方各级劳动保障部门管理的技工学校要严格按照财政部、原劳动保障部印发的《通知》要求，将技工学校学生信息逐级上报至省级劳动保障部门和学生资助管理机构，统一纳入全国学生信息系统。各级普通高中学籍管理部门要向同级学生资助管理机构提供辖区内综合型高中学校的普通高中学籍注册名单，以便各级学生资助机构对照审核综合型高中学校内中职受助学生名单。各级学生资助管理机构要充分利用全国中等职业学校学生信息管理系统，做好国家助学金等信息的月报告工作。

六、各级财政、教育、劳动保障部门和学生资助管理机构要加大监督检查力度。财政部、教育部、人力资源社会保障部将成立“中等职业学校国家助学金管理专家组”，负责跟踪各地中职学生资助工作动态，分析存在的问题，提出相应的对策建议。各地有关部门要对本地区中职资助政策落实情况，组织定期和不定期的监督检查，检查工作一定要讲求实效，绝不能流于形式、走过场，各地要将检查情况及时上报财政部、教育部和人力资源社会保障部。省、市、县三级学生资助管理机构和劳动保障部门要督促中等职业学校建立包括学生代表参与的助学金评审机制，强化评审程序和评审结果的公示制度，实行阳光操作。同时，建立国家助学金投诉举报受理工作机制，设立举报投诉电话，并向社会公布，广泛接受群众监督。

七、严肃查处违法违纪行为，建立中等职业学校学生资助工作奖惩机制。各级财政、教育和劳动保障部门应加强对国家助学金的管理，实行专款专用、专账核算，研究改进和完善国家助学金发放形式，并接受审计、监察部门的检查和社会的监督。对虚报、瞒报受助学生人数，弄虚作假、套取财政专项资金或挤占、挪用、滞留国家助学金的行为，一经查实，除收回中央资金外，财政部、教育部、人力资源社会保障部将在全国范围内予以通报批评，追究直接责任人和相关领导的责任，涉嫌犯罪的，依法移送司法机关。同时取消该省其他职业教育中央专项资金申报资格，情节严重的，对于学校可以采取限制招生、停止招生、限期整改等措施。

附件：关于对湖南省永州育才职业技术专业学校等八所学校挪用、套取国家助学金等违规行为及处理意见的通报

附件：

关于对湖南省永州育才职业技术专业学校等八所学校挪用、套取国家助学金等违规行为及处理意见的通报

根据群众来信举报，财政部驻湖南省、河北省、河南省财政监察专员办事处分别对湖南省永州育才职业技术专业学校、永州科技学校、永州英达技术学校、永州振华职业技术学校、永州财经科技学校，河北省平乡县职业技术教育中心，河南省汝州市职业中

等专业学校、鄢陵县职业教育中心套取国家助学金等违规行为进行了检查。现将上述学校的违规行为及处理意见通报如下：

一、检查核实情况

1. 湖南省永州育才职业技术专业学校的违规行为：一是挪用国家助学金。该校将财政拨付的382.675万元国家助学金全部挪用。其中：（1）从基本账户转出100万元用于支付该校购房款；（2）从基本账户转出123万元至该校工作人员秦志红个人储蓄账户；（3）永州市冷水滩区教育局为该校受助学生开立了2 129张银行卡，该校均未将银行卡发放给学生，且将存储在银行卡上的159.675万元助学金全部转入秦志红个人储蓄账户。二是用国家助学金抵扣学费。截至检查日止，该校仅以现金或存折等形式发放690名学生国家助学金51.75万元，该校称其余330.925万元助学金全部用于充抵学费，但证据不足。三是虚造学生资料，冒领国家助学金。检查确认，该校共虚造169名学生资料，冒领2007年秋季国家助学金12.675万元。

2. 湖南省永州科技学校的违规行为：一是挪用国家助学金163.875万元。永州市冷水滩区教育局为该校受助学生开立了2 224张银行卡，存储在学生个人银行卡上的国家助学金共计163.875万元，该校未把银行卡发放给学生，而是将其中的139.648 8万元转入该校工作人员曹梅个人储蓄账户，另外24.226 2万元以现金形式取出使用。二是虚报学生数，冒领国家助学金。检查确认，该校虚报142名学生，冒领2007年秋季国家助学金10.65万元。三是用国家助学金抵扣学费。该校未发放学生国家助学金，并称助学金全部用于充抵学费，但证据不足。

3. 湖南省永州英达技术学校的违规行为：挪用国家助学金54.064 7万元。2007年秋季财政部门拨付该校国家助学金共计106.5万元，该校将存储在学生个人银行卡上的54.064 7万元转入该校工作人员刘珊瑛个人储蓄账户。

4. 湖南省永州振华职业技术学校的违规行为：挪用国家助学金90.225万元。2007年秋季学期财政部门拨付该校国家助学金共计100.5万元，该校将存储在学生个人银行卡上的90.225万元国家助学金转入该校工作人员彭秋云个人储蓄账户。该校领取1 340张银行卡，检查发现学校财务室仍存放1 187张。

5. 湖南省永州财经科技学校的违规行为：虚报41名学生，冒领2007年秋季国家助学金3.075万元。此外，该校未给受助学生办理银行卡，而是将发放的3.18万元国家助学金全部充值到学校食堂的学生餐卡中。该校称36.51万元助学金用于充抵学费，但检查发现，充抵学费证据不足。

检查发现，上述五所民办学校财务管理均不规范，尤其是永州育才职业技术专业学校财务管理混乱，无会计报表、账簿、会计凭证等会计资料。

6. 河北省平乡县职业技术教育中心的违规行为：一是虚报、多报享受助学金学生1 970人，骗取国家助学金79.53万元。该中心2006—2007年共注册学生2 160人，全部申报2007年国家助学金。河北省教育厅核定该中心享受助学金学生2 105人，财政共核拨其国家助学金 84.98 万元。但该中心实际符合享受助学金学生仅有 135 人，虚报、多报学生人数 1 970 人，套取国家助学金 79.53 万元。该中心采取四种方式套取国家助学金：（1）虚报职高学生 335 人。该中心 2006 年 9 月招收职业高中学生 335 人，因对师资、设备及课程安排不满意，2007 年春季该部分学生已全部退学，但该中心仍按注册人数申报国家助学金。（2）虚报短期职业培训企业工人 915 人。核查中，该中心仅提供了与河北协美橡胶制品集团有限公司等 10 家企业，以及与邢台新天地商贸有限公司签订的《实训实习协议书》。但该中心财务账并未反映向企业收取任何培训费用，同时，该中心也无法提供其有关培训过程中的任何资料。（3）多报普高学生 573 人。该中心分别于 2005 年、2007 年秋季招收普高、职高双注册学生 573 人，但经核实，这些学生参加的是普通高中学习，该中心并未开设职业技术课，不应享受国家助学金。（4）多报“1+1”职业中专班学生 147 人。该中心 2006 年 3 月与山东青岛东洋科技专修学校联合招生 147 人，2007 年 1 月，这部分学生分别到山东大爱森等企业顶岗实习，不应享受国家助学金。二是公款私存，挪用国家助学金 84.98 万元。2007 年 12 月和 2008 年 1 月，平乡县财政局分两笔共拨付该中心国家助学金 84.98 万元。该中心收到资金后分别编造了两份有 2 105 名学生签名并加按手印的助学金领取名单，发放标准为 470 元、480 元、330 元、380 元和 390 元不等，以此为依据，该中心将财政拨付的资金共计 84.98 万元虚列为专款支出，其中：以免除学费名义，将 24 万元助学金用于学校公用经费开支；开出转账支票一张，将剩余 60.98 万元转入该中心会计范艳彩开设的私人存折上。此后，该中心先后开设学生存折 2 105 个，把助学金分别打入存折，再分期分批支取存折上的助学金。截至检查日，该中心共从存折上支取助学金 58.875 万元，其中：以学费名义上缴县财政局 30 万元，后又返还该中心，用于学校公用经费开支。分文未支付符合享受国家中职资助政策的 135 名学生助学金。目前，该校将已提取的现金 10.641 万元交回县教育局支付中心，截至检查日，学生存折上尚结余资金 2.105 万元。

7. 河南省汝州市职业中等专业学校的违规行为：该校有 361 名学生已经流失，但该校未将此情况及时上报有关部门，导致财政部门多核拨助学金 27.075 0 万元。

8. 河南省鄢陵县职业教育中心的违规行为：该校二年级“高考预备班”64 名双学籍学生违规申报并领取了 2007 年秋季助学金 4.8 万元。

二、处理意见

为维护国家政策的严肃性，确保国家助学金发放工作公平、公正，对上述八所学校的违规行为提出如下处理意见：

第一，对湖南省永州育才职业技术专业学校、永州科技学校、永州英达技术学校、永州振华职业技术学校、永州财经科技学校，河北省平乡县职业技术教育中心，河南省汝州市职业中等专业学校、鄢陵县职业教育中心等八所学校予以通报批评，并出示“黄牌”警告，如今后再出现违规行为，将停止其招生资格。

第二，责成湖南、河北、河南三省财政、教育、劳动保障部门密切配合，督促永州市政府、平乡县政府、汝州市政府、鄢陵县政府立即追回上述学校违规套取、挪用的国家助学金资金，就地上缴中央金库。

第三，上述八所学校三年内不得享受除资助政策以外的职业教育中央专项补助资金。适当扣减湖南、河北、河南三省2008年“基础教育以奖代补”中央补助资金，同时，酌情扣减上述三省2009年职业教育基础能力建设中央补助资金规模。

第四，对有关单位和责任人的处理，按当地有关部门的意见执行。

人力资源和社会保障部办公厅关于加强技工院校安全管理工作的通知

（人社厅明电［2008］53号　2008年12月2日）

各省、自治区、直辖市劳动保障厅（局），新疆生产建设兵团劳动保障局：

为贯彻落实《国务院办公厅关于进一步加强学校及周边建筑安全管理的通知》（国办发明电［2008］38号）精神，做好技工院校及周边建筑安全管理工作，现就有关事项通知如下：

一、加强组织领导，全面排查学校安全隐患

各级劳动保障部门要以科学发展观为指导，以对生命财产安全高度负责的精神，高度重视技工院校的安全工作。要加强对技工院校安全工作的组织领导，部署所辖区域内技工院校制订周密的安全隐患排查方案，明确工作目标和责任，对校内建筑和各类设施以及周边环境安全隐患进行全面排查。重点检查学校校舍、围墙、挡土墙、厕所、浴室、库房、水井、水池、走道栏杆和供水、供电等设施，学校及附近正在施工的建设工程，生产、经营和储存有毒、有害和危险化学品的企业，并对学校周边地区的公共安全环境进行全面评估，对学校所处自然环境进行风险勘察。专项检查结果要向同级人民政府报告，并报送上级劳动保障部门。

二、采取有效措施，加大对安全隐患的整改力度

对排查出的各类安全隐患问题，地方劳动保障部门要联合有关部门督促学校和有关单位进行整改治理，要加强对校内建筑设施安全隐患的治理，加强对学校及周边企业安全隐患治理的督促检查，明确整改责任，制定整改措施，通过现场监督整改、严格整改验收等措施，确保整改效果。各级劳动保障部门要为学校安全整改工作提供支持和服务。对安全隐患治理中涉及学校周边单位和有关部门的问题，劳动保障部门要争取安全监管、城乡建设等有关部门支持，积极协调解决；对经过部门协调难以解决的问题，要及时向当地政府汇报，争取政府支持，确保安全隐患问题全面得到解决。对于整改工作不落实，安全措施不到位的，要严厉查处主要负责人和直接责任人的责任。

各级劳动保障部门要针对冬季安全高危期的特点，督促学校把防范火灾、食物中毒、煤气中毒等作为安全督查的一项重点工作，对电气设备设施安全、学生宿舍用电、食品卫生安全、煤炉取暖学校的炉具安装等进行全面检查，对发现的问题，要迅速采取整改措施。同时，针对寒假学生返家的实际情况，各学校要对假期返家学生，普遍开展一次旅行安全防范教育，并采取相应措施，做好组织工作，保证学生旅途安全。

三、开展安全教育，建立安全管理长效机制

各级劳动保障部门要与安全监管、公安、城乡建设等有关部门建立协调工作机制，形成监管合力，进一步强化学校及周边安全监管工作。要将学校安全工作纳入督导评估体系和学校工作奖惩制度，对学校开展经常性的安全检查。学校要针对薄弱环节，结合实际问题，对学生开展经常性安全防范教育，使学生建立安全意识，掌握应对安全事故的必备常识和避险技能。要建立健全安全管理规章制度和安全责任制度，制订事故应急预案，成立由主要负责人领导的学校安全工作小组，将安全工作的责任落实到位，做到安全管理制度化、常态化。要定期开展安全隐患排查工作，并将有关情况报告上级劳动保障部门，对于迟报、瞒报的，要追究有关人员的责任。

人力资源和社会保障部办公厅关于印发技工院校一体化课程教学改革试点工作方案的通知

（人社厅发［2009］86 号　2009 年 7 月 13 日）

各省、自治区、直辖市人力资源社会保障（人事、劳动保障）厅（局），新疆生产建设兵团人事局、劳动保障局：

为贯彻落实《中共中央办公厅、国务院办公厅印发〈关于进一步加强高技能人才工作的意见〉的通知》（中办发［2006］15 号）精神，进一步深化技工院校教学改革，加快技能人才培养，推动技工教育可持续发展，我部制定了《技工院校一体化课程教学改革试点工作方案》，并决定在全国部分技工院校中开展一体化课程教学改革试点工作。

列入我部试点的技工院校（试点院校名单另行通知）要在统一指导下开展一体化课程教学改革试点工作。未列入试点的专业课程和技工院校，应按照我部颁布的教学计划和教学大纲开展教学工作，确保学校正常的教学秩序和教学安排。

技工院校一体化课程教学改革试点工作方案

一、指导思想

深入贯彻落实科学发展观，围绕我国新型工业化对技能人才的要求，加大技工院校教学改革力度，建立以职业活动为导向、以校企合作为基础、以综合职业能力培养为核心，理论教学与技能操作融会贯通的课程体系，提高技能人才培养质量，加快技能人才规模化培养，探索中国特色的技工教育改革与发展之路。

二、工作目标

在全国选择部分具备条件的技师学院、高级技工学校开展一体化课程教学改革试点工作。通过两年努力，开发完成技工院校若干主体专业一体化课程体系，探索建立适应经济社会发展、符合企业生产需要的现代技工教育新教学体系。

三、基本原则

一体化课程是以国家职业标准为依据，以综合职业能力培养为目标，以典型工作任务为载体，以学生为中心，根据典型工作任务和工作过程设计课程体系和内容，按照工作过程的顺序和学生自主学习的要求进行教学设计并安排教学活动，实现理论教学与实践教学融通合一、能力培养与工作岗位对接合一、实习实训与顶岗工作学做合一。开展技工院校一体化课程教学改革应遵循以下原则：

（一）以综合职业能力培养为目标。课程定位与方向、课程内容与要求、教学过程与评价等都要突出学生综合职业能力培养，注重培养学生专业能力、方法能力和社会能力。尤其是要结合各专业特点，寓思想道德教育于各专业教学内容和教学过程之中，进一步突出职业道德、职业精神和职业素养的培养。

（二）以典型工作任务为载体。要围绕典型工作任务确定课程目标，选择课程内容，制订专业教学计划，构建工学结合的课程体系，改革教学内容和教学方法，更加注重课程的实用性和针对性。

（三）以学生为中心。构建有效促进学生自主学习、自我管理的教学模式和评价模式，突出学以致用，在学习中体验工作的责任和经验，在工作中学习知识和技能，加快实现从学生到劳动者的角色转换。

四、主要内容

（一）开发制定一体化课程教学标准。依据一体化课程教学改革基本原则，设计一体化的专业课程体系、教学内容和教学方案，开发理论与实践相融合、知识学习与技能训练相结合的一体化课程教学标准，统一规范专业课程名称、培养目标、职业能力要求、课程结构与内容、教学安排和教学保障条件等。

（二）组织开发一体化课程教材。创新教材编写模式，打破学科体系，编写理论教学和实践教学相融合的教材和教辅材料，依据劳动者的职业特征、职业成长规律和典型工作任务设计教材教学单元，力争实现工作过程导向的教学模式，实现理论知识与技能训练的有机结合。

（三）探索建设一体化课程教学场地。要打破理论课与实训课授课地点分离的传统模式，建设既能满足理论教学，又能具备技能训练的一体化教学场地，将传统理论教学教室和实训场地合一，力争创设真实的工作环境，实现理论教学与技能训练融合进行，为学生提供体验实际工作过程的学习条件。

（四）加强建设一体化课程师资队伍。要加快培养既能讲授理论知识课，又能指导技能训练和生产实习的一体化课程教师。要注重在一体化课程开发试验过程中，促进教师更新教学观念、创新教学方法、提高教学水平和能力，不断提升教师企业实践能力、一体化课程开发能力，逐步形成一支教学质量高、结构合理、示范性强的优秀一体化课程教学团队。

五、保障措施

（一）组织保障。我部成立技工院校一体化课程教学改革试点工作领导小组。领导小组由部职业能力建设司牵头，部教材办公室、中国劳动社会保障出版社、中国就业培训技术指导中心、中国职工教育和职业培训协会参加，负责全国技工院校一体化课程教学改革试点工作的统筹规划和指导协调。同时，成立由资深职业教育培训专家、行业企业专家和技工院校优秀教师组成的一体化课程教学改革专家工作组，负责一体化课程教学改革试点工作专业指导和技术咨询。

各试点院校所在地省级人力资源社会保障（劳动保障，下同）部门要高度重视技工院校一体化课程教学改革试点工作，并列入重要工作议程，充分发挥教研室的作用，指导试点院校做好相关工作。各试点院校要成立由校长挂帅、骨干专业教师、教学管理人员组成的专门工作小组，加大人力、物力和财力的投入，确保试点工作顺利进行。

（二）教学保障。各试点院校要进一步深化校企合作技能人才培养制度，深入开展多种形式的校企合作，探索将企业厂房、设备、技术、资金和师资引进学校，实现教学与生产同步，实习与就业联体。鼓励试点院校参与企业的技术改造、产品研发和科技攻关。要推动以工学结合为核心的教学制度改革，配合一体化课程教学改革试点工作，可将课程分解量化为学分，学生按照学分规定自主学习，累计学分。允许学生工学交替、分阶段完成学业。要充分发挥教师在教学改革中的重要作用，完善学校教学和教师管理的配套措施，制定促进一体化课程教师队伍建设的奖励办法，鼓励教职员工积极参与一体化课程教学改革。

（三）政策扶持。各试点院校所在地省级人力资源社会保障部门职业技能鉴定机构要积极为试点院校提供相关技术指导和服务，要结合教学改革试点工作，制订一体化课程教学技能考评工作方案，通过开展课程认证和过程化考核，做好职业技能鉴定与试点院校一体化课程教学工作的衔接。各试点院校所在地省级人力资源社会保障部门要加强日常教学的管理，可组织校外考评员和质量督导员对试点院校的教学过程进行检查和督导。对开展一体化课程教学改革试点院校，其专业课程经我部会同试点院校所在地省级人力资源社会保障（劳动保障）厅（局）评审后，毕业生学习成绩合格，可视同为职业技能鉴定合格，取得相应职业和等级的国家职业资格证书。

（四）经费支持。我部对试点院校开展的一体化课程教学改革工作给予适当经费支持。各试点院校所在地省级人力资源社会保障部门要争取多种资金渠道，充分利用好中等职业教育基础能力建设等项目类资金，切实加大经费投入，支持和推进试点院校教学改革工作。各试点院校要配套一定数额的试点经费，确保一体化课程教学改革试点工作的开展。

六、实施步骤

（一）试点启动阶段（2009 年 7—9 月）。召开一体化课程教学改革试点工作启动会；制定一体化课程教学标准开发技术规程，并进行相关技术培训。

（二）课程开发阶段（2009 年 9 月至 2010 年 9 月）。各试点院校依据一体化课程教学标准开发技术规程，组织开发试点专业一体化课程教学标准、教材及其辅助教学材料。

（三）课程试验阶段（2010 年 9 月至 2011 年 7 月）。各试点院校对开发完成的一体化课程体系成果进行教学试验，修改和完善一体化课程教学标准、教材及其辅助教学材料。

（四）课程验收阶段（2011 年 8 月）。组织开展一体化课程教学试点检查评估工作；审定和颁布一体化课程标准；总结试点经验和做法，进一步完善相关政策措施，为推广技工院校一体化课程教学改革工作奠定基础。

人力资源和社会保障部人事司关于成立全国技工院校学生资助管理工作办公室的通知

（人社人字［2009］231 号 2009 年 12 月 3 日）

部属各单位，公务员局：

根据工作需要，经部党组研究，决定成立全国技工院校学生资助管理工作办公室。办公室设在职业技能鉴定中心，在职业技能鉴定中心理论宣传处加挂“全国技工院校学生资助管理工作办公室”的牌子，并将该处更名为理论宣传处（《中国培训》编辑部，全国技工院校学生资助管理工作办公室）。

理论宣传处（《中国培训》编辑部，全国技工院校学生资助管理工作办公室）主要职责：开展职业能力建设领域的理论研究和宣传工作；承担政府及国际组织在相关领域的研究课题；负责组织优秀科研教研成果评比表彰和交流推广工作；负责职业教育培训领域相关理论研究专家队伍建设；为职业能力建设工作提供咨询服务；负责《中国培训》《中国职业培训年度发展报告》的编辑、出版以及相关图书资料的开发、发行工作；指导地方建立完善技工院校学生资助管理工作体系，完善工作机制；指导地方有效使用技工院校信息系统；统计、汇总技工院校学生资助有关数据；对技工院校资助工作实施情况进行监督检查；负责与财政部教科文司、教育部全国学生资助管理中心的日常联系和沟通。

职业技能鉴定中心编制、司处级领导职数、其他内设机构职责按照《人力资源和社会保障部职业技能鉴定中心主要职责内设机构和人员编制规定》（人社部发［2009］78号）执行。

财政部 国家发展改革委 教育部 人力资源社会保障部关于中等职业学校农村家庭经济困难学生和涉农专业学生免学费工作的意见

（财教［2009］442号 2009年12月14日）

根据党的十七届三中全会精神和2009年《政府工作报告》关于“大力发展职业教育，特别要重点支持农村中等职业教育。逐步实行中等职业教育免费，今年先从农村家庭经济困难学生和涉农专业做起”的要求，经国务院同意，从2009年秋季学期起，对中等职业学校农村家庭经济困难学生和涉农专业学生免学费。现就免学费工作提出如下意见：

一、充分认识免学费工作的重大意义

发展职业教育是我国经济社会发展的重要基础和教育工作的战略重点。逐步实施中等职业教育免费政策，是落实科教兴国和人才强国战略，全面提高国民素质，把我国巨大的人口压力转化为人力资源优势的重要途径；是优化教育结构，促进教育公平和社会公正的有效手段；是推进我国走新型工业化道路，建设社会主义新农村，调整产业结构、促进就业再就业的重大举措；是继全部免除城乡义务教育阶段学生学杂费之后，促进教育公平的又一件大事，具有重要的现实意义和深远的历史意义。

目前，我国中等职业学校学生绝大部分来自农村，其中，相当一部分来自低收入和困难家庭。中等职业教育免学费工作先从农村家庭经济困难学生和涉农专业学生做起，对于减轻农民负担，增强中等职业教育的吸引力，鼓励高素质劳动者在农村创业就业，改善农村劳动力结构，加快新农村建设，发展现代农业，发展农村经济，缩小城乡差别，具有重要的推动作用。

二、免学费工作的基本原则和主要内容

免学费工作涉及面广、政策性强，根据“中央政策引导、地方统筹安排、积极稳妥起步、逐步推进实施”的原则，从2009年秋季学期起，对公办中等职业学校全日制正式学籍一、二、三年级在校生中农村家庭经济困难学生和涉农专业学生逐步免除学费(艺术类相关表演专业学生除外)。西藏自治区和新疆维吾尔自治区喀什、和田、克孜勒苏柯尔克孜三地州农村户籍的学生全部享受免学费政策；其他地区享受免学费政策的农村家庭经济困难学生分地区按以下比例确定：西部地区按在校生的25%确定；中部地区按在校生的15%确定；东部地区按在校生的5%确定。中央财政参照上述比例安排中央补助资金。各地可根据实际，合理确定行政区域内农村家庭经济困难学生的比例。

涉农专业为2000年教育部发布的《中等职业学校专业目录》（教职成［2000］8号）中的农林类所有专业，具体包括：种植、农艺、园艺、蚕桑、养殖、畜牧兽医、水产养殖、野生动物保护、农副产品加工、棉花检验加工与经营、林业、园林、木材加工、林产品加工、森林资源与林政管理、森林采运工程、农村经济管理、农业机械化、航海捕捞，以及能源类的农村能源开发与利用专业和土木水利工程类的农业水利技术专业等21类专业。

对因免除学费导致学校收入减少的部分，通过财政给予的补助和学校开展校企合作及顶岗实习获取的收入来解决，以保证学校正常运转。具体办法是：第一、二学年学校因免除学费导致的运转经费缺口，由财政按免除的学费标准给予补助；第三学年学校因免除学费导致的运转经费缺口，原则上由学校通过校企合作和顶岗实习等方式获取的收入予以弥补，对涉农专业和经认定顶岗实习有困难的其他专业，由财政按一定标准给予学校顶岗实习补助，具体办法由国务院相关部门另行制定。

免学费标准按各省（区、市）人民政府及其价格主管部门批准的学费标准确定。对在政府职业教育行政管理部门依法批准的民办中等职业学校就读的一、二年级符合免学费政策条件的学生，按照当地同类型同专业公办中等职业学校免除学费标准，给予补助。

免学费补助资金，由中央财政统一按照每生每年平均2 000元标准，与地方财政按比例分担。其中，西部地区，不分生源，中央与地方分担比例为8∶2；中部地区，生源地为西部地区的，中央与地方分担比例为8∶2，生源地为其他地区的，中央与地方分担比例为6∶4；东部地区，生源地为西部地区和中部地区的，中央与地方分担比例

分别为8∶2和6∶4，生源地为东部地区的，中央与地方分担比例分省（市）确定。免学费资金由省级财政统筹落实。

今年秋季学期前已出台中等职业教育免费政策的省（区、市），免费标准和免费范围高于本《意见》要求的，可按照本地的办法继续实施；低于本《意见》要求的，应逐步调整，到明年秋季学期开学时要达到本《意见》的要求。尚未实施免费政策的省（区、市），要抓紧组织实施，今年财政确有困难的地方，可视自身财力情况统筹安排资金，但从明年秋季学期开始，要按规定落实地方应承担的补助资金；对未按规定落实地方应承担的补助资金的，财政部将核减中央财政补助资金。各地要将2009年秋季学期至2011年春季学期两个学年的免学费工作方案，于今年年底前报财政部、发展改革委、教育部和人力资源社会保障部。

要在总结2009学年中职免学费工作的基础上，就实施中的有关问题和进一步推进中职免学费工作进行研究，修订完善相关政策措施。

三、实施免学费政策的配套改革措施

在实行免学费政策的同时，中等职业教育要坚持以服务为宗旨，以就业为导向，坚持多元化办学，大力推进改革和创新，全面提高办学质量，提升中等职业教育的吸引力。

（一）建立“工学结合、校企合作、顶岗实习”的办学模式。坚持理论学习与技能培养结合、课堂教学与岗位技能培训结合、校内实训与校外实训结合的原则，推进顶岗实习制度的落实。创新教材应用、教学方式和专业设置，使中等职业教育面向企业、面向农村、面向市场培养技能型人才。

（二）建立健全质量保障机制。规范办学行为，严格教学管理，提高教育质量。建立针对学生、教师和学校的质量评价体系，形成多方参与、内外结合的评价机制。

（三）加强师资队伍建设，完善技能课教师补充机制。探索建立聘请企业在职或退休技术人员担任中等职业学校专业课教师的机制。同时，创新教师教学和综合素质考核制度。

（四）建立健全就业准入的政策法规。落实“先培训、后上岗”“先培训、后就业”制度；完善职业资格证书政策；改革行政事业单位用人制度，按岗位实际需要确定用人标准。

在实施免学费政策的同时，国务院相关部门将选择部分中等职业学校进行改革创新示范。

四、实施免学费政策的工作要求

（一）加强组织领导，明确职责分工。地方各级人民政府要切实加强对中等职业教育免学费工作的组织领导，明确分工，落实责任，要制订切实可行的实施方案，确保免学费政策全面落实到位。中等职业学校要把免学费和深化改革作为工作重点，制订具体工作方案。国务院相关职能部门将加强免学费和深化改革的指导与协调工作。

（二）落实经费责任，强化预算管理。各省级财政要统筹安排中央补助资金和地方应分担的资金，制订本行政区域内各级财政的具体分担办法，完善省对困难市（县、区）的转移支付制度，确保免学费补助资金落实到位。要加强免学费补助资金的科学化、精细化管理，中等职业学校必须建立严格的预决算制度，将各项收入全部纳入学校预算，按部门预算要求，编制综合预算；严格按照规定的范围与标准支出；加强学校财务管理和资产管理等基础性工作，建立健全会计账簿，规范会计核算；加强内部控制和审计制度，确保免学费资金使用的规范和有效。

（三）严格收费审批，规范收费行为。省级人民政府和有关部门要依据培养成本，制定生均经费拨款标准。公办中等职业学校不得因免学费而提高其他收费标准，或擅自设立收费项目乱收费。同时，根据《国务院关于建立健全普通本科高校高等职业学校和中等职业学校家庭经济困难学生资助政策体系的意见》（国发〔2007〕13 号）的规定，2012 年秋季学期前，中等职业学校的学费、住宿费标准不得高于 2006 年秋季学期相关标准。各地要按照《民办教育促进法》及其实施条例的要求，进一步规范民办中等职业学校各项收费的管理。

（四）加强学校管理，做好基础工作。各地职业教育行政管理部门要对中等职业学校办学资质进行全面清查，尤其要加强对民办中等职业学校办学资质的核查，并定期公布不合格中等职业学校名单。同时，要建立和完善中等职业学校学生信息管理系统，实行电子注册制度，做好免学费对象的认定工作，保证学生基本信息的完整和准确。

（五）部门通力合作，狠抓监督检查。各级财政、价格、教育、人力资源社会保障部门要与审计、监察等有关部门密切合作，齐抓共管，加强对免学费政策落实情况的监督检查。各级人民政府要把中等职业教育改革发展和免学费工作，作为教育督导的重要内容，抓实抓好。对虚报学生人数，骗取国家补助资金等违规行为，要按照《财政违法行为处罚处分条例》（国务院令第 427 号）等有关规定严肃处理，并追究相关学校领导的责任。

（六）加大宣传力度，形成良好氛围。各地要深刻领会中等职业教育免学费政策的精神实质，制定宣传工作方案，通过多种形式广泛开展宣传，使党和政府这项惠民政策家喻户晓、深入人心，为免学费政策的实施创造良好的社会氛围，确保免学费工作顺利进行。

人力资源和社会保障部关于深入学习贯彻胡锦涛总书记视察珠海市高级技工学校重要讲话精神　大力推动技工院校改革发展的通知

（人社部明电［2009］34号　2009年12月25日）

各省、自治区、直辖市人力资源社会保障（人事、劳动保障）厅（局），福建省公务员局，新疆生产建设兵团人事局、劳动保障局：

2009年12月21日，胡锦涛总书记视察了广东省珠海市高级技工学校，亲切看望该校师生，了解技能人才培养和毕业生就业情况，并发表重要讲话，在社会上引起了强烈反响。为深入学习贯彻胡锦涛总书记重要讲话精神，推动技工院校发展，加快高素质技能人才培养，现就有关问题通知如下：

一、认真学习，深刻领会胡锦涛总书记重要讲话精神。胡锦涛总书记在珠海市高级技工学校视察时重点参观了学校实训室，观看了学生操作情况，并与师生亲切交谈。针对我国技术工人特别是高级技工非常匮乏的现状，胡锦涛总书记指出："技能型人才在推进自主创新方面具有不可替代的重要作用"，"没有一流的技工，就没有一流的产品"，并希望技工院校同学们刻苦学习文化科学知识，潜心钻研专业技能，努力成为高素质技能型人才。胡锦涛总书记亲临技工院校视察和所作的重要讲话，体现了党中央、国务院对加快培养高素质技能型人才的高度重视，体现了对技能人才在国家经济社会发展中的重要作用和技工院校办学特色的充分肯定，体现了对民生问题的高度关注和对青年一代的亲切关怀；是对全国技工教育工作者、全体技工院校学生和广大技术工人的巨大鼓舞和鞭策，对于指导和推进新时期技工教育改革发展具有重要意义。各级人力资源社会保障部门要将胡锦涛总书记的重要讲话精神传达到每一所技工院校，组织广大技工教育工作者和技工院校师生认真学习，深刻领会总书记讲话精神实质，进一步提高思想认识，增强做好新形势下技工教育工作的责任感和使命感，坚定信心，明确方向，全力以赴推进技工院校改革发展。

二、以服务经济发展为目标，充分发挥技工院校培养高技能人才的重要基础作用。技工院校是培养后备高技能人才的摇篮。要大力发展各级各类技工院校，特别是加快发展技师学院和高级技工学校，充分发挥高端引领作用，在加强后备高技能人才培养的同时，进一步加大企业职工技能提升培训力度，不断扩大培养规模，提高培养质量，逐步形成以技师学院为龙头，以高级技工学校为骨干，以普通技工学校为基础，满足高、中、初级技能人才培养需求的技工培养体系，为提升企业竞争力和自主创新能力提供强大的技能人才支持。

三、以促进就业为导向，进一步发挥技工院校在开展各类就业培训中的重要作用。技工院校是开展各类就业培训的基地。要进一步发挥技工院校在实训设施和师资力量等方面的优势，紧密结合劳动力市场需求，对未继续升学的城乡“两后生”、退役士兵、未就业高校毕业生等新成长劳动力，开展6～12个月的劳动预备制培训，提高其就业能力；对失业人员、农村转移劳动力和返乡农民工开展订单式实用技能培训，提高其再就业能力，为保持就业局势稳定，加快推进工业化、城镇化进程发挥更大的作用。

四、以校企合作为纽带，以教学改革为动力，以师资建设为保障，不断提升技工院校培养质量。培养质量的高低是技工院校可持续发展的生命线。要指导技工院校进一步密切校企合作，按照优势互补、互利共赢的原则，在专业设置与课程开发、学生实习与就业推荐、师资交流与生产实践、职工培训与技能提升等方面密切合作，努力实现学校培养与企业需求之间的无缝对接，增强技能人才培养的适用性。要指导技工院校进一步调整专业结构，完善课程体系，强化技能训练，逐步建立健全理论教学与实习实训“一体化”的课程体系，增强技能人才培养的实用性和针对性。要进一步加强技工院校师资队伍建设，建立完善教师定期培训制度和教师到企业实践制度，鼓励教师不断提高业务素质和教学实践水平。鼓励有条件的技工院校通过合作办学方式，学习、引进国外技工培养的先进理念、技术和方法。

五、进一步完善政策，加大投入，不断优化技工院校发展环境。各级人力资源社会保障部门要从人才强国战略、扩大就业发展战略的高度，围绕实施国家技能人才振兴计划和特别职业培训计划，把大力发展技工教育，加快培养高素质技能型人才作为应对国际金融危机、加快转变经济发展方式、促进劳动者就业的重要措施，抓紧制订技工院校发展规划，并列入经济社会发展总体规划。要积极争取地方党委、政府的重视和支持，进一步加大对技工院校的投入，加强技工院校基础设施和实训设备设施建设，改善技工院校办学条件。同时，要研究制定鼓励技工院校发展和技能人才成长的政策措施，畅通技能人才成长通道。要加大对技工院校办学特色和办学成果的宣传力度，努力营造技能就业、技能成才的良好氛围。

请各地将学习贯彻胡锦涛总书记重要讲话精神情况及时报告我部。

人力资源和社会保障部　教育部　卫生部关于进一步规范入学和就业体检项目维护乙肝表面抗原携带者入学和就业权利的通知

（人社部发［2010］12号　2010年2月10日）

各省、自治区、直辖市人力资源社会保障（人事、劳动保障）厅（局）、教育厅（教委）、卫生厅（局），新疆生产建设兵团人事局、劳动保障局、教育局、卫生局：

近年来，国家对保障乙肝表面抗原携带者入学（含入幼儿园、托儿所，下同）、就业权利问题高度重视，就业促进法、教育法、传染病防治法等法律明确规定，用人单位招用人员，不得以是传染病病原携带者为由拒绝录用；受教育者在入学、升学、就业等方面依法享有平等权利；任何单位和个人不得歧视传染病病原携带者。2007年原劳动和社会保障部、卫生部下发《关于维护乙肝表面抗原携带者就业权利的意见》，要求用人单位在招、用工过程中，除国家法律、行政法规和卫生部规定禁止从事的工作外，不得强行将乙肝病毒血清学指标作为体检标准。但目前仍有不少教育机构、用人单位在入学、就业体检时违规进行乙肝病毒血清学项目检查，并把检查结果作为入学、录用的条件；一些地方行政机关监督检查不到位，违法追究不落实，乙肝表面抗原携带者入学、就业受限制现象仍时有发生。为进一步维护乙肝表面抗原携带者公平入学、就业权利，现就有关问题通知如下：

一、进一步明确取消入学、就业体检中的乙肝检测项目

医学研究证明，乙肝病毒经血液、母婴及性接触三种途径传播，日常工作、学习或生活接触不会导致乙肝病毒传播。各级各类教育机构、用人单位在公民入学、就业体检中，不得要求开展乙肝项目检测（即乙肝病毒感染标志物检测，包括乙肝病毒表面抗原、乙肝病毒表面抗体、乙肝病毒e抗原、乙肝病毒e抗体、乙肝病毒核心抗体和乙肝病毒脱氧核糖核苷酸检测等，俗称“乙肝五项”和HBV-DNA检测等，下同），不得要求提供乙肝项目检测报告，也不得询问是否为乙肝表面抗原携带者。各级医疗卫生机构不得在入学、就业体检中提供乙肝项目检测服务。因职业特殊确需在入学、就业体检时检测乙肝项目的，应由行业主管部门向卫生部提出研究报告和书面申请，经卫生部核准后方可开展相关检测。经核准的乙肝表面抗原携带者不得从事的职业，由卫生部向社会公布。军队、武警、公安特警的体检工作按照有关规定执行。

入学、就业体检需要评价肝脏功能的，应当检查丙氨酸氨基转移酶（ALT，简称转氨酶）项目。对转氨酶正常的受检者，任何体检组织者不得强制要求进行乙肝项目检测。

二、进一步维护乙肝表面抗原携带者入学、就业权利，保护乙肝表面抗原携带者隐私权

县级以上地方人民政府人力资源社会保障、教育、卫生部门要认真贯彻落实就业促进法、教育法、传染病防治法等法律及相关法规和规章，切实维护乙肝表面抗原携带者公平入学、就业权利。各级各类教育机构不得以学生携带乙肝表面抗原为理由拒绝招收或要求退学。除卫生部核准并予以公布的特殊职业外，健康体检非因受检者要求不得检测乙肝项目，用人单位不得以劳动者携带乙肝表面抗原为由予以拒绝招（聘）用或辞退、解聘。有关检测乙肝项目的检测体检报告应密封，由受检者自行拆阅；任何单位和个人不得擅自拆阅他人的体检报告。

三、进一步加强监督管理，加大执法检查力度

入学、就业体检有关工作要依照修订后的《公共场所卫生管理条例实施细则》《公务员录用体检通用标准（试用）》、招生体检工作相关规定的要求执行。县级以上地方人民政府人力资源社会保障、教育、卫生部门要抓紧对现行有关政策进行清理，凡属本部门发布的与本通知规定不一致的文件，自接到本通知之日起不再执行；属于地方人民政府发布的，其人力资源社会保障、教育、卫生部门要依据职责，向所属人民政府提出废止或修改的建议，自接到本通知之日起30日内完成废止或修改工作。

教育部门要按照修改后的招生体检工作相关规定，进一步规范入学体检表格内容。县级以上地方人民政府教育部门要加强对教育机构的监督检查，督促教育机构在招生体检中严格执行本通知相关规定，及时制止、纠正违规进行乙肝项目检测的行为；对教育机构违反本通知规定，要求学生进行乙肝项目检测的，要及时制止、纠正，给予通报批评，并对其直接负责的主管人员和其他直接责任人员进行处分。

县级以上地方人民政府人力资源社会保障行政部门要加强对用人单位招工、招聘体检和技工院校招生体检的监督检查，督促用人单位、技工院校严格执行本通知的规定；对用人单位违反本通知规定，要求受检者进行乙肝项目检测的，要及时制止、纠正，并依照《就业服务与就业管理规定》给予罚款等处罚；对技工院校违反本通知规定，要求学生进行乙肝项目检测的，要及时制止、纠正，给予通报批评，并对其直接负责的主管人员和其他直接责任人员进行处分。

县级以上地方卫生行政部门要加强对本行政区域内医疗卫生机构及其医务人员开展体检的监督管理，确保医疗卫生机构及其医务人员按照本通知规定，停止在入学、就业体检中进行乙肝项目检测，并保护受检者的隐私。对违反本通知规定进行乙肝项目检测，或泄露乙肝表面抗原携带者个人隐私的医疗卫生机构，卫生行政部门要及时纠正，给予通报批评；违规情节、后果严重的，禁止其开展体检服务。对泄露乙肝表面抗原携带者隐私的医护人员，县级以上卫生行政部门要依照执业医师法第三十七条、《护士条例》第三十一条的规定给予警告、责令暂停执业活动或者吊销执业证书的处罚。

县级以上地方人民政府人力资源社会保障、教育、卫生部门要设立并公布投诉、举报电话，认真受理投诉、举报；要督促党政机关在录用人员体检中带头执行不检测乙肝项目的规定。

人力资源社会保障、教育、卫生行政部门要对本通知的贯彻落实作出专门部署，并按照职责分工，明确监督检查对象，落实责任人，对其工作人员和下级部门履行本通知规定职责的情况加强监督。上级人力资源社会保障、教育、卫生部门发现下级部门，各人力资源社会保障、教育、卫生部门发现本行政机关工作人员未按照本通知要求履行职责，有失职、渎职行为的，要在职权范围内及时予以纠正，并依照《行政机关公务员处分条例》第二十条的规定给予记过、记大过、降级、撤职或者开除的处分。各级人力资源社会保障、教育、卫生部门要自觉接受监察机关对本行政机关履行本通知规定职责情况的检查，配合监察机关依法查处失职、渎职行为。

四、加强乙肝防治知识和维护乙肝表面抗原携带者合法权益的法律、法规、规章的宣传教育

县级以上地方人民政府人力资源社会保障、教育、卫生部门要高度重视乙肝防治知识和相关法律、法规、规章的宣传教育工作，制订宣传方案，作出工作安排。人力资源社会保障部门要积极帮助用人单位了解相关规定，引导劳动者依法维护自身权益。教育部门要面向教育机构开展系列宣传教育，将乙肝病毒传播途径与防治基本知识纳入中小学相关课程。卫生部门要把加强乙肝防治宣传教育工作纳入当地健康教育规划，广泛宣传乙肝科学知识以及维护乙肝表面抗原携带者权利的法律、法规、规章。县级以上地方人民政府人力资源社会保障、教育、卫生部门要密切配合同级广电、新闻出版部门，充分发挥广播、电视、报刊、网络等媒体的作用，采取多种形式宣传乙肝防治的科学知识，让老百姓看得懂、易接受、印象深。县级以上地方人民政府卫生部门要密切配合工商行政管理部门加强对乙肝治疗和药品虚假广告的查处和打击，防止其误导公众。有关宣传活动要充分发挥专家的作用。要通过宣传引导，帮助社会公众全面正确了解乙肝防治知识，消除公众在与乙肝表面抗原携带者一起工作、学习问题上的疑虑，形成有利于乙肝表面抗原携带者入学、就业的良好社会氛围。

县级以上地方人民政府人力资源社会保障、教育、卫生部门要密切关注本通知的执行情况，广泛收集社会反映，及时了解和处理维护乙肝表面抗原携带者入学和就业权利中遇到的新情况、新问题；对可能出现的情况制订应对预案。各省、自治区、直辖市人民政府人力资源社会保障、教育、卫生部门要在本通知执行一段时间后，就本地区执行通知的情况联合开展专项检查，并于2010年10月底前将检查情况向人力资源社会保障部、教育部、卫生部报告；各县级以上地方人民政府人力资源社会保障、教育、卫生部门要将本地区、本部门落实本通知中发生的重大问题，及时向上级人力资源社会保障、教育、卫生部门报告。

人力资源和社会保障部办公厅关于技工院校毕业证书发放管理有关工作的通知

（人社厅发［2010］15号 2010年2月23日）

为规范技工院校毕业证书发放管理工作，决定自2010年起，启用全国统一样本的《技师学院毕业证书》《高级技工学校毕业证书》和《技工学校毕业证书》（以下简称技工院校毕业证书）。现就技工院校毕业证书发放管理有关工作通知如下：

一、毕业证书印制

技工院校毕业证书由人力资源和社会保障部统一制定样式（见附件1），并下发空白证书印刷母版，由各省级人力资源社会保障（劳动保障）部门使用本省的印刷母版分别组织印制。

二、毕业证书颁发

对学业期满，思想品德合格，完成规定的全部课程，成绩合格，准予毕业的技工院校学生颁发毕业证书。按照属地管理和方便学校的原则，技工院校毕业证书须由学校所在地省级或地市级人力资源社会保障（劳动保障）部门验印。

三、毕业证书管理

（一）各省、自治区、直辖市人力资源社会保障部门具体负责本省（区、市）技工院校毕业证书的印制、核发、验印、保存及其他管理工作。

（二）各地人力资源社会保障部门要严格规范技工院校毕业证书印制、核发、验印、保存等管理工作，并结合本地实际情况制定技工院校毕业证书各项管理流程和管理规定。

（三）空白技工院校毕业证书印刷母版采用“常用”“备用”两张保密光盘形式下发，光盘要交由省级人力资源社会保障部门的机要部门保存，并制定保密措施严格保管，实行保管与使用分开。光盘每次领用均要详细登记使用情况，使用完毕务必及时返还。光盘内容不得复制、删改，如遇光盘损坏、丢失等情况须立即向我部职业能力建设司书面报告，说明情况并获取“备用”光盘启用密码。

（四）空白技工院校毕业证书要根据本省（区、市）实际需求情况印制，并需印刷证书流水码（证书右下角“NO. ×××”字样）。空白证书要指定专人妥善保管，实行保管与发放分开，每次领用证书均要详细登记发放情况，确保通过查询证书的流水码可判断证书的流向。损坏的证书不得擅自销毁，须盖上“作废”字样予以保存备查。

（五）技工院校毕业证书编号及打印要采用信息化手段，并将技工院校毕业证书有关信息纳入全国技工院校学生信息管理系统，以实现全国技工院校毕业证书信息网络查询（具体要求另行发文）。

（六）各地人力资源社会保障部门及各技工院校应免费向学生发放技工院校毕业证书，不得以任何理由收取证书工本费。

（七）任何地区、部门、单位和个人不得复制、修改、传播印刷母版，不得擅自印制、发放、伪造、涂改技工院校毕业证书。各地人力资源社会保障部门要自觉接受社会监督，对群众举报的问题要认真调查，对违规违纪行为要追究当事人责任，严肃查处。对社会上出现的伪造、贩卖、制售假证书的，要积极与公安部门配合，予以严厉打击。

四、毕业证书编号

（一）技工院校毕业证书实行全国统一编号，编号基本规则为：

技工院校毕业证书编号共 19 位，由阿拉伯数字组合的七部分构成，涵盖了技工院校所在地区的行政区划、学校顺序号、学校办学层次、学生毕业年份、学生毕业层次、学生毕业专业、毕业证书顺序号等内容。

第一部分（两位数字）为行政区划代码；第二部分（三位数字）为学校在本行政区划内的顺序号；第三部分（一位数字）为学校办学层次，表示学校为技师学院、高级技工学校或技工学校；第四部分（四位数字）代表学生毕业年份；第五部分（一位数字）为学生毕业层次，表示学生毕业于预备技师（技师）班、高级技工班或中级技工班；第六部分（四位数字）为学生毕业专业代码；第七部分（四位数字）为本年度学生毕业证书的顺序号（技工院校毕业证书编号构成说明见附件 2）。

（二）省级人力资源社会保障部门依据证书编号基本规则，制定本地区的技工院校毕业证书编号具体规则。

五、毕业证书填写

对于技师学院、高级技工学校和技工学校不同培养层次的毕业生，在填写技工院校毕业证书时，应予区分，并分别注明（技工院校毕业证书填写示例见附件 3）。

六、毕业证书质量要求

（一）证书内芯。

1. 规格尺寸：长 260 mm×宽 180 mm。

2. 用纸要求：使用 180 g 高档白卡纸，紧度不小于 0.85 g/cm^3，白度不低于 83%，施胶度不小于 1.5 mm，平滑度不小于 40 s，挺度 3.20/2.10 mN · m（纵向/横向）。

3. 流水码：字号五号，字高 2 mm，字间距 0.2 mm，上距边沿 169 mm。

4. 印刷要求：网点清晰、完整，版面均匀、整洁；文字排列完整、清楚，图像位置准确；颜色自然协调，色泽饱满、颜色亮丽、层次感强；成品裁切整齐，面料平整、尺寸准确。

（二）证书封皮。

1. 颜色：《技师学院毕业证书》为正红色；《高级技工学校毕业证书》为正蓝色；《技工学校毕业证书》为正绿色。

2. 材质：由各省级人力资源社会保障部门自行确定。

3. 制作要求：设计美观、色泽饱满，成品裁切整齐，面料平整、尺寸适当。

各地在印制证书中如有技术困难，达不到上述技术要求，可与中国就业培训技术指导中心联系。

附件：

1. 技工院校毕业证书印制样式（略）

2. 技工院校毕业证书编号构成说明（略）

3. 技工院校毕业证书填写示例（略）

人力资源和社会保障部办公厅关于加强技工院校对外合作办学管理工作的通知

（人社厅函［2010］33 号　2010 年 1 月 22 日）

各省、自治区、直辖市人力资源社会保障（劳动保障）厅（局）：

随着我国经济社会发展，技工院校的办学模式呈现多元化趋势。技工院校开展对外合作办学，对于实现优质教学资源共享，促进技工教育事业发展发挥了积极作用。但是，在技工院校对外合作办学中也出现了一些片面追求经济利益、合作办学不规范、教学培训质量不高、职能部门监管不到位等不容忽视的问题，个别学校甚至还出现了完全不符合作办学定位、类似于“戒网瘾训练营”之类的合作办学，引发了不稳定事件。为进一步规范技工院校开展对外合作办学活动，现就有关问题通知如下：

一、高度重视，加强对技工院校对外合作办学的指导。各级人力资源社会保障（劳动保障）部门要高度重视技工院校对外合作办学工作，坚持以科学发展观为指导，切实加强对本辖区技工院校对外合作办学的管理，提高合作办学质量，维护学生（员）合法权益。要指导技工院校按照“以促进就业为导向、以培养职业能力为核心”的办学定位和办学方向开展合作办学，特别是要进一步推动校企合作的办学模式，大力培养企业急需的技能人才，切实防止和及时纠正与技工院校办学定位、办学方向不符的合作办学行为。

二、坚持依法办学，严格规范技工院校对外合作办学行为。各技工院校要加强对外合作办学的管理，规范对外合作办学行为。合作办学前，应全面考察合作方的办学资质、办学条件、专业设置、学生就业等情况。合作方须是经当地有关行政主管部门批准、具备办学资质的机构。合作办学中，双方必须坚持依法办学、依法施教。严格执行国家的收费规定，不得以学籍注册费、保证金、实习押金等形式乱立项目，不得擅定标准违规变相收费。跨省与异地机构合作，应报举办地人力资源社会保障行政部门审批。合作办学的招生广告须经有关主管部门审查核准。刊播、印制广告及简章的内容要使用审批机关核准的内容，不得擅自变更。各技工院校不得与不具资质的中介组织、学校、培训机构和各类团体合作办学，严禁实行委托招生和代理招生，坚决杜绝违规违法行为。

三、加强教学管理，提高技工院校对外合作办学质量。各技工院校要加强教学管理，提高教学质量。要紧密围绕本地区经济社会发展、产业结构调整与人力资源市场需求，合理规划对外合作办学专业。合作双方要将合办专业的教学内容纳入主办方统一教学管理，制定统一的教学计划，并按照教学管理的具体要求实施。要通过课堂听课、举行学生（员）座谈会、发放调查问卷等形式，定期对合作办学教学项目进行教学检查和督导，及时解决教学中存在的问题，切实保证教学质量。

四、明确责任，加强对技工院校对外合作的监管。各级人力资源社会保障（劳动保障）部门要依法履行管理职责，加强对技工院校对外合作的管理制度建设、师资队伍建设、教学管理、学生管理、招生简章和广告宣传等方面的监管。各地可根据实际，制定本地区规范技工院校对外合作办学管理规定，明确合作办学形式、办学层次、办学条件、办学规模等，强化合作办学管理职责，切实提高合作办学质量。对合作中存在虚假宣传、教学质量低下、学校管理混乱等问题的，要限期整顿，整顿期间不得招收新生和举办新的教学和培训活动。同时，要积极会同工商行政管理部门，加强对合作学校和培训机构招生广告的管理。对涉及民办职业培训机构合作办学、中外合作办学的，要严格按照我部《关于进一步加强民办职业培训学校管理工作的通知》（人社厅发〔2008〕89号）和《中外合作职业技能培训办学管理办法》（劳动和社会保障部令第27号）的有关规定进行管理。

人力资源和社会保障部办公厅关于做好2010年全国技能人才队伍建设暨技工院校招生宣传活动的通知

（人社厅函［2010］144号 2010年3月29日）

各省、自治区、直辖市人力资源社会保障（劳动保障）厅（局），新疆生产建设兵团劳动保障局：

2009年底，胡锦涛总书记视察珠海市高级技工学校时指出："技能型人才在推进自主创新方面具有不可替代的重要作用"，"没有一流的技工，就没有一流的产品"。为进一步贯彻落实胡锦涛总书记重要讲话精神和中共中央办公厅、国务院办公厅《关于进一步加强高技能人才工作的意见》（中办发［2006］15号）要求，加强技能人才队伍建设，集中宣传和展示技工院校改革和发展成果，推动技工院校扩招计划的顺利实施，我部在总结去年活动经验的基础上，决定于2010年5月上旬在全国继续组织开展"全国技能人才队伍建设暨技工院校招生宣传活动"。现就有关事项通知如下：

一、活动名称

全国技能人才队伍建设暨技工院校招生宣传活动

二、活动时间

2010年5月7日至5月13日，共7天时间。

三、宣传主题

没有一流的技工，就没有一流的产品。

四、宣传内容

（一）党中央国务院关于技能人才队伍建设的方针政策。主要包括：胡锦涛总书记视察广东省珠海市高级技工学校重要讲话精神；高技能人才地位作用；加强高技能人才队伍建设的重大意义和作用；在高技能人才培养、评价、激励、表彰、流动、保障、资金投入等方面的政策。

（二）技工院校改革发展成就与政策。主要包括：人力资源社会保障部关于加强技工院校改革与发展意见；近年来技工院校改革发展情况；技工院校培养技能人才促进经济发展情况；技工院校开展企业在职职工、农村转移就业劳动者、失业人员、高校毕业生、退役士兵等职业培训促进就业情况；技工院校教学改革成果，以及技工院校招生、办学、就业等方面情况。国家和各地围绕技工院校改革发展制定出台的各种优惠政策，如基础能力建设项目、国家助学金和免学费政策等。

（三）技工院校培养目标与办学特色。主要包括：技工院校专业设置、教学计划大纲、课程设置、教学设施设备、校企合作、教材开发、毕业生就业以及技工院校一体化课程教学改革、通用职业素质训练等。

（四）优秀高技能人才典型事迹。主要包括：优秀高技能人才，尤其是高技能人才十大楷模、享受国务院和地方政府特殊津贴高技能人才的成长经历、突出成绩、先进事迹，对企业生产效能提高和产品质量提升的贡献等。

五、活动方式

（一）举行启动仪式。各地可根据本地区实际，举行隆重热烈、节俭实效的宣传活动启动仪式，邀请政府及有关部门领导以及行业、企业、技工院校参加，为宣传活动营造良好的社会氛围。

（二）开展媒体宣传。充分利用广播、电视、报刊、互联网等舆论宣传工具，围绕技能成才和技工院校招生工作进行大力宣传。采取新闻播报、新闻发布、专题对话、绝招绝技展示、公益广告等形式进行电视宣传；采取新闻播报、政策解答、专题采访等形式进行广播宣传；采取主题文章、采访学校等形式进行报刊宣传；采取在线访谈、在线调查等形式进行互联网宣传。有条件的地区，还可借助公交、楼宇中数字媒体进行宣传活动。

（三）开展集中宣传。在5月8—9日（双休日）组织统一的技工院校招生咨询活动。依托基层劳动保障工作平台和公共就业服务机构，由各级人力资源和社会保障部门组织本区域内技工院校，在公共场所统一举办咨询活动，散发宣传小册子、张贴宣传画、制作展板、现场解答问题等，对技工院校进行全方位宣传。

（四）开展专题宣传。组织有突出贡献的优秀技能人才进行专场报告会；邀请获得政府特殊津贴的高技能人才进行专题讲演；举办技工院校或技能人才培养成果展览会；组织部分技工院校与当地知名企业对接专项宣传活动等，在全社会营造技能就业、技能成才的良好氛围。

（五）开展现场宣传。组织举办校园开放活动，组织生源集中的学校的教师、校长和初高中学生实地参观学校；深入到生源集中的中学、农村乡镇召开家长和学生座谈会；各技工院校要制作学校宣传册，各省（区、市）要编写本地区技工院校名录宣传册，并在城镇和农村广泛散发，指导学生报考技工院校。

六、工作要求

（一）加强组织领导。此次宣传活动是贯彻落实胡锦涛总书记视察珠海市高级技工学校重要讲话精神的一项具体行动。各级人力资源社会保障部门要高度重视，切实加强对宣传工作的组织领导，主要领导亲自挂帅，请当地政府有关部门共同参与，成立宣传活动工作领导小组，明确责任分工。要精心组织、周密部署，确保高质量完成宣传活动组织实施工作。

（二）制定实施方案。各级人力资源社会保障部门和各技工院校要结合本地、本校实际，制定切实可行的实施方案，认真组织，周密安排，确保宣传活动取得实效。各省（区、市）结合本通知精神和本地区实际情况，制定具体工作方案，并于4月26日前报我部职业能力建设司。

（三）突出宣传重点。各地要按照本通知要求，结合地区实际情况，重点宣传国家和本地区享受政府特殊津贴的高技能人才典型、技能人才队伍建设成就、技工院校办学特色和就业情况等，提高技能人才的社会关注度和认可度。要加强对农村地区和劳动力输出量较大地区的宣传，引导更多农村适龄青年读技校、学技能。

活动结束后，各地要及时总结成果和经验，并于5月底将活动总结报我部职业能力建设司。

附件：全国技能人才队伍建设暨技工院校招生宣传口号

附件：

全国技能人才队伍建设暨技工院校招生宣传口号

一、没有一流的技工，就没有一流的产品。
二、人才是我国经济社会发展的第一资源。
三、技能就业，技能成才。
四、技工院校是培养技能人才的摇篮。
五、上技校，学技能，当技师，做贡献。
六、我学技术我成长，我有技能我骄傲。
七、办好技工院校，服务经济，服务就业。
八、发展技工教育，促进技能就业。
九、提高素质能强国，学好技术好就业。
十、实施人才强国战略，大力发展技工院校。
十一、尊重劳动，崇尚技能。
十二、一本资格证书，一项职业能力，一个就业机会。
十三、职业资格证书，技能就业凭证。

人力资源和社会保障部办公厅 教育部办公厅关于做好2010年技工学校招生有关工作的通知

（人社厅发［2010］35号　2010年4月1日）

各省、自治区、直辖市人力资源社会保障（劳动保障）厅（局）、教育厅（教委），新疆生产建设兵团劳动保障局、教育局，各计划单列市人力资源社会保障（劳动保障）局、教育局、招生工作委员会工作办公室：

为促进职业教育发展，加快技能人才培养，扩大中等职业学校招生规模，现就做好技工学校招生工作有关问题通知如下：

一、各地人力资源社会保障部门要积极配合教育部门加强对中等职业学校招生工作的组织领导和统筹协调，地方高中阶段教育学校招生工作领导小组应有人力资源社会保障部门负责同志参加，形成共同配合的工作机制，统一部署中等职业学校招生工作，协调解决技工学校招生工作中的有关问题。

二、各地技工学校和普通中专、成人中专、职业高中等招生工作统一纳入高中阶段教育学校招生工作领导小组管理，实行统一的招生政策，纳入统一的招生计划。仍保留招生代码的省（区、市），应将技工学校纳入统一的招生代码。技工学校录取的初中毕业生，应计入其生源校的升学率。

三、各地人力资源社会保障部门和教育部门要共同做好招生宣传工作，通过新闻媒体和多种形式广泛宣传技能人才对经济社会发展的重要作用，宣传技能人才的典型事迹，宣传国家发展职业教育的有关政策，介绍学校专业特点和就业前景，为学生自主选择学校和专业，走技能就业、技能成才之路，创造良好环境。

四、各地技工学校要根据人力资源市场需求和学校办学条件，确定招生规模、招生专业，编制招生计划。招生计划经人力资源社会保障部门审核汇总后，纳入本地区中等职业学校招生计划，由招生工作办公室统一下达。人力资源社会保障部门要将录取结果及时抄送当地教育部门。

各地人力资源社会保障部门、教育部门要按照本通知的要求，加强沟通、密切配合，认真做好工作，促进职业教育持续发展。实际工作中有何问题，请及时与人力资源和社会保障部、教育部联系。

教育部　人力资源和社会保障部关于加强中等职业学校校园文化建设的意见

（教职成［2010］8 号　2010 年 5 月 20 日）

各省、自治区、直辖市教育厅（教委）、人力资源社会保障厅（局），各计划单列市教育局、人力资源社会保障（人事、劳动保障）局，新疆生产建设兵团教育局、人事局、劳动保障局：

为深入贯彻《中共中央国务院关于进一步加强和改进未成年人思想道德建设的若干意见》（中发［2004］8 号）精神，落实教育部等六部门《关于加强和改进中等职业学校学生思想道德教育的意见》（教职成［2009］11 号），现就加强中等职业学校校园文化建设提出以下意见。

一、加强中等职业学校校园文化建设的总体要求

（一）充分认识加强中等职业学校校园文化建设的重要性。校园文化是学校教育的重要组成部分，是学校精神、学校活动、学校秩序和学校环境的集中体现，具有重要的育人功能。加强中等职业学校校园文化建设，对于贯彻落实党的教育方针，优化育人环境，促进中职学生全面发展具有十分重要的意义。

（二）明确加强中等职业学校校园文化建设的指导思想。以邓小平理论和“三个代表”重要思想为指导，深入贯彻落实科学发展观，坚持育人为本，德育为先，弘扬社会主义先进文化，建设平安、健康、文明、和谐校园，推动学校形成务实向上的校园文明风尚，建设体现社会主义特点、时代特征和职业学校特色的校园文化，促进学生全面发展和健康成长。

（三）中等职业学校校园文化建设要坚持以下基本原则：

——育人为本的原则。校园文化建设要以育人为目标，充分发挥校园文化的导向、陶冶、凝聚、约束的教育作用。

——师生主体，校企共建的原则。师生员工是校园文化建设的主体，要充分发挥学校、行业、企业的各自优势，共同建设校园文化。

——贴近社会，贴近职业，贴近学生的原则。认真分析研究学生的思想实际和生活实际，结合专业培养目标要求，体现民族文化特点、体现行业、企业文化特征，体现时代精神，开展学生喜闻乐见、富有成效的教育教学活动。

——继承与创新相结合的原则。继承学校优秀文化传统，适应职业教育发展的新需要，不断创新，跟上时代的步伐。

二、扎实推进中等职业学校校园文化建设

（四）全面加强校风、教风、学风建设。要在规范办学行为、继承优良传统的基础上，弘扬社会主义先进文化，把社会主义核心价值体系融入学校教育教学、管理服务、实践活动的全过程，通过多种形式，建设务实向上、积极进取、敬业乐群、遵纪守法、崇尚实践的校风。要深入开展师德师风教育，提高教职员工的综合素质和育人能力，建设热爱职教、关爱学生、为人师表、教书育人、钻研业务的教风。要加强学生思想道德教育和文明行为习惯养成，严格班级和教学秩序管理，建设知荣明耻、乐观向上、热爱专业、勤奋好学、苦练技能的学风。要提炼体现学校特色和学校精神的校训，精心设计校徽，创作校歌。

（五）广泛开展丰富多彩的校园文化活动。要把学生思想道德教育和综合职业能力培养有机融入各项活动之中，开展丰富多彩、积极向上的技能竞赛、文体活动和社会实践活动。积极组织“弘扬和培育民族精神月”宣传教育活动和“文明风采”竞赛等活动。要充分利用重大节庆日、民族传统节日，开展爱国主义教育、民族团结教育。结合开学典礼、毕业典礼、升旗仪式、成人仪式、入党入团仪式等，开展特色鲜明的主题教育活动。加强对学生社团和课外兴趣小组的指导和管理，开展有益于学生身心健康的多种活动。定期组织师生参观德育基地、生产性实训基地，瞻仰革命圣地，祭扫烈士墓，参观名胜古迹；组织学生参加公益活动、志愿服务等社会实践活动，提高学生的自我教育能力和社会实践能力。

（六）高度重视校园自然环境和人文环境建设。加强校园自然环境建设，完善校园文化活动设施。校园的整体环境要做到功能齐全、安全有序、节能环保、室外绿化、室内美化、环境净化。重点加强校园人文环境建设，体现社会主义特点和时代特征，积极吸纳优秀的地域文化、民族文化和行业、企业文化，结合学校特点，突出专业培养目标，集中反映学校的办学理念和学校精神。充分发挥板报、橱窗、图书馆、陈列室及模拟职业场景的宣传作用和校训、校徽、校歌、校报及校史等对学生的激励作用。精心布置各种场所，张贴富有职业特色的标语、名言以及劳动模范、创业典型、技术能手、优秀毕业生的画像，建造具有专业特色的雕塑、碑铭等，使校园的一草一木、一砖一石都有利于学生明确职业发展方向，增强就业创业信心。

（七）积极推动优秀企业文化进校园。积极推进校企合作，引进和融合优秀企业文化，促使学生养成良好的职业道德和职业行为习惯，帮助学生顺利实现从学校到企业的跨越。加强学校教室环境建设，使之成为职业氛围浓厚、专业特色鲜明的学习场所。重视实习实训基地环境建设，通过展示企业生产、经营、管理、服务一线的纪律、规范、流程，展示学生在实习实训中的优秀成果，展示行业劳动模范和学校优秀毕业生的事迹，加强学生的职业养成训练，增强学生立志成才的信心。培养学生树立牢固的职业意识，提高学生适应未来工作环境的综合素质和职业能力。

（八）充分发挥校园网络的育人作用。学校要根据网络特点，按照网上信息传播规

律，加强网上正面宣传，建设融思想性、职业性、知识性、服务性于一体的校园网络文化平台，积极开展健康向上、丰富多彩的网络文化活动，为师生创造良好的网络文化氛围。要加强对校园网站的管理，重点加强对校园网电子公告栏、留言板、贴吧、聊天室等交互栏目的管理，规范上网内容，杜绝各种违法有害信息在校园网上传播。要教育师生自觉遵守网络法规及有关规定，文明上网、依法上网。要密切关注网上动态，了解学生思想状况，加强网上与学生的沟通与交流。

三、加强中等职业学校校园文化建设的领导、管理和保障

（九）加强对校园文化建设的领导。各地教育行政部门和人力资源社会保障行政部门要会同有关部门结合本地实际，制订切实可行的校园文化建设规划，建立切合实际的校园文化建设评估指标体系，定期开展校园文化建设的指导与检查，将校园文化建设工作作为对学校综合考核的重要指标。对成绩突出的单位和个人及时给予表彰奖励。学校领导班子要把校园文化建设列入议事日程，统筹规划，组织实施校园文化建设，充分发挥学校党团组织、学生会和学生社团在校园文化建设中的作用。

（十）加强对校园文化建设的管理。学校要完善各项管理制度，加强对师生员工的教育和管理，加强对校园活动、校园设施、校园秩序和学生社团等的管理，坚决抵制各种有害文化和腐朽生活方式对学生的侵蚀和影响，坚决禁止在学校传播宗教。加强校园内部安全保卫工作，及时处理侵害学生合法权益、身心健康的事件和影响学校稳定的事端。积极争取家长和社会各方面力量支持参与校园文化建设。

（十一）加强校园文化建设的保障工作。学校主管部门要为学校校园文化建设提供必要的经费支持。学校要把校园文化建设经费列入预算，保证各项工作顺利开展。各级教育督导部门要把校园文化建设作为学校建设的重要内容，纳入中职学校综合督导评估体系。教育科研部门和学校要加强对校园文化建设的理论研究，积极探索新形势下加强和改进校园文化建设的新思路、新举措。

各地教育行政部门、人力资源社会保障行政部门及中等职业学校要根据本意见，结合实际，制定具体实施意见或细则。

教育部 人力资源和社会保障部 财政部 关于实施国家中等职业教育改革发展示范学校建设计划的意见

（教职成［2010］9号 2010年5月22日）

各省、自治区、直辖市教育厅（教委）、人力资源社会保障厅（局）、财政厅（局），计划单列市教育局、人力资源社会保障（人事、劳动保障）局、财政局，新疆生产建设兵团教育局、劳动保障局、财务局：

经国务院批准，财政部等四部委联合印发了《关于中等职业学校农村家庭经济困难学生和涉农专业学生免学费工作的意见》（财教［2009］442号）明确提出，为大力推进中等职业教育改革创新，全面提高办学质量，在实施免学费政策的同时，国务院相关部门将选择部分中等职业学校进行改革创新示范。经研究，教育部、人力资源社会保障部、财政部决定从2010年到2013年组织实施国家中等职业教育改革发展示范学校建设计划。现就实施工作提出如下意见：

一、充分认识实施国家中等职业教育改革发展示范学校建设计划的重大意义

中等职业教育是我国教育体系的重要组成部分，是全面提高国民素质，增强民族产业发展实力，提升国家核心竞争力、构建和谐社会以及建设人力资源强国的基础性工程。新中国成立以来，在党中央、国务院高度重视和大力推动下，经过各级政府、有关部门、行业企业和社会各界的共同努力，中等职业教育发展取得历史性突破，培养了大批生产、服务和管理一线的高素质劳动者和技能型人才，为我国经济社会持续快速发展做出了重要贡献。

当前，我国正处于经济社会发展的关键阶段，工业化、信息化、城镇化、市场化、国际化进程加快，转变经济发展方式，推动经济结构调整，实施重点产业振兴规划，发展战略性新兴产业，解决好“三农”问题，促进就业再就业，维护社会稳定和构建和谐社会以及建设人力资源强国，对高素质劳动者和技能型人才提出了新的要求。但是，担负着技能型人才培养任务的中等职业教育仍然是我国教育事业的薄弱环节，质量、结构、规模、效益还不能很好地适应经济社会发展需求，在发展方式、办学模式、培养模式、评价模式等关键环节存在着诸多急需解决的突出问题。

今后几年，在全国范围内重点支持建设一批中等职业教育改革发展示范学校（项目学校包括普通中专、成人中专、职业高中、技工学校，下同），以此带动全国中等职业

学校深化改革、加快发展、提高质量、办出特色，是解决这些突出问题的重要举措，是实现中等职业教育发展从注重扩大规模到全面提高质量这一阶段性转折的关键环节，对于推动新时期我国中等职业教育的科学发展，提高中等职业教育的市场针对性、国家贡献率和社会吸引力，进一步增强其服务经济社会发展的能力，具有十分重要的意义。

二、国家中等职业教育改革发展示范学校建设计划的指导思想、总体目标和重点任务

（一）指导思想

坚持以邓小平理论和“三个代表”重要思想为指导，以科学发展观为统领，认真贯彻党的教育方针，全面推进素质教育，全面提高学生素质。坚持以服务为宗旨、以就业为导向、以质量为核心，深化教育模式改革，推进教育机制创新，着力提高育人效益，突出学校办学特色。坚持中央引导、地方为主、分区规划、分类指导，强调行业参与、校企合作，学校自主创新、具体实施，确保建设计划的落实，推动中等职业教育科学发展。

（二）总体目标

从 2010 年到 2013 年，中央财政重点支持 1 000 所中等职业学校改革创新，形成一批代表国家职业教育办学水平的中等职业学校，大幅度提高这些学校办学的规范化、信息化和现代化水平，使其成为全国中等职业教育改革创新的示范、提高质量的示范和办出特色的示范，在中等职业教育改革发展中发挥引领、骨干和辐射作用。

（三）重点任务

1. 改革培养模式。以培养学生综合素质为目标，重点加强职业道德品教育、职业技能训练和学习能力培养。改革以学校和课堂为中心的传统人才培养模式，密切与企业等用人单位的联系，实行工学结合、校企合作、顶岗实习。立足校企资源共享、互利共赢，促进校园文化和企业文化紧密结合，促进知识学习、技能实训、工作实践和职业鉴定等功能的整合，推动教、学、做的统一，实现学生全面发展。

2. 改革教学模式。以适应职业岗位需求为导向，加强实践教学，着力促进知识传授与生产实践的紧密衔接。创新教学环境，构建具有鲜明职业教育特色的实践教学环境。创新教学方式，深入开展项目教学、案例教学、场景教学、模拟教学和岗位教学，通过数字仿真、虚拟现实等信息化方式，在教学中普遍应用现代信息技术，多渠道系统优化教学过程，增强教学的实践性、针对性和实效性，提高教学质量。

3. 改革办学模式。以服务经济社会发展为宗旨，完善政府主导、依靠企业、充分发挥行业作用、社会力量积极参与，公办与可办共同发展的多元办学模式。通过整合、调整和园区建设等方式，优化办学资源配置，增强学校办学实力。联合相关行业、企业以及其他职业学校共同组建职教集团，促进集团成员之间优势互补。建立辐射机制，带动农村、西部和民族地区薄弱学校共同发展。

4. 创新教育内容。以人才培养对接用人需求、专业对接产业、课程对接岗位、教材对接技能为切入点，深化教学内容改革。根据产业发展规划和企业用人需要，建立专业设置的动态机制。建设国内领先的精品专业。建立由行业、企业、学校和有关社会组织等多方参与的教材建设机制，针对岗位技能要求变化，在现有教材基础上开发补充性、更新性和延伸性的教辅资料；依托企业研发适应新兴产业、新职业和新岗位的校本教材。创新教材展示方式，实现教材、教辅、教具、学具、课件和网站等多种介质的立体化融合。

5. 加强队伍建设。以改革教师培养、评聘和考核为核心，注重提高教师的德育工作能力、专业教学能力、实训指导能力等综合素质。创新人事分配制度，形成吸引人才、稳定队伍的激励机制。改善教师队伍结构，聘用有实践经验的行业专家、企业工程技术人员和社会能工巧匠等担任兼职教师。落实教师在职进修和企业实践制度，加强专业带头人、骨干教师和中青年校长培养，提高队伍整体水平。

6. 完善内部管理。以制度建设为基础，全面加强学校内部管理，提高规划、执行、质量监测和服务能力。建立健全各项规章制度，包括建立规范的招生和考试制度、严格的学籍和教育教学管理制度、健全的财务管理和资产管理制度、科学的教师考核评价制度等。同时，建立规范的电子学籍、教务和资产等信息系统，保证学生等信息的全面准确；不断提高学校管理的规范化、现代化和信息化水平。

7. 改革评价模式。以贡献和能力为依据，按照企业用人标准构建学校、行业、企业、研究机构和其他社会组织等多方共同参与的评价机制。建立以贡献为导向的学校评价模式和以能力为核心的学生评价模式。突出技能考核学生的学习，促进学校课程考试与职业资格鉴定的衔接统一，提高学生综合职业素养，引导学生全面发展。围绕社会需求评价学校的办学，动态适应国家和当地经济社会发展需要。

（四）经费投入

国家中等职业教育改革发展示范学校建设计划所需资金，主要由中央财政专项安排。中央财政资金重点支持项目学校建立工学结合、校企合作、顶岗实习的教育模式改革，提高办学质量，办出自身特色，在资金安排上向先进制造业特别是装备制造业、现代服务业、新兴产业、现代农业等领域的学校和专业倾斜。

中央财政对项目学校实行经费一次确定、分步到位，逐年考核、适时调整、验收挂牌。对年度绩效考核不合格的项目学校，终止支持，并核减其所在省份下一年度示范学校立项数目。同时，地方有关部门和学校举办者要加大对项目学校的支持力度，为其开展改革创新创造有利条件。

三、国家中等职业教育改革发展示范学校建设计划的组织实施与管理

（一）实施步骤

国家中等职业教育改革发展示范学校建设计划从2010年起实施，项目计划期为4年。2010年，支持第一批300个左右示范学校项目建设。2001年，支持第二批400个左右示范学校项目建设；同时，研究制订示范学校验收办法。2012年，支持第三批300个左右示范学校项目建设；开展示范学校项目建设成果验收；2013年，评估总结建设

计划实施工作。

（二）申报和评审

1. 教育部、人力资源社会保障部和财政部印发关于开展中等职业教育改革发展示范学校建设计划项目年度申报工作的通知，明确年度工作目标、主要内容和基本要求。按因素分配法（包括中等职业教育在校生规模、投入保障、管理水平等）下达各省（区、市）当年项目学校控制数。

2. 各省级教育、人力资源社会保障和财政部门根据上述通知要求共同制订本地工作计划，开展相关筹备工作。根据下达的项目学校控制数，统一组织本地项目学校的遴选和评审工作，并将评审结果及相关材料报教育部、人力资源社会保障部和财政部。各省（区、市）要严格根据中央下达的控制数上报项目学校。凡超报的一律核减下一年度项目学校控制数。

3. 教育部会同人力资源社会保障部和财政部组织专家对各地申报的计划和项目学校进行复审，确定项目学校名单，公布审定结果。对复审不合格的项目学校不予支持，对该省（区、市）因此而减少的项目学校控制数不予递补，并相应核减该省（区、市）下一年度项目学校控制数。

（三）项目学校的遴选依据

申请立项的学校，必须是独立设置的中等职业学校，学校办学特色鲜明，管理工作规范，就业质量较好，声誉较高，成绩突出。教育部会同人力资源社会保障部和财政部另行制订印发《国家中等职业教育改革发展示范校建设计划项目学校遴选基本条件》，作为各地遴选推荐项目学校的基本依据。

四、实施国家中等职业教育改革发展示范学校建设计划的有关要求

各地加强对示范学校建设计划的组织和领导，把示范学校建设纳入本地区经济社会发展的总体规划和教育事业发展规划，统筹安排，精心组织，建立相应的工作机制。指导学校根据国家和区域经济社会发展实际深化改革，建立科学合理的专业、课程和教材调整机制。扩大项目学校在专业设置、教材选用、人事管理等方面的自主权，鼓励学校大胆改革创新、敢于先行先试、努力办出特色。各有关部门建立沟通协调机制，认真研究并及时解决建设计划实施中出现的困难和问题。确保示范学校自验收之日起 10 年内不改办为高等职业院校或并入高等学校。

各地要创新工作机制，营造良好工作环境。以职业教育部门联席会议为理顺体制关系的载体，建立各级政府职责明确、各部门密切配合、社会各方共同参与的职业教育新机制；以经常性对话协商机制为载体，建立教育部门与行业企业教产合作新机制；以职业教育改革发展咨询委员会和教学改革创新指导委员会为载体，建立保障职业教育科学决策新机制；以加强重大课题科研为载体，建立企业家、教育工作者、各领域专家共同参与和推进改革创新的新机制；以学校与企业一体化建设为载体，建立和完善校企合作新机制。

实施国家中等职业教育改革发展示范学校建设计划，是当前和今后一个时期推动我国职业教育改革与发展的一项重要任务。各地要高度重视，科学规划，精心组织，认真实施，确保建设计划各项任务目标的实施。

人力资源和社会保障部办公厅关于做好2010年高技能人才师资培训示范项目工作的通知

（人社厅函［2010］268号　2010年6月11日）

各省、自治区、直辖市人力资源社会保障厅（局），新疆生产建设兵团劳动保障局：

为贯彻落实《中共中央办公厅国务院办公厅印发〈关于进一步加强高技能人才工作的意见〉的通知》（中办发［2006］15号）精神，切实加快高技能人才培养工作，根据《关于做好高技能人才相关基础工作的通知》（劳社部发［2006］33号）要求，2010年我部继续组织实施高技能人才师资培训示范项目。现就有关事项通知如下：

一、培训专业和内容

（一）2010年高技能人才师资示范培训的重点是社会需求紧缺、企业生产急需、院校培养薄弱的10个专业，分别是数控加工新技术、可编程控制器（PLC）新技术、汽车维修新技术、电气安装与维修新技术、电脑动画设计制作、机床切削加工、模具设计与制造新技术、钳加工、现代物流管理、焊接新技术。

（二）各专业师资培训的主要内容以本专业领域的新知识、新技能、新方法、新工艺为重点，强化专业能力和一体化教学能力培训（各专业具体培训内容见附件1）。

二、参加培训教师条件

参加培训的教师应当具备以下条件：

（一）在技工院校教学一线工作，热爱技工教育事业，工作责任心强。

（二）具有本专业高级职称并取得相近职业中级工以上（含中级工）国家职业资格证书；或具有本专业中级职称并取得相近职业高级工以上（含高级工）国家职业资格证书；或在我部一体化教学改革试点院校中承担一体化教学标准开发任务，并将承担一体化试点专业教学任务。

（三）从事职业教育培训工作时间不少于5年，年龄不超过45周岁。

三、培训时间和地点

（一）培训拟安排在今年7月或8月进行，每个专业的培训时间为15天。

（二）全国技工院校师资培训基地承担具体培训任务（各专业的具体培训时间、地点另行通知）。

四、培训经费

获准参加培训的教师，其培训费用（教师讲课费、培训场地费、实训耗材费、教材资料费等）由中央财政给予补贴；往返交通费、食宿费由派出单位承担。

五、工作要求

（一）组织管理。我部高技能人才师资培训示范项目办公室（以下简称项目办）负责对培训活动进行全程指导和质量监控，并组织专家做好相关技术服务和教学评估工作。各省（区、市）人力资源社会保障行政部门要指定专人负责做好相应的组织、协调和管理工作。

（二）推荐报名。

1. 各省（区、市）人力资源社会保障行政部门要认真做好参训教师的推荐报名工作，要严格按照我部分配的名额（见附件 2、附件 3），择优推荐符合条件的教师参加培训。同时，要重点兼顾全国一体化教学改革试点院校、全国技工院校师资培训基地、国家高技能人才培养示范基地（院校基地）、高技能人才培训联合委员会成员学校以及经济欠发达、急需加强技工院校师资队伍建设的地区。

2. 为确保培训效果，我部将委托承办机构对参加培训的教师进行培训前摸底测试，了解参训教师专业水平状况，以便更有针对性地开展培训。

3. 各省（区、市）人力资源社会保障行政部门要组织参训教师认真填写《参加 2010 年高技能人才师资示范培训人员推荐表》（见附件 4），在此基础上汇总制作本省（区、市）参加高技能人才师资培训人员花名册（见附件 5），并于 6 月 28 日前将培训人员花名册加盖公章后传真至项目办。同时，以省（区、市）为单位将推荐表和花名册（电子版）通过电子邮件发至指定邮箱（shizipeixun08@163. com），原件邮寄至项目办。

4. 推荐名单确定后，原则上不得调整。遇特殊情况需要调整的，必须在距开班至少 5 个工作日前完成。

确需调整换人的，由该教师所在院校向省（区、市）人力资源社会保障行政部门提出书面申请，并由省（区、市）人力资源社会保障行政部门以正式文件报项目办，经项目办批准后方可换人。对于该省（区、市）范围内无法换人，致使培训名额落空的，将削减该省（区、市）下一年度培训名额。

（三）培训报到。获准参加培训的教师名单将在中国就业网（网址：www.lm.gov.cn）和中国职业培训与技能鉴定服务网（网址：www.cettic.cn）上公布，参加培训的教师应保持通讯联络畅通，在接到培训机构的报到通知后，按时报到。

（四）考核发证。培训结束时，我部委托培训机构对培训人员进行考试。考试合格者，由我部颁发项目办统一印制的《高技能人才师资培训合格证书》，作为教师岗位职务聘任和职称评定的重要依据。同时，项目办将对获证教师建立档案，纳入高技能人才师资资源库。

（五）其他事项。

1. 每班培训结束后，组织开展优秀学员评选活动，并对优秀学员予以通报表扬。

2. 参加培训的教师应严格遵守培训班有关规定。对不按时报到、带家属随同培训、未完成培训随意离去、不认真学习、严重违反培训纪律的参训教师，将取消其培训资格并予以通报。

3. 联系方式：

（1）人力资源和社会保障部职业能力建设司　田丰

联系电话：（010）84208452

传真：（010）84207452

（2）项目办　陈志集　蒋燕辰

联系电话：（010）84661341　84201052

传真：（010）84661059

电子邮箱：shizipeixun08@163. com

通信地址：北京市朝阳区育慧路 3 号中国就业培训技术指导中心培训处（邮编：100101）

附件：

1. 2010 年高技能人才师资示范培训专业和主要内容（略）

2. 2010 年高技能人才师资示范培训名额分配表（一）（略）

3. 2010 年高技能人才师资示范培训名额分配表（二）（略）

4. 参加 2010 年高技能人才师资示范培训人员推荐表（略）

5. 参加 2010 年高技能人才师资示范培训人员花名册（略）

人力资源和社会保障部关于大力推进技工院校改革发展的意见

（人社部发［2010］57 号　2010 年 8 月 23 日）

各省、自治区、直辖市人力资源社会保障厅（局），新疆生产建设兵团劳动保障局：

为贯彻胡锦涛总书记视察技工院校讲话精神，落实《国家中长期人才发展规划纲要（2010—2020 年）》和《国家中长期教育改革和发展规划纲要（2010—2020 年）》，深入实施人才强国战略和扩大就业的发展战略，切实加强技能人才培养工作，现就大力推进技工院校改革发展工作提出如下意见。

一、进一步提高思想认识，明确技工院校改革发展方向

（一）充分认识加强技工教育的重要性。党中央、国务院高度重视技能人才队伍建设。2009年底，胡锦涛总书记视察珠海市高级技工学校时指出："技能型人才在推进自主创新方面具有不可替代的重要作用"，"没有一流的技工，就没有一流的产品"。胡锦涛总书记的讲话，突出强调了技能人才对促进经济社会发展的重要作用，明确指出了新时期大力发展技工教育的重要意义。技工院校是培养技能人才的重要渠道，是落实健全面向全体劳动者的职业技能培训制度的重要载体。大力推进技工院校改革发展，加快技能人才培养，是适应经济发展方式转变，增强劳动者就业能力和工作能力的迫切需要，也是技工院校在新形势下提升竞争力、增强吸引力、扩大影响力、实现可持续发展的必然要求。各地人力资源社会保障部门和技工院校要深刻领会胡锦涛总书记重要讲话精神实质，进一步增强责任感和使命感，加大工作力度，采取切实有效措施，推动技工院校实现跨越式发展。

（二）进一步明确技工院校改革发展的指导思想和目标任务。技工院校改革发展的指导思想是，以邓小平理论和"三个代表"重要思想为指导，全面贯彻落实科学发展观，大力实施人才强国战略和扩大就业的发展战略，以促进就业为目的，以服务经济发展为宗旨，以综合职业能力培养为核心，坚持高端引领、多元办学、内涵发展，强化校企合作，深化教学改革，进一步完善政策、创新机制、夯实基础、提高质量，充分发挥技工院校在技能人才培养工作中的重要作用，为加快转变经济发展方式和促进就业提供强有力的技能人才保障。

当前和今后一个时期，技工院校改革发展的目标任务是，围绕经济社会发展和促进就业需要，加快培养一流技能人才和高素质的劳动者，逐步形成规划布局合理，办学理念先进，培养模式科学，服务社会功能显著，具有中国特色的现代技工教育培训体系。到"十二五"末，全国技工院校学制教育在校生规模达到500万人（其中，高级技工、预备技师在校生规模达到200万人），毕业生就业率保持在96％以上；面向社会开展各类职业技能培训年均达到800万人次。地级以上城市都要建成1所符合当地经济发展需要的高级技工学校或技师学院；全国建设50所示范性技师学院、200所示范性高级技工学校、500所示范性普通技工学校和100个示范性公共实训基地。

二、明确技工院校功能定位，突出办学特色

（三）坚持高端引领。要结合区域经济发展和产业布局，立足技工教育发展基础，加强规划引导，形成以技师学院为龙头、高级技工学校为骨干、普通技工学校为基础的覆盖城乡劳动者的技工教育培训网络。技师学院是高技能人才队伍建设综合基地，承担通过学制教育培养预备技师、高级技工的任务，也是本区域面向企业职工开展技师和高级技师提升培训与研修、考核与评价的重要平台。高级技工学校承担中、高级技能人才培养和开展各类职业培训的重要任务，是培养技能人才的中坚力量。普通技工学校在主

要承担中级技工培养任务的同时，应积极面向社会开展各类职业技能培训，成为劳动预备制培训、企业职工培训、农村转移就业劳动者培训和农村实用人才培训的重要基地。到“十二五”末，技师学院的高级工以上在校生规模要达到60%以上，高级技工学校的高级工以上在校生规模要达到50%以上，技工学校每年开展社会培训人次应高于学制教育在校生数。

（四）开展多元办学。各地要根据区域经济发展和人力资源市场需求，进一步创新技能人才培养途径。要注重发挥多方面力量开展技工教育培训；要指导技工院校由注重学制教育向多元化技工教育培训转变，由注重学校教育功能向技工教育培训、技能水平评价和就业指导服务等综合性功能转变。各类技工院校要积极创造条件，拓展多元招生渠道，在坚持面向城乡初高中毕业生、青年求职人员开展学制教育和劳动预备制培训的同时，积极扩展培训对象，面向企业在职职工、农村转移就业劳动者、失业人员、高校毕业生、退役士兵等群体，开展各类职业技能培训，强化培训促进就业和稳定就业的功能。

（五）注重内涵发展。各地要处理好扩大规模和内涵发展的关系，指导技工院校在注重改善办学条件，保持适度办学规模的同时，强化内涵发展。要通过深入实施校企合作，深化教学改革，加强一体化教师队伍建设，规范学校管理等一系列措施，不断提高技工教育培训能力，实现办学实力和办学水平双提升。要根据技能人才成长规律，结合技工院校学生职业生涯发展的特点，坚持能力本位的办学理念，通过加强职业素质、专业技能和社会能力培养，开展职业指导、创业教育，提高学生综合职业能力、就业竞争力和创新创业能力。

三、深化技工院校教学改革，提升办学水平

（六）深入实施校企合作。校企合作既是技工院校发展的方向，也是技工院校的一项基本办学制度。要积极探索多种有效的校企合作模式，努力实现校企互利双赢。各类技工院校要通过设立咨询机构、定期召开咨询会议等形式，加强与企业的联系与合作，根据企业对技能人才的实际要求，联合制订培养计划，共享师资资源，强化实训实习。结合专业设置设立企业定点实习基地，并与企业签订校企合作协议；每个专业至少与3个以上企业建立合作关系，力争实现学习过程与工作过程同步，实习与就业一体。

（七）推进一体化教学改革。积极创新技能人才的培养模式，逐步建立以国家职业标准为依据、以工作任务为导向、以综合职业能力培养为核心的一体化教学课程体系，实现理论教学与技能训练融通合一、能力培养与工作岗位对接合一、实习实训与顶岗工作学做合一。在全国选择部分技工院校开展一体化课程教学改革试点，开发一体化课程教学标准和教材，推进一体化教学场所和师资队伍建设。技工院校要积极探索教学手段、教学内容、教学模式的改革，推行模块化、“培训菜单”等教学改革方式。加快教学资源信息化建设，运用现代化教学手段，推进多媒体教学、网络教学、仿真模拟教学。

（八）实行弹性学制和学分制。结合教学改革实际，采取灵活的弹性学制，实行学分制。要科学划定学分，制定实施方案，建立工作机制，加强质量监控。要建立和完善适合学分制的教学质量评价体系和考核制度，学生累计学分达到规定要求的，可提前毕业。开展企业职工在职培训可采取弹性学制，企业职工利用业余时间分阶段完成学业，累计学分达到规定要求的，可取得相应的技工院校毕业证书。

（九）规范高技能人才培养学制。高级技工学校、技师学院直接招收高中毕业生，培养高级技工的学制教育期限为3年，培养预备技师的学制教育期限为4年。高级技工学校、技师学院招收对口专业中等职业学校（包括技工学校）达到中级技能水平学生，培养高级技工的学制教育期限为2年，培养预备技师的学制教育期限为3年。学生学习期满且毕业成绩合格者，经职业技能鉴定合格后，取得相应毕业证书和职业资格证书。

四、做好技工院校招生就业工作，加强基础能力建设

（十）加大招生工作力度。组织实施全国技工院校扩招计划，每年定期举办技工院校招生宣传活动并形成制度安排。各地人力资源社会保障部门要根据本地区劳动力需求、生源情况和学校办学能力，加强与教育部门协调配合，指导技工院校做好招生工作。要利用街道乡镇劳动保障工作平台和公共就业服务机构，搭建技工院校和职业培训招生宣传工作网络，依托街道社区和乡镇（村）劳动保障协理员，建立一支技工院校招生信息员队伍。要在公共就业服务机构设立技工院校专门招生窗口，开展学制教育与职业培训常年招生。技师学院、高级技工学校要积极面向中等职业学校毕业生招收高级工班和预备技师班学员，扩大高技能人才培养规模。

（十一）抓好职业指导和就业服务。进一步巩固和提高技工院校毕业生就业率，将就业率和就业质量作为评估学校办学质量的重要指标。要强化人力资源市场需求预测和信息发布效能，指导技工院校完善毕业生就业服务体系。凡省级和国家重点技工学校、高级技工学校、技师学院都要设立学生就业指导机构，为学生提供职业指导服务。要建立学校与企业、人力资源中介机构的有效合作机制，拓宽就业渠道，促进毕业生就业。

（十二）强化师资队伍建设。各地要制定技工院校教师培训、进修计划，定期组织师德教育和业务培训，提高专业理论课教师和实习指导课教师的技能操作水平，安排专业教师每年不少于两个月的企业生产实践活动。鼓励技工院校教师参加专业硕士学习。到“十二五”末，技工学校专业课教师具有高级工以上职业资格的应达到50%以上；高级技工学校、技师学院专业课教师具有高级工以上职业资格的应达到70%以上。要积极吸收企业工程技术人员和高技能人才到学校担任专业课教师或生产实习指导教师；有条件的地方，对表现优秀的技工院校教师可给予适当奖励。开展技工院校教师职称制度改革试点，增设正高级教师职称，吸引和稳定理论与技能兼备的优秀人才长期从事技工教育。

（十三）加强领导班子能力建设。各地人力资源社会保障部门要指导协调办学主管部门为技工院校配备政治素养高、专业能力和管理能力强、熟悉技能人才培养规律的校级领导班子，并保持稳定。要结合技工院校发展趋势和办学特点，有针对性地组织校长岗位培训。每年定期组织全国技工院校骨干校长高级研修活动，加强经验交流和信息沟通，不断提高技工院校管理人员的领导能力和管理水平。

（十四）规范学校管理。各地人力资源社会保障部门要指导技工院校建立质量管理体系，完善学校各项管理规章制度。要定期开展办学水平和教学质量检查评估活动，加强对技工院校专业设置、教学计划大纲和教材使用的指导和监督。各地人力资源社会保障部门可定期组织进行技工学校合格评估，继续实施国家重点技工学校四年复评制度。推动全国技工院校全部使用“全国技工院校电子注册与统计信息管理系统”，做好学生学籍注册和国家助学金发放、免学费政策落实，并加强监督检查。加强技工院校信息化建设，建立健全学校管理信息化平台，提高信息化管理水平。深化技工院校人事制度和分配制度改革，全面推行聘用制度和岗位管理制度。

五、完善政策措施，加强组织领导

（十五）开展技工院校一体化课程认证考核。结合技工院校一体化教学改革试点，实施技工院校一体化课程认证考核。经批准开展一体化课程教学改革试点的技工院校，其一体化专业课程的毕业生学习成绩合格，可视同职业技能鉴定合格，取得相应职业和等级的职业资格证书。试点院校所在地省级人力资源社会保障部门职业技能鉴定机构要做好技术指导和服务，制定一体化课程教学技能考评工作方案，组织校外考评员和质量督导员进行检查督导，实施课程认证和过程化考核。

（十六）制定落实技工院校毕业生待遇政策。引导技工院校毕业生实现技能就业、技能成才。鼓励企业在与高级技工学校、技师学院毕业生协商确定初次就业工资水平时，对取得高级工以上职业资格证书的参照大专毕业生待遇确定；取得预备技师证书的毕业生工作满两年后，可申报参加技师资格综合评审，合格者按规定取得相应技师职业资格证书。制定高技能人才与工程技术人才职业发展贯通办法，选择部分工程技术类专业，探索开展取得高级工以上职业资格证书的高级技工学校、技师学院毕业生参加相应专业职称评价试点，具体办法另行规定。积极探索在基层和生产一线的优秀技术工人中考录公务员的办法。根据《直接从非军事部门招收士官工作规定》，高级技工学校、技师学院毕业生纳入军队士官招收对象范围，首次授衔确定工资起点标准等参照全日制大专、本科毕业生执行。

（十七）推动公共实训基地建设。各地要按照“统筹规划、合理布局、技术先进、资源共享”的原则，建立健全公共培训和鉴定服务网络。大力推进公共实训基地建设，开展职业培训和技能人才培养、评价、交流、竞赛服务。由政府部门建设和管理的公共实训基地，要合理整合地方培训资源，突出高技能实训特色，坚持公益服务方向。依托高级技工学校、技师学院建设的公共实训基地，要重点面向企业和社会提供高端技能培训、评价以及竞赛等组织服务工作。依托县（市）级技工学校建设的公共实训基地，要重点面向城乡初高中毕业生、农村转移就业劳动者、失业人员、高校毕业生、退役士兵等群体提供职业培训和职业技能鉴定服务。

（十八）加大资金支持力度。各级人力资源社会保障部门要积极争取各级政府及相关部门支持，不断优化政策，加大经费投入。要积极协调发展改革部门，落实好中等职业教育基础能力建设项目；要主动加强与财政、教育等部门的协调配合，落实好国家中等职业教育改革发展示范学校建设计划，积极争取中等职业教育实训基地建设项目，以及城市教育费附加等政府公共财政扶持职业教育发展的经费，支持技工院校改善基础设施和实训设备设施等办学条件。各地要加大高技能人才工作专项经费投入，支持和奖励在高技能人才培养方面成绩突出的技工院校，大力加强高技能人才师资培训等工作。要用好用足现有职业培训补贴政策，加大职业培训资金投入。各地要积极争取财政部门支持，加大公共实训基地建设资金投入，针对区域经济产业发展需求，探索制定紧缺技能人才定向培养职业培训补贴政策。

（十九）加强组织领导。各级人力资源社会保障部门要高度重视技工院校改革发展工作，将其列入重要议事日程，并纳入当地技能人才队伍建设总体规划。要根据本意见要求，结合当地实际，制定实施方案，细化工作内容，落实任务目标，确保各项措施落到实处。要整合资源，加强工作机构和人员队伍建设，发挥教学研究机构技术支撑作用，加大对技工院校管理支持服务力度。要加大对技工院校宣传力度，运用多种新闻媒介和形式，广泛开展技工院校招生和技能人才队伍建设系列宣传活动，营造技工院校发展和高技能人才成长良好氛围。

财政部　国家发展改革委　教育部　人力资源社会保障部关于扩大中等职业学校免学费政策覆盖范围的通知

（财教［2010］345号　2010年9月14日）

各省、自治区、直辖市、计划单列市财政厅（局）、发展改革委、教育厅（局、教委）、人力资源社会保障厅（局），新疆生产建设兵团财务局、发展改革委、教育局、人力资源社会保障局：

为贯彻落实《国家中长期教育改革和发展规划纲要（2010—2020年）》精神，进一步增强中等职业教育吸引力，促进教育公平，经研究决定，从2010年秋季学期起，将中等职业学校城市家庭经济困难学生纳入免学费政策范围。为做好中等职业学校城市家庭经济困难学生免学费工作，现将有关要求通知如下：

从2010年秋季学期起，对公办中等职业学校全日制正式学籍一、二、三年级在校生中城市家庭经济困难学生免除学费（艺术类相关表演专业学生除外）。享受免学费政策的城市家庭经济困难学生分地区按以下比例确定：西部地区按在校城市学生的15%确定；中部地区按在校城市学生的10%确定；东部地区按在校城市学生的5%确定。中央财政参照上述比例安排中央补助资金。各地可根据实际，合理确定行政区域内城市家庭经济困难学生的比例。

免学费标准、免学费资金补助方式、中央与地方分担比例以及对民办学校符合免学费条件学生的补助政策，按照《财政部　国家发展改革委　教育部　人力资源社会保障部关于中等职业学校农村家庭经济困难学生和涉农专业学生免学费工作的意见》（财教［2009］442号）有关规定执行。

地方财政、发展改革、教育和人力资源社会保障部门要切实加强对中等职业教育免学费工作的组织领导，进一步完善本地区中等职业学校免学费工作方案，确保免学费政策全面落实到位。各省级财政要统筹安排中央补助资金和地方应分担的资金，确保免学费补助资金落实到位。职业教育行政管理部门要进一步加强对中等职业学校的管理，完善中等职业学校学生信息管理系统，做好免学费对象的认定工作。中等职业学校要严格执行《中等职业学校管理规程》（教职成［2010］6号）、《中等职业学校学生学籍管理办法》（教职成［2010］7号）以及技工学校相关规定，加强免学费工作管理，保证学生基本信息的准确和免学费资金的规范使用。

各级财政、价格、教育、人力资源社会保障部门要与审计、监察等有关部门密切合作，齐抓共管，加强对免学费政策落实情况的监督检查。对虚报学生人数，骗取国家补助资金等违规行为，要按照《财政违法行为处罚处分条例》（国务院令第427号）等有关规定严肃处理，并追究相关学校领导的责任。

教育部　人力资源和社会保障部关于加强中等职业学校班主任工作的意见

（教职成［2010］14号　2010年9月26日）

各省、自治区、直辖市教育厅（教委），人力资源社会保障厅（局），福建省公务员局，各计划单列市教育局、人力资源社会保障（人事、劳动保障）局，新疆生产建设兵团教育局、人事局、劳动保障局：

为深入贯彻《中共中央、8国务院关于进一步加强和改进未成年人思想道德建设的若干意见》（中发［2004］8号）和《国家中长期教育改革和发展规划纲要（2010—2020年）》精神，落实教育部等六部门《关于加强和改进中等职业学校学生思想道德教育的意见》（教职成［2009］11号），现就加强中等职业学校班主任工作提出以下意见。

一、充分认识中等职业学校班主任工作的重要性。中等职业学校班主任是中职学生管理工作的主要实施者，是中职学生思想道德教育的骨干力量，是中职学生健康成长的引领者。中等职业学校班主任工作是重要的育人工作，在学校实施教书育人、管理育人、服务育人，沟通学校、家庭和用人单位等方面发挥着重要的作用。加强中等职业学校班主任工作，对于贯彻落实党的教育方针，提高中职学生管理和德育工作水平，促进中等职业教育科学发展，具有十分重要的意义。

二、进一步明确中等职业学校班主任的工作职责。中等职业学校班主任岗位是重要的专业性岗位，班主任要在学校统一领导下，按照学校相关规章制度和培养目标要求，与任课教师和其他有关人员一道，认真履行以下主要工作职责：

——学生思想工作。深入了解分析学生的思想、心理、学习、生活状况，开展思想道德教育，提升学生思想道德品质。针对学生在成长过程中遇到的实际问题，进行教育、引导和援助，帮助学生提高应对挫折、适应岗位、融入社会的能力。

——班级管理工作。组建班委会，制定班级公约和学生自律规范，维护良好的教育教学秩序和生活秩序。客观、公正地做好学生的综合素质评价工作，对学生进行表扬和批评教育，向学校提出奖惩建议。加强安全教育，维护班级和学生安全。

——组织班级活动。指导班委会、团支部开展工作，引导学生参加有利于健康成长的课外兴趣小组、社团活动、文体活动以及志愿者服务等社会实践活动。根据学校培养目标，针对班级特点，开展形式多样的主题班（团）会活动。

——职业指导工作。教育、引导学生树立正确的职业理想和职业观念，形成良好的职业道德，提升职业素养与职业生涯规划能力。指导学生根据社会需要和自身特点选择职业发展方向，顺利实现就业、创业或升学。

——沟通协调工作。全面及时了解学生在家庭和社区的表现，帮助、引导家长和社区配合学校做好学生的教育和管理工作。根据学校安排，组织学生参加实习实训活动，并在学生顶岗实习期间，与实习单位共同做好学生的教育和管理工作。

三、认真做好中等职业学校班主任的配备和选聘工作。每个班级必须配备一名班主任，学校根据需要可以配备助理班主任。助理班主任协助班主任工作。班主任应从本校在职教师中选聘，助理班主任可从本校党政干部、共青团干部、教学辅助人员、退休教师和学校外聘教师中选聘。校长负责班主任和助理班主任的选聘工作。班主任和助理班主任的聘期由学校确定。

四、严格中等职业学校班主任任职资格和条件。中等职业学校班主任应由取得教师资格、思想道德素质好、业务水平高、身心健康、经过相关培训的教师担任。班主任要忠诚党的教育事业，热爱学生，乐于奉献，掌握教育学、心理学、职业指导等方面的基本知识和方法，熟悉相关法律法规，具有较强的教育教学能力、组织管理能力、人际沟通能力和职业指导能力。助理班主任任职资格和条件由各地参照班主任任职资格和条件作出具体规定。

五、保障中等职业学校班主任待遇。学校在教育管理工作中应充分发挥班主任的骨干作用，注重听取班主任意见，营造以从事班主任工作为荣的氛围。要合理安排班主任的教学任务，保证班主任有更多的时间和精力做好班主任工作。进一步发挥工资分配的激励作用，学校内部绩效工资分配要适当向班主任倾斜。教师高级岗位聘用应向优秀班主任倾斜。

六、加强中等职业学校班主任培训。各级教育、人力资源社会保障行政部门要将班主任培训纳入教师全员培训计划，组织开展国家级、省级、地（市）级、县级班主任培训，努力提高他们的思想水平和业务能力，建设一支高水平的班主任队伍。教育部负责对全国中等职业学校班主任培训工作进行宏观指导，教育部、人力资源社会保障部负责对全国中等职业学校班主任培训工作进行协调和质量监控。学校要制定本校班主任培训计划，积极组织本校班主任参加各层次的培训活动。初次担任班主任的教师必须进行岗前培训，做到先培训后上岗。认真执行职业教育教师到企业实践制度，把班主任到企业实践或考察纳入计划，与专业教师到企业实践有机结合，与学生到企业实习有机结合。班主任培训所需经费在教师培训专项经费中列支。

七、加强中等职业学校班主任表彰奖励工作。各级教育行政部门、人力资源社会保障行政部门和中等职业学校要将班主任的表彰奖励纳入教师、教育工作者的表彰奖励体系，对长期从事班主任工作或在班主任工作岗位上做出突出贡献的教师按照国家有关规定予以奖励。

八、加强中等职业学校班主任管理。学校应完善班主任日常管理制度，建立班主任工作档案和考核机制，定期组织对班主任的考核工作。班主任工作考核结果作为教师聘用（聘任）、奖励、工资发放的重要依据。学校选拔管理干部应优先考虑长期从事班主任工作的优秀班主任。对不能履行班主任职责的，应调整其岗位。

九、加强对中等职业学校班主任工作的领导。各地教育行政部门、人力资源社会保障部门落实有关班主任工作的政策保障措施，履行班主任管理工作职责，定期检查学校班主任管理工作，切实维护班主任的合法权益。学校要建立健全班主任工作管理体制和运行机制，学校领导和有关方面负责人要将班主任工作管理纳入职责范围，定期听取班主任工作汇报，研究班主任工作中遇到的新情况、新问题，及时指导班主任工作。要建立健全校园突发事件应急预案，妥善处理班主任在工作中遇到的困难，支持班主任工作。

十、加强中等职业学校班主任工作的科学研究。教育科研机构和学校要加强班主任工作理论研究，提供经费、条件保障，积极探索班主任工作的规律，创新班主任工作方法，提高班主任工作的实效。

各地、各学校可根据本意见，结合本地实际，积极探索班主任工作的新途径、新方式和新方法，制定加强中等职业学校班主任工作的具体实施意见或细则。

中国人民银行　财政部　教育部　人力资源和社会保障部关于全面推行中职学生资助卡加强中职国家助学金发放监管工作的通知

（银发［2010］273号　2010年9月27日）

中国人民银行上海总部，各分行、营业管理部、省会（首府）城市中心支行、副省级城市中心支行；各省、自治区、直辖市财政厅、教育厅（教委）、人力资源社会保障厅（局），各计划单列市财政厅、教育局、人力资源社会保障（人事、劳动保障）局，新疆生产建设兵团财务局、教育局、人事局、劳动保障局；中国工商银行、中国农业银行、中国银行、中国建设银行、中国邮政储蓄银行，中国银联股份有限公司：

为进一步落实国家中等职业教育（以下简称：中职）学生资助政策，规范中职国家助学金发放管理工作，促进中职事业科学发展，现就全面推行中职学生资助卡（以下简称：中职卡）、加强中职国家助学金发放监管工作有关事项通知如下：

一、中职学生资助卡是面向享受国家助学金政策待遇的中职学生发行的、用于国家助学金发放的借记卡。中职卡使用专用发卡银行标识代码，卡面式样统一设计，并印有“中职学生资助卡”字样。该卡的办理工作从2010年秋季入学新生开始实施。

二、中职卡免收开卡手续（工本）费，自开卡之日起三年内享受免年费和小额账户管理费的优惠。优惠期过后，中职卡视同普通借记卡使用，不再具有中职国家助学金发放功能。

中职卡发卡银行暂定为：中国工商银行、中国农业银行、中国银行、中国建设银行、中国邮政储蓄银行。中职卡由各发卡银行制作。

三、中职国家助学金须严格按照财政部、教育部《中等职业学校国家助学金管理暂行办法》（财教［2007］84号）和《财政部、劳动保障部关于做好技工学校国家助学金发放管理工作的通知》（财教［2007］85号）要求，统一通过中职卡发放，不得以实物或服务等形式，抵顶或扣减国家助学金。

因没有户籍或身份证明而无法办理中职卡的受助学生，由学生提供家庭所在地开具的相关证明，再由学校统一向同级学生资助管理机构申请办理，采取特殊方式发放。受助学生的资助信息经同级资助管理机构审核后，由学校以特殊身份编码录入全国中等职业学校学生信息管理系统（以下简称中职信息系统）或全国技工院校电子注册与统计信息管理系统（以下简称技校信息系统）。

四、中职卡实行“一人一卡、集中申领、本人激活”。每位受助学生只能办理一张中职卡。学校或学生资助管理机构按照中职信息系统或技校信息系统中受助学生信息，向学校所在地发卡银行提供受助学生有效身份证件复印件（有效身份证件原则应为居民身份证，特殊情况可使用户口本），由发卡银行统一办理后负责分发给受助学生。学校或资助管理机构要为学生身份信息的真实性和准确性负责。中职卡由学生本人持有效身份证件原件和学生证到发卡银行网点柜台激活后方可使用。

发卡银行应及时将相关办卡信息（含学生姓名、身份证号和卡号）的电子及纸质清单反馈给学校或学生资助管理机构。申领学校须在办卡成功后5个工作日内，将学生办卡信息及时录入中职信息系统或技校信息系统。

五、中职卡发卡银行应免费提供助学金入账短信通知服务。学生或监护人手机号码由学校或学生资助管理机构集中办卡时提供给发卡银行。学生本人办理激活手续时，发卡银行应向学生确认接受短信通知的手机号码。

六、中职卡卡片遗失或损坏时，由学生本人持有效身份证件原件到发卡银行指定网点按相关规定办理挂失及补换卡手续，有关新卡信息要及时告知学校。学校须及时在中职信息系统或技校信息系统进行修改。优惠期过后，中职卡遗失或损坏需要补换时，发卡银行只能为学生补换普通借记卡。

七、中职卡持卡学生转学、退学时，学校应督促学生到发卡银行办理销户手续，否则不予办理转、退学手续。

八、各级财政、教育、人力资源社会保障部门应因地制宜，努力探索实行省或地市级国家助学金集中发放。发卡银行应免收国家助学金集中发放本行代发手续费。

九、中国银联应免收发卡银行有关中职卡发卡银行标识代码使用费、磁道格式检测费。人民银行应积极创造条件于2011年底前实现中职国家助学金发放跨行代发手续费的免收功能。

十、中职卡发卡银行总行应按月将中职卡办卡和助学金发放信息以及中职卡补换卡和销户信息报送教育部和人力资源社会保障部，报送期为每月结束后15个工作日内（报送内容及格式见附件1和附件2）。

十一、中职卡发卡银行总行应按季将中职卡发卡、交易、助学金发放情况汇总报送人民银行，报送期为每季度结束后20个工作日内（报送内容及格式见附件3）。

十二、工作要求

（一）统一思想，高度重视。中职是我国高中阶段教育的重要组成部分，担负着培养数以亿计高素质劳动者的重要任务，是我国经济社会发展的重要基础。中职实行以国家助学金政策为主的资助政策体系，是党中央、国务院为推动中职发展做出的一项重大战略决策和长期制度设计。全面推行中职卡，对于完善中职学生资助政策体系、加强中职国家助学金发放监管工作、防范利用注册虚假信息、流失学生信息等手段套取、骗取国家助学金等不法行为、促进中职健康发展具有重要意义。

各有关单位要从深入贯彻落实科学发展观、全面构建社会主义和谐社会的高度，从维护受助学生根本利益、促进教育公平和社会公平出发，充分认识中职卡推广应用工作的重要意义，认真探索运用中职卡解决国家助学金的及时、真实、准确发放问题，充分发挥银行卡在加强政府监管、信息监控中的重要作用。

（二）各负其责，密切配合，形成监管合力。各地人民银行分支机构要主动加强与当地财政、教育和人力资源社会保障部门的联系、沟通，组织发卡银行和中国银联做好相关工作，切实协调解决中职卡发卡、使用过程中存在的问题，加强中职卡发卡账户实名制管理，防范中职卡业务风险。各级财政部门要落实自身应承担的助学金份额，确保国家助学金经费不折不扣地落实到位，并及时、足额拨付学校。各级教育、人力资源社会保障部门应加强对中职学校的监督管理，杜绝套取、骗取国家助学金情况的发生；要与发卡银行相应分支机构建立信息沟通和应急处理机制，及时协商解决中职卡发放和助学金发放过程中出现的问题；要要求各中职学校认真落实中职卡各项管理规定，严格中职卡办卡的资格审核和使用管理；要尽快启动中职信息系统、技校信息系统与各发卡银行总行信息系统有限对接工作。

（三）各级学生资助管理机构要加强对学生资助信息的审核和监管，将本级直属中职学校国家助学金受助学生名单及每月新增、减少受助学生信息，打印并加盖公章后张贴至相关学校，进行不少于 5 个工作日的公示。

（四）各发卡银行要成立分管行领导挂帅的领导小组，加大对中职卡项目的领导力度，确保中职卡业务顺利开展。要抓紧进行相关业务和技术准备，实现 2010 年 10 月份发卡的目标。要加快相关配套系统改造，切实做好中职卡发卡和业务管理、信息统计和报送工作，落实相关优惠政策，积极配合中职国家助学金的发放和监管工作。要加强对持卡学生安全用卡知识的宣传教育，防范风险。

各发卡银行总行在中职卡业务正式开办前，要将相关管理规定报告人民银行，同时抄报财政部、教育部和人力资源社会保障部。

（五）中国银联应尽快确定中职卡专用发卡银行标识代码，协助发卡银行做好卡片申请和入网工作。提升中职卡跨行交易服务水平，为中职卡使用提供安全、顺畅的受理环境。

（六）本通知下发前，当地有关部门或学校已与中国工商银行、中国农业银行、中国银行、中国建设银行、中国邮政储蓄银行以外的其他商业银行签订中职国家助学金银行卡发放协议的，要在协议到期后，按照本通知要求执行。对于 2010 年秋季入学新生要统一按本通知执行。若助学金发放银行与中职卡发卡银行不一致，当地人民银行分支机构要会同财政、教育、人力资源社会保障部门，做好跨行代发助学金监管协调工作，确保代发工作顺利进行。

各有关单位应将中职卡实施情况及相关问题及时报告人民银行、财政部、教育部和人力资源社会保障部。四部委将根据实施情况进一步完善相关政策、制度。

附件：

1. 中职学生资助卡发卡及助学金发放信息月度统计表（略）
2. 中职学生资助卡补换卡及销户信息月度统计表（略）
3. 中职学生资助卡业务信息季度统计表（略）

人力资源和社会保障部关于组织开展全国技能人才队伍建设暨技工院校招生宣传周活动的通知

（人社部函［2011］110号　2011年4月7日）

各省、自治区、直辖市人力资源社会保障厅（局），新疆生产建设兵团劳动保障局：

为进一步贯彻落实胡锦涛总书记视察珠海市高级技工学校重要讲话精神，认真落实《国家中长期人才发展规划纲要（2010—2020年）》《国务院关于加强职业培训促进就业的意见》（国发［2010］36号）以及《关于大力推进技工院校改革发展的意见》（人社部发［2010］57号）等要求，加强技能人才队伍建设，集中宣传和展示技工院校改革和发展成果，推动技工院校扩招计划的顺利实施，决定于2011年5月上旬在全国继续组织开展“全国技能人才队伍建设暨技工院校招生宣传周”活动。现就有关事宜通知如下：

一、宣传名称

全国技能人才队伍建设暨技工院校招生宣传周

二、宣传时间

2011年5月7日至5月13日，共7天时间。

三、宣传主题

深入实施人才强国战略和扩大就业发展战略，充分发挥技工院校在技能人才培养中的重要作用，为加快转变经济发展方式和促进就业提供技能人才保障。

四、宣传内容

（一）中央领导对加强技工教育发展重要讲话精神及国家对职业教育发展的方针政策。主要包括：胡锦涛总书记视察广东省珠海市高级技工学校重要讲话精神；张德江等中央领导同志关于加强技工教育发展重要讲话；《国家中长期教育改革和发展规划纲要（2010—2020年）》等。

（二）党中央、国务院关于技能人才队伍建设的方针政策。主要包括：党和国家领导人就高技能人才队伍建设工作的重要讲话；《国家中长期人才发展规划纲要（2010—

2020年)》;《国务院关于加强职业培训促进就业的意见》(国发〔2010〕36号);中共中央办公厅、国务院办公厅《关于进一步加强高技能人才工作的意见》(中办发〔2006〕15号);2010年全国人才工作会议有关精神;高技能人才地位作用;加强高技能人才队伍建设的重大意义和作用;国家和地方在高技能人才培养、评价、使用、激励、表彰、保障,资金投入等方面的政策。

(三)技工院校改革发展政策与成就。

1. 人力资源社会保障部《关于大力推进技工院校改革发展的意见》(人社部发〔2010〕57号)以及近年国家有关加强技工院校改革与发展的相关政策。

2. 近年来,技工院校改革发展情况。主要是:技工院校培养技能人才服务经济发展情况;技工院校开展失业人员、农村转移劳动力、退役士兵等职业培训促进就业情况;技工院校教学改革成果,以及技工院校招生、办学、就业等方面情况。国家和各地围绕技工院校改革发展制定出台的各种优惠政策。如,基础能力建设项目、国家示范校建设项目、国家助学金发放、"金蓝领"工程等。

(四)技工院校培养目标与办学特色。主要是:技工院校专业设置、教学计划大纲、课程设置、校企合作、教材开发、毕业生就业、技工院校一体化教学改革、通用职业素质训练以及办学实力、教学设施设备、基础建设和校园文化等。

(五)优秀高技能人才典型事迹。主要包括:优秀高技能人才,尤其是两批中国高技能人才楷模、中华技能大奖获得者、享受国务院和地方政府特殊津贴高技能人才的成长经历、突出成绩、先进事迹,对企业生产效能提高和产品质量提升的贡献等。

五、宣传方式

(一)举行启动仪式。在宣传周伊始,各地要举行隆重热烈、节俭实效的宣传活动启动仪式,邀请政府及有关部门领导以及行业、企业、技工院校及相关媒体参加,为宣传活动营造良好的社会氛围。

(二)开展媒体宣传。充分利用广播、电视、报刊、互联网等舆论宣传工具,围绕技能成才和技工院校招生工作进行大力宣传。主要采取:新闻播报、新闻发布、专题对话、绝招绝技展示、公益广告等形式进行电视宣传;新闻播报、政策解答、专题采访等形式进行广播宣传;主题文章、采访学校等形式进行报刊宣传;在线访谈、在线调查等形式进行互联网宣传。有条件的地区,还可借助公交、楼宇中数字媒体进行宣传活动。

(二)开展集中宣传。将5月7日至8日(双休日)定为"全国技工院校统一招生咨询日"。依托人力资源社会保障(劳动保障)工作平台和公共就业服务机构,由各级人力资源社会保障部门组织本区域内各技工院校,在公共场所统一举办"咨询日"活动,散发宣传小册子、张贴宣传画、制作展板、现场解答问题等,对技工院校进行全方位宣传。

(三)开展专题宣传。组织有突出贡献的优秀技能人才进行专场报告会;邀请获得政府特殊津贴的高技能人才进行专题讲演；举办技工院校或技能人才培养成果展览会等，在全社会营造技能就业，技能成才的良好氛围。

（四）开展现场宣传。组织举办校园开放日活动，组织生源集中的中学教师、校长和初高中学生实地参观学校；深入到生源集中的中学、农村乡镇召开家长和学生座谈会；各技工院校要制作本校宣传册、各省（区、市）要编写本省（区、市）技工学校名录宣传册，并在城镇和农村广泛散发，指导学生报考技工院校等。

（五）开展校企对接宣传。组织部分技工院校与当地知名企业进行校企对接专项活动宣传，开展现场签约，推进深层校企合作。

六、工作要求

（一）加强组织领导。各级人力资源社会保障部门要高度重视，切实加强宣传周工作的领导，主要领导要亲自抓，请当地有关部门参加，成立宣传周活动工作领导小组，明确责任分工，并给予专门经费和人员支持。要精心组织、周密部署，确保高质量完成宣传周的组织实施工作。

（二）制定实施方案。各级人力资源社会保障部门和各技工院校要针对今年生源变化特点，结合本地、本校实际，制定切实可行的实施方案，认真组织，周密安排，确保宣传活动既轰轰烈烈地开展，又能收到扎扎实实的成效。各省（区、市）要结合本通知精神和本地区实际情况，制定宣传提纲和具体工作方案，并于4月22日前报送我部职业能力建设司。

（三）突出宣传重点。各地要参考本通知所附宣传口号，结合地区实际情况，重点宣传国家和本地区享受政府特殊津贴的高技能人才典型、技能人才队伍建设成就、技工院校办学特色和就业情况等，提高全社会对技能人才的认可程度。要特别加强对农村地区和劳动力输出量较大地区的宣传，引导更多农村青年读技校、学技能。

各地要及时总结活动成果和经验，并于5月17日前将活动总结报送我部职业能力建设司。

附件：全国技能人才队伍建设暨技工院校招生宣传口号

附件：

全国技能人才队伍建设暨技工院校招生宣传口号

一、没有一流的技工，就没有一流的产品。

二、技能型人才在推进自主创新方面具有不可替代的作用。

三、发展技工教育，培养技能人才，服务经济发展。

四、技工院校是培养技能人才的摇篮。

五、上技校，学技能，当技师，做贡献。

六、我学技术我成长，我有技能我骄傲。

七、办好技工院校，服务经济，服务就业。

八、发展技工教育，促进技能就业。

九、提高素质能强国，学好技术好就业。

十、实施人才强国战略，大力发展技工院校。

十一、尊重劳动，崇尚技能。

十二、一本资格证书，一项职业能力，一个就业机会。

十三、职业资格证书，技能就业凭证。

十四、技能就业，技能成才。

十五、大力促进技工教育发展，健全面向全体劳动者的职业培训制度。

十六、实施人才强国战略和扩大就业发展战略，促进技工教育又好又快发展。

十七、坚持高端引领、多元办学、内涵发展办学之路，构建具有中国特色的现代技工教育培养体系。

教育部　人力资源和社会保障部　财政部关于印发《国家中等职业教育改革发展示范学校建设计划项目管理暂行办法》的通知

（教职成［2011］7号　2011年7月6日）

各省、自治区、直辖市教育厅（教委）、人力资源社会保障厅（局）、财政厅（局），计划单列市教育局、人力资源社会保障（人事、劳动保障）局、财政局，新疆生产建设兵团教育局、劳动保障局、财务局：

为规范和加强国家中等职业教育改革发展示范学校建设计划项目管理，提高建设计划实施和项目管理效益，促进中等职业教育改革发展，根据《教育部　人力资源和社会保障部　财政部关于实施国家中等职业教育改革发展示范学校建设计划的意见》（教职成［2010］9号）精神，制定了《国家中等职业教育改革发展示范学校建设计划项目管理暂行办法》，现印发给你们，请遵照执行。

附件：国家中等职业教育改革发展示范学校建设计划项目管理暂行办法

附件：

国家中等职业教育改革发展示范学校建设计划项目管理暂行办法

第一章　总　　则

第一条　为加强国家中等职业教育改革发展示范学校建设计划项目管理，规范项目建设工作，提高项目管理水平，保证建设计划顺利实施，根据《教育部　人力资源和社会保障部　财政部关于实施国家中等职业教育改革发展示范学校建设计划的意见》（教职成［2010］9号）和国家有关规章制度，制定本办法。

第二条　建设计划以提高中等职业教育改革发展水平为目标，支持1 000所办学定位准确、产教结合紧密、改革成绩突出的中等职业学校（以下简称项目学校），以推进工学结合、校企合作、顶岗实习为重点，以加强队伍建设、完善内部管理、创新教育内容、改进教育手段为保障，进一步深化办学模式、培养模式、教学模式和评价模式改革，切实加强内涵建设，着力提高人才培养质量。通过建设，使项目学校成为全国中等职业教育改革创新的示范、提高质量的示范和办出特色的示范，在中等职业教育改革发展中发挥骨干、引领和辐射作用。

第三条　建设计划坚持“中央引导、地方为主、行业参与、校企合作、学校实施”的原则，采取中央、地方和项目学校分级管理的方式，以学校管理为基础，地方管理为主。同时，鼓励行业、企业和社会有关方面有效参与和支持。

第四条　实施建设计划所需资金主要由中央财政支持。地方财政安排相应的经费予以支持，保障项目学校改革创新的基础能力和重点任务的实施。同时，鼓励企业积极参与，开展合作办学。

第二章　管理职责

第五条　教育部、人力资源社会保障部和财政部负责制定项目建设的总体规划和规范要求，制定项目管理办法等，对项目建设过程中的重大问题进行决策。主要履行以下职责：

（一）负责统筹指导建设计划的相关工作；

（二）制定相关政策、管理规定和绩效考核办法等；

（三）组织专家复核地方上报的项目学校名单、项目建设实施方案和任务书及项目建设进展报告等；

（四）按计划组织开展政策发布、业务咨询和培训等工作；

（五）建立项目建设信息采集与绩效监控系统，开展年度绩效考评工作；

（六）协调、指导项目学校的项目建设工作，组织开展调研督查、年度检查、项目验收、挂牌表彰、成果宣传等。

第六条 省级教育、人力资源社会保障和财政部门是项目实施的地方行政主管部门，主要履行以下职责：

（一）按照教育部、人力资源社会保障部和财政部要求，组织本地区项目学校的申报、评审和推荐工作；

（二）负责指导、检查、监督本地区项目学校的项目建设工作，监督本地区项目学校按项目建设任务书完成建设任务，及时协调、解决项目建设过程中出现的问题；

（三）负责统筹落实和筹集项目学校的建设资金，对建设资金的使用进行监督，确保专款专用；

（四）向教育部、人力资源社会保障部和财政部报送本地区项目建设阶段进展报告和项目完成总结性报告。

第七条 项目学校举办者是项目学校的主管单位，主要履行以下职责：

（一）按照教育部、人力资源社会保障部和财政部的要求，指导所属中等职业学校进行项目申请，确保落实相关政策；

（二）负责指导、检查所属项目学校的项目工作，监督项目学校定期进行自查，及时协调、解决项目建设过程中出现的问题；

（三）按要求向省级教育、人力资源社会保障和财政部门报送所属项目学校项目建设阶段进展报告和项目完成总结性报告。

第八条 项目学校法人代表为项目建设主要责任人。项目学校应设立专门机构具体负责本校项目建设的规划、实施、管理和检查等工作，主要履行以下职责：

（一）按照教育部、人力资源社会保障部和财政部有关规定及本办法的要求，编制、报送学校立项申报书、项目建设方案和项目建设任务书，并对有关申报材料的真实性负责；

（二）按照批复的项目建设方案和任务书确定的建设内容，组织实施项目建设，确保项目建设进度和预期目标；

（三）统筹安排各渠道建设资金，按照有关财务制度及本办法规定，科学、规范和合理使用建设资金，确保资金使用效益；

（四）将上年度项目建设进展、年度资金使用等情况形成年度报告，上报省级教育、人力资源社会保障和财政部门；

（五）接受教育、人力资源社会保障、财政、审计、监察等部门对项目实施过程和结果进行监控、检查和审计。

第三章　申报评审与组织实施

第九条 申报评审工作按照教育部、人力资源社会保障部和财政部公布的年度建设计划执行，包括核定申报指标、地方预审推荐、中央组织复核、统一社会公示、正式发文公布等环节。

（一）核定申报指标。教育部、人力资源社会保障部和财政部根据因素分配法确定和下达各省、自治区、直辖市年度申报的项目学校控制数。

（二）地方预审推荐。地方中等职业学校按照教育部、人力资源社会保障部和财政部有关文件要求，上报申报材料，提出基本建设思路、初步设想和计划方案。省级教育行政部门会同同级人力资源社会保障和财政部门按照中央下达的项目学校控制数，组织专家对项目学校的申报材料进行预审，确定本地区拟推荐申报的项目学校，统一报至教育部、人力资源社会保障部和财政部。

（三）中央组织复核。教育部会同人力资源社会保障部和财政部组成专家组，根据《国家中等职业教育改革发展示范学校建设计划项目学校遴选基本条件》，对各地推荐申报的项目学校申报材料进行复核，根据需要对项目学校申报信息进行现场核查。

（四）统一社会公示。复核结束后，在教育部网站（www.moe.gov.cn）上公布拟立项支持的项目学校名单，公示期为 7 个工作日（法定节假日除外），接受社会监督和质询。

（五）正式发文公布。公示期满后，教育部会同人力资源社会保障部和财政部公布项目学校名单。

第十条 教育部、人力资源社会保障部和财政部根据已批准项目学校的重点建设任务等因素，下达中央财政专项资金总预算控制数及年度预算控制数。省级教育、人力资源社会保障和财政部门据此组织项目学校及其举办者制定项目建设方案，并填写项目建设任务书，以及制定相应的保障措施和管理办法。

第十一条 省级教育、人力资源社会保障和财政部门组织专家对修订后的项目建设方案和任务书进行评审论证，并将通过评审论证的项目建设方案和任务书报送教育部、人力资源社会保障部和财政部。教育部、人力资源社会保障部和财政部组织专家对各项目学校的项目建设方案和任务书进行复核，达到要求的予以批复。批复后，正式启动项目建设工作。

第十二条 项目学校按照中央批复的项目建设方案和任务书，组织实施项目建设。项目建设方案和任务书一经审定，必须严格执行，项目建设过程中一般不得自行调整。如确需调整的，项目学校须报经省级教育、人力资源社会保障和财政部门核准后，由省级教育、人力资源社会保障和财政部门报教育部、人力资源社会保障部和财政部核定。

第四章 资金管理

第十三条 建设计划的资金包括中央财政专项资金、地方财政专项资金、项目学校举办者安排的专项资金和学校自筹专项资金（以下简称专项资金）。中央专项资金一次确定、分两年到位，逐年考核，并根据年度检查情况适时调整。

第十四条 财政部下达项目学校中央财政专项资金总预算及年度预算后，地方财政专项资金和项目学校举办者安排的专项资金等应按项目实施进度足额拨付到项目学校。

第十五条 项目学校应统筹安排使用不同渠道的专项资金，科学、规范、合理地编制本校建设项目的总预算及年度预算。项目预算是项目学校综合预算的组成部分，应纳入学校总体预算。

第十六条 中央专项资金主要用于支持项目学校改善教学、实习和实训条件，开展工学结合、校企合作和实习实训，培养专业带头人和骨干教师，建设专业、课程和教材体系等。

第十七条 中央财政专项资金支出主要包括：

（一）基础能力建设费：主要用于购置中央财政重点支持专业所需的实验实训设备。用于基础能力建设的费用不得超过中央财政专项资金总额的20%。

（二）校企合作机制建设费：主要用于项目学校加强与企业的合作，包括开展工学结合，共同建设生产性、服务性实训环境等。中央财政专项资金不支持项目学校开办以赢利为目的的企业。

（三）专业课程建设费：主要用于项目学校按照校企合作、工学结合和顶岗实习人才培养模式改革的要求，对重点支持专业进行科学研究，加强专业建设，优化课程内容，创新教学方法和手段，开发校本教材、课件和优质资源等方面的支出。

（四）师资队伍建设费：主要用于项目学校培养专业带头人、骨干教师、“双师型”教师，以及从行业、企业聘用有丰富一线实践经验的兼职教师等方面的支出。用于教师培训进修的费用不得超过中央财政专项资金总额的10%。

第十八条 项目学校要严格按照项目建设方案和任务书提出的目标组织项目建设，严格遵守国家有关财经法律法规和本办法的规定，加强资金管理。专项资金当年结余，可结转下年继续使用，不得挪作他用。

第十九条 专项资金按财政国库管理制度的有关规定办理支付，纳入项目学校财务机构统一管理，并设置单独账簿进行明细核算，专款专用、专账管理。

第二十条 凡纳入政府采购的支出项目，必须按照《中华人民共和国政府采购法》的有关规定，经过招投标、集中采购等规范程序后方可列支。

第二十一条 项目学校应将年度项目收支情况纳入单位决算统一编报。

第二十二条 凡使用财政性资金形成的资产，均为国有资产。项目学校应按照国家有关规定加强管理，合理使用。

第二十三条 中央财政专项资金不得用于项目学校偿还贷款、支付利息、捐赠赞助、对外投资、抵偿罚款以及与项目实施无关的其他支出。

第五章 监督检查与验收

第二十四条 项目建设周期原则为2年。起始日期自教育部、人力资源社会保障部和财政部批复项目学校项目建设方案和任务书之日起计算。

第二十五条 建立部际联合监督检查、地方监管和项目学校自我监测的三级监控考核体系，对项目学校建设计划的实施实行事前科学论证、事中监控指导、事后效益评价的全过程审核、监控和考核。

（一）教育部、人力资源社会保障部和财政部依据项目学校的项目建设方案和任务书，分阶段采集绩效考核信息，组织对项目学校进行年度检查，检查结果作为调整年度项目预算安排的重要依据。对年度绩效考核不合格的项目学校，终止经费支持。

（二）省级教育、人力资源社会保障和财政部门负责指导项目的实施，检查和监督项目学校的建设进展情况，及时解决建设过程中的问题。

（三）项目学校举办者负责领导项目的实施，切实履行各项资金及政策支持承诺，确保项目实施质量与进度。

（四）项目学校负责项目建设日常工作和过程管理，设立专门机构，建立管理责任制和绩效考评机制。

第二十六条 在计划实施过程中有下列行为之一的，可视其情节轻重给予警告、中止或取消项目等处理。

（一）编报虚假申报信息，骗取项目学校建设权；

（二）项目执行不力，未开展实质性的建设工作；

（三）擅自改变项目总体目标和主要建设内容；

（四）项目经费的使用不符合有关财务制度的规定；

（五）无违规行为，但无正当理由未完成项目总体目标延期两年未验收的；

（六）其他违反国家法律法规和本办法规定的行为。

第二十七条 项目完成后，项目学校应撰写项目总结报告，由省级教育、人力资源社会保障和财政部门初审后，向教育部、人力资源社会保障部和财政部申请项目验收。总结报告的内容主要包括：项目建设基本情况，建设目标任务完成情况和成效，对区域经济社会发展的贡献度，对其他地区和学校进行示范、带动和辐射的成效，以及专项资金预算执行情况和使用效果，资金管理情况与存在的问题等。

第二十八条 教育部、人力资源社会保障部和财政部对项目学校建设情况进行评估与验收。对通过验收的项目学校，授予“国家中等职业教育改革发展示范学校”称号，予以挂牌。对未通过验收的项目学校予以通报，不予挂牌。

第六章 附 则

第二十九条 本办法自发布之日起实行，各地应按照本办法的规定制订实施细则。各项目学校应会同其举办者按本办法的规定，结合实际情况制订具体管理办法。

第三十条 本办法由教育部、人力资源社会保障部和财政部负责解释和修订。

国家发展和改革委员会　教育部 人力资源和社会保障部关于印发中等职业教育基础能力建设规划（二期）的通知

（发改社会［2011］2397号　2011年11月7日）

各省、自治区、直辖市及计划单列市、新疆生产建设兵团发展改革委、教育厅（教委、教育局）、人力资源社会保障（人事、劳动保障）厅（局），黑龙江农垦总局：

为贯彻落实《国家中长期教育改革和发展规划纲要（2010—2020年）》，国家发展改革委、教育部、人力资源和社会保障部将进一步加强职业教育基础能力建设，支持一批优质特色中等职业学校改善办学条件，着力深化改革，提高教育质量。在各省（市、自治区、新疆兵团、黑龙江农垦总局，下同）编制本地区中等职业教育基础能力建设规划基础上，经三部委审核和综合平衡，形成了全国《中等职业教育基础能力建设规划（二期）》（以下简称《规划》）。现将《规划》印发给你们，并就有关事项通知如下：

一、《规划》由国家发展改革委、教育部、人力资源和社会保障部会同地方政府共同编制和组织实施。规划期限为2010—2015年。请各省按要求分年度组织实施。

二、《规划》内项目均为各选项目，分为“初选项目”和“待选项目”两部分。在年度实施中，请各地根据《规划》和相关文件，以及中央投资项目管理要求，对“初选项目”依次进行审核，分年滚动实施。“初选项目”不能满足要求的，可考虑从“待选项目”中遴选替补。规划期结束后未实施的“初选项目”和“待选项目”请各地逐步予以支持。

三、中央专项支持各省的项目数量在《规划》实施中进一步核定。国家发展改革委等部门将根据各地经济发展水平、产业调整要求、人口规模、职业教育资源状况和工作努力程度，以及有关政策因素等综合平衡，分省匡算，分年确定各省中央投资额度和支持项目数量。

四、请各地按照《中央预算内投资补助和贴息项目管理暂行办法》（国家发改委第31号令），以及建设项目管理程序要求，认真做好项目前期准备工作。

五、国家发展改革委将根据年度投资安排计划，会同教育部和人力资源社会保障部组织各省依据《规划》遴选确定年度项目计划方案，并进一步核定项目名称、建设内容和规模、购置设备数量、投资额度及构成等，最终确定中央投资补助方案。不符合审核条件的项目学校将不予支持。

六、各地不得擅自调整变更规划项目学校。因特殊情况确需调整和变更项目学校的，在本《规划》实施中期，由省级发展改革委会同教育、人力资源社会保障部门报国家发展改革委、教育部和人力资源社会保障部审定。

七、国家发展改革委、教育部和人力资源社会保障部将研究制订《规划》实施管理的配套文件，进一步明确规划执行、资金使用、项目管理、监督检查和评估验收的相关要求。并将根据中期评估情况及实际需要，考虑对《规划》内项目适当调整。

八、各地要加强中央资金和项目管理，确保建设质量，提高资金使用效益。加大对项目学校建设、改革和发展的指导力度，督促学校深化改革、创新机制、强化内涵、提高技能型人才培养质量，形成一批优质特色中等职业学校，全面提高其服务经济社会发展能力。

附件：中等职业教育基础能力建设规划（二期）

附件：

中等职业教育基础能力建设规划（二期）

为贯彻实施《国民经济和社会发展第十二个五年规划纲要》和《国家中长期教育改革和发展规划纲要（2010—2020年）》（以下简称《教育规划纲要》），大力发展职业教育，国家发展改革委、教育部、人力资源社会保障部会同地方政府及有关部门，共同编制《中等职业教育基础能力建设规划（二期）》（以下简称《规划》）。

一、指导思想

按照《教育规划纲要》和加快转变经济发展方式、建设现代产业体系，促进就业、保障和改善民生及解决“三农”问题等总体要求，中等职业教育坚持以服务为宗旨、以就业为导向，以提高质量为重点，以提升能力为核心，进一步加强基础能力建设，加快提高城乡劳动者职业技能、综合素质和就业创业能力，培养大批实用的高素质劳动者和技能型人才，为统筹推进新型工业化、城镇化和农业现代化，优化产业结构，促进经济社会协调发展提供有力的支持。

二、规划目标和任务

规划目标：从2010年到2015年，经过中央和地方的共同努力，有计划、分步骤地重点支持一批办学有特色、改革力度大、就业质量高、服务能力强的中等职业学校，扩充优质特色中等职业教育资源，促使其在办学理念、机制创新、能力建设、特色发展等方面起示范带头作用，引领并带动全国中等职业教育整体上水平、提质量，为到2020年形成适应经济发展方式转变和产业结构调整要求、体现终身教育理念、中等和高等职业教育协调发展的现代职业教育体系打下坚实基础。

规划任务：坚持以能力建设为本，强化工学结合、校企合作和顶岗实习的人才培养模式，突出专业建设、实践教学、技能训练等方面特色，增强职业学校服务经济社会发展能力。

一是服务于产业优化升级，推动项目学校紧密结合先进制造业、现代服务业和战略性新兴产业等发展需求，加快培养生产、服务和管理一线高素质技能型人才，为走新型工业化道路和加快经济发展方式转变、发展现代产业体系提供支持。

二是服务于“三农”，加快发展面向农村的职业教育，推动项目学校办好涉农专业、加强农村劳动力转移和农村实用技术培训，加快培养有文化、懂技术、会经营的新型农民，为推进社会主义新农村建设和现代农业发展提供支持。

三是服务于促进就业，坚持面向人人、面向社会，学校教育与职业培训并举，全日制与非全日制并重，推动项目学校面向初高中毕业生，农村转移就业劳动者、在职职工、失业人员和退役士兵等广泛开展职业技能培训，提高其就业、再就业和创业能力。

三、基本原则

（一）坚持提高质量、特色发展。规划以扩充优质中等职业教育资源为重点，以学校特色发展为驱动力，重点支持办学有特色、质量高、效益好的职业学校，发挥其示范带动作用，增强职业教育吸引力。

（二）坚持中央引导、地方为主。中央和地方共同承担规划任务。中央投资主要发挥引导作用，地方政府承担主要责任，负责规划实施、项目和资金管理，以及配套政策落实。省级政府要安排专项资金，市、县政府积极安排投入，鼓励行业部门和企业等多渠道加大投入。

（三）坚持资源整合、合理布局。在省级政府统一领导下，加强地市政府统筹，结合地区经济发展、产业特色和人才需求等因素，合理布局项目学校。通过项目学校建设促调整、促整合，推动区域内职业教育资源优化组合，提高资源利用效率和办学效益。

（四）坚持改革创新，多元办学。建立健全政府主导、行业指导、企业参与的办学机制，优先支持有效实施校企合作、工学结合、顶岗实习的职业学校，以及创新机制，积极实行多元办学模式的职业学校。

（五）坚持统筹发展，突出重点。推进城乡、区域、学校之间协调发展，重点支持开展东西部、城乡联合办学的学校；重点支持主要招收农村学生和举办涉农专业的学校；重点支持开设民族传统技艺专业以及举办内地民族职教班的学校；对有助于深入推进医药卫生体制改革和文化体制改革的职业学校予以倾斜。

四、规划实施范围和内容

《规划》覆盖全国 31 个省（市、区），新疆生产建设兵团，宁波等 5 个计划单列市，以及黑龙江省农垦总局，涉及项目学校 2 438 所。中央专项资金将重点支持其中一批优质特色中等职业学校建设。规划项目采取分年安排、滚动实施的方式。规划期结束后未实施项目请各地逐步予以支持。

根据中央援藏和援疆工作要求，《规划》中将单列西藏和四省藏区“十二五”中职学校项目、新疆南疆新建八所中职学校项目，具体建设项目方案另行制定并补充进本《规划》（现印发《规划》中暂不体现）。西藏和四省藏区、新疆南疆新建八所中职、新疆兵团的项目，将根据国务院批准的“十二五”支持上述地方经济社会发展《建设项目规划方案》执行。

《规划》主要建设内容是：以“完善功能，满足需要”为原则，一是着力于提高实践教学和技能训练水平，支持教学、实训等基础设施建设和配置教学实训设备。二是着力于稳定和扩大培养培训规模，支持学生宿舍、食堂等生活设施建设。三是着力于推动资源整合和共享，对依托现有学校建设的开放共用的实训设施给予重点支持。

五、资金安排及原则

列入《规划》项目学校的建设任务，由中央和地方共同投入完成。

中央资金对各项目学校采取定额补助方式，东部地区每所学校按600万元予以支持，中西部地区每所学校按1 000万元予以支持；单纯购置教学实训设备项目安排补助投资不超过500万元（不安排生活设备购置）。对依托学校建设的校际间开放共享的实训设施，经审核可加大支持力度。

纳入《规划》的建设项目，由中央专项资金、地方政府投入、学校自筹以及社会力量投入等多渠道筹资建设。中央资金对革命老区、民族地区、边疆地区和贫困地区的职业学校给予重点倾斜。

对各省补助中央资金量，由国家发改委等部门根据各地经济发展水平、人口规模、职业教育资源状况、所辖县数量和工作努力程度，以及有关政策因素等，分省匡算，分年安排。

六、规划实施和保障措施

（一）加强组织领导，建立协调机制

国家发展改革委、教育部、人力资源社会保障部建立协调工作机制，负责审核各省规划和年度方案、指导各地实施规划和督导检查。各地发改、教育和人力资源社会保障部门也要按照统一协调、形成合力的原则，成立专门工作领导小组，由当地政府主管职业教育领导任组长，并安排专门人员，落实相关责任，统筹负责规划组织实施和协调管理工作。

（二）履行建设程序，分年安排投资

国家发改委按建设程序和项目管理要求，会同教育部、人力资源社会保障部审核各地上报年度项目方案，由国家发改委分年度下达投资计划。地方发改部门要按基本建设程序负责项目立项、可研审批、牵头组织上报年度项目方案等工作；教育、人力资源社会保障等项目学校主管部门除要配合发改部门完成上报年度项目方案外，还要具体负责项目实施过程中的建设管理、监督检查和绩效评估等工作。

（三）规范项目管理、确保建设质量

各地要严格执行项目法人制、招标投标制、工程监理制和合同管理制等建设法规，建设项目在校园规划、建设用地、师资队伍、运行保障等诸方面应均具备条件。如有选址搬迁等复杂情况和不定因素，在相关问题未解决之前不得列入年度方案。要加强中央资金使用管理，切实保障中央资金专款专用，杜绝挤占、挪用和截留现象的发生。对擅自改变资金用途的，要严肃处理。

（四）加强监督检查、落实相关责任

国家发改委、教育部和人力资源社会保障部将在规划实施过程中适时进行督导检查。工作领导小组要建立项目监督检查的长效机制，定期进行督导，及时纠正和解决建设过程中出现的问题，确保工程质量。项目学校主管部门要对建设项目进展、工程建设质量、设备采购招标、资金到位和使用情况等，进行经常性检查。各地要将项目进度、投资完成情况以及检查落实情况等定期进行总结，做到对项目的动态管理，并要加强建设效益分析，作好项目绩效评估。

（五）强化政府责任，建立保障机制

地方各级政府要切实厦行发展职业教育的职责。把职业教育纳入经济社会发展和产业发展规划，促使职业教育规模、专业设置与经济社会发展需求相适应。要调动行业企业的积极性，建立健全政府主导、行业指导、企业参与的办学机制，形成多元办学格局，激发发展活力。要建立健全以政府投入为主，行业、企业及其他社会力量多渠道筹集经费的机制，大幅度增加职业教育投入。逐步实行中等职业教育免费制度，完善家庭经济困难学生资助政策。要通过规划实施、政策支持和资金引导，推动职业学校深化改革，创新机制、推进资源整合、提升能力，增强职业教育吸引力，满足人民群众接受职业教育的需求，满足经济社会对高素质劳动者和技能型人才的需要。

附表：

一、中等职业教育基础能力建设规划（二期）项目方案汇总表（只发联合发文部委）（略）

二、中等职业教育基础能力建设规划（二期）项目方案（分发各省、自治区、直辖市及计划单列市、新疆生产建设兵团，黑龙江省农垦总局）（略）

人力资源和社会保障部关于组织开展全国技能人才队伍建设暨技工院校招生宣传活动通知

（人社部函［2012］121号　2012年4月16日）

各省、自治区、直辖市及新疆生产建设兵团人力资源社会保障厅（局）：

为进一步贯彻落实胡锦涛总书记视察珠海市高级技工学校重要讲话精神，认真落实《国家中长期人才发展规划纲要（2010—2020年）》《国务院关于加强职业培训促进就业的意见》（国发［2010］36号）以及《关于大力推进技工院校改革发展的意见》（人社部发［2010］57号）要求，加强技能人才队伍建设，集中宣传和展示技工院校改革和发展成果，推动技工院校招生工作顺利实施，我部定于2012年5月上旬在全国继续组织开展“全国技能人才队伍建设暨技工院校招生宣传”活动。现就有关事宜通知如下：

一、宣传名称

全国技能人才队伍建设暨技工院校招生宣传

二、宣传时间

2012年5月5日至5月11日，共7天。

三、宣传主题

深入实施人才强国战略和扩大就业发展战略，充分发挥技工院校在技能人才培养中的重要作用，为加快转变经济发展方式和促进就业提供技能人才保障，在全社会营造尊重劳动、崇尚技能、鼓励创造的社会风尚。

四、宣传内容

（一）各级领导对加强技工教育发展的重要指示及各级党委政府对职业教育发展的方针政策。主要包括：胡锦涛总书记视察广东省珠海市高级技工学校重要讲话精神；中央领导同志以及地方党委政府领导关于加强技工教育发展的重要指示；《国家中长期教育改革和发展规划纲要（2010—2020年）》以及各地教育改革和发展规划纲要中关于加强技工教育发展的方针政策等。

（二）各级党委政府关于技能人才队伍建设的方针政策。主要包括：党和国家领导人就技能人才队伍建设工作的重要讲话；《国家中长期人才发展规划纲要（2010—2020年）》；《国务院关于加强职业培训促进就业的意见》（国发［2010］36号）；《高技能人才队伍建设中长期规划（2010—2020年）》；国家高技能人才振兴计划启动实施的有关情况；高技能人才地位作用；加强高技能人才队伍建设的重大意义和作用；国家和地方在高技能人才培养、评价、使用、激励、表彰、保障、资金投入等方面的政策。

（三）技工院校改革发展政策与成就。主要包括：人力资源社会保障部《关于大力推进技工院校改革发展的意见》（人社部发［2010］57号）；国家和各地围绕技工院校改革发展制定出台的各种优惠政策，如基础能力建设项目、国家示范校建设项目、国家助学金和免学费政策等；近些年来技工院校改革发展情况，如技工院校培养技能人才服务经济发展情况、技工院校开展各类人员职业培训情况、技工院校教学改革成果、技工院校招生、办学、就业等方面情况。

（四）技工院校培养目标与办学特色。主要包括：技工院校专业设置、教学计划大纲、课程设置、校企合作、教材开发、毕业生就业、技工院校一体化教学改革、通用职业素质训练以及办学实力、教学设施设备、基础建设和校园文化等。

（五）优秀高技能人才典型事迹。主要包括：两批中国高技能人才楷模、中华技能大奖获得者、享受国务院和地方政府特殊津贴高技能人才以及参加第41届世界技能大赛优秀选手的成长经历、突出成绩、先进事迹，对企业生产效能提高和产品质量提升的贡献等。

五、宣传方式

（一）举行启动仪式。宣传伊始，各地要举行隆重热烈、节俭实效的宣传活动启动仪式，邀请政府及有关部门领导以及行业、企业、技工院校及相关媒体参加，为宣传活动营造良好的社会氛围。

（二）开展媒体宣传。充分利用广播、电视、报刊、互联网等舆论宣传工具，围绕技能成才和技工院校招生工作进行大力宣传。主要采取：新闻发布、专题对话、绝招绝技展示、公益广告等形式的电视宣传；新闻播报、政策解答、专题采访等形式的广播宣传；主题文章、采访学校等形式的报刊宣传；在线访谈、在线调查等形式的互联网宣传。有条件的地区和技工院校，还可借助公交、楼宇中数字媒体或开通官方微博进行宣传。

（三）开展集中宣传。将5月5日至6日（双休日）定为“全国技工院校统一招生咨询日”。依托人力资源社会保障（劳动保障）工作平台和公共就业服务机构，由各级人力资源社会保障部门组织本区域内各技工院校，在公共场所统一举办“全国技工院校统一招生咨询日”活动，散发宣传小册子、张贴宣传画、制作展板、现场解答问题等，对技工院校进行全方位宣传。

（四）开展专题宣传。组织有突出贡献的优秀技能人才进行专场报告会；邀请获得政府特殊津贴的高技能人才进行专题讲演；举办技工院校或技能人才培养成果展览会等，在全社会营造技能就业，技能成才的良好氛围。

（五）开展现场宣传。组织举办校园开放日活动，组织生源集中的中学教师、校长和初高中学生实地参观学校；深入到生源集中的中学、农村乡镇召开家长和学生座谈会；各技工院校要制作本校宣传册、各省（自治区、直辖市）要编写本省（自治区、直辖市）技工学校名录宣传册，并在城镇和农村广泛散发，指导学生报考技工院校等。

（六）开展校企对接宣传。组织部分技工院校与当地知名企业进行校企对接专项活动宣传，开展现场签约，推进深层校企合作。

六、工作要求

（一）加强组织领导。各级人力资源社会保障部门要高度重视，切实加强对宣传工作的领导，主要领导亲自挂帅，请当地有关部门参加，成立宣传活动工作领导小组，明确责任分工，并给予专门经费和人员支持。要精心组织、周密部署，确保高质量完成宣传活动的组织实施工作。

（二）制定实施方案。各级人力资源社会保障部门和各技工院校要针对今年生源变化特点，结合本地、本校实际，制定切实可行的实施方案，认真组织，周密安排，确保宣传活动既轰轰烈烈地开展，又收到扎扎实实的成效。各省（自治区、直辖市）人力资源社会保障厅（局）要结合本通知精神和本地区实际情况，制定宣传提纲和具体工作方案。

（三）突出宣传重点。各地要参考本通知所附宣传口号，结合地区实际情况，重点宣传国家和本地区享受政府特殊津贴的高技能人才典型、技能人才队伍建设成就、技工院校办学特色和就业情况等，提高全社会对技能人才的认可程度。要特别加强对农村地区和劳动力输出量较大地区的宣传，引导更多农村青年读技校、学技能。

各地要及时总结活动成果和经验，并于5月25日前将活动总结报我部职业能力建设司。

联系人：翟涛

电话：010—84208450

传真：010—84207450

邮箱：zhaitao@mohrss.gov.cn

附件：全国技能人才队伍建设暨技工院校招生宣传口号

附件：

全国技能人才队伍建设暨技工院校招生宣传口号

一、没有一流的技工，就没有一流的产品。

二、技能型人才在推进自主创新方面具有不可替代的作用。

三、发展技工教育，培养技能人才，服务经济发展。

四、技工院校是培养技能人才的摇篮。

五、上技校，学技能；当技师，做贡献。

六、我学技术我成长，我有技能我骄傲。

七、发展技工教育，促进技能就业。

八、提高素质能强国，学好技术好就业。

九、实施人才强国战略，大力发展技工院校。

十、尊重劳动，崇尚技能。

十一、一本资格证书，一项职业能力，一个就业机会。

十二、职业资格证书，技能就业凭证。

十三、技能成才，技能就业，技能强国。

十四、大力促进技工教育发展，健全面向全体劳动者的职业培训制度。

十五、坚持高端引领、多元办学、内涵发展办学之路，构建具有中国特色的现代技工教育培养体系。

人力资源和社会保障部关于印发技工院校设置标准（试行）的通知

（人社部发〔2012〕8号　2012年1月31日）

各省、自治区、直辖市及新疆生产建设兵团人力资源社会保障厅（局）：

为贯彻实施《高技能人才队伍建设中长期规划（2010—2020年）》（中组发〔2011〕11号），按照《关于大力推进技工院校改革发展的意见》（人社部发〔2010〕57号）有关要求，我部在广泛调研的基础上，组织有关专家制定了《技工学校设置标准（试行）》《技师学院设置标准（试行）》，对原《高级技工学校标准》进行了修订。三类标准进一步明确了技工学校、高级技工学校和技师学院的办学定位和基本要求，进一步强化了技能人才培养特色。现将《技工学校设置标准（试行）》《高级技工学校设置标准（试行）》和《技师学院设置标准（试行）》印发给你们，请认真贯彻执行。原《高级技工学校标准》废止。

附件：

1.《技工学校设置标准（试行）》

2.《高级技工学校设置标准（试行）》

3.《技师学院设置标准（试行）》

附件1：

技工学校设置标准（试行）

第一条　为规范技工学校设置，促进学校建设和发展，保证教育和培训质量，提高办学效益，依据国家有关法律法规制定本标准。

第二条　本标准适用于公民、法人和其他社会组织依法举办的技工学校。

第三条　技工学校应全面贯彻党的教育方针，坚持科学发展观，坚持教育培训与生产实际相结合，坚持服务经济建设和社会发展、促进劳动者就业的办学方向。

第四条　技工学校实行学制教育与职业培训并举、学校教育与企业培养相结合的办学模式。技工学校培养适应现代化生产、服务需要的中级技工，同时面向社会开展各类职业技能培训，并承担职业技能鉴定和就业服务等任务。

第五条 技工学校学生实行学业证书和职业资格证书“双证书”制度。

第六条 技工学校应配备政治素养高、管理能力强、熟悉技能人才培养规律的领导班子。校长应具有本科以上学历，以及高级专业技术职务或高级技师职业资格，且具有3年以上职业教育、职业培训或企业工作经历。其他校级领导应具有本科以上学历和中级以上专业技术职务或技师以上职业资格。

第七条 技工学校设立3年内培养规模应达到1 600人。其中，学制教育在校生规模800人以上，年职业培训规模800人次以上。学校应紧密结合区域经济发展需要设置专业，常设专业不少于3个。

第八条 技工学校校园占地面积不少于3万平方米（约45亩）；校舍建筑面积不少于1.8万平方米，生均校舍建筑面积不少于20平方米。其中，实习、实验场所建筑面积不少于0.5万平方米。企业办校的占地面积、建筑面积可包括企业用于职工培训的相关场所面积。

第九条 技工学校应配备与办学规模和专业设置相适应的实习、实验设备设施，保证每生有实习工位。实习、实验设备总值不少于300万元。

第十条 技工学校应具备完善的学生生活设施；具备满足体育教学和学生锻炼身体需要的体育设备设施和运动场所；具备满足师生需求的图书馆、阅览室；具备满足多媒体、网络教学和信息化管理需要的软硬件设备设施。

第十一条 技工学校应拥有一支与办学规模、专业设置相适应的专兼职教师队伍。学制教育师生比应不低于1∶20。兼职教师人数不得超过教师总数的1/3。具有企业实践经验的教师应占教师队伍总数的20%以上。技术理论课教师和实习指导教师总数应不低于教师总数的70%。

第十二条 技工学校教师应符合国家规定学历要求，专任教师应具备相应的教师资格。技术理论课教师至少具备相关专业初级技能职业资格。其中，具备中级技能以上职业资格的应不低于30%。实习指导教师应具备相关专业高级技能以上职业资格。

第十三条 技工学校应具有与培养规模相适应的日常运行、基本建设、设备购置、师资培训等稳定可靠的办学经费保障。办学经费（含生均经费等）标准不低于当地同类学校标准。

第十四条 技工学校实行校长负责制。学校应设置与技能人才培养相适应的教育教学、行政后勤服务、招生就业及培训工作等管理机构，并建立健全相应的规章制度。

第十五条 技工学校须加强安全管理工作，实行安全责任制度，保证学生日常生活、学习和实习安全。技工学校须制定应对各种突发事件的预案。

第十六条 技工学校应重视德育和学生管理工作，开展多种形式的学生思想品德教育。

第十七条 技工学校应配有与所设专业相配套的教学文件和教材。实习课时应不低于教学总课时的50%。

第十八条 技工学校应建立校企合作办学制度。建立由有关部门、行业、企业和学校组成的校企合作指导委员会。每个专业应有相应的合作企业。

第十九条 本标准作为技工学校初设审批标准。对于边远贫困地区和特殊行业举办技工学校，培养规模和相应的办学条件要求可适当放宽。具体办法由省级人力资源和社会保障部门制定，报人力资源和社会保障部备案。

第二十条 本标准自颁布之日起施行。

附件2：

高级技工学校设置标准（试行）

第一条 为规范高级技工学校设置，促进学校建设和发展，保证教育和培训质量，提高办学效益，依据国家有关法律法规制定本标准。

第二条 本标准适用于公民、法人和其他社会组织依法举办的高级技工学校。

第三条 高级技工学校应全面贯彻党的教育方针，坚持科学发展观，坚持教育培训与生产实际相结合，坚持服务经济建设和社会发展、促进劳动者就业的办学方向。

第四条 高级技工学校实行学制教育与职业培训并举、学校教育与企业培养相结合的办学模式。高级技工学校培养适应现代化生产、服务需要的中、高级技工，同时面向社会开展各类职业技能培训和师资培训，并承担职业技能鉴定和就业服务等任务。

第五条 高级技工学校学生实行学业证书和职业资格证书“双证书”制度。

第六条 举办高级技工学校，应符合当地产业发展规划和高技能人才队伍建设规划。

申请设立高级技工学校应经过技工学校办学水平评估，并举办过两期以上高级技工培训班。

第七条 高级技工学校应配备政治素养高、管理能力强、熟悉技能人才培养规律的领导班子。校长、教学副校长应具有本科以上学历，以及高级专业技术职务或高级技师职业资格，且校长应具有5年以上职业教育、职业培训或企业工作经历。

第八条 高级技工学校培养规模应达到4 000人以上。其中，学制教育在校生规模不低于2 000人，年职业培训规模2 000人次以上。设立高级技工学校3年内高级技工学制教育在校生规模应不低于50%，高级技工以上年培训规模应不低于800人次。

第九条 高级技工学校专业设置应与区域经济发展紧密结合，适应新型工业化发展和产业优化升级的需要，适应社会和企业对高级技工的需求。常设高级技工专业不少于4个。

第十条 高级技工学校校园占地面积不少于6.6万平方米（约100亩），校舍建筑面积不少于5万平方米。其中，实习、实验场所建筑面积不少于1.5万平方米。企业办校的占地面积、建筑面积可包括企业用于职工培训的相关场所面积。

第十一条 高级技工学校应配备与办学规模、办学层次、专业设置相适应的实习、实验设备设施。其中，主要设备应达到国内先进水平，并保证每生有实习工位。实习、实验设备总值不少于1 500万元。

第十二条 高级技工学校应具备完善的学生生活设施；具备满足体育教学和学生锻炼身体需要的体育设备设施，运动场地面积不少于6 000平方米；具备满足师生需求的图书馆、阅览室；具备满足多媒体、网络教学和信息化管理需要的软硬件设备设施，并建有校园网站。

第十三条 高级技工学校应拥有一支与办学规模、专业设置和培养层次相适应的专兼职教师队伍。学制教育师生比不低于1∶20。兼职教师人数不得超过教师总数的1/3。具有企业实践经验的教师应占教师队伍总数的20%以上。技术理论课教师和实习指导教师应不低于教师队伍总数的70%，理论实习教学一体化教师达到技术理论课教师和实习指导教师总数的50%以上。

第十四条 高级技工学校教师应符合国家规定学历要求，专任教师应具备相应的教师资格。技术理论课教师至少具备相关专业初级技能职业资格。其中，具备中级技能以上职业资格的达40%以上。

实习指导教师应具备相关职业高级技能以上职业资格。其中，具备高级实习指导教师职务或技师、高级技师职业资格的占45%以上。

第十五条 高级技工学校应具有与培养层次、培养规模相适应的日常运行、基本建设、设备购置、师资培训等稳定可靠的办学经费保障。办学经费（含生均经费等）标准不低于当地同类学校标准。

第十六条 高级技工学校实行校长负责制。学校内设机构设置合理，部门职责和教职工岗位职责清晰，规章制度健全，建立并有效运行质量管理体系。

第十七条 高级技工学校应具有健全和完善的安全管理体系，落实安全责任制度，保证学生日常生活、学习和实习安全。高级技工学校应有应对各种突发事件的预案。

第十八条 高级技工学校应重视德育工作和校园文化建设，将社会主义核心价值体系融入全过程，积极开展职业道德、公民行为规范和法制等方面的教育。建立学校、家庭、企业、社会紧密结合的德育工作网络。高级技工学校应对学生开展职业指导和心理健康教育。

第十九条 高级技工学校应设立专业教学研究机构，加强技能人才培养规律和方法的研究。学校各常设专业至少有一名专业带头人，专业带头人应在当地专业领域具有一定的影响力。

第二十条 高级技工学校应建立完善的校企合作办学制度，积极探索多种模式的校企合作方式，由有关部门、行业、企业和学校组成的校企合作指导委员会在校企合作中发挥积极作用。

第二十一条 高级技工学校应结合专业设置选择生产设备先进、技术处于同行业领先水平的企业合作，共建校内外生产实习基地。每一个高级技工专业应有 3 个以上合作企业。

第二十二条 本标准作为高级技工学校初设审批标准，对于边远贫困地区和特殊行业举办高级技工学校，培养规模和相应的办学条件要求可适当放宽。具体办法由省级人力资源和社会保障部门制定，报人力资源和社会保障部备案。

第二十三条 本标准自颁布之日起施行。

附件 3：

技师学院设置标准（试行）

第一条 为规范技师学院设置，促进学院建设和发展，保证教育和培训质量，提高办学效益，依据国家有关法律法规制定本标准。

第二条 本标准适用于公民、法人和其他社会组织依法举办的技师学院。

第三条 技师学院应全面贯彻党的教育方针，坚持科学发展观，坚持教育培训与生产实际相结合，坚持服务经济建设和社会发展、促进劳动者就业的办学方向。

第四条 技师学院实行学制教育与职业培训并举、学校教育与企业培养相结合的办学模式。技师学院重点培养适应现代化生产、服务需要的高级技工、预备技师，同时面向社会开展各类职业技能培训和师资培训，并承担企业技师和高级技师的提升培训与研修交流、考核鉴定与评价等任务。

第五条 技师学院学生实行学业证书和职业资格证书“双证书”制度。

第六条 举办技师学院，应符合当地产业发展规划和高技能人才队伍建设规划。

申请设立技师学院原则上应具备高级技工学校资格，并经过办学水平评估，且举办过两期以上技师培训班。

第七条 技师学院应配备政治素养高、管理能力强、熟悉高技能人才培养规律的领导班子。院长、教学副院长应具有本科以上学历，以及高级专业技术职务或高级技师职业资格，且院长应具有 5 年以上职业教育、职业培训或企业工作经历。

第八条 技师学院培养规模应达到 5 000 人以上。其中，学制教育在校生规模不低于 3 000 人，年职业培训规模 2 000 人次以上。设立技师学院 3 年内高级技工、预备技师（技师）在校生规模不低于 60%，高级技工、技师、高级技师年培训规模不低于 1 000 人次。

第九条 技师学院专业设置应与区域经济发展紧密结合，适应新型工业化发展和产业优化升级的需要，适应社会和企业对高级技工、技师和高级技师的需求。常设预备技师（技师）专业不少于 2 个。

第十条 技师学院校园占地面积不少于 10 万平方米（约 150 亩），校舍建筑面积不少于 8 万平方米。其中，实习、实验场所建筑面积不少于 2.5 万平方米。企业办校的占地面积、建筑面积可包括企业用于职工培训的相关场所面积。

第十一条 技师学院应配备与办学规模、办学层次、专业设置相适应，具有国内领先水平的实习、实验设备设施，并保证每生有实习工位。实习、实验设备总值不少于4 000万元。

第十二条 技师学院应具备完善的学生生活设施；具备满足体育教学和学生锻炼身体需要的体育设备设施，运动场地面积不少于1万平方米；具备满足师生需求的图书馆、阅览室；具备满足多媒体、网络教育教学和信息化管理要求的软硬件设备设施，并建有校园网站。

第十三条 技师学院应拥有一支与办学规模、专业设置和培养层次相适应的专兼职教师队伍。学制教育师生比不低于1∶18。兼职教师人数不得超过教师总数的1/3。具有企业实践经验的教师应占教师队伍总数的25%以上。技术理论课教师和实习指导教师应不低于教师队伍总数的70%。理论实习教学一体化教师达到技术理论课教师和实习指导教师总数的60%以上。

第十四条 技师学院教师应符合国家规定学历要求，专任教师应具备相应的教师资格。技术理论课教师至少具备相关专业初级技能职业资格。其中，具备中级技能以上职业资格的达60%以上。

实习指导教师应具备相关专业高级技能以上职业资格。其中，具备高级实习指导教师职务或技师、高级技师职业资格的占50%以上。

第十五条 技师学院学校应具有与培养层次、培养规模相适应的日常运行、基本建设、设备购置、师资培训等稳定可靠的办学经费保障。办学经费（含生均经费等）标准不低于当地同类院校标准。

第十六条 技师学院内设机构设置合理，部门职责和教职工岗位职责清晰，规章制度健全，建立并有效运行质量管理体系。

第十七条 技师学院应具有健全和完善的安全管理体系，落实安全责任制度，保证学生日常生活、学习和实习安全。技师学院应具有应对各种突发事件的预案。

第十八条 技师学院应重视德育工作和校园文化建设，将社会主义核心价值体系融入全过程，积极开展职业道德、公民行为规范和法制等方面的教育。建立学院、家庭、企业、社会紧密结合的德育工作网络。技师学院应对学生开展职业指导和心理健康教育。

第十九条 技师学院应设立专业教学研究机构，加强高技能人才培养规律和方法的研究。学院各常设专业至少有一名专业带头人，专业带头人应在当地专业领域具有一定的影响力。

第二十条 技师学院应不断完善校企合作办学制度，并贯穿于高技能人才培养的全过程。校企合作指导委员会发挥指导学校教育教学改革，及时调整学校发展方向和规划的作用。

第二十一条 技师学院应结合专业设置选择生产设备先进、技术处于同行业领先水平的企业合作，共建校内外生产实习基地。每个预备技师（技师）、高级技工专业应有5个以上合作企业。

第二十二条　本标准作为技师学院初设审批标准，对于边远贫困地区和特殊行业举办技师学院，培养规模和相应的办学条件要求可适当放宽。具体办法由省级人力资源和社会保障部门制定，报人力资源和社会保障部备案。

第二十三条　本标准自颁布之日起施行。

人力资源和社会保障部办公厅关于转发财政部　国家税务总局关于技工院校占用耕地免征耕地占用税的通知的函

（人社厅函［2012］203号　2012年5月2日）

各省、自治区、直辖市及新疆生产建设兵团人力资源社会保障厅（局）：

现将《财政部、国家税务总局关于技工院校占用耕地免征耕地占用税的通知》（财税［2012］22号）转发你们，请遵照有关规定执行。

财政部　国家税务总局关于技工院校占用耕地免征耕地占用税的通知

财税［2012］22号

各省、自治区、直辖市、计划单列市财政厅（局）、地方税务局，西藏、宁夏、青海省（自治区）国家税务局，新疆生产建设兵团财务局：

经研究，现将技工院校占用耕地的耕地占用税政策明确如下：

根据《中华人民共和国耕地占用税暂行条例》第八条第二项规定，学校占用耕地免征耕地占用税。其中，免税的学校范围，包括由国务院人力资源社会保障行政部门，省、自治区、直辖市人民政府或其人力资源社会保障行政部门批准成立的技工院校。

请遵照执行。

人力资源和社会保障部办公厅关于做好2012年高技能人才师资培训示范项目工作的通知

（人社厅函〔2012〕243号　2012年5月18日）

各省、自治区、直辖市及新疆生产建设兵团人力资源社会保障厅（局）：

为推动一体化课程教学改革，加强技工院校一体化师资队伍建设，2012年，我部继续组织实施“高技能人才师资培训示范项目——一体化课程师资培训”。现就有关事项通知如下。

一、培训专业和内容

2012年师资培训以第一批一体化课程教学改革5个试点专业为主，即数控加工、汽车维修、电气自动化设备安装与维修、机床切削加工、钳加工等专业（以下简称“数控加工等5个专业”），培训内容侧重于一体化课程理念和教学组织实施，主要包括一体化课程教学设计、组织实施、教学观摩与演示、专业建设研讨、企业考察交流、行业前沿讲座。

2012年师资培训以第二批一体化课程教学改革9个试点专业为辅，即数控机床装配与维修、焊接加工、汽车钣金与涂装、楼宇自动控制设备安装与维修、电子技术应用、计算机网络应用、计算机广告制作、服装制作与营销、烹饪等专业（以下简称“数控机床装配与维修等9个专业”），培训内容主要是一体化课程的教学组织和教学方法，为今年秋季学期顺利启动第二批一体化课程教学改革试验工作奠定基础（具体培训内容安排见附件1）。

二、培训对象

参加培训的教师应具备两年以上本专业教学或实践经验、有较为扎实的专业技能、了解现代的职业教育理念；具有中级职称并取得本专业或相近专业高级工以上国家职业资格证书。

参加数控加工等5个专业师资培训的教师，主要是各省（区、市）拟在明年开展此5个专业一体化课程教学改革工作的技工院校骨干教师（具体名额分配见附件2）。各省（区、市）可在综合考虑学校专业在校生规模（原则上不少于500人）、师资队伍素质、实习实训设备场地等因素的基础上，推荐符合条件的教师参加培训，原则上同一所技工院校同一个专业可派 2 名教师参加培训。

参加数控机床装配与维修等 9 个试点专业师资培训的教师，主要是我部确定的第二批一体化课程教学改革试点院校相关专业拟承担教学任务的骨干教师。各试点院校可按照名额分配表（见附件 3），直接推荐符合条件的教师参加培训。

为确保培训效果，我部将委托承办培训单位对参加培训的学员进行摸底测试，以便有针对性地开展培训。

三、培训时间

承办培训单位为全国技工院校师资培训基地和我部一体化课程教学改革试点技工院校。培训时间定于今年 7 月至 8 月，每期培训时间为 15 天、112 学时。具体培训单位和培训时间另行通知。

四、相关费用

（一）培训费用（包括：教师授课费及交通食宿费、培训场地费、实训耗材费、教材资料费等）由我部给予补贴。

（二）参加培训学员的往返交通费、食宿费由派出单位承担。

五、组织管理

我部高技能人才师资培训示范项目办公室（以下简称“项目办”）在职业能力建设司指导下，负责对培训活动进行全程指导和质量监控，并组织专家做好相关技术服务和教学评估工作。各省（区、市）人力资源社会保障有关部门要指定专人负责做好相应的组织、协调和管理工作。

六、推荐报名

（一）关于报名。各省（区、市）人力资源社会保障部门负责推荐数控加工等 5 个专业参训学员，第二批一体化课程教学改革试点技工院校直接推荐数控机床装配与维修等 9 个专业参训学员。各地、各院校要严格按照我部分配的名额，按要求推荐符合条件的教师参加培训。各地、各院校要组织拟参加培训的教师认真填写《2012 年高技能人才师资培训示范项目推荐表》（见附件 4），在此基础上根据《技工院校师资培训信息管理系统用户名密码表》（见附件 5）登录我部“技工院校师资培训信息管理系统”（www.cettic.cn）填报推荐学员信息。填报完成后，将系统自动生成的本地（校）参加培训人员名册下载打印一份，名册和学员推荐表原件加盖公章后，于 6 月 25 日前邮寄至项目办。

（二）关于调整参训学员。推荐名单确定后，原则上不得调整。如遇特殊情况确需调整的，必须在距开班至少 5 个工作日前完成。参加数控加工等 5 个专业培训的学员，由该教师所在院校向本省（区、市）人力资源社会保障行政部门提出书面申请，并由本省（区、市）人力资源社会保障行政部门以正式文件报项目办，经项目办批准后方可换人。参加数控机床装配与维修等9个专业培训的学员，由该教师所在院校以正式文件报项目办，经项目办批准后方可换人。因各省（区、市）或学校调整参训学员，或参训学员本人原因致使培训名额落空的，将削减该省（区、市）或学校下一年度培训名额，并予以通报。

（三）关于报到。获准参加培训的学员名单将在“技工院校师资培训信息管理系统”（www.cettic.cn）和中国就业网（www.lm.gov.cn）上公布。参加培训的学员应保持通讯畅通，在接到培训机构报到通知后，按时报到。

七、考核发证

我部将委托培训机构对学员进行考核，考核成绩将反馈学员所在院校。对成绩合格者，颁发由我部统一印制的《高技能人才师资培训（一体化课程）合格证书》，作为教师岗位职务聘任和职称评定的重要依据。同时，项目办将对获证教师建立档案，纳入高技能人才师资资源库。

八、其他事项

（一）每期、班培训结束后，组织开展优秀学员评选活动，优秀学员予以通报表扬。

（二）参加培训的学员应严格遵守培训班有关规定。对不能按时报到、带家属随同培训、未完成培训随意离去、不认真学习、违反培训纪律的学员，取消其培训资格并予以通报。对受到通报批评的学员，将取消其两年内参加任何国家级相关培训的资格。

附件：

1. 2012年高技能人才师资培训各专业教学能力项目（略）
2. 2012年高技能人才师资培训名额分配表（一）（略）
3. 2012年高技能人才师资培训名额分配表（二）（略）
4. 2012年高技能人才师资培训示范项目学员推荐表（略）
5. 技工院校师资培训信息管理系统用户名密码表（略）

人力资源和社会保障部办公厅关于扩大技工院校一体化课程教学改革试点工作的通知

（人社厅函［2012］397号　2012年8月29日）

各省、自治区、直辖市人力资源社会保障厅（局）：

根据《关于印发技工院校一体化课程教学改革试点工作方案的通知》（人社厅发［2009］86号）要求，2009年我部在全国30所技工院校中开展了汽车维修、数控加工、机床切削加工、钳加工、电气自动化设备安装与维修5个专业一体化课程教学改革试验工作，取得了积极成效。为进一步推广5个专业一体化课程教学改革成果，经研究，从今年9月起，在全国部分技工院校扩大一体化课程教学改革试点工作。现就有关事项通知如下。

一、试点范围

（一）试点专业

汽车维修专业、数控加工专业、机床切削加工专业、钳加工专业、电气自动化设备安装与维修专业。

（二）试点院校

1. 新增94所试点技工院校进行一体化课程教学改革试验工作，新增试点院校和试点专业见附件1。

2. 在首批30所试点技工院校的原试点专业全面开展一体化课程教学工作，并在部分首批试点技工院校中新增一批试点专业，首批试点院校和试点专业见附件2。

（三）试点对象

1. 新增试点院校的试点专业和首批试点技工院校的新增试点专业，每个专业原则上可开设不超过两个试点班，试点对象为2012年秋季入学新生。各试点院校可根据本院校教学设施、师资力量等情况自行确定中级工或高级工试点班（零起点）。试点班的学生应从新生中随机抽取，以便与未进行一体化课程的教学班学生进行教学效果对比分析。

2. 首批30所试点院校的原试点专业2012年秋季入学新生应全部采取一体化课程教学。

二、试点内容

（一）开展一体化课程教学。各试点院校要严格按照我部制定的 5 个专业的《技工院校一体化课程方案（试行）》（附件 3）要求，做好课程教学安排，并根据我部提供的学习任务设计方案及第一学期一体化教材（工作页，附件 4），组织开展教学活动。各试点院校要建立试点班学生学籍专门档案，完整记录试点班每位学生完成课程的学习情况。

（二）提供一体化教学场地。各试点院校要根据专业教学需要安排一体化课程教学场地，提供既能满足理论教学，又能具备技能训练的一体化教学场所，将传统理论教学教室和实训场地合一，为学生提供体验实际工作过程的学习条件。

（三）配备一体化教师。试点班的一体化课程教学原则上由参加过我部一体化课程师资培训的教师及本校骨干专业教师担任。试点班师生比建议为 1∶30 左右，以确保一体化课程顺利推行，并保证教学质量。

三、组织保障

（一）加强组织领导。技工院校一体化课程教学改革是转变技能人才培养模式的重要抓手，是推动技工院校改革发展的重要措施，也是我部推进技工院校内涵发展的一项重点工作。各地要高度重视，按照部里的统一部署推进技工院校一体化课程教学改革工作。各省人力资源社会保障部门要高度重视技工院校一体化课程教学改革试点工作，充分发挥本地教研室作用，指导试点院校做好相关工作。

（二）落实相关政策。各省人力资源社会保障部门职业技能鉴定机构要大力支持技工院校课程教学改革，按照《关于印发技工院校一体化课程教学改革试点工作方案的通知》（人社厅发［2009］86 号）要求，积极参与课程试点工作。对学习期间所有课程成绩合格的试点专业试点班毕业生，不再参加相应职业（工种）和等级的职业技能鉴定考试，直接颁发相应等级的职业资格证书。

（三）强化教学管理。各试点院校要成立由校长挂帅、骨干专业教师、教学管理人员组成的专门工作小组，并加大人力、物力和财力投入，确保一体化课程试验教学工作的顺利开展。同时，完善学校教学和教师管理配套措施，探索制定一体化教学管理和教师队伍建设办法。我部将不定期组织开展一体化教师培训和经验交流活动，并适时启动一体化教学示范课比赛活动。

（四）确保教学质量。各试点院校要按照《技工院校一体化课程方案（试行）》要求，切实加强一体化课程试点班日常教学的管理，并可通过内、外部质量督导加强教学过程的检查和督导。试点院校的试点专业应统一使用我部审定的一体化课程教材等教学材料，公共课按照我部颁布的教学计划与大纲实施。获得中等职业教育改革发展示范校建设计划、国家高技能人才培训基地建设项目以及本地区相关项目支持的院校，应依据有关规定在项目经费中安排资金用于推进一体化课程教学改革试点工作。

在试点过程中，有关政策和业务问题请与部职业能力建设司联系，有关教材和教学问题请与人力资源和社会保障出版集团联系，相关资料可在技工院校一体化教学资源网下载（http://yth.cott.org.cn）。

附件：

1. 新增试点院校和试点专业名单（略）

2. 首批试点院校和试点专业名单（略）

3. 首批五个专业一体化课程方案（略）

4. 首批五个专业第一学期一体化教材（工作页）（略）

教育部　财政部　人力资源和社会保障部国务院国有资产监督管理委员会关于印发《职业学校兼职教师管理办法》的通知

（教师［2012］14号　2012年10月18日）

各省、自治区、直辖市教育厅（教委）、财政厅（局）、人力资源社会保障厅（局）、国资委，新疆生产建设兵团教育局、财务局、人力资源和社会保障局、国资委：

为了贯彻落实《国家中长期教育改革和发展规划纲要（2010—2020年）》《国务院关于大力发展职业教育的决定》（国发［2005］35号）和《国务院关于加强教师队伍建设的意见》（国发［2012］41号），进一步加强职业教育教师队伍建设，完善职业学校兼职教师聘用政策，强化职业教育实践教学环节，促进教师队伍结构优化，特制定《职业学校兼职教师管理办法》，现印发给你们，请遵照执行。

附件：职业学校兼职教师管理办法

附件：

职业学校兼职教师管理办法

第一章　总　　则

第一条　为了贯彻落实《国家中长期教育改革和发展规划纲要（2010—2020年）》《国务院关于大力发展职业教育的决定》和《国务院关于加强教师队伍建设的意见》，完善职业学校兼职教师管理制度，强化实践教学环节、优化教师队伍结构，支持、鼓励和规范职业学校聘请具有实践经验的专业技术人员、高技能人才担任兼职教师，制定本办法。

第二条 本办法所指职业学校包括依法登记为事业单位的中等职业学校和高等职业学校，其中，中等职业学校包括中等专业学校、职业高中、技工学校和成人中等专业学校。

第三条 本办法所称兼职教师是指受职业学校聘请，兼职担任特定专业课或者实习指导课教学任务的专业技术人员、高技能人才。兼职教师占职业学校专兼职教师总数的比例应在学校岗位设置方案中明确，一般不超过30%。

第四条 聘请兼职教师应重点满足面向战略性新兴产业、现代农业、先进制造业、现代服务业及特色专业的教学需要。

第二章 人员条件

第五条 聘请的兼职教师一般应为企事业单位在职人员。专业教学急需的也可聘请退休人员。

第六条 兼职教师的基本条件：

（一）具备良好的思想政治素质和职业道德，遵纪守法，热爱教育事业，身心健康；

（二）具有较高的专业素养和技能水平，能够胜任教学工作；

（三）一般应具有中级以上专业技术职称（职务）或高级工以上等级职业资格（职务），特殊情况也可聘请具有特殊技能，在相关行业中具有一定声誉的能工巧匠、非物质文化遗产国家和省级传人；

（四）初次聘请的退休人员，离开原工作岗位的时间原则上不超过2年，年龄一般不超过65周岁，特殊情况可据学校需要而定。

第三章 聘请程序

第七条 职业学校聘请兼职教师可通过对口合作的企事业单位选派的方式产生，也可以面向社会聘请。职业学校聘请兼职教师应优先考虑对口合作企业人员，建立合作企业人员到职业学校兼职任教的常态机制，并纳入校企合作基本内容。

第八条 面向社会聘请兼职教师应按照公开、公平、择优的原则，严格考察、遴选和聘请程序。基本程序是：

（一）职业学校根据教学需要，确定兼职教师岗位和任职条件；

（二）职业学校对应聘人员进行资格审查、能力考核；

（三）职业学校确定岗位人选，并予以公示；

（四）职业学校与兼职教师签订工作协议。

企事业单位在职人员在应聘兼职教师前应征得所在单位的同意。

第九条 职业学校应明确兼职教师管理机构，负责聘请兼职教师工作的组织实施。

第十条 兼职教师上岗任教前，职业学校应对其进行基本教学能力及相关法律法规的培训。

第四章 组织管理

第十一条 除通过对口合作的企事业单位选派兼职教师以外，职业学校应与兼职教师签订工作协议。

工作协议应明确双方的权利与义务。包括工作时间、工作方式、工作任务、工作报酬、劳动保护等内容。协议期限应根据教学安排和课程需要，经双方协商确定，一般不少于一学期。

第十二条 兼职教师为企事业单位在职人员，原所在单位和聘请兼职教师的职业学校应当分别为兼职教师缴纳工伤保险费。兼职教师在协议期内发生工伤，由兼职教师受到伤害时其工作的单位依法承担工伤保险责任。

鼓励职业学校为兼职教师购买意外伤害保险。

第十三条 兼职教师要遵守职业道德规范，严格执行职业学校教学管理制度，认真履行职责。职业学校要制定兼职教师评价标准，加强日常管理和考核评价，并将在职人员兼职任教情况及时反馈给其人事和劳动关系所在单位。

第十四条 职业学校应当为兼职教师创造良好的工作环境，鼓励、吸收兼职教师参加教学研究、专业建设和团队建设，支持兼职教师与专任教师联合开展企业技术攻关等。

第十五条 企事业单位应当支持具有实践经验的专业技术人员和高技能人才到职业学校兼职任教，其中，事业单位应将兼职任教情况作为其考核评价的重要内容。

第十六条 有关部门要将选派兼职教师的数量和水平纳入企业社会责任考核的重要内容。

第十七条 各级教育和人力资源社会保障行政部门将兼职教师纳入教师队伍建设总体规划，将职业学校聘请兼职教师工作纳入人事管理情况监督检查范围，建立兼职教师资源库，加强对职业学校兼职教师管理工作的指导。

第十八条 兼职教师可根据所承担的工作任务，按照相应系列教师评价标准参与职务评价。

第五章 经费来源

第十九条 建立政府、学校、企事业单位多渠道筹措兼职教师经费投入机制，保障兼职教师的报酬。

第二十条 有条件的地方，可以安排财政专项资金，用于支持发展势头良好、社会声誉较高、专业师资紧缺的职业学校聘请兼职教师。

第二十一条 职业学校可以在事业收入中安排一定经费，用于支付兼职教师报酬。

第六章 附 则

第二十二条 各地教育行政部门应当会同财政、人力资源社会保障、国有资产监督管理等部门，研究制订本地区职业学校兼职教师管理办法的实施细则。

第二十三条 本办法自公布之日起施行。

人力资源和社会保障部关于做好技工院校审批管理工作的通知

（人社部发［2012］63号 2012年10月22日）

各省、自治区、直辖市及新疆生产建设兵团人力资源社会保障厅（局）：

近期，国务院下发《关于第六批取消和调整行政审批项目的决定》（国发［2012］52号），明确下放技工院校设立审批管理权限，规定“设立普通技工学校、高级技工学校由省级人民政府人力资源社会保障部门审批，设立技师学院由省级人民政府审批”，这是深入推进行政审批制度改革的重要举措，对于规范技工院校发展具有重要意义。为进一步做好技工院校审批管理工作，现就有关问题通知如下。

一、明确技工院校办学定位。技工院校包括普通技工学校、高级技工学校和技师学院，是培养技能人才的重要渠道，是落实健全面向城乡全体劳动者职业技能培训制度的重要载体。普通技工学校主要承担中级技工培养任务，同时面向社会开展劳动预备制培训、企业职工培训、农村转移就业劳动者培训、农村实用人才培训等任务。高级技工学校主要承担中、高级技能人才培养和开展各类职业培训任务。技师学院承担通过学制教育培养预备技师、高级技工的任务，也是面向社会开展技师和高级技师提升培训与研修、考核与评价的重要平台。

二、制定技工教育发展规划。各地要根据区域经济发展、产业布局和促进就业对技能人才的需求，统筹规划，合理布局，制定本地区技工教育发展规划。要合理规划本地区技工学校、高级技工学校和技师学院的比例结构，逐步形成以技师学院为龙头、高级技工学校为骨干、普通技工学校为基础的覆盖城乡劳动者的技工教育培训体系。为推动示范性技工院校建设，发挥示范性技工院校的引领作用，我部将委托相关机构开展国家级重点技工院校评估工作，具体评估办法另行制定。

三、规范技工院校设立审批办法。技工学校、高级技工学校、技师学院的设置标准按照《人力资源和社会保障部关于印发技工院校设置标准（试行）的通知》（人社部发［2012］8号）执行。各省（自治区、直辖市，以下简称省）人力资源社会保障部门要依照相关法律法规制定技工院校设立审批办法，技师学院设立审批办法应报请省人民政府批准。各地要严格按照专家评审、行政部门复核公示等程序，公开、公平、公正地做好技工院校设立审批工作。要成立由技工院校国家级和省级督导员等专家组成的评审小组，按照技工院校评审细则的评分标准，对申办学校进行评审，作出专家评审意见。省人力资源社会保障部门要对专家评审意见进行复核，并对达到技工院校设置标准的院校进行公示。对于申办技工学校和高级技工学校的，经评审合格并公示无异议后，由省人力资源社会保障部门批复；对于申办技师学院的，经评审合格并公示无异议后，报请省人民政府批复。其他类型学校和培训机构申请举办技工院校，按照技工院校设置标准和审批办法办理。各地新批准设立的技工学校、高级技工学校、技师学院名单应及时报送人力资源社会保障部。

四、加强技工院校管理服务工作。各省人力资源社会保障部门要将技工院校的基本情况、培养目标和办学特色，特别是国务院对技师学院设立审批的有关要求，及时向省人民政府报告。各地涉及技工院校撤销、合并、变更管理体制等情形的，必须征得省人力资源社会保障部门同意。各地人力资源社会保障部门要增强服务意识和服务能力，按照国务院关于健全行政审批服务体系的要求，加强对技工院校设立审批工作的领导，健全和完善行政审批工作制度和工作机制，提高行政效率，加强绩效管理，不断提高为技工院校服务的水平。要对申办受理、评审公示、复核认定等各项工作环节进行规范管理，及时公开相关信息，实行“阳光审批”，做到规范透明、高效廉洁，严格预防和严肃查处利用审批权违纪违法的行为。

财政部　国家发展改革委　教育部　人力资源社会保障部关于扩大中等职业教育免学费政策范围　进一步完善国家助学金制度的意见

（财教［2012］376号　2012年10月22日）

各省、自治区、直辖市人民政府，国务院各部委、各直属机构：

为贯彻落实2012年《政府工作报告》和《国家中长期教育改革和发展规划纲要（2010—2020年）》有关要求，加快发展中等职业教育，促进教育公平和劳动者素质提高，经国务院同意，现就做好扩大中等职业教育免学费政策范围、进一步完善国家助学金制度的工作提出如下意见：

一、扩大中等职业教育免学费政策范围

从2012年秋季学期起，对公办中等职业学校全日制正式学籍一、二、三年级在校生中所有农村（含县镇）学生、城市涉农专业学生和家庭经济困难学生免除学费（艺术类相关表演专业学生除外）。

为保证学校正常运转，对因免除学费导致学校收入减少的部分，第一、二学年由财政按照享受免学费政策学生人数和免学费标准补助学校；第三学年原则上由学校通过校企合作和顶岗实习等方式获取的收入予以弥补，不足部分由财政按照不高于三年级享受免学费政策学生人数50%的比例和免学费标准，适当补助学校。

免学费标准按照各省（区、市）人民政府及其价格主管部门在2012年6月30日前批准的学费标准确定。

免学费补助资金由各级财政共同分担。中央财政统一按照每生每年2 000元的标准与地方财政按比例分担，其中，对西部地区，不分生源，中央与地方分担比例为8∶2；对中部地区，生源地为西部地区的，中央与地方分担比例为8∶2，生源地为其他地区的，中央与地方分担比例为6∶4；对东部地区，生源地为西部地区和中部地区的，中央与地方分担比例分别为8∶2和6∶4，生源地为东部地区的，中央与地方分担比例分省（市）确定。地方各级财政承担的免学费补助资金，由省级财政统筹落实。

涉农专业范围，根据教育部发布的中等职业学校专业目录及专业设置管理办法确定。中央财政按区域确定城市家庭经济困难学生比例，西部地区按在校城市学生的15%确定；中部地区按在校城市学生的10%确定；东部地区按在校城市学生的5%确定。各省级人民政府应根据实际情况，合理确定本行政区域内家庭经济困难学生的具体比例。

对在职业教育行政管理部门依法批准、符合国家标准的民办中等职业学校就读的一、二年级符合免学费政策条件的学生，按照当地同类型同专业公办中等职业学校免除学费标准给予补助。民办中等职业学校经批准的学费标准高于补助的部分，学校可以按规定继续向学生收取。

二、进一步完善中等职业教育国家助学金制度

从2012年秋季学期起，将中等职业学校国家助学金资助对象由全日制正式学籍一、二年级在校农村（含县镇）学生和城市家庭经济困难学生，逐步调整为全日制正式学籍一、二年级在校涉农专业学生和非涉农专业家庭经济困难学生。具体调整步骤如下：（1）2012年秋季学期至2013年春季学期，助学金政策覆盖一年级涉农专业学生和非涉农专业家庭经济困难学生，以及二年级农村（含县镇）学生和城市家庭经济困难学生。（2）从2013年秋季学期起，将助学金政策覆盖范围调整为一、二年级涉农专业学生和非涉农专业家庭经济困难学生。

助学金继续按每生每年 1 500 元的标准由中央财政和地方财政按比例分担，具体分担比例与免学费补助资金的分担比例一致。

中央财政按区域确定家庭经济困难学生比例，西部地区按在校学生的 20%确定，中部地区按在校学生的 15%确定，东部地区按在校学生的 10%确定。各省级人民政府应根据实际情况，合理确定本行政区域内家庭经济困难学生的具体比例。为切实减轻贫困地区中等职业学校学生家庭经济负担，根据《中国农村扶贫开发纲要（2011—2020年）》有关精神，将六盘山区等 11 个连片特困地区和西藏、四省藏区、新疆南疆三地州中等职业学校农村学生（不含县城）全部纳入享受助学金范围。

地方出台的中等职业教育免学费政策和助学金政策，范围大于或相关标准高于本意见的，可按照本地的办法继续实施。

三、配套改革措施

在扩大免学费政策范围、进一步完善国家助学金制度的同时，要大力推进中等职业教育改革创新，以服务为宗旨，以就业为导向，全面提高办学质量，满足经济社会对高素质劳动者和技能型人才的需要。

（一）健全“工学结合、校企合作、顶岗实习”的人才培养模式。坚持理论学习与技能培养、课堂教学与岗位技能培训、校内实训与校外实训相结合的原则，推进顶岗实习制度的落实。推进教产合作、校企一体化办学，促进优势互补、资源共享、合作共赢。创新教学方式和专业设置，加强教材建设，使中等职业教育面向企业、面向农村、面向市场培养技能型人才。

（二）严格执行职业资格证书和就业准入制度。坚持“先培训，后就业”、“先培训，后上岗”的原则，推进职业资格证书制度实施，加快建立适应经济社会发展和劳动力市场需要的职业资格标准体系，严格落实就业准入的法规和政策。

（三）以“双师型”教师为重点加强教师队伍建设。完善相关人事制度，聘用（聘任）具有实践经验的专业技术人员和高技能人才担任专兼职教师，提高持有专业技术资格证书和职业资格证书教师的比例。创新教师教学和综合素质考核制度，探索实行学校、学生、企业等多方参与的评价办法。

（四）建立中等职业教育生均拨款制度。在落实免学费政策的同时，各省级人民政府要根据中等职业学校国家办学条件基本标准和教育教学基本需要，结合财力可能，制定本行政区域中等职业学校生均经费拨款标准，进一步加大对中等职业教育的财政投入力度，保障中等职业学校正常运行、健康发展。

四、有关工作要求

（一）加强组织领导，完善工作机制。扩大中等职业教育免学费政策范围、进一步完善国家助学金制度涉及面广，政策性强，要按照“中央政策引导、地方统筹安排、积极稳妥推进、保持平稳过渡”的原则认真做好各项工作。各地要加强组织领导，抓紧制订实施方案，明确责任分工，建立健全责任追究制度，切实抓好各项工作的落实。国务院财政、发展改革、教育、人力资源社会保障等部门要加强督促检查，指导和协调各地认真做好扩大免学费政策范围和完善国家助学金制度工作，推进中等职业教育办学模式改革。

（二）加强学校管理，做好基础工作。各地教育、人力资源社会保障等职业教育行政管理部门要加强对中等职业学校特别是民办学校办学资质的核查，定期公布合格和不合格学校名单；要严格规范中等职业学校学生学籍管理工作，进一步完善学生信息管理系统，实行电子注册制度，加强对“一牌两校”“联合招生”“学籍异动”等情况的监管，坚决杜绝“双重学籍”现象，保证学生基本信息的完整和准确。教育部要会同有关部门逐步建立完善各教育阶段相通的学生信息管理系统。有关部门和中等职业学校要做好免学费和助学金资助对象的认定工作。

（三）落实经费责任，强化资金管理。各省（区、市）人民政府要统筹安排中央补助资金和地方应分担的资金，制订本行政区域内各级政府的具体分担办法，完善转移支付等制度，确保中等职业教育免学费补助资金和国家助学金落实到位。地方各级财政部门要按照财政国库管理的有关要求，及时拨付资金，确保学校正常运转和助学金按时发放。要健全中等职业学校经费预决算制度，加强资金的科学化精细化管理，确保资金使用规范、安全和有效。对发生虚报冒领、挤占、挪用、滞留国家相关补助资金的部门和学校，要予以严肃处理。

（四）严格收费审批，规范收费行为。扩大中等职业教育免学费政策范围实施后，公办中等职业学校不得因免学费而提高其他收费标准，或者擅自设立收费项目乱收费。各地要按照《中华人民共和国民办教育促进法》及其实施条例的要求，进一步规范民办中等职业学校收费管理。

（五）加大宣传力度，形成良好氛围。各地要认真学习、准确把握相关政策，通过多种形式开展政策解读和宣传工作，使这项惠民政策家喻户晓，使广大学生及时了解受资助权利，为扩大中等职业教育免学费政策范围和完善国家助学金制度创造良好的社会氛围。要做好2012年秋季学期入学新生的思想工作，确保政策平稳衔接。

人力资源和社会保障部关于做好国家级重点技工院校评估工作的通知

（人社部发［2013］9号　2013年1月28日）

各省、自治区、直辖市及新疆生产建设兵团人力资源社会保障厅（局）：

为推动示范性技工院校建设，促进技工院校提升办学水平，根据《关于大力推进技工院校改革发展的意见》（人社部发［2010］57号）和《关于做好技工院校审批管理工作的通知》（人社部发［2012］63号），我部决定将原国家级重点技工学校评估调整为国家级重点技工院校评估，包括国家级重点技工学校、国家级重点高级技工学校和国家级重点技师学院评估。现就有关事项通知如下。

一、各省、自治区、直辖市人力资源社会保障部门要从促进区域经济发展和本地区技工院校办学实际出发，综合考虑产业结构调整、技能人才结构和劳动者就业需求等，科学统筹规划本区域三类国家级重点技工院校的数量和布局。要依照《国家级重点技工学校评估标准》（附件1）、《国家级重点高级技工学校评估标准》（附件2）和《国家级重点技师学院评估标准》（附件3），有计划、分步骤组织开展国家级重点技工院校评估工作，具体评估细则另行印发。

二、评估工作要坚持自愿原则，实行自主申报。申报院校对照国家级重点技工院校评估标准先进行自评，按要求将申请报告和相关申报材料报送省级人力资源社会保障部门；省级人力资源社会保障部门组成由国家级或省级技工院校督导员参加的专家评估小组，严格对照评估标准，对申报院校的申报材料进行初评，提出专家评估意见；省级人力资源社会保障部门对学校申报材料和专家组评估报告要严格审核，于每年10月31日前将通过初评的院校的申报材料报送我部；我部将委托中国就业培训技术指导中心组织专家组进行复评，提出复评意见；对拟确定的国家级重点技工院校经公示无异议后，由我部公布为国家级重点技工院校。

三、技工院校设立审批工作按照《关于做好技工院校审批管理工作的通知》（人社部发［2012］63号）执行，各地应及时将新设立的技工学校、高级技工学校和技师学院名单报送我部。此通知下发前确定的国家级重点技工学校，不需再重新申报。

附件：

1. 国家级重点技工学校评估标准
2. 国家级重点高级技工学校评估标准
3. 国家级重点技师学院评估标准

附件1：

国家级重点技工学校评估标准

第一章　办学方向

第一条　全面贯彻党的教育方针，坚持科学发展观，坚持教育培训与生产实际相结合，坚持服务经济建设和社会发展、促进劳动者就业的办学方向。

第二条　坚持以市场需求为导向，坚持校企合作基本办学制度，培养生产、经营和服务一线的技能人才。

第三条 实行学制教育与职业培训并举、学校教育与企业培养相结合的办学模式。以培养中级技工为主，同时面向社会开展各类职业技能培训，并承担职业技能鉴定和就业服务等任务。

第二章 办学条件

第四条 领导班子结构合理、分工明确，领导班子成员勤政廉洁，具有团结协作精神、开拓创新能力和科学民主、求真务实的作风，具有先进的办学理念、丰富的技能人才培养经验。领导班子对学校长远发展有战略规划。

第五条 培养规模应达到3 000人以上。其中学制教育在校生规模不低于1 500人，年职业培训规模1 500人次以上。

第六条 校园占地面积不少于5.3万平方米（约80亩），建筑面积不少于4万平方米，其中实习、实验场所建筑面积不少于1.2万平方米。各种建筑、场地和设施符合国家建设和安全标准，满足学校办学需要。

第七条 常设专业不少于4个，各常设专业有专业建设规划。重视特色专业和示范专业建设。

第八条 拥有满足教学需要的实习、实验设备设施，保证每生有实习工位，设备总值不低于1 500万元。示范专业实习场所与企业工作环境接轨，主要设备设施具有先进性。

第九条 具备满足体育教学和学生体育锻炼需要的设备设施和运动场所，运动场地面积不少于6 000平方米。具备满足师生需求的图书馆、阅览室，图书馆藏书5万册以上，其中专业图书50%以上，报刊杂志不少于80种。

第十条 拥有一支与办学规模、专业设置相适应的专兼职教师队伍。学制教育师生比不低于1∶20。兼职教师不超过教师总数的1/3。技术理论课教师和实习指导教师应不低于教师总数的70%，其中具有企业实践经验的教师占20%以上。理论实习教学一体化教师达到技术理论课教师和实习指导教师总数的40%以上。

第十一条 教师学历符合国家规定要求，专任教师应具备相应的教师资格。文化、技术理论课教师具备高级专业技术职称的占25%以上。技术理论课教师具备相关职业初级技能职业资格，其中具有中级技能以上职业资格的应不低于40%。实习指导教师应具备相关职业高级技能及以上职业资格，其中具有高级实习指导教师职称或技师、高级技师职业资格的占40%以上。

第十二条 具备稳定可靠的与培养规模相适应的办学经费保障。办学经费（含生均经费等）不低于当地同类同层次学校标准。

第十三条 具备与办学规模相适应的后勤服务设施。生活设备设施能够满足学生住宿和就餐等需要。

第十四条 建有功能齐全的校园网和学校管理信息系统，并建有数字化教学资源库、教学平台。主要教学场所配有必要的多媒体设备。使用全国技工院校电子注册统计信息管理系统。

第十五条 原则上具备3年以上技工学校办学资历。

第三章 学校管理

第十六条 遵守国家法律法规和方针政策。建立了规范的教学管理、学生管理、人事和劳资管理、财务和资产管理、饮食和卫生管理、安全和风险管理等制度，并有效运行。

第十七条 教学管理规范。有较完备的技能人才培养方案和教学计划、教学大纲，教材使用规范，不使用盗版教材。建立了可持续改进的教学质量管理体系。

第十八条 设有教学研究机构，重视技能人才培养规律和方法的研究。积极开展教学改革，不断创新教学内容，改进教学方法和教学手段，提高教学效果和教学质量。

第十九条 重视专业带头人和骨干教师队伍建设。制订并实施教师专业能力发展和职业素养提高计划。建立了教师业务进修制度，保证专业课教师每人每两年不少于两个月的企业生产实践。

第二十条 重视德育工作和校园文化建设，积极开展社会主义核心价值观、公民行为规范和法制等方面的教育。突出职业道德、职业精神和职业素养的培养，重视学生职业指导、心理咨询和健康教育。

第二十一条 建立了科学的学生评价体系，实施过程性与终结性考核相结合的评价方式，全面评价学生的学业成绩、职业能力和职业素养。建立了教学评价反馈体系，重视生产实习学生管理和对毕业生的跟踪调查，持续改进学校的教育教学和管理。

第二十二条 安全管理体系完善，实行安全责任制度，安全教育和管理贯穿于学生日常生活、学习和实习全过程。有应对各种突发事件的预案，处置突发事件及时有效，无重大人身安全或设备设施责任事故。

第二十三条 行政管理科学，后勤保障有力。财务和固定资产管理制度规范，资金使用合理。卫生保健和心理咨询设施和场所齐全、配有专业人员，工作开展效果好。校舍和设备设施完好，校园环境宜人。

第四章 培养模式

第二十四条 实行校企合作培养技能人才模式，不断完善校企合作办学制度，探索多种有效的校企合作方式，与企业建立了互利双赢合作机制。参与或牵头开展集团化办学，促进区域技工教育发展。

第二十五条 建立了由有关部门、行业、企业、学校等方面专家组成的校企合作指导委员会，在学校的发展方向、培养模式等方面发挥重要的指导作用。

各专业建立了行业、企业专家和学校骨干教师组成的专业建设指导委员会，沟通行业、企业发展与技能人才培养需求等信息，对专业设置、教学计划、教材、教学方法等予以有效指导。

第二十六条 聘请企业高技能人才或工程技术人员担任兼职教师。充分利用教学资源，主动为企业技术革新和技能人才培养提供服务。

第二十七条 每个专业与3家以上企业建立了稳定的合作关系。与企业共同研究专业建设，建立了专业调研和动态调整机制，根据市场需求变化及时调整专业设置，优化专业结构。建有稳定的校内外实习基地，校企双方共同完善学生生产实习制度，共同促进学生就业。

第二十八条 积极创新技能人才培养模式，逐步开展以工作任务为导向、以国家职业标准为依据、以学生综合职业能力培养为核心，理论教学与技能训练融会贯通的一体化课程教学改革工作。

第二十九条 建立了行业、企业、学校和其他社会组织等方面共同参与的办学质量多元评价制度，形成对培养模式、培养过程、培养效果的全面评价机制。

第五章 办学质量

第三十条 学制教育实行学业证书和职业资格证书“双证书”制度，毕业生取得中级技能职业资格证书的达到95%以上。

第三十一条 注重学生职业能力和职业素质全面发展，效果显著。定期开展体育、文艺活动，在各级各类文体竞赛中获奖。学生操行考核合格率在95%以上。学生身体素质适应岗位要求，体质健康达标率在95%以上。

第三十二条 毕业生就业率达95%以上。用人单位对毕业生反映良好，满意率达到85%以上。

第三十三条 面向社会开展各类职业培训，学员培训合格率达到90%以上。为企业提供在职职工培训和为促进劳动者就业开展职业技能培训，取得良好效果，获得企业和当地政府的好评。

第三十四条 重视技能竞赛活动，为社会提供技能竞赛服务，承担过本地区技能竞赛工作。建立了技能竞赛表彰激励机制，师生积极参加各级各类技能大赛，并取得突出成绩。

第三十五条 教师为人师表，从严治教，教学改革意识和质量意识强，学生满意率高。教学改革与科学研究取得明显成效，经验和成果受到上级主管部门的认可与推广。教师撰写的论文、著作和编写的教材在省级以上刊物发表或公开出版。教师开发的课件或软件在教学中推广应用。

第三十六条 注重社会效益和师生的全面发展，多项工作在区域同类学校中起引领和示范作用。近3年获得省级以上主管部门表彰。

附件 2：

国家级重点高级技工学校评估标准

第一章 办学方向

第一条 全面贯彻党的教育方针，坚持科学发展观，坚持教育培训与生产实际相结合，坚持服务经济建设和社会发展、促进劳动者就业的办学方向。

第二条 坚持以市场需求为导向，坚持校企合作基本办学制度，培养生产、经营和服务一线的中、高级技能人才。

第三条 实行学制教育与职业培训并举、学校教育与企业培养相结合的办学模式。以培养高级技工为主，同时面向社会开展各类职业技能培训，并承担职业技能鉴定和就业服务等任务。

第二章 办学条件

第四条 领导班子结构合理、分工明确，领导班子成员勤政廉洁，具有团结协作精神、开拓创新能力和科学民主、求真务实的作风，具有先进的办学理念、丰富的高技能人才培养经验。领导班子对学校长远发展有战略规划。

第五条 培养规模应达到 5 000 人以上。其中学制教育在校生规模不低于 2 500 人，年职业培训规模 2 500 人次以上。高级技工学制教育在校生规模不低于 50%，高级技工以上年培训量不低于 1 000 人次。

第六条 校园占地面积不少于 8 万平方米（约 120 亩），建筑面积不少于 6.5 万平方米，其中一体化教学与实习、实验场所建筑面积不少于 2 万平方米。各种建筑、场地和设施符合国家建设和安全标准，满足学校办学需要。

第七条 科学规划专业建设，专业设置与本区域技能人才需求相适应，高级技工常设专业不少于 4 个。重视特色专业和示范专业建设。

第八条 按照专业设置和教学需求配有数量充足、功能齐全的多媒体教室、一体化教室、生产实习场所及产学研结合工作场所。

实习、实验设备设施与办学层次、规模相适应，常设专业主要实习、实验设备设施在国内同行业中具有先进性，各类实习、实验设备设施形成合理梯次，利用率高。保证每生有实习工位，实习、实验设备总值达 2 000 万元以上。

第九条 具备满足体育教学和学生体育锻炼需要的设施设备和运动场所，运动场地面积不少于 1 万平方米。具备满足师生需求的图书馆、阅览室，图书馆藏书不少于 6 万册，其中专业图书达 60%以上，报刊杂志不少于 120 种。

第十条 师资队伍结构合理，教师素质优良，学制教育师生比 1∶18 以上，兼职教师不超过教师总数的 1/3。技术理论课教师和实习指导教师应不低于教师总数的 70%，其中具有企业实践经验的教师占 25%以上。理论实习教学一体化教师达到技术理论课教师和实习指导教师总数的 60%以上。

第十一条 教师学历符合国家规定要求，专任教师应具备相应的教师资格。文化、技术理论课教师具有高级专业技术职称的占 30%以上。技术理论课教师中具有相关职业中级技能及以上职业资格的达 60%以上。实习指导教师具有相关职业高级技能及以上职业资格，其中具有高级实习指导教师职称或技师、高级技师职业资格的占 50%以上。

第十二条 具备稳定可靠的与办学层次、培养规模相适应的办学经费保障。办学经费（含生均经费等）不低于当地同类同层次学校标准，有专项建设资金。

第十三条 具备与办学层次、规模相适应的后勤服务设施。生活设备设施能够满足学生住宿和就餐等需要。

第十四条 建有开展产教结合或产学研工作的实习工厂（公司），并建有为企业、行业和社会提供信息、技术交流和服务的公共服务平台。

第十五条 校园网功能齐全、运行正常，数字化教育教学、管理与服务平台便捷高效。主要教学场所配有必要的多媒体设备，特色专业和示范专业数字化教学资源丰富。

第十六条 原则上具备 3 年以上高级技工学校办学资历。

第三章 学校管理

第十七条 内设机构设置合理，部门职能和教职工岗位职责明确。规章制度健全，质量管理体系有效运行，管理和服务规范。

第十八条 重视教学管理、教学研究和教学督导工作。学校课程设置科学，有完备的高技能人才培养方案和教学计划、教学大纲。教材使用规范，不使用盗版教材。建立了可持续改进的教学质量管理体系。教学设备设施管理规范，完好率和使用率高。

第十九条 建立了完善的师资培养机制，有科学合理的师资培养规划和实施方案，重视专业带头人和骨干教师队伍建设。实行教师参加生产科研实践制度，专业课教师每人每两年下企业参加生产科研实践不少于两个月。年度师资培养经费不少于教职工工资总额的 3%。

第二十条 设有专业教学研究机构，注重技能人才培养规律和方法的研究。各常设专业至少有 1 名在当地专业领域内具有一定影响力的专业带头人。

第二十一条 重视发挥教师的积极性和创造性，鼓励教师开展教学改革和产学研活动，不断创新教学内容、改进教学方法和教学手段，提高教学效果和教学质量。

第二十二条 重视德育工作，积极开展社会主义核心价值观、公民行为规范和法制等方面的教育。德育工作网络齐全，加强精神文明建设，重视学生的职业指导、心理咨询和健康教育。重视校园文化建设，校风良好，无重大违法违纪事件发生。

第二十三条 建立了科学的学生评价体系，实施过程性与终结性考核相结合的评价方式，全面评价学生的学业成绩、职业能力和职业素养。建立了教学评价反馈体系，重视生产实习学生管理和对毕业生的跟踪调查，持续改进学校的教育教学和管理。

第二十四条 安全管理体系完善，实施安全管理制度，重视生产实习安全管理和文明生产教育。有应对各种突发事件的预案，突发事件处置及时有效，无重大人身安全或设备设施责任事故。

第二十五条 行政管理科学，后勤保障有力。财务和固定资产管理制度规范，资金使用合理。卫生保健和心理咨询设施和场所齐全、配有专业人员，工作开展效果好。校舍和设备设施完好，校园环境宜人。

第四章 培养模式

第二十六条 实行校企合作培养技能人才模式，不断完善校企合作办学制度，积极探索多种有效的校企合作方式。与合作企业探索建立规范的经费保障和政策激励等机制。校企合作管理制度健全，工作机制和配套措施完善，保证校企合作可持续发展。

第二十七条 建立了由有关部门、行业、企业、学校等方面专家组成的校企合作指导委员会，各专业建立了由合作行业、企业和学校等相关专家组成的专业指导委员会。

校企合作指导委员会和专业指导委员会制订有年度工作计划，并定期开展工作，研究提供行业企业发展、高技能人才需求等信息，为学校发展、专业建设和高技能人才培养方案制订等重大事项的决策提供咨询与指导。

第二十八条 每个高级技工专业与 5 家以上企业建立了稳定的合作关系。实行企业专家导师制度和企业专家督导教学制度。

第二十九条 坚持资源共享、互利共赢的校企合作运行机制。建立了教师下企业锻炼和学生到对口企业生产实习制度，以及企业技能人才来校进修和交流制度。开展深层次校企合作，校企共同开发专业，共同建设实习基地，共同培养高技能人才等。

第三十条 各常设专业有专业建设规划。建立专业调研和动态调整机制，根据产业结构调整和市场需求变化及时调整专业设置，优化专业结构。重视专业的现代化建设，能够根据技术、工艺、材料和装备的发展及时调整课程结构和教学内容，满足企业发展和科技进步的需求。

第三十一条 积极创新技能人才培养模式，稳步开展以工作任务为导向、以国家职业标准为依据、以学生综合职业能力培养为核心，理论教学与技能训练融会贯通的一体化课程教学改革工作。有 2 个以上专业实施一体化课程教学改革。

第三十二条 采取全日制、非全日制形式完成教育培训任务。因材施教，制定分层次培养目标，探索弹性学制、学分制等教学管理制度。

第三十三条 校园文化环境能够体现高技能人才培养特色，体现人文底蕴、企业文化，突出职业道德、职业精神和职业行为习惯的培养，注重学生身心健康和职业生涯指导。

第三十四条 实行行业、企业、学校和其他社会组织等方面共同参与的办学质量多元评价制度，形成对培养模式、培养过程、培养效果的全面评价机制。

第三十五条 发挥骨干辐射作用，参与或牵头开展集团化办学，联合行业、企业及其他职业学校、培训机构等组建技工教育集团，优势互补，促进区域技工教育发展。

第五章 办学质量

第三十六条 学制教育实行学业证书和职业资格证书“双证书”制度。高级技工班学生取得高级技能职业资格证书的达到95%以上。

第三十七条 注重学生职业能力和职业素养全面发展，效果显著。学生操行考核合格率在95%以上。学生身体素质适应岗位要求，体质健康达标率在95%以上。

第三十八条 近3年毕业生就业率达到95%以上。用人单位对学生反映良好，满意率达到85%以上。

第三十九条 面向社会开展各类职业培训，学员培训合格率达到90%以上，其中高级技工培训，学员取得高级技能职业资格证书的达到80%以上。社会培训、技能鉴定和技术服务等社会服务工作，受到政府、企业、劳动者和社会各界的肯定，社会满意率达到85%以上。

第四十条 重视技能竞赛活动，能够为社会提供技能竞赛服务，承担过市级以上的技能竞赛工作。建立了技能竞赛表彰激励机制，师生积极参加各级各类技能大赛，并取得优异成绩。

第四十一条 教师为人师表，从严治教，教学改革意识和质量意识强，教学水平较高，学生满意率高。近3年有20%以上教师的教科研成果、技术改造与发明、教材开发等获得部级以上奖项，或在省级以上刊物发表，或公开出版。

第四十二条 工作中努力创新创优，注重解决高技能人才培养的重点、难点问题。在同类学校中起到示范和引领作用，近3年受到地方政府和省级以上主管部门的表彰。

附件3：

国家级重点技师学院评估标准

第一章 办学方向

第一条 全面贯彻党的教育方针，坚持科学发展观，坚持教育培训与生产实际相结合，坚持服务经济建设和社会发展、促进劳动者就业的办学方向。

第二条　坚持以市场需求为导向，坚持校企合作基本办学制度，培养生产、服务和经营管理一线的高技能人才。

第三条　实行学制教育与职业培训并举、学校教育与企业培养相结合的办学模式。以培养高级技工、预备技师（技师）为主，同时面向社会开展各类职业技能培训，面向职业院校开展师资培训。

学院为国家高技能人才培训基地，承担企业技师和高级技师提升培训与研修、考核鉴定等任务，同时为高技能人才技艺传承、交流、推广和开展技术创新等活动提供服务。

第二章　办学条件

第四条　领导班子结构合理、分工明确，领导班子成员勤政廉洁，具有团结协作精神、开拓创新能力和科学民主、求真务实的作风，具有先进的办学理念、丰富的高技能人才培养经验。领导班子对学院长远发展有战略规划。

第五条　培养规模达到 8 000 人以上。其中学制教育在校生规模不低于 4 000 人，年职业培训规模 4 000 人次以上。高级技工、预备技师（技师）学制教育在校生规模不低于 60%，高级技工、技师、高级技师年培训量不低于 1 200 人次。

行业或大型企业集团举办的技师学院可以全部面向本行业（企业）开展职工学制教育和培训。

第六条　校园占地面积不少于 13 万平方米（约 200 亩），建筑面积不少于 12 万平方米，其中一体化教学与实习、实验场所建筑面积不少于 3.5 万平方米。各种建筑、场地和设施符合国家建设和安全标准，满足学院办学需要。

第七条　科学规划专业建设，专业设置与本区域技能人才需求相适应，高级技工常设专业不少于 8 个，预备技师常设专业不少于 4 个。重视特色专业和示范专业建设。

第八条　实习场所符合企业工作环境要求，布局合理，建有满足一体化教学要求的教学场所和产学研相结合的技师研修工作区。

实习、实验设备设施与办学层次、规模和专业设置相适应，保证每生有实习工位，设备总值达 7 000 万元以上。实习、实验设备设施具有先进性，具备承担企业技术研发、技术服务的功能。

第九条　具备满足体育教学和学生体育锻炼需要的设施设备和运动场所，体育运动场地面积不少于 1.5 万平方米。具备满足师生需求的图书馆、阅览室。图书馆面积不少于 2 000 平方米，藏书不少于 8 万册，其中专业图书达 60%以上，报刊杂志不少于 150 种。

第十条　师资队伍结构合理，教师素质优良，学制教育师生比 1∶18 以上，兼职教师不超过教师总数的 1/3。技术理论课教师和实习指导教师应不低于教师总数的 70%，其中来自企业具有丰富实践经验的高技能人才和工程技术人员占25%以上。

第十一条 教师学历符合国家规定要求，专任教师应具备相应的教师资格。文化、技术理论课教师具有高级专业技术职称的占35%以上。技术理论课教师中具有高级技能及以上职业资格的达60%以上。实习指导教师具有相关职业技师及以上职业资格，其中具有高级实习教师职称或高级技师职业资格的占45%以上。

理论实习教学一体化教师达到技术理论课教师和生产实习指导教师总数的70%以上，其中同时具备高级专业技术职称和技师、高级技师职业资格的占40%以上。

第十二条 具备稳定可靠的与办学层次、培养规模相适应的办学经费保障。办学经费（含生均经费等）不低于当地同类同层次学校标准，基本建设、设备更新、师资培训和项目研发等有专项经费投入保障。

第十三条 具备与办学层次、规模相适应的后勤服务设施。生活设备设施能够满足学生住宿和就餐等需要。

第十四条 建有开展产教结合或产学研工作的实习工厂（公司），并建有为企业、行业和社会提供信息、技术交流和服务的公共服务平台。

第十五条 校园网功能齐全、运行正常，数字化教育教学、管理与服务平台便捷高效。教学场所配备先进的多媒体教学设施设备，常设专业数字化教学资源丰富。

第十六条 原则上具备3年以上技师学院的办学资历。

第三章 学院管理

第十七条 内设机构设置合理，部门职能和教职工岗位职责明确。规章制度健全，质量管理体系有效运行，管理和服务规范。

第十八条 重视教学管理、教学研究和教学督导工作。高技能人才培养方案和教学计划、教学大纲科学合理，教材使用规范，不使用盗版教材。建立了可持续改进的教学质量管理体系，教学设备设施管理规范，完好率和使用率高。

第十九条 建立了完善的师资培养机制，有科学合理的师资培养规划和实施方案，重视专业带头人和骨干教师队伍建设。实行教师参加生产科研实践制度，专业课教师每人每两年下企业参加生产科研实践不少于两个月。年度师资培养经费不少于学校教职工工资总额的3%。

第二十条 设有专业教学研究机构，技能人才培养规律和方法研究成果突出。各常设专业有在当地专业领域内具有一定影响力的专业带头人。建有技能大师工作室，营造传承技艺的良好环境。

第二十一条 重视发挥教师的积极性和创造性，鼓励教师开展教学改革和产学研活动，不断创新教学内容、改进教学方法和教学手段，提高教学效果和教学质量。

第二十二条 重视德育工作，积极开展社会主义核心价值观、公民行为规范和法制等方面的教育。引导学生树立正确的思想观念、价值取向和行为方式。德育工作网络齐全，加强精神文明建设，重视学生的职业指导、心理咨询和健康教育。重视校园文化建设，校风良好，无重大违法违纪事件发生。

第二十三条 建立了科学的学生评价体系，实施过程性与终结性考核相结合的评价方式，全面评价学生的学业成绩、职业能力和职业素养。建立了教学评价反馈体系，重视生产实习学生管理和对毕业生的跟踪调查，持续改进学院的教育教学和管理。

第二十四条 安全管理体系完善，实行安全责任制度，重视生产实习安全管理和文明生产教育。有应对各种突发事件的预案，处置突发事件及时有效，无重大人身安全或设备设施责任事故。

第二十五条 行政管理科学，后勤保障有力。财务和固定资产管理制度规范，资金使用合理。卫生保健和心理咨询设施和场所齐全、配有专业人员，工作开展效果好。校舍和设备设施完好，校园环境宜人。

第四章 培养模式

第二十六条 实行校企合作培养技能人才模式，不断完善校企合作办学制度，积极探索多种有效的校企合作方式。形成以社会需求为导向，学校主动为行业企业服务、行业企业积极参与的校企合作办学体制、机制。

第二十七条 校企合作机构健全、管理制度完善。由有关部门、行业、企业、学校等方面专家组成的校企合作指导委员会，能够充分发挥指导学院教育教学改革、及时调整学院发展方向和规划的作用。

由行业、企业和学院等专家组成的专业指导委员会，能够定期开展工作，沟通行业企业发展和高技能人才需求等信息，指导专业发展，制定专业建设规划。

第二十八条 开展深层次校企合作，与企业合作共同进行专业开发，共同制定高技能人才培养方案，共同承担技能人才培养和技师、高级技师的研修、培训任务，共同建立实训基地，共同进行师资培养，共同进行产品研发、技术革新和技术改造。

第二十九条 每个预备技师（技师）和高级技工专业与5家以上企业建立了稳定的合作关系。实行企业专家导师制度和企业专家督导教学制度。

第三十条 不断提升专业建设水平。建立了专业调研和动态调整机制，根据产业结构调整和市场需求变化及时调整专业设置，优化专业结构。重视专业的现代化建设，能够根据技术、工艺、材料和装备的发展及时调整课程结构和教学内容，适应企业发展和科技进步的需求。积极建设体现区域文化或民族文化的稀缺专业，传承和拓展传统技能技艺。

第三十一条 积极创新技能人才培养模式，稳步开展以工作任务为导向、以国家职业标准为依据、以学生综合职业能力培养为核心，理论教学与技能训练融会贯通的一体化课程教学改革工作。有4个以上专业实施一体化课程教学改革。

第三十二条 主动服务经济和社会发展，针对职业特点、需求和技能人才成长规律，积极创新高技能人才培养模式。在规范化培养的基础上，探索特色鲜明的个性化培养机制，努力提高学生的综合职业能力。

第三十三条 采取全日制、非全日制形式完成教育培训任务。因材施教，制定分层次培养目标，探索弹性学制、学分制教学管理制度。

第三十四条 校园文化环境能够体现高技能人才培养特色，体现人文底蕴、企业文化，突出职业道德、职业精神和职业行为习惯的培养，注重学生身心健康和职业生涯指导。

第三十五条 重视国际职业标准、人才选拔机制和成长规律的研究，积极开展具有国际先进水平的师资培训或人才培养项目合作、交流活动，推动技能人才的培养标准、培养途径和培养机制等与国际接轨。

第三十六条 实行行业、企业、学校和其他社会组织等方面共同参与的办学质量多元评价制度，形成对培养模式、培养过程、培养效果的全面评价机制。

第三十七条 发挥骨干辐射作用，参与或牵头开展集团化办学，联合行业、企业及其他职业学校、培训机构等组建技工教育集团，优势互补，促进区域技工教育发展。

第五章 办学质量

第三十八条 学制教育实行学业证书和职业资格证书“双证书”制度。预备技师班（技师班）毕业生取得预备技师（技师）职业资格证书的达到80%以上，高级技工班毕业生取得高级技能职业资格证书的达到95%以上。

第三十九条 注重学生职业能力和职业素养全面发展，效果显著。学生操行考核合格率在95%以上。学生身体素质适应岗位要求，体质健康达标率在95%以上。

第四十条 近三年毕业生就业率达98%以上。用人单位对毕业生反映良好，满意率达85%以上。

第四十一条 承担的各类职业培训合格率达90%以上。技师、高级技师培训班学员取得技师、高级技师职业资格证书的达80%以上，高级技工培训班学员取得高级技能职业资格证书的达95%以上。为企业提供的在职职工培训和面向全体劳动者开展的终身职业培训，取得显著成绩，获得企业、劳动者、当地政府的好评，社会满意率达90%以上。

第四十二条 重视技能竞赛活动，能够为社会提供技能竞赛服务，承担过省级以上的技能竞赛工作。建立了技能竞赛的表彰激励机制，师生积极参加各级各类技能大赛，并取得优异成绩。

第四十三条 教师为人师表，从严治教，教学改革意识和质量意识强，教学水平普遍较高，学生满意率高。近三年有20%以上教师的教科研成果、技术改造与发明、教材开发等获得部级以上奖项，或在省级以上刊物发表，或公开出版。在参与企业的技术研究、开发、推广、服务中有明显成果或效益。

第四十四条 工作中努力创新创优，注重解决高技能人才培养的重点、难点问题。在同类院校中起示范和引领作用，近三年受到地方政府和省级以上主管部门的表彰。

人力资源和社会保障部关于颁布《全国技工院校专业目录（2013年修订）》的通知

（人社部函［2013］55号 2013年3月26日）

各省、自治区、直辖市及新疆生产建设兵团人力资源社会保障厅（局）：

为贯彻落实《关于大力推进技工院校改革发展的意见》（人社部发［2010］57号）精神，满足技工院校深化教学改革和规范教学管理的需要，我部在开展专业目录实施情况及技工院校专业设置情况调查的基础上，对2009年颁布的《全国技工院校专业目录》进行了修订。现将《全国技工院校专业目录（2013年修订）》（以下简称《目录》）予以颁布，自2013年秋季学期起施行。

本次修订将原专业目录的专业大类调整为机械类、电工电子类、信息类、交通类、服务类、财经商贸类、农业类、能源类、化工类、冶金类、建筑类、轻工类、医药类、文化艺术类和其他等15个，专业数量达到227个。新修订的《目录》更加全面地体现了技工院校专业设置现状，反映了技工院校专业建设成果。

各地要依据《目录》对技工院校专业设置和日常教学活动进行管理和指导。各技工院校要依据《目录》规范专业设置、规范招生和教学安排，并做好电子注册和统计信息管理系统录入工作。对目前在校生，可根据原专业目录内容进行管理。

在实施过程中有何问题和建议，请及时报告我部职业能力建设司。有关专业设置的技术性问题，可向部教材办公室咨询。各地可结合本地区技工院校专业建设工作实际，每年11月集中向我部申报新专业。我部将组织专家研究论证，提出归并、收录意见，并定期调整专业目录有关内容，不断满足技工院校改革发展需要。

职业能力建设司联系电话：010－84207452

部教材办公室联系电话：010－64961892 64961917

人力资源和社会保障部办公厅关于公布全国技工院校一体化师资培训基地的通知

（人社厅函［2013］247号　2013年5月30日）

各省、自治区、直辖市及新疆生产建设兵团人力资源社会保障厅（局）：

根据《关于大力推进技工院校改革发展的意见》（人社部发［2010］57号）精神，为深入推进技工院校一体化课程教学改革，进一步加强技工院校一体化师资队伍建设，我部决定在全国范围内建立一批全国技工院校一体化师资培训基地。在各地推荐和部里组织专家评审的基础上，经研究，确定北京工贸技师学院等19所技工院校为全国技工院校一体化师资培训基地（名单见附件），现予以公布。

全国技工院校一体化师资培训基地主要承担我部组织的技工院校一体化师资培训任务，自公布之日起，有效期3年。我部将根据师资培训情况和一体化试点专业扩展情况，对师资培训基地实施动态管理。

附件：全国技工院校一体化师资培训基地名单（略）

财政部　教育部　人力资源和社会保障部关于印发《中等职业学校免学费补助资金管理办法》的通知

（财教［2013］84号　2013年6月3日）

各省、自治区、直辖市、计划单列市财政厅（局）、教育厅（局、教委）、人力资源社会保障厅（局），新疆生产建设兵团财务局、教育局、人力资源社会保障局：

按照《财政部　国家发展改革委　教育部　人力资源社会保障部关于扩大中等职业教育免学费政策范围　进一步完善国家助学金制度的意见》（财教［2012］376号）的规定，为加强中等职业学校免学费补助资金的管理，确保免学费政策顺利实施，我们制定了《中等职业学校免学费补助资金管理办法》，现印发给你们，请遵照执行。

附件：中等职业学校免学费补助资金管理办法

附件：

中等职业学校免学费补助资金管理办法

第一条 为了规范中等职业学校免学费补助资金管理，确保免学费政策顺利实施，根据《财政部 国家发展改革委 教育部 人力资源社会保障部关于扩大中等职业教育免学费政策范围 进一步完善国家助学金制度的意见》（财教［2012］376 号）等有关规定，制定本办法。

第二条 本办法所称中等职业学校是指经政府有关部门依法批准设立，实施全日制中等学历教育的各类职业学校，包括公办和民办的普通中专、成人中专、职业高中、技工学校和高等院校附属的中专部、中等职业学校等。

第三条 中等职业学校免学费补助资金是指中等职业学校学生享受免学费政策后，为弥补学校运转出现的经费缺口，财政核拨的补助资金。

第四条 中等职业学校免学费补助资金由中央和地方财政共同承担，省级财政统筹落实，省和省以下各级财政根据各省（区、市）人民政府及其价格主管部门批准的公办中等职业学校学费标准予以补助。

第五条 中央财政统一按每生每年平均 2 000 元测算标准和一定比例与地方财政分担，具体分担比例为：西部地区，不分生源，分担比例为 8∶2；中部地区，生源地为西部地区的，分担比例为 8∶2，生源地为其他地区的，分担比例为 6∶4；东部地区，生源地为西部地区和中部地区的，分担比例分别为 8∶2 和 6∶4，生源地为东部地区的，分担比例分省确定。

第六条 对公办中等职业学校免学费资金的补助方式为：第一、二学年因免除学费导致学校运转出现的经费缺口，由财政按照享受免学费政策学生人数和免学费标准补助学校；第三学年原则上由学校通过校企合作和顶岗实习等方式获取的收入予以弥补，不足部分由财政按照不高于三年级享受免学费政策学生人数 50％的比例和免学费标准，适当补助学校。

第七条 对民办中等职业学校学生的补助方式为：对一、二年级符合免学费条件的学生，按照当地同类型同专业公办中等职业学校免学费标准给予补助。学费标准高出公办学校免学费标准部分由学生家庭负担；低于公办学校免学费标准的，按照民办学校实际学费标准予以补助。

第八条 中央财政于每年 9 月 30 日前按照财政部提前通知转移支付指标的有关规定，根据全国中等职业学校学生管理信息系统和技工学校学生管理信息系统核定的学生数和生源结构，按照一定比例提前下达下一年度应承担的免学费补助资金预算。省级财政部门在收到提前下达的免学费中央补助资金预算后，应尽快分解下达，确保下一年度春季学期学校正常运转。

中央财政于每年 10 月重新核定当年应承担的免学费补助资金预算。地方各级财政部门应当足额安排应承担的免学费补助资金预算，按时拨付免学费补助资金，保证中等职业学校教育教学活动的正常开展。

第九条 中等职业学校应当根据本办法和各地制定的免学费实施细则，受理学生申请，组织初审，并通过全国中等职业学校学生管理信息系统和技工学校学生管理信息系统报至同级学生资助管理机构审核、汇总。学生资助管理机构将审核结果在相关学校内进行不少于5个工作日的公示。

第十条 中等职业学校免学费工作实行学校法人代表负责制，校长是第一责任人，对学校免学费工作负主要责任。中等职业学校应当加强财务管理，建立规范的预决算制度，按照预算管理的要求，编制综合预算，收支全部纳入学校预算管理，年终应当编制决算。

第十一条 各地职业教育行政管理部门应当加强学生学籍管理，建立健全学生信息档案，保证享受免学费政策的学生信息完整和准确。

第十二条 各级财政、教育和人力资源社会保障部门应当加强对中等职业学校免学费补助资金使用情况的监督检查。对虚报学生人数，骗取财政补助资金或挤占、挪用、截留免学费补助资金等违规行为，按照《财政违法行为处罚处分条例》有关规定追究法律责任。涉嫌犯罪的，依法移送司法机关。

第十三条 每年春季学期开学前，各地职业教育行政管理部门应当对中等职业学校办学资质进行全面清查并公示，对年检不合格的学校，取消其享受免学费补助资金的资格。各地职业教育行政管理部门应当根据《中华人民共和国民办教育促进法》的规定，加强对民办中等职业学校的监管，纳入免学费补助范围的民办学校名单由省级教育和人力资源社会保障部门负责审定。

第十四条 本办法由财政部、教育部和人力资源社会保障部负责解释。各省（区、市）可依据本办法制定实施细则，并报财政部、教育部、人力资源社会保障部备案。

第十五条 本办法自2013年7月1日起施行。《中等职业学校免学费补助资金管理暂行办法》（财教〔2010〕3号）同时废止。

财政部　教育部　人力资源和社会保障部关于印发《中等职业学校国家助学金管理办法》的通知

（财教〔2013〕110号　2013年6月3日）

各省、自治区、直辖市、计划单列市财政厅（局）、教育厅（局、教委）、人力资源社会保障厅（局），新疆生产建设兵团财务局、教育局、人力资源社会保障局：

按照《财政部　国家发展改革委　教育部　人力资源社会保障部关于扩大中等职业教育免学费政策范围　进一步完善国家助学金制度的意见》（财教［2012］376号）规定，为加强中等职业学校国家助学金的管理，确保助学金政策顺利实施，我们制定了《中等职业学校国家助学金管理办法》，现印发给你们，请遵照执行。

附件：中等职业学校国家助学金管理办法

附件：

中等职业学校国家助学金管理办法

第一条　为了规范中等职业学校国家助学金管理（以下简称国家助学金），确保资助工作顺利实施，根据《财政部　国家发展改革委　教育部　人力资源社会保障部关于扩大中等职业教育免学费政策范围　进一步完善国家助学金制度的意见》（财教［2012］376号）等有关规定，制定本办法。

第二条　本办法所称中等职业学校是指经政府有关部门依法批准设立，实施全日制中等学历教育的各类职业学校，包括公办和民办的普通中专、成人中专、职业高中、技工学校和高等院校附属的中专部、中等职业学校等。

第三条　国家助学金资助对象是具有中等职业学校全日制学历教育正式学籍的一、二年级在校涉农专业学生和非涉农专业家庭经济困难学生。

六盘山区、秦巴山区、武陵山区、乌蒙山区、滇桂黔石漠化区、滇西边境山区、大兴安岭南麓山区、燕山—太行山区、吕梁山区、大别山区、罗霄山区等11个连片特困地区和西藏及四省藏区、新疆南疆三地州中等职业学校农村学生（不含县城）全部纳入享受国家助学金范围。

第四条　国家助学金由中央和地方政府共同出资设立，主要资助受助学生的生活费开支，资助标准每生每年1 500元。以后年度，将根据经济发展水平和财力状况适时调整资助标准。

第五条　国家助学金按学期申请和评定，按月发放。学校应将《中等职业学校国家助学金申请表》（附1）及《中等职业学校国家助学金申请指南》（附2）随同入学通知书一并寄发给录取的新生。新生和二年级学生在新学年开学一周内向就读学校提出申请，并递交相关证明材料。

中等职业学校应当根据本办法和各地制定的国家助学金实施细则，受理学生申请，组织初审，并通过全国中等职业学校学生管理信息系统和技工学校学生管理信息系统报至同级学生资助管理机构审核、汇总。学生资助管理机构将审核结果在相关学校内进行不少于5个工作日的公示。

第六条　中央财政于每年9月30日前按照财政部提前通知转移支付指标的有关规

定，根据全国中等职业学校学生管理信息系统和技工学校学生管理信息系统核定的受助学生数和生源结构，按照一定比例提前下达下一年度应承担的国家助学金预算。省级财政部门在收到提前下达的助学金预算后，应尽快分解下达，确保下一年度春季学期国家助学金按时发放到受助学生手中。

中央财政于每年10月重新核定当年应承担的国家助学金预算。地方各级财政部门应当足额安排应承担的国家助学金预算，按时拨付国家助学金。

第七条 国家助学金通过学生资助卡发放给受助学生。中等职业学校或学生资助管理机构为每位受助学生办理学生资助卡，学生本人持身份证原件和学生证，到发卡银行网点柜台激活资助卡后方可使用。不得向学生收取卡费或押金等费用，也不得以实物或服务等形式，抵顶或扣减国家助学金。

第八条 中等职业学校国家助学金实行学校法人代表负责制，校长是第一责任人，对学校助学工作负主要责任。学校应当制定本校国家助学金具体实施办法，设立专门机构和配备专职人员具体负责助学工作。

中等职业学校应当建立专门档案，将学生申请表、受理结果、资金发放等有关凭证和工作情况分年度建档备查。

第九条 省级教育、人力资源社会保障、财政部门要根据实际情况，对享受资助政策的民办中等职业学校，在办学条件、学费标准、招生就业、资助家庭经济困难学生措施等方面做出明确规定，督促民办中等职业学校依法办学，规范收费。

第十条 国家鼓励地方政府、行业企业和社会团体设立中等职业学校助学金、奖学金，鼓励和引导金融机构为接受中等职业教育的学生提供助学贷款。

中等职业学校应当开辟“绿色通道”，对携有可证明其家庭经济困难材料的新生，可先办理入学手续，根据核实后的家庭经济情况予以不同方式的资助，再办理学籍注册。

第十一条 各级财政、教育、人力资源社会保障部门应加强对国家助学金的管理，实行专款专用、专账核算，并接受审计、监察部门的检查和社会的监督。对弄虚作假、套取财政专项资金或挤占、挪用、滞留国家助学金的行为，将追究直接责任人和相关领导的责任。

第十二条 本办法由财政部、教育部、人力资源社会保障部负责解释，各省（区、市）可依据本办法制定实施细则，并报财政部、教育部、人力资源社会保障部备案。

第十三条 本办法自2013年7月1日起施行。原《财政部　教育部关于印发〈中等职业学校国家助学金管理暂行办法〉的通知》（财教［2007］84号）和《财政部　劳动保障部关于做好技工学校国家助学金发放管理工作的通知》（财教［2007］85号）同时废止。

附：

1. 中等职业学校国家助学金申请表（略）
2. 中等职业学校国家助学金申请指南（略）

人力资源和社会保障部办公厅关于开展 2013 年技工院校一体化师资培训工作的通知

（人社厅函［2013］282 号　2013 年 6 月 20 日）

各省、自治区、直辖市及新疆生产建设兵团人力资源社会保障厅（局）：

为推动一体化课程教学改革，加强技工院校一体化师资队伍建设，2013 年，我部将组织实施一体化师资培训工作。现就有关事项通知如下。

一、培训专业和内容

今年师资培训专业为一体化课程教学改革 14 个试点专业（具体培训内容安排见附件 1）。

（一）数控加工、汽车维修、电气自动化设备安装与维修、机床切削加工、钳加工等第一批 5 个试点专业（以下简称数控加工等 5 个专业）。培训内容主要是：国家技能人才培养框架体系认知、一体化课程工作页使用、一体化课程教学组织实施。

（二）焊接加工、数控机床装配与维修、汽车钣金与涂装、楼宇自动控制设备安装与维修、电子技术应用、计算机网络应用、计算机广告制作、服装制作与营销、烹饪等第二批 9 个试点专业（以下简称焊接等 9 个专业）。培训内容主要是：国家技能人才培养框架体系认知、一体化课程工作页开发、一体化课程教学组织实施。

二、培训对象

参加培训的教师应具备两年以上本专业教学或实践经验、有较为扎实的专业技能、了解现代的职业教育理念；具有中级职称并取得本专业或相近专业高级工以上国家职业资格证书。

参加数控加工等 5 个专业师资培训的教师，主要是各省（区、市）试点院校和有意愿开展一体化课程教学改革尝试的技工院校的骨干教师（具体名额分配见附件 2）。各省（区、市）人力资源社会保障厅（局）可在综合考虑学校专业在校生规模（原则上不少于 500 人）、师资队伍素质、实习实训设备场地等因素的基础上，推荐符合条件的教师参加培训，原则上同一所技工院校同一个专业可派 2 名教师参加培训。

参加焊接加工等 9 个试点专业师资培训的教师，主要是我部确定的第二批试点院校相关专业承担教学任务和教学资源开发任务的骨干教师（具体名额分配见附件 3）。

三、培训时间

承办培训单位为全国技工院校一体化师资培训基地。培训时间定于今年 7 月至 8

月，每期培训时间为 15 天，112 学时。具体培训单位和培训时间另行通知。

四、相关费用

（一）培训费用（包括：教师授课费及交通食宿费、培训场地费、实训耗材费、教材资料费等）由我部给予补贴。

（二）参加培训学员往返交通费、食宿费由派出单位承担。

五、组织管理

我部职业能力建设司负责师资培训工作的综合协调，中国就业培训技术指导中心负责师资培训活动的具体实施和质量监控，并组织专家做好相关技术服务和教学督导工作。各省（区、市）人力资源社会保障有关部门要指定专人负责做好相应的组织、协调和管理工作。

六、推荐报名

（一）关于报名。各省（区、市）人力资源社会保障部门要按照名额情况，统一推荐符合条件的教师参加培训。各地要组织拟参加培训的教师认真填写《2013 年技工院校一体化师资培训学员推荐表》（见附件 4），在此基础上根据《技工院校师资培训信息管理系统用户名密码表》（见附件 5）登录我部“技工院校师资培训信息管理系统”（www.cettic.cn）填报推荐学员信息。填报完成后，将系统自动生成的本地参加培训人员名册下载打印一份，名册和学员推荐表原件加盖公章后，于 6 月 28 日前邮寄至中国就业培训技术指导中心。

（二）关于调整参训学员。推荐名单确定后，原则上不得调整。如遇特殊情况确需调整的，必须在距开班至少 5 个工作日前完成。由该教师所在院校向本省（区、市）人力资源社会保障部门提出书面申请，并由本省（区、市）人力资源社会保障部门以正式文件报中国就业培训技术指导中心，经批准后方可换人。因各省（区、市）调整参训学员，或参训学员本人原因致使培训名额落空的，将削减该省（区、市）下一年度培训名额，并予以通报。

（三）关于报到。获准参加培训的学员名单将通过“技工院校师资培训信息管理系统”（www.cettic.cn）公布。参加培训的学员应保持通讯畅通，在接到培训机构报到通知后，按时报到。

七、考核发证

我部将委托培训机构对学员进行考核，考核成绩将反馈学员所在院校。对成绩合格者，颁发由我部统一印制的《高技能人才师资培训（一体化课程）合格证书》，作为教师岗位职务聘任、职称评定和一体化师资认定的重要依据。

八、其他事项

（一）每期培训结束后，组织开展优秀学员评选活动，对优秀学员予以通报表扬。

（二）参加培训的学员应严格遵守培训班有关规定。对不能按时报到、带家属随同培训、未完成培训随意离去、不认真学习、违反培训纪律的学员，取消其培训资格并予以通报。对受到通报批评的学员，将取消其两年内参加任何国家级相关培训的资格。

（三）联系方式

1. 人力资源社会保障部职业能力建设司　翟涛

电话：010－84208450

2. 中国就业培训技术指导中心　李京　刘素华

电话：010－84661057　84661055

传真：010－84661050

邮箱：shizipeixun08@163. com

地址：北京市朝阳区育慧路 3 号中国就业培训技术指导中心培训处

邮编：100101

附件：

1. 2013 年技工院校一体化师资培训主要内容（略）
2. 2013 年技工院校一体化师资培训名额分配表（一）（略）
3. 2013 年技工院校一体化师资培训名额分配表（二）（略）
4. 2013 年技工院校一体化师资培训学员推荐表（略）
5. 技工院校师资培训信息管理系统用户名密码表（略）

人力资源和社会保障部办公厅关于开展技工院校安全大检查的通知

（人社厅函［2013］288 号　2013 年 6 月 26 日）

各省、自治区、直辖市及新疆生产建设兵团人力资源社会保障厅（局）：

为贯彻落实《国务院办公厅关于集中开展安全生产大检查的通知》（国办发明电［2013］16 号，以下简称《通知》）精神，人力资源社会保障部定于 2013 年 6 月至 9 月底集中开展安全大检查，按照统一部署安排，现就做好技工院校安全大检查工作通知如下：

一、目标要求

按照全覆盖、零容忍、严执法、重实效的总要求，全面部署技工院校安全大检查工作，深入排查治理技工院校学生学习、生活和生产实习等方面的安全隐患，堵塞安全监管漏洞，强化安全措施。通过安全大检查，全面摸清技工院校的安全隐患，梳理薄弱环节，落实安全责任，制定整改措施，排除各类安全隐患。通过建立健全各项安全工作制度和工作机制，落实安全责任制和责任追究制，做到安全管理制度化、常态化，有效防范和遏制安全事故的发生。

二、检查范围和内容

各级人力资源社会保障部门要部署所辖区域内技工院校制订周密的安全检查工作方案，明确工作目标和责任，对校内建筑和各类设施以及周边环境安全隐患进行全面排查，对学生学习、生活和生产实习等方面的安全隐患进行全面排查。检查主要内容包括：

（一）安全管理制度。是否建立健全各项安全管理制度和安全工作机制，实行安全责任制度；安全教育和管理是否贯穿于学生日常生活、学习和实习全过程。

（二）防范火灾。是否落实消防安全责任制、日常防火检查巡查制度；建筑消防设备设施、电气设备设施安全、学生宿舍用电、安全出口及疏散通道等是否符合要求，是否制定应急疏散预案及进行演练。

（三）防范爆炸。对校园食堂燃气灶具、设备、烟道，供暖（水）锅炉等是否定期进行检查和清理，是否存在燃气泄漏，酿成爆炸的隐患。试验、实习场所的易爆物品、设备，是否严格按照有关安全规定存储使用，并设有专人负责。

（四）防范食品安全问题。是否建有饮食卫生安全管理制度；校园食堂是否按照国家有关卫生标准把好食品的进货关、验货关、制作关、存储关、检验关，保证食品卫生安全，预防食物中毒。

（五）防范生产实习安全事故。学生生产实习安全制度是否健全；学生生产实习工作条件、劳动保护、劳动安全等是否符合有关安全生产规定；学生在企业实习，校企双方是否签订实习安全责任书，对安全生产等方面的责任做出明确约定；实习安全责任制是否落实，学生在生产现场实习是否配备专职教师对学生实习进行管理；在实习过程中是否对学生进行经常性安全教育，提高预防事故隐患的意识，掌握防范和应对安全事故的知识和方法。

（六）防范突发事件。学校组织大型集会或活动，是否提前制定防止发生突发事件的应急预案，确保处置突发事件及时有效。

三、检查方式

各级人社部门要组织指导技工院校对安全工作进行一次全面彻底的大检查。分为三个阶段：

第一阶段学校自查阶段。7 月 1 日—7 月 30 日，各技工院校根据检查内容进行自查，由校长担任自查工作负责人。按照相关法律法规、规程规范和技术标准要求，严格细致，认真检查事故易发生的重点场所、要害部位、关键环节，做到不漏一处，不漏一人，不留死角。排查出的隐患、问题要制表列出清单，建立台账，制定整改措施，落实整改责任。

第二阶段督促整改阶段。8 月 1 日—8 月 31 日，各级人社部门要在学校自查基础上，指导督促技工院校对检查中发现的问题进行整改；对重大安全隐患，进行重点督办，要明确整改责任人，限定整改时间，并对整改落实情况的全过程进行跟踪检查，确保整改效果。

第三阶段健全机制阶段。9 月 1 日—9 月 30 日，针对检查中发现的问题和薄弱环节，指导技工院校进一步完善安全措施，健全安全管理制度和安全工作机制，落实安全责任。

四、工作要求

（一）提高认识，加强领导。各级人社部门要认真学习《通知》精神，充分认识开展技工院校安全大检查的重要性和必要性，提高安全认识，切实增强做好技工院校安全工作的责任感。要加强检查工作的组织领导，做好检查的部署和动员工作。成立检查工作小组，抽调专门人员参加，统筹组织本地区检查工作。

（二）认真落实，务求实效。各级人社部门要按照工作总体部署要求，围绕检查重点，部署所辖区域内技工院校认真组织开展安全大检查，并督促学校做好整改工作。技工院校校长作为安全第一责任人，要亲自研究布置本校的安全检查工作，亲自指挥排查安全隐患，亲自抓重点部位和薄弱环节的整改落实，确保技工院校安全稳定。对于整改工作不落实，安全措施不到位的，要严厉查处主要负责人和直接责任人的责任。

（三）开展安全教育，建立安全管理长效机制。各级人社部门要指导技工院校建立常态安全工作机制，要将学校安全工作纳入督导评估体系和学校工作奖惩制度，对学校开展经常性的安全检查。学校要针对薄弱环节，结合实际问题，对学生开展经常性安全防范教育，使学生建立安全意识，掌握应对安全事故的必备常识和避险技能。要建立健全安全管理规章制度和安全责任制度，成立由主要负责人任领导的院校安全工作小组，将安全工作的责任落实到位，做到安全管理制度化、常态化。要定期开展安全隐患排查工作，并将有关情况报告上级人力资源社会保障部门，对于迟报、瞒报的，要追究有关人员的责任。

各省、自治区、直辖市人社部门要于 2013 年 9 月 30 日前将本地区技工院校安全大检查和整改措施落实情况上报我司。

联系人：冯振君

联系电话：（010）84207452

财政部 国家税务总局关于职业教育等营业税若干政策问题的通知

（财税［2013］62号 2013年9月25日）

各省、自治区、直辖市、计划单列市财政厅（局）、地方税务局，北京、西藏、宁夏、青海省（自治区、直辖市）国家税务局，新疆生产建设兵团财务局：

经研究，现将有关营业税政策问题明确如下：

一、将《财政部 国家税务总局关于加强教育劳务营业税征收管理有关问题的通知》（财税［2006］3号）第一条（二）项“从事学历教育的学校是指：普通学校以及经地、市级以上人民政府或者同级政府的教育行政部门批准成立、国家承认其学员学历的各类学校”修改为“从事学历教育的学校是指：(1) 普通学校，及经地（市）级以上人民政府或者同级政府的教育行政部门批准成立、国家承认其学员学历的各类学校；(2) 经省级及以上人力资源社会保障行政部门批准成立的技工学校、高级技工学校，以及经省级人民政府批准成立的技师学院。”

二、对个人销售自建自用住房，免征营业税。对企业、行政事业单位按房改成本价、标准价出售住房的收入，免征营业税。

三、对国家商品储备管理单位及其直属企业承担商品储备任务，从中央或地方财政取得的利息补贴收入以及价差补贴收入，不征收营业税。

国家商品储备管理单位及其直属企业，是指接受中央、省、市、县四级政府有关部门（或政府指定管理单位）委托，承担粮（含大豆）、食用油、棉、糖、肉、盐（限于中央储备）等6种商品储备任务，并按有关政策收储、销售上述6种储备商品，取得财政储备经费或补贴的商品储备企业。

利息补贴收入是指，国家商品储备管理单位及其直属企业因承担上述商品储备任务从金融机构贷款，并从中央或地方财政取得的用于偿还贷款利息的贴息收入。价差补贴收入包括销售价差补贴收入和轮换价差补贴收入。销售价差补贴收入是指按照中央或地方政府指令销售上述储备商品时，由于销售收入小于库存成本而从中央或地方财政获得的全额价差补贴收入。轮换价差补贴收入是指根据要求定期组织政策性储备商品轮换而从中央或地方财政取得的商品新陈品质价差补贴收入。

四、本通知第一条自2013年1月1日起执行，第二、三条自2011年1月1日起执行。

人力资源和社会保障部办公厅关于做好2014—2015年度劳动出版“技能雏鹰”奖学金评定发放工作的通知

（人社厅函［2014］205号　2014年6月10日）

有关省、自治区、直辖市及新疆生产建设兵团人力资源社会保障厅（局）：

为在全社会营造尊重劳动、崇尚技能的良好氛围，进一步激发技工院校学生勤学技能、奋发成才的热情，我部决定从2014年起，出资设立劳动出版“技能雏鹰”奖学金（以下简称“奖学金”），每两年评选一次。现就做好2014—2015年度奖学金评定发放工作通知如下：

一、奖励对象

2014—2015年度奖学金共计60万元人民币，奖励200名品学兼优的高级技工学校、技师学院高级工班或预备技师班的在校学生，奖学金标准为每人3000元。申请奖学金的学生应具备以下条件：

（一）热爱祖国，遵纪守法，诚实守信，品行端正。

（二）勤奋好学、刻苦钻研、成绩优异，2013—2014学年总成绩在年级中名列前茅。

（三）在校期间获得省级及以上技能大赛名次，或获得省级以上表彰和荣誉称号者优先考虑。

（四）在符合（一）、（二）同等条件下，家庭经济困难的学生优先考虑。

二、名额分配

我部根据各地高级技工学校、技师学院数量以及高级工班和预备技师班在校学生数量，确定了2014—2015年度劳动出版“技能雏鹰”奖学金名额分配范围和数量（附件1），有关省（区、市）（以下简称各地）人社厅（局）根据名额分配情况，组织技工院校申请，每所学校申请奖学金学生原则上不超过2名。

三、组织实施

（一）我部职业能力建设司、中国人力资源和社会保障出版集团负责人及相关工作人员组成奖学金评审委员会，负责奖学金评定和发放管理工作，评审委员会办公室设在中国人力资源和社会保障出版集团。

（二）各地人社厅（局）指定专人，负责指导技工院校做好奖学金申请、发放等工作，并对奖学金的落实情况进行监督检查。

（三）各有关学校负责对申请奖学金学生进行资格审核、推荐，并做好相关资料收集、报送以及奖学金发放等具体工作。

四、评定发放程序

（一）申请

1. 技工院校组织符合条件的学生提出申请，填写《2014—2015 年度劳动出版“技能雏鹰”奖学金申请表》（附件 2，以下简称“申请表”）。

2. 学校按照程序逐项审核申请表中各项内容的真实性，并在全校范围进行公示，公示时间不少于 5 个工作日。

3. 学校校长根据申请学生品学综合情况，撰写 500～800 字的推荐信。

（二）审核

1. 学校报送材料。学校汇总申请表（含推荐信）、公示材料，连同《2014—2015 年度劳动出版“技能雏鹰”奖学金申请汇总表》（附件 3，以下简称“汇总表”）中相关信息，一并报送至各省人社厅（局）。

2. 各地人社厅（局）审定。各地人社厅（局）审核确定各技工院校报送的材料准确无误后，在申请表上加盖公章，并填制汇总表，连同上述材料原件一并报送至评审委员会办公室。

3. 评审委员会核定。评审委员会对各地报送的全部材料进行核定，确定获奖学生名单并发文公布。

（三）发放

1. 中国人力资源和社会保障出版集团依照获奖学生名单，将奖学金汇款至获奖学生所在学校，并寄送荣誉证书。

2. 学校收到奖学金后，应及时召开劳动出版“技能雏鹰”奖学金发放仪式，向获奖学生颁发奖学金和荣誉证书，获奖情况应载入学生档案。

五、工作要求

（一）加强组织领导。各地人社厅（局）要高度重视奖学金评定发放工作，确定相关职能部门专人负责，并指导有关学校做好奖学金的评定发放工作，发给学生的奖学金不得用于抵扣学生在校期间的其他费用。请于 2014 年 6 月 30 日前将本地区负责此项工作的联系人名单、联系方式反馈奖学金评审委员会办公室。

（二）按时报送材料。各地人社厅（局）应严格按照奖学金评定发放程序，根据《2014—2015 年度劳动出版“技能雏鹰”奖学金评定发放工作流程图》（附件 4，以下简称“流程图”），在规定时间内报送相关材料，确保材料齐全、内容准确无误。各地、各技工院校上报的材料应按流程图中标注的顺序排列并装订，全部纸质材料均使用A4纸张，图片及音像资料电子版应同时发送至联系人邮箱。

（三）注重宣传报道。各地人社厅（局）要做好奖学金获奖学生典型励志事例的收集、整理工作，利用各种媒体进行宣传报道。我部将在部门户网站职业能力司子站、《中国劳动保障报》、《职业》杂志、人力资源社会保障出版集团官网等相关媒介上设置专栏，对获奖学生突出事迹、取得的成绩以及工作情况进行追踪报道，适时召开劳动出版“技能雏鹰”奖学金获奖学生座谈会，编辑出版《劳动出版“技能雏鹰”成长录》（暂定名）图书，在全国技工院校范围内开展学习劳动出版“技能雏鹰”的活动。

奖学金相关文件可登录中国人力资源和社会保障出版集团网站（www.class.com.cn）查阅下载。各地、各技工院校在材料填报过程中如遇问题，请与奖学金评审委员会办公室联系。

联系人：丁群　施真菊

电话：010－64961754　64912043

邮箱：dingq@class.com.cn

地址：北京市朝阳区惠新东街1号中国人力资源和社会保障出版集团

邮编：100029

附件：

1. 2014—2015年度劳动出版“技能雏鹰”奖学金名额分配表（略）
2. 2014—2015年度劳动出版“技能雏鹰”奖学金申请表（略）
3. 2014—2015年度劳动出版“技能雏鹰”奖学金申请汇总表（略）
4. 2014—2015年度劳动出版“技能雏鹰”奖学金评定发放工作流程图（略）

教育部　国家发展改革委　财政部　人力资源社会保障部　农业部　国务院扶贫办关于印发《现代职业教育体系建设规划（2014—2020年）》的通知

（教发［2014］6号　2014年6月16日）

各省、自治区、直辖市教育厅（教委）、发展改革委、财政厅（局）、人力资源社会保障厅（局）、农业（农牧、农村经济）厅（委、局）、扶贫办（局），新疆生产建设兵团教育局、发展改革委、财务局、人力资源社会保障局、农业局，有关部门（单位）教育司（局）：

为贯彻落实党的十八大和十八届三中全会精神，贯彻落实《国家中长期教育改革和发展规划纲要（2010—2020 年）》《国务院关于加快发展现代职业教育的决定》，加快发展现代职业教育，建设现代职业教育体系，服务实现全面建成小康社会目标，教育部、国家发展改革委、财政部、人力资源社会保障部、农业部、国务院扶贫办组织编制了《现代职业教育体系建设规划（2014—2020 年）》。现印发给你们，请结合本地区、本部门的实际情况，认真组织实施。

现代职业教育体系建设规划（2014—2020 年）

为全面贯彻党的十八大和十八届三中全会精神，依据《国民经济和社会发展第十二个五年规划纲要》《国家中长期教育改革和发展规划纲要（2010—2020 年）》《国家中长期人才发展规划纲要（2010—2020 年）》《国务院关于加快发展现代职业教育的决定》和各产业、行业规划，特制定本规划。

一、规划背景

加快发展现代职业教育是党中央、国务院作出的重大战略决策。现代职业教育是服务经济社会发展需要，面向经济社会发展和生产服务一线，培养高素质劳动者和技术技能人才并促进全体劳动者可持续职业发展的教育类型。建立现代职业教育体系，是促进现代职业教育服务转方式、调结构、促改革、保就业、惠民生和工业化、信息化、城镇化、农业现代化同步发展的制度性安排，对打造中国经济升级版，创造更大人才红利，促进就业和改善民生，加强社会建设和文化建设，满足人民群众生产生活多样化的需求，实现中华民族伟大复兴的中国梦都具有重要意义。

随着新型工业化的推进和科学技术的发展，现代职业教育体系越来越成为国家竞争力的重要支撑。特别是国际金融危机以来，美、欧、日、俄、印等国家和地区都将完善现代职业教育体系作为增强国家竞争力特别是发展实体经济的战略选择，力求在新一轮国际竞争中建立巩固的、可持续的人才和技术竞争优势。

改革开放以来，我国职业教育改革发展取得了巨大成就，中高等职业教育快速发展，职业院校基础能力显著提高，产教结合、校企合作不断深入，行业企业参与不断加强，中高职衔接呈现良好势头。但是，必须清醒地看到，我国职业教育仍然存在着社会吸引力不强、发展理念相对落后、行业企业参与不足、人才培养模式相对陈旧、基础能力相对薄弱、层次结构不合理、基本制度不健全、国际化程度不高等诸多问题，并集中体现在职业教育体系不适应加快转变经济发展方式的要求上。抓住发展机遇，站在经济、社会和教育发展全局的高度，以战略眼光、现代理念和国际视野建设现代职业教育体系，加快发展现代职业教育，是促进教育公平、基本实现教育现代化和建设人力资源强国的必然选择。

二、总体要求

（一）指导思想

以邓小平理论、“三个代表”重要思想、科学发展观为指导，按照“五位一体”社会主义现代化建设总体布局和加快经济发展方式转变的总体要求，坚持以立德树人为根本，以服务发展为宗旨，以促进就业为导向，深化体制机制改革，统筹发挥好政府和市场的作用，系统设计现代职业教育的体系框架、结构布局和运行机制，推动教育制度创新和结构调整，培养数以亿计的工程师、高级技工和高素质职业人才，传承技术技能，促进就业创业，为建设人力资源强国和创新型国家提供人才支撑。

（二）建设目标

总体目标是：牢固确立职业教育在国家人才培养体系中的重要位置，到 2020 年，形成适应发展需求、产教深度融合、中职高职衔接、职业教育与普通教育相互沟通，体现终身教育理念，具有中国特色、世界水平的现代职业教育体系，建立人才培养立交桥，形成合理教育结构，推动现代教育体系基本建立、教育现代化基本实现。具体分两步走：

——2015 年，初步形成现代职业教育体系框架。现代职业教育的理念得到广泛宣传，职业教育体系建设的重大政策更加完备，人才培养层次更加完善，专业结构更加符合市场需求，中高等职业教育全面衔接，产教融合、校企合作的体制基本建立，现代职业院校制度基本形成，职业教育服务国家发展战略的能力进一步提升，职业教育吸引力进一步增强。

——2020 年，基本建成中国特色现代职业教育体系。现代职业教育理念深入人心，行业企业和职业院校（中等职业学校和高等职业学校的统称，下同）共同推进的技术技能积累创新机制基本形成，职业教育体系的层次、结构更加科学，院校布局和专业设置适应经济社会需求，现代职业教育的基本制度、运行机制、重大政策更加完善，社会力量广泛参与，建成一批高水平职业院校，各类职业人才培养水平大幅提升。

专栏 1　现代职业教育体系建设量化目标

目标	单位	2012 年	2015 年	2020 年
中等职业教育在校生数	万人	2 114	2 250	2 350
专科层次职业教育在校生数	万人	964	1 390	1 480
继续教育参与人次	万人次	21 000	29 000	35 000
职业院校职业教育集团参与率	%	75	85	90
高职院校招收有实际工作经验学习者比例	%	5	10	20
职业院校培训在校生（折合数）相当于学历职业教育在校生的比例	%	14	20	30

续表

目标	单位	2012年	2015年	2020年
实训基地骨干专业覆盖率	%	35	50	80
有实践经验的专兼职教师占专业教师总数的比例	%	35	45	60
职业院校校园网覆盖率	%	90	100	100
数字化资源专业覆盖率	%	70	80	100

（三）基本原则

坚持政府统筹规划。以提高质量、促进就业、服务发展为导向，发挥政府在职业教育体系建设中的引导、规范和督导作用，深化重要领域和关键环节的改革。中央政府加强职业教育体系的顶层设计，完善体系建设、管理、运行的法律法规和基本制度。扩大省级政府统筹权，鼓励各地根据区域经济社会发展需要，探索体系建设模式，推动职业教育多样化、多形式发展。

坚持市场需求导向。充分发挥市场在资源配置中的决定性作用，扩大职业院校办学自主权，推动学校面向社会需求办学，增强职业教育体系适应市场经济的能力。充分调动社会力量，吸引更多资源向职业教育汇聚，促进政府办学、企业办学和社会办学共同发展。进一步发挥行业、企业、学校和社会各方面的积极作用，激发职业教育办学活力，最大限度释放改革红利。

坚持产教融合发展。走开放融合、改革创新的中国特色现代职业教育体系建设道路，推动职业教育融入经济社会发展和改革开放的全过程，推动专业设置与产业需求、课程内容与职业标准、教学过程与生产过程对接，实现职业教育与技术进步和生产方式变革以及社会公共服务相适应，促进经济提质增效升级。

坚持各级各类教育协调发展。统筹职业教育和普通教育、继续教育发展，建立学分积累和转换制度，畅通人才成长通道。优化职业教育体系结构和空间布局，形成普通教育与职业教育相互沟通、全日制与非全日制协调发展，学历教育与非学历培训沟通衔接，公办民办共同发展的现代职业教育新格局。

三、体系的基本架构

按照终身教育的理念，形成服务需求、开放融合、纵向流动、双向沟通的现代职业教育的体系框架和总体布局。

（一）职业教育的层次结构

初等职业教育。在有需要的地方继续办好初等职业教育学校。各类职业院校、培训机构和用人单位内部开展实用技术技能培训，使学习者获得基本的工作和生活技能。

中等职业教育。中等职业教育在现代职业教育体系中具有基础作用，为初高中毕业生开展基础性的知识、技术和技能教育，培养技能人才。中等职业教育是职业教育发展的重点，今后一个时期总体保持普通高中和中等职业学校招生规模大体相当。

专栏2　教育体系基本框架示意图

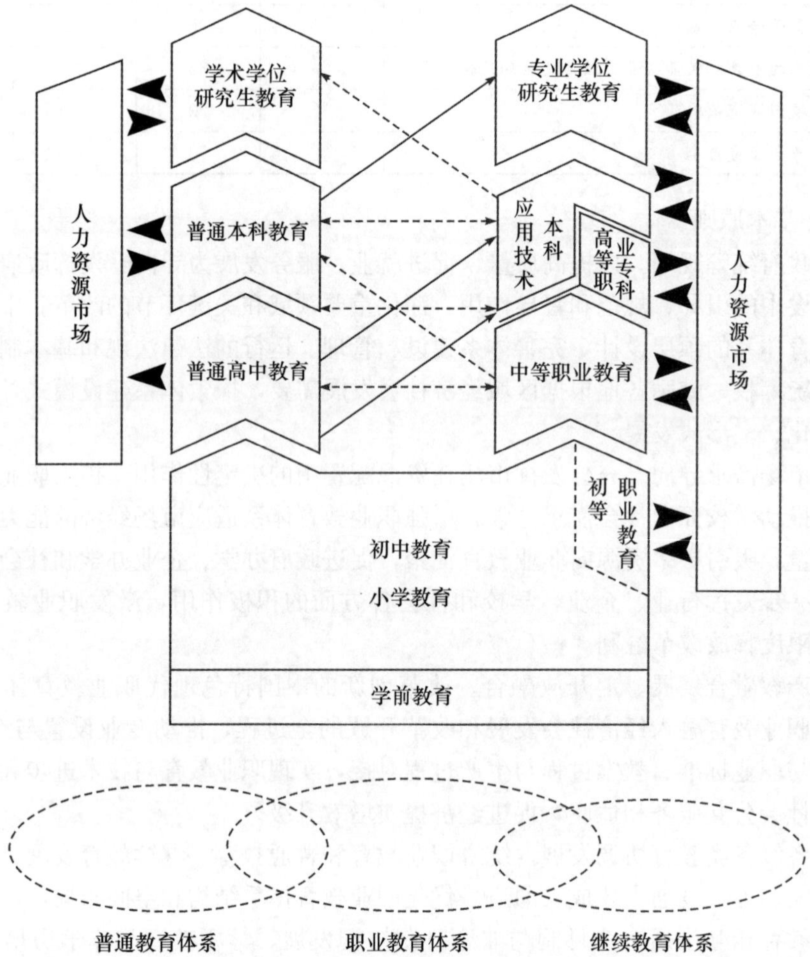

高等职业教育。在办好现有专科层次高等职业（专科）学校的基础上，发展应用技术类型高校，培养本科层次职业人才。应用技术类型高等学校是高等教育体系的重要组成部分，与其他普通本科学校具有平等地位。高等职业教育规模占高等教育的一半以上，本科层次职业教育达到一定规模。建立以提升职业能力为导向的专业学位研究生培养模式。根据高等学校设置制度规定，将符合条件的技师学院纳入高等学校序列。

（二）职业教育的终身一体

职业辅导教育。普通教育学校为在校生和未升学毕业生提供多种形式职业发展辅导。普通高中根据需要适当增加职业技术教育内容。职业院校和普通教育学校开展以职业道德、职业发展、就业准备、创业指导等为主要内容的就业教育和服务。

职业继续教育。各类职业院校是继续教育的重要主体，通过多种教育形式为所有劳动者提供终身学习机会。企事业单位举办职工教育，建立制度化的岗位培训体系。社会培训机构是职业继续教育的重要组成部分，依法自主开展职业培训和承接政府组织的职业培训。

劳动者终身学习。增强职业教育体系的开放性和多样性，使劳动者能够在职业发展的不同阶段通过多次选择、多种方式灵活接受职业教育和培训，促进学习者为职业发展而学习，使职业教育成为促进全体劳动者可持续发展的教育。

（三）职业教育的办学类型

政府办学、企业办学和社会办学。建立政府、企业和其他社会力量共同发挥办学主体作用，公办和民办职业院校共同发展的职业教育办学体制。政府实行统一的准入制度，办好骨干职业院校，支持社会力量办学。各类主体兴办的职业院校具有同等法律地位，依法公平、公开竞争。

全日制职业教育与非全日制职业教育。增加非全日制职业教育在职业教育中的比重，发展工学交替、双元制、学徒制、半工半读、远程教育等各种灵活学习方式的职业教育。通过改革学制、学籍和学分管理制度，实现全日制职业教育和非全日制职业教育的统筹管理。

学历职业教育与非学历职业教育。职业院校同时开展学历职业教育和非学历职业教育，满足行业、企业和社区的多样化需求。职业院校和职业培训机构开展的非学历职业教育可以通过质量认证体系、学分积累和转换制度、学分银行和职业资格考试进行学历认证。

（四）职业教育的开放沟通

职业教育体系内部。系统构建从中职、专科、本科到专业学位研究生的培养体系，满足各层次技术技能人才的教育需求，服务一线劳动者的职业成长。拓宽高等职业学校招收中等职业学校毕业生、应用技术类型高等学校招收职业院校毕业生通道，打开职业院校学生的成长空间。在确有需要的职业领域，可以实行中职、专科、本科贯通培养。

职业教育与普通教育。建立职业教育和普通教育双向沟通的桥梁。普通学校和职业院校可以开展课程和学分互认。学习者可以通过考试在普通学校和职业院校之间转学、升学。普通高等学校可以招收职业院校毕业生，并与职业院校联合培养高层次应用型人才。

职业教育与人力资源市场。职业院校按照经济社会发展的需求确定人才培养的规格层次、专业体系、培养方式和质量标准。畅通一线劳动者继续学习深造的路径，增加有工作经验的技术技能人才在职业院校学生中的比重，建立在职人员学习—就业—再学习的通道，实现优秀人才在职业领域与教育领域的顺畅转换。

四、体系建设的重点任务

以现代教育理念为先导，加强现代职业教育体系建设的重点领域和薄弱环节。

（一）优化职业教育服务产业布局

大力发展现代农业职业教育。以培养新型职业农民为重点，建立公益性农民培养培训制度。推进农民继续教育工程，创新农学结合模式。以农业职业院校为主体，构建覆盖全国、服务完善的现代职业农民教育网络。依托农业高等学校、职业院校组建农业教育集团，培养多层次农业技术人才，参与农业技术推广体系建设。鼓励企业、行业协会、农业合作社举办或参与举办农业职业院校，参与涉农专业、课程和人才培养模式改革。提高农村基础教育、职业教育和成人继续教育统筹水平，促进农科教结合。推动一批县（区）在农村职业教育和成人教育改革发展方面发挥示范作用。

提升服务工业转型升级能力。根据国家发展先进制造业的战略部署，按照现代生产方式和产业技术进步要求，重点培养掌握新技术、具备高技能的高素质技术技能人才。适应战略性新兴产业、现代能源产业、海洋产业、综合交通运输体系、生态环境保护等领域的发展需要，优先发展相关新兴专业，提高中国制造和中国装备的市场竞争力，加快完善人才支撑体系。

加快培养服务现代服务业人才。根据服务业加快发展的趋势，逐步提高面向服务业的职业教育比重。重点加强服务金融、物流、商务、医疗、健康和高技术服务等现代服务业的职业教育，培养具有较高文化素质和技术技能素质的新型服务人才。深化文化艺术类职业教育改革，重点培养文化创意人才、基层文化人才，传承创新民族文化和民族工艺，推动文化产业成为国民经济支柱性产业。

加紧满足社会建设和社会管理人才需求。发挥职业教育植根社区、服务社区的重要作用，推动职业院校面向基层，积极开设城镇管理、乡村建设、社会保障、社区工作、文化体育、环境卫生、老龄服务等专业，培养下得去、留得住的有文化、懂技术、善沟通的高素质社会管理和服务工作者。

专栏 3　经济和社会重点领域与技术技能人才培养

现代农业	加强农业职业教育，培养适应农业产业化和科技进步的新型职业农民。加强适应现代农业生产方式的技术人才、流通人才、经营和管理人才培养，支持农业结构战略性调整。
制造业	加快培养适应工业转型升级需要的技术技能人才，使劳动者素质的提升与制造技术、生产工艺和流程的现代化保持同步，实现产业核心技术技能的传承、积累和创新发展，促进制造业由大变强。
服务业	面向金融服务、现代物流、商务服务、社会工作服务和高技术服务领域，培养具备高尚职业道德、较高人文素养、通晓国际标准和高超技术技能的专门人才，通过人才专业化提升服务业的竞争力。适应老龄服务事业和产业发展需要，加快相关人才培养。
战略性新兴产业	坚持自主创新带动与技术技能人才支撑并重的人才发展战略，加强战略性新兴产业相关专业建设，培养、储备应用先进技术、使用先进装备和具有工艺创新能力的高层次技术技能人才。
能源产业	适应现代能源产业体系建设需要，加强新能源、可再生能源相关专业建设，加快节能环保、污染物防治与安全处置、资源回收与循环利用等相关产业技术技能人才培养。
交通运输	服务综合交通运输体系建设，改造提升交通运输相关专业，优化人才培养结构，加快轨道交通、民航、公共交通等急需技术技能人才培养，提高从业人员素质。

续表

海洋产业	加强海洋类职业院校和专业建设，加快海洋油气业、海洋渔业、海洋船舶业等海洋传统产业，海洋交通运输业、海洋旅游业等海洋服务业，以及海洋装备制造业等海洋新兴产业急需的技术技能人才培养，为发展壮大海洋经济和增强海洋开发利用能力提供人才支撑。
社会建设与社会管理	支持职业院校围绕城乡发展、社会管理、社区服务、基层文化建设，培养基层管理和公共服务人才。
文化产业	适应文化产业的发展需要，加强文化创意、影视制作、出版发行等重点文化产业技术技能人才的培养。依托职业教育体系保护、传承和创新民族传统工艺与非物质文化遗产，培养各民族文艺人才。

（二）统筹职业教育区域发展布局

优化职业教育区域布局。各地从本区域实际出发，规划职业教育体系布局结构。东部地区和大中城市要根据经济转型升级的需要，提高中等职业教育的核心竞争力和高等职业教育的现代化水平。中西部地区要多渠道筹措资金增强职业教育基础能力，以中等职业教育为重点普及高中阶段教育，提高服务当地特色优势产业的高等职业教育质量。民族地区要从加快区域经济社会发展和促进各民族交流交融的要求出发，加快职业教育发展步伐，着力优化结构、提高质量，加强双语、“双师型”教师队伍建设，提升职业教育服务当地特色优势产业、民族文化和民族工艺、基本公共服务、社会管理和贫困家庭脱贫致富的能力。

优化职业教育城乡布局。充分发挥职业教育就业导向作用，引导农村剩余劳动力向城镇和非农产业有序转移。重点加强农民工、农民工子女和城市转岗就业人员的职业教育和培训。在城镇化建设中科学规划职业教育，院校布局更加贴近所服务的产业和社区。新增高等职业学校主要向中小城市布局。根据各主体功能区的定位，推动区域内职业院校科学定位，使每一所职业院校集中力量办好当地经济社会需要的特色优势专业（集群）。推动县区职业教育中心（中等职业学校）成为区域学历教育、技术推广、扶贫开发、劳动力转移培训和社会生活教育的开放平台，将服务网络延伸到社区、村庄、合作社、农场、企业。

（三）加快民办职业教育发展步伐

完善鼓励社会力量办学的政策环境。充分发挥社会力量举办职业教育对加快建立现代职业教育体系、激发职业教育发展活力的重要作用。完善各类职业院校设置标准，建立公开透明规范的民办职业教育准入、审批制度，稳步扩大优质民办教育规模。鼓励企业举办或参与举办职业院校，到 2020 年，大中型企业参与职业教育办学的比例达到 80%以上。各地要把社会力量举办的职业院校纳入教育发展规划，推动民办职业院校分类管理试点，健全政府补贴、购买服务、助学贷款、基金奖励、捐资激励等制度，鼓励社会力量参与职业教育办学。对办学规范、管理严格的民办职业院校，逐步实行在核定办学规模内自主确定招生范围和年度招生计划的制度。

创新民办职业教育办学模式。支持发展一批品牌化、连锁化和中高职衔接的民办职业教育集团。积极支持各类办学主体通过独资、合资、合作等多种形式举办民办职业教育，探索发展股份制、混合所有制职业院校。开展社会力量参与公办职业院校改革建立混合所有制职业院校试点，允许社会力量通过购买、承租、委托管理等方式改造办学活力不足的公办职业院校。鼓励民间资本与公办优质教育资源嫁接合作在经济欠发达地区扩大优质职业教育资源。鼓励企业和公办职业院校合作举办混合所有制性质的二级学院。允许社会力量以资本、知识、技术、管理等要素参与办学并享有相应权利，探索在民办职业院校实行职工持股。鼓励专业技术人才、高技能人才在职业院校建设股份合作制的工作室。

（四）推动职业教育集团化发展

科学规划职业教育集团发展。职业教育集团化发展是政府主导、行业指导、企业参与的职业教育办学体制的重要实现形式，对促进教育链和产业链有机融合有重要作用。完善现有职业教育集团的治理结构、发展机制，逐步扩大各类职业院校参与率，到2020年基本覆盖所有职业院校，初步建成300个富有活力和引领作用的骨干职业教育集团。开展多元投资主体依法共建职业教育集团的改革试点。

创新职业教育集团的发展机制。按照市场导向、利益共享、合作互赢的原则，吸引各类主体参与职业教育集团建设。通过中央企业和行业龙头企业牵头、骨干职业院校牵头、行业和职业院校联合、地方政府整合职业教育资源、区域内职业院校资源共享等方式多样化发展职业教育集团。鼓励各地在重大产业建设工程中，同步规划覆盖全产业链的职业教育集团。

提升职业教育集团的发展活力。研究制定促进职业教育集团发展的支持政策。支持符合条件的职业教育集团统筹中高职衔接、专业课程建设、实训基地建设、教师队伍建设。鼓励通过领导干部交叉任职、共建技术创新平台和生产性实训基地、建立混合所有制职业院校等方式强化集团内部的利益纽带。鼓励行业特色明显的普通高等学校参与职业教育集团。鼓励职业教育集团与跨国企业、境外教育机构等开展合作。

（五）加强中等职业教育基础地位

巩固提高中等职业教育。中等职业教育是公共服务体系的重要组成部分。将普及高中阶段教育重点放在中等职业教育。坚持以就业为导向办好中等职业教育，按照系统培养、全面培养、终身教育的理念，加强思想道德和职业道德教育，强化基础文化和体育、艺术课程，加强新技术教育和技能训练，为学生全面成才、持续发展奠定扎实基础。继续探索举办职业教育和普通教育融通的综合高中。

调整优化中等职业教育布局。各地要根据本地产业、人口、教育实际和城镇化进程提出中等职业教育规划布局指导意见，指导各地从实际出发逐步优化中等职业教育学校布局和专业。鼓励优质学校通过兼并、托管、合作办学等形式，整合办学资源；对定位不明确、办学质量低、服务能力弱的学校实行调整改造或兼并重组。推动各项要素资源优化整合，逐步提高中等职业学校办学水平。

（六）优化高等职业教育结构

推进高等学校分类管理。建立高等学校分类体系，探索对研究类型高校、应用技术类型高校、高等职业学校等不同类型的高等学校实行分类设置、评价、指导、评估、拨款制度。鼓励举办应用技术类型高校，将其建设成为直接服务区域经济社会发展，以举办本科职业教育为重点，融职业教育、高等教育和继续教育于一体的新型大学。原则上现有专科高等职业学校不升格为或并入普通高等学校。各地科学规划区域内高等教育布局结构，根据国家的有关规定设置专科阶段高等学校。

引导一批本科高等学校转型发展。支持定位于服务行业和地方经济社会发展的本科高等学校实行综合改革，向应用技术类型高校转型发展。鼓励独立学院转设为独立设置的学校时定位为应用技术类型高校。鼓励本科高等学校与示范性高等职业学校通过合作办学、联合培养等方式培养高层次应用技术人才。应用技术类型高校同时招收在职优秀技术技能人才、职业院校优秀毕业生和普通高中、综合高中毕业生。各地采取计划、财政、评估等综合性调控政策引导地方本科高等学校转型发展。

加快高等职业学校改革步伐。深化高等职业学校治理结构、专业体系、培养模式、招生入学制度等关键领域改革，提升办学活力和人才培养质量。根据区域发展需要设立的高等职业学校，要强化服务社区导向，为社区提供职业教育、继续教育和普通高等学校基础课程。行业特色明显的高等职业学校，要增强服务产业导向，发挥提升产业竞争力的作用。

探索举办特色学院。鼓励大型企业、科研机构和行业协会举办或参与举办以服务产业链为目标，主要依托企业开展教学实训，人才培养和职工培训融为一体，产教、科教融合发展，专业特色明显的特色学院，新增一批优质高等职业教育资源。

（七）完善职业人才衔接培养体系

加强中高职衔接。推进中等和高等职业教育培养目标、专业设置、课程体系、教学过程等方面的衔接。探索对口合作、集团化发展等多形式的衔接方式。逐步扩大职业院校自主招生权和学习者自主选择权，形成多种方式、多次选择的衔接机制和衔接路径。充分发挥开放大学在中高职衔接中的重要作用。

完善五年制高职。以初中为起点的五年制高等职业学校，主要面向学前教育、护理、健康服务、社区服务等特殊专业领域，培养兼具较高文化素质和专业技术技能的专门人才。国家发布五年制高职专业目录。支持办好重点培养产业发展和社会建设急需人才的五年制高等职业学校。

强化学历、学位和职业资格衔接。研究探索符合职业教育特点的学位制度。完善学历学位证书和资格证书“双证书”制度，逐步实现职业教育学历学位证书体系、专业学位研究生教育与职业资格证书体系的有机衔接，探索建立各级职业教育与普通教育相衔接的制度。完善职业院校合格毕业生取得相应职业资格证书的办法。

（八）建立职业教育质量保障体系

完善校企合作、工学结合的人才培养体系。将工学结合贯穿职业教育教学全过程，学生从入学开始就接受相应的动手和实践课程，并根据培养目标同步深化文化、技术和技能学习与训练，逐步实现就业需求和人才培养的有机衔接。加强科学素养、技术思维和实践能力教育，加强实验、实训、实习和研究性学习环节。加强工程实践中心、实训基地和企业实习基地的建设，保障学习者有质量的实习实训需求。强化实习实训环节的评价考核。在有条件的企业试行职业院校和企业联合招生、联合培养的学徒制，企业根据用工需求与职业院校实行联合招生（招工）、联合培养。完善支持政策，通过政府、企业、社会、家庭等多渠道筹集学生（学徒）培养培训经费。

加强职业院校德育工作。积极培育和践行社会主义核心价值观。弘扬民族优秀文化和现代工业文明，传承民族工艺文化中以德为先、追求技艺、重视传承的优良传统。推进产业文化进教育、企业文化进校园、职业文化进课堂，将生态环保、绿色节能、清洁生产、循环经济等理念融入到教育过程，开展丰富多彩的校园文化活动，建设融合产业文化的校园文化。切实加强职业道德教育，注重用优秀毕业生先进事迹教育引导在校学生，培养具有现代职业理念和良好职业操守的高素质人才。鼓励企业与职业院校开展多种形式的文化实践活动。

健全职业教育质量评价制度。以学习者的职业道德、技术技能水平和就业质量为核心，建立职业教育质量评价体系。完善学校、行业、企业、研究机构和其他社会组织共同参与的职业教育质量评价机制。各地要加强对职业教育的督导和评估，开展以人才培养质量和服务贡献为主要内容的职业院校绩效考核。职业院校要建立内部质量评价制度，强化质量保障体系建设。注重发挥行业作用，支持行业协会开展职业院校人才培养质量评估，提高人才培养质量和结构与行业需求的匹配度。鼓励企业、用人单位开展毕业生就业质量、满意度等评价。积极支持各类专业组织等第三方机构开展质量评估。

（九）改革职业教育专业课程体系

建立产业结构调整驱动专业改革机制。办好特色优势专业，压缩供过于求的专业，调整改造办学层次、办学质量与需求不对接的专业，建立面向市场、优胜劣汰的专业设置机制。职业院校可以在政府和行业的指导下对接职业和岗位需求自主设置专业。支持职业院校设置反映未来产业变革和技术进步趋势的新专业。到 2015 年，基本完成新一轮专业设置改革，学校特色优势专业集中度显著提高。扩大学生选专业、转专业的自主权。建立专业设置信息发布平台和动态调整预警机制。探索建立区域中高职专业设置管理的宏观协调机制。

建立产业技术进步驱动课程改革机制。适应经济发展、产业升级和技术进步需要，建立国家职业标准与专业教学标准联动开发机制。按照科技发展水平和职业资格标准设计课程结构和内容。通过用人单位直接参与课程设计、评价和国际先进课程的引进，提高职业教育对技术进步的反应速度。到 2020 年，基本形成对接紧密、特色鲜明、动态调整的职业教育课程体系。

建立真实应用驱动教学改革机制。职业院校按照真实环境真学真做掌握真本领的要求开展教学活动。推动教学内容改革，按照企业真实的技术和装备水平设计理论、技术和实训课程；推动教学流程改革，依据生产服务的真实业务流程设计教学空间和课程模块；推动教学方法改革，通过真实案例、真实项目激发学习者的学习兴趣、探究兴趣和职业兴趣。

（十）完善“双师型”教师培养培训体系

改革教师资格和编制制度。根据职业教育的特点完善教师资格标准、专业技术职务（职称）评聘办法。探索在职业学校设置正高级教师职务（职称）。各地要比照普通高中和普通高等学校，根据职业教育特点核定公办职业院校教职工编制。新增教师编制主要用于引进有实践经验的专业教师，到2020年，有实践经验的专兼职教师占专业教师总数的比例达到60％以上。

改革职业院校用人制度。落实职业院校用人自主权，鼓励职业院校按照国家相关规定聘请企业管理人员、工程技术人员和能工巧匠担任专兼职教师。建立符合职业院校特点的教师绩效评价标准，绩效工资内部分配向“双师型”教师适当倾斜。探索建立行业企业举办的职业院校和民办职业院校教师年金制度。

完善教师培养制度。加强职业技术师范院校建设。依托高水平学校和大中型企业建立“双师型”职业教育师资培养基地。探索职业教育师资定向培养制度和“学历教育＋企业实训”的培养办法。加强职业教育教师队伍师德建设，增强教师从事职业教育的荣誉感和责任感。

完善教师培训制度。建立职业院校教师轮训制度，促进职业院校教师专业化发展。建立一批职业教育教师实践企业基地，实行新任教师先实践、后上岗和教师定期实践制度，专业教师每两年专业实践的时间累计不少于两个月。鼓励职业院校教师加入行业协会组织。

（十一）加速数字化、信息化进程

推进信息化平台体系建设。将信息化作为现代职业教育体系建设的基础，实现“宽带网络校校通”“优质资源班班通”“网络学习空间人人通”。加强职业院校信息化基础设施建设，到2015年宽带和校园网覆盖所有职业院校。加强职业教育信息化管理平台建设，到2015年基本建成职业教育信息化管理系统，并与全国公共就业信息服务平台联通，实现资源共享。加强职业教育数字化资源平台建设，到2020年，数字化资源覆盖所有专业。建立全国职业教育数字资源共建共享联盟，制定职业教育数字资源开发规范和审查认证标准，推动建设面向全社会的优质数字化教学资源库。提高开放大学信息化建设水平，到2020年信息技术应用达到世界先进水平。

加快数字化专业课程体系建设。加紧用信息技术改造职业教育专业课程，使每一个学生都具有与职业要求相适应的信息技术素养。与各行业、产业信息化进程紧密结合，将信息技术课程纳入所有专业。在专业课程中广泛使用计算机仿真教学、数字化实训、远程实时教育等技术。加快发展数字农业、智能制造、智慧服务等领域的相关专业。加强对教师信息技术应用能力的培训，将其作为教师评聘考核的重要标准。办好全国职业院校信息化教学大赛。

（十二）建设开放型职业教育体系

扩大引进优质职业教育资源。有计划地学习和引进国际先进、成熟适用的人才培养标准、专业课程、教材体系和数字化教育资源。大力引进国外智力，支持职业院校申办聘请外国专家（文教类）许可。实施跟踪和赶超战略，鼓励职业院校与国外高水平院校建立一对一合作关系。鼓励职业院校举办高水平中外合作办学机构和项目。鼓励职业院校以团队方式派遣访问学者系统学习国外先进办学模式。加强同联合国教科文组织、世界银行等国际组织和职业教育先进国家开展职业教育领域的合作和交流。

鼓励骨干职业院校走出去。服务国家对外开放战略，培育一批具有国际竞争力的职业院校。加快培养适应我国企业走出去要求的技术技能人才。积极扩大职业院校招收海外留学生的规模，探索和规范职业院校到国（境）外办学。支持承揽海外大型工程的企业与职业院校联合建立国际化人才培养基地。鼓励沿边地区的职业院校加强与周边国家的合作，提高我国教育对周边国家的辐射力、影响力。

五、体系建设的制度保障和机制创新

以产教融合为主线，建立各级政府、行业、企业、学校和社会各方面共同参与的制度创新平台，为现代职业教育体系建设提供制度保障。

（一）完善职业教育法律体系和标准体系

推动加快修订《职业教育法》。依法确立现代职业教育体系基本架构，明确各级政府的职责，规范职业院校、行业、企业等主体的权利、义务，将职业教育体系建设的成果法制化。完善促进校企合作和职业教育集团化发展的法律法规。在修订教育法、民办教育促进法、高等教育法、教师法、学位条例以及劳动、社会保障、外国专家等方面的法律法规时，按照现代职业教育体系建设的要求修订完善相关条款。

建立健全职业教育标准体系。加快制定符合职业教育特点、适应经济发展和产业升级要求的各类职业院校办学标准。完善各项标准的实施和检验制度。各地要制定规划和实施方案，到2020年，使各类职业院校基本达到国家规定的办学标准。

（二）推进职业教育管办评分离改革

转变政府管理方式。完善分级管理、地方为主、政府统筹、社会参与的管理体制，加快政府职能转变，减少部门职责交叉和分散，减少对学校教育教学具体事务的干预。各级政府加强发展战略、规划、政策、标准等制定和实施，统筹区域职业教育发展，落实职业教育投入责任，创设有利于产教融合、校企合作和社会力量参与办学的良好制度环境。赋予省级政府更大权限，扩大省级政府在现代职业教育体系建设中的统筹权。

加强行业指导、企业参与。构建职业教育行业指导体系，发挥行业在提供政策咨询服务、发布行业人才需求、推进校企合作、参与指导教育教学、开展质量评价等方面的重要作用。加强行业指导能力建设，各地和有关部门将适宜行业组织承担的职责通过授权委托、购买服务等方式交给行业组织，给予政策支持并强化服务监管。加强职业教育行业指导委员会和教学指导委员会建设。通过法制建设、政策引导、考核评价等多种途径进一步落实企业参与校企合作、支持学生实习实训、开展职工继续教育的责任。用人单位要为职工的职业继续教育和终身学习提供条件。将国有大中型企业支持职业教育列入企业履行社会责任考核内容。

扩大职业院校办学自主权。实行“负面清单”制度，深化行政审批制度改革，推动政校分开，扩大职业院校在专业设置和调整、人事管理、教师评聘、收入分配等方面的自主权。完善职业院校治理结构、内外部约束和激励机制，确保职业院校用好办学自主权。坚持和完善中等职业学校校长负责制、公办高等职业学校党委领导下的校长负责制。完善体现职业院校办学和管理特点的绩效考核内部分配机制。

健全职业教育督导评估制度。完善中等职业教育督导评估办法，制定高等职业教育督导评估办法。建立职业教育定期督导评估和专项督导评估制度。完善督导报告制度、公报制度、约谈制度、限期整改制度、奖惩制度等制度，将督导评估结果作为地方各级政府和有关部门、职业院校绩效考核的重要内容。

（三）深化职业教育招生考试制度改革

建立符合职业教育特点的招生考试制度。根据高等教育招生考试制度改革总体方案，制定高等学校考试招生制度改革的实施意见和改革方案，加快推进高等职业教育分类招考，建立符合技术技能人才成长规律的选拔机制。重点探索“知识＋技能”、单独招生、自主招生和技能拔尖人才免试等考试招生办法，为学生接受不同层次高等职业教育提供多样化入学形式。加快专业学位研究生入学考试制度改革，扩大招收有一定工作经历和实践经验的一线劳动者的比例。完善职业院校教学比赛制度，办好全国职业院校技能大赛，提升国际影响力，将学生比赛成绩作为升入高一级学校的重要依据。

扩大职业院校毕业生升学机会。扩大学校招生自主权，适度提高专科高等职业学校招收中等职业学校毕业生的比例、本科高等学校招收职业院校毕业生的比例，逐步扩大高等职业学校招收有实践经历人员的比例。对不同类型的学生实行不同的选拔方式，为不同来源学生、不同学习方式制定不同培养方案。积极探索非户籍生源在流入地参加考试升入高等职业学校的办法。鼓励农民工采取灵活多样的学习方式接受职业教育与培训。

（四）完善校企合作的现代职业院校治理结构

完善校企合作各项制度。制定促进校企合作办学法规。建立健全校企合作规划、合作治理、合作培养机制，使人才培养融入企业生产服务流程和价值创造过程。职业院校和合作企业要不断完善知识共享、课程更新、订单培养、顶岗实习、生产实训、交流任职、员工培训、协同创新等制度。推动学校把实训实习基地建在企业，企业把人才培养和培训基地建在学校。探索引校进厂、引厂进校、前店后校等校企一体化的合作形式。

推动行业、企业和社区参与职业院校治理。职业院校设立理（董）事会，50％以上的成员要来自企业、行业和社区。设立专业指导委员会，50％以上的成员要来自用人单位。完善体现职业教育特色的职业院校章程和制度，明确理（董）事会、校（院）长、专业指导委员会和教职工代表大会的职权，提高职业院校治理能力。制订符合职业教育特点的校长（院长）任职资格标准，积极推进校长聘任制改革和公开选拔试点，鼓励企业家、创业家担任校长（院长），培养和造就一批职业教育家。

（五）创新校企协同的技术技能积累机制

建立重点产业技术积累创新联合体。制定多方参与的支持政策，推动政府、学校、行业、企业的联动，促进技术技能的积累和创新。在关系国家竞争力的重要产业部门，规划建立一批企业和职业院校紧密合作的技术技能积累创新平台，促进新技术、新材料、新工艺、新装备的应用，加快先进技术转化和产业转型升级步伐。推动企业将职业院校纳入技术创新体系，强化协同创新，促进劳动者素质与技术创新、技术引进、技术改造同步提高，实现新技术产业化与新技术应用人才储备同步。推动职业院校和职业教育集团通过多层次人才培养体系和技术推广体系，主动参与企业技术创新，积极推动技术成果扩散，为科技型小微企业创业提供人才、科技服务。

支持职业教育传承民族工艺和文化。将民族特色产品、工艺、文化纳入现代职业教育体系，将民族文化融入学校教育全过程，着力推动民间传统手工艺传承模式改革，逐步形成民族工艺职业院校传承创新的现代机制。积极发展集民族工艺传承创新、文化遗产保护、高技能人才培养、产业孵化于一体的职业教育。鼓励民间艺人、技艺大师和非物质文化遗产传承人参与职业教育办学。

（六）构建适应现代职业教育体系的投入机制

落实财政性职业教育经费投入。通过调整优化财政支出结构、加强规划、制定标准等措施，加大各级政府对职业教育的投入。地方政府加强职业教育布局结构、基本建设、专业建设和教师队伍建设规划，加大对体系建设重点领域和薄弱环节的投入。2015年底前，各地依法出台职业院校生均经费标准或公用经费标准。县级以上政府要建立职业教育经费绩效评价制度、审计监督公告制度、预决算公开制度。加强职业院校办学条件、人才培养质量、培训经费使用等方面的信息公开。加大中央财政对经济欠发达地区职业教育的转移支付力度。

充分利用社会资本发展现代职业教育。完善民办职业教育收费制度，在完善民办职业教育信息公开和质量评价标准的基础上，逐步形成主要由市场决定的收费价格形成机制。加强企业落实足额提取职工教育培训经费政策的监督检查。加大职业教育捐赠的优惠政策、典型案例、社会效益的舆论宣传。鼓励社会力量通过资金、土地、装备、技术、人才等多种要素投资职业教育。完善财政贴息贷款等政策，健全民办职业院校融资机制。鼓励发展实习实训设备融资租赁业务。支持营利性职业教育机构通过金融手段和资本市场融资。支持境内外企业积极参与职业教育中外合作办学。

加强职业教育基础能力建设。建立政府、行业、企业、个人、社会共同参与的基础能力建设多元投资机制。实施现代职业教育质量提升计划，加大“十二五”期间规划项目的推进和实施力度，启动编制“十三五”职业院校基础能力建设规划并纳入各地经济社会发展规划，重点加大对现代农业、装备制造业、现代服务业、战略性新兴产业、民族工艺和基本公共服务等领域的急需专业（集群）的支持力度。积极推进以部分地方本科高等学校为重点的转型发展试点，支持一批本科高等学校转型发展为应用技术类型高等学校，形成一批支持产业转型升级、加速先进技术转化应用、对区域发展有重大支撑作用的高水平应用技术人才培养专业集群。地方政府、相关行业部门和大型企业要切实加强所办职业院校基础能力建设，支持一批职业院校争创国际先进水平。

（七）健全促进职业教育公平的体制机制

推动职业教育面向全社会、面向人人。广泛开展面向未升学初高中毕业生、农民、新生代农民工、退役军人、失业人员等群体的职业教育和培训。重视残疾人职业教育，充分考虑各类残疾人员的特点和社会需求，注重拓展专业教育范围，为学习者提高生活质量和就业质量服务。

加快贫困地区职业教育发展。充分发挥职业教育在扶贫开发中的重要作用，围绕贫困地区产业发展和基本公共服务需求，提高职业教育扶贫的精准度。中央和省级政府、发达地区加大对贫困地区、革命老区、民族地区、边疆地区职业教育的扶持、支援力度。改善民族地区职业院校办学条件。有计划地支持集中连片特殊困难地区内限制开发和禁止开发区初中毕业生到省（区、市）内外经济较发达地区接受职业教育。

完善职业教育资助政策体系。健全公平公正、多元投入、规范高效的职业教育国家资助政策体系。逐步建立职业院校助学金覆盖面和补助标准动态调整机制，加大对农林水地矿油核等专业学生的助学力度。推行以直补个人为主的资助经费支付办法，完善直补个人的政策设计、台账管理和监督检查机制，确保资助资金让真正需要资助的受教育者受益。综合考虑经济社会发展和职业教育改革要求，适时调整职业院校收费标准。

（八）创新职业教育区域合作机制

完善东中西部对口支援机制。将职业教育作为东部地区对口支援中西部地区的优先领域。鼓励东部地区职业教育集团吸纳中西部地区职业院校成员，东部地区职业院校（集团）对口支援中西部地区职业院校。推动建立发达地区和欠发达地区中等职业教育合作办学工作机制。国家制定奖补政策，支持东部地区职业院校特别是示范性职业院校扩大面向中西部地区的招生规模。完善东中西部对口支援机制，扩大合作办学招生规模，组建跨区域职业教育集团，总结推广“9＋3”免费职业教育模式。改进内地西藏班、新疆中职班的招生计划安排、教学管理工作，统筹安排毕业生就业，加强民族团结教育。

深化区域内职业教育合作。鼓励各地打破行政区划限制，建立区域职业教育合作平台，协调职业教育发展政策。率先在京津冀、长三角、珠三角等地区推动职业院校跨省域合作培养人才、合作培训教师、合作开发课程、共享数字化教学资源、共享教学科研成果。

（九）建立职业教育服务社区机制

推动职业院校社区化办学。各类职业院校要发挥社区文化中心、教育中心的作用，举办各种形式短期职业教育、继续教育和文化生活类课程，向社会免费开放服务设施和数字化教育资源。到2015年，所有职业院校都要开设10门以上社区课程。

建立社区与职业院校联动机制。建立社区和职业院校联席会议制度，支持社区参与制订职业院校发展规划、校园建设规划、专业建设规划和社区服务计划，协调社区企事业单位为职业院校提供实习实践场所，加强校园周边环境综合治理。

六、保障实施

以完善工作机制和政策配套为重点，建立保障现代职业教育体系建设的政策体系和实施机制。

（一）加强组织领导

落实政府责任。中央政府负责制定职业教育体系建设法律法规、重大政策和总体发展规划。充分发挥职业教育工作部门联席会议制度的作用。加强省级政府统筹规划，赋予省级政府在学校布局规划、招生考试等方面更多的权限。加强地市级政府对区域内职业教育的统筹规划与管理。县级政府根据农村经济社会发展需要，完善县域职业教育与职业培训网络。

明确部门职责。国务院有关部门要有效运用总体规划、政策引导等手段以及税收金融、财政转移支付等杠杆，加强对职业教育的统筹协调和分类指导。教育、人力资源社会保障、发展改革、财政部门以及行业部门根据各自职责分别负责有关工作，共同推进现代职业教育体系建设。

设立专家咨询委员会。专家咨询委员会由行业、教育、人力资源社会保障等领域的专家组成，对现代职业教育体系建设的重大问题提出意见和建议。

（二）完善支持政策

将职业教育纳入产业发展和城乡建设规划。科学预测经济社会发展对各类人才的需求，推动职业教育层次和专业结构调整与区域产业结构调整相适应，职业教育课程和实训基地建设与产业技术进步相适应，适度超前储备新兴产业急需人才。完善人社部门与有关部门、行业组织联合发布年度分行业、分岗位的人才就业状况和需求预测制度。建立紧缺人才培养能力调查制度。新建城市、城市新区和各类产业集聚区建设要科学规划职业教育布局，统筹教育和产业资源，推动产教融合发展。

提高一线劳动者地位待遇。深化收入分配制度改革，提高劳动报酬在初次分配中的比重，健全国有企业、科研院校和高等学校分配激励机制。各地要创造各类人才平等就业环境，改革用人制度，取消用人和人才流动中的城乡、行业、身份、性别等限制。政府部门和企事业单位招收人员不得歧视职业院校毕业生。落实一线劳动者医疗、养老、就业等政策。鼓励企业建立高技能人才职务津贴和特殊岗位津贴制度，按照国家现行法律法规的有关规定对符合条件的高技能人才给予股份和期权等激励措施。提高相关表彰奖励中一线劳动者的比例。鼓励企业和其他用人单位按照国家有关规定建立一线劳动者表彰奖励制度。按照国家有关规定制订国家高技能人才评选标准和办法，选拔出各级各类一线能工巧匠和技术能手，鼓励其在一线岗位建功立业和带徒传承技艺。

完善税收金融支持政策。鼓励企事业单位、社会团体和公民个人通过公益性社会团体或者县级以上人民政府及其部门向职业院校进行捐赠，其捐赠支出按照现行税收法律规定在税前扣除。企业因接受实习生所发生的与取得收入有关的合理的支出，按照税收法律法规的规定在计算应纳税所得额时扣除。对职业院校自办的、以服务学生实习实训为主要目的的企业或经营活动，按照国家有关规定享受税收等优惠。完善金融支持政策。完善职业院校实习学生的实习、见习责任保险制度，完善职业院校学生实习安全管理和劳动保护制度。

完善毕业生就业创业政策。坚持“先培训，后就业”“先培训，后上岗”原则，对从事涉及公共安全、人身健康、生命财产安全等特殊工种的劳动者，严格落实就业准入法规和政策。规范清理影响职业院校毕业生公平就业的政策。人力资源社会保障、教育部门和职业院校要加强毕业生就业的政策指导和信息服务。各级公共就业服务机构、高校毕业生就业指导服务机构要免费提供就业服务，并加大对技术技能人才的宣传和推荐。加强职业院校就业指导机构的建设，加强就业、创业教育和服务。引导毕业生转变就业观念，鼓励多渠道多形式就业，允许学生休学创业，促进创业带动就业。各地要改善创业环境，充分利用国家现有政策对职业院校毕业生创业加大支持力度。

（三）营造良好氛围

在全社会树立重视职业教育的理念。加大现代职业教育宣传力度，引导全社会树立尊重劳动、尊重知识、尊重技术、尊重创新的观念，树立劳动最光荣、劳动最崇高、劳动最伟大、劳动最美丽的观念，树立依靠辛勤劳动、诚实劳动、创造性劳动开创美好未来的观念，促进形成“劳动光荣、技能宝贵、创造伟大”的社会氛围，激发年轻人学习职业技能的积极性。大力宣传新中国成立以来涌现的优秀工人群体和“爱岗敬业、争创一流、艰苦奋斗、勇于创新、淡薄名利、甘于奉献”的劳模精神。研究设立职业教育活动周，每年开展宣传教育活动。

（四）加强监测评估

加强规划宣传。组织动员各类媒体广泛宣传本规划的主要政策，及时总结和宣传各地、各部门、各行业企业推进职业教育体系建设的典型经验和做法，形成全社会关心、支持职业教育体系建设的舆论环境和良好氛围。

建立规划实施目标责任制。各级政府要积极推进落实本规划，制定规划各项目标任务的分解落实方案，明确实施单位和实施部门，落实责任分工。各有关部门要制订工作方案，行业主管部门要指导行业企业制定实施办法。各地要围绕规划确定的战略目标、主要任务和制度安排，编制并组织实施本地区职业教育体系建设规划和行动计划，出台相关配套政策，明确时间表、路线图。

加强规划实施情况的监测和督导评估。各地要对规划实施情况进行跟踪指导检查，及时研究规划实施过程中的新情况和新问题。教育督导部门要加强对规划实施情况的督导评估，积极支持第三方机构开展评估。鼓励社会各界对规划实施情况进行监督。

人力资源和社会保障部办公厅关于开展2014年技工院校一体化师资培训工作的通知

（人社厅函［2014］218号 2014年6月19日）

各省、自治区、直辖市及新疆生产建设兵团人力资源社会保障厅（局）：

为推动一体化课程教学改革，加强技工院校一体化师资队伍建设，2014年，我部将继续组织实施一体化师资培训工作。现就有关事项通知如下：

一、培训专业和内容

（一）培训专业

今年师资培训专业为一体化课程教学改革的15个试点专业（课程），主要是数控加工、汽车维修、电气自动化设备安装与维修、机床切削加工、钳加工、焊接加工、数控机床装配与维修、汽车钣金与涂装、楼宇自动控制设备安装与维修、电子技术应用、计算机网络应用、计算机广告制作、服装制作与营销、烹饪及通用职业素质课程。

（二）培训内容

为做好今年的师资培训工作，我部组织专家，按照《技工院校一体化教师标准（试行）》开发了各专业《一体化师资培训方案》（以下简称“培训方案”）。各承担培训单位可结合本校培训场地及设备情况，对培训方案进行适当调整，但调整幅度原则上不超过30％。

二、培训对象

参加师资培训的教师，主要为各省（区、市）已开展及拟开展相应专业一体化课程教学改革工作的技工院校骨干教师，应具有教师资格证书，本专业一线教学经历满两年；具有初级以上专业技术职务和相关职业高级工以上职业资格；具有不少于每两年两个月的企业实践经历。

各省（区、市）人力资源社会保障厅（局）可在综合考虑学校专业、在校生规模、师资队伍素质、实习实训设备场地等因素的基础上，推荐符合条件的教师参加培训。各地名额分配见附件1。

三、培训时间

承办培训单位为全国技工院校一体化师资培训基地。培训将集中在今年7月至8月举行，每期培训时间为15天，112学时。每期具体培训时间见附件2。

四、相关费用

（一）培训费用（包括：教师授课费及交通食宿费、培训场地费、实训耗材费、教材资料费等）由我部给予补贴。

（二）参加培训学员往返交通费、食宿费由派出单位承担。

五、组织管理

我部职业能力建设司负责师资培训工作的综合协调，中国就业培训技术指导中心负责师资培训活动的具体组织实施和质量监控，并组织专家做好相关技术服务和教学督导工作。各省（区、市）人力资源社会保障有关部门要指定专人负责做好相应的组织、协调和管理工作。

六、推荐报名

（一）关于报名。各省（区、市）人力资源社会保障部门要按照名额分配情况，统一推荐符合条件的教师参加培训。各地要组织拟参加培训的教师认真填写《2014 年技工院校一体化师资培训学员推荐表》（见附件 3），在此基础上根据《技工院校师资培训信息管理系统用户名密码表》（见附件 4）登录我部“技工院校师资培训信息管理系统”（www.cettic.cn）填报推荐学员信息。填报完成后，将系统自动生成的本省（区、市）参训人员名册下载打印一份，名册和学员推荐表原件加盖公章后，于 7 月 3 日前邮寄至中国就业培训技术指导中心。

（二）关于调整参训学员。推荐名单确定后，原则上不得调整。如遇特殊情况确需调整的，必须在距开班至少 5 个工作日前完成。调整程序为：该教师所在院校向本省（区、市）人力资源社会保障部门提出申请，并由本省（区、市）人力资源社会保障部门报中国就业培训技术指导中心，经批准后方可换人。因各省（区、市）调整参训学员，或参训学员本人原因致使培训名额落空的，将削减该省（区、市）下一年度培训名额，并予以通报。

（三）关于报到。获准参加培训的学员名单将通过“技工院校师资培训信息管理系统”（www.cettic.cn）公布。参加培训的学员应保持通讯畅通，在接到报到通知后，按时报到。

七、考核发证

我部将委托培训机构对学员进行考核，考核成绩将反馈学员所在院校。对成绩合格者，颁发由我部统一印制的《高技能人才师资培训合格证书》，作为教师岗位职务聘任、职称评定的重要依据。

八、其他事项

（一）每期培训结束后，组织开展优秀学员评选活动，对优秀学员予以通报表扬。

（二）参加培训的学员应严格遵守培训班有关规定。对不能按时报到、带家属随同培训、未完成培训随意离去、不认真学习、违反培训纪律的学员，取消其培训资格并予以通报。对受到通报批评的学员，将取消其两年内参加任何国家级相关培训的资格。

（三）联系方式

1. 人力资源社会保障部职业能力建设司　翟涛

电话：010－84208450

2. 中国就业培训技术指导中心　张韶华　李京　刘素华

电话：010－84661052　84661057　84661055

传真：010－84661050

邮箱：shizipeixun08@163.com

地址：北京市朝阳区育慧路3号中国就业培训技术指导中心培训处

邮编：100101

附件：

1. 2014年技工院校一体化师资培训名额分配表（略）

2. 2014年技工院校一体化师资培训课程安排表（略）

3. 2014年技工院校一体化师资培训学员推荐表（略）

4. 技工院校师资培训信息管理系统用户名密码表（略）

（四）职业技能鉴定和职业资格

劳动部关于颁发《职业技能鉴定规定》的通知

（劳部发［1993］134号　1993年7月9日）

各省、自治区、直辖市劳动（劳动人事）厅（局），国务院有关部委，直属机构劳动管理部门，解放军总后勤部司令部、总参谋部军务部：

为了加强职业技能鉴定社会化管理，根据国务院批准的《工人考核条例》，我们制定了《职业技能鉴定规定》（以下简称《规定》），现予以颁发施行，并就有关问题通知如下：

一、各省、自治区、直辖市劳动行政部门和国务院行业主管部门要按照《规定》的要求，结合本地区、本部门实际情况，制定《职业技能鉴定实施办法》，经劳动部批准后实施。要加强对职业技能鉴定工作的综合管理，在原有考核领导组织和专业考评组织基础上，统筹规划、合理布局、严格条件，经过试点，分批组建职业技能鉴定站（所）。

二、各省、自治区、直辖市劳动行政部门和国务院有关行业主管部门，对尚未实行《国家职业技能标准》的工种，可按现行《工人技能等级标准》《技师考评条件》在各自鉴定的工种范围内，组织行业专家、名师统一编制鉴定试题，但不允许职业技能鉴定站（所）自行编制鉴定试题。

三、各省、自治区、直辖市劳动行政部门和国务院行业主管部门要加强考评员的管理，制定考评员聘用管理办法。职业技能鉴定指导中心要加强考评员资格培训、鉴定工作。

四、职业技能鉴定许可证，职业技能鉴定站（所）标牌，考评员资格证书和胸卡由劳动部规定统一规格和式样，各省、自治区、直辖市劳动行政部门和国务院有关行业主管部门劳动机构负责印制。

五、企业、事业单位和职工个人自愿参加由相应的职业技能鉴定站（所）组织的职业技能鉴定。各级劳动行政部门和考核组织不得强行规定或要求企业、事业单位和职工进行职业技能鉴定。

六、根据《规定》的要求，各省、自治区、直辖市劳动行政部门和国务院有关行业主管部门劳动管理机构，要加强对职业技能鉴定工作的组织领导，抓紧做好职业技能鉴定社会化管理的各项基础工作；选择一些社会通用、覆盖面广的工种（专业）进行试点。在职业技能鉴定工作中，要充分发挥行业（部门）的作用，树立为企业和劳动者服务的观念，协调好各方面的关系，使职业技能鉴定社会化管理工作顺利开展。

职业技能鉴定规定

第一章 总 则

第一条 为适应社会主义市场经济发展的需要，进一步完善职业技能鉴定制度，实现职业技能鉴定的社会化管理，促进职业技能开发，提高劳动者素质，根据《工人考核条例》，制定本规定。

第二条 本规定所称职业技能鉴定是指对劳动者进行技术等级的考核和技师、高级技师（以下统称技师）资格的考评。

第三条 职业技能鉴定实行政府指导下的社会化管理体制。

（一）劳动部综合管理全国职业技能鉴定工作，制订规划、政策和标准；审查批准有关行业的职业技能鉴定机构。

（二）各省、自治区、直辖市劳动行政部门综合管理本地区职业技能鉴定工作，审查批准各类职业技能鉴定指导中心和站（所），制定以下有关规定和办法：

1. 参加技能鉴定人员的申报条件和鉴定程序；

2. 专业技术知识、操作技能考核办法；

3. 考务、考评人员工作守则和考评小组成员组成原则及其管理办法；

4. 职业技能鉴定站（所）考场规则；

5.《技术等级证书》的印鉴和核发办法。

（三）职业技能鉴定指导中心负责组织、协调、指导职业技能鉴定工作。

（四）职业技能鉴定站（所），具体实施对劳动者职业技能的鉴定。

第四条 本规定适用于各级劳动行政部门和各级职业技能鉴定指导中心、职业技能鉴定站（所）。

第二章 职业技能鉴定机构

第五条 劳动部所属职业技能鉴定指导中心主要职责是：参与制定国家职业技能标准和组建国家职业技能鉴定题库；开展职业分类、标准、技能鉴定理论研究及咨询服务；推动全国职业技能竞赛活动。

第六条 各省、自治区、直辖市劳动行政部门所属职业技能鉴定指导中心主要职责是：组织本地区职业技能鉴定工作和具体实施考评员的资格培训；开展职业技能鉴定有关问题的研究和咨询服务；推动本地区职业技能竞赛活动。

第七条 经劳动部批准，有关行业可建立行业的职业技能鉴定指导中心，主要职责是：参与制定国家职业技能标准以外非社会通用的本行业特有工种的职业技能标准；组织本行业特有工种的职业技能鉴定工作和考评员的资格培训；开展职业技能鉴定及有关问题的研究和咨询服务；推动本行业的职业技能竞赛活动。

第八条 职业技能鉴定指导中心是事业性机构，在管理上实行中心主任负责制。

第九条 职业技能鉴定站（所）是具体承担对待业人员、从业人员、军地两地人才、各级各类职业技术院校和其他职业培训机构的毕（结）业生，进行职业技术鉴定的事业性机构。在管理上实行站（所）长负责制。

第三章 职业技能鉴定的组织和实施

第十条 建立职业技能鉴定站（所）。

（一）建立职业技能鉴定站（所）的条件是：

1. 具有与所鉴定工种（专业）及其等级或类别相适应的考核场地和设备；

2. 具有与所鉴定工种（专业）及其等级或类别操作技能考核相适应的、符合国家标准的检测仪器；

3. 有专（兼）职的组织管理人员和考评员；

4. 有完善的管理办法。

（二）申请建立职业技能鉴定站（所）的单位，根据上述条件和省、自治区、直辖市的具体规定，报当地劳动行政部门审查批准并由其发给《职业技能鉴定许可证》，明确鉴定的工种（专业）范围、等级和类别，同时授予统一的职业技能鉴定站（所）标牌。

（三）鉴定技术等级的职业技能鉴定站（所），由省、自治区、直辖市劳动行政部门规定审批权限；鉴定技师资格的职业技能鉴定站（所），由省、自治区、直辖市劳动行政部门审批，并报劳动部备案。

（四）行业特有工种的职业技能鉴定站（所），一般由省、自治区、直辖市劳动行政部门审批；跨地区的行业特有工种的职业技能鉴定站（所）和中央、国家机关、解放军各总部机关直属单位的职业技能鉴定站（所），由劳动部审批。

第十一条 职业技能鉴定站（所），享有独立进行职业技能鉴定的权利，有权拒绝任何组织或个人更改鉴定结果的非正当要求。

第十二条 劳动部组织有关行业或单位的专家、名师，根据现行《工人技术等级标准》和《国家职业技能标准》，统一编制职业技能鉴定试题，建立职业技能鉴定题库。

第十三条 职业技能鉴定站（所），必须遵守劳动行政部门的有关规定、实施办法。职业技能鉴定试题必须从国家规定的试题库提取，不得自行编制试题。

第十四条 职业技能鉴定站（所），应受理一切符合申报条件、规定手续人员的职业技能鉴定，要严格执行考评员对其亲属的职业技能鉴定回避制度。

第十五条 职业技能鉴定的对象：

（一）各类职业技术学校和培训机构毕（结）业生，凡属技术等级考核的工种，逐步实行职业技能鉴定；

（二）企业、事业单位学徒期满的学徒工，必须进行职业技能鉴定；

（三）企业、事业单位的职工以及社会各类人员，根据需要，自愿申请职业技能鉴定。

第十六条 申报职业技能鉴定的单位或个人，可向当地职业技能鉴定站（所）提出申请，由职业技能鉴定站（所）签发准考证，按规定的时间、方式进行考核或考评。

第十七条 国家实行职业技能鉴定证书制度。

（一）对技术等级考核合格的劳动者，发给相应的《技术等级证书》；对技师资格考评合格者，发给相应的《技师合格证书》或《高级技师合格证书》。

（二）《技术等级证书》《技师合格证书》和《高级技师合格证书》是劳动者职业技能水平的凭证，同时，按照劳动部、司法部劳培字［1992］1号《对出国工人技术等级、技术职务证书公证的规定》，是我国公民境外就业、劳务输出法律公证的有效证件。

（三）上述证书由劳动部统一印制，劳动行政部门按规定核发。

第十八条 单位或个人申报职业技能鉴定，均应按照规定交纳鉴定费用。

（一）职业技能鉴定费用支付项目是：组织职业技能鉴定场地、命题、考务、阅卷、考评、检测及原材料、能源、设备消耗的费用；

（二）职业技能鉴定收费标准，由省、自治区、直辖市劳动行政部门按照财政部、劳动部（92）财工字第68号《关于工人考核费用开支的规定》，商当地财政、物价部门作出具体规定。

第四章　职业技能鉴定考评员

第十九条　职业技能鉴定考评员必须具有高级工或技师、中级专业技术职务以上的资格；鉴定技师资格的考评员必须具有高级技师、高级专业技术职务的资格。

第二十条　考评员由职业技能鉴定指导中心进行资格考核，由劳动行政部门核准并颁发考评员资格证书和带有本人照片的职业技能鉴定资格胸卡。

第二十一条　鉴定技术等级的考评员资格认定和合格证书的核发权限，由省、自治区、直辖市劳动行政部门具体规定；鉴定技师资格的考评员资格认定和合格证书的颁发，由省、自治区、直辖市劳动行政部门核准。

第二十二条　职业技能鉴定站（所）要在取得考评员资格证书的人员中聘任相应工种、等级或类别的考评员，聘期三年，并应采取不定期轮换、调整考评员的方式组成专业考评小组。

第二十三条　考评员要严格遵守考评员工作守则和执行考场规则。

第五章　罚　　则

第二十四条　劳动行政部门对职业技能鉴定机构实行监督、检查。

第二十五条　职业技能鉴定指导中心和职业技能鉴定站（所）的工作人员，在职业技能鉴定工作中弄虚作假、徇私舞弊的，视情节轻重，由其所在单位根据人事管理权限给予行政处分，并停止其在指导中心或鉴定站（所）的工作；考评人员如有上述行为者；吊销考评员资格证书。

第二十六条　违反本规定第十三条、第十四条和第十八条（二），造成不良影响的职业技能鉴定站（所），由劳动行政部门吊销其《职业技能鉴定许可证》；对乱收费的，没收其非法所得费用。没收的费用，专项用于职业技能鉴定事业。

第二十七条　违反本规定第三条（二）中第五项和第十七条（三），伪造、仿制或滥发《技术等级证书》《技师合格证书》《高级技师合格证书》的，除宣布其所发证书无效外，还应视情节轻重，由其上级主管部门或监察机关对主要责任者给予行政处分；对其中通过滥发证书获取非法收入的，应没收其非法所得，并处以非法所得五倍以下的罚款；构成犯罪的，应依法追究刑事责任。

第六章　附　则

第二十八条　本规定由劳动部负责解释。

第二十九条　本规定自颁发之日起施行。

劳动部　人事部关于颁发《职业资格证书规定》的通知

（劳部发［1994］98号　1994年2月22日）

各省、自治区、直辖市及计划单列市劳动（劳动人事）厅（局），人事厅（局），职改办，国务院各部委、各直属机构劳资（教育）人事（干部）部门，解放军总政治部干部部，总后勤部司令部、生产部，武装警察部队政治部：

为了贯彻落实《中共中央关于建立社会主义市场经济体制若干问题的决定》中有关实行职业资格证书制度的精神，适应建立社会主义市场经济体制的需要，加强劳动人事科学化管理，保护社会公共利益，维护正常职业秩序，劳动部、人事部共同制定了《职业资格证书规定》，现颁发给你们，请遵照执行。

职业资格证书规定

第一条　为了深化劳动、人事制度改革，适应社会主义市场经济对人才的需求，客观公正地评价专业（工种）技术人才，促进人才的合理流动，制定本规定。

第二条　职业资格是对从事某一职业所必备的学识、技术和能力的基本要求。

职业资格包括从业资格和执业资格。从业资格是指从事某一专业（工种）学识、技术和能力的起点标准。执业资格是指政府对某些责任较大，社会通用性强，关系公共利益的专业（工种）实行准入控制，是依法独立开业或从事某一特定专业（工种）学识、技术和能力的必备标准。

第三条　职业资格分别由国务院劳动、人事行政部门通过学历认定、资格考试、专家评定、职业技能鉴定等方式进行评价，对合格者授予国家职业资格证书。

第四条　职业资格证书是国家对申请人专业（工种）学识、技术、能力的认可，是求职、任职、独立开业和单位录用的主要依据。

第五条 职业资格证书制度遵循申请自愿，费用自理，客观公正的原则。凡中华人民共和国公民和获准在我国境内就业的其他国籍的人员都可按照国家有关政策规定和程序申请相应的职业资格。

第六条 职业资格证书实行政府指导下的管理体制，由国务院劳动、人事行政部门综合管理。

若干专业技术资格和职业技能鉴定（技师、高级技师考评和技术等级考核）纳入职业资格证书制度。

劳动部负责以技能为主的职业资格鉴定和证书的核发与管理（证书的名称、种类按现行规定执行）。

人事部负责专业技术人员的职业资格评价和证书核发与管理。

各省、自治区、直辖市劳动、人事行政部门负责本地区职业资格证书制度的组织实施。

第七条 国务院劳动、人事行政部门会同有关行业主管部门研究和确定职业资格的范围、职业（专业、工种）分类、职业资格标准以及学历认定、资格考试、专家评定和技能鉴定的办法。

第八条 国家职业资格证书参照国际惯例，实行国际双边或多边互认。

第九条 本规定适用于国家机关、团体和所有企、事业单位。

第十条 国务院劳动、人事行政部门按职责范围分别制定实施细则。

第十一条 本规定由国务院劳动、人事行政部门按职责范围分别负责解释。

第十二条 本规定自颁发之日起实施。

劳动部关于实行职业技能鉴定社会化管理试点工作的通知

（劳部发［1994］215号 1994年5月11日）

各省、自治区、直辖市及试点联系城市劳动（劳动人事）厅（局），国务院有关部门、直属机构劳动管理部门，解放军总参谋部军务部、总后勤部司令部、生产管理部：

为适应劳动体制深化改革和劳动力市场培育与发展的需要，实行政府指导下的职业技能鉴定社会化管理，建立与完善国家职业资格证书制度，根据劳动部《关于颁发〈职业技能鉴定规定〉的通知》（劳部发［1993］134号）和劳动部、人事部《关于颁发〈职业资格证书规定〉的通知》（劳部发［1994］98号）的要求及劳动体制区域综合配套改革的部署，现将职业技能鉴定社会化管理试点工作有关问题通知如下：

一、充分认识实行职业技能鉴定社会化管理的重要意义

实行职业技能鉴定社会化管理是在社会主义市场经济条件下，建立新型劳动管理体制，培育发展劳动力市场的需要；是劳动体制区域综合配套改革的重要组成部分；是在社会主义市场经济条件下，贯彻《工人考核条例》的新内涵；也是建立国家职业资格证书制度的基础。对于促进我国人力资源合理开发与利用，提高劳动者素质，发展职业技能开发事业具有重要意义。

二、认真做好职业技能鉴定试点的各项基础工作

（一）加强制度建设。各地劳动行政部门要尽快制定《职业技能鉴定实施办法》和各项职业技能鉴定的规章制度，包括考评员资格认定及工作守则、鉴定规程、鉴定站（所）审批办法、考场规则、证书颁发与管理等有关规章。

劳动部将依据新颁布的《国家职业技能标准》和《工人技术等级标准》，会同国务院行业主管部门制定《国家职业技能鉴定规范》，并按照《国家职业技能鉴定规范》组织专家、名师编制鉴定试题。

（二）抓好组织落实。各地劳动行政部门要加强对职业技能鉴定工作的领导，统筹规划，合理布局，在现有工人考核机构的基础上，按照严格条件、公开竞争、择优选点的原则，在首批试点工种范围内，建立一批国家职业技能鉴定所；成立省、自治区、直辖市职业技能鉴定指导中心；加强职业技能鉴定考评员队伍建设，根据《规定》的要求，招聘各行各业的专家、名师，按照职业技能鉴定考评员资格认定办法进行考核和资格认定，尽快建立起一支以兼职为主的职业技能鉴定考评员队伍。

三、采取有力措施，确保试点工作顺利进行

（一）各级劳动行政部门要精心组织，审慎行事，切实加强对试点工作的领导；要充分发挥行业、部门、企业集团、社会团体、民主党派等各方面力量，积极稳妥地开展试点工作。

（二）根据各地区考核工作的实际，对关系到国家财产和人民生命安全，涉及广大消费者利益和身心健康的职业（工种），应会同有关部门采取有力措施，首先实行职业技能鉴定社会化管理，建立职业资格证书（即技术等级和技师、高级技师合格证书等）制度。

（三）统筹规划，切实做好对技工学校、职业学校、就业训练中心和社会各种力量举办的职业技能培训班毕（结）业人员的职业技能鉴定，客观评价后备劳动力的技能水平，提高职业培训质量，为发展劳动力市场提供服务。

（四）要逐步对各级各类职业技能培训实体实行《职业技能培训许可证》和《职业技能鉴定许可证》制度。各级劳动行政部门要对批准建立国家职业技能鉴定所的各类职业技能培训实体的技能培训与技能鉴定工作实行分别管理，对其毕（结）业人员，应同

其他培训实体的毕（结）业人员一样，严格按照国家规定的要求进行职业技能鉴定。

（五）各级劳动行政部门要加强对职业技能鉴定工作的指导、协调和监督检查，保证职业技能鉴定客观公正、科学规范。要加强证书的核发与管理，严禁伪造、仿制国家统一规定的《技术等级证书》《技师合格证书》《高级技师合格证书》；要严格收费办法，制止乱收费，杜绝在职业技能鉴定中弄虚作假、徇私舞弊。上述问题一经发现，应立即核查，及时处理。

四、试点工作安排

（一）在职业技能鉴定社会化管理试点工作会议后，各地部署试点工作，1994 年 6 月至 12 月组织实施；1995 年一季度进行总结，并召开全国试点工作总结和经验交流会。各省、自治区、直辖市根据上述安排，结合本地区实际情况，可选择条件较好的 3～5 个城市进行试点。为及时了解和总结各地试点的经验，确定在进行劳动体制区域综合配套改革的山东、广东两省及深圳、青岛、成都、烟台、威海、安阳、株洲、四平、黄石、盐城、保定等 11 个城市和北京、上海、南京、宁波、大连、乌鲁木齐和呼伦贝尔盟作为劳动部试点联系城市。

（二）试点工种经劳动部和国务院有关行业部门商定，首批确定 50 个与国家财产和人民生命安全密切相关，涉及广大消费者利益和身心健康的社会通用、技术复杂的工种为国家职业技能鉴定的工种（见附件）。各地可根据实际情况，在此范围内选择试点工种，并报劳动部职业技能开发司备案。

附件：首批国家职业技能鉴定工种（略）

劳动部关于建立国家职业技能鉴定试题库的通知

（劳部发［1995］177 号　1995 年 4 月 17 日）

各省、自治区、直辖市劳动（劳动人事）厅（局），国务院有关部委、直属机构劳动工资司（局），解放军总参谋部军务部、总后勤部司令部、生产管理部：

为了加强职业技能鉴定社会化管理，规范职业技能鉴定行为，统一职业技能鉴定水平，按照《职业技能鉴定规定》第十二条："劳动部组织有关行业或单位的专家、名师，根据现行《工人技术等级标准》和《国家职业技能标准》，统一编制职业技能鉴定试题，建立职业技能鉴定题库"的要求，我部拟组织编制国家职业技能鉴定题库。现将有关事项通知如下：

一、劳动部职业技能鉴定中心负责国家职业技能鉴定试题库的组建和管理工作，聘请有关专家分别设计国家题库模型和编制试题。

二、劳动部职业技能开发司负责组织专家进行试题库的审定和试考、检测工作，并发布实施。

三、《关于实行职业技能鉴定社会化管理试点工作的通知》（劳部发［1994］215号）中所规定的50个工种，首先建立国家职业技能鉴定试题库，并将于1996年1月1日前由劳动部职业技能开发司按工种陆续发布实施。

四、各省、自治区、直辖市劳动行政部门和国务院有关行业主管部门劳动工资机构，在国家职业技能鉴定试题库未建立前，可根据现行《工人技术等级标准》《国家职业技能规范》，组织编制职业技能鉴定试题，进行职业技能鉴定考核工作。国家职业技能鉴定题库发布实施后，一律从国家职业技能鉴定试题库中提取试题，进行职业技能鉴定。

劳动和社会保障部关于对引进国外职业资格证书加强管理的通知

（劳社部发［1998］18号　1998年11月5日）

各省、自治区、直辖市劳动（劳动和社会保障）厅（局），国务院有关部门劳动和社会保障工作机构：

在我国推行职业资格证书制度的过程中，有选择地引进少量国外有影响的职业资格证书，逐步对一些重要的职业（工种）实现职业技能标准和资格证书的国际双边或多边互认是必要的。但是，目前对国外职业资格证书的引进缺乏统一的行政管理和科学的专业认证，出现了盲目引进和管理无序的情况。为切实做好引进国外职业资格证书的管理工作，规范国外职业资格证书机构在我国境内的考试和发证活动，根据《中华人民共和国劳动法》和有关规定，劳动和社会保障部将从1999年开始对引进的国外职业资格证书及其发证机构进行资格审核和注册，并实施相应的管理和监督。

现将有关事项通知如下：

一、劳动和社会保障行政部门在规定的职责范围内，负责对以技能为主的国外职业资格证书进行审核和注册，其中通用性强、技术复杂、涉及国家财产和人民生命安全以及直接关系到消费者利益的职业需要重点加强管理和监督。

二、在中国境内开展职业资格证书考试发证和活动的国外职业资格证书机构、有关法人团体以及国际组织，必须与中国的职业资格证书机构、有关行业组织、社会团体或其他相应机构合作，不得单独开展职业资格证书考试和发证活动。

三、中外合作引进的职业资格证书应当在国际上具有广泛的影响和流通性，其职业种类和标准应符合我国职业资格证书体系发展的需要。开展引进工作的中外合作机构应具有相应的技术实力和可靠的资信，其活动不得以赢利为目的。

四、开展国外职业资格证书引进工作的中外机构，在一个地区范围内开展职业资格证书引进工作，应向所在省、自治区、直辖市劳动（劳动和社会保障）厅（局）提出申请；在行业部门范围内开展职业（包括劳动和社会保障部批准的行业特有工种）资格证书引进工作，应向国务院有关行业主管部门的劳动和社会保障工作机构提出申请；跨地区和跨部门开展职业资格证书引进工作，应向劳动和社会保障部提出申请。申请单位须提供中外合作双方签署的合作协议书、中方上级主管部门审批文件、外方经公证的法人资信证明，以及该国或国际认可的职业资格证书的样本、证书等级规定和职业标准等文件，并填报《国外职业资格证书及其发证机构资格审核注册表》。

五、各省、自治区、直辖市劳动（劳动和社会保障）厅（局）和国务院有关行业主管部门劳动和社会保障工作机构的职业技能鉴定机构负责受理申请手续，提出审核意见，经同级行政管理机构备案后上报劳动和社会保障部审批和注册。经劳动和社会保障部批准和注册后的国外职业资格证书及其发证机构，其考试和发证活动由劳动和社会保障部委托受理申请手续的省、自治区、直辖市劳动（劳动和社会保障）厅（局）和行业主管部门劳动和社会保障工作机构代行管理和监督。劳动和社会保障部对引进工作的情况实行抽查和定期核查。

六、经审批和注册的国外职业资格证书受中国法律的管辖和保护，可等同于我国相应等级的职业资格证书的效力。劳动和社会保障部将定期公布通过审核注册的国外职业资格证书及其机构的名单。未经审核和注册的国外职业资格证书机构不得开展此类活动，其证书不能作为上岗和就业的依据。

七、在本通知颁发以前已经进入中国境内的国外职业资格证书及其发证机构，应直接向劳动和社会保障部申请补办资格审核和注册手续。截止日期为 1999 年 6 月 30 日。

八、劳动和社会保障部指定部职业技能鉴定中心负责国外职业资格证书引进的组织实施工作，其下设的国际职业证书协调办公室负责办理具体事务，受理各地和各行业上报的国外职业资格证书及其机构资格审核和注册手续，负责组织专家和咨询机构对上报资料进行论证，并向劳动和社会保障部行政管理机构提出论证报告，由劳动和社会保障部行政管理机构审核批准。

九、各地、各部门要采取必要措施，认真受理和审核申请手续，并加强管理和监督，保证国外职业资格证书引进工作的顺利进行。

劳动和社会保障部办公厅关于境外就业和对外劳务合作人员职业资格证书办理公证等有关问题的通知

（劳社厅函［1999］121号 1999年9月16日）

各省、自治区、直辖市劳动（劳动和社会保障）厅（局）、司法厅（局），国务院有关部门劳动保障工作机构：

为促进国际劳务技术合作与交流，维护我国传统的技艺和专长在国际上的良好声誉，现对境外就业和对外劳务合作人员（以下简称对外劳务人员）办理职业资格证书公证等有关问题通知如下：

一、对外劳务人员须持印有中英文对照并套印“劳动和社会保障部培训就业司职业技能鉴定专用章”“劳动和社会保障部职业技能鉴定中心职业技能鉴定专用章”的职业资格证书，作为办理职业技能水平公证的有效证件。

二、对外劳务人员原来所持的职业资格证书（含《技术等级证书》《技师合格证书》以及《高级技师合格证书》）由省级以上劳动（劳动和社会保障）部门审核或鉴定复核后，统一换证，并在证书照片处盖省级以上劳动（劳动和社会保障）行政部门钢印。

三、对外劳务人员办理职业资格证书公证时，应持本人身份证件、涉外证书原件及其复印件和有关证明材料向其住所地具有办理涉外公证资格的公证处提出申请。经公证处审核无误后，以证明复印件与原件相符、证书上“劳动和社会保障部培训就业司职业技能鉴定专用章”“劳动和社会保障部职业技能鉴定中心职业技能鉴定专用章”（套红印），以及持证人照片处省级以上劳动（劳动和社会保障）行政部门钢印属实的方式，出具公证书。

四、各省、自治区、直辖市劳动（劳动和社会保障）部门每季度应将上一季度换发证书情况报劳动和社会保障部培训就业司，并抄报司法部律师公证工作指导司。

劳动和社会保障部办公厅关于开展技师考评社会化管理试点工作的通知

（劳社厅发［1999］25号 1999年8月18日）

北京、上海、河北、江苏、广东、四川、陕西省劳动（劳动和社会保障）厅（局）：

为进一步改革完善技师、高级技师（以下统称技师）评聘制度，加快高级技能人才培养，拓宽技能人才成长通道，我部决定在北京市、上海市，以及河北省的石家庄、唐山、秦皇岛市，江苏省的常州、南通、徐州市，广东省的广州、佛山、中山市，四川省的成都、绵阳、内江市，陕西省的西安、宝鸡、延安市开展技师考评社会化管理试点，现就有关问题通知如下：

一、实行技师考评社会化管理，是推行职业资格证书制度的重要手段，是推动企业建立培训、考核与使用相结合并与待遇相联系激励机制的客观需要，也是引导企业工人考核逐步向职业技能鉴定社会化管理过渡的重要措施。改革技师评聘制度，有利于拓宽高级技能人才成长通道，缓解高级技能人才短缺的矛盾，有利于调动广大劳动者钻研业务、提高技能水平的积极性。试点地区要提高认识，加强领导，精心组织好试点工作。

二、试点地区要按照《技师考评社会化管理试点工作指导意见》（附后），结合本地区的实际情况，制订具体的实施方案和工作计划，报经我部培训就业司同意后组织实施。

对部分通用性强、个体从业面广、涉及消费者切身利益的职业（工种），我部将按照统一标准、统一命题、统一考务管理及统一证书的原则，进行技师资格全国统一鉴定工作。具体实施办法，由我部培训就业司、职业技能鉴定中心另行通知。

三、试点工作分三个阶段进行。1999年9月至11月为准备阶段，试点地区制订实施方案和工作计划；1999年12月至2000年6月为实施阶段，试点地区组织开展技师考评工作；2000年7月至9月为总结推广阶段，对试点工作进行阶段性总结，交流推广经验。

附件：技师考评社会化管理试点工作指导意见

附件：

技师考评社会化管理试点工作指导意见

技师、高级技师（以下统称技师）是具有高级技能的人才，是经济建设的一支重要力量。自1987年我国恢复技师聘任制度以来，各地区、各部门积极稳妥地开展了技师培训、考核和评聘工作，对于调动广大职工学习技术的积极性，促进经济发展起到重要作用。为指导各地做好技师考评社会化管理试点工作，现提出如下意见。

一、指导思想和目的。为适应经济发展和技术进步的客观需要，以加快高级技能人才培养，拓宽技能人才成长通道为目的，通过改革技师评聘制度，逐步将技师考评由企业内部工人考核向社会化管理过渡，建立和健全职业技能鉴定社会化管理体系，引导企业建立培训、考核与使用相结合并与待遇相联系的激励机制。

二、扩大技师考评的对象及职业（工种）范围。凡符合技师申报条件的各类人员均可自愿申请参加技师资格鉴定。申报条件按照技师资格标准要求执行；对尚未制定技师资格标准的职业（工种），依据《关于实行技师聘任制的暂行规定》（劳人培［1987］16号）要求确定申报条件。

根据《中华人民共和国职业分类大典》和《中华人民共和国工种分类目录》，凡技术等级设置达到高级的职业（工种），均可列为技师鉴定职业（工种）范围。

三、完善技师考评的依据及内容。我部组织制定并发布国家统一的技师资格标准，作为技师考评的依据。各地劳动保障部门或国务院有关部门已制定出技师资格标准，经我部审核认定后发布实施。对暂未制定技师资格标准的职业（工种），试点地区可制定考核试题和评审条件，并经我部审定后开展技师考评。技师的考核试题和评审条件，应在国家职业技能标准（工人技术等级标准）高级工要求的基础上，增加新工艺、新设备、新知识、新技能等方面的内容；高级技师的考核试题，应在技师考核的基础上，增加复合技能以及技术革新、潜在能力、传授技艺等方面的内容和要求。

四、改进技师考评方式方法。技师的考评方式分为技能鉴定和综合评审。技能鉴定是按照技师资格标准的要求，重点考核基础知识、专业知识以及操作技能。综合评审是对日常工作表现和实际贡献进行考核，重点考核职业道德、工作业绩、潜在能力、技术革新、传授技艺等方面。

技师的考评工作在省级劳动保障行政部门的组织指导下，由省级职业技能鉴定指导中心负责具体实施。技能鉴定由具备条件的职业技能鉴定所（站）负责实施，并将鉴定成绩报省级职业技能鉴定指导中心。省级职业技能鉴定指导中心组成考评小组进行综合评审，采用审阅申报材料、论文答辩等方式进行全面评议和审查。对技能鉴定和综合评审两项考评均为合格者，由省级劳动保障部门按照有关规定办理技师职业资格证书。

五、实行技师资格认定与聘任分开。继续实行技师聘任制，对取得技师资格的人员，由用人单位根据生产（经营）的实际需要进行聘任，签订技师聘任合同。试点地区要指导用人单位根据实际情况，在现有的基础上适当提高受聘技师的工资或津贴标准，具体数额由用人单位确定。受聘技师的其他福利待遇由用人单位参照工程师、高级工程师等专业技术人员的有关福利待遇确定。

六、做好组织实施工作。我部培训就业司、职业技能鉴定中心负责试点工作指导、协调和监督检查。省级劳动保障行政部门按照统一要求，组织开展本地区、本部门试点工作，省级职业技能鉴定指导中心负责具体实施工作。

试点地区要结合实际情况，研究确定试点的职业（工种）范围，组织专家认真制定考核试题和评审条件，加强考评人员队伍建设，严格考务管理和证书核发。要搞好承担技师鉴定的职业技能鉴定所（站）的选点和合理布局，严格审查职业技能鉴定所（站）条件和设施，经认定后对外公告。

劳动和社会保障部关于加强职业技能竞赛管理工作的通知

（劳社部发［2000］6 号　2000 年 2 月 18 日）

各省、自治区、直辖市劳动（劳动和社会保障）厅（局），国务院有关部门劳动和社会保障工作机构：

为规范职业技能竞赛（以下简称竞赛）活动，保证其健康、有序地发展，现就有关问题通知如下：

一、竞赛活动实行分级分类管理。具体分为国家级、省级和地市级三级。国家级分为两类，跨行业（系统）、跨地区的为一类竞赛，单一行业（系统）的为二类竞赛。国家级一类竞赛由我部牵头组织，可冠以“全国”“中国”等竞赛活动的名称；国家级二类竞赛由国务院有关行业部门或行业（系统）组织牵头举办，可冠以“全国××行业（系统）××职业（工种）”等竞赛活动名称。除上述两类竞赛外，其他竞赛不得冠以“全国”“中国”等名称。同行业、同职业（工种）的全国性竞赛活动，原则上每年不能超过一次。

二、各竞赛组织单位应选择技术复杂、通用性广、从业人员较多、影响较大的职业（工种）开展竞赛活动，优先选择国家实行就业准入控制的职业（工种）举办竞赛。还可以选择就业面较大、发展较迅速的新职业（工种），组织开展竞赛活动。

三、要按照国家职业（技能）标准设置竞赛项目和组织命题。国家级竞赛应按照国家高级职业（技能）标准要求命题。

四、各竞赛组织单位举办竞赛活动应具备必要的条件。成立相应的组织机构，具备必要的经费、设备、场地和评定成绩所需的检测手段，制订竞赛组织方案和竞赛规则，配备熟悉技能竞赛职业（工种）的管理人员和专业技术人员。

五、各级劳动保障部门要结合本地区具体情况，对竞赛主办单位开展的竞赛活动实施审批制度。

（一）竞赛主办单位组织开展竞赛活动，须提出申请报告并附组织方案，按隶属关系报其主管部门审核后，报同级劳动保障部门审批。

（二）竞赛主办单位邀请境外机构参与举办或参加国内竞赛活动，应先向同级劳动保障部门提出申请，经审核批准后，报我部备案；行业主管部门或行业组织以国家队名义组织参加国际竞赛活动，应报我部审批；国际青年奥林匹克技能竞赛活动由我部统一组织。

（三）竞赛主办单位组织开展竞赛活动，要严格按照备案或批准的竞赛方案组织实施。如对竞赛方案进行调整，需重新履行备案或审批手续。

六、举办竞赛活动应坚持社会效益为主和公开、公平、公正的原则，严格执行国家有关法律、法规，并邀请公证部门公证。各项竞赛活动的组织要坚持勤俭节约，反对铺张浪费。

七、为调动广大职工参与竞赛活动的积极性，结合开展技能人才评选表彰和职业技能鉴定等工作，对现行的表彰和奖励政策进行适当调整：

（一）国家级一类竞赛各工种获得前五名的选手，由我部授予“全国技术能手”称号，颁发证书和奖章。

（二）国家级二类竞赛各工种获得前三名的选手，由我部授予“全国技术能手”称号，颁发证书和奖章。

（三）在国际竞赛活动中进入前八名的选手，由我部授予“全国技术能手”称号，颁发证书和奖章。

（四）国家级竞赛获得优秀名次的选手，经我部职业技能鉴定机构按有关资格条件审定后，可颁发技师或高级技师资格证书。

八、各级劳动保障部门要加强竞赛工作的组织管理与监督，严格保证竞赛活动的质量，防止其过多过滥。要指定专门机构和人员负责此项工作并按本通知要求，制定本地区、本部门的具体实施办法，逐步实现竞赛活动的规范化、制度化。

劳动和社会保障部关于大力推进职业资格证书制度建设的若干意见

（劳社部发［2000］27号　2000年12月8日）

各省、自治区、直辖市劳动和社会保障厅（局），国务院有关部门劳动保障工作机构：

为加强职业技能鉴定工作，加快推行职业资格证书制度，促进劳动者素质的提高，我部研究提出了《关于大力推进职业资格证书制度建设的若干意见》。现印发给你们，请贯彻落实。

关于大力推进职业资格证书制度建设的若干意见

为落实科教兴国战略，充分开发和利用我国丰富的人力资源，全面提高劳动者素质，促进就业和社会经济发展，现就进一步推进职业资格证书制度建设提出如下意见：

一、推进职业资格证书制度建设，全面提高劳动者素质

1. 在全社会实行学业证书、职业资格证书并重的制度，是我国劳动力资源开发的重要举措，对全面提高劳动者素质，培育和发展劳动力市场，促进培训与就业结合具有重要作用。各地、各部门要深入贯彻《中共中央、国务院关于深化教育改革全面推进素质教育的决定》的要求，继续落实《劳动法》和《职业教育法》的规定，按照面向市场、扩大范围、完善制度、提高质量的工作方针，坚持社会效益第一和质量第一，为劳动者和企业服务的指导思想，进一步搞好职业技能鉴定工作，整体推进职业资格证书制度的建设。

2. “十五”（2001—2005 年）期间推进职业资格证书制度建设的总体要求是：以落实就业准入政策为切入点，在推进职业技能鉴定社会化管理的进程中，坚持行政管理与技术支持相结合，坚持严格质量控制与进一步扩大职业技能鉴定的覆盖范围相结合，大力提升职业资格证书的社会认可程度，促进职业资格证书制度与就业制度、职业培训制度和企业劳动工资制度相互衔接，使职业资格证书制度在市场就业和引导劳动者素质提高中发挥重要作用。

3. 职业资格证书制度建设坚持政府指导下的社会化管理原则，按照总体发展目标，针对不同类型地区的具体情况，实行分类指导。沿海经济发达地区和内地大中城市，应结合本地区经济结构调整、高新技术产业和现代服务产业发展对技术技能人才培养和使用的需要，推进职业资格证书制度建设；中西部地区应结合当前本地区经济增长、经济结构调整和主导产业的培育对培养大批适用的技术技能人才的要求，加快建立和完善培训与技能鉴定系统；经济困难地区和行业，应以解决就业难点、实现解困脱贫为重点，结合扩大就业机会，支持劳动者自谋职业和流动就业，逐步强化职业资格培训和鉴定。

二、落实就业准入政策，促进职业资格证书制度与就业制度、培训制度和企业劳动工资制度相衔接

4. 贯彻落实《招用技术工种从业人员规定》（劳动和社会保障部令第 6 号，以下简称《规定》)，严格实行就业准入政策，推动职业资格证书制度与就业制度改革相衔接。各级劳动保障部门要按照《规定》的要求，对规定的职业（工种），强化企业用人和劳动者就业的资格准入观念，把好就业入口关，指导职业培训机构和职业技能鉴定机构为劳动者提供相应的培训和资格认证服务。职业介绍机构要把贯彻就业准入制度作为一项基本工作要求，将职业资格证书作为有关从业人员办理就业手续的必要凭证。劳动保障监察机构要加强对《规定》实施情况的监督检查。对《规定》颁布前用人单位已经招用的未取得职业资格证书的人员，应指导企业制订培训计划，开展岗位培训，逐步使所有从事国家规定职业（工种）的职工都达到相应职业资格要求。

5. 推进职业资格证书制度与职业培训制度改革相衔接，使职业资格证书成为引导培训方向、检验培训质量的重要手段。技工学校、职业学校（院）、就业训练中心和其他各类职业培训机构要按照其毕（结）业生必须取得相应职业资格证书才能到技术工种岗位就业的规定，进一步加大职业培训教学改革力度，真正建立起以劳动力市场需求为导向，以劳动者职业能力开发为重心的职业资格培训体系。

6. 推动职业资格证书制度与企业劳动工资制度相衔接，使职业资格证书成为企业劳动工资管理的重要依据和工具。引导企业建立与现代企业制度相适应的企业职工培训制度，完善培训、考核与使用相结合，并与待遇相联系的激励机制，充分发挥职业资格证书制度在企业职工培训、考核、劳动组织管理和工资分配中的引导和激励作用，提高企业职工素质，增强企业竞争能力。

三、拓展职业技能鉴定工作领域，满足劳动力市场发展需要

7. “十五”期间，应通过努力使国家职业资格证书覆盖国民经济的主要职业（工种）；在技术工种从业人员中，职业资格证书的覆盖面比目前提高一倍。从事技术职业（工种）的新增劳动力，在就业时都要普遍获得职业资格证书，全面落实持证上岗的要求；力争使具有高级技能（国家职业资格三级）以上职业资格证书的人员达到获证人员总数的20%以上。

8. 抓好重点，提高层次。“十五”期间，重点抓好劳动力市场中覆盖70%以上从业人员的300个职业（工种）的技能鉴定工作，并适应社会职业变化和劳动力市场需求，开发新职业、新工种、新技能的鉴定，逐步做到为所有需要职业资格证书的劳动者提供认证服务。进一步改革技师评聘方式，逐步将技师、高级技师由企业内部评定，转变为社会化的职业技能鉴定。

9. 根据各类不同人员的特点扩展职业技能鉴定工作。引导企业尽快完成企业内工人考核向职业技能鉴定社会化管理过渡。继续扩大企业职工职业技能鉴定工作的试点，进一步探索社会化管理与企业生产经营实际相结合的鉴定方式。针对不同类型的职业学校（院）的特点，研究制定相应的职业技能鉴定模式，明确工作程序和具体要求，指导学校依据国家职业标准和劳动力市场需求调整专业设置和教学内容，改革教学模式。按照职业培训市场化、社会化的改革方向，适应社会培训机构职业（工种）种类多、培训

灵活性强等特点，规范对其学员的技能鉴定工作。县级职业技能鉴定机构要将工作范围和服务对象向乡镇企业和农村拓展，为乡镇经济发展和农村劳动力向非农产业转移提供职业技能鉴定服务。继续在军队技术兵中推进职业资格证书制度，加强对军队技术兵职业技能鉴定工作的指导，并提供必要的技术支持和服务。

四、加强基础工作建设，提高工作队伍素质，完善职业技能鉴定质量保证体系

10. 结合落实《劳动法》和《职业教育法》，加强职业资格证书制度立法工作，大力支持和积极指导各地的相关立法工作，逐步形成国家法律、行政法规与部门规章、地方法规相衔接的职业资格证书制度和职业技能鉴定法律法规体系。抓紧配套规章的制定和修订，完善相关的行政管理和技术指导文件。

11. 根据社会职业变化的情况，做好《中华人民共和国职业分类大典》的调整和增补工作，并定期公布。按照以职业活动为导向，以职业技能为核心的要求，加快国家职业标准的制定和相应培训教材的开发，并注重体现对劳动者创新能力、合作能力、实践能力、信息处理能力等关键能力的要求。“十五”期间，要完成300个主要职业（工种）的标准制定工作，并逐步将工人技术等级标准更新为国家职业标准。

12. 在严格执行国家职业标准的基础上，按照统一鉴定所（站）条件、统一考评人员资格、统一命题管理、统一考务管理和统一证书管理的原则，进一步完善职业技能鉴定的管理规范和质量保证体系。完善职业技能鉴定工作质量督导制度和社会监督机制，加大对各级职业技能鉴定工作机构的行政监督和技术监督力度，实行社会监督和举报制度，建立违纪违规惩处和责任追究制度。

13. 加强对职业技能鉴定所（站）建设的科学规划和规范管理，调整鉴定所（站）布局，严格鉴定所（站）审批，反对不正当竞争。运用国家题库和国家考务管理等技术系统，提高鉴定所（站）工作质量，强化日常管理，完善鉴定所（站）年检评估制度。

14. 加强国家题库网络建设。提高试题资源质量，抓好操作考核题库的开发，扩大国家题库试题资源的覆盖范围。2001年底前完成实行就业准入的主要技术工种的题库开发，并完成50个职业的操作技能模块化题库的开发和推广工作；“十五”期间，使国家题库覆盖我国主要鉴定考核职业（工种）的50%以上。进一步抓好国家题库网络运行管理，强化国家题库运行质量监督，实行国家题库省（部）级分库运行年检制度。

15. 推动考务管理现代化。通过推行国家考务管理系统，对职业技能鉴定的实施过程实行规范化管理和实时监控。加强职业技能鉴定统计工作，通过计算机网络管理，提高统计分析质量。进一步完善证书验印、核发与管理办法，逐步建立证书网上公告和网上查询系统，向社会提供更加便利和优质的服务。

16. 加大技术创新力度，提高我国职业技能鉴定工作的科技含量，学习国内外先进的考试方法和高新技术考试手段，增强自身吸纳先进方法和技术成果的能力。推广应用职业分析和标准制定方法、模块化操作技能命题技术、智能化知识理论考试技术、仿真模拟操作技能考试技术等实践已经证明行之有效的先进技术和方法。关注互联网技术的发展，着手建立网络化的职业资格培训考核管理与实施系统，适时启动国家职业资格在线工程。

17. 提高职业技能鉴定工作人员素质，加强工作队伍建设。完善考评人员的培训、考核和资格认证办法。加强考评人员职业道德和考评技术方法的培训，提高考评人员的政治素质和业务素质。完善考评人员的聘用和管理办法。通过轮训等方式提高鉴定管理人员的工作水平。进一步搞好专家队伍建设，为鉴定工作提供技术咨询和技术服务。

18. 选择一批在设备、场地和技术等方面具有优势的职业学校、企业培训中心或其他培训机构作为实验基地，开发和检验标准、教材、题库、考试技术及考务管理技术，使其成为先进的职业培训模式、鉴定方法和考试技术的实验中心，成为职业资格证书制度的示范窗口。

19. 劳动保障行政部门要切实履行综合管理和监督检查的职能，特别是要抓好统筹规划、制度建设和质量督导工作，积极支持各级职业技能鉴定指导中心的建设和发展。各级职业技能鉴定指导中心要加强自身建设，完善工作制度，增加技术设备投入，提高工作人员的业务素质，与行政部门搞好分工合作和协调配合，充分发挥组织实施、技术支持和技术服务的作用。

20. 加强职业技能鉴定的基础研究，扩大宣传。加强前瞻性、基础性和应用型项目的研究，开发职业标准、培训教材、命题考核、技能竞赛等领域的新技术、新方法。有针对性地选择引进国外有影响的职业资格证书，借鉴国际先进经验。开展多种形式的宣传活动，提高社会各界对职业资格证书制度的认识，扩大职业资格证书的社会影响力。

劳动和社会保障部办公厅关于进一步做好职业学校毕业生职业技能鉴定工作的通知

（劳社厅发［2001］6号　2001年11月7日）

各省、自治区、直辖市劳动和社会保障厅（局），国务院有关部门劳动保障工作机构：

为深入贯彻落实《中共中央、国务院关于深化教育改革全面推进素质教育的决定》的有关精神，大力推行职业资格证书制度，更好地面向职业院校毕业生开展职业技能鉴定服务，根据《劳动法》和《职业教育法》的有关规定，现就进一步做好职业学校（学院）（以下简称职业院校）毕业生职业技能鉴定有关工作通知如下：

一、提高认识，积极主动地面向职业院校毕业生做好职业技能鉴定工作。面向职业院校毕业生推行职业资格证书制度，是贯彻落实中共中央　国务院关于“在全社会实行学业证书、职业资格证书并重制度”要求的重要举措，也是全面提高劳动者素质，推进素质教育的重要内容。做好职业院校毕业生的职业技能鉴定工作，对于促进我国职业教育和职业培训事业的发展，提高职业院校毕业生的就业能力、创业能力和创新能力具有重要意义。各地要高度重视，加强领导，统筹规划，分类实施，加强与教育等有关部门协调配合，积极推进职业院校毕业生职业技能鉴定工作的开展。

二、明确目标，探索建立适合职业院校特点的职业技能鉴定模式。各地劳动保障部门要按照中央关于全面推进素质教育的要求，以实现职业教育与职业培训并举、学业证书与职业资格证书并重为目标，坚持职业技能鉴定社会化管理原则，探索建立适合职业院校特点的鉴定工作模式。各地开展职业院校毕业生鉴定工作，要按照国家法律法规的要求，遵守职业技能鉴定的有关规定，执行国家职业标准，规范考务程序，加强证书管理，客观公正地认定职业院校毕业生的职业资格，为全面提高劳动者素质创造有利条件。

三、针对职业院校的教学特点，合理确定职业院校毕业生的考核项目和内容。各地劳动保障部门要根据职业院校的教学实际，主动与教育行政部门及职业院校联系，针对不同类型职业院校的办学特点，结合职业院校的培养目标、专业设置、教学计划和大纲，确定毕业生申报职业技能鉴定的职业（工种）等级、考核内容和方式。职业院校毕业生申请职业技能鉴定的职业（工种）名称，应按照《中华人民共和国职业分类大典》中的类别确定。职业院校的专业设置与国家职业分类中的职业（工种）名称不相对应的，可允许申报与其相近或相关职业（工种）的职业技能鉴定。同时，鼓励职业院校学生在校学习多种职业技能，实现一专多能，以利于拓宽毕业生就业渠道。

四、采取灵活的鉴定方式，突出对学生职业能力的考核。对职业院校按照国家职业分类和职业标准设置专业和开设课程的，其毕业生职业技能鉴定应与课程考试结合起来，避免搞重复考核。为保证鉴定的客观性和公正性，考核试题应从国家题库中提取，没有建立国家题库的职业（工种），由劳动保障部门组织有关专家，依据国家职业标准编制理论考试和技能操作考核试题。对职业院校设置的专业与国家职业分类中的职业（工种）不对应的，可根据《中华人民共和国职业分类大典》中相近类别职业标准的要求，结合职业院校专业课程教学以及技术发展和知识更新的实际需要，编制理论考试和技能操作考核试题。对职业院校结合职业功能模块开发课程并组织教学的，由劳动保障部门组织有关专家依据国家职业标准以及教学计划、教学大纲的安排和要求，编制职业功能模块的鉴定规范和考核试题，组织学生按照职业功能模块进行考核。对通过全部职业功能模块考核且成绩合格的学生，认定相应的职业资格。

五、加强管理，认真把好职业技能鉴定质量关。各级劳动保障部门要按照统筹规划、合理布局、择优建站的原则，指导具备条件的职业院校申报职业技能鉴定所（站）。要严格职业技能鉴定所（站）的审批程序，加强对鉴定所（站）日常管理，实行年检制度。劳动保障部门在职业院校组织学生开展职业技能鉴定时，应按规定派遣考评人员组成考评小组，其中校外成员应占考评小组人数的2/3；考评人员是任课教师的，对其授课学生的职业技能考核应予以回避。对职业院校毕业生参加职业技能鉴定成绩合格者，由劳动保障部门按照职业资格证书管理的有关规定，颁发相应职业资格证书。对于培养学生复合技能、综合能力的专业，其毕业生参加职业技能鉴定合格者，可在证书备注页中注明其具有复合技能和综合能力的专业名称。

六、积极做好鉴定技术支持和毕业生就业服务工作。各地劳动保障部门要积极面向职业院校开展职业资格证书制度和就业准入制度的宣传咨询活动，要及时向职业院校提供国家职业标准、职业培训教材等有关信息，为职业院校开展职业技能鉴定工作提供技术服务。各地劳动保障部门要严格按照物价部门核准的收费标准收取鉴定费用，不得任意提高收费标准或以其他名目额外收费；对特殊专业以及家庭困难学生应减免鉴定费用。对于参加《招用技术工种从业人员规定》（劳动和社会保障部令第 6 号）所列职业（工种）技能鉴定的，劳动保障部门应提供相应的职业技能鉴定服务，使学生能及时参加职业技能鉴定。要积极做好职业院校毕业生的职业指导和就业服务，帮助学生了解当前就业形势和就业政策，树立正确的就业观念，为其顺利实现就业提供指导和帮助。

劳动和社会保障部办公厅关于积极做好职业学校职业技能鉴定工作有关问题的通知

（劳社厅发［2002］14 号　2002 年 12 月 17 日）

各省、自治区、直辖市劳动和社会保障厅（局）：

为贯彻《国务院关于大力推进职业教育改革与发展的决定》的精神，落实劳动保障部、教育部、人事部《关于进一步推动职业学校实施职业资格证书制度的意见》（劳社部发［2002］21 号，以下简称《意见》）的要求，积极推动各类职业学校（包括中等和高等职业学校，下同）实施职业资格证书制度，现就做好职业学校毕业生职业技能鉴定工作有关问题通知如下：

一、各地劳动保障部门要根据《意见》的要求，积极面向职业学校开展职业技能鉴定工作，建立起职业学校教育与职业资格证书制度、就业准入制度以及劳动力市场需求有机联系的运行机制，促进职业学校教学改革与发展，实现学业证书与职业资格证书两种证书制度并重的目标，全面提高职业学校毕业生的综合素质和就业能力。

二、省级劳动保障部门应会同教育部门，结合本地区实际，选择不同类别职业学校开展职业技能鉴定试点，在总结经验的基础上逐步推开。

试点范围应首先选择办学条件好、教学质量高、社会声誉好，且面向生产和服务一线的职业学校。专业范围应选择职业特征明显，并与国家职业标准相对应的技术要求高、社会需求量大的专业。目前，可将试点范围集中在机电制造类、信息技术类、能源运输类和商贸服务类专业。

三、职业学校毕业生申请职业技能鉴定的职业范围，应按照《中华人民共和国职业分类大典》或《职业学校专业与职业技能鉴定职业对应目录（试行）》（见附件）中的名称确定。以中级技能为培养目标的职业学校毕业生，可以申报中级及以下等级的职业技能鉴定；以高级技能为培养目标的高级技工（职业）学校，可申报高级及以下等级的职业技能鉴定。职业学校开设专业与国家职业标准不对应的，可选择相近职业，申报初级职业技能鉴定。

申请参加职业技能鉴定的职业学校，应向劳动保障部门提出申请，提交其毕业生参加职业技能鉴定的工作计划，并将参加学生有关情况报劳动保障部门备案。劳动保障部门与教育部门共同组织专家小组，对申请参加职业技能鉴定的职业学校进行评估认定。评估认定的内容包括职业学校的培养目标、专业设置、教学内容、师资力量、生产实习条件、教学效果和就业情况等。

四、对参加技能操作鉴定的职业学校，应按照国家职业技能鉴定考务管理的有关规定以及工作要求，组织毕业生参加实际操作要求的考核。凡建立国家题库的职业，应从国家题库抽取试题；尚未建立国家题库的职业，由省级劳动保障部门组织专家统一命题并组织考核。要加强对职业学校考评人员的管理，按规定派遣考评人员组成考评小组，其中校外成员应占考评小组人数的2/3，任课教师实行回避制度。按规定派遣质量督导员，负责对鉴定过程和鉴定结果的监督检查，鉴定成绩需由督导员签字确认。

对经认定的国家级重点职业学校以及少数教学质量高、社会声誉好的省级重点中等职业学校和高等职业学校，应建立申报备案制，学校组织考试时提前通知劳动保障部门。劳动保障部门组织校外考评员和质量督导员对学校组织的技能操作考核情况进行指导和督查。必要时，可按职业技能鉴定的要求对部分学生的实际操作水平进行抽查。

五、各地要按照统筹规划、合理布局、择优建站的原则，选择具备条件的职业学校建立职业技能鉴定所（站）。同时要严格职业技能鉴定所的审批程序，加强对鉴定所（站）的日常督导，实行年检制度。

各地劳动保障部门要加强对该项工作的指导和监督检查，加强与教育部门的协调配合，指导参加鉴定的学校加强鉴定质量保证体系建设，及时总结经验。要积极面向职业学校开展职业资格证书制度和就业准入制度的宣传咨询活动，做好职业学校毕业生的职业指导和就业服务工作，切实推进职业学校实施职业资格证书制度。

附件：职业学校专业与职业技能鉴定职业对应目录（试行）（略）

劳动和社会保障部　教育部　人事部关于进一步推动职业学校实施职业资格证书制度的意见

（劳社部发［2002］21号　2002年11月29日）

为贯彻落实《国务院关于大力推进职业教育改革与发展的决定》（国发［2002］16

号）精神，切实加强职业教育与劳动就业的联系，全面提高职业学校（包括中等和高等职业学校，下同）毕业生的综合素质和就业能力，经国务院同意，现就进一步推动职业学校实施职业资格证书制度有关问题提出如下意见：

一、推动职业学校实施职业资格证书制度，是落实中共中央　国务院关于“在全社会实行学业证书、职业资格证书并重制度”要求的重要举措，对于提高劳动者素质，推动就业准入制度的实施，促进职业教育的改革与发展，增强职业学校毕业生的实践、创新能力和就业、创业能力具有重要意义，各地劳动保障、人事和教育行政部门要高度重视，切实加强领导，统筹规划，采取有力措施，积极推进。

二、各地教育和劳动保障行政部门要积极推动职业学校深化教育教学改革，引导职业学校进一步转变观念，努力使职业学校的专业设置与劳动力市场需求紧密结合，教学内容与国家职业标准相衔接。职业学校要瞄准市场需求设置和调整专业，突出办学特色，切实改进实践教学环节，不断加强学生动手能力和实际操作技能的训练，增强毕业生的就业能力。

三、各地劳动保障、人事和教育行政部门要依据国家职业标准，结合职业学校的特点、培养目标、专业设置、教学要求，研究确定职业学校毕业生参加职业资格考核鉴定的具体办法。职业学校毕业生申请职业技能鉴定和专业技术职业资格考试，应分别按《中华人民共和国职业分类大典》规范的职业名称和专业技术职业资格类别进行。同时，鼓励职业学校学生在校学习多种职业技能，实现一专多能，拓宽就业渠道。

四、各地劳动保障行政部门要按照职业技能鉴定的有关规定，积极做好职业学校毕业生职业技能鉴定工作。经劳动保障和教育行政部门认定，职业学校所设专业的教学内容与国家职业标准要求相符合的，其毕业生申请参加中级以下（含中级）职业技能鉴定时，理论课考试成绩合格者可视为鉴定理论考核合格，按照职业技能鉴定有关规定只进行操作技能考核。对于培养学生复合技能的专业，除考核所需的基本职业理论和技能外，应增加应用能力、核心能力等方面综合能力的考核。

国家级重点职业学校以及少数教学质量高、社会声誉好的省级重点中等职业学校和高等职业学校的主体专业，经劳动保障和教育行政部门认定，其毕业生参加理论和技能操作考核合格并取得职业学校学历证书者，可视同为职业技能鉴定合格，发给相应的中级职业资格证书。

五、各地劳动保障行政部门要按照统筹规划、合理布局、择优建站的原则，充分发挥和利用职业学校的优势，选择具备条件的职业学校建立职业技能鉴定所（站）。要加强职业技能鉴定考评员和督导员的资格培训和管理，严格职业技能鉴定所（站）的审批程序，加强对鉴定所（站）鉴定日常督导，并实行年检制度。

六、各地人事部门要按照专业技术人员职业资格制度的有关规定，制定适合于职业学校特点的专业技术职业资格证书的取得方式。经人事、教育和相关专业主管部门组织专家评估认定的职业学校相关专业毕业生，可直接申请参加相应专业技术人员从业资格考试；对职业技术学院和具备条件的职业技术学校毕业生，实行免试部分科目等政策，逐步实现职业学校学历证书与专业技术人员从业资格证书相衔接。具体办法由各省、自治区、直辖市人事部门会同教育行政部门、有关专业管理部门制定并组织实施。

七、大力推进劳动预备制度的实施。各级各类职业学校要面向城乡未能升学的初、高中毕业生广泛开展职业教育和培训。要加强对农村准备从事非农产业工作或进城务工的人员开展各种形式的职业教育和培训，努力提高他们的职业技能水平和职业道德、法制观念等综合素质，实行先培训后上岗。同时，要积极面向下岗失业人员和已经在城市务工的农村青年开展职业教育和培训，引导和组织他们参加职业技能鉴定，对学习和培训合格者颁发相应的学历证书或培训合格证书，对技能鉴定合格者发给相应的职业资格证书，帮助他们提高就业能力和工作能力。

八、各地劳动保障、人事和教育行政部门要密切配合，进一步发挥职业学校在实施职业资格证书制度中的作用，切实做好职业学校毕业生职业资格考核鉴定工作。要在职业学校中开展职业资格证书制度和就业准入制度的宣传咨询活动，做好职业学校毕业生的职业指导和就业服务工作，帮助学生了解当前的就业形势和就业政策，树立正确的择业观念。要进一步落实就业准入制度，加大劳动监察执法力度，认真把好新生劳动力就业人口关，促进职业教育事业的健康发展。

九、要认真贯彻落实《国务院办公厅转发教育部等部门关于进一步深化普通高等学校毕业生就业制度改革有关问题意见的通知》（国办发［2002］19号）要求，鼓励高等学校毕业生参加职业资格考核鉴定，进一步拓宽高等学校毕业生的就业渠道。

劳动和社会保障部　教育部关于印发《2003年高职院校毕业生职业资格培训工程》的通知

（劳社部发［2003］13号　2003年6月3日）

各省、自治区、直辖市劳动和社会保障厅（局）、教育厅（教委）：

现将《2003年高职院校毕业生职业资格培训工程》印发给你们，请结合本地区实际和防治非典型肺炎的总体要求，组织实施。

2003年高职院校毕业生职业资格培训工程

为做好大学毕业生就业工作，根据《国务院办公厅关于做好2003年普通高等学校毕业生就业工作的通知》(国办发［2003］49 号)要求，劳动保障部、教育部决定实施“2003 年高职院校毕业生职业资格培训工程”(以下简称工程)。

一、指导思想

认真贯彻落实全国职业教育工作会议和《国务院关于大力推进职业教育改革与发展的决定》(国发［2002］16 号)精神，按照国务院做好今年大学生就业工作的要求，针对高职院校(含职业技术学院、高等专科学校和本科院校举办的二级职业技术学院)毕业生就业难问题，按照“瞄准市场需求、提升职业能力、转换择业观念、加强就业服务”的要求，集中职业技能培训优质资源，强化职业资格培训，为高职院校毕业生实现自主就业创造条件。

二、目标任务

今年 6—9 月，结合高校毕业生就业工作需要和学生就业意向，集中组织高职院校中没有落实工作单位的毕业生，参加职业技能培训或创业培训，为培训合格者提供职业技能鉴定服务，对鉴定合格者颁发职业资格证书，为培训合格者组织专门的求职招聘活动，提供职业介绍服务。

三、实施范围

重点是高职院校布局比较集中且就业任务重的大中城市，当前未落实用人单位的毕业生人数较多的高职院校。服务对象重点是尚未落实工作单位、本人家庭生活比较困难、特别是农村生源的应届高职院校毕业生。

各省、自治区、直辖市教育部门会同劳动保障部门研究确定具体城市和院校名单，同时报教育部和劳动保障部备案。

四、主要内容

(一)结合专业特点，有针对性地强化职业技能培训。根据高职院校专业和国家职业标准的对应关系［可参照《职业学校专业与职业技能鉴定职业对应目录(试行)》］，组织学生参加与所学专业相关、相近职业(工种)的技能培训，有针对性地强化实际操作技能训练。这项培训应尽可能与毕业实习和毕业设计结合起来。对培训考核合格的学生，颁发《高职院校学生职业培训合格证书》。《高职院校学生职业培训合格证书》由劳动保障部制定式样，由各省、自治区、直辖市劳动保障部门组织印制并核发。

(二)组织开展职业资格培训。根据学生就业意向、职业兴趣和劳动力市场需求，组织其参加当地教育培训机构实施的各级各类职业资格培训，培训考核合格者，颁发《高职院校学生职业培训合格证书》。劳动保障部中国就业培训技术指导中心联合有关技术支持单位组织电子商务师、心理咨询师、制图员职业资格培训和现代制造技术(数控工艺员)、电路仿真软件应用设计师等远程培训项目，培训合格者由中国就业培训技术指导中心颁发《CETTIC 职业培训合格证书》。高职院校可申报建立上述远程培训项目辅导站，鼓励学生参加远程职业资格培训。上述职业培训合格证书，可作为学生参加职业技能鉴定和劳动力市场求职就业的凭证。取得证书的学生，可按照《中华人民共和国职业分类大典》或参照劳动保障部颁布的《职业学校专业与职业技能鉴定职业对应目录》确定对应的职业范围，采取自愿原则，根据国家职业标准申报条件的要求，申请参加职业技能鉴定，各地职业技能鉴定机构要优先安排取得职业培训合格证书的高职院校学生参加鉴定。

（三）组织开展创业培训。高职院校要积极组织学生参加学校自己开发或当地劳动保障部门实施的创业培训项目。7—8 月份，劳动保障部中国就业培训技术指导中心组织实施远程创业培训，并提供创业项目库和创业培训教材，学校可以组织收看。培训合格者由中国就业培训技术指导中心颁发创业培训合格证书。

（四）高职院校应发挥专业和师资优势，结合学生就业意向和劳动力市场需求，采取措施，积极开展形式多样的专业性培训。

（五）普遍加强职业指导和就业服务。高职院校和承担职业培训任务的教育培训机构，要将职业指导作为职业培训的重要内容，宣传国家就业和社会保障政策，介绍求职方法和技巧；要积极收集就业信息，集中提供就业服务，提高培训就业率；要主动加强与公共职业介绍机构的联系，组织学生参加公共职业介绍机构的求职招聘活动。

公共职业介绍机构要定期向教育培训机构提供劳动力市场职业供求和工资指导价位信息，为高职院校毕业生就业提供服务。

五、措施办法

（一）劳动保障部门要会同教育部门选定部分实习训练条件较好的高职院校和高级技工学校，作为高职院校学生职业资格培训基地，承担相应的培训任务。劳动保障部门要动员组织技师学院、国家高技能人才培训基地与高职院校建立合作伙伴关系，共同开发专门的高职院校实习训练课程，提供实训场地、实训设备、培训教材，并配备生产实习指导教师，进行现场操作指导。教育行政部门要充分挖掘高职院校现有场地、教师、设备等资源优势，统一调配和配置资源，科学组织培训工作。

（二）北京、天津等 10 个国家创业示范城市和 30 个创业培训试点城市应积极创造条件，利用创业培训基地，对准备创业的高职院校毕业生提供创业培训、开业指导、后续扶持“一条龙”服务。各地区劳动保障部门要组织创业培训教师，为高职院校学生进行创业培训及创业计划辅导工作。

（三）按照《关于进一步推动职业学校实施职业资格证书制度的意见》（劳社部发［2002］21 号）要求，经劳动保障和教育行政部门认定，高职院校所设专业的教学内容与国家职业标准要求相符合的，其毕业生在申请参加中级以下（含中级）职业技能鉴定时，理论课考试成绩合格者可视同鉴定理论考核合格，按照职业技能鉴定有关规定只进行操作技能考核。

对部分教学质量高、社会声誉好的高职院校的主体专业，经劳动保障和教育行政部门认定，其毕业生参加理论和技能操作考核合格并取得高职院校学历证书者，可视同为职业技能鉴定合格，发给相应的中级职业资格证书。劳动保障部门组织校外考评员和质量督导员对学校组织的技能操作考核情况进行指导和督导，可按职业技能鉴定的要求对部分学生的实际操作水平进行抽查。

以上工作，由各地劳动保障部门会同教育部门制定试点办法，报劳动保障部和教育部备案后组织实施。

（四）少数高职院校中以高级技能人才为培养目标，其教学计划中明确操作技能水平要求达到高级技能水平的相应专业的毕业生，已经取得中级职业资格证书的，可以参加高级职业技能鉴定。各省、自治区、直辖市劳动保障部门会同教育部门提出方案，报劳动保障部、教育部批准后组织实施。

（五）8 月 24 日，劳动保障部专门为全国高职院校组织电子商务师、物业管理员、营销师、秘书、公关员全国职业资格统一鉴定。中国就业培训技术指导中心制订考前辅导和统一鉴定的工作方案。统一鉴定的收费标准应低于面向社会其他人员的收费标准。

（六）学生参加毕业前强化培训所需费用根据当地物价部门核准的收费标准确定，主要由教育部门和高职院校共同承担。职业技能鉴定费用由劳动保障部门适当减免，鉴定机构所需成本费用可向当地财政申请补贴，由地方政府统筹安排。

（七）9—10 月份，由高职院校和公共职业介绍机构专门收集一批适合高职院校毕业生就业的需求信息，组织专场求职招聘活动，为取得职业培训合格证书和职业资格证书的学生提供免费参加招聘洽谈活动的机会。

（八）毕业后半年内仍未就业的毕业生，可持高职院校出具的证明，到当地劳动保障部门进行失业登记，纳入失业人员统筹管理。公共职业介绍机构对登记失业的高校毕业生继续提供免费的职业指导、职业介绍等服务。为参加工程后未取得职业资格证书者提供进一步培训机会和技能鉴定服务。

六、组织推动

（一）劳动保障部、教育部负责工程的统筹安排和指导协调，共同研究制定相关政策。

（二）各省、自治区、直辖市成立由劳动保障、教育部门联合组成的工程领导小组，负责本地区工程的统筹安排和组织实施工作，并做好高职院校和高级技工学校、职业教育培训机构、职业技能鉴定机构的沟通联系工作。6 月 15 日前，制订实施方案，确定重点地区和院校以及承担培训任务的教育培训机构，启动组织实施工作并报劳动保障部、教育部备案。实施方案应包括重点地区和院校名称、地址、拟参加培训的毕业生人数、培训种类和目标内容以及相关组织管理实施工作步骤及流程等内容。

各地劳动保障和教育行政部门要密切配合，加强宣传指导和监督检查，共同做好组织实施和协调工作。各地劳动保障部门要成立由培训、鉴定、就业等部门共同组成的专门的工作小组，确定专门的工作人员，集中力量做好工程的管理指导、质量保证和技术支持、就业服务等工作。劳动保障部门要组织高职院校职业指导人员参加职业指导员培训和考核，对合格者颁发职业指导员职业资格证书。各地教育行政部门要成立专门的工作小组，确定专门人员，做好工程的宣传动员、生源组织和管理、培训项目确定和培训经费补贴、指导高职院校组织毕业生参加职业培训和职业技能鉴定，并做好学生培训、鉴定期间的各项保障服务工作。

（三）高职院校和承担培训任务的教育培训机构要明确具体部门专门负责工程的组织实施工作，根据当地工程领导小组的统一部署，6 月 20 日前完成实施方案制订工作，并开始组织实施。

（四）实施步骤：

1. 前期准备阶段（6 月 15 日前），进行摸底调查，制订方案。

2. 集中实施阶段（6 月中下旬至 9 月，特殊情况可延续到 11 月底），组织培训、鉴定和就业服务工作。

3. 总结阶段（10—11 月），各地、各学校进行总结。11 月底前，各省、自治区、直辖市劳动保障部门会同教育部门对本地区工程实施情况进行总结，报劳动保障部、教育部。

劳动保障部、教育部进行调研总结，研究制订相关工作规划。

劳动和社会保障部办公厅关于加强职业技能鉴定质量管理有关工作的通知

（劳社厅发［2003］18 号　2003 年 8 月 6 日）

各省、自治区、直辖市劳动和社会保障厅（局），国务院有关部门（行业组织、集团公司）劳动保障工作机构：

为加强职业技能鉴定工作管理，规范工作程序，进一步提高工作质量，维护国家职业资格证书的严肃性和权威性，全面推进国家职业资格证书制度建设，现就加强职业技能鉴定质量管理有关工作通知如下：

一、严格国家职业标准制定工作管理，确保国家职业标准的严肃性。国家职业标准由劳动保障部会同有关行业主管部门组织制定，各地不得自行组织制定。各地劳动保障部门要对已经制定颁布的地方标准进行清理和检查，并于今年 9 月 15 日前将清理结果报我部。今年年底前，我部将组织专家对地方标准进行论证，确需制定国家标准的，经专家审定后，由我部颁布施行，其他可在当地试行。今后，各地劳动保障部门确需制定职业标准时，可向我部申报计划，经论证批准后组织编写，报我部审定后颁布施行。

二、加强国家题库管理，保证命题质量。各地区、各行业在开展鉴定时，凡国家题库中已有的职业（工种），应从国家题库中提取试题，不得使用未经我部认定的题库（含试题资源和题库软件）。各地区、各行业已自行开发的鉴定题库，要按照国家题库开发的有关技术要求，经我部认定后，方可使用。我部将加快国家题库开发的进度，进一步扩大国家题库的职业覆盖面。鼓励各地区、各行业按照“统一计划、分步实施、滚动开发、有偿服务”的原则参与开发。

三、加强全国统考工作管理，规范职业资格培训与鉴定工作秩序。统考工作严格遵守统一标准、教材、命题、考务管理和证书核发的原则。各地劳动保障部门要按照有关要求，负责对承担全国统考项目培训和鉴定的机构进行审核和管理，并对报考人员资格条件进行审查。行业组织需要进行专场鉴定的，须向我部培训就业司和职业技能鉴定中心提出申请，经批准后由我部职业技能鉴定中心统一组织，省级职业技能鉴定指导中心负责鉴定实施过程中的质量监督。

四、进一步规范异地考核工作秩序。各类鉴定机构未经批准不得从事异地考核活动。确需跨省开展考核活动的，须经过鉴定机构所在地和需考核地省级劳动保障行政部门协商同意，并报劳动保障部备案；本省内跨地区开展考核活动的，应由相关两地（市）劳动保障行政部门协商同意，并报省级劳动保障行政部门备案。各级劳动保障行政部门要对辖区内的鉴定机构开展异地考核活动进行清理和检查。未经批准开展异地鉴定活动的，要按有关规定严肃查处。

五、加强地方和行业之间的鉴定工作协调与沟通。坚持职业技能鉴定“条块结合”的原则，劳动保障部门负责通用工种职业技能鉴定，行业部门负责行业特有工种职业技能鉴定。各地区、各行业不得超范围开展职业技能鉴定。国务院有关部门（行业组织、集团公司）劳动保障工作机构设立行业特有工种鉴定站时，应征求省级劳动保障行政部门的意见；劳动保障行政部门审批通用工种鉴定所时，也应征求所在地相关行业部门意见。

六、加强国家职业资格证书的核发与管理，维护职业资格证书的权威性。各地区、各行业要完善证书管理办法，严格执行证书收费“收支两条线”管理的有关规定，规范核发程序。不得超标准收费。各地区、各行业所需证书应及时向我部订购，不得擅自在地区、行业之间购买和调剂。对于私自印制证书、自制地方或行业职业资格证书和伪造证书的单位和个人，要按照有关法规严肃查处；必要时提请公安、司法部门依法惩处。

七、加强监督检查，建立质量通报制度。各地区、各行业要加强对鉴定所（站）的管理，加强鉴定督导员队伍建设，完善质量督导管理办法。各级劳动保障部门、行业主管部门及其所属职业技能鉴定指导中心要建立群众举报制度，设立并公布监督电话，鼓励和支持社会各方面对乱办班、乱考核、乱收费、乱发证以及其他违纪违规行为进行检举。

我部将建立职业资格证书制度质量通报制度，每季度对各地区、各行业执行国家职业标准、使用题库、考务管理、证书核发与管理等方面的情况进行公开通报（有关工作指标见附件)。同时设立职业技能鉴定质量监督电话：010-84201673，84635476，各地区、各行业在公布监督电话时，应同时公布劳动保障部的监督电话。

劳动和社会保障部关于健全技能人才评价体系推进职业技能鉴定工作和职业资格证书制度建设的意见

（劳社部发［2004］15号 2004年4月30日）

省、自治区、直辖市劳动和社会保障厅（局），国务院有关部门劳动保障工作机构：

为贯彻落实《中共中央、国务院关于进一步加强人才工作的决定》（中发［2003］16号）中关于完善人才评价体系的要求，推动技能人才队伍建设，现就健全技能人才评价体系，进一步做好职业技能鉴定工作，大力推行职业资格证书制度提出如下意见。

一、明确总体要求。全面贯彻实施人才强国战略，以提高劳动者素质和培养高技能人才为出发点，将职业技能鉴定工作做细做好，将职业资格证书制度建设工作做强做大。围绕技术技能型、复合技能型和知识技能型人才的培养和使用，健全技能人才评价体系，强化质量，创新模式，扩展规模，直接有效地为企业和劳动者服务。2004年至2006年，要在确保质量的前提下，实现鉴定数量每年递增20％，技师、高级技师三年新增50万人。

二、健全评价体系。在评价内容上，坚持职业能力与工作业绩相结合；在评价标准上，坚持国家标准与岗位要求相结合；在评价机制上，坚持专业评价与企业认可相结合；在组织实施上，坚持行政指导和技术支持相结合；在管理体制上，坚持属地管理与行业管理相结合。要在大力推进职业技能鉴定社会化管理的同时，加快企业在职职工和职业院校毕业生技能人才评价方式的改革，逐步健全以职业能力为导向，以工作业绩为重点，注重职业道德和职业知识水平的技能人才评价体系。对技术技能型人才的评价，在现有考核模式上，突出实际操作能力和解决关键生产难题的考核要求，并增加新技术和新知识的要求；对知识技能型人才的评价，应根据高新技术产业发展需要，突出新技术、新知识掌握和运用能力的要求；对复合技能型人才的评价，应根据产业结构调整和技术进步的需要，强化综合性考核和多项技能的考核。

三、推进职业技能鉴定社会化管理工作。继续坚持面向市场、扩大范围、完善制度、提高质量的指导思想，按照统一标准、命题、考务和证书等质量管理原则，完善职业技能鉴定的运行机制、工作流程、技术支持和质量监督。提升管理水平和鉴定层次，扩大资格证书覆盖面，逐步完善以城市为中心的鉴定实施体系，探索建立示范性中心鉴定所，着力做好企业需求量大的高新技术应用领域技能人才评价工作。

2004年至2006年，重点抓好200个左右从业人员多、技术要求高的职业（工种）的鉴定工作，做到基础工作配套、管理运行规范，充分发挥其示范作用，以指导和推动企业、行业和教育培训机构的技能鉴定工作。同时，积极开发市场需求的新职业（工种）项目，做好部分新职业（工种）的全国统一鉴定工作。

四、加快企业技能人才评价方式改革。按照统一标准、现场考核、强化督导的原则，通过生产现场的能力考核和工作成果的业绩评定等方法，重点评价企业职工执行操作规程、解决生产问题和完成工作任务的能力。劳动保障部门派遣质量督导员进行监督，按照统一的技术标准和工作规范，指导企业考核工作，保证评价的客观性和公正性。

劳动保障部将会同有关部门选择部分中央直属企业开展企业技能人才评价改革试点。各省级劳动保障部门可结合本地区实际选择部分大、中型企业开展试点工作。试点企业按照国家职业标准的统一要求，结合企业生产特点和岗位要求，可对国家题库确定的考核内容进行30%的调整。考核合格者，根据企业要求，可按规定核发职业资格证书或出具统一的考核成绩证明，并列入职业技能鉴定的统计范围。

五、积极推进院校职业资格认证工作。各级劳动保障部门应帮助、支持和指导职业教育培训机构和普通高等院校的毕（结）业生参加社会化职业技能鉴定。定期发布职业院校与职业分类标准对应目录，做好职业资格认证与专业设置的对接服务。按照统筹规划、合理布局、发挥优势的原则，确定一批具备条件的职业院校建立职业技能鉴定所（站）。

对按照国家职业分类和标准设置专业的职业院校，其毕业生职业技能鉴定可与学校教学考核结合起来，凡能一致的要避免重复考核。各地要加大工作力度，在现有工作的基础上，选择10～20所具备条件的院校扩展资格认证工作。对参加资格认证的院校应按照国家职业标准的要求，调整教学计划和教学内容，强化职业技能训练，采取单元式教学、模块化考核、学分制管理的办法，突出对学生的职业能力评价，使职业院校毕业生在取得学历证书的同时，取得相应的职业资格证书。劳动保障部门要加强职业院校学生参加职业资格认证工作的管理和质量督导，建立对毕业生跟踪考核和业绩评价机制。

六、加强技师和高级技师的考评工作。对于社会通用性强的职业（工种）的技师考评可采用社会化鉴定的方式，按照“统一标准、自主申报、社会考核、企业聘任”的原则，实行鉴定机构考核与专家评审相结合的考评办法。对于企业生产一线技术复杂和操作性强的职业（工种），技师考评可采取企业内业绩评定的方式，实行能力考核与业绩评定相结合的考评办法。能力考核强调解决实际问题，业绩评定突出实际贡献。企业可根据职业标准的要求和生产岗位的实际需要确定技师考评的要素和内容，组织开展技师考核鉴定工作。对有突出贡献的技术骨干可破格参加技师、高级技师的考评。

七、强化职业技能鉴定的质量管理。在规范鉴定工作体系的基础上，加快建立职业技能鉴定质量督导制度，进一步完善质量管理的规章制度，严格执行鉴定的工作规范、技术标准和管理规程。推行鉴定机构质量认证标准，建立考评人员和质量督导人员诚信培训和考核记录制度，坚持对各地区、各行业的质量管理情况按季度进行定期通报。建立职业技能鉴定机构和考评人员年检制度，对优秀职业技能鉴定机构和个人给予表彰和奖励。对通过质量认证标准并连续两年年检合格者，可在三年内予以免检。对于连续两年年检不合格或在一年之内没有开展鉴定工作的职业技能鉴定所（站），要予以撤销。

八、健全鉴定工作的违规退出和惩处机制。对经查实存在违规行为的鉴定机构、考评人员和质量督导人员，第一次予以通报警告，限期改正；第二次取消其参加鉴定活动的资格。对于违反规定进行跨地区、跨行业考核活动的地区和行业，上级主管部门可根据情况停止其开展相关职业鉴定活动。对于经查实存在重大违规行为的，可提请其主管部门对责任人予以行政处罚。对于违反国家法律和法规，构成刑事责任的，要依法提请有关部门惩处。

九、完善职业技能鉴定的基础工作。坚持以职业活动为导向、以职业能力为核心的指导思想，充分发挥行业组织和专业机构的作用，定期修订和完善国家职业标准，建立动态、开放的职业分类与标准体系。实施《三年三千种职业培训教材开发计划》，加快教材开发工作。加强专家队伍建设，创新鉴定技术和考评方法。严格标准和题库的开发与使用管理，有条件的地区和行业，可试行命题统一管理，鉴定内容公开，考核现场抽签确定鉴定项目的办法。完善考务管理系统，规范考务管理流程，结合模块认证试点，探索签证式、写实性的证书管理方式，建立证书查询系统。推进国家职业资格在线工程建设，扩大国家职业资格工作网应用范围，加快职业技能鉴定信息化建设步伐。

十、建立职业资格证书制度与技能竞赛的沟通机制。鼓励企业、行业和地方开展各种形式的职业技能竞赛和群众性岗位练兵活动，选拔企业急需的技术技能带头人。在各类技能竞赛中获得优秀名次的选手，可按有关规定直接晋升技术等级或优先参加技师、高级技师考评。

十一、进一步将职业资格证书制度与就业制度紧密结合。认真贯彻实施“先培训后就业、先培训后上岗”的就业准入制度，指导用人单位把好就业准入的入口关。用人单位在招用技术工种劳动者时，应从已取得职业资格证书的人员中择优录用；招用非技术工种的劳动者，也应从接受过职业培训的人员中选择。职业介绍机构要把落实就业准入制度作为一项基本工作要求，在显著位置公告就业准入的职业目录，在发布技术工种人员招聘广告时，对应聘人员条件注明职业资格要求。劳动保障监察机构对违反有关规定的行为要予以纠正和查处。

十二、加强职业资格证书制度与企业劳动工资制度的衔接。指导企业大力推行“使用与培训考核相结合，待遇与业绩贡献相联系”的做法，充分发挥职业资格证书在企业职工培训、考核和工资分配中的杠杆作用，建立职工凭技能得到使用和晋升，凭业绩贡献确定收入分配的激励机制。要把高技能人才占职工总量的比重作为企业参加投标、评优、资质评估的必要条件。建立高技能人才奖励和津贴制度，汇集、公布技能人才工资市场价位，完善高技能人才同业交流机制。

劳动和社会保障部办公厅关于在百所职业院校推进实施职业资格证书制度国家级试点工作的通知

（劳社厅函［2004］191号　2004年7月6日）

有关省、自治区、直辖市劳动和社会保障厅（局）：

为加快高技能人才队伍建设，推广职业资格证书制度，促进职业院校学生就业，你们商教育行政部门确定的拟将部分职业院校作为推进实施职业资格证书制度国家级试点院校的请示收悉。经研究，我部同意将北京联合大学师范学院等137所职业院校列入国家级试点范围。

请你们高度重视，加强领导，大力推进试点工作。试点工作中，一是应完善或新建职业技能鉴定所（站），积极帮助试点职业院校学生参加职业技能鉴定。二是对试点职业院校专业的教学内容与国家职业标准要求相符合的，其毕业生理论课考试成绩合格者，可视为鉴定理论考核合格，只进行操作技能考核。三是对认定的试点职业院校主体专业的毕业生直接核发相应的职业资格证书。四是进行企业人力资源师、电子商务师等知识技能型人才评价试点，组织学生参加职业资格全国统一鉴定。五是在计算机应用与软件技术专业领域，探索开发并推广职业资格认证，推进职业院校课程设置与职业资格证书制度相结合。

为保证试点工作顺利进行，我部将依托中国劳动力市场网（www.lm.gov.cn）和国家职业资格工作网（www.nvq.net.cn），建立试点职业院校信息网络，加强政策指导和技术支持。同时，我部将依托上海进行高等学校职业资格证书制度试点，组织专家论证并系统总结后，在全国逐步扩大试点范围。

请你们会同教育行政部门指导试点职业院校拟订试点实施方案，并填报好相应表格（附件），于2004年7月20日前报我部备案。工作中遇到的情况和问题请及时通报我部培训就业司和职业技能鉴定中心。

附件：试点职业院校名单（略）

劳动和社会保障部办公厅关于开展单项职业能力考核试点工作的通知

（劳社厅发［2005］4号　2005年5月8日）

各省、自治区、直辖市劳动和社会保障厅（局）：

为促进农村劳动力转移就业和城镇下岗失业人员再就业，各地劳动保障部门推动开展了形式多样的职业培训工作，取得了较好的效果。但是，由于农村转移就业人员和下岗失业人员所掌握的职业技能还比较单一，短期内难以取得国家职业资格证书，通过劳动力市场实现就业存在一定困难。为解决这部分人员的职业能力评价问题，经研究，我部决定选择部分地区探索开展单项职业能力考核试点工作。现将有关事项通知如下：

一、任务目标

在广泛开展社会化职业培训的基础上，组织开展实用职业技能考核，核发单项职业能力证书，提供公共职业能力认证服务，以此探索建立单项职业能力评价体系，为农村转移劳动力和下岗失业人员提高就业能力服务。

二、试点地区

试点工作主要依托吉林、上海、浙江、福建、江西、湖南、广东、广西、四川、陕西、新疆等劳动力输出输入数量较大的地区（以下简称试点地区）进行。每个试点地区要确定1～2个试点城市，作为我部重点指导和联系城市。

三、主要内容

（一）选择就业需求量大、操作技能简单易学的就业技能进行单项职业能力考核试点。进城务工的农民工、农村准备转移就业的劳动力、城镇下岗失业人员及其他各类人员均可自愿申请参加单项职业能力考核。对企业职工开展的单项职业能力考核，由试点地区劳动保障部门根据企业申请统筹组织实施。

（二）结合就业需求，研究提出单项职业能力考核项目。要参照《单项职业能力考核规范要求》（附件1），组织开发单项职业能力考核规范，经我部职业技能鉴定中心审定并向社会公布后，组织实施考核工作。

（三）比照职业技能鉴定的工作要求和技术规程组织实施单项职业能力考核试点。试点地区职业技能鉴定指导中心根据我部职业技能鉴定中心公布的单项职业能力考核规范，自主组织命题，依托职业技能鉴定所（站）组织考核。因企业要求，确需在工作现场进行考核的，要进行统一安排。

（四）对参加考核合格的人员，由试点地区劳动保障部门颁发写实性单项职业能力证书，该证书是劳动者能够熟练掌握并应用某项实用职业技能的证明，表明劳动者具备了从事某职业岗位所必需的基础工作能力。

单项职业能力证书由我部职业技能鉴定中心制定统一式样和编号办法，由试点地区劳动保障部门免费发放。

四、试点工作要求和安排

（一）试点地区劳动保障部门要高度重视试点工作，要成立工作指导小组，由培训、鉴定、就业等相关部门参加，切实加强领导，稳妥推进，加强监控，确保质量。

（二）分阶段组织推动试点工作。2005 年 5—6 月，制订试点方案，确定重点城市，论证提出考核项目，报我部培训就业司和职业技能鉴定中心备案；7—12 月，具体组织开展考核与发证工作。2006 年 1—3 月，对试点工作进行阶段性总结，并提出相关政策建议和技术方案，报我部培训就业司和鉴定中心。

（三）试点工作中，要按照规定派遣考评人员和质量督导人员，规范考核过程，监督考核结果，加强质量管理。试点地区中的劳动力输出地需要跨地区组织考核，应由输出地省（自治区、直辖市）劳动保障部门商输入地省（自治区、直辖市）劳动保障部门同意后组织实施。

（四）试点地区劳动保障部门要商当地财政、物价部门核定单项职业能力考核收费项目和标准。试点工作中，要坚决防止强行组织培训鉴定和收费。要采取措施，降低考核鉴定成本，对下岗失业人员、农民工等低收入群体，要适当降低收费标准或实行免费。要争取有关部门支持，将有关考核鉴定费用纳入农村劳动力转移培训和再就业培训经费补贴范畴。

（五）为指导试点工作，我部通过中国劳动力市场网（www. lm. gov. cn）和国家职业资格工作网（www. osta. org. cn），公布试点政策，公开各地试点方案及考核项目，开展政策咨询、技术支持和质量监控工作。各地在试点工作中取得的进展及遇到的问题，请及时与我部培训就业司和职业技能鉴定中心联系。

附件：

1. 单项职业能力考核规范要求（略）
2. 服装缝纫车工单项职业能力鉴定规范（样本）（略）

劳动和社会保障部办公厅关于扩大职业技能鉴定机构质量管理体系认证试点工作的通知

（劳社厅函［2005］132号　2005年4月26日）

各省、自治区、直辖市劳动和社会保障厅（局），国务院有关部门（行业协会、集团公司）劳动保障工作机构，新疆生产建设兵团劳动和社会保障局：

为加强对职业技能鉴定机构的管理，规范职业技能鉴定机构质量管理工作，确保职业技能鉴定质量，自2003年5月起，我部选择天津、福建、湖南、新疆和铁道部、中国石油天然气集团公司的部分职业技能鉴定机构开展了质量管理体系认证试点工作。通过试点，促使这些职业技能鉴定机构建立了有效的自我约束机制，进一步规范了职业技能鉴定行为，增强了质量服务意识，提高了质量管理水平。同时，根据试点情况，修订了《职业技能鉴定机构质量管理体系标准》（附件1）和《职业技能鉴定机构质量管理体系认证工作流程》（附件2）。经研究，我部决定今年扩大职业技能鉴定机构质量管理体系认证试点。现将有关事宜通知如下：

一、按照《关于健全技能人才评价体系推进职业技能鉴定工作和职业资格证书制度建设的意见》（劳社部发［2004］15号）要求，我部计划开始用2～3年的时间，对全国各级职业技能鉴定指导中心和主要的职业技能鉴定所（站）实行质量管理体系认证管理，提高职业技能鉴定机构质量管理整体水平。

二、根据当前实际工作需要，今年扩大试点的重点是辽宁、江苏、湖北、湖南、广东、安徽、吉林、内蒙古、新疆生产建设兵团9个地区和农业部、国家烟草专卖局、中国石油化工集团公司、中国航天科工集团公司4个行业中的省（地市）级和行业职业技能鉴定指导中心或条件较好的职业技能鉴定所（站）。请上述地区和行业部门结合实际，分别选择2～3个试点单位，并将试点单位名单于5月15日前报送我部培训就业司和职业技能鉴定中心，以便于试点工作的整体部署和安排。

三、被确定为试点单位的职业技能鉴定机构，要按照《职业技能鉴定机构质量管理体系标准》和《职业技能鉴定机构质量管理体系认证工作流程》，制订工作计划，明确工作人员，做好各项前期准备工作，并指定专人与我部联系。

四、根据试点工作的需要，我部拟对试点单位的相关人员进行质量管理体系认证工作方面的培训。请试点单位指派2名人员参加培训，有关培训安排、培训时间等具体事宜由我部职业技能鉴定中心另行通知。

五、各地区、各行业部门要高度重视，加强领导，积极组织职业技能鉴定机构参加这次试点工作。通过试点，进一步规范职业技能鉴定行为，提高职业技能鉴定质量，扩大职业资格证书的影响力，推进职业资格证书制度的建设。

附件：

1. 职业技能鉴定机构质量管理体系标准

2. 职业技能鉴定机构质量管理体系认证工作流程

附件 1：

职业技能鉴定机构质量管理体系标准

1　总则

1.1　为规范职业技能鉴定机构［含劳动和社会保障部职业技能鉴定中心、地方和行业部门各级职业技能鉴定（指导）中心、职业技能鉴定所（站）及考试（核）站，以下简称鉴定机构］的质量管理和鉴定过程，确保职业技能鉴定的有效性，根据《劳动法》和《职业技能鉴定规定》（劳部发［1993］134 号）等有关法律法规文件，参照 GB/T 19000—2000 族标准的原则和方法，制定本标准。

1.2　本标准适用于各级鉴定机构。通过按本标准建立质量管理体系以及体系有效应用和持续改进的过程，证实其有能力稳定地提供满足顾客（企业、学校、社会、劳动者、鉴定主管部门）和适用法律法规要求的职业技能鉴定服务。

1.3　本标准是劳动和社会保障部对各级鉴定机构进行质量管理体系认证，以及各级鉴定机构内、外部评定其满足顾客、法律法规和自身需要能力的依据。

2　质量管理体系

2.1　鉴定机构应按照本标准的要求建立质量管理体系，并形成体系文件，加以实施和保持。应将鉴定活动和相关资源作为过程进行管理，以提高鉴定服务的有效性，并持续改进。

2.1.1　最高管理者应制定质量方针，确保与鉴定机构的宗旨相适应，在鉴定机构内得到沟通和理解，为制定和评审质量目标提供框架，且要充分体现公正、科学、规范、有效和顾客满意的要求。

2.1.2　质量目标应包括满足鉴定服务要求的内容，与质量方针相一致，分解到各职能部门和层次，并可测量。

2.1.3　质量管理体系应符合国家有关职业技能鉴定政策、法规、标准对鉴定机构的要求。

2.1.4　识别并确定质量管理体系所需的过程、过程的顺序与相互作用，确定为确保这些过程的有效运行和控制所需的准则与方法，以及实施过程必要的资源与信息。

2.1.5　确保监视、测量、分析和评估这些过程的绩效。

2.1.6　采取必要的措施，实现这些过程的预期目标，并持续改进。

2.2　质量管理体系文件要求

2.2.1　体系文件应包括：

a. 质量手册（包括质量方针、质量目标）；

b. 本标准所要求的程序文件包括：文件与记录、未达标项、内部审核、管理评审、纠正措施及预防措施等控制程序；

c. 为策划、实施和控制各鉴定过程所需的作业指导类文件（如作业指导书、规程、制度等）；

d. 本标准以及鉴定实施过程所要求的记录。

2.2.2　体系文件的控制要求：

a. 体系文件发布前得到批准，以确保其是充分与适宜的，必要时对其进行评审和更新，更新时需要再次批准；

b. 确保使用处可获得有效版本的适用的体系文件；

c. 保持体系文件清晰，易于识别；

d. 确保体系文件的更改和现行修订状态得到识别；

e. 确保外来文件得到识别，并控制其分发；

f. 防止作废文件的非预期使用，作废文件留存时应进行适当标识；

g. 确保体系文件有适宜的保存环境条件。

2.3　鉴定机构应建立并保持记录，以提供符合要求和质量管理体系有效运行的证据。记录应保持清晰、易于识别和检索。规定记录的标识、贮存、保护、检索、保存期限和处置所需的控制。

3　管理职责和权限

3.1　鉴定机构的法人（或法人授权人）是本机构的最高管理者。通过 3.3.1 的活动，对其建立、实施质量管理体系并持续改进其有效性的承诺提供证据。

3.2　鉴定机构应建立质量管理体系，负责组织、协调、落实鉴定服务实施和质量改进工作。该体系一般由以下系统构成：

3.2.1　综合管理系统。

3.2.2　职业标准管理系统。

3.2.3　命题管理系统。

3.2.4　考核管理系统。

3.2.5　鉴定机构管理系统。

3.2.6　证书管理系统。

3.2.7　设施设备管理系统。

3.3　管理职责

3.3.1　最高管理者

a. 负责鉴定机构的鉴定服务质量，确保顾客要求得到确定和满足；

b. 负责向全体员工传达满足顾客和法律法规要求的重要性；

c. 负责制定质量方针和质量目标，策划质量管理体系，满足质量目标以及2.1的要求；

d. 批准管理评审计划，主持管理评审；

e. 确保体系运行必需的资源；

f. 在领导层中指定管理者代表；

g. 负责体系文件的批准；

h. 负责仲裁质量管理争议问题。

3.3.2 管理者代表

a. 确保质量管理体系所需的过程得到建立、实施和保持；

b. 向最高管理者报告质量管理体系的业绩，提出改进意见；

c. 在整个鉴定机构内增强鉴定质量意识，提高鉴定工作管理水平，达到顾客满意；

d. 对外联系质量管理体系有关事宜；

e. 负责体系文件的审核；

f. 负责领导内部审核和组织管理评审；

g. 适时组织分析各管理系统的运行、控制建议，改进其有效性。

3.3.3 综合管理系统责任人员

a. 在管理者代表的领导下，负责质量管理体系的具体组织、建立和保持，使之有效运行；

b. 组织编制质量管理体系文件和鉴定过程质量的检查程序、标准及方案；

c. 审核和监督检查的实施，确认检查结果；

d. 负责组织实施内部审核，并向管理者代表提交内部审核报告；

e. 接受鉴定主管部门的业务指导，组织实施并进行内部协调；

f. 制订和实施管理评审计划，跟踪、验证管理评审输出的改进措施执行的有效性；

g. 确定质量管理和监控人员所必需的能力，提供培训或采取其他措施满足这些需求；

h. 确保本系统使用的体系文件和记录的有效性。

3.3.4 职业标准管理系统责任人员

a. 负责职业标准的执行（或制定）及管理工作；

b. 确保职业标准制定过程和质量符合有关规定；

c. 负责编制职业标准管理相关体系文件并组织实施，适时向管理者代表报告本系统运作、控制情况，提出改进建议；

d. 参与实施内部审核和管理评审；

e. 确保本系统使用的体系文件和记录的有效性。

3.3.5 命题管理系统责任人员

a. 负责命题系统的管理工作；

b. 确保命题工作过程和质量符合有关规定；

c. 负责编制命题质量管理相关体系文件并组织实施，适时向管理者代表报告本系统运作、控制情况，并提出改进建议；

d. 参与实施内部审核和管理评审；

e. 确保本系统使用的体系文件和记录的有效性。

3.3.6 考核管理系统责任人员

a. 负责考核系统的管理工作；

b. 确保考核与职业标准、国家题库相衔接；

c. 确保考核过程及其有效性符合有关规定；

d. 负责编制考核管理、考评人员管理等相关体系文件并组织实施，适时向管理者代表报告本系统运作、控制情况，并提出改进建议；

e. 负责考核场所的验收，考评人员、质量督导人员的使用和管理；

f. 参与实施内部审核和管理评审；

g. 确保本系统使用的体系文件和记录的有效性。

3.3.7 鉴定机构管理系统责任人员

a. 负责本鉴定机构的管理工作；

b. 按照国家和上级部门的有关规定进行鉴定活动，确保鉴定工作的公正、有效，程序符合鉴定要求；

c. 负责编制鉴定机构体系文件并组织实施，参与内部审核和管理评审，适时向管理者代表报告本系统运作、控制情况，提出改进建议；

d. 负责检查考核场所设施、设备及所需仪器、工具，并与考核管理系统沟通，保证满足鉴定服务要求；

e. 负责听取、收集顾客对职业标准、试卷和考核以及本鉴定机构质量管理工作的意见和建议，并分别向最高管理者和本鉴定机构的上一级部门反映；

f. 按照国家和上级部门的有关规定接受或组织认证活动，确保认证工作的公正、有效，程序符合认证工作要求；

g. 确保本系统使用的体系文件和记录的有效性。

3.3.8 证书管理系统责任人员

a. 负责证书管理工作；

b. 确保证书管理的规范；

c. 负责编制证书管理体系文件并组织实施，适时向管理者代表报告本系统运作、控制情况，并提出改进建议；

d. 负责与本鉴定机构内部的工作协调，保证证书管理工作满足考核工作的需要；

e. 确保本系统使用的体系文件和记录的有效性。

3.3.9 设施设备管理系统责任人员

a. 根据鉴定工作要求配备所需设施、设备、工具以及监视、测量装置等，并进行控制，以满足鉴定服务需要；

b. 负责编制设施、设备等管理体系文件并组织实施，参与内部审核和管理评审，适时向管理者代表报告本系统运行、控制情况，并提出改进建议；

c. 保持与上述各系统的工作衔接、协调，满足其需要；

d. 确保本系统使用的体系文件和记录的有效性。

3.4　管理评审

最高管理者应按策划的时间间隔对质量管理体系进行管理评审，以确保体系持续的适宜性、充分性和有效性。管理评审应包括评价体系改进的机会和变更的需求、质量方针和质量目标持续适宜性的评审。

3.4.1　评审输入

a. 审核结果，包括质量管理体系审核、鉴定质量审核的结果（如质量督导结果、年度检查结果等）；

b. 顾客的反馈，包括满意程度的测量及与顾客沟通的结果等；

c. 鉴定过程的业绩和服务的符合性，包括过程、检查和监控的结果；

d. 纠正和预防措施的状况，包括对内部审核和日常发生的未达标项采取的纠正和预防措施的实施及其有效性的监控结果；

e. 以往管理评审跟踪措施的实施结果；

f. 可能影响质量管理体系的变更，包括内外部环境的变化，如法律法规的变化，新工种、新等级的开发等；

g. 质量管理体系改进的建议。

3.4.2　评审输出

a. 质量管理体系及其过程有效性的改进（包括任何决定和措施）；

b. 与顾客要求有关的鉴定服务的改进（包括任何决定和措施）；

c. 资源需求。

4　资源管理

4.1　鉴定机构应确保获得所需资源，以实施、保持质量管理体系并持续改进其有效性，通过满足顾客要求，提高顾客满意度。

4.2　鉴定机构应根据其职能和服务配备相应的责任人和工作人员，识别和确定鉴定服务人员的素质能力和培训要求，并评价培训有效性。通过培训、考核提高全员服务顾客的能力和意识，确保全体员工能够胜任所从事的工作。

4.3　鉴定机构应对管理和监控等人员进行培训，对于培训合格者按照规定的程序进行聘用和管理。必要时，可聘请有关专家以满足鉴定服务需要。

4.4　鉴定机构应按照职能和有关标准要求，配备相适应的环境资源。主要包括：

4.4.1　与工作相适应的办公、鉴定场所。

4.4.2　与工作相适应的设施和设备、监视和测量装置、工具、信息以及相应的工作环境。

4.4.3　与鉴定相关的法律法规、职业标准和技术规范。

4.5　鉴定机构应确保鉴定所需资源及时、有效地提供，并进行管理和维护，确保鉴定服务的实现。

5　鉴定服务的实现

5.1　鉴定机构应在经认可的鉴定范围内进行鉴定工作的市场调查，收集顾客信息反馈。需开展新的鉴定项目时，应按照有关规定的要求，根据本鉴定机构的实际情况，由管理者代表主持，综合管理部门进行策划和开发鉴定服务项目。策划和开发过程与质量管理体系有关过程的要求相一致（见 2.1）。策划和开发应确定以下方面的适当内容：

5.1.1　应当满足顾客要求和国家有关法律法规要求。

5.1.2　根据鉴定项目特性确定鉴定服务的质量目标和要求。制订质量控制计划。其内容包括目标、要求、鉴定方法和程序、验收准则、所需资源、责任人和完成时间等。

5.1.3　针对鉴定服务确定所需过程、体系文件和资源的需求。

5.1.4　鉴定服务所要求的评审、验证、确认以及服务验收准则。

5.1.5　为鉴定实现过程以及服务满足要求提供证据所需的记录。

5.2　鉴定过程的控制

5.2.1　综合管理质量控制

综合管理质量控制是对本鉴定机构质量管理的综合管理，应按照策划要求进行控制，其质量控制要点：

a. 贯彻执行《质量手册》的要求；

b. 审核、协调和督导各子系统；

c. 组织做好内部审核与管理评审的实施；

d. 检查和汇报本鉴定机构体系的实施情况，并提出改进建议；

e. 保持控制记录。

5.2.2　职业标准制定质量控制

职业标准由国家统一制定，省级或行业以下鉴定机构原则上不制定职业标准。制定职业标准应当按照预测需求、专家论证、组织编写、技术审核和国家颁布以及持续改进等流程进行。职业标准制定的质量控制要点：

a. 对专家的选择和专家组的组建；

b. 专家论证意见和职业标准的科学性、适用性；

c. 技术审核与技术试验；

d. 建立信息、反馈等渠道，及时了解职业发展和科学技术发展情况，收集标准使用者的意见；

e. 持续改进职业标准，保证其适宜性和科学性；

f. 保持控制记录。

5.2.3 命题质量控制

职业技能鉴定实行统一命题，凡国家题库已有的职业（工种）的鉴定，试题一律从国家题库中抽取。国家题库未有的职业（工种）的鉴定，可由省（行业）鉴定中心根据职业标准组织开发，经专家论证、技术审查、管理者代表批准、部中心审批后联合发布使用。

命题工作一般按照组建专家组、依据标准、编制命题细目表、编制试题、技术审核、试题测试、修订入库、颁发使用和持续修改等流程进行。命题的质量控制要点：

a. 建立题库与职业标准、教材相衔接的技术措施；

b. 命题技术的科学性与试题的测试；

c. 试卷使用和提取、印制、传递等管理程序及接口要求；

d. 试卷的质量、使用信息反馈与持续改进；

e. 保持控制记录。

5.2.4 考核质量控制

考核是鉴定服务实现的重要环节。考核流程包括考前准备、考核活动实施和考后管理总结。考核的质量控制要点：

a. 考核实施与鉴定制度的一致性；

b. 考核环境与考核要求的符合性；

c. 考评人员配备和对考评行为的技术监督；

d. 试卷的管理与阅卷控制；

e. 确保考核的内容及项目全部、科学、安全地实施；

f. 考核现场质量的控制与评分记录；

g. 考核原始资料等档案管理；

h. 保持控制记录。

5.2.5 鉴定机构质量控制

鉴定机构实行以质量管理体系为中心，人力资源、环境资源为条件的资格准入制度。鉴定机构的认证评审、年审等应以质量管理体系运行有效性为重点。检查质量管理体系运行情况及记录等鉴定考核档案，确保其正确性、有效性、完整性和规范性。鉴定机构的质量控制要点：

a. 本鉴定机构质量管理体系符合本标准的规定，运行有效、规范并得到保持；

b. 资源配置能够持续地满足鉴定服务的需要；

c. 确保满足国家规定和顾客的需要；

d. 建立不断适应鉴定市场变化与发展需要的机制；

e. 确保本系统使用的体系文件和记录的有效性；

f. 保持控制记录。

5.2.6　证书管理质量控制

证书管理应按相对集中统一、行政管理与技术支持部门共同监督发放的原则进行控制。建立并完善管理制度（包括订购、申报、批准、验印、发放、使用等），确保证书的有效控制。证书管理的质量控制要点：

a. 执行国家有关证书订购、发放及办理的规定与程序；

b. 确保鉴定成绩合格人员的证书经规定部门审核后颁发，并逐步实现多种方式的证书查询，确保证书的有效性；

c. 定期检查证书管理（合格证书和废证书的使用、登记、库存）情况；

d. 保持控制记录。

5.2.7　考评人员、质量督导人员工作质量控制

考评人员应按规定程序及标准实施考评，质量督导人员应按规定程序及要求进行督导。考评人员与质量督导人员的质量控制要点：

a. 考评人员按照评分标准及程序进行独立评分；

b. 质量督导人员对鉴定工作及考评人员考评行为进行监督；

c. 保持控制记录。

5.2.8　设施、设备质量控制

a. 鉴定机构应建立与本机构鉴定范围相关的信息传递系统；

b. 鉴定机构应确定、提供和维护与鉴定相适应的设施设备；

c. 保持控制记录。

5.2.9　鉴定实施质量控制

鉴定机构应当采取措施有效地预防未达标项的发生。对已经发生的未达标项，要分析原因，采取纠正措施，防止未达标再发生。应记录并实现可追溯性。鉴定实施质量控制的要点：

a. 定期对鉴定全过程实施质量检查；

b. 对考核现场实行重点控制；

c. 鉴定服务实现过程应职责明确、分工合理、衔接有序；

d. 定期测量、分析有关考核场地、记录和考评等技术环节，保持预防和纠正措施的有效性；

e. 保持控制记录。

6　信息管理

6.1　鉴定机构应对鉴定资料、考评原始记录、试卷、鉴定需求以及鉴定对象申报资料等信息进行分析管理，确保质量管理体系的适宜性和有效性，并评价、识别体系持续改进的区域，以便改进。

6.2　设立咨询和投诉电话，及时受理有关鉴定质量的质疑及质量投诉，建立信息反馈渠道。

6.3 及时了解劳动力市场、企业、职业院校以及鉴定对象对职业技能鉴定的需求及质量要求，改进鉴定服务质量和方法。

6.4 定期向顾客征求对服务质量和鉴定结果的意见与反映，建立抽样跟踪调查制度。

6.5 信息管理工作要与计算机化管理和档案管理工作密切结合。鼓励有条件的鉴定机构建立网站。

7 测量、分析和改进

7.1 追求顾客满意是鉴定机构建立和实施质量管理体系的目标。要定期了解顾客的需求和期望，发出调查表，调查顾客对本鉴定机构提供鉴定服务的评价、意见及建议。进行统计分析，确定顾客满意的程度和趋势，找出与设定目标的差距和主要问题，作为评价体系业绩和改进的依据。

7.2 鉴定过程各环节应进行量化评分测量。每场鉴定应作出达标与否的结论，并定期进行统计分析。

7.3 鉴定机构应确保未达标过程得到识别和控制。应区分严重未达标项和一般未达标项。对严重未达标项，主管部门可中止鉴定或取消鉴定资格，防止造成不良社会影响。对发生的一般未达标项，应分析原因，采取纠正措施，防止未达标的再发生。保持未达标性质以及随后所采取的任何措施的记录。

7.4 为查明质量管理体系实施的效果是否达到规定的要求，鉴定机构应按策划的时间间隔进行内部审核，以确定质量管理体系是否符合本标准的要求、得到有效实施和保持。

7.4.1 应编制形成体系文件的程序，规定审核的准则、范围、频次和方法，审核员的选择和审核的实施应确保审核的客观性和公正性。

7.4.2 有关责任人应确保及时采取措施，以消除所发现的未达标及其原因。验证纠正措施的实施结果。

7.4.3 内部审核应保持记录。

7.5 鉴定机构应采取纠正措施，以消除未达标的原因，防止未达标再发生，以及采取预防措施，消除潜在未达标原因，防止未达标的发生。其步骤包括：

7.5.1 评审未达标（包括顾客抱怨）及产生原因，或确定潜在未达标的原因。

7.5.2 评价确保未达标不再发生或防止未达标发生的措施。

7.5.3 制定和实施所需的措施。

7.5.4 记录采取措施的结果。

7.5.5 评审所采取的措施，并将其作为管理评审的输入。

7.6 鉴定机构应利用质量方针、质量目标、审核结果、数据分析、纠正和预防措施以及管理评审结果，持续改进质量管理体系的有效性。

8 附则

8.1 各级鉴定机构在建立质量管理体系时，可根据本鉴定机构的实际情况，对本标准 3.2 和 5.2 的内容进行适当的删减。

8.2 本标准由劳动和社会保障部制定、颁布和修订，并制定相应的《职业技能鉴定机构质量管理体系认证工作流程》。

8.3 本标准自 2005 年 5 月 1 日起施行。

附件 2：

职业技能鉴定机构质量管理体系认证工作流程

1 总则

1.1 为贯彻《职业技能鉴定机构质量管理体系标准》（以下简称《标准》），规范职业技能鉴定机构［含劳动和社会保障部职业技能鉴定中心、地方和行业各级职业技能鉴定（指导）中心、职业技能鉴定所、职业技能鉴定站及考试（核）站，以下统称鉴定机构］质量管理体系认证过程，确保鉴定机构质量管理体系符合《标准》的要求并有效实施和保持，特制定本工作流程（见附表 1）。

1.2 本工作流程所称“认证”，是指由劳动和社会保障部证明鉴定机构的质量管理体系符合《标准》要求的达标评定活动。主要包括申请与受理、体系文件审查、现场审核、审批颁证和监督管理等部分。

1.3 职业技能鉴定机构质量管理体系认证（以下简称体系认证）由劳动和社会保障部培训就业司负责，由其授权的劳动和社会保障部职业技能鉴定中心（以下简称“认证机构”）统一组织实施。

1.4 本工作流程适用于各级各类鉴定机构质量管理体系的认证，也适用于鉴定机构的内部审核。

2 申请与受理

2.1 申请的必要条件

1）按《标准》建立了质量管理体系并运行 3 个月以上。

2）质量管理体系试运行期间能够正常开展职业技能鉴定活动，并有一定的鉴定规模。

3）进行了内部审核和管理评审，并且能够为现场审核提供充分的运行证据。

4）体系文件符合要求。

2.2 申请程序

鉴定机构应首先向省级或行业职业技能鉴定主管部门进行申报，然后填写《认证申请表》（见附表 2），在认证前 20 个工作日向认证机构提出认证申请。

2.3　申请提交的信息资料：

1）有效的《职业技能鉴定许可证》。

2）质量手册和程序文件等体系文件。

3）内部审核和管理评审的书面情况报告。

4）体系试运行期间鉴定实施情况的一般信息。

2.4　受理申请

认证机构接到申请后，依据 2.1 条的要求以及 2.3 条规定的相关信息资料，对申请进行审查，并根据体系文件审查结果作出是否受理的决定，且在 15 个工作日内以《认证申请受理通知书》（见附表 3）一式两份的方式回复。同意受理的，说明审核时间和准备工作要求；不同意受理的，说明不受理的理由。

3　认证前的准备

3.1　认证机构同意受理认证申请后，应指定审核组长和成立审核组。审核组的规模与鉴定机构的级别及质量活动的复杂程度有关。一般由 2～4 名审核员组成，其中至少有一名熟悉职业技能鉴定业务的审核员。

3.2　认证机构在现场审核前应将审核组成员名单送交申请认证的鉴定机构确认。如该鉴定机构认为审核组成员与本机构有利益冲突，可提出更换审核组成员的要求。认证机构应对此进行核查，并作出是否更换的决定。

3.3　审核员（含审核组长）应满足本工作流程第 12 条的要求，并履行相应职责。

审核组长职责：

1）对审核工作进行策划，包括制订审核计划、分配审核任务。

2）组织和指导审核员开展审核工作。

3）主持首/末次会议，组织审核组内部沟通。

4）控制和协调审核活动，适时地与受审核鉴定机构或认证机构沟通。

5）组织审核组评审审核发现，得出审核结论，编制审核报告。

6）履行和完成审核员的职责和任务。

审核员职责：

1）根据承担的审核任务，做好审核前的准备。

2）独立完成所承担的审核任务，包括沟通及参加首/末次会议、收集审核证据、报告审核发现等。

3）参与审核发现的评审和审核结论的准备。

4）配合并支持审核组长的工作。

5）完成首/末次会议人员签到工作。

3.4　受审核鉴定机构应对质量管理体系文件（以下简称体系文件）及记录按过程

或质量活动顺序进行准备，包括提供必要的现场审核的工作条件等。

4 体系文件审查

4.1 现场审核之前，审核组长应审查受审核鉴定机构的体系文件（包括质量方针、质量目标、质量手册、程序文件、组织结构、质量职责等），了解其质量保证能力是否满足《标准》要求，以便策划现场审核。

4.2 体系文件审查结论为“达标”的，审核组长应形成书面的《体系文件审查报告》（见附表4），记录审查中的问题，并提交认证机构。认证机构确认后，在现场审核前10天通知受审核鉴定机构，同时要求其在现场审核之前对体系文件进行纠正。

4.3 体系文件审查结论为“未达标”的，审核组长也应形成书面的《体系文件审查报告》，并提交认证机构。认证机构确认后，将未达标结论通知受审核鉴定机构，并通知审核组停止现场审核准备。

5 现场审核准备

5.1 审核组长参照第11条确定现场审核时间，利用体系文件审查中获得的信息确定审核方案，并编制《现场审核计划》（见附表5）一式两份，明确审核的目的、范围、准则、分工和日程安排。《现场审核计划》经认证机构负责人批准后，于审核前7天通知受审核鉴定机构。

5.2 实施现场审核活动前，审核组长应组织审核组进行内部沟通，内容包括：

1）审核组长向审核员介绍受审核鉴定机构概况，说明注意事项。

2）由熟悉受审核鉴定机构的审核员介绍鉴定机构服务过程的特点及控制要点，对其他审核员进行适当的专业知识培训。

3）审核组长说明审核计划，对审核员进行分工。

5.3 审核员应根据所承担的审核工作，了解和熟悉受审核鉴定机构质量管理体系信息，对现场审核进行策划并编制《检查、记录表》（见附表6），并经审核组长批准。

6 现场审核

6.1 现场审核是在受审核鉴定机构现场实施的审核活动。包括召开首次会议、现场收集证据、形成审核发现、作出审核结论、沟通（审核组内部沟通、审核组与受审核鉴定机构以及与认证机构沟通）、召开末次会议。审核组通过这一系列活动收集客观证据，以评定受审核鉴定机构质量管理体系的运行与体系文件的规定是否一致，证实其质量管理体系符合《标准》要求的程度，并作出审核结论。现场审核流程如下：

1）召开首次会议。会议按规定议程（见附表7）进行，参加会议的人员为：审核组全部成员和受审核鉴定机构管理层人员。审核组长主持并介绍审核组成员及其分工以及现场审核活动的相关事宜，受审核鉴定机构介绍管理层成员及其职务，并且在《会议签到表》（见附表8）上签到。

2）实施现场审核。首次会议以后，审核员按《检查、记录表》查阅、收集、验证与审核准则有关的、能够证实的记录、客观事实、陈述等信息作为审核证据并进行记录（包括能够证实受审核鉴定机构质量管理体系有效运行的信息和涉及未达标事实的信息）。

3）审核情况交流。每天现场审核活动结束后，审核组长主持对当天的审核情况进行内部沟通，评价收集的审核证据。当全部审核活动完成以后，审核员对审核证据进行全面的汇总、比较和分析，以确定审核发现。

4）对体系有效性评价。审核组在汇总、分析所有审核发现的基础上，对受审核鉴定机构质量管理体系的符合性、有效性作出评价。包括：

a）体系文件与《标准》的符合程度以及删减的合理性；

b）质量管理体系的实施现状及其有效程度；

c）质量管理体系持续改进机制是否建立。

5）形成审核结论。根据评价的结果作出"推荐通过认证""有条件推荐通过认证"或"不推荐通过认证"三种审核结论（见附表9）。

6）通报审核结论。审核组在未正式公布审核结论之前，应与受审核鉴定机构领导层进行沟通，通报审核发现和审核结论，以澄清疑问，解决分歧，并商定完成纠正和纠正措施的时限。如果受审核鉴定机构对审核结论有不同意见，且不能与审核组达成共识，审核组应当记录所有的意见。

6.2　召开末次会议（参加人员与首次会议同）。由审核组长总结审核情况，宣读《未达标报告》（见附表10）和《审核报告》（见附表11），提出实施纠正和纠正措施的要求以及其他说明，并给予受审核鉴定机构对审核结果和说明提出质疑的机会。

7　审核报告

7.1　现场审核结束后，审核组长（或组长授权审核员）编制《审核报告》。报告内容应包括审核的目的、范围、准则、成员、日期与地点、审核发现、审核结论、潜在问题以及改进方向。必要时还可包括审核计划、受审核鉴定机构代表名单、审核过程综述、跟踪活动的安排、审核组与受审核鉴定机构之间未解决的分歧意见等。

7.2　审核结束后一周内（包括限期整改并要再次验证的），审核组长向认证机构提交《审核报告》以及相关审核记录，包括《体系文件审查报告》《现场审核计划》《检查、记录表》《未达标报告》复印件等。

7.3　除非有法律要求或得到受审核鉴定机构批准，审核员不得向任何他方泄露与审核有关的信息，包括《审核报告》中的内容或审核中获得的商业、管理等方面的信息。

8　跟踪实施

受审核鉴定机构针对《未达标报告》所列的内容，实施防止未达标项再次发生的纠正措施后，向审核组长（或认证机构）报告实施情况，审核组长（或认证机构）对上述措施的完成情况进行跟踪验证，并作出判断和记录，填写《纠正措施验证报告》（见附表 12）。一般 3 个月内关闭整个审核过程。

9　审批颁证

认证机构对《审核报告》和相关资料进行评审后，对审核结论的公正性、客观性进行评定，并作出审定结论。认证机构负责人根据审定结论报劳动和社会保障部培训就业司批准后，作出准予注册颁证的决定，并由认证机构将审批结论及时以书面形式通知受审核鉴定机构及其鉴定主管部门，在 30 个工作日内颁发职业技能鉴定机构质量管理体系认证证书（以下简称认证证书）。

10　监督审核和管理

10.1　认证证书有效期为 3 年。其间认证机构负责对受审核鉴定机构质量管理体系进行年度监督审核和管理，以督促该体系有效实施和保持。监督审核原则上每年一次。认证证书有效期内进行的历次监督审核，应覆盖《标准》涉及的全部过程及部门（允许删减的除外）。

10.2　认证证书有效期届满时，根据获证机构的重新认证申请，认证机构按照初次审核的程序和方法对获证机构质量管理体系进行再次认证。

10.3　若受审核鉴定机构的鉴定范围发生变化，再次认证时的审核范围应与初次审核不同；若鉴定范围不变，再次认证时抽查的样本可略少于初次审核，审核时间也可适当减少，大约相当于初次审核的 2/3。

10.4　本着精简节约的原则，认证经费由受审核鉴定机构与认证机构协商确定，并由双方共同承担。

11　初次审核参考时间

“审核时间”包括审核组进行审核策划的时间、体系文件审查时间、现场审核及编写报告所需的时间。但总的现场“审核时间”不应低于下表所列相应时间的 70%，在某些情况下需要增加审核策划和/或报告的编写时间，也不能因此减少现场审核的时间（审核员旅途所用时间不包括在审核时间之内）。

初次审核参考时间

鉴定机构性质	初次审核时间
鉴定所（站）	3～6 人日
鉴定中心	6～10 人日

注：根据受审核鉴定机构的鉴定职业、设备和服务项目的复杂程度，可以对初次审核时间做适当调整。

12 审核员资格条件

12.1 应具备以下资格与素质：

1）具有劳动和社会保障部质量管理体系审核员资格或 ISO 9000 族质量管理体系审核员资格。

2）具有中等教育以上学历（含中等教育），并具有中级以上技术职称或技师以上职业资格。

3）正直诚实，能正当地获取证据，并作出客观公正的评价，使审核结论不受隐含利益和偏见的影响。

4）具备一定的口头沟通能力，能够接受不同意见，能根据逻辑推理和分析得出结论。

5）具有一定的文字表达能力。

12.2 应具备的业务素质：

1）能正确理解《标准》的内容（包括《标准》对不同级别鉴定机构要求的差别），熟悉与鉴定有关的法律法规。

2）熟悉受审核鉴定机构组织结构及其职能、各组成部分之间的相互关系、受审核鉴定机构的业务。

3）参加 20 小时以上的审核培训并考试合格，能够按照本工作流程的规定策划并实施审核。

12.3 审核组长除符合审核员条件以外，还应具备领导审核组和管理审核过程的知识和能力。

12.4 审核员的注册、聘用与管理办法另行通知。

附表：

1. 工作流程示意图（略）
2. 认证申请表（略）
3. 认证申请受理通知书（略）
4. 体系文件审查报告（略）
5. 现场审核计划（略）
6. 检查、记录表（略）
7. 首/末次会议议程（略）
8. 会议签到表（略）
9. 关于审核结论的说明（略）
10. 未达标报告（略）
11. 审核报告（略）
12. 纠正措施验证报告（略）

劳动和社会保障部办公厅关于进一步加强职业技能鉴定质量管理有关工作的通知

（劳社厅函［2005］175号 2005年5月25日）

各省、自治区、直辖市劳动和社会保障厅（局），国务院有关部门（行业组织、集团公司）劳动保障工作机构：

为贯彻落实《关于健全技能人才评价体系推进职业技能鉴定工作和职业资格证书制度建设的意见》（劳社部发［2004］15号）精神，加强职业技能鉴定工作管理，进一步提高职业技能鉴定质量，全面推进国家职业资格证书制度建设，现就进一步加强职业技能鉴定质量管理有关工作通知如下：

一、按照《关于加强职业技能鉴定质量管理有关工作的通知》（劳社厅发［2003］18号）要求，各地区、各行业要严格执行职业技能鉴定质量指标通报制度，必须按时填报《职业技能鉴定质量通报指标》（附件1）。同时，要建立奖惩通报机制，对优秀的职业技能鉴定机构和个人进行表彰和奖励，对评估不合格或严重违规的职业技能鉴定机构或个人进行通报批评和惩处。

二、加强职业技能鉴定质量管理组织机构和人员队伍建设。各地区、各行业要根据实际情况，组建相应的职业技能鉴定质量管理工作机构，并配备或指定专职人员负责职业技能鉴定质量管理工作。同时，要设立并公布职业技能鉴定质量监督电话或网址，自觉接受社会各方面的监督。

三、认真开展职业技能鉴定质量检查工作。各地区、各行业要结合鉴定所（站）和考评人员年检工作，开展一次职业技能鉴定质量检查活动。要按照我部《2005年全国职业技能鉴定质量检查工作方案》（附件2）要求，制订职业技能鉴定质量检查工作计划，并做好本地区、本行业的自查工作。

四、对职业技能鉴定实行事前、事中和事后全过程的质量控制。考核前，职业技能鉴定机构要向社会公开鉴定的职业、等级、时间、地点、申报条件及办法、收费标准等；考核中，考评人员和考评组长以及监考人员要在考场记录表上签字确认，考评人员和考评组长要在考试成绩单上签字确认；考核后，各鉴定所（站）长在上报的考生成绩名册上签字确认，职业资格证书经办人和批准人在证书办理表上签名确认。

五、认真执行职业技能鉴定质量督导工作制度。各地区、各行业要按照《职业技能鉴定质量督导工作规程》（劳社培就司函［2003］126号）要求，以现场督考为重点，采用行政部门负责进行经常性检查与鉴定技术支持部门负责实施现场督考相结合等方法，试行质量督导人员对现场过程质量签字生效的制度，提高职业技能鉴定质量督导工作的可操作性和有效性。

六、加强职业技能鉴定机构质量管理认证工作。各地区、各行业特别是省（地市）级和行业部门职业技能鉴定中心机构以及一些条件较好的鉴定所（站），要积极参加职业技能鉴定机构质量管理认证扩大试点工作。通过试点，加强职业技能鉴定机构管理和自身能力建设，规范职业技能鉴定行为，逐步建立职业技能鉴定机构内部制约和退出机制，进一步提高职业技能鉴定质量，扩大职业资格证书的影响力。

七、加大职业技能鉴定违规行为查处力度。各地区、各行业对职业技能鉴定机构和个人的违规行为，要发现一起，严厉查处一起，以维护国家职业资格证书的严肃性和权威性。要克服畏难情绪和本位思想，绝不允许隐瞒事实或不查处。对群众举报的问题要指定专人负责调查核实，认真作出处理意见，并及时将查处结果上报我部，我部将定期向全国通报。

八、加强对考评人员和质量督导人员队伍的管理和建设。各地区、各行业要建立考评人员和质量督导人员诚信档案，对考评人员年度考核不合格或出现考评问题的不能续聘。同时，要加快质量督导人员队伍建设，开展质量督导人员资格培训与认证工作，加强质量督导人员管理，把质量督导工作落到实处。

九、开展职业资格证书查询工作。各地区、各行业要充分利用网络和通讯等技术手段，逐步建立和开展职业资格证书查询业务，力争今年实现全国统一鉴定、技师等级和中英文等职业资格证书的查询功能，增强职业技能鉴定工作透明度，为用人单位、社会和广大劳动者提供高效快捷的服务。

各地区、各行业要高度重视，加强领导，按照本《通知》精神，制订本地区、本行业的职业技能鉴定质量管理工作计划，并于6月15日前报我部。如遇到问题，请及时通报我部。

附件：

1. 职业技能鉴定质量通报指标（略）

2. 2005年全国职业技能鉴定质量检查工作方案

附件2：

2005年全国职业技能鉴定质量检查工作方案

一、检查目的

开展职业技能鉴定质量检查是推进职业资格证书建设的一项重要措施。通过质量检查，进一步落实职业资格证书制度和职业技能鉴定有关规定，规范职业技能鉴定工作秩序，发现和纠正职业技能鉴定工作中的违规行为，提高职业技能鉴定工作质量，全面推进职业资格证书制度建设。

二、检查内容与对象

（一）检查的内容。职业技能鉴定工作的开展情况和国家职业资格证书制度推行情况；国家职业技能鉴定管理规章制度贯彻情况和各类技术规程、标准执行情况；职业技能鉴定机构能力建设情况；职业技能鉴定所（站）运行和管理情况。具体检查的各项内容详见附表1～3。各地区、各行业可结合本地区、本行业的实际情况，适当增加检查项目和内容。

（二）检查的对象。各省、自治区、直辖市（含地市级）劳动保障部门及其职业技能鉴定（指导）中心、国务院有关部门（行业组织、集团公司）劳动保障机构及其职业技能鉴定指导中心，以及各类职业技能鉴定所（站）。

三、检查方式

（一）自查与抽查相结合。自查由各地区、各行业组织实施；抽查由我部统一组织进行。

（二）地方与行业相结合。我部从地方与行业抽调人员组成联合抽查组，对地方和行业进行抽查。

（三）表彰与惩处相结合。在检查的基础上，请各地区、各行业分别推荐1～2个（名）优秀的职业技能鉴定所（站）和个人，经各省级劳动保障部门、行业部门劳动保障工作机构审查后报我部，我部将予以表彰；对检查评估不合格或存在严重问题的职业技能鉴定所（站），将限期整顿。限期整顿后仍不符合要求的，报经我部批准，撤销其鉴定资格。

四、检查具体安排

（一）部署阶段。2005年6月，各地区、各行业根据我部要求，制订检查具体工作方案，并进行部署。

（二）自查阶段。2005年7—9月，各地区、各行业开展职业技能鉴定质量自查工作，并将自查情况上报我部。同时，上报推荐优秀职业技能鉴定机构和个人名单及材料。

（三）抽查阶段。2005年10—11月，我部根据各地区、各行业的自查情况，确定抽查地区和行业，组成联合检查组进行抽查。

（四）总结阶段。2005年12月，我部将对全国职业技能鉴定检查工作进行评估和总结。

五、组织领导

检查工作由劳动保障部培训就业司负责统筹指导，劳动保障部职业技能鉴定中心负责组织实施。各地区、各行业负责本地区、本行业的自查和自评工作。

各地区、各行业要高度重视，加强领导，精心组织，确保质量。在检查工作中，应注意总结经验，推广先进典型，指导和推动全面工作的开展；要边检查，边整改，对不符合条件的鉴定所（站），以及有违反规定、弄虚作假、损害劳动者利益行为的，要依法严肃处理。

附表：

1. 劳动保障部门鉴定质量检查评估表（略）

2. 职业技能鉴定（指导）中心鉴定质量检查评估表（略）

3. 职业技能鉴定所（站）鉴定质量检查评估表（略）

劳动和社会保障部办公厅关于印发《国家职业资格全国统一鉴定工作规程（试行）》的通知

（劳社厅函［2006］3号　2006年1月4日）

各省、自治区、直辖市劳动和社会保障厅（局）：

为规范国家职业资格全国统一鉴定工作，我部制定了《国家职业资格全国统一鉴定工作规程（试行）》。现印发给你们，请遵照执行。

国家职业资格全国统一鉴定工作规程（试行）

第一条　为规范国家职业资格全国统一鉴定（以下简称全国统考）工作，依据《职业技能鉴定规定》等有关规定，制定本规程。

第二条　全国统考工作是指经劳动和社会保障部批准，按照统一标准、统一试卷、统一考务管理和统一证书核发的原则，在规定的时间对部分职业组织实施的职业技能鉴定工作。对已经开展全国统考的职业，地方不得单独组织鉴定。

第三条　全国统考工作以发展为目标，体现开拓创新；以质量为核心，强调规范性和示范性；以新兴职业为主体，突出试验性；以鉴定工作体系为依托，注重整体性。

第四条　劳动和社会保障部培训就业司负责全国统考工作的政策制定和监督检查，劳动和社会保障部职业技能鉴定中心（以下简称部鉴定中心）负责统筹协调和组织实施。

第五条 省级劳动保障行政部门负责本地区全国统考工作的综合管理和监督检查。省级职业技能鉴定指导中心（以下简称省级鉴定中心）负责本地区全国统考工作的具体组织实施。

第六条 劳动和社会保障部每年年初向社会统一公布全国统考的职业、等级、时间安排以及考试方案。

第七条 参加全国统考的考生应符合国家职业标准所规定的申报条件。

第八条 全国统考的鉴定内容依据国家职业标准要求确定，鉴定方式采用笔试、机上考试或其他方式进行。

第九条 全国统考的试题由部鉴定中心依据国家职业标准统一命制。

第十条 省级劳动保障部门按照统筹规划、合理布局、考培分离、相对集中的原则，设立全国统考考试点，并报部鉴定中心备案。

第十一条 全国统考的考试资料由部鉴定中心统一印刷、制作并配发。考生的考试资料由省级鉴定中心保存一年。

第十二条 全国统考的阅卷评分工作，由部鉴定中心统一组织。受部鉴定中心委托，省级鉴定中心负责组织本地区全国统考的阅卷评分工作。

对发生违纪行为的地区，部鉴定中心将抽检试卷。未经部鉴定中心复核确认，被抽检地区不得公布鉴定成绩。

第十三条 全国统考的具体考务管理工作，依托国家职业资格工作网管理系统进行。考务管理工作细则由部鉴定中心另行制定。

第十四条 全国统考工作实行现场质量督导制度。部鉴定中心依据《职业技能鉴定质量督导工作规程》有关要求，对全国统考工作进行现场督导。

第十五条 省级鉴定中心负责受理考生提出的成绩复核要求，成绩复核时间不超过6个月。

第十六条 全国统考职业的单科合格成绩保留一年。在成绩保留期内，考生可参加一次补考。

第十七条 部鉴定中心负责核发全国统考职业资格证书。全国统考职业资格证书信息查询可登录国家职业资格工作网（www.osta.org.cn）。

第十八条 新职业的试验性鉴定由部鉴定中心参照本规程要求，组织有关试点省市进行试验。试验期一般为12个月。

第十九条 本规程自颁布之日起试行。

劳动和社会保障部关于印发国家技能资格导航计划的通知

（劳社部发［2006］9号　2006年1月27日）

各省、自治区、直辖市劳动和社会保障厅（局）、国务院有关部门劳动保障工作机构：

为贯彻落实《国务院关于大力发展职业教育的决定》（国发［2005］35号）和进一步加强高技能人才工作的有关要求，我部提出实行五项计划和一项行动。现将其中一项计划，即《国家技能资格导航计划》印发给你们。请结合本地区、本部门实际，做好贯彻落实工作。请各地、各有关部门于2006年2月20日前将实施方案和工作安排报我部培训就业司。

国家技能资格导航计划

为贯彻落实国务院关于大力发展职业教育和进一步加强高技能人才工作的有关要求，大力推行职业资格证书制度，我部决定在全面加强职业培训工作的基础上，于“十一五”期间组织实施“国家技能资格导航计划”。

一、指导思想

（一）以科学发展观为指导，落实人才强国战略要求，围绕实施国家技能型人才培养培训工程、农村劳动力转移培训工程、农村实用人才培训工程、成人继续教育和再就业培训工程，针对劳动者就业和职业生涯发展的实际需要，进一步强化企业和职业院校技能人才培养工作，全面开展职业技能鉴定工作，帮助劳动者取得相应的职业资格证书。并通过完善政策，做好服务，强化国家技能资格的引导功能，为劳动者就业成才提供技能导航，为社会培训和就业提供对接服务。

二、目标任务

（二）2006年至2010年5年内，要进一步健全职业资格制度规范、组织实施、信息公开、质量保证和基础工作等公共服务体系建设，全面开展职业技能鉴定工作，力争对6 000万劳动者提供鉴定服务。重点抓好技师、高级技师考评，为高技能人才成长创造条件。进一步完善国家职业资格证书制度，优化政策，培育环境，支持劳动者实现技能就业和技能成才。

三、主要内容

（三）实施技师考评示范项目。全面推进技师考评制度改革，实行统一标准、自主申报、社会考核、企业聘任。结合经济发展需要，重点抓好劳动力市场急需、通用性强、技术要求高的200个左右职业的高技能人才评价工作；同时，结合企业生产实际，着力推动行业特点明显、生产工艺要求高的职业（工种）的技师、高级技师考评工作。探索推行预备技师资格试点，制定预备技师培训考核标准，选择部分技师学院和高职院校试行，促进后备技师成长。调整修订技师、高级技师国家职业标准考评申报条件，进一步突破比例、资历、年龄和身份的限制，促进新技师成长。对掌握高超技能、作出重大贡献的技能骨干，经企业推荐，可破格或越级参加技师、高级技师考评。对参加职业技能竞赛成绩突出的人员，可按有关规定晋升技师、高级技师职业资格。

（四）实施企业技能人才业绩评价项目。指导具备条件的骨干支柱企业，对技术工人普遍进行一次技能评价。要按照国家职业标准的统一要求，结合高新技术发展和企业生产实际，组织实施考核认证。要总结推广企业在生产和服务过程中进行技能鉴定的工作模式，加强业绩考核，重点评价职工执行操作规程、解决生产问题和完成工作任务的能力。考核认证方式要贴近生产、方便职工。对于符合鉴定申报条件，讲究职业道德并且技能水平高、产品质量好、工作业绩优的企业技术工人，可直接进行初、中级职业资格认定。具备条件的地区和企业，可在鉴定机构指导下，探索通过视频网络等方式开展远程鉴定。

（五）实施职业院校学生职业资格认证项目。定期调整更新职业院校专业设置与国家职业资格对应目录，指导学生获取相应的职业资格证书。要结合职业院校教育培训实际，对照职业资格与学历文凭的不同要求，积极探索将职业技能鉴定与教育培训考试结合进行的方式方法，重点加强学生操作技能的考核。要支持具备条件的职业院校建立职业技能鉴定所站，力争到2010年将鉴定网络覆盖到省级以上重点中等职业学校和有条件的高等职业院校，扩大鉴定机构的服务范围，提高对院校学生的鉴定服务能力。

（六）实施下岗失业人员技能鉴定服务项目。与城镇技能再就业计划相衔接，根据当地就业需求，结合下岗失业人员培训情况，引导其参加适合再就业职业的技能鉴定。要与定点再就业培训机构做好工作衔接，合理安排鉴定时间和场所，积极主动提供鉴定服务，对鉴定合格的，颁发相应的职业资格证书。要积极争取当地财政部门的支持，筹集资金，落实国家规定的鉴定经费补贴政策，对持《再就业优惠证》人员参加初次技能鉴定、生活确有困难的，提供职业技能鉴定补贴。

（七）实施农民工专项职业能力考核项目。加强对农民工的职业技能鉴定服务，切实帮助他们提高转移就业能力。要根据农村劳动力的特点和就业需求，在劳动力输出输入数量较大的地区，重点开展专项职业能力考核试点。结合输入地劳动力市场需求，在加工制造、建筑环卫、饮食服务等就业领域，选择就业需求量大、操作技能简单易学的就业技能，组织专项能力考核，对考核合格人员免费颁发专项职业能力证书。

四、保障措施

（八）进一步加强国家职业资格证书的激励作用。要把加强职业资格证书制度建设作为推动职业培训和高技能人才工作的重要内容，不断完善政策，加强整体推动。要切实发挥职业资格证书在引导培训、促进就业、落实待遇和强化激励等方面的作用，推动企业建立职工凭技能得到使用和晋升，凭业绩贡献确定收入分配的激励机制；加强宣传，引导社会形成技能证书促进技能就业技能成才的环境氛围。

（九）进一步加强鉴定质量管理。组织实施加强鉴定质量管理专项工作计划，进一步加大鉴定违规处理力度。建立职业技能鉴定定期质量通报制度，依托政府公共信息服务平台定期公布鉴定质量信息。组织全国鉴定机构全面质量普查，建立鉴定机构工作业绩档案并向社会公开。进一步规范鉴定所站管理和服务流程，组织质量管理认证。加强鉴定质量过程监控，加强考务管理。组建国家鉴定质量督导员队伍，全面开展质量督导工作。加强考评人员和质量督导人员管理，加强对其承担考核鉴定工作活动的监管。

（十）进一步加强职业资格基础工作。建立和完善职业分类和标准动态调整更新机制，做好新职业信息收集、论证和定期发布工作，规范和推进新职业的资格认证工作。依托地方和有关行业企业，加快职业标准开发和国家题库建设。推动公共实训基地建设，充分发挥示范性鉴定的功能，逐步完善以城市为中心的鉴定组织实施体系。建立职业技能鉴定季度统计制度，加强地方与行业企业鉴定统计信息交流与汇总。

（十一）进一步加强信息服务和公开。建设国家职业资格管理数据库，全面公开新职业信息、国家职业标准、鉴定所站资质、职业资格证书颁发等职业资格管理公共信息。在公共职业介绍机构、职业培训机构、职业技能鉴定机构公开场所的显著位置全面公开鉴定机构资质、工作流程、收费标准及质量监督举报方式等信息，加强社会监督。推进国家职业资格在线工程建设，扩大国家职业资格工作网应用范围，加快职业技能鉴定信息化建设步伐。

（十二）进一步加强职业技能鉴定法制化建设。积极推动国家和地方相关立法工作，完善职业资格证书制度建设，依法建立技术职业就业准入制度，落实持证上岗规定，培育就业准入社会氛围。探索加强对社会中介机构推行职业资格证书的监管力度。

劳动和社会保障部办公厅关于做好农村劳动力培训考核鉴定工作的通知

（劳社厅发［2006］29号 2006年11月10日）

各省、自治区、直辖市劳动和社会保障厅（局）：

为贯彻落实《国务院关于解决农民工问题的若干意见》（国发［2006］5号），组织实施好“农村劳动力技能就业计划”，为农村劳动者提供有效的职业培训和技能水平评价服务，促进其向非农产业转移和在城镇稳定就业，现就做好农村劳动力培训和考核鉴定工作通知如下：

一、各地应根据农村劳动力的特点，合理安排培训内容和培训时间。对农村初、高中毕业未升学人员、农村退役士兵和其他农村新生劳动力的预备制培训，其培训内容包括理论知识培训和实际操作技能训练，培训时间按400～500个学时安排，实际操作技能训练可在培训机构进行或采取到企业实习的方式。对农村富余劳动力开展的劳务输出培训，应根据用人单位的岗位需求设置培训内容，主要采取“订单培训”方式进行，培训时间要灵活安排，原则上掌握在100个学时左右。对在城镇务工的农村劳动力的技能提升培训，应紧密结合企业岗位培训，按照国家职业标准和用人单位岗位规范要求，与用人单位共同制订培训计划，安排培训内容和培训时间。劳动力预备制培训、劳务输出培训和技能提升培训的补贴办法，按照《关于印发农村劳动力技能就业计划的通知》（劳社部发［2006］18号）要求，由各地结合实际合理确定。

二、各地要结合农村劳动力职业培训工作，及时提供技能水平评价服务。对参加培训并有鉴定要求的农村劳动力，各级职业技能鉴定机构要及时提供方便、快捷的服务，要根据农村劳动者参加职业培训的实际情况，组织实施职业技能鉴定或专项职业能力考核，力争使80%以上接受培训的农村劳动力获得相应的职业资格证书或专项职业能力证书。

三、各地组织农村劳动力参加职业技能鉴定或专项职业能力考核，可参照我部确定的《适合农村劳动力就业的部分职业和技能岗位目录》（附件1）进行。对职业技能鉴定合格者，由当地劳动保障部门按规定颁发职业资格证书。组织专项职业能力考核，应按照《专项职业能力考核规范编写要求》（附件2），制定专项职业技能考核规范，报我部备案和统一公布后，由省级职业技能鉴定中心自主命题，并依托职业技能鉴定所进行。确需在工作现场考核的，可根据企业要求，由省级职业技能鉴定中心统一安排，并按规定派遣考评人员和质量督导人员，确保考核质量。对专项职业能力考核合格者，由当地劳动保障部门免费颁发专项职业能力证书。专项职业能力证书由我部制定统一式样和编号办法（附件3），自颁发之日起有效期为5年。各地印制和颁发专项职业能力证书，须在我部备案。

四、各地要加强和规范农村劳动力鉴定考核收费管理工作。组织农村劳动力参加职业技能鉴定，要根据“收支两条线”要求，执行当地财政、价格部门核准的收费标准，加强职业技能鉴定收费管理。有条件的地区，要商财政部门研究制定考核鉴定费补贴政策，鼓励农村劳动力参加职业技能鉴定，取得职业资格证书。组织农村劳动力参加专项职业能力考核，要降低考核成本，并积极争取当地财政部门的支持，将有关考核、证书印制费用纳入培训补贴范围。严禁强行组织考核鉴定、强行收费。

五、各地要高度重视，加强领导，做好农村劳动力的培训和考核鉴定工作。各级劳动保障部门要加强对这项工作的综合管理，建立由培训、鉴定、就业等相关部门参加的工作协调机制，研究制定政策，搞好衔接工作，并精心组织实施。同时，我部也将通过中国劳动力市场网和国家职业资格工作网，提供政策咨询、技术支持等项服务工作。

附件：

1. 适合农村劳动力就业的部分职业和技能岗位目录（略）
2. 专项职业能力考核规范编写要求（略）
3. 专项职业能力证书式样、印制质量标准和编号办法（略）

劳动和社会保障部办公厅关于做好预备技师考核试点工作的通知

（劳社厅发［2007］15号 2007年8月1日）

各省、自治区、直辖市劳动和社会保障厅（局）：

为贯彻落实《中共中央办公厅、国务院办公厅印发〈关于进一步加强高技能人才工作的意见〉的通知》（中办发［2006］15号，以下简称15号文件）精神，根据《关于推动高级技工学校、技师学院加快培养高技能人才有关问题的意见》（劳社部发［2006］31号），现就做好预备技师考核试点工作有关问题通知如下：

一、明确指导思想和目标任务

认真贯彻落实15号文件精神，充分发挥院校培养高技能人才的基础作用，广泛动员企业支持，通过促进校企结合，联合培养、共同评价高技能人才。力争在2007—2010年期间，通过开展预备技师考核试点工作，推动职业院校职业资格证书制度建设，建立高技能人才多元培养和评价体系，为后备高技能人才成长创造条件。

二、规范预备技师考核试点工作

（一）明确考核对象、标准和方式。预备技师的考核对象为技师学院和高级技工学校预备技师班的学员。要按照《预备技师专业设置目录（暂行）》所对应的职业资格，根据国家职业标准中技师职业等级要求组织预备技师考核。理论知识考试采用闭卷笔试的方式，重点考核相应职业的理论知识和新技术、新工艺、新方法。技能操作考核采用现场实际操作方式，重点考核实际操作技能以及运用理论知识解决实际问题的能力。因生产过程不能进行现场实际操作的，可采用仿真模拟方式进行考核。技师综合评审部分不列入预备技师考核内容。

（二）做好考核与培养的衔接。注重做好预备技师考核与技师学院日常教学的衔接工作。经教学评估后，各省级劳动保障部门可选择若干所管理规范、教学质量高、培训内容符合技师标准要求的技师学院进行试点，试点校学生每学期各科考试成绩合格，可视同预备技师理论考核成绩合格，按照职业技能鉴定有关规定组织其参加操作技能考核。

我部高技能培训联合委员会成员中的技师学院、高级技工学校，可开发与预备技师考核要求相适应的职业功能模块教学体系，经我部认定后，开展课程认证考核试点工作。对通过全部职业功能模块考核，成绩合格的学生，可认定其预备技师考核合格。

（三）严格考核质量管理。要按照职业技能鉴定考务管理的有关要求，加强对考评人员的管理。同时，要派遣质量督导员，做好考核过程和考核结果的监督检查。

有关技师学院、高级技工学校要按照相关规定，建立学籍专门档案，记录在校学生完成预备技师课程学习成绩情况、企业实习情况。在学生毕业时，各技师学院、高级技工学校应将预备技师学籍档案报劳动保障部门备案。

三、做好预备技师考核试点工作的组织实施

（一）加强组织领导。各省级劳动保障部门负责管理预备技师考核试点工作。要依据国家职业标准，结合技师学院、高级技工学校的特点、培养目标、专业设置、教学要求和校企合作情况，组织制定预备技师考核的具体办法。经各省级劳动保障部门批准，由省级或地（市）职业技能鉴定指导中心负责组织实施预备技师考核试点工作。

（二）规范证书核发程序。对通过预备技师考核，成绩合格者，由省级劳动保障部门或其批准的地（市）级劳动保障部门核发《预备技师证书》。证书核发和验印参照职业技能鉴定的有关规定实行。

（三）严格收费管理。各省级劳动保障部门要商当地财政、物价部门，参照职业技能鉴定的收费标准制定预备技师考核收费标准，对特殊专业以及家庭困难学生应适当减免鉴定费用。要积极争取当地政府对预备技师考核工作给予必要的经费补贴。各地不得任意提高收费标准或以其他名目额外收费，增加学生负担。

四、有关问题说明

（一）从2006年9月开始，各地在读和新招收各类技师专业学制学生，按照《预备技师专业设置目录（暂行）》所对应的职业资格，实行预备技师培养考核制度。各地不得擅自核发相应的技师职业资格证书。

（二）预备技师证书自颁发之日起生效，有效期为5年。

（三）取得预备技师证书，并在企业相应职业岗位工作满2年（业绩突出的可适当缩短）的人员，可在本企业或凭所在企业出具的工作证明，到就业地的职业技能鉴定机构申报参加本职业技师综合评审和业绩评定。经评审考核合格者，按照有关规定核发技师职业资格证书。

（四）《预备技师证书》由我部统一样式、统一印制并免费发放。各省级劳动保障部门参照职业资格证书的订购方式统一向我部预订，发放时免收证书工本费。《预备技师证书》核发实行全国统一编码，各地要按照《预备技师考务管理编码方法》做好本地区编码方案，并提供证书查询服务。

附件：

1. 预备技师专业设置目录（暂行）（略）
2. 预备技师考务管理编码方法（略）

人力资源和社会保障部　国家发展改革委　公安部　监察部　教育部　民政部　财政部　国家工商管理总局关于贯彻《国务院办公厅关于清理规范各类职业资格相关活动的通知》的通知

（人社部发［2008］8号　2008年4月11日）

各省、自治区、直辖市人事、劳动保障、发展改革、公安、监察、教育、民政、财政、工商管理厅（局、委），国务院各部委、各直属机构人事、劳动保障等工作机构：

根据《国务院办公厅关于清理规范各类职业资格相关活动的通知》（国办发［2007］73号，以下简称国办73号文件）精神，为切实做好各类职业资格的清理规范工作，现就有关问题通知如下：

一、高度重视，认真贯彻国办73号文件精神

针对近年来我国职业资格证书制度在实施过程中存在的一些突出问题，国务院决定集中开展各类职业资格相关活动清理规范工作。各地区、各部门要认真学习、深刻领会国办73号文件精神，把思想认识统一到国务院的要求上来。要按照维护公共利益、社会秩序和各类人才合法权益的要求，从树立政府良好形象和构建社会主义和谐社会的高度，充分认识做好各类职业资格相关活动清理规范工作的重要性、必要性，严格按照国务院的总体部署和要求，抓紧抓好落实工作。

二、严格要求，全面深入开展清理规范工作

（一）清理规范内容。各地区和各部门要按照管辖范围和职责权限，全面清查本行政区域和本系统各类职业资格相关活动的情况，包括资格设置、资格类别、实施机构、资格相关培训、资格证书印制和发放等工作情况。对于各类行业协会、学会等社会团体面向社会设置或组织实施的职业资格及相关考试、鉴定、发证等活动，由其业务主管单位负责清理规范，民政部门配合。对于企业面向社会设置或组织实施的职业资格及相关考试、鉴定、发证等活动，由所在地区负责清理规范。

（二）清理规范方法。各地区、各部门要在摸清情况的基础上，分步、分类开展清理规范工作。一是对于清理出来的各类职业资格，必须认真提出保留、归并、调整或取消的意见。对清查中发现的没有法律、行政法规或国务院决定为依据设置的行政许可类职业资格及相关考试、发证等活动，以及国务院各部门、各直属机构、各直属事业单位及下属单位、全国性行业协会、学会等社会团体，地方各级人民政府及有关部门和单位自行设置的非行政许可类职业资格，原则上都应立即停止。对确需保留的，经国务院人力资源和社会保障部门会同有关部门审批后纳入国家统一管理，并向社会发布公告，再按照相关规定组织实施。二是各类企业自行开展的冠以职业资格名称的相关活动应立即停止。三是要全面检查本行政区域、本系统内组织实施的各类职业资格考试、鉴定活动，特别是考试、鉴定重要环节的组织实施工作，发现问题及时纠正，确保公平公正，严格有序。四是对举办考试、鉴定活动的单位（机构）与职能不一致、使用含义模糊的名称或假借行政机关名义开展的考试、鉴定活动，要立即停止或予以纠正。五是对违法违规印制、滥发证书等活动，依法予以严肃查处。六是对强制开展的考前培训、以考试为名推行的各种培训、超越职能范围或不按办学许可证规定举办的各种培训，坚决进行查处。对在培训活动中进行的虚假宣传等，及时予以纠正。七是按照国家和地方有关收费政策，对各类职业资格相关活动收费情况进行认真检查，发现问题及时纠正和处理。

对在我国境内开展的境外各类职业资格相关活动，人力资源和社会保障部按照国办73号文件要求，另行制定具体管理办法，报国务院批准。

（三）清理规范结果处理。各地区和各部门在对本行政区域和本系统各类职业资格相关活动清理规范的基础上，按照专业技术人员职业资格和技能人员职业资格两类情况

分别作出总结，并汇总形成本地区或本部门清理规范各类职业资格相关活动的工作总结，认真填写《职业资格清理规范情况统计表》（见附件1）。按照国办73号文件要求，由国务院各有关部门和各省、自治区、直辖市人民政府将工作总结和《职业资格清理规范情况统计表》报送人力资源和社会保障部，抄报发展改革委、公安部、监察部、教育部、民政部、财政部、工商总局。工作总结主要内容：一是基本情况；二是处理意见；三是规范发展意见。具体包括：本行政区域或本系统开展各类职业资格相关活动基本情况；清理规范过程中采取的主要措施、取得的成效；对每一个职业资格明确提出保留、取消、停止、调整或归并的处理意见；详细说明各类职业资格名称、类型、设置依据、设置部门（或单位）、实施部门（或单位）、实施时间和已获得资格人数、涉及范围、证书名称及需要上报人力资源和社会保障部统筹研究进行调整、审批并予以公告的理由；下一步规范发展的意见。

人力资源和社会保障部在各地区和各部门报送清理规范工作总结的基础上进行汇总，并会同有关部门提出处理意见。对批准保留的专业技术人员职业资格和技能人员职业资格分期分批向社会发布公告。凡未经批准和向社会公告的职业资格，今后一律不得开展相应的考试、鉴定、培训、发证等活动。

（四）清理规范时限要求。2008年6月30日前，各地区和各部门要完成本行政区域和本系统各类职业资格相关活动的清理规范工作，并上报工作总结和《职业资格清理规范情况统计表》。

各地区、各部门要在清理规范工作的基础上，按照统一规划、规范设置、分类管理、有序实施、严格监管的要求，采取各种有效措施，建立健全各类职业资格健康有序发展的长效机制。

三、明确职责，分工合作做好清理规范工作

各地人事、劳动保障部门要在省级政府统一领导下，切实承担好清理规范的牵头工作，会同本地区相关部门组织实施好各类职业资格清理规范的相关工作；各地财政和价格部门负责全面清理各类职业资格考试、鉴定、培训、发证等收费活动，查处和纠正各种违规收费行为；各地工商部门负责查处各类违法广告、虚假宣传、超范围经营行为；各地公安部门负责依法查处伪造、变造或者买卖公文、证件、证明文件、印章和冒用职业资格之名进行欺诈等各类违法犯罪行为；各地民政部门和各有关业务主管单位要对社会团体开展的有关活动加强指导和监督；各地监察部门要加强监督检查，并对监察对象的违纪违法行为进行查处。

国务院各部门、各直属机构人事（劳动）司（局）负责本部门、本系统各类职业资格相关活动的清理规范工作。

四、加强领导，确保清理规范工作取得实效

人力资源和社会保障部牵头，会同发展改革委、公安部、监察部、教育部、民政

部、财政部、工商总局建立职业资格清理规范工作协调机制，共同负责清理规范工作。人力资源和社会保障部设立专业技术人员职业资格清理规范工作办公室和技能人员职业资格清理规范工作办公室，分别负责专业技术人员和技能人员各类职业资格的清理规范工作。

各地区、各部门要切实加强对清理规范工作的领导，按照国务院的总体部署和本通知的要求，组织专门力量，周密部署，确保各项工作任务落到实处，切实完成好这次清理规范工作。

在清理规范工作中遇到问题请及时与清理规范工作办公室联系。

附件：

1. 职业资格清理规范情况统计表（略）

2. 职业资格清理规范工作办公室联系人及联系方式（略）

人力资源和社会保障部办公厅关于印发推进企业技能人才评价工作指导意见的通知

（人社厅发［2008］39号　2008年6月20日）

各省、自治区、直辖市人事、劳动和社会保障厅（局），国务院有关部门（行业组织、集团公司）劳动保障工作机构：

为贯彻落实《中共中央办公厅、国务院办公厅关于进一步加强高技能人才工作的意见》（中办发［2006］15号）和《关于进一步加强高技能人才评价工作的通知》（劳社部发［2006］22号）精神，充分发挥企业在高技能人才培养评价工作中的作用，推进企业技能人才评价工作，我部起草了《推进企业技能人才评价工作指导意见》，现印发给你们，并就贯彻落实工作提出以下要求：

一、充分认识推进企业技能人才评价工作的重要意义。企业技能人才评价既是职业技能鉴定的重要组成部分，也是高技能人才工作的重要环节。推进企业技能人才评价工作，对于拓宽企业技能人才成长渠道，调动广大企业职工钻研技术、提高技能水平的积极性，推动引导企业建立完善培训、考核与使用相结合并与待遇相联系激励机制，加快高技能人才培养，具有重要的促进作用。各地、各部门要提高认识，加强领导，精心组织，积极推进企业技能人才评价工作。

二、认真做好企业技能人才评价试点企业的推选工作。我部计划先在全国选择100家管理规范、技能人才密集且培养成效显著、鉴定工作基础好的国有大中型企业开展技能人才评价试点工作。各地、各行业分别选择省（市）属国有大中型企业和行业龙头企业，指导开展技能人才评价试点工作。请各地、各行业结合实际，各选择2～4家备选企业，并于2008年6月底前将备选企业名单报我部。我部对推荐的企业进行审核并公布名单后，企业即可组织实施技能人才评价试点工作。其中，我部在原来试点工作的基础上，对中央直属国有大型企业跟踪指导并提供相应的政策和技术支持。

三、精心组织企业技能人才评价工作。推进企业技能人才评价工作分三个阶段进行。2008年6—8月为准备阶段，我部确定试点企业名单和职业（工种）范围，各地、各行业指导企业制订实施方案并报我部备案。2008年9月至2009年9月为试点阶段，各企业按照实施方案组织实施试点，并在此基础上边总结边扩展。2009年10—12月为总结阶段，总结交流试点经验，全面推进企业技能人才评价工作。

推进企业技能人才评价工作指导意见

为推进企业技能人才评价工作，根据《中共中央办公厅、国务院办公厅关于进一步加强高技能人才工作的意见》（中办发［2006］15号）和《关于进一步加强高技能人才评价工作的通知》（劳社部发［2006］22号）精神，提出如下意见。

一、指导思想

按照建立以职业能力为导向，以工作业绩为重点，注重职业道德和职业知识水平的技能人才评价体系的总体要求，指导企业依据国家职业标准，结合企业生产（经营）实际，采用贴近生产需要、贴近岗位要求、贴近职工素质提高的考核方式，对职工技能水平进行客观、科学、公正的评价，努力使企业技能人才结构更加合理，高技能人才更快成长，并带动各等级技能劳动者队伍的梯次发展。

二、工作要求

（一）工作原则。企业技能人才评价工作以职业能力建设为核心，以高技能人才评价为重点，坚持国家职业标准与生产岗位实际要求相衔接、职业能力考核与工作业绩评定相联系、企业评价与社会认可相结合、属地管理与行业指导相协调的原则。

（二）评价范围及对象。企业技能人才评价包括技师、高级技师考评和初级、中级、高级技能鉴定，重点是高级工以上的高技能人才。职业（工种）范围主要是在《中华人民共和国职业分类大典》范围内（不包括全国统考职业），企业生产一线的主体技术性的职业（工种）。其中未颁布国家职业标准属企业特殊性的职业（工种），经我部批准可纳入评价范围。评价对象为与企业签订劳动合同的职工。

（三）试点企业的选择。企业技能人才评价工作采取先试点，在总结经验基础上逐步推广的方式。试点企业应具备以下基本条件：企业领导重视技能人才培养、评价、使用和激励工作；按规定提取和使用职工教育经费，并为评价工作提供相应经费保障；具有相应的考评机构和专（兼）职管理人员、考评人员；具备与考评职业（工种）相适应的考核场地、设备及检测手段等。

三、评价方式和内容

企业技能人才评价要以职业能力考核和工作业绩评定为重点，同时注重职业道德评价和理论知识考试。

（一）职业能力考核。重点考核技能人员执行操作规程、解决生产问题和完成工作任务等方面的实际工作能力。可结合试点企业生产（经营）实际，在工作现场、生产过程中，采取典型工件加工、作业项目评定、现场答辩、情景模拟等方式进行考核。由试点企业向职业技能鉴定指导中心提出申请，从国家题库中抽取相应职业（工种）的实际操作试题，并可结合岗位实际对试题内容进行调整；尚未开发国家题库的，由职业技能鉴定指导中心与试点企业组织专家依据国家职业标准，结合岗位实际要求共同命制。

（二）工作业绩评定。重点评定技能人员在工作中取得的业绩和成果，以及工作效率和完成产品质量的情况。技师、高级技师还包括完成的主要工作项目、现场解决技术问题情况，技术改造和革新等方面情况，以及传授技艺培养指导徒弟等方面的成绩。工作业绩成果材料应在企业内进行公示。

（三）职业道德评价。重点评价技能人员遵守国家法律法规和企业规章制度、工作责任心和积极性、岗位之间团结协作的能力，可采用上级评价和班组评议相结合的方式进行。

（四）理论知识考试。重点考核本职业及本岗位相关的必备职业知识。由试点企业会同职业技能鉴定指导中心组织实施。理论试题可从国家题库中抽题组卷，对不符合企业实际的试题可按要求进行适当调整；尚未开发国家题库的，由职业技能鉴定指导中心与试点企业组织专家依据国家职业标准，按照《职业技能鉴定命题技术标准（试行）》要求共同命制。考试方式以闭卷笔试为主。

职业能力考核、工作业绩评定、职业道德评价和理论知识考试均实行百分制，成绩全部达到60分及以上者为合格。各地、各行业可根据企业的生产特点，提高标准或对四个模块设定权数确定合格标准。可对少数职业能力考核成绩和工作业绩评定结果特别优异者采取直接认定方式。对掌握高超技能，并在国家级、省级技能竞赛中获得主要名次的优秀人才，可破格或越级参加技师、高级技师考评。

四、组织实施

企业技能人才评价具体工作由试点企业负责组织实施。试点企业应成立技能人员考核工作委员会（或依托现有的考核鉴定组织），主要负责制定企业技能人才培养、评价、使用和激励等制度；制订企业技能人才评价实施方案和工作细则；审定专业考评组成员；审定考核合格人选等。考核委员会成员由企业和鉴定机构负责同志、高级考评员、专业技术人员组成。考核委员会下设办公室和专业考评组。

地方劳动保障部门和行业有关部门劳动保障工作机构要创新工作方式，转变工作作风，深入企业现场，研究技能人才评价工作中遇到的问题，提供政策支持和工作指导。职业技能鉴定指导中心负责技术支持、业务指导和质量监督等工作，帮助和指导企业制订符合企业生产实际的企业技能人才评价方案。

五、质量督导

试点企业要制定和完善企业技能人才评价考评规章、制度，严格企业技能人才评价工作流程。考评人员的培训、派遣和管理按照国家有关规定执行。省级劳动保障部门和行业有关部门劳动保障工作机构要严格考务管理、规范考核流程，并派遣质量督导人员对评价工作进行督导，评审结果必须由考评人员和督导人员共同签字。建立年检和退出机制，对企业年度考评计划、相关工作机制执行情况和资金落实情况、考评工作质量等进行年度审查评估。

六、激励保障机制

试点企业应建立技能人才培养、评价、使用与待遇相结合的激励机制，完善技能人才的激励办法和优秀高技能人才的特殊奖励政策，在薪酬、福利、培训等方面向关键技术岗位的高技能人才倾斜。完善技师聘任办法，充分发挥技师、高级技师在关键技能岗位的作用，探索建立高技能人才带头人制度。有条件的地方可从高技能人才专项经费和统筹的职工教育经费中提取相应的费用，按企业技能人才评价人数给予相应补贴。要在企业中树立一批高技能人才的先进典型，营造有利于高技能人才成长的良好环境。

人力资源和社会保障部办公厅关于公布第一批企业技能人才评价试点单位名单的通知

（人社厅发［2008］79号　2008年10月31日）

各省、自治区、直辖市劳动保障厅（局），国务院有关部门（行业组织、集团公司）劳动保障工作机构：

根据《关于印发推进企业技能人才评价工作指导意见的通知》（人社厅发［2008］39号）精神，在地方和行业部门推荐的基础上，我部确认首都钢铁总公司等60家企业为第一批企业技能人才评价试点单位，现予以公布。

请各地、各行业部门按照《推进企业技能人才评价工作指导意见》的要求，指导试点企业结合实际，制定企业技能人才评价实施细则，并于2008年11月20日前报我部备案。试点企业要按照实施细则，精心组织实施，确保评价质量。

试点中如遇到问题，请及时与我部职业能力建设司和中国就业培训技术指导中心联系。

附件：第一批企业技能人才评价试点单位名单

附件：

第一批企业技能人才评价试点单位名单

一、地方试点企业

1. 首都钢铁总公司
2. 北京市地铁运营有限公司
3. 天津港（集团）有限公司
4. 天津钢铁有限公司
5. 开滦（集团）有限责任公司
6. 唐山钢铁股份有限公司
7. 通化钢铁集团股份有限公司
8. 中国吉林森林工业集团有限责任公司
9. 哈药集团制药总厂
10. 齐齐哈尔第二机床厂
11. 马鞍山钢铁（集团）控股有限公司
12. 安徽江淮汽车集团有限公司
13. 江西铜业集团公司
14. 新余钢铁有限责任公司
15. 兖矿集团有限公司
16. 济南二机床集团有限公司
17. 郑州日产股份有限公司
18. 新乡市中原水务有限公司
19. 三环集团公司
20. 湖北新冶钢有限公司
21. 广州市地下铁道总公司
22. 深圳市中金岭南有色金属股份有限公司
23. 重庆市轨道交通总公司
24. 重庆通用工业（集团）有限责任公司
25. 中国振华电子集团有限公司
26. 水城钢铁集团有限责任公司

27. 兰州兰石集团有限公司
28. 白银有色集团有限公司

二、行业试点企业

29. 中煤能源集团公司
30. 中国石化集团胜利石油管理局
31. 鞍山钢铁集团公司
32. 大连船舶重工集团有限公司
33. 江苏省电力公司
34. 内蒙古第一机械制造（集团）有限公司
35. 天津渤海化工集团公司
36. 中国中材集团公司
37. 北京燕京啤酒集团公司
38. 金川集团有限公司
39. 熊猫电子集团有限公司
40. 重庆江通机械有限责任公司
41. 哈尔滨铁路局

三、未纳入行业鉴定的中央试点企业

42. 神华集团有限责任公司
43. 中国乐凯胶片集团公司
44. 中国建筑工程总公司
45. 中国印钞造币总公司
46. 中国中铁股份有限公司
47. 中国铁道建筑总公司
48. 中国北方机车车辆工业集团公司
49. 中国南方机车车辆工业集团公司
50. 中国铁路通信信号集团公司
51. 中国盐业总公司
52. 中国电信集团公司
53. 中国联合通信有限公司
54. 中国海洋石油总公司
55. 中国冶金科工集团公司
56. 中国兵器装备集团公司
57. 中国交通建设股份有限公司
58. 中国远洋运输（集团）总公司

59. 中国兵器工业集团公司

60. 中国邮政集团公司

人力资源和社会保障部办公厅关于职业资格证书改版及核发管理工作有关问题的通知

（人社厅发［2009］137号　2009年11月20日）

各省、自治区、直辖市人力资源社会保障（劳动保障）厅（局），国务院有关部门（行业组织、集团公司）人事劳动部门，新疆生产建设兵团劳动和社会保障局：

为适应机构改革和职业技能鉴定工作需要，我部对职业资格证书进行了改版。现就职业资格证书改版及核发管理工作有关问题通知如下：

一、改版后的职业资格证书沿用原证书基本样式、颜色、等级、版面、内容，采用中英文对照形式，对原证书涉及我部名称、印章等处进行个别改动，由我部统一印制。原劳动和社会保障部印制的职业资格证书，自2009年12月1日起，一律停止办理和核发。此前，按照国家有关规定已经核发的职业资格证书仍然有效。

二、我部职业能力建设司负责全国职业资格证书的统筹管理和监督检查，我部职业技能鉴定中心负责职业资格证书的监制、统计和发放。各省级人力资源社会保障（劳动保障）行政部门、国务院有关部门（行业组织、集团公司）人事劳动部门负责本地区、本行业部门职业资格证书的申领、验印、管理和监督检查，其所属职业技能鉴定指导中心负责本地区、本行业部门职业资格证书的编码、打印、统计和发放。

三、我部以各地、各部门（行业组织、集团公司）每季度实际鉴定合格人数为主要依据，按季度核拨空白职业资格证书。各省级人力资源社会保障（劳动保障）行政部门、国务院有关部门（行业组织、集团公司）人事劳动部门应于每季度后10日内，向我部职业能力建设司提出本季度证书申领计划，并按规定填写《职业资格证书申领审核表》（附后）。各省级（行业部门）及以下鉴定机构应据实申领，据实发放，不得囤积空白证书。我部将利用简报、网络等形式定期公布各地、各部门（行业组织、集团公司）证书申领发放情况。

四、各地职业资格证书的办理和验印等工作，继续按照《关于职业资格证书核发与管理工作有关问题的通知》要求执行。国务院有关部门（行业组织、集团公司）职业资格证书验印工作，继续按照《关于行业部门核发职业资格证书有关问题的通知》要求执行。

五、实行国家职业资格全国统一鉴定的职业，其鉴定合格人员统一使用套印“人力资源和社会保障部职业技能鉴定中心职业技能鉴定专用章”的职业资格证书，由省级人力资源社会保障（劳动保障）部门按规定办理证书，并在证书照片下角处盖省级人力资源社会保障（劳动保障）行政部门职业技能鉴定专用钢印。

六、职业资格证书的填写和编号按照《职业资格证书填写要求》和《职业技能鉴定考务管理编码方案》办理，并采用计算机打印。目前，我部正在对职业资格证书打印软件进行调整，软件补丁发放时间另行通知。

七、职业资格证书因质量问题或填写损坏，由省级人力资源社会保障（劳动保障）部门或国务院有关部门（行业组织、集团公司）人事劳动部门自行销毁，并将有关情况及证书流水码报我部职业能力建设司备案。遗失职业资格证书者，须登报声明作废，向颁发原证书的人力资源社会保障（劳动保障）行政部门申请补发，由同级鉴定机构负责审核办理。补办的证书使用原证书编码和新证书流水码，并在备注栏内注明。

八、改版后的职业资格证书，作为境外就业和对外劳务合作人员办理职业技能水平公证的有效证件。境外就业和对外劳务合作人员原所持非中英文对照职业资格证书（含《技术等级证书》《技师合格证书》以及《高级技师合格证书》），由省级人力资源社会保障（劳动保障）部门审核或鉴定复核后，统一换证，并在证书照片处盖省级人力资源社会保障（劳动保障）行政部门钢印。

九、为便于职业资格证书管理和查询，我部正在建立全国联网的职业资格证书查询系统，并通过 www.osta.org.cn 和 www.cettic.cn 两个网站向社会提供统一查询界面。各省、自治区、直辖市人力资源社会保障（劳动保障）部门和国务院有关部门（行业组织、集团公司）应建立相应的职业资格证书信息查询系统，将获取改版职业资格证书人员信息上网向社会公布，供劳动者和用人单位查询，并逐步将以前获取职业资格证书人员信息分批整理上网。

十、各省、自治区、直辖市人力资源社会保障（劳动保障）部门和国务院有关部门（行业组织、集团公司）人事劳动部门要加强对职业资格证书的管理，明确行政部门和鉴定机构各自职责和管理权限，制定相应的规章制度和管理办法，切实维护职业资格证书的权威性和严肃性。

附件：职业资格证书申领审核表（略）

人力资源和社会保障部办公厅关于预备技师证书核发及管理工作有关问题的通知

（人社厅发［2010］13号　2010年2月10日）

各省、自治区、直辖市人力资源和社会保障（劳动和社会保障）厅（局），新疆生产建设兵团劳动和社会保障局：

为贯彻落实中共中央办公厅、国务院办公厅《关于进一步加强高技能人才工作的意见》（中办发［2006］15号）精神，进一步做好预备技师培养工作，根据《关于推动高级技工学校、技师学院加快培养高技能人才有关问题的意见》（劳社部发［2006］31号）和《关于做好预备技师考核试点工作的通知》（劳社厅发［2007］15号），现就预备技师证书核发及管理工作有关问题通知如下：

一、预备技师证书适用范围及效力

（一）预备技师证书发放对象为技师学院和高级技工学校预备技师班考核合格的学员。

（二）预备技师证书表明持证人已完成预备技师学制教育，并通过相应职业技师（国家职业资格二级）的理论知识考试和操作技能考核（未进行综合评审）。

（三）预备技师证书在全国范围内有效，自颁发之日起，有效期为5年。

二、预备技师证书申领发放办法

（一）预备技师证书由我部统一印制并免费发放。我部职业能力建设司负责全国预备技师证书的印制、统筹管理和监督检查工作。中国就业培训技术指导中心具体负责预备技师证书的统计和发放工作。各省、自治区、直辖市人力资源社会保障行政部门根据需要统一向我部申领。

（二）各技师学院、高级技工学校应于每年年底前向当地人力资源社会保障行政部门上报本院校下一年度预备技师毕业人数及证书需求数量，经当地人力资源社会保障行政部门核准后，上报本省、自治区、直辖市人力资源社会保障行政部门。

（三）各省、自治区、直辖市人力资源社会保障行政部门核定本省（区、市）预备技师证书需求数量后，应于每年2月底前，向我部职业能力建设司提出本省（区、市）当年度空白证书申领计划，并按规定填写《预备技师证书申领审核表》（附后）。我部职业能力建设司会同中国就业培训技术指导中心，以技工院校学生信息管理系统注册的学籍人数为依据，按照各地技师学院和高级技工学校预备技师班每年毕业的合格学员实际数量，按年度核拨空白预备技师证书。

三、预备技师证书管理

（一）各省、自治区、直辖市人力资源社会保障负责技工教育的行政部门具体负责本省（区、市）预备技师证书的申领、验印及管理工作。经其批准，由省级或地（市）职业技能鉴定指导中心负责组织实施预备技师考核和证书发放工作。预备技师证书的编码、打印、统计、验印、发放和鉴定收费等工作按照《关于做好预备技师考核试点工作的通知》（劳社厅发［2007］15号）中有关规定执行。

（二）各地人力资源社会保障部门要严格规范预备技师证书核发管理工作，并结合本地实际制定预备技师证书核发工作管理规定和工作流程。空白预备技师证书要指定专人妥善保管，实行保管与使用分开，每次领用均要登记，并记录核发情况。损坏证书须加盖“作废”字样并予以保存备查，并将作废证书流水码报中国就业培训技术指导中心备案。预备技师证书遗失者，须登报声明作废，并向颁发原证书的人力资源社会保障行政部门申请补发，由同级职业技能鉴定机构负责审核办理。补办的证书使用原证书编码和新证书流水码，并在备注栏内注明。

（三）各地人力资源社会保障部门要建立预备技师证书信息查询系统，将获取预备技师证书人员的信息上网并向社会公布，供劳动者和用人单位查询。证书信息查询系统要与技工院校学生信息管理系统和国家职业资格证书查询系统相连接。

（四）各地人力资源社会保障部门及各技工院校应免费向学生发放预备技师证书，不得以任何理由收取证书工本费。

（五）任何地区、部门、单位和个人不得擅自印制、发放、伪造、涂改预备技师证书。各地人力资源社会保障部门要自觉接受社会监督，对群众举报的问题要认真调查，对违规违纪的要严肃查处。对社会上出现的伪造、贩卖、制售假证书的，要积极与公安部门配合，予以严厉打击。

（六）各地有关预备技师证书管理与发放的问题，请与我部联系。

附件：预备技师证书申领审核表（略）

人力资源和社会保障部关于同意海关总署成立职业技能鉴定指导中心的函

（人社部函［2010］81号　2010年3月19日）

海关总署：

你署《关于申请成立职业技能鉴定指导中心的请示》（署人发［2010］59号）收悉。经研究，同意你署成立职业技能鉴定指导中心，依托中国报关协会开展报关员职业技能鉴定工作。

请你署按照有关规定解决职业技能鉴定指导中心的人员编制等问题，积极做好各项基础工作，认真组织开展职业技能鉴定。同时，希望你署职业技能鉴定指导中心加强与人力资源社会保障部门联系，自觉接受人力资源社会保障部门的监督检查。

附件：

1. 报关员职业技能鉴定实施办法（试行）
2. 海关行业特有职业目录

附件 1：

报关员职业技能鉴定实施办法（试行）

第一条 为适应我国对外经济贸易发展，提高报关从业人员队伍素质，根据《中华人民共和国劳动法》、《职业技能鉴定规定》（劳部发［1993］134 号）和《报关员国家职业标准（试行）》，制定本办法。

第二条 本办法所称职业技能鉴定是指根据《报关员国家职业标准（试行）》对报关员进行职业资格等级的考核和考评。

第三条 海关总署成立报关员职业技能鉴定工作委员会，负责综合管理和指导报关员职业技能鉴定工作。其主要职责是：

（一）统筹规划报关员职业技能鉴定工作，并制定有关政策、规定和办法。

（二）管理和监督检查报关员职业技能鉴定工作。

（三）审核报关员职业技能鉴定站，报经人力资源社会保障部批准后，颁发全国统一的《职业技能鉴定许可证》和标牌。

（四）负责报关员职业技能鉴定考评人员的综合管理和资格审核，报经人力资源社会保障部核准后，颁发考评人员资格证卡。

（五）负责审核报关员职业技能鉴定试题库，报经人力资源社会保障部批准后实施。

（六）负责报关员《国家职业资格证书》的核发和管理工作。

（七）负责报关员职业技能鉴定站的检查、评估工作。

第四条 海关总署职业技能鉴定指导中心负责组织、协调和指导报关员职业技能鉴定工作。其主要职责是：

（一）组织实施报关员职业技能鉴定工作。

（二）负责制定报关员职业技能鉴定站建站条件和资格审查工作。

（三）参与制定、修订报关员国家职业标准，组织编写培训大纲和教材，并组建相应的试题库。

（四）制定报关员职业技能鉴定考评人员的资格要求，并负责组织资格培训和考核。

（五）指导报关员职业技能鉴定站开展工作。

（六）组织实施、管理报关员（国家职业资格三级）考核和报关员（国家职业资格二级、一级）考评工作。

（七）开展职业技能鉴定及有关问题的研究与咨询服务。

（八）参与组织、推动报关员职业技能竞赛活动。

（九）承担人力资源社会保障部、海关总署委托的有关职业技能鉴定工作。

第五条 报关员职业技能鉴定站是承担报关员职业技能鉴定工作的执行机构，其设立应具备以下条件：

（一）具有合理数量的熟悉报关员职业技能鉴定业务知识的专（兼）职组织管理人

员和鉴定考评人员。

（二）具有与报关员职业技能鉴定等级相适应的考核场地和设备设施。

（三）有完善的管理制度和办法。

第六条 报关员职业技能鉴定站的设立，由海关总署报关员职业技能鉴定工作委员会统一规划、合理布局。由具备建站条件的单位提出申请，填写人力资源社会保障部统一印制的《行业特有工种职业技能鉴定站审批登记表》，海关总署职业技能鉴定指导中心对其进行条件审查，由海关总署报关员职业技能鉴定工作委员会提出审核意见，并征求所在地省级人力资源社会保障部门意见，报经人力资源社会保障部批准后，授予统一的《职业技能鉴定许可证》和特有工种职业技能鉴定站标牌。

第七条 报关员职业技能鉴定站实行站长负责制，应有健全的财务制度和专（兼）职的财务管理人员。

第八条 报关员职业技能鉴定站必须遵守如下工作规则：

（一）贯彻执行国家和海关总署制定的有关职业技能鉴定的规定、实施办法，并采取切实有力的措施保证鉴定质量。

（二）认真执行国家职业标准，职业技能鉴定必须从报关员职业技能鉴定题库中提取试题，不得自行编制试题。

（三）受理一切符合申报条件、规定手续人员的职业技能鉴定，并严格执行考评员对其亲属的职业技能鉴定回避制度。

（四）享有独立进行职业技能鉴定的权利，有权拒绝任何组织或个人的一切非正当要求。

（五）实行定期鉴定制度。具体日期、鉴定职业（工种）、等级、类别、报名条件以及收费标准等事项，应在鉴定前一个月发出通知。

（六）申报职业技能鉴定的单位和个人，可向鉴定站提出申请，由鉴定站上报海关总署职业技能鉴定指导中心审核，审核合格后签发准考证，按规定的时间、方式实施考核鉴定。

（七）单位和个人申报职业技能鉴定，均应按照规定交纳职业技能鉴定费用。职业技能鉴定费用主要用于组织职业技能鉴定场地、命题、考务、阅卷、考评、检测及原材料、能源、设备消耗等费用。职业技能鉴定收费标准执行所在地区财政、人力资源社会保障部门规定的收费标准。

（八）自觉接受海关总署职业技能鉴定指导中心的业务指导，同时接受海关、人力资源社会保障行政部门的监督检查。

第九条 职业技能鉴定考评人员应具有必备的考评技术、理论知识和较高的职业道德水平。

职业技能鉴定考评人员分为考评员和高级考评员。考评员必须具备中级专业技术职务以上的资格，可承担报关员（国家职业资格三级）的考核；高级考评员必须具备高级专业技术职务的资格，可承担报关员（国家职业资格二级、一级）的资格考评。

第十条　海关总署职业技能鉴定指导中心统一组织考评人员的资格培训和考核。对考核合格者，由海关总署报关员职业技能鉴定工作委员会审核，报经人力资源社会保障部批准后，颁发考评人员资格证卡。考评人员资格证卡有效期为三年。

第十一条　报关员职业技能鉴定站必须从取得考评人员资格证卡的人员中聘任相应等级的考评员或高级考评员，并应采取不定期轮换、调整考评人员的方式组成专业考评小组。

第十二条　考评人员应严格遵守考评员工作守则和执行考场规则。对职业技能鉴定站的工作人员和考评人员在鉴定工作中弄虚作假、徇私舞弊的，视情节轻重，由所在单位按照人事管理权限给予行政处分，并停止其在职业技能鉴定站的工作和吊销考评人员资格证卡。

第十三条　职业技能鉴定的申报条件按《报关员国家职业标准（试行）》的要求执行。

第十四条　对鉴定合格者，由海关总署报关员职业技能鉴定工作委员会颁发人力资源社会保障部统一印制的《职业资格证书》。

《职业资格证书》是劳动者职业技能水平的凭证，是求职、任职的主要依据，也是劳动者境外就业、劳务输出进行技能水平公证的有效证件。

第十五条　实行职业技能鉴定站评估制度。评估工作由海关总署报关员职业技能鉴定工作委员会统一组织进行，每三年评估一次。评估的主要内容包括：执行鉴定计划和鉴定标准、鉴定站工作人员的业务水平、设备及检测手段、鉴定收费、鉴定档案、原始资料、鉴定站工作制度及社会对鉴定站工作的反映等情况。对评估优秀的鉴定站，给予表彰；对评估不合格的鉴定站将限期整改，整改不合格的报经人力资源社会保障部批准予以撤销。

第十六条　本办法未尽事宜，按人力资源社会保障部《职业技能鉴定规定》执行。

第十七条　本办法由海关总署报关员职业技能鉴定工作委员会负责解释。

第十八条　本办法自公布之日起执行。

附件2：

海关行业特有职业目录

报关员（X2—06—05—01）

人力资源和社会保障部办公厅关于印发平版制版工等23个国家职业技能标准的通知

（人社厅发［2010］39号　2010年4月19日）

各省、自治区、直辖市人力资源社会保障（劳动保障）厅（局），新疆生产建设兵团劳动保障局，国务院有关部门（行业组织、集团公司）劳动保障工作机构：

根据《中华人民共和国劳动法》，我部会同有关部门制定了平版制版工等23个国家职业技能标准，现印发施行。

此次颁布的国家职业技能标准中，营业员、中式面点师、西式烹调师、西式面点师、调酒师、办公设备维修工和育婴员7个国家职业技能标准系重新修订，原标准相应废止。

附件：国家职业技能标准目录

附件：

国家职业技能标准目录

序号	职业编码	职业（工种）名称	备注
1	X2—02—28—06	坚果炒货工艺员（☆）	
2	4—01—01—01	营业员	2010年修订
3	4—02—02—03	医药商品储运员	
4	4—03—01—02	中式面点师	2010年修订
5	4—03—02—01	西式烹调师	2010年修订
6	4—03—02—02	西式面点师	2010年修订
7	4—03—03—01	调酒师	2010年修订
8	4—05—03—02	民航客运员（※）	
9	4—05—03—02	民航货运员（※）	
10	4—05—03—02	民航售票员（※）	
11	4—07—11—01	办公设备维修工	2010年修订
12	X4—07—12—04	育婴员（☆）	2010年修订
13	6—04—01—15	弹簧工（※）	
14	X6—06—01—06	工程机械修理工（☆）	

续表

序号	职业编码	职业（工种）名称	备注
15	6—07—06—05	机场助航灯光电工（※）	
16	6—20—01—01	平版制版工	
17	6—20—02—03	凹版印刷工	
18	6—20—03—02	印品整饰工	
19	6—21—03—02	布绒玩具制作工	
20	6—21—06—02	金属摆件工	
21	6—24—01—01	航空器地面设备操作员（※） 原名：民航特种车辆操作工	
22	6—24—03—02	航空油料化验员（※） 原名：油料化验员	
23	6—26—01—24	弹簧检查工（※）	

注：☆表示新职业，※表示该职业编码下的工种。

人力资源和社会保障部关于同意建立消防等行业特有工种职业技能鉴定站的函

（人社厅函［2010］181号　2010年4月28日）

公安部消防局、农业部人事劳动司、民政部人事司、国家邮政局人事司、国家林业局人事教育司，国家建筑材料行业职业技能鉴定指导中心、珠宝首饰职业技能鉴定指导中心、中国石油天然气集团公司人事部、中国石油化工集团公司人事部、电力行业职业技能鉴定指导中心、煤炭工业职业技能鉴定指导中心：

你们关于申请建立行业特有工种职业技能鉴定站的来函收悉。经研究，同意建立2个消防行业特有工种职业技能鉴定站、5个农业行业特有工种职业技能鉴定站、30个民政行业特有工种职业技能鉴定站、10个邮政行业特有工种职业技能鉴定站、1个林业行业特有工种职业技能鉴定站、4个建材行业特有工种职业技能鉴定站、4个珠宝首饰行业特有工种职业技能鉴定站、52个石油天然气行业特有工种职业技能鉴定站、3个石油石化行业特有工种职业技能鉴定站、5个电力行业特有工种职业技能鉴定站、12个煤炭行业特有工种职业技能鉴定站。

请你们在我部核准的鉴定范围内，认真组织开展职业技能鉴定工作。要加强对鉴定站的管理，严格执行职业标准，强化鉴定考务管理，确保鉴定质量。各鉴定站要主动接受所在地人力资源社会保障部门的工作指导，推动职业技能鉴定事业健康发展。

附件：

1. 新建消防行业特有工种职业技能鉴定站（略）
2. 新建农业行业特有工种职业技能鉴定站（略）
3. 新建民政行业特有工种职业技能鉴定站（略）
4. 新建邮政行业特有工种职业技能鉴定站（略）
5. 新建林业行业特有工种职业技能鉴定站（略）
6. 新建建材行业特有工种职业技能鉴定站（略）
7. 新建珠宝首饰行业特有工种职业技能鉴定站（略）
8. 新建石油天然气行业特有工种职业技能鉴定站（略）
9. 新建石油石化行业特有工种职业技能鉴定站（略）
10. 新建电力行业特有工种职业技能鉴定站（略）
11. 新建煤炭行业特有工种职业技能鉴定站（略）

人力资源和社会保障部办公厅国土资源部办公厅关于印发掘进工等7个国家职业技能标准的通知

（人社厅发［2010］61号　2010年7月14日）

各省、自治区、直辖市人力资源社会保障厅（局）、国土资源厅（局），国务院有关部门（行业组织、集团公司）人事劳动保障工作机构，新疆生产建设兵团劳动保障局：

依据《中华人民共和国劳动法》，人力资源社会保障部、国土资源部共同制定了掘进工等7个工种国家职业技能标准，现印发施行。

附件：国家职业技能标准目录

附件：

国家职业标准目录

序号	职业编码	职业（工种）名称
1	6—01—01—02	掘进工（※）
2	6—01—01—03	物探工（※）
3	6—01—01—04	采样工（※）

续表

序号	职业编码	职业（工种）名称
4	6—01—01—09	磨片工（※）
5	6—01—01—10	淘洗工（※）
6	6—01—01—99	掘进材料工（※）
7	6—01—01—99	钻探材料工（※）

注：带※号的表示职业编码下的工种。

人力资源和社会保障部　国家质量监督检验检疫总局　国家统计局关于做好国家职业分类大典修订工作的通知

（人社部发［2010］55号　2010年8月12日）

各省、自治区、直辖市人力资源社会保障厅（局）、质量技术监督局、统计局，国务院有关部门（直属机构、行业组织、集团公司）劳动人事部门，解放军总参谋部军务部、总政治部干部部、总后勤部司令部、总装备部通用装备保障部：

《中华人民共和国职业分类大典》（以下简称《大典》）自1999年颁布以来，对于开展劳动力需求预测和规划，引导职业教育培训，进行职业介绍和就业指导，加强人力资源管理，促进经济社会发展等都发挥了重要作用。随着经济社会发展、科学技术进步和产业结构的调整，我国的社会职业构成发生了较大变化，现行《大典》已不能适应人力资源开发、信息统计、人口普查、职业教育培训、职业指导和就业服务等工作的实际需要，需进行修订完善。为做好国家职业分类大典修订工作，现将有关事项通知如下：

一、指导思想

坚持以科学发展观为指导，以建设人才强国为目标，以适应国家经济社会发展需要为导向，结合我国实际情况，充分吸收借鉴国际职业分类先进经验，构建符合我国国情的现代职业分类体系，促进我国人力资源管理工作的科学发展。

二、基本原则

以现行国家职业分类大典为基础，本着科学严谨的态度和精神，扎实开展修订国家职业分类大典工作。基本工作原则是：

（一）客观性原则。根据我国经济社会发展的基本状况，全面、客观、准确反映我国的社会职业发展及管理现状。

（二）科学性原则。运用科学的分类方法与技术，制定正确的分类标准，设定恰当的能力指标，对现有社会职业进行划分与归类。

（三）合理性原则。按照递进逻辑顺序，以工作作为职业的基本构成单元，以工作活动组合描述职业，并体现职业间的差异，从而构建逐级包容的职业分类框架体系。

（四）先进性原则。坚持与时俱进，逐步与国际科学的职业分类体系相衔接，使之对社会职业发展具有规范和导向作用。

（五）开放性原则。注重实际运用，遵循职业发展内在规律，使之与职业发展相适应，便于及时进行动态维护和更新。

三、工作步骤

（一）准备阶段（2010 年 6 月至 2010 年 12 月）。成立职业分类大典修订工作组织机构，制定工作计划；在前期课题研究的基础上，制定符合我国人力资源管理发展需要的职业分类原则，构建适合我国国情的职业分类体系框架，建设《大典》修订工作平台；选择部分行业先行开展《大典》修订工作，完善《大典》修订技术文件。

（二）实施阶段（2011 年 1 月至 2011 年 12 月）。组织开展行业系统内职业信息调查，利用《大典》修订工作平台，进行职业信息采集等工作；编写《大典》修订初稿；分阶段审定《大典》修订稿。

（三）审定总结阶段（2012 年 1 月至 2012 年 6 月）。组织专家对《大典》修订稿进行终审；在总评审的基础上，正式颁布新修订的《大典》。

四、组织领导

为保证《大典》修订工作的顺利进行，决定成立“国家职业分类大典修订工作委员会”统筹协调和组织指导国家职业分类大典修订工作，拟由人力资源社会保障部、国家质量监督检验检疫总局、国家统计局领导同志分别担任主任、副主任，由国务院有关部门（直属机构、行业组织、集团公司）分管司局领导同志担任委员。

“国家职业分类大典修订工作委员会”下设工作办公室和专家委员会，其中：工作办公室成员由人力资源社会保障部相关单位组成，具体负责国家职业分类大典修订的日常性行政工作；专家委员会主要由国内职业分类领域的权威专家和国务院有关部门（直属机构、行业组织、集团公司）内本领域职业分类专家组成，具体承担职业分类大典修订的技术性工作。

职业分类大典修订工作是一项系统工程，涉及行业部门多，统筹协调工作量大，必须加强组织领导，集中各方面力量，发挥专家作用，健全协调机制。国务院有关部门（直属机构、行业组织、集团公司）要高度重视，积极参与，密切配合，确保《大典》修订工作如期完成。

附件：国家职业分类大典修订工作机构（略）

人力资源和社会保障部办公厅交通运输部办公厅关于印发公路养护工国家职业技能标准的通知

（人社厅发［2010］77号 2010年8月20日）

各省、自治区、直辖市人力资源社会保障厅（局）、交通运输厅（委），国务院有关部门人事劳动保障工作机构：

根据《中华人民共和国劳动法》，人力资源社会保障部、交通运输部共同制定了公路养护工国家职业技能标准，现印发施行。

附件：国家职业技能标准目录

附件：

国家职业技能标准目录

职业编码	职业（工种）名称
6—23—09—02	公路养护工※

注：带※号的表示职业编码下的工种。

人力资源和社会保障部办公厅关于同意建立职业技能鉴定国家题库民政等行业分库的函

（人社厅函［2010］437号 2010年8月23日）

民政部职业技能鉴定指导中心、国家海洋局职业技能鉴定指导中心、国家林业局职业技能鉴定指导中心、化学工业职业技能鉴定指导中心、中国核工业集团公司职业技能鉴定指导中心：

《关于申请民政部“职业技能鉴定国家题库网络部级分库运行机构”认证的函》（民职鉴发［2009］1号）、《关于申请海洋行业职业技能鉴定国家题库网络省（部）级分库运行机构认证的函》（海技鉴字［2009］4号）、《关于申请职业技能鉴定国家题库网络部级分库运行机构认证的函》（林职鉴字［2010］4号）、《关于申请职业技能鉴定国家题库网络化工行业分库运行机构认证的函》（化职鉴［2010］30号）、《关于申请职业技能鉴定国家题库网络行业分库运行机构的函》（中核人技函发［2010］6号）收悉。

按照《职业技能鉴定国家题库网络省（部）级分库运行机构资格标准》要求，经我部综合评审和认证，同意建立职业技能鉴定国家题库民政分库、海洋分库、林业分库、化工分库和核工业分库，同时授予相应标牌。为加强职业技能鉴定国家题库行业分库运行管理，请将已开发完成的特有职业（工种）题库，报我部备案并纳入职业技能鉴定国家题库运行网络。

人力资源和社会保障部办公厅
关于同意进行职业技能鉴定国家
题库运行管理试点的函

（人社厅函［2010］438号　2010年8月23日）

山东、四川、陕西省人力资源社会保障厅：

《山东省关于建立国家题库地市级分库的请示》（鲁人社鉴［2010］76号）、《四川省职业技能鉴定指导中心关于申请配发职业技能鉴定国家题库四川省市（州）级分库试题资源的请示》（川人社职鉴函［2010］5号）、《陕西省职业技能鉴定指导中心关于在我省宝鸡市和咸阳市建立国家题库分库的函》（陕职鉴函［2010］29号）收悉。为加强职业技能鉴定国家题库（以下简称国家题库）运行网络建设，进一步提高职业技能鉴定质量，经研究，同意在济南等13个地市进行国家题库运行管理试点。

为确保试点工作顺利进行，请你们按照《关于进一步加强职业技能鉴定国家题库运行管理工作的通知》（劳社厅发［2008］2号）等要求，对济南等13个地市级国家题库运行管理机构（详见附件）进行审查，明确职责任务，规范运行管理，并监督检查运行情况。同时，要将管理办法和运行规则报我部职业能力建设司和职业技能鉴定中心备案。

试点中如遇问题，请及时通告我部职业能力建设司和职业技能鉴定中心。

附件：职业技能鉴定国家题库配发单位（略）

人力资源和社会保障部办公厅关于启用 2010 年版职业技能鉴定国家题库的通知

（人社厅函［2010］442 号　2010 年 8 月 24 日）

各省、自治区、直辖市人力资源社会保障厅（局），新疆生产建设兵团劳动保障局，国务院有关部门人事劳动保障工作机构，有关行业组织、集团公司人事部门：

依据国家职业技能标准，我部组织开发了 2010 年版职业技能鉴定国家题库（以下简称 2010 年版国家题库）资源：维修电工等 17 个职业共 20 个初、中、高级（国家职业资格五、四、三级）理论知识和操作技能（专业能力）题库，26 套藏文版试卷，133 套维吾尔文版试卷；加工中心操作工等 17 个职业共 17 个技师、高级技师（国家职业资格二、一级）理论知识、操作技能（专业能力）题库和 161 套理论知识、操作技能（专业能力）试卷，47 套维吾尔文版试卷；20 个专项职业能力题库。农业部和国家粮食局分别组织开发了绿化工等 8 个和制米工等 6 个职业的理论知识和操作技能题库，已通过我部审定，现一并予以公布，并从公布之日起启用。

2010 年版国家题库启用后，相应职业（工种）的技能鉴定，原则上不再使用旧版题库内的试题组卷。各地国家题库运行管理机构根据本地区情况，可采取逐步过渡方式以新代旧，至 2011 年 5 月 1 日起必须全部使用 2010 年版国家题库。为加强国家题库行业分库管理，各行业部门已开发完成特有职业（工种）题库的，应将试题资源报我部备案，并纳入国家题库运行网络。

各地区各单位要严格执行国家题库管理规定，进一步加强国家题库运行管理，确保题库安全。

附件：

1. 2010 年版国家题（卷）库（五、四、三级）职业目录
2. 2010 年版国家题（卷）库（二、一级）职业目录
3. 专项职业能力题库目录
4. 2010 年版国家题库农业分库职业目录
5. 2010 年版国家题库粮食分库职业目录

附件 1:

2010 年版国家题（卷）库（五、四、三级）职业目录

序号	职业名称	等级	理论知识题库	操作技能（专业能力）题库	备注
1	维修电工	五级	√	√	
2	计算机维修工	五、四、三级	√	√	
3	照相器材维修工	五、四、三级	√	√	
4	眼镜验光员	五、四、三级	√	√	
5	咖啡师	五、四级	√	√	
6	花卉园艺师	五、四、三级	√	√	
7	包装设计师（销售包装）	四、三级	√	√	
8	有害生物防制员	四、三级	√	√	
9	房地产策划师	四级	√	√	
10	可编程序控制系统设计师（西门子机型）	四、三级	√	√	
11	汽车修理工	五、四、三级	8 套试卷	—	藏文版
12	汽车驾驶员	五、四、三级	8 套试卷	—	藏文版
13	餐厅服务员	五、四、三级	10 套试卷	—	藏文版
14	美发师	五、四、三级	18 套试卷	18 套试卷	维吾尔文版
15	美容师	五、四、三级	18 套试卷	18 套试卷	维吾尔文版
16	中式烹调师	五、四、三级	18 套试卷	18 套试卷	维吾尔文版
17	摩托车维修工	五、四、三级	17 套试卷	8 套试卷	维吾尔文版
合计	以上共 17 个职业，20 个题库，26 套藏文版试卷，133 套维吾尔文版试卷				

附件 2:

2010 年版国家题（卷）库（二、一级）职业目录

序号	职业名称	二级		一级		备注
		理论知识（套）	操作技能（专业能力）	理论知识（套）	操作技能（专业能力）	
1	加工中心操作工	5 套试卷	5 套试卷	5 套试卷	6 套试卷	
2	食醋制作工	5 套试卷	题库	5 套试卷	题库	

续表

序号	职业名称	二级		一级		备注
		理论知识（套）	操作技能（专业能力）	理论知识（套）	操作技能（专业能力）	
3	酱油、酱类制作工	5套试卷	题库	5套试卷	题库	
4	豆制品制作工	5套试卷	题库	5套试卷	题库	
5	酱腌菜制作工	5套试卷	题库	5套试卷	题库	
6	采购师	5套试卷	5套试卷	—	—	
7	中式烹调师	5套试卷	题库	5套试卷	题库	
8	数控车工	5套试卷	题库	5套试卷	题库	
9	数控铣工	5套试卷	题库	5套试卷	题库	
10	数控机床装调维修工	10套试卷	10套试卷	10套试卷	10套试卷	
11	动画绘制员	5套试卷	5套试卷	—	—	
12	汽车修理工	5套试卷	题库	5套试卷	题库	
13	企业培训师	题库				暂不配发
14	美发师	3套试卷	3套试卷	3套试卷	3套试卷	维吾尔文版
15	美容师	3套试卷	3套试卷	3套试卷	3套试卷	维吾尔文版
16	中式烹调师	3套试卷	3套试卷	3套试卷	3套试卷	维吾尔文版
17	摩托车维修工	3套试卷	3套试卷	2套试卷	3套试卷	维吾尔文版
合计	以上共17个职业，17个题库，161套试卷，47套维吾尔文版试卷					

附件3：

专项职业能力题库目录

序号	名称
1	灰土回填
2	墙面刷涂
3	室内瓷砖铺贴
4	卫生器具安装与配管
5	手工编织
6	手工钩织
7	丝网花制作
8	电动自行车维修

续表

序号	名称
9	食品雕刻
10	单片机快速开发
11	单片机应用
12	花卉栽培
13	汽车音响改装
14	大圆机调机
15	纺织面料成分检测
16	机织小样织样
17	员工关系管理
18	家具喷涂
19	家具砂磨
20	家具配件包装
合计	20 个

附件 4：

2010 年版国家题库农业分库职业目录

序号	职业名称	等级	理论知识题库	操作技能题库
1	绿化工	五、四、三级	√	√
2	乳品加工工	五、四、三级	√	√
3	饲料检验化验员	五、四、三级	√	√
4	饲料厂中央控制室操作工	五、四、三级	√	√
5	饲料粉碎制粒工	五、四、三级	√	√
6	饲料营销员	五、四、三级	√	√
7	水生动物病害防治员	五、四、三级	√	√
8	海水水生动物养殖工	五、四、三级	√	√

附件5：

2010年版国家题库粮食分库职业目录

序号	职业名称	等级	理论知识题库	操作技能题库
1	粮油保管员	五、四、三、二、一级	√	√
2	粮油质量检验员	五、四、三、二、一级	√	√
3	粮油竞价交易员	四、三、二、一级	√	√
4	制米工	五、四、三、二、一级	√	√
5	制油工	五、四、三、二、一级	√	√
6	制粉工	五、四、三、二、一级	√	√

人力资源和社会保障部办公厅农业部办公厅关于印发农业实验工等7个国家职业技能标准的通知

（人社厅发［2010］89号　2010年9月30日）

各省、自治区、直辖市人力资源社会保障厅（局）、农业厅（局），新疆生产建设兵团劳动保障局、农业局，国务院有关部门（行业组织、集团公司）人事劳动保障工作机构：

根据《中华人民共和国劳动法》，人力资源社会保障部、农业部共同制定了农业实验工等7个国家职业技能标准，现印发施行。

附件：国家职业技能标准目录

附件：

国家职业技能标准目录

序号	职业编码	职业（工种）名称	备注
1	5—01—02—01	农业实验工	
2	5—03—04—01	实验动物饲养工※	
3	5—03—05—05	水生生物病害防治员	修订

续表

序号	职业编码	职业（工种）名称	备注
4	X5—04—01—08	海水水生动物养殖工	修订
5	X5—04—01—09	淡水水生动物养殖工	修订
6	5—99—02—01	沼气生产工	修订
7	6—26—01—09	饲料检验化验员	修订

注：带※的表示该职业编码下的工种，带X的表示新职业。

人力资源和社会保障部办公厅关于印发皮革护理员等5个国家职业技能标准的通知

（人社厅发［2010］96号　2010年11月4日）

各省、自治区、直辖市人力资源社会保障厅（局），新疆生产建设兵团劳动保障局，国务院有关部门（行业组织、集团公司）人事劳动保障工作机构：

根据《中华人民共和国劳动法》，我部会同有关部门制定了皮革护理员等5个国家职业技能标准，现印发施行。

附件：国家职业技能标准目录

附件：

国家职业技能标准目录

序号	职业编码	职业（工种）名称
1	X4—07—07—03	皮革护理员（☆）
2	X6—03—03—08	煤气变压吸附制氢工（☆）
3	X6—03—03—09	余热余压利用系统操作工（☆） 原名：废热余压利用系统操作工
4	X6—05—02—04	工程机械装备与调试工（☆）
5	X6—99—02—01	混凝土泵工（☆）

注：“☆”表示新职业，“X”表示新职业的编码。

人力资源和社会保障部办公厅水利部办公厅关于印发水工监测工等3个国家职业技能标准的通知

（人社厅发［2010］108号 2010年12月6日）

各省、自治区、直辖市人力资源社会保障厅（局）、水利厅（局），新疆生产建设兵团劳动保障局、水利局，国务院有关部门（行业组织、集团公司）人事劳动保障工作机构：

根据《中华人民共和国劳动法》，人力资源社会保障部、水利部共同制定了水工监测工、灌排工程工、水土保持监测工3个国家职业技能标准，现印发施行。

附件：国家职业技能标准目录

附件：

国家职业技能标准目录

序号	职业编码	职业（工种）名称	备注
1	5—05—01—04	水工监测工※	2010年修订
2	5—05—02—01	灌排工程工※	2010年修订
3	5—05—03—03	水土保持监测工※ 原名：水土保持勘测工	2010年修订

注：带※号的表示职业编码下的工种。

国家职业分类大典修订工作委员会关于聘任国家职业分类大典修订工作专家委员会委员的决定

（人社部函［2010］335号 2010年12月10日）

国务院有关部委、直属机构，有关行业组织、高等学校、集团公司等单位：

为做好《中华人民共和国职业分类大典》修订工作，充分发挥专家的技术指导和引领带动作用，提高国家职业分类大典的科学性和权威性，健全完善符合我国国情的职业分类体系，更好地为经济社会发展和人力资源开发管理服务，经研究，决定聘任卜玉兰等96名同志为国家职业分类大典修订工作专家委员会委员。名单如下（以姓氏笔画为序）：

卜玉兰 丁 涛 于弘文 马 骐 马 锋 方 向
毛溪泉 王 竞 王北婴 王本强 王虹桥 尹贻军
付广增 石宝胜 田 军 关 湄 刘 丹 刘 军
刘 京 刘 峥 刘 康 刘长权 刘拥军 刘武俊
刘迺兰 牟启初 齐连明 曲晓波 孙晓音 汤 泉
朱之光 朱长根 朱承强 朱晓东 朱焕滇 邬晓清
陈 平 陈 宇 陈李翔 陈 敏 杜小平 李 玲
李 薇 李广陵 李云飞 李天送 李武卿 李猛力
李舜萱 连 飞 苏玉军 吴剑英 吴阊云 杨利华
杨宜勇 杨河清 杨铁诚 张 元 张 磊 张全胜
张亚男 张泽平 张忠和 单翠英 范 巍 罗金华
苗 忻 明绍芬 孟 琪 孟庆建 孟庆普 武夷山
周 明 郑东亮 胡国强 姚 歆 姚树樘 赵继成
都 阳 郭嗣平 莫广刚 徐 华 徐 缓 徐 强
黄 炜 黄建始 董 江 董克用 彭 瑜 童志明
谢承杰 曾 伟 曾湘泉 蔡学军 蔡建华 滕 伟

希望受聘的各位委员发扬科学严谨、敬业奉献、求真务实的精神，认真履行工作职责，扎实做好国家职业分类大典修订工作，为促进人力资源开发，更好实施人才强国战略作出应有贡献。

人力资源和社会保障部办公厅关于开展职业技能鉴定所（站）质量管理评估工作的通知

（人社厅函〔2011〕33号 2011年1月14日）

各省、自治区、直辖市人力资源社会保障厅（局），新疆生产建设兵团劳动保障局，国务院有关部门（行业组织、集团公司）人事劳动保障工作机构，军队士兵职业技能鉴定工作办公室：

为提升职业技能鉴定所（站）管理服务水平，规范职业技能鉴定行为，构建职业技能鉴定质量管理长效机制，经研究，我部决定在全国范围内开展职业技能鉴定所（站）质量管理评估工作。现将有关事项通知如下：

一、政策依据

职业技能鉴定所（站）质量管理评估工作以《国务院办公厅关于清理规范各类职业资格相关活动的通知》（国办发［2007］73号）、《职业技能鉴定规定》（劳部发［1993］134号）、《职业技能鉴定机构质量管理体系标准》（劳社厅函［2005］132号）及职业技能鉴定工作相关文件为依据。

二、主要内容

职业技能鉴定所（站）质量管理评估工作包括职业技能鉴定所（站）质量管理评估（简称合格评估）和示范职业技能鉴定所（站）质量管理评估（简称示范评估）。

（一）合格评估工作使用《职业技能鉴定所（站）质量管理评估表（试行）》（简称合格评估表，附件2），评估的重点是职业技能鉴定所（站）设置的基本要求和实施鉴定工作的基本情况，主要指标有：岗位设置和规章制度、档案资料管理、鉴定实施要求、质量监督反馈等。

（二）示范评估工作使用《示范职业技能鉴定所（站）质量管理评估表（试行）》（简称示范评估表，附件3），评估的重点是职业技能鉴定所（站）开展质量管理体系建设和构建质量管理长效机制的情况，主要指标有：履行职责、质量管理体系建设、加强质量建设的工作措施等。通过我部组织的职业技能鉴定机构质量管理体系认证的鉴定所（站）可直接参加示范评估。

三、工作步骤

职业技能鉴定所（站）质量管理评估工作可结合各地区、各行业部门年度质量检查工作进行。

（一）自查自评阶段（2011年1月—2011年3月）

各地区、各行业要根据本通知要求，结合工作实际，制定《职业技能鉴定所（站）质量管理合格评估工作实施方案》，并组织本地区、本行业的职业技能鉴定所（站）开展自查自评工作。

（二）合格评估阶段（2011年4月）

各地区、各行业在职业技能鉴定所（站）自查自评工作的基础上，组织开展本地区、本行业的职业技能鉴定所（站）合格评估工作。出现否决项或评估得分低于60分的职业技能鉴定所（站），评估结果为不合格；评估得分在60分及以上的职业技能鉴定所（站），评估结果为合格，其中评估得分在80分及以上的职业技能鉴定所（站），可申请参加示范评估。

（三）示范评估阶段（2011 年 6 月—2011 年 7 月）

我部示范评估工作组（由职业技能鉴定行政管理人员、质量管理体系审核人员、质量督导人员、高级考评员等组成）根据示范评估标准，对各地区、各行业申请示范评估的职业技能鉴定所（站）进行评估。根据评估结果评选示范职业技能鉴定所（站）。

四、工作要求

（一）职业技能鉴定所（站）质量管理评估工作由职业技能鉴定行政管理部门负责组织实施，职业技能鉴定中心负责技术指导和工作协调。

（二）职业技能鉴定所（站）质量管理评估工作是职业技能鉴定质量管理的重要内容。各地区、各行业要高度重视职业技能鉴定所（站）质量管理评估工作，严格遵守有关规定和要求，以有效的文件资料、统计报表、业务原始记录为依据，实事求是地开展评估工作。

（三）合格评估工作结束后，请各地区、各行业于 2011 年 5 月 15 目前将本地区、本行业的合格评估工作总结、申请示范评估的职业技能鉴定所（站）名单及其合格评估表和情况说明、对合格评估表和示范评估表的修改意见建议、不合格鉴定所（站）名单等材料上报我部。

（四）各地区、各行业要认真分析总结所属职业技能鉴定所（站）质量管理工作中出现的问题和不足，提出改进措施。对评估结果不合格的职业技能鉴定所（站），要求其限期整改；整改不力的，由该职业技能鉴定所（站）的审批部门撤销其鉴定资质。

附件：

1. 职业技能鉴定所（站）质量管理评估工作的说明
2. 职业技能鉴定所（站）质量管理评估表（试行）
3. 示范职业技能鉴定所（站）质量管理评估表（试行）

附件 1：

职业技能鉴定所（站）质量管理评估工作的说明

各地区、各行业在开展职业技能鉴定所（站）合格评估工作时，若所属职业技能鉴定所（站）存在以下情况之一的，可将其直接列为不合格：（一）不鉴定发证；（二）伪造证书信息；（三）超范围鉴定；（四）无标准鉴定；（五）因管理不善等原因造成试题泄露或其他重大责任事故等；（六）管理岗位的人员、技术岗位的人员缺失严重；（七）鉴定设施设备不能正常使用；（八）多次出现违规或工作失误，且整改不力。

若所属职业技能鉴定所（站）无上述情况之一的，再行对照《职业技能鉴定所（站）质量管理评估表（试行）》开展合格评估工作。

附件 2：

职业技能鉴定所（站）质量管理评估表（试行）

评估内容			评估分值	评估方法和标准	评估结果
大项	中项	小项			
1. 岗位设置情况（11分）	1.1 领导岗位情况	所（站）长岗位职责明确	2	查阅文件或任命书（或聘书），现场提问其岗位工作职责。职责明确且未发现问题得 2 分，发现问题不得分	
	1.2 综合管理岗位情况	综合管理岗位职责明确	2	查阅单位文件或任命书（或聘书），以及相关规定，现场提问其岗位工作职责。职责明确且未发现问题得 2 分，发现问题不得分	
	1.3 考务管理岗位情况	考务管理岗位职责明确	2	查阅单位文件或任命书（或聘书），以及相关规定，现场提问其岗位工作职责。职责明确且未发现问题得 2 分，发现问题不得分	
	1.4 试题管理岗位	试题管理岗位职责明确	2	查阅单位文件或任命书（或聘书），以及相关规定，现场提问其岗位工作职责。职责明确且未发现问题得 2 分，发现问题不得分	
	1.5 技术支持和财务管理岗位情况	鉴定职业的技术支持人员满足所（站）相关工作需要	1	查阅人员所持技术、技能类证书。发现问题不得分	
		计算机和网络技术支持人员满足所（站）相关工作需要	1		
		财务人员应满足所（站）相关工作需要	1	查阅人员所持能力证明（财务证书等）。发现问题不得分	
2. 规章制度情况（14分）	2.1 工作场所相关制度/办法的情况	职业技能鉴定考场规则	1	查阅文件（是否符合国家、地方/行业规定），现场提问，发现问题不得分	
		职业技能鉴定设备设施管理制度	1		
		职业技能鉴定所（站）鉴定服务工作规程（办法）	1		
		鉴定工作收费标准和管理办法	1	查阅文件并对照国家、地方、行业有关规定，发现问题不得分	

续表

评估内容			评估分值	评估方法和标准	评估结果
大项	中项	小项			
2. 规章制度情况（14分）	2.1 工作场所相关制度/办法的情况	职业技能鉴定档案资料保管制度	1	查阅是否有此项制度规定，询问落实情况。有问题不得分	
		职业技能鉴定试卷\试题保密规定	1		
		职业技能鉴定质量控制有关规定	1	查阅文件，询问负责人员，发现问题不得分	
		职业技能鉴定设备安全操作规程	1	查阅文件，现场提问，发现问题不得分	
		职业技能鉴定工作安全保卫制度	1		
		职业技能鉴定工作场所重大问题或突发严重事件的应急处理预案	1	查阅相关材料，询问负责人员，没有预案或发现问题不得分	
	2.2 人员管理制度办法情况	职业技能鉴定考评人员管理制度	1	查阅文件（是否符合国家、地方/行业规定），抽查有关人员理解掌握的程度，发现问题不得分	
		职业技能鉴定监考人员管理制度	1		
		职业技能鉴定考务工作人员管理制度	1		
		职业技能鉴定考生守则	1	查阅文件，证明是否采取有效措施向考生明示，发现问题不得分	
3. 档案资料管理（14分）	3.1 申报和结果汇总情况	所有批次的职业技能鉴定申报表和鉴定结果汇总表应保存完整	2	查看表格（重点是保管制度落实情况），发现问题不得分	
	3.2 证书核发	所有批次的职业技能鉴定证书核发表应保存完整	2	查看证书核发表，发现（不完整等）问题不得分	
	3.3 理论试卷	至少一年内所有批次职业技能鉴定理论试卷要备案保存	2	查看试卷，发现问题不得分	
	3.4 技能鉴定结果	至少一年内所有批次职业技能鉴定实操鉴定结果要备案保存	2	现场查看记录、资料和考件，发现问题不得分	

续表

<table>
<tr><th colspan="3">评估内容</th><th rowspan="2">评估分值</th><th rowspan="2">评估方法和标准</th><th rowspan="2">评估结果</th></tr>
<tr><th>大项</th><th>中项</th><th>小项</th></tr>
<tr><td rowspan="5">3. 档案资料管理（14分）</td><td rowspan="4">3.5 鉴定过程记录</td><td>职业技能鉴定实施计划安排的表格记录应备案保存</td><td>1</td><td>查看表单记录，发现问题不得分</td><td></td></tr>
<tr><td>职业技能鉴定理论考场安排表格记录应备案保存</td><td>1</td><td>查看表单记录，发现问题不得分</td><td></td></tr>
<tr><td>职业技能鉴定实际操作考场安排表格记录应备案保存</td><td>1</td><td>查看表单记录，发现问题不得分</td><td></td></tr>
<tr><td>职业技能鉴定监考记录和考评记录应备案保存</td><td>1</td><td>查看监考人员、考评人员的原始记录，发现问题不得分</td><td></td></tr>
<tr><td>3.6 质量督导</td><td>至少一年内所有批次的职业技能鉴定的质量督导相关资料和信息应备案保存</td><td>2</td><td>查看巡考人员、质量督导员的原始记录，发现问题不得分</td><td></td></tr>
<tr><td rowspan="2">4. 设备设施（5分）</td><td>4.1 基本要求</td><td>设备设施符合所鉴定职业的标准要求且数量充足、运行状况良好</td><td>3</td><td>现场查看。发现1个问题扣1分；2个问题扣2分；3个问题以上不得分</td><td></td></tr>
<tr><td>4.2 维护更新</td><td>维护更新工作满足鉴定需要，与《设备管理制度》一致，台账规范清晰</td><td>2</td><td>查看台账。定期实施维护、台账规范清晰得2分；台账不清、不规范不得分</td><td></td></tr>
<tr><td rowspan="3">5. 考核鉴定场地要求（5分）</td><td>5.1 规范要求</td><td>考核鉴定场地环境安全、肃静、整洁，照明、通风等服务设施运行情况良好</td><td>2</td><td>现场查看。符合要求得2分；发现2个以内一般性问题的得1分；问题超过3个或问题严重的不得分</td><td></td></tr>
<tr><td>5.2 相关场地要求</td><td>根据工作实际，要设立满足需要的候考室、抽考室等相关场地</td><td>2</td><td>现场查看。相关场地齐备得2分；有部分相关场地得1分；没有的不得分</td><td></td></tr>
<tr><td>5.3 引导标识</td><td>考核鉴定场地应有引导标识且清晰合理</td><td>1</td><td>现场查看。有引导标识且清晰合理的得1分；发现问题的不得分</td><td></td></tr>
<tr><td>6. 鉴定实施要求（32分）</td><td>6.1 鉴定公告</td><td>鉴定公告发布及时、表述清晰且须经过上级部门批准</td><td>3</td><td>查看文件。没有问题的得3分；发布不及时或表述不清晰的扣1～2分；发现未被批准的不得分</td><td></td></tr>
</table>

续表

评估内容			评估分值	评估方法和标准	评估结果
大项	中项	小项			
6. 鉴定实施要求（32分）	6.2 考生资格的审核	鉴定申报表与考生登记表及原始资料记录应一致	3	抽查申报表、考生登记表和原始资料记录。发现不一致的问题不得分	
		考生资格应符合报考职业标准的相应要求	3	抽查原始资料。发现问题不得分	
		考生登记表应完整地反映其基本信息，其中：工作简历、职业培训背景、以往获取职业资格证书情况等需要有原始资料证据	2	抽查考生登记表和原始资料证据。发现问题的不得分	
		考生登记表原则上不能改动，特殊情况下确需改动的，应有确认章	2	抽查考生登记表和原始资料证据。发现问题的不得分	
	6.3 试卷管理	鉴定试卷申请表的填写应规范、完整	1	抽查申请表单。发现问题不得分	
		没有国家题库的职业（工种），其鉴定试卷应经过有关管理部门审批并有专门的标识	3	抽查有关职业（工种）试卷。发现问题不得分	
		鉴定试卷的保管应符合有关的保密要求	2	现场检查保管记录。发现问题不得分	
		鉴定试卷应有符合规定的交接记录	1	查阅交接记录单。发现问题不得分	
		作废试卷的销毁应有符合规定的记录	1	查阅记录单。发现问题不得分	
		鉴定试卷的运送、传输应符合有关的保密规定	1	查阅记录单。发现问题不得分	
	6.4 考评人员	考评员应在聘任期内承担鉴定职业的考评工作	2	查阅记录和档案。发现问题不得分	
		鉴定工作中应按照有关规定组成考评小组并采取轮换制	2	抽查相应的记录。发现问题不得分	
		考评人员的选派须符合回避制度	2	抽查相应的记录。发现问题不得分	

续表

<table>
<tr><th colspan="3">评 估 内 容</th><th rowspan="2">评估分值</th><th rowspan="2">评估方法和标准</th><th rowspan="2">评估结果</th></tr>
<tr><th>大项</th><th>中项</th><th>小项</th></tr>
<tr><td rowspan="4">6. 鉴定实施要求（32分）</td><td>6.4 考评人员</td><td>应有考评人员工作表现的反馈单表，并按规定及时送到其派出部门</td><td>1</td><td>抽查反馈单表。没有的不得分</td><td></td></tr>
<tr><td rowspan="2">6.5 阅卷评分</td><td>阅卷评分的差错率控制情况</td><td>1</td><td>抽查试卷。差错率低于3%的得1分；高于3%的不得分</td><td></td></tr>
<tr><td>试卷初评、核分、审校及分数加总等环节应有签字确认</td><td>1</td><td>抽查试卷。发现问题不得分</td><td></td></tr>
<tr><td>6.6 督导反馈</td><td>应有对质量督导员的工作反馈表单，且能按规定及时地反馈到其派出部门</td><td>1</td><td>抽查反馈表单。没有反馈的不得分</td><td></td></tr>
<tr><td>7. 证书发放要求（2分）</td><td>7.1 信息上报工作</td><td>经鉴定合格的考生信息应及时上报证书管理部门，上报的信息应准确无误</td><td>2</td><td>抽查有关资料。发现问题不得分</td><td></td></tr>
<tr><td rowspan="4">8. 能力建设情况（7分）</td><td rowspan="2">8.1 队伍建设</td><td>定期组织所（站）管理人员、考务人员及有关工作人员的培训工作</td><td>2</td><td>查阅有关培训记录。没有的不得分</td><td></td></tr>
<tr><td>根据承担的鉴定职业需要，组建专家队伍</td><td>2</td><td>查阅有关资料。没有的不得分</td><td></td></tr>
<tr><td rowspan="2">8.2 信息化建设</td><td>所（站）应具备包括计算机、打印机、传真机等设备的办公自动化条件</td><td>2</td><td>现场检查。办公自动化条件较差的不得分</td><td></td></tr>
<tr><td>所（站）应采用信息网络工具开展鉴定业务工作</td><td>1</td><td>现场检查。没有使用的不得分</td><td></td></tr>
<tr><td rowspan="3">9. 质量监督反馈（10分）</td><td rowspan="2">9.1 责任书</td><td>所（站）应主动与上级部门签订质量管理责任书</td><td>3</td><td>查阅责任书。没有的不得分</td><td></td></tr>
<tr><td>责任书应有落实方案，并应有专人负责</td><td>5</td><td>查阅方案、现场提问。落实情况好的得5分；有方案但落实不力的得2分；无方案的不得分</td><td></td></tr>
<tr><td>9.2 投诉咨询电话</td><td>所（站）应设立和公布专门的投诉咨询电话，并运行良好、反馈及时</td><td>2</td><td>现场检查。没有的或运行不好的不得分</td><td></td></tr>
</table>

附件3：

示范职业技能鉴定所（站）质量管理评估表（试行）

评估内容			评估分值	评估方法和标准	评估结果
大项	中项	小项			
1. 岗位职责和能力要求（15分）	1.1 所（站）长	组织制定本所（站）的各项规章制度和质量管理的措施办法	1	现场提问、查阅工作记录。50%以上的提问不能回答的、没有工作记录的不得分	
		从人、财、物和工作措施等方面确保制度执行、工作运行、质量管理等必需的资源条件	1	现场提问、查阅措施文件。50%以上的提问不能回答的、没有措施文件的不得分	
		定期组织全体人员学习国家和所属地方或行业的政策文件，提高管理、服务水平和质量意识	1	查阅工作记录。没有的不得分	
	1.2 副所（站）长	定期向所长报告所（站）管理和服务业绩情况，并提出改进意见	1	查阅工作记录。没有的不得分	
		在职责范围内，定期组织管理、服务和质量方面的专项学习、技术培训和会议，以提高工作人员能力水平，增强鉴定服务质量	1	查阅工作记录。没有的不得分	
		负责本职范围内工作运行的管理、审核和监督检查	1	查阅工作记录和现场提问。没有的不得分	
	1.3 综合管理责任人员	负责综合性、协调性、联络性等有关工作的具体组织落实	1	查阅工作记录。没有的不得分	
		组织编制所（站）有关管理文件办法，组织设计鉴定过程质量的检查程序方案和表格记录并按照领导要求组织验证	1	查阅工作记录。没有的不得分	

续表

<table>
<tr><th colspan="3">评估内容</th><th rowspan="2">评估分值</th><th rowspan="2">评估方法和标准</th><th rowspan="2">评估结果</th></tr>
<tr><th>大项</th><th>中项</th><th>小项</th></tr>
<tr><td rowspan="8">1. 岗位职责和能力要求（15分）</td><td>1.3 综合管理责任人员</td><td>按照领导要求落实本所（站）人员能力建设工作，例如起草有关报告、组织培训等</td><td>1</td><td>查阅工作记录和资料。没有的不得分</td><td></td></tr>
<tr><td rowspan="3">1.4 考务管理责任人员</td><td>负责鉴定考务管理和组织实施工作；负责编制考核鉴定管理、考评人员管理等相关管理办法</td><td>1</td><td>查阅工作记录和资料。没有的不得分</td><td></td></tr>
<tr><td>负责考核鉴定场所的验收，考评人员的使用和管理；确保考核鉴定过程符合国家有关规定</td><td>1</td><td>查阅工作记录。没有的不得分</td><td></td></tr>
<tr><td>定期向领导报告鉴定工作运行、质量控制情况，并提出改进建议</td><td>1</td><td>查阅工作记录。没有的不得分</td><td></td></tr>
<tr><td rowspan="3">1.5 设施设备管理责任人员</td><td>根据鉴定要求提出所需设施、设备、工具以及监视、测量装置等的配备意见，并负责编制设施、设备等管理维护文件和安全使用办法</td><td>1</td><td>查阅工作记录和有关资料。没有或缺失的不得分</td><td></td></tr>
<tr><td>确保上述设备设施正常使用并定期组织实施安全维护工作</td><td>1</td><td>现场检查并查阅工作记录。发现问题的不得分</td><td></td></tr>
<tr><td>定期向领导报告设备设施、工具以及监视、测量装置等的使用、维护和安全情况，并提出改进建议</td><td>1</td><td>查阅工作记录和有关资料。没有或缺失的不得分</td><td></td></tr>
<tr><td>2. 管理体系建设基础（30分）</td><td>2.1 体系文件</td><td>质量管理手册：依据《体系标准》并结合自身实际编制．必须包括组织结构和职能、质量方针、质量目标等</td><td>3</td><td>查阅文件和表格记录。完整清晰的得3分；发现1个缺失问题的扣1分；发现2个 缺失问题的扣2分；缺失问题3个以上的不得分</td><td></td></tr>
</table>

续表

<table>
<tr><th colspan="3">评估内容</th><th rowspan="2">评估分值</th><th rowspan="2">评估方法和标准</th><th rowspan="2">评估结果</th></tr>
<tr><th>大项</th><th>中项</th><th>小项</th></tr>
<tr><td rowspan="11">2. 管理体系建设基础（30分）</td><td rowspan="3">2.1 体系文件</td><td>鉴定服务工作流程（程序）文件：流程控制与记录程序、管理评审程序、内部审核程序、未达标服务项控制程序、纠正措施及预防措施控制程序、持续改进控制程序等</td><td>6</td><td>查阅文件和表格记录。完整清晰的得6分；发现1个缺失问题的扣1分；发现2个缺失问题的扣2分；以此类推，缺失问题6个以上的不得分</td><td></td></tr>
<tr><td>鉴定服务的指导类文件：岗位职责要求、工作规程、制度规定等</td><td>3</td><td>查阅文件和表格记录。完整清晰的得3分；发现1个缺失问题的扣1分；发现2个缺失问题的扣2分；缺失问题3个以上的不得分</td><td></td></tr>
<tr><td>鉴定服务的表格和记录：根据所（站）服务工作实际，与2、3项质量管理内容要求相结合</td><td>7</td><td>查阅文件和表格记录。完整清晰的得7分；视缺失问题情况扣分，直至不得分</td><td></td></tr>
<tr><td rowspan="4">2.2 文件管理</td><td>体系文件发布前应得到所（站）长的批准</td><td rowspan="4">4</td><td rowspan="4">现场检查。证明体系文件管理完全符合以上要求给4分，每不符合一项扣1分，直至不得分</td><td></td></tr>
<tr><td>体系文件内容清晰，容易查阅</td><td></td></tr>
<tr><td>体系文件的更改或修订应有明确的规定要求</td><td></td></tr>
<tr><td>留存的作废文件应进行明确的标识</td><td></td></tr>
<tr><td rowspan="2">2.3 表格和记录</td><td>表格和记录的标识方法、贮存条件、保存期限等有明确的规定</td><td>1</td><td>现场查看。有规定且符合要求的得1分，发现问题不得分</td><td></td></tr>
<tr><td>鉴定服务相关的表格和记录保持完整清晰、易于识别和检索</td><td>2</td><td>抽查表格和记录，符合要求的得2分，内容不清晰或放置混乱的不得分</td><td></td></tr>
<tr><td rowspan="2">2.4 重要资料的保存</td><td>鉴定申报表和鉴定结果汇总表要永久保存</td><td>1</td><td rowspan="2">查阅表格和记录。符合要求的得1分，发现问题不得分</td><td></td></tr>
<tr><td>职业技能鉴定证书核发表及有关记录应永久保存</td><td>1</td><td></td></tr>
</table>

续表

评估内容			评估分值	评估方法和标准	评估结果
大项	中项	小项			
2. 管理体系建设基础（30分）	2.4 重要资料的保存	考核鉴定结果要保存三年以上	1	抽查试卷和鉴定结果。符合要求得1分，发现问题不得分	
		考评员、质量督导员填写的有关资料和信息要保存三年以上	1	查阅有关资料。符合要求的得1分，发现问题不得分	
3. 场地和设备设施（15分）	3.1 办公场地和设备设施	所（站）的办公场所应环境适宜，除文件档案、试卷保密、信息网络、安全保卫等场所外，人均实际办公面积应达到8平方米以上	2	现场检查。达到8平方米的得2分，4～6平方米得1分，低于4平方米或环境较差的不得分	
		所（站）的鉴定业务管理和工作人员均有与相应的办公设施和设备且运行良好；还应具备信息网络化办公条件	2	现场检查。符合要求的得2分，仅无网络化办公的得1分，出现其他问题不得分	
		办公场地的安全设备完整	2	现场检查。发现问题的不得分	
	3.2 考核鉴定场所和设备设施	所（站）组织理论考试的考场应为标准考场（30人），单人单桌单行排列，四方向间距大于80厘米，且具备全方位、多角度的自动监控录像设备和图像存储设备	2	对所（站）所属或长期协议的考场进行现场检查。发现问题的不得分	
		所（站）组织实操鉴定的考场应具备与鉴定工作相适应的设施和设备、监视和测量装置、工具等，且运行状态良好	3	现场检查。根据发现问题情况，评分档次为3分、2分、1分和不得分	
		理论知识考场的安全设备完整	2	现场检查。发现问题不得分	
		实操鉴定考场的安全设备完整，且完全符合国家环保、消防和安全等的规定要求	2	现场检查。发现问题不得分	

续表

评估内容			评估分值	评估方法和标准	评估结果
大项	中项	小项			
4. 队伍建设（10分）	4.1 管理人员培训	所（站）应根据自身的服务水平提升需要，组织开展管理岗位人员的培训	5	查阅资料。开展此项工作的得5分；未开展培训的不得分	
	4.2 技术人员培训	所（站）应根据自身的服务水平提升需要，组织开展技术岗位人员的培训	5	查阅资料。开展此项工作的得5分；未开展培训的不得分	
5. 持续改进工作措施（25分）	5.1 统计分析工作	所（站）应制订鉴定服务重要工作环节和问题等的统计分析工作制度（如：考生情况、试卷分析、质量投诉咨询等）并定期实施	2	查阅资料。开展工作准确、及时得1分，执行不力得1分，有制度未执行或无制度的不得分	
	5.2 内部审核	所（站）应制订定期开展内部审核工作的计划	1	查阅有关资料。有计划的得1分；无计划的不得分	
		建立培养有内部审核知识和能力人员的机制和具体工作方案	1	查阅有关资料。有培训计划、落实培训工作得1分；没有开展培训不得分	
		按照内部审核计划、标准要求实施审核	1	查阅有关资料。按照计划实施的得1分；未实施不得分	
		审核工作记录保存完整	1	查阅有关记录。保存完整的得1分；有记录但不完整不得分	
	5.3 管理评审	所（站）应制订管理评审计划，并按要求由所（站）长主持评审工作	2	查看有关资料。计划和落实各得1分	
		评审前资料准备		对管理评审会前应准备的资料进行查阅。1～6项内容中发现问题，则该项不得分	
		内部审核的结果（包括质量管理体系自我审核的结果；鉴定质量审核，如质量督导、年检等结果）	2		
		考生、用人单位的意见（满意度调查结果）	2		
		实际鉴定过程与规定的符合程度（对过程监控的结果）	2		

续表

<table>
<tr><th colspan="3">评估内容</th><th rowspan="2">评估分值</th><th rowspan="2">评估方法和标准</th><th rowspan="2">评估结果</th></tr>
<tr><th>大项</th><th>中项</th><th>小项</th></tr>
<tr><td rowspan="7">5. 持续改进工作措施（25分）</td><td rowspan="7">5.3 管理评审</td><td>纠正和预防措施的状况（包括对内部审核和日常发现的未达标项采取的纠正和预防措施的实施结果）</td><td>2</td><td rowspan="3">对管理评审会前应准备的资料进行查阅。1～6 项内容中发现问题，则该项不得分</td><td></td></tr>
<tr><td>过去的管理评审跟踪措施的实施结果</td><td>1</td><td></td></tr>
<tr><td>改进质量管理体系的建议</td><td>2</td><td></td></tr>
<tr><td>评审结果应包括</td><td></td><td rowspan="4">对管理评审会后结果进行审核。1～3 项内容中发现缺失情况，则该项不得分</td><td></td></tr>
<tr><td>对所（站）质量管理体系的改进（包括任何决定和措施）</td><td>2</td><td></td></tr>
<tr><td>与考生、用人单位的要求有关的鉴定服务的改进（包括任何决定和措施）</td><td>2</td><td></td></tr>
<tr><td>评审后新提出的工作资源需求（包括人员、经费、设备设施等）</td><td>2</td><td></td></tr>
<tr><td rowspan="2">6. 诚信建设（5分）</td><td>6.1 服务反馈</td><td>建立所（站）全体工作人员服务情况/服务态度的反馈制度，确保服务工作质量不断提高</td><td>2</td><td>查阅资料。建立反馈制度的得 2 分；未建立的不得分</td><td></td></tr>
<tr><td>6.2 诚信档案</td><td>建立所（站）全体工作人员的诚信档案</td><td>3</td><td>查阅资料。全部人员建立诚信档案的得 3 分；60%以上人员建立的得 2 分；30%～60%人员建立的得 1 分；低于 30%的不得分</td><td></td></tr>
</table>

人力资源和社会保障部办公厅关于同意中国商业联合会承担皮革护理员职业技能鉴定工作的函

（人社厅函［2011］64号　2011年1月25日）

中国商业联合会：

《中国商业联合会关于申请负责承担皮革护理员职业技能鉴定工作的请示》（中商会［2010］90号）收悉。经研究，同意将皮革护理员职业纳入商业行业特有职业，并由你会承担该职业的职业技能鉴定工作。

请结合商业行业职业岗位的特点，推行国家职业资格证书制度，在我部核准的行业特有职业范围内，严格按照国家职业技能标准，认真组织好本行业从业人员的职业技能鉴定工作，提高其职业技能水平。同时，在工作中要加强与人力资源社会保障部门的联系，推动商业行业特有职业技能鉴定工作的顺利进行。

人力资源和社会保障部　质检总局　统计局关于印发国家职业分类大典修订工作委员会工作规则和国家职业分类大典修订工作专家委员会工作规则的通知

（人社部函［2011］21号　2011年1月22日）

国务院有关部门、直属机构，有关行业组织、高等学校、集团公司等单位：

根据人力资源和社会保障部、国家质量监督检验检疫总局、国家统计局《关于做好国家职业分类大典修订工作的通知》（人社部发［2010］55号）精神，我们制定了《国家职业分类大典修订工作委员会工作规则》《国家职业分类大典修订工作专家委员会工作规则》，现印发给你们，请在修订工作中遵照执行。

附件：

1. 国家职业分类大典修订工作委员会工作规则

2. 国家职业分类大典修订工作专家委员会工作规则

附件 1：

国家职业分类大典修订工作委员会工作规则

为加强对《中华人民共和国职业分类大典》（以下简称《大典》）修订工作的组织领导，做好统筹指导、综合协调工作，确保《大典》修订工作顺利推进，特制定本规则。

第一章 总 则

第一条 国家职业分类大典修订工作委员会（以下简称“工作委员会”）是《大典》修订工作的组织领导机构，对《大典》修订工作进行总体规划、统筹协调和工作指导。

第二条 工作委员会坚持以科学发展观为指导，坚持实事求是、解放思想、统筹谋划、科学决策。

第二章 工作职责

第三条 工作委员会的主要工作职责是：

（一）研究确定《大典》修订工作的总体思路和目标任务，批准工作实施方案、总体结构设计和技术方案；

（二）统筹协调并研究决定《大典》修订工作中的重大事项；

（三）审议《中华人民共和国职业分类大典》（修订版）；

（四）其他需由工作委员会讨论决定的重要事项。

第四条 工作委员会下设国家职业分类大典修订工作办公室（以下简称“工作办公室”）和国家职业分类大典修订工作专家委员会（以下简称“专家委员会”）。

工作办公室负责《大典》修订工作的日常组织协调事务，落实工作委员会决定事项，承担工作委员会交办的工作，对工作委员会负责。

专家委员会按照《国家职业分类大典修订工作专家委员会工作规则》开展工作。

第三章 组织形式

第五条 工作委员会设主任 1 名，由人力资源社会保障部部长兼任；副主任 3 名，分别由人力资源社会保障部副部长、国家质量监督检验检疫总局副局长、国家统计局副局长担任，其中人力资源社会保障部副部长为常务副主任。工作委员会设委员若干名，由有关部门（直属机构、行业组织、集团公司）分管司局领导同志担任。

第六条 工作委员会主任主持工作委员会的全面工作，常务副主任和副主任协助主任工作。

第七条 工作委员会坚持民主集中制原则，实行集体领导，凡属工作委员会职责范围内的重大事项，应经过工作委员会集体讨论。

第八条 工作办公室设主任 1 名，副主任若干名。主任由人力资源社会保障部职业能力建设司司长担任，副主任由人力资源社会保障部、国家质量监督检验检疫总局、国家统计局相关司局领导担任。

第九条 根据工作需要增补工作委员会和专家委员会委员，须经推荐单位同意并提交工作办公室，报工作委员会批准。

第四章 议事及行文制度

第十条 根据工作需要，工作委员会可召开主任办公会、全体会议对修订工作有关事项进行研究。

第十一条 会议议题由工作委员会主任、副主任根据工作需要提出并确定。

第十二条 工作委员会主任办公会、全体会议由主任或其委托的副主任召集并主持。全体会议应有三分之二以上委员到会方能举行。

第十三条 工作委员会会议要严格按照职责范围议事，严格遵循“集体领导、民主集中、个别酝酿、会议决定”的原则，充分体现工作委员会的集体意志。

第十四条 需要表决的议题，赞成票达到出席会议人数的三分之二方能通过。表决可根据讨论事项的不同内容，由会议主持人按照议事内容的要求，分别采取举手、投票方式进行。

第十五条 工作委员会主任办公会、全体会议为不定期会议。工作委员会委员因故不能出席会议，可委托本部门的其他负责人出席，如有特殊情况，应在会前向工作办公室请假。

第十六条 工作办公室建立沟通协调机制，根据工作需要召开碰头会，及时通报工作进展情况，研究工作中亟待解决的问题，并按照工作委员会安排，抓好督查和落实工作。

第十七条 凡涉及重要事项的，由人力资源社会保障部、国家质量监督检验检疫总局、国家统计局以工作委员会名义联合发文，由三部门代章；涉及一般性事务的，以国家职业分类大典修订工作委员会名义行文，由人力资源社会保障部代章。

涉及修订工作具体事项和日常工作的行文，以国家职业分类大典修订工作办公室名义行文，由人力资源社会保障部职业能力建设司代章。

第五章　附　　则

第十八条　本规则经工作委员会全体会议审议通过后生效。

第十九条　本规则由国家职业分类大典修订工作办公室负责解释。

附件 2：

国家职业分类大典修订工作专家委员会工作规则

为建立我国科学完善的职业分类体系，健全职业分类专家工作机制，做好《中华人民共和国职业分类大典》（以下简称《大典》）的修订工作，特制定本规则。

第一章　总　　则

第一条　国家职业分类大典修订工作专家委员会（以下简称“专家委员会”）是国家职业分类大典修订工作委员会（以下简称“工作委员会”）领导下的专家工作机构，为国家职业分类提供技术支持。

第二条　专家委员会的工作准则是，遵循职业发展规律，坚持科学严谨、客观公正的态度，与时俱进、开拓创新。

第二章　工 作 职 责

第三条　专家委员会的主要工作职责：

（一）组织开展职业分类的研究工作；

（二）研究提出《大典》的修订原则和方法；

（三）负责《大典》总体结构的设计和技术方案的拟定；

（四）研究制定《大典》的编写要求和格式规范；

（五）负责职业分类结果的技术审查；

（六）编制《中华人民共和国职业分类大典》（修订版）；

（七）为新职业评审论证提供咨询与建议；

（八）为工作委员会提供咨询与建议；

（九）完成工作委员会交办的其他工作任务。

第三章　组 织 机 构

第四条　专家委员会设主任委员 1 名，由中国就业培训技术指导中心主任兼任；设副主任委员 4 名，分别由人力资源社会保障部职业能力建设司、专业技术人员管理司、中国就业培训技术指导中心、人事考试中心有关领导担任。专家委员会设委员若干名。

专家委员会设办公室，负责专家委员会的日常技术性事务工作以及专家委员会与专业委员会之间的联系和协调工作。专家委员会办公室在工作办公室和专家委员会的指导下开展工作，具体任务由中国就业培训技术指导中心承担。

第五条 专家委员会根据工作需要，可分设若干专业委员会。各专业委员会具体负责组织开展本专业委员会职责范围内的职业划分和归类工作。专业委员会设组长 1 名、副组长若干名，由专家委员会委员担任，成员由各专业委员会聘任。

第六条 专业委员会根据工作需要，可成立若干专家小组，各专家小组的人数根据实际工作需要确定，一般不得少于 3 人。

第四章 专家委员会委员

第七条 专家委员会委员资格：

（一）熟悉职业分类或专业技术资格评审、职业技能鉴定工作；

（二）应具有高级专业技术职务任职资格（行政机关和参公管理事业单位的除外）；

（三）熟悉本行业（专业）相关的生产技术和管理工作业务，有较丰富的实践经验；

（四）具有一定的专业理论研究水平和文字水平；

（五）身体健康，年龄原则上不超过 65 岁。

第八条 专家委员会委员权利：

（一）参加专家委员会的各项活动；

（二）参与专家委员会的各项决策；

（三）对工作委员会的工作及职业分类工作提出意见和建议；

（四）根据实际情况，相关行业的专家可以跨组承担工作任务。

第九条 专家委员会委员义务：

（一）积极参加《大典》的修订工作，认真完成专家委员会交办的各项工作任务；

（二）负责对本行业（专业）领域内的职业分类结果进行技术审核，并及时将有关工作情况向专家委员会进行报告；

（三）遵守本工作规则，执行专家委员会决定；

（四）廉洁自律，不以专家委员会专家身份谋取私利。未经批准，不得以专家委员会专家名义公开发表意见。

第十条 专家委员会实行委员聘任制，委员由人力资源社会保障部、国家质量监督检验检疫总局、国家统计局及各行业部委、大专院校、科研机构、企事业单位、社团组织推荐，经工作委员会批准，并颁发聘书。

根据工作需要，经推荐单位同意，报工作委员会批准后可调整或增补委员。

第十一条 专家委员会委员因身体、工作变动、退休等原因，不再适合从事专家委员会工作的，由本人提出申请，经推荐单位同意，报工作委员会批准后不再担任专家委员会委员。

第五章 会议及行文制度

第十二条 根据工作需要，专家委员会每年至少召开一次全体会议，审议专家委员会年度工作总结和下一年度工作计划，以及工作中的重大事项处理意见。

第十三条 根据工作委员会的要求或工作需要，专家委员会不定期召开专业委员会协调会。

第十四条 根据工作需要，各专业委员会可组织召开专业性会议，并向专家委员会办公室报告会议情况。

第十五条 专家委员会涉及重要事项的会议由专家委员会办公室具体组织安排。会议内容和决定事项要做好记录，评审和论证等结果须由参加会议的全体委员签名确认，并报工作办公室存档备案。

第十六条 专家委员会全体会议须有不少于三分之二委员出席方为有效。专家委员会评议时，由到会委员对需评议专业逐一实行无记名投票表决。表决分同意、不同意、弃权三种。同意票数超过实到委员数二分之一的，视为通过。

第十七条 涉及专家委员会日常技术性事务工作的行文，以国家职业分类大典修订工作专家委员会办公室名义行文，由中国就业培训技术指导中心代章。

第六章 附 则

第十八条 工作办公室对专家委员会的工作进行指导并监督。

第十九条 专家委员会要严格依照本工作规则开展工作，对重大问题要积极主动地组织研究，提出解决方案报工作办公室。

第二十条 本工作规则经专家委员会全体会议讨论通过后施行。

第二十一条 本工作规则由国家职业分类大典修订工作办公室负责解释。

人力资源和社会保障部办公厅　国家广播电影电视总局办公厅关于印发广播电视天线工和电影放映员国家职业技能标准的通知

（人社厅发［2011］15 号　2011 年 1 月 31 日）

各省、自治区、直辖市人力资源社会保障厅（局）、广播电影电视局，新疆生产建设兵团劳动保障局、广播电视局，国务院有关部门（行业组织、集团公司）人事劳动保障工作机构：

根据《中华人民共和国劳动法》，人力资源社会保障部、国家广播电影电视总局共同制定了广播电视天线工和电影放映员的国家职业技能标准，现印发施行。

附件：国家职业技能标准目录

附件：

国家职业技能标准目录

序号	职业编码	职业（工种）名称	备注
1	6—19—03—03	广播电视天线工	
2	6—19—04—01	电影放映员	

人力资源和社会保障部办公厅　公安部办公厅关于印发灭火救援员国家职业技能标准的通知

（人社厅发［2011］18 号　2011 年 1 月 27 日）

各省、自治区、直辖市人力资源社会保障厅（局）、公安厅（局），新疆生产建设兵团劳动保障局、公安局，国务院有关部门（行业组织、集团公司）人事劳动保障工作机构：

根据《中华人民共和国劳动法》，人力资源社会保障部、公安部共同制定了灭火救援员国家职业技能标准，现印发施行。

附件：国家职业技能标准目录

附件：

国家职业技能标准目录

职业编码	职业（工种）名称	备注
3—02—03—01	灭火救援员	“灭火员”和“消防抢险救援员”合并而成

人力资源和社会保障部办公厅交通运输部办公厅关于印发机动车驾驶教练员国家职业技能标准的通知

（人社厅发［2011］26 号　2011 年 2 月 25 日）

各省、自治区、直辖市人力资源社会保障厅（局）、交通运输厅（委），国务院有关部门（行业组织、集团公司）劳动保障工作机构，新疆生产建设兵团劳动保障局、交通局：

根据《中华人民共和国劳动法》，人力资源社会保障部、交通运输部共同制定了机动车驾驶教练员国家职业技能标准，现印发施行。

附件：国家职业技能标准目录

附件：

国家职业技能标准目录

职业编码	职业（工种）名称	备注
X6—24—01—02	机动车驾驶教练员（☆）	

注：☆表示新职业。

人力资源和社会保障部办公厅　工业和信息化部办公厅关于印发通信设备检验员和液晶显示器件制造工国家职业技能标准的通知

（人社厅发［2011］35号　2011年3月14日）

各省、自治区、直辖市人力资源社会保障厅（局）、工业和信息化主管部门、通信管理局，国务院有关部门（行业组织、集团公司）劳动保障工作机构，新疆生产建设兵团劳动保障局、信息化工作办公室：

根据《中华人民共和国劳动法》，人力资源和社会保障部、工业和信息化部共同制定了通信设备检验员和液晶显示器件制造工国家职业技能标准，现印发施行。

附件：国家职业技能标准目录

附件：

国家职业技能标准目录

职业编码	职业（工种）名称	备注
6—08—01—07	液晶显示器件制造工	2011年修订
6—26—01—30	通信设备检验员	2011年修订

人力资源和社会保障部办公厅关于印发液化天然气操作工等7个国家职业技能标准的通知

（人社厅发［2011］56号　2011年6月20日）

各省、自治区、直辖市人力资源社会保障厅（局），新疆生产建设兵团劳动保障局，国务院有关部门（行业组织、集团公司）劳动保障工作机构：

根据《中华人民共和国劳动法》，我部会同有关部门制定了液化天然气操作工等7个国家职业技能标准，现印发施行。

附件：国家职业技能标准目录

附件：

国家职业技能标准目录

序号	职业编码	职业（工种）名称	备注
1	X6—01—06—08	液化天然气操作工（☆）	
2	6—05—03—02	船舶柴油机装配工（※）	
3	6—05—18—01	船舶气割工（※）	
4	X6—12—05—08	调味品品评师（☆）	
5	6—24—03—02	航空油料电气仪表员（※）	原名：油料电气仪表员
6	6—24—03—02	航空油料计量统计员（※）	原名：油料计量统计员
7	6—24—03—02	航空油料特种设备修理员（※）	原名：油料特种设备修理员

注：☆表示新职业，※表示该职业编码下的工种。

人力资源和社会保障部办公厅　铁道部办公厅关于印发铁路通信工（维护）等4个国家职业技能标准的通知

（人社厅发［2011］61号　2011年6月27日）

各省、自治区、直辖市人力资源和社会保障厅（局），新疆生产建设兵团劳动保障局，各铁路局，国务院有关部门劳动保障工作机构：

根据《中华人民共和国劳动法》，人力资源社会保障部、铁道部共同制定了铁路通信工（维护）等4个国家职业技能标准，现印发施行。

附件：国家职业技能标准目录

附件：

国家职业技能标准目录

职业编码	职业（工种）名称	备注
6—24—02—13	铁路通信工（维护）	
6—24—02—14	铁路电源工	
6—26—01—04	铁路探伤工（※）	原名：钢轨探伤工
800000483	铁路报话员（※）	

注：※表示职业下的工种。

人力资源和社会保障部办公厅关于同意将浴池服务员等3个职业纳入商业行业特有职业范围的函

（人社厅函［2011］352号　2011年7月4日）

中国商业联合会：

《中国商业联合会关于申请将浴池服务员等3个职业纳入商业行业特有职业的请示》（中商会技能鉴定中心［2011］4号）收悉。经研究，同意将浴池服务员、商品监督员和旅店服务员等3个职业纳入商业行业特有职业范围，并由中国商业联合会承担相应的职业技能鉴定工作。

请你会按照国家职业技能鉴定有关规定，认真做好浴池服务员等3个职业的标准制定、题库开发和技能鉴定工作。同时，在工作中要加强与人力资源社会保障部门的联系，推动商业行业特有职业技能鉴定的顺利进行。

人力资源和社会保障部办公厅关于同意建立消防民政交通运输等行业特有工种职业技能鉴定站的函

（人社厅函［2011］416号　2011年8月10日）

公安部消防局、民政部人事司、交通运输部办公厅、水利部人事司、农业部人事劳动司、国家体育总局人事司、国家烟草专卖局办公室、国家邮政局人事司，化学工业职业技能鉴定指导中心、中国有色金属工业协会组织人事部、纺织行业职业技能鉴定指导中心、电力行业职业技能鉴定指导中心：

关于申请建立行业特有工种职业技能鉴定站的来函收悉。经研究，同意建立11个消防行业特有工种职业技能鉴定站、4个民政行业特有工种职业技能鉴定站、24个交通运输行业特有工种职业技能鉴定站、3个水利行业特有工种职业技能鉴定站、7个农业行业特有工种职业技能鉴定站、2个体育行业特有工种职业技能鉴定站、9个烟草行业特有工种职业技能鉴定站、14个邮政行业特有工种职业技能鉴定站、4个化工行业特有工种职业技能鉴定站、4个有色金属行业特有工种职业技能鉴定站、1个纺织行业特有工种职业技能鉴定站、5个电力行业特有工种职业技能鉴定站。

请在我部核准的鉴定范围内，认真组织开展职业技能鉴定工作。要加强对鉴定站的管理，严格执行职业标准，强化鉴定考务管理，确保鉴定质量。各鉴定站要主动接受所在地人力资源社会保障部门的工作指导，推动职业技能鉴定事业健康发展。

附件：

1. 新建消防行业特有工种职业技能鉴定站（略）
2. 新建民政行业特有工种职业技能鉴定站（略）
3. 新建交通运输行业特有工种职业技能鉴定站（略）
4. 新建水利行业特有工种职业技能鉴定站（略）
5. 新建农业行业特有工种职业技能鉴定站（略）
6. 新建体育行业特有工种职业技能鉴定站（略）
7. 新建烟草行业特有工种职业技能鉴定站（略）
8. 新建邮政行业特有工种职业技能鉴定站（略）
9. 新建化工行业特有工种职业技能鉴定站（略）
10. 新建有色金属行业特有工种职业技能鉴定站（略）
11. 新建纺织行业特有工种职业技能鉴定站（略）

12. 新建电力行业特有工种职业技能鉴定站（略）

人力资源和社会保障部办公厅关于同意建立职业技能鉴定国家题库卫生行业分库的函

（人社厅函［2011］438号　2011年8月22日）

卫生部人事司：

《关于申请卫生部“职业技能鉴定国家题库网络部级分库运行机构”认证的函》（卫职鉴函［2010］1号）收悉。

按照《职业技能鉴定国家题库网络省（部）级分库运行机构资格标准》，经我部综合评审和认证，同意建立职业技能鉴定国家题库卫生行业分库，同时授予相应标牌。为加强职业技能鉴定国家题库行业分库运行管理，请将已开发完成的特有职业（工种）题库，报我部备案并纳入职业技能鉴定国家题库运行网络。

人力资源和社会保障部办公厅农业部办公厅关于印发农情测报员等4个国家职业技能标准的通知

（人社厅发［2011］88号　2011年9月5日）

各省、自治区、直辖市人力资源社会保障厅（局）、农业厅（局），新疆生产建设兵团劳动保障局、农业局：

根据《中华人民共和国劳动法》，人力资源社会保障部、农业部共同制定了农情测报员等4个国家职业技能标准，现印发施行。

附件：国家职业技能标准目录

附件：

国家职业技能标准目录

职业编码	职业（工种）名称	备注
5—01—02—02	农情测报员	
5—04—01—05	海水水生植物苗种繁育工（※）	原名：海藻育苗工
5—04—01—05	珍珠养殖工	
6—06—01—01	农机修理工（※）	

注：带※号的为职业下的工种。

人力资源和社会保障部办公厅关于同意建立职业技能鉴定国家题库地市级分库的函

（人社厅函［2011］481 号　2011 年 9 月 9 日）

辽宁省、山东省、湖北省人力资源社会保障厅：

为加强职业技能鉴定国家题库（以下简称国家题库）运行网络建设，进一步提高职业技能鉴定质量，经研究，同意在沈阳等 21 个市建立国家题库地市级分库，并进行国家题库地市级分库运行管理试点工作。请按照《关于进一步加强职业技能鉴定国家题库运行管理工作的通知》（劳社部发［2008］2 号）等要求，对沈阳等 21 个市国家题库运行管理机构进行审查，明确职责任务，规范运行管理，监督运行情况，确保题库安全。同时，要将其题库管理办法和运行规则报我部职业能力建设司和职业技能鉴定中心备案。

试点中如遇问题，请及时通报我部职业能力建设司和职业技能鉴定中心。

附件：职业技能鉴定国家题库地市级分库配发单位

附件：

职业技能鉴定国家题库地市级分库配发单位

一、辽宁省

1. 沈阳市职业技能鉴定中心

二、山东省

1. 临沂市职业技能鉴定中心
2. 淄博市职业技能鉴定中心
3. 烟台市职业技能鉴定中心

三、湖北省

1. 武汉市职业技能鉴定指导中心
2. 黄石市职业技能鉴定指导中心
3. 十堰市职业技能鉴定指导中心
4. 宜昌市职业技能鉴定指导中心
5. 襄樊市职业技能鉴定指导中心
6. 鄂州市职业技能鉴定指导中心
7. 荆门市职业技能鉴定指导中心
8. 孝感市职业技能鉴定指导中心
9. 荆州市职业技能鉴定指导中心
10. 黄冈市职业技能鉴定指导中心
11. 咸宁市职业技能鉴定指导中心
12. 恩施州职业技能鉴定指导中心
13. 随州市职业技能鉴定指导中心
14. 仙桃市职业技能鉴定指导中心
15. 潜江市职业技能鉴定指导中心
16. 天门市职业技能鉴定指导中心
17. 神农架林区职业技能鉴定指导中心

人力资源和社会保障部办公厅　国家中医药管理局办公室关于印发中药炮制与配制工国家职业技能标准的通知

（人社厅发［2011］94 号　2011 年 9 月 16 日）

各省、自治区、直辖市人力资源社会保障厅（局），中医药管理局：

根据《中华人民共和国劳动法》，人力资源社会保障部、国家中医药管理局共同制定了中药炮制与配制工国家职业技能标准，现印发施行。

附件：国家职业技能标准目录

附件：

国家职业技能标准目录

职业编码	职业（工种）名称	备注
6—14—04—01	中药炮制与配制工	

人力资源和社会保障部办公厅关于印发养老护理员等四个国家职业技能标准的通知

（人社厅发［2011］104 号　2011 年 11 月 14 日）

各省、自治区、直辖市人力资源社会保障厅（局），新疆生产建设兵团劳动保障局，国务院有关部门（行业组织、集团公司）人事劳动保障工作机构：

根据《中华人民共和国劳动法》，我部会同有关部门制定了养老护理员等 4 个国家职业技能标准，现印发施行。

此批印发的国家职业技能标准中，养老护理员国家职业技能标准系重新修订，原标准相应废止。

附件：国家职业技能标准目录

附件：

国家职业技能标准目录

序号	职业编码	职业（工种）名称	备注
1	X4—07—12—03	养老护理员（☆）	2011年修订
2	X2—10—07—23	色彩搭配师（☆）	
3	800000134	水处理工	
4	800000135	三废处理工	

注：☆表示新职业。

人力资源和社会保障部办公厅　住房和城乡建设部办公厅关于印发手工木工等8个国家职业技能标准的通知

（人社厅发［2011］129号　2011年9月14日）

各省、自治区、直辖市人力资源社会保障厅（局）、住房和城乡建设厅（局），新疆生产建设兵团劳动保障局、建设局：

根据《中华人民共和国劳动法》，人力资源社会保障部、住房城乡建设部共同修订了手工木工等8个国家职业技能标准，现印发施行，原国家职业标准相应废止。

附件：国家职业技能标准目录

附件：

国家职业技能标准目录

职业编码	职业（工种）名称	备注
6—15—03—01	手工木工	2011年修订

续表

职业编码	职业（工种）名称	备注
6—15—03—03	精细木工	2011 年修订
6—23—02—01	砌筑工	2011 年修订
6—23—03—01	混凝土工	2011 年修订
6—23—04—01	钢筋工	2011 年修订
6—23—06—01	防水工	2011 年修订
6—23—10—03	管工	2011 年修订
6—26—05—01	架子工	2011 年修订

国家职业分类大典修订工作委员会关于增补与调整国家职业分类大典修订工作委员会委员和专家委员会委员的通知

（人社部函［2011］319 号　2011 年 11 月 17 日）

国务院有关部委、直属机构，行业组织、集团公司：

近来，部分单位由于工作需要和人员变动，要求增补与调整国家职业分类大典修订工作委员会委员和专家委员会委员。为确保国家职业分类大典修订工作顺利进行，根据《关于印发国家职业分类大典修订工作委员会工作规则和国家职业分类大典修订工作专家委员会工作规则的通知》（人社部函［2011］21 号）要求，经研究决定：

一、新增刘素文等 9 名同志为国家职业分类大典修订工作委员会委员，韩占武等 6 名同志不再担任国家职业分类大典修订工作委员会委员。

二、新增孟学军等 12 名同志为国家职业分类大典修订工作专家委员会委员，徐强等 6 名同志不再担任国家职业分类大典修订工作专家委员会委员。

附件：国家职业分类大典修订工作委员会委员和专家委员会委员增补与调整名单（略）

国家职业分类大典修订工作委员会关于聘任国家职业分类大典修订工作专家委员会增补委员的决定

（人社部函［2011］320号　2011年11月17日）

国务院有关部委、直属机构，行业组织、集团公司：

根据工作需要和人员变动情况，经研究，决定增补并聘任丁传峰等12名同志为国家职业分类大典修订工作专家委员会委员。名单如下（按姓氏笔画排序）：

丁传峰　王爱民　许丽娜　孙美燕　张学高　杨晓军

杨德民　孟学军　赵建国　唐炎华　章思亚　管圣义

希望各位委员发扬科学严谨、敬业奉献、求真务实的精神，认真履行工作职责，扎实做好国家职业分类大典修订工作，为促进人力资源开发，更好实施人才强国战略作出应有贡献。

人力资源和社会保障部办公厅　工业和信息化部办公厅关于印发电信业务营业员等四个国家职业技能标准的通知

（人社厅发［2011］114号　2011年11月30日）

各省、自治区、直辖市人力资源社会保障厅（局）、工业和信息化主管部门、通信管理局，国务院有关部门（行业组织、集团公司）人事劳动保障工作机构，新疆生产建设兵团劳动保障局、信息化工作办公室：

根据《中华人民共和国劳动法》，人力资源社会保障部、工业和信息化部共同制定了电信业务营业员等四个国家职业技能标准，现印发施行。

此批颁布的四个国家职业技能标准系重新修订，原国家职业技能标准废止。

附件：国家职业技能标准目录

附件：

国家职业技能标准目录

职业编码	职业（工种）名称	备注
3—03—02—01	电信业务营业员	2011年修订
3—03—02—04	电信业务员	2011年修订
3—03—03—01	电信机务员	2011年修订
3—03—03—06	通信网络管理员	2011年修订

人力资源和社会保障部办公厅关于做好十二五期间职业技能鉴定工作的意见

（人社厅函［2012］181号　2012年4月16日）

各省、自治区、直辖市及新疆生产建设兵团人力资源社会保障厅（局），国务院有关部门（行业组织、集团公司）人事劳动保障工作机构：

为贯彻落实《国务院关于加强职业培训促进就业的意见》（国发［2010］36号）和《高技能人才队伍建设中长期规划（2010—2020年）》，提高劳动者技能水平，加快技能人才队伍建设，现就做好“十二五”期间职业技能鉴定工作提出如下意见。

一、进一步认识做好职业技能鉴定工作的重要意义

（一）做好职业技能鉴定工作是促进就业和经济发展的重要举措。职业技能鉴定工作是职业能力建设工作的重要组成部分，是技能人才队伍建设的重要环节，对职业教育培训起着重要的推动和促进作用。鉴定引导培训，培训提升素质，素质决定就业质量。加强职业技能鉴定，健全技能人才评价体系，推动职业资格证书制度发展，是贯彻落实人才强国战略，加快技能人才队伍建设，建设人力资源强国的重要任务；是实施就业优先战略，促进技能劳动者就业和稳定就业的基本措施；是适应经济发展方式转变，加快产业结构调整，提高企业自主创新能力和核心竞争力的必然要求；是推进城乡统筹发展，加快工业化和城镇化进程的有效手段。

（二）明确职业技能鉴定工作的指导思想和目标任务。做好职业技能鉴定工作的指导思想是：深入贯彻落实科学发展观，以“公益为旨、服务为本、质量优先、高端带动、制度保障、技术支撑”为指导方针，以加强高技能人才队伍建设为主线，以提高职业技能鉴定质量为重点，推动鉴定工作科学化，促进鉴定考务规范化，实现鉴定机构公益性，确保鉴定工作公正性，维护职业资格证书权威性。

“十二五”期间，职业技能鉴定工作的主要任务是：加强顶层设计，完善政策法规，创新工作思路，夯实工作基础，推动职业资格证书制度科学规范发展，为促进就业和经济社会发展提供有力的技能人才支持。到2015年，力争使9 000万人次接受职业技能鉴定服务，7 000万名技能劳动者取得职业资格证书，高级工以上的高技能人才达到3 400万人（高级技师140万人、技师630万人、高级工2 630万人）。同时，修订完成《中华人民共和国职业分类大典》，建成科学规范的职业分类体系。大力开发职业技能标准，形成结构较为完整、覆盖经济社会发展所需主要职业的技能标准体系。加快鉴定题库建设，构建100个精品职业技能鉴定国家题库。做好100个国有大型企业的技能人才评价工作，培育1 000个国家级示范性职业技能鉴定所（站），培养10 000名优秀职业技能鉴定考评人员。

二、坚持高端引领，完善技能人才多元评价体系

（三）充分发挥评价的引领作用。深入实施国家高技能人才振兴计划，以高技能人才评价为重点，梯次带动，全面推进职业技能鉴定工作。进一步突破年龄、资历、身份和比例限制，以职业能力和工作业绩为导向，健全高技能人才评价体系。在抓好传统产业技能人才鉴定的同时，注重做好节能、生物、新能源、新材料、装备制造、航天航空等领域的技能人才评价工作。研究探索高技能人才与工程技术人才职业发展贯通办法，积极拓宽高技能人才职业发展通道。

（四）完善技能人才多元评价体系。结合生产和服务岗位要求，通过完善社会化职业技能鉴定、推进企业技能人才评价、规范院校职业资格认证和开展专项职业能力考核，进一步完善符合技能人才特点的多元评价体系，为劳动者提供及时、方便、快捷的职业技能鉴定服务，促进技能人才队伍发展壮大。

（五）做好社会化职业技能鉴定工作。按照统一所（站）标准、统一考评人员资格、统一命题管理、统一考务管理和统一证书管理的原则，做好社会化职业技能鉴定服务工作。鼓励广大劳动者和院校学生积极参加社会化职业技能鉴定。突出技能特色，积极开展国家职业资格全国统一鉴定工作，打造全国统一鉴定品牌职业。

（六）推进企业技能人才评价工作。积极推进企业建立健全以职业能力为导向，以工作业绩为重点，注重职业道德和职业素质的技能人才评价机制。在国家职业技能标准的统一框架基础上，企业可根据其生产技术、工艺装备和产品类型等不同要求，采取考核鉴定、考评结合、业绩评审等灵活多样的方式，重点评价企业职工执行操作规程、解决生产问题、完成工作任务的能力，并按有关规定晋升相应职业资格。对于在企业生产一线掌握高超技能、业绩突出的职工，可破格或越级参加技师、高级技师考评。

（七）规范院校职业资格认证工作。建立科学规范的院校职业资格考核鉴定方式。推动院校教学内容与职业技能标准相衔接，发挥职业技能标准在院校专业设置、教学计划制定、教材和教学课程改革等方面的导向作用，提高职业教育培训的针对性和有效性。通过

院校鉴定管理平台的推广使用，加强院校学生职业技能鉴定管理，严格执行考评回避制度，提高院校职业技能鉴定质量。研究制定过程化考核办法，促进一体化教学课程改革。

（八）开展专项职业能力考核工作。适应经济社会发展和人力资源市场需要，选择就业需求量大、操作技能简单易学的就业技能，组织开展专项职业能力考核。各地要按照《专项职业能力考核规范编写要求》，制定专项职业能力考核规范，报我部备案和统一公布后组织实施。统筹做好职业技能鉴定与专项职业能力考核工作，建立职业资格证书与专项职业能力考核证书之间相互衔接的核发管理机制。

三、强化监督管理，建立质量保证长效机制

（九）增强职业技能鉴定质量意识。坚持"质量第一、社会效益第一"原则，构建职业技能鉴定质量建设长效机制，推动实现职业技能鉴定工作由治理假乱低问题的应急治标向标本兼治转变；由扩大规模、注重质量向质量第一、兼顾规模转变。严格规范职业资格设置管理，坚决查处擅自设置各类职业资格并开展鉴定的违规行为。采取有效措施，明晰地方、行业的职责和工作范围，逐步解决地方、行业鉴定范围重复交叉的问题。

（十）加大职业技能鉴定违纪行为查处力度。以社会化职业技能鉴定和院校职业技能鉴定为重点，强化职业技能鉴定质量督导。建成覆盖各地区和重点行业的职业技能鉴定质量投诉和咨询系统，及时处理职业技能鉴定质量问题和相关案件，重点查处虚假鉴定、跨地区鉴定和超范围鉴定等问题。建立应急机制和应急预案，监控安全隐患，防范有关职业资格的重大事件和群体性事件发生。

（十一）强化职业技能鉴定所（站）管理。强化职业技能鉴定所（站）审批设立，加强对职业技能鉴定所（站）日常检查工作，明确检查内容，注重对组织管理、岗位设置、人员配备、鉴定过程控制等环节的检查评估，有效规范其鉴定行为，提升服务水平和质量。细化职业技能鉴定所（站）评估标准，培育国家级示范性职业技能鉴定所（站）。健全职业技能鉴定所（站）工作流程，完善质量监督制约机制，推进职业技能鉴定机构质量管理体系认证，构建质量管理长效机制。

（十二）严格职业资格证书管理。完善职业资格证书核发管理办法。要加大职业资格证书查询系统建设工作力度，加快已发证书数据整理入网进度，实现所有已发职业资格证书网上查询。要建立空白职业资格证书管理系统，实现空白职业资格证书申领、发放及库存管理信息化。要根据规定的职业和本地本行业季度鉴定合格人数，按照实名制原则，严格职业资格证书的发放，加强对职业资格证书的监督管理。

四、加强统筹规划，积极做好国内国际职业技能竞赛工作

（十三）改革完善职业技能竞赛制度。在坚持现有基本制度的基础上，进一步改进和完善职业技能竞赛制度。要加紧梳理现有制度，制定符合形势发展和要求的制度规定，形成一整套竞赛工作政策体系，用制度保证竞赛工作科学持续发展。要加强统筹规划和统一管理，强化人力资源社会保障行政部门的职能作用，加强组织领导。要密切与有关部门、企业、院校的联系，搞好协调配合，建立更为高效顺畅的组织协调机制。要完善表彰激励机制，进一步研究制定国内外技能大赛表彰奖励政策。

（十四）全面推动国内国际职业技能竞赛协调发展。紧密对接国内竞赛与世界技能大赛，使两者相互促进，相辅相成，共同发展。国内职业技能竞赛在坚持行业特色和产业发展需要的前提下，要设置一些与世界技能大赛项目相关的职业（工种）。要进一步熟悉并掌握世界技能大赛规则标准，促进国内竞赛规则标准与其相衔接。要借鉴世界技能大赛的组织程序规则和开放办赛办法，改进我国职业技能竞赛组织模式，促进国内竞赛更加科学、规范和开放。要依托国内竞赛活动，为参加世界技能大赛培养和选拔优秀选手。

（十五）积极做好世界技能大赛参赛各项工作。要完善世界技能大赛选拔集训制度。要总结经验，进一步完善选手、专家、教练和技术翻译的选拔、训练基地的确定、集训方案制定的条件和程序，形成良性竞争机制，确保质量。要有目的、有意识地加大世界技能大赛参赛选手培养力度，建立后备人才队伍。要建立竞赛成果转化和共享机制，确保竞赛成果转化为职业教育培训和技能、技术标准，促进生产力提高，促进人才成长。

五、加强基础建设，为鉴定工作提供可靠的技术支撑

（十六）加强职业分类、职业技能标准等鉴定基础资源的研发工作。完成《中华人民共和国职业分类大典》修订工作，建设中国职业信息网，建立职业信息动态更新和维护机制。组织开展职业发展研究，探索职业变化规律，预测职业发展趋势，为职业培训、就业指导提供参考依据。加强职业技能标准开发技术研究，规范国家职业技能标准开发编制工作，完善修订工作机制，提高开发效率和质量，缩短更新周期，形成科学动态的国家职业技能标准体系。建立国家职业技能标准数据库，实现国家职业技能标准网上发布。

（十七）加大职业技能鉴定题库建设开发力度。建立完善职业技能鉴定题库动态更新和新题库试考机制。有重点地开发职业技能鉴定题库，提高试题质量，建设精品职业技能鉴定国家题库。推动职业技能鉴定国家题库行业分库和地市级分库建设，对已批准的职业技能鉴定国家题库地市级分库试点机构组织开展评估。探索职业技能鉴定题库建设的新思路、新技术，整合职业技能鉴定题库资源，修订鉴定规模大、内容更新快的题库。加快少数民族语言题库建设。修订国家题库开发技术规程和命题技术标准，推动命题技术科学化。完善国家题库服务功能，推动考试内容标准化。加强国家题库的安全保密工作。

（十八）加强职业技能鉴定系统队伍建设。有计划、有重点地加强职业技能鉴定管理人员、考评人员、质量督导人员的培训，提升职业素养和专业化水平。完善考评人员工作守则和管理办法，强化准入和退出机制，培养优秀考评人员，逐步建立责权明晰、奖惩分明、动态管理的考评人员管理体系。规范专家选用工作流程，建立专家档案库，提高专家队伍整体水平。

（十九）完善职业技能鉴定有关法规制度。推动《职业培训和技能鉴定条例》出台，修订《职业技能鉴定规定》，明确行业和地方职责分工，促进地方和行业形成有效协作机制。规范职业资格设置管理，完善职业资格相关活动管理办法。根据职业技能鉴定工作实际，梳理现有职业技能鉴定规章制度，重点修改完善职业技能标准、命题、考务管理以及队伍建设等方面的有关规定。结合机关事业单位工勤人员岗位设置特点，研究制定机关事业单位工勤人员职业技能鉴定考核办法，稳步推进机关事业单位工勤人员考核评价工作。

（二十）加强职业技能鉴定信息化建设。推广职业技能鉴定在线考务管理系统，提高职业技能鉴定管理质量和水平。开展职业技能鉴定信息资源分析研究，制定并实施全面推进信息化建设工作规划。建成职业技能鉴定统计数据平台，实现实时统计，优化统计指标，加强统计分析，更好地服务于实际工作需要。开发国家职业资格全国统一鉴定网上报名系统，实现统一鉴定网上报名。加强职业资格证书管理系统建设，实现职业资格证书信息化管理。

（二十一）开展技术理论应用研究和新闻宣传。探索新理论、新技术在职业技能鉴定实际工作中的应用，专题研究职业技能鉴定体制机制、技能人才多元评价机制等重点课题，提高职业技能鉴定的科学化和规范化水平。充分利用广播、电视、报刊、网络等多种新闻媒体和宣传途径，大力宣传职业技能鉴定在技能人才工作中的重要作用，宣传职业技能鉴定工作的政策措施和经验做法，同时要将国内技能大赛和世界技能大赛作为技能人才工作的重大宣传点，完善宣传方案，丰富宣传形式，使宣传内容更加深入人心、更加具有影响力，为推动职业资格证书制度健康有序发展营造良好的社会氛围。

人力资源和社会保障部关于清理规范职业资格第一批公告

（人社部公告［2012］1号　2012年5月11日）

按照《国务院办公厅关于清理规范各类职业资格相关活动的通知》（国办发［2007］73号）要求，人力资源社会保障部、发展改革委、公安部、监察部、教育部、民政部、财政部、工商总局对各类职业资格进行了清理规范，拟分批向社会公告职业资格清理规范结果。现就第一批职业资格予以公告。

本公告所列职业准入类职业资格中，第1项至第33项专业技术人员职业资格和第34项至第36项技能人员职业资格是根据相关法律法规设置的。

本公告所列职业水平评价类职业资格中，第1项至第26项专业技术人员职业资格是由人力资源社会保障部会同国务院相关行业主管部门，结合行业发展和管理需要，根据国家职业资格证书制度有关规定设置的；第27项至第229项技能人员职业资格是由人力资源社会保障部根据《中华人民共和国职业分类大典》和相应国家职业标准以及有关规定设置的。

特此公告。

职业资格清理规范第一批公告目录

一、职业准入类（36 项）

序号	名称	设置依据	实施承办部门或机构
1	注册咨询工程师（投资）	国务院对确需保留的行政审批项目设定行政许可的决定第 11 项 [《注册咨询工程师（投资）执业资格制度暂行规定》（人发［2001］127 号）]	发展改革委
2	价格鉴证师	国务院对确需保留的行政审批项目设定行政许可的决定第 13 项 [《价格鉴证师执业资格制度暂行规定》（人发［1999］66 号）]	发展改革委
3	价格评估人员	国务院对确需保留的行政审批项目设定行政许可的决定第 8 项	发展改革委
4	教师资格	教师法、教师资格条例	教育部
5	假肢与矫形器制作专业技术人员	国务院对确需保留的行政审批项目设定行政许可的决定第 68 项 [《假肢与矫形器制作师执业资格制度暂行规定》（人发［1997］38 号）]	民政部（中国康复器具协会）
6	法律职业资格	法官法、检察官法、律师法、公证法	司法部
7	会计从业资格	会计法	财政部
8	注册会计师	注册会计师法	财政部（中国注册会计师协会）
9	注册核安全工程师	放射性污染防治法、放射性同位素与射线装置安全和防护条例 [《注册核安全工程师执业资格制度暂行规定》（人发［2002］106 号）]	环境保护部
10	注册建筑师	注册建筑师条例 [《建设部、人事部关于建立注册建筑师制度及有关工作的通知》（建设［1994］第 598 号）]	住房城乡建设部

续表

<table>
<tr><th>序号</th><th colspan="3">名称</th><th>设置依据</th><th>实施承办部门或机构</th></tr>
<tr><td rowspan="10">11</td><td rowspan="10">勘察设计</td><td rowspan="4">注册土木工程师</td><td>岩土</td><td>建筑法、建设工程勘察设计管理条例
[《注册土木工程师（岩土）执业资格制度暂行规定》（人发［2002］35号）]</td><td>住房城乡建设部</td></tr>
<tr><td>水利水电工程</td><td>建筑法、建设工程勘察设计管理条例
[《注册土木工程师（水利水电工程）制度暂行规定》（国人部发［2005］58号）]</td><td>水利部、住房城乡建设部</td></tr>
<tr><td>港口与航道工程</td><td>建筑法、建设工程勘察设计管理条例
[《注册土木工程师（港口与航道工程）执业资格制度暂行规定》（人发［2003］27号）]</td><td>交通运输部、住房城乡建设部</td></tr>
<tr><td>道路工程</td><td>建筑法、建设工程勘察设计管理条例
[《勘察设计注册土木工程师（道路工程）制度暂行规定》（国人部发［2007］18号）]</td><td>交通运输部、住房城乡建设部</td></tr>
<tr><td colspan="2">注册结构工程师</td><td>建筑法、建设工程勘察设计管理条例
[《注册结构工程师执业资格制度暂行规定》（建设［1997］222号）]</td><td>住房城乡建设部</td></tr>
<tr><td colspan="2">注册公用设备工程师</td><td>建筑法、建设工程勘察设计管理条例
[《注册公用设备工程师执业资格制度暂行规定》（人发［2003］24号）]</td><td>住房城乡建设部</td></tr>
<tr><td colspan="2">注册电气工程师</td><td>建筑法、建设工程勘察设计管理条例
[《注册电气工程师执业资格制度暂行规定》（人发［2003］25号）]</td><td>住房城乡建设部</td></tr>
<tr><td colspan="2">注册机械工程师</td><td>建筑法、建设工程勘察设计管理条例
[《勘察设计注册机械工程师制度暂行规定》（国人部发［2005］87号）]</td><td>住房城乡建设部</td></tr>
<tr><td colspan="2">注册化工工程师</td><td>建筑法、建设工程勘察设计管理条例
[《注册化工工程师执业资格制度暂行规定》（人发［2003］26号）]</td><td>住房城乡建设部</td></tr>
<tr><td colspan="2">注册冶金工程师</td><td>建筑法、建设工程勘察设计管理条例
[《勘察设计注册冶金工程师制度暂行规定》（国人部发［2005］85号）]</td><td>住房城乡建设部</td></tr>
</table>

续表

序号	名称		设置依据	实施承办部门或机构
11	勘察设计	注册采矿/矿物工程师	建筑法、建设工程勘察设计管理条例 [《勘察设计注册采矿/矿物工程师制度暂行规定》(国人部发［2005］86号)]	住房城乡建设部
		注册石油天然气工程师	建筑法、建设工程勘察设计管理条例 [《勘察设计注册石油天然气工程师制度暂行规定》(国人部发［2005］84号)]	住房城乡建设部
		注册环保工程师	建筑法、建设工程勘察设计管理条例 [《注册环保工程师制度暂行规定》(国人部发［2005］56号)]	环境保护部、住房城乡建设部
12	注册城市规划师		国务院对确需保留的行政审批项目设定行政许可的决定第98项 [《注册城市规划师执业资格制度暂行规定》(人发［1999］39号)]	住房城乡建设部
13	房地产估价师		城市房地产管理法 [《房地产估价师执业资格制度暂行规定》(建房［1995］147号)]	住房城乡建设部
14	注册验船师		船舶和海上设施检验条例、渔业船舶检验条例 [《注册验船师制度暂行规定》(国人部发［2006］8号)]	交通运输部、农业部
15	医师资格		执业医师法	卫生部
16	乡村医生资格		乡村医生从业管理条例	卫生部
17	护士执业资格		护士条例	卫生部
18	拍卖师		拍卖法 [《拍卖师执业资格制度暂行规定》(人发［1996］130号)]	商务部、国资委(中国拍卖行业协会)
19	棉花质量检验师		棉花质量监督管理条例 [《棉花质量检验师执业资格制度暂行规定》(人发［2000］70号)]	质检总局
20	注册计量师		计量法 [《注册计量师制度暂行规定》(国人部发［2006］40号)]	质检总局

续表

序号	名称	设置依据	实施承办部门或机构
21	特种设备检验检测人员（含无损检测）	特种设备安全监察条例	质检总局
22	出入境检验检疫报检员	国务院对确需保留的行政审批项目设定行政许可的决定第 251 项	质检总局
23	进出口商品检验鉴定机构从业人员	进出口商品检验法、进出口商品检验法实施条例	质检总局
24	统计人员从业资格	统计法、国务院对确需保留的行政审批项目设定行政许可的决定第 339 项	统计局
25	专利代理人	专利代理条例	知识产权局
26	导游人员	导游人员管理条例	旅游局
27	地震安全性评价工程师	国务院对确需保留的行政审批项目设定行政许可的决定第 375 项 [《地震安全性评价工程师制度暂行规定》（国人部发［2005］72 号）]	地震局
28	精算专业人员	保险法	中国保监会
29	保险代理从业人员	保险法、国务院对确需保留的行政审批项目设定行政许可的决定第 420 项	中国保监会
30	保险经纪从业人员	保险法、国务院对确需保留的行政审批项目设定行政许可的决定第 425 项	中国保监会
31	保险公估从业人员	国务院对确需保留的行政审批项目设定行政许可的决定第 415 项	中国保监会
32	注册测绘师	测绘法 [《注册测绘师制度暂行规定》（国人部发［2007］14 号）]	测绘局
33	执业药师	药品管理法 [《执业药师资格制度暂行规定》（人发［1999］34 号）]	食品药品监管局
34	家畜繁殖员	就业促进法、畜牧法	农业行业技能鉴定机构
35	农机修理工	就业促进法、国务院对确需保留的行政审批项目设定行政许可的决定	农业行业技能鉴定机构
36	焊工	就业促进法、消防法	地方技能鉴定机构

二、职业水平评价类（229项）

序号	名称	设置依据	实施承办部门或机构
1	投资建设项目管理师	《投资建设项目管理师职业水平认证制度暂行规定》（国人部发［2004］110号）	发展改革委（中国投资协会）
2	招标采购专业技术人员	《招标采购专业技术人员职业水平评价暂行规定》（国人部发［2007］63号）	发展改革委（中国招标投标协会）
3	普通话水平测试	《国家通用语言文字法》《普通话水平测试管理规定》（教育部令第16号）	教育部、国家语言文字工作委员会、广电总局
4	通信专业技术人员	《通信专业技术人员职业水平评价暂行规定》（国人部发［2006］10号）	工业和信息化部
5	计算机技术与软件专业技术资格	《计算机技术与软件专业技术资格（水平）考试暂行规定》（国人部发［2003］39号）	工业和信息化部
6	社会工作者	《社会工作者职业水平评价暂行规定》（国人部发［2006］71号）	民政部
7	注册资产评估师（含珠宝专业）	《注册资产评估师执业资格制度暂行规定》（人职发［1995］54号）	财政部（中国资产评估协会）
8	会计专业技术资格	《会计专业技术资格考试暂行规定》（财会［2000］11号）	财政部
9	经济专业技术资格	《经济专业技术资格考试暂行规定》（人职发［1993］1号）	人力资源社会保障部（代管）
10	矿业权评估师	《矿业权评估师执业资格制度暂行规定》（人发［2000］82号）	国土资源部
11	土地登记代理人	《土地登记代理人职业资格制度暂行规定》（人发［2002］116号）	国土资源部

续表

序号	名称	设置依据	实施承办部门或机构
12	环境影响评价工程师	《环境影响评价工程师职业资格制度暂行规定》（国人部发［2004］13号）	环境保护部
13	房地产经纪人	《房地产经纪人员职业资格制度暂行规定》（人发［2001］128号）	住房城乡建设部
14	机动车检测维修专业技术人员	《机动车检测维修专业技术人员职业水平评价暂行规定》（国人部发［2006］51号）	交通运输部
15	船舶专业技术资格	《船舶专业技术资格考试暂行规定》（人职发［1992］1号）	交通运输部、农业部
16	国际商务专业人员	《国际商务专业人员职业资格制度暂行规定》（人发［2002］70号）	商务部
17	卫生专业技术资格	《临床医学专业技术资格考试暂行规定》（卫人发［2000］462号）、《预防医学、全科医学、药学、护理、其他卫生技术等专业技术资格考试暂行规定》（卫人发［2001］164号）	卫生部
18	审计专业技术资格	《审计专业技术初、中级资格考试规定》（审人发［2003］4号）	审计署
19	管理咨询专业技术人员	《管理咨询人员职业水平评价暂行规定》（国人部发［2005］71号）	中国企业联合会
20	企业法律顾问	《企业法律顾问执业资格制度暂行规定》（人发［1997］26号）	国资委、司法部
21	注册税务师	《注册税务师资格制度暂行规定》（人发［1999］4号）	税务总局

续表

序号	名称		设置依据	实施承办部门或机构
22	质量专业技术人员		《质量专业技术人员职业资格考试暂行规定》（人发[2000] 123 号）	质检总局
23	统计专业技术资格		《统计专业技术资格考试暂行规定》（国统字 [1995] 46 号）	统计局
24	证券业从业人员		《证券法》 《证券从业人员资格管理暂行规定》（证委发 [1995] 6 号）	证监会（中国证券业协会）
25	期货从业人员		《期货交易管理暂行条例》 《期货业从业人员资格管理办法》（证监发 [1999] 43 号）	证监会（中国证券业协会）
26	翻译专业资格		《翻译专业资格（水平）考试暂行规定》（人发[2003] 21 号）	外文局
27	地质勘查（技能）人员	钻探工、物探工、水文地质工、样品制备工	依据劳动法制定的国家职业分类大典及职业标准	经批准并授权的地方、行业技能鉴定机构
28	测绘（技能）人员	大地测量员、摄影测量员、地图制图员、地籍测绘员、房产测量员	依据劳动法制定的国家职业分类大典及职业标准	经批准并授权的地方、行业技能鉴定机构
29	矿物开采人员	露天采矿挖掘机司机，钻孔机司机，井筒冻结工，矿井开掘工，井下采矿工，支护工，矿山提升机操作工，矿井机车运输工，矿井通风工，矿山安全监测工，矿山检查验收工，矿灯、自救器管理工，矿山救护工	依据劳动法制定的国家职业分类大典及职业标准	经批准并授权的地方、行业技能鉴定机构
30	矿物处理人员	筛选破碎工、重力选矿工、浮选工、磁选工、选矿脱水工、尾矿处理工、磨矿工、水煤浆制备工	依据劳动法制定的国家职业分类大典及职业标准	经批准并授权的地方、行业技能鉴定机构
31	钻井人员	井架安装工、钻井工、固井工、平台水手	依据劳动法制定的国家职业分类大典及职业标准	经批准并授权的地方、行业技能鉴定机构

续表

序号	名称		设置依据	实施承办部门或机构
32	石油、天然气开采人员	油、气井测试工，采油工，采气工，井下作业工，天然气净化工，油气输送工，油气管道保护工	依据劳动法制定的国家职业分类大典及职业标准	经批准并授权的地方、行业技能鉴定机构
33	盐业生产人员	海盐制盐工，湖盐采掘工，湖盐脱水工，驳筑、集拆坨盐工，井矿盐采卤工，井矿盐卤水净化工，真空制盐工，冷冻提硝工，苦卤综合利用工，精制盐工，盐斤分装设备操作工	依据劳动法制定的国家职业分类大典及职业标准	经批准并授权的地方、行业技能鉴定机构
34	炼铁人员	烧结球团原料工、烧结工、球团焙烧工、烧结成品工、高炉原料工、高炉炉前工、高炉运转工	依据劳动法制定的国家职业分类大典及职业标准	经批准并授权的地方、行业技能鉴定机构
35	炼钢人员	炼钢原料工、平炉炼钢工、电炉炼钢工、炼钢浇铸工、炼钢准备工、整脱模工	依据劳动法制定的国家职业分类大典及职业标准	经批准并授权的地方、行业技能鉴定机构
36	铁合金冶炼人员	铁合金原料工、铁合金电炉冶炼工、铁合金焙烧工、铁合金湿法冶炼工	依据劳动法制定的国家职业分类大典及职业标准	经批准并授权的地方、行业技能鉴定机构
37	重有色金属冶炼人员	重冶备料工、焙烧工、火法冶炼工、湿法冶炼工、电解精炼工、烟气制酸工	依据劳动法制定的国家职业分类大典及职业标准	经批准并授权的地方、行业技能鉴定机构
38	轻有色金属冶炼人员	氧化铝制取工、铝电解工、镁冶炼工、硅冶炼工	依据劳动法制定的国家职业分类大典及职业标准	经批准并授权的地方、行业技能鉴定机构
39	稀贵金属冶炼人员	钨钼冶炼工、钽铌冶炼工、钛冶炼工、稀土冶炼工、贵金属冶炼工、锂冶炼工	依据劳动法制定的国家职业分类大典及职业标准	经批准并授权的地方、行业技能鉴定机构
40	半导体材料制备人员	半导体原料制备工、多晶制取工	依据劳动法制定的国家职业分类大典及职业标准	经批准并授权的地方、行业技能鉴定机构
41	金属轧制人员	轧制原料工、金属轧制工、酸洗工、金属材涂层工、金属材热处理工、焊管工、精整工、金属材丝拉拔工、金属挤压工、铸轧工、钢丝绳制造工	依据劳动法制定的国家职业分类大典及职业标准	经批准并授权的地方、行业技能鉴定机构
42	铸铁管人员	铸管备品工、铸管工、铸管精整工	依据劳动法制定的国家职业分类大典及职业标准	经批准并授权的地方、行业技能鉴定机构

续表

序号	名称		设置依据	实施承办部门或机构
43	碳素制品生产人员	碳素煅烧工、碳素成型工、碳素焙烧工、碳素浸渍工、碳素石墨化工、碳素石墨加工工	依据劳动法制定的国家职业分类大典及职业标准	经批准并授权的地方、行业技能鉴定机构
44	硬质合金生产人员	硬质合金混合料制备工、硬质合金成型工、硬质合金烧结工、硬质合金精加工工	依据劳动法制定的国家职业分类大典及职业标准	经批准并授权的地方、行业技能鉴定机构
45	金属冶炼、轧制人员	冶炼风机工	依据劳动法制定的国家职业分类大典及职业标准	经批准并授权的地方、行业技能鉴定机构
46	化工产品生产通用工艺人员	化工原料准备工、压缩机工、气体净化工、过滤工、油加热工、制冷工、蒸发工、蒸馏工、萃取工、吸收工、吸附工、干燥工、结晶工、防腐蚀工、化工工艺试验工、化工总控工	依据劳动法制定的国家职业分类大典及职业标准	经批准并授权的地方、行业技能鉴定机构
47	石油炼制生产人员	燃料油生产工，润滑油、脂生产工，石油产品精制工，油制气工，加油站操作员	依据劳动法制定的国家职业分类大典及职业标准	经批准并授权的地方、行业技能鉴定机构
48	煤化工生产人员	备煤筛焦工、焦炉调温工、焦炉机车司机、煤制气工、燃气储运工	依据劳动法制定的国家职业分类大典及职业标准	经批准并授权的地方、行业技能鉴定机构
49	化学肥料生产人员	合成氨生产工、尿素生产工、硝酸铵生产工、碳酸氢铵生产工、硫酸铵生产工、过磷酸钙生产工、复合磷肥生产工、钙镁磷肥生产工、氯化钾生产工、微量元素混肥生产工	依据劳动法制定的国家职业分类大典及职业标准	经批准并授权的地方、行业技能鉴定机构
50	无机化工产品生产人员	硫酸生产工、硝酸生产工、盐酸生产工、磷酸生产工、纯碱生产工、烧碱生产工、氟化盐生产工、无机化学反应工、气体深冷分离工、工业气体液化工、炭黑制造工、二硫化碳制造工	依据劳动法制定的国家职业分类大典及职业标准	经批准并授权的地方、行业技能鉴定机构
51	基本有机化工产品生产人员	脂肪烃生产工、环烃生产工、烃类衍生物生产工	依据劳动法制定的国家职业分类大典及职业标准	经批准并授权的地方、行业技能鉴定机构

续表

序号	名称		设置依据	实施承办部门或机构
52	合成树脂生产人员	聚乙烯生产工、聚丙烯生产工、聚苯乙烯生产工、聚丁二烯生产工、聚氯乙烯生产工、环氧树脂生产工、丙烯腈-丁二烯-苯乙烯共聚物(ABS) 生产工	依据劳动法制定的国家职业分类大典及职业标准	经批准并授权的地方、行业技能鉴定机构
53	合成橡胶生产人员	顺丁橡胶生产工、丁苯橡胶生产工	依据劳动法制定的国家职业分类大典及职业标准	经批准并授权的地方、行业技能鉴定机构
54	化学纤维生产人员	化纤聚合工、湿纺原液制造工、纺丝工、化纤后处理工、纺丝凝固浴液配制工	依据劳动法制定的国家职业分类大典及职业标准	经批准并授权的地方、行业技能鉴定机构
55	精细化工产品生产人员	有机合成工、农药生物测试试验工、染料分析工、染料应用试验工、染料生产工、研磨分散工、催化剂制造工、催化剂试验工、涂料合成树脂工、制漆配色调制工、溶剂制造工、化学试剂制造工、化工添加剂制造工	依据劳动法制定的国家职业分类大典及职业标准	经批准并授权的地方、行业技能鉴定机构
56	信息记录材料生产人员	片基制造工，感光材料制造工，感光材料试验工，废片、白银回收工，磁粉制造工，磁记录材料制造工，磁记录材料试验工，感光鼓涂敷工	依据劳动法制定的国家职业分类大典及职业标准	经批准并授权的地方、行业技能鉴定机构
57	火药制造人员	单基火药制造工、双基火药制造工、多基火药制造工、黑火药制造工、混合火药制造工	依据劳动法制定的国家职业分类大典及职业标准	经批准并授权的地方、行业技能鉴定机构
58	炸药制造人员	单质炸药制造工、混合炸药制造工、起爆药制造工、含水炸药制造工	依据劳动法制定的国家职业分类大典及职业标准	经批准并授权的地方、行业技能鉴定机构
59	林产化工产品生产人员	松香工、松节油制品工、活性炭生产工、栲胶生产工、紫胶生产工、栓皮制品工、木材水解工	依据劳动法制定的国家职业分类大典及职业标准	经批准并授权的地方、行业技能鉴定机构
60	日用化学品生产人员	香料制造工、香精配制工、化妆品配制工	依据劳动法制定的国家职业分类大典及职业标准	经批准并授权的地方、行业技能鉴定机构
61	机械冷加工人员	车工、铣工、磨工、镗工、组合机床操作工、加工中心操作工、制齿工	依据劳动法制定的国家职业分类大典及职业标准	经批准并授权的地方、行业技能鉴定机构

续表

序号	名称		设置依据	实施承办部门或机构
62	机械热加工人员	铸造工、锻造工、冲压工、剪切工、金属热处理工、粉末冶金制造工	依据劳动法制定的国家职业分类大典及职业标准	经批准并授权的地方、行业技能鉴定机构
63	特种加工设备操作人员	电切削工	依据劳动法制定的国家职业分类大典及职业标准	经批准并授权的地方、行业技能鉴定机构
64	冷作钣金加工人员	冷作钣金工	依据劳动法制定的国家职业分类大典及职业标准	经批准并授权的地方、行业技能鉴定机构
65	工件表面处理加工人员	镀层工、涂装工	依据劳动法制定的国家职业分类大典及职业标准	经批准并授权的地方、行业技能鉴定机构
66	机械制造加工人员	电焊条、焊丝制造工，汽车模型工，汽车饰件制造工	依据劳动法制定的国家职业分类大典及职业标准	经批准并授权的地方、行业技能鉴定机构
67	基础件、部件装配人员	基础件装配工、部件装配工	依据劳动法制定的国家职业分类大典及职业标准	经批准并授权的地方、行业技能鉴定机构
68	机械设备装配人员	装配钳工、工具钳工、数控机床装调维修工、锅炉设备装配工	依据劳动法制定的国家职业分类大典及职业标准	经批准并授权的地方、行业技能鉴定机构
69	动力设备装配人员	内燃机装配工、电机装配工	依据劳动法制定的国家职业分类大典及职业标准	经批准并授权的地方、行业技能鉴定机构
70	电气元件及设备装配人员	铁心叠装工，绝缘制品件装配工，绕组制造工，变压器、互感器装配工，高低压电器装配工，电线电缆制造工	依据劳动法制定的国家职业分类大典及职业标准	经批准并授权的地方、行业技能鉴定机构
71	仪器仪表装配人员	电子仪器仪表装配工、光电仪器仪表装调工、计时仪器仪表装配工、电工仪器仪表装配工	依据劳动法制定的国家职业分类大典及职业标准	经批准并授权的地方、行业技能鉴定机构
72	运输车辆装配人员	汽车（拖拉机）装配工，铁路机车机械制修工，铁路车辆机械制修工，铁路机车电气装修工，铁路车辆电气装修工，铁路机车车辆制动修造工，自行车、电动自行车装配工	依据劳动法制定的国家职业分类大典及职业标准	经批准并授权的地方、行业技能鉴定机构
73	假肢与矫形器制作人员	假肢师（假肢制作装配工）、矫形器师（矫形器制作装配工）	依据劳动法制定的国家职业分类大典及职业标准	经批准并授权的地方、行业技能鉴定机构

续表

序号	名称		设置依据	实施承办部门或机构
74	日用机械电器制造装配人员	空调器装配工、电冰箱（柜）装配工、洗衣机装配工、小型家用电器装配工、缝纫机装配工、衡器装配调试工	依据劳动法制定的国家职业分类大典及职业标准	经批准并授权的地方、行业技能鉴定机构
75	五金制品制作装配人员	建筑五金制品制作工、铝制品制作工、日用五金制品制作工	依据劳动法制定的国家职业分类大典及职业标准	经批准并授权的地方、行业技能鉴定机构
76	装甲车辆装试人员	装甲车辆装配工、装甲车辆装配检验工、装甲车辆驾驶试验工、装甲车辆发动机装试工	依据劳动法制定的国家职业分类大典及职业标准	经批准并授权的地方、行业技能鉴定机构
77	枪炮制造人员	火炮装试工、火炮装试检验工、火炮随动系统装试工、火炮随动系统装试检验工、火炮膛线制作工、枪支装配工、枪支校直工、枪管膛线制作工	依据劳动法制定的国家职业分类大典及职业标准	经批准并授权的地方、行业技能鉴定机构
78	弹制造人员	炮弹装配工、枪弹装配工、火工装药工	依据劳动法制定的国家职业分类大典及职业标准	经批准并授权的地方、行业技能鉴定机构
79	引信加工制造人员	引信装试工	依据劳动法制定的国家职业分类大典及职业标准	经批准并授权的地方、行业技能鉴定机构
80	火工品制造人员	雷管制造工、索状爆破器材制造工、火工品装配工、爆破器材试验工	依据劳动法制定的国家职业分类大典及职业标准	经批准并授权的地方、行业技能鉴定机构
81	防化器材制造人员	滤毒材料制造工、防毒器材装配工、防毒器材试验工	依据劳动法制定的国家职业分类大典及职业标准	经批准并授权的地方、行业技能鉴定机构
82	船舶制造人员	船体制造工、船舶轮机装配工、船舶电气装配工、船舶附件制造工、船舶木塑帆缆工、船模制造试验工	依据劳动法制定的国家职业分类大典及职业标准	经批准并授权的地方、行业技能鉴定机构
83	靶场试验人员	靶场试射工、靶场测试工	依据劳动法制定的国家职业分类大典及职业标准	经批准并授权的地方、行业技能鉴定机构
84	机械设备维修人员	机修钳工、汽车修理工、摩托车维修工、船舶修理工、汽车生产线操作调整工、汽车玻璃维修工	依据劳动法制定的国家职业分类大典及职业标准	经批准并授权的地方、行业技能鉴定机构
85	仪器仪表修理人员	工业自动化仪器仪表与装置修理工、精密仪器仪表修理工	依据劳动法制定的国家职业分类大典及职业标准	经批准并授权的地方、行业技能鉴定机构

续表

序号	名称		设置依据	实施承办部门或机构
86	电力设备安装人员	水轮机设备安装工、锅炉设备安装工、汽轮机设备安装工、发电机设备安装工、热工仪表及控制装置安装试验工、发电厂电气设备安装工、电力电缆安装工、高压线路架设工、电力工程内线安装工	依据劳动法制定的国家职业分类大典及职业标准	经批准并授权的地方、行业技能鉴定机构
87	发电运行值班人员	水轮发电机值班员、燃料值班员、锅炉运行值班员、锅炉辅机值班员、汽轮机运行值班员、热力网值班员、电气值班员、集控值班员、电厂水处理值班员、电网调度自动化运行值班员、脱硫值班员	依据劳动法制定的国家职业分类大典及职业标准	经批准并授权的地方、行业技能鉴定机构
88	输电、配电、变电设备值班人员	送电、配电线路工，变电站值班员，调相机值班员，换流站值班员，电力调度员，电网调度自动化维护员，运行方式员	依据劳动法制定的国家职业分类大典及职业标准	经批准并授权的地方、行业技能鉴定机构
89	电力设备检修人员	锅炉本体设备检修工、锅炉附属设备检修工、汽轮机本体设备检修工、汽轮机附属设备检修工、发电厂电机检修工、水轮机检修工、水电站水力机械试验工、水电自动装置检修工、高压线路带电检修工、变压器检修工、电气试验员、继电保护员、电网调度自动化厂站端调试检修员、电厂化学设备检修工、风力发电运行检修员、脱硫设备检修工、电厂热力试验工	依据劳动法制定的国家职业分类大典及职业标准	经批准并授权的地方、行业技能鉴定机构
90	供用电人员	电力负荷控制员、抄表核算收费员、装表接电工、电能计量装置检修工、农网配电营业工、用电客户受理员	依据劳动法制定的国家职业分类大典及职业标准	经批准并授权的地方、行业技能鉴定机构
91	电力设备安装、操作、修理人员	变电设备安装工、变配电室值班电工、常用电机检修工、牵引电力线路安装维护工、维修电工、城轨接触网检修工	依据劳动法制定的国家职业分类大典及职业标准	经批准并授权的地方、行业技能鉴定机构

续表

序号	名称		设置依据	实施承办部门或机构
92	电子器件制造人员	真空电子器件化学零件制造工，电极丝制造工，真空电子器件金属零件制造工，真空电子器件装配工，真空电子器件装调工，液晶显示器件制造工，单晶片加工工，半导体芯片制造工，半导体分立器件、集成电路装调工，电子用水制备工	依据劳动法制定的国家职业分类大典及职业标准	经批准并授权的地方、行业技能鉴定机构
93	电子元件制造人员	电容器制造工、压电石英晶片加工工、石英晶体元器件制造工、电声器件制造工、水声换能器制造工、接插件制造工、磁头制造工、电子产品制版工、印制电路制作工、激光头制造工	依据劳动法制定的国家职业分类大典及职业标准	经批准并授权的地方、行业技能鉴定机构
94	电池制造人员	铅酸蓄电池制造工，镉镍、金属氧化物镍、铁镍蓄电池制造工，原电池制造工，热电池制造工，锂离子蓄电池制造工，锌银电池制造工，温差电致冷组件制造工	依据劳动法制定的国家职业分类大典及职业标准	经批准并授权的地方、行业技能鉴定机构
95	电子设备装配调试人员	无线电设备机械装校工、电子设备装接工、无线电调试工、雷达装配工、雷达调试工、电子计算机（微机）装配调试员、有线通信传输设备调试工、电源调试工、激光机装调工、铁路信号组调工、铁路电控组调工、网络设备调试员、集成电路测试员	依据劳动法制定的国家职业分类大典及职业标准	经批准并授权的地方、行业技能鉴定机构
96	电子产品维修人员	计算机（微机）维修工、安全防范系统安装维护员	依据劳动法制定的国家职业分类大典及职业标准	经批准并授权的地方、行业技能鉴定机构
97	橡胶制品生产人员	橡胶制品配料工、橡胶炼胶工、橡胶半成品制造工、橡胶成型工、橡胶硫化工、废胶再生工	依据劳动法制定的国家职业分类大典及职业标准	经批准并授权的地方、行业技能鉴定机构
98	纤维预处理人员	纤维梳理工、并条工、粗纱工、绢纺精炼工	依据劳动法制定的国家职业分类大典及职业标准	经批准并授权的地方、行业技能鉴定机构
99	纺纱人员	细纱工、筒并摇工、缫丝工	依据劳动法制定的国家职业分类大典及职业标准	经批准并授权的地方、行业技能鉴定机构

续表

序号	名称		设置依据	实施承办部门或机构
100	织造人员	整经工、浆纱工、穿经工、织布工	依据劳动法制定的国家职业分类大典及职业标准	经批准并授权的地方、行业技能鉴定机构
101	印染人员	坯布检查处理工、印染烧毛工、煮炼漂工、印染洗涤工、印染烘干工、印染丝光工、印染定型工、纺织染色工、印花工、印染雕刻制版工、印染后整理工、印染成品定等装潢工、印染染化料配制工	依据劳动法制定的国家职业分类大典及职业标准	经批准并授权的地方、行业技能鉴定机构
102	裁剪缝纫人员	服装制作工	依据劳动法制定的国家职业分类大典及职业标准	经批准并授权的地方、行业技能鉴定机构
103	鞋帽制作人员	制鞋工	依据劳动法制定的国家职业分类大典及职业标准	经批准并授权的地方、行业技能鉴定机构
104	皮革、毛皮加工人员	皮革加工工、毛皮加工工	依据劳动法制定的国家职业分类大典及职业标准	经批准并授权的地方、行业技能鉴定机构
105	粮油生产加工人员	制米工、制粉工、制油工	依据劳动法制定的国家职业分类大典及职业标准	经批准并授权的地方、行业技能鉴定机构
106	制糖和糖制品加工人员	食糖制造工	依据劳动法制定的国家职业分类大典及职业标准	经批准并授权的地方、行业技能鉴定机构
107	乳品、冷食品及罐头、饮料制作人员	乳品预处理工、乳品加工工、饮料制作工	依据劳动法制定的国家职业分类大典及职业标准	经批准并授权的地方、行业技能鉴定机构
108	酿酒人员	白酒酿造工、啤酒酿造工、黄酒酿造工、果露酒酿造工、酒精酿造工	依据劳动法制定的国家职业分类大典及职业标准	经批准并授权的地方、行业技能鉴定机构
109	食品添加剂及调味品制作人员	酶制剂制造工、酱油酱类制作工、食醋制作工、酱腌菜制作工、味精制造工	依据劳动法制定的国家职业分类大典及职业标准	经批准并授权的地方、行业技能鉴定机构
110	粮油食品制作人员	烘焙工、豆制品制作工	依据劳动法制定的国家职业分类大典及职业标准	经批准并授权的地方、行业技能鉴定机构
111	屠宰加工人员	猪屠宰加工工、牛羊屠宰加工工、禽类屠宰加工工	依据劳动法制定的国家职业分类大典及职业标准	经批准并授权的地方、行业技能鉴定机构
112	肉、蛋食品加工人员	肉制品加工工	依据劳动法制定的国家职业分类大典及职业标准	经批准并授权的地方、行业技能鉴定机构

续表

序号	名称		设置依据	实施承办部门或机构
113	饲料生产加工人员	饲料粉碎制粒工、饲料厂中央控制室操作工	依据劳动法制定的国家职业分类大典及职业标准	经批准并授权的地方、行业技能鉴定机构
114	原烟复烤人员	打叶复烤工、烟叶回潮工	依据劳动法制定的国家职业分类大典及职业标准	经批准并授权的地方、行业技能鉴定机构
115	卷烟生产人员	烟叶制丝工、膨胀烟丝工、烟草薄片工、卷烟卷接工	依据劳动法制定的国家职业分类大典及职业标准	经批准并授权的地方、行业技能鉴定机构
116	烟用醋酸纤维丝束滤棒制作人员	烟用二醋片制造工、烟用丝束制造工、滤棒工	依据劳动法制定的国家职业分类大典及职业标准	经批准并授权的地方、行业技能鉴定机构
117	木材加工人员	制材工、木材干燥工、木材防腐师	依据劳动法制定的国家职业分类大典及职业标准	经批准并授权的地方、行业技能鉴定机构
118	人造板生产人员	胶合板工、纤维板工、刨花板工、人造板制胶工、装饰层压板工、人造板饰面工	依据劳动法制定的国家职业分类大典及职业标准	经批准并授权的地方、行业技能鉴定机构
119	木材制品制作人员	手工木工、精细木工	依据劳动法制定的国家职业分类大典及职业标准	经批准并授权的地方、行业技能鉴定机构
120	水泥及水泥制品生产加工人员	水泥生产制造工、水泥制品工、石灰焙烧工、水泥生产巡检工、水泥中央控制室操作员	依据劳动法制定的国家职业分类大典及职业标准	经批准并授权的地方、行业技能鉴定机构
121	墙体屋面材料生产人员	纸面石膏板生产工、石膏粉生产工	依据劳动法制定的国家职业分类大典及职业标准	经批准并授权的地方、行业技能鉴定机构
122	建筑保温及吸音材料生产人员	吸音材料生产工	依据劳动法制定的国家职业分类大典及职业标准	经批准并授权的地方、行业技能鉴定机构
123	非金属矿及其制品生产加工人员	云母制品加工工、高岭土制品工、金刚石制品工、人工合成晶体工	依据劳动法制定的国家职业分类大典及职业标准	经批准并授权的地方、行业技能鉴定机构
124	玻璃熔制人员	玻璃配料工、玻璃熔化工、玻璃制板及玻璃成型工	依据劳动法制定的国家职业分类大典及职业标准	经批准并授权的地方、行业技能鉴定机构
125	玻璃纤维及制品生产人员	玻璃钢制品工	依据劳动法制定的国家职业分类大典及职业标准	经批准并授权的地方、行业技能鉴定机构
126	陶瓷制品生产人员	陶瓷原料准备工、陶瓷烧成工、陶瓷装饰工、陶瓷模型制作工	依据劳动法制定的国家职业分类大典及职业标准	经批准并授权的地方、行业技能鉴定机构

续表

序号	名称		设置依据	实施承办部门或机构
127	搪瓷制品生产人员	（搪瓷）瓷釉制作工、搪瓷坯体制作工、搪瓷涂搪烧成工、搪瓷花版饰花工	依据劳动法制定的国家职业分类大典及职业标准	经批准并授权的地方、行业技能鉴定机构
128	影视制品制作人员	影视动画制作员	依据劳动法制定的国家职业分类大典及职业标准	经批准并授权的地方、行业技能鉴定机构
129	音像制品制作复制人员	唱片检听工	依据劳动法制定的国家职业分类大典及职业标准	经批准并授权的地方、行业技能鉴定机构
130	广播影视舞台设备安装调试及运行操作人员	照明设备操作员、影视设备机械员、广播电视天线工、有线广播电视机线员、音响调音员	依据劳动法制定的国家职业分类大典及职业标准	经批准并授权的地方、行业技能鉴定机构
131	电影放映人员	电影放映员、拷贝检片员	依据劳动法制定的国家职业分类大典及职业标准	经批准并授权的地方、行业技能鉴定机构
132	印前处理人员	柔性版制版工、网版制版工、印前制作员	依据劳动法制定的国家职业分类大典及职业标准	经批准并授权的地方、行业技能鉴定机构
133	印刷操作人员	平版印刷工、柔性版印刷工、网版印刷工	依据劳动法制定的国家职业分类大典及职业标准	经批准并授权的地方、行业技能鉴定机构
134	珠宝首饰加工制作人员	宝石琢磨工、贵金属首饰手工制作工、贵金属首饰机制工	依据劳动法制定的国家职业分类大典及职业标准	经批准并授权的地方、行业技能鉴定机构
135	漆器工艺品制作人员	漆器制胎工、彩绘雕填制作工、漆器镶嵌工	依据劳动法制定的国家职业分类大典及职业标准	经批准并授权的地方、行业技能鉴定机构
136	金属工艺品制作人员	景泰蓝制作工	依据劳动法制定的国家职业分类大典及职业标准	经批准并授权的地方、行业技能鉴定机构
137	雕刻工艺品制作人员	工艺品雕刻工	依据劳动法制定的国家职业分类大典及职业标准	经批准并授权的地方、行业技能鉴定机构
138	美术品制作人员	装饰美工	依据劳动法制定的国家职业分类大典及职业标准	经批准并授权的地方、行业技能鉴定机构
139	文教用品制作人员	墨水制造工、自来水笔制作工、圆珠笔制作工、铅笔制造工	依据劳动法制定的国家职业分类大典及职业标准	经批准并授权的地方、行业技能鉴定机构
140	乐器制作人员	钢琴及键盘乐器制作工，提琴制作工，管乐器制作工，民族拉弦、弹拨乐器制作工	依据劳动法制定的国家职业分类大典及职业标准	经批准并授权的地方、行业技能鉴定机构
141	土石方施工人员	凿岩工、爆破工	依据劳动法制定的国家职业分类大典及职业标准	经批准并授权的地方、行业技能鉴定机构

续表

序号	名称		设置依据	实施承办部门或机构
142	砌筑人员	砌筑工	依据劳动法制定的国家职业分类大典及职业标准	经批准并授权的地方、行业技能鉴定机构
143	混凝土配制及制品加工人员	混凝土工、混凝土制品模具工、混凝土搅拌机械操作工	依据劳动法制定的国家职业分类大典及职业标准	经批准并授权的地方、行业技能鉴定机构
144	钢筋加工人员	钢筋工	依据劳动法制定的国家职业分类大典及职业标准	经批准并授权的地方、行业技能鉴定机构
145	施工架子搭设人员	架子工	依据劳动法制定的国家职业分类大典及职业标准	经批准并授权的地方、行业技能鉴定机构
146	工程防水人员	防水工、防渗墙工	依据劳动法制定的国家职业分类大典及职业标准	经批准并授权的地方、行业技能鉴定机构
147	装饰装修人员	装饰装修工	依据劳动法制定的国家职业分类大典及职业标准	经批准并授权的地方、行业技能鉴定机构
148	筑路、养护、维修人员	筑路机械操作工，中小型施工机械操作工，筑路、养护工，线桥专用机械操作工，铁路线路工，桥隧工，铁路舟桥工，道岔制修工	依据劳动法制定的国家职业分类大典及职业标准	经批准并授权的地方、行业技能鉴定机构
149	工程设备安装人员	机械设备安装工、电气设备安装工、管工	依据劳动法制定的国家职业分类大典及职业标准	经批准并授权的地方、行业技能鉴定机构
150	公(道)路、铁路、地铁运输机械设备操作及有关人员	汽车驾驶员、车站行车作业员、车站运转作业计划员、驼峰设备操作员、车站调车作业员、列车运转乘务员、机车乘务员、机车调度员、发电车乘务员、机车整备员、救援机械操作员、列车轴温检测员、铁路信号工	依据劳动法制定的国家职业分类大典及职业标准	经批准并授权的地方、行业技能鉴定机构
151	民用航空设备操作及有关人员	航空油料员	依据劳动法制定的国家职业分类大典及职业标准	经批准并授权的地方、行业技能鉴定机构
152	水上运输设备操作及有关人员	船舶甲板设备操作工、船舶机舱设备操作工、无线电航标操作工、潜水员、视觉航标工、港口维护工、航道航务施工工	依据劳动法制定的国家职业分类大典及职业标准	经批准并授权的地方、行业技能鉴定机构

续表

序号	名称		设置依据	实施承办部门或机构
153	起重装卸机械操作及有关人员	起重装卸机械操作工、起重工、输送机操作工、闸门运行工、索道运输机械操作工	依据劳动法制定的国家职业分类大典及职业标准	经批准并授权的地方、行业技能鉴定机构
154	海洋环境调查与监测人员	海洋调查与监测工、海洋浮标工、海洋水文气象观测员	依据劳动法制定的国家职业分类大典及职业标准	经批准并授权的地方、行业技能鉴定机构
155	废物处理人员	废水处理工、废气处理工	依据劳动法制定的国家职业分类大典及职业标准	经批准并授权的地方、行业技能鉴定机构
156	检验（技能）人员	化学检验工、材料物理性能检验工、无损检测员、产品可靠性能检验工、食品检验工、饲料检验工、畜禽产品检验员、纺织纤维检验工、印染工艺检验工、木材及家具检验工、包装材料检验工、燃料检验工、感光材料检验工、机械产品检验工、机动车检验工、电器产品检验工、电工器材检验工、照明电器检验工、通信设备检验员、音视频设备检验员、计算机检验员、电子元器件检验员、棉花检验员（购销）、评茶员、印制电路检验工、水产品质量检验员、合成材料测试员、室内装饰装修质量检验员、玻璃分析检验员	依据劳动法制定的国家职业分类大典及职业标准	经批准并授权的地方、行业技能鉴定机构
157	航天器检验测试人员	航天器无损检测试验工，航天器材料性能测试试验工，试车台测量工，试车台液、气系统操作工，试车台控制工，液体推进剂性能试验工，固体推进剂性能试验工，试车台测力计量检定工	依据劳动法制定的国家职业分类大典及职业标准	经批准并授权的地方、行业技能鉴定机构
158	计量（技能）人员	长度计量工、热工计量工、衡器计量工、硬度测力计量工、容量计量工、电器计量工、化学计量工、声学计量工	依据劳动法制定的国家职业分类大典及职业标准	经批准并授权的地方、行业技能鉴定机构
159	包装人员	包装工	依据劳动法制定的国家职业分类大典及职业标准	经批准并授权的地方、行业技能鉴定机构
160	机泵操作人员	泵站运行工、矿井泵工	依据劳动法制定的国家职业分类大典及职业标准	经批准并授权的地方、行业技能鉴定机构

续表

序号	名称		设置依据	实施承办部门或机构
161	装卸人员	公路货运装卸工、港口装卸工	依据劳动法制定的国家职业分类大典及职业标准	经批准并授权的地方、行业技能鉴定机构
162	大田作物生产人员	农艺工、农作物种子繁育员、农作物植保员、农作物种子加工员	依据劳动法制定的国家职业分类大典及职业标准	经批准并授权的地方、行业技能鉴定机构
163	园艺作物生产人员	蔬菜园艺工，果、茶、桑园艺工，菌类园艺工	依据劳动法制定的国家职业分类大典及职业标准	经批准并授权的地方、行业技能鉴定机构
164	热带作物生产人员	天然橡胶生产工、剑麻生产工	依据劳动法制定的国家职业分类大典及职业标准	经批准并授权的地方、行业技能鉴定机构
165	农副林特产品加工人员	棉花加工工、茶叶加工工、蔬菜加工工	依据劳动法制定的国家职业分类大典及职业标准	经批准并授权的地方、行业技能鉴定机构
166	营造林人员	林木种苗工、造林更新工、抚育采伐工、营林试验工、营造林工程监理员	依据劳动法制定的国家职业分类大典及职业标准	经批准并授权的地方、行业技能鉴定机构
167	森林资源管护人员	护林员、森林防火员	依据劳动法制定的国家职业分类大典及职业标准	经批准并授权的地方、行业技能鉴定机构
168	野生动植物保护及自然保护区人员	自然保护区巡护监测员	依据劳动法制定的国家职业分类大典及职业标准	经批准并授权的地方、行业技能鉴定机构
169	木材采运人员	木材采伐工、集材作业工、木材水运工、装卸归楞工	依据劳动法制定的国家职业分类大典及职业标准	经批准并授权的地方、行业技能鉴定机构
170	家畜饲养人员	家畜饲养工、牛肉分级员	依据劳动法制定的国家职业分类大典及职业标准	经批准并授权的地方、行业技能鉴定机构
171	家禽饲养人员	家禽饲养工、家禽繁殖工	依据劳动法制定的国家职业分类大典及职业标准	经批准并授权的地方、行业技能鉴定机构
172	蜜蜂饲养人员	蜜蜂饲养工、蜂产品加工工	依据劳动法制定的国家职业分类大典及职业标准	经批准并授权的地方、行业技能鉴定机构
173	实验动物饲养人员	实验动物饲养工	依据劳动法制定的国家职业分类大典及职业标准	经批准并授权的地方、行业技能鉴定机构
174	动物疫病防治人员	动物疫病防治员、兽医化验员、动物检疫检验工、水生生物病害防治员	依据劳动法制定的国家职业分类大典及职业标准	经批准并授权的地方、行业技能鉴定机构
175	草业生产人员	草原监护员、牧草工、草坪建植工	依据劳动法制定的国家职业分类大典及职业标准	经批准并授权的地方、行业技能鉴定机构

续表

序号	名称		设置依据	实施承办部门或机构
176	水产养殖人员	水生动物苗种繁育工、生物饵料培养工、海水水生动物养殖工、淡水水生动物养殖工、水产养殖质量管理员	依据劳动法制定的国家职业分类大典及职业标准	经批准并授权的地方、行业技能鉴定机构
177	水产捕捞及有关人员	渔业生产船员	依据劳动法制定的国家职业分类大典及职业标准	经批准并授权的地方、行业技能鉴定机构
178	水产品加工人员	水产品原料处理工	依据劳动法制定的国家职业分类大典及职业标准	经批准并授权的地方、行业技能鉴定机构
179	河道、水库管养人员	河道修防工、混凝土维修工、土石维修工、水工检测工、建（构）筑物防治工、水域环境养护保洁员	依据劳动法制定的国家职业分类大典及职业标准	经批准并授权的地方、行业技能鉴定机构
180	农田灌排工程建设管理维护人员	灌排工程工、渠道维护工、灌区供水工、灌溉试验工	依据劳动法制定的国家职业分类大典及职业标准	经批准并授权的地方、行业技能鉴定机构
181	水土保持作业人员	水土保持防治工、水土保持测试工、水土保持勘测工	依据劳动法制定的国家职业分类大典及职业标准	经批准并授权的地方、行业技能鉴定机构
182	水文勘测作业人员	水文勘测工、水文勘测船工	依据劳动法制定的国家职业分类大典及职业标准	经批准并授权的地方、行业技能鉴定机构
183	农林专用机械操作人员	拖拉机驾驶员、联合收割机驾驶员、农用运输车驾驶员	依据劳动法制定的国家职业分类大典及职业标准	经批准并授权的地方、行业技能鉴定机构
184	农村能源开发利用人员	沼气生产工、农村节能员、生物质能利用工、太阳能利用工、微水电利用工、小风电利用工	依据劳动法制定的国家职业分类大典及职业标准	经批准并授权的地方、行业技能鉴定机构
185	营业人员	营业员、收银员	依据劳动法制定的国家职业分类大典及职业标准	经批准并授权的地方、行业技能鉴定机构
186	推销、展销人员	出版物发行员、服装模特	依据劳动法制定的国家职业分类大典及职业标准	经批准并授权的地方、行业技能鉴定机构
187	采购人员	收购员、中药购销员、粮油购销员	依据劳动法制定的国家职业分类大典及职业标准	经批准并授权的地方、行业技能鉴定机构
188	拍卖、典当及租赁业务人员	鉴定估价师（旧货）、粮油竞价交易员	依据劳动法制定的国家职业分类大典及职业标准	经批准并授权的地方、行业技能鉴定机构
189	废旧物资回收利用人员	废旧物资回收挑选工、废旧物资加工工、轮胎翻修工	依据劳动法制定的国家职业分类大典及职业标准	经批准并授权的地方、行业技能鉴定机构

续表

序号	名称		设置依据	实施承办部门或机构
190	商品监督和市场管理人员	市场管理员、粮油质量检验员	依据劳动法制定的国家职业分类大典及职业标准	经批准并授权的地方、行业技能鉴定机构
191	购销人员	医药商品购销员、中药调剂员	依据劳动法制定的国家职业分类大典及职业标准	经批准并授权的地方、行业技能鉴定机构
192	保管人员	盐斤收放保管工、冷藏工、粮油保管员	依据劳动法制定的国家职业分类大典及职业标准	经批准并授权的地方、行业技能鉴定机构
193	餐饮服务人员	中式烹调师、西式烹调师、中式面点师、西式面点师、厨政管理师、营养配餐员、调酒师、茶艺师、咖啡师、餐厅服务员	依据劳动法制定的国家职业分类大典及职业标准	经批准并授权的地方、行业技能鉴定机构
194	饭店服务人员	前厅服务员、客房服务员	依据劳动法制定的国家职业分类大典及职业标准	经批准并授权的地方、行业技能鉴定机构
195	旅游及公共游览场所服务人员	展览讲解员、插花员、水生哺乳动物驯养师	依据劳动法制定的国家职业分类大典及职业标准	经批准并授权的地方、行业技能鉴定机构
196	健身和娱乐场所服务人员	体育场地工、保健按摩师、保健刮痧师、芳香保健师	依据劳动法制定的国家职业分类大典及职业标准	经批准并授权的地方、行业技能鉴定机构
197	公路道路运输服务人员	汽车客运服务员、汽车货运站务员、汽车运输调度员、公路收费及监控员	依据劳动法制定的国家职业分类大典及职业标准	经批准并授权的地方、行业技能鉴定机构
198	铁路客货运输服务人员	旅客列车乘务员、车站客运服务员、行包运输服务员、车站货运作业组织员、车站货运员	依据劳动法制定的国家职业分类大典及职业标准	经批准并授权的地方、行业技能鉴定机构
199	航空运输服务人员	航空运输飞行服务员、航空运输地面服务员	依据劳动法制定的国家职业分类大典及职业标准	经批准并授权的地方、行业技能鉴定机构
200	水上运输服务人员	船舶业务员、港口客运员	依据劳动法制定的国家职业分类大典及职业标准	经批准并授权的地方、行业技能鉴定机构
201	医疗卫生辅助服务人员	医疗临床辅助服务员、药房辅助员、有害生物防制员	依据劳动法制定的国家职业分类大典及职业标准	经批准并授权的地方、行业技能鉴定机构
202	供水、供热及生活燃料供应服务人员	中央空调系统操作员、锅炉操作工	依据劳动法制定的国家职业分类大典及职业标准	经批准并授权的地方、行业技能鉴定机构
203	美容美发人员	美容师、美发师、美甲师、形象设计师	依据劳动法制定的国家职业分类大典及职业标准	经批准并授权的地方、行业技能鉴定机构

续表

序号	名称		设置依据	实施承办部门或机构
204	摄影服务人员	冲印师	依据劳动法制定的国家职业分类大典及职业标准	经批准并授权的地方、行业技能鉴定机构
205	验光配镜人员	眼镜验光员、眼镜定配工	依据劳动法制定的国家职业分类大典及职业标准	经批准并授权的地方、行业技能鉴定机构
206	洗染织补人员	洗衣师	依据劳动法制定的国家职业分类大典及职业标准	经批准并授权的地方、行业技能鉴定机构
207	浴池服务人员	修脚师	依据劳动法制定的国家职业分类大典及职业标准	经批准并授权的地方、行业技能鉴定机构
208	印章刻字人员	刻制印章工	依据劳动法制定的国家职业分类大典及职业标准	经批准并授权的地方、行业技能鉴定机构
209	日用机电产品维修人员	家用电子产品维修工、家用电器产品维修工、照相器材维修工、钟表维修工、钢琴调律师	依据劳动法制定的国家职业分类大典及职业标准	经批准并授权的地方、行业技能鉴定机构
210	办公设备维修人员	办公设备维修工	依据劳动法制定的国家职业分类大典及职业标准	经批准并授权的地方、行业技能鉴定机构
211	社会服务及生活服务人员	保育员、家政服务员、养老护理员、育婴员、孤残儿童护理员、劳动保障协理员、呼叫服务员、锁具修理工、汽车加气站操作工、宠物健康护理员、紧急救助员、礼仪主持人、宠物驯导师、灾害信息员、助听器验配师、手语翻译员、保洁员	依据劳动法制定的国家职业分类大典及职业标准	经批准并授权的地方、行业技能鉴定机构
212	殡葬服务人员	殡仪服务员、遗体接运工、遗体防腐师、遗体整容师、遗体火化师、墓地管理员	依据劳动法制定的国家职业分类大典及职业标准	经批准并授权的地方、行业技能鉴定机构
213	行政事务人员	公关员、计算机操作员、制图员、速录师	依据劳动法制定的国家职业分类大典及职业标准	经批准并授权的地方、行业技能鉴定机构
214	治安保卫人员	保安员、违禁品检查员、建(构)筑物消防员	依据劳动法制定的国家职业分类大典及职业标准	经批准并授权的地方、行业技能鉴定机构
215	邮政业务人员	邮政营业员、邮件处理员、投递员、邮政储汇员、报刊发行员、集邮业务员、邮政业务档案员、邮政机务员、快递业务员	依据劳动法制定的国家职业分类大典及职业标准	经批准并授权的地方、行业技能鉴定机构

续表

序号	名称		设置依据	实施承办部门或机构
216	电信业务人员	电信业务营业员、话务员、报务员、电信业务员	依据劳动法制定的国家职业分类大典及职业标准	经批准并授权的地方、行业技能鉴定机构
217	电信通信传输业务人员	电信机务员、线务员、用户通信终端维修员、通信电力机务员、市话测量员	依据劳动法制定的国家职业分类大典及职业标准	经批准并授权的地方、行业技能鉴定机构
218	化工工艺（技能）人员	调香师、化妆品配方师	依据劳动法制定的国家职业分类大典及职业标准	经批准并授权的地方、行业技能鉴定机构
219	电气工程（技能）人员	霓虹灯制作员	依据劳动法制定的国家职业分类大典及职业标准	经批准并授权的地方、行业技能鉴定机构
220	广播电影电视（技能）人员	数字视频合成师、录音师、艺术化妆师	依据劳动法制定的国家职业分类大典及职业标准	经批准并授权的地方、行业技能鉴定机构
221	林业生产人员	花艺环境设计师	依据劳动法制定的国家职业分类大典及职业标准	经批准并授权的地方、行业技能鉴定机构
222	纺织工程（技能）人员	纺织面料设计师	依据劳动法制定的国家职业分类大典及职业标准	经批准并授权的地方、行业技能鉴定机构
223	食品加工人员	糖果工艺师、酿酒师、豆制品工艺师、品酒师	依据劳动法制定的国家职业分类大典及职业标准	经批准并授权的地方、行业技能鉴定机构
224	环境保护（技能）人员	室内环境治理员	依据劳动法制定的国家职业分类大典及职业标准	经批准并授权的地方、行业技能鉴定机构
225	土壤肥料生产人员	肥料配方师	依据劳动法制定的国家职业分类大典及职业标准	经批准并授权的地方、行业技能鉴定机构
226	教学（技能）人员	珠心算教练师	依据劳动法制定的国家职业分类大典及职业标准	经批准并授权的地方、行业技能鉴定机构
227	乐器演奏人员	计算机乐谱制作师	依据劳动法制定的国家职业分类大典及职业标准	经批准并授权的地方、行业技能鉴定机构
228	工艺美术（技能）人员	室内装饰设计员、陈列展览设计员、建筑模型设计制作员、动画绘制员	依据劳动法制定的国家职业分类大典及职业标准	经批准并授权的地方、行业技能鉴定机构
229	编辑（技能）人员	网络编辑员	依据劳动法制定的国家职业分类大典及职业标准	经批准并授权的地方、行业技能鉴定机构

人力资源和社会保障部办公厅关于印发紧急救助员等6个国家职业技能标准的通知

（人社厅发［2012］54号　2012年6月4日）

各省、自治区、直辖市及新疆生产建设兵团人力资源社会保障厅（局），国务院有关部门（行业组织、集团公司）人事劳动保障工作机构：

根据《中华人民共和国劳动法》，我部会同有关部门制定了紧急救助员等6个国家职业技能标准，现印发施行。

此次颁布的国家职业技能标准中，紧急救助员国家职业技能标准系重新修订，原标准相应废止；原《关于印发养老护理员等4个国家职业技能标准的通知》（人社厅发［2011］104号）文件颁布的"三废处理工"更名为"化工三废处理工"。

附件：国家职业技能标准目录

附件：

国家职业技能标准目录

序号	职业编码	职业（工种）名称	备注
1	X4—07—99—09	紧急救助员（☆）	2011年修订
2	6—03—11—12	化学试剂制造工	
3	6—09—02—01	塑料制品配料工	
4	6—17—03—01	改性沥青卷材生产工	原名：油毡生产工
5	6—17—03—02	高分子防水卷材生产工	
6	800000135	化工三废处理工	原名：三废处理工

注：☆表示新职业。

人力资源和社会保障部办公厅关于开展职业技能鉴定国家题库地市级分库试点机构评估工作的函

（人社厅函［2012］300号 2012年6月25日）

各省、自治区、直辖市及新疆生产建设兵团人力资源社会保障厅（局）：

自2004年起，我部开展了职业技能鉴定国家题库地市级分库运行管理试点。目前，全国已有169个地市（州）相继建立职业技能鉴定国家题库地市级分库，并开展运行管理试点工作。通过试点，对于提高职业技能鉴定国家题库使用率，保证职业技能鉴定质量起到重要促进作用。

为总结试点工作经验，明确职业技能鉴定国家题库地市级分库试点机构职责任务，规范其运行管理，确保国家题库安全高效运行，经研究，我部决定对职业技能鉴定国家题库地市级分库试点机构开展评估工作。现将《职业技能鉴定国家题库地市级分库试点机构评估工作方案》印发你们，请遵照执行。

职业技能鉴定国家题库地市级分库试点机构评估工作方案

一、指导思想

贯彻落实《关于进一步加强职业技能鉴定国家题库运行管理工作的通知》（劳社厅发［2008］2号）要求，依据《职业技能鉴定国家题库地市级分库暂行评估标准》（附件1）提出的组织管理机构、运行管理制度、人员配备、场地与设备等方面的具体指标，对职业技能鉴定国家题库地市级分库试点机构（以下简称试点机构）运行管理情况进行评估，以实现统一命题管理，保证职业技能鉴定质量，维护职业资格证书制度权威性，促进我国技能人才队伍建设。

二、组织实施

试点机构评估工作由人力资源社会保障部职业能力建设司负责统筹指导，人力资源社会保障部职业技能鉴定中心负责组织实施。省级人力资源社会保障行政部门按照统一要求，组织开展本地区试点机构的评估工作，省级职业技能鉴定（指导）中心负责具体实施工作。

三、评估范围

人力资源社会保障部批准的169家试点机构。

四、工作步骤

（一）部署阶段（7月至8月上旬）

各省级职业技能鉴定（指导）中心组织辖区内试点机构学习《职业技能鉴定国家题库地市级分库暂行评估标准》，组建自评小组，部署评估任务。自评小组组长由试点机构负责人担任，每小组成员不少于3人。

（二）自评阶段（8月中旬至9月上旬）

自评小组对照《职业技能鉴定国家题库地市级分库暂行评估标准》要求，逐项逐条对运行管理情况进行评估，如实填写《职业技能鉴定国家题库地市级分库评估表》（附件2）和《职业技能鉴定国家题库地市级分库评估意见表》（附件3），并形成自评报告上报省级职业技能鉴定（指导）中心。由省级职业技能鉴定（指导）中心汇总后，上报人力资源社会保障部职业技能鉴定中心。

（三）复评阶段（9月中旬至10月上旬）

人力资源社会保障部职业技能鉴定中心根据省级职业技能鉴定（指导）中心汇总报告，结合各试点机构题库运行管理情况，选择部分机构进行复评。人力资源社会保障部职业技能鉴定中心聘请第三方评估专家组，采取查阅书面自评报告和实地调研相结合的方式，对试点机构运行管理情况进行复核评估。

（四）总结阶段（10月中旬至10月底）

根据自评和复评结果，人力资源社会保障部职业能力建设司和职业技能鉴定中心将对试点机构运行管理情况进行总结。对优秀的国家题库地市级分库予以通报表扬；对评估不合格的国家题库地市级分库，将提出限期整改。整改后仍不符合要求的，将撤销其国家题库地市级分库资格。

附件：

1. 职业技能鉴定国家题库地市级分库暂行评估标准
2. 职业技能鉴定国家题库地市级分库评估表（略）
3. 职业技能鉴定国家题库地市级分库评估意见表（略）

附件 1：

职业技能鉴定国家题库地市级分库暂行评估标准

一、组织管理机构

（一）成立国家题库地市级分库运行管理领导小组，明确分工，制度完善。

（二）加强国家题库地市级分库运行管理部门建设。做到机构设置和人员编制固定，具备开展国家题库运行管理条件。

二、运行管理制度

（一）题库资源安全保密制度。各单位应明确各类保密资料的范围和保密期限，以及使用题库资源的权限；制定试卷服务流程；对涉密人员、涉密载体、涉密场所等提出具体管理办法；对题库试卷的抽取、审定、印刷、发送、评阅、保管和销毁等环节的工作提出规范性要求。

（二）题库资源备案制度。各单位应对自行组织专家命制试题、试卷的情况，以及对国家题库试题内容所作的修改、补充、删减等操作进行记录，并及时报人力资源社会保障部职业技能鉴定中心备案。

（三）题库资源使用情况统计报告制度。各单位应按年度对题库试卷的服务范围、服务对象类别、调用次数、使用频度，以及题库资源内容存在的技术性问题等有关情况进行统计汇总；对试题难度、效度和区分度等技术参数进行分析，并形成技术分析报告，于每年初报送人力资源社会保障部职业技能鉴定中心。

三、人员配备

各地要高度重视国家题库地市级分库运行管理工作，加强对国家题库地市级分库运行管理工作的领导。国家题库地市级分库运行管理机构应有专人分管命题管理工作；工作人员应具有较强的责任心，熟悉题库运行管理工作有关规章制度，了解职业技能鉴定相关政策。

（一）管理人员。负责职业技能鉴定命题管理工作的主管领导 1 名。

（二）工作人员。熟悉国家题库开发技术规程等技术文件、负责国家题库管理与使用的专职人员 1～2 名。

（三）有关专家。熟悉国家题库开发技术规程，具有中级以上专业技术职务或三级以上国家职业资格，国家题库中相应职业（工种）的有关专家各 1～2 名。

（四）技术人员。经过专门技术培训的国家题库管理系统软件操作人员 1～2 名。

四、场地与设备

（一）国家题库专门用房，室内使用面积不少于 15 平方米，通风采光条件良好，安全防护设施齐全。

（二）国家题库专用计算机 1 台。计算机处理器速度不低于 1 GHz，内存不低于 1GB，显示器分辨率至少 1024x768 像素，硬盘空间至少 100GB，Windows XP Professional SP2 以上操作系统，Microsoft office 2000/2003/XP，SQL Server 2005 64 位或 32 位版本。

（三）激光打印机（A3 幅面）1 台以上。

（四）国家题库专用速印机或印刷一体机 1 台以上。

（五）国家题库专用刻录设备 1 台以上。

人力资源和社会保障部办公厅　新闻出版总署办公厅关于印发凹版制版工等 2 个国家职业技能标准的通知

（人社厅发［2012］66 号　2012 年 7 月 3 日）

各省、自治区、直辖市及新疆生产建设兵团人力资源社会保障厅（局）、新闻出版局，国务院有关部门人事劳动保障机构：

根据《中华人民共和国劳动法》，人力资源社会保障部、新闻出版总署共同制定了凹版制版工等 2 个国家职业技能标准，现印发施行。

附件：国家职业技能标准目录

附件：

国家职业技能标准目录

序号	职业编码	职业（工种）名称	备注
1	6—20—01—03	凹版制版工	
2	6—20—03—01	装订工（※）	

注：※表示职业下的工种。

人力资源和社会保障部办公厅关于启用2012年版职业技能鉴定国家题库的通知

（人社厅函［2012］329号　2012年7月18日）

各省、自治区、直辖市及新疆生产建设兵团人力资源社会保障厅（局），国务院有关部门（行业组织、集团公司）人事劳动保障工作机构：

依据国家职业技能标准，我部组织开发了2012年版职业技能鉴定国家题库（以下简称2012年版国家题库）资源，包括：客房服务员等13个职业，25个初、中、高级工（国家职业资格五、四、三级）理论知识和操作技能（专业能力）题库；家用电器产品维修工等20个职业共115套技师、高级技师（国家职业资格二、一级）理论知识、操作技能（专业能力）试卷和24个理论知识、操作技能（专业能力）题库；农业部组织开发了农艺工等12个职业、化学工业职业技能鉴定指导中心组织开发了化学检验工等6个职业的理论知识和操作技能题库，已通过我部审定，现一并予以公布，并从公布之日起启用。

2012年版国家题库启用后，相应职业（工种）的技能鉴定，原则上不再使用旧版题库内的试题组卷。各地国家题库运行管理机构根据本地实际情况，可采取逐步过渡方式以新代旧，但过渡期不超过一年，至2013年7月1日起必须全部使用2012年版国家题库。为加强国家题库行业分库管理，各行业部门已开发完成的特有职业（工种）题库，应将试题资源报我部职业技能鉴定中心备案，并纳入国家题库运行网络。

请各地、各行业部门严格执行国家题库管理有关规定，加强国家题库运行管理，确保国家题库安全。

人力资源和社会保障部办公厅关于印发人造板饰面工等2个国家职业技能标准的通知

（人社厅发［2012］70号　2012年7月25日）

各省、自治区、直辖市及新疆生产建设兵团人力资源社会保障厅（局），国务院有关部门（行业组织、集团公司）人事劳动保障工作机构：

根据《中华人民共和国劳动法》，我部会同有关部门制定了人造板饰面工 2 个国家职业技能标准，现印发施行。

附件：国家职业技能标准目录

附件：

国家职业技能标准目录

序号	职业编码	职业（工种）名称	备注
1	6—15—02—06	人造板饰面工	
2	6—19—03—05	音响师　2011 年修订	原名：音响调音员

人力资源和社会保障部办公厅关于印发国家职业技能标准编制技术规程的通知

（人社厅发［2012］72 号　2012 年 8 月 9 日）

各省、自治区、直辖市及新疆生产建设兵团人力资源社会保障厅（局），国务院有关部门（行业组织、集团公司）人事劳动保障工作机构：

为做好国家职业技能标准编制开发工作，加强国家职业资格证书制度建设，推动高技能人才队伍建设，我部制定了《国家职业技能标准编制技术规程》。现印发给你们，请遵照执行。

附件：国家职业技能标准编制技术规程

附件：

国家职业技能标准编制技术规程

1. 范围

本规程规定了国家职业技能标准（简称技能标准）的结构内容、编写表述及格式要求，并给出了有关表述样式。

本规程适用于《中华人民共和国职业分类大典》中所列职业的技能标准编写。

2. 术语和定义

2.1 职业

从业人员为获得主要生活来源所从事的社会工作类别。

2.2 国家职业技能标准

在职业分类的基础上，根据职业的特性、技术工艺、设备材料以及生产方式等要求，对从业人员的理论知识和操作技能提出的综合性水平规定。它是开展职业教育培训和职业技能鉴定，以及用人单位录用、使用人员的基本依据。

2.3 职业分类

按照职业的工作性质、活动方式等异同，对社会职业及其类别所进行的系统划分和归类。

2.4 职业技能鉴定

基于职业技能水平的考核活动，属于标准参照型考试。是由经过政府批准的考核鉴定机构对从业人员从事某种职业所应掌握的理论知识和操作技能做出客观的测量和评价，是国家职业资格证书制度的重要组成部分。

3. 总则

3.1 指导思想

依据《中华人民共和国劳动法》，根据经济社会发展和科学技术进步的需要，建立“以职业活动为导向、以职业能力为核心”的职业技能标准体系。

3.2 工作目标

技能标准应满足企业生产经营和人力资源管理的需要，满足职业教育培训和职业技能鉴定的需要，促进人力资源市场的发展和从业人员素质的提高。

3.3 编制原则

3.3.1 整体性原则

技能标准应反映该职业活动在我国的整体状况和水平，不仅要突出该职业当前对从业人员主流技术、主要技能的要求，反映该职业活动的一般状况和水平，而且还应兼顾不同地域或行业间可能存在的差异，同时还应考虑其发展趋势。

本原则是技能标准的定位原则，一般应定位于全国平均先进水平上，且是多数人经过努力能够达到的水平。

3.3.2 规范性原则

技能标准中的文体和术语应保持一致；内容结构、表述方法应符合本规程的要求；文字描述应简洁、明确且无歧义；所用技术术语与文字符号应符合国家最新技术标准。

3.3.3 实用性原则

技能标准不仅应全面、客观地反映工作现场对从业人员的理论知识和操作技能的要求，而且应符合职业教育培训、职业技能鉴定和企业人力资源管理工作的需要。

3.3.4　可操作性原则

技能标准的内容应力求具体化，可度量和可检验，便于实施，易于理解。

4. 结构和内容

技能标准包括：职业概况、基本要求、工作要求和比重表四部分，总体结构见《国家职业技能标准结构图》。

4.1　职业概况

包括：职业编码、职业名称、职业定义、职业技能等级、职业环境条件、职业能力倾向、普通受教育程度、职业培训要求、职业技能鉴定要求等九项内容。

4.1.1　职业编码

每个职业在《中华人民共和国职业分类大典》中的唯一代码，应采用《中华人民共和国职业分类大典》确定的职业编码。

4.1.2　职业名称

最能反映职业特点的称谓，应采用《中华人民共和国职业分类大典》确定的职业名称。

4.1.3　职业定义

对职业活动的内容、方式、范围等的描述和解释，应采用《中华人民共和国职业分类大典》确定的职业定义。

4.1.4　职业技能等级

根据从业人员职业活动范围、工作责任和工作难度的不同而设立的级别。职业技能等级共分为五级，由低到高分别为：五级/初级技能、四级/中级技能、三级/高级技能、二级/技师、一级/高级技师。应根据职业的实际情况，参照《职业技能等级划分依据》设立连续等级，可不设立高等级或低等级。

4.1.5　职业环境条件

从业人员所处的客观劳动环境。应根据职业的实际情况，参照《职业环境条件描述要素》进行客观描述。

4.1.6　职业能力倾向

从业人员在学习和掌握必备的职业知识和技能时所需具备的基本能力和潜力。应根据职业的实际情况，参照《职业能力倾向描述要素》将影响从业人员职业生涯发展的必备核心要素列出。

4.1.7　普通受教育程度

从业人员初入本职业时所需具备的最低学历要求。应根据职业的实际情况，从下列表述中选择其一进行描述：

1）初中毕业（或相当文化程度）。

2）高中毕业（或同等学力）。

3）大学专科毕业（或同等学力）。

4）大学本科毕业（或同等学力）。

4.1.8　职业培训要求

包括：晋级培训期限、培训教师、培训场所设备三项内容。

1）晋级培训期限

从业人员达到高一级技能等级需要接受培训（包括理论知识学习和操作技能练习）的最低时间要求，应以标准学时数表示。

示例：

晋级培训期限：初级技能不少于××标准学时，中级技能不少于××标准学时，高级技能不少于××标准学时，技师不少于××标准学时，高级技师不少于××标准学时。

2）培训教师

对晋级培训中承担理论知识或操作技能教学任务的人员要求。应根据职业的实际情况和培训对象的技能等级，提出要求：

——理论知识培训教师应具有的专业技术职务任职资格等级和年限。

——操作技能培训教师应具有的国家职业资格证书等级和年限。

3）培训场所设备

实施职业培训所必备的场所和设施设备要求。应对理论知识和操作技能培训场所设备分别进行描述：

——理论知识培训所需的教学场地要求和必备的教学仪器设备。

——操作技能培训所需的场地要求和必备的设施设备。

4.1.9　职业技能鉴定要求

包括：申报条件、鉴定方式、监考及考评人员与考生配比、鉴定时间、鉴定场所设备五项内容。

1）申报条件

申请参加本职业相应技能等级职业技能鉴定的人员必须具备的学历、培训经历和工作经历等有关条件。应根据职业的实际情况，参照《申请参加职业技能鉴定的条件》进行描述。原则上，各职业的申报年限不应低于规定的要求；国家有特殊规定的执行国家规定。如需对申报条件进行调整，须提交相关文字说明。

2）鉴定方式

理论知识考试、操作技能考核以及综合评审的方法和形式。应根据职业的特点，对上述内容分别进行详细说明。

理论知识考试以纸笔考试为主，主要考核从业人员从事本职业应掌握的基本要求和相关知识要求；操作技能考核主要采用现场操作、模拟操作等方式进行，主要考核从业人员从事本职业应具备的职业能力水平；综合评审主要针对技师和高级技师，通常采取审阅申报材料、论文答辩等方式进行全面评议和审查。

理论知识考试和操作技能考核均实行百分制，成绩皆达 60 分及以上者为合格。

3）监考及考评人员与考生配比

在理论知识考试中的监考人员、操作技能考核中的考评人员与考生数量的比例，以及综合评审委员的最低人数。应根据职业的特点，分别进行描述。

示例：

理论知识考试中的监考人员与考生配比为 1∶××，每个标准教室不少于 2 名监考人员；操作技能考核中的考评人员与考生配比为 1∶×，且不少于 3 名考评人员；综合评审委员不少于×人。

4）鉴定时间

理论知识考试、操作技能考核和综合评审的最低时间要求。应根据职业的特点及技能等级要求具体确定，时间单位用分钟（min）表示。

5）鉴定场所设备

实施职业技能鉴定所必备的场所和设施设备要求。应对理论知识和操作技能鉴定场所设备分别进行描述：

——理论知识考试所需的场地要求和必备的仪器设备。

——操作技能考核所需的场地要求和必备的设施设备。

4.2 基本要求

包括：职业道德和基础知识两部分。

4.2.1 职业道德

从业人员在职业活动中应遵循的基本观念、意识、品质和行为的要求，即一般社会道德在职业活动中的具体体现。主要包括：职业道德基本知识、职业守则两部分，通常在技能标准中应列出能反映本职业特点的职业守则。

4.2.2 基础知识

各等级从业人员都必须掌握的通用基本理论知识、安全知识、环境保护知识和有关法律法规知识等。应本着实用、够用的原则，将与本职业密切相关并贯穿于整个职业的核心基础知识列出。

4.3 工作要求

包括：职业功能、工作内容、技能要求、相关知识要求四项内容（见表 1）。

工作要求是在对职业活动内容进行分解和细化的基础上，从知识和技能两个方面对从业人员完成各项具体工作所需职业能力的描述。它是技能标准的核心部分。

工作要求应根据职业活动范围的宽窄、工作责任的大小、工作难度的高低或技术复杂程度分等级进行编写。各等级应依次递进，高级别涵盖低级别的要求。

4.3.1 职业功能

从业人员所要实现的工作目标，或是本职业活动的主要方面（活动项目）。应根据职业的特点，按照工作领域、工作项目、工作程序、工作对象或工作成果等进行划分。具体要求为：

表 1　　工作要求

<table>
<tr><th>职业功能</th><th>工作内容</th><th>技能要求</th><th>相关知识要求</th></tr>
<tr><td rowspan="2">1. ××××</td><td>1.1 ××××</td><td>1.1.1 ×××××
1.1.2 ××××××</td><td>1.1.1 ×××××
1.1.2 ×××××</td></tr>
<tr><td>1.2 ××××</td><td>1.2.1 ×××××
1.2.2 ××××××</td><td>1.2.1 ×××××
1.2.2 ××××</td></tr>
<tr><td rowspan="3">2. ××××</td><td>2.1 ××××</td><td>2.1.1 ×××××
2.1.2 ××××××</td><td>2.1.1 ×××××
2.1.2 ××××××</td></tr>
<tr><td>2.2 ××××</td><td>2.2.1 ×××
……</td><td>2.2.1 ×××××
2.2.2 ××××</td></tr>
<tr><td>……</td><td>……</td><td>……</td></tr>
<tr><td>……</td><td>……</td><td>……</td><td>……</td></tr>
</table>

1）每个职业功能都应是：可就业的最小技能单元；从业人员的主要工作职责之一，定期出现；可独立进行培训和考核。

2）职业功能的划分标准要统一，通常情况下，每个等级的职业功能应不少于 3 个。

3）职业功能的规范表述形式是："动词＋宾语"，如"打制样板"；或"宾语＋动词"，如"市场调查""发动机修理"；或"动词"，如"缝制""剪裁"。

4）通常情况下，职业功能在各技能等级中是一致的，在二级/技师和一级/高级技师的技能等级中，可增加"技术管理和培训"等内容。

4.3.2　工作内容

完成职业功能所应做的工作，是职业功能的细分。可按工作种类划分，也可以按照工作程序划分。具体要求为：

1）每个工作内容都应是：有清楚的开始和结尾；能观察到的具体工作单元；都会完成一项服务或产生一种结果。

2）通常情况下，每项职业功能应包含 2 个或 2 个以上的工作内容。

3）工作内容的规范表述形式与职业功能相同。

4.3.3　技能要求

完成每一项工作内容应达到的结果或应具备的能力，是工作内容的细分。具体要求为：

1）技能要求的内容应是从业人员自己可独立完成的，其描述应具有可操作性，对每一项技能应有具体的描述，能量化的一定要量化；对于不同技能等级中同一项工作或技能，应分别写出不同的具体要求，不可用"了解""掌握""熟悉"等词语或仅用程度副词来区分技能等级。

2）技能要求的规范表述形式为："能（在……条件下）做（动词）……"，如"能车削普通螺纹、英制螺纹""能根据服装原型的要求，测量人体的净体数据""能在 1 分钟之内输入 60 个英文字符，准确率达到 90%”。

3）技能要求中涉及工具设备的使用时，不能单纯要求“能使用……工具或设备”，而应写明“能使用……工具或设备做……”。

4.3.4 相关知识要求

达到每项技能要求必备的知识。应列出完成职业活动所需掌握的技术理论、技术要求、操作规程和安全知识等知识点。相关知识要求与技能要求对应，应指向具体的知识点，而不是宽泛的知识领域。

4.4 比重表

包括：理论知识比重表和操作技能比重表两部分，应按理论知识比重表和操作技能比重表分别编写。其中，理论知识比重表应反映基础知识和各技能等级职业功能对应的相关知识要求在培训、考核中所占的比例（见表 2）；操作技能比重表应反映各技能等级职业功能对应的技能要求在培训、考核中所占的比例（见表 3）。

表 2　理论知识比重表

项目＼技能等级		××（%）	××（%）	……
基本要求	职业道德	5	5	5
	基础知识	×	×	×
相关知识要求	职业功能 1	×	×	×
	职业功能 2	×	×	×
	职业功能 3	×	×	×
	……	……	……	……
合计		100	100	100

表 3　操作技能比重表

项目＼技能等级		××（%）	××（%）	……
技能要求	职业功能 1	×	×	×
	职业功能 2	×	×	×
	职业功能 3	×	×	×
	……	……	……	……
合计		100	100	100

5. 编制程序

包括：技能标准立项和技能标准开发两部分，具体见《国家职业技能标准编制工作流程图》。

5.1　技能标准立项

5.1.1　提出申请

每年第二季度或第四季度，技能标准开发承担单位［行业或地方职业技能鉴定（指导）中心］向人力资源和社会保障部职业技能鉴定中心或中国就业培训技术指导中心（简称部中心）提出技能标准开发（含修订，下同）申请。

5.1.2　技术审查

部中心对技能标准开发申请进行登记、汇总和技术审查，并将结果报人力资源和社会保障部职业能力建设司（简称部职业能力司）。

5.1.3　下发计划

经部职业能力司审核同意后，下发技能标准开发计划。

5.2　技能标准开发

5.2.1　成立专家工作组

技能标准开发承担单位根据技能标准开发计划组建专家工作组。

专家工作组可由7～15名专家组成，包括方法专家、内容专家和实际工作专家。方法专家由熟悉《国家职业技能标准编制技术规程》和技能标准编制方法的专家担任；内容专家由长期从事该职业理论研究和教学工作的专家担任；实际工作专家由长期从事该职业活动的管理者或操作人员担任。实际工作专家应占专家工作组总人数的一半以上；专家工作组应确定组长和主笔人。

5.2.2　开展职业调查和职业分析

技能标准开发承担单位应组织力量开展职业调查，了解该职业的活动目标、工作领域、发展状况、从业人员数量、层次、薪酬水平和社会地位，以及从业人员必备的知识和技能等。职业调查可以由专家工作组承担，也可以委托专门工作机构进行。在职业调查的基础上，由专家工作组进行职业分析，为技能标准编制做好前期准备。

5.2.3　召开技能标准编制启动会

技能标准开发承担单位组织召开技能标准编制启动会。与会专家学习《国家职业技能标准编制技术规程》，经过充分研讨，确定技能标准编制的具体工作程序、时间进度安排，以及技能标准的基本框架结构。

5.2.4　编写技能标准初稿

专家工作组按照技能标准编制启动会确定的程序、框架结构等，结合职业调查和职业分析的结果，编写技能标准初稿。

5.2.5　审定和颁布

1）技术审查与意见征求

技能标准初稿编制完成后，由部中心进行技术审查；专家工作组根据技术审查意见对技能标准做进一步修改，形成技能标准（征求意见稿）。

技能标准开发承担单位将技能标准（征求意见稿）下发相关机构征求意见，并将意见反馈专家工作组，由专家工作组对技能标准再次做出修改，形成技能标准（送审稿）。

2）审定

技能标准（送审稿）通过部中心技术审查后，由部中心组织召开技能标准终审会，组织业内权威人士对技能标准进行最后审定，并形成专家审定意见。

3）技能标准颁布

专家工作组根据专家审定意见做好技能标准修改，形成技能标准（报批稿）。技能标准开发承担单位将技能标准（报批稿）、专家审定意见及技能标准颁布申请等有关材料上报部中心技术审查，经部职业能力司审核后，由人力资源和社会保障部颁布施行。

附录A　国家职业技能标准结构图（略）

附录B　职业技能等级划分依据（略）

附录C　职业环境条件描述要素（略）

附录D　职业能力倾向描述要素（略）

附录E　申请参加职业技能鉴定的条件（略）

附录F　国家职业技能标准编制工作流程图（略）

人力资源和社会保障部办公厅关于公布首批示范职业技能鉴定所（站）名单的通知

（人社厅函［2012］544号　2012年11月22日）

各省、自治区、直辖市及新疆生产建设兵团人力资源社会保障厅（局），国务院有关部门（行业组织、集团公司）人事劳动保障工作机构，军队士兵职业技能鉴定工作办公室：

根据《关于开展职业技能鉴定所（站）质量管理评估工作的通知》（人社厅函［2011］33号）要求，在各地区、各行业部门自查自评的基础上，我部已组织专家完成首批示范职业技能鉴定所（站）评估工作。现将首批示范职业技能鉴定所（站）名单予以公布。

希望各地区、各行业部门认真总结并推广示范职业技能鉴定所（站）在质量管理方面的经验和做法，充分发挥示范鉴定所（站）的引领作用，切实采取有效措施，加强对所属鉴定所（站）的监督和管理，同时以开展职业技能鉴定所（站）质量管理评估工作为契机，加强职业技能鉴定机构质量管理体系建设，积极构建质量管理长效机制，不断提升职业技能鉴定质量管理水平。

附件：首批示范职业技能鉴定所（站）名单（略）

人力资源和社会保障部办公厅关于印发锁具修理工等5个国家职业技能标准的通知

（人社厅发［2012］144号　2012年12月24日）

各省、自治区、直辖市及新疆生产建设兵团人力资源社会保障厅（局），国务院有关部门（行业组织、集团公司）人事劳动保障工作机构：

根据《中华人民共和国劳动法》，我部会同有关部门制定了锁具修理工等5个国家职业技能标准，现印发施行。

此次颁布的国家职业技能标准中，锁具修理工国家职业技能标准系重新修订，原国家职业标准相应废止。

附件：国家职业技能标准目录

附件：

国家职业技能标准目录

序号	职业编码	职业（工种）名称	备注
1	X4—07—99—05	锁具修理工	2012年修订
2	6—04—06—01	磨料制造工	
3	6—04—06—02	磨具制造工	
4	X6—05—02—05	模具工（☆）	
5	6—15—03—03	木雕工（※）	

注："X"表示新职业的编码，"☆"表示新职业，"※"表示该职业编码下的工种。

人力资源和社会保障部办公厅 国家中医药管理局办公室关于印发中药购销员国家职业技能标准的通知

（人社厅发〔2013〕5号 2013年1月7日）

各省、自治区、直辖市人力资源社会保障厅（局）、中医药管理局：

根据《中华人民共和国劳动法》，人力资源社会保障部、国家中医药管理局共同制定了中药购销员国家职业技能标准，现印发施行。

此次颁布的中药购销员国家职业技能标准系重新修订，原国家职业标准相应废止。

附件：国家职业技能标准目录

附件：

国家职业技能标准目录

职业编码	职业（工种）名称	备注
4—01—03—03	中药购销员	2012年修订

人力资源和社会保障部办公厅关于同意建立消防等行业特有工种职业技能鉴定站的函

（人社厅函〔2013〕52号 2013年2月5日）

公安部消防局、民政部人事司、交通运输部办公厅、水利部人事司、农业部人事劳动司、国家林业局人事司、国家粮食局人事司、国家测绘地理信息局人事司、中国民用航空局人事科教司、国家邮政局人事司、国家中医药管理局人事教育司、中国商业联合会人事部、国家建筑材料行业职业技能鉴定指导中心、煤炭工业职业技能鉴定指导中心、中国石油和化学工业联合会人事部、中国有色金属工业协会组织人事部、电力行业职业技能鉴定指导中心、中国石油天然气集团公司人事部、中国核工业集团公司人力资源部、中国邮政集团公司人力资源部：

关于申请建立行业特有工种职业技能鉴定站的来函收悉。经研究，同意建立7个消防行业特有工种职业技能鉴定站、9个民政行业特有工种职业技能鉴定站、6个交通运输行业特有工种职业技能鉴定站、1个水利行业特有工种职业技能鉴定站、4个农业行业特有工种职业技能鉴定站、2个林业行业特有工种职业技能鉴定站、1个粮食行业特有工种职业技能鉴定站、1个测绘地理信息行业特有工种职业技能鉴定站、1个民航行业特有工种职业技能鉴定站、9个邮政行业特有工种职业技能鉴定站、4个中医药行业特有工种职业技能鉴定站、2个商业行业特有工种职业技能鉴定站、1个建材行业特有工种职业技能鉴定站、13个煤炭行业特有工种职业技能鉴定站、4个化工行业特有工种职业技能鉴定站、2个有色金属行业特有工种职业技能鉴定站、10个电力行业特有工种职业技能鉴定站、5个石油天然气行业特有工种职业技能鉴定站、1个核工业行业特有工种职业技能鉴定站，同时，变更1个邮政企业特有工种职业技能鉴定站。(详见附件)

请在我部核准的鉴定范围内，认真组织开展职业技能鉴定工作。要加强对鉴定站的管理，严格执行职业标准，强化鉴定考务管理，确保鉴定质量。各鉴定站要主动接受所在地人力资源社会保障部门的工作指导，推动职业技能鉴定事业健康发展。

附件：

1. 新建消防行业特有工种职业技能鉴定站（略）
2. 新建民政行业特有工种职业技能鉴定站（略）
3. 新建交通运输行业特有工种职业技能鉴定站（略）
4. 新建水利行业特有工种职业技能鉴定站（略）
5. 新建农业行业特有工种职业技能鉴定站（略）
6. 新建林业行业特有工种职业技能鉴定站（略）
7. 新建粮食行业特有工种职业技能鉴定站（略）
8. 新建测绘地理信息行业特有工种职业技能鉴定站（略）
9. 新建民航行业特有工种职业技能鉴定站（略）
10. 新建邮政行业特有工种职业技能鉴定站（略）
11. 新建中医药行业特有工种职业技能鉴定站（略）
12. 新建商业行业特有工种职业技能鉴定站（略）
13. 新建建材行业特有工种职业技能鉴定站（略）
14. 新建煤炭行业特有工种职业技能鉴定站（略）
15. 新建化工行业特有工种职业技能鉴定站（略）
16. 新建有色金属行业特有工种职业技能鉴定站（略）
17. 新建电力行业特有工种职业技能鉴定站（略）
18. 新建石油天然气行业特有工种职业技能鉴定站（略）
19. 新建核工业行业特有工种职业技能鉴定站（略）
20. 变更邮政企业特有工种职业技能鉴定站（略）

人力资源和社会保障部办公厅关于印发中式烹调师等四个国家职业技能标准的通知

（人社厅发［2014］62号　2014年5月9日）

各省、自治区、直辖市及新疆生产建设兵团人力资源社会保障厅（局），国务院有关部门（行业组织、集团公司）人事劳动保障工作机构：

根据《中华人民共和国劳动法》，我部会同有关部门修订了中式烹调师等4个国家职业技能标准，现印发施行，原标准相应废止。

附件：国家职业技能标准目录

附件：

国家职业技能标准目录

序号	职业编码	职业（工种）名称	备注
1	4—03—01—01	中式烹调师	2014年修订
2	4—04—02—04	插花花艺师	2014年修订 原名：插花员
3	4—07—12—02	家政服务员	2014年修订
4	6—06—01—02	汽车修理工	2014年修订

人力资源和社会保障部关于调整铁路职业技能鉴定管理工作有关问题的函

（人社部函［2013］138号　2013年6月27日）

中国铁路总公司：

《中国铁路总公司关于调整铁路职业技能鉴定管理工作的请示》（铁总办函［2013］279号）收悉。经研究，同意你公司在原铁道职业技能鉴定范围内，按有关规定组织开展本企业技能人才评价工作。

请你公司按照《人力资源和社会保障部办公厅关于印发推进企业技能人才评价工作指导意见的通知》（人社厅发［2008］39号）要求，结合本企业实际，认真制定企业技能人才评价实施细则，精心组织实施，确保评价质量，大力推动铁路技能人才队伍建设。

人力资源和社会保障部办公厅公安部办公厅关于印发保安员国家职业技能标准的通知

（人社厅发［2014］88号　2014年7月25日）

各省、自治区、直辖市及新疆生产建设兵团人力资源社会保障厅（局）、公安厅（局）：

根据《中华人民共和国劳动法》，人力资源社会保障部、公安部共同制定了保安员国家职业技能标准，现印发施行。

此次颁布的保安员国家职业技能标准系重新修订，原国家职业标准相应废止。

附件：国家职业技能标准目录

附件：

国家职业技能标准目录

职业编码	职业（工种）名称	备注
3—02—02—01	保安员	2014年修订

人力资源和社会保障部关于减少职业资格许可和认定有关问题的通知

（人社部发［2014］53号　2014年8月13日）

各省、自治区、直辖市人民政府，国务院各部委、各直属机构：

为贯彻落实《国务院机构改革和职能转变方案》的有关要求，切实做好减少职业资格许可和认定工作，经国务院同意，现就有关问题通知如下：

一、减少职业资格许可和认定的原则要求

减少职业资格许可和认定，严格按照行政许可法和《国务院办公厅关于清理规范各类职业资格相关活动的通知》（国办发［2007］73号）规定，取消国务院部门设置的没有法律、法规或国务院决定作为依据的准入类职业资格，行业管理确有需要且涉及人数较多的职业，可报国务院人力资源社会保障部门批准后设置为水平评价类职业资格；国务院部门设置实施的有法律法规依据的准入类职业资格，与国家安全、公共安全、公民人身财产安全关系并不密切或不宜采取职业资格方式进行管理的，按程序提请修订有关法律法规后予以取消；取消国务院部门和全国性行业协会、学会自行设置的水平评价类职业资格，确有必要保留的，经国务院人力资源社会保障部门批准后纳入国家统一规划管理；取消地方各级人民政府及有关部门自行设置的职业资格，确有必要的，经国务院人力资源社会保障部门批准后作为职业资格试点，逐步纳入国家统一的职业资格管理。

二、进一步加大职业资格清理力度

按照《国务院机构改革和职能转变方案》及任务分工安排，进一步减少职业资格许可和认定，在第一批取消职业资格的基础上，2014年年内再集中取消一批职业资格，重点清理国务院部门、行业协会、学会以及其他中央单位面向社会自行设立的各类职业资格，特别是那些计划经济色彩浓厚、矛盾比较集中、行业基础薄弱的职业资格。到2015年，进一步完善工作措施，健全常态化工作机制，基本完成减少职业资格许可和认定工作，相应加强监督管理。争取到2017年，初步形成科学设置、规范运行、依法监管的职业资格管理体系。

三、推进行业协会、学会有序承接水平评价类职业资格具体认定工作

水平评价类职业资格由国务院部门依法制订职业标准或评价规范，按照有序承接、规范管理、平稳过渡的原则，具体认定工作逐步由有关行业协会、学会承担。相关行业协会、学会提出承担具体认定工作申请，国务院人力资源社会保障部门和行业主管部门综合评估认定行业协会、学会是否具有承接能力，优先选择较为成熟的行业协会、学会开展水平评价类职业资格具体认定试点，积累经验。国务院人力资源社会保障部门会同国务院相关行业主管部门，做好行业协会、学会认定水平评价类职业资格的监督指导工作，制定行业协会、学会有序承接水平评价类职业资格具体认定工作的管理办法，修订《职业技能鉴定规定》，明确认定规则，严格认定标准，规范认定程序，定期开展评估检查，加强宏观管理，建立退出机制，确保移交后水平评价类职业资格具体认定工作平稳有序开展。

四、切实加强职业资格设置实施的监督管理

国务院人力资源社会保障部门作为国家职业资格的政府综合管理部门，定期向社会公布国家职业资格目录，加强国家职业资格的统一规划和规范管理；会同国务院相应行业主管部门，进一步完善国家职业分类体系，研究制定职业标准和评价规范，切实加强对国家职业资格制度实施的监督管理。今后，凡新设国家职业资格，须报国务院人力资源社会保障部门纳入国家职业资格统一规划和管理，各地区、各部门不得自行设置国家职业资格。加强职业资格设置管理立法工作，实现职业资格设置的依法规范管理。各地区负责取消本地区自行设置的专业技术人员职业资格和技能人员职业资格。

减少资格许可和认定是推进政府职能转变的一项重要工作，涉及面广，政策性强，情况复杂，各地区、各部门要高度重视，切实做好本地区、本部门取消职业资格有关工作。国务院人力资源社会保障部门要加强督导和检查，指导各地区、各部门做好取消职业资格和后续相关工作，确保平稳有序。